Siebel

Handbuch Projekte und Projektfinanzierung

Projekte und Projektfinanzierung

Handbuch der Vertragsgestaltung und Risikoabsicherung
bei deutschen und internationalen Projekten

Herausgegeben
von

Priv.-Doz. Dr. Ulf R. Siebel

Rechtsanwalt

Bearbeitet von

Leopold Baumann, Brüssel; Dr. Kilian Bälz, Frankfurt a.M.; Prof. Dr. Michael Bothe, Frankfurt a.M.; Claus Cichowski, Bonn; Joachim Claus, Frankfurt; Dr. Dr. Ottoarndt Glossner, Kronberg/Ts.; Martin Gundert, Frankfurt a.M.; Dr. habil. Harald Hohmann, Frankfurt a.M.; Dr. Wolfgang Kirchhoff, Brüssel; Ulrich Klemm, Köln; Eberhard Lenz, Essen; Michael Prinz zu Löwenstein, Frankfurt a.M.; Dr. Klaus Minuth, Frankfurt a.M.; Hilmar Raeschke-Kessler LL.M., Ettlingen; Christof Rotberg, Königswinter; Dr. Jan-Hendrik Röver LL.M., München; Stefan Schmidt, Frankfurt a.M.; Dr. habil. Ulf R. Siebel, Frankfurt a.M., Dr. Stefan Sigulla, München; Peter Spengler, Frankfurt a.M.; Dr. Michael Wiehen, München; Prof. Dr. Hans-Michael Wolffgang, Münster; Alexander Zinell, Düsseldorf

Verlag C. H. Beck München 2001

Die Deutsche Bibliothek – CIP-Einheitsaufnahme

Projekte und Projektfinanzierung : Handbuch der
Vertragsgestaltung und Risikoabsicherung bei deutschen
und internationalen Projekten / hrsg. von Ulf R. Siebel.
Bearb. von Kilian Balz . . . .
– München : Beck, 2001
ISBN 3 406 47241 9

ISBN 3 406 47241 9

© 2001 Verlag C. H. Beck oHG
Wilhelmstraße 9, 80801 München
Druck und Bindung: Freiburger Graphische Betriebe
Bebelstraße 11, 79108 Freiburg i. Br.

Satz: Druckerei C. H. Beck, Nördlingen
(Adresse wie Verlag)

Gedruckt auf säurefreiem, alterungsbeständigem Papier
(hergestellt aus chlorfrei gebleichtem Zellstoff)

Vorwort

Das vorliegende Handbuch behandelt in 17 Kapiteln das wegen seiner Vielfalt faszinierende Thema der Projekte und ihren Finanzierungsmöglichkeiten. Nach dem Ende des Zweiten Weltkriegs hat dieses Thema an Bedeutung auch für die deutsche Wirtschaft fortlaufend zugenommen; wir sind noch lange nicht am Ende dieser Entwicklung. Neue Märkte mussten erschlossen werden, neue Finanzierungsformen wurden gefunden, neue und große Risiken sind entstanden für die angemessene Vorsorge getroffen werden musste. Das betrifft nationale wie auch internationale Projekte.

Umfassende Darstellungen der Probleme finden sich vornehmlich in der angloamerikanischen Literatur. Im deutsch-sprachigen Raum werden vor allem unterschiedliche Fragenkomplexe auf Fachtagungen, in Büchern und in zahlreichen Einzeldarstellungen abgehandelt. Deshalb entstand vor über zwei Jahren der Plan, den gesamten Bereich in einzelne Kapitel aufgegliedert und von einschlägig erfahrenen Fachleuten geschrieben im Rahmen eines Handbuchs für die Praxis zusammenzufassen. Ich bin dem C. H. Beck Verlag und seinem Lektorat dankbar dafür, dass man auf diesen Plan eingegangen ist.

Die Arbeit an diesem Werk hat mir Freude bereitet und mich an manche internationalen Großprojekte erinnert, bei deren Gestaltung ich in den langen Jahren meiner aktiven Banktätigkeit mitwirken konnte. Dabei habe ich von meinem früheren Chef Hermann J. Abs lernen dürfen, der stets ein Gefühl für das Machbare hatte.

Dank sage ich den Partnern meiner Kanzlei, die Verständnis für meine zeitliche Inanspruchnahme hatten. Von Freunden und Kollegen habe ich mancherlei Rat und Unterstützung erfahren, was mir meine Aufgabe als Herausgeber erleichtert hat. Ich kann sie hier nicht alle einzeln aufführen. Vor allem danke ich auch Herrn Prof. Dr. h. c. mult. Beitz, der das Geleitwort geschrieben hat.

Frankfurt im Oktober 2000   Ulf R. Siebel

Geleitwort

Der Begriff „Projekte" findet heute vielfachen Gebrauch. Es ist üblich geworden, die Ausarbeitung und Umsetzung menschlicher Unternehmungen, gleichgültig welchem Lebensbereich sie entstammen, als Projekt zu bezeichnen.

Für unsere Wirtschaft sind Projekte bis heute von ausschlaggebender Bedeutung. Sie sichern viele Arbeitsplätze. Man denke nur an die großen Infrastrukturprojekte, wie zum Beispiel die Errichtung von Staudämmen, Kanälen, Häfen, Autobahnen und Pipelines. Zudem sind die Industrieprojekte zu nennen, der Bau von Erdölraffinerien, Stahlwerken oder Zementfabriken.

Projekte sind keine Erfindung der Neuzeit. Bereits im Altertum wurden große Projekte geplant und durchgeführt, wie der Hafen von Karthago oder die römischen Fernstraßen. Nach heutigem Sprachgebrauch könnte man die Via Appia als Projekt bezeichnen.

Mit der beginnenden Industrieralisierung im vorletzten Jahrhundert gewöhnte man sich an den Ausdruck Projekte. Bahnbrechende Erfindungen wurden gemacht und in Projekten realisiert. Sie schufen damit die wesentlichen Voraussetzungen für die zunehmend rasche wirtschaftliche Entwicklung. Deutschland war von Anfang an mit dabei. Manche Großprojekte sind heute noch in Betrieb. Türkische Eisenbahnen rollen immer noch auf den von Krupp vor fast einhundert Jahren für die Baghdadbahn gelieferten Eisenbahnschienen. Die Finanzierung erfolgte teilweise durch die öffentlichen Haushalte, wie aber auch über die damals von Beschränkungen freien internationalen Kapitalmärkte, deren Titel heute als historische Wertpapiere gehandelt werden.

Die Anzahl großer Projekte hat immer weiter zugenommen. Gleichzeitig ist der Finanzierungsbedarf gestiegen. Es sind neue Finanzierungsmodelle entstanden, die vermehrt eine Kooperation zwischen Wirtschaft und Staat, sogenanntes Public Private Partnership, vorsehen.

Auch die Zahl der an einem Projekt Mitwirkenden hat sich vervielfacht und mit ihr die Tendenz zur grenzüberschreitenden Zusammenarbeit. Industrie und Banken haben zu diesem Zweck eigene Abteilungen oder Tochtergesellschaften errichtet. Deutsche Consulting-Firmen haben nach dem Ende des Zweiten Weltkrieges international einen guten Ruf erwerben können.

Die Projektrisiken haben zugenommen und damit die Suche nach geeigneten Absicherungen. Die einschlägigen Rechtsfragen sind umfangreicher und vielfältiger geworden. Sie betreffen unter anderem Völkerrecht, internationales Privatrecht, Vergaberecht, Umweltrecht, Ausfuhrrecht und Arbeitsrecht. Bilanzierungs- und Steuerfragen sind zu berücksichtigen. Die Risiken und die Haftung müssen auf die Beteiligten verteilt werden. Ein modernes Projektmanagement hat diesen zahlreichen Anforderungen zu genügen.

Geleitwort

Es ist deshalb zu begrüßen, dass mit diesem Werk eine übersichtliche Gesamtdarstellung der mannigfachen Aspekte der Projekte und der Projektfinanzierung vorgelegt wird. Ausgewiesene Fachleute behandeln ausführlich in 17 Kapiteln die verschiedenen Fragenkomplexe. Das Handbuch enthält wertvolle Anregungen und Hinweise gerade für den Praktiker des Projektgeschäfts.

Ich wünsche dem Buch eine weite Verbreitung.

Villa Hügel, Essen, im September 2000

Prof. Dr. h. c. mult. Berthold Beitz

Vorsitzender des Kuratoriums der Alfried Krupp von Bohlen und Halbach-Stiftung

Inhaltsübersicht

	Seite
Vorwort	V
Geleitwort	VII
Inhaltsübersicht	IX
Inhaltsverzeichnis	XIII
Abkürzungsverzeichnis	XXVII
Literaturverzeichnis	XXIX
Autorenverzeichnis	LI

1. Teil. Einleitung

1.1 Bedeutung der Projektfinanzierung	1
1.2 Fragen der Politik	5
1.3 Projektfindung und -entwicklung	8
1.4 Qualifikation der Bieter	10
1.5 Zu den politischen Risikofaktoren	12
1.6 Wirtschaftliche Risiken	15
1.7 Rechtliche Risikofaktoren	16
1.8 Außenwirtschaftsrecht und Genehmigungen	18
1.9 Finanzierungsfragen	19

2. Teil. Projekttypen

2.1 Funktionen einer Typologie	25
2.2 Energieversorgung	29
2.3 Telekommunikation	32
2.4 Verkehrswesen	35
2.5 Wasser- und Abwasserprojekte	39
2.6 Bergbau(mining)	42
2.7 Öl- und Gas(oil and gas)	49

3. Teil. Die Rolle des Consulting Engineers in der Projektfinanzierung

3.1 Rollen und Aufgaben des Consulting Engineer bei privat finanzierten Projekten	55
3.2 Beauftragung des Consulting Engineer	59
3.3 Mustervertragswerke für den Consulting Engineer	60
3.4 Bedeutung Nationaler und Internationaler Verbände für die Entwicklung von Beratungsstandards	63

4. Teil. Projektträger

Vorbemerkung	68
4.1 Projektbeteiligte	70
4.2 Sponsoren	88
4.3 Projektträger	99
4.4 Fallstudie: Die Beteiligten des Projektes Herrentunnel in Lübeck	103

Inhaltsübersicht

5. Teil. Ausschreibungen und Vergabeverfahren

- 5.1 Deutsches und EU-Vergaberecht 108
- 5.2 Europäische Union: PHARE und TACIS Programm 126
- 5.3 Vergabeverfahren für Aufträge im Ausland 131
- 5.4 Korruptionsprävention 141

6. Teil. Projektfinanzierung

- 6.1 Überblick 157
- 6.2 Bankkredite 175
- 6.3 Formen der Beteiligung mehrerer Kreditgeber 230
- 6.4 Vollständige und teilweise Übertragung von Darlehensrisiken 239
- 6.5 Islamic Banking 241

7. Teil. Garantien und Sicherungsrechte im Projektgeschäft

- 7.1 Überblick 251
- 7.2 Rechtliche Sicherungstypen 252
- 7.3 Wichtige Klauseln in Garantien und Bürgschaften 256
- 7.4 Öffentliche Garantien/Bürgschaften 257

8. Teil. Vorsorge für ausreichenden Rechtsschutz im Konfliktfall

- 8.1 Keine besondere Rechtswegvereinbarung: Zuständig staatliches Gericht 261
- 8.2 Geeignete Rechtsschutzform: nationale und internationale Schiedsgerichtsbarkeit 267
- 8.3 Inhalt einer Schiedsvereinbarung: 277
- 8.4 Musterklauseln 279

9. Teil. Projektsdurchführung und Projektüberwachung

- 9.1 Liefer- und Leistungsumfang des Auftragnehmers 287
- 9.2 Mitwirkungspflichten des Auftraggebers 292
- 9.3 Nebenpflichten des Auftragnehmers 294
- 9.4 Projektabwicklung und Organisation 296
- 9.5 Leistungszeit, Verzug und Sanktionen 298
- 9.6 Qualitätskontrolle vor Abnahme 302
- 9.7 Inbetriebsetzung/Inbetriebnahme, Abnahme und Übernahme, Eigentumsübergang 304
- 9.8 Gewährleistung 310
- 9.9 Höhere Gewalt (Force Majeure) 320
- 9.10 Kündigung 322
- 9.11 Allgemeine Haftung des Auftragnehmers und Haftungsbegrenzung 324
- 9.12 Schutzrechte 326
- 9.13 Projektbegleitende Streitbeilegung 328
- 9.14 „Nachlaufende" Leistungspflichten des Auftragnehmers 331
- 9.15 Vergütung des Auftragnehmers 333

10. Teil. Anforderungen des Außenwirtschaftsrechts an Projekte

- 10.1 Einführung 338
- 10.2 Übersicht über Verbote, Genehmigung und Meldepflichten 341

Inhaltsübersicht

10.3	Meldepflichten für Investitionen	347
10.4	Genehmigungsbedürftigkeit für den Transfer von Gütern und Dienstleistungen	348
10.5	Ersatz für Embargoschäden?	363
10.6	Resumée	366

11. Teil. Zollrecht

11.1	System des internationalen Zollrechts	368
11.2	Warenbewegungen über die EG-Zollgrenze	371
11.3	Verbringen von Waren in Drittlandszollgebiete	378

12. Teil. Steuerfragen bei der Projektfinanzierung

12.1	Problemstellung	390
12.2	Gang der Darstellung	392
12.3	Steuerliche Aspekte der Projektgesellschaft	392
12.4	Steuerliche Aspekte beim Projektträger	413
12.5	Steuerliche Aspekte bei den Kreditgebern	424
12.6	Steuerliche Aspekte beim Lieferanten	427
12.7	Schlussbemerkung	436

13. Teil. Rechnungslegung und Bilanzierung

13.1	Vorbemerkung	438
13.2	Grundlagen der Bilanzierung	439
13.3	Internationale Rechnungslegung	453
13.4	Einzelfragen	455
13.5	Bilanzpolitik	464
13.6	Prüfung von Projektgeschäften	465

14. Teil. Arbeitsrecht

14.1	Arbeitsverträge und Arbeitsverhältnisse	470
14.2	Relevante EU-Vorschriften zu Auslandtätigkeiten	476
14.3	Die Beurteilung der Vertragsbeziehungen zwischen Mitarbeiter und entsendendem Unternehmen – Stammhaus	477
14.4	Exkurs: Mitbestimmung bei Entsendung ins Ausland	501
14.5	Konsequenzen des Steuerrechts bei Auslandstätigkeiten	503
14.6	Deutsches Sozialversicherungsrecht: die soziale Absicherung des Arbeitnehmers	504

15. Teil. Versicherungsrechtliche Fragen

15.1	Versicherungsschutz als Teil des Risikomanagements	511
15.2	Analyse der Interessenlage der Beteiligten	512
15.3	Allgemeine Betriebshaftpflichtversicherung	516
15.4	Planungshaftpflichtversicherung	523
15.5	Umwelthaftpflichtversicherung	524
15.6	Patenthaftpflichtversicherung	524
15.7	Transportversicherung	525
15.8	Montageversicherung	531
15.9	Bauleistungsversicherung	543
15.10	International übliche Modelle	548

Inhaltsübersicht

15.11 Versicherungen in der Betreiberphase 561
15.12 Alternativer Risikotransfer 565
15.13 Überlegungen zum Design eines projektbezogenen Versicherungsprogramms 566

16. Teil. Investitionsschutz

16.1 Vorbemerkung 573
16.2 Völkerrechtlicher Schutz 575
16.3 Nationale Gesetzgebung 580
16.4 Vertragliche Vereinbarung 581

17. Teil. Umweltschutz

17.1 Einleitung: Umweltauswirkungen von Projekten, Bedeutung des Umweltschutzes für Projekte 584
17.2 Grundlagen des Umweltschutzes 585
17.3 Rechtliche Anforderungen des Umweltschutzes 588
17.4 Umweltschutz im Projekt 602
17.5 Umwelthaftung von Finanzierungsträgern/Schutz des Finanzierungsträgers 606

Stichwortverzeichnis 609

Inhaltsverzeichnis

	Seite
Vorwort	V
Geleitwort	VII
Inhaltsübersicht	IX
Inhaltsverzeichnis	XIII
Abkürzungsverzeichnis	XXVII
Literaturverzeichnis	XXXIX
Autorenverzeichnis	LI

1. Teil. Einleitung

1.1. Bedeutung der Projektfinanzierung	1
1.2. Fragen der Politik	5
1.3. Projektfindung und -entwicklung	8
1.4. Qualifikation der Bieter	10
1.5. Zu den politischen Risikofaktoren	12
1.6. Wirtschaftliche Risiken	15
1.7. Rechtliche Risikofaktoren	16
1.8. Außenwirtschaftsrecht und Genehmigungen	18
1.9. Finanzierungsfragen	19

2. Teil. Projekttypen

2.1. Funktionen einer Typologie	25
2.1.1. Entwicklung des Infrastrukturbegriffs	25
2.1.2. Infrastruktur als Rechtsbegriff	26
2.2. Energieversorgung	29
2.2.1. Veränderung der Energiewirtschaft in Deutschland	29
2.2.2. Internationale Entwicklung – Struktur der Independent Power Producers (IPP)	30
2.2.3. Entwicklung zum marktabhängigen Kraftwerk – Merchant Power Plant	31
2.3. Telekommunikation	32
2.3.1. Entwicklung in Deutschland	32
2.3.2. Entwicklung im Ausland	33
2.4. Verkehrswesen	35
2.4.1. Mautstraßenprojekte	35
2.4.2. Projekte für Häfen und Umschlageinrichtungen	37
2.4.3. Flughafenprojekte	38
2.5. Wasser- und Abwasserprojekte	39
2.6. Bergbau – (mining)	42
2.6.1. Gründe für Projektfinanzierung	42
2.6.2. Risiken bei Bergbauprojekten	43
2.6.3. Kenngrößen bei Bergbauprojekten	45
2.6.4. Strukturierungselemente bei Projektfinanzierung von Bergbauprojekten	47
2.7. Öl und Gas – (oil and gas)	49
2.7.1. Risiken bei Öl- und Gasprojekten	50
2.7.2. Kenngrößen bei Öl- und Gasprojekten	51
2.7.3. Strukturierungselemente bei Projektfinanzierung von Öl- und Gasprojekten	53

3. Teil. Die Rolle des Consulting Engineers in der Projektfinanzierung

3.1. Rollen und Aufgaben des Consulting Engineer bei privat finanzierten Projekten	55
3.1.1. Die Funktion des Owner's Engineer	56

Inhaltsverzeichnis

	Seite
3.1.2. Die Funktion des Independent Engineer	57
3.1.3. Die Due Diligence als Aufgabe des Independent Engineer	57
3.2. Beauftragung des Consulting Engineer	59
3.2.1. Kriterien	59
3.2.2. Ausschreibungsverfahren	59
3.3. Mustervertragswerke für den Consulting Engineer	60
3.3.1. Das FIDIC White Book	60
3.3.2. World Bank Standard Contracts for Consultant's Services	61
3.3.3. Empfehlungen bezüglich Haftungsbegrenzung	63
3.4. Bedeutung Nationaler und Internationaler Verbände für die Entwicklung von Beratungsstandards	63
3.4.1. VUBIC	64
3.4.2. VBI	64
3.4.3. BCW	64
3.4.4. EFCA	64
3.4.5. FIDIC	65

4. Teil. Projektträger

Vorbemerkung	68
4.1. Projektbeteiligte	70
4.1.1. Sponsoren	70
4.1.2. Fremdkapitalgeber	71
4.1.2.1. Kommerzielle Banken	72
4.1.2.2. Öffentliche Institutionen, Exportbanken und Exportversicherer	73
4.1.3. Öffentliche Instanzen	76
4.1.4. Projektträger	78
4.1.5. Bau- und Lieferunternehmen	79
4.1.6. Betreiber- und Managementgesellschaften	80
4.1.7. Zulieferer und Projektlieferanten	81
4.1.8. Abnehmer und Kunden von Projektleistungen	82
4.1.9. Drittinvestoren	83
4.1.10. Gutachter	83
4.1.11. Planer und Berater	84
4.1.12. Versicherungen	85
4.1.12.1. Versicherungsgesellschaften	85
4.1.12.2. Exportversicherer	86
4.1.13. Privatanleger	87
4.2. Sponsoren	88
4.2.1. Motive von Sponsoren	88
4.2.1.1. Private Unternehmen als Sponsoren	89
4.2.1.2. Staatliche Instanzen als Sponsoren	91
4.2.2. Bedeutung der Sponsoren für die Projektfinanzierung	91
4.2.3. Aufgaben der Sponsoren während der unterschiedlichen Projektphasen	93
4.2.3.1. Projektentwicklungsphase	93
4.2.3.2. Projektfinanzierung	94
4.2.3.3. Errichtungsphase	95
4.2.3.4. Betriebsphase	96
4.2.3.5. Desinvestition und Übertragung	97
4.2.4. Rollenkonflikte von Sponsoren	97
4.2.4.1. Lieferunternehmen als Sponsoren	98
4.2.4.2. Öffentliche Instanzen als Sponsoren	99
4.3. Projektträger	99
4.3.1. Begriff und Aufgaben	99
4.3.2. Gestaltung der Rechtsträgerschaft von Projektträgern	100
4.3.2.1. Die Kapitalgesellschaft	101
4.3.2.2. Die Personengesellschaft	101

Inhaltsverzeichnis

	Seite
4.3.3. Ergänzende Rechtsträger	102
4.3.4. Public Private Partnerships	103
4.4. Fallstudie: Die Beteiligten des Projektes Herrentunnel in Lübeck	103
4.4.1. Das Projekt	103
4.4.2. Sponsoren und Projektträger	104
4.4.3. Sonstige Beteiligte	105
4.4.4. Die öffentliche Hand	105

5. Teil. Ausschreibungen und Vergabeverfahren

5.1. Deutsches und EU-Vergaberecht	108
5.1.1. Grundlagen	108
5.1.2. Anwendungsverpflichtete Auftraggeber	110
5.1.3. Erfasste Verträge	112
5.1.3.1. Bauleistungen, Lieferungen und Dienstleistungen	112
5.1.3.2. Konzessionen	113
5.1.3.3. Ausnahmeregelungen	114
5.1.4. Vergabearten	115
5.1.5. Bekanntmachung	116
5.1.6. Bewerbungsbedingungen	116
5.1.7. Teilnahmewettbewerb	117
5.1.8. Leistungsbeschreibung	118
5.1.9. Zulässigkeit und Grenzen von Verhandlungen	119
5.1.10. Angebotswettbewerb und Zuschlag	119
5.1.10.1. Angebotsbewertung	119
5.1.10.2. Zuschlag	121
5.1.10.3. Aufhebung der Ausschreibung	122
5.1.11. Vergaberechtlicher Rechtsschutz	122
5.1.12. Sonderregelung für die Sektoren	123
5.1.13. Andere EU-Mitgliedsstaaten	125
5.2. Europäische Union – PHARE und TACIS Programm	126
5.2.1. Grundlage und Zielsetzung des PHARE-Programms	126
5.2.2. Auftragvergabe bei PHARE-Projekten	127
5.2.3. Rechtsschutz des Bieters	130
5.2.4. Besonderheiten des TACIS-Programms	131
5.3. Vergabeverfahren für Aufträge im Ausland	131
5.3.1. Einführung	131
5.3.2. Nationalstaatliches Beschaffungsverfahren	132
5.3.3. Das UNCITRAL Modellgesetz	134
5.3.4. Die Allgemeine Beschaffungsvereinbarung (General Procurement Agreement – GPA) der WTO	135
5.3.5. Beschaffungsregeln aus Entwicklungshilfe	136
5.3.5.1. Weltbank	136
5.3.5.2. Die regionalen Entwicklungsbanken	139
5.3.5.3. Das übrige UN-System	139
5.3.5.4. Die Europäische Kommission	139
5.3.5.5. Nationale Entwicklungshilfe – Kreditanstalt für Wiederaufbau	140
5.4. Korruptionsprävention	141
5.4.1. Darstellung des Problems	141
5.4.2. Korruptionsprävention durch die OECD-Konvention von 1997	142
5.4.3. Das Hong Kong ACP Modell	143
5.4.4. Korruptionsprävention bei Entwicklungshilfe	145
5.4.4.1. Nationale Entwicklungsprogramme	145
5.4.4.2. Entwicklungshilfe durch die EU	146
5.4.4.3. Entwicklungshilfe durch die Weltbank und die Regionalbanken	146
5.4.5. Korruptionsvermeidende Praktiken	147

Inhaltsverzeichnis

	Seite
5.4.6. Initiativen der Industrie	148
5.4.7. Vorschläge zur Korruptionsprävention von Transparency International – TI	150

6. Teil. Projektfinanzierung

	Seite
6.1. Überblick	157
6.1.1. Definition der Projektfinanzierung	157
6.1.2. Strukturierung der Verträge einer Projektfinanzierung	160
6.1.3. Gründe für Projektfinanzierungen	162
6.1.4. Projektrisiken	166
6.2. Bankkredite	175
6.2.1. Einführung und allgemeine Rechtsfragen	175
6.2.1.1. Angebot – Annahme – *consideration*	176
6.2.1.2. Rechtspersönlichkeit – *contractual capacity* – des Vertragspartners	177
6.2.1.3. Vollmacht – *power of attorney*	178
6.2.1.3.1. Deutsches Recht	178
6.2.1.3.2. Englisches Recht	178
6.2.1.4. Form- und Eintragungserfordernisse	180
6.2.1.4.1. Deutsches Recht	180
6.2.1.4.2. Englisches Recht	180
6.2.1.5. Besonderheiten des englischen Rechts	181
6.2.1.5.1. *Breach of contract* und *specific performance*	181
6.2.1.5.2. *Privity of contract*	181
6.2.1.5.3. Keine Trennung von schuldrechtlichem Geschäft und Verfügung	181
6.2.1.5.4. Vertragsauslegung	182
6.2.2. Beratungsvertrag – *mandate letter*	182
6.2.3. Finanzierungsvorschlag – *term sheet*	184
6.2.4. Zusicherungsschreiben – *letter of information*	185
6.2.5. Zusageschreiben – *commitment letter* – Absichtserklärung – *letter of intent*	185
6.2.5.1. Zusage gegenüber der Kreditnehmerin	185
6.2.5.2. Zusage gegenüber Arrangerbank bei Kreditkonsortien – Unterbeteiligungen	186
6.2.5.3. Finanzierungsbestätigung und Absichtserklärung – *letter of intent*	186
6.2.6. Darlehnsvertrag – *loan agreement*	187
6.2.6.1. Vertragstechnik bei Projektfinanzierungen	187
6.2.6.2. Inhalt und Struktur des Darlehnsvertrages	188
6.2.6.3. Vertragsparteien	189
6.2.6.4. Vertragszweck	189
6.2.6.5. Definitionen	190
6.2.6.5.1. Englisches Recht	190
6.2.6.5.1.1. Projektfertigstellung – *project completion*	190
6.2.6.5.1.2. Finanzkennzahlen – *coverage and other financial ratios*	191
6.2.6.5.1.3. LIBOR bzw. EUROLIBOR	192
6.2.6.5.2. Deutsches Recht	193
6.2.6.6. Hauptleistungspflichten – *financial terms*	193
6.2.6.6.1. Darlehnsgeber	193
6.2.6.6.2. Darlehnsnehmer	195
6.2.6.6.2.1. Zinszahlungspflicht	195
6.2.6.6.2.2. Entgelte – *fees*	198
6.2.6.6.2.3. Rückzahlungspflicht	199
6.2.6.6.2.4. Vorzeitige Rückzahlung	200
6.2.6.6.2.5. Margenschutzbestimmung – *margin protection clauses*	201
6.2.6.6.2.6. Kostenklauseln	202

Inhaltsverzeichnis

	Seite
6.2.6.6.3. Zahlungsmodalitäten	203
6.2.6.6.4. Änderung der Hauptleistungspflichten	203
6.2.6.7. Zusicherungen – *representations and warranties*	203
6.2.6.7.1. Englisches Recht	203
6.2.6.7.2. Deutsches Recht	205
6.2.6.8. Auszahlungsvoraussetzungen – *conditions precedent*	205
6.2.6.9. Positive und negative Nebenleistungspflichten – *affirmative and negative covenants and undertakings*	209
6.2.6.9.1. Englisches Recht	209
6.2.6.9.2. Deutsches Recht	214
6.2.6.10. Kündigung – *default*	217
6.2.6.10.1. Deutsches Recht	217
6.2.6.10.2. Englisches Recht	220
6.2.6.10.3. Funktion der Rechte bei Vertragsverletzungen	223
6.2.6.11. Sonstige Vorschriften	224
6.2.6.11.1. Einbeziehung der AGB Banken	224
6.2.6.11.2. Aufrechnung	224
6.2.6.11.3. Abtretungsverbot für den Darlehnsnehmer	224
6.2.6.11.4. Syndizierungsklausel	225
6.2.6.11.5. Leistungs- und Erfüllungsort	225
6.2.6.11.6. Anwendbares Recht – *choice of law*	226
6.2.6.11.7. Zustimmung zu Vertragsabweichungen – *waivers* – und Vertragsänderungen – *amendments*	228
6.2.6.11.8. Salvatorische Klausel	229
6.2.6.11.9. Bestimmungen nach § 8 GWG	229
6.2.6.12. Unterschriften	229
6.2.6.13. Anlagen – *schedules*	230
6.2.6.14. Ausfertigung des Darlehnsvertrages – *execution of documents*	230
6.3. Formen der Beteiligung mehrerer Kreditgeber – Syndizierung	230
6.3.1. Einführung	230
6.3.2. Verkaufsprospekt – *information memorandum*	233
6.3.3. Beteiligungsvertrag bei Innenkonsortium – *participation agreement*	234
6.3.4. Konsortialkredit	235
6.3.4.1. Konsortialvertrag – *inter-creditor-agreement*	235
6.3.4.2. Konsortialkreditvertrag – *syndicated loan agreement*	236
6.3.4.3. Sicherheiten-Poolvertrag – *security trust agreement*	237
6.4. Vollständige und teilweise Übertragung von Darlehnsrisiken	239
6.4.1. Abtretung bzw. Vertragsübernahme – *legal* und *equitable assignment*	239
6.4.2. Novation	240
6.5. Islamic Banking	241
6.5.1. Islamic Banking als Wachstumsmarkt	241
6.5.2. Islamisches Recht und Islamische Banken	242
6.5.3. Islamische Finanzierungen	244
6.5.3.1. Strukturierung und Rechtswahl	244
6.5.3.2. Exportfinanzierung: *murabaha*	245
6.5.3.3. Private Equity: *musharaka*	247
6.5.3.4. Leasing: *ijara*	248
6.5.3.5. Projektfinanzierung: *istisna*	249

7. Teil. Garantien und Sicherungsrechte im Projektgeschäft

7.1. Überblick	251
7.2. Rechtliche Sicherungstypen	252
7.2.1. Bürgschaft	252
7.2.2. Garantie	253
7.2.3. Patronatserklärung	255

Inhaltsverzeichnis

	Seite
7.3. Wichtige Klauseln in Garantien und Bürgschaften	256
7.4. Öffentliche Garantien/Bürgschaften	257

8. Teil. Vorsorge für ausreichenden Rechtsschutz im Konfliktfall

8.1. Keine besondere Rechtswegvereinbarung: zuständig staatliches Gericht	261
8.1.1. Vor- und Nachteile der staatlichen Gerichtsbarkeit in Deutschland	261
8.1.1.1. Keine freie Auswahl der Prozessbevollmächtigten	262
8.1.1.2. Kein Einfluss auf die Auswahl staatlicher Richter	262
8.1.1.3. Kein Einfluss auf den Ablauf des Gerichtsverfahrens	263
8.1.1.4. Keine erschöpfende mündliche Verhandlung	263
8.1.1.5. Nur eingeschränkte Vergleichsmöglichkeiten	263
8.1.1.6. Störung zukünftiger Kooperation der Beteiligten	263
8.1.1.7. Hoher Streitwert gleich hohe Kosten	264
8.1.2. Mindestinhalt im Vertrag: Gerichtsstandvereinbarung	264
8.1.3. Nachteile bei Gerichtsstandvereinbarung mit einer ausländischen Partei	265
8.1.4. Vollstreckung staatlicher Urteile im Ausland nicht problemlos	265
8.1.5. Zwischenergebnis: Gerichtsstandvereinbarung nicht empfehlenswert	265
8.1.6. Ausschluss ausländischer Gerichtsstände durch völkerrechtliche Investitionsschutzabkommen	266
8.2. Geeignete Rechtsschutzform: nationale und internationale Schiedsgerichtsbarkeit	267
8.2.1. Vorteile der Schiedsgerichtsbarkeit	267
8.2.1.1. Freie Auswahl der Verfahrensbevollmächtigten	267
8.2.1.2. Freiheit bei der Bildung des Schiedsgerichts	267
8.2.1.3. Parteiherrschaft über die Durchführung des Schiedsverfahrens	268
8.2.1.4. Vereinbarungen über die Kosten des Schiedsverfahrens	268
8.2.1.5. Ausführliche mündliche Verhandlung vor dem Schiedsgericht	269
8.2.1.6. Bessere Chancen für den Abschluss eines Vergleichs	269
8.2.1.7. Vollstreckung von Schiedssprüchen ist weltweit gesichert	269
8.2.1.8. Wahlmöglichkeit für einstweiligen Rechtsschutz durch staatliches Gericht oder durch Schiedsgericht	270
8.2.2. Zustimmung des Versicherers zu Schiedsvereinbarung und/oder Schiedsinstitutionen notwendig oder empfehlenswert	270
8.2.3. Ad hoc-Schiedsgericht oder institutionelles Schiedsgericht	271
8.2.3.1. Entscheidung für ein ad hoc-Schiedsverfahren	272
8.2.3.2. Entscheidung für die institutionelle Schiedsgerichtsbarkeit	272
8.2.3.3. Vorteile der institutionellen Schiedsgerichtsbarkeit	272
8.2.4. Auswahl einer Schiedsgerichtsinstitution	273
8.2.4.1. Deutsche Institution für Schiedsgerichtsbarkeit e. V. – DIS	274
8.2.4.2. ICC – International Court of Arbitration	274
8.2.4.3. The London Court of International Arbitration – LCIA	275
8.2.4.4. The International Centre for Settlement of Investment Disputes – ICSID	275
8.2.4.5. Rechtsschutz durch die Multilaterale Investitions Garantie Agentur – MIGA	276
8.2.5. Nacheinanderschaltung von Schlichtungsverfahren/Mediation und Schiedsverfahren möglich	276
8.3. Inhalt einer Schiedsvereinbarung	277
8.3.1. Die Schiedsvereinbarung muss umfassend sein	277
8.3.2. Anzahl der Schiedsrichter	278
8.3.3. Bestimmung des „Sitzes" für das Schiedsgericht	278
8.3.4. Sprache des Schiedsverfahrens	278
8.3.5. Festlegung des materiellen Rechts	278
8.3.6. Kostenregelung	279
8.3.7. Kein Ausschluss der Anfechtbarkeit	279
8.4. Musterklauseln	279
8.4.1. Muster einer Rechtswahl- und Gerichtsstandvereinbarung	279
8.4.2. Muster für eine ad hoc-Schiedsklausel	279

Inhaltsverzeichnis

	Seite
8.4.2.1. Deutsche Fassung	279
8.4.2.2. Englischer Text	280
8.4.3. Musterklauseln der Schiedsgerichtsinstitutionen	280
8.4.3.1. Musterklausel der DIS	280
8.4.3.2. Musterklausel der ICC	280
8.4.3.3. Musterschiedsklausel des LCIA	281
8.4.3.4. Musterklauseln der ICSID	281
8.4.4. Muster für vorgeschaltetes ICC-Schlichtungsverfahren	281
8.4.4.1. Vorgeschaltete ad hoc-Schlichtungsvereinbarung (deutsche Fassung)	281
8.4.4.2. Vorgeschaltete ad hoc-Schlichtungsvereinbarung (englische Fassung)	282
8.4.4.3. Vorgeschaltete ICC-Schlichtung (deutsche Fassung)	282
8.4.4.4. Vorgeschaltete ICC-Schlichtung (englische Fassung)	282

9. Teil. Projektdurchführung und Projektüberwachung

	Seite
Vorbemerkung	286
9.1. Liefer- und Leistungsumfang des Auftragnehmers	287
9.1.1. Leistungsbeschreibung	287
9.1.1.1. Technische Spezifikation	287
9.1.1.2. Normen und technische Vorschriften	288
9.1.1.3. Leistungsgarantien	289
9.1.2. Zuordnung von Sonderrisiken	290
9.1.3. Leistungsänderungen	290
9.1.3.1. Änderungsanordnungen des Auftraggebers	290
9.1.3.2. Änderungen auf Grund von außen einwirkender Ereignisse	291
9.1.3.3. Geltendmachung von Mehrforderungen	291
9.2. Mitwirkungspflichten des Auftraggebers	292
9.2.1. Beschaffung von Genehmigungen	292
9.2.2. Baustellenübergabe und sonstige Beistellungen	292
9.2.3. Allgemeine Informationspflichten	293
9.2.4. Folgen der Verletzung von Mitwirkungspflichten	293
9.3. Nebenpflichten des Auftragnehmers	294
9.3.1. Dokumentation	294
9.3.2. Schulung und Ausbildung/Einweisung	295
9.3.3. Versicherungen	295
9.4. Projektabwicklung und Organisation	296
9.4.1. Baustelle/Baustellenorganisation	296
9.4.2. Material, Transport und Anlieferung/Lagerung	296
9.4.3. Arbeitskräfte/Vertragssprache	296
9.4.4. Projektverantwortliche	297
9.4.5. Der beratende Ingenieur (Consulting Engineer)	297
9.4.6. Geheimhaltung/Vertraulichkeit	297
9.5. Leistungszeit, Verzug und Sanktionen	298
9.5.1. Vereinbarung der Leistungszeit	298
9.5.2. Verzug	299
9.5.3. Allgemeine Verzugsfolgen	299
9.5.4. Vertragsstrafe/Verzugspauschale	300
9.5.4.1. Zweck	300
9.5.4.2. Vertragliche Vereinbarung	300
9.5.4.3. Verwirkung der Vertragsstrafe	300
9.5.4.4. Vorbehalt der Vertragsstrafe	301
9.5.4.5. Gestörter Bauablauf/Zwischentermine	301
9.5.4.6. Verhältnis der Vertragsstrafe zum Schadensersatz	301
9.5.5. „Liquidated damages" und „penalty"	302
9.6. Qualifikationskontrolle vor Abnahme	302
9.6.1. Planprüfung	302
9.6.2. Materialprüfung	303

Inhaltsverzeichnis

	Seite
9.6.3. Arbeitsausführung	303
9.6.4. Ausführungsbegleitende Inspektionen in den Fertigungsstätten	303
9.6.5. Rechtliche Bedeutung der Qualitätsprüfung	303
9.6.6. Qualitätssicherungssysteme	304
9.6.7. Mängelbeseitigung vor Abnahme	304
9.7. Inbetriebsetzung/Inbetriebnahme. Abnahme und Übernahme, Eigentumsübergang	304
9.7.1. Inbetriebsetzung/Inbetriebnahme	305
9.7.2. Abnahme	306
9.7.2.1. Zeitpunkt	306
9.7.2.2. Abnahmebescheinigung	307
9.7.2.3. Rechtsfolgen der Abnahme	307
9.7.2.4. Vorläufige und endgültig Abnahme/Übernahme	308
9.7.2.5. Abnahmeverweigerung	308
9.7.2.6. Nutzung vor Abnahme	309
9.7.3. Übernahme der Anlage	310
9.7.4. Eigentumsübergang	310
9.8. Gewährleistung	310
9.8.1. Mangelhafte Anlagenerrichtung	310
9.8.1.1. Fehlerhafte Anlage	310
9.8.1.2. Mitverantwortung des Auftragnehmers	312
9.8.1.3. Verschärfung durch Garantieversprechen	313
9.8.1.4. Beurteilungszeitpunkt	314
9.8.2. Gewährleistungsrechte	314
9.8.2.1. Nachbesserung/Ersatzlieferung	314
9.8.2.2. Minderung/Leistungsponale	315
9.8.2.3. Weitergehender Schadensersatz	316
9.8.2.4. Wandlung	317
9.8.3. Gewährleistungsfristen	318
9.8.3.1. Beginn und Dauer	318
9.8.3.2. Hemmung/Unterbrechung	318
9.8.3.3. Verlängerung der Gewährleistungspflichten in Sonderfällen	319
9.8.4. Beweislast	319
9.8.5. Auslandsgeschäft	320
9.9. Höhere Gewalt (Force Majeure)	320
9.9.1. Begriff und Anwendungsbereich	320
9.9.2. Rechtsfolgen	321
9.9.2.1. Verzug/Unmöglichkeit	321
9.9.2.2. Mehrkosten	321
9.9.2.3. Vorzeitige Vertragsbeendigung bei höherer Gewalt	321
9.10. Kündigung	322
9.10.1. Freie Auftraggeberkündigung	322
9.10.2. Begründete Vertragsbeendigung durch den Auftraggeber	322
9.10.3. Kündigung aus wichtigem Grund	322
9.10.4. Rechtsfolgen vorzeitiger Vertragsbeendigung	323
9.10.5. Auslandsgeschäft	323
9.11. Allgemeine Haftung des Auftragnehmers und Haftungsbegrenzung	324
9.11.1. Haftungsgrundlagen	324
9.11.2. Schadensarten	325
9.11.3. Haftungsbegrenzungen	325
9.11.4. Verjährung	326
9.11.5. Freistellungsregelung	326
9.12. Schutzrechte	326
9.12.1. Formen der Schutzrechte	327
9.12.2. Vertragliche Bedeutung	327
9.12.2.1. Freistellung und Nutzungsrechteinräumung	327
9.12.2.2. Gewährleistung	328

Inhaltsverzeichnis

	Seite
9.13. Projektbegleitende Streitbeilegung	328
9.13.1. Mechanismen vertragsimmanenter Konfliktbeilegung	328
9.13.1.1. Ankündigungs- und Informationsregelungen	328
9.13.1.2. Verhandlungsmodelle	329
9.13.1.3. Einschaltung des Engineers	329
9.13.1.4. Schiedsgutachter	330
9.13.2. Alternative Streitbeilegung (Alternative Dispute Resolution)	330
9.13.3. Schiedsgericht	331
9.14. „Nachlaufende" Leistungspflichten des Auftragnehmers	331
9.14.1. Schulungs- und Ausbildungspflichten	331
9.14.2. Betriebsführung	332
9.14.3. Betriebsüberwachung	332
9.14.4. Wartung	332
9.15. Vergütung des Auftragnehmers	333
9.15.1. Pauschalpreisvertrag	333
9.15.2. Abgeltungsumfang des Pauschalpreises/Claim Management	334
9.15.3. Preisgleitklauseln	335
9.15.4. Devisen- und Währungsrisiko/Kurssicherung	335
9.15.5. Zahlungsbedingungen	335

10. Teil. Anforderungen des Außenwirtschaftsrechts an Projekte

10.1. Einführung	338
10.2. Übersicht über Verbote, Genehmigungen und Meldepflichten	341
10.2.1. Verbote	342
10.2.2. Genehmigungspflichten	343
10.2.3. Meldepflichten	346
10.3. Meldepflichten für Investitionen	347
10.3.1. Nach § 55 a. F. AWV	347
10.3.2. Nach §§ 56a und 58a AWV	347
10.3.3. Nach §§ 59, 62 AWV	348
10.4. Genehmigungsbedürftigkeit für Transfer von Gütern und Dienstleistungen	348
10.4.1. Die betroffenen Gemeinwohlbelange	348
10.4.2. Genehmigung von Ausfuhren (Art. 3,4 und 5 Dual Use VO)	352
10.4.3. Genehmigung von Verbringungen (Art. 19 Dual Use VO, § 7 AWV)	357
10.4.4. Genehmigung von knowhow und Dientsleistungstransfer (§§ 45, 45b AWV)	358
10.4.5. Verfahrenserleichterungen als Ausfluss der Außenhandelsfreiheit	360
10.5. Ersatz für Embargoschäden?	363
10.5.1. Haftung der EG aus Art. 288 Abs. 2 EG (Art. 215 Abs. 2 EGV)	364
10.5.2. Kriterien für bessere Erfolgsaussichten	365
10.6. Resumée	366

11. Teil. Zollrecht

11.1. System des internationalen Zollrechts	368
11.1.1. Prinzipien des Zolls	368
11.1.2. Staatsgebiet und Zollgebiet	368
11.1.3. Weltzollrecht	369
11.1.3.1. GATT/WTO	369
11.1.3.2. ECE	370
11.1.3.3. RZZ/WCO	370
11.2. Warenbewegungen über die EG-Zollgrenze	371
11.2.1. Zielsetzung und Rechtsgrundlagen	371
11.2.2. Verbringung von Waren aus dem Zollgebiet	372
11.2.2.1. Zollamtliche Überwachung	372
11.2.2.2. Ausfuhr	372
11.2.2.3. Die passive Veredelung	374

Inhaltsverzeichnis

	Seite
11.2.3. Einfuhr	375
11.2.3.1. Einfuhrüberwachung	375
11.2.3.2. Erhalt einer zollamtlichen Bestimmung	375
11.3. Verbringung von Waren in Drittlandszollgebiete	378
11.3.1. Zollamtliche Überwachung bei der Einfuhr	378
11.3.2. Zollverfahren ohne Entstehung einer Abgabenschuld	379
11.3.2.1. Transit (Carnet TIR)	379
11.3.2.2. Zolllager	380
11.3.3. Verzollung	381
11.3.3.1. Überführung in den zollrechtlich freien Verkehr	381
11.3.3.2. Bemessung der Abgabeschuld	383
11.3.3.3. Abweichungen von den Bemessungsregeln	387

12. Teil. Steuerfragen bei der Projektfinanzierung

12.1. Problemstellung	390
12.2. Gang der Darstellung	392
12.3. Steuerliche Aspekte der Projektgesellschaft	392
12.3.1. Vorbemerkung	392
12.3.2. Kapitalgesellschaft als Projektgesellschaft	393
12.3.2.1. Besteuerung der Projektgesellschaft in Deutschland	393
12.3.2.1.1. Allgemeines zur Besteuerung	393
12.3.2.1.2. Ermittlung der Besteuerungsgrundlagen	395
12.3.2.1.3. Gesellschafterfremdfinanzierung (§ 8a KStG)	398
12.3.2.1.3.1. Einzelheiten der Regelung	399
12.3.2.1.3.2. Praktische Auswirkungen der Regelung auf die Projektfinanzierung	402
12.3.2.1.4. Verlustnutzung bei Kapitalgesellschaften	403
12.3.2.1.4.1. Verlustnutzung für Körperschaftsteuerzwecke	404
12.3.2.1.4.2. Verlustnutzung für Gewerbesteuerzwecke	404
12.3.2.1.4.3. Verlustnutzung durch die steuerliche Organschaft	405
12.3.3. Personengesellschaft als Projektgesellschaft	407
12.3.3.1. Vorbemerkung	407
12.3.3.2. Allgemeines zur Besteuerung	407
12.3.3.3. Ermittlung der Besteuerungsgrundlagen	409
12.3.3.4. Besteuerung der atypisch stillen Gesellschaft	411
12.4. Steuerliche Aspekte beim Projektträger	413
12.4.1. Allgemeines	413
12.4.2. Besteuerung der Projektträger als Eigenkapitalgeber einer Projektkapitalgesellschaft	414
12.4.2.1. Beteiligung an einer inländischen Projektgesellschaft durch inländischen Projektträger	414
12.4.2.2. Beteiligung eines inländischen Projektträgers an einer ausländischen Projektgesellschaft	415
12.4.2.2.1. Besteuerung der ausländischen Projektgesellschaft	415
12.4.2.2.2. Besteuerung des inländischen Projektträgers	416
12.4.2.3. Beteiligung eines ausländischen Projektträgers an inländischer Projektgesellschaft	417
12.4.2.3.1. Besteuerung des Projektträgers im Inland	417
12.4.2.3.2. Aspekte der Doppelbesteuerung	418
12.4.2.3.3. Besteuerung im Ausland	420
12.4.2.4. Beteiligung an einer Projektgesellschaft in Form einer Personengesellschaft	420
12.4.2.4.1. Vorbemerkung	420

Inhaltsverzeichnis

	Seite
12.4.2.4.2. Beteiligung eines inländischen Projektträgers an einer inländischen Projektgesellschaft	420
12.4.2.4.3. Beteiligung eines inländischen Projektträgers an einer ausländischen Projektgesellschaft	422
12.4.2.4.4. Beteiligung eines ausländischen Projektträgers an einer inländischen Projektgesellschaft	423
12.5. Steuerliche Aspekte bei den Kreditgebern	424
12.5.1. Vorbemerkung	424
12.5.2. Quellensteuer	424
12.5.3. Auswirkung der Gesellschafterfremdfinanzierung auf Kreditgeber	426
12.6. Steuerliche Aspekte beim Lieferanten	427
12.6.1. Vorbemerkung	427
12.6.2. Keine Beteiligung des Lieferanten an der Projektgesellschaft	427
12.6.2.1. Trennung von Offshore- und Onshore-Leistungen	428
12.6.2.2. Kooperationsformen der Lieferanten	428
12.6.2.2.1. General-/Subunternehmer-Verhältnis	429
12.6.2.2.2. Konsortium	429
12.6.2.2.3. Arbeitsgemeinschaft (ARGE)	430
12.6.2.3. Betriebsstättenbesteuerung	430
12.6.2.4. Steuerliche Aspekte des Know-How Transfers	432
12.6.2.5. Steuerklausel/Steuerüberwälzungsklausel	432
12.6.3. Beteiligung des Lieferanten an der Projektgesellschaft	433
12.6.3.1. Verrechnungspreise aus steuerlicher Sicht	434
12.6.3.2. Fremdvergleich	434
12.6.3.3. Standardmethoden zur Verrechnungspreisbestimmung	435
12.6.3.3.1. Preisvergleichsmethode (comparable uncontrolled price method)	435
12.6.3.3.2. Wiederverkaufspreismethode (resale price method)	435
12.6.3.3.3. Kostenaufschlagsmethode (cost plus method)	435
12.6.3.4. Anwendung der Methoden	435
12.7. Schlussbemerkung	436

13. Teil. Rechnungslegung und Bilanzierung

13.1. Vorbemerkung	438
13.2. Grundlagen der Bilanzierung	439
13.2.1. Rechtliche und wirtschaftliche Grundlagen	439
13.2.1.1. Geltende Rechtsvorschriften	439
13.2.1.2. Kriterien zur Einordnung von Projektgesellschaften	439
13.2.2. Rechnungslegung innerhalb von Projektgesellschaften	440
13.2.2.1. Vorbemerkung	440
13.2.2.2. Inhalt der Bilanz der Projektgesellschaft	441
13.2.2.3. Inhalt der Gewinn- und Verlustrechnung	443
13.2.2.4. Ausweisfragen	443
13.2.3. Rechnungslegung im Partnerunternehmen	444
13.2.3.1. Bilanzierung des Anteils am joint venture	444
13.2.3.2. Bewertung	446
13.3.3.3. Gewinne und Verluste	447
13.2.3.4. Umsatz- und Ergebnisausweis	449
13.2.3.5. Anhang und Lagebericht	449
13.2.3.6. Schuldrechtliche Beziehungen	450
13.2.3.7. Bilanzierung im Konzernabschluss	451
13.3. Internationale Rechnungslegung	453
13.3.1. Unterschied zum deutschen Recht	453
13.3.2. Einbeziehung in den Konzernabschluss	454
13.4. Einzelfragen	455
13.4.1. Langfristige Auftragsfertigung	455

Inhaltsverzeichnis

	Seite
13.4.2. Kapitalflussrechnungen	457
13.4.3. Währungsumrechnung	458
13.4.3.1. Fremdwährungsgeschäfte im Einzelabschluss (foreign currency transactions)	458
13.4.3.2. Umrechnung von in Fremdwährung erstellten Jahresabschlüssen (foreign currency translation)	459
13.4.3.3. Bilanzierung von Deckungsgeschäften	460
13.4.4. Leasing	460
13.4.5. Stellung von Sicherheiten und Haftung	461
13.4.6. Sonstige	463
13.5. Bilanzpolitik	464
13.6. Prüfung von Projektgeschäften	465
13.6.1. Berücksichtigung im Rahmen der Jahresabschlussprüfung	465
13.6.2. (Gesonderte) Prüfung der Projektgesellschaft	465

14. Teil. Arbeitsrecht

14.1. Arbeitsverträge und Arbeitsverhältnisse	470
14.1.1. Anwendbares Recht (Art. 30 EGBGB)	470
14.1.1.1. Der Arbeitnehmerschutzgedanke nach Art. 30 Abs. 1 EGBGB	470
14.1.1.2. Das Arbeitsstatut nach Art. 3 Abs. 2 EGBGB	470
14.1.1.3. Die Fortgeltung von Betriebsvereinbarungen und betrieblichen Regelungen	471
14.1.1.4. Tarifliche Regelungen und ihre Bedeutung für die Vertragsgestaltung und -durchführung	471
14.1.2. Rechtswahl und Kollisionsnorm/en (Art 27, 34 EGBGB)	471
14.1.2.1. Voraussetzungen der Rechtswahl	471
14.1.2.2. Einschränkungen der Rechtswahl	473
14.1.2.3. Der ordre public-Gedanke (Art. 30 Abs. 2 Satz 2 EGBGB)	473
14.1.2.4. Zwingende Bestimmungen (Art. 278 Abs. 3 EGBGB)	474
14.1.2.5. Art. 34 EGBGB	474
14.1.3. Gerichtsstandvereinbarungen	476
14.2. Relevante EU-Vorschriften zu Auslandtätigkeiten	476
14.2.1. Die Entsende-Richtlinie	476
14.2.2. Die freie Wahl des Arbeitsverhältnisses	477
14.2.3. Die Bedeutung des Gleichbehandlungsgrundsatzes	477
14.3. Beurteilung der Vertragsbeziehungen zwischen Mitarbeiter und entsendendem Unternehmen/Stammhaus	477
14.3.1. Vertragsgestaltungen und -arten bei Auslandstätigkeiten	478
14.3.1.1. Vorübergehende Entsendung/Versetzung	478
14.3.1.1.1. (langfristige) Dienstreise	478
14.3.1.1.2. Abordnungsvertrag	478
14.3.2.1.2.1. Montagetätigkeit	479
14.3.1.2.2.2. Projektaufgaben	479
14.3.2. Längerfristige Entsendungen/Versetzungen	479
14.3.2.1. Notwendige vertragliche Regelungen mit dem Stammhaus	480
14.3.2.2. Der Anstellungsvertrag mit der lokalen Gesellschaft	481
14.3.3. Die vertraglichen Hauptpflichten	482
14.3.3.1. ... des Arbeitgebers	482
14.3.3.1.1. Vergütungsanspruch	482
14.3.3.1.2.1. Entgeltzahlung	482
14.3.3.1.2.2. Aufwandsentschädigung	483
14.3.3.1.2. Fürsorgepflichten	484
14.3.3.1. ... des Arbeitnehmers	484
14.3.3.2.1. Arbeits- und Leistungsverpflichtung	484
14.3.3.2.1.1. Nach Art und Inhalt der Leistung	484

	Seite
14.3.3.2.1.2. Leistungsort und Arbeitszeit	485
14.3.3.2.1.3. Konkrete Leistungsbestimmung nach Vertrag	487
14.3.3.2.2. Auswirkungen und Direktionsrecht des Arbeitgebers auf Vertragsinhalte und deren Durchführung	487
14.3.3.2.2.1. Fragen zur Dauer und Befristung von Arbeitsverhältnissen	487
14.3.3.2.2.2. Versetzung und Rückkehrklauseln	488
14.3.3.2.2.3. Weisungsrechte in der Projektdurchführung	488
14.3.4. Vertragliche Nebenpflichten und typische Vertragsinhalte – „Entsendungspaket"	489
14.3.4.1. Persönliche Verpflichtungen des Arbeitnehmers	489
14.3.4.1.1. Qualifikation und Weiterbildung – know-how-Transfer	490
14.3.4.1.2. Berichterstattungpflichten	490
14.3.4.2. Typische vertragliche Leistungen des Arbeitgebers	490
14.3.5. Leistungsstörungen und deren rechtliche Auswirkungen	492
14.3.5.1. Erfüllungs- und Durchführungshindernisse	492
14.3.5.1.1. in der Person des Arbeitnehmers	492
14.3.5.1.2. Projektrisiken	492
14.3.5.2. Beendigungsgründe und Folgen	493
14.3.5.2.1. Arbeitnehmer- und Arbeitgeberkündigung	493
14.3.5.2.2. Befristung, Projektbeendigung und Aufhebungsvereinbarung	495
14.3.5.2.3. Sonstige Gründe	497
14.3.5.2.4. Auswirkungen auf vertragliche Haupt- und Nebenpflichten	497
14.3.5.2.4.1. Finanzielle Abwicklung des Vertrages	497
14.3.5.2.4.2. Vertragliche Anrechnungsklausel	498
14.3.5.2.4.3. Wiedereinstellungszusagen/Rückkehrgarantie	499
14.3.5.2.5. Sonderfälle: Sozialplan im Stammhaus, Betriebsübergang, Rechtsänderungen bei entsendendem Arbeitgeber	499
14.3.6. Arbeitsvertragliche Regelungen und Besonderheiten bei Versetzungen	500
14.3.7. Vertragliche Sonderformen bei Auslandseinsätzen	500
14.4. Exkurs: Mitbestimmung bei Entsendung ins Ausland	501
14.4.1. Betriebliche Mitbestimmung	501
14.4.1.1. Funktionen und Aufgaben des Betriebsrates	502
14.4.1.2. Die Rolle des Sprecherauschusses	502
14.4.2. Die Bedeutung des Eurobetriebsrates	503
14.5. Konsequenzen des Steuerrechts bei Auslandstätigkeiten	503
14.6. Deutsches Sozialversicherungsrecht: die soziale Absicherung des Arbeitnehmers	504
14.6.1. EU-Recht und bilaterale Abkommen	505
14.6.2. Vertragliche (Ergänzungs-)Regelungen und Versicherungsschutz	508

15. Teil. Versicherungsrechtliche Fragen

15.1. Versicherungsschutz als Teil des Risikomanagements	511
15.2. Analyse der Intereressenlage der Beteiligten	512
15.2.1. Bestellerfunktion	513
15.2.2. Auftragnehmerfunktion	513
15.2.3. Planungsfunktion	514
15.2.4. Betreiberfunktion	514
15.2.5. Finanzierungsfunktion	515
15.2.6. Exkurs: Typische Deckungsmodelle	515

Inhaltsverzeichnis

	Seite
15.3. Allgemeine Betriebshaftpflichtversicherung	516
15.3.1. Versicherungsumfang	516
15.3.2. Versicherte Interessen	518
15.3.3. Versicherungsdauer	519
15.3.4. Versicherungsentschädigung	520
15.3.5. Wesentliche Versicherungsausschlüsse und Versicherungserweiterungen	520
15.4. Planungshaftpflichtversicherung	523
15.5. Umwelthaftpflichtversicherung	524
15.6. Patenthaftpflichtversicherung	524
15.7. Transportversicherung	525
15.7.1. Versicherungsumfang	526
15.7.2. Versicherte Interessen	527
15.7.3. Versicherungsdauer	527
15.7.4. Versicherungsentschädigung	527
15.7.5. Wesentliche Versicherungsausschlüsse und Erweiterungen	528
15.7.6. „Institute Cargo Clauses"	529
15.7.7. Transportbetriebsunterbrechungsversicherung	529
15.8. Montageversicherung	531
15.8.1. Versicherungsumfang	532
15.8.1.1. Versicherte Sachen	532
15.8.1.2. Versicherte Gefahren	534
15.8.1.3. Versicherungsort	535
15.8.1.4. Versicherungssumme	535
15.8.2. Versicherte Interessen	536
15.8.3. Versicherungsdauer	536
15.8.4. Versicherungsentschädigung	538
15.8.5. Wesentliche Versicherungsausschlüsse und Erweiterungen	541
15.9. Bauleistungsversicherung	543
15.9.1. Versicherungsumfang	543
15.9.1.1. Versicherte Sachen	543
15.9.1.2. Versicherte Gefahren	544
15.9.1.3. Versicherungsort	544
15.9.1.4. Versicherungssumme	545
15.9.2. Versicherte Interessen	545
15.9.3. Versicherungsdauer	545
15.9.4. Versicherungsentschädigung	546
15.9.5. Wesentliche Versicherungsausschlüsse und Erweiterungen	547
15.9.6. Problematik: Abgrenzung der Bauleistungs- zur Montageversicherung	548
15.10. International übliche Modelle	548
15.10.1. Sachrisiken	550
15.10.1.1. Versicherungsumfang	550
15.10.1.2. Versicherte Interessen	551
15.10.1.3. Versicherungsdauer	551
15.10.1.4. Versicherungsentschädigung	551
15.10.1.5. Wesentliche Versicherungsausschlüsse und Erweiterungen, insbesondere des Herstellerrisikos	552
15.10.1.6. Deckungserweiterung für Schäden nach Abnahme	556
15.10.2. Projekthaftpflichtrisiken	557
15.10.3. Betriebsunterbrechungsrisiken	558
15.10.3.1. Versicherungsumfang	558
15.10.3.2. Versicherte Interessen	559
15.10.3.3. Versicherungsentschädigung	560
15.10.4. Stillstandsdeckungen	560
15.11. Versicherung in der Betreiberphase	561
15.11.1. Haftpflichtversicherung	561
15.11.2. Sachrisiken	561
15.11.2.1. Feuerversicherung	561

Inhaltsverzeichnis

	Seite
15.11.2.2. Maschinenversicherung	562
15.11.2.3. „Industrial All Risk" Versicherung	564
15.11.2.4. Betriebsunterbrechungsversicherungen	564
15.12. Alternativer Risikotransfer	565
15.13. Überlegungen zum Design eines projektbezogenen Versicherungsprogrammes	566
15.13.1. Versicherungsnehmer	566
15.13.2. Projekthaftpflichtversicherungsschutz	566
15.13.3. Anforderungen an die Versicherung von Montage- und Bauleistungsrisiken	567
15.13.4. Wahl des Versicherers	568
15.13.5. Prämien	570
15.13.6. Berater	571
15.13.7. Umgang mit den Versicherungsanforderungen der FIDIC	571

16. Teil. Investitionsschutz

16.1. Vorbemerkung	573
16.1.1. Politische Risiken	573
16.1.2. Auslandsinvestitionen	574
16.1.3. Investitionsschutz	575
16.2. Völkerrechtlicher Schutz	575
16.2.1. Stand des Völkerrechts	575
16.2.1.1. Diplomatischer Schutz	576
16.2.1.2. Investitionsschutzverträge	577
16.2.1.2.1. Multilaterale Abkommen	577
16.2.1.2.2. Bilaterale Abkommen	578
16.2.1.3 Handels- und Niederlassungsabkommen	579
16.3. Nationale Gesetzgebung	580
16.3.1.1. Verfassungsschutz	580
16.3.1.2. Nationale Investitionsgesetze	581
16.4. Vertragliche Vereinbarungen	581

17. Teil. Umweltschutz

17.1. Einleitung: Umweltauswirkungen von Projekten, Bedeutung des Umweltschutzes für Projekte	584
17.2. Grundlagen des Umweltschutzes	585
17.2.1. Umweltschutz, Umweltpolitik, Umweltrecht	585
17.2.2. Umwelt und internationale Beziehungen	586
17.2.3. Ökonomie und Ökologie	587
17.3. Rechtliche Anforderungen des Umweltschutzes	588
17.3.1. Die maßgeblichen Rechtsordnungen	588
17.3.2. Das Investitionsland – typische Strukturen einer Umweltrechtsordnung	590
17.3.3. Das Exportland – deutsche und europäische Anforderungen beim Export von Produkten, Technologie sowie bei Vorhaben der Entwicklungshilfe	594
17.3.4. Völkerrechtliche Vorgaben	596
17.3.5. Die Durchsetzung des Umweltschutzes im Lomé (Cotonou)-Abkommen	597
17.3.6. Umweltrechtliche Vorgaben wichtiger Finanzierungsträger	600
17.3.7. Internationale Selbstregulierung	601
17.4. Umweltschutz im Projekt	602
17.4.1. Die Sicherung der Umweltverträglichkeit im Projektablauf	602
17.4.2. Verantwortung für Umweltverträglichkeit	602
17.4.3. Fachkompetenz für Umweltschutz	602
17.4.4. Umweltplanung	603
17.4.5. Organisation und Zuständigkeiten	603
17.4.6. Überwachung der Umweltverträglichkeit	604
17.4.7. Umweltschutz und Öffentlichkeit	604

Inhaltsverzeichnis

	Seite
17.5. Umwelthaftung von Finanzierungsträgern/Schutz des Finanzierungsträgers gegen finanzielle Folgen von Umweltverstößen der Projektgesellschaft	606
17.5.1. Umweltschäden und Umwelthaftung	606
17.5.2. Projektgestaltung im Hinblick auf Schadens- und Haftungsbegrenzung	607
17.5.3. Vertragliche Gestaltungsmöglichkeiten, Umweltklauseln	607
17.5.4. Zusammenfassung: Die Umwelthaftung von Finanzierungsträgern	608
Stichwortverzeichnis	609

Abkürzungsverzeichnis

AA	Auswärtiges Amt
a. A	anderer Ansicht
a. a. O	am angegebenen Ort
ABlEG u. Abl.	Amtsblatt der Europäischen Gemeinschaften
ABS	*Asset backed Securities*
Abs.	Absatz
ABU	Allgemeine Bedingungen für die Bauwesenversicherung von Unternehmerleistungen
AcP	Archiv für die civilistische Praxis (ZSchr.)
ADB	*Asian Development Bank*, Manila
ADFAED	*Abu Dhabi Fund for Arab Economic Development*, Abu Dhabi
ADS	Allgemeine Deutsche Seeversicherungsbedingungen
a. E.	am Ende
a. F.	alte Fassung
AFESD	*Arab Fund for Economic and Social Development*, Kuwait
AG	Aktiengesellschaft
	Die Aktiengesellschaft (ZSchr.)
	Amtsgericht
AGA – Report	Ausfuhr Gewährleistungen Aktuell (Hermes)
AGB	Allgemeine Geschäftsbedingungen
AGBG	Gesetz zur Regelung des Rechts der Allgemeinen Geschäftsbedingungen
AHK	Außenhandelskammer
AJIL	*American Journal of International Law* (ZSchr.)
AktG	Aktiengesetz
AL	Ausfuhrliste
AllER	*All England Law Report*
allgM	allgemeine Meinung
ALOP	*Advanced Loss of Profit* Versicherung
Alt.	Alternative
AMoB	Allgemeine Montageversicherungs Bedingungen
a. M.	anderer Meinung
Amtl.Begr.	Amtliche Begründung
AN	Arbeitnehmer
Ang.	Angebot
Anh.	Anhang
Anm.	Anmerkung
AO	Abgabenordnung
AöR	Archiv für öffentliches Recht (ZSchr.)
ArbG	Arbeitsgericht
ArbSchG	Arbeitsschutzgesetz
ARB	Accounting Research Bulletins (früherer Standard der Rechnungslegung in den USA, zum Teil noch heute gültig)
ArbuR	Arbeit und Recht (ZSchr.)
Arge	Arbeitsgemeinschaft Entwicklungsländer, Berlin
Art.	Artikel
ASA	Ausfuhrausschuss
ASIL	*American Society of International Law*
AT	Allgemeiner Teil
ATLAS	Automatisiertes Tarifierungs- und lokales Abfertigungssystem (Zoll)
AUB	Allgemeine Unfall-Versicherungsbedingungen

Abkürzungsverzeichnis

Aufl.	Auflage
AuR	Arbeit und Recht (ZSchr.)
ausdrl.	ausdrücklich
AuslInvG	Auslandsinvestitionsgesetz
AVR	Archiv des Völkerrechts (ZSchr.)
AWG	Außenwirtschaftsgesetz
AW-Prax	Außenwirtschaftliche Praxis (ZSchr.)
AWR	Außenwirtschaftsrecht
AWV	Außenwirtschaftsverordnung
BABl	Bundesarbeitsblatt
BAD	Afrikanische Entwicklungsbank, Abidjan
BADEA	Arabische Bank für wirtschaftliche Entwicklung in Afrika, Khartoum
BAFA	Bundesausfuhramt, Eschborn
BAG	Bundesarbeitsgericht
BAGE	Entscheidungen des Bundesarbeitsgerichts
BAK	Bundesaufsichtsamt für das Kreditwesen
BAnz	Bundes Anzeiger
BaustellenVO	Baustellenverordnung
BAV	Bundesaufsichtsamt für das Versicherungswesen
baw	bis auf weiteres
BAW	Bundesamt für Wirtschaft, Eschborn
BB	Betriebs-Berater (ZSchr.)
BBG	Bundesbeamtengesetz
BBk.	Deutsche Bundesbank
Bd.	Band
BDI	Bundesverband der Deutschen Industrie e. V., Berlin
Bed.	Bedingungen
Begr.	Begründung
Beil.	Beilage
Bek.	Bekanntmachung
ber.	berichtigt
bes.	besonders
Beschl.	Beschluss
betr.	betreffend
BetrAVG	Gesetz zur Verbesserung der betrieblichen Altersversorgung
BetrVG	Betriebsverfassungsgesetz
bfai	Bundesstelle für Außenhandelsinformationen, Köln
BFH	Bundesfinanzhof
BFHE	Sammlung der Entscheidungen des Bundesfinanzhofs
BGB	Bürgerliches Gesetzbuch
BGBl	Bundesgesetzblatt
BGH	Bundesgerichtshof
BGHZ	Entscheidungen des Bundesgerichtshofs in Zivilsachen
BHO	Bundeshaushaltsordnung
BID	Interamerikanische Entwicklungsbank
BIZ	Bank für internationalen Zahlungsausgleich, Basel
BKA	Bundeskriminalamt, Wiesbaden
BKR	Baukoordinierungsrichtlinie 90/531/EWG
BLI	*Business Law International* (ZSchr.)
BLJ	*Banking Law Journal* (ZSchr.)
BMF	Bundesministerium der Finanzen
BMI	Bundesministerium des Inneren
BMJ	Bundesministerium der Justiz
BMWi	Bundesministerium für Wirtschaft und Technologie
BMVg	Bundesministerium der Verteidigung
BMZ	Bundesministerium für Entwicklung und Zusammenarbeit
BND	Bundesnachrichtendienst, Pullach

Abkürzungsverzeichnis

BOL	*Build, operate, lease*
BOO	*Build, operate, own*
BOOM	*Build, own, operate, maintain*
BOOST	*Build, own, operate, subsidise, transfer*
BOOT	*Build, own, operate, transfer*
BOT	*Build, operate, transfer*
BReg.	Bundesregierung
BRDrucks.	Bundesratsdrucksache
BRT	*Build, rent, transfer*
BSP	Bruttosozialprodukt
BSG	Bundessozialgericht
BSGE	Entscheidungen des Bundessozialgerichts
Bsp.	Beispiel
BStBl	Bundessteuerblatt
BT	Bundestag
BTDrucks.	Bundestags Drucksache
BVerfG	Bundesverfassungsgericht
BVerfGE	Entscheidungen des Bundesverfassungsgerichts
Buchst.	Buchstabe
BVerwG	Bundesverwaltungsgericht
BVerwGE	Entscheidungen des Bundesverwaltungsgerichts
bzgl.	bezüglich
bzw.	beziehungsweise
ca.	circa
CA	*Court of Appeal*, England
CAR	*Contractors All Risk* Versicherung
CC	*Code Civil*, Frankreich
CDB	*Carribean Development Bank*, Barbados
CdC	*Code de Commerce*, Frankreich
CDG	Carl Duisberg Gesellschaft
CDI	*Center for the Development of Industry – Lomé*, Brüssel
cfr	*cost and freight*
ch	*chapter*
ChD	*High Court Chancery Division*, England
cif	*cost, insurance and freight*
cip	*carriage and insurance paid to . . .*
CISG	*Convention on the International Sale of Goods,* Wiener Übereinkommen von 1980 über das UN-Kaufrecht
cl	*clause*
CMLR	*Common Market Law Review* (ZSchr.)
CPA	Güterklassifikation in Verbindung mit den Wirtschaftszweigen
CPC	*Central Product Classification*, Vereinten Nationen
cpt	*carriage paid to . . .*
CPV	*Common Procurement Vocabulary* – Gemeinsames Vokabular für öffentliche Aufträge
DAC	Ausschuss für Entwicklungshilfe der OECD
daf	*delivered at frontier*
DB	Der Betrieb (ZSchr.)
DBA	Doppelbesteuerungsabkommen
DBFO	*Design – build – finance – operate*
DBOM	*Design – build – operate – maintain*
DBOT	*Design – build – operate – transfer*
DC	*District Court*, USA
ddz	*Der Deutsche Zollbeamte* (ZSchr.)
ddu	*delivered duty unpaid*

XXXI

Abkürzungsverzeichnis

DEG	DEG Deutsche Investitions- und Entwicklungsgesellschaft mbH, Berlin
des	*delivered ex ship*
deq	*delivered ex quay*
dgl.	desgleichen
ders.	derselbe
DIHT	Deutscher Industrie- und Handelstag, Berlin
DIE	Deutsches Institut für Entwicklungspolitik; Berlin
dies.	dieselben
DIS	Deutsche Institution für Schiedsgerichtsbarkeit, Berlin/Bonn
Diss.	Dissertation
d. h.	das heißt
DLR	Dienstleistungsrichtlinie 92/50/EWG
DStBl	Deutsches Steuerblatt
DStR	Deutsches Steuerrecht (ZSchr.)
DStRE	Deutsches Steuerrecht Entscheidungen (ZSchr.)
DOT	*develop-own-transfer*
DÖV	Die öffentliche Verwaltung (ZSchr.)
DualUseVO	VO des Rates 3381/94 über eine Gemeinschaftsregelung der Ausfuhrkontrolle von Dual-Use-Gütern
DVAL	Deutscher Verdingungsausschuss für Leistungen – ausgenommen Bauleistungen
DVBl	Deutsches Verwaltungsblatt (ZSchr.)
DVO	Durchführungsverordnung
DZWiR	Deutsche Zeitschrift für Wirtschaftsrecht (ZSchr.)
EA	Europa-Archiv (ZSchr.)
EAR	*Erection All Risk* Versicherung
EIB	Europäische Investitionsbank, Luxemburg
EBRD	Europäische Bank für Wiederaufbau und Entwicklung, London
ECA	*Export Credit Agency*
ECU	*European Currency Unit*
EEF	Europäischer Entwicklungsfonds, Brüssel
EFA	Europäisches Forum für Außenwirtschaft, Verbrauchssteuern und Zoll e. V.
EFG	Entscheidungen der Finanzgerichte
EG	Europäische Gemeinschaften Einführungsgesetz
EGAbfVerbrVO	VO des Rates EG/259/93 zur Überwachung und Kontrolle in der, in die und aus der EG
EG-Abl.	EG-Amtsblatt
EGKoordG	EG-Koordinierungsgesetz
EGKoordRl.	EG-Koordinierungsrichtlinie
EGV	Vertrag zur Gründung der EG
Einf.	Einführung
Einl.	Einleitung
einschr	Einschränkend
einstw.	Einstweilen
EJIL	*European Journal of International Law* (ZSchr.)
entspr.	entsprechend
Entw.	Entwurf
EPC	*engineering – procurement – construction*
Erl.	Erläuterung Erlass
EStG	Einkommensteuergesetz
EU	Europäische Union
EuGH	Europäischer Gerichtshof, Luxemburg
EuGVÜ	Übereinkommen der Europäischen Gemeinschaft über die gerichtliche Zuständigkeit und die Vollstreckung gerichtlicher Entscheidungen in Zivil- und Handelssachen

Abkürzungsverzeichnis

EuR	Europarecht (ZSchr.)
EUV	Vertrag über die EU
EuZW	Europäische Zeitschrift für Wirtschaftsrecht (ZSchr.)
evtl.	eventuell
EWiR	Entscheidungen zum Wirtschaftsrecht
EWR	Europäischer Wirtschaftsraum
EWS	Europäisches Währungssystem
exw	*ex works*
EZB	Europäische Zentralbank, Frankfurt
FAD	Afrikanische Entwicklungsfonds, Abidjan
FAO	*Food and Agriculture Organization,* Rom
fas	*free alongside ship*
FAZ	Frankfurter Allgemeine Zeitung
FBOOT	*Finance, build, own, operate, transfer*
fca	*free carrier*
FCPA	*Foreign Corrupt Practices Act,* USA
ff.	folgende
FG	Finanzgericht
FIDIC	*Fédération Internationale des Ingénieurs-Conseils,* Lausanne
FIJL	*Foreign Investment Law Journal* (ICSID Review) (ZSchr.)
Fn	Fußnote
fob	*free on board*
fr	*floating rate*
FS	Festschrift
FS Gesellschaft	Festschrift der Gesellschaft zur Förderung des Schutzes von Auslandsinvestitionen, 1998
FSIA	*Foreign Sovereign Immunities Act,* USA
FT	*Financial Times*
FVG	Finanzverwaltungsgesetz
FZ	finanzielle Zusammenarbeit (Entwicklungshilfe)
GATS	*General Agreement on Trade in Services*
GATT	*General Agreement on Tariffs and Trade*
GB	Grundbuch
GBO	Grundbuchordnung
GbR	Gesellschaft bürgerlichen Rechts
GoB	Grundsätze ordnungsgemäßer Buchführung
GCC	*Gulf Cooperation Council*
GD	General Direktion der EG Kommission
geänd.	geändert
ggf.	gegebenenfalls
Ges.	Gesetz
GewStG	Gewerbesteuergesetz
GewStR	Gewerbesteuer-Richtlinien
GG	Grundgesetz
GHORFA	Deutsch-Arabische Vereinigung für Handel und Industrie, Bonn
gem.	gemäß
GmbH	Gesellschaft mit beschränkter Haftung
GMBl.	Gemeinsames Ministerialblatt (Zschr.)
GO	Gemeindeordnung
	Geschäftsordnung
GPA	General Procurement Agreement (WTO)
GPN	General Procurement Notice (Weltbank)
grds.	Grundsätzlich
GrS	Großer Senat
GTZ	Deutsche Gesellschaft für technische Zusammenarbeit (GTZ) mbH, Eschborn

Abkürzungsverzeichnis

GWG	Gesetz gegen Wettbewerbsbeschränkungen
GwG	Geldwäschegesetz
GZT	Gemeinsamer Zolltarif der EG
HADDEX	Handbuch der deutschen Exportkontrolle
HBG	Höchstbetragsgenehmigung
HdB	Handbuch
HFA	Hauptfachausschuss des Institutes der Wirtschaftsprüfer in Deutschland e. V.
HGB	Handelsgesetzbuch
HGrG	Gesetz über die Grundsätze des Haushaltsrechts des Bundes und der Länder (Haushaltsgrundsätzegesetz)
h. M.	herrschende Meinung
HoL	*House of Lords*, England
Hrsg.	Herausgeber
HR	Handelsregister
HRR	Höchstrichterliche Rechtsprechung
HZA	Hauptzollamt
IAPSO	*Inter-Agency Procurement Services Office*, Kopenhagen
IAS	International Accounting Standard
IBA	*International Bar Association*
IBL	*International Business Lawyer* (ZSchr.)
IBRD	*International Bank for Reconstruction and Development*, Weltbank, Washington
ICB	*International Competitive Bidding*
ICC	*International Chamber of Commerce* – Internationale Handelskammer, Paris *Institute Cargo Clauses*
ICCA	*International Council for Commercial Arbitration*
ICLR	*International Construction Law Review* (ZSchr.)
ICLQ	*International and Comparative Law Quarterly* (ZSchr.)
ICSID	*International Centre for the Settlement of Investment Disputes*, Washington
IDA	*International Development Association*, Washington
i. d. F.	in der Fassung
i. d. R.	in der Regel
IdW	Institut der Wirtschaftsprüfer
IECL	*International Encyclopedia of Comparative Law*
i. E.	im Ergebnis
IFA	*International Fiscal Association*
IFAD	*International Fund Agricultural Development*, Rom
IFC	*International Finance Corporation*, Washington
IFLR	*International Financial Law Review* (ZSchr.)
IHK	Industrie und Handelskammer
ILA	*International Law Association*
ILC	*International Law Commiccion*
ILM	*International Legal Materials* (ZSchr.)
ILO	*International Labour Organization*, Genf
insbes.	insbesondere
Incoterms	IHK Einheitliche Richtlinien und Gebräuche für das Dokumentengeschäft
InsO	Insolvenzordnung
int.	international
InvZulG	Investitionszulagengesetz
IO	Internationale Organisationen
IPR	internationales Privatrecht
IPRax	Praxis des internationalen Privat- und Verfahrensrechts (ZSchr.)
IPRG	Gesetz zur Neuregelung des internationalen Privatrechts
IPRspr	Die deutsche Rechtsprechung auf dem Gebiet des internationalen Privatrechts
i. S.	im Sinne
IStR	Internationales Steuerrecht

Abkürzungsverzeichnis

i. V. m.	in Verbindung mit
IWB	Internationale Wirtschaftsbriefe
IWF	Internationaler Währungsfonds, Washington
IZPR	internationales Zivilprozessrecht
JBL	*Journal of Business Law* (ZSchr.)
JIBL	*Journal of International Banking Law* (ZSchr.)
JIBFL	*Journal of International Banking and Financial Law* (ZSchr.)
JIEL	*Journal of International Economic Law* (ZSchr.)
JOA	*Joint Operating Agreement*
JOPP	*Joint Ventures PHARE Programme*
JWL	*Journal of World Trade*
JZ	Juristen Zeitung (ZSchr.)
KapCoRiLiG	Kapitalgesellschaften & Co Richtliniengesetz
Kat.	Kategorie
KFAED	*Kuwait Fund for Arab Economic Development*
KfW	Kreditanstalt für Wiederaufbau, Frankfurt
KG	Kammergericht
KO	Konkursordnung
KOBRA	Kontrolle bei der Ausfuhr, zolltechnisches Verfahren
Komm.	Kommentar
krit.	kritisch
KrW-AbfG	Kreislaufwirtschafts-/Abfallgesetz
KStG	Körperschaftssteuergesetz
KStR	Körperschaftssteuer-Richtlinien
KTS	Zeitschrift für Insolvenzrecht (ZSchr.)
KWG	Gesetz über das Kreditwesen
KWKG	Kriegswaffenkontrollgesetz
LAG	Landesarbeitgericht
l/c	*letter of credit*
LCIA	*London Court of International Arbitration*
LDC	Entwicklungsländer
LG	Landgericht
Lit.	Literatur
LKR	Lieferkoordinierungs-Richtlinie 88/295/EWG
LLDC	*Least developed countries*
Lomé	Assoziierungsverträge von Lomé/Cotonou
LQR	*Law Quarterly Review*, London (ZSchr.)
Ltd	*limited company*
LZB	Landeszentralbank
MAI	*Multilateral Agreement on Investments (OECD)*
MDR	Monatsschrift des Deutschen Rechts (ZSchr.)
MIGA	*Multilateral Investment Guarantee Agency*, Washington
MitbestG	Mitbestimmungsgesetz
MOE	Mittel- und Osteuropäische Länder
Mot.	Motive
MS	Mitgliedstaaten
m. w. N.	Mit weiteren Nachweisen
MWSt	Mehrwertsteuer
Nachw.	Nachweis
NAFTA	*North American Free Trade Agreement*
NATO	*North Atlantic Treaty Oganization*
n. F.	neue Fassung

Abkürzungsverzeichnis

NfA	Nachrichten für Außenhandel (ZSchr.)
NGO	*Non Government Organisations* (Nichtstaatliche – Hilfs – Organisationen)
NJW	Neue Juristische Wochenschrift (ZSchr.)
NJW-RR	NJW Rechtsprechungs Report Zivilrecht (ZSchr.)
NpV	Nachprüfungsverordnung
Nr.	Nummer
NTB	*non-tariff barrier*
NVwZ	Neue Zeitschrift für Verwaltungsrecht
NVersZ	Neue Zeitschrift für Versicherung und Recht
NZA	Neue Zeitschrift für Arbeitsrecht
NZI	Neue Zeitschrift für Insolvenz und Sanierung
obj.	objektiv
OECD	Organisation für wirtschaftliche Zusammenarbeit und Entwicklung, Paris
OECD-MA	OECD-Musterabkommen
OEFC	*Overseas Economic Cooperation Fund,* Japan
OFD	Oberfinanzdirektion
öfftl.	öffentlich
örtl.	Örtlich
OFD	Oberfinanzdirektion
oHG	offene Handelsgesellschaft
OLG	Oberlandesgericht
OLGR	Die Rechtsprechung der Oberlandesgerichte auf dem Gebiet des Zivilrecht
OPEC Fund	*Opec Fund for International Development,* Wien
OR	Obligationenrecht, Schweiz
OTC	*over the counter trade,* nicht regulierter Handel
OVG	Oberverwaltungsgericht
OWiG	Gesetz über Ordnungswidrigkeiten
p./pp.	*page/pages*
par	*Paragraph*
PFI	*Private Finance Initiative*
plc	*private limited company,* England u. a.
PPI	*public private investment*
PPP	*public private partnership*
Pt	*Part*
PublG	Gesetz über die Rechnungslegung von bestimmten Unternehmen und Konzernen (Publizitätsgesetz)
QBD	*Highcourt Queensbank Division,* England
r	*rule*
RA	Runderlass Außenwirtschaft
RabelsZ	Rabels Zeitschrift für ausländisches und internationales Privatrecht (ZSchr.)
reg	*regulation*
RdA	Recht der Arbeit (Zschr.)
RdE	Recht der Energiewirtschaft (Zschr.)
Reg.	Regierung
Reg.Begr.	Regierungsbegründung
RegE	Regierungsentwurf
Rep.	Report
Rspr.	Rechtsprechung
RH	Rechnungshof
Richtl.	Richtlinie
RIW	Recht der internationalen Wirtschaft (Zschr.)
Rn	Randnummer
ROO	*rehabilitate-own-operate*

Abkürzungsverzeichnis

Rspr.	Rechtssprechung
Rz	Randziffer
RZZ	Rat für die Zusammenarbeit auf dem Gebiet des Zollwesens, Brüssel
S.	Seite
s.	siehe
SAG	Sammelausfuhrgenehmigung
SBD	Standard Bidding Documents (Weltbank)
sched	schedule
SDR	Special Drawing Rights – IMF (SZR)
sec	section
SEC	Securities and Exchange Commission (US-amerikanische Börsenaufsichtsbehörde)
SFAS	Statements of Financial Accounting Standards (konkreter Rechnungslegungsstandard)
SFD	Saudi Fonds for Development
S. I.	statutory instrument, Verordnung, England
sinngem.	sinngemäß
Slg	Sammlung
SME	Small and Medium Sized Enterprises
sog.	sogenannt
SolzG	Solidaritätszuschlaggesetz
SOBau	Schlichtungs- und Schiedsordnung für Baustreitigkeiten
SPV	Special (Single) Purpose Vehicle
StGB	Strafgesetzbuch
str.	strittig
st. Rspr.	Ständige Rechtsprechung
StSenkG	Steuersenkungsgesetz
subcl	subclause
SZR	Sonderziehungsrechte – IWF (SDR)
TACIS	Technical Assistance to the Commonweaslth of Independent States, für GUS-Länder
TED	Tender Electronic Daily, Ausschreibungliste der EG
teilw.	Teilweise
TI	Transparency International (Internationale Organisation zur Korruptionsbekämpfung)
TPA	Third party access
TR	Technische Regeln
TRIMS	Agreement on Trade-Related Investment Measures
TRIPS	Agreement on Trade-Related Aspects of Intellectual Property Rights
TZ	Teilzahlung
	Technische Zusammenarbeit (Entwicklungshilfe)
Tz	Teilziffer
u. a.	unter anderem
UmwStG	Umwandlungssteuergesetz
UmwG	Umwandlungsgesetz
UN	Vereinte Nationen
UNCITRAL	United Nations Comission on International Trade Law
UNDP	United Nations Development Programme, New York
uneinhl.	uneinheitlich
UNIDO	United Nations Industrial Development Organization, Wien
UNIDROIT	Internationales Institut für die Vereinheitlichung des Privatrechts
UNOPS	United Nations Office for Project Services, New York
unstr.	Unstreitig
Urt.	Urteil

Abkürzungsverzeichnis

US-GAAP	*United States Generally Accepted Accounting Principles* (System der allgemeinen anerkannten Rechnungslegungsgrundsätze in den USA)
USt	Umsatzsteuer
VA	Verwaltungsarchiv (Zschr.)
VAG	Versicherungsaufsichtsgesetz
VBI	Verband Beratender Ingenieure, Bonn
VCI	Verband der Chemischen Industrie, Frankfurt
VDI	VDI-Gesellschaft Entwicklung, Konstruktion, Vertrieb
VDMA	Verband Deutscher Maschinen- und Anlagebau e. V., Frankfurt
Verf.	Verfasser
VersR	Versicherungsrecht
Verw.	Verwaltung
VerwR	Verwaltungsrecht
VG	Verwaltungsgericht, Vermögensgegenstand
VgV	Vergabeverordnung
VO	Verordnung
VOB	Verdingungsordnung für Bauleistungen
VOL	Verdingungsordnung für Leistungen
VR	Völkerrecht
VSF	Vorschriften der Finanzverwaltung, hrg. v. BMF
VUBI	Verband unabhängig beratender Ingenieurfirmen e. V.
VV	Versandverfahren
VVG	Versicherungsvertragsgesetz
VwGO	Verwaltungsgerichtsordnung
VwVfG	Verwaltungsverfahrensgesetz
WG	Wechselgesetz
WiRO	Wirtschaft und Recht in Osteuropa (ZSchr.)
wistra	Zeitschrift für Wirtschaft, Steuer und Strafrecht
WLR	*Weekly Law Report*, England
WM	Wertpapiermitteilungen (ZSchr.)
WP	Wirtschaftsprüfer
WPg	Die Wirtschaftsprüfung (ZSchr.)
WP-HdB	Handbuch der Wirtschaftsprüfung
WRP	Wettbewerb in Recht und Praxis
WSL	*World Securities Law Report* (ZSchr.)
WTO	*World Trade Organization*, Genf
WuB	Entscheidungssammlung zum Wirtschafts- und Bankrecht
WuW	Wirtschaft und Wettbewerb (ZSchr.)
WuW/E VergAB	Beilage zu WuW Entsch. des Vergabeüberwachungsausschusses des Bundes
WuW/E VergAL	Beilage zu WuW Entsch. der Vergabeausschüsse der Länder
WWU	Wirtschafts- und Währungsunion
ZaöRV	Zeitschrift für ausländisches öffentliches Recht und Völkerrecht
ZBB	Zeitschrift für Bankrecht und Bankwirtschaft
ZfA	Zeitschrift für Arbeitsrecht
ZfgK	Zeitschrift für das gesamte Kreditwesen
ZfZ	Zeitschrift für Zölle
ZGR	Zeitschrift für Unternehmens- und Gesellschaftsrecht
ZgStW	Zeitschrift für die gesamte Staatswissenschaft
ZHR	Zeitschrift für das gesamte Handelsrecht und Wirtschaftsrecht
ZInsO	Zeitschrift für das gesamte Insolvenzrecht
ZIP	Zeitschrift für Wirtschaftsrecht und Insolvenzpraxis
Ziff.	Ziffer
zit.	zitiert
ZK	EG-VO 2913/92 zur Festlegung des Zollkodex der Gemeinschaft
ZKDVO	EG-VO 2454/93 zur Durchführung des Zollkodex

Abkürzungsverzeichnis

ZollVG	Zollverwaltungsgesetz
ZPO	Zivilprozessordnung
ZSchr.	Zeitschrift
z. T.	zum Teil
zust.	zustimmend
zutr.	zutreffend
ZVEI	Zentralverband Elektrotechnik und Elektroindustrie, Frankfurt
ZVgR	Zeitschrift für deutsches und internationales Vergaberecht
ZVglRWiss	Zeitschrift für vergleichende Rechtswissenschaft
ZZP Int	Zeitschrift für Zivilprozess International

Literaturverzeichnis

Achleitner, Investmentbanking, 1999
Achleitner/Behr, International Accounting Standards, 1998
Ackermann, Die Haftung des Auftraggebers bei Vergabeverstößen, ZHR 64 (2000), 394
Adler/Düring/Schmaltz, Rechnungslegung und Prüfung der Unternehmen, 6. Aufl., 2000
Alenfeld, Die Investitionsförderverträge der Bundesrepublik Deutschland, 1971
Al-Omar/Abdel Haq, Islamic Banking: Theory, Practice and Challenges, 1996
Amann, Dienstleistungen im internationalen Steuerrecht, 1998
Amereller, Hintergründe des Islamic Banking, 1995
Arbeitsgemeinschaft Entwicklungsländer, Public Private Partnership – neue Chancen für die Wirtschaft in den Entwicklungsländern, 1998
Arrowsmith/Badcoe, Public Private Partnership and PFI, London 1999
Arrowsmith/Davies, Public Procurement: Global Revolution, Den Haag 1998
Arrowsmith/Linarelli/Wallace, Regulating Public Procurement, Den Haag 1999

Backhaus/Köhl, Claim-Management im internationalen Anlagengeschäft, FS Großfeld, 17
Backhaus/Sandrock/Schill/Uekermann (Hrsg.), Projektfinanzierung, 1990
Bälz, Das internationale Vertragsrecht der islamischen Banken, WM 1999, 2443
Ders., Islamic Law as Governing Law under the Rome Convention: Universalist lex mercatoria vs. The Regional Unification of Laws, Uniform Law Review 2000 (im Erscheinen)
Ders., Versicherungsvertragsrecht in den Arabischen Staaten, 1997
Baker, North Europe Re-awakens, Port Development Mai 1999/12
Banager/Eay/Tomkins, Internal Audit and Corporate Governance in Islamic Banks, 1994
Barth, Die Handelsregeln der neuen Welthandelsorganisation, NJW 1994, 2811
Basedow, Weltkartellrecht, 1998
Ders., Der Transportvertrag
Basty, Der Bauträgervertrag, 3. Aufl., 1997
Battis/Krautzberger/Löhr, Baugesetzbuch, 5. Aufl., 1996
Baumbach/Hopt, HGB 30. Aufl., 2000
Beauge, Hrsg., *Les capitaux de l'Islam,* 1990
Bebermeyer, Hrsg., Deutsche Ausfuhrkontrolle, 1992
Beck'scher Bilanz-Kommentar, 4. Aufl., 1999
Beck'sches Personalhandbuch, Bd. I und 2, LBl.
Beier/Thomas, „Patent(e)-Haftpflichtversicherung", VW 2000, 386
Benedek, Die Welthandelsorganisation, (WTO), 1998
Berger, Das neue Recht der Schiedsgerichtsbarkeit, 1998
Bergmann/Schumacher, Handbuch der kommunalen Vertragsgestaltung, 3 Bde., 1998/99
Graf von Bernstorff, Rechtsprobleme im Auslandsgeschäft, 3. Aufl. 1992
Ders., Finanzinnovationen, Anwendungsmöglichkeiten, Strategien, Beispiele, 1996
Ders., Vertragsgestaltung im Auslandsgeschäft, 4. Aufl., 1997
Bertrams, Bank Guarantees in International Trade, 2. Aufl., Dordrecht 1996
Beyerlin, Umweltvölkerrecht, 2000
bfai, Bundesstelle für Außenhandelsinformationen, Das internationale Ausschreibungs-ABC, 5. Aufl. 1998
bfai, Bundesstelle für Außenhandelsinformationen, Zeitschrift Geschäftswünsche & Ausschreibungen
bfai, Bundesstelle für Außenhandelsinformatiionen, Betreibermodelle weltweit, Kraftwerke, 4 Bde, 1999
Biagosch/Gondert, Alternative Finanzierung, FAZ 31. August 1998, Beil.
Bialos/Husisian, The Foreign Corrupt Practices Act: Coping with Corruption in Transitional Economies, Dobbs Ferry, 1996
Bieneck, Hrsg., Handbuch des Außenwirtschaftsrechts einschließlich Kriegswaffenkontrollrecht, 1998
Bilstein, Vorteile durch Kooperationsmodelle, FAZ 31. August 1998, Beil.

Literaturverzeichnis

Birk, Handbuch des Europäischen Steuer- und Abgabenrechts, 1995
Blaupain/Schmidt/Schweibert, Europäische Arbeitsrecht, 2. Aufl. 1996
Blaurock, Handbuch der Stillen Gesellschaft, 5. Auflage 1998, Köln
BNA International, International Protection of Foreign Investment, London LBl
Böckstiegel, Optionen und Praxis der Streiterledigung bei Auslandsinvestitionen, FS Gesellschaft, 67
Ders., Hrsg., Recht und Praxis der Schiedsgerichtsbarkeit der Internationalen Handelskammer, 1986
Ders., Practical Problems in Resolving Disputes in an International Construction and Infrastructure Project, JBL 1999, 196 ff.
Ders., Hrsg., Vertragsgestaltung und Streiterledigung in der Bauindustrie und im Anlagenbau, 1995
Ders., Die allgemeinen Grundsätze des Völkerrecht über Eigentumsentziehung, 1963
Ders., Der Staat als Vertragspartner ausländischer Privatunternehmen, 1971
Ders., Practical Problems in Resolving Disputes in an International Construction and Infrastructure Project, IBL 1999, 196
Bödeker, Staatliche Exportkreditversicherungssysteme, 1992
Bösel, Jetzt privatisieren auch die Kommunen, FAZ vom 20. April 1999
Bösen, Vergaberecht, 2000
Bothe/Hailbronner/Klein/Schröder/Graf Vitzthum, Völkerrecht, 1997
Bovis, An Impact Assessment of the European Public Procurement Law, JBL 1999, 126
Brandt, Kreditwirtschaftliche Aspekte des Vergaberechts, WM 1999, 2525
Braun, Nachprüfung der Vergabe öffentlicher Aufträge, BB 1999, 1069
Brayer, Trade and Project Finance in Emerging Markets, Hong Kong 1998
Bridgeford, Offshore Legal Options, London 1996
Brinker, Neue Auseinandersetzung um den Rechtsschutz im Vergaberecht, FAZ 4. Juni 1999
Brügelmann, Baugesetzbuch, 1998
Bucheit, How to Negotiate Eurocurrency Loan Agreements, London 1995
Büschgen, Hrsg., Praxishandbuch Leasing, 1998
Bundesausfuhramt, Hrsg., Handbuch der deutschen Exportkontrolle (Haddex), Stand 1998
Bundesministerium für wirtschaftliche Zusammenarbeit und Entwicklung, Gemeinsame Entwicklung gestalten – Partnerschaften zwischen privater Wirtschaft und öffentlicher Entwicklungszusammenarbeit, 1998
Bundesministerium für wirtschaftliche Zusammenarbeit und Entwicklung, Wasser – Konflikte lösen, Zukunft gestalten, 1999
Bundesverband der Deutschen Industrie e.V. BDI, Projektfinanzierung und Betreibermodelle auf Auslandsmärkten: Das Geschäft der Zukunft? 1996
Bundesverband der Deutschen Industrie e.V., Weltbank und Inter-Amerikanische Entwicklungsbank
Burg, Betriebsunterbrechungsversicherung für Montage- und Bauleistungsrisiken, Allianz Report 68 (1995), 91
Burghardt, Projektmanagement: Leitfaden für Planung, Entwicklung und Steuerung von Entwicklungsprojekten, 2. Aufl. 1993
Burghof/Henke/Rudolph, Kreditderivate als Instrumente eines aktiven Kreditrisikomanagements, ZBB 1998, 277
Burgi, Funktionale Privatisierung und Verwaltungshilfe, 1999
Butterworth's Editorial Staff, Hrsg., *Islamic Banking and Finance,* London 1996
Buttler, Steuerrechtliche Restriktionen bei der Gestaltung der betrieblichen Altersversorgung bei Auslandsentsendungen, BB 1998, 1132
Byok, Das neue Vergaberecht, NJW 1999, 2774

Caemmerer von/Schlechtriem, Hrsg., Kommentar zum Einheitlichen UN-Kaufrecht, 2. Aufl., 1994
Cameron-May, GPA Handbook, London 1998
Campbell/Campbell, International Public Procurement Law, LBl. Dobb's Ferry 1998
Campbell, International Insurance Law, London 1999
Ders., Hrsg., *International Insurance Law and Regulation,* New York 1999
Clarke, The Law of Insurance Contracts, 3. Aufl., London 1998
Clemm/Borgmann, Bauvertragsrecht 1998
Clifford Chance, Hrsg., *Project Finance,* London 1991
Coles, Project Financing, 6. Aufl., Hong Kong 1998

Literaturverzeichnis

Comair-Chead, Les contrats en droit musulman des affaires, Paris 1995
Coulson, Commercial Law in the Gulf States, London 1984
Craig/Paulsson, Annotated Guide to the 1998 ICC Arbitration Rules with Commentary, Dobbs Ferry 1998
Cranston, Principles of Banking Law, Oxford 1997
Cremades, The Need for Conservatory and Preliminary Measures, JBL 1999, 226
Cresswell/Blair/Hill/Wood, Encyclopedia of Banking Law, LBl., London
Cupei, Umweltverträglichkeitsprüfung, 1986
Cuthbert, Hrsg., Asset & Project Finance: Law & Precedent, London 1998
Ders., The Perspectives of the Lenders and Sponsors, IBA paper, Energy and Natural Resources Law' 98, London 1998
Cuypers, Bauvertragsrecht, 1998
Czakert, Das harmonisierte System 96, 1996

Dambach, Projektfinanzierung über den Kapitalmarkt, Die Bank 1998, 270
Das, Hrsg., Credit Derivatives: Trading & Management of Credit & Default Risk, Singapur 1998
Daub, Kommentar zur VOL-A, 4. Aufl., 1998
Dauses, Hrsg., Handbuch des EU-Wirtschaftsrechts, 2. Aufl., 1997
Davis, Due Diligence Law and Practice, London 1998
Ders., Dispute Resolution in International Long-Term Construction and Infrastructure Projects: the Private Finance Initiative, JBL 1999, 209
DEG, Vertragsgestaltung bei internationalen Projektfinanzierungen, Materialenband Nr. 17, Köln 1997
Delmon, BOO/BOT Projects: a Commercial and Contractual Guide, London 1999
Dennin, Law and Practice of the World Trade Organization, LBl., Dobbs Ferry
Denton Wilde Sapte, Hrsg. Cuthbert, A Guide to Project Finance, 2. Aufl., London 2000
Derschka, Hrsg., Das Praxishandbuch Personal, LBl.
Deutsche Bank AG, Außenwirtschafts-Alphabet, 7. Aufl., 1998
Deutsches Institut für Entwicklungspolitik, Öffentlich-private Partnerschaft in der Zusammenarbeit mit dynamischen Entwicklungsländern, 1997
Dichtl/Issing, Hrsg., Exportnation Deutschland, 2. Aufl., 1992
Dieterich/Hanau/Schaub, Erfurter Kommentar zum Arbeitsrecht, 1998
Dingel, Public Procurement, Den Haag 1999
Dötsch/Eversberg/Jost/Witt, Die Körperschaftsteuer, Kommentar, Loseblatt, Stuttgart 2000 ff.
Dötsch/Pung, Die geplante Reform der Unternehmensbesteuerung, Der Betrieb, Beilage Nr. 4/2000
Domke, Swiss Reinsurance Company, Standstill Covers Under CAR and EAR Insurance, Zürich 1999
Donohue, Hrsg., Encyclopedia of Insurance Law, London 1999
Dorsch, Hrsg., Kommentar Zollrecht, LBl.
Dreher, Die Verweigerung des Zugangs zu einer wesentlichen Einrichtung als Missbrauch der Marktbeherrschung, DB 1999, 833
Ders., Die Vergabe von Versicherungsleistungen nach dem neuen Kartellvergaberecht, NVersZ 1999, 10
Ders., Versicherungsleistungen und Vergaberecht – Die Vergabe von Versicherungsdienstleistungen aus vergabe- und versicherungsrechtlicher Sicht, VersR 2000, 666

Ehlers, Die neuen Güterversicherungsbedingungen 2000 (DTV Güter 2000), TranspR 2000, 11
Elverfeld, Europäisches Recht und kommunales öffentliches Auftragswesen, 1992
Enge, Transportversicherung, 3. Aufl. 1996
Epiney, Umweltrecht in der europäischen Union, 1997
Epping, Die Außenwirtschaftsfreiheit, 1998
Erfurter Kommentar zum Arbeitsrecht, 1998
Ernst/Zinkahn/Bielenberg/Krautzberger, BauGB, 6. Aufl., 1998
Eser, Das Arbeitsverhältnis im multinationalen Unternehmen, 1996
Esser/Meesen, Hrsg., Kapitalinvestitionen im Ausland – Chancen und Risiken, 1984
Europäische Gemeinschaft, The Courier, Monatsschrift hrsg. von der EG-Kommission
Dies., Kommission, Grünbuch über Seehäfen und Seeverkehrsinfrastruktur, KOM (97), 678, endg., Brüssel 1997

Literaturverzeichnis

Fabian, Erstattung, Erlass und Nacherhebung von Einfuhr- und Ausfuhrabgaben in der Europäischen Gemeinschaft, 1995
Fahrholz, Neue Formen der Unternehmensfinanzierung – Unternehmensübernahmen, Big ticket Leasing, Asset Backed und Projektfinanzierung, 1998
Fernandez-Duque, Co-Financing with IFC: Preferred Creditor Status and Inter-Creditor Agreements, IBL 1998, 300
FIDIC, Red Book, Yellow Book, Silver Book, Green Book, Lausanne 1999
Fikentscher, Der Werkverschaffungsvertrag, AcP Bd. 190 (1990), 34 ff
Financial Law Panel, State Guarantees and the State Aid Rules, London 1997
Finger, Eisenbahn-Transportrecht, 6. Aufl., 1999
Fingerhut/Lewanzik, Praxis weist Erfolge vor, FAZ 31. August 1998, Beil.
Finnerty, Project Financing, New York 1996
Ders., Project Financing, Asset-Based Financial Engineering, New York 1996
Fischer, Europarecht, 2. Aufl., 1997
Fisseler, The Governments' Perspectives, IBA paper, Energy & Natural Resources Law' 98, London 1998
Fitting/Kaiser, Hrsg., Betriebsverfassungsgesetz, 20. Aufl., 2000
Foighel, Nationalization a Study in the Protection of Alien Property in International Law, Kopenhagen 1957
Fontaine, Unforseeability in BOT Contracts for Public Infrastructure: Change/Variation Mechanism, IBA paper, New Delhi 1997
Fraedrich, Zoll-Leitfaden für die Betriebspraxis, 11. Aufl. 1999
Frenz, Europäisches Umweltrecht, 1997
Freshfields, Hrsg., *Project Finance,* 3. Aufl., London 1995
Dies., Project Finance Articles and Papers 1986–1999, London 1999
Fricke, Kündigungsrecht im Versicherungsfall für alle Schadensversicherungszweige?. VerR 2000, 16
Fried, Die weiche Patronatserklärung, 1998
Frieling, Klauseln im Bauvertrag, 1993
Früh/Klar, Joint Ventures – Bilanzielle Behandlung und Berichterstattung, WPg 1993, 495
Funk, Die Montageversicherung, Diss. 1972

Ganten/Jagenburg/Motzke, Verdingungsordnung für Bauleistungen Teile A, B, C, 1997 ff.
Garcon, Handelsembargo der Europäischen Union auf dem Gebiet des Warenverkehrs gegenüber Drittstaaten, 1997
Gaillard, Use of General Principles of International Law in International Long-Term Contracts, JBL 1999, 214
Gaul, Das Arbeitsrecht im Betrieb, 8. Aufl., 1986
Geddes, Public Procurement: a Practical Guide, 2. Aufl., London 1996
Geiger, EG-Vertrag, 2. Aufl., 1995
Geiger, EUV/EGV, 3. Aufl., 2000
Gebhardt, Der Zuliefervertrag, 1994
Geimer/Schütze, Europäisches Zivilverfahrenrecht, 1997
Gerling Konzern, Warenhandel und Versicherung, 3. Aufl. 1992
Glossner/Bredow/Bühler, Das Schiedsgericht in der Praxis, 3. Aufl. 1990
Gnann, Arbeitsvertrag bei Auslandsentsendung, 1993
Göthel, Joint Ventures im Internationalen Privatrecht, 1999
Götz, Öffentliche Beschaffungsmärkte und Europarecht 1999
Goode, Commercial Law, 2. Aufl., London 1995
Golsong, Bilaterale Investitionsschutzabkommen – Anmerkungen eines Praktikers, FS Gesellschaft, 51
Gould, Key Clauses for BOT Contracts in Public Infrastructure: Coping with Unforeseen Events, IBA Paper, New Delhi 1997
Grabitz/von Bogdany/Nettesheim, Europäisches Außenwirtschaftsrecht, 1994
Grabitz/Hilf, Kommentar zur Europäischen Union, 3. Aufl., 1997
Grahammer, Islamische Banken, 1993
Gramlich, Außenwirtschaftsrecht, 1991
Grandjean, UK and France – Comparing Concession Contracts, Project Finance International Nr. 179, 56

Literaturverzeichnis

Greuter, Die staatliche Exportkreditversicherung, 5. Aufl., 1996
Griepentrog, Konzentration und Privatisierung: neue Strukturen für die deutsche Wasserwirtschaft, Kommunalwirtschaft 1999/323
Groeben, von der/Thiesing/Ehlermann, Kommentar zum EU-/EG-Vertrag, 1997 ff.
Gruber, Die Befugnis des Darlehnsgebers zur Vertragsbeendigung bei internationalen Kreditverträgen, 1997
Gruson/Hutter/Kutschera, Legal Opinions in International Transactions, 3. Aufl., Dordrecht 1997

Hagemeister/Bültmann, Konflikte von Sicherungsinstrumenten und Eigenkapitalersatz bei Projektfinanzierungen durch Banken, WM 1997, 549
hal., Deutschland ist in der Projektfinanzierungen international führend, FAZ 11. März 1998
Hall/Derman, Turkey Puts the Final Piece in the IPP Legislative Jigsaw, Project Finance International Nr. 188, 56
Hallet, Public Private Partnerships in Germany, International European Review 1999, 39
Hamid, Facing the Challenges to Islamic Banking: an Overview of the Issues, in von Bar, Hrsg., Islamic Law and its Reception by the Courts in the West, 1999
Hani/Garie-Eldin, Consortia Agreements in the International Construction Industry, Dordrecht
Harries, Sicherungsstrukturen der Projektfinanzierung, Technologie und Recht Nr. 16, 19
Ders., The Contract Law of Project Financing, in Horn, The Law of International Trade Finance, Deventer-Boston 1989, 345
Ders., Rechtliche Aspekte der Projektfinanzierung im Bergbau, Manuskript o.J.
Ders., Die KfW – eine Bank mit öffentlichem Auftrag 1948–1998, 1998
Hauser/Schanz, Das neue GATT, 2. Aufl., 1995
Heeg, Projektmanagement – Grundlagen der Planung und Steuerung von betrieblichen Problemlösungspeozessen, 2. Aufl. 1993
Heiermann/Ax, Neueste Entwicklungen im deutschen Vergaberecht, BB 1998, 1541
Dies., Privatrecht gilt für Eigengesellschaften, FAZ 31. August 1998, Beil.
Heiermann/Ried/Rusam, Handkommentar zur VOB, 1997
Heinrich, Hrsg., Projektfinanzierung, 1990
Helm in Piduch, Komm. zum Bundeshaushaltsrecht, 2. Aufl. 1998
Henrich, Einführung in das englische Privatrecht, 2. Aufl., 1993
Hepkema/Booysen, Bribery of Public Officials: an IBA Survey, IBL 1997, 415
Herber, Die Neuregelung des deutschen Transportrechts, NJW 1998, 3297
Herdegen, Internationales Wirtschaftsrecht, 2. Aufl. 1995
Hermes, Gleichheit durch Verfahren bei der staatlichen Auftragsvergabe, JZ 1997, 909
Hermes, Staatliche Infrastrukturverantwortung, 1998
Herold/Paetzmann, Alternativer Risikotransfer, 1999
Himmelmann/Pohl/Tünnessen-Harmes, Handbuch des Umweltrechts, Lbl.
Hinsch/Horn, Das Vertragsrecht der internationalen Konsortialkredite und Projektfinanzierungen, 1985
Hirschorn/Winston & Strawn, Export Control Handbook, Dobbs Ferry 1999
Hocke/Berwald/Maurer, Hrsg., Außenwirtschaftsrecht, Stand 1998
Hocke/Berwald/Maurer/Friedrich, Außenwirtschaftsrecht, Heidelberg 2000
Hodgin, Insurance Intermediaries: Law and Regulation, London Lbl.
Hoelscher/Wolffgang, The Wassenaar-Arrangement Between International Trade, Non-Proliferation, and Export Controls, JWT 32 (1998), 45
von Hofstede, Interkulturelle Zusammenarbeit: Kulturen, Organisation, Management, 1993
Hoffman, The Law and Business of International Project Finance, Dordrecht 1998
Hohmann/John, Hrsg., Außenwirtschaftsrecht, 2001
Hohmann, Angemessene Außenhandelsfreiheit zwischen staatlichen Beschränkungs- und individuellen Freiheitsinteressen in den USA, in Deutschland (unter Berücksichtigung der EG-Prägung) und in Japan, 2000
Hoppe, Die Entsendung von Arbeitnehmern ins Ausland 1999
Hoppe/Beckmann/Kauch, Umweltrecht, 2. Aufl., 2000
Hoppenberg, Handbuch des öffentlichen Baurechts, 1997
Howard, Schweizer Rück, Technische Versicherungen und Rückversicherung, Zürich 1997
Huber, Wirtschaftsverwaltungsrecht Bd I, 2. Aufl. 1953
Hucko, Was bringt die Dual-Use-Verordnung der EG?, DB 1995, 513

Literaturverzeichnis

Hueck/von Hoyningen-Huene, Kündigungsschutzgesetz, 12. Aufl. 1997
Huelmann, Öffentliche Beschaffung, 2000
Hunter/Salzmann/Zaelke, International Environmentral Law and Policy, New York 1998
Huse, FIDIC Turnkey Contract, London 1996
Huss, Finanzierungslösungen nach Maß, FAZ 31. August 1998, Beil.

IBL, Tax and Project Finance, 1998, 194
Ingenstau/Korbion, VOB, 13. Aufl., 1996
International Bureau of Fiscal Dokumentation, European Tax Handbook 2000, Amsterdam
IFC, Financing Private Infrastructure, Washington 1996
The Insurance Institute of London, Construction and Erection Insurance – Advance Study Group 208A, 2. Aufl. London 1985
Dies., Construction Insurance – Advanced Study Group 208B, London 1999
International Telecommuncication Union, World Telecommunication Development Report, 1999
Dies., Report 1969/97, Trade in Telecommunications
Ipsen, Hrsg., Privatisierung öffentlicher Aufgaben, 1994
Ders., Hrsg., Völkerrecht, 3. Aufl. 1990

Jackson, Global Economics and International Economic Law, JIEL 1998, 1
Jacobs, Internationale Unternehmensbesteuerung, 4. Aufl. 1999
Jacob, Private Finanzierung öffentlicher Bauinvestitionen – ein EU-Vergleich, Die Bank 2000, 80
Jagenberg, Die Entwicklung des privaten Bauvertragsrechts seit 1996: VOB Teil A, NJW 1998, 2398
Ders., Die Entwicklung des privaten Bauvertragsrechts seit 1996: VOB/B Teil 1, NJW 1998, 2494
Ders., Die Entwicklung des privaten Bauvertragsrechts seit 1996: VOB/B Teil 2, NJW 1998, 2640
Jagenberg/Brück, Die Entwicklung des privaten Bauvertragsrechts seit 1998: VOB Teil A und Vergabefragen, NJW 2000, 2242
Jagenberg/Reichelt, Die Entwicklung des privaten Bauvertragsrechts seit 1998 – VOB/B, NJW 2000, 2629
Jaeger/Palm, Die Fertigstellungsbescheinigung gemäß § 641a BGB – kurzer Prozess im Baurecht, BB 2000, 1102
Jarass/Pieroth, GG, 1989
Jasper, Vergaberechtsänderungsgesetz, DB 1998, 2151
Jasper/Marx, Textausgabe Vergaberecht, 1. Aufl., 1997
Jauernig, BGB 9. Aufl., 1999
Jebens, Schadensersatzansprüche bei Vergabeverstößen, DB 1999, 1741
Jestaedt/von Behr, Die EG-Verordnung zur Harmonisierung der Exportkontrollen von zivil und militärisch verwendbaren Gütern, EuZW 1995, 137

Kadelbach, Staatshaftung für Embargoschäden, JZ 1993, 1134
Kain, Practical Experience, Approaches, Concepts, EBRD's Approach to Financing Projects, IBA paper, Energy & Resources Law' 98, London 1998
Kageneck Graf von, Hermes Deckungen, 1991
Kamlah, Strukturierte Anleihen – Merkmale, Dokumentation und Börseneinführung, WM 1998, 1429
Karl, Internationaler Investitionsschutz quo vadis?, ZvglRWiss 99 (2000) 143
Karstendiek, Vertretungsmängel bei öffentlichen Auftraggebern, 1990
Kaulich, Vertragsrecht für Unternehmer und Projektleiter, Schwerpunkt Bau- und Anlagevertrag, Wien 1998
Keers, Projektmanagement – Ein Konzept zur Lösung funktionsübergreifender Vorhaben, BB 1997, 2579
Kendall, Role of Expert/Adjudicator in Support of Arbitration in International Long-Term Contracts, JBL 1999, 201
Kiethe/Hektor, Grundlagen und Techniken der Projektfinanzierung, DStR 1996, 977
Kleine/Möller/Merl/Oelmaier, Handbuch des privaten Baurechts, 2. Aufl., 1997
Klemm, Rechtliche Probleme der Umweltverträglichkeit bei deutschen Entwicklungsprojekten in Brasilien, in Bothe, Umweltrecht in Deutschland und Brasilien, 1990, 89
Kloepfer, Umweltrecht, 2. Aufl., 1998

Literaturverzeichnis

Klotzel, Islamic Banking in Malaysia in FS Schütze, 381 ff.
Kluge, Das Inernationale Steuerrecht, 4. Aufl., 2000
Knorre/Temme/Müller/Schmid/Demuth, Praxishandbuch Transportrecht, 1999
Kohls, Die vorvertragliche Informationshaftung nach dem Recht der Bundesrepublik Deutschland, der USA und Englands am Beispiel der Lead Bank eines Kreditkonsortiums, 1990
Ders., Bankrecht, 2. Aufl. 1998
Koller, Transportrecht, 4. Aufl., 1999
Koller/Roth/Morck, HGB 2. Aufl., 1999
Kollmer/Vogl, Das neue Arbeitsschutzgesetz, 1997
Komander, Bilanzierung von unfertigen Bauten nach Abschaffung der Drohverlustrückstellungen aus schwebenden Geschäften – Praktische Anwendung des Gesetzes, 1997
Kommission der EG, On Public-Private Partnerships in Trans-European Transport Network Projects, Com(97)453 final, Brüssel 1997
Korbion/Hochstein, VOB-Vertrag, 6. Aufl., 1994
Koch/Sigulla, Die sog. „Nullstellung für Umweltschäden" in der Haftpflichtversicherung – ein Beitrag zur Systematik des Haftpflichtversicherungsrechts. VP 1993, 181
Korte, Kampfansage an die Korruption, NJW 1997, 2556
KPMG, Rechnungslegung nach US-amerikanischen Grundsätzen – eine Einführung in die US-GAAP und die SEC-Vorschriften, 1998
Kümpel, Bank- und Kapitalmarktrecht, 2. Aufl., 2000
Küttner, Personalhandbuch 2000, 7. Aufl., 2000
Krimphove, Europäisches Arbeitsrecht, 1996
Kumar/Wagner, Handbuch des internationalen Personalmanagements, 1998
Kuttner, Mittel- und langfristige Exportfinanzierung: besondere Erscheinungsformen in der Außenhandelsfinazierung, 2. Aufl., Wiesbaden 1995
Kuwert, Allgemeine Haftpflichtversicherung, 4. Aufl. 1992

Lamm/Ley/Weckmüller, VOL-Handbuch unter Berücksichtigung der Europäischen Vergaberichtlinie, 2. Aufl., 1997
Landmann/Rohmer, Umweltrecht, Bd. I bis III, 2000
Langer, Rechtsschutz für Kapitalanlagen in Entwicklungsländern, HdB der Entwicklungshilfe, 1973
Laux, Projektfinanzierung – Vorteile auch für kapitalkräftige Unternehmen, DBW 1997, 840
Leboulanger, Multi-Contract Arbitration in International Construction Projects, IBA paper, New Delhi 1997
Lee-Smith, Negotiating International Loan Agreements, London 1998
Leible, Außenhandel und Rechtssicherheit, ZVglRWiss 97 (1998), 286
Leinemann, Kasseler Kommentar zum Arbeitsrecht, 1997
Leinemann, Die Bezahlung der Bauleistung, 1999
Lenz/Heintz, Öffentliches Baurecht, 3. Aufl., 1996
Lier, Rating in der Praxis, VW 2000, 562
Link/Reudelhuber, Rückgewährpflicht einer Bank für Einlagen bei ihrer Auslandsfiliale, ZBB 1993, 153
Littke, Projektmanagement: Management, Methoden, Techniken, Verhaltensweisen, 2. Aufl. 1993
Low/Davis, New Antibribery Rules Create New Compliance Responsibilities, IBL 1998, 272
Lutter, Der Letter of Intent, 3. Aufl., 1998
Lutz, Bilanzierung von unfertigen Bauten nach Abschaffung der Drohverlustrückstellungen aus schwebenden Geschäften – Theoretisch-systematische Grundlagen, 1997

Madaus, Handbuch Projektmanagement, 5. Aufl. 1994
Mallat, Hrsg., Islamic Law and Finance, London 1988
Markert, Mehrparteien-Schiedsgerichtsbarkeit im deutschen und ausländischen Recht, 1994
Martin, Montageversicherung, 1972
Martin, The EC Public Procurement Rules – a Critical Analysis, Oxford 1996
Maurer, Allgemeines Verwaltungsrecht, 12. Aufl., 1999
McCormick, Project Finance in Central and Eastern Europe, IBL 1998, 310
Ders., Legal Issues in Project Finance, (1983) 1 JERL, 52
Ders., Project Finance: Legal Issues, (1992) 8 JIBFL, 375, 9 JIBFL, 428

Literaturverzeichnis

Ders., Legal Aspects of Pipeline Project Financing, IFLR, 1986, 11
McDonagh, Port Development International, März 1999, 18
Meessen, Hrsg. International Law of Export Controls, Dordrecht 1992
Meier u. a., Swiss Reinsurance Company, Betriebsunterbrechungsversicherung, Zürich 1997
Meisel, Arbeitsrecht für die betriebliche Praxis, 5. Aufl., 1988
Meyer-Rassow/Schildmann, Hrsg., Technische Versicherungen, 1990
Menna/Owen, Understanding Private Finance Initiative, Hong Kong 1998
Millis/Presley, Islamic Finance: Theory and Practice, London 1999
Mink-Zaghloul, (Hrg. Bundesumweltamt) Fördermaßnahmen zur Erschließung von Auslandsmärkten, 1999
Möller, Abgrenzung der Technischen Versicherungen zur Haftpflichtversicherung, VW 1989, 1502
Möschel, Der Staat auf dem Rückzug, FAZ 30. Mai 1998
Mössner u. a., Steuerrecht international tätiger Unternehmen, 2. Aufl. 1998
Mohr, Technische Normen und freier Warenverkehr in der EG, 1989
Morrison, Project Finance International, Yearbook 1998, London 1998
Motzke/Oietzcker/Prieß, Beck'scher VOB-Kommentar, VOB Teil A, 2000
Moxter, Künftige Verluste in der Handels- und Steuerbilanz, DStR 1998, 509
Müglich, Transportrecht, 1999
Müller-Eiselt, EG-Zollrecht, Zollkodex/Zollwert, LBl.
Müller/Otto, Allgemeine Geschäftsbedingungen im internationalen Wirtschaftsverkehr, 1994
Münchener Rück, Contractors-All-Risk-Versicherung, 1996
Dies., Erection-All-Risk-Versicherung 1996
Dies., Hochhäuser, 1999

Nada, Project Finance, vol. I, Conventional Project Finance, vol. II, Islamic Project Finance, Beltsville, Maryland 1996
Näke, Privatfinanzierung der neuen Verkehrsinfrastruktur, WM 1998, 332
Nagel/Gottwald, Internationales Zivilprozessrecht, 4. Aufl., 1997
Naresimhan, Sustainable Development of Public/Private Partnership in Major Infrastructure Projects Using BOT and other Project Delivery Techniques, IBA paper, New Delhi 1997
Nelle, Neuverhandlungspflichten, 1993
Nelson, Port Development International, September 1998, 20
Nevitt/Fabozzi, Project Financing, 6. Aufl., New York 1995
Niklisch (Hrsg.), Rechtsfragen privat finanzierter Projekte, 1994
Ders., Vertragsstrukturen und Risiken des Projektherstellers bei internationalen BOT-Projekten
Ders., BOT-Projekte: Vertragsstrukturen, Risikoverteilung und Streitbeilegung, BB 1998, 2
Ders., Rechtsprobleme des Konsortialvertrages, BB 1999, 325.
Nicklisch/Weick, VOB Teil B, 2000
Niehues/Thyll, Konzernabschluss nach US-GAAP – Grundlagen und Gegenüberstellung mit deutschen Vorschriften
Nielsen/Schütze, Zahlungssicherung und Rechtsverfolgung im Außenhandel, 3. Aufl., 1985
Ders., Vertragsstrukturen und Risiken des Projektherstellers bei internationalen BOT-Projekten, FS Nirk, 735
Ders., Infrastructure Projects: Interlinked Contracts amd Interlinked Arbitration?, JBL 1999, 212 ff.
Ders., Mehrparteienschiedsgerichtsbarkeit und Streitbeilegung bei Großprojekten, FS Glossner, 221
Noch, Vergaberecht kompakt, 1999
Nordmeyer, Die Einbeziehung von Joint Ventures in den Konzernabschluss, WPg 1994, 301

Obernolte/Danner, Energiewirtschaftsrecht, 1996
OECD Documents, Towards Multilateral Investment Rules, Paris 1996
OECD, The Export Credit Financing Systems in OECD Member Countries, 4. Aufl. Paris 1990
OECD, Public Sector Corruption, Paris 1999
OECD DAC, Entwicklungszusammenarbeit 1997, Paris 1988
Oppenheim's International Law, 9. Aufl., London 1992
Oschmann, Calvo Doktrin und Calvo Klauseln, 1993
Ott, GATT und WTO im Gemeinschaftsrecht, 1997
Owen, A Thirsty, Dirty World, Project Finance International Nr. 183, 48

Literaturverzeichnis

Palandt, BGB 59. Aufl., 2000
Palmeter/Mavroidis, The WTO Legal System: Sources of Law, 92 AJIL 1998, 398
Parra, Provisions on the Settlement of Investment Disputes in Modern Investment Laws, Bilateral Investment Treaties and Multilateral Instruments on Investment, FILJ 12 (1997), 287
Patterson, Alternativer Risikotransfer – immer mehr Realität, ZfV 1997, 606
Paulsson, Administration Without Privity, FILJ 10 (1995), 232
Pejic/Meiisel, Discontinuing Operations – Ausweis- und Bilanzierungsvorschriften nach dem Standard des IASC, DB 1998, 2229
Penn/Shea/Aurora, Law Relating to Domestic Banking, London 1987
Dies., Law and Practice of International Banking, London 1987
Pennington, Bank Finance for Companies, London 1987
Peus, Bedeutung und Risiken von Auslandsinvestitionen am Beispiel der Bauindustrie, FS Gesellschaft, 105
Piazolo, Islamic Banking – ein Wachstumsmarkt auch für westliche Banken, ZfgR 1997, 122 ff.
Piccinella, I principi e gli istituti finanziari islamici, Oriente Moderno 58 (1988), 1
Pietzker, Die neue Gestalt des Vergaberechts, ZHR 162 (1998), 427
Pike/Timmins, The UK Private Finance Initiative, FT 14. November 1997
Platen, Handbuch der Versicherung von Bauleistungen, 3. Aufl. 1995
Pöhler, Das internationale Konsortialgeschäft der Banken, 1988
Pottmeyer, Der Ausfuhrverantwortliche, 1997
Prautsch/Walter, Schuldenmanagement für Kommunen, FAZ Beil. 31. August 1998
Prieß, Ausschreibungspflichten kommunaler Versorgungsunternehmen, DB 1998, 405
ders., Das öffentliche Auftragwesen in der Europäischen Union, 1994
Prölss/Martin, Versicherungsvertragsgesetz, 26. Aufl. 1998
Project Finance International, 14tägige Zeitschrift Hrg. Thomson Financial, London

Quigley, European Community Contract Law, 2 Bde, Dordrecht 1998

Radez, Opportunities in project financing, The Banker, August 1978, 53
Raeschke-Kessler/Berger, Recht und Praxis des Schiedsverfahrens, 1998
Rahman, Banking and Insurance, London 1979
Ray, Arab Islamic Banking and the Renewal of Islamic Law, London 1995
Rengeling, Handbuch zum europäischen und deutschen Umweltrecht, 2 Bde., 1998
Reich, International Public Procurement Law, Den Haag 1999
Reidt/Stickler/Glahs, Vergaberecht, 2000
Rehm, Bauwesenversicherung, 2. Aufl. 1989
Richter/Schanz, Betriebliche Altersversorgung: Steuer- und arbeitsrechtliche Aspekte bei Personalentsendungen in der Europäischen Union, BB 1994, 397
Reuter, Bilanzneutrale Gestaltung von Projektfinanzierungen nach GoB, Leasingregeln und US-GAAP, BB 2000, 659
Reuter, Außenwirtschafts- und Exportkontrollrecht Deutschland/Europäische Union, 1995
Ders., Was ist und wie funktioniert Projektfinanzierung?, DB 1999, 31
Reuter/Wecker, Projektfinanzierung – Anwendungsmöglichkeiten, Risikomanagement, Vertragsgestaltung, bilanzielle Behandlung, Stuttgart 1999
Rey, Projektgesellschaften zur Finanzierung und Beteiligung kommunaler und industrieller Projekte im Energiesektor, Saarberg-Forum 1994
Ders., Vom Kommunaldarlehen zur „Public Private Partnership", Bürgermeisterhandbuch 1994, Kap. 5.1.
Richardi, Hrsg., Münchner Handbuch zum Arbeitsrecht, Bde 1–3, 1993
Richter, Financial Engineering, 1999
Riese, Vergaberecht, 1998
Rivera, Private Sector Participation in the Water Supply and Wastewater Sector, Weltbank 1996
Roser, Die steuerliche Qualifikation des Finanzierungsinstrumente des Islam, 1994
Röver, Vergleichende Prinzipien dinglicher Sicherheiten, München 1999
Rudolph, Wasserwirtschaft in Entwicklungs- und Transformationsländern, 1999

Saeed, Islamic Banking and Interest, London 1999
Sagenstedt, Rechtshandbuch für Ingenieure und Architekten, 1999

Literaturverzeichnis

Saleh, Unlawful Gains and Legitimate Profits in Islamic Law, 2. Aufl., London 1992
Sandberg, Bridgend DCMF Contract: Key Clauses for Flexibility, IBA paper, New Delhi 1997
Sandrock F., Vereinbarung eines „neutralen" inernationalen Gerichtsstandes, 1997
Sarmet, International project financing – the European approach, The Banker, August 1980, 89
Schallehn/Greuter/Kuhn, Garantien und Bürgschaften, Stand 1998
Schaub, Arbeitsrecht-Handbuch, 9. Aufl., 2000
Scheeele, Privatisierung von Infrastruktur, 1993
Scheffler, Überführung von Wirtschaftsgütern zwischen inländischen Stammhaus und ausländischen Betriebsstätten, RIW 2000, 569
Scheibel, Projektfinanzierung: BOT- und Konzessionsgesetzgebung, RIW 1996, 373
Scherer, Die Entwicklung des Telekommunikationsrechts in den Jahren 1998 und 1999, NJW 2000, 772
Schildmann, Technische Versicherungen, 1994
Schilling, Rechtsschutz bei der Vergabe öffentlicher Aufträge durch Organe der EG, EuZW 1999, 239
Schlichter/Stich, Hrsg., Berliner Schwerpunkte-Kommentar zum BauGB 1998, 1998
Schimanski/Bunte/Lwowski, Bankrechts-Handbuch, 1997
Schlosser, EuGVÜ, 1996
Schmitt, Exportfinanzierung, Frankfurt 1985
Schmitt, Internationale Projektfinanzierung bei deutschen Banken, 1989
Schmitt/Weber, Rechtliche Grundlagen der Projektfinanzierung in der Russischen Föderation, WiRO 1995, 321
Schneider, The Diversity of Contractual and Other Relationships in Infrastructure Projects and the Charasterics of Disputes Arising Under Them; IBA paper, New Delhi 1997
Scholka, Die Entwicklung des Energierechts in den Jahren 1998 und 1999, NJW 2000, 548
Schröder/Wenner, Internationales Vertragsrecht, 1998
Schrödter, BauGB, 6. Aufl., 1998
Schroth, Handbuch für Außenwirtschaftsverkehr, 1994
Schroth/Wapenhensch, Hrsg. Außenwirtschaftsrecht, Stand Juni 1998
Schwartmann, Der Schadensersatzanspruch des übergangenen Bieters im Vergaberecht, DStR 1999, 1116
Schwarz/Wockenfoth, Zollrecht, 1962, 1998
Schwarzenberger, Foreign Investments and International Law, London 1969
Schwintowski/Schäfer, Bankrecht, 1997
Seck, Critical Analysis of the Role of the International Finance Institutions, IBA paper Energy & Resources Law 98, London 1998
Seidl-Hohenveldern, Völkerrecht, 9. Aufl., 1997
Sharafa, Islamic Banking, London 1990
Shelton, Das multilaterale Abkommen für Investitionen der OECD, FS Gesellschaft, 99
Sherma, Forgotten, but not Gone: the EU's Blocking Regulation, a Trap for the Unwary. IBL 1998, 340
Shihata, The World Bank's Guidelines on the Treatment of Foreign Direct Investments, FS Gesellschaft, 81
Shihata/Parra, The Experience of the International Centre for Settlement of Investment Disputes, FILJ 14 (1999), 299
Senti, GATT, Allgemeines Zoll- und Handelsabkommen als System der Welthandelsordnung, 1986
Siebel, Investitionsschutz in Entwicklungsländern, FS Gesellschaft, 55
Ders., Foreign Trade Law of the Federal Republic of Germany, 1989
Siebelt, Garantien für Kapitalanlagen im Ausland, NJW 1994, 2860
Sieg, Bindung des Haftpflichtversicherers an Schiedssprüche und Schiedsgutachten im Haftpflichtverhältnis, VersR 1984, 501
Sieg/Fahnung/Kölling, Außenwirtschaftsgesetz, 1963
Sigulla, Auslegungs- und Abgrenzungsprobleme im Zusammenhang mit dem Risikobaustein Ziff. 2.6. des Umwelthaftpflicht-Modells, VP 1994, 92
Smith, Covering Political and Regulatory Risks in Privat Infrastructure Projects, IBA paper, Energy & Resources Law 98, London 1998
Sonntag, Steuerliche Aspekte des internationalen Großanlagenbaus, IWB-Nr. 17 vom 10. 9. 1991, Fach 3 Deutschland, Gruppe 1, Seite 1293
Späte, Haftpflichtversicherung, AHB-Komm., 1993

Literaturverzeichnis

Spießhofer/Lang,, Der neue Anspruch auf Information im Vergaberecht, ZIP 2000, 446
Standard & Poor's, Infrastructure, Project Finance, Utilities and Concessions, Criteria and Commentary, New York 1999
Staats, Ausländisches Privatvermögen in der internationalen Rechtsprechung, 1966
Starke, An Introduction to International Law, 10. Aufl. London 1989
Steiner, Straßenbau durch Private, NJW 1994, 3150
Steinle/Bruch/Lawa, Projekt Management, 2. Aufl. 1999
Stern, Multilaterale-Investitions-Garantie-Agentur MIGA, ein neues versicherungsrechtliches Instrument des Schutzes deutscher Investitionen im Ausland, 1990
Stockmayer, Excluding Project Loans from Sovereign Rescheduling, IFLR 1985, 26
Stober, Wirtschaftsverwaltungsrecht in Europa, 1993
Stüer, Handbuch des Bau- und Fachplanungsrechts, 2. Aufl., 1998
Sullivan, International Project Financing, 3. Aufl. Yonkers N. Y., 1999
Suratgar, Project Finance: Law & Practice, London 1995
Suwaidi, Finance of International Trade in the Gulf, London 1994

Talbot, Practical Lending and Security Precedents, 2. Aufl., London 1998
Tempel, Heidelberger Kolloqium Technologie und Recht 1995, NJW 1995, 3299
Tennekoon, The Law and Regulation of International Finance, London-Dublin-Edinburgh 1991
Thode, Abnahme und Gewährleistung im Bauvertrag, 1998
Thode/Wenner, Internationales Architekten- und Bauvertragsrecht, 1998
Thode, Zum vergaberechtlichen Status von juristischen Personen des Privatrechts, ZIP 2000, 2
Thompson, International Project Finance, London 1998
Thume, Das neue Transportrecht, BB 1998, 2117
Timmins u. a., Private Finance Initiative, FT Survey 24. Juli 1998, 11. Dezember 1998
Tinsley, Project Finance: Legal and Documentation Issues, London 1996
Treitel, An Outline of the Law of Contract, 4. Aufl., London 1989
Triebel/Hodgson/Kellenter/Müller, Englisches Handels- und Wirtschaftsrecht, 2. Aufl., 1995
Trieschmann/Gustavson, Risk Mnagement & Insurance, Cincinatti 1998
Tsuda, Key Clauses for BOT Contracts in Public Infrastructure – ENAA Model Forms of Contract and some Factors in EPC Contract to Cope with Inherent Flexibility of BOT Project, IBA paper, New Delhi 1997
Thürmann, Der Sachschadensbegriff in der Bauleistungsversicherung, 1987
Tytko, Grundlagen der Projektfinanzierung, 1999

Uechtritz, Öffentliches Baurecht, 2. Aufl., 1994
Uekermann, Risikopolitik bei Projektfinanzierungen, 1993
United Nations Publications, Handbook of Environmental Law, New York 1998
Usinger, Hrsg., Immobilien – Recht und Steuern, 1996

Vance, Asia's BOT Schemes and Special Project Risks, PFI Yearbook 1998, 46
Vandevelde, The Political Economy of a Bilateral Treaty, 92 (1998) AJIL, 621
VDI, Projektkooperation beim internationalen Vertrieb von Maschinen und Anlagen, 1991
VDMA, EG-Maschinenrichtlinie, Gerätesicherheitsgesetz, 1983
Dies., Internationale Verträge nach UN-Kaufrecht, 1997
Dies., Die VDMA-Geschäftsbedingungen, 3. Aufl., 1994
Dies., Rechtliche Bestimmungen über Produkthaftung in Europa, 1994
Dies., Eigentumsvorbehalt, 1994
Dies., Entsendung Montagepersonal Ausland, 1995
Dies., Überwachung Montage Ausland, 1993
Dies., Know-how-Vertrag Ausland, 1990
Dies., Konsortial-Vertrag, 1995
Dies., Wartungs- und Instandhaltungs-Vertrag Inland, 1997
Dies., Wartungsvertrag, Ausland, 1980
Dies., Auslandsmontagen, 1997
Dies., Wettbewerbsfaktor „Service" im Maschinen- und Anlagenbau, Frankfurt 1995
Verband privater Abwasserentsorger e. V., Memorandum zur Abwasserwirtschaft, 1997
Verdross/Simma, Universelles Völkerrecht, 3. Aufl. 1984

Literaturverzeichnis

Vetter, Rechtsprobleme der Organisation des Konsortiums bei Großprojekten, ZIP 2000, 1041
Vinter, Project Finance, 2. Aufl., London 1998
Ders., A Brighter Tomorrow, PFI Yearbook 1998, 100
Vögele u. a., Handbuch der Verrechnungspreise, München 1997
Vogel, DBA Doppelbesteuerungsabkommen, 3. Aufl., 1996
Vogel, Vertragsgestaltung bei internationalen Projektfinanzierungen, 1997
Vogel, Risiken und Risikoverteilung bei Projektfinanzierungen, DEG aktuell 11/1999, 11 ff.
Vogel/Hayes III, Islamic Law and Finance, Dordrecht, 1998
Vogel/Stockmeier, Umwelthaftpflichtversicherung, 1997
Voigt/Müller, Handbuch der Exportfinanzierung, 4. Aufl. 1996
de Vries, Council Regulation (EC) N° 2271/96 („The EU Blocking Regulation"), IBL 1998, 345

Waelde, International Law of Foreign Investments: towards Regulation by Multilateral Treaties, BLI 1999, 50 ff.
Walkley/Byrne, License Negotiating Technical Assistance Agreements and Technologies, London 1998
Waller, Das internationale Recht des geregelten Vergabewesens, Rang und Anwendbarkeit der GPA 1994 im europäischen und deutschen Recht, Berlin 1998
Walker/Arnott, The Channel Tunnel Concession, IBL 1996, 12
Wank/Börgmann, Deutsches und europäisches Arbeitsschutzrecht, 1992
Wassermeyer, Hrsg., Handbuch des Außensteuerrechts 1998, 1998
Webb, Legal Reform and Private Investment in Development Countries, IBL 1998, 304
Wegen/Wichard, Islamische Bankgeschäfte, RIW 1995, 826
Werner/Pastor, Der Bauprozess, 9. Aufl., Düsseldorf 1998
Westbank/Marchais, Legal Framework for the Treatment of Foreign Investments, Washington 1992
Westphalen, Graf von, Vertragsrecht und AGB-Klauselwerke, Lbl.
Ders., Die Bankgarantie im internationalen Handelsverkehr, 2. Aufl., 1990
Ders., Rechtsprobleme der Exportfinanzierung, 3. Aufl., 1987
Wichard, Zwischen Markt und Moschee: wirtschaftliche Bedürfnisse und religiöse Anforderungen im frühen islamischen Vertragsrecht, 1995
Widera, Meldebestimmungen, 16. Aufl., 1996
Wiegley, Export & Trade Finance, LBl., Dobbs Ferry, USA
Willms/Haferkamp/Lo/Paesler, EG-Wirtschaftsrecht & Außenwirtschaftsrecht, Stand August 1998
Wilson, Hrsg., Islamic Financial Markets, London 1990
Witte, Die Neuregelung des Vergaberechtes, DStR 1998, 1684
Witte, Hrsg., Zollkodex, 2. Aufl., 1998
Witte/Wolffgang, Hrsg., Lehrbuch des europäischen Zollrechts, 3. Aufl., 1998
Wood, Project Finance, Subordinated Debt and State Loans, London 1995
Wolley, Hrsg., Environmentra Law, Oxford 2000
Wolffgang, Management mit Zollpräferenzen, 1998
WP-Handbuch 1998
Wussow, Unfallhaftpflichtrecht, 14. Aufl., 1996
Wussow/Ruppert, Montageversicherung, 2. Aufl. 1972

Yesilirmak, Jurisdiction of the International Centre for Settlement of Investment Disputes over Turkish Concession Contracts, FILJ 14 (19990), 390

Zander, Personalführung in unterschiedlichen politischen und kulturellen Umfeldern, BB 1997, 2214
Ziegenhain, Extraterritoriale Reichweite des US-amerikanischen und des reformierten deutschen Exportkontrollrechts, RIW 1993, 897
Zimmer/Karl, Bilaterale Investitionsschutzverträge – ein auslaufendes Modell?, FS Gesellschaft, 41
Zimmermann/Rasche, Custom Laws of the World, LBl., Dobbs Ferry, USA

Autorenverzeichnis

Leopold Baumann geboren 1973; Abitur an der Europaschule Brüssel I (1991); Studium der Rechtswissenschaften an der Universität Konstanz (1991–1996); Referendardienst des Landes Baden-Württemberg in Karlsruhe, Speyer (Hochschule für Verwaltungswissenschaften), Strassburg (Rechtsanwaltskanzlei) und Tokio (Deutsche Industrie- und Handelskammer in Japan) (1996–1998); Stage in der Generaldirektion Steuern und Zollunion der Europäischen Kommission (1999); Tätigkeit als Assistent einer Abgeordneten des Europäischen Parlaments mit Schwerpunkten im Bereich Telekommunikation, neue Medien und Informationstechnologie (seit 1999). Veröffentlichungen zu Handelsfragen.

Dr. Kilian Bälz LL. M. ist seit 1999 Rechtsanwalt im Frankfurter Büro der Kanzlei Gleiss Lutz Hootz Hirsch. Dr. Bälz studierte Rechts- und Islamwissenschaft in Freiburg, Berlin (Dr. jur.), Damaskus, Kairo und London (LL. M.). Nach Referendariat in Berlin, Jeddah und Kairo war er zunächst wissenschaftlicher Mitarbeiter an der Johann Wolfgang Goethe Universität in Frankfurt. Dr. Bälz ist Autor zahlreicher wissenschaftlicher Veröffentlichungen, insbesondere zum Wirtschafts- und Verfassungsrecht der Arabischen Staaten. Die Schwerpunkte seiner anwaltlichen Tätigkeit liegen im internationalen Gesellschafts- und Kapitalmarktrecht.

Professor Dr. Michael Bothe, ordentlicher Professor an der Johann Wolfgang Goethe-Universität Frankfurt am Main, Lehrstuhl für öffentliches Recht insbesondere Völkerrecht und Europarecht; zahlreiche Veröffentlichungen zum nationalen, internationalen und europäischen Umweltrecht; Mitarbeit in nationalen und internationalen wissenschaftlichen Umweltrechtsgesellschaften, Gutachter- und Beratertätigkeit.

Klaus Cichowski, Rechtsanwalt, ist Leiter des Zentralbereichs Corporate Human Ressources der Dynamit Nobel AG. Er war nach Abschluss seiner juristischen Ausbildung zunächst im Sekretariat der Geschäftsinhaber des Bankhauses Schröder, Münchmeyer, Hengst & Co./Lloyds Bank Plc. für Beteiligungen der Bank, die rechtliche Beratung der Investment- und Kreditbereiche sowie für Sonderprojekte (u. a. Investmentfinanzierungen, Merger) und Mandate der Inhaber tätig. 1984 wechselte er ins Auslandssekretariat der Kreditanstalt für Wiederaufbau, wo er für rechtliche Fragen und Grundsätze der Projektfinanzierung im Rahmen staatlicher wirtschaftlicher Zusammenarbeit verantwortlich zeichnete und bilaterale Staatsumschuldungen (Pariser Club) betreute. Nach seinem Wechsel zur Metallgesellschaft AG im Jahr 1986 übernahm er zunächst den Auslandspersonalbereich, zu dem die Durchführung von Auslandseinsätzen im Konzern, die Betreuung der Executives und Organe weltweit und die Zuständigkeit für Personalfragen bei Merger-Projekten im In- und Ausland und Personalprojekte mit internationalem Bezug (u. a. Due Dilligence-Projekte, Reorganisationen, Betriebsübergänge) gehörten. Später übernahm er zusätzlich die Leitung des Personalbereichs Inland und die Führungskräftebetreuung. Daneben steuerte er zentral die Personalsysteme im internationalen Umfeld des Konzerns (u. a. Pensionsfonds, Vergütungssysteme). Herr Cichowski ist spezialisiert auf Arbeits- und Sozialversicherungsrecht und steuerliche Fragen bei Personalthemen mit internationalem Bezug. Er besitzt einen breiten Erfahrungsschatz in allen Aspekten der Personalarbeit insb. auch in Merger & Acquisition-Projekten und im Zusammenhang mit Unternehmensintegrationen nach Zusammenschlüssen.

Herr Dipl.-Kfm. Joachim Claus studierte in Köln Volks- und Betriebswirtschaft, bevor er zunächst im Forschungsbereich mit der Entwicklung von Management-Informationssystemen befasst war. Danach war er für ein Architektur- und Planungsbüro für den kaufmännischen Bereich und die Betreuung größerer Stadtplanungsprojekte im Nahen Osten tätig. 1982 kam er zu Lahmeyer Interantional, wo er in der Wirtschaftsabteilung Studien und Planungen für energiewirtschaftliche Projekte weltweit leitete. Anfang der Neunziger Jahre, im Zuge der zunehmenden Privatisierung im Infrastruktursektor, baute Herr Claus bei Lahmeyer International den Bereich BOT-Projekte und Projektentwicklung mit Schwerpunkt im Energiebereich auf, bevor er 1995 die Hauptabteilung Wirtschaft und Projektentwicklung übernahm. Seit Ende 2000 ist Herr Claus Geschäftsführer und Partner von Frankfurt Economics, eines neu gegründeten Beteiligungsunternehmens von Lahmeyer International mit Schwerpunkt Risikomanagement und Marktberatung für die Energiewirtschaft und Netzindustrien.

Autorenverzeichnis

Dr. Dr. Ottoarndt Glossner, Rechtsanwalt und Notar a. D. Juristische Studien in Deutschland, Frankreich und England. Chevalier de la Légion d'Honneur, Grosses Verdienstkreuz des Verdienstordens der Bundesrepublik Deutschland, weiland Chefsyndikus AEG-Telefunken und Vorsitzender im Rechtsausschuss des BdI, Ehrenvorsitzender des Vorstands Deutsche Institution für Schiedsgerichtsbarkeit (DIS), Vizepräsident, Internationaler Schiedsgerichtshof ICC, Mitglied, International Council for Commercial Arbitration (ICCA) und anderer internationler Schiedsgerichtsorganisationen. Zahlreiche Veröffentlichungen.

Dipl.-Kfm. Martin Gundert arbeitete bis 2000 als Wirtschaftsprüfer bei der KPMG Deutsche Treuhand-Gesellschaft, einer international tätigen Wirtschaftsprüfungsgesellschaft, in Düsseldorf und Frankfurt am Main. Seit Beginn seiner Tätigkeit für die KPMG in 1993 hat Herr Gundert Prüfungen von Abschlüssen nach HGB, US GAAP und IAS von Unternehmen verschiedener Branchen (u. a. Bau und Immobilienprojektentwicklung) sowie Bewertungen von Projekten und Unternehmen durchgeführt. Weitere Schwerpunkte seiner Tätigkeit waren die Begleitung von Börsengängen, die Durchführung von Due Diligence-Untersuchungen einschl. der Beratung bei der steuerlichen und rechtlichen Gestaltung der Transaktion sowie die Begleitung von Umstrukturierungen. Neben der fachlichen Tätigkeit hat Herr Gundert an verschiedenen Fachpublikationen (Kommentare, Zeitschriftenbeiträge, Broschüren) mitgewirkt und mehrere Beiträge (u. a. zum Thema Risikomanagement) veröffentlicht. Herr Gundert ist derzeit als Kaufmännischer Leiter der Kirch New Media AG verantwortlich für die Bereiche Rechnungswesen, Controlling und Finanzen/Treasury.

Priv. Doz. Dr. habil. Harald Hohmann ist sowohl Privatdozent für deutsches und vergleichendes öffentliches Recht, Völker- und Europarecht an der Universität Frankfurt/Main als auch (seit 1996) Rechtsanwalt, zunächst in Bürogemeinschaft mit *Heuking Kühn Lüer Heussen Wojtek* (Frankfurt/Main) und seit Oktober 2000 als angestellter Anwalt bei *White & Case – Feddersen* (Frankfurt/Main). Er promovierte zum Umweltvölkerrecht (1989–1991) und habilitierte sich im vergleichenden Verfassungs- und Außenwirtschaftsrecht (1993–1997), wofür er Forschungsaufenthalte und Interviews in Deutschland, in den USA und in Japan (sowie in Brussel) durchfuhrte. Als Anwalt arbeitet er zum öffentlichen Recht, insbesondere zum Wirtschaftsverwaltungsrecht (Schwerpunkt: Gewerbe-, Subventions-, Bankaufsichts-, Immissions-, Lebensmittel-, Aussenwirtschafts- und Lizenzrecht), und zum europäischen und internationalen Wirtschaftsrecht (u. a. EG-Kartellrecht, WTO-Recht). Er war Lehrbeauftragter für Umwelt- bzw. Europarecht an der *European Business School* bzw. an der Universität Kassel; er ist Leiter eines Arbeitskreises des *Water Resources Committee* der *International Law Association* und unterrichtet jetzt als Privatdozent an der Universität Frankfurt/Main; seine Bücher und Aufsätze beschäftigen sich vor allem mit dem deutschen und internationalen öffentlichen Wirtschafts- und Umweltrecht, sowie mit dem Verfassungs- und Verwaltungsrecht.

Dr. Wolfgang Kirchhoff ist Rechtsanwalt und Partner im Brüsseler Büro der Sozietät FRESHFIELDS BRUCKHAUS DERINGER. Er berät private und öffentliche Unternehmen sowie Behörden auf dem Gebiet des Vergabe-, Kartell- und Beihilferechts. Nach dem Studium an den Universitäten Bonn, Lausanne und Freiburg sowie der kartellrechtlichen Promotion am Max-Planck-Institut für Patent-, Urheber- und Wettbewerbsrecht in München wurde Dr. Kirchhoff 1989 in Düsseldorf als Anwalt zugelassen. In verschiedenen wissenschaftlichen Veröffentlichungen hat er sich bislang vorwiegend mit Fragen des Kartell- und Europarechts befaßt, zuletzt als Autor des Kapitels Wettbewerbsbeschränkungen in Vertriebsverträgen in Wiedemann, Handbuch des Kartellrechts.

Ulrich Klemm, Rechtsanwalt, ist seit 1991 stellvertretender Chefjustitiar der DEG – Deutsche Investitions- und Entwicklungsgesellschaft mbH, einem Bundesunternehmen, das Privatinvestitionen in Entwicklungs- und Schwellenländern finanziert. Vor seiner Tätigkeit in der Rechtsabteilung der DEG war er vier Jahre lang rechtsberatend bei einem zur Dresdner Bank Gruppe gehörenden Consultingunternehmen in Sao Paulo, Brasilien, tätig. Neben bankaufsichtsrechtlichen Fragen liegen die Schwerpunkte seiner Tätigkeit in der juristischen Betreuung von internationalen Projektfinanzierungen in Lateinamerika, Afrika und Asien. In den letzten Jahren gilt sein besonderes Interesse den rechtlichen Fragen privater Infrastrukturprojekte und er hat sich in wissenschaftlichen Aufsätzen mit Fragen des Umweltschutzes und von Kreditsicherheiten in der Projektfinanzierung befaßt.

Dipl.-Ing. Eberhard Lenz, M. Arch., M. B. A. ist seit 1998 als Niederlassungsleiter bei HOCHTIEF Projektentwicklung GmbH verantwortlich für die internationalen Entwicklungsaktivitäten. Nach seinem Studium des Bauingenieurswesens in München und weiterführenden Stu-

Autorenverzeichnis

dien der Architektur und Betriebswirtschaftslehre in St. Louis, USA arbeitete er von 1988 bis 1991 bei der Firma Bechtel International im Projektmanagement von Hochbau- und Infrastrukturprojekten. Zurückgekehrt nach Deutschland war er bis 1997 bei ECE Projektmanagement GmbH, Hamburg tätig, welche auf die Entwicklung und das Management von hochwertigen Gewerbeobjekten spezialisiert ist. In seiner derzeitigen Tätigkeit bei der HOCHTIEF Projektentwicklung bilden Infrastrukturprojekte, insbesondere Mautstraßen und Containerhäfen, die mittels Projektfinanzierung realisisert werden, den Schwerpunkt.

Michael Prinz zu Löwenstein ist Rechtsanwalt in Frankfurt am Main, Partner im dortigen Büro von Heuking Kühn Lüer Wojtek. Nach dem Studium in Freiburg im Breisgau und Bonn war er seit 1978 als Rechtsanwalt in Hamburg und im Jahr als Visiting Foreign Lawyer in New York tätig, sowie während drei Jahren im Auftrag der Deutschen Entwicklungshilfe als Rechtsberater im Präsidialamt der Republik Niger. Er ist spezialisiert in den Bereichen Bank- und Finanzierungs- sowie allgemeinem Wirtschaftsrecht.

Dr. Klaus Minuth ist seit 1987 Rechtsanwalt in Frankfurt am Main und Partner im Frankfurter Büro von Clifford Chance Pünder, einer international tätigen Rechtsanwaltssozietät. Sein Tätigkeitsschwerpunkt ist Immobilienrecht, dabei insbesondere Architekten- und Ingenieurvertragsrecht, Bauvertragsrecht (Generalunternehmerverträge, Generalübernehmerverträge), Anlagenbauvertragsrecht. Klaus Minuth ist Co-Autor bei Usinger (Herausgeber), Immobilien-Recht und Steuern, Handbuch für die Immobilienwirtschaft, Kapitel 13 (Recht der Architekten und Ingeniuere), Kapitel 14 (Projektsteuerung), Kapitel 16 (Der Anlagenbauvertrag). Klaus Minuth ist ferner Mitherausgeber der Neuen Zeitschrift für Baurecht und Vergaberecht (NZBau).

Hilmar Raeschke-Kessler, LL.M., Rechtsanwalt beim Bundesgerichtshof; Mitglied der ICC-Commission on International Arbitration; Vice-Chair IBA-Committee D (International Arbitration); Mitglied des Vorstands der Deutschen Institution für die Schiedsgerichtsbarkeit e.V. – DIS; Lehrbeauftragter der Universität Köln für internationales Verfahrensrecht; zahlreiche Veröffentlichungen zur Schiedsgerichtsbarkeit und zu materiell- rechtlichen Fragen.

Christof Rotberg, Abteilungsdirektor a.D., war Rechtsanwalt und Syndikus in der Stahlindustrie und lange Jahre tätig bei der DEG – Deutsche Investitions- und Entwicklungsgesellschaft mbH – in verschiedenen Funktionen, zuletzt als Leiter der Umweltabteilung.

Dr. Jan-Hendrik Röver, LL.M. (London) leitet die Abteilung Equity Funds im Geschäftsbereich Project and Asset Based Financing der Bayerischen Hypo- und Vereinsbank AG in München. Zuvor arbeitete er in der Projektfinanzierungsabteilung der Hypo Vereinsbank und war dort für eine Vielzahl wichtiger Finanzierungen insbesondere im Rohstoff- und Energiebereich zuständig. Er war mehrere Jahre Mitarbeiter der Rechtsabteilung der Europäischen Bank für Wiederaufbau und Entwicklung (EBWE) in London. U.a. wirkte er bei der EBWE an der Ausarbeitung eines Modellgesetzes für Sicherungsgeschäfte (1994) mit, das in mittel- und osteuropäischen Staaten bei der Reform ihrer dinglichen Sicherungsrechte eingesetzt wird. Dr. Röver hat Rechtswissenschaften in Bonn, Genf, Straßburg, München und Speyer als auch an der London School of Economics and Political Science studiert und besitzt neben einer deutschen Anwaltszulassung eine Zulassung als Prozeßanwalt (Barrister) nach englischem und walisischem Recht. Seine Arbeit zur Theorie der Rechtsvergleichung (Vergleichende Prinzipien dinglicher Sicherheiten) wurde 1998 mit dem Jean-Rey-Preis und im Jahre 2000 mit dem Bruno-Heck-Preis ausgezeichnet.

Stefan Schmidt ist Rechtsanwalt und Steuerberater und seit 1998 Partner in der Frankfurter Niederlassung der KPMG Deutsche Treuhand-Gesellschaft AG Wirtschaftsprüfungsgesellschaft. Er arbeitet dort in der Steuerabteilung im Bereich Financial Services. Nach seinem Studium der Rechtswissenschaft an der Universität Mainz trat er 1990 in die KPMG Peat Marwick Treuhand GmbH ein. 1993 erhielt er seine Zulassung als Steuerberater. Stefan Schmidt ist spezialisiert auf die Besteuerung von Finanzdienstleistungsunternehmen, insbesondere Banken und Leasinggesellschaften mit internationalem Bezug. Darüber hinaus ist er im Bereich der strukturierten Finanzierung sowie im internationalen Anlagenbau beratend tätig.

Rechtsanwalt Priv.-Doz. Dr. iur. habil. Ulf R. Siebel. Nach Promotion und zweitem Staatsexamen trat er 1950 in die Deutsche Bank ein und wurde Vorstandsassistent; ab 1958 war er als Direktor in der Zentrale Sekretariat Ausland u.a. mit internationalen Projektfinanzierungen beschäftigt und wirkte bei der Gründung von Lahmeyer International AG mit sowie der Deutsche Eisenbahnconsulting GmbH, wo er Aufsichtsratsvorsitzender wurde. 1970 wurde er Mitinhaber von Richard Daus & Co. Bankiers, später Arab Banking Corporation Daus & Co. GmbH, ab 1988 Aufsichtsratsmitglied. Bis 1999 agierte er als zweiter Sprecher der Arbeitsgemeinschaft

Autorenverzeichnis

Entwicklungsländer und war 16 Jahre im Executive Committee des Centre for Industrial Development AKP-EG, Brüssel. Er ist Mitglied des Außenwirtschaftsausschusses der IHK Frankfurt, Ehrenpräsident der Gesellschaft zur Förderung des Schutzes von Auslandsinvestitionen e.V. und Ehrenmitglied des Afrika Vereins e.V. 1997 habilitierte er sich in Mainz mit dem Thema *Rechtsfragen internationaler Anleihen*. Verfasser zahlreicher Aufsätze, FS-Beiträge und Bücher über Gesellschaftsrecht, Kapitalmarkt- und Bankrecht sowie Außenwirtschaftsrecht.

Dr. Stefan Sigulla arbeitet seit 1996 für die Siemens AG. Als Leiter „Risk Transfer" und als Leiter des Geschäftsgebiets „Insurance" der Siemens Financial Services ist er für die firmenverbundene Versicherungs-Vermittlungsgesellschaft verantwortlich und Vorstand je einer konzerneigenen Erst- und Rückversicherungsgesellschaft. Vorher war er unter anderem als Syndikus in der Lurgi AG tätig, deren Schwerpunkt im internationalen Anlagenbau liegt. Stefan Sigulla ist Mitglied des Vorstand des Versicherungsausschusses des BDI und stellvertretender Vorsitzender des DVS Deutscher Versicherungs-Schutzverband e.V.

Peter Spengler, Ass. jur., wissenschaftlicher Mitarbeiter am Lehrstuhl für öffentliches Recht einschließlich Völkerrecht und Europarecht an der Johann Wolfgang Goethe-Universität Frankfurt am Main.

Dr. Michael H. Wiehen war über dreißig Jahre bei der Weltbank in Washington, DC, tätig, die ersten fünf Jahre in der Rechtsabteilung (wo er u.a. an der Entwicklung der wegweisenden Procurement Guidelines der Bank maßgeblich beteiligt war), danach in leitenden Stellungen in den Programm- und Länderabteilungen der Bank, in Asien, Afrika und nach der Wende in Südosteuropa. Seit seiner Pensionierung im Frühjahr 1995 ist er in München als Rechtsanwalt zugelassen, ist aber im wesentlichen ehrenamtlich für Transparency International (TI) tätig. Als Member of the Board von TI arbeitet er an der Umsetzung der OECD Konvention gegen internationale Bestechung sowie an der Schaffung von mehr Transparenz in Beschaffungsverfahren weltweit, u.a. durch das von TI entwickelte Integrity Pact Konzept. Als Vorsitzender der deutschen Sektion von TI hat er Themen wie Verschärfung der Korruptions-Präventionsmaßnahmen in der deutschen Verwaltung (Bund, Länder und Kommunen), bei der Hermes-Exportkredit-Versicherung und in der privaten Wirtschaft bearbeitet. Er hat bei mehreren Publikationen zum Thema Korruptionsbekämpfung und -prävention mitgewirkt.

Prof. Dr. Hans-Michael Wolffgang geboren 1953; Studium der Rechtswissenschaften an der Universität Münster (1973–1979), Ergänzungsstudium an der Hochschule für Verwaltungswissenschaften in Speyer (1981), Dr. iur. (1986); Wissenschaftlicher Mitarbeiter am Institut für Steuerrecht der Universität Münster (1983–1984); Justitiar des Kreises Steinfurt (1985–1987); Eintritt in Bundesfinanzverwaltung (1987), Dozent und Professor am Fachbereich Finanzen der Fachhochschule des Bundes (1988–1994); Wissenschaftlicher Mitarbeiter am Bundesfinanzhof (1992–1994); Universitätsprofessor für Öffentliches Recht an der Westfälischen Wilhelms-Universität Münster (seit 1995); Richter am Finanzgericht Münster im Nebenamt (seit 1998).

Veröffentlichungen zum deutschen und europäischen Verwaltungs-, Staats- und Finanzrecht sowie zum Zoll- und Außenwirtschaftsrecht; Schriftleiter der Zeitschrift AW-Prax-Außenwirtschaftliche Praxis.

Dipl.-Kfm. (CEMS-Master) Alexander P. Zinell hat an der Universität zu Köln und an der Ecole des Hautes Etudes Commerciales (HEC), Paris, Betriebswirtschaftslehre mit Schwerpunkt Finanzierung studiert. Seit 1994 ist er für HOCHTIEF Projektentwicklung GmbH in den Geschäftsbereichen Infrastrukturentwicklung und Projektfinanzierung tätig. Herr Zinell hat an zahlreichen internationalen Großprojekten des Unternehmens mitgewirkt, unter anderem an der Eisenbahnstrecke Channel Tunnel Rail Link (Vereinigtes Königreich), den Flughafenprojekten New Athens International Airport (Griechenland), Düsseldorf International und Berlin-Brandenburg International sowie der Wasserversorgung ProLagos (Brasilien). Seit 1999 verantwortet Herr Zinell die Entwicklung projektfinanzierter Häfen und Containerterminals.

1. Teil. Einleitung

Übersicht

	Rdn.
1.1 Bedeutung der Projektfinanzierung	1
1.2 Fragen der Politik	14
1.3 Projektfindung und -entwicklung	22
1.4 Qualifikation der Bieter	28
1.5 Zu den politischen Risikofaktoren	36
1.6 Wirtschaftliche Risiken	47
1.7 Rechtliche Risikofaktoren	53
1.8 Außenwirtschaftsrecht und Genehmigungen	59
1.9 Finanzierungsfragen	62

Schrifttum: *Arbeitsgemeinschaft Entwicklungsländer,* Public Private Partnership – neue Chancen für die Wirtschaft; *Backhaus/Sandrock/Schill/Uekermann* Hrsg., Projektfinanzierung; *BDI,* Projektfinanzierung und Betreibermodelle auf Auslandsmärkten: Das Geschäft der Zukunft?; *Benedek,* Die Welthandelsorganisation (WTO); *bfai,* Das internationale Ausschreibungs-ABC; *Bödeker,* Staatliche Exportkreditversicherungssysteme; *Brandt,* Kreditwirtschaftliche Aspekte des Vergaberechts, WM 1999, S. 2525; *Deutsche Bank AG,* Außenwirtschafts-Alphabet; *Denton, Wilde Sapte A Guide to Project Finance 2. Aufl.; Deutsches Institut für Entwicklungspolitik,* Öffentlich-private Partnerschaft in der Zusammenarbeit mit dynamischen Entwicklungsländern; *Dichtl/Issing,* Exportnation Deutschland; *Fuhrmann,* Praktische Probleme der umwandlungsrechtlichen Ausgliederung, AG 2000, S. 49 ff.; *Geiger,* EG-Vertrag; *Gramlich,* Außenwirtschaftsrecht; *Gesellschaft zur Förderung des Schutzes von Auslandsinvestitionen,* FS zum 40-jährigen Bestehen; *Greuter,* Die staatliche Exportkreditversicherung, 5. Aufl., 1996; *Heinrich* Hrsg., Projektfinanzierung; *Hinsch/Horn,* Das Vertragsrecht der internationalen Konsortialkredite und Projektfinanzierungen, Berlin-New York 1985; *Hoffman, The Law and Business of International Project Finance; Kiethe/Hektor,* Grundlagen und Techniken der Projektfinanzierung, DStR 1996, 977; *Meessen* Hrsg., *International Law of Export Controls; Nicklisch* Hrsg., Rechtsfragen privat finanzierter Projekte; *OECD, DAC,* Entwicklungszusammenarbeit 1998; *OECD,* Public Sector Corruption; *Reuter/Wecker,* Projektfinanzierung; *Schmitt,* Exportfinanzierung; *Shihata/Parra,* The Experience of the International Centre for Settlement of Investment Disputes, FILJ 1999, S. 299 ff.; *Sullivan,* International Project Financing; *Uekermann,* Risikopolitik bei Projektfinanzierungen; *VDI,* Projektkooperation beim internationalen Vertrieb von Maschinen und Anlagen; *Vinter,* Project Finance; *Voigt/Müller,* Handbuch der Exportfinanzierung; *Wassermeyer,* Hrsg., Handbuch des Außensteuerrechts; *Wilms/Haferkamp/Lo/Paesler,* EG-Wirtschaftsrecht & Außenwirtschaftsrecht; *Wood,* Project Finance, Subordinated Debt and State Loans.

1.1 Bedeutung der Projektfinanzierung

Projekte und ihre Finanzierung haben schon im 19. Jahrhundert im Zeitalter der beginnenden **Industrialisierung** eine wirtschaftlich bedeutende Rolle gespielt. Man denke an die Eisenbahnen in Europa, Asien und Amerika, den Suez- und den Panamakanal, die großen Minengesellschaften usw. Regierungskonzessionen wurden verhandelt, erteilt und geändert, Finanzierungskonsortien – oft international zusammengesetzt – wurden gebildet, Aktien – vielfach als Vorzugsaktien – und Anleihen auf multiple Währungen wurden emittiert;[1] Devisenbeschränkungen waren bis zum ersten

1

---

[1] S. Verf., Rechtsfragen internationaler Anleihen, 1998, S. 89 ff.

1. Teil. Einleitung

Weltkrieg praktisch unbekannt. Der Einfluss der auswärtigen Politik und Politiker wie Bismarck war nicht selten ausschlaggebend für die Konzessionserteilung. Kreditansprüche wurden verschiedentlich mit Waffengewalt durchgesetzt wie im Falle Mexikos durch Napoleon III. Deutschland war von Beginn an mit dabei. Erinnert sei an die berühmte Baghdadbahn,[2] die noch heute zumindest streckenweise funktioniert und auf der Privatisierungsliste der Türkei steht.

2 Als Vorläufer von BOT Projekten mag man das preussische Gesetz vom 3. November 1838 bezeichnen, wonach als Projektträger – SPV (Special Purpose Vehicle) – für den **Eisenbahnbau-Aktiengesellschaften** zu gründen waren, die Tarife so zu gestalten waren, dass dem Projektträger ein Gewinn von 6 bis 10% verbleiben durfte, und der Staat die Gesellschaft dreißig Jahre nach Konzessionserteilung käuflich erwerben konnte.[3] Auch Mautstraßen hat es schon im vorletzten Jahrhundert gegeben.[4]

3 Es ist auch heute noch interessant, sich mit dem Schicksal jener Projekte zu befassen. Manche mussten aufgegeben werden, einige funktionierten erst nach dem zweiten Anlauf wie der **Panamakanal,** viele wurden enteignet wie in China und Russland. Fehlerhafte Kalkulationen und unzureichende Finanzierungen waren an der Tagesordnung; die Emissionen wurden zu non-valeurs und zum Wandschmuck eher geeignet, denn für den Tresor. Leider lässt sich das bei heutigen Projekten nicht ausschließen. Aber wir müssen uns trotz dieser Erfahrungen auch weiter, und das in zunehmenden Maße, mit Projekten und ihrer Finanzierung befassen.

4 Vor einiger Zeit konnte man in der FAZ die Überschrift lesen: „Deutschland ist in der Projektfinanzierung international führend."[5] Beeindruckende Zahlen werden für Großprojekte genannt, d.h. Projekte mit einem Auftragswert von mehr als DM 100 Mio.[6] Im Rahmen der Ausfuhrversicherung durch **Hermes** wurden im Zeitraum von 1993 bis 1997 allein 142 Großprojekte mit einem Gesamtvolumen von DM 38,3 Mrd. in Deckung genommen. Diese Zahlen betreffen nur den deutschen Anteil an Lieferungen und Leistungen und sagen nichts aus über den Gesamtwert der betreffenden Projekte.[7] Auftraggeber sind vielfach staatliche Stellen, in der EU etwa 11% des BIP,[8] Auftragnehmer regelmäßig internationale Konsortien unterschiedlicher Gestaltung. International wird ein Volumen von US $ 47,6 Mrd. für 1997 genannt.[9]

5 Die vorgenannten Zahlen erfassen alle Arten von Projekten, d.h. Projektfinanzierung im weitesten Sinne, wer auch immer der Projektträger ist. Unter dem Stichwort **„Projektfinanzierung"** – gleich **„project finance"** – versteht man in Literatur und Praxis allerdings einen engeren Begriff, nämlich: „die Finanzierung einer sich selbst

---

[2] Vgl. z.B. *Pohl,* Von Stambul nach Bagdad, München/Zürich 1999.

[3] Text bei *Nicklisch,* Rechtsfragen a.a.O., S. 118 ff.

[4] Verf. liegt eine Aktie der *Silverton, Ophir & San Miguel Toll-Road Company of Colorado* aus dem Jahr 1882 vor.

[5] FAZ 11. März 1998; interessant sind auch die Zahlen der Arbeitsgemeinschaft Großanlagenbau des VDMA, die in den jährlichen Lageberichten veröffentlicht werden.

[6] Neuere Zahlen über die Höhe deutscher Investitionen in ausl. Projekten hat Verf. nicht gefunden. *Spranger* nannte für 1995 insges. DM 60 Mrd. privater Finanzierung von Infrastrukturprojekten, s. *Arge,* Public Private Partnership, S. 13.

[7] Für den „*Drei-Schluchten-Staudamm*" in China geht man von einem deutschen Anteil von sechs Turbinen aus = US $ 80 Mio., ein Bruchteil der geschätzten Gesamtkosten von US $ 24,5 Mrd. Das ist sicherlich ein Großprojekt und könnte unter den engen Begriff des *project financing* fallen, weil eine eigene Trägergesellschaft eingesetzt wurde, die *China Yangtse Three Gorges Project Development Corporation.*

[8] Lt. Berechnung der EU-Kommission, in der Bundesrepublik rd. 12%, Quelle *Witte,* DStR 1998, 1684.

[9] *Denton Wilde Sapte,* a.a.O., Vorwort.

tragenden Wirtschaftseinheit (Projekt)".[10] Eine andere Definition lautet: „The financing of the development or exploitation of a right, natural resource or other asset where the bulk of the financing is to be provided by way of debt and is to be repaid principally out of the asset being financed and their revenues."[11] Die **Haftungsbeschränkung** – limited recourse – auf das betr. Projekt wird als das wesentliche Element der Projektfinanzierung im engeren Sinne gesehen. „... the lender looks solely to the revenues of the project as source for the repayment of its loan and solely to the assets associated with the project as collateral for its loan." Zu diesem Zweck errichten die Interessenten als Projektträger oder Sponsoren eine privatrechtlich organisierte Projektgesellschaft als **special purpose vehicle (SPV)**. Als typisches Beispiel wird das **BOT-Modell** aufgeführt.[12] Die Projektgesellschaft tritt als Errichter und als Betreiber des Projekts auf, auch in den sich mehrenden Fällen von Infrastrukturprojekten.

Wir wollen uns nicht auf die vorgenannte Projektfinanzierung im engeren Sinn beschränken.[13] Bis zur Betriebsbereitschaft macht es nämlich keinen großen Unterschied, ob es sich um ein Projekt im engeren Sinne handelt oder nicht, also ob das Projekt von einer Projektgesellschaft realisiert und betrieben wird oder an einen anderen Auftraggeber übergeben wird, wenn man einmal von der Finanzierungsstruktur absehen will, und selbst da findet man manche Parallelen. Betreibermodelle – wie z. B. im Fall der britischen **„Private Finance Initiative" (PFI)** möglich – können auch dann eingesetzt werden, wenn es sich um ein bereits fertiggestelltes Projekt handelt; das spielt bei Privatisierungen von staatlichen Betrieben usw. eine wichtige Rolle und gewinnt zunehmend an Bedeutung.[14] Ein Beispiel aus jüngster Zeit ist die britische Botschaft in Berlin.[15]

Eine entscheidende Rolle spielt in jedem Falle die **Projektbeurteilung,** die viability study oder **project evaluation.** Das ist keine Besonderheit des project finance, sondern regelmäßige Vorbedingung von Finanzierungszusagen für alle Arten von Projekten. Hier ist eines der grossen Probleme der Projektfinanzierung zu sehen, weil man von Prognosen abhängig ist, die Erfahrungen auf die Zukunft projiziert, wobei alle realistisch anzunehmenden Risiken zu analysieren sind.[16] Das gilt vermehrt wenn das Projekt sich wie im typischen Fall des project finance nur aus sich selbst, dem zukünftigen **cash flow** finanzieren soll. Für die staatliche Indeckungnahme der entsprechenden Risiken wird in Deutschland von dem über den Antrag entscheidenden **IMA** die Vorlage eines ausführlichen Gutachtens der **PwC Deutsche Revision** – Mandatar des Bundes – regelmäßig verlangt, die der Antragsteller bezahlen muss.[17]

Es ist nicht einfach in diesem Zusammenhang klare Grenzen zu ziehen, weil gerade bei Großprojekten ein ganzes Bouquet verschiedener Finanzierungen mit voller, teil-

---

[10] *Uekermann,* in: Backhaus/Sandrock/Schill/Uekermann a. a. O., S. 15.

[11] *Denton Wilde Sapte,* a. a. O., S. 3; *Hoffman* a. a. O., S. 4, 5, schreibt: *„The term ‚project finance' is generally used to refer to a nonrecourse or limited recourse financing in which debt, equity, and credit enhancement are combined for the construction and operation, or the refinancing, of a particular facility in a capital-intensive industry, in which lenders base credit appraisals on the projected revenues from the operation of the facility, rather than the general assets or the credit of the sponsor of the facility ..."; Vinter,* a. a. O., S. xxvii, meint: *... this question (what is „project finance") is probably capable of a number of widely differing answers, ... I prefer ... project finance is financing the development or exploitation of a right, natural resource or other asset where the bulk of the financing is not to be provided by any form of share capital and is to be repaid principally out of revenues produced by the project ..."*

[12] Z. B. *Nicklisch,* in: Nicklisch, Rechtsfragen a. a. O., S. 8 ff.

[13] Vgl. zu den Gründen für eine Projektfianzierung im engeren Sinne u. Kapitel 6.1.3.

[14] So wird in Italien nach englischem Beispiel eine hierfür zuständige Abteilung im Finanzministerium eingerichtet, FT vom 14. April 1999.

[15] Als Betreibermodell von Bilfinger + Berger errichtet, FAZ vom 19. Juli 2000.

[16] Vgl. z. B. *Pahl,* in: Nicklisch, Rechtsfragen a. a. O., S. 25 ff.

[17] Vgl. *Greuter,* a. a. O., S. 28, 29.

1. Teil. Einleitung

weiser oder ohne Rückgriffsmöglichkeit auf die Projektbeteiligten – die **Sponsoren** – zum Einsatz kommt, also nicht nur die von ihnen ins Leben gerufene Projektgesellschaft, das „special purpose vehicle – SPV", haftet, insbesondere wenn es sich um Mittel aus der Entwicklungshilfe handelt. Viele der vertraglich zu regelnden Fragen treten bei einer „normalen" Projektfinanzierung in gleicher Weise auf, wie bei der Projektfinanzierung im engeren Sinne. Das wird in der Fachliteratur entsprechend hervorgehoben.[18]

9   Im Rahmen der engeren Projektfinanzierung, also ohne Zugriff auf Sponsoren usw. sind auch solche Projekte aufzuführen, die sich aus der **Ausgliederung eines Betriebsteiles** ergeben. Genannt wird z.B. der Fall, dass ein Unternehmen die Fertigung von Vormaterialien in eine eigene Gesellschaft einbringt, die sich ihrerseits selbständig zu günstigeren Konditionen finanzieren kann, als die alte Gesellschaft, mit der sie feste Abnahmeverträge für ihre Produkte abschließt, was wiederum als Sicherheit für die Banken eingesetzt werden kann.[19]

10 Von zunehmender Bedeutung sind **Großprojekte privater Betreiber.** Typisch und seit jeher bekannt[20] sind auf Grund von **staatlichen Konzessionen** verwirklichte Projekte wie der Suezkanal und der Panamakanal, Pipelines, Eisenbahnen oder Bergwerke; oder man denke z.B. an die Ausbeutung von Erdöl- oder Erdgasfeldern in der Nordsee,[21] die gerade in der englischen Fachliteratur eingehend behandelt werden.

11 Hinzugekommen sind weitere **Infrastrukturprojekte,** wie Kraftwerke,[22] das Ärmelkanaltunnelprojekt,[23] der neue Athener Flughafen[24] oder eine Brücke über den Bosporus usw.,[25] die in der Mehrzahl der Fälle unter der Bezeichnung **„Public Private Partnership" (PPP)** subsumiert werden können; dieses Konzept wurde in den 90er Jahren im Interesse einer besseren Wirtschaftlichkeit von Projekten für die Zusammenarbeit zwischen der staatlichen **Entwicklungshilfe** und privaten Unternehmen entwickelt.[26] Die Bedeutung solcher Projektgestaltung hat gerade in jüngster Zeit immer mehr zugenommen und bietet in vielen Fällen im Hinblick auf die Haushaltlage mancher Projektländer die einzige Möglichkeit einer Projektrealisierung.[27] Zu diesem Zweck wurden verschiedene Modelle von **„Betreiberprojekten"** entwickelt wie z.B. **„Build-Operate-Transfer"** – kurz **„BOT"** – mit unterschiedlichen Varianten. Dabei handelt es sich regelmäßig darum, dass Private auf ihre Kosten und Risiko ein Projekt realisieren, für einen im Vorhinein festgelegten Zeitraum auf eigene Kosten und Gewinn betreiben und die Anlagen sodann gratis und franko dem Konzessionsgeber – meistens der Staat – übertragen.[28] Der Zeitraum muss dergestalt berechnet werden, dass der

---

[18] Z.B. *Vinter*, a.a.O., S. xxvii; *Wood*, a.a.O., S. 3.
[19] *Fuhrmann*, a.a.O., AG 2000, S. 49 ff.; *Reuter/Wecker*, a.a.O., S. 5, 6.
[20] Typisch sind die Eisenbahnkonzessionen des letzten Jahrhunderts, vgl. z.B. *Nicklisch*, in: Nicklisch, Rechtsfragen a.a.O., S. 12 ff.; *Sullivan*, a.a.O., S. 1–1, schreibt zu Unrecht, dass die Projektfinanzierung erst seit 30 Jahren bekannt sei, als neu könnte man die cash-flow gestützte Finanzierungstechnik unter Verwendung computergesteuerter Modelle bezeichnen.
[21] Damit befasst sich vornehmlich die englische Fachliteratur, z.B. *Vinter*, a.a.O.
[22] Vgl. z.B. *Hoffman*, a.a.O., S. 23.
[23] S. z.B. *Herdegen*, in: Nicklisch, Rechtsfragen a.a.O, S. 41 ff., Text Konzessionsvertrag, ebda, S. 93 ff.
[24] S. *Peus*, FS Gesellschaft, S. 105 ff.
[25] Z.B. Großflughafen Berlin-Brandenburg, s. *Noack*, FAZ vom 1. Februar 1999.
[26] S. Broschüre des BMZ: Gemeinsam Entwicklung gestalten, Bonn 1998; *Arge*, Public Private Partnership – neue Chancen für die Wirtschaft in den Entwicklungsländern, Köln 1998.
[27] In der Presse liest man allerdings: „*Deutsche Firmen verpassen das Geschäft mit Betreibermodellen.*" FAZ vom 25. Oktober 1999; vgl. die Studie der bfai und DEG über das BOT-Kraftwerksgeschäft, Köln 2000.
[28] Beispiel: „*Manage all design, engineering, commercial and financial aspects of the project, assume the commercial risk, initiate the construction during the first semester of . . .*"

Betreiber seine gesamten Kosten zuzüglich seiner Gewinnmarge einnehmen kann. Derartige Finanzierungsmodelle gab es früher schon wie bei den spanischen Autobahnen.[29]

Bei der Projektfinanzierung haben wir es aber nicht nur mit ausländischen oder internationalen Projekten zu tun, sondern auch mit nationalen Projekten. In England spricht man von PFI, der **„Private Finance Initiative."**[30] Auch hier tritt die öffentliche Hand – Kommunen usw. – als Partner privatrechtlich organisierter Betreiber von Krankenhäusern, Gefängnissen usw. auf.[31] Inzwischen sind in der Praxis zahlreiche Modelle – im Grundsatz dem BOT-Modell vergleichbar – entwickelt worden, die zu einer Entlastung des öffentlichen Haushalts beitragen,[32] zumal der Kreditfinanzierung gesetzliche Grenzen gesetzt sind.[33] Beispiele findet man heute in zahlreichen Ländern, einschließlich, wenn auch sehr zögerlich, der Bundesrepublik.[34] So erlaubt das **Fernstraßenbauprivatfinanzierungsgesetz** 1994[35] private Träger mit der Errichtung und dem Betrieb von Bundesfernstraßen auf der Basis von Mautgebühren zu betrauen; zum Bedauern des Bundesfinanzministers ist bisher davon nur wenig Gebrauch gemacht worden.[36] Diese Finanzierungsspielarten sind teilweise an die Stelle der **Leasingfinanzierung** getreten.[37] Die Refinanzierung des Eigenkapitals der SPV soll verschiedentlich über spezielle Private Equity Funds for Public Private Partnerships[38] erfolgen. 12

Ausgangspunkt ist hier die seit eh und je geltende Überlegung, dass der Eigentümer nicht gleichzeitig der Betreiber sein muss. Man denke nur an das Verhältnis zwischen Reeder als Schiffseigner und Charterer, oder Miete, Pacht und ähnliches. Ähnliche Konstruktionen findet man bei Durchsatzverträgen, also Dienstleistungsverträgen. Die neuen Finanzierungsmodelle sind teilweise anders strukturiert. Als Sicherheit dienen neben den Anlagen selbst vornehmlich die zukünftigen Einnahmen der Betreiber. Damit nähern sie sich den Praktiken der **„securitisation",** ausgehend von den zu erwartenden Erträgen der abgetretenen Forderungen. 13

1.2 Fragen der Politik

In der einschlägigen Literatur wird der **Einfluss der Politik** gerade auf Großprojekte oft nur am Rand behandelt. Dabei haben Fragen der Politik vielfach eine erhebli- 14

---

[29] Die entspr. spanischen Gesetze sahen vor, dass der Staat eine Autobahngesellschaft im Falle einer Zahlungsunfähigkeit binnen sechs Monaten so zu übernehmen hatte, dass alle Lasten hätten getilgt werden können, ein Art indirekter Staatsgarantie. Die französischen Autobahngesellschaften wurden über die *Caisse Nationale des Autoroutes* finanziert, die sich ihrerseits im Markt refinanzierte.

[30] S. z. B. *Denton Wilde Sapte* a. a. O., S. 103 ff.: *„An initiative of the UK Government under which the provision of certain public services, together with many associated risks of providing those services, as well as the funding requirements risks are transferred to the private sector (sometimes referred to as PPP)";* Timmins u. a., zuletzt FT Survey, 11. Dezember 1998: in den kommenden drei Jahren erwartet die brit. Regierung weitere rd. Lstg 3 Mrd. neue PFI-Projekte.

[31] S. z. B. *Bösel*, FAZ vom 20. April 1999; ausfl. *Leinemann*, HdB der kommunalen Vertragsgestaltung a. a. O., Bd III.

[32] Man spricht vom *„Schattenhaushalt"*.

[33] Vgl. Art. 115 GG.

[34] S. dazu *Burgi*, Funktionale Privatisierung und Verwaltungshilfe a. a. O., 1999.

[35] FStrPrivFinG vom 30. August 1994, BGBl I 1994, S. 2243; § 1 Abs. 1 lautet: *„Zur Verstärkung von Investitionen in das Bundesfernstraßennetz können Private Aufgaben des Neu- und Ausbaus von Bundesfernstraßen auf der Grundlage einer Gebührenfinanzierung wahrnehmen."*

[36] Am 2. Dezember 1999 fand der Spatenstich für den Warnow-Tunnel in Rostock statt, das erste privat finanzierte Straßenbauprojekt Deutschlands, FAZ 2. und 6. Dezember 1999.

[37] Vgl. z. B. *Brandt* a. a. O., WM 1999, S. 2529, 2531.

[38] Z. B. in England die *Innisfree PFI Funds*.

1. Teil. Einleitung

che Bedeutung und sind bei der Projektplanung sorgsam abzuwägen.[39] Sie zählen zu den sogenannten „Extremrisiken", zumal sie schwer vorhersehbar sind.[40] Gerade bei Projekten in Entwicklungsländern ist z. B. das Investitionsklima von erheblicher Bedeutung.[41] Hier spielen die multilateralen und bilateralen Investitionsschutzverträge eine wichtige Rolle[42] ebenso wie die Garantiesysteme gegen politische Risiken des Investitionslandes. Die Vertragstreue von Nachfolgeregierungen, wie immer sie an die Macht gekommen sein sollten, bleibt abzuwarten. Die persönliche Sicherheit der vor Ort arbeitenden Mitarbeiter ist zu bedenken. Manch andere von der Politik abhängige oder beeinflusste Risiken können auftreten, angefangen mit dem Transferrisiko oder dem Risiko von Steuererhöhungen. Die **Rechtsverfolgung** bis zur Urteilsvollstreckung ist in der Dritten Welt oft problematisch, gerade wenn der dortige Staat der Vertragspartner ist.[43]

15 Interessant sind die Bestrebungen von Staaten der Dritten Welt, größere – vor allem – wirtschaftliche Einheiten mit eigenen **supranationalen Organisationen** zu bilden. Einige Beispiele können hier genannt werden wie die CARICOM, SADC, ECOWAS, UMEA oder die gegenwärtigen Verhandlungen über eine Wiederbelebung der **East African Community.** Hierbei geht es vornehmlich darum, solche größeren Wirtschafträume zu schaffen und weniger um politische Fragen. Auf der Tagesordnung stehen an erster Stelle eine Zollunion gefolgt von gemeinschaftlichen Infrastrukturen und möglicherweise Einführung einer gemeinsamen Währung. Das hat Auswirkungen auf das Umfeld für größere Projekte.

16 Politisch motivierte schwerwiegende Eingriffe in den freien Wirtschaftsverkehr sind oftmals unvorhersehbar und können sich bei der langfristigen Projektplanung als äußerst hinderlich erweisen. Das zeigt sich besonders bei der Verhängung von **Sanktionen oder Embargos,**[44] deren Wirkungen in der Praxis zweifelhaft sind.[45] Von den VN beschlossene Sanktionen werden regelmäßig von der EU übernommen und in der Bundesrepublik durch entsprechende Änderungen zur AWV rechtlich verankert. Anders ist es mit US-amerikanischen einseitigen Sanktionen und Embargos – z. B. gegenüber Kuba, die schon zu erheblichen Auseinandersetzungen mit Kanada und der EU geführt haben.[46] Das kann übrigens merkwürdige Blüten treiben wie im Fall der einzelstaatlichen Gesetze von Massachusetts Burma betreffend.[47] Nach dem neuen **Freedom from Religious Persecution Act** of 1998 kann der Präsident u. a. Sanktionen aufheben, wenn diese gegen das „important national interest" verstoßen. Diesem Zweck sollte auch der Sanctions Rationalization Act[48] dienen.

17 Innerhalb der EU gilt erfreulicherweise als „Politik der Gemeinschaft" der freie Waren-, Dienstleistungs- und Kapitalverkehr.[49] Dem entspricht auch seit Inkrafttreten

---

[39] *Wood*, a. a. O., S. 7, 8.

[40] Als Beispiel kann der Flughafen Athen genannt werden, bei dem sich die Vertragsunterzeichnung um drei Monate deshalb verzögerte, weil ein Kabinettswechsel kurz vorher eingetreten war, FAZ vom 26. April 1999.

[41] S. z. B. *Hoffman*, a. a. O., S. 26 ff.

[42] Ausfl. s. u. Kapitel 16.

[43] S. z. B. *Siebel*, in: FS Gesellschaft a. a. O., S. 55 ff.; s. u. Kapitel 8.7.

[44] S. z. B. *de Vries, Comit Regulation (EC) N° 2271/96, the „EU Blocking Regulation",* IBL 1998, S. 345; s. u. Kapitel 10.

[45] Deshalb hatte Senator *John Glenn* die Einführung des *Sanctions Implementation Procedures Act 1998* (Bill S 2258) vorgeschlagen.

[46] Der von Präsident *Clinton* am 27. Oktober 1998 unterzeichnet wurde.

[47] S. aber Urteil des US Supreme Court vom 19. Juni 2000, *National Foreign Trade Council v. State of Massachusetts,* wonach das Gesetz als der Prärogative des Präsidenten widersprechend festgestelllt wurde – dem Verfahren war die EU beigetreten.

[48] Bill S. 2224 des Senators *Christopher Dodd.*

[49] Dritter Teil, Titel I und III EGV.

des **AWG** und der **AWV** am 1. September 1961 der liberal geprägte Grundsatz des **Außenwirtschaftsrechts** der Bundesrepublik.[50] Aber trotz aller Bemühungen in der Nachkriegszeit über den Abbau von Handelsbeschränkungen – diesem Ziel dient auch das Rahmenübereinkommen der **WTO**[51] – bedarf es noch großer Anstrengungen auf diesem Gebiet.

Im Vordergrund stehen weiterhin **Umweltprobleme,**[52] d.h. der Einfluss von Projekten auf die Umwelt.[53] In zunehmenden Maße gewinnen Umweltfragen auch bei Projekten in der Dritten Welt an Bedeutung. Das zeigt sich schon in den ersten Vorstadien und spiegelt sich dann in den Ausschreibungsbedingungen wider. Verschiedentlich werden die Umwelt schonende Projekte staatlich gefördert.[54] Damit befassen sich nicht nur die Medien gerne und nicht immer sachgerecht, z.B. bei Staudammprojekten.[55] Umweltschützer oder solche, die sich dafür ausgeben, rufen immer wieder die Gerichte an und tragen zu erheblichen und damit kostspieligen Verzögerungen in der Projektdurchführung bei. Die öffentliche Meinung, die Medien, sogar die Kirchen melden sich zu Wort, wie bei dem **Cabora-Bassa-Projekt** in Mocambique,[56] zu Unrecht, wie man heute feststellen darf; hier war von „kolonialistischer Ausbeutung" die Rede. 18

Verschiedentlich werden neue Projekte in anderen Staaten aus außenpolitischen Erwägungen besonders gefördert oder benachteiligt. Bei innerstaatlichen Projekten spielen ebenfalls politische Erwägungen eine Rolle, wie **Arbeitsbeschaffung,** Gewerbesteuer usw. Man denke auch an das Transrapid-Projekt oder Kernkraftwerke. Hier öffnen sich Problemfelder für die Praxis im Hinblick auf die üblicherweise langfristigen Projektplanungen. Im übrigen ist auf die **Wettbewerbsregeln** hinzuweisen, in Deutschland das GWB sowie die Bestimmungen des EU Vertrages: Art. 76 (80 a.F.) – Verbot von Unterstützungs-Tarifen – Art. 81 (85ff. a.F.) – Wettbewerbsregeln – Art. 87 (92ff. a.F.) – Zulässigkeit staatlicher Beihilfen. Ferner zu erwähnen sind das Übereinkommen über das öffentliche Beschaffungswesen[57] sowie das Übereinkommen über Subventionen und Ausgleichsmaßnahmen.[58] Die besonderen Verfahren der Auftragsvergabe nach den Hilfsprogrammen Phare, Tacis und Meda sol- 19

---

[50] § 1 Abs. 1 Satz 1 AWG; s. unten Kapitel 10.
[51] S. den Vorspruch zu dem Übereinkommen zur Errichtung der Welthandelsorganisation, BGBl. 1994 II, 1625, gleichltd. ABl. 1994 L 336/3, deutsche Texte bei *Benedek,* Die Welthandelsorganisation (WTO), a.a.O., bzgl. Umwelt dort B VIII. 26.b., S. 563ff.
[52] S. *Schmidt-Preuß,* a.a.O., JZ 2000, S. 581ff.; was die Aarhus-Konvention vom 25. Juni 1998 bringen wird, bleibt abzuwarten, s. dazu *Scheily,* AVR 38 (2000), S. 217 mit Text d. Konvention; s. ferner u. Kapitel 17.
[53] Die Arbeitsgemeinschaft Entwicklungsländer hat dem BMZ vorgeschlagen, besondere Mittel für die zusätzlichen Kosten zur die Förderung des Umweltschutzes bereitzustellen.
[54] Die Österreichische Kommunalkredit AG, Wien, hat eine 5 ¼% DM 100 Mio. *„Umwelt-Anleihe"* 1998/2013 aufgelegt: *„Der Anleiheerlös . . . wird von der Emittentin für die Finanzierung öffentlicher Umweltprojekte verwendet, wobei Investitionsvorhaben im Bereich Wasserversorgung und Abwasserreinigung Vorrang genießen."*
[55] S. z.B. *Haubold,* Nicht transparent, nicht demokratisch – Kritik an der deutschen Beteiligung am Bau des Maheshwar-Staudamms, FAZ vom 3.Juli 2000, oder zum Qinghai-Projekt der Weltbank in Tibet, s. FAZ vom 5. Juli 2000; die Kritik führte dazu, dass China seinen Antrag auf Weltbankfinanzierung wieder zurückzog, FT vom 9. Juli 2000.
[56] Es handelt sich um den zweiten Staudamm am Zambesi. Daran war das deutsche ZAMCO-Konsortium maßgeblich beteiligt, deren Partnerfirmen in ihren Hauptversammlungen scharf angegriffen wurden. Die Finanzierung wurde durch einen langfristigen Stromabnahmevertrag mit der südafrikanischen ESCOM und eine Garantie Portugals gesichert. Beide Partner haben ihre finanziellen Verpflichtungen inzwischen erfüllt; die Anlage ist in Betrieb.
[57] Vom 15. April 1994, ABl. 1994 L 336/273.
[58] Vom 15. April 1994, ABl. 1994 L 336/156.

len vereinfacht und angeglichen werden, wie von der EU Kommission zu hören ist.[59]

20 Bei Industrieprojekten spielt die Frage eine wichtige Rolle, welche **beschäftigungspolitischen Konsequenzen** das Projekt im Abnehmerland haben wird, wieviel neue Arbeitsplätze werden geschaffen. Auf die deutsche sog. duale Berufsausbildung ist aufmerksam zu machen.[60] Im Rahmen der **Regionalbeihilfen** der EU für Großprojekte, d. h. bei Projektkosten von mehr als ECU 50 Mio., werden solche Investitionen bevorzugt berücksichtigt, durch die direkt oder indirekt neue Arbeitsplätze geschaffen werden.[61] Auch die Gewerkschaften melden sich bei uns zu Wort, und zwar nicht nur bezüglich des Einflusses von Großprojekten auf unsere Beschäftigungslage, sondern auch wegen Fragen einer gewerkschaftlichen Organisation und Arbeitnehmermitbestimmung im Projektland.[62]

21 Auch bei der staatlichen Unterstützung, z.B. im Rahmen der **Entwicklungshilfe** oder von **Exportkreditversicherungen,** macht die Politik ihren Einfluss geltend.[63] Dann wird kritisiert, dass bei der öffentlichen Förderung **Klein- und Mittelbetriebe** zu wenig berücksichtigt würden, die aber in der Praxis als Zulieferer auftreten; mehr sollte ihnen unter Risikoerwägungen allgemein auch nicht zugemutet werden.

1.3 Projektfindung und -entwicklung

22 Es gibt viele Wege um interessant erscheinende Projekte im weiteren Sinne zu akquirieren. Von internen **Informationsquellen** einmal abgesehen, ist an erster Stelle auf die Ausschreibungen hinzuweisen, für die es innerhalb der EU bestimmte Richtlinien über Inhalt und Veröffentlichung gibt, soweit staatliche Stellen als Auftraggeber auftreten;[64] hier ist auf das Supplement zum Amtsblatt der EG hinzuweisen, wo auch die Vorinformation publiziert wird, sowie für die Bundesrepublik das Bundesausschreibungsblatt. Für Weltbank finanzierte Projekte werden vierzehntägig General Procurement Notes der Darlehnsnehmer in der von den VN herausgegebenen Development Business veröffentlicht. Die EBRD kündigt alle von ihr finanzierten Verträge auf einer Website an.

23 Projektlisten werden regelmäßig in verschiedenen Publikationen genannt, z.B. von der bfai oder – AKP-Staaten betreffend – in der von der Kommission herausgegebenen Zeitschrift Le Courrier ACP-UE.[65] Eine interessante Quelle sind auch die Nachrichten der Ländervereine[66] und die Wirtschaftspresse z.B. die Financial Times, in der oft internationale Ausschreibungen veröffentlicht werden. Schwieriger ist es schon, Kenntnis von Projekten zu erhalten, die nur beschränkt ausgeschrieben oder direkt vergeben werden sollen. Wegen der zunehmenden Bedeutung von Projekten haben manche

---

[59] Phare für osteuropäische Beitrittskandidaten, Tacis betr. GUS Staten und Meda für Mittelmeeranrainer; vgl. FAZ vom 16. November 1999; s. unten Kapitel 5.2.
[60] S. *Spranger, Arge,* Public Private Partnership a. a. O., S. 13.
[61] Ab 1. September 1998, EU-Nachrichten v. 22. Juli 1998.
[62] Erinnert sei an die freiwillige Aktion bezüglich deutscher Tochterunternehmen in der Republik Südafrika.
[63] Bei der Entwicklungshilfe wird stets auch die Umweltverträglichkeit geprüft.
[64] Einzelheiten s. u. Kapitel 5.1.
[65] Wird zweimonatlich von der Europäischen Kommission in englisch und französisch gratis herausgegeben und bringt Projekte, für die der Europäische Entwicklungsfonds Finanzierungshilfen gibt.
[66] Wie die Afrika-Nachrichten des Afrika Vereins e. V., Hamburg.

Projektfindung und -entwicklung

deutsche Banken und Unternehmen eigene Spezialabteilungen oder Tochtergesellschaften ins Leben gerufen, die die Fragen der Projektfindung, -entwicklung und -betreuung bearbeiten.

Für die Praxis ist der **Zeitfaktor** von erheblicher Bedeutung. Je eher man Kenntnis von einem Projekt erhält, am besten noch vor Veröffentlichung der Ausschreibung, desto besser kann man sich vorbereiten. Die Zeit zwischen dem Erhalt der Ausschreibungsunterlagen und dem Abgabetermin des Angebots ist manchmal reichlich kurz bemessen, auch aus betriebsinterner Sicht, vor allem wenn gleichzeitig mehrere Projekte zu bearbeiten sind. Auch benötigt der Interessent Zeit, um eingehend prüfen zu können, ob das ausgeschriebene Projekt unter Berücksichtigung aller Umstände für ihn überhaupt von Interesse ist, wer z.B. im Rahmen einer Arge mitmachen soll, wie die Refinanzierung sichergestellt werden kann usw., und er ein Angebot, dessen Ausarbeitung oft viel Geld kostet, abgeben soll, denn das Geld ist für ihn regelmäßig verloren, wenn er den Zuschlag nicht erhält. 24

Jedes Projekt durchläuft verschiedene Stadien, mit denen wir uns zu befassen haben. Es fängt mit der **Planung** und der eventuellen Suche nach einem Projektträger an, wobei auch die Finanzierungsfragen geprüft werden müssen, zumal sie oft schon in der Ausschreibung eine Rolle spielen. Vielfach werden bereits in diesem Stadium **consulting engineers**[67] und Spezialisten aus den Banken als Berater des Auftraggebers eingesetzt.[68] Eine ihrer wesentlichen Aufgabe besteht darin, eine „**feasibility study**" zu erstellen, deren Ergebnis entscheidend für die Inangriffnahme eines Projektes und die Finanzierungsmöglichkeiten ist.[69] Das **Lastenheft** ist auszuarbeiten, und die Art der **Auftragvergabe** – öffentliche Ausschreibung, beschränkte Ausschreibung, freihändige Vergabe – ist festzulegen.[70] Nebenbei bemerkt wird die freihändige Vergabe, das Verhandlungsverfahren, oft mit Misstrauen betrachtet, weil hier der freie Wettbewerb weitgehend ausgeschaltet wird. Das wird verschiedentlich mit lange bestehenden Lieferverbindungen und guten Erfahrungen erklärt. 25

Verschiedentlich lassen die Ausschreibungen Varianten und Änderungsvorschläge in der Form von Nebenangeboten zum Hauptangebot zu oder werden gar erwünscht. Das muss in den **Ausschreibungsbedingungen**[71] klar zum Ausdruck kommen. Zwar wird es als zulässig angesehen, dass der Auftraggeber mit einzelnen Bietern sog. Aufklärungsgespräche führt; das darf aber nicht dazu führen, dass von den ursprünglichen Ausschreibungsbedingungen abgewichen wird.[72] Das neue Vergaberecht soll mehr Wettbewerb und Transparenz bei der Vergabe öffentlicher Aufträge[73] bringen und erfasst neben klassischen Bauaufträgen auch BOT und ähnliche Modelle.[74] Die Nachprüfbarkeit durch den Vergabeüberwachungsausschuss und die Vergabekammer muss 26

---

[67] Vertragsmuster bietet die FIDIC mit dem *Red Book – For Construction for Building and Engineering Works designed by the Employer, Yellow Book – For Plant and Design-Build for Electrical and Mechanical Plant, and for Building and engineering Works designed by the Contractor, Silver Book – Conditions of Contracts for EPC Turnkey Projects – Green Book – Short Form Contracts*, Fassung 1999; s. unten Kapitel 3.

[68] Beispiel: die Regierung von Guatemala hat im Mai 1999 neue Häfen auf der Basis von 25-jährigen BOT-Verträgen über die beratende Banque Parisbas ausgeschrieben.

[69] Die DEG gibt Finanzierungshilfen von 50% bis zu DM 200 000 für deutsche Unternehmen mit bis zu DM 1 Mrd. Jahrsumsatz.

[70] S. u. Kapitel 5.1.4.

[71] S. u. Kapitel 5.1.3.1.

[72] S. z. B. *Jasper/Marx,* a. a. O., S. XXVI.

[73] EU-weit belaufen sich die jährlichen Aufträge staatlicher Unternehmen bei rd. 1 Billion = rd 14% des BIP, Handelsblatt vom 12./13. Mai 2000.

[74] Vgl. *Schwenn,* Öffentliche Ausschreibungen erfordern künftig höhere Qualitätsstandards, FAZ vom 31. August 1999.

deshalb gewährleistet sein.[75] Die Frage, wer öffentlicher Auftraggeber im Sinne des Vergaberechts ist, erscheint dabei nicht unstrittig, z.B. wenn der Auftrag von nur mittelbar der öffentlichen Hand zuzurechnenden kommunalen Einrichtungen mit selbständiger Rechtspersönlichkeit erteilt werden soll.[76]

27 Ergänzend ist noch auf die neuen Entwicklungen durch Nutzung elektronischer Medien aufmerksam zu machen. Der Entwurf der Vergabeverordnung sieht in § 15 die Möglichkeit der digitale Angebotsangabe vor, sofern die Vertraulichkeit sichergestellt wird. Damit soll der europarechtlichen Entwicklung Rechnung getragen werden auch im Sinne der geplanten E-Commerce Richtlinie.[77]

1.4 Qualifikation der Bieter

28 Es gibt eine Anzahl von **Beschränkungen des Bieterkreises**. So werden regelmäßig Nachweise über die Fachkunde, Leistungsfähigkeit und Zuverlässigkeit verlangt.[78] Entsprechende – amtliche – Bescheinigungen sind vorzulegen. Weitere Angaben werden gefordert, z.B. über Referenzprojekte, Zahl der Mitarbeiter und ihre Qualifikation, Umsatzzahlen für die letzten Geschäftsjahre usw.;[79] teilweise müssen Mindestumsätze erreicht sein. Verschiedentlich müssen die Angaben über die vorgeschriebene Qualifikation in einem gesonderten Umschlag eingereicht werden.

29 Regelmäßig werden **Bietungsgarantien** akzeptabler Kreditinstitute gefordert um sicherzustellen, dass der Bieter in dem Fall, dass er den Zuschlag erhält, die mit der Angebotsabgabe eingegangenen Verpflichtungen erfüllt. Die Berechnung der Garantie kann sich nach einem vom Auftraggeber festgelegten Prozentsatz der Angebotssume richten oder über einen festgelegten Betrag lauten, was in den Ausschreibungsbedingungen aufzuführen ist. Der Bieter, der den Zuschlag erhält, wird sodann die Bietungsgarantie durch Liefer- und Leistungsgarantien akzeptabler Kreditinstitute – gelegentlich auch Versicherungen – ablösen müssen.

30 Gerade bei Großprojekten findet man öfters eine Art Zwischenstufe, die **Präqualifikation**. Die Ausschreibung wird in diesen Fällen auf einen vorher festgelegten Kreis von Bietern beschränkt. Es handelt sich hierbei um ein Prüfsystem nach im Vorhinein festzulegenden Regeln wonach interessierte Wettbewerber entsprechend ihrer Qualifikation in eine Liste – z.B. bei der Weltbank – aufgenommen werden[80] und damit bei von der Weltbank zu finanzierenden Projekten als Bieter auftreten können. Das kann ebenfalls bei einzelnen Projekten dergestalt erfolgen, dass der Projektträger eine „invitation for prequalification" veröffentlicht mit dem Hinweis: „only firms and joint ventures prequalified under this procedure will be invited to bid." Die Präqualifikation gibt es auch bei einem freihändigen oder Verhandlungsverfahren.

31 Innerhalb der EU ist das **Vergaberecht für öffentliche Auftraggeber** einheitlich geordnet, soweit Bauaufträge über ECU 5 Mio. und andere Aufträge über ECU 200 000 bis 600 000 liegen. Die einschlägigen Richtlinien wurden nach dem Beitritt der EWG zu dem **General Procurement Agreement** der WHO erlassen und sind in

---

[75] S.u. Kapitel 5.1.11.
[76] S. z.B. *Heierrmann/Ax*, a.a.O., BB 1998, S. 1541 ff.; *dies.*, FAZ vom 31. August 1998, Beilage; s.u. Kapitel 5.1.2. und 3.
[77] Vgl. *Höfler/Schulz*, Im Vergaberecht hält das elektronische Verfahren Einzug, FAZ vom 9. April 2000, S. 23.
[78] S. z.B. § 8 Nr. 3 VOB/A.
[79] S. Ausschreibungsbedingungen nach EU-Richtlinien.
[80] Das Verfahren wurde zuerst in Frankreich angewendet, vgl. *Jasper/Marx*, a.a.O., S. XXV.

Qualifikation der Bieter

nationales Recht zu transponieren.[81] Danach hat jedes „Unternehmen . . . Anspruch darauf, dass der Auftraggeber die Bestimmungen über das Vergabeverfahren einhält."[82] Der gerichtlich nachprüfbare Beurteilungsspielraum wird vorgeschrieben. Das allgemeine **Diskriminierungsverbot** nach Art. 6 des EGV ist zu beachten, wenn auch in gewissem Umfang sog. vergabefremde Gesichtspunkte berücksichtigt werden können.[83] Falls die generelle Eignung eines Bieters einmal festgestellt worden ist, so darf ein „Mehr an Eignung" jedoch nicht als entscheidendes Kriterium bei der Vergabeentscheidung verwendet werden.[84] Allerdings hat der Auftraggeber einen gewissen Beurteilungsspielraum; es muss also nicht zwangsläufig der Bieter mit dem niedrigsten Angebot zum Zuge kommen. Andere Kriterien, wie Qualität der Arbeiten auf Grund bisher gemachter Erfahrungen usw, dürfen berücksichtigt werden, wenn sich diese Kriterien aus den Ausschreibungsbedingungen entnehmen lassen.[85] Für von der EU finanzierte Projekte in Drittländern gelten die Regeln des Joint Common Service Relex Manual of Procedural Rules.[86] Für die Bundesrepublik ist ferner auf die Richtlinien der KfW[87] sowie die drei Verdingungsordnungen zu verweisen.

Eine detaillierte Regelung des Beschaffungswesen findet sich auch bei anderen Finanzierungsinstitutionen wie z.B. die **Guidelines for Procurement** under IBRD Loans and IDA Credits sowie die **Guidelines for Selection and Employment of Consultants** by IBRD Borrowers von 1999. Für die Ausschreibungen gelten die **Standard Bidding Documents.** Vergleichbare Regeln haben auch die anderen supranationalen Entwicklungsbanken erlassen. 32

Zu beachten ist, dass in zahlreichen Ländern, vor allem der Dritten Welt, keine gesetzlich fixierten Vergabebestimmungen[88] bestehen und darüber hinaus wettbewerbsrechtliche Regelungen fehlen. Bezüglich öffentlich-rechtlicher Auftraggeber kann auf das betreffende **Haushaltsrecht** verwiesen werden, dass nachzuprüfen sich im Einzelfall schwierig gestalten dürfte. Diese Situation öffnet Korruptionsmöglichkeiten. 33

Sodann sind **ländermäßige Beschränkungen** der in Betracht kommenden Bieter aufzuführen. Das gilt z.B. für Projekte, die vom Europäischen Entwicklungsfonds finanziert werden, wofür nur Bieter aus der EU zugelassen sind. Die Afrikanische Entwicklungsbank, Abidjan, lässt nur Bieter aus Mitgliedsländern zu. Bei Projekten, die von der Weltbankgruppe finanziert werden, sind die von der Weltbank aufgestellten Länderkriterien zu beachten sowie die von ihr veröffentlichten allgemeinen Ausschreibungsbedingungen einzuhalten.[89] 34

Im Unterschied zu manchen anderen Industriestaaten können sich auch ausländische Bieter bei deutschen Entwicklungshilfeprojekten ohne Einschränkung beteiligen. Eine Bevorzugung von Bietern aus dem betreffenden Entwicklungsland ist jedoch vorgesehen. Im Rahmen der **Ausfuhrgarantien und -bürgschaften**[90] werden die Anteile 35

---

[81] S. 97/52/EWG, 98/4/EWG sowie 89/665/EWG und 92/13/EWG, umgesetzt durch das VgRÄG in Kraft ab 1. Januar, s. §§ 116 ff. GWB. Eine ergänzende VO ist in Vorbereitung; s.u. Kapitel 5.1.1.
[82] § 97 Abs. 6 GWB.
[83] Z.B. *Witte*, a.a.O., DStR 1998, 1686, 1687.
[84] So der BGH zu § 25 VOB/A, Urteil v. 8. September 1998, BB 1998, 2180.
[85] S. z.B. *Jasper/Marx*, a.a.O., S. XXV, XXVI.
[86] Für die VN gelten besondere Beschaffungsrichtlinien.
[87] „Für die Vergabe von Aufträgen im Bereich der Finanziellen Zusammenarbeit (FZ) der Bundesrepublik Deutschland mit Entwicklungsländern", Fassung Dezember 1996.
[88] In der VR China wird derzeit ein Gesetz für öfftl. Ausschreibungen vorbereitet, FT v. 16. November 1998.
[89] *General Administrative Clauses of Tender Documents*, je nach Projektart, ausfl. vgl. die *Procurement Guidelines* bzgl. Krediten der Weltbank und der IDA, Fassung Januar 1999.
[90] S.u. Kapitel 7.

ausländischer Beteiligter allerdings nur begrenzt in Deckung genommen. Solche Projekte haben aus der Sicht der Interessenten den ins Gewicht fallenden Vorteil, dass zumindest ein großer Teil des Projektträgerrisikos entfallen kann.

1.5 Zu den politischen Risikofaktoren

36   Es ist keine leichte Aufgabe, alle **Risikofaktoren** für ein Projekt zu erfassen und für ihre Deckung entsprechend Sorge zu tragen. Wir können hier grob unterscheiden zwischen politischen Risiken einerseits und wirtschaftlichen Risiken andererseits; hinzukommen die rechtlichen Risikofaktoren.[91]

37   **Politische Risiken** können in dem Projektland selbst erwachsen, z.B. Bürgerkrieg, Regierungsumsturz, schleichende Enteignung usw. Standard & Poor haben die Ausfallrisiken – auf Fünfjahresbasis gerechnet – bei Investitionen in der Dritten Welt geschätzt und kommen z.B. für Kolumbien auf 80 bis 100%, bei Ägypten 60% und Marokko auf 50%. Auch bezüglich der Prämien für die Hermes-Versicherung sind seit einigen Jahren die Länder in verschiedene Kategorien von 1 bis 7 eingestuft.[92] Allerdings ist die Zeit der Nationalisierungen zum Beginn der sog. „postkolonialen Periode" vorbei, weil man auch in den Entwicklungsländern die Vorteile der Privatindustrie inzwischen erkannt hat und umfangreiche Privatisierungsprogramme mit mehr oder weniger Erfolg verfolgt.[93] Hinzukommen immer wieder politische Risiken als Folge von Transferbeschränkungen oder Zahlungsmoratorien. Eine Sicherung kann insoweit im Rahmen der Exportkreditversicherung erreicht werden.

38   Das **Länderrisiko** spielt eine wichtige Rolle. Auf die Risikoabsicherung im Rahmen der Exportkreditfinanzierung haben wir bereits hingewiesen. Das alles kann wesentlich erleichtert werden, wenn das Projekt aus Mitteln der **staatlichen Entwicklungshilfe** mitfinanziert werden. Dazu kann man auch Projektfinanzierungen multilateraler Institutionen wie EIB, Weltbank, IFC oder regionaler Entwicklungsbanken wie ADB usw. rechnen.[94] Mitfinanzierungen durch private Banken sind u.a. deshalb für letztere interessant, weil diese gewissermaßen unter dem Schirm des betreffenden internationalen Instituts stehen; das kann im Fall von „cross default clauses" von Wichtigkeit werden. Solche Kredite werden deshalb bisher regelmäßig bedient, weil man sich sonst den Zugang zu diesen Finanzierungsquellen versperrt.

39   Soweit es sich um **Investitionen** – z.B. bei BOT-Modellen – handelt, greifen die völkerrechtlich verbindlichen – und damit nicht einseitig abänderbaren – bilateralen **Kapitalförderverträge**[95] und auf dieser Basis die **Investitionsgarantien des Bundes**,[96] die allerdings nur politische Risiken decken. Bei Betreibermodellen ist inzwischen die Ertragssicherung auf 20% angehoben. Problematisch ist das allerdings nach wie vor bei Investitionen über Drittländer.[97] Verschiedentlich wird auch eine Kombi-

---

[91] S. u. Kapitel 6.1.4.
[92] AGA-Report.
[93] Beispiel: Ghana, Private Sector Development (PSD) Project.
[94] S. u. Kapitel 5.3.
[95] Die Literatur hierzu ist außerordentlich umfangreich, s. dazu *Golsong* und *Zimmer/Kerl*, FS Gesellschaft a.a.O., S. 51 ff., bzw. 41 ff.; s.u. Kapitel 16.
[96] Vgl. im Einzelnen den Jahresbericht 1999 „40 Jahre Investitionsgarantien der Bundesrepublik Deutschland" der PwC Deutsche Revision.
[97] S. *Frenzel*, in: BDI Projektfinanzierung usw., a.a.O. S. 20. Bisher wird das vom Bund abgelehnt.

nation mit einer Ausfuhrdeckung durch **Hermes**[98] verwendet.[99] Es gibt in der Praxis auch Fälle, in denen anstelle einer nicht erhaltbaren Hermes-Deckung durch gewisse „Umstruktierungen" eine Kapitalanlagegarantie – einschließlich eigenkapitalähnlicher Darlehen – erreicht werden kann.

Grundsätzlich vergleichbare Garantiesysteme – ausgehend von den nationalen **Investitionsgesetzen** der Industrienationen[100] sowie den zahlreichen bilateralen Abkommen – gibt es in fast allen Industriestaaten. Die seit Jahrzehnten angestellten Bemühungen um eine multilaterale Investitionsschutzvereinbarung haben bisher noch keinen Erfolg gehabt.[101] Auf die Deckungsmöglichkeit über die **MIGA** ist hinzuweisen, die für Investitionen in Mitgliedsstaaten vor allem dann erhältlich sind, wenn andere Versicherer keine mehr in Deckung nehmen.[102] Hinzukommen multilaterale Garantiesysteme der Dritten Welt, wie z.B. die in Kuwait beheimatete **Kuwait Investment Guarantee Corporation,** über die wenig Erfahrungen vorliegen.[103] In allen Fällen hat der Investor einen Selbstbehalt hinzunehmen, dessen Größe unterschiedlich ist. Für die Finanzierung ist es interessant, dass sowohl Japan wie auch die amerikanische **Overseas Private Investment Corporation** bereit sind, politische – und nur diese – Risiken zu versichern.[104]

In den meisten Staaten der Dritten Welt sind in unterschiedlichster Formulierung Gesetze über die Investitionen von Ausländern erlassen worden, deren Einhaltung der Praxis nicht immer gerecht wird. Wenn es sich um bedeutende Projekte handelt, findet man in den entsprechenden Verträgen mit dem Gastland einschlägige Klauseln, einschließlich Schiedsklauseln, wobei man auf einen ausdrücklichen **Souveränitätsverzicht** – auch bezüglich einer Vollstreckbarkeit – Wert legen sollte. Unsere Kapitalfördeverträge enthalten entsprechende Paragraphen und das bei der Weltbank angesiedelte **ICSID** – die Bundesrepublik ist Vertragspartner – ist speziell für die Regelung von Investitionsstreitigkeiten zwischen Staaten und privaten Investoren ausgelegt.[105]

Bei den Risikofaktoren kann man unterscheiden zwischen solchen, die als Folge von Eingriffen der hohen Hand erfolgen, und den Marktrisiken. Solche staatlichen Eingriffe – sei es im Projektstaat, sei es im Heimatland des Exporteurs und Investors – können verschiedenster Art sein, wobei dem Einfallsreichtum kaum Grenzen gesetzt sind. Man denke z.B. an **außenwirtschaftsrechtliche Maßnahmen:**[106] keine Importlizenz für Ersatzteile, zollrechtliche Neuerungen,[107] Einführung oder Erhöhung von Ausfuhrzöllen, steuerrechtliche Änderungen usw. bis hin zu arbeitsrechtlichen Beschränkungen, die Aufenthalts- und Arbeitserlaubnis von **„expatriates"** betreffend.[108]

---

[98] Für Baugeräte usw. kann eine besondere Hermes-Deckung beantragt werden; s. z.B. *Greuter* a.a.O., S. 29.

[99] S. *Graf Korff,* in: BDI Projektfinanzierung usw., a.a.O. S. 31.

[100] Vgl. die von ICSID herausgegebene Sammlung *Investment Laws of the World* und *Investment Promotion and Protection Treaties,* Washington.

[101] Aus der neueren Lit. S. z.B. *Broches, Shihata* sowie *Shelton,* in: FS Gesellschaft a.a.O., S. 17 ff., 81 ff. und 99 ff.

[102] MIGA hat per Ende Juni 1998 insgesamt Deckungszusagen für US $ 6,1 Mrd. erteilt; s. *Stern,* Die multilaterale Investitions-Garantie Agentur (MIGA), Köln 1990.

[103] Z.B. die *Kuwait Investment Guarantee Corporation* für arabische Auslandsinvestitionen oder der Garantiefonds der *ECOWAS.*

[104] FT vom 6. November 1998.

[105] Über ICSID gibt es eine sehr umfangreiche Literatur, vgl. z.B. *Arnoldt,* Praxis des Weltbankübereinkommens (ICSID), 1997; eine neue Übersicht bringen *Shihata/Parra,* a.a.O., FILJ 199, S. 299 ff.

[106] S.u. Kapitel 10.

[107] S.u. Kapitel 11.

[108] S.u. Kapitel 14.

43 Unvorhergesehene Änderungen der einschlägigen **steuerrechtlichen**[109] Bestimmungen können für das Wohl oder Wehe eines Projektes von entscheidender Bedeutung sein.[110] Das kann für das Projektland ebenso gelten, wie für den Heimatstaat eines Projektbeteiligten. Man erinnere sich an den ersatzlosen Wegfall des deutschen Entwicklungsländersteuergesetzes. Entsprechende Vorsorge sollte man bei der Vertragsformulierung walten lassen, vor allem bei den Bestimmungen über höhere Gewalt.[111]

44 Die einschlägigen Probleme werden regelmäßig in dem Vertragswerk geregelt, die Frage ist nur, ob die Zusagen auch eingehalten werden. Es darf daran erinnert werden, dass ein nationaler Gesetzgeber grundsätzlich durch privatrechtliche Verträge nicht gebunden werden kann. Schwieriger zu beurteilen sind die sogenannten quasivölkerrechtlichen Verträge. Aber je stärker das Interesse des Staates als Vertragspartner eines Projektes ist, desto leichter lassen sich derartige Probleme lösen. Wichtig ist in jedem Fall, dass geeignete Möglichkeiten zur neutralen Streitschlichtung vorgesehen werden, gerade auch, wenn die Gegenseite ein Hoheitsträger ist.[112]

45 Wohlgemerkt, wir sprechen hier vom Interesse des Staates und nicht den persönlichen „Interessen" korrupter Staatsbeamter, die zu bekämpfen wir alle aufgerufen sind.[113] Die **Korruptionsbekämpfung** ist ein wichtiges Anliegen im Interesse des fairen Wettbewerb.[114] So werden z.B. durch das Gesetz zur Bekämpfung der Korruption vom August 1997 „Wettbewerbsbeschränkende Absprachen bei Ausschreibungen" ebenso wie „Bestechlichkeit und Bestechung im geschäftlichen Verkehr" unter Strafe gestellt. Auf das Übereinkommen über die Bekämpfung der Bestechung ausländischer Amtsträger im internationalen Geschäftsverkehr der OECD[115] ist hinzuweisen, dem die Bundesrepublik ebenfalls beigetreten ist.[116] Kürzlich sind die Geschäftsbedingungen der Hermes entsprechend den Vorschlägen der TI dahingehend geändert worden, dass der deutsche Antragsteller versichern muss, dass „der Abschluss des Ausfuhrvertrages nicht durch eine strafbare Handlung, insbesondere Bestechung, herbeigeführt wird bzw. herbeigeführt worden ist."

46 Als Vorbild wird manchmal der amerikanische **Foreign Corrupt Practices Act** 1977[117] zitiert, dessen Bestimmungen allerdings Presseberichten zufolge nicht selten durch Einschaltung Dritter umgangen werden. Auch andere internationale Organisationen – wie die UNO oder die OAS – haben Resolutionen über die Korruptionsbekämpfung verabschiedet, die sich schön lesen und hoffentlich einen Prozess des Um-

---

[109] S. u. Kapitel 12.
[110] Beispiel: bzgl. des Bauxitabbaus bei Boké kam Guinea-Conakry auf den Gedanken, nachträglich neue Steuern einzuführen. An dem Projekt war die deutsche VAW über eine kanadische Holding beteiligt. Das brachte übrigens Probleme bzgl. der deutschen Investitionsgarantie weil bisher Investitionen über Drittländerholdings nicht in Deckung genommen werden.
[111] S. u. Kapitel 9.
[112] S. u. Kapitel 8.7.
[113] S. u. Kapitel 5.7. Der Bund deutscher Kriminalbeamten schätzt den durch Bestechung verursachten Schaden der deutschen Wirtschaft auf DM 20 Mrd. Auf die Arbeit der Transparency International (TI), Berlin, ist hinzuweisen.
[114] Weltbank Guidelines, I. Ziff. 1.15. Die Innenminister-Konferenz beabsichtigt die Schaffung eines Korruptionsregisters, NJW 2000, Heft 23, S. XXVI.
[115] Vom 17. Dezember 1997, Text BGBl 1998 II, S. 2329 ff.; Gesetz v. 10. September 1998, BGBl II, S. 2327, s. OECD Recommandation C(97)123/FINAL, Mai 1997, 36 ILM 1016 (1997).
[116] In Kraft getreten am 15. Februar 1999, Bek. des AA v. 4. Februar 1999, BGBl II S. 87; s. auch das EUBestG.
[117] S. z.B. *Bialos/Husisian*, The Foreign Corrupt Practices Act: Coping with Corruption in Transitional Economies, Dobbs Ferry 1997; *Hoffman*, International Project Finance a.a.O., § 29.

denkens einleiten.[118] Welche Risiken hier entstehen können, zeigen die jüngsten Entwicklungen im Zusammenhang mit einem privat betriebenen Kraftwerk in Pakistan. Leider lassen sich auch in der Bundesrepublik immer wieder Korruptionsfälle im Zusammenhang mit Ausschreibungen feststellen und zwar auch in Gestalt von wettbewerbswidrigen Abreden zwischen den Anbietern. Gerade bei Projektfinanzierungen werden wir uns in Zukunft eingehender mit dem Problem zu befassen haben, als bisher, z.B. ob und in welchem Umfang ein auf Grund von Korruption zustandegekommener Vertrag wegen Sittenwidrigkeit nichtig ist oder Bieter wegen bekannt gewordener Bestechung z.B. von Weltbankprojekten durch das Sanctions Committee ausgeschlossen werden.[119]

1.6 Wirtschaftliche Risiken

Die Marktrisiken zu erkennen und einzugrenzen ist vordringliche Aufgabe der Projektträger und Betreiber. Wie sorgfältig auch immer man kalkuliert und Sicherheitsmargen einrechnet, bleibt man von **Prognosen** abhängig. Manche Projekte sind an unvorsehbaren Entwicklungen gescheitert, gerade wenn man von zukünftigen **Marktpreisen** der herzustellenden Produkte ausgeht.[120] Das sind kaufmännische Risiken, mit denen jeder zu leben gelernt hat. Es bleibt den Umständen überlassen, in welchem Umfang solche Risiken auf die Vertragspartner abgewälzt werden können. Hierzu rechnen auch **Devisenkurs- und Zinsänderungsrisiken,** die jedoch durch entsprechende Options- und andere **Derivatgeschäfte**[121] fallweise im Markt gedeckt werden können. 47

In diesem Zusammenhang sind die **Kostenrisiken** aufzuführen. Bei aller Sorgfalt in der Kostenberechnung von Projekten ist es eher die Ausnahme, dass der vorgegebene Kostenrahmen eingehalten werden kann. Fraglich ist, ob ein Bieter an einem Angebot festgehalten werden kann, wenn ihm offensichtliche **Kalkulationsfehler** unterlaufen sind.[122] Auch gibt es in der Praxis Fälle, dass der Auftraggeber eine bestimmte Beschaffenheit vertraglich vorschreibt, diese Ausführungsart jedoch nicht zu der gewünschten **Betriebsfähigkeit** führt. Dann kann der Auftragnehmer im Regelfall die Zusatzkosten beanspruchen, die seine zur Herstellung der Betriebsfähigkeit erforderlichen zusätzlichen Leistungen verursacht haben.[123] Die Prüfung der Betriebsbereitschaft, das **completion certificate,** ist im Zeitplan von herausragender Bedeutung.[124] Es gibt allerdings Fälle, in denen das Zertifikat deshalb nicht ausgestellt werden kann, weil die vereinbarten Spezifikationen nicht vollständig eingehalten worden ist, der Betrieb jedoch durchaus profitabel angelaufen ist. 48

Der **Zeitplan** spielt natürlich eine wichtige Rolle, weil gerade Verzögerungen regelmäßig erhöhte Kosten zur Folge haben und zwar nicht nur als eine Inflationsfolge. Verschiedentlich sucht man sich durch die vertragliche Vereinbarung von – gleiten- 49

---

[118] S. UNO Resolution 51/59 und 51/191 vom Dezember 1996, Text 36 ILM 1039ff (1997), OAS vom März 1996, 35 ILM 724 (1996).
[119] S. Transparency International Newsletter 11 vom September 1999, S. 5; vgl. u. Kapitel 5.3.
[120] Verf. denkt an ein Rohrzuckerprojekt in Malawi bei dem u.a. die DEG, die EIB und die IFC engagiert waren: kalkulatorisch war das Projekt rentabel bei einem Preis von etwa US cent 9 per lb, bei Tätigkeitsbeginn lag der Weltmarktpreis bei US cent 23 und fiel auf US cent 6,8, die Eisenbahn nach Beira wurde durch die RENAMO zerstört und die TANZAM Railway nach Dar-es-Salam fiel praktisch aus. Das Projekt musste vom Staat übernommen werden.
[121] § 1 Abs. 11 KWG spricht von „*Finanzinstrumenten*".
[122] BGHZ 139, S. 177ff.; s.u. Kapitel 5.1.9.
[123] BGHZ 139, S. 244ff.
[124] Vgl. z.B. *Backhaus/Köhl*, in: FS Großfeld a.a.O., S. 18ff.

den – **Kostenerhöhungsklauseln** zu sichern. Nachverhandlungen sind in der Praxis schwierig und zeitraubend. Bei den Betreibermodellen kommen die Risiken einer Kostenverteuerung des laufenden Betriebs hinzu, deren kalkulatorische Erfassung sich in der Praxis oft schwierig gestaltet, z. B. wieviel gewillkürte Ausfallzeiten durch Streiks oder Sabotage oder durch Naturereignisse soll man einrechnen. Versicherungsschutz dürfte nur in Teilen zu tragbaren Konditionen erhältlich sein.

50 Die Erhöhung von **Energiepreisen** können einen entscheidenden Einfluss auf die Rentabilität eines Projektes haben. Das hat sich z. B. 1973 bei der abrupten Erhöhung des Erdölpreises durch die OPEC erwiesen.[125] Das war nicht vorhersehbar und hatte eher den Charakter eines staatlichen Eingriffs. Gegen Schwankungen des Marktpreises kann man sich z. T. durch den Einsatz entsprechender Derivatgeschäfte auch längerfristig schützen.

51 Von besonderer Bedeutung ist die Zuverlässigkeit und **Solvenz der Projektpartner.** Das momentane standing lässt sich mit einiger Sicherheit nur bei Beginn der Verhandlungen feststellen. Negative Entwicklungen wie in Südostasien oder Russland lassen sich schwer voraussehen. Die Möglichkeiten, einen Nachfolger für einen im Laufe der Zeit ausgefallenen Partner einzusetzen, sind in die Verträge einzuarbeiten. Aber auch die Solvenz der Finanziers und der Versicherungsgesellschaften ist zu beachten.

52 Zum Risikobereich zählt ferner die Aufrechterhaltung der **Betriebsbereitschaft** durch eine langfristige – z. B. für die Laufzeit der Konzession – Sicherstellung eines angemessenen „**service and maintenance**". Die entsprechenden Kosten sind im Vorhinein zu kalkulieren und in den Finanzierungsrahmen einzubeziehen. Aber gerade die Fragen der zeitgerechten Beschaffung von Ersatzteilen bringt immer wieder Probleme mit sich. Eine gewisse Vorratshaltung lässt sich oft nicht vermeiden. In diesem Zusammenhang ist an Lösungsmöglichkeiten für den Fall zu denken, dass technische Überalterungen nur durch den Einsatz neuer Techniken zu marktgerechten Preisen der Produkte führen können.

1.7 Rechtliche Risikofaktoren

53 Des weiteren ist auf die **rechtlichen Risiken** aufmerksam, zu machen.[126] Es handelt sich nicht nur bei internationalen Projekten um oft sehr umfangreiche Vertragswerke, wobei nicht alle Verträge demselben Recht unterliegen müssen und selbst in einem Vertrag eine Teilrechtsfrage abgespalten werden kann.[127] In der Literatur berichtet man von einem „autonomen Vertragstyp", der in verschiedenen Punkten vom typischen **Werkvertrag** nach §§ 631 ff. BGB abweicht.[128] Das bezieht sich auf den „**Hauptvertrag**", den Fikentscher auch als „**Werkverschaffungsvertrag**" bezeichnet[129] – nicht auf alle Einzelverträge. Die Einzelverträge, wie sie zwischen den verschiedenen Partnern des Projektes einschließlich der Finanziers abzuschließen sind, müssen alle aufeinander abgestimmt werden.[130] Verschiedene Rechtsordnungen können zum Zuge kom-

---

[125] Darunter hatte die in Liberia gelegenen *Bong-Mine* – Beteiligte neben der Italsider die Thyssen Exploration – zu leiden, weil das Eisenerz mit einem Fe-Gehalt von etwa 35% an Ort und Stelle auf den gängigen Fe-Gehaltprozentsatz angereichert werden musste um im Weltmarkt verkauft werden zu können.

[126] S. u. Kapitel 6.1.4.

[127] Man spricht von *décépage*, s. *Jayme*, in: Nicklisch, Rechtsfragen a. a. O., S. 67.

[128] S. *Backhaus/Köhl*, in: FS Großfeld a. a. O., S. 17.

[129] In AcP, Bd 190.

[130] Bei größeren internationalen Projekten wird in der Praxis oft anglo-amerikanisches Recht mit Gerichtsstand London oder New York vereinbart. Inzwischen verfügen aber auch deutsche Anwaltskanzleien über entsprechend erfahrene Spezialisten.

men. Fragen des öffentlichen Rechts, vor allem der **Konzessionen,** des Privatrechts sowie des **Kollisionsrechts** sind zu prüfen und zu regeln. **Gerichtsstandvereinbarungen** oder **Schiedsverträge**[131] – oft in Gestalt von **Mehrparteienschiedsgerichtsbarkeit**[132] – sind zu schließen, wobei die Probleme der **Rechtsverfolgung** nicht außer Acht gelassen werden dürfen.[133] Neuerdings ist von Fällen zu lesen, bei denen die Methoden der **„alternative dispute resolution (ADR)"** bei festgefahrenen Projektverhandlungen erfolgreich eingesetzt werden konnten.[134] Staatliche Genehmigungen müssen oft eingeholt werden. Die steuerlichen Aspekte[135] dürfen ebenso wenig unberücksichtigt gelassen werden wie die Auswirkungen auf die Bilanzen[136] der Projektbeteiligten.

Eine besondere Bedeutung bei der Gestaltung der Vertragswerke mit dem Auftraggeber wie zwischen den anderen Beteiligten ist eine Regelung der durch mögliche Vertragsänderungen entstehenden Ansprüche, dem **„claim management".**[137] Das betrifft die Ermittlung von eventuellen Schäden- sei es des Auftragnehmers, z.B. durch Vertragserweiterung usw., der Anbieterseite, z.B. als Folge von Terminüberschreitungen usw., sowie der Ursachen, wer hat was zu verantworten, wie werden acts of God behandelt.

Die gerade in der Bundesrepublik in jüngster Zeit erlassenen **Gesetzesänderungen** sind sorgfältig zu prüfen. So ist z.B. auf das Gesetz zur Bekämpfung der Korruption,[138] das Vergaberechtsänderungsgesetz[139] oder das Transportrechtsreformgesetz[140] sowie das Gesetz zur Reform des Güterkraftverkehrsrechts[141] oder die Änderungen des BGB durch das Gesetz zur Beschleunigung fälliger Zahlungen[142] ist hinzuweisen. Zum Teil handelt es sich um die Umsetzung entsprechender EU-Richtlinien in nationales Recht. Solche Gesetzesänderungen im Verlauf des Bietungsprozesses können zu Änderungen der Ausschreibungsbedingungen und damit zu zeitlichen Verzögerungen führen.[143]

Sicherheitshalber lässt man sich in der Praxis die Rechtsgültigkeit des Vertragswerkes durch anwaltliche Gutachten bestätigen. Nicht frei von Problemen ist bei den Rechtsgutachten im Falle von internationalen Projekten, dass hierbei ausländische Rechtsordnungen zu berücksichtigen sind. Es ist ratsam, für jedes Rechtsgebiet landesansässige Gutachter beizuziehen. Die Erstellung der legal opinion erfordert regelmäßig einen erheblichen Aufwand an Zeit und Kosten. Manchmal werden „hausinterne" **Rechtsgutachten** – bei staatlichen Projektträgern z.B. des attorney general oder des Rechts-

---

[131] Dazu rät z.B. die Weltbank, Ziff. 2.42 Bidding Documents der Guidelines; s.u. Kapitel 8.7.
[132] S. z.B. *Nicklisch,* in: Nicklisch Rechtsfragen, a.a.O., S. 56ff.
[133] Die Türkei hatte Schiedsklauseln bei staatl. Konzessionen wegen der Verfassung stets abgelehnt bis Mitte 1999 diese geändert wurde, s. dazu *Yesilirmak,* Jurisdiction of the International Centrre for Settlement of Investment Disputes over Turkish Concession Contracts, FILJ 1999, S. 390ff.
[134] *Hager/Pritchard,* Deal Mediation: How ADR Techniques Can Help Achieve Durable Agreements in the Global Markets, 14 FILJ 1999, S. 1ff.
[135] S.u. Kapitel 12.
[136] S.u. Kapitel 13.
[137] Vgl. dazu *Backhaus/Köhl,* in: FS Großfeld a.a.O., S. 17ff.
[138] BGBl I 1997, 2038.
[139] BGBl I 1998, 2512, 2546.
[140] BGBl I 1998, 1588.
[141] BGBl I 1998, 1485.
[142] BGBl I 2000, 330; s. *Jaeger/Palm,* Die Fertigstellungsbescheinigung gemäß § 641a BGB – kurzer Prozess im Baurecht, BB 2000, S. 1102; krit. *Kiesel,* Das Gesetz zur Beschleunigung fälliger Zahlungen, NJW 2000, S. 1673ff.
[143] Beispiel: *„Invitation for the Submission of Tenders for the Concession of the Canal Rights for the Corinth Canal SA – Extension of Deadlines"* als Folge einer Änderung der griechischen Gesetzgebung durch Ges. 2733/1999.

1. Teil. Einleitung

beraters einer Behörde usw. – angeboten, gerade aus Gründen der Kostenersparnis; unabhängige Gutachter sind jedoch aus nahe liegenden Gründen vorzuziehen.

57   Auf unvorgesehene rechtliche Risiken schon in der Ausschreibungsphase ist aufmerksam zu machen. Dabei geht es einmal um die Aufhebung einer Ausschreibung. Eine solche Aufhebung seitens einer staatlichen Ausschreibungsstelle kann u. U. zu erheblichen **Schadensersatzansprüche**[144] seitens der Bieter führen, obwohl der Ausschreibende grundsätzlich nicht verpflichtet sein soll, den ausgeschriebenen Auftrag tatsächlich zu erteilen.[145] Zum anderen handelt es sich um Kalkulationsfehler bzw. Irrtümer bei der Berechnung der Angebotssumme. Grundsätzlich ist nämlich nach Meinung des BGH der Ausschreibende nicht verpflichtet, Angebote auf offensichtliche **Kalkulationsfehler** zu prüfen.[146] Ausschreibungsverfahren werden auch sonst international immer wieder angewendet z. B. im Rahmen von Privatisierungen oder von Dienstleistungen. Die vielfach gesetzlich geregelten Verfahren werden oft ob ihrer Schwerfälligkeit kritisiert.[147]

58   Schließlich sind die gesetzlichen **Wettbewerbsregeln** – z. B. das GWB oder die einschlägigen Artikel des EG-Vertrages – sorgfältig zu prüfen um böse Überraschungen zu vermeiden. Auf die Tätigkeit der Vergabeüberwachungsausschüsse ist aufmerksam zu machen. Das gilt ebenfalls für die Regeln des GATT, z. B. über die **Subventionen** nach Art. XVI oder die Freiheit der Durchfuhr gem. Art. V oder das Übereinkommen über das öffentliche Beschaffungswesen.[148]

1.8 Außenwirtschaftsrecht und Genehmigungen

59   Bei der Vorbereitung internationaler Projekte außerhalb des Gebietes der EU sind außenwirtschaftsrechtliche Schranken zu berücksichtigen.[149] Das betrifft zum einen das Projektland selbst, zum anderen die Staaten der an der Durchführung des Projektes Beteiligten sowie gegebenenfalls von Transitländern. Vielfach sind staatliche Genehmigungen einzuholen oder die Freistellung von einer Genehmigungspflicht.[150] Gerade bei staatlichen Genehmigungsverfahren, die oft zeitraubend sind u. a. weil die Zuständigkeiten nicht immer klar geordnet sind, wird in der Praxis nicht selten von Fällen einer Beamtenbestechung gesprochen.

60   Des weiteren ist bezüglich einzelner Staaten auf **Embargo- und Sanktionsvorschriften** hinzuweisen, z. B. Kuba, Irak oder – bisher – Jugoslawien. Die grenzüberschreitende Anwendung solcher Vorschriften sind nicht immer mit dem Völkerrecht in Übereinklang wie das Beispiel USA – Kuba lehrt.[151] Hinsichtlich der Exportbeschränkungen in die früheren Ostblockstaaten ist auf die Regeln der CoCom hinzuweisen, die allerdings 1993 aufgelöst wurde. An ihre Stelle ist das sog. **Wassenaar-Arrangement** vom Juli 1996 getreten, das jedoch als sog. soft law keinen bindenden Charakter hat.[152] Zu erwähnen sind ebenfalls die Regeln des GATT nunmehr im Rahmen der

---

[144] S. z. B. die Neuregelung im GWB durch das VergRÄG.
[145] Soweit nicht § 26 VOB/A zutrifft, BGH v. 8. September 1998, BB 1998, 2182.
[146] BGH v. 7. Juli 1998, NJW 1998, 3192 ff.
[147] S. z. B. *Franke*, Von der Bedarfsdeckung zum Wettbewerb, FAZ vom 17. März 1999.
[148] Vom 15. April 1994, ABl. N° C 256/2 vom 3. September 1996.
[149] S. u. Kapitel 10.
[150] In der Bundesrepublik richtet sich das Genehmigungsverfahren nach den Bestimmungen der AWV.
[151] S. o. 1.2.
[152] S. z. B. *Hölscher/Wolffgang* a. a. O., JWT 32 (1998), S. 45 ff.; *Wolffgang/Hölscher*, in: FS Großfeld a. a. O., S. 1329 ff.

WTO, die vom Prinzip des freien Güterverkehrs ausgehen und ein Schiedsverfahren für den Fall von Streitigkeiten vorsehen.

Besonders heikel ist der Bereich der **dual-use** Güter;[153] soll oder kann in einer chemischen Fabrik Pharmazeutika oder Giftgas produziert werden? In den Ausfuhrländern ist das regelmäßig – wie bei uns[154] – gesetzlich geregelt, wobei der Anwendungsbereich und die Genehmigungspraxis selbst innerhalb EU so unterschiedlich sind, dass Wettbewerbsverzerrungen die Folge sein können. 61

1.9 Finanzierungsfragen

Entscheidend ist bei jedem Projekt die Frage, wer was und wie finanziert. Hierzu sind von der Praxis eine ganze Reihe von unterschiedlichsten Formularen und Modellen entwickelt worden.[155] Die Finanzierungsform ist auch unter bilanz- und steuerrechtlichen Aspekten zu beurteilen.[156] Bei Projekten in der arabischen Welt können sich interessante Besonderheiten dann ergeben, wenn islamisches Recht und damit das Zinsverbot anzuwenden ist;[157] hier kann auf Regelungen des **islamic banking** zurückgegriffen werden.[158] 62

Bei Projekten in der Dritten Welt wird oft auf öffentliche Finanzhilfe im Rahmen der Enwicklungshilfe zurückgegriffen. Dabei ist der Rahmen durch die DAC Guiding Principles for Associated Financing and Tied and Partially Untied Official Development Assistance der OECD festgelegt. In Deutschland sind hier vor allem die KfW wie auch die DEG und die GTZ zu nennen. 63

Am einfachsten ist es noch, wenn der **Projektträger**[159] gleichzeitig auch Betreiber ist und die gesamte Finanzierung aufzubringen hat. Das ist kein Fall von Projektfinanzierung im engeren Sinn. Wie er die Mittel aufbringt, ist allein seine Sache, z.B. ob aus Eigenmitteln oder aus von ihm aufgenommenen Krediten. Ob im letzteren Falle der Kreditgeber im Rahmen der Emission von „**project bonds**" oder allgemein der **securitisation** die Refinanzierungsmittel am Kapitalmarkt aufnimmt, oder es sich für ihn um ein „normales" Kreditgeschäft handelt, ist hier ohne Einfluss. Die Frage der Kreditbesicherung[160] hängt vom Einzelfall ab. Teilweise müssen die Lieferanten usw. aber auch selbst zur Finanzierung durch Einräumung von Zahlungszielen beitragen, die wiederum im Rahmen einer Exportfinanzierung[161] – das gilt auch bei BOT Projekten[162] – weitgehend gedeckt werden können. Auf die Möglichkeit der Finanzkreditdeckung durch staatliche Versicherer für eine Importeurfinanzierung, wie sie von **Hermes** angeboten wird, ist hinzuweisen. Verschiedentlich werden in der Bundesrepublik Ausfuhrdeckungen kombiniert mit Investitionsgarantien. In jedem Fall ist für die Kreditgeber ein ausreichender **Versicherungsschutz**[163] ein maßgebliches Kriterium für die Risikobeurteilung. 64

---

[153] S. u. Kapitel 10.3.2.
[154] Kriegswaffenkontrollgesetz, Prüfung durch das Bundesausfuhramt.
[155] S. u. Kapitel 6.
[156] S. u. Kapitel 13.
[157] S. z. B. *Vogel/Hayes III* a. a. O.
[158] Dazu *Bälz*, WM 1999, S. 2443, 2446 ff.; s. u. Kapitel 6.4.
[159] S. u. Kapitel 4.
[160] S. u. Kapitel 7.
[161] Vgl. z. B. die von der OECD herausgegebene Zusammenstellung *The Export Credit Financing Systems in OECD Member Countries* in der jeweils neuesten Fassung.
[162] Meist verlangt der IMA hierfür ein Gutachten des Mandatars der PwC Deutsche Revision-Deutsche Treuhand.
[163] S. u. Kapitel 15.

1. Teil. Einleitung

65 Ausgangspunkt für die Projektfinanzierung im engeren Sinn ist das von dem Projekt zu erzeugende Produkt, das aber auch bei der Projektfinanzierung im weiteren Sinn eine erhebliche Bedeutung hat. Das kann z.B. bei Bergbauprojekten das abzubauende Mineral sein, bei Kraftwerken der Strom, bei Pipelines die Durchsatzprämie oder bei Straßen und Brücken die Mautgebühr. Diese Produkte dienen regelmäßig als Sicherheit für die Finanziers. Das setzt eine sorgfältige Prüfung unter Berücksichtigung der zukünftigen Marktentwicklung und der Abnahmevereinbarungen voraus. Welchen Einfluss wird das Projektland auf die Preisgestaltung z.B. den Strompreis oder die Mautgebühr haben, wie sind mögliche Ausfälle aus einer **Betriebsunterbrechung** – aus welchen Gründen auch immer – abgesichert usw., alles Fragen die in den entsprechenden Verträgen eindeutig geregelt sein müssen.

66 Großen Raum nehmen die **staatlichen Zusagen** des Projektlandes – einschließlich der **Konzession** – in dem Vertragswerk ein. Dabei handelt es sich z.B. um Betriebsgenehmigungen, Import- und Exportlizenzen, Steuererleichterungen, Befreiung von Zöllen usw. Es geht aber auch um die Zusagen über die Einrichtung der entsprechenden Infrastruktur, Hafenfazilitäten, Zugangswege usw. Das wird von den Kreditgebern sorgfältig analysiert und geprüft. Die anwendbaren Konditionen ergeben sich nicht immer aus den entsprechenden Konzessionsbedingungen. Hier ist von Bedeutung, dass die deutschen Investitionsgarantien auch die Deckung der sich aus dem Bruch staatlicher Zusagen ergebenden Risiken übernimmt.

67 Bei größeren Projekten wird regelmäßig ein ganzes Bouquet von Krediten[164] zusammengestellt; nicht nur, dass im Hinblick auf die Größenordnung Finanzierungskonsortien zu bilden sind, auch nach weiteren Finanzierungsquellen, wie z.B. aus der staatlichen Entwicklungshilfe, aus Weltbankkrediten usw. ist zu suchen; das kann sich positiv auf die Konditionengestaltung auswirken. Auf das in der Bundesrepublik angewandte Programm der **Mischfinanzierung**[165] ist hinzuweisen. Auch die **DEG** hat ein Programm der Projektfinanzierung „auf Basis partnerschaftlicher Zusammenarbeit."[166] Öffentliche Finanzierungsquellen – insbesondere im Rahmen der Entwicklungshilfe – spielen auch unter dem Gesichtspunkt der Risikominderung eine erhebliche Rolle. Hinzu kommen Kreditgarantien und zwar nicht nur im Rahmen der Exportfinanzierung, sondern auch solche internationaler Entwicklungsinstitute wie der Weltbank und neuerdings auch der **IDA**.

68 Immer wieder kann man feststellen, dass der ganze Strauß von Unterstützungsmöglichkeiten nicht voll genutzt wird, wobei die Vielzahl dieser Möglichkeiten zugegebenerweise manchmal verwirrend erscheint.[167] Man denke z.B. an **Ausbildungsfördergramme** der **GTZ** oder – länderspezifisch – an das Produktivitäts-initiative-Programm **Tacis** der EU für die Neuen Unabhängigen Staaten der ehemaligen UdSSR.[168]

---

[164] Beispiel aus 1998/99: 228 MW Azito E-Werk bei Abidjan, Finanzierungsbedarf US $ 233 Mio. gedeckt durch US $ 45 Eigenkapital, US $ 140 Mio. erstrangige und US $ 20 Mio. nachrangige Darlehn, Rest durch *„internal cash-flow";* US $ 48 Mio. erstrangige Darlehn übernimmt ein internationales Konsortium unter Führung der CDC, IFC übernimmt US $ 30 Mio. für eigene Rechnung und weitere US $ 30 Mio. zur Syndizierung, insgesamt haben sich private Banken mit US $ 60 beteiligen. Dabei spielt eine – erstmals – gegebene Garantie der IDA für US $ 30,3 Mio. eine entscheidende Rolle.FT 8. Januar 1999.

[165] Zur Rolle der KfW bei *public private partnership* Projekten im Rahmen der FZ s. *Klein*, Arge a.a.O., S. 63 ff.

[166] Broschüre DEG – Ein starker Partner, a.a.O.

[167] Eine gute Übersicht bieten die einschlägigen Veröffentlichungen des BMZ und der bfai, z.B. Das internationale Ausschreibungs-ABC.

[168] S.u. Kapital 5.1.8.

Finanzierungsfragen

69 In – bisher – steigendem Umfang steht auch der **internationale Kapitalmarkt**[169] für Projektfinanzierungen wieder zur Verfügung. Dabei kann es sich Anleihen handeln, die von dem Projektträger oder oftmals auch von einem Dritten für ein spezifisches Projekt aufgelegt werden.[170] Bekannt sind die Anleihen internationaler Institute wie der Weltbank, von regionalen Entwicklungsbanken oder nationalen Entwicklungsbanken, die jedoch nicht zur Refinanzierung von einzeln angeführten Projekten dienen. Aber auch andere Finanziers nehmen den Kapitalmarkt vornehmlich im Rahmen der „securitisation" oder der Ausgabe von „project bonds" in Anspruch.

70 Vorsorge ist durch entsprechende Vertragsklauseln für den Fall zu treffen, dass ein oder mehrere Finanziers sich plötzlich zurückziehen und damit das ganze Projekt gefährden können, obwohl das nicht gegen das betreffende Projekt sprechen muss.[171] Bedenklich wird es dann, wenn sich internationale Institutionen zum Ausscheiden entschließen sollten, weil damit auch ihr „politisches" Gewicht vor allem bei der Durchsetzung von Ansprüchen hinfällig wird. Man sollte nach den Gründen forschen. Auswechselungen gibt es auch in der Durchführungsphase eines Projektes. Es gibt einen internationalen Markt für Kreditbeteiligungen.

71 Ein Problem der Projektfinanzierung ist neben anderen darin zu sehen, dass das Projekt erst einmal realisiert werden muss. In diesem Zusammenhang ist das meist nur kleine **Eigenkapital** zu erwähnen, das nur bedingt und in dem entsprechend geringen Umfang zur Finanzierung zur Verfügung steht, gerade bei den Betreibermodellen. Die zu diesem Zweck gegründeten **„special purpose vehicles"** werden im Allgemeinen nur mit geringeren Mitteln ausgestattet, wobei sich der Eigenkapitalanteil auf 30 bis zu 50% belaufen kann. Die bilden im Allgemeinen keine ausreichende Haftungsgrundlage, es sei denn, es werden **Durchgriffsmöglichkeiten** – z.B. über Garantien oder Patronatserklärungen usw. zumindest bis zur Inbetriebnahme – auf die Gesellschafter vereinbart.

72 In diesem Zusammenhang ist auf die gängige Praxis der Errichtung verschiedener **Treuhandkonten** hinzuweisen, die der Kontrolle des Geldflusses dienen. Vornehmlich handelt es sich um vier unterschiedliche Konten: den **„disbursement account"**, auf das die Kreditvaluta einzuzahlen ist und nur gegen entsprechende Nachweise verwendet werden darf, den **„proceeds account"**, worauf die Erlöse aus der Veräußerung der erzeugten Produkte fließen, den **„maintenance retention account"**, auf dem die Mittel für zukünftige Instandhaltungskosten gesammelt werden, und den **„compensation account"**, auf den eventuelle Entschädigungsbeträge, z.B. von Versicherungen, zu zahlen sind;[172] zu erwähnen bleibt noch der **„debt reserve account"**, auf dem Beträge für den Schuldendienst angesammelt werden. Rechtliche Grundlage ist ein zwischen den Geldgebern und der die Treuhandkonten führenden Bank abzuschließender Vertrag.

73 Ein wichtiges und bisher ungelöstes Problem ist die Beschaffung von **längerfristigen Mitteln in lokaler Währung**. Eigenkapital steht dabei nicht im Vordergrund, zumal sich das in vielen Entwicklungsländern über die **lokalen Börsen** beschaffen lässt. Diese Börsen spielen bei den Privatisierungen eine erhebliche Rolle. Es fehlen die Finanzierungsquellen für längerfristige Fremdmittel. Die lokalen Banken stellen Kreditfazilitäten nur sehr kurzfristig – meist nur unterjährig – zur Verfügung, weil sie ihrerseits keine langfristige Refinanzierung erhalten können. Dabei ist entgegen der landläufigen Auffassung in den Staaten der Dritten Welt viel Geld in privaten Händen, das

---

[169] S. u. Kapitel 6.7.
[170] Man denke an die berühmten Eisenbahnanleihen des letzten Jahrhunderts.
[171] So wurden z.B. das Assouan Staudammprojekt und die Transgabonaise-Eisenbahn trotz Entfallens der Weltbankunterstützung realisiert.
[172] Vgl. *Wood,* a.a.O., S. 25.

aber entweder als Bargeld gehortet – auch wegen einer drohenden Besteuerung – oder in Grundstücken und Häusern oder Vieh angelegt wird, wenn es nicht über den schwarzen Devisenmarkt ins Ausland transferiert wird.

74 Immer wieder kommt es vor, dass Projekte schon in der Bauphase aber auch in der Betreiberphase „schwach" werden. Die Geldgeber suchen für sich eine gewisse Sicherheit dadurch, dass sie das vertraglich vereinbarte Recht behalten, rechtzeitig einzugreifen. Dann können sie prüfen, ob das Projekt grundsätzlich doch in anderer Weise rentabel gestaltet werden kann oder aufgegeben werden muss. Je nach den Umständen können sie in einem solchen Fall einen neuen Projektträger einsetzen. In jedem Falle sind **Projektsanierungen** eine kostspielige und meist langwierige Angelegenheit auf die bei der Vertragsgestaltung Rücksicht zu nehmen ist.

2. Teil. Projekttypen

Übersicht

	Rdn.
2.1 Funktionen einer Typologie	1
2.1.1 Entwicklung des Infrastrukturbegriffs	2
2.1.3 Entwicklung und unterschiedliche Ausprägung des Begriffs staatliche Konzession	3
2.2 Energieversorgung	6
2.2.1 Veränderung der Energiewirtschaft in Deutschland	6
2.2.2 Internationale Entwicklung – Struktur des Independent Power Producers (IPP)	7
2.2.3 Entwicklung zum marktabhängigen Kraftwerk – Merchant Power Plant	10
2.3 Telekommunikation	11
2.3.1 Entwicklung in Deutschland	11
2.3.2 Entwicklung im Ausland	12
2.4 Verkehrswesen	14
2.4.1 Mautstraßenprojekte	14
2.4.2 Projekte für Häfen und Umschlagseinrichtungen	17
2.4.3 Flughafenprojekte	19
2.5 Wasser- und Abwasserprojekte	21
2.6 Bergbau (mining)	24
2.6.1 Gründe für Projektfinanzierung	25
2.6.2 Risiken bei Bergbauprojekten	26
2.6.3 Kenngrößen bei Bergbauprojekten	28
2.6.4 Strukturierungselemente bei Projektfinanzierung von Bergbauprojekten	32
2.7 Öl- und Gas (oil and gas)	35
2.7.1 Risiken bei Öl- und Gasprojekten	36
2.7.2 Kenngrößen bei Öl- und Gasprojekten	38
2.7.3 Strukturierungselemente bei Projektfinanzierung von Öl- und Gasprojekten	40

Schrifttum zu 2.1 bis 2.7: *Baker,* North Europe Re-awakens, Port Development International, Mai 1999, S. 12; *Barth,* Die Handelsregeln der neuen Welthandelsorganisation, NJW 1994, 2811; *Bruce,* Infrastructure Finance, Oktober 1996, S. 29; *Bundesministerium für wirtschaftliche Zusammenarbeit und Entwicklung,* Wasser – Konflikte lösen, Zukunft gestalten, 1999; *Bundesstelle für Außenhandelsinformation (BfAI),* Betreibermodelle weltweit, Kraftwerke, vier Bände, 1999; *Dauses (Hrsg.),* Handbuch des EU-Wirtschaftsrechts, 1999; *Denton Hall,* A Guide to Project Finance, London 1998; *Dreher,* Die Verweigerung des Zugangs zu einer wesentlichen Einrichtung als Missbrauch der Marktbeherrschung, DB 1999, 833; *Freshfields,* Project Finance, 4. Auflage, London 1996; *Gesellschaft zur Förderung des Schutzes von Auslandsinvestitionen e. V.,* Festschrift zum vierzigjährigen Bestehen, 1996; *Grandjean,* UK and France – Comparing Concession Contracts, Project Finance International Nr. 179, S. 56; *Griepentrog,* Konzentration und Privatisierung: Neue Strukturen für die deutsche Wasserwirtschaft, Kommunalwirtschaft 1999, 323; *Jacob,* Private Finanzierung öffentlicher Bauinvestitionen – Ein EU-Vergleich, Die Bank 2000, 80; *Hall/Derman,* Turkey Puts the Final Piece in the IPP Legislative Jigsaw, Project Finance International, Nr. 188, S. 56; *Hallett,* Public Private Partnerships in Germany, Project Finance International, European Review, 1999, S. 39; *Helm,* in *Piduch,* Kommentar zum Bundeshaushaltsrecht, 2. Aufl. 1998;

2. Teil. Projekttypen

Hermes, Staatliche Infrastrukturverantwortung, 1998; *Hoffman,* The Law and Business of International Project Finance, Den Haag 1998; *Huber,* Wirtschaftsverwaltungsrecht I, 2. Auflage, 1953; *International Finance Corporation (IFC),* Financing Private Infrastructure, Washington, D. C. 1996; *International Telecommunication Union* – World Telecommunication Development Report 1999, Mobile Cellular, Executive Summary – World Telecommunication Development Report 1996/97, Trade in Telecommunications; *Kommission der Europäischen Gemeinschaften,* Grünbuch über Seehäfen und Seeverkehrsinfrastruktur, KOM (97), 678 endg., Brüssel 1997; *McDonagh,* Port Development International, März 1999, S. 18; *Näke,* Privatfinanzierung der neuen Verkehrsinfrastruktur, WM 1998, 332; *Nelson,* Port Development International, September 1998, S. 20; *Nicklisch (Hrsg.),* Rechtsfragen privatfinanzierter Projekte, 1993; *Nicklisch (Hrsg.),* Konsortien und Joint Ventures bei Infrastrukturprojekten, 1998; *Owen,* A Thirsty, Dirty World, Project Finance International Nr. 183, S. 48; *Reuter,* Was ist und wie funktioniert Projektfinanzierung?, DB 1999, 31; *Rivera,* Private Sector Participation in the Water Supply and Wastewater Sector, World Bank, Washington, D. C., 1996; *Rudolph,* Wasserwirtschaft in Entwicklungs- und Transformationsländern, 1999; *Scheele,* Privatisierung von Infrastruktur, 1993; *Scheibel,* Projektfinanzierung: BOT- und Konzessionsgesetzgebung, RIW 1996, 373; *Scherer,* Die Entwicklung des Telekommunikationsrechts in den Jahren 1998 und 1999, NJW 2000, 772; *Scholka,* Die Entwicklung des Energierechts in den Jahren 1998 und 1999, NJW 2000, 548; *Standard & Poor's,* Infrastructure Finance, Project Finance, Utilities and Concessions, Criteria and Commentary, New York 1999; *Steiner,* Straßenbau durch Private, NJW 1994, 3150*; Verband privater Abwasserentsorger e. V.,* Memorandum zur Abwasserwirtschaft, 1997; *Walker-Arnott,* The Channel Tunnel Concession, International Business Lawyer 1996, 12; *Wood,* Project Finance, Subordinated Debt and State Loans, London 1995.

Zu 2.6: *Harries,* Rechtliche Aspekte der Projektfinanzierung im Bergbau, Clausthal-Zellerfeld 1985 (Schriftenreihe der GDMB Gesellschaft Deutscher Metallhütten- und Bergleute, Heft 45, Projektfinanzierung); *Stockmayer,* Projektfinanzierung und Kreditsicherung: dargestellt am Beispiel von Darlehen an Rohstoffvorhaben in Entwicklungsländern, 1982; *United Nations Conference on Trade and Development (Hrsg.),* Handbook of World Mineral Trade Statistics, 1993–1998, New York, Genf 2000.

Über die neuesten Entwicklungen informieren spezialisierte Fachzeitschriften: Euromoney; International Finance Review (IFR); International Finance Law Review; International Mining Quarterly Review; Journal of Energy and Natural Resources Law; The Journal of Project Finance; Metal Bulletin; Mining Environmental Management; Mining Finance; Mining Journal; The Northern Miner; Project Finance International (PFI); World Gold; World Gold Analyst. Beachte auch die jährlich erscheinenden Veröffentlichungen: *Chalmin (Hrsg.),* CyclOpe. Les Marchés Mondiaux, Paris; *Crowson,* Minerals Handbook. Statistics & Analyses of the World's Minerals Industry, New York, London; Financial Times Energy Yearbooks: Mining, London.

Zu 2.7: *M. Bauer,* Die Tragweite des § 905 BGB für die Verlegung von Versorgungsleitungen, in: Einzelfragen des Energierechts. Vorträge und Gutachten. Veröffentlichungen des Instituts für Energierecht an der Universität Bonn, Heft 5, ohne Jahresangabe, S. 25–49; *Energy Intelligence Group (Hrsg.),* The International crude Oil Market Handbook 1999–2000; *Harries,* Rechtliche Aspekte der Projektfinanzierung im Bergbau, Clausthal-Zellerfeld 1985 (Schriftenreihe der GDMB Gesellschaft Deutscher Metallhütten- und Bergleute, Heft 45, Projektfinanzierung); *Hinsch/Horn,* Das Vertragsrecht der internationalen Konsortialkredite und Projektfinanzierungen, Berlin 1985, S. 259–267; *McCormick,* Legal aspects of pipeline project financing, in: International Financial Law Review 1986, S. 11–16; *Martin,* Project Financing for Offshore and Onshore Gas Facilities – Alternative Methods of Financing from a Legal Viewpoint, in: Oil and Gas Institute Bd. 28 (1997), S. 273–291; *Milbank, Tweed, Hadley & McCloy (Hrsg.),* The Guide to Financing International Oil and Gas Projects, London 1996; *Stockmayer,* Projektfinanzierung und Kreditsicherung: dargestellt am Beispiel von Darlehen an Rohstoffvorhaben in Entwicklungsländern, 1982; *Tippee (Hrsg.),* International Petroleum Encyclopedia, Tulsa/OK 1999; *Vinter,* Project Finance. A legal guide, 2. Aufl. 1998, S. 253–261.

Über die neuesten Entwicklungen informieren spezialisierte Fachzeitschriften: Erdöl Energie Informationsdienst; Euromoney; International Finance Review (IFR); International Finance Law Review; International Petroleum Finance; Journal of Energy and Natural Resources Law; The Journal of Project Finance; Monthly Oil Market Report; Oil & Gas Journal; Petroleum Economist; Petroleum Review; Project Finance International (PFI); beachte auch die jährlich erscheinende Veröffentlichung: Financial Times Energy Yearbooks: Oil and Gas, London.

2.1 Funktionen einer Typologie

Die Darstellung der Projekttypen in diesem Teil des Handbuchs verfolgt einen empirischen Ansatz. Vorherrschend ist nicht die rechtswissenschaftliche Perspektive, die sich mit der Analyse komplexer Vertragsstrukturen im Rahmen von Projektfinanzierungen befasst, sondern die wesentlichen Projekttypen sollen anhand ihrer Spezifika kategorisiert werden. Die folgende Darstellung wird eingegrenzt durch das Begriffspaar: **Infrastruktur** und **staatliche Konzession**. Die Vorgabe dieser Leitlinien bedingt, dass Projekte mit keinerlei öffentlich-rechtlichem Bezug, wie z. B. Projekte zur Finanzierung von Spielfilmen oder reine Immobilienprojekte, nicht im Blickfeld liegen. Ein weiteres Merkmal dieser Typologie soll – allein schon wegen ihres empirischen Ansatzes – ihr internationaler Bezug sein. Dies muss umso mehr gelten, als gerade die entscheidenden Anstöße auf dem Gebiet der Projektfinanzierungen im angelsächsischen Rechtskreis und Geschäftsleben ihren Ursprung haben. Dieser grenzüberschreitende Bezug soll jedoch nicht dazu führen, dass die klaren rechtlichen Bezugspunkte aus dem Blick geraten. Im Folgenden wird daher zunächst die rechtliche Relevanz des Begriffes **Infrastruktur** für die Projekttypologie dargelegt.

2.1.1 Entwicklung des Infrastrukturbegriffs

Der Begriff **Infrastruktur** taucht das erste Mal Anfang der 60er Jahre in der wirtschaftspolitischen Diskussion auf und entstammt dem militärischen Vokabular.[1] Dort umfasste der Begriff insbesondere die erdverbundenen militärischen Anlagen, die der Führung, Ausbildung und Bewegung der Streitkräfte dienten. Trotz aller Unbestimmtheit des Begriffs, besteht Konsens darüber, die folgenden Sektoren als Infrastruktur zu bezeichnen:

- Energieversorgung,
- Verkehr,
- Nachrichtenübertragung,
- Wasserversorgung/Abwasserbeseitigung,
- Freizeitanlagen,
- Bildungs- und Forschungseinrichtungen,
- Gesundheitswesen.[2]

Alle definitorischen Bemühungen um den Begriff Infrastruktur kreisen immer um das Spannungsfeld zwischen staatlicher Leistungsverwaltung und privater wirtschaftlicher Betätigung. Hierbei ist unverkennbar, dass sich ein stetiger Systemwandel von staatlicher zu privatwirtschaftlicher Leistungsbereitstellung vollzogen hat. Symptomatisch für diesen Wandel ist, dass im englischen Sprachgebrauch „Private Infrastructure" als ein einheitlicher Begriff angesehen wird.[3]

Anders als in den Sozialwissenschaften hat der Begriff Infrastruktur bisher nur auf dem Gebiet des Kartellrechts und des Europarechts Eingang in die Gesetzgebung gefunden. Durch die 6. Novelle zum GWB[4] wurde der Begriff „Infrastruktureinrichtungen" in § 19 Abs. 4 Nr. 4 GWB im Zusammenhang mit dem Missbrauch einer marktbeherrschenden Stellung durch ein Unternehmen normiert.[5] Regelungsgehalt dieser

---

[1] Vgl. *Scheele*, Privatisierung von Infrastruktur, S. 18, mit weiteren Nachweisen über die Entwicklung des volkswirtschaftlichen Begriffs der Infrastruktur.
[2] *Scheele*, a. a. O., S. 19.
[3] Vgl. *IFC*, Financing Private Infrastructure, S. 5.
[4] BGBl. 1998 I, 2546.
[5] *Dreher*, DB, 1999, S. 833.

Neufassung ist, dass ein Unternehmen, welches eine Monopolstellung bezüglich einer Einrichtung besitzt, die für den Wettbewerb wesentlich ist, Dritten Zugang zu dieser Einrichtung gewähren muss. Mit Recht kritisiert Dreher, dass der Begriff „Infrastruktureinrichtung", der hier zur Präzisierung des Merkmals „wesentliche Einrichtung" herangezogen wird, „uferlos weit ist."[6]

Der zweite Anwendungsfall betrifft den durch den Vertrag über die Europäische Union in den EG-Vertrag eingefügten Titel über „transeuropäische Netze".[7] Zweck dieser neuen Bestimmung ist es, in den drei Netzinfrastrukturen Verkehr, Telekommunikation und Energieversorgung der Gemeinschaft die Aufgabe zu übertragen, den Verbund und den Zugang zu diesen Netzen zu fördern und somit für offene und wettbewerbsorientierte Märkte zu sorgen.[8]

2.1.2 Entwicklung und unterschiedliche Ausprägung des Begriffs „staatliche Konzession"

3 Die klassische Definition im deutschen Recht für die **staatliche Konzession** hat Huber[9] formuliert. Danach ist eine staatliche Konzession:

> „Eine öffentlich-rechtliche Befugnis, kraft deren ein beliehener Unternehmer berechtigt ist, eine wirtschaftliche Tätigkeit auszuüben, für die zwar kein Staatsvorbehalt besteht, für die die öffentliche Verwaltung jedoch ein Verleihungsrecht besitzt."

Diese Definition ist noch eng dem Konzept der **Daseinsvorsorge** im Sinne von Forsthoff verhaftet.[10] Ihrem Kern nach setzt die staatliche Konzession voraus, dass hier eine Wirtschaftsbefugnis verliehen wird, die dem Staat zusteht. Dieses Element ist entscheidend zur Abgrenzung gegenüber der Gewerbefreiheit. Nur für die wirtschaftlichen Betätigungen, für die die Gewerbefreiheit nicht gilt, kann der Staat die Rolle als Konzessionsgeber, d. h. durch Verleihung der Wirtschaftsbefugnis tätig werden. Wenn man sich die Mühe macht, diesen Begriff der staatlichen Konzession auf die einzelnen zuvor dargestellten Infrastrukturbereiche in ihrer heutigen Verfasstheit anzuwenden, wird klar, dass diese Auffassung staatlicher Konzession einem Wandel unterliegt, da die **staatliche Leistungsverwaltung** auf dem Rückzug ist und auf Grund der Vorgaben des Gemeinschaftsrechts durch Wettbewerb gekennzeichnete Marktmechanismen immer mehr Platz greifen. In denjenigen Infrastrukturbereichen, in denen sich der Staat aus der Durchführungs- und Erfüllungsverantwortung zurückzieht, reduziert sich sein Handeln weitgehend auf eine Regulierungsaufgabe. Dies hat zur Folge, dass in den Bereichen Telekommunikation und Energieversorgung, in denen die Deregulierung am weitesten vorangeschritten ist, die Erteilung von Marktzugangserlaubnissen nicht mehr als Erteilung von Konzessionen angesehen werden kann. Auf der andere Seite wird bei der Erteilung einer Konzession für ein Mautstraßenprojekt oder eine wasserrechtliche Bewilligung die klassische Definition von Huber nach wie vor zutreffend sein.

4 Dem Grundsatz, dass der Staat sich so weit wie möglich aus der Leistungsverwaltung zurückziehen soll, wurde auch auf Bundesebene durch die Neufassung von § 7 Abs. 1 Satz 2 Bundeshaushaltsordnung (BHO) Rechnung getragen.[11] Im Rahmen dieser No-

---

[6] *Dreher,* a. a. O., S. 834.
[7] Nach Art. 129 b Abs. 1 EGV soll die Gemeinschaft zum Auf- und Ausbau transeuropäischer Netze in den Bereichen der Verkehrs-, Telekommunikations- und Energieinfrastruktur beitragen.
[8] Vgl. *Hermes,* Staatliche Infrastrukturverantwortung, S. 171.
[9] Wirtschaftsverwaltungsrecht I, S. 548.
[10] Vgl. *Hermes* a. a. O., S. 94 ff. mit umfassender Analyse des Forsthoffschen Konzepts der Daseinsvorsorge.
[11] § 7 Abs. 1 BHO lautet: „Bei Aufstellung und Ausführung des Haushaltsplans sind die Grundsätze der Wirtschaftlichkeit und Sparsamkeit zu beachten. Diese Grundsätze verpflichten zur Prü-

Funktionen einer Typologie

vellierung der BHO versuchte die Bundesregierung auch, das Haushaltsgrundsätze-Gesetz entsprechend zu ändern, was jedoch am Widerstand des Bundesrats scheiterte.[12] Daher ist es auch nicht verwunderlich, dass die überwiegende Zahl der Bundesländer das Ziel der Privatisierung und Entstaatlichung sehr viel zurückhaltender angeht als der Bund. Die Regelung in § 7 BHO schreibt dem Bund keine bestimmte Privatisierungsform vor. Der Staat hat die Wahl, ob er sich für die **materielle Privatisierung** oder **funktionale Privatisierung** entscheidet. Im ersten Fall zieht er sich aus der Aufgabenerfüllung im vollen Umfang zurück und überlässt es privaten Anbietern, die Leistung zu erbringen. In dem zweiten Fall bleibt die Öffentliche Hand für die Aufgabenerfüllung zuständig, bedient sich jedoch privater Unternehmen im Rahmen von Betreiber- oder Konzessionsmodellen.[13]

Als eine besondere Ausprägung der staatlichen Konzession kann die Baukonzession nach dem Betreibermodell (build, operate and transfer – BOT) bezeichnet werden. Mit Ausnahme des Gesetzes über den Bau und die Finanzierung von Bundesfernstraßen durch Private[14] (vgl. Kapitel 2.4) haben Betreibermodelle in Deutschland noch keine große Bedeutung erreicht. Demzufolge wird allgemein auch beklagt, dass deutsche Versorgungsunternehmen in den Bereichen Energieversorgung und Wasserwirtschaft bei Auslandsengagements eine eher untergeordnete Rolle im Vergleich zu den Aktivitäten in Frankreich, Großbritannien und den USA spielen.[15] Im deutschen Verwaltungsrecht existieren keine allgemeinen Regelungen über Betreibermodelle. Lediglich das EG-Vergaberecht enthält eine Definition für Baukonzessionen, und zwar in der Baukoordinierungsrichtlinie.[16]

Weitere Erkenntnisse zu der Funktion der staatlichen Konzession vermittelt ein Blick in die anderen EU-Staaten und ins übrige Ausland. In Frankreich ist das Instrument der staatlichen Konzession, bzw. des Konzessionsvertrages, eng verknüpft mit dem Begriff des „Service Public".[17] Nach französischem Verwaltungsrecht bezeichnet „Service Public" die Gebiete, auf denen der Staat eine Verpflichtung zur Sicherstellung der kontinuierlichen, für alle gleichen und neutralen Durchführung einer bestimmten Aktivität im öffentlichen Interesse trägt.[18] Dieses Verständnis von Staatsaufgaben in

---

fung, inwieweit staatliche Aufgaben oder öffentlichen Zwecken dienende wirtschaftliche Tätigkeiten durch Ausgliederung und Entstaatlichung oder Privatisierung erfüllt werden können." Neufassung Art. 11 des 1. Gesetzes zur Umsetzung des Spar-, Konsolidierungs- und Wachstumsprogramms – BGBl. 1993 I S. 2353, 2367.

[12] *Helm*, in: Piduch, Kommentar zum Bundeshaushaltsrecht, 2. Aufl. 1998, Ziff. 1 zu § 7 BHO.

[13] Vgl. *Helm*, a. a. O., Ziff. 5 mit einer detaillierten Darstellung der verschiedenen Privatisierungsformen.

[14] BGBl. 1994 I, 2243.

[15] Vgl. *BfAI*, Betreibermodelle weltweit, Kraftwerke, Bd. I, S. 11 ff. Vgl. auch *Rudolph*, Wasserwirtschaft in Entwicklungs- und Transformationsländern, S. 10.

[16] Richtlinie 93/37 EWG zur Koordinierung der Verfahren zur Vergabe öffentlicher Bauaufträge vom 14. 6. 1993, geändert durch die Richtlinie 97/52/EG vom 13. 10. 1997, ABl. Nr. L199 vom 9. 8. 1993, S. 54, ABl. Nr. L328 vom 28. 11. 1997, S. 1. Gemäß Artikel 1 d) der Baukoordinierungsrichtlinie gelten als *öffentliche Baukonzessionen* Verträge, die von den unter a) [öffentliche Bauaufträge gem. Artikel 1 a)] genannten Verträgen nur insoweit abweichen, als die Gegenleistung für die Arbeiten ausschließlich in dem Recht zur Nutzung des Bauwerks oder in diesem Recht zuzüglich der Zahlung eines Preises besteht.

[17] *Freshfields*, Project Finance, S. 15 ff., wo aus englischer Sicht besonders auf die Einbettung des Konzessionsvertrages in das Verwaltungsrecht hingewiesen wird, vgl. auch *Grandjean*, UK and French, Comparing Concession Contracts, Project Finance International, Nr. 179, S. 56 (57), der die Unterschiede hinsichtlich der Projektfinanzierung zwischen der Project Finance Initiative (PFI) in Großbritannien und die Projektfinanzierung in Frankreich auf der Grundlage von Konzessionsverträgen herausarbeitet.

[18] So die Definition bei *Hermes*, a. a. O., S. 110.

Frankreich korreliert auch mit der eminenten Bedeutung, die Artikel 86 Abs. 2 EGV in diesem Zusammenhang hat.[19] Dieses Konzept, dass die staatliche Konzession mit dem Begriff des „Service Public" verbindet, hat sich auch prägend in den anderen romanischen Staaten der EU (Italien, Spanien, Portugal) ausgewirkt. Sogar in einigen lateinamerikanischen Ländern und in der Türkei sind die Einflüsse des französischen Konzepts des „Service Public" bemerkbar.[20]

Anders verlief die Entwicklung in England. Das Konzept der staatlichen Konzession wurde für die schon Anfang des 19. Jahrhunderts einsetzenden Investitionen der Verkehrsinfrastruktur (Eisenbahn, Kanalbau) nicht bemüht. Der Träger eines Infrastrukturprojekts erforderte eine gesetzliche Ermächtigung durch das Parlament im Rahmen des „Private Bill-Verfahrens".[21] Dieses Verfahren wies gewisse Parallelen zu einem Planfeststellungsverfahren in der Bundesrepublik auf. Erst durch den 1992 in Kraft getretenen „Transport and Works Act" verlor das „Private Bill-Verfahren" seine Bedeutung. Daher weisen auch die rechtlichen Grundlagen für die von der britischen Regierung gestartete **„Private Finance Initiative (PFI)"** andere rechtliche Grundstrukturen auf.[22] Die britische Regierung hat als Hauptelemente von PFI die folgenden fünf Punkte genannt:

a) der Privatsektor soll vollständig das Risiko des Projekts übernehmen, ohne dass die öffentliche Hand eine Absicherung gegenüber Verlusten übernimmt;
b) der Beitrag der öffentlichen Hand für das Projekt muss entsprechend vergütet werden;
c) die Kontrolle des als Projektträger dienenden Gemeinschaftsunternehmens zwischen öffentlicher Hand und Privatsektor muss bei dem Privatsektor liegen;
d) der finanzielle Beitrag des öffentlichen Sektors muss begrenzt sein und
e) die Risikozuteilung und der Nutzen muss zwischen dem privaten und dem öffentlichen Sektor klar definiert und bestimmt werden.[23]

Es ist erkennbar, dass bei einer derartigen Rollenverteilung etwaige Eingriffsmöglichkeiten des Staates als Konzessionsgeber, wie sie nach dem französischem Konzept des „Service Public" gegeben ist, sehr viel geringer sind.

Die sich lange hinziehenden Verhandlungen über die Konzession für das Kanaltunnel-Projekt stellt einen interessanten Anwendungsfall dar, in dem die unterschiedlichen Konzepte des französischen und englischen Rechts angeglichen werden mussten. In diesem Prozess haben die Regeln des französischen Verwaltungsrechts eindeutig einen stärkeren Einfluss gehabt.[24]

---

[19] Vgl. *Hermes*, a. a. O., S. 68, der in dieser Vorschrift einen bewusst unklar gehaltenen Kompromiss zwischen Daseinsvorsorge im öffentlichen Interesse und allgemeiner Wirtschaftstätigkeit sieht; vgl. auch *Lukes*, in *Dauses* (Hrsg.), Handbuch EU-Wirtschaftsrecht, M, Rdnr. 4, der, vor dem Hintergrund der Einfügung eines möglichen Energiekapitels in den EG-Vertrag, von der Gefahr einer unguten und über Artikel 86 Abs. 2 EGV noch hinausreichenden Allianz von „Daseinsvorsorge" und „Service Public" spricht.

[20] Vgl. mit einigen Hinweisen auf weitere Schwellenländer *Scheibel*, Projektfinanzierung: BOT- und Konzessionsgesetzgebung RIW 1996, 373 (374), sowie die weiteren von der Weltbank zur Verfügung gestellten Literaturhinweise unter **http://www.worldbank.org/thml/fpd/privatesector/ppi-pubs.htm**, vgl. auch für die Türkei *Hall/Derman*, Project Finance International Nr. 188, 56 mit Hinweisen darauf, dass auch die jetzt durch die jüngste türkische Gesetzgebung geänderte Einstufung der Konzessionsverträge von dem Prinzip des Service Public ausging.

[21] *Walker-Arnott*, The Channel Tunnel Concession, International Business Lawyer, January 1996, S. 12.

[22] Vgl. *Freshfields*, Project Finance, S. 3; *Denton Hall*, A Guide to Project Finance, S. 103 ff.; vgl. auch *Reuter*, Was ist und wie funktioniert Projektfinanzierung?, DB 1999, 31(32).

[23] *Freshfields*, a. a. O., S. 4.

[24] *Walker Arnott*, a. a. O., S. 14, der in seiner Analyse feststellt: „When addressing the legal relations between Eurotunnel and the governments, there is no doubt that the English lawyers, and

2.2 Energieversorgung

2.2.1 Veränderung der Energiewirtschaft in Deutschland

Nachdem einleitend die beiden Begriffe **Infrastruktur** und **staatliche Konzession** im Hinblick auf Projekttypen untersucht wurden, sollen im Folgenden die charakteristischen Merkmale von **Kraftwerksprojekten** dargestellt werden. Der Bereich der Erzeugung von Elektrizität ist hier absichtlich an den Beginn der Darstellung gesetzt worden. Mit Ausnahme des Telekommunikationssektors hat sich der Bereich der privaten Stromerzeugung als Modell staatlich konzessionierter privater Infrastrukturprojekte am dynamischsten entwickelt.[25]

In Deutschland ist die Entwicklung geprägt durch die Umsetzung der Elektrizitäts-Binnenmarktrichtlinie.[26] Die einschneidenste Änderung des neuen Energiewirtschaftsgesetzes besteht darin, dass das System der geschlossenen Versorgungsgebiete aufgegeben wurde.[27] Die Liberalisierung des Strommarktes hat zunächst zu sinkenden Strompreisen geführt, so dass verständlicherweise in Deutschland keine nennenswerte Zahl von Kraftwerksneuprojekten zu verzeichnen ist. Ausgenommen hiervon ist lediglich der stetige Anstieg der installierten Kapazität von Windkraftwerken, die Ende 1999 schon 8000 MW erreicht hat, was auf Grund der Anreize des Stromeinspeisungsgesetzes[28] nicht verwundert. Diese gesetzliche Regelung wurde durch das „Gesetz für den Vorrang Erneuerbarer Energien" abgelöst.[29] Das neue Fördergesetz soll die Einspeisevergütungen für einen bestimmten Zeitraum festlegen, so dass der Preisverfall auf dem Strommarkt nicht auf die Einspeisevergütungen durchschlägt.[30] Im Folgenden sollen daher die für diesen Projekttyp charakteristischen Merkmale besser anhand der Entwicklung im Ausland aufgezeigt werden.

---

the public international lawyers from common law systems, needed some serious education in the idea that the States had a unilateral power of modification of the concession – and that Eurotunnel not only had a right to be compensated for any change, but also a right to be compensated for major changes in the financial equilibrium of the Project in very different circumstances from what a common lawyer would regard as frustration." Vgl. auch die Darstellung der Entschädigungsansprüche der Konzessionäre bei *Herdegen*, in: Niklisch, Rechtsfragen privatfinanzierter Projekte, S. 49f., der Text des Konzessionsvertrags (Concession Agreement) vom 14. März 1986 ist im Anhang 1, S. 93 ff. abgedruckt.

[25] Vgl. dazu die Übersicht in *International Finance Corporation*, Financing Private Infrastructure, S. 35; insbesondere aus Tabelle 3,5 ergibt sich eindrucksvoll, dass Kraftwerksprojekte die dynamischste Entwicklung aufweisen; vgl. ferner *Bundesstelle für Außenhandelsinformation (BfAI)*, Betreibermodelle weltweit, Kraftwerke, Band I, S. 63.

[26] Richtlinie 96/92/EG des Europäischen Parlaments und des Rates vom 19. 12. 1996 betreffend gemeinsame Vorschriften für den Elektrizitätsbinnenmarkt, ABl. Nr. L 27/20, umgesetzt durch das Gesetz zur Neuregelung des Energiewirtschaftsrechts vom 24. 4. 1998, BGBl. I, 730.

[27] Vgl. zu den Auswirkungen der Deregulierung *Scholtka*, Die Entwicklung des Energierechts in den Jahren 1998 und 1999, NJW 2000, 548 (551).

[28] Gesetz über die Einspeisung von Strom aus erneuerbaren Energien in das öffentliche Netz vom 7. 12. 1990, BGBl. I S. 2633, geändert durch Gesetz vom 19. 7. 1994, BGBl. I, S. 16/18.

[29] Gesetz für den Vorrang Erneuerbarer Energien (Erneuerbare-Energien-Gesetz – EEG) vom 29. März 2000, BGBl. I, S. 305.

[30] Vgl. auch insbesondere zu der verfassungsrechtlichen Problematik der Einspeisevergütung *Scholtka*, a. a. O., S. 551.

2.2.2 Internationale Entwicklung – Struktur des Independent Power Producers (IPP)

7   Die Entwicklung des Typus von Kraftwerksprojekten, die hier untersucht werden, reicht mindestens 20 Jahre zurück. Sie hat ihren Ursprung in Großbritannien, wo auch der Ausdruck „**Independent Power Producer (IPP)**" geprägt wurde. Ausgangspunkt war die Erkenntnis der englischen Regierung, dass die Stromversorgung als ein Bereich der Daseinsvorsorge statt durch staatliche Energieversorgungsunternehmen (EVU), die von der Erzeugung über den Transport bis zur Verteilung, das heißt bis zur Steckdose des Endverbrauchers die Stromversorgung übernehmen, besser durch den Privatsektor gewährleistet werden kann. Da es aber nicht möglich war, diesen gesamten Infrastrukturbereich auf einen Schlag in private Hände zu legen, begann man zunächst bei der Stromerzeugung.[31] Ausgehend von Großbritannien und den USA begann dieser Prozess sich langsam auszudehnen, und zwar in den Ländern, die Ende der 80er Jahre hohe Wachstumsraten aufwiesen und somit auch einen erhöhten Strombedarf hatten. Im Jahre 1993 konzentrierten sich Projektfinanzierungen für diese Form von Kraftwerken noch auf die Länder Pakistan, Philippinen und Thailand in Asien und Chile in Lateinamerika.[32] Heute ist sie in den meisten Entwicklungs- und Schwellenländern anzutreffen.

8   Das charakteristische Merkmal der Kraftwerksprojekte, die in die Kategorie der „**Independent Power Producers (IPP)**" eingeordnet werden können, ist der langfristige Stromliefervertrag (Power Purchase Agreement – PPA).[33] Dieser Vertragstyp macht deutlich, dass diese Projektformen quasi noch als „Satelliten" eines Energieversorgungssystems anzusehen sind, welches durch staatlich reglementierte oder staatliche Energieversorgungsunternehmen und eine rigide Tarifpolitik gekennzeichnet ist. In der Regel sehen diese Stromlieferverträge, die eine Laufzeit von 10 bis 15 Jahren haben, und deren Preisklauseln einen konstanten Einnahmestrom sichern, der Kapitaldienst und Rendite für die Eigentümer gewährleistet, zwei Zahlungskomponenten vor. Die eine Komponente ist die Vergütung für die gelieferte Energie und die andere ist die Vergütung für das Vorhalten der Kapazität. Ferner ist kennzeichnend für diese Systematik, dass mögliche Schwankungen der Treibstoffpreise ebenfalls auf den Stromabnehmer abgewälzt werden.[34]

9   Ein weiteres wichtiges Element dieses Projekttyps ist der Bauvertrag (Engineering, Procurement and Construction Contract – EPC-Contract). In ihm wird – häufig durch ein Konsortium als Generalunternehmer – die schlüsselfertige Errichtung des Kraftwerks geregelt. Die größte Aufmerksamkeit wird bei der Verhandlung dieser Verträge – auch von Seiten der Finanziers und von dem stromabnehmenden Versorgungsunternehmen – der Abnahme des Kraftwerks einschließlich der vorangehenden

---

[31] Vgl. *Rigby*, in: Standard & Poor's Infrastructure Finance, Criteria and Commentary 1999, S. 24, der die Ausgangslage wie folgt charakterisiert: „What began in the U. K. in the late 1970s as a recognition that the Government could not provide such basic services as electricity, gas and coal, water, and telecommunications as efficiently or effectively as the private sector, has had profound implications for power generation finance around the world ... One of the most notable results of the world's restructuring of the electric supply industries has been the evolution of the IPP – a single power plant largely developed, financed, built, and operated by the private sector."

[32] *IFC*, Financing Private Infrastructure, S. 2.

[33] *Freshfields*, Project Finance, S. 54.

[34] *Freshfields*, a. a. O, S. 58; vgl. auch *Denton Hall*, A Guide to Project Finance, S. 35, wozu unter „pass through agreements" folgendes ausgeführt wird: „The charges are calculated on a pass through basis, they are calculated by reference to the costs incurred by the project company which are passed through to the buyer. This is a common structure in power projects."

Testläufe sowie den Gewährleistungen geschenkt. Da das prägende Merkmal derartiger Projekte der Umstand ist, dass die Gesellschafter der Projektgesellschaft nicht bzw. nur im beschränkten Umfang für die Verbindlichkeiten der Projektgesellschaft haften (**non-recourse** bzw. **limited recourse financing**),[35] ist es für die Finanziers entscheidend, dass ihnen umfassend die Rechte der Projektgesellschaft als Sicherheit verpfändet oder abgetreten werden.[36] Die Defizite der Sicherheiten werden noch dadurch erhöht, dass üblicherweise im Insolvenzfall auch die staatlichen Konzessionen erlöschen oder widerrufen werden. Daher bestehen die Finanziers häufig auf einem zusätzlichen Vertrag mit der Regierung des Investitionslandes, in dem sichergestellt wird, dass die Konzession im Fall der Insolvenz der Projektgesellschaft auf eine von den Finanziers gegründete Auffanggesellschaft übertragen werden kann (step-in-rights).[37]

2.2.3 Entwicklung im Ausland

Das traditionelle Projektmodell des **„Independent Power Producers (IPP)"**, 10 welches voraussetzt, dass die Projektgesellschaft auf Grund der langfristigen Abnahmeverpflichtung von den Marktmechanismen des Strompreises abgeschirmt ist, gehört im internationalen Rahmen der Vergangenheit an. Unter den Bedingungen eines liberalisierten Strommarkts ist kein Marktteilnehmer bereit, zu einem festen Preis Strom für einen Zeitraum zwischen 10 und 15 Jahren von einem Erzeuger zu erwerben.[38] Aufgrund der Liberalisierung in Großbritannien, Teilen der USA, Argentinien, Chile und Australien ist das traditionelle IPP-Modell den Belastungen der Marktmechanismen ausgesetzt.[39] Des weiteren ist die Liberalisierung in den zuvor genannten Ländern dadurch gekennzeichnet, dass der Energiesektor in vier separate Funktionen aufgeteilt ist:

a) Erzeugung,
b) Übertragung,
c) Verteilung sowie
d) Vermarktung und Handel.

In einem derartigen Szenario ist Strom eine Ware (commodity), die an Börsen gehandelt wird. Dies hat zur Folge, dass Kraftwerksprojektfinanzierung in einem solchen

---

[35] Vgl. *Hoffman,* The Law and Business of International Project Finance, S. 6.
[36] Vgl. *Hoffman,* a.a.O., S. 629. Obwohl diese Form der Besicherung zum Standardrepertoire der Projektfinanzierung gehört, warnt *Hoffman* mit Recht vor den Schwierigkeiten bei der Verwertung derartiger Sicherheiten, vgl. auch *Groß* in: Nicklisch, Konsortien und Joint Ventures bei Infrastrukturprojekten, S. 27 f.
[37] *Scheibel,* Projektfinanzierung: BOT- und Konzessionsgesetzgebung, RIW 1996, 373 (378), geht noch einen Schritt weiter. Er hält sogar die freie Verfügbarkeit und somit einen möglichen Handel der staatlichen Konzession für erstrebenswert und verweist insoweit auf die Regelungen in Ungarn und der Türkei; vgl. auch *Wood,* Project Finance, Subordinated Debt and State Loans, S. 13, der in diesem Zusammenhang zu einer entsprechenden Klausel im Konzessionsvertrag Folgendes ausführt: „A clause allowing the grantor to step-in and run the concession either temporarily or permanently, if the project company is failing to do so to the required standard. This type of provision needs to interface with any step-in rights required by the lenders following an event of default under the financing documents or where the grantor wishes to terminate the concession for a project company default."
[38] Vgl. *Fletcher/McHugh,* in: Project Finance International, Yearbook 2000, S. 20, stellen für die Vereinigten Staaten fest: „New generating assets in the US are now only rarely financed with the benefit of a traditional Power Purchase Agreement (PPA). Merchant power, or in some cases projects benefiting from complex hedges, is the way forward."
[39] *Rigby,* in: Standard and Poor's Infrastructure Finance 1999, S. 24 (27).

Umfeld, in dem es keine verlässlichen langfristigen und konstanten Einnahmeströme auf der Grundlage eines Stromliefervertrages gibt, nur noch sehr eingeschränkt ohne Rückgriff auf die Gesellschafter durch Darlehen zu finanzieren sind.[40]

Als Ergebnis ist daher festzuhalten, dass Projektfinanzierungen für Kraftwerke in einem liberalisierten Strommarkt (**„Merchant Power Plants"**) sehr viel höheren Anforderungen hinsichtlich der folgenden Parameter genügen muss:
a) kostengünstige Produktion,
b) Marktrisiko für Strompreis,
c) Risiko des Treibstoffeinsatzes und
d) Höhe der Eigenkapitalfinanzierung.[41]

Vor dem Hintergrund der zunehmenden Tendenz zu liberalisierten Strommärkten, werden die Investoren bei Neuprojekten nicht umhin kommen, die volle Haftung für Projekte zu übernehmen, so dass die Rolle der Projektfinanzierung in diesem Sektor abnehmen dürfte. Eine Projektfinanzierung oder sogar eine Finanzierung durch Anleihen am Kapitalmarkt dürfte nur dann gelingen, wenn die strengen, von Rigby (vgl. Fußnote 41) dargelegten Parameter erfüllt sind.

2.3 Telekommunikation

2.3.1 Entwicklung in Deutschland

11 Zwei Jahre nach Öffnung des Telefondienstmarktes sind auf Grund der Umsetzung einer diesbezüglichen EU-Richtlinie[42] bei der Regulierungsbehörde für Telekommunikation und Post (RegTP) bereits 1700 Anbieter von Telekommunikationsdienstleistungen registriert.[43] Weit über 100 Unternehmen bieten Sprachtelefondienst.[44] Die Zuwachsraten im Mobiltelefondienst im letzten Jahr von 70% auf einen Teilnehmerstand von 23,2 Mio. lassen erahnen, wie dynamisch sich der Markt entwickelt.[45] Auch im Festnetz ist ein starker Anstieg der Volumina zu verzeichnen. Ein Indiz für die Intensität des Wettbewerbs ist der Umstand, dass per Ende 1999 die Wettbewerber der Deutschen Telekom schon 40% des Anteils der Fern- und Auslandsgespräche abwickeln.[46] Im Lichte dieser rasanten Entwicklung des Telekommunikationsmarktes erscheint eine kurze theoretische Standortbestimmung im Hinblick auf die Frage sinnvoll, inwieweit das System der Lizenzerteilung sich in die Systematik der staatlichen Konzessionen, wie sie in Kapitel 2.1.2 behandelt wurde, einordnen lässt. Es ist auf Grund der Dynamik des Marktes unverkennbar, dass die Lizenz, wie sie in §§ 6 bis 16 TKG[47] geregelt ist, tatsächlich die Funktion einer **Marktzugangsvoraussetzung** hat.[48] Die noch etwas programmatisch wirkenden amtlichen Begründungen des Ge-

---

[40] Vgl. *Rigby*, a.a.O., S. 25.
[41] Vgl. *Rigby*, a.a.O., S. 30 ff. der die Einzelheiten des Risikoanalysemodells für Merchant Power Plants darlegt.
[42] Richtlinie 90/388/EWG i.d.F. der Richtlinie 96/19/EWG vom 13. 3. 1996, Abl EG Nr. L 74, S. 13, vom 22. 3. 1996.
[43] Vgl. Jahresbericht der RegTP 1999 **(http://www.regtp.de/Aktuelles/Jahresbericht)**, S. 11.
[44] Vgl. Jahresbericht, S. 12.
[45] Vgl. Jahresbericht, S. 15.
[46] Vgl. Jahresbericht, S. 13.
[47] Telekommunikationsgesetz (TKG) vom 25. Juli 1996, BGBl I, 1120.
[48] Vgl. *Scherer*, Die Entwicklung des Telekommunikationsrechts in den Jahren 1998/99, NJW 2000, 772 (774).

setzentwurfs zum TKG[49] sind mittlerweile durch die Praxis der Regulierungsbehörde für Telekommunikation und Post[50] konkretisiert worden.

Für Projektfinanzierungen im Bereich Telekommunikation ergeben sich aus dieser Wettbewerbsdynamik und der damit einher gehenden sinkenden Bedeutung der Regulierung die folgenden Konsequenzen. Zum ersten stellen Telekommunikationslizenzen keine besonders neuralgischen Punkte im Zusammenhang mit Sicherheiten im Rahmen einer Projektfinanzierung dar. § 9 TKG, der den Wechsel des Lizenznehmers regelt, stellt keine überhöhten Anforderungen an die mögliche Verwertung einer Telekommunikationslizenz. Nach Abs. 2 der Vorschrift ist ein Übergang der Lizenz lediglich der Regulierungsbehörde anzuzeigen. Aufgrund der Funktion der Lizenz als Marktzugangsvoraussetzung erscheint es nicht erforderlich, schon vor Gewährung einer Finanzierung mit der Regulierungsbehörde für Telekommunikation und Post Vereinbarungen hinsichtlich einer im Insolvenzfall zu gebenden Zustimmung zur Verwertung zu vereinbaren. Selbst wenn die Lizenz im Insolvenzfall erlöschen sollte, dürfte es bei Übernahme der Aktiva eines Lizenzinhabers auf Grund des verfassungsrechtlich verbürgten Prinzips der Gewerbefreiheit auf dem Gebiet der Telekommunikationsdienstleistungen möglich sein, ohne größere Schwierigkeiten eine neue Lizenz zu erhalten. Eine weitere Konsequenz dürfte sein, dass auf Grund der Höhe der erforderlichen Investitionen für Neuprojekte – insbesondere auf dem Gebiet der Mobilfunkdienstleistungen[51] – die Investoren zunehmend auf Risikokapital durch Neuemissionen von Aktien statt auf Projektfinanzierungen zurückgreifen werden.

2.3.2 Entwicklung im Ausland

Im vorherigen Kapitel wurde aufgezeigt, wie auf der Grundlage der von der Europäischen Gemeinschaft vorgegebenen Politik der Wettbewerb auf dem Markt für Telekommunikationsdienste durch das TKG umgesetzt wurde. Eine vergleichbare Entwicklung vollzog sich auch auf internationaler Ebene im Rahmen der **Uruguay-Runde,** die durch die Unterzeichnung des Übereinkommens zur Errichtung der neuen Welthandelsorganisationen (World Trade Organisation – WTO) am 15. 4. 1994 abgeschlossen wurde.[52] Das wesentlich neue Verhandlungsergebnis der **Uruguay-Runde** war der Abschluss eines allgemeinen Übereinkommens über den Handel mit Dienstleistungen (General Agreement on Trade in Services – GATS).[53] Mit dem GATS hatte man zwar den Rahmen für die Liberalisierung im Dienstleistungsverkehr, jedoch war es bis zur Unterzeichnung am 15. 4. 1994 nicht gelungen, sich in dem spezifischen Bereich der Telekommunikation zu einigen. Es dauerte drei weitere Jahre bis am 15. 2. 1997 69 Staaten verbindliche Liberalisierungszusagen machten.[54] Somit waren ab 1. 1. 1998 auch international die Voraussetzungen geschaffen, dass diejenigen Staaten, die sich im Rahmen des GATS zu Liberalisierungen im Telekommunikationsbereich verpflichtet hatten, auch zu attraktiven Zielen für Aus-

12

---

[49] BTDrucks. 13/3609 vom 30. 1. 1996, A, Ziffer 1.
[50] Vgl. *Scherer* a. a. O., S. 773.
[51] Vgl. *Scherer,* a. a. O., S. 773. Bei der Vergabe der Lizenzen für die dritte Generation der Mobilkommunikationssysteme, die Universal Mobile Telecommunication Systems (UMTS), werden in dem im ersten Halbjahr 2000 stattfindenden Versteigerungsverfahren Lizenzgebühren in zweistelliger Milliardenhöhe erwartet; vgl. auch *Süddeutsche Zeitung* vom 12. 4. 2000, S. 1.
[52] Vgl. *Barth,* Die Handelsregeln der neuen Welthandelsorganisation, NJW 1994, 2811.
[53] BGBl. II 1994, S. 1473 (engl. Vertragstext)/S. 1643 (deutscher Vertragstext).
[54] Vgl. World Telecommunication Development Report 1996/97, S. 88 ff., insbesondere die Tabelle 6.3 auf S. 103 enthält eine Übersicht über die einzelnen Liberalisierungszusagen der Länder.

landsinvestitionen wurden. Die Auslandsinvestitionen teilten sich hierbei in zwei Bereiche. Zum einen wurden in den 90-er Jahren 44 staatliche Telekommunikationsunternehmen weltweit privatisiert. Der hierbei erlöste Betrag betrug 159 Mrd. Dollar.[55] Zum anderen sind die Auslandsinvestitionen durch das enorme Wachstum des Mobilfunks stark angestiegen.[56] Nach dem Bericht der „International Telecommunication Union" (Fußnote 56) ist damit zu rechnen, dass die Umsätze auf dem Markt für Mobiltelefondienst im Jahr 2004 höher liegen werden als die Umsätze im Festnetzdienst.

13 Für Projektfinanzierungen ergeben sich aus den zuvor aufgezeigten Entwicklungen die folgenden Konsequenzen: (a) rechtliche Fragen der staatlichen Regulierung und möglicher hoheitlicher Eingriffe in das **Lizenzierungsverfahren** nehmen ab; (b) Projekte können wegen des zunehmenden Wettbewerbs nicht mehr mit einem konstanten Einnahmestrom rechnen; (c) die Sicherheiten (einschließlich der Lizenz als Sicherheiten) stellen wegen des schnellen technischen Wandels nur noch einen geringen Wert dar.

a) In den Ländern, in denen der Wettbewerb für Telekommunikationsdienstleistungen noch gering ist und wo evtl. die Lizenzen noch einen gewissen Monopolcharakter haben, dürfte es weiterhin erforderlich sein, als Projektfinanzierer klare Zusagen hinsichtlich möglicher Verwertung der Lizenz als Sicherheit von der Regierung zu erhalten. Jedoch wird auch in den Entwicklungsländern die Intensität der Regulierung abnehmen. Am weitesten vorangeschritten ist diese Entwicklung in Finnland, wo ein Lizenzierungsverfahren für Telekommunikationsdienste schon im Jahr 1997 abgeschafft wurde.[57]

b) Projektfinanzierung basiert darauf, dass der Investor dem Finanzier eine aussagekräftige Vorschaurechnung vorlegen muss, die auch Aussagen über den konstanten Einnahmestrom enthält. Die Tatsache, dass in Großbritannien die Kosten der zu versteigernden A-Lizenz für die dritte Generation der Mobilfunklizenzen bereits einen Betrag von 2 Milliarden Pfund erreicht haben, stellt unter Beweis, welche Risiken für eine Projektfinanzierung in diesem Sektor liegen.[58]

c) Parallel zu dem erhöhten Risiko auf Grund der nur schwer einzuschätzenden Preisentwicklungen auf dem Markt für Telekommunikationsdienstleistungen bieten auch mögliche Kreditsicherheiten dem Finanzier nur geringen Schutz. Wie insbesondere die Entwicklung im Bereich des Mobilfunks zeigt, ist das Anlagevermögen eines derartigen Unternehmens nicht geeignet, als langfristige Kreditsicherheit zu dienen. Andererseits soll nicht verkannt werden, dass die erteilte Lizenz auf Grund des hohen Preises, der für sie gezahlt wurde, einen beträchtlichen Wert als Sicherheit haben könnte.

---

[55] World Telecommunication Development Report 1996/97, S. 45.

[56] *The Economist,* vom 13. 9. 1997, Survey on Telecommunications, A Connected World, S. 1, vgl. auch World Telecommunications Development Report 1999, Mobile Cellular, Executive Summary, S. 3.

[57] Vgl. *The Economist,* a. a. O., S. 5: „Finland's success is built on a light regulatory touch. This summer telecommunications licensing was abolished. Anybody who wants to run a telephone service simply notifies the telecommunications ministry, and except a number of obligations (such as providing access to the emergency services)."

[58] Walker/Connolly, in Project Finance International Yearbook 2000, S. 42 (44) führen hierzu aus: „Investment may be a high risk business and no one yet knows whether demand will justify the level of investment required. Bankers have expressed concerns that they may be asked to finance projects with no clear business plan and a cash-flow difficult to predict with any degree of certainty. There are also inherent risks in the new untested UMTS technology."

Vgl. die Informationen der Regierung Großbritanniens im Internet unter: **http://www.spectrumauctions.gov.uk/auction/roundsums/gr263.git.**

2.4 Verkehrswesen

2.4.1 Mautstraßenprojekte

Die Verkehrswegefinanzierung durch Mautgebühren hat in jüngster Zeit durch die Stellungnahme der bei dem Bundesministerium für Verkehr, Bau- und Wohnungswesen eingerichteten Pällmann-Kommission an Aktualität gewonnen.[59] Somit mehren sich die Stimmen, die sich für eine Änderung der Verkehrwegefinanzierung aussprechen. Mit Ausnahme des Gesetzes über den Bau und die Finanzierung von Bundesfernstraßen durch Private vom 30. 8. 1994[60] gilt in Deutschland der Grundsatz, dass öffentliche Straßen staatlich geplant, gebaut und betrieben, aus öffentlichen Mitteln finanziert und unentgeltlich zur Verfügung gestellt werden. Zwar war es im neunzehnten Jahrhundert in Preußen üblich, den Chausseebau durch Wegebenutzungsgebühren zu finanzieren, jedoch entwickelte sich in Deutschland der Straßen- und Wegebau zunehmend zu einer Leistung des Staates für die Allgemeinheit.[61]

Infolge der Wiedervereinigung wurde Deutschland zum wichtigsten Transitland in Europa mit erheblich gestiegenen Anforderungen an die Verkehrsinfrastruktur. Zunächst wurde jedoch noch nicht an ein **Mautstraßenmodell** gedacht, sondern das Bundeskabinett beschloss 1992 die private Vorfinanzierung von Infrastrukturmaßnahmen, in der Form eines „**Konzessionsmodells**".[62] Bei diesem Modell wird von privater Seite die Durchführung des Baus und der Finanzierung des Verkehrsweges übernommen. Nach Fertigstellung des Projekts zahlt der Bund die Bau- und Finanzierungskosten über einen Zeitraum von üblicherweise 15 Jahren. Neben einem Eisenbahnprojekt wurden durch dieses Finanzierungsmodell Anfang der neunziger Jahre 12 Straßenbauprojekte durchgeführt.[63] Dieses Konzessionsmodell wurde jedoch in der Folgezeit nicht weiter verfolgt. Hierzu mag sicherlich auch die kritische Stellungnahme des Bundesrechnungshofs beigetragen haben.[64]

Eine weitere Form der privatfinanzierten Straßenbauprojekte wurde 1994 durch die Verabschiedung des Gesetzes über den Bau und die Finanzierung von Bundesfernstraßen durch Private (FstrPrivFinG)[65] geschaffen. Durch dieses Gesetz erhalten die privaten Investoren zur Finanzierung ihrer Kosten das Recht, Mautgebühren zu erheben.[66] Die Anwendung dieses Gesetzes ist jedoch beschränkt auf Brücken, Tunnel und Ge-

---

[59] Vgl. Presseinformation des Bundesministeriums für Verkehr, Bau- und Wohnungswesen vom 15. 3. 2000. Die Kommission hat sich dafür ausgesprochen, die derzeit geltende zeitbezogene Autobahnbenutzungsgebühr für schwere Lkw auf eine entfernungsbezogene Gebühr umzustellen. Nach Meinung der Kommission soll die Lkw-Mautgebühr der Einstieg für eine Neuordnung der Verkehrswegefinanzierung sein. Kerngedanke ist die Umstellung der heutigen Steuerfinanzierung auf eine Finanzierung durch die Straßennutzer.

[60] Vgl. BGBl. 1994 I, 2243.

[61] Vgl. *Hermes*, Staatliche Infrastrukturverantwortung, S. 264.

[62] Vgl. *Näke*, Privatfinanzierung der neuen Verkehrsinfrastruktur, WM 1998, 332.

[63] Vgl. *Hallett*, Public Private Partnerships in Germany, Project Finance International – European Review 1999, S. 39.

[64] Vgl. BT Drucks. 13/2600, Ziffer 18. Nach Angaben des Bundesrechnungshofs (Ziffer 18.1) umfassten die 12 Straßenbauprojekte ein Finanzierungsvolumen von rd. 8,5 Mrd. DM, davon entfielen 4,1 Mrd. DM auf die Finanzierungskosten. Nach Auffassung des Bundesrechnungshofs (Ziffer 18.4) führt die private Vorfinanzierung zu insgesamt höheren Ausgaben und zu zusätzlichen Belastungen des Straßenbauhaushalts.

[65] Vgl. Fußnote 60.

[66] § 2 FstrPrivFinG lautet: „Der Private, dem nach § 1 Abs. 2 Aufgaben zur Ausführung übertragen werden, erhält das Recht zur Erhebung von Mautgebühren. Das Gebührenaufkommen steht dem Privaten zu."

birgspässe bei Bundesautobahnen und Bundesstraßen sowie auf autobahnähnlich ausgebaute Bundesstraßen. Diese Einschränkung ergibt sich aus europarechtlichen Gründen, wonach eine Straßenbenutzungsgebühr nicht gleichzeitig mit einer zeitbezogenen Benutzungsgebühr erhoben werden darf. Aufgrund der seit dem 1. 1. 1995 in Deutschland bestehenden **Schwerlastabgabe** war daher eine allgemeiner gefasste Mautpflicht nicht zulässig.[67]

Obwohl die gesetzliche Grundlage für privatfinanzierte Straßenbauprojekte nunmehr seit fast sechs Jahren besteht, sind erst zwei Projekte soweit gediehen, dass Konzessionsverträge abgeschlossen wurden.[68] Die schwache Resonanz, die das **Mautstraßenmodell** bis jetzt bei privaten Investoren und finanzierenden Banken gefunden hat, wird im Wesentlichen auf zwei Gründe zurückgeführt.[69] Zum einen wird darauf hingewiesen, dass es seitens der öffentlichen Hand keine verlässlichen Parameter gibt, in welcher Höhe die Mautgebühren gem. § 3 Abs. 3 FstrPrivFinG festgesetzt werden. Als weiterer Punkt kommt hinzu, dass die Vorschaurechnungen der vorgesehenen Projekte keine verlässliche Aussage über die betriebswirtschaftliche Rentabilität der Projekte zuließen. Bezeichnend ist daher auch, dass bei den beiden zuvor genannten Projekten auch die öffentliche Hand in erheblichem Maße an der Finanzierung beteiligt ist. So beteiligt sich der Staat an den Kosten des Travetunnels in Höhe der Kosten, die für den Ersatz der Straßenbrücke anfallen würden.[70] Bei dem Projekt der Warnow-Querung beteiligen sich in beträchtlichem Umfang die Kreditanstalt für Wiederaufbau und die Europäische Investitionsbank mit langfristigen Krediten.[71] Als Fazit für Mautstraßenprojekte in Deutschland kann daher festgestellt werden, dass das dieses Modell für Privatfinanzierungen im Straßenbau noch kein Erfolgsmodell ist, und es bleibt zu hoffen, dass die Ergebnisse der Pällmann-Kommission (vgl. Fußnote 59) in diesem Bereich neue Anreize schaffen werden.

16 Auch im internationalen Rahmen ist die bis Mitte der neunziger Jahre zu verzeichnende Euphorie hinsichtlich dieses Infrastrukturbereichs einer gewissen Ernüchterung gewichen. Projekte in Ungarn, Mexiko, China und Indonesien[72] gerieten in existenzbedrohende Krisen, die durch nicht erreichte Nachfrageprognosen oder durch landesweite wirtschaftliche Krisen wie in Indonesien verursacht wurden. Bei den Banken und den privaten Investoren hat sich auf Grund dieser notleidenden Projekte die Erkenntnis durchgesetzt, dass eine private Finanzierung von Mautstraßenprojekten nur vertretbar ist, wenn die öffentliche Hand eine teilweise finanzielle Absicherung der Projekte übernimmt.[73] Unabhängig von dieser Einbindung der öffentlichen Hand soll-

---

[67] Vgl. *Steiner,* Straßenbau durch Private, NJW 1994, 3150 (3151).
[68] *Hallett,* a. a. O., S. 40, erwähnt, dass zunächst 17 Straßenbauprojekte für das Mautstraßenmodell ausgewählt wurden. Für fünf Projekte wurden Durchführbarkeitsstudien erstellt. Der Konzessionsvertrag für die Warnow-Querung wurde im September 1996 abgeschlossen. Für die Untertunnelung der Trave im Zuge der Bundesautobahn A20 wurde der Konzessionsvertrag im März 1999 abgeschlossen.
[69] Vgl. *Näke,* a. a. O., S. 332, aus Sicht des Ministerialbeamten und Hallett, a. a. O., S. 40, aus Sicht der privaten Investoren.
[70] *Hallett,* a. a. O., S. 40.
[71] Vgl. mit weiteren Einzelheiten über die Finanzierung *Jacob,* Private Finanzierung öffentlicher Bauinvestitionen – Ein EU-Vergleich, Die Bank 2000, 80.
[72] Vgl. *Bruce,* Disappointing Returns at the Toll Booth, Infrastructure Finance October 1996, S. 29 (S. 31) mit weiteren Nachweisen zu den wirtschaftlichen Problemen der Mautstraßenprojekte in Mexiko und Ungarn; vgl. auch *Forsgren,* in Standard & Poor's – Infrastructure Finance 1999, Criteria and Commentary, S. 148 (151) mit einer Analyse der wirtschaftlichen Probleme von Mautstraßenprojekten in der Volksrepublik China und in Indonesien.
[73] Vgl. *Bruce,* a. a. O., S. 30 führt aus: „Bankers are increasingly convinced that most toll road projects should get access to private finance only if the public sector provides some kind of finan-

ten Mautstraßenprojekte einen höheren Eigenkapitalanteil (mind. 30%) aufweisen als andere Infrastrukturprojekte. Ferner sollte der Schuldendienstquotient mindestens 1,5 betragen.[74] Dass es andererseits sehr erfolgreiche Mautstraßenprojekte gibt, zeigen zwei Beispiele in Frankreich und den USA. Sowohl die französische Cofiroute, deren Konzessionsgebiet Paris und die Autobahnen in westlicher und südwestlicher Richtung umfasst, als auch der Ohio Turnpike in den USA erhielten in den letzten Jahren von Standard & Poor's ein Rating von AA.[75]

2.4.2 Projekte für Häfen und Umschlagseinrichtungen

Die Darstellung beschränkt sich im Folgenden auf Aspekte der Projekttypologie im Bereich von **Containerterminals**. Umschlagseinrichtungen für Massengut und sonstige Hafenprojekte bleiben außer Betracht. Auch in diesem Sektor der Verkehrsinfrastruktur existiert das Spannungsverhältnis zwischen Wettbewerb und öffentlichen Aufgaben. Ausgangspunkt ist zunächst, dass die öffentliche Hand den Gesamthafen einschließlich der zu ihm führenden Wasserstraßen vorhält. Die öffentliche Hand – in den meisten Fällen die Gebietskörperschaft auf kommunaler Ebene – hat dann verschiedene Optionen wie der Containerterminal betrieben werden soll:

a) Sie kann selbst in privatrechtlicher Form mit einem privaten Partner als Betreiber auftreten und gleichzeitig das entsprechende Immobilienvermögen (Kaimauern und Stapelplätze) an diese Gesellschaft vermieten oder

b) sie erteilt im Rahmen eines Privatisierungsverfahrens einem privaten Betreiber die Konzession die Anlagen gegen Entgelt zu nutzen. Die Konzession wird üblicherweise mit Investitionsauflagen und etwaigen Zusicherungen vergeben.[76]

In Deutschland und auch in der Europäischen Union ist festzustellen, dass aus wirtschaftspolitischen Gründen die öffentliche Hand geneigt ist, in privatwirtschaftlicher Form selbst als Betreiber aufzutreten.[77]

Darüber hinaus gewinnen auch die großen Reedereien einen immer stärkeren Einfluss indem sie sich ebenfalls an Containerterminals beteiligen.[78] Auf diese Weise vollzieht sich auch in diesem Sektor die schon in den Kapiteln 2.2 und 2.3 – Energieversorgung und Telekommunikation – gestellte Entwicklung von der **Daseinsvorsorge** hin zu der durch Wettbewerb gekennzeichneten **Dynamik des Marktes**. Diese Tendenz wird auch von der Europäischen Kommission – wie sich aus dem 1998 veröffentlichten Grünbuch über Seehäfen und Seeverkehrsinfrastruktur ergibt – kritisch ver-

---

cial safety net in case the traffic and revenue forecasts are widely inaccurate." Vgl. auch *Forsgren,* a. a. O., S. 148.

[74] Vgl. *Bruce,* a. a. O., S. 33, weist darauf hin, dass ein Schuldendienstquotient von 1,5 (d. h. dass der geplante cash-flow mindestens anderthalb mal so hoch sein muss wie der zu erwartende Schuldendienst) notwendigerweise zu einer Mitfinanzierung der öffentlichen Hand führen muss, da nur auf diese Weise derartige Projektstrukturen erreicht werden können.

[75] *Forsgren,* a. a. O., S. 148.

[76] Vgl. zu den einzelnen Gestaltungsformen *McDonagh,* Port Development International, März 1999, S. 18 (19): „Whichever options are chosen there is every chance that the government will wish to develop a hybrid of those referred to above. Thus, hypothetically, it may wish to lease the land, jointly own port property and award a management concession. There are several combinations to choose from given the range of different options for each of the functions."

[77] Vgl. als Beispiel für Hamburg die Hamburger Hafen und Lagerhaus AG (HHLA), zu 100% in Besitz des Bundeslandes Hamburg und für Rotterdam European Combined Terminal (ECT), ebenfalls mit maßgeblichem Einfluss der Stadt Rotterdam und des holländischen Staates.

[78] Vgl. *Nelson,* Port Development International, September 1998, S. 20 (21), der als Beispiel auf den Med Center International Container Terminal, Gioia Tauro in Italien verweist, an dem sich die Reederei Maersk/Sea Land beteiligt hat.

folgt.[79] Jedoch hat die Europäische Kommission nach Erscheinen des Grünbuchs noch keine Richtlinie verabschiedet, die dieses Thema auch aus wettbewerbsrechtlicher Sicht behandelt.

Für Projektfinanzierungen sind die Konzessionsmodelle von besonderem Interesse. Sie sind bei vielen Privatisierungen in Entwicklungsländern vorherrschend.[80] Für den Financier derartiger Projekte besteht ein schwer kalkulierbares Risiko wenn im Rahmen des Versteigerungsverfahrens sehr hohe Preise für die Konzession gezahlt werden.[81] Weitere Risiken können sich ergeben, wenn in einem Staat für einen Hafenbereich von verschiedenen Gebietskörperschaften Konzessionen zu angeblich unterschiedlichen Bedingungen vergeben werde.[82]

Bei den Spitzenreitern der Containerterminals ist eine Tendenz zur Konzentration unverkennbar, so dass zunehmend kartellrechtliche Fragen eine große Rolle spielen werden.[83]

2.4.3 Flughafenprojekte

19 Auch im Bereich des Luftverkehrs geht die Entwicklung dahin, dass für den Bau neuer Flughäfen sowie für den Betrieb bestehender Flughäfen zunehmend private Betreiber die Funktionen der öffentlichen Hand übernehmen.[84] In Deutschland ist diese Tendenz zur Privatisierung bei den Flughäfen Frankfurt am Main, München, Düsseldorf und Hamburg zu verzeichnen. Im Gegensatz dazu hat die Privatisierung der Berliner Flughäfen und der gleichzeitige Neubau eines Berliner Großflughafens durch die vergaberechtliche Entscheidung des Brandenburgischen OLG vom 3. 8. 1999[85] einen entscheidenden Rückschlag erlitten. Durch diese Entscheidung wurde der Abschluss der Privatisierungsverträge zwischen der Berlin Brandenburg Holding GmbH (BBF) und dem von der Hochtief Airport GmbH angeführten Konsortium („Flughafenpartner für Berlin und Brandenburg") gestoppt. Das Gericht entschied, dass das Vergabeverfahren insbesondere deswegen rechtswidrig war, weil Personen an der Ver-

---

[79] Vgl. Kommission der Europäischen Gemeinschaften, Grünbuch über Seehäfen und Seeverkehrsinfrastruktur, KOM (97), 678 endg., Amtliche Zusammenfassung, Ziff. 12, „Bislang hat sich die Kommission noch nicht mit der Frage der öffentlichen Investitionen in Hafeninfrastrukturen, die allen Nutzern zugänglich sind, befasst. Da die Häfen jedoch in zunehmendem Maße als Terminals mit hauptsächlich gewerblicher Tätigkeit betrachtet werden, an denen der Privatsektor immer stärker beteiligt ist, und sich die Wettbewerbslage in der Gemeinschaft verschärft hat, wäre künftig ein anderes Konzept wünschenswert. Deswegen ist die Kommission der Ansicht, dass eine Anlastung der Infrastrukturkosten so erfolgen sollte, dass die Nutzer die tatsächlichen Kosten der von ihnen in Anspruch genommenen Hafendienste und -einrichtungen tragen.

[80] Vgl. die Übersicht bei *Nelson,* a.a.O., S. 23.

[81] Vgl. *Nelson,* a.a.O., S. 20, der auf das Beispiel der Konzession für den Containerterminal TECON 1 in *Santos,* Brasilien verweist, für ein Konzessionspreis von USD 250 Mio. gezahlt wurde.

[82] Für den Bereich des Hafens Buenos Aires hat ein US-amerikanischer Investor den argentinischen Staat vor dem International Center for Settlement of Investment Disputes – ICSID (Internationales Zentrum zur Beilegung von Investitionsstreitigkeiten – Beitritt der Bundesrepublik durch Gesetz vom 25. 2. 1969, BGBl. II, S. 369) Schiedsgerichtshof auf Schadensersatz verklagt, weil angeblich unterschiedliche wettbewerbsverzerrende Bedingungen für die Konzessionen eines Mitbewerbers zugrunde gelegt wurden.

[83] Vgl. *Baker,* North Europe Re-awakens, Port Development International, Mai 1999, S. 12, der erwähnt, dass eine Beteiligung des internationalen Marktführers Hutchison Ports Holding an dem Rotterdamer Betreiber ECT ein langwieriges Prüfungsverfahren durch die Wettbewerbshüter der EU-Kommission nach sich zog.

[84] Vgl. *BfAI* Betreibermodelle weltweit, Bd. I, S. 21 ff. Vgl. auch *Forsgren/Wilkins/Greer,* in: Standard and Poor's Infrastructure Finance, Criteria and Commentary, 1999, S. 17 (18).

[85] Brandenburgisches OLG, Beschluss vom 3. 8. 1999 – 6 Verg. 1/99, DB 1999, 1793.

gabe mitgewirkt haben, die Aufsichtsfunktionen in den Gesellschaften ausübten, die das von Hochtief Airport GmbH angeführte Konsortium bildeten. Durch diese Doppelmandate wurde nach Auffassung des Gerichts das vergaberechtliche Neutralitätsgebot verletzt.[86] Nachdem im Februar 2000 das Hochtief-Konsortium von dem Bieterverfahren ausgeschlossen wurde,[87] rechnet jetzt das von der IVG Holding AG angeführte Konsortium damit, in Kürze den Zuschlag für den Bau und Betrieb des Flughafens Berlin-Brandenburg zu erhalten.[88]

Im Ausland ist das Bestreben zur Privatisierung großer Flughäfen ebenfalls unverkennbar. Eines der bedeutendsten Projekte für die deutsche Bauindustrie ist in diesem Zusammenhang der Neubau und der Betrieb des Internationalen Flughafens von Athen. Das Firmenkonsortium, das dieses Projekt im Rahmen eines BOT-Modells verwirklicht, wird von Hochtief AG angeführt.[89] Neben diesem Projekt sind auch in Australien, Mexiko, Italien und Südafrika in jüngster Zeit Privatisierungen von vorher staatlichen Flughäfen durchgeführt worden. Für Projektfinanzierer sind in diesem Zusammenhang die folgenden kritischen Punkte zu berücksichtigen.

Die neuen privaten Projektträger weisen üblicherweise auf Grund der Zahlungen an die öffentliche Hand im Rahmen der Übernahme ein höheres Verschuldungsprofil als die Vorgänger auf. Des weiteren haben die Fluggesellschaften auf Grund der Bildung von strategischen Allianzen eine größere Macht, die Reduzierung von Start- und Landegebühren zu erreichen. Dies führt dazu, dass die Betreiber gezwungen sind, die Erlöse aus fluggastbezogenen Gebühren und Einnahmen aus Vermietung und Verpachtung zu erhöhen. Als letzter und wichtigster Punkt sei erwähnt, dass der für den Wachstum erforderliche weitere Ausbau der Flughäfen einen sehr hohen Kapitalbedarf und lange Planungszeiten erfordert, was somit ebenfalls zu den Risikoaspekten einer Projektfinanzierung in diesem Bereich gerechnet werden muss. Auch in diesem Sektor ist es – ähnlich wie bei den Containerterminals – den Marktführern gelungen, die Bedeutung der Projektfinanzierung zu relativieren. Als Beispiel kann hierfür die British Airports Authority (BAA plc) gelten. BAA ist Eigentümer und Betreiber von 7 Flughäfen in Großbritannien und ist darüber hinaus für die Betriebsführung verschiedener außereuropäischer Flughäfen verantwortlich.[90] Bei diesen Dimensionen ist davon auszugehen, dass für die Finanzierung der von BAA betriebenen Flughäfen die Grundsätze der Unternehmens- bzw. Konzernfinanzierung bestimmend sind.

2.5 Wasser- und Abwasserprojekte

Die Wasserwirtschaft ist derjenige Infrastrukturbereich in Deutschland, der am stärksten durch öffentlich-rechtliche Strukturen geprägt ist. Das System ist zum einen durch die organisatorische Trennung in **Wasserversorgung** und **Abwasserentsor-**

---

[86] Vgl. Brandenburgisches OLG, a.a.O., S. 1794.
[87] Vgl. *Der Tagesspiegel* vom 8. Februar 2000, S. 11.
[88] Vgl. *Süddeutsche Zeitung* vom 4. Mai 2000, S. 31.
[89] Vgl. zu den Einzelheiten der Vertragskonstruktion und der Finanzierung *Peus*, in: FS, S. 109 f.
[90] Vgl. *Forsgren/Wilkins/Greer*, in Standard & Poor's Infrastructure Finance, Project Finance, Utilities and concessions, criteria and commentary, 1999, S. 17, (19) führt im Einzelnen hierzu aus: „An example of a diversified, corporate model is British Airport Authority (BAA plc) which owns and operates 7 airports, including Heathrow and Gatwick near London. The high rating reflects BAA's position as operator of a UK-based international airport system with a large proportion of air traffic into the south of England and Scotland, a growing and profitable retail business, and continuing large-scale investment in airport facility expansion. The ratings are also supported by BAA's stable cash-flow generation and a robust financial position, despite heavy future capital investment commitments."

gung gekennzeichnet und dadurch, dass der Wirkungskreis der jeweiligen Betriebe durch Konzessionsverträge auf den Bereich der kommunalen Gebietskörperschaften begrenzt ist.[91] Aufgrund dieser Struktur bestehen in der Bundesrepublik ca. 7500 Wasserbetriebe und ca. 10 000 Kläranlagen, die überwiegend in der Form von kommunalen Eigen- bzw. Regiebetrieben geführt werden.[92] Diese weisen noch die Besonderheit auf, dass ihre Tätigkeit als kommunale hoheitliche Pflichtaufgabe gilt, so dass eine Übertragung dieser Aufgabe auf Private im Rahmen einer Konzession ausgeschlossen ist. Zwar ist durch die Neufassung von § 18 a Wasserhaushaltsgesetz (WHG) den Bundesländern die Möglichkeit eröffnet worden, dass die öffentlich-rechtlichen Gebietskörperschaften die Abwasserbeseitigung auf Private übertragen.[93] Jedoch haben von dieser Möglichkeit erst wenige Bundesländer Gebrauch gemacht. Die Wasser- und Abwasserwirtschaft in Deutschland hat eine Struktur, in der Projektfinanzierungen, wie man sie in den anderen Infrastrukturbereichen kennt, bis auf wenige Bereiche nicht vorkommen. Eine weitere Folge ist, dass die deutsche Wasser- und Abwasserwirtschaft im internationalen Maßstab unterrepräsentiert ist.[94] Dies ist auf Grund des stark zersplitterten und kommunal geprägten Marktes in Deutschland auch nicht verwunderlich, da diese kommunalen Versorgungsbetriebe schon auf Grund ihrer Zweckbestimmung gehindert sind, auf Auslandsmärkten aktiv zu werden.

22 Im internationalen Rahmen ist indes ein unumkehrbarer Trend in Richtung Privatisierung der Wasser- und Abwasserwirtschaft erkennbar. Dies wurde auch auf dem zweiten Welt Wasser Forum, das von der Weltbank und der UN Ende März 2000 in Den Haag durchgeführt wurde, deutlich. Die Bestandsaufnahme für diesen Infrastruktursektor weist eine ernüchternde Bilanz auf:
– 20% der Weltbevölkerung hat keinen zuverlässigen, sauberen Leitungswasseranschluss;
– staatliche Beihilfen von jährlich 30 bis 40 Milliarden US-Dollar in diesem Sektor kommen nicht den Armen zugute, sondern begünstigen die Landwirtschaft und
– die Beteiligung Privater an Investitionen in diesem Infrastrukturbereich ist verschwindend gering im Verhältnis zu den Bereichen Telekommunikation, Energieversorgung und Verkehr.[95]

Nach Meinung von Experten können Lösungsansätze für diese Mängel nur durch stärkere Einbeziehung des privaten Sektors in den Bereichen Wasser und Abwasser gefunden werden. Nach Berechnungen der Weltbank werden in den nächsten zehn Jahren Investitionen in Höhe von 600 bis 800 Milliarden US Dollar erforderlich sein, um die Situation bei der Wasser- und Abwasserversorgung zu verbessern.[96] Das Engagement des Privatsektors setzt jedoch voraus, dass die Preise die tatsächlichen Entstehungskosten widerspiegeln. Dieser Ansatz führt nicht automatisch dazu, dass die Wasserkosten für die arme Bevölkerung unerschwinglich werden. Es gibt diverse Beispiele, dass differenzierte Preispolitik sowie direkte staatliche Hilfen wesentlich effektivere Maßnahmen sind, um die politisch gewollte soziale Komponente zu erreichen.[97] Ein

---

[91] Vgl. *Griepentrog,* Konzentration und Privatisierung: Neue Strukturen für die Wasserwirtschaft, Kommunalwirtschaft, 1999, 323.
[92] Vgl. *Bundesministerium für wirtschaftliche Zusammenarbeit und Entwicklung,* Wasser – Konflikte lösen, Zukunft gestalten, S. 116.
[93] Vgl. *Verband privater Abwasserentsorger e. V.,* Memorandum zur Abwasserwirtschaft, S. 26.
[94] Vgl. *Rudoplph,* Wasserwirtschaft in Entwicklungs- und Transformationsländern, S. 10.
[95] Vgl. *The Economist,* 25. März 2000, S. 79.
[96] Vgl. *Owen,* A Thirsty, Dirty World, Project Finance International No. 183, S. 48.
[97] Vgl. *Owen,* a. a. O., S. 48, der ein Beispiel aus Indien anführt: „One of the commonest political arguments privatising water and sewerage services is that it will mean that water will be too costly for poorer people. In fact, pragmatic pricing policies based upon charging more per unit of

Wasser- und Abwasserprojekte

frühes Beispiel einer erfolgreichen Privatisierung war die Übernahme der Wasser- und Abwasserversorgung für den Großraum Buenos Aires durch die Gesellschaft Aguas Argentinas S. A. unter Führung der französischen Gesellschaft Lyonnaise des Eaux (Heute: Suez Lyonnaise des Eaux).[98] Bis heute hat der private Betreiber schon über 1 Milliarde US Dollar investiert, um seine Anlagen zu verbessern und hat die Zahl der angeschlossenen Personen um 1,6 Millionen erhöht.[99]

Die zuvor skizzierte Bestandsaufnahme in diesem Infrastruktursektor hat verschiedene Konsequenzen für Projektfinanzierungen. Zunächst ist festzustellen, dass der öffentliche Sektor auch weiterhin auf dem Gebiet der Wasser- und Abwasserwirtschaft eine sehr viel wichtigere Rolle spielen wird als in den anderen Infrastrukturbereichen. Das bedeutet, dass für Projektfinanzierungen die Verlässlichkeit der staatlichen Aufsicht und der damit einhergehenden **Tariffestsetzung** das entscheidende Kriterium sein werden.[100] Als kritischer Punkt kommt hinzu, dass Kreditsicherheiten in diesem Bereich noch größere Probleme aufwerfen als in den anderen Infrastrukturbereichen. Das Anlagevermögen der Betreibergesellschaften ist für dingliche Sicherheiten meist ungeeignet.

23

Häufig wird es ohnehin im Eigentum der Kommunen verbleiben. Die Verpfändung oder Abtretung sicherheitshalber der Einnahmeströme erweisen sich im Verwertungsfalle überwiegend als problematisch. Auch der Staat als Garantiegeber oder Bürge ist kein Allheilmittel. Zum einen haben auch die Regierungen in Entwicklungsländern die Zuständigkeiten für diesen Bereich zunehmend auf kommunale Ebenen verlagert, was zur Folge hat, dass Projektfinanziers sich mit Garantien kommunaler Gebietskörperschaften zufriedengeben müssen.[101] Neben den zuvor aufgezeigten Problembereich kommt ferner hinzu, dass die Schuldendienstfähigkeit der Projektgesellschaft im Falle von Währungsabwertungen oder Inflation stark beeinträchtigt sein kann. In solchen Fällen dürften auch Tarifanhebungen häufig politisch nicht durchsetzbar sein.

Als Fazit kann man festhalten, dass Projektfinanzierungen im Bereich Wasser- und Abwasserversorgung noch am Anfang der Entwicklung steht, die im Bereich Energieversorgung und Telekommunikation schon weit vorangeschritten ist. Die Erfolgsmodelle in einigen größeren Ballungsräumen (Buenos Aires, Manila) dürfen nicht darüber hinwegtäuschen, dass in Asien, Afrika und Lateinamerika weiterhin 85% des

---

water for households who use water for non-essential purposes has made private water provision both affordable and viable. In India, it is common for poorer urban households to pay 25% of the income for water services under municipal control or via water vendors. Appropriate and safe water and sanitation services can be provided for 2% to 3% of income. Vgl. auch den World Water Commission Report, der anlässlich des Welt Wasser Forums, das im März 2000 in Den Haag stattfand, veröffentlicht wurde (im Internet unter: **http://www.worldwaterforum.org/Conference/documentation.html**).

Der Bericht verweist auf das Beispiel der privaten Wasserversorgung in Santiago de Chile wo zu kommerziellen Preisen die Wasserversorgung erfolgt und wo die Regierung durch Austeilung von „Wassermarken" für sozial schwache Bevölkerungskreise einen Ausgleich schafft.

[98] Vgl. *Rivera,* Private Sector Participation in the Water Supply and Wastewater Sector, World Bank Washington D. C., 1996, S. 11.

[99] Vgl. The Economist, a. a. O., S. 80.

[100] Vgl. *Flintoff/Wilkins/Elly,* in: Standard & Poor's Infrastrucutre Finance, Project Finance, Utilities and Concessions, Criteria and Commentary, 1999, S. 72 führen hierzu aus: „Regulation in the water and wastewater sector in many emerging countries is newer than it is for the power sector and untested." Vgl. auch *Rivera,* a. a. O., S. 70, der auf die zusätzliche Schwierigkeit hinweist, die sich dadurch ergibt, dass Aufsichtsbehörden auf kommunaler Ebene mit beschränkten Mitteln sich privaten Betreibern gegenübersehen, die von mächtigen Konzernen gesteuert werden.

[101] Vgl. *Rivera,* a. a. O., S. 50.

Wasserverbrauchs in ländlichen Gegenden anfällt.[102] Trotz der zuvor aufgezeigten Beschränkungen und Mängel wird die Rolle des Privatsektors in der Finanzierung der Wasser- und Abwasserversorgung sich verstärken. Wegen der besonderen Qualität des öffentlichen Guts Wasser werden die Aufgaben und Pflichten des Staates in diesem Bereich jedoch auf lange Zeit sowohl bei der Finanzierung als auch bei der Regulierung und Aufsicht nicht ersetzbar sein.

2.6 Bergbau (mining)[103]

24   In den Abschnitten 2.1 bis 2.5 wurden Infrastrukturprojekte beschrieben. Die beiden folgenden Abschnitte widmen sich Rohstoffprojekten, die wiederum in Bergbauprojekte einerseits und Öl- und Gasprojekte andererseits unterteilt werden können. Durch Bergbau[104] werden die verschiedensten **Rohstoffe** gewonnen. Dazu gehören die Energieträger Steinkohle und Braunkohle sowie Metalle. Außerdem können Salze, Steine (Marmor, Granit), Sande, Erden und Edelsteine wie z.B. Diamanten abgebaut werden. Metalle werden selten allein und in reiner Form aufgefunden. Sie treten häufig zusammen mit anderen Metallen auf (so ist Silber ein typisches Nebenprodukt der Goldförderung) oder gehen chemische Verbindungen ein. Grob unterscheidet man bei den Metallen zwischen den Edelmetallen (precious metals) wie Gold, Silber und Platin[105] und den unedlen Metallen (base metals).[106] Die Gewinnung aller dieser Rohstoffe muss finanziert werden und neben der traditionellen Unternehmensfinanzierung findet sich im Bergbau insbesondere bei einigen wichtigen Metallen schon lange die Finanzierungsform der Projektfinanzierung im engeren Sinne.[107] Bergbauprojekte gehören damit zu den Projekttypen, die überhaupt erst zur Entstehung dieser Finanzierungsform beigetragen haben. Der folgende Abschnitt gibt einen Überblick über die Gründe von Projektfinanzierungen gerade bei Bergbauprojekten, geht auf die spezifischen Risiken dieser Projekte ein, behandelt dann die wesentlichen Kenngrößen, anhand derer ihre Wirtschaftlichkeit beurteilt wird, und setzt sich schließlich mit einigen besonders bei Bergbauprojekten anzutreffenden Strukturierungsmöglichkeiten auseinander.

2.6.1 Gründe für Projektfinanzierung

25   Die lange Tradition von Projektfinanzierungen im Bergbaubereich hängt zunächst damit zusammen, dass sich Bergbauprojekte klar als eigenständige Projekte abgrenzen lassen und sich somit zur Gründung einer unabhängigen Projektgesellschaft eignen.

---

[102] Vgl. *The Economist*, a.a.O., S. 80. Vgl. auch *Owen*, a.a.O., S. 49.

[103] Für wertvolle Hinweise danke ich Frau Dipl.-Kffr. *Bettina Dittmer,* Herrn Dipl.-Kaufm. *Jens Hagen,* Herrn *Vladimir Matias* und Herrn Rechtsanwalt *Martin Rey*.

[104] Dieser Abschnitt beschränkt sich auf Tagebau und Tiefbau. Viele Überlegungen lassen sich aber auf den Bohrlochbergbau, durch den Öl und Gas gewonnen wird, übertragen (vgl. unten Kapitel 2.7).

[105] Zur Gruppe der Platinmetalle werden Platin, Iridium, Osmium, Palladium, Rhodium und Ruthenium gezählt.

[106] Folgende unedlen Metalle sind zu nennen: Blei, Kupfer, Nickel, Zink und Zinn (die sogenannten Buntmetalle); Eisen; außerdem Aluminium, Antimon, Beryllium, Cadmium, Chrom, Gallium, Germanium, Hafnium, Indium, Kobalt, Lithium, Magnesium, Mangan, Molybdän, Niob, Quecksilber, Selen, Silicium, Tantal, Thallium, Titan, Uran, Vanadium, Wismut, Wolfram, Yttrium und Zirkonium. Auch die irreführend „seltene Erden *(rare earths)*" genannten Rohstoffen sind Metalle. Es handelt sich um Cer, Dysprosium, Erbium, Europium, Gadolinium, Holmium, Lanthan, Lutetium, Neodym, Praseodym, Promethium, Samarium, Terbium, Thulium und Ytterbium.

[107] Vgl. zur Definition der Projektfinanzierung im engeren Sinne unten Kapitel 6.1.1.

Außerdem erwirtschaften Bergbauprojekte nach ihrer Fertigstellung laufenden Cash flow, an den eine cash-flow-orientierte Finanzierung wie die Projektfinanzierung anknüpfen kann. Die beiden genannten Faktoren ergeben eine formale Grundlage für Projektfinanzierungen. Daneben gibt es eine Reihe materieller **Gründe** für die Projektfinanzierung von Bergbauprojekten.[108] Zunächst kann der Einsatz von Fremdkapital, ebenso wie bei der normalen Unternehmensfinanzierung, die Eigenkapitalverzinsung erhöhen (sogenannter Leverage-Effekt).[109] Außerdem führt die Strukturierung der verschiedenen Projektrisiken zu einer Risikoteilung zwischen den Projektbeteiligten. Wichtig ist auch der Aspekt der Haftungsbegrenzung[110] der Sponsoren.[111] Die Sponsoren laufen maximal Gefahr, ihr in die Projektgesellschaft eingelegtes Eigenkapital, nicht aber den gesamten Investitionsbetrag zu verlieren und können gegebenenfalls – bei sogenanntem limited recourse financing – aus Fertigstellungsgarantien (performance guarantees) in Anspruch genommen werden. Ein weiterer Grund für Projektfinanzierungen im Bergbausektor liegt in der Möglichkeit, eine Finanzierung außerhalb des Einzeljahresabschlusses des Sponsors (Off-balance-sheet-Finanzierung) vorzunehmen. Damit wird ausgedrückt, dass die Projektsponsoren nach Wegfall ihrer Fertigstellungsgarantien keine Eventualverbindlichkeiten für ein Projekt mehr haben und dementsprechend projektbezogene Verbindlichkeiten in ihrem Einzeljahresabschluss entfallen.[112] Das Entfallen der Eventualverbindlichkeiten ermöglicht dem Sponsor neue Finanzierungsspielräume, die er zur Durchführung weiterer Projekte nutzen kann. Ein fünfter Vorzug der Projektfinanzierung wird darin gesehen, dass sie längere Rückzahlungsfristen erlaubt als die traditionelle Unternehmensfinanzierung. Allerdings wird bei Bergbauprojekten der Rückzahlungszeitraum nach Fertigstellung im Regelfall 10 Jahre nicht überschreiten. Schließlich wird eine Projektfinanzierung auf ein Projekt individuell zugeschnitten. Es besteht, zumindest bei Darlehensfinanzierungen,[113] große Flexibilität in Bezug auf den Zeitpunkt und die Höhe einzelner Ziehungen des Darlehens, Rückzahlungsmodalitäten und ähnliches.

2.6.2 Risiken bei Bergbauprojekten

Besonderes Kennzeichen einer Projektfinanzierung ist die umfassende Risikostrukturierung.[114] Diese setzt eine genaue Analyse der bestehenden Risiken voraus. Im Bergbau sind folgende Risiken besonders hervorzuheben.[115] Wichtig bei der Einschätzung eines Rohstoffprojekts ist, erstens, die Beurteilung des **Sponsors** bzw. der Sponsoren. Je größer die Erfahrung des Sponsors mit der Projektart, die zur Finanzierung ansteht, und je besser seine Bonität desto eher sind Dritte bereit, sich an einem Projekt zu beteiligen. Die große Bedeutung des Sponsors bei Bergbauprojekten ist eng verbunden mit einem zweiten Risikokreis bei Rohstofffinanzierungen. Sie sind nämlich in

---

[108] Vgl. vertiefend zu den Gründen für eine Projektfinanzierung unten Kapitel 6.1.3.

[109] Dies setzt voraus, dass die Gesamtkapitalrendite über der Fremdkapitalrendite liegt, oder einfach ausgedrückt, dass ein Projekt ausreichend verdient; ausführlich *Brealey/Myers/Marcus,* Fundamentals of Corporate Finance, New York usw. 1995, S. 381–393.

[110] Die durch Beschränkung des Haftungszugriffs auf das Vermögen der Projektgesellschaft zumindest nach Projektfertigstellung erreicht wird; sogenanntes *non-recourse financing.*

[111] Zum Begriff vgl. unten Kapitel 6.1.1.

[112] Allerdings kann eine Einbeziehung der Projektgesellschaft in den Konzernabschluss des Sponsors erforderlich sein; vgl. Kapitel 6.1.3.

[113] Nicht dagegen bei Projektanleihen *(project bonds).*

[114] Vgl. die Definition der Projektfinanzierung unten Kapitel 6.1.1.

[115] Vgl. umfassend zu Projektrisiken unten Kapitel 6.1.4. Zu Risiken bei Projektfinanzierungen von Bergbauprojekten im Besonderen: *Duff & Phelps Credit Rating Co.,* DCR's Approach to Rating Mining Projects, October 1998.

besonderem Maße durch die **Schwierigkeiten des Bergbaus** gekennzeichnet.[116] Trotz des ungeheuren technischen Fortschritts im Bergbau ist die Förderung von Rohstoffen immer noch mit spezifischen Risiken verbunden. So bereitet teilweise die Schätzung der vorhandenen Menge und Qualität eines Rohstoffs bereits Schwierigkeiten. Auch der Abbau von Rohstoffen ist häufig problematischer als vorhergesehen. Schließlich kann die Aufbereitung eines Rohstoffs überraschenden Widrigkeiten begegnen. Alle diese Faktoren tragen dazu bei, dass Bergbauprojekte stets mit unvorhersehbaren Risiken verbunden sind. Darlehensgeber sind deshalb im Regelfall nur dazu bereit, Bergbauprojekte zu finanzieren, die erprobte Verfahren (proven technology) einsetzen. Eine Finanzierung setzt zudem eine detaillierte Machbarkeitsstudie (feasibility study) voraus, die von einem unabhängigen, technischen Berater (independent engineer) zu überprüfen ist. Außerdem ist es insbesondere bei Bergbauprojekten notwendig, unvorhergesehene Kostenüberschreitungen durch angemessene Rückstellungen in der Investitionskostenplanung (contingencies) und sonstige Finanzierungsreserven (wie Sponsorengarantien [cost overrun guarantees] und zusätzliche Kreditlinien [cost overrun facilities bzw. stand-by facilities]) auffangen zu können.

27 Drittens können bei Bergbauprojekten **Abnahmerisiken** auftreten. Dies gilt zwar weniger für die Edelmetalle Gold, Silber und Platin.[117] Schon bei der Produktion größerer Mengen eines verbreiteten unedlen Metalls wie z. B. Kupfer sollte der Absatz aber zu einem angemessenen Teil durch Abnahmeverträge abgesichert werden.[118] Bei nicht börsenfähigen Rohstoffen ist der Absatz umfassend zu untersuchen und weitgehend durch Abnahmeverträge sicherzustellen. Ein viertes Risiko bei Rohstoffprojekten ist die **Rohstoffpreisentwicklung.** Die Preisentwicklung ist bei Bergbauprojekten vor allem dann von besonderer Bedeutung, wenn keine langfristigen Abnahmeverträge den Projekt-Cash-flow stabilisieren. Cash-flow-Berechnungen für Bergbauprojekte beruhen insbesondere auf Annahmen darüber, welche Menge Rohstoff eine Lagerstätte produzieren kann und welche Preise hierfür am Markt erzielbar sein könnten. Dabei ist eine Besonderheit der Rohstoffmärkte ihr ausgeprägt zyklisches Preisverhalten, was bei Cash-flow-Berechnungen zu berücksichtigen ist. Wegen der Schwierigkeiten von Preisvorhersagen wird heute bei Finanzierungen im Wesentlichen auf die Kostenkurve abgestellt. Auf der Kostenkurve werden die Produktionskosten vor Finanzierung[119] sämtlicher publizierter Rohstoffprojekte des jeweiligen Sektors aufgetragen. Das zu finanzierende Projekt sollte mit seinen Kosten im unteren Bereich der Kostenkurve liegen und damit relativ zu anderen kostengünstig produzieren. Hinter dieser Betrachtungsweise steht die Annahme, dass bei fallenden Rohstoffpreisen zunächst die Produzenten mit den höchsten Produktionskosten aus dem Wettbewerb ausscheiden werden. Eine große Rolle spielen weiterhin **Umweltrisiken,** die durch umfangreiche technische Studien vor Projektbeginn und durch ausreichende Kostenansätze für die Überwachung des Projektverlaufs in der Produktionskostenplanung zu berücksichtigen sind. Auch sind in der Bilanz der Projektgesellschaft Rückstellungen für die notwendige

---

[116] Vgl. zur Einführung *Eymer*, Grundlagen der Erdbewegung, Köln 1995 (zum Tagebau); *Mase Westpac Limited (Hrsg.),* The Winning of Gold, London 1990; *Whyte/Brockbank,* Mining Explained. A Layman's Guide, Don Mills 1996.

[117] Dagegen sehr wohl für die übrigen Platinmetalle; vgl. die Aufzählung in Fn. 105.

[118] Vgl. zu den verschiedenen Typen von Abnahmeverträgen unten Kapitel 2.7.3.

[119] Vgl. zu diesem Begriff unten Kapitel 2.6.3. Teilweise wird die einheitliche Kostenkurve in verschiedene Kostenkurven für einzelne Produktionsschritte (z. B. Erzzerkleinerung) aufgeteilt. Mit Hilfe dieser Kostenkurven können die relativen Stärken und Schwächen von Projekten und zwar bezogen auf einzelne Produktionsschritte bestimmt werden. – Es wäre vorzugswürdig, die Kostenkurve auf Finanzierungs-*Break-even*-Kosten, d. h. Produktionskosten nach Finanzierung, aufzubauen. Informationen über Finanzierungen von Projekten sind aber nur unvollständig zugänglich, so dass in der Praxis mit den Produktionskosten vor Finanzierung gearbeitet wird.

Schadensbeseitigung und abschließende Rekultivierungsmaßnahmen zu bilden. Rohstoffe werden zuweilen in entlegenen Gegenden abgebaut, was Fragen hinsichtlich der **Infrastruktur** und des Transports aufwirft. Weil Bergbauprojekte sich häufig in politisch sensiblen Weltregionen befinden, sind sie mit entsprechenden **politischen Risiken** verbunden.[120]

2.6.3 Kenngrößen bei Bergbauprojekten

Bei Bergbauprojekten gibt es eine Reihe von Kenngrößen, auf die im Hinblick auf die Wirtschaftlichkeit eines Projekts bei Cash-flow-Analysen besonderes Augenmerk zu richten ist. Die Ausgangslage für Berechnungen bilden zunächst die **bergbauspezifischen Indikatoren.** Ganz entscheidend ist die Menge des abbaubaren Rohstoffs. Hinsichtlich der vorhandenen Rohstoffmenge wird im Bergbau streng zwischen den Ressourcen einer Lagerstätte einerseits und den Reserven andererseits unterschieden.[121] Die Ressourcen (resources) einer Lagerstätte stellen die Menge Rohstoff dar, die auf Grund geologischer Erkenntnisse bekannt ist oder geschätzt werden kann und deren Abbau derzeit oder möglicherweise in der Zukunft erfolgen kann. Nach dem Grad des geologischen Nachweises wird zwischen abgeleiteten (inferred resources), angenommenen (indicated resources) und gemessenen Ressourcen (measured resources) unterschieden. Die Reserven sind diejenige Menge Rohstoff einer Ressource, die in hinreichendem Maße nachgewiesen wurde und wirtschaftlich abgebaut werden kann. Dabei wird weiter, je nach Grad des Rohstoffnachweises, zwischen den sicheren Reserven (proven reserves) und den wahrscheinlichen Reserven (probable reserves) unterschieden.[122] Die Zugehörigkeit einer Rohstoffmenge zu einer der genannten Kategorien wird in nationalen und internationalen Regelungen (codes) von Berufsorganisationen festgelegt.[123] Nur bei Zugrundelegen anerkannter Maßstäbe ist sichergestellt, dass aussagekräftige Reserven- und Ressourcenzahlen vorliegen. Neben den Kenngrößen „Reserven" und „Ressourcen", die eine Lagerstätte mengenmäßig beschreiben, sind der durchschnittliche Rohstoffgehalt z. B. eines Erzes (average grade) und die Aufbereitungsausbeute (processing recovery) zu beachten. Der durchschnittliche Rohstoffgehalt gibt Aufschluss darüber, wie hoch der Rohstoffgehalt im rohstoffhaltigen Erz oder sonstigem Trägermaterial ist. Die Aufbereitungsausbeute zeigt an, wieviel Rohstoff letztlich aus dem Material gewonnen wird. Daneben ist es interessant, die sogenannte stripping ratio zu untersuchen, d. h. das Verhältnis von nicht rohstoffhaltigem Abraum (waste) z. B. zu rohstoffhaltigem Erz. Daraus ergibt sich, wieviel Abraum bewegt werden muss, um das Erz zu gewinnen. Eine wichtige Kenngröße ist schließlich, ab wel-

---

[120] Vgl. zu einer Aufzählung verschiedener politischer Risiken unten Kapitel 6.1.4.

[121] *H. K. Taylor,* Ore reserves – the mining aspects, in: Trans. Instn Min. Metall. Bd. 100 (1991), S. A146-A158.

[122] In Kanada kann darüber hinaus ein Ausweis von möglichen Reserven *(possible reserves)* erfolgen.

[123] Australasian Code for Reporting of Identified Mineral Resources and Ore Reserves. Report of the Joint Ore Reserve Committee of the Australasian Institute of Mining and Metallurgy, the Australian Institute of Geoscientists and the Minerals Council of Australia, September 1992 (Neufassung 1999); Definitions of Reserves and Resources. Report of the Institution of Mining and Metallurgy, London, December 1991; A Guide for Reporting Exploration Information, Resources and Mineral Reserves, Report of Working Party # 79, Society for Mining, Metallurgy, and Exploration, Inc. 1991; International CMMI Resource Classification – Principles and Definitions. Report of a Working Group of The Geological Society of South Africa, March 1994; vgl. auch den Vergleich bei *Miskelly,* A Comparison of International Definitions for Reporting of Mineral Resources and Reserves, in: The Australasian Institute of Mining and Metallurgy Bulletin No. 4 July 1994, S. 47–56.

chem Erzgehalt ein Abbau von der Projektgesellschaft nicht mehr vorgenommen wird (sogenannter „cut-off grade"), was insbesondere von der Annahme des erzielbaren Rohstoffpreises abhängt.

29 Die genannten bergbauspezifischen Kenngrößen, die zum Verständnis der Qualität einer Lagerstätte unbedingt heranzuziehen sind, schlagen sich, zusammen mit anderen Faktoren (Infrastruktur, Personal usw.), in bestimmten Produktions**kosten** (operating costs) nieder. Aus den Produktionskosten zusammen mit den Finanzierungskosten ergibt sich, in welchem Umfang eine Lagerstätte wirtschaftlich abgebaut werden kann. Über die Wirtschaftlichkeit einer Lagerstätte entscheiden möglichst niedrige Produktionskosten (die Projektgesellschaft sollte möglichst ein sogenannter „low cost producer" sein)[124] und eine angemessene Fremdkapitalbelastung. Die Produktionskosten eines Rohstoffs werden häufig als sogenannte cash costs wiedergegeben. Diese ergeben sich aus einer Division bestimmter Produktionskosten durch die gewonnene Menge Rohstoff. Als Produktionskosten werden bei den cash costs die Betriebskosten, d.h. die Konzessionsgebühren (royalties), Verwaltungskosten, die Kosten der Rohstoffgewinnung und -verarbeitung, sowie die Transportkosten einbezogen. Bei den cash costs werden dagegen nicht direkt liquiditätswirksame Kosten wie Abschreibungen und Kosten für Rekultivierungsmaßnahmen nicht berücksichtigt. Für die Wirtschaftlichkeitsbeurteilung entscheidend sind aber letztlich die break even costs eines Rohstoffs, d.h. die Produktionskosten (die wie für die cash costs definiert werden) und Finanzierungskosten pro Mengeneinheit. Wenn die break even costs unter den angenommenen Veräußerungspreisen für den Rohstoff liegen, d.h. wenn sich ein positiver Deckungsbeitrag ergibt, rechnet sich ein Projekt. In diesem Zusammenhang ist darauf hinzuweisen, dass die break even costs aus Finanzierungssicht vom Break-even-Preis aus Sicht des Eigenkapitalgebers (Sponsors) zu unterscheiden sind. Der Eigenkapitalgeber sucht ja nicht nur ein kostendeckendes Projekt, sondern eines, das sein Eigenkapital seinen Vorstellungen entsprechend verzinst. Er wird deshalb dem Finanzierungs-break-even noch eine angemessene Eigenkapitalverzinsung[125] hinzurechnen, um auf einen für ihn angemessenen Break-even-Preis zu gelangen. Es wurde bereits angedeutet, dass für die Beurteilung von Rohstoffprojekten mitentscheidend ist, welche **Veräußerungspreise** den Cash-flow-Berechnungen zugrundegelegt werden. Es genügt nicht, den zurzeit des Abschlusses einer Finanzierung bestehenden Marktpreis für einen Rohstoff heranzuziehen. Professionelle Rohstofffinanzierer berücksichtigen, dass Rohstoffmärkte in besonderem Maße **zyklisch** sind. Sie bilden sich deshalb eine Meinung über die langfristige Preisentwicklung von Rohstoffen und legen ihren Cash-flow-Berechnungen langfristige, konstante Durchschnittspreise für einen bestimmten Rohstoff zugrunde. Dementsprechend werden bei Rohstoffprojekten in der Regel auch keine Inflationsannahmen für die Preisentwicklung getroffen.

30 Die bergbauspezifischen Kenngrößen, die Kostenannahmen und die Annahmen über den Veräußerungspreis schlagen sich in einer individuellen **Finanzierungsstruktur** für ein Projekt nieder. Bei dieser Finanzierungsstruktur sind wiederum einige Kennzahlen von besonderer Bedeutung. Für Projektfinanzierung geeignet sind grundsätzlich nur Lagerstätten, deren Reserven bereits soweit feststehen, dass den finanzierenden Banken ausreichende Rohstoffreserven nach dem angenommenen Ende der Finanzierung zur Verfügung stehen (reserve tail), damit notfalls die Finanzierungsdauer z.B. durch eine Tilgungsstreckung ausgedehnt werden kann. Daneben ist der Eigenkapitalanteil (debt-to-equity-ratio) der Sponsoren eine wichtige Komponente. Mit Hilfe eines hohen Eigenkapitalanteils wird ein Projekt aus der Sicht der Projektfinanzierers

---

[124] Vgl. zur Bedeutung der Kostenkurve bereits oben Kapitel 2.6.2.

[125] Mit ähnlichem Ergebnis kann man die Kapitalkosten *(capital costs)* für Eigenkapital dem Finanzierungs-*break-even* hinzurechnen.

wirtschaftlich robuster gegenüber Betriebskostenüberschreitungen und Verschlechterungen des Veräußerungspreises für den geförderten Rohstoff. Einmal wird durch zwangsläufig geringere Fremdkapitalkosten der Break-even-Preis des Projekts gesenkt. Außerdem wird erreicht, dass die Sponsoren einen starken Anreiz haben, die Projektgesellschaft auch bei Finanzierungsschwierigkeiten aktiv zu unterstützen.[126] Übrigens werden Kosten der Entwicklung einer Lagerstätte, die den Sponsoren noch vor Erstellung einer umfassenden Machbarkeitsstudie entstanden sind, von den Banken für die Bestimmung der Sponsorenbeiträge gewöhnlich nicht als geleistetes Eigenkapital anerkannt. Eine dritte finanzierungsspezifische Kontrollgröße ist der Schuldendienstdeckungsgrad (debt service cover ratio, DSCR), der den erwarteten Cash flow eines Projekts dem Schuldendienst (Zins und Tilgung) gegenüberstellt.[127] Dieser Deckungsgrad wird häufig auf jährlicher Grundlage, manchmal auch für kürzere Zeiträume berechnet. Liegt er über 1, kann die Fremdfinanzierung eines Projekts unter den getroffenen Annahmen zu den Zahlungsterminen bedient werden. Zur Stabilisierung der Finanzierungsstruktur wird der Deckungsgrad so festgelegt, dass ein ausreichendes Überdeckungsverhältnis vorliegt.

Alle genannten Kenngrößen unterliegen einem permanenten Überprüfungs- und Verfeinerungsprozess. Dieser Prozess setzt mit der ersten Auseinandersetzung des Sponsors mit dem Projekt ein, setzt sich mit der Einschaltung der Banken fort und wird erst mit vollständiger Projektbeendigung abgeschlossen. Die Wirtschaftlichkeit und Finanzierbarkeit eines Bergbauprojekts wird bei Projektfinanzierungen mit Hilfe eines computergestützten Cash-flow-Modells ermittelt,[128] in das die genannten Kenngrößen Eingang finden. Es ist das entscheidende Strukturierungs- und Kontrollinstrument für Sponsoren und Banken, um drohende Finanzierungsengpässe anzuzeigen und den wirtschaftlichen Projekterfolg insgesamt zu überprüfen. Bei einem Cash-flow-Modell spiegelt der sogenannte Grundfall (base case) das wahrscheinlichste Zukunftsszenario. Die Auswirkung von Veränderungen der getroffenen Annahmen auf den base case wird detailliert getestet; man spricht davon, dass „Sensitivitäten" gerechnet werden.

2.6.4 Strukturierungselemente bei Projektfinanzierungen von Bergbauprojekten

Gegenüber anderen Projekttypen zeichnen sich Rohstoffprojekte durch eine Reihe besonderer Strukturierungselemente aus. Aufgrund der entscheidenden Bedeutung der Lagerstätte ist Auszahlungsvoraussetzung (condition precedent) eines Darlehens[129] das ausreichende Vorhandensein von sicheren und wahrscheinlichen **Reserven** (proven and probable reserves). Die Reserven sind insbesondere dann ausreichend, wenn nach Ablauf der Finanzierung entsprechend dem Minenabbauplan (mining plan) noch weitere Rohstoffreserven vorhanden sind (reserve tail). Nicht notwendig ist bei Bergbaufinanzierungen, dass sämtliche Reserven bereits sichere Reserven (proven reserves) sind. Der vollständige Nachweis der Reserven würde wegen des großen Aufwands viele

---

[126] Was in einem gewissen Widerspruch zum Konzept des *limited* oder *non-recourse financing* steht.
[127] S. u. Kapitel 6.2.6.5.1 (2); daneben ergibt sich aus dem Deckungsgrad über die Projektlaufzeit *(project life cover ratio)* bzw. dem Deckungsgrad über die Darlehenslaufzeit *(loan life cover ratio)*, ob die Fremdkapitalbelastung während der Gesamtdauer eines Projekts bzw. während der Gesamtlaufzeit der Fremdfinanzierung zurückgeführt werden kann.
[128] Projektsponsoren und finanzierende Banken arbeiten teilweise mit unterschiedlichen Modellen, wenn sie unterschiedliche Auffassungen über die wirtschaftlichen Annahmen haben.
[129] Vgl. zu Auszahlungsvoraussetzungen allgemein unten Kapitel 6.2.6.8.

Bergbauprojekte unwirtschaftlich machen. Um die Reserveannahmen und weitere bergbautechnische und kostenmäßige Annahmen der Sponsoren zu bestätigen, verlangen Banken als weitere Auszahlungsvoraussetzung das Vorliegen einer inhaltlich annehmbaren **technischen Machbarkeitsstudie,** die von einem unabhängigen, technischen Berater überprüft wurde (satisfactory independent engineer's report). Eine weitere Besonderheit von Bergbauprojekten ist teilweise die Inanspruchmemöglichkeit von Darlehen mit Bezug auf eine sogenannte **borrowing base.** Durch Auffinden weiterer Reserven erhöht sich der erwartete Cash flow der Projektgesellschaft und damit auch die Darlehensgrundlage. In Erwartung einer solchen Entwicklung kann darlehensvertraglich von vornherein die Möglichkeit einer Erhöhung des Darlehensbetrags vereinbart werden.[130] Ein weiteres wichtiges Strukturierungselement ist der **Eigenkapitalbeitrag** der Sponsoren. Aufgrund der beschriebenen bergbauspezifischen Risiken von Rohstoffprojekten und der zyklischen Natur der Rohstoffpreise zeichnet sich diese Projektart im Vergleich zu anderen Projektarten durch höhere Eigenkapitalanteile aus. Die kreditgebenden Banken werden zumeist darauf bestehen, dass Eigenkapitalbeiträge entweder erbracht werden, bevor Darlehen zur Finanzierung herangezogen werden, oder zumindest pro-ratarisch entsprechend der festgelegten Eigenkapitalquote des Projekts eingesetzt werden.[131]

33 Ein fünftes Element von Rohstoffprojekten ist der **Fertigstellungstest.** Seine wichtigste Funktion ist es, den Zeitpunkt für den Wegfall der Sponsorenhaftung aus den Fertigstellungsgarantien anzugeben.[132] Als Kriterien für den Fertigstellungstest ist vor allem an technische und wirtschaftliche Fertigstellungskriterien zu denken. Wegen der verschiedenen bergbauinduzierten Risiken bei der Rohstoffförderung, muss das Projekt meist umfangreiche technische Tests erfolgreich absolvieren, bevor die Sponsorenhaftung entfällt. Dazu gehören die in der Aufbereitungsanlage verarbeitete Erzmenge (throughput), die Aufbereitungsausbeute (processing recovery) und sonstige Produktionszahlen. Wegen der zyklischen Natur der Rohstoffmärkte ist es außerdem üblich, den Wegfall der Sponsorenhaftung an bestimmte wirtschaftliche Kriterien wie einen bestimmten Rohstoffpreis zum Zeitpunkt der geplanten Projektfertigstellung, definierte Produktionskosten oder einen Schuldendienstdeckungsgrad (debt service cover ratio) zu binden. Wichtig ist bei Rohstoffprojekten die Absicherung von Preisänderungsrisiken. Neben den häufig bei Projektfinanzierungen anzutreffenden Zinsderivaten (interest rate derivatives) sind bei Bergbauprojekten **Rohstoffpreisderivate** (commodity price derivatives) von besonderer Bedeutung.[133] Dabei werden insbesondere Termin- und Optionsgeschäfte genutzt. Es ist allerdings darauf zu achten, dass die gewählte Hedging-Strategie tatsächlich eine wirksame Absicherung gegen Rohstoffpreisrückgänge erreicht und die Projektgesellschaft gleichzeitig von Preissteigerungen profitieren kann. Wie bei anderen Projektfinanzierungen werden **dingliche Sicherheiten**[134] vornehmlich an den Vermögensgegenständen der Projektgesellschaft und nicht der Sponsoren[135] bestellt. Eine Besonderheit von Bergbauprojekten stellen aber

---

[130] Vgl. vertiefend unten Kapitel 2.7.3.
[131] Einlagen erfolgen grundsätzlich in Form von Geld und nur begrenzt als Sacheinlagen. Die Kosten für die Entwicklung eines Projekts werden von Banken grundsätzlich nicht als Eigenkapitalbeitrag anerkannt.
[132] Vgl. umfassend unten Kapitel 6.2.6.5.1 (1).
[133] Daneben werden teilweise *gold loans* zur Preisabsicherung genutzt.
[134] Vgl. allgemein unten Kapitel 7 und *Röver,* Vergleichende Prinzipien dinglicher Sicherheiten, München 1999; zu Rohstofffinanzierungen im speziellen *Stockmayer,* Projektfinanzierung und Kreditsicherung: dargestellt am Beispiel von Darlehen an Rohstoffvorhaben in Entwicklungsländern, 1982.
[135] Eine Ausnahme stellen insoweit Pfandrechte an den Gesellschaftsanteilen der Sponsoren an der Projektgesellschaft dar, die von den Sponsoren bestellt werden.

die Sicherungsübertragungen von Bergbaukonzessionen[136] und die Sicherungsübertragungen von oder Pfandrechte an geförderten Erzvorräten (stockpile) dar. Im Hinblick auf **politische Risiken** werden Darlehensgeber häufig auf der Erwirtschaftung von harter Währung (z. B. US$) und der Einrichtung von Auslandskonten (offshore accounts) insbesondere für die Einnahmen der Projektgesellschaft bestehen. Auch die Einbindung multilateraler Finanzinstitutionen[137] sichert aus der Sicht der Banken politische Risiken ab. Daneben kommt der Abschluss staatlicher Exportversicherungen (z. B. Hermes) oder anderer staatlicher Garantien (in Deutschland z. B. einer Bundesgarantie für Forderungen aus Ungebundenen Finanzkrediten oder einer Bundesgarantie für Kapitalanlagen im Ausland) in Betracht. Außerdem bietet sich der Abschluss einer politischen Risikoversicherung (political risk insurance, PRI) bei einer Internationalen Organisation[138] oder bei privaten Versicherungsgesellschaften an. Eine solche politische Risikoversicherung wird u. a. das Risiko einer Beschränkung des Währungstransfers und der Währungskonvertierung sowie das Risiko einer Enteignung im Sitzland der Projektgesellschaft abzudecken haben. Neben diesen üblichen Strukturierungsmöglichkeiten des politischen Risikos bietet es sich teilweise auch an, feste Abnahmeverträge über den produzierten Rohstoff mit Abnehmern in politisch stabilen Staaten abzuschließen und Forderungen daraus an die Banken zur Sicherheit abzutreten.

In der Rückschau über diesen Abschnitt zum Projekttyp Bergbau ergibt sich, dass auf Grund seiner spezifischen Risiken ausreichende Abfederungen in die Finanzierungsstruktur aufgenommen werden müssen. Bei Beachtung der im Markt üblichen Vorsichtsmaßnahmen, die hier nur angerissen werden konnten, erweisen sich Bergbauprojekte aber für gewöhnlich als außerordentlich stabil. Die bei ihnen auftretenden Risiken können, im Interesse von Sponsoren und Banken, mit dem zur Verfügung stehenden Instrumentarium kontrolliert werden.

2.7 Öl- und Gas (oil and gas)

Die Finanzierung von Öl- und Gasprojekten gehört mit den Bergbaufinanzierungen zu den Projekttypen, die zur breiten Etablierung der modernen Projektfinanzierung als Finanzierungstechnik in den 70er Jahren beigetragen haben. Die Projektfinanzierung hat sich für Öl- und Gasprojekte im Wesentlichen aus den selben Gründen herausgebildet, die bereits für Bergbauprojekte geschildert wurden.[139] Fremdkapitalfinanzierung durch Banken kann im Öl- und Gasbereich für verschiedene Zwecke zur Verfügung gestellt werden:
– für die Finanzierung von Fördereinrichtungen bei hinreichend untersuchten Vorkommen (upstream financing)

---

[136] Im deutschen Recht ist, für Lagerstätten in Deutschland, eine Sicherungsübertragung des sogenannten Bergwerkseigentums nach § 9 I Bundesbergbaugesetz vom 13. 8. 1980 (BGBl. I 1310) vorzunehmen. Das Bergwerkseigentum stellt ein durch staatliche Verleihung entstandenes dingliches Nutzungsrecht dar, das zum Abbau von Bodenschätzen auf einem Grundstück und zu ihrer Aneignung berechtigt.
[137] Wie der International Finance Corporation (IFC) oder der European Bank for Reconstruction and Development (EBRD).
[138] Wie der Multilateral Investment Guarantee Agency (MIGA); vgl. *Brelsford,* International Investment Insurance – The Convention Establishing the Multilateral Investment Guarantee Agency, in: Harv. Int'l L.J. Bd. 27 (1986), S. 735; *Ebenroth/J. Karl,* Die Multilaterale Investitionsgarantie-Agentur, Heidelberg 1989.
[139] Vgl. Kapitel 2.6.1.

- für die Finanzierung von Verarbeitungsanlagen, insbesondere von Raffinerien (downstream financing) und
- für die Finanzierung von Transportmitteln für Öl und Gas, also insbesondere Pipelines und Tankschiffe (midstream financing).

2.7.1 Risiken bei Öl- und Gasprojekten

36   Öl- und Gasfinanzierungen teilen viele Risiken von Bergbauprojekten.[140] Zunächst ist darauf hinzuweisen, dass Öl und Gas derzeit die wichtigsten Energieträger sind. Von ihnen hängt die wirtschaftliche und politische Entwicklung ganzer Staaten ab, wobei ihre Bedeutung derart ist, dass sie Anlass für kriegerische Auseinandersetzungen geben können und gegeben haben.[141] Bei der Förderung von Öl und Gas sind besonders **Reserven- und Abbaurisiken** hervorzuheben.[142] Wie im Bergbau können Menge und Qualität des zu gewinnenden Rohstoffs nicht mit letzter Sicherheit vorhergesagt werden. Insbesondere kann ein höher als erwarteter Schwefelgehalt im Rohstoff die Verarbeitungskosten in die Höhe treiben. Neben den rohstoffspezifischen Risiken sind Öl- und Gasprojekte durch die Risiken der **Rohstoffpreisentwicklung** gekennzeichnet. Dabei ist zwischen dem Öl- und dem Gasmarkt zu unterscheiden. Die Preisentwicklung beim Öl wird entscheidend durch das 1960 gegründete Rohstoffkartell der Organization of Petroleum Exporting Countries (OPEC) beeinflusst. Die OPEC-Staaten produzieren mehr als zwei Drittel des Öls weltweit. Die Mitglieder treffen Quotenvereinbarungen bezüglich der Fördermengen von Öl. Bei Disziplin der Kartellmitglieder[143] kann über diese Quotenvereinbarungen das Ölangebot auf dem Weltmarkt und damit indirekt der Ölpreis reguliert werden. Ölpreise werden auf der Grundlage bestimmter Qualitäten und der anfallenden Transportkosten ermittelt. Hinsichtlich der verschiedenen **Ölqualitäten** kann grob zwischen sweet oil (Öl mit geringem Schwefelanteil) und sour oil (Öl mit hohem Schwefelanteil) unterschieden werden. Die wichtigsten Qualitäten von sweet oil sind Bonny Light, Brent, Louisiana Light Sweet und Western Texas Intermediate. Die wichtigsten Qualitäten von sour oil sind Dubai, Isthmus, Maya, Oman, Ural und Western Texas Sour.[144] Die Preisunterschiede zwischen den verschiedenen Qualitäten (auch benchmarks genannt) werden oft als „spreads" bezeichnet. Die genannten Qualitäten sind gleichzeitig mit bestimmten Abnahmeorten verbunden. Ein Abnehmer muss dem quotierten Preis somit noch die Transportkosten hinzurechnen. Öl kann im Übrigen spot (d. h. sofort) oder auf Termin (d. h. zu einem bestimmten Zeitpunkt in der Zukunft aber mit einem heute schon feststehenden Preis) erworben werden. Termingeschäfte werden in der Regel über eine der Warenterminbörsen[145] abgeschlossen.

37   Beim Gas ist die Situation anders. Zunächst gibt es für Gas keinen Weltmarkt zumindest soweit es relativ unflexibel über Pipelines transportiert wird. Um die hohen Investitionskosten für die Transportmittel amortisieren zu können, hat sich in der

---

[140] Vgl. Kapitel 2.6.2.
[141] *Yergin*, The Prize. The Epic Quest for Oil, Money and Power, London 1991.
[142] *Clark*, Elements of Petroleum Reservoirs, 2. Aufl., Dallas/Texas 1969; *F. Gray*, Petroleum Production in Nontechnical Language, 2. Aufl., Tulsa/OK 1995; *Institute of Petroleum (Hrsg.)*, Modern Petroleum Technology, Bd. 1: Upstream Volume (hrsg. von Dawa), Bd. 2: Downstream Volume (hrsg. von Lucas), 6. Aufl. 2000.
[143] Denen sich teilweise unabhängige Produzenten anschließen.
[144] Methoden für Qualitätstests bei Erdöl und -gas finden sich in den Standards der American Society for Testing Materials (ASTM) für „Petroleum Products, Lubricants, and Fossil Fuels"; vgl. für die jeweils aktuelle Version www.astm.org.
[145] Z. B. International Petroleum Exchange (IPE) in London und New York Mercantile Exchange (NYMEX).

Vergangenheit eine Praxis sehr langfristiger Abnahmeverträge zwischen den Gaslieferanten (z. B. Sonatrach in Algerien, British Gas in Großbritannien, Statoil in Norwegen, Gazprom in Russland) und ihren Abnehmern (z. B. Ruhrgas und Wingas in Deutschland, Gaz de France in Frankreich, SNAM in Italien) herausgebildet. Die Lieferverträge haben Laufzeiten von bis zu 30 Jahren. Dabei enthalten diese Verträge zumeist Preisanpassungsklauseln, über die der Preis für das abgenommene Gas mit einer gewissen zeitlichen Verzögerung an die Entwicklung des Ölpreises angepasst wird (sogenannte Preisindexierung). Einzelheiten dieser Preisformeln sind im Regelfall nur den Vertragsparteien bekannt und werden noch nicht einmal den Banken zur Kenntnis gebracht, die gegen Abtretung von Forderungen aus den Abnahmeverträgen den Gaslieferanten Fremdfinanzierungen zur Verfügung stellen. Immerhin kann Gas nicht mehr nur über Pipelines, sondern auch – allerdings mit hohem technischem Aufwand – in verflüssigter Form (als liquefied natural gas oder kurz LNG) mit Tankschiffen transportiert werden.[146] Für LNG gibt es mittlerweile einen Weltmarkt und einige Länder (z. B. Spanien, Südkorea oder Japan) werden auf diese Weise bereits weitgehend mit Erdgas versorgt. Schließlich gibt es auch einige gut funktionierende und transparente Gasmärkte wie beispielsweise in den Vereinigten Staaten und Großbritannien. Von einer Gasmarkttransparenz kann gesprochen werden, wenn ein nachvollziehbarer Preisfindungsmechanismus besteht, d. h. Gaspreise für Lieferungen ab bestimmten Gaslieferknotenpunkten (den sogenannten hubs wie dem Henry Hub in Louisiana) börslich quotiert werden. In Kontinentaleuropa ist der Gasmarkt schon wegen der Praxis der langfristigen Lieferverträge bislang nicht transparent. Die zukünftige Entwicklung in kontinental europa dürfte aber durch eine Liberalisierung der Lieferbeziehungen zwischen Gaslieferanten und -abnehmern gekennzeichnet sein, weil sich die Strom- und Gasmärkte allgemein in einer Liberalisierungsphase befinden.

2.7.2 Kenngrößen bei Öl- und Gasprojekten

Auch hinsichtlich der Kenngrößen kann weitgehend auf das Kapitel über die Finanzierung von Bergbauprojekten verwiesen werden.[147] Bei Öl- und Gasvorkommen wird vor allem zwischen den sicheren (proved reserves), wahrscheinlichen (probable reserves) und möglichen **Reserven** (possible reserves) unterschieden, bei denen ein wirtschaftlicher Abbau grundsätzlich möglich ist. Die aus dem Tagebau und Tiefbau geläufige Unterscheidung zwischen Reserven und Ressourcen[148] findet sich auch im Bohrlochbergbau.[149] Ressourcen zeigen hier Vorkommen an, die derzeit nicht wirtschaftlich abbaubar sind. Sichere Reserven (die weiter in developed oder undeveloped reserves unterteilt werden können) sind die Menge Rohstoff, die mit hinreichender (d. h. wenigstens 90%iger) Wahrscheinlichkeit wirtschaftlich abbaubar ist. Wahrscheinliche Reserven können mit einer mindestens 50%igen Wahrscheinlichkeit abgebaut werden. Mögliche Reserven schließlich sind mit einer weniger als 50%igen, aber wenigstens mit 10%iger Wahrscheinlichkeit zu gewinnen. Auf Projektebene können relativ verlässliche Reservenangaben von den Fremdkapitalgebern insbesondere durch die Einschaltung eines unabhängigen Gutachters (independent engineer) durchgesetzt werden. Es ist aber darauf hinzuweisen, dass die Reservenangaben von Unternehmen und

---

[146] Heute werden weltweit mehr als 25% des Erdgases in Form von *LNG* bewegt.
[147] Kapitel 2.6.3.
[148] Vgl. oben Kapitel 2.6.3.
[149] Vgl. die Petroleum Resources Classification and Definitions, die 2000 von der Society of Petroleum Engineers Inc. (SPE), dem World Petroleum Congress (WPC) und der American Association of Petroleum Geologists (AAPG) verabschiedet wurden (www.spe.org).

Staaten nicht immer mit der erforderlichen Genauigkeit getroffen werden und dass sich hier häufig sowohl Über- als auch Untertreibungen finden lassen. Die Menge der sicheren Reserven ist immer abhängig vom **Ausbringungsfaktor** (recovery rate), der bei der Ausbeute eines bestimmten Vorkommens erzielt wird, sodass sich die Reservenmenge bei einer verbesserten Fördertechnik erhöht. Neben der Angabe der Reservenmenge wird deshalb häufig die Menge des **oil in place** (OIP) angegeben, das die gesamte zur Verfügung stehende Rohstoffmenge (also proved, probable und possible reserves) darstellt. Wie bei Bergbauprojekten ist bei der Klassifizierung von Öl- und Gasreserven in eine der genannten Reservenkategorien darauf zu achten, dass eines der **anerkannten Einteilungssysteme** zugrunde gelegt wurde.[150]

39   Bei der Beurteilung der Wirtschaftlichkeit der Ausbeute eines Öl- und Gasvorkommens ist zu bedenken, dass die geförderte Rohstoffmenge nicht notwendig der abgesetzten entsprechen muss. Insbesondere kommt es bei veralteten Pipelinenetzen häufig zu **Rohstoffverlusten** während des Transports. Außerdem erfordert der Betrieb von Pumpstationen bei großen Pipelinenetzen einen erheblichen Energieaufwand, der teilweise über die Verwertung der geförderten Rohstoffe gedeckt werden muss. Schließlich stellt sich teilweise das Problem unzureichender Pipelinekapazitäten,[151] was insbesondere in den GUS-Staaten dazu führen kann, dass nur ein Teil der geplanten Rohstoffmenge zum Bestimmungsort transportiert werden kann. Wenngleich in der Öffentlichkeit immer wieder die Diskussion über die Erschöpfung der Erdöl- und Erdgasreserven aufflammt, besteht für die absehbare Zukunft kein Mangel an neuen Projekten. Entgegen der landläufigen Vorstellung hat sich die **Lebensdauer der Öl- und Gasreserven,** die häufig in der reserve-to-production ratio oder R/P ratio ausgedrückt wird,[152] in den letzten Jahren nicht verringert, sondern sogar gesteigert. Die Lebensdauer (d.h. die R/P ratio) der Weltölreserven betrug 1998 etwa 40 Jahre, die der Weltgasreserven etwa 60 Jahre. Die Erwartung neuer Projekte kann einmal darauf gestützt werden, dass nicht alle aufgefundenen Erdöl- und Erdgasvorkommen bereits technisch entwickelt sind. Außerdem wurde bislang nicht die gesamte Erde systematisch auf ihre Erdöl- und Erdgasressourcen hin exploriert. Es ist deshalb auch in Zukunft mit weiteren Erdöl- und Erdgasfunden zu rechnen. Überdies hat sich die Explorations- und Fördertechnik erheblich weiterentwickelt. So ist es z.B. heute möglich, Erdöl und Erdgas auch auf hoher See (offshore oder deep water) zu fördern, Horizontalbohrungen (horizontal drilling) vorzunehmen oder zunehmend sogenannte unkonventionelle Vorkommen (z.B. in Permafrostgebieten oder Ölsanden) auszubeuten. Schließlich führt eine weiterentwickelte Fördertechnik auch dazu, den Ausbringungsfaktor (recovery rate) zu verbessern. In diesem Zusammenhang ist daran zu erinnern, dass selbst heute noch in Durchschnitt nur ungefähr ein Drittel des in einem Vorkommen enthaltenen Öls gefördert werden kann. Moderne Öl- und Gasprojekte zeichnen sich häufig durch ihre sehr **hohen Projektkosten** aus. Mehrere Milliarden Dollar Projektkosten sind keine Seltenheit. Insbesondere Tiefseeprojekte sind auf Grund ihres hohen technischen Aufwands durch hohe Produktionskosten gekennzeichnet.

---

[150] Vgl. insbesondere die Oil and Gas Definitions, die 1997 vom WPC und der SPE verabschiedet wurden, und die Petroleum Resources Classification and Definitions, die 2000 von SPE, dem WPC und der AAPG verabschiedet wurden; beide sind bei www.spe.org zu finden; außerdem: Australian Petroleum Production and Exploration Association Ltd. (APPEA), Guidelines for Reporting Oil and Gas Reserves, 1995.

[151] Der russische Ölpipelinebetreiber Transneft hat z.B. eine Monopolstellung hinsichtlich des Öltransports durch die Russische Föderation.

[152] Dabei wird die Menge der sicheren Reserven *(proved reserves)* ins Verhältnis zur derzeitigen Produktionsmenge gesetzt.

Öl- und Gas (oil and gas)

2.7.3 Strukturierungselemente bei Projektfinanzierung von Öl- und Gasprojekten

Öl- und Gasprojekte teilen als Rohstoffprojekte viele Strukturierungselemente mit Bergbaufinanzierungen,[153] so dass hier nur einige besondere Strukturierungsformen hervorgehoben werden müssen. Über die Förderung von Öl und Gas werden häufig **Konzessionsverträge** (concession agreements) zwischen der Projektgesellschaft und dem Staat, auf dessen Gebiet sich eine Lagerstätte befindet, geschlossen.[154] Bei einem Konzessionsvertrag fördert die Projektgesellschaft die Rohstoffe und veräußert sie im eigenen Namen und auf eigene Rechnung gegen Zahlung eines Förderentgelts (royalty) an das Gastland. Bei Öl- und Gasprojekten gibt es alternativ die Möglichkeit, ein **production sharing agreement** (PSA) zwischen Projektgesellschaft und Gastland abzuschließen.[155] Dann erwirbt die Projektgesellschaft nicht mehr, wie beim concession agreement, Eigentum an den geförderten Rohstoffen und veräußert diese dementsprechend auch nicht auf eigene Rechnung. Vielmehr fördert die Projektgesellschaft für das Gastland gegen ein entsprechendes Entgelt. Zusätzlich kann ein production sharing agreement einen umfassenden staatlichen Investitionsschutzschirm des Gastlandes gewähren. Dazu gehören Zusicherungen der Nichtdiskriminierung, Steuerbefreiungen und das Recht, Zahlungen über Auslandskonten abzuwickeln.[156] Wie bei Bergbaufinanzierungen findet sich auch bei Öl- und Gasfinanzierungen das Abstellen auf eine sogenannte **borrowing base**.[157] Die borrowing base ergibt sich, indem man den Barwert der gesamten erwarteten Cash flows der Projektgesellschaft über die Darlehenslaufzeit durch den gewünschten Schuldendienstdeckungsgrad (debt service cover ratio)[158] teilt. Das Ergebnis ergibt den maximalen Darlehensbetrag, wobei gleichzeitig eine Überdeckung des Darlehensbetrages durch die Cash flows von 20–100% zu berücksichtigen ist. Die erwarteten Cash flows können entweder direkt aus der Veräußerung des geförderten Rohstoffs auf dem Weltmarkt stammen oder sich aus dem in einem Abnahmevertrag vereinbarten Preismechanismus ergeben. Bei Projektfinanzierungen kann eine borrowing base im Wesentlichen zwei Funktionen übernehmen. Einerseits kann die borrowing base im Vorstadium zum Abschluss des Darlehensvertrags die Berechnungsgrundlage für die Ermittlung des von den Banken zur Verfügung gestellten Darlehensbetrags darstellen. Die Ermittlungsweise der borrowing base wird dann von den Parteien im term sheet[159] definiert und das Berechnungsergebnis stellt den im Darlehensvertrag festgelegten Darlehensbetrag dar. Andererseits kann der im Darlehensvertrag vereinbarte Darlehensbetrag bei nachträglicher positiver Veränderung einer borrowing base angehoben werden bzw. die Höhe des Darlehensbetrags insgesamt an die borrowing base geknüpft sein. Ein entsprechender Anpassungsmechanismus zur Anhebung des Darlehensbetrags wird dann in den Darlehensvertrag aufgenommen.

40

---

[153] Kapitel 2.6.4.
[154] *Milbank, Tweed, Hadley & McCloy (Hrsg.)*, The Guide to Financing International Oil and Gas Projects, London 1996, S. 60.
[155] Ebd.
[156] Im Iran kann derzeit keine Projektfinanzierung von Öl- und Gasprojekten durchgeführt werden, da Ausländern keine Konzessionsrechte gewährt werden können. Man arbeitet deshalb mit sogenannten *Buy-back*-Konstruktionen, bei denen ein ausländisches Unternehmen die Anlagenerstellung im Iran übernimmt und gleichzeitig Ölabnahmeverträge mit einem iranischen Staatsunternehmen (z.B. N.I.O.C.) abschließt. Zur Rückzahlung der Projektkosten werden somit nicht die Erträge des Projekts, sondern Erlöse aus den Ölabnahmeverträgen herangezogen.
[157] Diese Strukturierungsmöglichkeit stammt ursprünglich aus der Rohstoffhandelsfinanzierung (*commodity trade finance*), wo sie auch heute noch (vor allem im Stahlhandel) verbreitet ist.
[158] Vgl. dazu Kapitel 6.2.6.5.1 (2).
[159] Kapitel 6.2.3.

41   Gerade bei Gasfinanzierungen (einschließlich der Finanzierungen von Gaspipelines) spielen **Abnahmeverträge** (offtake agreements) eine wichtige Rolle. Abnahmeverträge werden grob in take-**and**-pay contracts und take-**or**-pay contracts unterschieden. Beim take-and-pay contract zahlt der Abnehmer nur die von ihm abgenommene Menge Rohstoff. Beim take-or-pay contract muss der Abnehmer dagegen eine bestimmte Mindestmenge auch zahlen, wenn er den Rohstoff (z. B. wegen Absatzschwierigkeiten) nicht abnimmt. Take-or-pay contracts stellen wirtschaftlich gesehen eine Zahlungsgarantie des Abnehmers für Absatzeinnahmen der Projektgesellschaft dar. Sie sind auch bei großen Öl- und Gasfinanzierungen anzutreffen. Aber auch ein take-and-pay contract ist aus der Sicht des Projektfinanzierers ein wichtiges Strukturierungselement. Durch die Abtretung von Forderungen aus Abnahmeverträgen des Rohstofflieferanten mit bonitätsmäßig einwandfreien Abnehmern,[160] deren Erfüllung in harter Währung und durch Einzahlung auf Auslandskonten erfolgt, werden nämlich das Bonitätsrisiko des Rohstofflieferanten und das politische Risiko im Sitzstaat des Lieferanten deutlich abgemildert. Das Risiko hinsichtlich des Rohstofflieferanten wird dadurch auf ein Lieferrisiko reduziert. Soweit Zahlungen nach dem Abnahmevertrag im Sitzstaat des Rohstofflieferanten zu erfolgen haben, kommen noch Konvertierungs- und Transferrisiko hinsichtlich der Erlöse hinzu. An die Stelle von Abnahmeverträgen treten bei Pipelinefinanzierungen Durchsatzverträge **(throughput agreements)** oder gas transportation agreements. Das throughput agreement sieht wie ein take-or-pay contract vor, dass der Belieferte eine Mindestmenge des Liefervolumens jedenfalls zu zahlen hat, selbst wenn eine Lieferung nicht stattgefunden hat.[161] Demgegenüber wird bei einem **gas transportation agreement** die Zahlung eines Abnahmepreises nur für die tatsächlich gelieferte Menge Rohstoff bestimmt. Es entspricht somit einem take-and-pay contract. Die Zahlungen der Durchleitungsgebühren erfolgt bei throughput bzw. gas transportation agreements häufig in lokaler Währung. Um das Wechselkursrisiko und das Währungstransferrisiko hinsichtlich der lokalen Währung auszuschließen, wird häufig ein regelmäßiger Umtausch in harte Währung und deren Einzahlung auf Auslandskonten vereinbart.

---

[160] Wie bei den Gazprom-Pipeline-Finanzierungen Yamal I (über US$ 2,5 Mrd. im Februar 1997) und Yamal II (über US$ 3 Mrd. im November 1997).

[161] *Milbank, Tweed, Hadley & McCloy (Hrsg.)*, The Guide to Financing International Oil and Gas Projects, London 1996, S. 67 f.

3. Teil. Die Rolle des Consulting Engineer in der Projektfinanzierung

Übersicht

		Rdn.
3.1	Rollen und Aufgaben des Consulting Engineer bei privat finanzierten Projekten	1
	3.1.1 Die Funktion des Owner's Engineer	1
	3.1.2 Die Funktion des Independent Engineer	2
	3.1.3 Die Due Diligence als Aufgabe des Independent Engineer	4
3.2	Beauftragung des Consulting Engineer	5
	3.2.1 Kriterien	5
	3.2.2 Ausschreibungsverfahren	6
3.3	Mustervertragswerke für den Consulting Engineer	7
	3.3.1 Das FIDIC White Book	7
	3.3.2 World Bank Standard Contracts for Consultants' Services	8
	3.3.3 Empfehlungen bezüglich Haftungsbegrenzung	9
3.4	Bedeutung Nationaler und Internationaler Verbände für die Entwicklung von Beratungsstandards	10
	3.4.1 VUBIC	11
	3.4.2 VBI	12
	3.4.3 BCW	13
	3.4.4 EFCA	14
	3.4.5 FIDIC	15

3.1 Rollen und Aufgaben des Consulting Engineer bei privat finanzierten Projekten

Die Rolle des Consulting Engineer hat sich bei privat finanzierten Projekten, die überwiegend mit Fremdkapital und ohne oder nur mit begrenztem Rückgriff auf den Sponsor realisiert werden, im Vergleich zu den typischen Aufgaben im Auftrag eines Bauherrn wesentlich verändert. Es hat sich eine neue Rolle entwickelt, die zwar von den technischen Inhalten gesehen weitgehend unverändert ist, die aber ein neues Selbstverständnis voraussetzt und die intensive Auseinandersetzung mit den Schnittstellen zu den nicht-technischen Bereichen wie zum Beispiel den Verträgen oder den Preisformeln erfordert. Die neue Rolle ist im wesentlichen gekennzeichnet von der Übernahme einer Verantwortung im Rahmen des Risikomanagements auf Seiten des Projektfinanzierers oder des Bauherrn. Der Consulting Engineer wirkt wesentlich an der Vertragsgestaltung und der Risikoabsicherung mit, indem er technische Konzepte auf Belange der Projektfinanzierung prüft und gegebenenfalls anpasst und andererseits technische Bedingungen für die Projektfinanzierung definiert und in die vertraglichen Regelungen einpasst.

Es sind somit in der typischen Beteiligtenstruktur der Projektfinanzierung zwei mögliche Rollen für den Consulting Engineer gegeben. Auf Seiten des Bauherrn als „Owner's Engineer" und auf Seiten des Projektfinanzierers als „Independent Engineer".

3. Teil. Die Rolle des Consulting Engineer in der Projektfinanzierung

3.1.1 Die Funktion des Owner's Engineer

2   Der Owner's Engineer übernimmt primär klassische technische Dienstleistungen für den Bauherrn, die von der Spezifikation über die Ausschreibung bis zur Bauüberwachung und Betriebsunterstützung reichen können. Allerdings hat sich im Zuge der Projektfinanzierung auch hier eine wesentliche Veränderung ergeben. Die Projektfinanzierung bedingt in der Regel ein Festpreisangebot von den Kontraktoren in Verbindung mit Fertigstellungsgarantien und klar definierten Leistungs- oder Produktionszielen. Diese Leistungsvorgaben werden mit Erfüllungsgarantien und entsprechenden Pönalen im Falle von Nichterfüllung oder Abweichungen unterlegt. Damit ist typischerweise ein Turnkey-Konzept für die zu bauende Anlage vorgegeben, wofür sich der Begriff EPC-Vertrag (Engineering, Procurement, Construction) durchgesetzt hat.

Im Interesse der Eindeutigkeit der Verantwortung bedeutet dies nun für den Owner's Engineer, dass die Detailplanung und das eigentliche Baumanagement in der Verantwortung des Kontraktors belassen werden müssen, wenn die Erfüllungsgarantien und Pönalen durchsetzbar sein sollen. Der Owner's Engineer übernimmt auch keine Verantwortung für das Design der Anlage. Er konzentriert sich vielmehr auf die Unterstützung der originären Bauherrenaufgabe nämlich die funktionale Spezifikation und deren Durchsetzung. Dies umfasst vorrangig das Anlagenkonzept mit den wichtigsten Parametern, das es dem Bauherrn wiederum ermöglicht, seine Leistungsvorgaben zu erfüllen, die sich ihm typischerweise aus seiner Betreiberkonzession stellen. Dazu zählen insbesondere aber auch die Umwelt- und Sicherheitsstandards.

Die Verlagerung der Design-Verantwortung auf den Kontraktor hat auch einen anderen Aspekt. Der Kontraktor geht unter dem Turnkey-Vertrag das Risiko ein, eine Anlage mit vorgeschriebenem Wirkungsgrad und anderen Leistungsparametern unter einem festen Preis zu liefern und zu errichten. Er trägt auch das komplette Schnittstellenrisiko zwischen den verschiedenen Anlagenteilen und dem Bau sowie der Infrastruktur. Deshalb muss er in der Lage sein, die Komponenten zu optimieren und technische beziehungsweise kostenmäßige Effizienzmöglichkeiten auszuschöpfen. Dieses Prinzip bietet den Anreiz von zusätzlichen Gewinnmöglichkeiten, was ein wesentliches Wettbewerbselement bei der Ausschreibung von privat finanzierten Projekten mit entsprechender Turnkey-Struktur darstellt.

Ein projektfinanzierungserfahrener Consulting Engineer wird ein Anlagenkonzept gerade unter dem Aspekt des Risikomanagements für den Bauherrn beurteilen und gestalten. Je nach Form der Zusammenarbeit mit dem Bauherrn übernimmt der Owner's Engineer damit zunehmend eine Rolle als Projektentwickler. Dies spiegelt sich auch in neuen Formen der Honorargestaltung wider, die Risikoanteile enthalten können, mit denen der Consulting Engineer in die Projektentwicklung eingebunden werden kann.

Der Consulting Engineer hat also als Owner's Engineer eine klare Aufgabe auf Seiten des Projektentwicklers bzw. Investors, um diesen bei der Projektkonzeption, den Ausschreibungen und Vergaben, dem Projektmanagement sowie dem Vertragsmanagement zu unterstützen. Dies ist ein Element des Einkaufs von Ressourcen und Knowhow. Trotz der Verlagerung der Design- und Detailplanungsfunktion auf den Lieferanten verbleiben wichtige Aufgaben der funktionalen Spezifikation sowie der übergreifenden Projektsteuerung beim Owner's Engineer. Denn obwohl die Verpflichtungen des Lieferanten hinsichtlich Performance und Fertigstellungsterminen vertraglich definiert und mit entsprechenden Pönalen unterlegt sind, ist es letztlich das fundamentale Interesse des Eigentümers wie auch des Konzessionsgebers, das Projekt zeitgerecht und mit den gewünschten Spezifikationen in Betrieb zu nehmen.

3.1.2 Die Funktion des Independent Engineer

Die Bezeichnung als Independent Engineer signalisiert hingegen das Merkmal einer gutachterlichen und vom Bauherreninteresse unabhängigen Tätigkeit. Der Independent Engineer wird von den Banken ausgesucht und mandatiert und berichtet direkt an sie. Daher ist auch der Begriff "Technical Adviser to the Lenders" geläufig. Diese Funktion wird meist in direkter Kommunikation und Verantwortung gegenüber dem Finanzierungspartner ausgeübt, der das Bankenkonsortium führt.

In bestimmten Fällen, in denen zum Beispiel der Finanzierer frühzeitig in die Projektstrukturierung einbezogen ist oder Erfahrung in der Zusammenarbeit zwischen Bauherrn und Finanzierer besteht, kann der Independent Engineer unter genau definierten Kommunikationsregeln zugleich eine Unterstützungsfunktion gegenüber dem Bauherrn übernehmen. Dies hat den Vorteil, dass der Independent Engineer unmittelbar in den Projektmanagementprozess involviert ist und es somit ermöglicht, Projektfinanzierungsbelange in der technischen Projektrealisierung umzusetzen und umgekehrt. Bei größeren Syndizierungen, das heißt späterer Beteiligung weiterer Finanzierungspartner, ist jedoch eine Vereinigung der beiden Funktionen eher unüblich, da hier die nachfolgenden Finanzierungspartner meist eine strikte Unabhängigkeit, nicht zuletzt im Sinne einer Second Opinion, bevorzugen. Wir gehen daher im folgenden von einer Rolle als Independent Engineer aus, die allein in Verantwortung gegenüber dem Finanzierer ausgeübt wird.

In diesem Zusammenhang muss jedoch auf eine besondere Verfahrensweise hingewiesen werden. Obwohl die Ausschreibung und Auswahl des Lenders' Independent Engineer in der Hand des Finanzierers liegt, erfolgt die Rechnungsstellung des Independent Engineer direkt gegenüber dem Bauherrn. Dies führt es in der Praxis mit sich, dass der Bauherr bei der Auswahl des Lenders' Independent Engineer eine Mitsprache hat. Der Bauherr kann jedoch nicht den Prüfumfang oder die Empfehlungen des Independent Engineer beeinflussen.

3.1.3 Die Due Diligence als Aufgabe des Independent Engineer

Der Begriff Due Diligence ist am ehesten mit Projektprüfung zu übersetzen. Er kennzeichnet die Aufgabe, mit angemessener Sorgfalt die Bedingungen für eine Projektfinanzierung zu prüfen. Zugleich umfast der Prüfungsauftrag jedoch auch die Aufgabe, Hinweise zu geben, wie ein Projekt unter dem Aspekt der Risikosteuerung optimiert werden kann und welche flankierenden Maßnahmen zur Risikosenkung getroffen werden können.

Der Due Diligence Prozess setzt somit idealerweise früh genug ein, so dass gegebenenfalls noch auf die Projektkonzeption Einfluss genommen werden kann. Dies betrifft in erster Linie auch die Bedingungen des Turnkey Vertrages, der einen wesentlichen Bestandteil des Prüfungsgegenstands ausmacht. Es ist in der Regel nicht davon auszugehen, dass aus Sicht des Projektfinanziers ein Vertragsentwurf für den EPC Vertrag am Ende des Due Diligence Prozesses unverändert bleibt.

Die Due Diligence ist ein mehrstufiger Prozess. Dieser beginnt zu dem Zeitpunkt, an welchem der Independent Engineer von der Führungsbank mandatiert ist und endet zunächst vor Financial Close, das heißt die befriedigende Due Diligence ist eine der Voraussetzungen zur Erreichung des Financial Close. Der Prüfauftrag kann erweitert werden über die Bauphase und Projektabnahme beziehungsweise den Betriebsbeginn, und er kann in ein regelmäßiges Reporting über die Dauer des Darlehensvertrags übergehen.

3. Teil. Die Rolle des Consulting Engineer in der Projektfinanzierung

Je nach Projektstand, zu welchem die Due Diligence begonnen wird, enthält der erste Berichtsentwurf meist eine Vielzahl von Anmerkungen und Hinweisen auf mögliche Risiken aus Sicht des Independent Engineer. Dieser Anfangsbericht stellt eine Diskussionsgrundlage dar, die einen Klärungsprozess zwischen den Beteiligten in Gang setzt und häufig zu Detailänderungen des Projektkonzepts führt.

Im Kern fasst der Due Diligence Bericht alle technisch relevanten Projekt- und Vertragsdokumente zusammen und vermittelt abschnittsweise, beziehungsweise wo nötig, eine technische Risikoeinschätzung. Dies bezieht unbedingt auch alle nicht-technischen Dokumente mit ein, in die dennoch technische Zusammenhänge einfließen, so beispielsweise die Eingabeparameter für das Finanzmodell. Alle technischen Elemente in den Verträgen sowie in den Preisformeln werden in die Due Diligence einbezogen. Besonders wichtig ist hierbei die Überprüfung der technischen Grundlagen und der Bandbreiten für die Schadensersatzklauseln (Liquidated Damages) oder die Angemessenheit von sogenannten Contingencies, das heißt Zeit- oder Kostenaufschlägen als Risikopuffer.

Der Aspekt der Risikoeinschätzung prägt die Sprache des Due Diligence Berichts. Ein erfolgreich eingeführtes Verfahren, mit dem die Risiken nach ihrer Bedeutung im Projektverkauf gekennzeichnet werden, stellt die folgende Klassifizierung dar.

Risiko Kategorie 1: Risiken, die vor Financial Close gelöst werden müssen (meist in Form von vertraglichen Regelungen oder Nachbesserungen im technischen Konzept)

Risiko Kategorie 2: Risiken, die im Zuge der Bauausführung, das heißt nach Financial Close und vor Projektabnahme auftreten können und spezieller Beachtung bedürfen, und für die im Falle des Eintretens eine Lösung vorhanden ist (andernfalls stellt dies ein Risiko der Kategorie 1 dar)

Risiko Kategorie 3: Risiken, die im laufenden Betrieb auftreten können und spezieller Beachtung bedürfe, und für die im Falle des Eintretens eine Lösung vorhanden ist (andernfalls stellt dies ein Risiko der Kategorie 1 dar)

Falls Risiken der Kategorien 2 und 3 angemerkt werden, bedeutet dies nicht, dass definitiv ein Problem besteht. Es ist dies vielmehr ein Hinweis darauf, dass in einem bestimmten Bereich ein Risiko besteht oder Informationen fehlen, so dass dieser Bereich besonders beobachtet werden muss und zu gegebener Zeit bei Auftreten des Problems Maßnahmen zu ergreifen sind. Geeignete Maßnahmen werden meist im Due Diligence Bericht bereits beschrieben.

In der Projektphase zwischen Beginn der Due Diligence und Financial Close ist es das Ziel, im Zusammenspiel zwischen den Projektbeteiligten möglichst alle Probleme der Kategorie 1 zu lösen. Mögliche Lösungen setzen als primäre Maßnahmen am technischen Konzept selbst an oder sie schlagen sich in den Projektverträgen nieder, indem Risiken von der Projektgesellschaft auf andere Beteiligte, zum Beispiel die Vorlieferanten, verlagert werden. Eine weitere indirekte Absicherung stellt die Möglichkeit dar, Risiken zu versichern, wobei die finanzielle Bewertung des Risikos explizit wird.

Eine weitere wichtige Aufgabe während des Due Diligence Prozesses besteht darin, das Projektmonitoring und die Berichterstattung über den Projektfortschritt während der Bauphase vom Independent Engineer konzipieren und vorgeben zu lassen. Dies schließt insbesondere auch Vorgaben für den EPC Kontraktor ein, mit denen sichergestellt werden soll, dass geeignete Methoden und Berichtsformate angewendet werden, aufgrund derer der Independent Engineer seine Prüfaufgabe während der Anlagenfertigungs- und Bauphase effektiv ausüben kann. Dieses Konzept wird in einem Monitoring-Plan festgehalten.

Der Due Diligence Bericht des Independent Engineer bildet einen Teil der Dokumentation, auf welche die Finanzierungszusagen beziehungsweise das Financial Close basieren. Dazu legt der Independent Engineer in der Regel ein Zertifikat vor, in dem er sinngemäß bestätigt, dass er seine Projektprüfung auf der Grundlage der im Due

Diligence Bericht dokumentierten Unterlagen mit der angemessenen Sorgfalt durchgeführt hat, und dass die von ihm getroffenen Aussagen zum Projektrisiko seinen tatsächlichen Erkenntnissen zum betreffenden Zeitpunkt entsprechen.

3.2 Beauftragung des Consulting Engineer

3.2.1 Kriterien

Ein wichtiges Kriterium für die Auswahl des Consulting Engineer im Projektfinanzierungsumfeld ist die gebotene Leistungsvielfalt, das heißt der Umfang der in-house verfügbaren Fachdisziplinen und Erfahrungen mit angrenzenden Bereichen wie dem Vertragswesen, der Projektfinanzierung, dem Financial Modeling, der Marktanalyse, den Umweltregularien und anderen Themen. Es muss ein Verständnis vorhanden sein für die Risikobelange der Finanzierungsgeber wie der Eigenkapitalgeber. Technisch komplexe Zusammenhänge müssen im Projektfinanzierungsteam und in der Diskussion mit den Rechtsberatern und dem Aufbau des Vertragswerks auf die relevanten Risikoaspekte konzentriert werden. Projektsteuerungs- und Kontrollmechanismen sowie Leistungsparameter sind zu definieren, die im Vertragswerk und im Sicherheitenpaket (Security Package) als Verpflichtungen der Vertragspartner umgesetzt werden.

Diese Anforderungen setzen voraus, dass der Consulting Engineer multidisziplinär organisiert ist, über große Projektmanagementerfahrung in komplexen Projekten verfügt, und Referenzen aus privat finanzierten Projekten mitbringt. Dabei kommt es auch darauf an, dass er alle Seiten des Projektgeschäfts beherrscht, von der Rolle als Owner's Engineer, über Erfahrungen auf Seiten von Regierungen und Konzessionsgebern, bis zu Management- und Procurement-Aufgaben auf Seiten des EPC-Kontraktors.

Die Aufgabenstellungen und Detailfragen verändern sich im Verlauf der Projektentwicklung fortwährend. Der Consulting Engineer sollte die Personalressourcen haben, hierauf flexibel zu reagieren. Dies schließt bei Auslandsprojekten vor allem auch örtliche Präsenz ein. Phasenweise mit unterschiedlicher Intensität werden die Teams des Independent Engineer vor Ort tätig sein müssen, um Inspektionen durchzuführen oder durchgehende Managementaufgaben zu erfüllen.

Falls besondere technische Fachgutachter im Due Diligence Prozess eingeschaltet werden müssen, kann es aus Sicht der Projektleitung sinnvoll sein, einen Managing Consulting Engineer einzusetzen, der den gesamten technischen Teil koordiniert, wobei er entweder selber wesentliche fachliche Teile abdeckt oder seine Kompetenz für diese Aufgabe vorrangig aus der Erfahrung mit dem technischen Due Diligence Prozess bezieht.

3.2.2 Ausschreibungsverfahren

Die Beauftragung eines Consulting Engineer bei privat finanzierten Projekten sollte unter dem Aspekt der „Quality-Based Selection" erfolgen. Dies bedeutet, dass die Qualifikation des Beraters im Vordergrund steht und der Preis nur in Verbindung mit der Qualität der Leistungen bewertet wird. Dies ist im Rahmen der Projektfinanzierung deshalb so bedeutsam, da der Consulting Engineer hier eine kreative und kritische Rolle annehmen soll, die in hohem Maße Professionalität und Identifikation mit der Aufgabe erfordert. Üblicherweise spielt deshalb das für die Projektbearbeitung angebotene Beraterteam die größte Rolle in der Auswahl, in Verbindung mit der vorgeschlagenen Methodologie und den Firmenreferenzen. Der Angebotspreis kann bei qualitativem Gleichstand den Ausschlag geben, während ansonsten in Verhandlung mit dem besten Bieter getreten werden sollte. Eine Alternative ist, ein Bewertungs- und Gewichtungssystem anzuwenden, das Qualität und Preis miteinander kombiniert. Im

3. Teil. Die Rolle des Consulting Engineer in der Projektfinanzierung

Interesse der Quality-Based Selection sollte allerdings der finanzielle Teil ein geringeres Gewicht haben als der technische beziehungsweise qualitative Teil.

Weder für die Beauftragung als Owner's Engineer noch für die eines Independent Engineer eignet sich eine Pauschalpreisregelung, da der Projektentwicklungsprozess wie auch die Due Diligence einen variablen Arbeitseinsatz erfordern. Es ist daher üblich, mit Einheitspreisen zu arbeiten, die in Form von Tagessätzen pro Berater beziehungsweise Beraterkategorie definiert sind. Es können Zeitbudgets oder Rahmengesamtpreise definiert werden, die nicht oder nur in Absprache überschritten werden dürfen. Die Abrechnung erfolgt zeitnah nach tatsächlich geleisteten Beraterzeiten.

Die Auswahl des Beraters erfolgt meist in mehreren Schritten:
1. Beschreibung der Aufgabenstellung und des Projekthintergrunds.
2. Definition der vom Consulting Engineer abzudeckenden Leistungen und Projektabschnitte.
3. Vorauswahl von Consulting Engineers und Aufforderung zur Angebotsabgabe aufgrund von Erfahrungen aus vorausgegangenen Projekten, Bekanntheit der Berater im Markt für bestimmte Projekttypen, Technologien oder Landeserfahrung, veröffentlichten Qualifikationsprofilen von nationalen Verbänden und anderen Quellen. Andere Quellen für Referenzen von Consulting Engineers sind zum Beispiel ENR (Engineering News Record) oder die Projektfinanzierungszeitschriften wie PFI (Project Finance International), PFI Yearbook, PFI Directory und andere sektorbezogene Veröffentlichungen wie Power in Europe. Die Alternative einer formalen öffentlichen Ausschreibung mit breit gestreuter Präqualifikation ist im Bereich privater Sponsoren beziehungsweise überwiegend privater Finanzierung nicht die Regel.
4. Beurteilung der Angebote und Aufstellung einer Rangfolge nach Qualitätsmerkmalen wie technische Kompetenz, Managementkompetenz, Schnittstellenkompetenz zu den nicht-technischen Bereichen, Personalqualifikation im angebotenen Team, Verfügbarkeit, Methodologie und Qualitätssicherung, Projektreferenzen auf gleichem Gebiet, Interessensunabhängigkeit und andere Kriterien. Es ist im Umfeld des Privatfinanzierungsgeschäfts üblich, dass die erstplazierten Berater zur einer Präsentation ihrer Angebote eingeladen werden, was insbesondere der persönlichen Vorstellung und Beurteilung der Qualifikation des für die Bearbeitung vorgesehenen Kernteams dient.
5. Verhandlung des Auftrags mit detaillierter Durchsprache, Festlegung vertraglicher Details auf der Grundlage von Leistungsbeschreibung und Angebot, Festlegung des Einsatzplans und Beginn der Arbeiten, Ausverhandeln des finanziellen Vertrags mit den Vertragsbedingungen, Bestimmung von Kommunikations- und Dokumentationsregeln, Beauftragung.

Falls öffentliche Finanzierung oder Fördermittel in die Projektfinanzierung einbezogen werden oder öffentliche Partner in der Sponsorengruppe beteiligt sind (zum Beispiel bei Projekten mit Public-Private-Partnership Struktur), können öffentliche Vergaberichtlinien auch bei der Beauftragung des Consulting Engineer von Belang sein. Insbesondere die internationalen Finanzierungsbanken wie die Weltbank wenden besondere Procurement Guidelines an, die nachfolgend dargestellt werden.

3.3 Mustervertragswerke für den Consulting Engineer

3.3.1 Das FIDIC White Book

7   Die Fédération Internationale des Ingénieurs-Conseils (FIDIC) veröffentlicht eine Reihe von internationalen Vertragsbedingungen für beratende Ingenieure beziehungsweise für die Auftragsvergaben vom Bauherrn an die ausführenden Unternehmer oder

Lieferanten, an denen der Ingenieur mitwirkt. In dieser Serie regelt das sogenannte White Book[1] direkt die Vertragsbeziehungen zwischen Consulting Engineer und Bauherrn.

Das White Book enthält die folgenden Abschnitte:
- Definitionen und Auslegungen
- Pflichten des Beraters
- Pflichten des Auftraggebers
- Personal
- Haftung und Versicherung
- Inkrafttreten, Erfüllung, Änderungen und Beendigung des Vertrages
- Zahlungsbedingungen
- Allgemeine Regelungen
- Regelung von Streitfällen

sowie Vorlagen für Besondere Vertragsbedingungen und Musteranhänge für die Spezifikation des Auftragsumfangs, vom Auftraggeber beizusteuernde Leistungen und Zahlungsbedingungen.

Zum Verständnis der Rolle des Consulting Engineer insbesondere bei privat finanzierten Projekten bildet das neue sogenannte Silver Book[2] der FIDIC einen wichtigen Rahmen. Dieses Mustervertragswerk stellt erstmalig speziell auf die Aufgabenverteilung bei BOT-, Konzessionsprojekten oder ähnlichen ab, in denen der Bauherr auch die Finanzierungsaufgabe und die Betreiberfunktion übernimmt. Der ausführende Unternehmer trägt wie oben beschrieben die Design und Ausführungsverantwortung unter einem EPC/Turnkey Vertrag.

Obwohl das Silver Book in erster Linie nur das Verhältnis zwischen Bauherr und Kontraktor als Vertragsparteien regelt, wird die Rolle des Consulting Engineer hierin implizit als Ausgestalter und Anwender der Regeln vorgesehen. So wird im Vorwort gesagt, dass die Detaillierung und Ausformulierung der Verträge sowie die Ausschreibung an erfahrenes Personal übertragen werden sollte, das die vertraglichen, technischen und beschaffungstechnischen Aspekte beherrscht. In Abschnitt 3.1 der General Conditions wird der Repräsentant des Bauherrn (Employer's Representative) eingeführt, der im Namen des Bauherrn unter dem Vertrag handeln kann. Dieser hat im Rahmen seiner Beauftragung gegenüber dem Kontraktor die volle Autorität des Bauherrn mit Ausnahme der Möglichkeit, die Beendigung des Vertrages gemäß Abschnitt 15 der Besonderen Vertragsbedingungen auszusprechen.

Analoges gilt für den Lenders' Engineer, dem zum Beispiel Baustellenzugang gewährt werden soll, um für die Finanzierer das Projektmonitoring durchführen zu können, Kredittranchen für Baufortschrittszahlungen freizugeben oder an Abnahmetests teilzunehmen. Der Lenders' Engineer kann auch direkt in den Dokumentenlauf zwischen Kontraktor und Bauherrn einbezogen werden, um Zeit zu sparen. Dies wird letztlich als Bauherreninteresse im bilateralen Vertrag mit dem Kontraktor geregelt und fällt insofern auch unter die Möglichkeit, Aufgaben an autorisierte Repräsentanten zu delegieren.

3.3.2 World Bank Standard Contracts for Consultants' Services

Die nachfolgend dargestellten Auswahlverfahren und Standardverträge der Weltbank bieten einen geeigneten Leitfaden auch für kommerziell finanzierte Projekte, selbst wenn hier nur verkürzte Verträge und Vertragsanhänge zur Anwendung kommen mö-

---

[1] FIDIC Whitebook, Client Consultant Agreement, Lausanne, 3. Auflage 1998
[2] FIDIC Conditions of Contract for EPC/Turnkey Projects, Lausanne, Erste Auflage September 1999

3. Teil. Die Rolle des Consulting Engineer in der Projektfinanzierung

gen. Insbesondere mit Blick auf eine Finanzierungsbeteiligung oder die Einbeziehung von Garantieinstrumenten der Weltbank Gruppe (einschließlich IFC und MIGA) sind die Vorgaben der Weltbank für die Auswahl von Consultants relevant. Grundsätzlich sind diese für alle Beratungsdisziplinen anzuwenden, also neben der Bestellung des Consulting Engineer genauso für die Beauftragung von Managementberatern, Wirtschaftsprüfern und Financial Advisers.

Die Weltbank gibt unter dem Titel „Standard Requests for Proposals" eine Serie von Musteranfragen und Musterverträgen für die Ausschreibung von Beratungsleistungen und die Beauftragung von Consultants heraus[3]. Gemäß den World Bank Guidelines[4] sind diese Standards wenn immer möglich anzuwenden. Sie eignen sich für die verschiedenen Auswahlverfahren, welche die Weltbank vorsieht: Quality- and Cost-Based Selection (QCBS), Quality-Based Selection (QBS), Fixed-Budget, Least-Cost, Qualification-Based und Single-Source. Die Anforderungen der Weltbank sind mit denen der International Development Association (IDA) identisch, das heißt, sie beziehen sich auf Projekte, die Finanzierungen in Form von Darlehen wie auch in Form von Entwicklungshilfen enthalten.

QCBS unterstellt einen Wettbewerbsprozess zwischen vorausgewählten Beratungsfirmen, in welchem Kosten beziehungsweise der Angebotspreis angemessen eingezogen werden. Das Verfahren setzt gut strukturierte Angebotsvorgaben (Terms of Reference) voraus, damit ein Preisvergleich überhaupt auf vergleichbarer Leistungsbasis möglich ist. Andererseits muss Raum gegeben werden für durchaus unterschiedliche methodische Ansätze und Projektorganisationen. Das relative Gewicht, das dem Angebotspreis zugemessen wird, kann für jedes Projekt verschieden sein, je nach Art und Schwierigkeitsgrad der Aufgabe.

QBS ist dann das geeignete Auswahlverfahren, wenn es sich um komplexe oder hoch spezialisierte Beratungsaufgaben handelt, in denen präzise Terms of Reference schwer zu definieren und substantiell unterschiedliche Ansätze möglich sind, oder in denen es weit vorrangig auf die Qualität der Beratung beziehungsweise die Erfahrung des Beraters ankommt.

Fixed-Budget und Least-Cost setzen hochgradig vorstrukturierte Projekte voraus, während sich ein rein Quality-Based oder Single-Source Verfahren für kleinere und schnell zu vergebende Aufträge eignet.

Die Weltbank bevorzugt Wettbewerbsverfahren und wendet in den meisten Fällen QCBS oder QBS als Bewertungsverfahren an. Grundsätzlich werden jedoch auch Direktvergaben oder begrenzte Anfragen mit Auswahl nach Qualifikation nicht ausgeschlossen. Dies ist relevant zum Beispiel für Co-Finanzierungen oder Projektentwicklungen, in denen sich die Weltbank zu einem späteren Zeitpunkt beteiligt, während etwa eine kommerzielle Bank oder ein Konsortium bereits zuvor den Lenders' Engineer beauftragt hat. Die Guidelines sehen vor, dass Direktvergaben auch geeignet sein können, wenn es sich um Folgeaufträge mit klarem Vorteil der Kontinuität handelt oder wenn Kredite an einen Financial Intermediary (z. B. einen regionalen Entwicklungsfonds) gegeben werden, der private Projekte finanziert.

Die in den Guidelines empfohlenen Standards enthalten die folgenden Ausschreibungs- und Vertragsmuster:
- Einladung zur Angebotsabgabe (mit Liste der angefragten Berater und Nennung des gewählten Ausschreibungsverfahrens)

---

[3] The World Bank: Bank-Financed Procurement, Bidding Documents. Standard Requests for Proposals. Selection of Consultants. Washington, D. C., 1997, Revised July 1999

[4] The World Bank: Guidelines – Selection and Employment of Consultants by World Bank Borrowers, Washington, D. C., 1997, Revised January 1999

- Informationen für den Consultant (Allgemeine Vorgaben zum Ablauf und zu den Bankpolitiken, spezifisches Projektdatenblatt mit Kundenangaben und Terminen sowie Punkteschema für die Angebotsbewertung); im Anhang hierzu: Berechnungsschema für die Beraterhonorarsätze zum Zweck der späteren Preisverhandlung
- Technische Angebot – Standard-Formblätter (darunter Angebotsschreiben, Format für Firmenreferenzen, Kommentare und Vorschläge zu dem Terms of Reference, Darstellung der eigenen Vorgehensweise und Arbeitsplanung, Zusammensetzung des Beraterteams und Aufgabenzuordnung, Lebensläufe der Teammitglieder nach vorgegebenem Schema, zeitlicher Einsatzplan für die Berater, Aktivitätenplan)
- Finanzielles Angebot – Standard-Formblätter (darunter finanzielles Angebotsschreiben, Formate für Angebotspreisübersicht, Preisaufteilung nach Aktivitäten und nach Honoraren und Erstattungskosten und anderen Nebenkosten)
- Terms of Reference (mit Standardinhaltsverzeichnis)
- Vertragsmuster:
  - Komplexe zeitbasierte Aufträge (in der Regel für Aufträge über 200 000 US Dollar)
  - Pauschalverträge (Auftragsgröße wie oben)
  - Kleine zeitbasierte Aufträge
  - Kleine Pauschalaufträge

Die Musterverträge enthalten Allgemeine Vertragsbedingungen, Modelle für Besondere Vertragsbedingungen mit alternativen Formulierungen und Erläuterung hierzu, Musterinhaltsverzeichnisse für Anhänge wie Aufgabenbeschreibung, Berichtspflichten, Leistungen des Auftraggebers, Muster für Anzahlungsgarantien etc.

3.3.3 Empfehlungen bezüglich Haftungsbegrenzung

Der Consulting Engineer verpflichtet sich zur Erfüllung der vertraglich festgelegten Aufgaben und trägt dabei die allgemeinen Sorgfaltspflichten in Bezug auf die Abwicklung der Arbeiten und die Anwendung anerkannter Regeln der Technik. Die Haftung des Consulting Engineer gegenüber dem Auftraggeber wird nach internationaler Praxis, wie beispielsweise den von der Weltbank akzeptierten Regelungen[5] begrenzt, mit Ausnahme von Fällen grober Fahrlässigkeit oder Vorsatz. Die Haftungssumme kann in den anderen Fällen entweder auf das Honorar beziehungsweise den Auftragswert begrenzt oder dem Betrag nach definiert werden. Eine Haftung für indirekte Schäden wird normalerweise ganz ausgeschlossen. Falls ein Betrag über dem Auftragswert vereinbart werden soll, richtet sich die Haftungsgrenze richtet nach den üblichen Versicherungssummen, die der Consulting Engineer abgeschlossen hat. Falls der Kunde höhere Versicherungssummen für ein Projekt verlangt, kann vereinbart werden, dass er hierfür die beim Auftragnehmer erforderlichen Zusatzprämien übernimmt. Die Haftungsperiode wird zum Beispiel auf zwei Jahre nach Abnahme der Arbeiten begrenzt.

9

3.4 Bedeutung nationaler und internationaler Verbände für die Entwicklung von Beratungsstandards

Namhafte Consulting Engineering Unternehmen sind in nationalen Interessensverbänden organisiert, die wiederum als Mitglieder in internationale Dachorganisationen firmieren. Die Verbände sind für Kunden in zweierlei Hinsicht relevant. Sie

10

---

[5] Siehe die Special Conditions of Contract zum Vertragsmuster für Complex Time-Based Assignments, Abschnitt 3.4.

können dazu dienen, über die Verzeichnisse der Organisationen in Zielländern und nach Spezialisierung geeignete Ingenieurfirmen zu identifizieren. Zum anderen entwickeln die Verbände Standards und Musterverträge für die Beauftragung in unterschiedlichen Projekttypen und für verschiedene Funktionen, die sich in weiten Bereichen als Standardverträge oder zumindest Prüfleitfäden durchgesetzt haben. So beziehen sich beispielsweise die Beschaffungsrichtlinien der Weltbank weitgehend auf den sogenannten „Construction Contract" der FIDIC, des Weltverbands der Beratenden Ingenieure. Die Verbände haben mit ihren Empfehlungen und Standards in jüngster Zeit vor allem dem zunehmenden Anteil neuer Finanzierungs- und Betreiberkonzepte Rechnung getragen und zu einer Neupositionierung des Consulting Engineer als Fachpartner oder Treuhänder und Repräsentant des Bauherrn (Owner's Engineer) oder als Berater der Finanzierer (Lenders' Independent Engineer) beigetragen.

3.4.1 VUBIC

11   Der Verband unabhängig beratender Ingenieure und Consultants e.V. (VUBIC) entstand im Jahr 2000 aus dem Zusammenschluss des VUBI (Verband unabhängig beratender Ingenieurfirmen) und INGEWA (Ingenieurverband Wasser- und Abfallwirtschaft).

Er ist ein Wirtschaftsverband, dem mehr als 500 deutsche Ingenieurgesellschaften angehören, die unabhängig von Ausführungs- und Lieferinteressen tätig sind und ein breitgefächertes Spektrum von technischen und wirtschaftlichen Beratungsleistungen national wie international anbieten. Ein wichtiges Instrument ist die angebotene Ingenieurdatenbank, mit deren Hilfe Recherchen nach Mitgliedsfirmen und deren Leistungsbereichen möglich sind.

3.4.2 VBI

12   Der Verband Beratender Ingenieure (VBI) ist eine berufsständische Organisation unabhängig beratender und planender Ingenieure in Deutschland, dem ca. 3000 freiberuflich geführte Unternehmen angehören, die in Form von persönlicher Mitgliedschaft von Führungskräften vertreten werden. Die Mitgliedsunternehmen arbeiten im Inland und weltweit.

3.4.3 BCW

13   Die Bundesvereinigung Consultingwirtschaft ist der deutsche Dachverband, in dem VUBIC und VBI zusammenarbeiten.

3.4.4 EFCA

14   Die European Federation of Engineering Consultancy Associations ist die heute alleinige europäische Vereinigung von 24 nationalen Verbänden der Ingenieurberatungsbranche und angrenzender Dienstleistungsbereiche. Sie vertritt damit mehr als 8500 europäische Unternehmen mit einem geschätzten Umsatzvolumen von über 18 Milliarden Euro. Mit dem Sitz des EFCA Sekretariats in Brüssel nimmt die Organisation eine wichtige Vertretungsfunktion ihrer Mitglieder gegenüber der Europäischen Commission wahr, jedoch insbesondere auch gegenüber den internationalen Finanzierungsinstitutionen wie der Europäischen Entwicklungsbank oder der Weltbank.

3.4.5 FIDIC

Die Fédération Internationale des Ingénieurs-Conseils ist der Weltverband der Beratenden Ingenieure mit Sitz in Lausanne, Schweiz. Er wurde 1913 gegründet und umfasst heute 67 nationale Mitgliedsorganisationen, die weltweit etwa 540 000 Professionals vertreten.

FIDIC hat neben den bekannten Standardverträgen eine Reihe von Grundsatzpapieren[6] herausgegeben, welche die Rolle des Consulting Engineer in seinem Verhältnis zu Auftraggebern und Finanzierungsinstitutionen beschreiben. Diese haben einen speziellen Bezug zu Projekten in Entwicklungsländern, in denen in erster Linie die klassischen Strukturen zwischen öffentlichen Auftraggebern und internationalen Finanzierungsorganisationen wie z. B. der Weltbank unterstellt sind. Diese lassen sich jedoch auch auf den Bereich der kommerziellen Projektfinanzierung übertragen.

Wesentliche Grundsätze sind in die Musterregelungen des White Book eingeflossen. Darüber hinaus enthalten die Grundsatzpapiere Empfehlungen zur Einbeziehung von Umweltfragen, zur Rolle in Turnkey-Projekten, zur Risikotragung, zu Vertragsgarantien und Streitlösungsverfahren, zur Funktion als Sachverständiger vor Gericht, zur Haftungsbegrenzung, Qualitätssicherung und Anti-Korruption, Projekte mit Eigeninteresse oder mit Erfolgsbeteiligung und andere.

Projekte mit eigenem finanziellen Interesse des Consulting Engineer, das über eine normale Honorarstruktur hinausgehen, werden von der FIDIC als neue Möglichkeit angesprochen. Dies betrifft Risikobeteiligung in Form von aufgeschobenen beziehungsweise eingesetzten Honoraranteilen wie auch Projektentwicklung auf eigene Kosten. FIDIC betont hierbei insbesondere die Notwendigkeit, Interessenskonflikte zu vermeiden und klar erkennbare Positionen gegenüber Auftraggebern und Beteiligten einzunehmen.

---

[6] FIDIC Policy Statements, FIDIC Secretariat

4. Teil. Projektträger

Übersicht

	Rdn.
Vorbemerkung	1
4.1 Projektbeteiligte	4
4.1.1 Sponsoren	5
4.1.2 Fremdkapitalgeber	6
4.1.2.1 Kommerzielle Banken	12
4.1.2.2 Öffentliche Institutionen, Exportbanken und Exportversicherer	15
4.1.3 Öffentliche Instanzen	20
4.1.4 Projektträger	25
4.1.5 Bau- und Lieferunternehmen	26
4.1.6 Betreiber und Managementgesellschaften	30
4.1.7 Zulieferer und Projektlieferanten	36
4.1.8 Abnehmer und Kunden von Projektleistungen	38
4.1.9 Drittinvestoren	41
4.1.10 Gutachter	43
4.1.11 Planer und Berater	47
4.1.12 Versicherungen	49
4.1.12.1 Versicherungsgesellschaften	50
4.1.12.2 Exportversicherer	53
4.1.13 Privatanleger	57
4.2 Sponsoren	60
4.2.1 Motive von Sponsoren	61
4.2.1.1 Private Unternehmen als Sponsoren	62
4.2.1.2 Staatliche Instanzen als Sponsoren	73
4.2.2 Bedeutung der Sponsoren für die Projektfinanzierung	75
4.2.3 Aufgaben der Sponsoren während der unterschiedlichen Projektphasen	78
4.2.3.1 Projektentwicklungsphase	79
4.2.3.2 Projektfinanzierung	84
4.2.3.3 Errichtungsphase	88
4.2.3.4 Betriebsphase	95
4.2.3.5 Desinvestition und Übertragung	99
4.2.4 Rollenkonflikte von Sponsoren	100
4.2.4.1 Lieferunternehmen als Sponsoren	101
4.2.4.2 Öffentliche Instanzen als Sponsoren	103
4.3 Projektträger	104
4.3.1 Begriff und Aufgaben	104
4.3.2 Gestaltung der Rechtsträgerschaft von Projektträgern	108
4.3.2.1 Die Kapitalgesellschaft	110
4.3.2.2 Die Personengesellschaft	113
4.3.3 Ergänzende Rechtsträger	114
4.3.4 Public Private Partnerships	118
4.4 Fallstudie: Die Beteiligten des Projektes Herrentunnel in Lübeck	120
4.4.1 Das Projekt	120
4.4.2 Sponsoren und Projektträger	121
4.4.3 Sonstige Beteiligte	124
4.4.4 Die öffentliche Hand	125

4. Teil. Projektträger

Schrifttum: *Alfen,* Projektentwicklung Infrastruktur als Geschäftsfeld der Bauindustrie, [Alfen I], BW Bauwirtschaft 4/99, S. 16 ff. und 5/99, S. 22 ff.; *Alfen,* Privatwirtschaftliche Modelle für eine bedarfsgerechte Straßenverkehrsinfrastruktur, [Alfen II], Internationales Verkehrswesen (52), 4/2000, S. 148 ff.; *Alfen/Horn,* Herrentunnel Lübeck: a Breakthrough in Germany's Privately Financed Toll Roads, Infrastructure Journal, Oct/Nov 1999, S. 56 ff.; *Alfen/Knop,* Durchbruch bei Betreibermodellen in Deutschland, Bauingenieur, Band 75, 1999, S. 7 ff.; *Backhaus/Sandrock/ Schill/Uekermann,* Projektfinanzierung; *Baker & McKenzie,* Project Finance, A Guide to Financing Power Projects, [ohne Datum]; *Clifford Chance,* Project Finance, 1991; *Dambach,* Projektfinanzierung über den Kapitalmarkt, Die Bank, 1998, S. 270 ff.; *Denton Hall Projects Group,* A Guide to Project Finance; *Ewers/Rodi,* Privatisierung der Bundesautobahnen, 1995; *Fishbein, Gregory/ Suman Babbar,* Private Financing of Toll Roads, RMC Discussion Paper; Series, Number 117, The World Bank, 1996; *Freshfields* Project Finance, 1995; *Geoff Haley,* A–Z of BOOT, How to create successful structures for BOOT projects, IFR Publishing, 1996; *Gundert,* Rechnungslegung und Bilanzierung im Rahmen sog. Projektfinanzierungen, Deutsches Steuerrecht, 2000, S. 125 ff.; *Hupe,* Steuerung und Kontrolle internationaler Projektfinanzierungen, 1995; *Jürgens,* Projektfinanzierung, Ansätze einer betriebswirtschaftlichen Theorie, Inaugural-Dissertation, WHU, 1993, als Buch erschienen unter: Projektfinanzierung, Neue Institutionenlehre und ökonomische Realität, Wiesbaden, 1994; *Kiethe/Hektor,* Grundlagen und Techniken der Projektfinanzierung, Deutsches Steuerrecht, 1996 S. 977 ff.; *Kuttner,* Mittel- und langfristige Exportfinanzierung: besondere Erscheinungsformen in der Außenhandelsfinanzierung, 2. Aufl., 1995; *Laux,* Projektfinanzierung – Vorteile auch für kapitalkräftige Unternehmen?, Die Betriebswirtschaft, 1997, S. 840 ff.; *Madauss,* Handbuch Projektmanagement: mit Handlungsanleitungen für Industriebetriebe, Unternehmensberater und Behörden, 5. Aufl., 1994; *Nicklisch,* BOT-Projekte: Vertragsstrukturen, Risikoverteilung und Streitbeilegung, Der Betriebsberater, 1998, S. 2 ff.; *Project Finance International,* verschiedene Ausgaben und Jahrgänge, Thomson Financial; *Project Finance,* verschiedene Ausgaben und Jahrgänge, Euromoney Institutional Investor Publications; *Reuter,* Was ist und wie funktioniert Projektfinanzierung?, Der Betrieb, 1999, S. 31 ff.; *Reuter/Wecker,* Projektfinanzierung, 1999; *Schepp,* Praxis der Projektfinanzierung, Die Bank, 1996, S. 526 ff.; *Schmidt,* Privates Kapital für den öffentlichen Verkehr, Die Bank, 1993, S. 524 ff.; *Schwanfelder,* Exportfinanzierung für Großprojekte: national – international – multinational, 1987; *Tytko,* Grundlagen der Projektfinanzierung, 1999; *Tytko,* Deregulierung und Privatisierung forcieren kooperative Projektfinanzierungsformen, [Tytko II], FAZ vom 4. 2. 2000.

Vorbemerkung

1 "Jedes Projekt ist anders". Wer sich mit der Finanzierung internationaler Projekte befasst, hört und liest diese Aussage beinahe täglich. Sie hat in der Tat ihre Berechtigung: die schiere Zahl der Projektbeteiligten und die Komplexität der sie miteinander verbindenden Verträge stützen die Vermutung, jede Projektfinanzierung sei ein Unikum und in ihrer besonderen Ausprägung einzigartig. Und dennoch: obwohl sich einzelne Projekte in ihren Strukturen und Vorkehrungen zum Teil erheblich unterscheiden, die fundamentalen Funktionsmechanismen einer Projektfinanzierung ändern sich nicht. Dies betrifft sowohl die typischerweise daran Beteiligten als auch die grundlegenden Vertragswerke, die ihre Beziehungen untereinander regeln. Dies führt auf manchen Märkten, wie z.B. der Energieerzeugung durch sogenannte unabhängige Erzeuger *(independent power producer – IIP),* zur Ausbildung von regelrechten Standards (man möchte beinahe sagen, Projektfinanzierungen für diese Projekttypen hätten einen Commodity-Charakter erlangt), die sich auf Grund internationaler Praxis bewährt und fortentwickelt haben. Auf anderen Märkten (z.B. Telekommunikation, Rohstoffexploration, Infrastruktur) ergibt sich die jeweilige Andersartigkeit der Projekte zumeist aus der Anzahl der Projektbeteiligten und der sich daraus ergebenden Beziehungsgeflechte. So wird in der Literatur als herausragendes Merkmal von Projektfinanzierungen die große Anzahl von Parteien genannt, die sich unter teilweise stark divergieren-

Vorbemerkung

den Interessenlagen zur gemeinsamen Durchführung von Projekten zusammenfinden.[1] Sowohl an die Beteiligten wie auch an die Belastbarkeit der Vertragswerke ist ein besonders hoher Anspruch zu stellen, da nicht nur das wirtschaftliche Risiko der Unternehmung regelmäßig an eine neu zu gründende, rechtlich und organisatorisch unabhängige Einheit übertragen wird sondern vor allem Kapital in beträchtlichen Größenordnungen langfristig gebunden wird.

Die bei Projektfinanzierungen üblichen Vertragsstrukturen erfahren gerade bei internationalen Projekten zusätzliche Schwierigkeitsgrade, die sich aus dem rechtlichen Umfeld des Projektlandes (bisweilen auch der Projektländer)[2] und, bei Beteiligten aus unterschiedlichen Ländern, den jeweils berührten Rechtssystemen ergeben.[3] Um sicherzustellen, dass die Beteiligten erfolgreich zusammenarbeiten, sind eine straffe Projektorganisation und ein effizientes Projektmanagement erforderlich. Hierbei gilt es, innerhalb des Beteiligtenkreises Aufgaben zu formulieren, Verantwortlichkeiten zu definieren und Risiken zuzuordnen. Im Zentrum dieser Koordinationsaufgabe steht der Projektträger, ein von den Sponsoren des Projektes, häufig in der Rechtsform einer Kapitalgesellschaft, eingesetztes Vehikel. Vor diesem Hintergrund kommt dem Projektträger eine besondere Bedeutung zu, trägt er doch letztlich die Verantwortung für Erfolg oder Misserfolg des Projektes. Trotz ihrer zentralen Rolle sind die Eigenschaften der Projektträger durchaus kontrovers: einerseits impliziert der Begriff Projektträgerschaft Verantwortung für das Projekt, andererseits dient das Instrument der Projektfinanzierung gerade dazu, die Verantwortung der Beteiligten zu beschränken und somit das Projektrisiko auf mehrere Schultern zu verteilen.

Dieser Aufsatz verfolgt das Ziel, einen Überblick über die in Praxis und Schrifttum gängige Systematisierung von Projektbeteiligten zu geben sowie ihre Aufgaben und Rollen im Rahmen einer Projektfinanzierung skizzenhaft darzustellen. Dabei muss auf eine eingehende Behandlung der verschiedenen Spielarten und Konstellationen weitgehend verzichtet werden, da dieser Anspruch bei Beschränkung auf grundsätzliche Zusammenhänge nicht erfüllt werden kann. In Abschnitt 4.1 wird näher auf die an Projektfinanzierungen beteiligten Unternehmen, Institutionen und Körperschaften eingegangen. Die besondere Bedeutung der Projektsponsoren und des Projektträgers für den Projekterfolg rechtfertigen eine Würdigung dieser Projektbeteiligten in eigenen Abschnitten. In dieser Hinsicht weicht die von den Verfassern gewählte Systematik von den im Schrifttum gängigen Darstellungen ab. In Abschnitt 4.2 erfolgt eine differenziertere Erläuterung der Sponsorenrolle und der Aufgaben des Sponsors innerhalb eines Projektes. Einen Schwerpunkt hierbei bilden die Ziele und Motive der Sponsoren, sich in einer Projektfinanzierung zu engagieren und nicht selten auch zu exponieren. In Abgrenzung hierzu widmet sich Abschnitt 4.3 den Eigenschaften und Funktionen des Projektträgers, der regelmäßig zentraler Bezugspunkt (Rechtsträger) für die einer Projektfinanzierung zugrunde liegenden Vertragswerke ist. In Abschnitt 4.4

---

[1] *Denton Hall,* S. 13.

[2] Beispiele hierfür finden sich in der Form von Pipelines, Telekommunikationseinrichtungen (z.B. Fiber-optic Link Around the Globe – FLAG) und satellitengestützen Telekommunikationssystemen (Iridium, Globalstar).

[3] Vgl. Project Finance International, Issue 176, S. 10 ff. "Over at APCN [Asia Pacific Cable Network] ... there are a total of ten sponsors to the project – China Telecom, Chunghwa Telecom (Taiwan), Cable & Wireless HKT of Hongkong, KDD Corporation of Japan, Japan Telecom, NTT Worldwide Networks of Japan, Korea Telecom, Telekom Malaysia, Singapore Telecom and Telstra Corporation of Australia .... APCN2 will link Japan, South Korea, China, Hongkong, Taiwan, Malaysia and Singapore." oder Project Finance International, Issue 194, S. 10 ff. "The [Sam-1] network will link South America, Central America and the United States from the Atlantic to the Pacific [...]. [It] will connect the United States, Puerto Rico, eastern Guatemala, Brazil and Argentina."

schließlich erläutern die Verfasser die Rollen und Aufgaben von Projektbeteiligten anhand eines Beispiels aus der eigenen Unternehmenspraxis.

4.1 Projektbeteiligte

4   Großprojekte, deren Kapital mittels Projektfinanzierung beschafft wird, weisen regelmäßig eine große Zahl von Beteiligten auf, die sich mit unterschiedlichen, teilweise entgegengesetzten Interessen zusammenschließen. Im Rahmen dieser Arbeit sind unter Projektbeteiligten alle diejenigen Unternehmen und staatlichen Instanzen (Körperschaften) anzusehen, die ein Interesse an der Durchführung des Projektes haben und hierzu auch einen Leistungsbeitrag erbringen. Im Falle privatwirtschaftlich geführter Unternehmen ergibt sich die Beteiligung an einem Projekt ganz offensichtlich aus der Absicht der Gewinnerzielung. Hingegen erfüllen staatliche Instanzen in der Regel hoheitliche Aufgaben (z.B. Daseinsvorsorge) oder einen wirtschaftspolitischen Auftrag (bspw. Förderung der wirtschaftlichen Entwicklung, Verbesserung der Zahlungsbilanz). Die Kunst der Projektfinanzierung besteht nun darin, alle Projektbeteiligten derart in ein Vertragsnetzwerk einzubinden, dass eine Bedienung des zur Finanzierung aufgenommenen Fremdkapitals mit hoher Wahrscheinlichkeit sichergestellt werden kann. Dies erfordert nicht nur eine genaue Kenntnis der Beteiligten und ihrer jeweiligen Interessen, sondern gerade bei internationalen Projekten eine intensive Auseinandersetzung mit den nationalen, kulturellen und wirtschaftlichen Besonderheiten, welche nicht selten einen beträchtlichen Einfluss auf deren Handeln ausüben.[4] Aus diesem Grunde sind die Verhandlungen von Projektfinanzierungsverträgen oft ein mühevoller und langer Weg.[5]

4.1.1 Sponsoren

5   Jedes Projekt zeichnet sich durch eine Kerngruppe von Beteiligten aus, die mit der Durchführung des Projektes besondere unternehmerische Ziele verfolgen und daher ein originäres Interesse an dessen Gelingen haben.[6] Von dieser Kerngruppe, den sogenannten Sponsoren *(sponsors)*, geht in der Regel der unternehmerische Impuls zur Realisierung des Projektes aus.[7] Kennzeichnend für Sponsoren ist, dass sie eine wesentliche Verantwortung für Planung, Organisation und Durchführung des Entwicklungsprozesses tragen, der zu gründenden Projektgesellschaft in erheblichem Umfang Eigenkapital (oder Eigenkapitalsurrogate wie bspw. Grund und Boden, Rechte, Lizenzen etc.) zur Verfügung stellen und an der langfristigen Wertschöpfung des Projektes partizipieren. Im deutschen Schrifttum wird regelmäßig auch von (Projekt-)Initiatoren, Errichtern, Promotoren und Gründern gesprochen. Demgegenüber hat sich in der angelsächsischen Literatur der Begriff des *sponsors* bzw. *promoters* eingebürgert.[8] Die Be-

---

[4] Man denke nur an die bisweilen grundlegenden Auffassungen über den Begriff des Eigentums oder die im Geschäftsverkehr mit islamischen Partnern geltenden Konventionen über die Strukturierung und Genehmigung von Zins- und Tilgungszahlungen (sog. *Islamic Banking*, siehe hierzu auch Kapitel 6.5).

[5] *Fishbein/Babbar*, S. 15.

[6] *Jürgens*, S. 13 f.; *Tytko*, S. 22; *Denton Hall*, S. 15; *Reuter*, S. 34.

[7] *Reuter*, S. 34.

[8] Hierzu führt *Reuter*, S. 34, aus: "[...] diejenigen Projektbeteiligten bezeichnet, die das Vorhaben initiieren, planen, organisieren (d.h. auch Fremdkapitalgeber suchen), durchführen und regelmäßig als Eigenkapitalgeber fungieren. Entscheidend ist daher die Kombination aus Mitwirkung am Projekt und Eigenkapitalbeitrag. In der deutschen Rechtsterminologie spiegelt sich diese

griffe werden nachfolgend synonym gebraucht. Wegen der besonderen Bedeutung dieser Beteiligtengruppe erfolgt eine ausführliche Darstellung in Abschnitt 4.2.

4.1.2 Fremdkapitalgeber

Fremdkapitalgeber *(lenders)* stellen die wesentliche Finanzierungsquelle für Projektfinanzierungen dar. Je nach Volumen und Risikoprofil des Projektes kann der Fremdkapitalanteil der Finanzierungsstruktur bis zu 90% betragen.[9] In der Regel liegt der Fremdkapitalanteil bei internationalen Projektfinanzierungen zwischen 50% und 70% des zu finanzierenden Projektvolumens. Ziel der Fremdkapitalgeber (Gläubiger) ist es, eine ihrem Investitionshorizont und ihrer Risikoneigung entsprechende Kapitalanlage zu tätigen. Als Gegenleistung für die Hingabe des Kapitals erhalten die Gläubiger einen Zins, der eine dem Projektrisiko angemessene Risikoprämie enthält. Diese Risikoprämie ist notwendig, da die Gläubiger bei einem erfolgreichen Projekt nur in der Höhe der vereinbarten Zinszahlung partizipieren, jedoch im Falle einer Zahlungsunfähigkeit der Projektgesellschaft potenziell hohe Verluste hinzunehmen haben. Aus diesem Grunde gehen die im Rahmen der Projektkreditvergabe notwendigen Prüfungen weit über die im normalen Kreditgeschäft üblichen Usancen hinaus.[10] Besonderen Wert legen Fremdkapitalgeber regelmäßig auf die von den Sponsoren vorgelegten Wirtschaftlichkeitsanalysen *(feasibility studies)* und Durchführbarkeitsstudien *(cashflow analysis)*.

Als Gläubiger in Projektfinanzierungen treten eine Vielzahl von privaten und öffentlichen Unternehmen auf. Neben kommerziellen Banken und institutionellen Anlegern (z. B. Versicherungen, Pensionsfonds, Investmentgesellschaften) sind staatliche (z. B. Kreditanstalt für Wiederaufbau (KfW), Deutsche Investitions- und Entwicklungsgesellschaft (DEG)) und supranationale Institutionen (z. B. International Finance Corporation (IFC), European Investment Bank (EIB), European Bank for Reconstruction and Development (EBRD), Asian Development Bank (ADB), Inter-American Development Bank (IDB)) wesentliche Gläubiger von Projektfinanzierungen. Häufig verlangen externe Gläubiger zusätzlich zur Eigenkapitaleinlage der Projektsponsoren die Verfügbarkeit nachrangiger Gesellschafterdarlehen, wodurch auch Sponsoren eine Gläubigerrolle einnehmen können.[11]

Aufgabe der Gläubiger ist es, die in den Darlehens- oder Kreditverträgen vereinbarten Finanzierungsinstrumente der Projektgesellschaft (Projektträger) pünktlich und in ausreichender Höhe zur Verfügung zu stellen. Aufgrund des teilweise hohen Projektrisikos lassen sich die Fremdkapitalgeber weitreichende Kontroll- und Aufsichtsrechte einräumen.[12] Dies führt dazu, dass die Gläubiger in der Konzipierungsphase des Projektes oft intensiv an der Finanzierungsstruktur des Projektes mitarbeiten und somit die Marktfähigkeit der angestrebten Projektfinanzierung sicherstellen. In den anschließenden Bau- und Betriebsphasen werden von Gläubigern hauptsächlich Kontroll- und Aufsichtsfunktionen über die Gremien der Projektgesellschaft wahrgenommen.

Doppelfunktion am ehesten in den gesellschaftsrechtlichen Begriffen des "Gründers" oder "Errichters" [...]".

[9] Projekte unter der Private Finance Initiative (PFI) der britischen Regierung können auf Grund der zum Teil staatlich garantierten Einnahmeströme gelegentlich mit minimalem Eigenkapitaleinsatz (sogenanntem *pinpoint-equity*) finanziert werden.

[10] *Reuter*, S. 34 ff.

[11] Nachrangige Gesellschafterdarlehen *(sub-ordinated loans, junior loans, mezzanine equity)* stellen eine zusätzliche Sicherheit für externe Gläubiger dar und eignen sich darüber hinaus als Steuerungsinstrument unter steuerlichen und liquiditätsbezogenen Gesichtspunkten.

[12] Auch hier werden in der Praxis weit strengere Maßstäbe angelegt als bei der konventionellen Kreditvergabe an bestehende Unternehmen.

9 Die vertragliche Bindung des Gläubigers an das Projekt wird über den Darlehensvertrag mit dem Projektträger hergestellt, der die Konditionen der Darlehensgewährung regelt.[13] Da bei großen Projekten regelmäßig mehrere Darlehensgeber (z. B. bei Syndizierung oder Einbindung multilateraler Institutionen) auftreten, müssen zusätzliche Vereinbarungen hinsichtlich der technischen Abwicklung des Darlehens *(trust/agency agreement)* und der Rangordnung der einzelnen Darlehensgeber *(inter-creditor agreement)* getroffen werden.[14] Weitere wesentliche Vertragswerke, in die Gläubiger zumeist eingebunden werden, sind Bau- und Lieferverträge zur Errichtung der Projektanlagen[15] sowie die bei vielen Projekten erforderlichen Konzessionsverträge zwischen den Projektbeteiligten und der öffentlichen Hand.[16] Zahlreiche Konzessionsverträge sehen nämlich das Erlöschen der Konzession für den Fall der dauerhaften Zahlungsunfähigkeit der Projektgesellschaft vor. Da in diesem Falle die Sicherheiten der Gläubiger wertlos wären, lassen sich diese häufig ein vom Konzessionsgeber anerkanntes Eintrittsrecht *(step-in right)* in die Projektgesellschaft einräumen.[17]

10 Das zentrale Risiko der Fremdkapitalgeber ist die Zahlungsunfähigkeit der Projektgesellschaft und somit der Ausfall der eigenen Forderung gegenüber dem Projektträger.[18] Da die Sicherheiten weitgehend auf die Aktiva der Projektgesellschaft beschränkt sind und im Konkursfall nur einen Bruchteil der Forderungen decken dürfte, werden die Gläubiger versuchen, das Risiko einer Zahlungsunfähigkeit soweit wie möglich einzuschränken. Dies gelingt insoweit, als Fertigstellungsrisiken (hinsichtlich Termin-, Qualitäts- und Kostentreue) regelmäßig auf den Errichter der Projektanlagen übertragen werden. Somit verbleiben als wesentliche Risiken der Gläubiger typische Marktrisiken (z. B. mangelnde Nachfrage, Preisverfall, Kostenerhöhung, Fehlkalkulationen aber auch Missmanagement innerhalb der Projektgesellschaft), die sich kaum oder nur zu hohen Kosten absichern lassen.

11 Die den Fremdkapitalgebern im Rahmen der Kreditvergabe entstehenden Kosten für die Bewertung des Projektes, Bearbeitung und Dokumentation des Kreditvertrages sowie die technische Abwicklung des Darlehens werden überwiegend dem Projektträger belastet. Die hierfür in Rechnung gestellten Kosten leiten sich aus einem umfangreichen Honorarsystem für einzelne Leistungskomponenten ab und umfassen unter anderem Bereitstellungsgebühren *(stand-by fees)*, Syndizierungsgebühren *(arranging fees, syndication fees)* und erfolgsbezogene Honorare *(success fees)*. Demnach ist das Ertragspotential von Fremdkapitalgeber nicht allein auf die Verzinsung des zur Verfügung gestellten Kapitals beschränkt, sondern kann zusätzlich Umsätze aus Beratungs- und Dienstleistungsaufgaben beinhalten.

4.1.2.1 Kommerzielle Banken

12 Projektfinanzierungen mobilisieren regelmäßig hohe Investitionen, die auf Grund ihrer schieren Größe auf mehrere Kapitalgeber verteilt werden müssen.[19] Geschäfts-

---

[13] Siehe Kapitel 6.2.3.

[14] Siehe Kapitel 6.3.

[15] Vgl. *Haley,* S. 11, zum Darlehensvertrag für den Eurotunnel: "[the credit agreement] links into the concession, the railway-usage contract and the construction contract and places a number of duties upon Eurotunnel to perform obligations associated with these other contracts."

[16] Hauptsächlich bei der Übertragung ehemals öffentlicher Aufgaben an einen privaten Unternehmer.

[17] *Freshfields,* S. 29 ff. "Although it is generally agreed that the taking of security is essentially a defensive measure, it also has the theoretical objective of enabling lenders to ‚step-in' and run the project for their own benefit if a major default should occur."

[18] Die Risikoarten "politische Risiken" und "Force majeure" bleiben hier unberücksichtigt, da alle Beteiligten in gleichem Maße betroffen sind.

[19] *Clifford Chance,* S. 11.

banken *(commercial banks)* spielen insofern eine zentrale Rolle bei der Finanzierung von nationalen wie internationalen Großprojekten, als sie als Vermittler zwischen Kapitalgebern und Kapitalnehmern auftreten.[20] Gerade bei internationalen Projekten ist es notwendig, eine große Anzahl von Akteuren aus dem Bankenbereich zu koordinieren: lokale Banken, Geschäftsbanken aus den Heimatländern der Sponsoren, internationale Investmentbanken, multilaterale Institute und ggf. Exportkreditagenturen. Diese Aufgabe wird in der Regel von der dazu ernannten Führungsbank *(lead bank)* wahrgenommen, die zusammen mit den Sponsoren die Konditionen der Projektfinanzierung erarbeitet und das von den Teilnehmern des Finanzierungskonsortiums bereitgestellte Darlehen an die Projektgesellschaft weiterreicht.

Zu unterscheiden sind die Aufgaben der Banken in den verschiedenen Projektphasen. In der Konzeptphase einer Projektfinanzierung agieren Banken häufig als Berater der Sponsoren. Ziel in dieser Phase ist die Erarbeitung einer belastbaren Wirtschaftlichkeitsstudie *(feasibility study)*, die die Kreditwürdigkeit des Projektes unter Beweis stellen soll. Auf Basis dieser Studie wird unter Berücksichtigung der herrschenden Marktbedingungen (Referenzzins, Laufzeiten, Risikoprämien, Tilgungsstruktur) eine dem Projekt angemessene Finanzierungsstruktur entwickelt. Die Robustheit dieser Struktur gegenüber externen (z. B. Zinserhöhungen, Wechselkursänderungen, Preisverfall für Projekterzeugnisse) und internen Planabweichungen (z. B. Bauzeit- und Baukostenüberschreitungen, Nichterreichen der geplanten Wirkungsgrade) wird regelmäßig anhand von Stresstests und Szenarioanalysen *(sensitivity analysis)* getestet. Auf Basis dieser Untersuchungen wird eine durch überwiegend konservative Annahmen geprägte Basisversion der Wirtschaftlichkeitsrechnung *(banking case)* erstellt. Mit Abschluss der Konzeptphase und erfolgreicher Verhandlung der Finanzierungsverträge *(financial close)* beginnt die Platzierung einzelner Tranchen der Projektdarlehen *(Syndizierung)* und die technische Abwicklung des Darlehens.

Aus diesem Aktivitätsspektrum ergeben sich die Motive und Ziele von Banken in der Projektfinanzierung. Da das Beratungs- und Dienstleistungsgeschäft in hohem Maße profitabel ist, sind kommerzielle Banken bestrebt, Beratungsmandate für ihre spezialisierten und hohe Fixkosten verursachenden Projektfinanzierungseinheiten abzuschließen. Darüber hinaus sind Banken daran interessiert, einzelne Tranchen der Projektdarlehen zu zeichnen, um ihre Investitions- und Anlageziele zu erreichen. Dies reicht hin bis zur Beteiligung am Eigenkapital der Projektgesellschaft. Daneben nehmen Banken noch weitere Aufgaben wahr, die hauptsächlich der technischen Abwicklung und Verwaltung der Projektkredite dienen. Beispiele hierfür sind der *facility agent*, die *technical bank*, die *insurance bank* und die *account bank*.[21]

4.1.2.2 Öffentliche Institutionen, Exportbanken und Exportversicherer

Besonders Projekte in Ländern mangelnder politischer Stabilität oder in Märkten mit unsicheren Erlösprognosen bedürfen regelmäßig einer Unterstützung durch öffentliche Finanzierungsinstitutionen im weitesten Sinne. Dies ist immer dann der Fall, wenn ein rein privatwirtschaftliches Engagement auf Grund der tatsächlichen oder vermeintli-

---

[20] *Haley*, S. 11, führt hierzu über das für die Finanzierung des Eurotunnel erarbeitete *credit agreement* aus: "This agreement was entered into with a syndicate of 215 banks. [...] An underwriting group of some 50 banks negotiated the credit agreement before the syndication."

[21] *Denton Hall*, S. 17 f. Die zwischen Banken und anderen Projektbeteiligten bestehenden vertraglichen Beziehungen gehören zu den komplexesten ihrer Art bei Projektfinanzierungen. Diese Beziehungen werden in der *loan documentation* niedergelegt, die Rechte und Pflichten der beteiligten Unternehmen ausführlich regelt. Im Zentrum der *loan documentation* steht regelmäßig der Projektträger als Schuldner der innerhalb der Projektfinanzierung gewährten Darlehen.

4. Teil. Projektträger

chen Projektrisiken unterbleiben würde. Aufgrund ihrer geringeren Risikoaversion können öffentliche Finanzierungsinstitutionen Risiken übernehmen, die private Kapitalgeber nicht oder nur zu prohibitiv hohen Kosten akzeptieren würden. Die Beteiligung öffentlicher Fremdkapitalgeber ist daher häufig die Voraussetzung für das Zustandekommen einer internationalen Projektfinanzierung. So hat die Beteiligung dieser Institutionen vor allem Signalwirkung und vermittelt den Projektbeteiligten ein Gefühl der relativen Sicherheit. Die Wirkung beruht auf einem begrenzten Schutz gegenüber staatlicher Willkür oder Vertragsverletzung, da insbesondere internationale Institutionen (z.B. Weltbank) bei groben Verstößen des Gastlandes empfindliche und zumeist wirksame Sanktionen verhängen können.[22] Insgesamt hat die Beteiligung multilateraler Institutionen einen Katalysatoreffekt, da eine beträchtliche Anzahl politischer Risiken zumindest reduziert werden kann.[23]

16 Multilaterale Institutionen wie die Weltbankgruppe, die Interamerikanische Entwicklungsbank (IDB), die Asiatische Entwicklungsbank (ADB), die Europäische Bank für Wiederaufbau und Entwicklung (EBRD) erfüllen mit ihrem Engagement in Projektfinanzierungen in der Regel einen entwicklungspolitischen Auftrag.[24] Ziel dieser Institutionen ist es unter anderem, Entwicklungs- und Schwellenländern den Zugang zu internationalen Kapitalmärkten zu eröffnen und privatwirtschaftliche Investitionstätigkeit zu fördern.[25] Dabei kommen eine Vielzahl von Instrumenten zum Einsatz, deren ausführliche Darstellung und Diskussion den Rahmen dieser Arbeit übersteigen würden. Zur Illustration sei ein weitverbreitetes und erfolgreiches Finanzierungsinstrument der International Finance Corporation (IFC) dargestellt: die sogenannte B-Loan Structure.

17 Während die Weltbank Kredite zu teilweise sehr vorteilhaften Bedingungen nur an Staaten oder öffentliche Institutionen vergibt, beteiligt sich die IFC auch an privatwirtschaftlichen Unternehmen und Projekten. Dies geschieht regelmäßig über sogenannte A/B-Loans. Das gesamte von der IFC an eine Projektgesellschaft vergebene Darlehen teilt sich intern in eine A- (A-loan) und B-Tranche (B-loan) auf. Die A-Tranche wird von IFC gezeichnet und in den eigenen Bestand übernommen. Die B-Tranche hingegen wird syndiziert und bei kommerziellen Banken platziert.[26] Obwohl diese Struktur dem Darlehensnehmer offengelegt wird, tritt IFC als alleiniger Darlehensgeber im *investment agreement* auf. Dies hat den Vorteil, dass die am B-loan teilnehmenden Geschäftsbanken vom *multilateral status* der IFC profitieren. Das Verhältnis zwischen den kommerziellen Banken und der IFC hinsichtlich der B-Tranche ist in einem *participation agreement* verankert.[27]

---

[22] *Clifford Chance*, S. 33. Z.B. durch Sperrung anderer dem Gastland gewährter Kreditlinien oder Vergünstigungen.

[23] *Denton*, S. 18. Politische Risiken können sich neben offensichtlichen Vertragsverletzungen (z.B. nachträgliche Beschränkung des Devisentransfers) auch subtiler durch Verzögerung von Genehmigungen und rechtlichen Reformen äußern.

[24] So lautet das mission statement der Weltbank: "To fight poverty with passion and professionalism for lasting results. To help people help themselves and their environment by providing resources, sharing knowledge, building capacity, and forging partnerships in the public and private sectors. [...]".

[25] *Freshfields*, S. 33.

[26] Vgl. *Clifford Chance*, S. 32 ff.

[27] Zur Struktur von A/B-Darlehen der IFC:
"When IFC syndicates a loan, it lends for its own account at the same time, also referred to as the IFC A-loan. IFC is the sole contractual lender, acting on behalf of both itself and the B-loan participants. Normally there is a single loan agreement between IFC and the borrower, for the full amount of the financing to be provided by IFC and the participating institutions. It encompasses both the A-loan and the B-loan, although the tenors of the two loans may differ. Separate Partici-

Projektbeteiligte

Eine vergleichbare Rolle spielen die verschiedenen nationalen Institutionen zur Exportfinanzierung und -förderung *(export credit agencies* – ECAs).[28] Die Ziele der Exportfinanziers bestehen primär in der Förderung der heimischen Exportwirtschaft und der Erhaltung der damit verbundenen Arbeitsplätze. Die zunehmende Substitution klassischer Exportfinanzierung für Industrieanlagen und Infrastruktureinrichtungen durch Projektfinanzierungsstrukturen hat bei diesen Institutionen zu einem Ausbau dieses Geschäftsfeldes geführt. Die Beteiligung eines Exportfinanziers wie Kreditanstalt für Wiederaufbau (KfW)[29] oder Deutsche Investitions- und Entwicklungsgesellschaft (DEG)[30] hat eine erhebliche Katalysatorfunktion nicht nur für die Beteiligung weiterer

pation Agreements are signed between IFC and each participating financial institution in the B-loan. The participant's relationship with the borrower is therefore indirect through IFC, with IFC as the sole lender of record and the loan administrator. The participant's involvement, however, is known to the borrower and is included in any publicity for the transaction. [...]

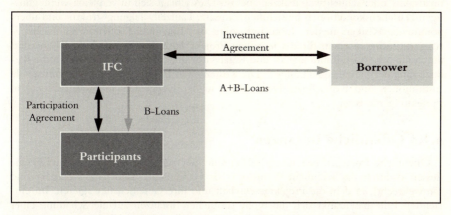

When participating in an IFC loan, financial institutions enter into a relationship different from that of a typical loan syndication. In a traditional loan syndication, each bank makes a direct loan to the borrower and decisions relating to the management of the loan are made by votes of the members of the syndicate. However, to enable participants to benefit from IFC's multilateral status, the B-loan is an IFC loan and IFC maintains responsibility for its administration. There is always close and continuing consultation between IFC and its participants in the administration of loans. Participants are granted consent rights over decisions in limited circumstances and IFC is the sole source of information relating to the loan. The legal rights of the participants are set out in the Participation Agreement."

Quelle: International Finance Corporation

[28] Vgl. *Denton,* S. 113, für eine detaillierte Übersicht über die Aufgaben, Betätigungsfelder und Grundsätze von ECAs. Einen umfassenden Überblick über Funktionen, Eigentümer, Vergabepolitik und Gebühren von Exportkreditagenturen gibt der World Export Credit Guide 1999–2000, Trade Finance, London, 1999.

[29] Aus dem Auftrag der KfW:
„Die KfW hat den gesetzlichen Auftrag zur Förderung des deutschen Exports und ist seit fast 40 Jahren in der Export- und Projektfinanzierung aktiv. Im Auftrag des Bundes verwaltet die KfW öffentliche Finanzierungshilfen zur Exportfinanzierung. [...] Die Kreditgewährung kann direkt an Besteller, Banken, Investoren oder Projektgesellschaften erfolgen. Der Kreditnehmer kann zwischen Krediten in DM, US$ oder anderen Fremdwährungen sowie zwischen günstigen festen oder variablen Zinssätzen wählen." Quelle: KfW.

[30] Der Auftrag der DEG lautet:
„Die DEG fördert private unternehmerische Initiative, um zum nachhaltigen Wachstum in Entwicklungs- und Reformländern beizutragen. So beteiligen wir uns ausschließlich an Projekten, die entwicklungspolitisch sinnvoll, umweltverträglich und sozialen Grundsätzen verpflichtet sind."

Geschäftsbanken, sondern auch für die Entscheidungsfindung der Sponsoren. Da ECAs sich regelmäßig zu vergleichsweise günstigen Konditionen refinanzieren können[31] und diesen Vorteil häufig an exportierende Unternehmen weitergeben, kann eine zumeist deutliche Reduzierung der Fremdkapitalkosten erreicht werden. Die hierdurch erzielbaren Wettbewerbsvorteile führen gelegentlich zu dem Vorwurf, dieses Instrument diene weniger der Exportförderung als vielmehr dessen Subventionierung. Bei internationalen Projekten kann diese Tatsache bewusst als Wettbewerbsfaktor genutzt werden: Sponsoren unterschiedlicher Nationalität schließen sich in einem Konsortium zusammen und schöpfen die Förderangebote und Konditionen ihrer jeweiligen nationalen Exportfinanziers vollständig aus. Demgegenüber können sich Konsortien, die nur mit einem nationalen Exportfinanzier arbeiten, der Gefahr aussetzen, den für das Projektland geltende Plafonds zu erreichen und somit Teile der Förderung zu verlieren.

19 Multilaterale Institutionen, Entwicklungsbanken und Exportfinanzierer gewähren typischerweise Darlehen für Projekte, deren Risikoprofil für kommerzielle Banken unattraktiv oder schlichtweg inakzeptabel ist. Dies schlägt sich in vergleichsweise günstigen Darlehenskonditionen hinsichtlich Zinssatz, Laufzeit, Tilgungsstruktur und übernommener Risiken nieder. Insgesamt sollte die Beteiligung öffentlicher Finanzierungsinstitutionen einen für das jeweilige Projekt positiven Beitrag leisten: einerseits durch die bereits erwähnte Signal- und Katalysatorfunktion, andererseits durch die Reduzierung der Fremdkapitalkosten.[32] Die Kosten einer Finanzierung durch multilaterale Institutionen und Exportfinanzierer werden in der Regel den Sponsoren oder dem Projektträger belastet.

4.1.3 Öffentliche Instanzen

20 Öffentliche Instanzen haben regelmäßig eine gesetzgeberische Funktion und beeinflussen dadurch das rechtliche Umfeld (z.B. Handels-, Gesellschafts-, Steuer- und Umweltrecht), in dem die Projektgesellschaft und ihre Gesellschafter agieren. Im einfachsten Falle beschränkt sich die Rolle staatlicher Instanzen auf die Schaffung einer Rechts- und Marktordnung, die gleichermaßen für alle Akteure gilt.

Darüber hinaus tritt die öffentliche Hand immer als Genehmigungsinstanz auf. Die Realisierung eines Projektes setzt in der Regel eine Vielzahl von Genehmigungen voraus, die von den entsprechenden Instanzen bzw. Behörden erteilt werden müssen. Zu nennen sind hier bspw. Planungs-, Bau-, Betriebs-, Umwelt- und andere öffentlich-rechtliche Genehmigungen, aber auch Nutzungsrechte, wie z.B. Abbaurechte, Frequenzbänder, Wegerechte.[33] Ein herausragendes Beispiel für die – wenn auch mittelbare – Beteiligung öffentlicher Instanzen an Projektfinanzierungen ist in der jüngst vollzogenen Versteigerung der Lizenzen für UMTS-Frequenzblöcke[34] durch die Regulierungsbehörde für Telekommunikation und Post (RegTP) zu sehen. Die durch die

---

und weiter: "[...] wir wollen das wirtschaftliche Wachstum und die Lebensbedingungen der Menschen in unseren Partnerländern verbessern. Dies erreichen wir, indem wir aussichtsreiche unternehmerische Initiativen unterstützen." Die DEG engagiert sich im Gegensatz zu anderen ECAs nicht nur mit langfristigen Darlehen, sondern unterstützt Projekte auch mit Risikokapital (so z.B. den Containerterminal Exolgan in Buenos Aires, an dem die DEG 5% des Aktienkapitals hält). Quelle: DEG.

[31] Vgl. auch die aktuelle Diskussion zur Gewährsträgerhaftung der Landesbanken und der Sparkassen.

[32] Multilaterale Institutionen können sich in der Regel zu sehr guten Konditionen auf den internationalen Kapitalmärkten refinanzieren: Anleihen der IFC bspw. wurden sowohl von Standard & Poor's als auch Moody's mit Triple-A bewertet (Quelle: IFC).

[33] *Reuter,* S. 35; *Tytko,* S. 31 ff.

[34] Universal Mobile Telecommunications System (UMTS).

Behörde gesetzten Rahmenbedingungen und das gewählte Auktionsverfahren bestimmen in hohem Maße die zukünftige Marktordnung und damit die Voraussetzungen für die Finanzierung der aufzubauenden Netzinfrastruktur.[35] Somit stellen Lizenzen und Genehmigungen bei Projektfinanzierungen wichtige Sachverhalte *(conditions precedent)* dar, die weitere Rechtsfolgen nach sich ziehen.

Im Falle von Explorations- oder Infrastrukturprojekten (insbesondere in Schwellen- und Entwicklungsländern) tritt die öffentliche Hand regelmäßig als Konzessionsgeber auf.[36] So ist in vielen Rechtsordnungen die Bereitstellung und Erhaltung von Infrastruktur als öffentliche Aufgabe definiert, die nur mittels Konzession an ein privatwirtschaftliches Unternehmen delegiert werden kann. Damit werden die jeweiligen öffentlichen Instanzen explizit Vertragspartner der Konzessionsgesellschaft und erlangen somit einen besonderen Einfluss auf die Projektgesellschaft. Fremdkapitalgeber werden daher regelmäßig die Belastbarkeit nicht nur des Konzessionsvertrages prüfen, sondern auch die Verlässlichkeit der in die Durchführung eingebundenen Instanzen. 21

Zudem übernehmen öffentliche Instanzen sektorspezifische Aufsichts- und Regulierungsaufgaben, sofern es sich bei dem Projekt um ein Vorhaben handelt, dessen Monopolcharakter (z.B. Wasserversorgung) wirksame Maßnahmen zur Verhinderung von Missbrauch erfordert.[37] Da Regulierungsbehörden häufig weitreichende Kompetenzen haben (z.B. Eingriffe in die Preissetzung, Vorgabe hoher Sicherheitsstandards, Verhängen von Strafen und Sanktionen, Kündigung des Konzessionsvertrages), kann der unternehmerische Freiraum der Projektgesellschaft empfindlich eingeschränkt werden. Häufig wird die Aufgabenteilung zwischen privaten Unternehmen und öffentlicher Hand in Privatisierungsgesetzen niedergelegt.[38] 22

Neben diesen im Wesentlichen auf den Schutz eines öffentlichen Gutes oder der Endabnehmer gerichteten Bestimmungen treten öffentliche Instanzen häufig als Projektförderer auf. Um die Bedingungen für eine Projektfinanzierung zu verbessern, werden unterschiedlichste Instrumente eingesetzt, die langfristig die wirtschaftliche Überlebensfähigkeit des Projektes sicherstellen sollen. Dabei haben sich unter anderem folgende Maßnahmen bewährt:[39] 23

– Zusicherungen, das Projekt nicht durch Gesetzesänderungen (Steuergesetzte, Umweltauflagen etc.) negativ zu beeinflussen
– Sicherstellung eines ungestörten Projektbetriebs
– Wiederherstellung des wirtschaftliche Gleichgewichts nach einer Gesetzesänderung[40]
– Zusicherung der Konvertierbarkeit lokaler Währung, um den Schuldendienst in Fremdwährung aus dem Projekt begleichen zu können und Dividenden den internationalen Gesellschaftern zugänglich zu machen
– Gewährung von Zuschüssen und Subventionen für die Errichtung der Projektanlagen

---

[35] Vgl. ausführliche Berichterstattung in der FAZ vom 29. Juli 2000.
[36] *Reuter*, S. 35.
[37] Beispiele für öffentliche Regulierungsorgane finden sich u.a. im Vereinigten Königreich (OFTEL, OFWAT) und in Brasilien (ANEEL, ANATEL).
[38] S. bspw. Republic Act No. 7718 der Republik der Philippinen: "An Act Authorizing the Financing, Construction, Operation and Maintenance of Infrastructure Projects by the Private Sector and for Other Purposes" von 1993, der die Grundlage für ein äußerst erfolgreiches privates Investitionsprogramm in den philippinischen Energiesektor darstellt.
[39] *Reuter*, S. 35.
[40] So beispielsweise die Vorkehrungen zum Erhalt des *equilíbrio financeiro-econômico* (finanziell-ökonomisches Gleichgewicht) im brasilianischen Konzessionsgesetz (Lei Federal 8987 vom 13.2.1995).

- Gewährung von Zuschüssen zu den Betriebskosten
- Indirekte Gewährung von Vorteilen durch Steuererleichterungen und sonstige Sonderbehandlungen
- Stellung von Abnahmegarantien und/oder Garantie von Mindesteinnahmen[41]
- Inflationsausgleich
- Schutz vor Enteignung

24 In vielen Fällen tritt die öffentliche Hand nicht nur als Vertragspartner der Projektgesellschaft auf, sondern übernimmt darüber hinaus eine Rolle als Sponsor bzw. Gesellschafter der Projektgesellschaft. Für die gemeinsame Beteiligung von privaten Unternehmen und öffentlichen Instanzen an einem Projektträger hat sich der Begriff *Public-Private-Partnership* (PPP) herausgebildet, der mittlerweile auch im deutschen Sprachraum weite Verbreitung gefunden hat. Die sich aus dieser Konstellation ergebenden Konfliktpotenziale werden in Kapitel 4.2.4 diskutiert.

Insgesamt sind die Verlässlichkeit und Glaubwürdigkeit der öffentlichen Hand und deren Körperschaften mitunter die wichtigsten Faktoren für den erfolgreichen Abschluss von Projektfinanzierungen. Statistisch schwer greifbare Größen wie Investorenerwartungen oder das Vertrauen der Wirtschaft in die aktuelle und zukünftige Wirtschaftspolitik haben einen direkten Einfluss auf die Konditionen und Bedingungen einer Projektfinanzierung.[42]

4.1.4 Projektträger

25 Im Zentrum einer jeden Projektfinanzierung steht der Projektträger. Der Projektträger ist in der Regel als Kapitalgesellschaft konstituiert, die als eigenständiger Rechtsträger die mit der Durchführung des Projektes verbundenen Rechte und Pflichten übernimmt. Da der Geschäftszweck des Projektträgers meist auf die Projektdurchführung beschränkt wird, hat sich im Englischen der Begriff der *special purpose company* (SPC) oder des *special purpose vehicle* (SPV) herausgebildet. Der Projektträger wird regelmäßig Eigentümer der Projektaktiva, die aus Anlagen, Umlaufvermögen insbesondere aber auch Titeln wie bspw. Konzessionen und Lizenzen bestehen können. Diese Aktiva stellen das alleinige Haftungsvermögen dar, aus dem sich die beteiligten Darlehensgeber im Falle einer Zahlungsunfähigkeit befriedigen können. Ein Rückgriff darüber hinaus besteht im Allgemeinen nicht, obwohl sich im Rahmen der unterschiedlichen Vertragswerke erweiterte Rückgriffsmöglichkeiten (z.B. Garantien, Nachschussverpflichtungen, Rückkaufsvereinbarungen) ergeben können.

Aufgrund seiner zentralen Bedeutung für die Projektfinanzierung werden die Aufgaben und Eigenschaften des Projektträgers näher in Abschnitt 4.3 behandelt.

---

[41] Z.B. garantiert der chilenische Staat bei einigen privatfinanzierten Mautstrassenprojekten Mindesteinnahmen dergestalt, dass der Schuldendienst der Projektgesellschaft zumindest teilweise sichergestellt ist. Die Einnahmegarantie *(minimum income guarantee)* deckt dabei sowohl rückläufige Verkehrszahlen wie auch eine Verschlechterung des Peso-Wechselkurses im Verhältnis zur Währung der Projektdarlehen ab. Quelle: Bidding Terms and Conditions, International Concession "Sistema Norte-Sur", Chile 1999.

[42] Als Beispiel dienen wiederum die Philippinen, deren guter Ruf in der internationalen Investorengemeinde durch wenig solide Wirtschaftspolitik geschwächt wurde:
"Political uncertainty. The Estrada administration's diminished credibility – a resurgence of cronyism and corruption threatens to distort economic policy and its implementation and further slow the pace of economic reforms [...] – has left business confidence fragile: anecdotal evidence suggests that a number of businesses are postponing investment plans until the political environment improves.", EIU Viewswire, 19. April 2000.

4.1.5 Bau- und Lieferunternehmen

Bau- und Lieferunternehmen (auch Projekterrichter) erstellen die das Projekt konstituierenden Bauwerke, Anlagen und Systeme. Die Rolle der Bau- und Lieferunternehmen endet in der Regel nach der Fertigstellung, Inbetriebnahme und Übergabe des Projektes an den Projektträger. Über Garantien und Gewährleistungsvereinbarungen tragen die Bau- und Lieferunternehmen eine teilweise erhebliche Verantwortung für die Funktionsfähigkeit der Projektaktiva. Diese hängt davon ab, inwieweit die Bau- und Lieferunternehmen bei der Erstellung der Planung mitgewirkt oder deren Risiko vertraglich übernommen haben. 26

In den meisten Projektfinanzierungen stellen die von Bau- und Lieferunternehmen zu erstellenden Anlagen das gesamte Investitionsvolumen des Projektes dar. Dementsprechend kommt dem Bauvertrag oder, wenn Planung und weitere Beschaffung von Anlagenteilen eingeschlossen sind, dem EPC-Vertrag *(Engineering, Procurement, Construction)* eine besondere Bedeutung zu. In diesem Vertragswerk legen die Beteiligten unter anderem folgende Parameter fest: 27

– Beschreibung des zu erstellenden Bauwerkes bzw. der zu liefernden Anlage
– Bestimmung des Leistungsumfangs und der geforderten Qualitäten (bei Kraftwerken werden bspw. detaillierte Leistungskennziffern definiert und bei Nichterreichen mit Vertragsstrafen belegt)
– Kosten der Anlage
– Zahlungsmodalitäten und -währungen
– Terminplan bis Fertigstellung mit Zwischenterminen (Inbetriebnahme)
– Planungsrisiko
– Kompensation für Änderungen
– Verantwortung für Baugrundrisiken (z. B. Tragfähigkeit, Kontamination)
– Höhere Gewalt (z. B. Streik, Unwetter, kriegerische Einwirkungen)
– Abnahme und Gefahrenübergang
– Vertragsstrafen
– Sicherheitenstellung
– Schiedsgerichtsklausel

Vertragspartner der Bau- und Lieferunternehmen ist in der Regel die Projektgesellschaft. Um die Anzahl der Vertragsbeziehungen gering zu halten, schließen sich Lieferunternehmen zu Arbeitsgemeinschaften oder Konsortien zusammen. In den meisten Fällen werden die Kreditgeber darauf bestehen, das Projekt von einem einzigen Generalunternehmer errichten zu lassen, der ebenfalls die mit der Erstellung verbundenen Risiken (im Wesentlichen Termin- und Kostenüberschreitungen) zu tragen hat. Idealerweise werden dabei Verträge auf Festpreis- oder Schlüsselfertig-Basis vereinbart.[43] Da die Wirtschaftlichkeit eines Projektes in hohem Maße von dessen termin- und kostengerechter Fertigstellung abhängt, werden die Fremdkapitalgeber den Bau- bzw. Liefervertrag besonders sorgfältig prüfen und nicht selten weitgehende Forderungen stellen (z. B. Hinterlegung von Sicherheiten, erweiterte Gewährleistungszeiten, hohe Vertragsstrafen *[penalties, liquidated damages]*). 28

Eine besondere Konstellation entsteht, wenn Lieferunternehmen gleichzeitig auch Sponsoren sind. Sie werden dadurch zu ihren eigenen Kunden und geraten somit in einen Interessenkonflikt, der ein Störungspotenzial in sich birgt.[44] Eine weitergehende Betrachtung dieser Problematik findet sich in Abschnitt 4.2.4. 29

---

[43] S. *Reuter*, S. 35.
[44] Zu den potentiellen Risiken aus einer Doppelrolle als Lieferant und Betreiber siehe auch die aktuelle Berichterstattung zum Projektgeschäft. So berichtete die Berliner Zeitung am 15. Januar

4.1.6 Betreiber und Managementgesellschaften

30   In der Regel erfordern die Projektanlagen und -bauwerke zur Erhaltung ihrer Funktionsfähigkeit einen kontinuierlichen Betrieb. Umfang und wirtschaftliche Bedeutung des Betriebs können in Abhängigkeit vom Projekttyp stark unterschiedliche Ausprägung annehmen. Für Betriebsaufgaben werden daher regelmäßig international renommierte und erfahrene Betreiberunternehmen *(operators)* eingebunden. Das Spektrum ihrer Aktivitäten reicht von vergleichsweise einfacher Betriebsführung (z.B. bei Kraftwerken, Mautstraßen, Minen) bis hin zum Management komplexer Infrastrukturmaßnahmen (z.B. Flughäfen, Telekommunikationsnetze, Wasserversorgungsanlagen).

31   Betriebsführer werden meist für den Betrieb stationärer Produktionsanlagen mit gut beschreib- und messbarem Aufgabenspektrum verpflichtet. Ihre Aufgabe ist es, die Betriebsfähigkeit der Anlagen sicherzustellen und deren Funktionsfähigkeit zu gewährleisten (z.B. Versorgung eines Kraftwerkes mit Brennstoffen, Gewinnung und Abtransport von Erzen bei Minenprojekten, Inkasso bei Mautstraßen). Die Betriebsführung wird entsprechend eines Kataloges von Leistungskriterien bewertet und vergütet. Aufgrund ihrer vergleichsweise geringen Komplexität sehen viele Projektstrukturen eine regelmäßige Neuausschreibung *(tendering)* von Betriebsführungsaufgaben vor (z.B. alle fünf Jahre). Hierdurch wird sichergestellt, dass der Betriebsführer seine Leistungen zu wettbewerbsfähigen Konditionen und hohen Qualitätsstandards anbietet. Beispiele für Betriebsführer finden sich im Kraftwerksbereich (z.B. Lahmeyer), im Explorationsgeschäft (z.B. Thiess Contract Mining) und im Transportbereich (z.B. Flughafen Frankfurt) und bei Mautstraßen (z.B. Autostrade, Cofiroute).

32   Als artverwandt sind Managementverträge anzusehen, die häufig als Vorstufe zur vollständigen Privatisierung öffentlicher Infrastruktureinrichtungen zur Anwendung kommen. Hierbei wird das gesamte Management des Projektes an einen externen Manager mit entsprechender Betreibererfahrung übertragen. Obwohl Managementverträge in der Regel ein sehr viel weiteres Aufgabenspektrum mit entsprechender Verantwortung beinhalten, sind sie meist zeitlich befristet und gewähren dem Manager keine eigentumsähnlichen Rechte an den Projektanlagen. Diese Form der Projektbeteiligung wird häufig von Betreibern gewählt, die auf Grund unternehmenspolitischer Restriktionen keine Eigenkapitalbeteiligungen an Projekten eingehen können.[45,46] Als Vorteil von Managementverträgen gilt gemeinhin auch die Tatsache, dass die Vergütung des Managers von vornherein vertraglich vereinbart wird und nur in geringem Umfang

---

2000 über das Projekt Köln-Arena, bei dem Generalunternehmer und auch Sponsor/Betreiber identisch sind: "[...] Hier hatte sich Holzmann den Bauauftrag durch die langfristige Übernahme der Betreiber-Verantwortung gesichert. [...] Danach zeichneten sich für das [...]-Management bereits Mitte 1999 dramatische "Verlustrisiken aus Mietgarantien" ab. So soll bei der Köln-Arena der [...]-Vorstand schon 1995 auf ein Risikopotential von 500 Millionen Mark hingewiesen worden sein. [...]".

[45] Dies trifft auf viele Unternehmen der öffentlichen Hand zu (z.B. Betreibergesellschaften für Flughäfen, Eisenbahnen, Häfen, Wasserver- und -entsorgung), die über entsprechendes Knowhow verfügen, aber keine internationalen Investitionen tätigen können oder dürfen. Auf privatwirtschaftlicher Ebene finden sich zudem Unternehmen, die aus Risikoaversion keine Investitionen tätigen wollen.

[46] In der Presse wird regelmäßig die mangelnde Internationalisierung der deutschen Wasserversorgungsunternehmen beklagt. Der Grund hierfür ist nicht nur in der starken Zersplitterung der Branche zu sehen, sondern auch in der Tatsache, dass den meist kommunalen Unternehmen Investitionen in ausländische Projekte satzungsmäßig verwehrt sind. Siehe auch den Artikel "SPD will Wasserwirtschaft wettbewerbsfähig machen" vom 6. September 2000 in Financial Times Deutschland.

Marktrisiken ausgesetzt ist.[47] Managementverträge sind in der Vergangenheit häufiger im Vorfeld der Privatisierung von Wasserversorgungsbetrieben und Hafenterminals zum Einsatz gekommen.

Zu erwähnen sind schließlich Betreiber, die Projektfinanzierungen initiieren und damit zur Kerngruppe der Sponsoren gehören. Sie gehen Projektbeteiligungen ein, um unternehmenspolitische Ziele wie beispielsweise Globalisierung oder Erhöhung des Weltmarktanteils zu erreichen. Ein langfristiges Eigenkapitalengagement von Betreibern in internationalen Projektfinanzierungen lässt sich verstärkt bei Kraftwerken (z.B. Enron, RWE), Flughäfen (z.B. British Airport Authorities, Aéroports de Paris, HOCHTIEF AirPort GmbH), Containerterminals (Hutchison Port Holdings, P&O Ports, Port of Singapore Authority, International Container Services International) und Wasserversorgung (z.B. Vivendi, Lyonnaise des Eaux, Thames Water) registrieren. 33

Die Aufgaben des Betreibers beinhalten unterschiedliche Freiheitsgrade. Während Betriebsführer die Betriebsfähigkeit des Projektes innerhalb eng definierter Parameter (mit entsprechend geringen Freiheitsgraden) zu gewährleisten haben, wird ein maßgeblich mit Eigenkapital beteiligter Betreiber einen großen unternehmerischen Freiraum für sich in Anspruch nehmen, bspw. durch Erweiterung/Einschränkung des Geschäftsfeldes, Erwerb/Veräußerung von Projektanteilen und kontinuierliche Strategieentwicklung. Dies trifft vor allem bei Projekten mit komplexen und mehrdimensionalen Güter- und Leistungsströmen zu (z.B. Flughäfen).[48] 34

Im Falle der Betriebsführung und des Managementvertrags besteht regelmäßig eine vertragliche Beziehung zwischen Betreiber und Projektträger (Betriebsführungsvertrag, Betreibervertrag, Managementvertrag). Vertragliche Beziehungen zu anderen Projektbeteiligten sind nicht zwingend, werden aber regelmäßig von den Darlehensgebern gefordert, um die Risiken aus dem Betrieb zu mildern. Somit ist die von den Projektbetreibern nachzuweisende Betreibererfahrung häufig eine Voraussetzung für die Bewilligung der Projektkredite.[49] Ist der Betreiber jedoch wesentlich am Eigenkapital des Projektes beteiligt, wird sich seine Beziehung zum Projekt hauptsächlich aus den Gesellschafterverträgen *(shareholder agreements)* und Darlehensverträgen *(loan documentation)* ergeben, in denen Rechte und Pflichten der unmittelbar am Projekt Beteiligten geregelt sind.[50] 35

4.1.7 Zulieferer und Projektlieferanten

Zulieferer und Projektlieferanten *(suppliers)* sind diejenigen Unternehmen, die das Projekt während seiner normalen Betriebstätigkeit mit den notwendigen Rohstoffen und Vorprodukten versorgen.[51] Eine zuverlässige Versorgung kann je nach Projekttyp kritisch und lebensnotwendig sein. Kraftwerksprojekte beispielsweise sind auf eine unterbrechungsfreie und qualitativ gleich bleibende Zufuhr mit entsprechenden Brenn- 36

---

[47] Allerdings werden immer häufiger erfolgsabhängige Vergütungsstrukturen *(performance-related remuneration)* eingesetzt, die einen Teil der Marktrisiken auf den Betreiber abwälzen.

[48] Die Projektaktiva von Flughäfen lassen sich relativ gut beschreiben. Der Betrieb eines Flughafens hingegen besteht aus einem vergleichsweise großen Portefeuille unterschiedlichster Aktivitäten, dass sich einer präzisen Beschreibung durch einen Betriebsführungsvertrag entzieht. So umfassen die Aufgaben des Flughafenmanagements unter anderem die Bereitstellung von Lande- und Abfertigungskapazitäten, die Vermarktung des Flughafens bei Fluglinien und Passagieren, die Vermietung von Verkaufsflächen und Parkplätzen, den Frachtumschlag, den Verkauf von Dienstleistungen, Immobilienentwicklung und den Kapazitätsausbau.

[49] *Tytko*, S. 30 ff.

[50] Von besonderer Bedeutung sind hier Vorkehrungen, die den Verkauf von Projektanteilen betreffen, z.B. Sperrfristen, Andienungsrechte, Nachschussverpflichtungen etc.

[51] *Denton Hall*, S. 20, *Tytko*, S. 26.

stoffen angewiesen.[52] Gleiches trifft auf rohstoffverarbeitende Anlagen wie bspw. Raffinerien und Stahlwerke zu. Unterbrechung oder gar Ausfall der Lieferleistung können bei derartigen Projekten zu erheblichen wirtschaftlichen Konsequenzen, bis hin zu einer Zahlungsunfähigkeit der Projektgesellschaft, führen. Aus diesem Grunde werden Lieferanten, zu denen eine besondere Abhängigkeit besteht, regelmäßig mit langfristigen Lieferverträgen in die Projektfinanzierung eingebunden. Dies wird immer der Fall sein, wenn die Versorgung des Projekts einen kritischen Stellenwert hat und zudem von einem Unternehmen zu gewährleisten ist, dessen Austausch hohe Transaktionskosten verursachen würde. Darüber hinaus verpflichten sich Lieferanten in der Regel dazu, die vereinbarte Versorgungsleistung zu einem ex ante definierten Preisniveau vorzunehmen. Hierdurch wird das Risiko von Kostensteigerungen für Rohstoffe auf den entsprechenden Partner abgewälzt. Die Bonität und das *standing* der langfristig eingebundenen Projektlieferanten sind daher von zentraler Bedeutung für die Beurteilung des Projektes durch Kreditgeber.

37   Bei anderen Projekttypen ist hingegen die Bedeutung der Projektlieferanten weniger kritisch. Mautstraßen, Flughäfen und Telekommunikationsprojekte arbeiten in der Betriebsphase mit einer Vielzahl von Lieferanten (z.B. Strom, Wartungsarbeiten, Dienstleistungen aller Art) zusammen, ohne dass dies zu einer bedeutsamen Abhängigkeit von einer einzelnen Lieferleistung führen würde. Im diesem Falle ist es häufig nicht sinnvoll, Lieferanten in die Vertragsstruktur der Projektfinanzierung einzubinden.[53]

4.1.8 Abnehmer und Kunden von Projektleistungen

38   Das für Zulieferer Gesagte gilt im Wesentlichen auch für Abnehmer und Kunden (*customers*) der Projektgesellschaft. Die Kunden erwerben Produkte bzw. Dienstleistungen der Projektgesellschaft und sind somit Grundlage des für den Schuldendienst zur Verfügung stehenden Cashflow. Durch Abnahmezusagen zu definierten Preisen kann die Prognosequalität der Wirtschaftlichkeitsrechnungen beträchtlich erhöht und das Risikoprofil der Zahlungsströme gesenkt werden.[54] Die Projektleistungen können aus Rohstoffen, Vorprodukten, Dienstleistungen oder flüchtigen Kapazitäten (z.B. *slots* bei Flughäfen, *paths* bei Eisenbahnprojekten, Stromlieferungen) bestehen. Wo immer die Abnahme des Projektoutputs von einer beschränkten Zahl von Kunden erfolgt, mag es sinnvoll sein, diese langfristig über Abnahmeverträge an das Projekt zu binden.[55] Häufig jedoch ist der Kundenkreis nicht eindeutig zu definieren. Bei Projekten aus dem Bereich der Versorgungs- und Transportinfrastruktur erfolgt die Abnahme häufig durch eine breite Masse von Endverbrauchern, die sich nicht vertraglich an die Geschicke des Projektes binden lassen.

39   In der Vergangenheit wurden langfristige Abnahmeverträge insbesondere bei Kraftwerksprojekten (*independent power producer* – IPPs) vereinbart. Derartige *power purchase agreements* (PPA) wurden lange Zeit als notwendige Voraussetzung für das Zustandekommen einer Projektfinanzierung angesehen, da diese Vereinbarungen die teils erheblichen Preis- und Mengenrisiken von Kraftwerksprojekten mildern. Allerdings verlieren PPAs durch Deregulierung und vertikale Entflechtung der Stromwirtschaft (d.h. Auftrennung in die Wertschöpfungsstufen Energieerzeugung, Transport, Handel und Distribution) in modernen Marktordnungen zunehmend an Bedeutung. Immer häufi-

---

[52] Eine Ausnahme hiervon bilden hier lediglich Wasser-, Wind- und Solarkraftwerke, deren Versorgung sich nur ausnahmsweise vertraglich sicherstellen lässt.
[53] *Tytko*, S. 29.
[54] *Reuter*, S. 35 f.
[55] *Tytko*, S. 29.

ger werden auch sogenannte *merchant plants* projektfinanziert, die die erzeugte Energie zu den jeweils herrschenden Marktpreisen in das Netz einspeisen. Der Preis bildet sich hierbei auf einer Strombörse und entzieht sich somit einer vertraglichen Festlegung. Abhilfe können hier entsprechend ausgelegte Absicherungsinstrumente und -strategien *(hedging strategies)* schaffen.

Sofern sinnvoll, bestehen vertragliche Beziehungen regelmäßig zwischen der Projektgesellschaft und den Abnehmern des Projektoutputs. In Abnahmeverträgen werden die Bedingungen für die Lieferung der Projektleistungen (Qualität, Menge, Preis) festgelegt. Für Projektfinanzierungen sind dabei nur solche Abnahmeverträge bedeutsam, die mit Unternehmen einwandfreier Bonität geschlossen werden, da nur diese eine stabilisierende Wirkung auf den Cashflow haben.[56] Bei den gängigen Vertragstypen wird zwischen produktionsabhängigen und produktionsunabhängigen Verträgen unterschieden. *Take-or-Pay*-Verträge sehen eine von der Produktannahme unabhängige Zahlungsverpflichtung durch den Abnehmer vor. Sie schützen die Projektgesellschaft vor der Abnahmeunwilligkeit des Abnehmers. Demgegenüber sehen *Take-and-Pay*-Verträge eine vom tatsächlichen Produkterhalt abhängige Zahlungsverpflichtung vor und sind damit als produktionsabhängig zu klassifizieren.[57]

4.1.9 Drittinvestoren

Neben der Kerngruppe der Sponsoren beteiligen sich an Projekten zunehmend auch Investoren *(third party equity investors)*, deren primäres Interesse auf eine angemessene Verzinsung des investierten Kapitals gerichtet ist. Anders als bei den Sponsoren ist ihre Teilnahme also nicht durch Leistungsbeiträge während der verschiedenen Projektphasen (Entwicklung, Errichtung oder Betrieb) motiviert. Da sie keine leistungsbezogenen Projektinteressen haben, unterliegen diese Investoren auch nicht den bei Sponsoren häufig zu beobachtenden Interessenkonflikten.[58] Drittinvestoren sind in der Regel an mittel- bis langfristigen Engagements interessiert und stellen bei ihrer Investitionsentscheidung die langfristige Werthaltigkeit des Projektes in den Vordergrund.

Als Drittinvestoren treten Versicherungsgesellschaften, Pensionsfonds und zunehmend auch Investmentgesellschaften auf, die dezidierte Branchen- oder Länderportefeuilles aufbauen. Insbesondere institutionelle Anleger, die über einen langfristigen Anlagehorizont (zehn Jahre und darüber hinaus) verfügen, engagieren sich bei Infrastrukturprojekten, da diese Projekte fristenkongruente Zahlungsprofile aufweisen. Die Interessenvertretung dieser Investoren und die Überwachung der Investition erfolgen in der Regel über die Aufsichtsorgane der Projektgesellschaft.

4.1.10 Gutachter

Bei den meisten Großprojekten bestehen auf Grund der Projektkomplexität erhebliche Informationsasymmetrien zwischen Gläubigern und Sponsoren. Die den Gläubigern zur Verfügung gestellten Projektinformationen reichen oft nicht aus, um eine abschließende Beurteilung des Projektes vorzunehmen und eine fundierte Kreditvergabeentscheidung zu treffen. Darüber hinaus müssen Gläubiger damit rechnen, dass Sponsoren ein tendenziell positives Bild der wirtschaftlichen Aussichten des Projektes zeichnen.[59] Aus diesem Grunde bewerten unabhängige Gutachter im Auftrag der

---

[56] *Tytko*, S. 61.
[57] *Tytko*, S. 64 ff.
[58] Siehe Abschnitt 4.2.4.
[59] Siehe auch *Laux*, S. 840 ff. zur Problematik asymmetrischer Informationen bei Projektfinanzierungen.

Gläubiger die von den Sponsoren vorgelegten Informationen. Ihre Analyse soll ein objektives und wahrheitsgetreues Bild der dem Projekt zugrunde liegenden Annahmen vermitteln und so eine effiziente Kontrolle der Sponsoren und Projektträger durch tendenziell eher passive Fremdkapitalgeber (aber auch stille Gesellschafter und Minderheitsaktionäre) sicherstellen.

44 Gutachter werden über den gesamten Lebenszyklus eines Projektes tätig. Ein Schwerpunkt ihrer Arbeit liegt jedoch in der Phase vor *financial close*, da zu diesem Zeitpunkt die Entscheidungsfindung in den Gremien der Darlehensgeber stattfindet. Positive gutachterliche Stellungnahmen sind dabei eine notwendige Bedingung für die Genehmigung eines Projektkredites. Nach Auszahlung des Darlehens werden Experten und Gutachter weiterhin die planmäßige Abwicklung des Projektes in seinen verschieden Phasen verfolgen, um eine termin- und vertragsgerechte Bedienung des Schuldendienstes zu gewährleisten.

45 Gutachter werden regelmäßig zur Beurteilung der folgenden Fragestellungen eingesetzt:
– Technische und ingenieurtechnische Probleme (z.B. Beurteilung der zum Einsatz kommenden Produktionstechnologien, Gutachten über Bodenrisiken, Überprüfung der von den Sponsoren vorgelegten Kostenschätzungen etc.)
– Versicherungsfragen
– Umweltverträglichkeitsprüfungen
– Marktanalysen (z.B. Verkehrsstudien, Untersuchungen über die Entwicklung von Strompreisen, langfristige Prognosen über die Entwicklung von Rohstoffmärkten wie z.B. Erdöl, Gas, Gold, Kohle etc.)
– Analysen des politischen und rechtlichen Umfeldes
– Investment-Rating (z.B. Bewertung der Länderrisikos, Bewertung kapitalmarktfähiger Projektanleihen)

46 Da Gutachter in der Regel im Auftrag der Gläubiger tätig werden, können sie keine Verantwortung für den Projekterfolg übernehmen: sie unterstützen lediglich die Entscheidungsfindung der Investoren. Obwohl die Mandatserteilung in der Regel nicht durch die Sponsoren bzw. den Projektträger erfolgt, werden die Kosten für Gutachter in den meisten Fällen über Gebühren der Darlehensgeber auf die Projektgesellschaft abgewälzt. Dieser potenzielle Konflikt kann nur durch intensive Zusammenarbeit und Abstimmung zwischen Experten, Gläubigern und Sponsoren entschärft werden.[60]

4.1.11 Planer und Berater

47 Im Gegensatz zu Gutachtern werden Planer und Berater für die Sponsoren bzw. den Projektträger tätig. Sie übernehmen im Rahmen des Projektentwicklungsprozesses und der Projektkonfiguration Aufgaben, die von Sponsoren aus Mangel an Kapazitäten oder fachlicher Kompetenz nicht geleistet werden können oder wollen.[61] Häufig werden namhafte Planer und Berater engagiert, um die Glaubwürdigkeit und Objektivität der Projektannahmen zu untermauern und die Kosten der zusätzlichen Kontrolle durch Experten und Gutachter zu reduzieren. Dabei werden Planer und Berater besonders in folgenden Bereichen tätig:
– Planung (u.a. Projektkonzipierung, Ausführung, Prozessgestaltung)
– Genehmigungen (u.a. Raumordnungsverfahren, Planfeststellung, Unweltverträglichkeitsprüfung)

---

[60] *Denton Hall*, S. 20.
[61] Siehe auch *Claus*, Kapitel 3.

- Recht und Steuerrecht (u. a. Risikoallokation, Vertragsgestaltung, steuerliche Optimierung)
- Marktentwicklung (u. a. Produktabsatz, Einkauf, Makroökonomie)
- Managementberatung (u. a. Geschäftsplanung, Strategieentwicklung, Informationstechnologie, Organisation, Wirtschaftsprüfung)
- Finanzierung (u. a. Strukturierung, Kapitalmärkte, Syndizierung, Kreditversicherung)
- Risikomanagement (u. a. Risikoanalysen, Versicherungen)

In der Regel sind weder Sponsoren noch Projektgesellschaft in der Lage, alle zur Projektrealisierung erforderlichen Leistungen mit eigenen Ressourcen zu erbringen. Daher werden externe Unternehmen in allen Phasen des Projektlebenszyklus mit Planungs- und Ausführungsleistungen beauftragt. Allerdings werden Planer und Berater nur selten direkt in die Projektfinanzierungsverträge eingebunden, da sie regelmäßig nur einzelne und eng abgegrenzte Aspekte des Gesamtprojektes bearbeiten.

4.1.12 Versicherungen

Das gesamte Vertragswerk einer Projektfinanzierung dient letztlich dazu, die dem Projekt immanenten Risiken sinnvoll und ökonomisch effizient zu verteilen. Insofern kommt Versicherungen eine besondere Rolle zu, da sie Risiken übernehmen können, die aus dem individuellen Kosten-Nutzen-Kalkül einzelner Projektbeteiligter nicht oder nur zu sehr hohen Prämien tragbar sind.[62]

4.1.12.1 Versicherungsgesellschaften

Bei den an Versicherungen zu übertragenden Risiken kann zwischen Planungs-, Realisierungs- und Betriebsphase unterschieden werden. Der Umfang der Versicherungen ergibt sich einerseits aus der Risikoneigung der Projektbeteiligten, andererseits aus rechtlichen Vorgaben (z.B. Konzessionsgesetz) oder Auflagen der öffentlichen Hand. Während Versicherungen in der Planungsphase[63] eine weitgehend untergeordnete Rolle spielen, werden spätestens bei Eintritt des Projekts in die Bau- und Betriebsphase umfangreiche Versicherungspolicen abgeschlossen. Sie dienen dazu, die zukünftigen Projekterlöse bei Eintritt von Schadensfällen zu stabilisieren und die Zahlungsfähigkeit der Projektgesellschaft dauerhaft sicherzustellen.[64]

Folgend aufgeführte Versicherungen werden dabei regelmäßig von der Projektgesellschaft – gelegentlich auch von den Sponsoren – abgeschlossen:[65]

- Maschinen-, Feuer- Diebstahl und Elektronikversicherungen zur Abdeckung von Sachschäden an betrieblichen Vermögensgegenständen der Projektgesellschaft
- Betriebsunterbrechungsversicherungen zur Kompensation von Sachfolgeschäden (Ertragsausfälle, Mehrkosten) bspw. nach Unfällen und Maschinenstillstand
- Haftpflichtversicherungen zur Abdeckung von Haftpflichtansprüchen Dritter, die sich aus der betrieblichen Tätigkeit der Projektgesellschaft ergeben (z.B. Schadenersatzansprüche, Umweltschäden)
- Montage- und Bauleistungsversicherungen zur Kompensation von Schäden, die bei der Lieferung von Anlagen oder der Erbringung von Bauleistungen entstehen
- Transport- und Frachtversicherungen zur Deckung von Schäden beim Transport von Anlagenteilen

---

[62] Siehe auch *Sigulla*, Kapitel 15.
[63] In der Regel tragen die Projektbeteiligten die mit der Entwicklung des Projektes einhergehenden Risiken selbst bzw. sichern sich im Rahmen der normalen Geschäftstätigkeit gegen Eventualitäten ab.
[64] *Tytko*, S. 73.
[65] *Tytko*, S. 73 ff.

– *Contractor's-All-Risk*-Versicherungen decken die typischen Risiken von Bau- und Lieferunternehmen ab und werden regelmäßig von den jeweiligen Projektbeteiligen (meist im Rahmen von Pauschalvereinbarungen) direkt abgeschlossen

52 Sowohl für Sponsoren wie auch Gläubiger sind umfassende Versicherungskonzepte und namhafte Versicherungsunternehmen ausreichender Bonität eine notwendige Voraussetzung zur Projektdurchführung. Mit der Erstellung von Versicherungskonzepten werden regelmäßig internationale Makler- und Beratungsunternehmen beauftragt. Die Versicherungsverträge werden in den meisten Fällen direkt mit der Projektgesellschaft geschlossen. Insofern sind die mit den Policen verbundenen Kosten als betrieblichen Aufwand vom Projektträger zu übernehmen.[66]

4.1.12.2 Exportversicherer

53 Länder mit starker Exportwirtschaft besitzen in der Regel ein wirksames Instrumentarium zum Schutz ihrer Exporteure. Ursprünglich dienten diese Instrumente dazu, Forderungen aus Warenlieferungen und Dienstleistungen inländischer Lieferanten gegen Ausfälle ausländischer Käufer (Debitorenrisiko) abzusichern. Da Forderungsausfälle häufig auch in dem Verhalten staatlicher Instanzen in den Ziellländern begründet sind, wurde das Versicherungsinstrumentarium um den Schutz vor politischen Risiken erweitert. Dies ist notwendig, da auf traditionellen Versicherungsmärkten eine Absicherung gegen politische Risiken nicht oder nur prohibitiv hohen Kosten erhältlich ist. Mittlerweile werden Exportkreditversicherungssysteme von den meisten Staaten intensiv zur Förderung der heimischen Wirtschaft und ihrer Exporttätigkeit genutzt.[67] Die Versicherungsprämien für die Übernahme der Risiken sind dabei vergleichsweise gering, da in letzter Instanz ein Souverän oder eine Staatengemeinschaft haften.

54 Aufgrund der vielfältigen Risiken im internationalen Geschäft und der oft unsicheren Rechtssysteme in den Ziellländern ist es für Unternehmen mit hohen Exportanteil sinnvoll, die vorhandenen Versicherungen zu nutzen und ggf. gezielt als Wettbewerbsfaktor einzusetzen. Dies trifft insbesondere auf projektfinanzierte Infrastrukturprojekte zu, die zunächst gegen meist starke internationale Konkurrenz gewonnen werden müssen.

55 In der Bundesrepublik Deutschland erfolgt die staatliche Gewährleistung über die Hermes Kreditversicherungs-AG (Hermes Deckung), die auf Antrag des Exporteurs Absicherung gegen wirtschaftliche und politische Risiken gewährt. Aufgrund des steigenden Anteils von Projektfinanzierungen im internationalen Anlagengeschäft wurden die Programme der Exportversicherungsgesellschaften erweitert, so dass mittlerweile alle großen Exportwirtschaften über ein ähnliches Instrumentarium verfügen.[68] Das von Hermes für Projektfinanzierungen angewandte Grundmodell ermöglicht die Absicherung eines Exporteurs (bzw. des finanzierenden Kreditinstituts), der seine Produkte

---

[66] Obwohl sich beispielsweise Bau- und Lieferunternehmen für ihre Leistungserstellung selbst versichern, gehen die anteiligen Versicherungskosten letztlich über den Bau- bzw. Lieferpreis in die Aktiva der Projektgesellschaft ein.
[67] *Tytko*, S. 68.
[68] *Tytko*, S. 68 gibt einen Überblick über die wichtigsten Exportversicherer:

USA:	Export-Import Bank of the United States (EXIM)
Großbritannien:	Export Credits Guarantee Department
Kanada:	Export Development Corporation (EDC)
Frankreich:	Compagnie Française d'Assurance pour le Commerce Exterieur (COFACE)
Italien:	Sezione Speciale per l'Assicurazione del Credito all'Esportazione, Instituto Centrale per il Credito a Medio Termine (Mediocredito)
Japan:	Ministry of Onternational Trade and Industry (MITI)
	Export-Import Bank of Japan (JEXIM).

oder Dienstleistungen an eine Projektgesellschaft liefert. Hierzu sind eine Reihe von Bedingungen zu erfüllen, die in Anlehnung an die OECD-Konsensusvorschriften bei Projektfinanzierungen unter anderem Folgendes voraussetzen:[69]

- das Bestehen einer rechtlich und wirtschaftlich selbständigen Projektgesellschaft (*special purpose company*, Projektträger)
- angemessene Risikoverteilung unter allen Projektbeteiligten
- ausreichender Cashflow des Projektträgers zur Deckung der Betriebskosten und zur Bedienung des Schuldendienstes
- vorrangiger Einsatz der Projekterlöse zur Deckung der Betriebskosten und des Schuldendienstes
- fehlende Absicherung der Kreditverpflichtung durch staatliche Zahlungsgarantien
- Vereinbarung werthaltiger Sicherheiten in Bezug auf Projekterlöse und Projektvermögen (z. B. Treuhandkonten)
- Haftungsbegrenzung oder -freistellung privater Investoren nach Fertigstellung des Projektes

Neben der Absicherung von Lieferanten kommt dem Schutz der Investoren in Projektgesellschaften besondere Bedeutung zu. Während eine Versicherung gegen wirtschaftliche Risiken nicht sinnvoll erscheint, ist eine Versicherung gegen politische Risiken oft die Grundvoraussetzung dafür, Projekte in Ländern zu realisieren, die ansonsten keine privaten Investitionen auf sich lenken würden. Zu diesem Zwecke können Investoren ihre Auslandsinvestitionen bei der Hermes Kreditversicherungs-AG gegen politische Risiken versichern lassen. Kommt es bspw. infolge einer Verstaatlichung des Projektes zum Totalverlust der Investition, würde die Versicherung in der vereinbarten Höhe Ersatz leisten. 56

4.1.13 Privatanleger

In zunehmendem Maße beteiligen sich auch Privatanleger an Projektfinanzierungen. Für Projekttypen wie Immobilien, Schiffe und Flugzeuge sind private Investoren gleichsam die zentrale Zielgruppe und die wichtigste Quelle von Eigenkapital. Hier stehen allerdings nicht Teilung von Risiko und Finanzierungslast im Vordergrund, sondern die steuerlichen Vorteile, die mit derartigen Finanzierungskonstruktionen für Privatanleger erzielt werden können. Diese führen insgesamt zu einer Senkung der Finanzierungskosten und können an die Nutzer des so finanzierten Projektes weitergegeben werden. 57

Allerdings finden sich auch Beispiele für die Beteiligung privater Anleger an Infrastrukturprojekten und industriellen Großprojekten. Ein Großteil des für den Eurotunnel benötigten Eigenkapitals wurde über den Kapitalmarkt, d. h. die Emission von Aktien, finanziert, die auch von privaten Anlegern gezeichnet werden konnten. Mit der zunehmenden Entwicklung der Märkte für Risikokapital insbesondere in Europa dürfte diese Beteiligtengruppe zukünftig eine größere Bedeutung erlangen.[70] In Deutschland hat jüngst das Unternehmen CargoLifter (das übrigens alle Eigenschaften einer Projektfinanzierung aufweist) eine weitere Tranche Eigenkapital in Höhe von 250 Millio- 58

---

[69] *Tytko*, S. 71 ff. und "Konsensusvorschriften für Projektfinanzierungen", aus Hermes Kreditversicherungs-AG, 1998. Bei Investitionsversicherungen des Bundes agieren PWC als Treuhänder.

[70] So hat das mit der Realisierung des Channel Tunnel Rail Link (Eisenbahn-Hochgeschwindigkeitsstrecke, die die Innenstadt von London mit dem Portal des Eurotunnels verbinden soll) beauftragte Konsortium London & Continental einen Börsengang der Projektgesellschaft in sein Finanzierungskonzept eingeplant. Die schlechte Entwicklung der Passagierzahlen hat dieses Vorhaben freilich zunichte gemacht.

nen DM an den Kapitalmarkt gebracht und damit hauptsächlich private Anleger angesprochen.[71]

59 Als Aktionäre des Projektträgers stehen Privatanleger somit im Zentrum des Vertragsnetzwerkes einer Projektfinanzierung. Anders als bei Sponsoren, bei denen üblicherweise weitergehende Verpflichtungen bestehen, ist die Haftung von Privatanleger ausschließlich auf das gezeichnete und eingezahlte Kapital beschränkt.

4.2 Sponsoren

60 Jedes Projekt zeichnet sich durch eine Gruppe von Interessenten aus, die stärker als alle anderen Projektbeteiligten an dessen erfolgreicher Durchführung ein besonderes Interesse haben und deshalb die Projektrealisierung mit ihren Leistungsbeiträgen erheblich unterstützen.[72] Diese Gruppe von Beteiligten wird im Allgemeinen als Sponsoren *(sponsors, promoters)* bezeichnet.[73] Sponsoren können einzelne Unternehmen, Konsortien, öffentliche Instanzen und Privatpersonen sein, also bspw. Bau- und Lieferunternehmen, Lieferanten von Vorprodukten, Abnehmer des Projektoutputs oder Regierungen. Häufig treten auch Eigentümer von Grundstücken als Sponsoren auf, wenn sie infolge der Projektrealisierung eine Wertsteigerung ihres Eigentums erwarten (insbesondere bei Explorations- oder Infrastrukturprojekten).[74] Üblicherweise sind Sponsoren in erheblichem Maße an der Bereitstellung von Eigenkapital beteiligt und tragen die Verantwortung für die Organisation und Durchführung des Entwicklungsprozesses.[75] Die Sponsoren sind dem Projekt auch deswegen besonders verbunden, da sie zunächst alle zur Entwicklung der Projektidee anfallenden Kosten tragen und erst mit der Realisierung auf eine zumindest teilweise Erstattung dieser Aufwendungen hoffen können. Den mit der Projektentwicklung verbundenen Kosten und Risiken steht im Erfolgsfall das Erreichen von für den jeweiligen Sponsor wichtigen Zielen gegenüber. Diese können unter anderem in folgenden Bereichen liegen:

- Verkauf eigener Produkte oder Dienstleistungen (z.B. Vorprodukte, Bauleistung, Lieferung von Anlagen, Software, Projektierung, Beratungsleistungen)
- Erschließung neuer Absatzmärkte (z.B. Telekommunikation, Stromversorgung, Wasserversorgung, Erweiterung des Transportnetzes)
- Sicherung der Versorgung mit wichtigen Produkten oder Dienstleistungen (z.B. Rohstoffe, Energie, Wasser, Vorprodukte etc.)
- Schaffung lukrativer Investitionsmöglichkeiten (z.B. Wertschöpfung durch Entwicklungsarbeit und Wirtschaften, langlaufende Wertpapiere, Risikodiversifikation etc.)
- Erfüllung hoheitlicher Aufgaben (z.B. Wasserversorgung, Bereitstellung von Transport- und Verkehrsinfrastruktur).

4.2.1 Motive von Sponsoren

61 Da Sponsoren eine zentrale Führungsrolle in allen Phasen des Projektlebenszyklus besetzen, haben Gläubiger regelmäßig ein starkes Interesse an den Motiven und Beweggründen der einzelnen Initiatoren. Fremdkapitalgeber werden nur dann bereit sein, die Kosten und Risiken einer Projektfinanzierung auf sich zu nehmen, wenn sie sich

---

[71] Handelsblatt vom 6. Juni 2000.
[72] *Reuter*, S. 34, *Tytko*, S. 22.
[73] *Jürgens*, S. 13 f.
[74] *Clifford Chance*, S. 9.
[75] *Reuter*, S. 34.

der Ernsthaftigkeit und Glaubwürdigkeit der Sponsoren sicher sein können.[76] Insbesondere werden Fremdkapitalgeber prüfen, ob die Sponsoren ein langfristiges und dauerhaftes Interesse am Projekterfolg erkennen lassen und eine Interessenkongruenz zwischen Sponsor und Darlehensgeber sichergestellt ist.

4.2.1.1 Private Unternehmen als Sponsoren

In der Regel sind die privaten Sponsoren die eigentlichen Treiber des Projektes: sie entwickeln die Projektidee, erstellen die Projektstruktur und bringen letztlich alle Beteiligten zur Durchführung des Projektes zusammen.[77] Das oberste Ziel privater Unternehmen ist die Gewinnmaximierung. Demnach dürften private Sponsoren in der Beteiligung an einer Projektfinanzierung eine Möglichkeit zur Erreichung dieses Ziels sehen. Die in der Literatur überwiegend genannten Beweggründe für die Übernahme einer Sponsorenrolle lassen sich wie folgt zusammenfassen:

– Risikoteilung *(risk sharing)* und Risikobegrenzung *(risk limitation)*
  Der Grundgedanke einer jeden Projektfinanzierung ist die ökonomisch effiziente Verteilung aller aus einem Projekt resultierenden Risiken auf die an der Durchführung Beteiligten.[78] Für Sponsoren ergibt sich somit die Möglichkeit, Risiken aus Großprojekten, die unter Umständen die Zahlungsfähigkeit des eigenen Unternehmens beeinträchtigen könnten, mit anderen Parteien zu teilen. Da der Rückgriff auf den Sponsor in der Regel begrenzt ist (limited recourse), können darüber hinaus auch Projekte durchgeführt werden, die ansonsten aus risikopolitischen Überlegungen unterlassen werden würden.
– Erweiterung des finanziellen und unternehmerischen Spielraums
  Zusätzlich zur Risikoteilung ist auch die Begrenzung des eingesetzten Kapitals ein wesentlicher Beweggrund zur Übernahme einer Sponsorenrolle in einer Projektfinanzierung. Für den Sponsor ergibt sich eine bisweilen erhebliche Erweiterung seines finanziellen Handlungsraums, da große Teile des benötigten Kapitals von unternehmensexternen Finanziers zugeführt wird.[79] Somit werden eigene Ressourcen geschont und können für zusätzliche Projekte genutzt werden. Gelingt es dem Sponsor hierbei die unternehmerische Führung über das Projekt zu bewahren, so vergrößert sich sein unternehmerischer Spielraum insgesamt, da mit begrenzten Kapitalressourcen eine vergleichsweise höhere Anzahl an Projekten umgesetzt werden kann.
– Förderung eines Grundgeschäftes
  In vielen Fällen ist die Teilnahme an einer Projektfinanzierung hauptsächlich durch die Aussicht auf Abschluss eines mit der Erstellung der Projektanlagen in Zusammenhang stehenden Liefergeschäfts motiviert. Sowohl in der Bauindustrie als auch im Anlagenbau gelten Projektfinanzierungen mithin als Absatzförderungsinstrument, analog der klassischen Exportfinanzierung. Dabei steht weniger das Projekt im Vordergrund als vielmehr die Chance, bei erfolgreichem Abschluss *(financial close)* einen Bau-, Liefer- oder Ausstattungsauftrag in traditionellen Geschäftsfeldern zu erhalten. Es bleibt fraglich, ob dieses Motiv ein langfristiges, über die Errichtungsphase des Projektes hinausgehendes, Interesse der Sponsoren begründen kann.
– Erschließung neuer Absatzmärkten/Sicherung von Marktanteilen
  Die Erschließung neuer Märkte und die Sicherung von Marktanteilen sind zentrale Beweggründe für die Beteiligung als Sponsor. Das Instrument Projektfinanzierung

---

[76] *Schepp*, S. 526.
[77] *Reuter*, S. 34.
[78] Vgl. hierzu *Nicklisch*, S. 4ff., *Reuter*, S. 31ff., *Kiethe/Hektor*, S. 977.
[79] *Dambach*, S. 270; *Laux*, S. 840ff.

eignet sich besonders für risikoreiche (z.B. Schwellen- und/oder Entwicklungsländer) wie auch sehr schnell wachsende Märkte (z.B. Telekommunikation, Internet), in denen der Sponsor aus unternehmenspolitischen Gründen präsent sein will, ohne jedoch die Expansion über die eigene Bilanz zu finanzieren.

67 – Sicherung von Vorprodukten und Rohstoffen
Im Explorationsgeschäft dienen Projekte hauptsächlich der Erschließung von Rohstoffvorkommen, dem Bau von Transporteinrichtungen (Pipelines, LNG-Terminals[80] etc.) und Verarbeitungskapazitäten (Raffinerien). Ziel ist hierbei die langfristige Sicherung des benötigten Vorprodukts und die damit verbundene Kontrolle über dessen Preisentwicklung.

68 – Erschließung neuer Geschäftsfelder
Die Übernahme einer Sponsorenrolle ermöglicht bisweilen den Eintritt in gänzlich neue Geschäftsfelder und kann demnach strategischen Überlegungen des Sponsors Rechnung tragen. Als Beispiel seien hier Bauunternehmen genannt, die aus ihrem traditionellen Baugeschäft in neue Geschäftsfelder diversifiziert haben. So ist das spanische Unternehmen Dragados mittlerweile ein bedeutender Betreiber von Mautstraßen, die französische Bouygues ist in die Telekommunikation eingetreten und HOCHTIEF engagiert sich erfolgreich als Investor und Manager von Flughäfen weltweit.[81] Dabei kann vor allem der erhoffte *Know-how*-Transfer von anderen Projektbeteiligten ein wichtiges Motiv für die Sponsoren darstellen.

69 – Erzielung höherer Investitionsrenditen
In der Literatur wird die Erzielung von höheren Investitionsrenditen häufig als Motiv für die Übernahme einer Sponsorenrolle genannt.[82] Diese Aussage mag prinzipiell richtig sein, doch muss berücksichtigt werden, dass mit diesen teilweise hohen Renditen in der Regel auch ein entsprechendes Risikoprofil verknüpft ist. Der durch den hohen Fremdkapitalanteil bedingte Schuldendienst und die starke Position der Gläubiger lassen ein langfristiges "Aussitzen" schwieriger Situationen nicht zu[83] und können dazu führen, dass das Eigenkapital (häufig auch die ersatzweise geleisteten Gesellschafterdarlehen) der Sponsoren aufgezehrt und vernichtet wird.

70 – Bilanzpolitische Überlegungen
Da Projektkredite in der Regel direkt von der Projektgesellschaft aufgenommen werden, verursacht die Teilnahme an einer Projektfinanzierung keine unmittelbare Veränderung der Bilanzen der Projektinitiatoren. Auch wenn die bilanziellen Auswirkungen letztlich kontrovers diskutiert werden[84] und eine vollständige Entlastung der konsolidierten Sponsorenbilanz um den Projektkredit unwahrscheinlich erscheint, so vergrößert die Maßnahme doch insgesamt den bilanzpolitischen Spielraum des Projektinitiators. Dies trifft insbesondere dann zu, wenn der Verschuldungsspielraum des Initiators schon weitgehend ausgeschöpft ist.[85]

71 – Transparenz der Rechnungslegung
Die Ausgliederung einer Projektinvestition in eine Projektgesellschaft mit eigener Rechtspersönlichkeit fördert die Transparenz der Rechnungslegung des Sponsors und erfüllt somit wichtige Forderungen moderner Rechnungslegungsprinzipien wie bspw. der International Accounting Standards (IAS). Insgesamt kann die erhöhte

---

[80] Liquified Natural Gas.
[81] Quelle: Geschäftsberichte der genannten Unternehmen.
[82] *Tytko*, S. 22.
[83] Vgl. auch die Abschaltung des satellitengestützten Kommunikationssystems Iridium.
[84] Siehe hierzu *Tytko*, S. 11 ff.
[85] Zu Rechnungslegung und Bilanzierung im Rahmen von Projektfinanzierungen siehe auch *Gundert*, Kapitel 13.

Transparenz auch die Finanzierungskonditionen des Sponsors verbessern, da Kapitalmärkte in der Regel eine offene Informationspolitik honorieren.[86]
– Prestige
Die Teilnahme an einem projektfinanzierten Unternehmen sichert dem Sponsor regelmäßig die Aufmerksamkeit und Anerkennung der internationalen Banken- und Mediengemeinde. Dies kann über reines Prestigedenken hinaus insoweit nützlich sein, als die Teilnahme eines erwiesenermaßen erfolgreichen Sponsors der Kreditwürdigkeit (standing) eines neuen Projektes förderlich sein kann und der jeweilige Sponsor zu einem begehrten Geschäftspartner für andere Unternehmen wird.

4.2.1.2 Staatliche Instanzen als Sponsoren

Sofern sich öffentliche Haushalte nicht privatwirtschaftlich über Eigen- und Regiebetrieb engagieren und hierbei Gewinnerzielungsabsichten verfolgen, liegt ihre primäre Aufgabe in der Erfüllung hoheitlicher Aufgaben wie beispielsweise in der Daseinsvorsorge, der Förderung der wirtschaftlichen Entwicklung oder der Stärkung der Zahlungsbilanz. Öffentliche Instanzen engagieren sich häufig als Sponsoren indem sie Projekte initiieren, sich maßgeblich an der Finanzierung des Projektes beteiligen und auch ansonsten vorteilhafte Rahmenbedingungen für private Investoren schaffen.[87] Ein weiteres zentrales Motiv für die Übernahme einer Sponsorenrolle ist freilich die allgegenwärtige Knappheit öffentlicher Mittel für die Bereitstellung öffentlicher Güter. Anstatt diese in voller Höhe aus dem Haushalt zu finanzieren, kann eine staatliche Instanz als Sponsor von projektfinanzierter Infrastruktur private Investoren an deren Realisierung beteiligen und somit eigene Ressourcen schonen.

In Abhängigkeit von der Projektgröße und dessen Bedeutung für die Wirtschaft des beteiligten Landes werden unterschiedliche Ebenen der öffentlichen Verwaltung eingebunden. Bei großen Explorations- oder Infrastrukturprojekten ist die Mitwirkung der höchsten staatlichen Instanz häufig erforderlich, um den Projektbeteiligten ausreichend Zuversicht über die Ernsthaftigkeit des Unternehmens zu geben.[88] Die Beteiligung eines Souveräns als Sponsor hat insofern eine erhebliche Signalwirkung auf potentielle Fremdkapitalgeber und kann auch dazu beitragen, die dem Projektträger gewährten Finanzierungskonditionen zu verbessern. Bei kleineren Projekten übernehmen vermehrt auch Länder, Gemeinden und Städte eine Sponsorenrolle. Gerade im Bereich der Wasserver- und -entsorgung treten Gemeinde und Städte als Sponsoren auf, da der Versorgungsauftrag in vielen Staaten auf der untersten föderalen Ebene angesiedelt ist. Dabei ist bisweilen zu beobachten, dass das von Gläubigern wahrgenommene Risiko, und damit auch die Kosten der Fremdfinanzierung, mit abnehmender Instanz des öffentlichen Haushaltes zunimmt.

4.2.2 Bedeutung der Sponsoren für die Projektfinanzierung

Während der Projektträger zunächst ein von den Sponsoren eingesetztes rechtliches Vehikel zur Risikobegrenzung und -teilung darstellt, so sind es immer die Sponsoren, die als treibende Kraft hinter der Realisierung und Durchführung eines Projektes ste-

---

[86] Ein Indiz für diese Tatsache ist die starke Verbreitung sogenannter Asset Backed Securities (ABS), deren Wirkung in der Beseitigung von Informationsasymmetrien in Form pauschaler Portfoliobewertungen beruht.
[87] Eine Diskussion der Beweggründe für die Übernahme einer Sponsorenrolle aus praktischer und theoretischer Sicht findet sich bei *Tytko*, S. 22 ff. und *Laux*, S. 844 ff.
[88] Bei dem Projekt New International Athens Airport bspw. ist der griechische Staat sowohl Konzessionsgeber als auch mit 55% des Aktienkapitals Mehrheitsgesellschafter der Konzessionsgesellschaft, die den Flughafen über dreißig Jahre betreiben wird.

hen. Ohne den festen Willen und das für die Umsetzung eines Projektes erforderliche Durchhaltevermögen kommt es erst gar nicht zur Institution des Projektträgers. In der Planungs- und Errichtungsphase zehrt der Projektträger demnach im Wesentlichen von den Ressourcen der Sponsoren. Die Bereitstellung von ausreichenden Managementkapazitäten und Finanzmitteln seitens der Sponsoren ist demnach von zentraler Bedeutung für eine erfolgreiche Projektstrukturierung. Die Tatsache, dass ein Unternehmen Zeit- und Managementressourcen in bisweilen erheblichem Ausmaß für ein mittels Projektfinanzierung zu realisierendes Projekt binden, signalisiert anderen Teilnehmern Ernsthaftigkeit und dauerhaftes Interesse. Bei der Bewertung des Projektes durch die Gläubiger spielen – auch wenn dabei regelmäßig nur der erwartete Projektcashflow berücksichtigt wird – die Kreditwürdigkeit und Finanzkraft der Sponsoren eine erhebliche Rolle: sie sind ein Indiz für das in Krisensituationen notwendige Steh- und Durchhaltevermögen. Gleiches gilt auch für die Sicherheitenstellung seitens der Sponsoren. Dabei ist es unerheblich, ob diese Sicherheitenstellung dinglich oder in Form von Garantien bzw. sonstigen Leistungsverpflichtungen besteht. Einer rechtlichen wie auch wirtschaftlichen Bewertung entzieht sich schließlich die bisherige Erfahrung und Reputation der Sponsoren bei der Umsetzung von Projektfinanzierungen. Sponsoren mit einer bestehenden Referenzliste *(track record)* erfolgreicher Projekte gelingt es regelmäßig, andere potentielle Beteiligte für ein Projekt zu gewinnen, da sie auf die Einschätzung eines erfahrenen Partners vertrauen. Bei internationalen Projekten legen Gläubiger meistens Wert auf die Beteiligung eines starken lokalen Partners, der dem Sponsorenkreis im Projektland das häufig benötigte politische Gewicht verschafft. Hierbei geht es weniger um die rechtlich bedenkliche Beeinflussung politischer Entscheidungsprozesse als vielmehr um die Erleichterung des Dialoges mit den zuständigen staatlichen Stellen im Falle von Problemen.

76 Von besonderer Bedeutung ist letztlich die Fähigkeit der Sponsoren, die jedem Projekt innewohnenden Interessenkonflikte zu beherrschen. Die Interessenkonflikte können sowohl unter den jeweiligen Sponsoren bestehen wie auch aus den einzelnen Leistungsbeiträgen eines einzigen Sponsors entstehen. Fremdkapitalgeber erwarten daher regelmäßig vertragliche Vorkehrungen, die die transparente Regelung solcher Konflikte dokumentieren. Ein Interessenkonflikt zwischen Sponsoren liegt bspw. vor, wenn private Unternehmen mit der öffentlichen Hand in Wasserversorgungsunternehmen zusammenarbeiten. Während der öffentliche Sponsor mit Rücksicht auf die öffentliche Meinung und die damit verbundenen Wählerstimmen an einer schnellstmöglich verfügbaren, preiswerten und qualitativ hochwertigen Wasserversorgung interessiert ist, werden private Sponsoren eher zu hohen Wasserpreisen und einem gestreckten Investitionsprogramm tendieren.[89] Der hieraus entstehende Interessenkonflikt wird international regelmäßig durch Regulierungs- und Aufsichtsbehörden kontrolliert, wobei aus Sicht sowohl der Sponsoren wie auch der Gläubiger die Ressourcen- und Personalausstattung dieser Behörden von zentraler Bedeutung ist.[90]

77 Bei internen Interessenkonflikten von Sponsoren muss der jeweilige Sponsor gegenüber den Fremdkapitalgebern nachweisen, dass dieser Konflikt nicht zu einer Schwächung der langfristigen Ertragskraft des Projektes und somit der Gläubigerposition führt. Im Falle von Sponsoren, die einerseits erheblich an der Erstellung der Projektanlagen, andererseits an den langfristigen Erträgen aus dem Betrieb des Projektes partizipieren, geschieht dies häufig über die Einschaltung von Tochtergesellschaften, die

---

[89] Unter Projektfinanziers gelten Projekte der Wasserversorgung wegen genau dieser Problematik bisweilen als nicht finanzierbar.
[90] Vgl. auch die Weltbankdokumentation "Toolkits for the Private Participation in Water and Sanitation" mit Empfehlungen speziell für die Beteiligung der Privatwirtschaft bei der Wasserversorgung. Quelle: Weltbank (www.worldbank.org).

intern die verschiedenen Interessen (z. B. Liefer- und Betreiberinteressen) abbilden. Das Management der jeweiligen Tochtergesellschaften kann in der Folge dazu verpflichtet werden, untereinander wie Dritte zu verhandeln *(at-arm's-length)* und marktübliche Erträge zu erwirtschaften. Zwar kann dies nicht immer verhindern, dass diese Trennung durch interne Anweisungen aufgeweicht wird,[91] doch wird dieses Instrument als vertrauensbildende Maßnahme bei Gläubigern zunehmend akzeptiert.[92]

4.2.3 Aufgaben der Sponsoren während der unterschiedlichen Projektphasen

78 Obwohl Sponsoren je nach unternehmerischer Zielsetzung unterschiedliche Schwerpunkte setzen werden, sind die Aufgaben, welche sie über den Lebenszyklus eines Projektes zu erfüllen haben, grundsätzlich die gleichen. Bei der Strukturierung eines Projektes wird sein Lebenszyklus in einzelne Phasen unterteilt. Hierbei stellt eine Projektphase einen in sich abgeschlossenen Abschnitt eines Projektes dar, der sich durch seine Aufgabenstellung und die daraus abzuleitenden Aktivitäten von anderen Abschnitten unterscheidet.[93] Nachfolgend werden die Phasen Projektentwicklung, Errichtung, Betrieb und Desinvestition unter besonderer Berücksichtigung der von den Sponsoren zu erfüllenden Aufgaben dargestellt.[94]

4.2.3.1 Projektentwicklungsphase

79 Die Projektentwicklungsphase dient zur Entscheidung und Vorbereitung der Projektdurchführung und wird üblicherweise in folgende Schritte unterteilt:
– Identifizierung und Konkretisierung der Projektidee
– Entwicklung und Analyse der Realisierbarkeit
– Planung und Ausschreibung von Einzelleistungen
– Angebotserstellung
– Verhandlung und Auftragserteilung.

80 Am Anfang eines jeden Projektes steht die Identifizierung und Konkretisierung der Projektidee. Die Auswahl besonders geeignet erscheinender Projektideen wird von den Sponsoren getroffen. Hierbei liegen regelmäßig unternehmensinterne Überlegungen zu Grunde. In vielen Fällen wird die Idee von außen an Sponsorenunternehmen herangetragen, indem beispielsweise die öffentliche Hand Infrastrukturmaßnahmen unter Einbeziehung der Privatwirtschaft realisieren sehen möchte. In beiden Fällen kommt es zu einer intensiven Projektprüfung durch die Initiatoren in Form von Wirtschaftlichkeits- und Machbarkeitsstudien, die in der Regel bereits die spätere Prüfung durch

---

[91] Vgl. das Projekt Köln-Arena, bei dem trotz unternehmensinterner Trennung der Verantwortlichkeiten offenbar kurzfristige Gewinnanteile aus Bautätigkeit langfristigen Verlustpotentialen aus dem Betreibergeschäft vorgezogen wurden: [...] Als Ursachen der überraschenden Fehlbeträge hatte Holzmann jahrelang nicht gebuchte Drohverluste vor allem aus Projektgeschäften wie der "Köln-Arena" oder dem "City Carre" in Magdeburg genannt.[...]" Quelle: Reuters vom 20. November 1999 ("Holzmann muss ums Überleben bangen").
[92] Ein Beispiel für diese Art des internen Konfliktmanagements findet sich bei HOCHTIEF mit den für das Projektgeschäft zuständigen Tochtergesellschaften HOCHTIEF Projektentwicklung und HOCHTIEF AirPort. Als Betreiber- und Investmentvehikel haben diese Gesellschaften den Auftrag, Projekte mit eigenem Lieferanteil zu entwickeln, zu finanzieren und zu betreiben. Voraussetzung für die Genehmigung von Investitionen ist allerdings, dass das zur Projektfinanzierung eingesetzte Kapital über die reinen Kapitalkosten hinaus einen ex ante definierten Wertbeitrag erwirtschaftet. Quelle: HOCHTIEF, Geschäftsbericht 1999, S. 16 ff.
[93] Vgl. *Hupe*, S. 35.
[94] Zu Projektfinanzierung im engeren Sinne siehe auch *Röver/Siebel*, Kapitel 6.

externe Finanziers vorwegnehmen. Die ersten Studien, welche zur Vorstudie *(pre-feasibility study)* zusammengeführt werden, dienen als Basis für die Entscheidung, ob die Projektidee eine genauere Projektausarbeitung rechtfertigt. Neben der Grobplanung fließen in diese Vorstudien auch die Ergebnisse u. a. aus Markt-, Material-, Energie-, und Verkehrsstudien sowie Boden-, Steuer-, und Rechtsgutachten ein.

81 Nach einer ersten positiven Projektbeurteilung erfolgt anschließend die Detailplanung und Verfeinerung der Vorstudie. Die Ergebnisse werden in einer ausführlichen Durchführbarkeitsstudie *(feasibility study)* zusammengefasst. Die feasibility study enthält alle relevanten Projektinformationen, die den Projektbeteiligten zum jeweiligen Zeitpunkt bekannt sind, und ist gleichsam Grundlage für die Entscheidung über eine weitere Beteiligung an dem geplanten Projektfinanzierungsvorhaben.[95]

82 Während der Detailplanungsphase sind neben den Sponsoren weitere Projektbeteiligte in den Entwicklungsprozess einbezogen. Hierzu gehören auch die Kreditgeber, die ein Führungsmandat übernehmen werden und ggf. weitere Eigenkapitalgeber, deren frühe Einbindung die Erstellung eines robusten Finanzierungskonzeptes erleichtert. Aber auch die Benennung von Projektlieferanten und von Projektabnehmern ist in dieser Phase unerlässlich.

83 Die vielfältigen Aufgaben, die während der Projektentwicklungsphase von den Projektbeteiligten zu erfüllen sind, führen bei größeren Vorhaben nicht selten dazu, dass hierfür mehrere Jahre erforderlich sind. Die damit verbundenen Kosten für Eigenleistungen und Fremdleistungen oder Drittkosten müssen zum Großteil von den Sponsoren aufgebracht werden. Erst nach Sicherung der Finanzierung kann verlässlich mit der Implementierung eines Projektes begonnen werden. Wenn die für die Realisierung notwendige Finanzierung nicht zustande kommt, besteht für die Sponsoren das Risiko des Verlustes von teilweise erheblichen Entwicklungsaufwendungen.

4.2.3.2 Projektfinanzierung

84 Am Ende der Projektentwicklungsphase erfolgt der Abschluss der Finanzierungsverträge als Voraussetzung für die anschließende Projekterrichtung. Bei der Finanzierung sind die Sponsoren in besonderem Maße gefordert, da es ihnen obliegt, Fremdkapitalgeber von der Vorteilhaftigkeit des Projektes zu überzeugen und möglichst günstige Darlehensbedingungen zu vereinbaren. Hierbei spielen neben der Gewinnprognose und der damit erwarteten Verzinsung des eingesetzten Kapitals die Erwartungen über und die Allokation von Projektrisiken eine entscheidende Rolle. Neben einer fairen und transparenten Risikoverteilung im Wege der Vertragsgestaltung werden die Darlehensgeber regelmäßig verlangen, dass die Sponsoren, z. B. durch einen Beitrag des Eigenkapitals und/oder entsprechende Projektgarantien, ebenfalls von den Folgen möglicher Risiken betroffen sind. Nach den Möglichkeiten der Kreditgeber, Haftungsansprüche gegen die Sponsoren als Eigentümer der Projektgesellschaft zu erheben, werden in der Literatur die drei Grundformen bzw. Varianten der Projektfinanzierung unterschieden: die *full-*, die *limited-* und die *non-recourse-*Finanzierung.[96]

85 Eine *full-recourse-*Finanzierung liegt dann vor, wenn die Kreditverträge den Gläubigern umfassende Rückgriffsrechte auf die Sponsoren, gewähren. Obwohl das Projekt aus deren Unternehmen ausgegliedert wird und eine rechtliche Selbständigkeit erhält, haften die Sponsoren wie bei einem normalen Unternehmenskredit für die gewährten Darlehen. Damit wird der *risk-sharing-*Gedanke weitestgehend aufgegeben. Bei einer *full-recourse-*Finanzierung steht daher weniger die Ertragskraft des Projektes im Mittelpunkt des Gläubigerinteresses, als vielmehr die Bonität der Sponsoren.

---

[95] Vgl. *Tytko,* S. 36.
[96] S. *Tytko,* S. 13, 14.

Sponsoren

Bei einer limited-recourse-Finanzierung, die bei den meisten Projektfinanzierungen zur Anwendung kommt, haben die Kreditinstitute nur in einem begrenzten Umfang und beim Vorliegen bestimmter Tatbestände das Recht, auf die Sponsoren zurückzugreifen. Hierbei kann die Haftungsbeschränkung sowohl betragsmäßigen als auch zeitlichen Regelungen unterliegen. Zeitlich begrenzte Rückgriffsmöglichkeiten werden häufig eingesetzt, um den unterschiedlichen Risikostrukturen in den einzelnen Projektphasen Rechnung zu tragen.

Bei einer non-recourse-Finanzierung schließlich haben Gläubiger keinerlei Rückgriffsmöglichkeiten auf die Sponsoren. Die Haftungsmasse ist ausschließlich auf die Kapital- und Sacheinlagen der Projektgesellschaft beschränkt. Neben den im Wert meist vernachlässigbaren Projektaktiva stellt somit die Ertragskraft des Projektes die einzige Sicherheit für die Gläubiger dar. Da den Gläubigern in diesem Fall in sehr hohem Maße Risiken und unternehmerische Verantwortung übertragen werden, kommt diese Finanzierungsvariante relativ selten zur Durchführung. Zudem ist wegen des erhöhten Ausfallrisikos mit entsprechenden Risikoprämien zu rechnen.

4.2.3.3 Errichtungsphase

Die Errichtung der Projektanlagen erfolgt entweder direkt durch den Projektträger oder durch einen geeigneten Generalunternehmer. Bei der Errichtung durch den Projektträger werden einzelne Gewerke und Anlagenteile direkt von der Projektgesellschaft an Lieferunternehmen vergeben, wobei die Vergabe im Kreise der Sponsoren oder an Dritte erfolgen kann. Der Vorteil der Einzelvergabe ist in dem weitreichenden Einfluss des Projektträgers auf die Projektgestaltung und in der Realisierung etwaiger Vergabegewinne zu sehen. Diesem Vorteil stehen allerdings erhebliche Risiken (z. B. Schnittstellen- und Fertigstellungsrisiko) gegenüber. Die potenziellen Koordinations- und Verzögerungskosten bei einer Einzelvergabe durch den Projektträger werden von vielen Kreditgebern gescheut und daher oft mit Risikoprämien bei den Finanzierungskonditionen bzw. der Forderung nach Risikoreserven (Nachschussverpflichtungen, *stand-by equity*) belegt.

In aller Regel wird daher die Errichtung der Anlagen vom Projektträger an einen entsprechend erfahrenen und qualifizierten Generalunternehmer übertragen. Dieser Generalunternehmer kann eine einzelne Firma sein, die die gesamte Leistungsverpflichtung entweder selbst oder aber durch die Vergabe von Unteraufträgen erfüllt. Bei internationalen Großprojekten werden sich regelmäßig mehrere Firmen zu einem *Joint-Venture* oder einer Konsortialgesellschaft zusammenschließen. Oft sind hierbei auch die Sponsoren beteiligt. Sie sind somit auf der Seite des Projektträgers als auch auf der Seite der Projekterrichter an der Errichtung der Anlagen beteiligt. Hieraus ergibt sich gewissermaßen eine doppelte Verpflichtung zum Erfolg des Projektes. Es besteht allerdings auch die Gefahr, dass Lieferinteressen über die Interessen in der Projektgesellschaft gestellt werden und dadurch Nachteile zu Lasten anderer Projektbeteiligter oder des Gesamtprojekts entstehen.[97]

Üblicherweise werden die Sponsoren einen Teil ihres Aufgabenspektrums in der Errichtungsphase an den Projektträger übertragen, der somit mittelbar auch ihre Interessen vertritt. Hierzu gehören unter anderem:

- Bereitstellung/Erwerb von Grundstücken und anderen Vorleistungen
- Abstimmungen mit Genehmigungsbehörden
- Kontrolle der Qualität und Einhaltung wesentlicher Zwischentermine
- Administration von Ansprüchen aus Mehr- und Minderleistungen
- Sicherstellung und Administration der Zahlungen

---

[97] Vgl. ausführlich 2.4.

- Vorbereitung des Betriebs (Schulungsmaßnahmen, Probeläufe, etc.)
- Abnahme der Bau- und Lieferleistungen

91 Zur Durchführung dieser Aufgaben ist qualifiziertes Personal erforderlich, welches entweder direkt vom Projektträger rekrutiert oder, wie häufig üblich, von den Projektsponsoren abgestellt werden kann. Häufig werden zusätzlich externe Fachingenieure und Berater hinzugezogen. Diese werden entweder aus Gründen der Fachkompetenz und Ressourcenknappheit oder aber bewusst zu Kontrolle und Ausgleich von Interessengegensätzen eingeschaltet.

92 Nach Abschluss der Montage- und Errichtungsarbeiten beginnt der Probebetrieb der Anlagen, die sog. Anlaufphase. Hierbei wird überprüft, inwieweit die erstellten Anlagen die vom Auftraggeber geforderten Spezifikationen erfüllen. Der Probebetrieb kann einen Zeitraum von mehreren Monaten betragen und endet mit der vertraglich festgelegten Abnahme der Anlagen durch die Projektgesellschaft. Bestandteil der Abnahme ist meist auch ein positives Votum der zuständigen Genehmigungs- und Regulierungsbehörden. In diesem Fall muss der Projektträger zusätzlich prüfen, ob die Vorgaben aus den einschlägigen Gesetzen und dem Konzessionsvertrag erfüllt, sind, bevor er die Anlagen abnehmen kann. Mit der Abnahme schließlich geht das gesamte Risiko auf den Projektträger über.

93 Die Errichtungsphase ist aus Sicht der Kapitalgeber besonders risikobehaftet, da den meist beträchtlichen Investitionsauszahlungen noch keine Projekteinnahmen gegenüberstehen. Die größten Risiken dieser Phase sind deshalb Fertigstellungsrisiken, also die Möglichkeit, dass das Projekt überhaupt nicht oder verspätet fertiggestellt wird. Dadurch werden der Projektbetrieb und die damit verbundenen Einnahmen zeitlich verschoben, wodurch es wiederum zu Verzögerungen in der Kapitalrückführung, zur Erhöhung von Zinskosten oder im schlimmsten Fall zur Insolvenz des Projektträgers kommen kann. Kostenüberschreitungen in der Errichtungsphase können sich auch aus notwendigen technischen Änderungen, inflationären Preisentwicklungen und Kalkulationsfehlern ergeben. Dieses Risikopotenzial führt in der Regel dazu, dass Fremdkapitalgeber von den Sponsoren signifikante Eigenkapitalbeträge und ggf. weitergehende Verpflichtungen fordern.

94 Treten die o. g. Risiken ein, müssen die zusätzlichen Kosten vom Projektträger absorbiert werden. Kreditgeber sind hiervon ebenso betroffen wie Sponsoren, sind aber in der Regel nicht bereit, diese Risiken in voller Höhe zu übernehmen. Deshalb fordern Sie von Sponsoren entweder Nachschussverpflichtungen[98] oder die Einrichtung nachrangiger stand-by-Kredite mit vollem Rückgriff auf die Sponsoren. Darüber hinaus können die Risiken durch entsprechende Sicherheiten abgesichert werden. Hierbei kommen die klassischen Kreditsicherheiten in Form von Grundpfandrechten an den Grundstücken sowie Sicherungsübereignungen des Betriebsvermögens des Projektträgers in Frage. Auch die Abtretung von Ansprüchen aus Fertigstellungs- und Kostenüberschreitungsgarantien der ausführenden Firmen an die Kreditgeber sind als Kreditsicherheiten geeignet. Daneben dienen die in den Kreditverträgen festgelegten Kreditverwendungs- und Auszahlungsbedingungen zur Kontrolle und Mitsprache während der Errichtungsphase.

4.2.3.4 Betriebsphase

95 Nach Abnahme der Projektanlagen kann die Projektgesellschaft den regulären Betrieb aufnehmen. Die Projekterlöse können nach Abzug der Betriebskosten und Steuern für Schuldendienst und Dividendenzahlungen verwendet werden. Aus Gläubi-

---

[98] Damit kommt dem Eigenkapital der Sponsoren in dieser Phase eine gewisse Auffang- oder Ausgleichsfunktion zu, vgl. *Bauer, J.,* (Financial Engineering – 1988).

gersicht sind daher in der Betriebsphase jene Risiken relevant, die die Fähigkeit des Projektträgers, Schuldendienst zu leisten, beeinträchtigen. Neben politischen Unwägbarkeiten sind dies insbesondere Änderungen des Marktumfeldes (sog. Marktrisiken).

Inwieweit die Projektwirtschaftlichkeit während der Betriebsphase gesteuert werden kann, hängt stark von der Art des Projektes ab. Bei einem Wasserkraftwerk bspw. sind die zur Verfügung stehenden Wassermengen in der Regel extern vorgegeben. Da auch die Betriebskosten von untergeordneter Bedeutung sind, hängt die Wirtschaftlichkeit des Projektes im Wesentlichen von den erzielbaren Energiepreisen ab. Anders gestaltet sich dies bei Projekten, die in hohem Maße von guten Kundenbeziehungen und hoher Servicequalität abhängen (z.B. Containerhäfen, Wasserversorgungsprojekte, Telekommunikation). Bei diesen Projekttypen steht dem Projektträger in der Regel das gesamte Marketinginstrumentarium zur Verfügung und ermöglicht somit ein flexibles Reagieren auf ein verändertes Marktumfeld. In beiden Fällen erwarten die Gläubiger von den Sponsoren ein aktives Engagement, um den Projekterfolg langfristig zu sichern.

Nach den Einflussmöglichkeiten während der Betriebsphase richtet sich die Bedeutung des Betreibers für ein Projekt. Der Betreiber kommt in der Regel aus den Reihen der Sponsoren und ist durch seinen Anteil am Eigenkapital und Stellung von Sicherheiten dem Erfolg des Projekts verpflichtet. Denkbar ist aber auch, dass der Betrieb von einem hierfür besonders qualifizierten Auftragnehmer durchgeführt wird, der nicht dem Sponsorenkreis angehört. In diesem Fall ist seine zu erbringende Leistung vertraglich genau zu definieren und durch entsprechende Garantien abzusichern.

Neben der Sicherstellung eines optimalen Betriebs kommt den Sponsoren während der Betriebsphase auch die Überwachung der sonstigen Geschäftstätigkeit des Projektträgers zu. Hierunter fällt die Ausübung von Aufsichtsfunktionen in der Projektgesellschaft, welche neben Kapital- und Investitionsmaßnahmen auch die Bestellung des Führungspersonals einschließt. Die Bedeutung der Sponsoren kann sich über die Dauer der Betriebsphase verändern. Während sie in der Anlaufphase noch stark in das Projekt involviert sind, können Sie sich nach erfolgreicher Stabilisierung des Betriebs schrittweise auf eine passive Rolle zurückziehen. Viele Sponsoren werden nun einen Teil oder auch die Gesamtheit ihrer Anteile am Projektträger abgeben und das somit freigesetzte Kapital für andere Projekte einsetzen. An ihre Stelle treten dann institutionelle oder auch private Anleger, die Interesse an einer langfristigen Kapitalanlage haben.

4.2.3.5 Desinvestition und Übertragung

Projektfinanzierungen haben regelmäßig eine begrenzte Laufzeit, nach der die Investoren (Eigenkapital- und Fremdkapitalgeber) die Rückzahlung ihrer Investitionen erwarten. Darüber hinaus können auch technische, wirtschaftliche und vertragliche Restriktionen bzw. staatliche Eingriffe für die Desinvestition und Übertragung des Betriebs verantwortlich sein. Technische Gründe sind in der Überalterung der Anlagen oder der Erschöpfung der (Rohstoff-)Vorräte zu sehen. Vertragliche Gründe können sich durch eine von Anfang an begrenzte Laufzeit einer Konzession oder Lizenz ergeben. In diesem Fall wird das Projekt stufenweise an den Konzessions- oder Lizenzgeber rückübertragen. Dies ist beispielsweise bei BOT-Modellen der Fall. Hier können vorher vereinbarte Maßnahmen für die Instandsetzung bzw. die Schulung des neuen Betriebspersonals erforderlich werden und eine formelle Übernahme durch den Konzessionsgeber erfolgen.

4.2.4 Rollenkonflikte von Sponsoren

Bei der Beurteilung eines Projektes aus der Perspektive anderer Beteiligter, vor allem aber aus Gläubigersicht, kommt der Glaubwürdigkeit und Motivation der Sponsoren eine zentrale Rolle zu. Da bei Projektfinanzierungen im engeren Sinne[99] der Rückgriff auf die Sponsoren weitestgehend ausgeschlossen ist, haben Gläubiger regelmäßig ein großes Interesse an einer Interessenkohärenz und einem langfristigen *commitment* gegenüber dem Projekterfolg. Ein langfristiges Interesse der Sponsoren kann immer dann vermutet werden, wenn der Erfolg des Projektes vor allem während der Betriebsphase die Ziele der Sponsoren erfüllt. Ein Interessenskonflikt ergibt sich in der Regel dann, wenn sich das Interesse der Sponsoren überwiegend oder gar hauptsächlich auf Leistungsbeiträge, die während der Errichtungsphase anfallen, richtet. Für solche Sponsoren besteht ein starker Anreiz, diese Leistungsbeiträge zu Lasten anderer Projektbeteiligter zu maximieren. Die vertraglichen Strukturen des Projektes müssen daher wirksame Mechanismen zur Vermeidung derartiger Wertverlagerungen vorsehen, zumal diese häufig erst nach Beginn der Projekterrichtung zutage treten.

4.2.4.1 Lieferunternehmen als Sponsoren

101 Ein typischer Rollenkonflikt ergibt sich für Lieferunternehmen, die sich beispielsweise auf Grund geänderter Beschaffungspraktiken der öffentlichen Hand gleichsam gezwungenermaßen mit einer Sponsorenrolle auseinandersetzen müssen. Das eigentliche Ziel des Lieferunternehmens ist ja gerade nicht die langfristige Erzeugung eines Produktes (z. B. Strom, Erdöl) oder einer Dienstleistung (z. B. Betrieb einer Strasse, eines Flughafens, einer Telekommunikationseinrichtung), sondern lediglich der Verkauf der eigenen Lieferleistung.[100] Als Sponsor partizipiert das Unternehmen nun an zwei zeitlich auseinanderfallenden, aber dennoch in gegenseitiger Abhängigkeit stehenden Gewinnpotenzialen: einerseits an Gewinnen, die aus der Lieferleistung an das Projekt während seiner Errichtung entstehen, andererseits an Gewinnen, die aus dem erfolgreichen Betrieb des Projektes resultieren. Die Höhe dieser Gewinne wird zu einem erheblichen Teil von den anfänglichen Investitionskosten des Projektes bestimmt, die über die jährlichen Abschreibungen in die jeweiligen Gewinn- und Verlustrechnungen einfließen. Je nach Nutzen- und Zeitpräferenz des Lieferunternehmens ist aber davon auszugehen, dass ein möglichst hoher Anteil des gesamten Gewinnpotentials bereits in der Errichtungsphase realisiert werden soll.[101] Dieses Verhalten kann dazu führen, dass zu hohe (d.h. nicht marktübliche) Kostenansätze für eigene Lieferleistungen in die Projektplanung einfließen oder während der Errichtungsphase Nachtragsforderungen an die Projektgesellschaft gestellt werden.[102] Wegen der Gefahr eines ungewollten Vermögenstransfers von den durch Informationsasymmetrien tendenziell benachteiligten Gläubigern hin zu den Lieferunternehmen bestehen Kreditgeber im Rahmen der Projektverhandlungen in der Regel auf Festpreisverträge und strenge Entschädigungsklauseln für Verzug.[103]

102 In der Praxis ist jedoch zu beobachten, dass die Vereinbarung von Festpreisverträgen mit General- bzw. Totalunternehmern [-übernehmern] an praktische Grenzen stößt. Meist handelt es sich bei den zu errichtenden Anlagen (Explorationseinrichtungen,

---

[99] Vgl. Kapitel 1.
[100] *Alfen*, S. 16.
[101] Allgemein wird die Betriebsphase bei der Entwicklung der Projektidee als vergleichsweise risikoreich angesehen, so dass dieses Verhalten eine nachvollziehbare Konsequenz risikoaverser Unternehmenspolitik ist.
[102] In der Praxis sehen sich Lieferunternehmen häufig dem Vorwurf ausgesetzt, ihre als Sponsor einzubringenden Eigenkapitalanteile bereits in die Preise ihrer Lieferleistungen "eingerechnet" zu haben: damit seien das Engagement als Sponsor weitgehend risikofrei und anfallende Gewinne aus dem Projektbetrieb "windfall-profits".
[103] S. *Laux*, S. 845 ff. zur Diskussion des Moral Hazard Problems bei Vergabe von Projektkrediten.

Verkehrsinfrastruktur etc.) um technisch höchst komplexe Einrichtungen, deren Fertigstellung mehrere Jahre dauern kann. Für derartige Anlagen gibt es in der Regel keine unmittelbar beobachtbaren Marktpreise, so dass schon die Preisfindung für alle Parteien mit erheblichen Unsicherheiten belastet sein kann.[104] Weiterhin bestehen für Sponsoren, die gleichzeitig Lieferanten sind Anreize, trotz Festpreisvertrag Nachtragsforderungen durchzusetzen und somit ihre Leistungsbeiträge in der Errichtungsphase zu erhöhen.

4.2.4.2 Öffentliche Instanzen als Sponsoren

Die Einbindung von öffentlichen Haushalten als Sponsoren in Projektstrukturen hat in der Regel zwei Facetten:
– Das Projekt gewinnt an Glaubwürdigkeit, wenn es die volle Unterstützung einer Regierung oder eines Ministeriums nachweisen kann. Die Gläubiger, aber auch alle anderen Projektbeteiligten können nun damit rechnen, dass staatliche Instanzen dem Projekt in schwierigen, möglicherweise liquiditätsbedrohenden Situationen, eine wohlwollende Behandlung zukommen lassen werden. Bei großen Projektmaßnahmen verpflichten sich staatliche Instanzen häufig auch gegenüber anderen Staaten oder supranationalen Institutionen und dokumentieren somit implizit deren dauerhaftes Interesse an einer reibungslosen Durchführung.
– Andererseits ergeben sich häufig Interessenskonflikte mit privatwirtschaftlich orientierten Sponsoren, da die Zielsysteme der beiden Sponsoren regelmäßig nicht identisch sind. Gerade bei Infrastrukturprojekten (insbesondere Projekte der Trinkwasserversorgung) ist öffentlichen Stellen aus wahltaktischen Überlegungen an dauerhaft niedrigen Preisen und günstigen Lieferkonditionen für das vom Projekt zu liefernde Produkt gelegen. Der private Sponsor hingegen wird tendenziell auf ein möglichst hohes Preisniveau und geringere technische Standards drängen, da er sich hieraus ein größeres Renditepotential verspricht. Konflikte können sich zudem ergeben, wenn verschiedene öffentliche Instanzen eine Sponsorenrolle übernehmen. Nicht selten bestehen zwischen den Instanzen z. T. politisch motivierte Auffassungsunterschiede, die zu Störungen und Verzögerungen des Projektablaufs führen können. Dieses Konfliktpotenzial materialisiert sich besonders häufig nach Regierungswechseln, die allen Projektbeteiligten ein erhebliches Maß an Geduld abfordern. So geschehen 1993 in Griechenland nach dem Sturz der konservativen Regierung: der unterschriftsreife Vertrag über Bau, Finanzierung und Betrieb des neuen Athener Flughafens wurde zunächst auf Eis gelegt und später neu verhandelt.

4.3 Projektträger

4.3.1 Begriff und Aufgaben

In der Literatur herrschen unterschiedliche Auffassungen über die begriffliche Einordnung des Projektträgers (bzw. der Projektträgerschaft) und seiner Eigenschaften. Einige Autoren definieren den Projektträger als denjenigen Projektbeteiligten, der ein vitales Interesse an der Durchführung eines Projektes hat und sich des Instruments Projektfinanzierung zur Umsetzung eines geplanten Projekts bedienen möchte.[105]

---

[104] Dies trifft sowohl auf die Besteller der Anlage zu, die das Risiko eines möglicherweise übertreuerten Einkaufs tragen, wie auch auf die Lieferanten, die bei komplexen Projektanlagen ein teilweise erhebliches Kalkulations- und Fertigstellungsrisiko berücksichtigen müssen.
[105] *Schmidt*, S. 526; *Reuter*, S. 34; *Kiethe/Hektor*, S. 977; *Schwanfelder*, S. 154 f, *Madauss*, S. 336.

Diese Interpretation setzt den Projektträger mit dem Sponsor gleich. Im Gegensatz hierzu steht die Auffassung des Projektträgers als rechtlich selbständige Projektgesellschaft, die eigens zur Übernahme der aus dem Projekt entstehenden Rechte und Verbindlichkeiten geschaffen wurde.[106] Die Verfasser orientieren sich an dem vorausgehenden Verständnis und schlagen folgende Definition für den Begriff des Projektträgers vor:

105 "Unter Projektträger ist regelmäßig eine rechtlich selbständige Projektgesellschaft (special purpose vehicle, special purpose company) zu verstehen, deren Vermögen im Allgemeinen auf die Projektaktiva beschränkt ist und die ohne bzw. mit begrenztem Rückgriff auf die Eigentümer der Gesellschaft (häufig die Sponsoren) für alle Projektverbindlichkeiten haftet. Der Projektträger steht im Zentrum eines komplexen Vertragsgeflechts, welches die Rechte und Pflichten der Projektbeteiligten regelt und die Grundlage für die Kreditgewährung bildet. Für die Verpflichtungen und den Schuldendienst des Projektträgers stehen ausschließlich nur die erwarteten Überschüsse des Projektes (nach allen auszahlungswirksamen Kosten, aber vor Zinsen und Tilgungen) zur Verfügung."

106 Die Aufgaben des Projektträgers sind weitgehend projektspezifisch, da sie von der jeweiligen Projektstruktur, den Projektzielen und der Konstellation der Beteiligten abhängig sind. Sie lassen sich daher nicht allgemeingültig definieren. Die konkrete Verteilung von Aufgaben zwischen den Projektbeteiligten und dem Projektträger wird zudem von zahlreichen steuerlichen, landesspezifischen und rechtlichen Parametern bestimmt. Insgesamt kann das Aufgabenspektrum des Projektträgers von der Verwaltung eines lediglich rechtlichen Vehikels bis hin zur Wahrnehmung sämtlicher für die Projektfinanzierung und den Projektbetrieb erforderlichen Aufgaben reichen.

107 Allgemeine Aussagen über die innere Verfassung von Projektträgern können im Rahmen der vorliegenden Betrachtung nicht gemacht werden, zu unterschiedlich sind die Formen und Varianten, unter denen sich Projektbeteiligte zusammenschließen. Die notwendigen Vereinbarungen hierzu werden regelmäßig im Gesellschaftervertrag *(shareholder's agreement)* und der Satzung der Gesellschaft *(articles of association)* niedergelegt.

4.3.2 Gestaltung der Rechtsträgerschaft von Projektträgern

108 Im theoretischen Idealfall der Projektfinanzierung sollen für den an die Gläubiger zu leistenden Schuldendienst nur die Vermögenswerte des Projektes zur Verfügung stehen, die sich aus den Projektaktiva einerseits und der Anwartschaft auf den zukünftigen Zahlungsstrom andererseits zusammensetzen. Um den Rückgriff auf die Sponsoren zu verhindern, ist die Gründung eines selbständigen Rechtsträgers für das Projekt erforderlich.[107] Der so geschaffene Rechtsträger wird Eigentümer des Projektvermögens und Partei in dem die Projektfinanzierung stützenden Vertragsgeflecht.

109 Bei der Gestaltung der Rechtsträgerschaft und der Wahl der Rechtsform spielen folgende Gesichtspunkte eine besondere Rolle:[108]

– Ausgrenzung der Projektaktiva und -passiva aus der Bilanz der Sponsoren
– Haftungsbegrenzung der Sponsoren
– Stellung von Kreditsicherheiten
– Optimierung steuerlicher Belastungen[109]
– Kontrolle über den Projektträger *(Corporate Governance)*
– Zusammenarbeit mehrerer Sponsoren und Investoren

---

[106] *Tytko*, S. 42 ff.; *Nicklisch*, S. 2; implizit auch *Laux*, S. 841.
[107] *Kiethe/Hektor*, S. 979.
[108] *Kiethe/Hektor*, S. 979.
[109] Siehe auch *Schmidt*, Kapitel 12.

4.3.2.1 Die Kapitalgesellschaft

Bei der Wahl der Rechtsform wird regelmäßig steuerlichen, rechtlichen und betriebswirtschaftlichen Aspekten Rechnung getragen. Die besonderen Merkmale der Projektfinanzierung legen jedoch die Schaffung einer eigenständigen Kapitalgesellschaft *(special purpose vehicle, special purpose company)* nahe, deren alleiniger Gesellschaftszweck Errichtung, Finanzierung und Betrieb des jeweiligen Projektes ist. Diese Kapitalgesellschaft wird somit zentraler Bezugspunkt der für die Projektfinanzierung erforderlichen Vertragswerke. In der Regel wird, in Abhängigkeit der jeweiligen Landesbestimmungen, die Rechtsform der Aktiengesellschaft (z.B. *société anonyme*) bzw. der Gesellschaft mit beschränkter Haftung (z.B. *société anonyme à responsabilité limitée, limited*) gewählt.   110

Ob hierdurch tatsächlich die von den Sponsoren gewünschte Haftungsbeschränkung erreicht wird, ist im Einzelfall zu prüfen. Einerseits können bestimmte Jurisdiktionen die Haftung über die geleistete Einlage hinaus durchaus vorsehen, andererseits werden sich die Gläubiger über die Projektaktiva hinaus zusätzliche Sicherheiten in Form von Garantien, Bürgschaften *standby-equity* und/oder Nachschussverpflichtungen seitens der Sponsoren einräumen lassen.[110] In letzterem Fall spricht man von einer *limited-recourse*-Finanzierung, die im Gegensatz zu der von den Projektinitiatoren angestrebten *non-recourse*-Finanzierung in der Praxis überwiegend zur Anwendung kommt.   111

Die Rechtsform der Kapitalgesellschaft hat darüber hinaus den Vorteil, die Durchführung des Projektes organisatorisch aus den Unternehmen der Sponsoren herauszulösen und somit die Verfolgung von Partikularinteressen einzelner Projektbeteiligter zu erschweren. Insgesamt ist mit der Kapitalgesellschaft infolge der meist strengeren Rechtsvorschriften (z.B. Veröffentlichungspflichten) auch eine erhöhte Glaubwürdigkeit und Kreditfähigkeit des Projektes im Rechts- und Geschäftsverkehr verbunden.[111] Dies ist vor allem unter dem Aspekt einer zukünftigen Übertragung von Anteilen (z.B. an andere Investoren oder im Rahmen eines Börsenganges) als Vorteil zu werten.   112

4.3.2.2 Die Personengesellschaft

Prinzipiell ist als Rechtsform des Projektträgers auch die Personengesellschaft (z.B. Gesellschaft bürgerlichen Rechts, *partnership*) denkbar, doch wird hierdurch die von den Sponsoren üblicherweise gewünschte Haftungsbegrenzung aufgehoben. Darüber hinaus bedürfen, sofern es mehrere gemeinsam handelnde Sponsoren gibt, Aspekte wie Vertretung der Gesellschaft *(agency)* und gesamtschuldnerische Haftung *(joint and several liability)* einer meist umfangreichen Regelung der Gesellschafter im Innenverhältnis. Diese konzeptbedingten Nachteile der Personengesellschaft sind wohl der Grund, warum sie bei der Realisierung internationaler Großprojekte selten zur Anwendung kommt.[112] Als Vorteil dieser Rechtsform ist im Wesentlichen die größere steuerrechtliche Flexibilität zu nennen, da die Beteiligten die steuerliche Behandlung ihrer Projekteinkünfte weitgehend unabhängig voneinander gestalten können. Dies betrifft insbesondere die Nutzung steuerlicher Verluste, die sich auf Grund der jeweils geltenden steuerrechtlichen Vorschriften bei Kapitalgesellschaften nicht, nur teilweise   113

---

[110] *Kiethe/Hektor*, S. 980.
[111] *Reuter*, S. 34.
[112] Den Verfassern ist kein internationales Großprojekt bekannt, dessen Projektträger in der Rechtsform einer Personengesellschaft geführt wird. In den wenigen Fällen, wo diese Rechtsform dennoch zur Anwendung kommt, ist der voll haftende Gesellschafter wiederum eine Kapitalgesellschaft. Eine zahlenmäßig große Ausnahme bilden die in diesem Kapitel nicht behandelten Finanzierungsstrukturen für Immobilien, Schiffe, Flugzeuge, Filme o. ä.: hier ist die Rechtsform der Personengesellschaft gleichsam Voraussetzung für die Inanspruchnahme steuerlicher Vorteile.

oder erst zu einem späteren Zeitpunkt nutzen lassen (so bspw. Abschreibungen oder nicht aktivierbare Erstellungskosten).[113]

4.3.3 Ergänzende Rechtsträger

114   In bestimmten Konstellationen ist es für die Projektbeteiligten sinnvoll, neben dem Projektträger als zentraler Projektgesellschaft, zusätzliche Gesellschaften zu gründen, die in genau definierten vertraglichen Verhältnissen zueinander stehen und die Funktion ergänzender Rechtsträger übernehmen. In der Praxis ist häufig eine Zweiteilung in Besitz- und Betriebsgesellschaften zu beobachten. Die Gründe können in risikopolitischen Überlegungen der Beteiligten liegen, die ihre einzelnen Leistungsbeiträge streng voneinander abgrenzen möchten oder aber in den besonderen Rechtsvorschriften des Projektlandes, die bspw. ausländischen Unternehmen die Ausübung bestimmter wirtschaftlicher Aktivitäten untersagen.[114] Bei Direktinvestitionen im Ausland werden zudem Vorschaltgesellschaften oder Zwischenholdings gegründet, die entweder im Heimatland des Projektbeteiligten oder in sog. Steueroasen domiziliert sind. Sinnvoll sind Vorschaltgesellschaften insbesondere wenn:

– die Interessen mehrerer Projektbeteiligter schon vorab gebündelt werden sollen, um die Entscheidungsfindung innerhalb der Projektgesellschaft zu vereinfachen; dies erscheint besonders bei Projekten mit vielen Projektbeteiligten angezeigt[115]
– die Devisenbestimmungen des Projektlandes den Kapitaltransfer bürokratisch aufwendig und restriktiv gestalten
– Projektbeteiligte ihre Anteile am Projekt zu einem späteren Zeitpunkt veräußern möchten, ohne der Jurisdiktion des Projektlandes zu unterliegen
– sich aus der jeweiligen Domizilierung steuerliche Vorteile ergeben
– bei entsprechender Ausgestaltung der Anteilsverhältnisse (z.B. Schachtel) mit vergleichsweise geringem Kapitaleinsatz die Kontrolle über das Projekt ermöglicht
– durch die Zwischenschaltung eine zusätzliche Sicherung vor Durchgriffshaftung auf die Sponsoren gewünscht wird, etwa im Falle bei Projektträgern in der Rechtsform einer Personengesellschaft.

115   Weiterhin werden als ergänzende Rechtsträger Finanzierungstochtergesellschaften der Projektinitiatoren in die Projektstruktur eingebunden. Diese Gesellschaften stellen dem Projektträger Kapital in Form von Eigenkapital oder nachrangigen Gesellschafterdarlehen *(junior loans)* zur Verfügung. Da Finanzierungsgesellschaften meist mit der Kreditwürdigkeit *(rating)* der Muttergesellschaft ausgestattet sind, können sie sich zu deren Konditionen auf dem Kapitalmarkt refinanzieren (bspw. durch Emission von Schuldverschreibungen, Begebung von Anleihen oder Emission von eigenkapitalähnlichen Titeln).[116]

116   Gerade bei internationalen Projektfinanzierungen bestehen die Fremdkapitalgeber häufig auf die Einbindung von Treuhändern *(trusts)*, die ihre Interessen gegenüber den Sponsoren vertreten und wahren sollen. Da der Schuldendienst regelmäßig aus den Erlösen der Projektgesellschaft geleistet werden muss, verlangen Gläubiger oftmals eine unmittelbare Kontrolle der Erlöszahlungen durch den Treuhänder. Dabei tritt der Projektträger die Forderungen aus Lieferungen und Leistungen teilweise oder vollständig an den Treuhänder ab, der die Erlöse nach der vereinbarten Rangordnung an die Berechtigten weiterleitet.[117] In diesem Zusammenhang werden häufig *off-shore* Konten ge-

---

[113] *Kiethe/Hektor*, S. 980; *Reuter*, S. 34.
[114] *Reuter/Wecker*, S. 28.
[115] Bspw. bei dem Iridium-Projekt oder dem Eurotunnel.
[116] *Kiethe/Hektor*, S. 980.
[117] *Reuter*, S. 38.

nutzt, auf die die Zahlungen der Projektabnehmer geleitet werden, wenn Zahlungen in das Projektland aus währungs- oder risikopolitischen Überlegungen unerwünscht sind.

Vor allem im Bereich der Immobilien-, Schiffs- und Flugzeugfinanzierung werden Leasinggesellschaften als ergänzende Rechtsträger in die Finanzierungsstrukturen des Projektes eingebunden. Der Leasingvertrag kann dabei sowohl bewegliche als auch unbewegliche Güter umfassen.[118] Hauptmotiv für den Einsatz von Leasingstrukturen sind überwiegend steuerliche Vorteile, die sich meist aus dem nationalen Steuerrecht (z.B. steuerlich wirksame Verlustvorträge) oder über die Ausnutzung unterschiedlicher länderspezifischer Abschreibungsvorschriften bei grenzüberschreitenden *(cross-border)* Finanzierungen (z.B. *double-dips, triple-dips*) ergeben. Diese Vorteile werden allgemein über niedrigere Finanzierungskosten bzw. Leasingraten an die Projektgesellschaft weitergegeben werden.[119] Zu berücksichtigen ist dabei allerdings, dass diese Konstruktionen immer auf der jeweils gültigen Steuerrechtssprechung basieren und zukünftige Rechtsänderungen ihre Vorteilhaftigkeit verlieren können.

4.3.4 Public Private Partnerships

Public Private Partnerships (PPPs) werden verschiedentlich als innovative und eigenständige Form der Projektfinanzierung und -realisierung genannt. Dabei handelt es sich bei einem typischen PPP in der Regel um eine Zweckgemeinschaft zwischen Sponsoren der öffentlichen Hand und der Privatwirtschaft. Ursprünglich wurde das Konstrukt PPP entwickelt, um die Finanznot öffentlicher Stellen zu lindern und neue Wege zur Finanzierung hoheitlicher Aufgaben zu beschreiten. Anstatt öffentliche Güter oder Leistungen über öffentliche Instanzen kostenlos bereitzustellen und aus dem Steueraufkommen zu finanzieren, geschieht dies in Partnerschaft mit einem privaten Unternehmen und gegen Zahlung von Nutzungsentgelten. Ob bei dieser Partnerschaft die Merkmale einer Projektfinanzierung (rechtlich selbständige Wirtschaftseinheit, Bedienung des Schuldendienstes aus dem Cashflow des Projektträgers, Haftungsbegrenzung der Sponsoren etc.) erfüllt sind, bleibt dem jeweiligen Einzelfall vorbehalten.

Je nach Konstellation des PPPs und der jeweils geltenden Jurisdiktion kann der Handlungsspielraum des eigentlichen Projektträgers empfindlich eingeschränkt sein. Da öffentliche Haushalte in der Regel weitreichenden nationalen und ggf. internationalen Beschaffungsrichtlinien *(procurement rules)* unterliegen, finden diese häufig auch auf den Projektträger Anwendung.[120] Gerade bei internationalen Projekten werden Private Unternehmen als Partner in einem PPP oft bemüht sein, die Geltung derartiger Beschaffungsrichtlinien für die Projektgesellschaft auszuschließen, da sie vielfach mit einem hohen bürokratischen Aufwand verbunden sind.

4.4 Fallstudie: Die Beteiligten des Projektes Herrentunnel in Lübeck

4.4.1 Das Projekt

Der 1 km lange Herrentunnel wird ab dem Jahr 2005 die veraltete Herrenbrücke über die Trave ersetzen, die die Hansestadt Lübeck mit ihren Vororten verbindet. Die Kosten werden sich einschließlich Entwicklung, Planung, Bau und Finanzierung auf rund 316 Millionen DM belaufen, wobei 175 Millionen DM als Zuschuss seitens des

---

[118] *Tytko* II.
[119] *Tytko* II.
[120] Siehe auch die Verdingungsordnung für Bauleistungen (VOB) in ihren verschiedenen Teilen und die in der EU zusätzlich zu beachtenden Bestimmungen nach der Sektorenrichtlinie.

Bundes gewährt werden und der Restbetrag von privaten Investoren aufgebracht wird.[121] Für die Rückzahlung des privaten Kapitals (sowohl Eigen- als auch Fremdkapital) stehen lediglich der aus Mauteinnahmen generierte *Cashflow* der Projektgesellschaft zur Verfügung. Die inflationsindexierten Mautgebühren sind nach Fahrzeugart gespreizt und liegen bei 1 DM für PKW und bis zu 10 DM für LKW.[122] Grundlage für das Projekt ist ein 35-jähriger Konzessionsvertrag zwischen der Hansestadt Lübeck und dem Konzessionär, der Herrentunnel Lübeck GmbH & Co. KG. Der Konzessionsvertrag steht im Einklang mit dem Fernstraßenbauprivatfinanzierungsgesetz (FStrPrivFinG 1994)[123] Die tatsächliche Höhe der Maut wird nach Fertigstellung des Tunnels durch eine Mautverordnung festgelegt, die gleichzeitig die rechtliche Grundlage für die Mauterhebung darstellt.[124]

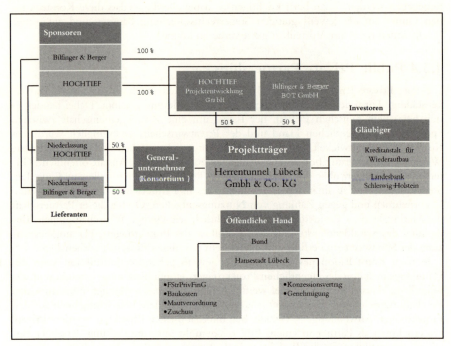

Abb.: Beteiligte und vertragliche Beziehungen bei dem Projekt Herrentunnel in Lübeck

4.4.2 Sponsoren und Projektträger

121 Sponsoren des Projektes sind die Bauunternehmen HOCHTIEF und Bilfinger + Berger. Die Sponsoren werden gemeinsam das Planfeststellungsverfahren durchführen, den Tunnel errichten und anschließend während der Konzessionsdauer betreiben. Die

---

[121] *Alfen/Horn*, S. 57.
[122] Die Mauthöhe war ein zentrales Entscheidungskriterium für den Projektzuschlag. Der symbolische Preis von 1 DM je Durchfahrt und PKW in Preisen von 1998 soll die Akzeptanz der zukünftigen Mauterhebung fördern und kommt der Forderung seitens der öffentlichen Hand nach, die Maut sozialverträglich zu gestalten.
[123] Über Ziele, Probleme und Erfahrungen mit dem FStrPrivFinG aus Sicht der Privatwirtschaft berichtet *Alfen II*, S. 149 ff.
[124] *Alfen/Knop*, S. 9.

aus dem Betrieb erzielten Überschüsse werden zur Tilgung der aufgenommenen Darlehen und zur Zahlung von Dividenden verwendet. Als Rechtsform des Projektträgers wurde eine GmbH & Co. KG gewählt. Die Gründe hierfür sind steuerlicher und gesellschaftsrechtlicher Natur.[125] Aus steuerlicher Sicht ist eine Personengesellschaft vorteilhaft, weil in der Planungs- und Bauphase anfallende Verluste von den Gesellschaftern sofort und nicht erst bei Inbetriebnahme geltend gemacht werden können. Ein weiterer Vorteil ergibt sich aus der Tatsache, dass die Rechtsform der Personengesellschaft prinzipiell negative Eigenkapitalkonten zulässt, ein Sachverhalt, der bei einer Kapitalgesellschaft unmittelbar zum Konkurs führen würde.

Die Kommanditisten des Projektträgers sind jeweils zu 50% HOCHTIEF Projektentwicklung GmbH und Bilfinger+Berger BOT GmbH, beide 100%ige Tochtergesellschaften von HOCHTIEF AG und Bilfinger+Berger Bau AG.[126] Als Komplementär agiert die Herrentunnel Lübeck Verwaltung GmbH, die ebenfalls zu gleichen Teilen von den Sponsoren gehalten wird.

Zwischen der Projektgesellschaft und dem Generalunternehmer, einer Arbeitsgemeinschaft zwischen Bilfinger+Berger Bau AG und HOCHTIEF AG, wurde ein Totalunternehmervertrag mit Pauschalpreisvereinbarung unterzeichnet, der eine der zentralen Grundlagen für eine "non-recourse"-Finanzierung darstellt.[127] Der Interessenkonflikt aus Bauunternehmen einerseits und Investor/Betreiber andererseits wird in diesem Beispiel also durch die Einschaltung verschiedener Unternehmenseinheiten bewältigt: die mit der Bauausführung beauftragten Niederlassungen verhandeln mit den für die Investition verantwortlichen Entwicklungsgesellschaften wie unter Dritten einen Bauvertrag, der auf Grund seines Festpreischarakters den Gläubigern Sicherheit vor Kosten- und Terminüberschreitungen gibt.

4.4.3 Sonstige Beteiligte

Während der Entwicklungsphase des Projektes haben sich die Sponsoren durch zahlreiche externe Berater und Experten verstärkt. Für die technischen Aspekte des Betriebs, der Verkehrsprognose und der Planfeststellung wurden renommierte deutsche und internationale Unternehmen (z.B. TÜV Rheinland, Autostrade) eingeschaltet, die auf Grund ihrer Unabhängigkeit das Vertrauen der Gläubiger genießen. Rechtliche Fragestellungen und Vertragswerke wurden durch die Kanzlei Bruckhaus, Heller, Westrick, Löber bearbeitet. In der Angebotsphase haben die Landesbank Schleswig-Holstein und National Westminster Bank die Sponsoren zur Entwicklung einer cash-flow-basierten Finanzierungsstruktur beraten. Seit dem Zuschlag (Unterschrift des Konzessionsvertrages am 12. März 1999) wurde das Bankenkonsortium um die Kreditanstalt für Wiederaufbau erweitert und die Volksbank Lübeck als Hausbank nominiert.[128] Aufgrund der noch bestehenden Unsicherheiten aus dem Planfeststellungsverfahren wurden noch keine verbindlichen Finanzierungsverträge *(financial close)* abgeschlossen.[129] Es ist davon auszugehen, dass *financial close* zum Ende des Jahres 2000 erreicht sein wird.

4.4.4 Die öffentliche Hand

Die Rolle der öffentlichen Hand ist nicht zuletzt wegen der bisher geringen Verbreitung von privatfinanzierten Infrastrukturprojekten in Deutschland über zahlrei-

---

[125] *Alfen/Knop*, S. 10.
[126] *Alfen/Knop*, S. 11.
[127] *Alfen/Knop*, S. 11.
[128] *Alfen/Horn*, S. 60; *Alfen/Knop*, S. 10ff.
[129] *Alfen/Horn*, S. 60.

che Instanzen verteilt und daher komplex.[130] Die Hansestadt Lübeck übernimmt Rollen als Sponsor (hier allerdings ohne Eigenkapitalbeteiligung), als Konzessionsgeber und als Antragsteller im Planfeststellungsverfahren (Plafe-Verfahren). Nach Ablauf des Konzessionsvertrages wird das Tunnelbauwerk der Hansestadt kostenlos übertragen.[131] Als Genehmigungsinstanz im Rahmen des Plafe-Verfahrens fungiert hingegen das Land Schleswig-Holstein. Auf Ebene des Bundes ist die öffentliche Hand einerseits Gesetzgeber (FStrPrivFinG), andererseits Baulastträger, da es sich um eine Bundesstraße handelt, die im Zuge des Projektes umgewidmet wurde. Aus der Baulastträgerfunktion, die im vorliegenden Falle auf die Hansestadt Lübeck übertragen wurde, erklärt sich auch der dem Projekt gewährte Bundeszuschuss in Höhe von 175 Millionen DM, der den Kosten einer vergleichbaren Brücke entsprechen würde.[132] Als problematisch erweist sich die Funktion des Bundes als Mautverordnungsgeber: "Die Maut wird dem Grunde und der Höhe nach im Rahmen einer Mautverordnung vom Bund als Verordnungsgeber in Abstimmung mit der obersten Landesstraßenbaubehörde festgelegt, ohne dass eine zwingende Abhängigkeit zu den diesbezüglichen Vereinbarungen mit der Hansestadt im Konzessionsvertrag besteht. Zur Rechtsunsicherheit trägt bei, dass eine erlassene Verordnung angefochten und durch ein Gericht aufgehoben oder außer Kraft gesetzt werden kann."[133] Damit besteht für die Beteiligten zum Zeitpunkt der Inbetriebnahme des Projektes das Risiko, die Maut nicht in der geplanten Höhe erheben zu dürfen. Sollte die Mautverordnung eine niedrigere Maut vorschreiben oder durch Anfechtungen verzögert werden, drohen dem Projektträger Umsatzeinbußen. Derzeit werden vom BMVBW Muster für Konzessionsverträge und Mautverordnungen erarbeitet, die privaten Konzessionären die erforderliche Rechtssicherheit für ihre Investition geben sollen.

---

[130] *Alfen I*, S. 23.
[131] *Alfen/Knop*, S. 12.
[132] *Alfen/Horn*, S. 57. Der Bau einer Brücke wurde von der Bürgerschaft verworfen, da diese zu einer starken Beeinträchtigung des Landschaftsbildes geführt hätte.
[133] *Alfen/Knop*, S. 9.

5. Teil. Ausschreibung und Vergabeverfahren

Übersicht

	Rdn.
5.1 Deutsches und EU-Vergaberecht	1
5.1.1 Grundlagen	1
5.1.2 Anwendungsverpflichtete Auftraggeber	3
5.1.3 Erfasste Verträge	6
5.1.3.1 Bauleistungen, Lieferungen und Dienstleistungen	6
5.1.3.2 Konzessionen	7
5.1.3.3 Ausnahmeregelungen	8
5.1.4 Vergabearten	9
5.1.5 Bekanntmachung	10
5.1.6 Bewerbungsbedingungen	11
5.1.7 Teilnahmewettbewerb, insbesondere Eignungskriterien	12
5.1.8 Leistungsbeschreibung	13
5.1.9 Zulässigkeit und Grenzen von Verhandlungen	14
5.1.10 Angebotsbewertung und Zuschlag	15
5.1.10.1 Angebotsbewertung	15
5.1.10.2 Zuschlag	18
5.1.10.3 Aufhebung der Ausschreibung	19
5.1.11 Vergaberechtlicher Rechtsschutz	20
5.1.12 Sonderregeln für die Sektoren	21
5.1.13 Andere EU-Mitgliedstaaten	23
5.2 Europäische Union-PHARE und TACIS Programm	24
5.2.1 Grundlage und Zielsetzung des PHARE-Programms	25
5.2.2 Auftragsvergabe bei PHARE-Projekten	26
5.2.3 Rechtsschutz des Bieters	28
5.2.4 Besonderheiten des TACIS-Programms	29
5.3 Vergabeverfahren für Aufträge im Ausland	30
5.3.1 Einführung	30
5.3.2 Nationalstaatliche Beschaffungsverfahren	31
5.3.3 Das UNCITRAL Modell-Gesetz	33
5.3.4 Die Allgemeine Beschaffungs-Vereinbarung (General Procurement Agreement oder GPA) der WTO	34
5.3.5 Beschaffungsregeln bei Finanzierung aus Entwicklungshilfe	35
5.3.5.1 Weltbank	35
5.3.5.2 Die Regionalen Entwicklungsbanken	37
5.3.5.3 Das übrige UN-System	38
5.3.5.4 Die Europäische Union	39
5.3.5.5 Nationale Entwicklungshilfe – Die Kreditanstalt für Wiederaufbau	40
5.4 Korruptionsprävention	41
5.4.1 Darstellung des Problems	41
5.4.2 Korruptions-Prävention durch die OECD-Konvention von 1997	43
5.4.3 Das Hong Kong ACP Modell	44
5.4.4 Korruptions-Prävention bei Entwicklungshilfe	45
5.4.4.1 Nationale Entwicklungshilfe-Programme	45
5.4.4.2 Entwicklungshilfe durch die EU	46
5.4.4.3 Entwicklungshilfe durch die Weltbank und die Regionalbanken	47
5.4.5 Korruptionsvermeidende Praktiken	48

5. Teil. Ausschreibung und Vergabeverfahren

Rdn.
5.4.6 Initiativen der Industrie 49
5.4.7 Vorschläge zur Korruptionsprävention von Transparency International (TI) 50

Schrifttum zu 5.1: *Adam,* Zuschlag, Vertragsschluss und europäisches Vergaberecht, WuW 2000, S. 260 ff.; *Arrowsmith,* The Law of Public and Utilities Procurement, 1996; *Batselé/Flamme/Quertainmont,* Initiation aux marchés publics, 1999; *Boesen,* Vergaberecht, 2000; *Bréchon-Moulènes/de Géry/Richer/Rouquette/Terneyre,* Droit des Marchés publics, 2000; *Daub/Eberstein,* Kommentar zur VOL/A, 4. Aufl. 1998; *Dreher,* Der Anwendungsbereich des Kartellverfahrensrechts, DB 1998, S. 2579 ff.; *Frumann/Gölles/Grussmann/Huber/Pachner,* Bundesvergabegesetz, 2. Aufl., 1999; *Heiermann/Riedl/Rusam,* Handkommentar zur VOB, 8. Aufl., 1997; *Hertwig,* Praxis der öffentlichen Auftragsvergabe (VOB/VOL/VOF), 2000; *Ingenstau/Korbion,* VOB 13. Aufl., 1996; *Jestaedt/Kemper/Marx/Prieß,* Das Recht der Auftragsvergabe, 1999; *Joussen/Schranner,* VOB 2000: Die beschlossenen Änderungen der VOB/A – Abschnitt 1: Basisparagraphen, BauR 2000, 625 ff.; *Kommission der EG,* Das öffentliche Auftragswesen der Europäischen Union, Mitteilung vom 11. März 1998; *Lampe-Helbig/Wörmann,* Handbuch der Bauvergabe, 2. Aufl., 1995; *Martin-Ehlers,* Die Unterscheidung zwischen Zuschlag und Vertragsschluss im europäischen Vergaberecht, EuZW 2000, S. 101 ff.; *Niebuhr/Kulartz/Kus/Portz,* Kommentar zum Vergaberecht, 2000; *Reich,* The New GATT Agreement on Government Procurment – The Pitfalls of Plurilateralism and Strict Reciprocity, Journal of World Trade, 1997 (Vol. 31) No. 2, S. 125 ff.; *Reidt/Stickler/Glahs,* Vergaberecht, 2000.
Schrifttum zu 5.2: *Lenz,* EG-Vertrag, Kommentar 2. Aufl., 1999; *Schubert,* Osteuropa: Öffentliche Aufträge aus dem PHARE-Programm der EU, WiRO 1999, S. 344 ff.; *ders.,* Osteuropa: Öffentliche Aufträge aus dem TACIS-Programm der EU, WiRO 1999, S. 391 ff.

5.1 Deutsches und EU-Vergaberecht

5.1.1 Grundlagen

1   Bei einer Vielzahl von Großprojekten unterliegen die Auftraggeber vergaberechtlichen Bindungen. Besonders markante Beispiele sind Flughäfen, Kraftwerke, Hochgeschwindigkeitszüge oder Staudämme. Dem Vergaberecht unterworfen sind traditionell der Staat und seine Institutionen. In seinen Anwendungsbereich einbezogen sind inzwischen aber auch unabhängig von ihrer Rechtsform Auftraggeber in den Sektoren Trinkwasser- und Energieversorgung, Verkehr und grundsätzlich auch Telekommunikation.[1]

Nach herkömmlichem deutschen Verständnis war das Vergaberecht Teil des Haushaltsrechts. Sein Regelungszweck erschöpfte sich in der fiskalischen Zielsetzung, die wirtschaftliche Verwendung staatlicher Mittel bei der Beschaffung von Waren und Dienstleistungen durch die öffentliche Hand sicherzustellen und dadurch insbesondere einer Steuerverschwendung vorzubeugen. Dementsprechend wurde den aktuellen und potentiellen Bietern eines Vergabeverfahrens kein Anspruch auf Einhaltung der Vergaberegeln zugebilligt. Nur soweit ein Verstoß gegen Vergabevorschriften nach allgemeinen zivilrechtlichen Grundsätzen zugleich ein Verschulden bei Vertragsschluss (culpa in contrahendo) darstellte, konnten im Einzelfall Bieteransprüche entstehen.

Neben die fiskalische Zwecksetzung trat das Ziel des Mittelstandsschutzes. Durch Teilung umfangreicher Aufträge in Teillose sowie die getrennte Vergabe nach Fachgebieten oder Gewerbezweigen (Fachlose) soll mittelständischen Unternehmen im Wettbewerb mit Großunternehmen eine faire Chance bei der Vergabe öffentlicher Aufträge

---
[1] Vgl. näher unten 5.1.12.

eingeräumt werden (vgl. § 4 Nr. 2 und 3 VOB/A, § 5 Nr. 1 VOL/A). Im neuen Vergaberecht ist der Mittelstandsschutz in § 97 Abs. 3 GWB verankert.

Durch die 1971 mit der ersten **Baukoordinierungsrichtlinie**[2] einsetzende Harmonisierung innerhalb der EU wurde das Bieterinteresse an einem fairen Wettbewerb um die Vergabe öffentlicher Aufträge in den Schutzbereich des Vergaberechts einbezogen. Die Maßnahmen auf Gemeinschaftsebene dienten der Schaffung eines Binnenmarktes für öffentliche Aufträge. Die traditionell nationalen Beschaffungsmärkte sollen Bietern aus allen Mitgliedstaaten diskriminierungsfrei offen stehen. Mit der ersten **Sektorenrichtlinie** vom 17. September 1990[3] wurden private und öffentliche Auftraggeber in den Bereichen Wasser-, Energie- und Verkehrsversorgung sowie im Telekommunikationssektor durch das Europarecht einheitlichen vergaberechtlichen Bindungen unterworfen. Grund für die Einbeziehung der Sektorentätigkeiten in den Anwendungsbereich des Vergaberechts war, dass die Unternehmen dieser Bereiche aufgrund einzelstaatlicher Sonder- oder Exklusivrechte und des dadurch bewirkten Schutzes vor Wettbewerb ihre Beschaffungsentscheidungen nicht notwendigerweise allein nach wettbewerblichen Kriterien ausrichten mussten.

Die Bekämpfung von **Handelsbeschränkungen** durch Vergabevorschriften ist auch ein wichtiges Thema bei der **Liberalisierung des Welthandels.** Typische Beispiele derartiger Handelsbeschränkungen sind etwa offene **Präferenzregeln** für heimische Bieter oder die verbindliche Vorgabe international ungebräuchlicher nationaler Normen und Standards. Dementsprechend kam es bereits auf der Tokio-Runde des GATT 1979 zu einem ersten Agreement on Government Procurement zwischen verschiedenen GATT-Vertragsparteien. Im Dezember 1993 wurde im Zusammenhang mit der Gründung der WTO ein neues, plurilaterales **Government Procurement Agreement** (GPA) parafiert, das inzwischen im Verhältnis zwischen der EU und einigen Staaten, z.B. USA, Japan, Korea und Singapur, gilt.[4] 2

Heute ist das Vergaberecht innerhalb der EU durch insgesamt vier Richtlinien materiell sowie durch zwei weitere Richtlinien hinsichtlich der Bewerbern und Bietern eröffneten Nachprüfungsmöglichkeiten harmonisiert. Es handelt sich um die **Lieferkoordinierungsrichtlinie** (LKR),[5] **die Baukoordinierungsrichtlinie** (BKR),[6] die **Dienstleistungsrichtlinie** (DLR)[7] und die **Sektorenrichtlinie** (SKR)[8] sowie die (allgemeine) **Rechtsmittelrichtlinie** (RMR)[9] und die **Sektorrechtsmittelrichtlinie** (SRMR).[10] In Deutschland sind die Vorgaben der EG-Vergaberichtlinien jetzt durch das zum 1. 1. 1999 in Kraft getretene Vergaberechtsänderungsgesetz (VgRÄG) im Vierten Teil des GWB (§§ 97 bis 131 GWB) und – wie bisher – in den a-Paragrafen der jeweiligen Abschnitte 2 der VOB/A und der VOL/A umgesetzt. Hinzu tritt die aufgrund der DLR erforderlich gewordene Verdingungsordnung für freiberufliche Leistungen (VOF). Daneben gelten für die dem Haushaltsrecht unterworfenen öffentli-

---

[2] Richtlinie des Rates vom 26. Juli 1971 zur Koordinierung der Verfahren zur Vergabe öffentlicher Bauaufträge, ABlEG 1971, L 185, S. 5.

[3] Richtlinie des Rates vom 17. September 1990 betreffend die Auftragsvergabe durch Auftraggeber im Bereich der Wasser-, Energie- und Verkehrsversorgung sowie im Telekommunikationssektor, ABlEG 1990, L 297 S. 1.

[4] Einen Überblick zum GPA gibt etwa *Reich,* The New GATT Agreement on Government Procurement – The Pitfalls of Plurilateralism and Strict Reciprocity, Journal of World Trade, 1997 (Vol 31), No. 2, S. 125; vgl. näher unten, 2. Teil.

[5] ABlEG 1993, L 199, S. 1, geändert: ABlEG 1997, L 328, S. 1.

[6] ABlEG 1993, L 199, S. 54, geändert: ABlEG 1997, L 328, S. 1.

[7] ABlEG 1992, L 209, S. 1, geändert: ABlEG 1997, L 328, S. 1.

[8] ABlEG 1993, L 199, S. 84, geändert: ABlEG 1998, L 101, S. 1.

[9] ABlEG 1989, L 395, S. 33.

[10] ABlEG 1992, L 176, S. 14.

chen Auftraggeber zusätzlich als nationale Vorschriften die in den Abschnitten 1 der VOB/A und VOL/A zusammengefassten sog. Basisparagrafen. Diese sind durch die jüngst beschlossenen Änderungen im Rahmen der VOB 2000 insbesondere für elektronische Vergabeverfahren geöffnet worden.[11] Die nachfolgende Darstellung geht vom geltenden deutschen Vergaberecht aus. Zur sich aus den EG-Vergaberichtlinien ergebenden Rechtslage in den anderen EU-Mitgliedstaaten vgl. unten 5.1.13.

Zu den allgemeinen Grundsätzen des Vergaberechts zählen das **Transparenzgebot** (§ 97 Abs. 1 GWB) und das **Diskriminierungsverbot** (§ 97 Abs. 2 GWB). Das Transparenzgebot verpflichtet die Auftraggeber insbesondere zur öffentlichen Bekanntmachung der von ihnen beabsichtigten Auftragsvergaben sowie zur Information über die von ihnen für die Bieterauswahl angewendeten Eignungs- und für die Zuschlagsentscheidung maßgeblichen Wertungskriterien. Der Grundsatz der Nichtdiskriminierung gebietet die Gleichbehandlung aller Teilnehmer eines Vergabeverfahrens. Einschränkungen dieses **Gleichbehandlungsgrundsatzes** stehen von vornherein unter dem Vorbehalt ihrer europarechtlichen Zulässigkeit. Sie sind ferner nur möglich, soweit sie aufgrund des Vierten Teils des GWB ausdrücklich geboten oder gestattet sind (§ 97 Abs. 2 GWB). Bei Vergabeentscheidungen für Großprojekte dürfte diese Einschränkung des Diskriminierungsverbots kaum praktische Bedeutung erlangen.

Ein weiterer fundamentaler Grundsatz des Vergaberechts ist die **Vergabe im Wettbewerb**. Abgesehen von Extremfällen, etwa wenn ein bestimmter Bedarf ausschließlich durch ein patentiertes und noch nicht lizenziertes Produkt befriedigt werden kann, darf sich der Auftraggeber nicht darauf beschränken, nur von einem Unternehmen ein Angebot einzuholen. Vielmehr sind regelmäßig mindestens drei Bieter zur Angebotsabgabe aufzufordern. Grundfall ist sogar die öffentliche Aufforderung zur Angebotsabgabe an eine unbeschränkte Anzahl von Unternehmen (offenes Verfahren, § 101 Abs. 2 GWB).

Die **Eignung eines Unternehmens** als Auftragnehmer ist grundsätzlich nur anhand seiner Fachkunde, Leistungsfähigkeit und Zuverlässigkeit zu prüfen (§ 97 Abs. 4 GWB). **Vergabefremde Aspekte** wie die lokale Herkunft eines Unternehmens oder die bevorzugte Verwendung heimischer Produkte dürfen nicht berücksichtigt werden (§ 97 Abs. 4 GWB). Schließlich darf die Zuschlagsentscheidung nur auf wirtschaftliche Kriterien, wie vor allem Preis und Qualität, gestützt werden (§ 97 Abs. 5 GWB). Regional- und beschäftigungspolitische Aspekte dürfen in sie nicht einfließen.

5.1.2 Anwendungsverpflichtete Auftraggeber

3   Die zur Anwendung des Vergaberechts verpflichteten Auftraggeber werden abschließend in § 98 GWB aufgezählt. Es sind:

„1. Gebietskörperschaften sowie deren Sondervermögen,
2. andere juristische Personen des öffentlichen und des privaten Rechts, die zu dem besonderen Zweck gegründet wurden, im Allgemeininteresse liegende Aufgaben nicht gewerblicher Art zu erfüllen, wenn Stellen, die unter Nr. 1 oder 3 fallen, sie einzeln oder gemeinsam durch Beteiligung oder auf sonstige Weise überwiegend finanzieren oder über ihre Leitung die Aufsicht ausüben oder mehr als die Hälfte der Mitglieder eines ihrer zur Geschäftsführung oder zur Aufsicht berufenen Organe bestimmt haben. Das gleiche gilt dann, wenn die Stelle, die einzeln oder gemeinsam mit anderen die überwiegende Finanzierung gewährt oder die Mehrheit der Mitglieder eines zur Geschäftsführung oder Aufsicht berufenen Organs bestimmt hat, unter Satz 1 fällt,
3. Verbände, deren Mitglieder unter Nr. 1 oder 2 fallen,
4. natürliche oder juristische Personen des privaten Rechts, die auf dem Gebiet der Trinkwasser- oder Energieversorgung oder des Verkehrs oder der Telekommunikation tätig sind, wenn

---

[11] Vgl. *Joussen/Schranner*, BauR 2000, 625 ff.

diese Tätigkeiten auf der Grundlage von besonderen oder ausschließlichen Rechten ausgeübt werden, die von einer zuständigen Behörde gewährt wurden, oder wenn Auftraggeber, die unter Nr. 1 bis 3 fallen, auf diese Personen einzeln oder gemeinsam einen beherrschenden Einfluss ausüben können,
5. natürliche oder juristische Personen des privaten Rechts in den Fällen, in denen sie für Tiefbaumaßnahmen, für die Errichtung von Krankenhäusern, Sport-, Erholungs- oder Freizeiteinrichtungen, Schul-, Hochschul- oder Verwaltungsgebäuden oder für damit in Verbindung stehende Dienstleistungen und Auslobungsverfahren von Stellen, die unter Nr. 1 bis 3 fallen, Mittel erhalten, mit denen diese Vorhaben zu mehr als 50 vom Hundert finanziert werden,
6. natürliche oder juristische Personen des privaten Rechts, die mit Stellen, die unter Nr. 1 bis 3 fallen, einen Vertrag über die Erbringung von Bauleistungen abgeschlossen haben, bei dem die Gegenleistung für die Bauarbeiten statt in einer Vergütung in dem Recht auf Nutzung der baulichen Anlage, ggf. zuzüglich der Zahlung eines Preises besteht, hinsichtlich der Aufträge an Dritte (Baukonzession)."

§ 98 Nr. 1 GWB erfasst als Gebietskörperschaften Bund, Länder und Kommunen sowie nach der inzwischen erfolgten Umwandlung von Bahn und Post in Aktiengesellschaften als Sondervermögen in erster Linie Eigenbetriebe auf kommunaler Ebene.

Mit der Auftraggeberkategorie des § 98 Nr. 2 GWB sollte der Begriff der **„Einrichtung des öffentlichen Rechts"** i. S. d. EG-Vergaberichtlinien in das deutsche Recht umgesetzt werden.[12] Der Tatbestand setzt zum einen voraus, dass es sich um eine juristische Person handelt, die von einer Gebietskörperschaft oder einem anderen Auftraggeber i. S. des § 98 Nr. 2 GWB beherrscht wird. Dies ist etwa bei einer Stadtwerke GmbH der Fall, deren Anteile mehrheitlich in der Hand der Kommune sind.

Die Einordnung in § 98 Nr. 2 GWB setzt aber weiterhin voraus, dass die fragliche juristische Person „zu dem besonderen Zweck gegründet wurde, im Allgemeininteresse liegende Aufgaben nichtgewerblicher Art zu erfüllen." Die Prüfung dieses Tatbestandsmerkmals muss in zwei Schritten erfolgen. Denn die Norm unterscheidet zwischen im Allgemeininteresse liegenden Aufgaben, die nichtgewerblicher Art sind, und im Allgemeininteresse liegenden Aufgaben, die gewerblicher Art sind.[13] Der Gründungszweck ergibt sich aus dem konstituierenden Rechtsakt sowie der Festlegung von Unternehmensgegenstand und Unternehmenszweck.

Den vergaberechtlichen Begriff des **Allgemeininteresses** haben weder die EG-Vergaberichtlinien noch der deutsche Gesetzgeber näher umschrieben. Auch der EuGH hat bislang eine allgemeingültige Definition vermieden. Er hat eine im Allgemeininteresse liegende Tätigkeit u. a. bejaht für eine Staatsdruckerei, die Abholung und Behandlung von Haushaltsabfällen oder die Schaffung von Erholungs-, Sport-, Bildungs-, Wissenschafts- und Kultureinrichtungen.[14] Verschiedentlich wird eine am Begriff des „allgemeinen wirtschaftlichen Interesses" in Art. 86 Abs. 2) (– ex-Art. 90 Abs. 2 –) EGV orientierte Auslegung befürwortet.[15] Im Rahmen des Art. 86 Abs. 2 EGV sind etwa Tätigkeiten wie die allgemeine Stromversorgung in einem bestimmten Gebiet oder der allgemeine Briefpostdienst als Dienstleistungen von allgemeinem wirtschaftlichem Interesse anerkannt.[16]

---

[12] Vgl. amtliche Begründung zu § 57a Nr. 2 HGRG, BTDrS 12/5636, S. 12 B.5.a) i. § 98 Nr. 2 GWB entspricht ohne inhaltliche Änderung dem früheren § 57a Nr. 2 HgRG, vgl. Begründung zum Regierungsentwurf, BTDrS 13/9340, zu § 107 (jetzt § 98) GWB.
[13] So *EuGHE* 1998, I-6821, 6861 f., „Gemeinde Arnheim".
[14] *EuGHE* 1998, I-73/114, „Mannesmann Anlagenbau Austria", *EuGHE* 1998, I-6821/6866, „Gemeinde Arnheim", *EuGHE* 1998, I-8565/8586 und 8593, „Coillte Teorante".
[15] Generalanwalt *Léger* in *EuGHE* 1998, I-7391, „Mannesmann Anlagenbau"; Dreher, DB 1998, S. 2579, 2581.
[16] *EuGHE* 1994, I-1477/1520 f., „Almelo" (Stromversorgung); *EuGHE* 1993, I-2533/2568, „Corbeau" (Briefpostdienst).

4 Erhebliche Schwierigkeiten bereitet in der Praxis die für die Auftraggeberkategorie des § 98 Nr. 2 GWB weiter vorausgesetzte **Nichtgewerblichkeit**. Der EuGH hat entschieden, dass es für die Frage der Nichtgewerblichkeit nicht darauf ankomme, ob die Aufgabe auch von Privatunternehmen erfüllt werden könne oder tatsächlich erfüllt werde.[17] Daraus folgt, dass die wahrgenommene Aufgabe nicht über die Gewerblichkeit oder Nichtgewerblichkeit entscheiden kann. Vielmehr kommt es an auf den gewerblichen oder nichtgewerblichen Charakter der Einrichtung, die die im Allgemeininteresse liegende Aufgabe erfüllt. Nichtgewerblich ist die Einrichtung, wenn sie einen anderen Charakter als den eines Handels- bzw. Industrieunternehmens besitzt.[18] Nichtgewerblichkeit ist danach zu bejahen, wenn das betriebliche Handeln durch andere als gewerbliche, insbesondere öffentliche Zwecke gesteuert wird.[19] Andererseits kann ein entwickelter Wettbewerb darauf hindeuten, dass eine gewerbliche Aufgabenverfolgung vorliegt.[20] Eine Auslegungshilfe für die Bestimmung der von § 98 Nr. 2 GWB erfassten Auftraggeber gibt die in Anhang I der BKR enthaltene Aufzählung. Dieser Anhang ist jedoch nicht abschließend.

5 In die Auftraggeberkategorie des § 98 Nr. 3 GWB fallen Verbände, deren Mitglieder Gebietskörperschaften oder Auftraggeber i. S. des § 98 Nr. 2 GWB sind.

§ 98 Nr. 4 GWB erfasst Auftraggeber in den **Sektoren** Trinkwasser- oder Energieversorgung sowie Verkehr und Telekommunikation, unter der Voraussetzung, dass sie staatlich beherrscht sind oder ihre Tätigkeit auf der Grundlage von besonderen oder ausschließlichen Rechten ausüben, die von einer Behörde gewährt wurden. Nach offenbar einhelliger Meinung in der Literatur spielt es dabei keine Rolle, ob die Gewährung auf einem einseitigen Hoheitsakt oder einem Vertrag beruht.[21] Für die Definition des Begriffs der besonderen oder ausschließlichen Rechte kann auf Art. 2 Abs. 3 SKR zurückgegriffen werden. Danach liegen besondere oder ausschließliche Rechte vor, wenn die Ausübung einer Sektorentätigkeit einem oder mehreren Auftraggeber(n) vorbehalten wird. Ferner wird eine Tätigkeit auf der Grundlage von besonderen oder ausschließlichen Rechten insbesondere angenommen, wenn ein Auftraggeber zum Bau eines Energie-, Trinkwasser-, Schienen- oder Telekommunikationsnetzes durch Enteignungsverfahren oder Gebrauchsrechte begünstigt werden kann oder Einrichtungen auf, unter oder über dem öffentlichen Wegenetz anbringen darf.

§ 98 Nr. 5 GWB setzt Art. 2 der BKR in das deutsche Recht um. Der Wortlaut der Vorschrift ist so deutlich, dass er vorliegend keiner weiteren Erläuterung bedarf.

§ 98 Nr. 6 GWB schließlich stellt klar, dass auch **Baukonzessionäre** im Rahmen der EU-rechtlichen Vorgaben und ggf. ergänzender deutscher Regelungen vergaberechtlichen Bindungen unterliegen. Zum Begriff der Baukonzession vgl. unten 5.1.3.2.

5.1.3 Erfasste Verträge

5.1.3.1 Bauleistungen, Lieferungen und Dienstleistungen

6 Gemäß § 99 GWB sind vom Vergaberecht erfasste öffentliche Aufträge **entgeltliche Verträge** zwischen öffentlichen Auftraggebern und Unternehmen, die Liefer-, Bau- oder Dienstleistungen zum Gegenstand haben, sowie Auslobungsverfahren, die zu Dienstleistungsaufträgen führen sollen. Erfasst werden somit von vornherein nur Be-

---

[17] *EuGHE* 1998, I-6821/6862, „Gemeinde Arnheim".
[18] Vgl. Art. 1 Nr. 1 SKR sowie den französischen Text für die Definition der Einrichtung des öffentlichen Rechts in allen vier materiellen Vergaberichtlinien.
[19] So auch *Marx/Prieß*, in: Jestaedt/Kemper/Marx/Prieß, Das Recht der Auftragsvergabe, S. 22.
[20] *EuGHE* 1998, I-6821/6867 f., „Gemeinde Arnheim".
[21] *Marx/Prieß*, a. a. O., S. 30, mit umfassenden Nachweisen.

schaffungsgeschäfte, also die Einkaufstätigkeit. Vergaberecht findet keine Anwendung im Rahmen der Vermögensverwertung, also z.B. beim Verkauf oder der Vermietung von Vermögensgegenständen durch anwendungsverpflichtete Auftraggeber. Die Begriffe Lieferaufträge, Bauaufträge und Dienstleistungsaufträge sind in § 99 Abs. 2 bis 4 GWB definiert. Zu beachten ist allerdings, dass umfassende vergaberechtliche Bindungen im Bereich der Dienstleistungen nur bei sog. prioritären Dienstleistungen im Sinne des Anhangs I A der VOL/A bestehen. Bei der Vergabe aller übrigen Dienstleistungen, die Anhang I B der VOL/A zu entnehmen sind, ist lediglich der Vorrang gemeinschaftsrechtlicher Spezifikationen (§ 8a VOL/A) sowie die Pflicht zur Unterrichtung nicht berücksichtigter Bewerber gem. § 27a VOL/A zu beachten.

Das gesamte GWB-Vergaberecht gilt nur, sofern bei der jeweiligen Auftragsvergabe die **Schwellenwerte** der EG-Vergaberichtlinien erreicht werden (§ 100 Abs. 1 GWB). Die Schwellenwerte betragen vorbehaltlich einzelner Sonderregeln grundsätzlich für Bauaufträge 5 Mio. Euro sowie für Liefer- und Dienstleistungsaufträge 200 000 Euro. Aufgrund des GPA gilt für Beschaffungen durch Bundesministerien bei den meisten in Anhang I A DLR genannten, prioritären Dienstleistungen[22] sowie allgemein für Lieferaufträge ein niedrigerer Schwellenwert von 130 000 Sonderziehungsrechten (SZR), was derzeit rund 139 000 Euro entspricht.

Die an das Haushaltsrecht gebundenen, klassischen öffentlichen Auftraggeber haben auch bei Auftragsvergaben unterhalb der EU-Schwellenwerte die Abschnitte 1 der Verdingungsordnungen zu beachten (Basisparagrafen). Da bei den im Rahmen dieses Handbuchs interessierenden Projekten die maßgeblichen Schwellenwerte jedoch stets überschritten werden dürften, ist darauf hier nicht näher einzugehen.

5.1.3.2 Konzessionen

Vor dem Hintergrund wachsender Budgetzwänge werden im In- und Ausland zunehmend große Infrastruktureinrichtungen wie Autobahnen, Flughäfen oder Einrichtungen der Abfallwirtschaft und Wasserversorgung in Form von Konzessionsvergaben privat finanziert. Dadurch wird privates Kapital und Know-how für Investitionen im öffentlichen Interesse mobilisiert. Die Konzessionierung tritt an die Stelle eines Bau- oder Dienstleistungsauftrags, also eines klassischen Beschaffungsgeschäfts der öffentlichen Hand. Es fragt sich deshalb, ob und inwieweit die Erteilung von Konzessionen vergaberechtlichen Bindungen unterworfen ist.

§ 98 Nr. 6 GWB definiert als **Baukonzession** einen Vertrag über die Erbringung von Bauleistungen, bei dem die Gegenleistung für die Bauarbeiten statt in einer Vergütung in dem Recht auf Nutzung der baulichen Anlage, ggf. zuzüglich der Zahlung eines Preises besteht.[23] In der Definition öffentlicher Aufträge in § 99 GWB werden Baukonzessionen zwar nicht ausdrücklich erwähnt. Entsprechend den Vorgaben des Art. 3 Abs. 1 BKR wird die künftige Fassung der Vergabeverordnung (VgV) jedoch klarstellen, dass auch die Vergabe einer Baukonzession ein vom GWB erfasster öffentlicher Auftrag ist. Aus Art. 3 Abs. 1 BKR sowie § 32a VOB/A ergibt sich für die Vergabe von Baukonzessionen eine Bindung an gewisse Bekanntmachungsvorschriften der BKR, sofern der Auftragswert mindestens fünf Mio. Euro beträgt. Da an den Konzessionär kein Entgelt gezahlt wird, muss für die Schwellenwertberechnung auf den Gesamtwert der vom Konzessionär erbrachten Bau- und sonstigen Leistungen abgestellt werden.[24]

---

[22] Ausgenommen sind Dienstleistungen im Bereich der Forschung und Entwicklung sowie bestimmte Dienstleistungen im Bereich des Fernmeldewesens.
[23] Vgl. auch Art. 1 lit. d) BKR.
[24] *Lampe-Helbig/Wörmann*, Handbuch der Bauvergabe, 2. Aufl., Rdn. 314; *Ingenstau/Korbion*, VOB 13. Aufl., A § 32a Nr. 1, Rdn. 1.

Nach deutschem Vergaberecht bestehen für die Vergabe einer Baukonzession weitergehende Bindungen als nach den EG-Vergaberichtlinien. Öffentliche Auftraggeber, die Abschnitt 1 der Verdingungsordnungen zu beachten haben, müssen auch bei der Vergabe von Baukonzessionen die Basisparagrafen der VOB/A sinngemäß anwenden. Aus der nur sinngemäßen Anwendung folgt, dass jedenfalls diejenigen Bestimmungen der VOB/A, die den bauvertraglichen Vergütungsbereich betreffen, nicht ohne weiteres auf die Vergabe einer Baukonzession angewendet werden dürfen.[25]

Private Sektorenauftraggeber, die nicht zur Anwendung der Basisparagrafen der VOB/A verpflichtet sind, unterliegen bei der Vergabe von Baukonzessionen keinen vergaberechtlichen Bindungen.

Weder die EG-Vergaberichtlinien noch das deutsche Vergaberecht enthalten Vorschriften für **Dienstleistungskonzessionen.**[26] Allerdings sind auch hier die allgemeinen Vorschriften und Grundsätze des Gemeinschaftsrechts zu beachten, insbesondere das Diskriminierungsverbot aus Gründen der Staatsangehörigkeit sowie die Niederlassungs- und Dienstleistungsfreiheit.

Die Konzession unterscheidet sich von einem Bau- oder Dienstleistungsauftrag dadurch, dass der Konzessionär seine Einnahmen ausschließlich oder jedenfalls zu einem wesentlichen Teil durch Zahlungen der Nutzer des von ihm errichteten Bauwerks oder der von ihm angebotenen Dienstleistung erzielt. Zwar kann zusätzlich der Konzessionsgeber eine Zahlung an ihn leisten, insbesondere um überhaupt erst die Rentabilität des Projekts zu ermöglichen. Befreit der Konzessionsgeber den Konzessionär jedoch von jedem nennenswerten Nutzungsrisiko, so liegt nach Auffassung der Kommission nicht mehr eine Dienstleistungskonzession, sondern ein gewöhnlicher, in vollem Umfang dem Vergaberecht unterliegender Dienstleistungsauftrag vor.[27]

5.1.3.3 Ausnahmeregelungen

8   Bau-, Liefer- und Dienstleistungsaufträge im Sinne des § 99 GWB, die die maßgeblichen Schwellenwerte erreichen, werden grundsätzlich vom Vergaberecht erfasst. § 100 Abs. 2 GWB enthält jedoch einen abschließenden Katalog der Ausnahmen von dieser Regel. Es handelt sich dabei zunächst um bestimmte aufgrund internationaler Abkommen oder durch internationale Organisationen vergebene Aufträge (§ 100 Abs. 2 lit. a)–c) GWB), geheime oder besonders sicherheitsrelevante Aufträge (lit. d)), sowie Beschaffungen für die Streitkräfte zu militärischen Zwecken (lit. e)[28].

Gemäß § 100 Abs. 2 lit. h) GWB ist Vergaberecht auch nicht anwendbar auf Verträge über Erwerb oder Miete von oder Rechte an Grundstücken oder vorhandenen Gebäuden oder anderem unbeweglichen Vermögen. Die weiteren Ausnahmen der lit. g) und i) bis n) betreffen nur Dienstleistungen.[29] Diese Ausnahmen beziehen sich

---

[25] *Heiermann,* in: Heiermann/Riedl/Rusam, Handkommentar zur VOB, 8. Aufl. 1997, A § 32, Rdn. 17.
[26] Siehe im einzelnen „Mitteilung der Kommission zu Auslegungsfragen im Bereich Konzessionen und Gemeinschaftsrecht, ABlEG 2000 C 121.
[27] Vgl. etwa Antwort von Herrn Kommissar *Monti* auf eine schriftliche Anfrage des MdEP Caccavale, ABlEG 1998 C 21 S. 54; ebenso Generalanwalt *La Pergola* in *EuGHE* 1998, I-6821/6838 „Gemeinde Arnheim".
[28] Vgl. Art. 296 (ex-Art. 223) Abs. 1 lit. b), Abs. 2 EGV. Die von dieser Vorschrift erfassten Waren werden durch eine nicht veröffentlichte Warenliste konkretisiert, die der Rat verabschiedet hat, vgl. *Hummer,* in: Grabitz/Hilf, Das Recht der Europäischen Union, Stand Mai 1999, Art. 223, Rdn. 12.
[29] Dies trifft trotz des insoweit nicht eindeutigen Wortlauts auch für die lit. g) zu. Diese Vorschrift beruht auf Art. 6 DLR und Art. 11 SKR, die ausschließlich für Dienstleistungsaufträge

auf die Ausstrahlung von Sendungen (lit. j)), bestimmte Telekommunikationsdienstleistungen (lit. k)), Schiedsgerichts- und Schlichtungsleistungen (lit. l)) sowie gewisse Finanzdienstleistungen (lit. m)) und Forschungs- und Entwicklungsdienstleistungen, sofern ihre Ergebnisse nicht ausschließlich Eigentum des Auftraggebers für seinen eigenen Gebrauch und vollständig von ihm vergütet werden (lit. n)). Außerdem sieht § 100 Abs. 2 lit. i) GWB ein **beschränktes Konzernprivileg** im Sektorenbereich vor. Sektorenauftraggeber (aber auch nur diese) können an ihre Mutter-, Schwester- und Tochtergesellschaften ohne Beachtung vergaberechtlicher Bindungen Dienstleistungsaufträge erteilen, sofern mindestens 80% des von dem Auftragnehmer-Unternehmen während der letzten drei Jahre in der EG erzielten durchschnittlichen Umsatzes im Dienstleistungssektor aus der Erbringung dieser Dienstleistungen für die mit ihm verbundenen Unternehmen stammen (vgl. § 1b Nr. 13 Abs. 1 VOL/A sowie § 1 Nr. 13 Abs. 1 SKR VOL/A).[30]

5.1.4 Vergabearten

§ 101 Abs. 1 GWB nennt als Vergabearten das offene Verfahren, das nicht offene Verfahren und das Verhandlungsverfahren. Im **offenen Verfahren** wird eine unbeschränkte Anzahl von Unternehmen öffentlich zur Abgabe von Angeboten aufgefordert (§ 101 Abs. 2 GWB). Im **nicht offenen Verfahren** (§ 101 Abs. 3 GWB) wird zunächst durch öffentliche Bekanntmachung dazu aufgerufen, sich um die Zulassung zur Abgabe eines Angebots zu bewerben **(Teilnahmewettbewerb)**. Aus diesem Bewerberkreis wählt der Auftraggeber dann auf der Grundlage der von ihm veröffentlichten Eignungskriterien in nicht-diskriminierender Weise eine beschränkte Anzahl von Unternehmen aus, die er zur Angebotsabgabe auffordert. Die Zahl der aufgeforderten Unternehmen ist so zu bemessen, dass ein wirksamer Bieterwettbewerb gewährleistet ist. Eine Verpflichtung, alle Bewerber zur Abgabe eines Angebots aufzufordern, die die vorgeschriebenen Eignungsnachweise erbracht haben, besteht nicht. Gemäß § 8a VOB/A müssen in nicht offenen Verfahren für die Vergabe von Bauaufträgen mindestens fünf geeignete Bewerber zur Angebotsabgabe aufgefordert werden. Bei Liefer- und Dienstleistungsaufträgen beträgt die Mindestzahl drei (§ 7 Nr. 2 Abs. 2 VOL/A). Auch hier wird jedoch regelmäßig eine höhere Zahl angemessen sein. **Verhandlungsverfahren** sind Verfahren, bei denen sich der Auftraggeber mit oder ohne vorherige öffentliche Aufforderung zur Teilnahme an ausgewählte Unternehmen wendet, um mit einem oder mehreren über die Auftragsbedingungen zu verhandeln (§ 101 Abs. 4 GWB).

Nach § 101 Abs. 5 GWB haben öffentliche Auftraggeber grundsätzlich das offene Verfahren anzuwenden. Nach Satz 2 der Vorschrift können dagegen Sektorenauftraggeber, die nur unter § 98 Nr. 4 GWB fallen, unter den drei Vergabearten frei wählen.

Unter bestimmten Voraussetzungen[31] können auch öffentliche Auftraggeber das **nicht offene Verfahren** anwenden. Bei den im Rahmen dieses Handbuchs interessierenden, größeren Projekten werden diese Voraussetzungen regelmäßig vorliegen. So werden die ausgeschriebenen Leistungen oft nach ihrer Eigenart nur von einem beschränkten Kreis von Unternehmen in geeigneter Weise ausgeführt werden können

---

gelten. Eine Erweiterung dieser Ausnahmeregelung ist europarechtlich unzulässig und kann durch eine richtlinienkonforme Auslegung auch vermieden werden.

[30] Ggf. zu beachten ist die Sonderregelung für die Umsatzberechnung in dem Fall, dass die gleichen oder gleichartige Dienstleistungen von mehr als einem mit dem Auftraggeber verbundenen Unternehmen erbracht werden, die sich im jeweils letzten Satz der zitierten VOL/A-Bestimmungen findet.

[31] Vgl. § 3a Nr. 3, § 3 Nr. 3 VOB/A; § 3a Nr. 1 Abs. 1; § 3 Nr. 3 VOL/A.

(§ 3 Nr. 3 lit. a) VOL/A, § 3 Nr. 3 Abs. 1 lit. a) VOB/A). Auch wird die öffentliche Ausschreibung für Auftraggeber oder Bewerber häufig einen im Vergleich zu den mit ihr verbundenen Vorteilen unverhältnismäßigen Aufwand erfordern (§ 3 Nr. 3 lit. b) VOL/A, § 3 Nr. 3 Abs. 1 lit. a) VOB/A).

Verhandlungsverfahren sind für öffentliche Auftraggeber nur in engen Ausnahmefällen zulässig, wobei auch dann regelmäßig mit mehreren Bietern verhandelt werden muss, die in einem Teilnahmewettbewerb im Anschluss an eine Vergabebekanntmachung ausgewählt wurden.[32] Für Bauleistungen im Rahmen von Projekten dürfte von den Fallgruppen, in denen das Verhandlungsverfahren zugelassen ist, in der Praxis nur der Ausnahmefall größere Bedeutung haben, dass die Leistung nach Art und Umfang oder wegen der damit verbundenen Wagnisse nicht eindeutig und so erschöpfend beschrieben werden kann, dass eine einwandfreie Preisermittlung zwecks Vereinbarung einer festen Vergütung möglich ist (§ 3a Nr. 4 lit. c) VOB/A). Entsprechend ist das Verhandlungsverfahren ausnahmsweise bei Dienstleistungsaufträgen zulässig, die ihrer Natur nach oder wegen der damit verbundenen Risiken eine vorherige Preisfestsetzung nicht zulassen oder bei denen vertragliche Spezifikationen nicht hinreichend genau festgelegt werden können, um ein offenes oder nicht offenes Verfahren durchzuführen (§ 3a Nr. 1 Abs. 4 lit. b) und c) VOL/A).

5.1.5 Bekanntmachung

10 Welche Bekanntmachung die Auftraggeber im Zusammenhang mit einer Vergabe zu veröffentlichen haben, ergibt sich aus den für die jeweilige Auftrags- und Vergabeart einschlägigen Mustern in den Anhängen zur VOB/A und VOL/A. Die Pflicht zur Veröffentlichung dieser Bekanntmachungen ist Ausfluss des das Vergabeverfahren beherrschenden **Transparenzgebotes** (§ 97 Abs. 1 GWB). Anhand der Bekanntmachung müssen potentielle Auftragnehmer erkennen können, ob es für sie interessant ist, ein Angebot abzugeben bzw. die Ausschreibungsunterlagen anzufordern (offene Verfahren) oder sich im Teilnahmewettbewerb um die Zulassung zur Angebotsabgabe zu bewerben (nicht offene Verfahren und Verhandlungsverfahren mit Vergabebekanntmachung).

Bei den hier allein interessierenden Vergaben, die die EU-Schwellenwerte erreichen, ist zwingend eine (kostenlose) Veröffentlichung im Supplement zum Amtsblatt der EG vorgeschrieben. Zusätzlich ist eine inländische Veröffentlichung, insbesondere im Bundesausschreibungsblatt und/oder Tageszeitungen und Fachzeitschriften, möglich und für öffentliche Auftraggeber bei Bauleistungen zwingend (§ 17a Nr. 2 Abs. 5 VOB/A, § 17a Nr. 1 Abs. 3 VOL/A). In die inländischen Veröffentlichungen dürfen keine Angaben aufgenommen werden, die über die im Amtsblatt der EG publizierten Informationen hinausgehen. Außerdem darf die inländische Veröffentlichung nicht vor Absendung des für das Amtsblatt der EG bestimmten Bekanntmachungstextes erfolgen (§ 17a Nr. 2 Abs. 5 VOB/A, § 17a Nr. 1 Abs. 3 VOL/A).

5.1.6 Bewerbungsbedingungen

11 Die Bewerbungsbedingungen sind Bestandteil der Ausschreibungsunterlagen. Sie regeln Einzelheiten des Vergabeverfahrens wie insbesondere die Gestaltung der Angebote, die Zulässigkeit von Änderungsvorschlägen und Nebenangeboten, die Beteiligung von Bietergemeinschaften und die für die Beurteilung von Fachkunde, Leistungsfähigkeit und Zuverlässigkeit der Bieter ggf. beizubringenden Eignungsnachweise, die jedoch bereits in den Bekanntmachungen anzugeben sind. Auch werden die Bieter übli-

---

[32] Vgl. § 3a Nr. 1 Abs. 4 und Nr. 2 VOL/A; § 3a Nr. 4 und 5 VOB/A.

cherweise in den Bewerbungsbedingungen dazu verpflichtet, dem Auftraggeber Unklarheiten in den Vergabeunterlagen unverzüglich mitzuteilen. Weitergehend ist der Antrag auf Einleitung eines vergaberechtlichen Nachprüfungsverfahrens gem. § 107 Abs. 3 GWB nur zulässig, soweit der Antragsteller den gerügten Verstoß gegen Vergabevorschriften schon im Vergabeverfahren erkannt und nicht unverzüglich gegenüber dem Auftraggeber gerügt hat. Aufgrund der Bekanntmachung erkennbare Verstöße gegen Vergabevorschriften müssen sogar, unabhängig davon ob sie tatsächlich erkannt wurden, stets spätestens bis zum Ablauf der in der Bekantmachung genannten Frist zur Angebotsabgabe oder zur Bewerbung im Teilnahmewettbewerb gerügt werden.

Öffentliche Auftraggeber verwenden als Bewerbungsbedingungen regelmäßig einheitliche Mustertexte, wie sie etwa im „Vergabehandbuch für die Durchführung von Bauaufgaben des Bundes im Zuständigkeitsbereich der Finanzbauverwaltungen" (VHB) oder im „Handbuch für die Vergabe und Ausführung von Bauleistungen im Straßen- und Brückenbau" (HVA-StB) enthalten sind.

Besonders wichtig sind die Regelungen der Bewerbungsbedingungen zu **Änderungsvorschlägen** und **Nebenangeboten.** Sie sind vergaberechtlich grundsätzlich positiv zu beurteilen, weil sie kreative Lösungen ermöglichen und eine günstigere oder bessere Beschaffung gestatten können. Andererseits werfen Änderungsvorschläge und Nebenangebote häufig Probleme bei der Bewertung auf. Denn die Vergleichbarkeit von den Ausschreibungsunterlagen entsprechenden Angeboten (Hauptangeboten) und Änderungsvorschlägen bzw. Nebenangeboten ist oft nicht ohne weiteres gewährleistet.

Eine exakte Abgrenzung der Begriffe Änderungsvorschlag und Nebenangebot ist nicht möglich, so dass sie jedenfalls für die Zwecke der vorliegenden Darstellung synonym verwendet werden können.[33] Die Auftraggeber sind verpflichtet, sich in den Ausschreibungsunterlagen darüber zu erklären, ob sie Nebenangebote und Änderungsvorschläge ausdrücklich wünschen oder ausschließen wollen (§ 10 Nr. 5 Abs. 4 VOB/A; § 17 Nr. 3 Abs. 5 VOL/A); erfolgt keine Erklärung, sind sie zugelassen. Außerdem ist anzugeben, ob sie ausnahmsweise nur bei gleichzeitiger Abgabe eines Hauptangebotes möglich sein sollen. Der Auftraggeber hat eindeutig klarzustellen, welche Anforderungen technischer oder kaufmännischer Art auch von Nebenangeboten und Änderungsvorschlägen eingehalten werden müssen. Zugelassene Änderungsvorschläge und Nebenangebote sind wie Hauptangebote zu werten (§ 25 Nr. 5 VOB/A, § 25 Nr. 4 VOL/A).

5.1.7 Teilnahmewettbewerb, insbesondere Eignungskriterien

Sinn des Teilnahmewettbewerbs im nicht offenen Verfahren sowie im Verhandlungsverfahren ist es, aus dem Kreis der Interessenten eine überschaubare Zahl von Bietern auszuwählen, die zur Angebotsabgabe aufgefordert werden. Dafür kommen von vornherein nur leistungsfähige, sachkundige und zuverlässige Bewerber in Betracht (§ 97 Abs. 4 GWB). Fachkunde, Leistungsfähigkeit und Zuverlässigkeit sind anhand der in den Bewerbungsbedingungen angeforderten Eignungsnachweise zu überprüfen. Bei Aufträgen öffentlicher Auftraggeber sind die Verdingungsunterlagen außerdem nur an geeignete Bewerber abzugeben, die nachweislich gewerbsmäßig Leistungen der ausgeschriebenen Art ausführen (§ 8 Nr. 2 Abs. 1 VOB/A, 57 Nr. 2 Abs. 1 VOL/A).

Eignungsnachweise dürfen von den Auftraggebern nur insoweit verlangt werden, wie sie zur Beurteilung von Fachkunde, Leistungsfähigkeit und Zuverlässigkeit im Zusammenhang mit der konkreten Auftragsvergabe erforderlich sind. Werden weitergehende Forderungen gestellt, liegt eine unzulässige Beschränkung des Bieterwettbewerbs vor. Außerdem dürfen zur Beurteilung der fachlichen und technischen Eignung von

12

---

[33] Vgl. *Rusam*, in: Heiermann/Riedl/Rusam, a.a.O., A § 25.5, Rdn. 76.

öffentlichen Auftraggebern ausschließlich die in den Verdingungsordnungen abschließend aufgezählten Kriterien herangezogen werden (vgl. § 8 Nr. 3 Abs. 1 VOB/A, § 7a Nr. 2 Abs. 2 VOL/A.[34] Sektorenauftraggeber, die nur Abschnitt 4 der Verdingungsordnungen anzuwenden haben, haben hier einen größeren Spielraum (vgl. § 5 Nr. 1 Abs. 2 SKR VOB/A sowie § 5 Nr. 1 Abs. 3 und 4 VOL/A). Bei den Nachweisen zur wirtschaftlichen und finanziellen Leistungsfähigkeit können auch öffentliche Auftraggeber in begründeten Fällen von dem in den Verdingungsordnungen niedergelegten Kriterienkatalog abweichen.

5.1.8 Leistungsbeschreibung

13   Die ausgeschriebene Leistung ist eindeutig und so erschöpfend zu beschreiben, dass alle Bewerber die Beschreibung im gleichen Sinne verstehen müssen und ihre Preise sicher kalkulieren können. Alle die Preisermittlung beeinflussenden Umstände sind festzustellen und in den Verdingungsunterlagen anzugeben (§ 9 Nr. 1 und 3 VOB/A, § 8 Nr. 1 Abs. 1 und 2 VOL/A).

Als allgemeiner Grundsatz für die Leistungsbeschreibung ist zu beachten, dass dem Auftragnehmer kein **ungewöhnliches Wagnis** aufgebürdet werden darf für Umstände oder Ereignisse, auf die er keinen Einfluss hat und deren Einwirkung auf Preise und Fristen er nicht im voraus abschätzen kann (§ 9 Nr. 2 VOB/A, § 8 Nr. 1 Abs. 3 VOL/A). Diese Vorschrift engt den Gestaltungsspielraum der Auftraggeber für die Risikoallokation ein. Bei konventionellen Bauaufträgen gelten etwa Wagnisse aus behördlichen Anordnungen in der Regel als ungewöhnlich.[35] Vergaberechtlich unzulässig ist es grundsätzlich auch, dem Auftragnehmer Risiken aus einer Planung zuzuweisen, die ihm nicht obliegt. Schließlich kann die Haftung für den Baugrund und damit insbesondere für geologische Risiken nicht auf den Auftragnehmer abgewälzt werden.[36]

Die Auftraggeber sind verpflichtet, in ihren Leistungsbeschreibungen vorrangig auf europäische **Spezifikationen** Bezug zu nehmen. Um eine diskriminierungsfreie Vergabe sicherzustellen, ist es grundsätzlich unzulässig, den Auftragnehmern bestimmte Erzeugnisse oder Verfahren vorzugeben (§ 9 Nr. 4 und 5 VOB/A, § 8 Nr. 3 und § 8a VOL/A).

Die VOB/A unterscheidet zwischen der Leistungsbeschreibung mit Leistungsverzeichnis (§ 9 Nr. 6 bis 9) und der Leistungsbeschreibung mit Leistungsprogramm (§ 9 Nr. 10 bis 12). Regelfall ist die **Leistungsbeschreibung mit Leistungsverzeichnis.** Hier wird die Leistung durch eine allgemeine Darstellung der Bauaufgabe und ein in Teilleistungen gegliedertes Leistungsverzeichnis beschrieben, aus dem jeder Auftragnehmer genau erkennen kann, welche einzelnen Arbeitsschritte von ihm verlangt werden. Demgegenüber wird die Leistung bei einer **Leistungsbeschreibung mit Leistungsprogramm** funktional ausgeschrieben. Es werden der Zweck der fertigen Leistung und die an sie gestellten technischen, wirtschaftlichen, gestalterischen und funktionsbedingten Anforderungen angegeben, wobei es dem Auftragnehmer überlassen bleibt, wie er die Bauaufgabe erfüllt. In diesem Fall obliegt dem Auftragnehmer nicht nur die Bauausführung, sondern auch die Erstellung des dafür erforderlichen Entwurfs. Bei innovativen oder komplexen Projekten wird häufig die funktionale

---

[34] Soweit § 8 Nr. 3 Abs. 1 lit. g) VOB/A auch andere als die in Nr. 3 ausdrücklich genannten Nachweise für die fachliche und technische Eignung zulässt, gilt dies nur für Bauaufträge unterhalb des EU-Schwellenwertes von 5 Mio. ECU. Denn die nach Art. 27 BKR zulässigen technischen und fachlichen Eignungskriterien, die grundsätzlich in § 8 Nr. 3 VOB/A übernommen wurden, sind abschließend, *EuGHE* 1982, 417/426 f. „Transporoute".

[35] *Heiermann,* in: Heiermann/Riedl/Rusam, a. a. O., A. § 9.2, Rdn. 4 Mitte.

[36] *Heiermann,* ebenda, Rdn. 4, a. A.

Leistungsbeschreibung sachgerecht sein. Sie fördert den Wettbewerb der Ideen, erschwert allerdings die Vergleichbarkeit der Angebote und damit ihre Bewertung.

Die **funktionale Ausschreibung** nach § 8 Nr. 2 Abs. 1 lit. a) VOL/A entspricht der Leistungsbeschreibung mit Leistungsprogramm gemäß VOB/A. Daneben kennt die VOL/A noch die **konstruktive Leistungsbeschreibung,** bei der die Leistung nach ihren wesentlichen Merkmalen und konstruktiven Einzelheiten vom Auftraggeber genau beschrieben wird (§ 8 Nr. 2 Abs. 1 lit. b) VOL/A).

5.1.9 Zulässigkeit und Grenzen von Verhandlungen

Nach dem im wesentlichen gleichlautenden § 24 sowohl der VOL/A wie auch der VOB/A sind bei Ausschreibungen nach Öffnung der Angebote bis zur Zuschlagerteilung nur Aufklärungsverhandlungen über den Inhalt des Angebots und die Eignung, insbesondere die technische und wirtschaftliche Leistungsfähigkeit des Bieters zulässig. Andere Verhandlungen, insbesondere über Änderungen der Angebote oder Preise, sind unstatthaft. Als Ausnahme von dem grundsätzlichen **Verhandlungsverbot** sind bei Nebenangeboten, Änderungsvorschlägen oder Angeboten aufgrund funktionaler Leistungsbeschreibung Verhandlungen über notwendige technische Änderungen geringen Umfangs und daraus resultierende Preisänderungen zulässig, wobei diese Ausnahme in § 24 Nr. 2 Abs. 2 VOL/A jedoch auf Verhandlungen mit dem Bieter, dessen Angebot als das wirtschaftlichste gewertet wurde, beschränkt wird.

Das Verhandlungsverbot wird oft sowohl von Auftraggebern als auch von Bietern als lästig empfunden. Dementsprechend sind Verstöße häufig. Das Verhandlungsverbot wird damit gerechtfertigt, dass Verhandlungen die Transparenz und Objektivität des Vergabeverfahrens beeinträchtigen können. Um solche Bedenken zu entkräften, müssen die Ergebnisse ausnahmsweise zulässiger Verhandlungen aktenkundig gemacht werden (§ 24 Nr. 1 Abs. 2 VOB/A, § 24 Nr. 3 VOL/A).

Keine Geltung hat das Verhandlungsverbot naturgemäß in Verhandlungsverfahren. Hier sind grundsätzlich Verhandlungen aller Art, insbesondere auch über die Preise, möglich, soweit sie in nicht diskriminierender Weise durchgeführt werden.

5.1.10 Angebotsbewertung und Zuschlag

5.1.10.1 Angebotsbewertung

Nach Ablauf der Angebotsfrist führt die Vergabestelle einen **Eröffnungstermin** (VOB/A) bzw. eine **„Verhandlung zur Öffnung der Angebote"** (VOL/A) durch. An dem bei Bauleistungen vorgeschriebenen Eröffnungstermin können die Bieter und ihre Bevollmächtigten teilnehmen. Im Termin werden die Namen und Anschriften der Bieter, die Endbeträge der Angebote oder ihrer einzelnen Abschnitte sowie andere den Preis betreffenden Angaben verlesen (§ 22 Nr. 3 Abs. 2 VOB(A). Es wird auch bekannt gegeben, ob und von wem Änderungsvorschläge oder Nebenangebote eingereicht sind. Weitere Angaben erfolgen nicht. Demgegenüber sind bei der Verhandlung zur Öffnung der Angebote für Lieferleistungen Bieter nicht zugelassen (§ 22 Nr. 2 Abs. 3 VOL/A).

Die Angebote werden zunächst daraufhin überprüft, ob sie formal ordnungsgemäß sind, also insbesondere rechtzeitig abgegeben und unterschrieben wurden. Im offenen Verfahren findet sodann die **Eignungsprüfung** der Bieter statt. Aufträge dürfen nur an fachkundige, leistungsfähige und zuverlässige Bieter vergeben werden. Sofern der Angebotsabgabe ein Teilnahmewettbewerb vorgeschaltet wurde, was bei den hier interessierenden Projekten sicher die Regel sein wird, muss die Eignungsprüfung bereits vor der Aufforderung zur Angebotsabgabe abgeschlossen sein (siehe oben, 5.1.7).

Sodann wird geprüft, ob die Angebote den inhaltlichen Anforderungen der Ausschreibung genügen, also der Leistungsbeschreibung entsprechen. In den Ausschreibungsunterlagen festgelegte Mindestanforderungen müssen erfüllt werden. Sie sollten deutlich als „K. O.-Kriterien" gekennzeichnet werden. Änderungen und Ergänzungen an den Verdingungsunterlagen sind unzulässig und führen zum Ausschluss eines Angebots. In die Wertung einbezogen werden dürfen nur die Angebote, die die inhaltlichen Anforderungen der Ausschreibung erfüllen.

Unter diesen erhält das Angebot den Zuschlag, das unter Berücksichtigung aller Umstände als das wirtschaftlichste (annehmbarste) erscheint. Die relevanten Kriterien können technischer, wirtschaftlicher, funktionaler oder auch gestalterischer Natur sein. Berücksichtigt werden dürfen aber in jedem Fall nur solche **Wertungskriterien,** die in der Bekanntmachung oder in den Ausschreibungsunterlagen aufgeführt wurden. Gemäß § 10a VOB/A bzw. § 9a VOL/A sind die Wertungskriterien möglichst in der Reihenfolge ihrer Bedeutung zu nennen. Um gern erhobenen Anfechtungen des Vergabeverfahrens wegen angeblich intransparenter Bewertung der Angebote von vornherein die Grundlage zu entziehen, sind die Vergabestellen gut beraten, wenn sie weitergehend den Bietern auch das gesamte von ihnen angewendete **Bewertungsschema** (Kriterienmatrix, Gewichtung der einzelnen Kriterien und Bewertungsmethode) bekannt geben.

16 Für die Bewertung der Angebote sind nur angebotsbezogene Kriterien zulässig. Bieterbezogene Kriterien, etwa die Finanzstärke eines Unternehmens, seine Kapazitäten oder seine Erfahrungen mit vergleichbaren Projekten dürfen hier nicht berücksichtigt werden. Unter den Bietern, die erfolgreich den Teilnahmewettbewerb durchlaufen haben, darf sich ein Mehr an Eignung bei der Wertung nicht positiv auswirken. Allerdings kann der Übergang bei einzelnen Kriterien fließend sein. So ist etwa der angebotene Kundendienst zweifellos ein zulässiges, angebotsbezogenes Kriterium, obwohl er natürlich von der im Rahmen der Eignungsprüfung beurteilten technischen Leistungsfähigkeit des Bieters abhängt.

Eindeutig kein zulässiges Wertungskriterium sind **regionale Präferenzen.** Ob ein Angebot von einem Bieter aus einer bestimmten Region stammt oder die Verwendung regionaler Produkte vorsieht, ist grundsätzlich für die Qualität des Angebots ohne Belang. Anders ist dies natürlich, wenn die Verwendung eines regionalen Produkts gestalterisch bedingt und deshalb objektiv gerechtfertigt ist, etwa wenn ein historisches Bauwerk restauriert werden soll und zur Herstellung eines einheitlichen Erscheinungsbildes lediglich in einer bestimmten Region vorkommende Natursteine Verwendung finden können. Die entsprechenden Vorgaben müssen in derartigen Fällen allerdings schon aus der Leistungsbeschreibung hervorgehen, so dass hier keine Ausnahme von dem Grundsatz der Unzulässigkeit regionaler Präferenzen als Wertungskriterium vorliegt. Auch Umweltbelange und soziale Aspekte können zwar unter Beachtung des Prinzips der Nichtdiskriminierung in der Leistungsbeschreibung berücksichtigt werden, sind aber grundsätzlich keine zulässigen Kriterien zur Bewertung der Angebote.[37]

Die Gewichtung der Kriterien kann beispielsweise durch Festlegung eines Punktesystems oder Angabe der prozentualen Bedeutung der Kriterien vorgenommen werden **(Scoring-Verfahren).** Dabei steht es dem Auftraggeber frei, die vorgegebenen Kriterien unterschiedlich oder gleich zu gewichten.

Eine sachgerechte Bewertungsmethode besteht darin, die in Prozentsätzen ausgedrückte Gewichtung der einzelnen Kriterien in eine Punkteskala zu transformieren. Derjenige Bieter, der bezogen auf das jeweilige Wertungskriterium das beste Angebot abgibt, erhält die maximale Punktzahl, die für dieses Kriterium zur Verfügung steht.

---

[37] Mitteilung der Kommission „Das öffentliche Auftragswesen in der europäischen Union" vom 11. März 1998, COM (98) 143 final, Ziffern 4.3 und 4.4.

Die Punktzahl für die anderen Angebote wird jeweils anhand ihres relativen Abstands zum besten Angebot ermittelt. Soweit möglich, sollte die Punktezuweisung auf der Grundlage einer **Nutzwertanalyse** erfolgen. Bei bestimmten, insbesondere etwa gestalterischen Kriterien ist dies allerdings naturgemäß schwierig.

Die hier empfohlene relative Bewertungsmethode mag an einem kurzen Beispiel verdeutlicht werden. In einer bestimmten Ausschreibung soll Bewerber A mit 40,6 Mio. DM den niedrigsten Preis angeboten haben, während Konkurrent B mit 52 Mio. DM den zweitniedrigsten Angebotspreis hat. A erhält dann die Gesamtzahl der für den niedrigsten Preis vorgesehenen Punkte, z.B. 40 Punkte. Die Punktzahl von B errechnet sich entsprechend seinem relativen Abstand zu A mit 31,23 Punkten. Das Ergebnis resultiert aus dem Kehrwert des relativen Abstands, d.h. 40 Punkte dividiert durch (52/40,6 = 1,2808) ergibt 31,23 Punkte. Entsprechend errechnen sich die Punktwerte der nachfolgenden Bieter.

Dieser Bewertungsmethode ist der Vorzug zu geben gegenüber einer starr auf die Rangfolge der Angebote abstellenden Bewertung, die den relativen Abstand zwischen den einzelnen Angeboten nicht berücksichtigt. Bei einer solchen „starren" Bewertung wird die Punktzahl eines Angebots z.B. dadurch ermittelt, dass die maximal zu erreichende Punktzahl (also die Höhe des dem Kriterium zugeteilten Prozentsatzes an der Gesamtbewertung) durch die von dem Angebot erreichte Rangziffer dividiert wird. Demgemäß erhält etwa der Bieter mit dem niedrigsten Preis 40 Punkte (40:1), während der im Preisangebot zweitplazierte Bieter nur noch 20 Punkte (40:2) bekommt. **17**

Eine solche Bewertungsmethode kann zu nicht sachgerechten und für den Auftraggeber ungewünschten Ergebnissen führen. Beispielsweise wird oft der niedrigste Angebotspreis als wichtigstes Kriterium mit einem Gesamtgewicht von mindestens 50% aller erreichbaren Punkte definiert. Dies hat bei der zuletzt vorgestellten „starren" Bewertung zur Konsequenz, dass in jedem Fall dem Bieter der Zuschlag zu erteilen wäre, der das beste Preisangebot abgegeben hat, gleichgültig zu welchem Ergebnis die Bewertung der anderen Kriterien führt. Ein Bieter, dessen Preisangebot lediglich „um 1 DM" ungünstiger wäre als das beste Preisangebot, das aber z.B. in baulicher und funktionstechnischer Hinsicht deutlich attraktiver ist, könnte nie zum Zug kommen.

Schwierigkeiten bereitet oft ein Vergleich zulässiger **Nebenangebote** und **Änderungsvorschläge** mit der Leistungsbeschreibung entsprechenden Hauptangeboten. Jedenfalls bei komplexen Vergaben kann es im Interesse der Vergleichbarkeit und eines möglichst objektiven Bewertungsverfahrens zweckmäßig sein, die Zahl der im Rahmen von Nebenangeboten variablen Parameter durch die Festlegung verbindlicher Mindestanforderungen in einem überschaubaren Rahmen zu halten. Außerdem kann die Zahl der zulässigen Nebenangebote pro Bieter auf ein oder zwei begrenzt werden. Denn erfahrungsgemäß muss damit gerechnet werden, dass Bieter in erheblichem Umfang von der Möglichkeit zur Abgabe von Nebenangeboten Gebrauch machen. So hat im Rahmen der Konzessionsvergabe Warnow-Querung ein Bieter nicht weniger als dreizehn und ein weiterer Bieter immerhin noch sechs Angebote abgegeben.

5.1.10.2 Zuschlag

Der Zuschlag darf nur auf das im Rahmen der Angebotsbewertung identifizierte wirtschaftlichste Angebot erteilt werden. Die Bieter sind für die Dauer der in den Ausschreibungsunterlagen festgesetzten **Zuschlagsfrist (Bindefrist)** an ihre Angebote gebunden. Wird auf ein Angebot rechtzeitig der Zuschlag erteilt, ist damit nach deutschem Zivilrecht der Vertrag abgeschlossen. **18**

Im Hinblick auf die Sicherstellung eines effektiven Vergaberechtsschutzes hält die Vergabekammer des Bundes die Auftraggeber für verpflichtet, die Bieter, die beim Zuschlag nicht berücksichtigt werden sollen, mindestens zehn Tage vor Zuschlagerteilung über den Namen des Bieters, auf dessen Angebot der Zuschlag erteilt werden soll, sowie über die Gründe der Nichtberücksichtigung ihres Angebotes zu informieren.[38] Es ist vorgesehen, dass eine derartige Informationspflicht in der neuen VgV festgeschrieben wird. Offenbar ist daran gedacht, dass ein Verstoß gegen diese Informationspflicht die Nichtigkeit eines dennoch geschlossenen Vertrages gem. § 134 BGB zur Folge haben soll.

5.1.10.3 Aufhebung der Ausschreibung

19   Nach den EG-Vergaberichtlinien steht es dem Auftraggeber grundsätzlich jederzeit frei, auf die Vergabe eines bekannt gemachten Auftrags zu verzichten oder das Verfahren erneut einzuleiten. Auf Antrag sind den Bewerbern und Bietern als Ausfluss des Transparenzgrundsatzes allerdings die Gründe für den Abbruch der Vergabe mitzuteilen.[39] Demgegenüber sieht das deutsche Vergaberecht in den Basisparagrafen der Verdingungsordnungen (jeweils § 26 VOB/A und VOL/A) eine Aufhebung der Ausschreibung nur aus schwerwiegenden Gründen vor. Dies gilt gem. § 26a Nr. 1 VOB/A auch bei der Vergabe von Bauleistungen oberhalb der EU-Schwellenwerte, wenn ein offenes oder nichtoffenes Verfahren aufgehoben wird. Auf Verhandlungsverfahren findet § 26 VOB/A hingegen keine Anwendung.[40] Obwohl § 26a VOL/A keine ausdrückliche Verweisung auf § 26 VOL/A enthält, gilt für die Aufhebung von Ausschreibungen für Lieferaufträge nichts anderes als für Bauaufträge.[41]
Beispielhaft nennen § 26 VOB/A und VOL/A folgende schwerwiegende Gründe:
– Es ist kein Angebot eingegangen, das den Ausschreibungsbedingungen entspricht,
– die Verdingungsunterlagen müssen grundlegend geändert werden,
– die Ausschreibung hat kein wirtschaftliches Ergebnis erbracht, z.B. das niedrigste Angebot liegt höher als die verfügbaren Mittel.

Entscheidend ist, dass der schwerwiegende Grund zur Aufhebung der Ausschreibung auf einem Umstand beruht, der dem Auftraggeber erst nachträglich, also erst nach Beginn der Ausschreibung bekannt geworden ist. Deshalb kann ein schwerwiegender Grund etwa dann vorliegen, wenn erst das Ergebnis einer Ausschreibung erkennen lässt, dass die Vergabeabsicht in einer anderen als der in den Verdingungsunterlagen vorgesehenen Weise wirtschaftlich günstiger realisiert werden kann.[42]

5.1.11 Vergaberechtlicher Rechtsschutz

20   Seit dem 1.1.1999 ist das vergaberechtliche Nachprüfungsverfahren in den §§ 102 ff. GWB geregelt. Gem. § 102 GWB unterliegt die Vergabe öffentlicher Aufträge der Nachprüfung durch die Vergabekammern. Einen Nachprüfungsantrag kann jedes Unternehmen stellen, das ein Interesse am Auftrag hat und eine Verletzung seiner Rechte im Vergabeverfahren rügt (§ 107 Abs. 2 GWB). Der Antrag ist allerdings unzulässig, wenn ein Verstoß bereits im Vergabeverfahren erkannt und nicht unverzüglich gegenüber dem Auftraggeber gerügt wurde; schon aus der Vergabebekanntmachung erkennbare Verstöße gegen Vergabevorschriften müssen in jedem Fall spätestens bis zum Ablauf der aus der Bekanntmachung ersichtlichen Angebots- oder Bewerbungsfrist gerügt werden (§ 107 Abs. 2 GWB).[43]

---

[38] Bundeskartellamt, 1. Vergabekammer, Beschluss vom 29. April 1999, BauR 1999, 1284; „Münzplättchen".
[39] Vgl. Art. 8 Abs. 2 BKR, 7 Abs. 2 LKR und 12 Abs. 2 DLR.
[40] *Ingenstau/Korbion*, a.a.O., A § 26 Rdn. 4.
[41] *Daub/Eberstein*, Kommentar zur VOL/A, 4. Auflage, § 26a, Rdn. 8; § 26 Rdn. 16.
[42] *Rusam*, in: Heiermann/Riedl/Rusam, a.a.O., A § 26, 1, Rdn. 11.
[43] Vgl. bereits oben 5.1.6.

Große Bedeutung hat der in § 115 Abs. 1 GWB geregelte Suspensiveffekt des Nachprüfungsantrags. Ab Zustellung des Nachprüfungsantrags an den Auftraggeber darf bis zur Entscheidung der Vergabekammer und dem Ablauf der Beschwerdefrist nach § 117 Abs. 1 GWB der Zuschlag nicht erteilt werden. Allerdings kann die Vergabekammer auf Antrag auf der Grundlage einer Interessenabwägung den Zuschlag gestatten (§ 115 Abs. 2 GWB). Gegen diese Entscheidung kann Antrag auf gerichtliche Entscheidung erhoben werden; im übrigen sind die Entscheidungen der Vergabekammer mit der sofortigen Beschwerde zum Vergabesenat des zuständigen Oberlandesgerichts anfechtbar (§ 116 GWB).

Nach dem Zuschlag ist das Vergabeverfahren beendet und ein Nachprüfungsantrag unzulässig. Ein Unternehmer, der sich durch die Verletzung von Vergabevorschriften beeinträchtigt fühlt, kann dann nur noch Schadenersatz in einem ordentlichen Zivilverfahren verlangen. Der nach deutschem Zivilrecht mit dem Zuschlag zustande gekommene Vertrag kann nicht mehr aufgehoben werden (vgl. § 114 Abs. 2 GWB). Allerdings müssen die Mitgliedstaaten nach der Alcatel-Entscheidung des EuGH einen effektiven Rechtsschutz auch bezüglich der Zuschlagentscheidung sicherstellen.[44] In Übereinstimmung damit hatte die Vergabekammer des Bundes bereits zuvor eine Pflicht des Auftraggebers zur Vorabinformation über das Ausschreibungsergebnis festgestellt, um den Bietern die Überprüfung der Entscheidung der Vergabestelle zu ermöglichen.[45]

5.1.12 Sonderregeln für die Sektoren

Für Auftraggeber in den Bereichen Wasser-, Energie- und Verkehrsversorgung sowie im Telekommunikationssektor gibt es auf der Grundlage der SKR besondere Vergabevorschriften. Während das Europarecht private und öffentliche Auftraggeber in den Sektoren denselben vergaberechtlichen Bindungen unterwirft, hat sich der deutsche Gesetzgeber dafür entschieden, die in § 98 Nr. 1–3 genannten Auftraggeber, die eine Sektorentätigkeit ausüben, zusätzlich zu den europarechtlichen Regelungen auch zur Anwendung des traditionellen deutschen Vergaberechts (Basisparagrafen) zu verpflichten. Diese Auftraggeber müssen daher die Abschnitte 3 der VOB/A und VOL/A beachten. Privatrechtlich organisierte Versorgungsunternehmen mit öffentlicher Mehrheitsbeteiligung unterstehen daher, wenn sie was jedenfalls nach Ansicht der vergaberechtlichen Nachprüfungsinstanzen oft der Fall ist – als „Einrichtung des öffentlichen Rechts" zu qualifizieren sind,[46] einem strengeren Vergaberegime als alle ihre privaten und auch ihre von der öffentlichen Hand beherrschten ausländischen Konkurrenten. Nach der bisherigen Entscheidungspraxis haben z. B. kommunal beherrschte Stadtwerke GmbHs jedenfalls im Bereich der Wasserversorgung und Müllentsorgung damit zu rechnen, den dritten Abschnitt der Verdingungsordnungen anwenden zu müssen.[47]

Demgegenüber gilt für Sektorenauftraggeber, die keine „öffentlichen Einrichtungen" im Sinne des § 98 Nr. 2 GWB sind, lediglich Abschnitt 4 der Verdingungsordnungen. Dieser enthält nur die Vorschriften der SKR, nicht jedoch die Basisparagrafen des deutschen Rechts. Der wesentliche Vorteil, der mit der Anwendbarkeit des 4. Abschnitts verbunden ist, ist die Möglichkeit zur freien Wahl des Vergabeverfahrens (§ 3 Nr. 1 SKR VOB/A bzw. VOL/A). Diese Auftraggeber können also insbesondere

---

[44] EuGH, Urteil vom 28. Oktober 1999, Rechtssache C-81/98, „Alcatel", noch nicht in EuGHE veröffentlicht, dazu etwa *Adam*, WuW 2000, S. 260 ff; *Martin-Ehlers*, EuZW 2000, S. 101 ff.
[45] Vgl. oben, 5.1.10.2.
[46] Vgl. oben, 5.1.2.
[47] Vgl. etwa VG Koblenz, NVwZ 1999, 1133.

frei entscheiden, ob sie eine Auftragsvergabe als Verhandlungsverfahren durchführen wollen, wobei allerdings in aller Regel ein Teilnahmewettbewerb vorzuschalten ist. Die zur Anwendung des 4. Abschnitts verpflichteten Sektorenauftraggeber unterliegen ferner nur für Aufträge, die mit ihrer Sektorentätigkeit in Zusammenhang stehen, vergaberechtlichen Bindungen. Sektorenfremde Beschaffungen werden vom 4. Abschnitt nicht erfasst. Demgegenüber müssen öffentliche Auftraggeber gemäß § 98 Nr. 1–3 GWB das Vergaberecht bei allen ihren Auftragsvergaben beachten.

Als wesentliche Besonderheiten für alle Sektorenauftraggeber, also auch solche, die den 3. Abschnitt der Verdingungsordnungen beachten müssen, sind das **beschränkte Konzernprivileg** und das **Präqualifikationsverfahren** zu nennen.

Gemäß § 4 Abs. 7 VgV können nur Sektorenauftraggeber Dienstleistungsaufträge ohne vergaberechtliche Bindungen an mit ihnen verbundene Unternehmen vergeben, sofern mindestens 80% des durchschnittlichen, während der letzten drei Jahre in der EU erzielten Dienstleistungsumsatzes des beauftragten Unternehmens aus Dienstleistungsaufträgen stammen, die der Auftragnehmer von diesem Sektorenauftraggeber erhalten hat **(Konzernprivileg)**.[48] Nach ihrem Sinn und Zweck wird man diese Ausnahmeregelung auch auf Ausgründungen von Sektorenauftraggebern anwenden können, die naturgemäß noch über keine Umsatzzahlen für die letzten drei Jahre verfügen können. Die Bestimmung soll das in besonderen Servicegesellschaften gebündelte Know-how und die dort zusammengefassten Kenntnisse über Management-Methoden sowie im Personal- und Rechnungswesen schützen, solange sie von dem Gesamtunternehmen selbst nicht allgemein auf dem Markt angeboten werden.[49] Diese Gründe sind nicht von einer mindestens dreijährigen entsprechenden Geschäftstätigkeit des Konzerndienstleisters abhängig.

22 Im **Präqualifikationsverfahren** wird die Eignung eines potentiellen Auftragnehmers für bestimmte Aufträge generell und vom konkreten Vergabefall unabhängig geprüft. Es wird beurteilt, ob ein gewisses Unternehmen zur Erbringung bestimmter Leistungen die erforderlichen Voraussetzungen in technischer, wirtschaftlicher und rechtlicher Hinsicht erfüllt.[50] Die Anwendung eines Präqualifikationsverfahrens durch einen Sektorenauftraggeber ist im Amtsblatt der EG bekannt zu machen. Diese Bekanntmachung gilt als genereller Aufruf zum Wettbewerb. Der Auftraggeber kann sich danach bei nicht offenen und Verhandlungsverfahren darauf beschränken, Angebote von allen oder von einer diskriminierungsfrei ausgewählten Anzahl der für die entsprechende Leistung präqualifizierten Bieter einzuholen.[51] Dadurch können Vergabeverfahren rascher abgewickelt werden. Die Regelungen zur näheren Ausgestaltung des Präqualifikationsverfahrens finden sich in § 8b Nr. 5–11 VOB/A, § 5 SKR VOB/A sowie § 7b VOL/A und § 5 SKR VOL/A.

Im Zuge der Liberalisierung unternehmerischer Tätigkeit in der Daseinsvorsorge, vor allem im Bereich Elektrizität, sowie im Telekommunikationssektor wird eine Bindung an Vergaberecht zunehmend weniger erforderlich. Die Kommission hat einen Richtlinienvorschlag vorgelegt, nach dem der Telekommunikationssektor generell

---

[48] Auch ohne ausdrückliche Regelung im Richtlinientext hat der EuGH zwischenzeitlich ein Konzernprivileg auch außerhalb des Anwendungsbereichs der Sektorenrichtlinie angenommen, wenn eine Gebietskörperschaft einen Auftrag an einen Auftragnehmer vergibt, über den sie die Kontrolle ausübt wie über ihre eigenen Dienststellen und wenn dieser Auftragnehmer seine Tätigkeit im wesentlichen für die Gebietskörperschaft verrichtet, die ihre Anteile hält (EuGH, Urt. vom 18. 11. 1999, noch nicht in der amtlichen Slg. veröffentlicht, „TeCkal", Rdnr. 49, 50 f.).

[49] Vgl. Kommission, Begründung zur Änderung der Richtlinie 90/531/EWG (alte SKR) vom 6. November 1991, COM (91) 347 final, S. 13.

[50] Vgl. hierzu etwa *Rusam*, in: Heiermann/Riedl/Rusam, a.a.O., A § 8b, Rdn. 9 ff.; *Kemper*, in: Jestaedt/Kemper/Marx/Prieß, a.a.O., S. 135 ff.

[51] § 17b Nr. 3 VOB/A; § 8 Nr. 3 SKR VOB/A; § 17b VOL/A; § 9 SKR VOL/A.

sowie zusätzlich je Sektorentätigkeiten vom Anwendungsbereich der SKR ausgenommen werden sollen, die unter effektiven Wettbewerbsbedingungen ausgeübt werden.[52]

Dabei wird es um eine Ausdehnung des Art. 8 SKR gehen, der bereits bestimmte, auch geografisch abgegrenzte Bereiche des Telekommunikationssektors vom Vergaberecht ausnimmt. So fällt der öffentliche Telefondienst in Deutschland sowohl im Festnetz als auch im Mobilnetz nicht mehr in den Anwendungsbereich der SKR.[53]

5.1.13 Andere EU-Mitgliedstaaten

Durch die EG-Vergaberichtlinien sind unter den 15 Mitgliedstaaten der EU die wesentlichen materiellen Regeln des Vergaberechts sowie die Grundsätze des vergaberechtlichen Rechtsschutzes für Auftragsvergaben oberhalb der EU-Schwellenwerte harmonisiert. Dadurch wird den Unternehmen im gesamten Binnenmarkt die Möglichkeit eröffnet, sich in fairem Wettbewerb um öffentliche Aufträge und Sektorenaufträge zu bewerben.

Die Harmonisierung erstreckt sich zunächst auf den persönlichen (Auftraggeberkategorien) und sachlichen (erfasste Auftragsarten) Anwendungsbereich des Vergaberechts. Sie umfasst ferner fundamentale Verfahrensgrundsätze, insbesondere das **Diskriminierungsverbot** und das **Transparenzgebot,** die vor allem in den Einzelvorschriften des Gemeinschaftsrechts über Bekanntmachungspflichten, Fristen für Teilnahmeanträge und Angebotsabgaben sowie Eignungs- und Wertungskriterien ihren Ausdruck finden. Allerdings lassen es die EG-Vergaberichtlinien anders als das deutsche Vergaberecht zu, den niedrigsten Preis als ausschließliches Wertungskriterium anzuwenden.[54] Allen Mitgliedstaaten gemeinsam ist auch das Prinzip der **Vergabe im Wettbewerb,** d.h. die nur in krassen Ausnahmefällen aufgehobene Pflicht zur Einholung mehrerer Angebote, sowie der Katalog der zulässigen Vergabearten.

Nach den Rechtsmittelrichtlinien der EG (RMR und SRMR)[55] müssen die Mitgliedstaaten für Bieter und Bewerber zur Überprüfung der Vergabeverfahren wirksame und rasche Nachprüfungsinstanzen einrichten (jeweils Art. 1 Abs. 1 RMR und SRMR). Dabei muss eine Möglichkeit vorgesehen werden, im Wege vorläufigen Rechtsschutzes eine Aussetzung des Vergabeverfahrens zu erreichen (jeweils Art. 2 Abs. 1 lit. a) RMR und SRMR) sowie Schadenersatz aufgrund von Vergabeverstößen geltend zu machen (Art. 2 Abs. 1 lit. c) RMR, Art. 2 Abs. 1 lit. d) SRMR). Vom Gemeinschaftsrecht nicht verbindlich vorgeschrieben ist der nunmehr in § 115 GWB verankerte automatische Suspensiveffekt eines Nachprüfungsantrags (vgl. jeweils Art. 2 Abs. 3 RMR und SRMR).

Den Mitgliedstaaten weitgehend freigestellt ist die Organisation der vergaberechtlichen Nachprüfungsinstanzen. Wichtig ist jedoch, dass auf jeden Fall – gegebenenfalls in zweiter Instanz – ein Zugang zu einer Nachprüfungsinstanz bestehen muss, die als an den EuGH vorlageberechtigtes Gericht anzusehen ist (Art. 2 Abs. 8 RMR, Art. 2 Abs. 9 SRMR). Der EuGH hat aus der RMR die Verpflichtung der Mitgliedstaaten abgeleitet, einen effektiven Rechtsschutz auch bezüglich der Zuschlagentscheidung sicherstellen zu müssen.[56]

23

---

[52] Vorschlag für eine Richtl. des Europäischen Parlaments und Rates zur Koordinierung der Auftragsvergabe durch Auftraggeber im Bereich der Wasser-, Energie- und Verkehrs-Versorgung vom 31. 8. 2000, COM (2000) 276 final/ins. Erwägungsgrund 4 und Art. 29.

[53] Vgl. hierzu Mitteilung der Kommission gemäß Artikel 8 der Richtlinie 93/38/EWG vom 3. Juni 1999, ABlEG 1999, C 156 S. 3.

[54] Vgl. Art. 30 Abs. 1 lit. a) BKR; Art. 26 Abs. 1 lit. a) LKR; Art. 36 Abs. 1 lit. b) DLR und Art. 34 Abs. 1 lit. b) SKR.

[55] Vgl. oben, 5.1.1 (bei Fußnote 9 und 10).

[56] EuGH, Urteil vom 28. Oktober 1999, Rdn. 33 ff., vgl. o. 5.1.11., a. E.

5. Teil. Ausschreibung und Vergabeverfahren

Unter den Mitgliedstaaten nicht harmonisiert sind beispielsweise Einzelheiten der Ausschreibungsunterlagen, wie etwa die Regelungen in den Bewerbungsunterlagen über formelle Anforderungen an Angebote von Bietergemeinschaften oder die Zulässigkeit von Nebenangeboten. Wie bereits erwähnt, ist ferner die strengere Behandlung von Sektorenauftraggebern, die als Einrichtung des öffentlichen Rechts zu qualifizieren sind, im deutschen Recht nicht gemeinschaftsrechtlich vorgegeben.[57] Auch die recht detaillierten Vorschriften des deutschen Rechts über die Aufstellung der Leistungsbeschreibung und insbesondere den Vorrang des Leistungsverzeichnisses gegenüber dem Leistungsprogramm folgen nicht aus den EG-Vergaberichtlinien. Hinsichtlich der Leistungsbeschreibung gibt es im Gemeinschaftsrecht ausdrücklich lediglich die Verpflichtung zur vorrangigen Verwendung europäischer Normen sowie das grundsätzliche Verbot, den Auftragnehmern bestimmte Erzeugnisse oder Verfahren vorzugeben.[58] Allerdings können aus den allgemeinen Prinzipien des EG-Vergaberechts gewisse weitergehende Anforderungen an die Leistungsbeschreibung abgeleitet werden. So dürfte etwa die Verpflichtung zu einer eindeutigen und erschöpfenden Leistungsbeschreibung bereits aus dem europarechtlichen **Transparenzgebot** folgen.

Bieter müssen im nicht harmonisierten Bereich mit grundsätzlich anderen Ausgestaltungen in den übrigen Mitgliedstaaten rechnen. Deshalb ist es unabdingbar, sich als Bieter für Vergaben in einem anderen Mitgliedstaat ganz besonders sorgfältig mit den Ausschreibungsunterlagen auseinander zu setzen. Hinsichtlich der Ausgestaltung des Vergaberechts in den übrigen EU-Mitgliedstaaten im einzelnen muss auf die einschlägige Spezialliteratur verwiesen werden.[59]

5.2 Europäische Union – PHARE und TACIS Programm

24   Zahlreiche Projekte in **Osteuropa** werden durch Fördermittel auf der Grundlage des PHARE- oder des TACIS-Programms der Europäischen Union vollständig oder teilweise finanziert. Für die Ausschreibung solcher Projekte sowie die anschließende Vertragsgestaltung zwischen den Auftraggebern und den Auftragnehmern hat die Europäische Kommission ein umfangreiches Regelwerk geschaffen, das sowohl für die ausschreibenden Stellen als auch für die teilnehmenden Bieter von erheblicher Bedeutung ist. Dabei orientieren sich die vergabe- und vertragsrechtlichen Grundlagen für das TACIS-Förderprogramm grundsätzlich an denen des PHARE-Programms, so dass die folgende Darstellung insoweit das TACIS-Programm mit abdeckt. Auf Abweichungen oder Besonderheiten wird im Anschluss daran gesondert eingegangen.

5.2.1 Grundlage und Zielsetzung des PHARE-Programms

25   Grundlage des PHARE-Programms ist die Verordnung (EWG) Nr. 3906/89 des Rates vom 18. Dezember 1989,[60] mit der die Europäische Union ursprünglich ein Programm zur Unterstützung des Reformprozesses in Polen und Ungarn geschaffen hat. Das Programm umfasst jedoch mittlerweile auch die Staaten Albanien, Bosnien-

---

[57] Vgl. oben, 5.1.12.
[58] Vgl. Art. 10 BKR, 8 LKR, 14 DKR und 18 SKR.
[59] Vgl. etwa für Großbritannien grundlegend *Arrowsmith,* The Law of Public and Utilities Procurement, 1996; für Belgien *Batselé/Flamme/Quertainmont,* Initiation aux marchés publics, 1999; für Frankreich *Bréchon-Moulènes/de Géry/Richter/Rouquette/Terneyre,* Droit des marchés publics, 2000; für Österreich *Fruhmann/Gölles/Grussmann/Huber/Pachner,* Bundesvergabegesetz, 2. Aufl, 1999.
[60] Verordnung des Rates vom 18. Dezember 1989 über Wirtschaftshilfe für die Republik Ungarn und die Volksrepublik Polen, ABlEG 1989, L 375, S. 11 ff.

Herzegovina, Bulgarien, Estland, Kroatien, Lettland, Mazedonien, Rumänien, Slowakische Republik, Slovenien und die Tschechische Republik.[61] Zielsetzung dieses Programmes ist die Förderung des wirtschaftlichen und sozialen Reformprozesses in diesen Ländern insbesondere in den Bereichen der Landwirtschaft, der Industrie, Investitionen, Energie, Ausbildung, Umweltschutz sowie Handel und Dienstleistungen.[62] Die Förderung erfolgt entweder autonom durch die Europäische Union oder in Kofinanzierung mit den Mitgliedstaaten, der Europäischen Investitionsbank, Drittländern oder multilateralen Einrichtungen (insbesondere die Weltbank-Gruppe und die Europäische Bank für Wiederaufbau und Entwicklung) oder mit den PHARE-Empfängerländern durch nicht rückzahlbare Zuschüsse.[63] Mittlerweile ist das PHARE-Programm ein wichtiger Bestandteil der sogenannten Heranführungshilfe zur Vorbereitung eines möglichen Beitritts der Länder Mittel- und Osteuropas zur Europäischen Union geworden. Durch die Verordnung (EG) Nr. 1266/1999 des Rates vom 21. Juni 1999[64] wurde die Zielrichtung des PHARE-Programms in der Weise konkretisiert, dass sich die Finanzhilfen vorrangig auf die Stärkung der Verwaltungsstrukturen und der Verwaltungskapazitäten sowie auf Investitionen konzentrieren sollen. Gleichwohl ist weiterhin die Förderung der Bereiche Umwelt und Verkehr sowie der Landwirtschaft und des ländlichen Raums zulässig, wenn auch mit geringerer Priorität.[65]

Die Europäische Union legt in Abstimmung mit den Mitgliedstaten vorrangige Förderziele fest, die wiederum in sektoralen, regionalen und multilateralen Programmen konkretisiert werden.[66] Über die in diesen Programmen vereinbarten Maßnahmen und deren Finanzierung wurden förmliche Finanzbeschlüsse gefällt, auf deren Grundlage mit den jeweiligen PHARE-Partnerländern Finanzierungsabkommen unterzeichnet werden.[67] Die bisherige Verwendung der PHARE-Fördermittel zeigt einen Schwerpunkt der Förderung von Infrastrukturmaßnahmen, Privatisierungen und Umstrukturierungen sowie Bildung und Forschung.[68]

5.2.2 Auftragsvergabe bei PHARE-Projekten

Die Kommission übt einen erheblichen Einfluss auf die Auftragsvergabe im Rahmen von PHARE-Projekten aus. Nicht nur die Projektauswahl, sondern auch die Ausschreibung und die Auftragsvergabe durch die Empfängerländer unterliegen ihrer vorherigen Genehmigung.[69] Darüber hinaus werden PHARE-Maßnahmen in den PHARE-Empfängerländern durch sektorale Durchführungsstellen vor Ort (sogenannte **PHARE-Management-Units, PMUs**) umgesetzt, die aus nationalen und EU-Experten bestehen. Aufgabe dieser PMUs ist die Überwachung der Projektdurchführung, die Verwaltung der Zuschüsse, die Einleitung der Ausschreibungsverfahren sowie des späteren Vertragsschlusses. Die Kommission kann jedoch auf die vorherige Genehmi-

---

[61] Z.B. durch die Verordnung (EWG) Nr. 2698/90 des Rates vom 17. September 1990 zur Änderung der Verordnung Nr. 3906/89 zwecks Ausdehnung der Wirtschaftshilfe auf andere Länder in Mittel- und Osteuropa, ABlEG 1990, L 257, S. 1 ff.
[62] Vgl. Art. 3 Abs. 1 der Verordnung Nr. 3906/89.
[63] Vgl. Art. 4 und 5 der Verordnung Nr. 3906/89.
[64] Verordnung des Rates vom 21. Juni 1999 zur Koordinierung der Hilfe für die beitrittswilligen Länder im Rahmen der Heranführungsstrategie und zur Änderung der Verordnung Nr. 3906/89, ABlEG 1999, L 161, S. 68 ff.
[65] Vgl. Artikel 4 Absatz 2 der Verordnung Nr. 1266/1999.
[66] Vgl. Art. 8 und 9 der Verordnung Nr. 3906/89.
[67] Vgl. *Schubert*, Osteuropa: Öffentliche Aufträge aus dem PHARE-Programm der EU, WiRO 1999, S. 344 ff.
[68] Vgl. *Schubert*, ebenda.
[69] Vgl. Art. 12 der Verordnung Nr. 1266/1999.

gung verzichten und die Durchführungsstellen vollständig mit der dezentralen Verwaltung beauftragen, wenn u.a. bestimmte Vorschriften über die Ausschreibung von Aufträgen, die Bewertung der Angebote, die Vergabe der Aufträge und die Durchführung der Gemeinschaftsrichtlinien für das öffentliche Beschaffungswesen in den Finanzierungsabkommen mit den begünstigten Staaten festgelegt worden sind.[70]

Die Kommission hat für die Auftragsvergabe im Rahmen von PHARE-Projekten auf der Grundlage der europäischen Vergaberegeln ein umfangreiches Regel- und Vertragswerk geschaffen, das detaillierte vergabe- und vertragsrechtliche Vorgaben für das Ausschreibungsverfahren als auch die anschließende Vertragsgestaltung enthält. Sofern ausdrückliche vergaberechtliche Regelungen fehlen oder die vorhandenen der Auslegung bedürfen, dürfte das europäische Vergaberecht entsprechend anwendbar sein. Wie erläutert, sieht die Verordnung Nr. 1266/1999 vor, dass die Kommission den PMUs die eigenverantwortliche Auftragsvergabe überlassen kann, wenn u.a. die **Durchführung der Gemeinschaftsrichtlinien** über das öffentliche Beschaffungswesen sichergestellt ist. Daraus muss geschlossen werden, dass nicht nur die dezentralen Durchführungsstellen, sondern auch die Kommission die Einhaltung der Grundsätze europäischen Vergaberechts gewährleisten muss. Dementsprechend weist die Einführung zu den PHARE/TACIS-Vergaberegeln für die Vergabe von Lieferverträgen ausdrücklich darauf hin, dass die Gemeinschaftsregeln und Verfahrensvorschriften für beide Programme in allen PHARE/TACIS-Partnerländern gleichermaßen anwendbar sind.[71]

Die anwendbaren vergabe- und vertragsrechtlichen Vorgaben hat die Kommission in einem umfangreichen Handbuch, dem sogenannten **Decentralised Implementation System Manual („D.I.S. Manual")** zusammengefasst.[72] Neben allgemeinen Erläuterungen zum PHARE-Programm enthält dieses Handbuch dezidierte Regelungen über die Vorbereitung der Ausschreibungsunterlagen, die Durchführung des Vergabeverfahrens, die Beurteilungskriterien für die Auswahl des besten Bieters, die Durchführung der Angebotsbewertung sowie die nachfolgende Gestaltung der jeweiligen Verträge. Diese Regeln sind bei allen Auftragsvergaben im Rahmen des PHARE-Programms einzuhalten, es sei denn mit der Kommission wurden abweichende Regelungen vereinbart.

Im D.I.S. Manual wird zunächst – wie im europäischen Vergaberecht üblich – zwischen Liefer-, Dienstleistungs- und Bauleistungsverträgen unterschieden, deren Vergabeverfahren wiederum voneinander abweichen. Hinsichtlich des Ausschreibungsverfahrens gilt für Lieferverträge und Bauaufträge, dass bis zu einem Auftragswert von 50 000 Euro freihändig vergeben werden darf. Für Aufträge oberhalb dieses Schwellenwertes bedarf es einer offenen Ausschreibung, die bis zu einem Höchstwert von 300 000 Euro im Empfängerland und oberhalb dieses Wertes in einem in allen EU-Mitgliedstaaten und PHARE-Partnerländern bekanntgemachten Verfahren erfolgen muss. Lieferaufträge mit einem Auftragswert über eine 1 Mio. Euro können im Wege einer beschränkten Ausschreibung vergeben werden. Dienstleistungsverträge können grundsätzlich bis zu einem Auftragswert von 300 000 Euro freihändig vergeben werden, über diesen Betrag hinaus jedoch nur durch beschränkte Ausschreibung nach einem Präqualifizierungsverfahren.[73]

---

[70] Vgl. Art. 12 der Verordnung Nr. 1266/1999.

[71] Vgl. Standard Tender Documents for Supply Tenders financed from [Phare]/[Tacis] Funds, Procurement Rules (final version), S. 2.

[72] Dieses Handbuch besteht aus zwei Bänden und ist in seiner aktuellsten Fassung unter der Internet-Adresse www.europa.eu.int/comm/enlargement/pas/phare/implementation abrufbar.

[73] In einem sogenannten speziellen Verfahren dürfen Dienstleistungsaufträge bis zu 50 000 Euro freihändig vergeben werden, zwischen einem Auftragswert von 50 000 bis 300 000 Euro im Rahmen eines beschränkten Vergabeverfahrens.

Zusammengefasst liegen dem **Ausschreibungsverfahren für PHARE-Projekte** folgende allgemeine Prinzipien zugrunde:
- die **Teilnahme am Ausschreibungsverfahren** steht allen natürlichen und juristischen Personen offen, die in einem der EU-Mitgliedstaaten oder der PHARE-Empfängerländer ihren Sitz haben; die angebotene Leistung muss ihren Ursprung ebenso in einem dieser Länder haben;
- **Chancengleichheit** der Wettbewerber,
- **Transparenz** und **Unparteilichkeit** bei der Auftragsvergabe;
- Zuschlagserteilung auf das wirtschaftlich günstigste Angebot;
- die Auftragsvergabe erfolgt nicht rückwirkend, d. h. vor Erbringung der Leistung müssen die Verträge unterzeichnet sein;
- die verwendeten Vertragsunterlagen müssen den Standardverträgen des PHARE-Programms entsprechen;
- das Verfahren muss hinreichend durch **schriftliche Aufzeichnungen** dokumentiert werden.[74]

Das D.I.S. Manual enthält darüber hinaus genaue Vorgaben über den Ablauf des Ausschreibungsverfahrens, der sich je nach Art der zu vergebenden Leistung unterscheidet. Diese Vorgaben reichen von der Zusammenstellung der Bewertungskommission und der Vorbereitung der Ausschreibungsunterlagen über die Durchführung der Angebotsöffnung bis hin zur technischen und finanziellen Bewertung.[75] Bei der Erstellung der **Ausschreibungsunterlagen** ist u. a. darauf zu achten, dass die ausgeschriebene Leistung durch Angabe technischer Spezifikationen präzise beschrieben wird und die Bewertungskriterien den Bietern hinreichend bekannt gemacht werden, so dass für die jeweiligen Bieter ersichtlich wird, welche **Bewertungsschwerpunkte** der Angebotsbewertung zugrunde liegen.[76] Während der Phase der Angebotserstellung haben die Bieter die Möglichkeit, etwaige Fragen im Hinblick auf die Ausschreibungsunterlagen an den Bewertungsausschuss (**„Evaluation Committee"**) zu richten, dessen Antworten an alle Bieter verteilt werden.[77]

Für Bieter sind die Kriterien und Stufen der Angebotsbewertung von besonderer Bedeutung. Exemplarisch sei dafür die Bewertung bei der Ausschreibung von Bauaufträgen genannt, die sich in drei Stufen vollzieht. Zunächst ist die generelle **Eignung des Bieters** zu prüfen, wobei es darauf ankommt, ob er aufgrund seiner finanziellen Situation und seiner allgemeinen Zuverlässigkeit geeignet ist, den Auftrag ordnungsgemäß durchzuführen. Auf der zweiten Stufe ist eine **technische Bewertung** vorzunehmen. Diese vollzieht sich wiederum in zwei Schritten: Zum einen wird die Übereinstimmung des jeweiligen Angebots mit den Bedingungen und technischen Spezifikationen der Ausschreibung geprüft, zum anderen die technische Qualifikation und Fähigkeit des Bieters, das ausgeschriebene Projekt ordnungsgemäß durchzuführen. Unter letzteres fällt z. B. die bisherige Erfahrung des Bieters mit Projekten der ausgeschriebenen Art oder seine personelle und technische Ausstattung. Haben der Bieter und sein Angebot die Anforderungen an die Eignung sowie die technischen Kriterien erfüllt, so wird das Angebot auf der dritten und letzten Stufe einer **finanziellen Bewertung** unterzogen. Der Zuschlag wird auf das wirtschaftlich günstigste Angebot erteilt. Regelmäßig wird das das Angebot mit dem niedrigsten Preis sein.[78]

Unter bestimmten Voraussetzungen ist die **Aufhebung der Ausschreibung** zulässig. Dies gilt z. B., wenn kein Angebot den Anforderungen der Ausschreibung genügt

---

[74] Vgl. F 1.2 D. I. S. Manual.
[75] Vgl. F 1 bis F 4 D. I. S. Manual.
[76] Vgl. z. B. F 3.3.2 D. I. S. Manual.
[77] Vgl. z. B. F 3.3.5 D. I. S. Manual.
[78] Vgl. Abschnitt F 4 D. I. S. Manual.

oder wenn – in der Praxis nicht ohne Bedeutung – alle Angebotspreise das finanzielle Budget des Projektes überschreiten.[79]

Die PHARE-Standard-Verträge für die nachfolgende Vertragsgestaltung reichen von einem Memorandum of Understanding bis zu den vollständigen Liefer-, Dienstleistungs- oder Bauleistungsverträgen.[80]

5.2.3 Rechtsschutz des Bieters

28 Bietern, die sich an Ausschreibungen im Rahmen des PHARE-Programms beteiligen, stehen nur eingeschränkte Rechtsschutzmöglichkeiten bei Unregelmäßigkeiten des Ausschreibungsverfahrens zur Verfügung. Grundsätzlich kommen für den Bieter zwei Rechtsschutzebenen in Betracht: zum einen nach nationalem Recht des Empfängerlandes, zum anderen nach Gemeinschaftsrecht gegenüber der Kommission.

Ob etwaige Verstöße der ausschreibenden Stelle gegen Vergabevorschriften nach nationalem Recht des PHARE-Empfängerlandes gerügt werden können, hängt zunächst davon ab, ob überhaupt ein nationales Vergaberecht existiert. Ist das der Fall, wären die darin vorgesehenen Rechtsbehelfe zu wählen, über deren Erfolgsaussichten nur lokale Anwälte Auskunft geben können.

Dagegen dürften Bieter aus den EU-Mitgliedstaaten vorrangig nach etwaigen Rechtsbehelfen im Gemeinschaftsrecht suchen, da sie mit diesem Recht regelmäßig besser vertraut sind. Da die Kommission bei PHARE-Projekten z. B. durch Genehmigungserfordernisse einen erheblichen Einfluss auf das Ausschreibungsverfahren hat, liegt nahe, sich gegen etwaige Maßnahmen der Kommission zu wenden. So kann die Kommission z. B. ihre Zustimmung zur Auftragsvergabe an einen von dem Bewertungsausschuss ausgewählten Bieter verweigern. Der Bieter wird häufig gegen eine solche Zustimmungsverweigerung vorgehen wollen.

Die Rechtsmittel nach Gemeinschaftsrecht reduzieren sich jedoch im wesentlichen auf die Möglichkeit einer **Beschwerde an die Kommission,** mit der die Verletzung der Ausschreibungsregeln – auch durch die Kommission – geltend gemacht werden kann. Dabei handelt es sich zwar nicht um ein institutionalisiertes Beschwerdeverfahren, sondern vielmehr um eine informelle Beschwerde, die weder frist- noch formgebunden ist. Gleichwohl zeigt die Praxis, dass die Kommission solche Beschwerden regelmäßig ernst nimmt und diese auch zur Aufhebung von Ausschreibungsverfahren führen können.

Der Klageweg zum **Europäischen Gericht erster Instanz (EuG)** dürfte dem Bieter dagegen nur in Ausnahmefällen offen stehen. In Betracht kommt z. B. eine **Nichtigkeitsklage** gegen einen Rechtsakt der Kommission gemäß Art. 230 Abs. 4 EGV. Diese setzt jedoch eine „Entscheidung" der Kommission voraus. Fraglich ist, ob der Ausübung der Genehmigungserfordernisse und Kontrollbefugnisse durch die Kommission im Rahmen des PHARE-Programms Entscheidungsqualität im Sinne des Art. 230 Abs. 4 EGV zukommt. Dies hat das EuG abgelehnt. Nach seiner Auffassung ist im Rahmen von PHARE-Ausschreibungen keine Maßnahme der Kommission denkbar, die Gegenstand einer Nichtigkeitsklage gemäß Art. 230 Abs. 4 EGV sein könnte.[81] Solche Akte entfalten danach rein interne Wirkung zwischen der Kommission und der nationalen ausschreibenden Stelle. Entscheidungen mit Außenwirkung treffen dagegen – nach Auffassung des Gerichts – allein die nationalen Stellen. In dieser Absolutheit begegnet diese Aussage jedoch Bedenken. Zum einen reflektiert sie nicht hinreichend die starke Stellung der Kommission im PHARE-Ausschreibungsverfahren.

---

[79] Vgl. z. B. Abschnitt F 3.3.9 D. I. S. Manual.
[80] Vgl. Band 2 des D. I. S. Manuals.
[81] *EuGE* 1995, II-2795/2870, „Geotronics SA".

Sie entscheidet de facto nicht nur über die Ausschreibungsunterlagen oder die Bewertungskriterien, sondern auch über die Auswahl eines Bieters. Verweigert die Kommission die Genehmigung zur Auftragsvergabe, wird die nationale Stelle mangels Fördermitteln den Auftrag nicht vergeben können. Eine autonome Entscheidung der nationalen ausschreibenden Stelle ist daher nicht gegeben. Hinzu kommt, dass der Bieter durch den Verweis auf das nationale Recht des PHARE-Empfängerlandes oftmals ohne ausreichenden Rechtsschutz bleibt.

Eine **Schadensersatzklage** nach Art. 288 Absatz 2 EGV i. V. m. Art. 235 EGV wegen krassen Fehlverhaltens der Kommission dürfte nur in außergewöhnlichen Fällen in Betracht kommen.[82]

5.2.4 Besonderheiten des TACIS-Programms

Das TACIS-Programm der EU-Kommission wurde Anfang 1990 als zentrales Hilfsprogramm zur Unterstützung der Nachfolgestaaten der früheren Sowjetunion sowie der Mongolei bei der Umstrukturierung ihrer Volkswirtschaften aufgelegt. Zu den Empfängerländern gehören die Staaten Armenien, Aserbaidschan, Georgien, Kasachstan, Kirgisistan, Moldau, Rußland, Tadschikistan, Ukraine, Weißrußland und die Mongolei. Das Programm dient in erster Linie dem Technologietransfer und der Schaffung marktwirtschaftlicher Strukturen und Institutionen in den TACIS-Ländern. Auch die TACIS-Mittel werden in Form von nicht rückzahlbaren Zuschüssen gewährt. 29

Die **Auftragsvergabe im Rahmen des TACIS-Programms** unterscheidet sich von dem PHARE-Programm dadurch, dass die Aufträge unmittelbar von der Kommission freihändig oder mittels einer beschränkten Ausschreibung vergeben werden.[83]

Wegen der vergaberechtlichen Grundsätze bei TACIS-Ausschreibungsverfahren kann auf die Ausführungen zum PHARE-Programm verwiesen werden, da die Ausschreibungen nach den gleichen Grundsätzen durchgeführt werden. Die Leitlinien der Kommission gelten sowohl für PHARE- als auch TACIS-Ausschreibungsverfahren.[84]

Unterschiede ergeben sich jedoch im Hinblick auf die Rechtsschutzmöglichkeiten der an solchen Ausschreibungsverfahren teilnehmenden Bieter. Da die Vergabeentscheidungen unmittelbar von der Kommission getroffen werden und damit im Verhältnis zwischen der Kommission und dem Bieter Wirkung entfalten, können sie im Wege einer **Nichtigkeitsklage** gemäß Art. 230 Abs. 4 EGV einer gerichtlichen Kontrolle durch das EuG unterzogen werden. Dies hat ein Urteil des EuG bestätigt.[85]

5.3 Vergabeverfahren für Aufträge im Ausland

5.3.1 Einführung

Gleich ob man es Globalisierung, fortlaufende internationale Verflechtung oder einfach internationale Gelegenheiten für gewinnbringende Investitionen nennt, die Möglichkeiten für Investoren aus Industrie-Ländern, sich an Projekten in anderen Ländern 30

---

[82] Zu den Voraussetzungen siehe im einzelnen *Borchardt,* in: Lenz, EG-Vertrag, Kommentar, 2. Aufl., Art. 235 Rdn. 4 ff.
[83] Zu weiteren Einzelheiten des TACIS-Programms vgl. *Schubert,* Osteuropa: Öffentliche Aufträge aus dem TACIS-Programm der EU, WiRO 1999, S. 391 ff.
[84] Vgl. z. B. die Standard Tender Documents for Supply Tenders financed from [PHARE]/[TACIS] Funds, Procurement Rules (final version).
[85] Vgl. EuG, Urteil vom 24. Februar 2000, Rechtssache T-145/98, „ADT Projekt Gesellschaft", noch nicht in EuGE veröffentlicht.

finanziell oder auch unternehmensverantwortlich zu beteiligen, haben sich in den vergangenen Jahren exponentiell vergrößert, und der Prozess geht unaufhaltsam weiter. Innerhalb der Europäischen Union gelten heute weithin vergleichbare und kompatible Regeln (siehe oben), und auch weltweit entwickeln sich Verfahren, die die wesentlichen Bedürfnisse des Investors nach Sicherheit, Vorhersehbarkeit, Transparenz und rechtsstaatlicher Absicherung berücksichtigen. Das gilt insbesondere für staatlich geförderte Projekte, bei denen es einen lebhaften Wettbewerb um die eher zurückhaltenden privaten Anleger gibt. Für privat organisierte und finanzierte Projekte gelten andere Regeln, bei denen dem höheren Risiko normalerweise auch eine größere Gewinnerwartung gegenübersteht. In diesem Kapitel über Vergabeverfahren geht es im wesentlichen um Vergabeentscheidungen staatlicher Projektträger. Für die Vergabe von Konzessionen und den Erwerb von Staatseigentum aus Privatisierungsprogrammen gelten weitgehend vergleichbare Regeln.

Industrie- und Schwellenländer haben ihre eigenen Beschaffungsregeln entwickelt. Ein besonders eindrucksvolles Modell stammt aus Hong Kong, wo man in den neunziger Jahren ein massives Flughafenprojekt mit Zugangsstraßen und -eisenbahnen, im Gesamtwert von ca. DM 40 Milliarden, innerhalb der geplanten 9-jährigen Bauzeit, innerhalb des Budgets und praktisch ohne jede Korruption durchgeführt hat. Dieses Modell wird im Kapitel „Korruptions-Prävention" näher erläutert. Aber auch andere Länder haben erfolgreiche Methoden entweder selbst entwickelt oder adaptiert und effiziente und effektive Beschaffungsprozesse, oder wichtige und erfolgreiche einzelne Neuerungen, eingeführt (Argentinien mit der Abhaltung von wirklich „öffentlichen" Anhörungen zu einem U-Bahn-Projekt, Kolumbien, Chile und neuerdings auch Österreich mit der Nutzung des Internet für alle öffentlichen Aufträge, Korea mit der Nutzung des Internet für die wichtigsten Verwaltungsvorgänge). Die internationale Gemeinschaft hat diesen Prozess durch

– Erstellung eines „Modell-Gesetzes für die Beschaffung von Gütern, Bau- und anderen Dienstleistungen" (Model Law on Procurement of Goods, Construction and Services), durch die United Nations Commission on International Trade Law (oder UNCITRAL), und durch
– die „Allgemeine Beschaffungs-Vereinbarung" (General Procurement Agreement oder GPA) der Welthandelsorganisation (WTO)

unterstützt.

In den **Entwicklungsländern,** wo ein mehr oder weniger großer Teil der staatlichen Investitionen durch Entwicklungshilfe finanziert wird, spielen die Beschaffungsregeln der Finanzierer eine besondere Rolle. In einigen Ländern haben die Entwicklungshilfe-Regeln der EU großen Einfluss, aber die von der Weltbank entwickelten Beschaffungsrichtlinien, die auch von den internationalen Regionalbanken weitgehend übernommen worden sind, bestimmen das Geschehen in den meisten Ländern. Nationale Entwicklungshilfe-Institutionen wie die deutsche Kreditanstalt für Wiederaufbau, auch wenn sie nicht mit Lieferbindung arbeiten, bringen ihre eigenen Regeln mit, die selten voll kompatibel mit den internationalen Richtlinien sind, und manchmal sogar im Widerspruch mit ihnen stehen.

5.3.2 Nationalstaatliche Beschaffungsverfahren

31 In **Entwicklungsländern,** in denen ein mehr oder weniger großer Teil der gesamtstaatlichen Investitionen aus Entwicklungshilfe finanziert wird (in manchen Ländern über 75%), bleibt eigentlich kaum Raum für eigenstaatliche Beschaffungsrichtlinien, weil jeder Geber von Entwicklungshilfe seine eigenen Regeln vorschreibt. Die von den internationalen Finanzierungs-Institutionen entwickelten Beschaffungsrichtli-

nien sind durchweg gut (siehe weiter unten), aber die Richtlinien einiger der nationalen Entwicklungshilfe-Geber erlauben weiterhin Lieferbindung zugunsten von Firmen aus dem eigenen Land, was praktisch jeden Wettbewerb und dessen Vorteile ausschaltet, und selbst dort, wo es keine offizielle oder inoffizielle Lieferbindung gibt, gibt es oft Regeln, die mit denen anderer nationaler oder internationaler Geber inkompatibel sind oder ihnen manchmal sogar direkt widersprechen. Das führt zu manchmal fast unüberwindlichen Schwierigkeiten besonders dort, wo ein größeres Projekt gemeinsam von einer Reihe von internationalen Gebern finanziert wird. Die Erfahrung zeigt, dass die für die Umsetzung der Beschaffungsrichtlinien zuständigen Beamten des Entwicklungslandes auf solche Konfliktsituationen oft mit Zynismus reagieren und keine dieser Regeln wirklich mit Überzeugung akzeptieren und anwenden.

Industrie- und Schwellenländer haben ganz andere Möglichkeiten, ihre eigenen Regeln zu entwickeln und auch durchzusetzen. In vielen Ländern hat man das Prinzip des „offenen Wettbewerbs" (d.h. des Wettbewerbs, an dem alle Firmen, auch aus anderen Ländern teilnehmen können) akzeptiert und gesetzlich festgeschrieben. Aber gerade dieses Prinzip, auch wenn es im Gesetz verankert ist, wird viel zu häufig umgangen und ausgehebelt, unter Berufung auf „Dringlichkeit" oder andere, oft selbst herbeigeführte und daher zu verantwortende Argumente (wie etwa die Verzögerung einer Ausschreibung bis zu einem Zeitpunkt, wo sie dann tatsächlich dringend ist). Auch die für die Integrität des Verfahrens so wichtige Transparenz des gesamten Vorgangs wird oft mehr lauthals beschworen als tatsächlich praktiziert. Auch die Weltbank bekennt sich zu „Transparenz" und drängt auch darauf, dass die bei der Evaluierung der Angebote benutzten Kriterien schon bei der Ausschreibung klar definiert werden; aber wenn es um die Offenlegung der Gründe geht, warum ein bestimmter Anbieter den Zuschlag bekommen hat, also den Prozess der Evaluierung einschließlich der Abwägung und Bewertung der verschiedenen Angebote selbst, dann hat bis jetzt sogar die Weltbank gepasst und sich hinter der „erforderlichen Vertraulichkeit" versteckt. Erst Anfang 2000 hat die Weltbank begonnen, von ihren Darlehensnehmern zu verlangen, dass sie auf Verlangen Erklärungen über die Gründe für die Auswahl des Siegers und die Nicht-Wahl der anderen Bieter abgeben.

Während es nicht möglich ist, eine umfassende Darstellung der von Einzelstaaten entwickelten Beschaffungsregeln zu erstellen, so sollen hier doch ein paar Beispiele dafür gegeben werden, was für Sonderregelungen manche Staaten eingeführt haben:

– **„Joint Ventures":** Eine Reihe von Staaten erlauben nicht nur die Bildung von Joint Ventures für die Abgabe von Angeboten auf Bauleistungen, sondern verlangen sie sogar: Wenn in den Ausschreibungsunterlagen darauf hingewiesen wird, dass „Erfahrung im Auftraggeberland" ein gewichtiges Kriterium ist, dann erkennen Firmen ohne diese eigene Erfahrung, dass das Zusammengehen mit einer heimischen Firma und die Bildung eines Joint Venture angezeigt ist, auch wenn dies nicht ausdrücklich verlangt wird. Manche Staaten gehen einen Schritt weiter und bestehen darauf, dass jeder Anbieter mit einer heimischen Firma zusammenarbeitet – um den Arbeitsmarkt zu stützen und um den Technologietransfer zu beschleunigen.

– **„Präqualifikation" (Vorab-Qualifizierung):** Für besonders umfangreiche oder komplexe Bauvorhaben wird auch in den Standardregeln der Weltbank das Instrument der Präqualifikation genutzt. Das bedeutet, dass vor dem Einholen der Angebote Firmen, die an der Abgabe eines Angebots interessiert sind, aufgefordert werden, ihre technische, finanzielle und Management-Kompetenz darzulegen, und darauf geprüft werden, ob sie – wenn sie das günstigste Preisangebot machen sollten – auch tatsächlich in der Lage sind, das Projekt ordnungsgemäß durchzuführen. Wenn eine Präqualifikation stattgefunden hat, dann wird in der Regel bei der Auswertung der späteren Angebote nur der Preis ausschlaggebend sein.

- **„Liste zugelassener Bieter":** Manche Auftraggeber legen eine Liste von – auf der Grundlage der Präqualifikation ausgesuchten – Firmen an, die als „geprüft und zugelassen" gelten und die dann als einzige bei Ausschreibungen ein Angebot abgeben dürfen. Ein solches Verfahren ist vernünftig und akzeptabel, wenn es sich um Standard- oder Wiederholungsprojekte handelt (Straßenbau, Schulbauten), allerdings nur unter der Bedingung, dass der Zugang zu diesem Listen-Verfahren nicht auf einen geografisch oder anders eingeschränkten Bieterkreis begrenzt ist. Außerdem muss, insbesondere bei größeren Einzelprojekten (im Gegensatz zu Standardprojekten), Bietern, die nicht auf der Liste stehen, erlaubt sein, sich für dieses Einzelprojekt der Präqualifikation zu unterziehen und damit die Voraussetzung zur Einladung zur Angebotsabgabe zu erfüllen.
- **„Varianten":** Gerade bei technisch komplexen Projekten kann der Auftraggeber den Weg wählen, dass er zwar Angebote auf eine genaue Baubeschreibung anfordert, aber den Bietern gleichzeitig offen stellt, eine „Variante" anzubieten und auch darauf zu bieten. Normalerweise sollten Varianten nur berücksichtigt werden, wenn sie in den Verdingungsunterlagen ausdrücklich als zulässig erwähnt wurden, damit alle Anbieter die gleiche Chance haben. Die Regeln sehen normalerweise vor, dass Varianten nur von einem Bieter vorgelegt werden dürfen, der auch auf das ausgeschriebene Projekt ein Angebot macht. Ebenfalls sollte eine vom Auftraggeber für erfolgversprechend gehaltene Variante allen anderen Bietern zur möglichen Abgabe eines Preisangebots auf die Variante zugestellt werden.
- **„Verhandlungen":** Die Anwendung einer offenen oder auch beschränkten Ausschreibung schließt normalerweise aus, dass man gleichzeitig mit einem oder mehreren Bietern über irgendwelche Aspekte des Angebots verhandelt. Nicht als „Verhandlungen" in diesem Sinne gelten allerdings Gespräche zur Klärung einzelner technischer oder anderer Details eines Angebots. Hier muss man allerdings streng zwischen Klärung und (unerlaubter) Änderung eines Angebots unterscheiden.
- **„Kalkulationsfehler":** Ein Sonderfall der Verhandlungen ist die Entdeckung und Klärung eines „Kalkulationsfehlers" in einem Angebot. Hier darf es sich eigentlich nur um klare arithmetische Fehler wie fehlerhafte Addition oder Subtraktion handeln. Normalerweise erlauben die Regeln die Korrektur solcher Fehler, aber jede derartige Korrektur muss allen anderen Bietern mitgeteilt werden.
- **„Termine":** Alle Regeln sehen die Einhaltung festgesetzter Termine (für die Angebotsabgabe, die Angebotsöffnung, die Bekanntgabe der Auswahlentscheidung etc) vor, und doch wird diese Regel oft genug durchbrochen.

Je besser der Ruf eines Auftraggebers für die korrekte Abwicklung von Ausschreibungsverfahren ist, desto genauer und schärfer können Bieter die eigentlichen Kosten ihres Angebots kalkulieren. Das häufige Vorliegen von Unregelmäßigkeiten im Verfahren eines Landes ist bei Bietern schnell bekannt und führt zu „Sicherheits-Aufschlägen" bei den Preisen, die, wenn man auch die Notwendigkeit von Bestechungs- und Schmiergeldern mit einrechnet, zu erheblichen Verteuerungen eines Projekts führen können.

5.3.3 Das UNCITRAL Modell-Gesetz[86]

33   Das von der Kommission für Internationales Handelsrecht der Vereinten Nationen („United Nations Commission on International Trade Law" oder UNCITRAL) 1995 herausgegebene Modellgesetz für die Beschaffung von Gütern, Bau- und anderen Leistungen" (Model Law on Procurement of Goods, Construction and Services) ist mit

---

[86] Fundstelle: www.uncitral.org.

starker Beteiligung der Weltbank entstanden und enthält praktisch alle von der Weltbank entwickelten und für gut befundenen Prinzipien (siehe weiter unten). Das Modell ist dazu gedacht, Ländern bei der Evaluierung und Modernisierung ihrer Beschaffungsgesetze und -praktiken zu helfen, oder bei der Erstellung solcher Gesetze, wo es solche noch nicht gibt. Dieses Modell-Gesetz leidet allerdings darunter, dass man alle Eventualitäten berücksichtigen wollte und damit ein recht unübersichtliches Werk geschaffen hat. Das bedeutet auch, dass man sogar Verfahrensoptionen, die eigentlich den erfolgreich entwickelten Grundregeln widersprechen, in das Modell aufgenommen hat, wie zum Beispiel die „konkurrierenden Verhandlungen" (competitive negotiation), bei denen mit mehreren Bietern gleichzeitig verhandelt wird. Aber dies sind Optionen, von denen Länder, die das Modell-Gesetz nutzen und umsetzen, nicht Gebrauch machen müssen.

5.3.4 Die Allgemeine Beschaffungs-Vereinbarung (General Procurement Agreement oder GPA) der WTO[87]

Schon 1979, in der Tokyo Runde des General Agreement on Tariffs and Trade (GATT), verabschiedeten die Teilnehmer eine erste Beschaffungs-Vereinbarung, die 1981 in Kraft trat und 1988 (in der Uruguay Runde) verändert wurde, aber seit dem 1. Januar 1996 durch die Allgemeine Beschaffungs-Vereinbarung (GPA) ersetzt worden ist. Die GPA ist nicht ein multilaterales, sondern ein plurilaterales Dokument, das nur zwischen solchen Staaten gilt, die die GPA akzeptiert und ratifiziert haben. Ursprünglich traten dem Abkommen nur neun Parteien bei (die Europäische Union, Hong Kong, Israel, Japan, Kanada, Norwegen, Schweiz, Singapore und die USA). Bis heute ist die Zahl der beigetretenen Staaten klein geblieben (neben allen Mitgliedstaaten der EU im eigenen Namen ist nur Korea neu beigetreten). Entwicklungsländer haben sich besonders zurückgehalten, weil sie Probleme mit den beiden Grundprinzipien der GPA haben, nämlich dem Erfordernis der „Nicht-Diskriminierung" (i) zwischen den Firmen des eigenen Landes und solchen aus anderen Ländern, und (ii) zwischen Firmen aus verschiedenen Staaten. Diese Regel schließt sogar begrenzte Präferenzen für nationale Anbieter (die selbst von der Weltbank akzeptiert werden) aus. Es ist jedoch möglich, dass die GPA in der Zukunft eine größere Bedeutung erhält, und man sollte mit ihr vertraut sein.

Die GPA verlangt, neben den oben genannten Grundprinzipien, unter anderem
- Transparenz der Beschaffungsverfahren (was aber heute im wesentlichen nur bedeutet, dass Ausschreibungen öffentlich bekannt gemacht werden),
- objektive und faire Kriterien, und
- wirksame Rechtsmittel.

Der Umfang der international erforderlichen und gewünschten Transparenz ist allerdings bei Verhandlungen innerhalb der WTO seit 1996 (wo man auf der WTO Tagung in Singapur eine eigene Arbeitsgruppe zu diesem Thema eingesetzt hat) heftig umstritten. Die tumultuöse WTO Tagung in Seattle im Dezember 1999 hat diesen Prozess auch nicht gefördert. Der letzte Bericht der Arbeitsgruppe von Oktober 1999 ist bei www.wto.org nachzulesen.

---

[87] Fundstelle: www.wto.org.

5.3.5 Beschaffungsregeln bei Finanzierung aus Entwicklungshilfe

5.3.5.1 Die Beschaffungsregeln der Weltbank

35   Die Weltbank (offiziell: International Bank for Reconstruction and Development) und ihre Tochterorganisation IDA (offiziell: International Development Association) finanzieren Entwicklungsprojekte, bei denen die Darlehenssumme (normalerweise) gegen Beschaffungsverträge für Güter und Arbeitsleistungen ausbezahlt wird. Seit einigen Jahren finanziert die Weltbank (und das schließt hier immer IDA mit ein) auch Strukturanpassungsmaßnahmen, bei denen die Darlehenssumme im wesentlichen für Importe von Gütern des allgemeinen Bedarfs ausbezahlt wird; hier handelt es sich also nicht um „Projektfinanzierung" im engeren Sinne, und solche Geschäfte werden deshalb hier nicht weiter besprochen. Darlehensnehmer der Weltbank sind fast ausschließlich ihre Mitgliedstaaten selbst oder staatliche Einrichtungen. Private können zwar nach der Satzung der Weltbank auch Darlehen aufnehmen, aber nur mit einer Bürgschaft des Staates, und deshalb ist von dieser Möglichkeit nur in sehr begrenztem Umfang Gebrauch gemacht worden. Allerdings haben viele private Firmen über staatliche oder auch private Finanzierungsinstitute Zugang zu Weltbank-Darlehen bekommen, die ihrerseits mit Regierungsgarantie Darlehen von der Weltbank aufgenommen haben.

Die Darlehenszusagen der Weltbank haben sich in den vergangenen fünf Jahren durchschnittlich zwischen US$ 20 und 30 Milliarden bewegt und haben damit Gesamtinvestitionen bis zu US$ 50–60 Milliarden pro Jahr unterstützt. An dem Wettbewerb um Aufträge aus diesen Darlehen können sich Anbieter aus allen Mitgliedsländern der Weltbank beteiligen – das bedeutet heute praktisch, aus aller Welt.

Der Beschaffungsprozess für die von der Weltbank finanzierten Projekte ist in großem Detail geregelt in zwei Richtlinien, den „Guidelines for Procurement under IBRD Loans and IDA Credits" und den „Guidelines for Selection and Employment of Consultants by World Bank Borrowers",[88] die für alle Darlehensnehmer verbindlich sind.

Durch ihre Satzung ist die Weltbank gehalten sicherzustellen, dass die von ihr als Darlehen bereitgestellten Finanzmittel ausschließlich für die im Darlehensvertrag festgelegten Zwecke verwendet werden, „mit gebührender Beachtung von Wirtschaftlichkeit und Effizienz, und ohne Rücksicht auf politische oder andere nichtwirtschaftliche Aspekte". Der Beschaffungsprozess, und die Regeln die ihn präzisieren, haben demnach in allen Einzelfällen vier wesentliche Grundsätze zu erfüllen:

– die Wirtschaftlichkeit und Effizienz in der Projektdurchführung zu ermöglichen und zu gewährleisten,
– allen kompetenten Bietern aus Industrie- wie auch Entwicklungsländern die Möglichkeit zu geben, sich an dem Beschaffungswettbewerb zu beteiligen,
– die Entstehung von Produktions- und Baufirmen in den Entwicklungsländern selbst anzuregen und zu unterstützen, und
– Transparenz im Beschaffungsprozess zu sichern.

Die Weltbank geht davon aus, dass diese Ziele normalerweise am ehesten erreicht werden können, wenn der Beschaffungsprozess auf der Grundlage internationalen Wettbewerbs (International Competitive Bidding oder ICB) stattfindet, mit gewissen Präferenzen für Bieter aus dem Land des Darlehensnehmers. In Situationen, in denen ICB eindeutig nicht die wirtschaftlich beste Beschaffungsmethode ist, erlaubt die Weltbank andere Methoden wie den

---

[88] Letzte Fassung beider Guidelines Januar 1999.

- eingeschränkten internatonalen Wettbewerb (Limited International Competition),
- Wettbewerb im Land des Darlehensnehmers (National Competitive Bidding), an dem sich allerdings Wettbewerber aus anderen Ländern beteiligen können,
- weltweiten oder auf das Land selbst begrenzten „Einkauf" auf der Grundlage von mehreren schriftlichen Angeboten,
- Vertragsabschluss mit einem Einzelbieter (Single Source Procurement) oder
- Ausführung von Bauarbeiten durch das Personal des Darlehensnehmers selbst (Force Account).

Leistungsverzeichnis und technische Spezifikationen müssen so definiert sein, dass sie den breitest-möglichen Wettbewerb erlauben.

Wenn die Weltbank feststellt, dass ein Liefer- oder Leistungsvertrag für ein von ihr finanziertes Projekt entgegen den mit dem Darlehensnehmer vereinbarten Regeln abgeschlossen worden ist, dann erklärt die Weltbank „mangelhafte Beschaffung" (misprocurement) und es ist dann normale Praxis, den für diesen Vertrag vorgesehenen Teil des Darlehens zu annullieren, d.h. der Darlehensnehmer kann diesen Betrag nicht für andere Zwecke verwenden, und die für diesen Teilbetrag bereits bezahlten Bereitstellungszinsen verfallen.

Der internationale Wettbewerb garantiert allen potenziellen Bietern frühzeitige und ausreichende Informationen über die für ein Projekt benötigten Güter und Arbeitsleistungen und bietet allen die gleichen Chancen, hierfür ein Angebot abzugeben. Zu diesem Zweck reicht der Darlehensnehmer der Weltbank eine Allgemeine Beschaffungs-Anzeige (General Procurement Notice oder GPN) ein, die von der Weltbank in dem vierzehntägig erscheinenden, von den UN herausgegebenen „Development Business" veröffentlicht wird. Frühestens acht Wochen nach Erscheinen der GPN können dann spezifische Aufforderungen, Angebote für bestimmte Beschaffungsprogramme abzugeben, veröffentlicht werden. Diese Aufforderungen müssen in mindestens einer großen Zeitung des Darlehensnehmerlandes und im Amtsblatt veröffentlicht werden. Sie werden normalerweise auch all denen zugestellt, die auf die GPN reagiert haben, sowie den Botschaften und Handelsvertretungen von Ländern, in denen sich potenzielle Bieter befinden.

Für große und komplexe Bauvorhaben wird normalerweise eine Vorab-Qualifizierung (Präqualifikation) der Anbieter durchgeführt. Ob eine Firma präqualifiziert wird, hängt ausschließlich davon ab, ob sie die notwendige technische und finanzielle Kompetenz hat, die konkrete Aufgabe durchzuführen. Dabei werden in Betracht gezogen die Erfahrung mit, und der Erfolg bei, vergleichbaren Vorhaben, die nachweisbaren Stärken und Fähigkeiten der Firma in Bezug auf ihr Personal, ihren Maschinenpark etc. Alle Firmen, die sich um die Präqualifizierung beworben haben, werden über das Ergebnis informiert.

Ausschreibungen finden normalerweise auf der Grundlage von Weltbank-vorgeschriebenen standardisierten Formularen (Standard Bidding Documents oder SBD) statt. Die SBD erlauben die gründliche, vollständige und einheitliche Behandlung aller wesentlichen Bestandteile der Ausschreibungsunterlagen, sorgen für mehr Transparenz und Zuverlässigkeit der Dokumente und erleichtern damit potenziellen Bietern ihre Arbeit. Die SBD schreiben genau vor, wie technische, finanzielle und lieferungsbezogene Aspekte zu behandeln sind, und sie erklären die Grundlage, auf der das „niedrigste evaluierte Angebot" ausgesucht wird, das dann den Zuschlag erhält.[89]

Bei der Öffnung der Angebote können alle Bieter, aber nicht die wirkliche Öffentlichkeit, anwesend sein. Zur Vertraulichkeit der Evaluierung heißt es in den Guidelines, dass alle Informationen streng vertraulich behandelt werden müssen, „bis der

---

[89] Die SBDs sind auch auf der Website der Weltbank www.worldbank.org zu finden.

erfolgreiche Anbieter von seiner Wahl informiert worden ist". In der Praxis werden alle solche Informationen auch danach nicht freigegeben. Seit neuestem verlangt die Weltbank, dass Auftraggeber allen Anbietern mitteilen, welches das erfolgreiche Angebot war, und allen Verlierern anbieten, ihnen zu erklären, warum sie nicht gewonnen haben. Man muss abwarten, ob diese Neuregelung zu einer wirklichen Transparenz führt.

36 Sogenannte „Alternativ-Vorschläge" (zu Leistungsverzeichnis, Materialien, Zahlungsbedingungen etc) sind nur dann und nur insoweit zulässig, als sie in den Ausschreibungsunterlagen ausdrücklich erlaubt worden sind.

Die Evaluierung darf sich nur auf solche Aspekte des Angebots beziehen, die in den Ausschreibungsunterlagen bereits als wesentliche und die Evaluierung beeinflussende Kriterien ausgewiesen waren, zum Beispiel die Höhe der Betriebskosten, die Wirtschaftlichkeit oder die Verträglichkeit der neuen Anlagen mit bereits bestehenden Anlagen, die Verfügbarkeit von Ersatzteilen oder Reparaturdiensten sowie Aspekte der Sicherheit und des Umweltschutzes.

Darlehensnehmer in bestimmten Mitgliedsländern, deren Bruttosozialprodukt unter einem von der Weltbank veröffentlichten Grenzwert liegt, können Bietern aus dem eigenen Land bei Ausschreibungen für Güter eine Präferenz von 15%, und bei Ausschreibungen für Bauleistungen von 7,5% zubilligen.

Die Weltbank erlaubt die Verwerfung aller Angebote und die Einholung neuer Angebote, wenn sich ergibt, dass kein echter Wettbewerb stattgefunden hat. Eine solche Verwerfung ist jedoch nicht erlaubt, nur weil dem Darlehensnehmer die angebotenen Preise zu hoch sind. In einem solchen Fall darf der Darlehensnehmer mit dem niedrigsten evaluierten Bieter verhandeln – und zwar über ein reduziertes Projekt, oder die Übernahme gewisser Risiken durch den Darlehensnehmer, und erst dann einen entsprechend niedrigeren Preis.

Bei Weltbank-Darlehen, die durch nationale Finanzierungsinstitutionen wie die industriellen oder landwirtschaftlichen Entwicklungsbanken weitergeleitet werden, erlaubt die Weltbank normalerweise, dass der Endverbraucher die normalen geschäftlichen Beschaffungspraktiken anwendet, zum Beispiel das Einholen von drei schriftlichen Angeboten. Nur beim Kauf von besonders teuren Einzelgütern wird die Weltbank auf ICB bestehen.

Wird ein Projekt auf der Grundlage eines Bau- und Betreiber-Vertrages (z.B. Build-Operate-Transfer oder BOT) ausgeführt, so wird normalerweise der private Vertragspartner auf der Grundlage von ICB ausgesucht; er darf dann allerdings seine Beschaffungen auf normaler geschäftlicher Basis machen. Falls der Vertragspartner nicht durch ICB oder andere wettbewerbliche Methoden ausgesucht wurde, so müssen alle Beschaffungsverträge den normalen Regeln der Weltbank entsprechen, also im wesentlichen ICB.

Hat die Weltbank das Darlehen nicht aus eigenen Mitteln ausgereicht, sondern das Darlehen einer anderen Institution nur garantiert, so verlangt die Weltbank nur die Zusicherung, dass die Beschaffung unter der „notwendigen Berücksichtigung von Wirtschaftlichkeit und Effizienz" durchgeführt wird.

Wo die Nachhaltigkeit einer Investition oder die Erreichung bestimmter sozialer Zwecke dadurch gefördert werden könnte, akzeptiert die Weltbank heute auch die Beteiligung von Nichtregierungsorganisationen (NGOs) oder anderen örtlichen Vereinigungen an bestimmten Projektteilen und ist bereit, ihre Beschaffungsrichtlinien entsprechend anzupassen, solange dadurch die Effizienz eines Projekts nicht gefährdet wird.

Die International Finance Corporation (IFC), eine Tochter der Weltbank, macht Investitionen in, oder Darlehen für, Projekte privater Sponsoren und bietet Garantien und Risikomanagementinstrumente an. Die Beschaffung von Investitions- oder

Verbrauchsgütern aus diesen Mitteln wird normalerweise den Sponsoren überlassen und die IFC schreibt keine Bedingungen für die Beschaffung vor. Allerdings müssen bestimmte soziale oder umweltschützende Einschränkungen beachtet werden

5.3.5.2 Die Beschaffungsregeln der Regionalen Entwicklungsbanken

Die wichtigsten regionalen Internationalen Finanzierungs-Institutionen wie die African Development Bank (AfDB), Asian Development Bank (ADB), European Bank für Reconstruction and Development (EBRD) und die Inter-American Development Bank (IADB) haben ihre eigenen Beschaffungsrichtlinien, die jedoch in allen wesentlichen Aspekten, insbesondere dem Bestehen auf internationalem Wettbewerb, denen der Weltbank sehr ähneln. Alle beschränken den Zugang zu Beschaffungsverfahren auf Firmen aus ihren Mitgliedsländern; da aber die wichtigsten Handelsländer der Welt Mitglieder bei allen großen Regionalbanken sind, besteht darin keine wirkliche Wettbewerbsbeschränkung. Die EBRD unterhält eine Internet Website, auf der alle von ihr finanzierten Verträge angekündigt und beschrieben werden. 37

5.3.5.3 Die Beschaffungsregeln des übrigen UN-Systems

Das Beschaffungswesen der UN-Organe und -Organisationen außerhalb der Weltbank und der Regionalbanken ist geregelt durch die „Gemeinsamen Prinzipien und Praktiken für die Beschaffung von Gütern und Leistungen im UN-System". Sie finden sich in einer Übersicht, die vom United Nations Development Programme (UNDP) gemeinsam mit dem seit 1984 in Kopenhagen ansässigen Büro für Inter-Institutionelle Beschaffungsdienste („Inter-Agency Procurement Services Office" – IAPSO) des UNDP herausgegeben wird. Die Gesamt-Beschaffung im UN-System für technische Kooperation, humanitäre Hilfe und Friedenserhaltungs-Aufgaben (ohne Weltbank und Regionale Entwicklungsbanken) belief sich im Jahre 1998 auf US$ 3,0 Milliarden, davon für Güter US$ 1,7 Milliarden und für Dienstleistungen US$ 1,3 Milliarden. Aus dem UN-System werden aber keine Projekte finanziert, sondern im wesentlichen Dienstleistungen und Hilfsgüter (wie Lebensmittel, Unterrichtsmittel und Einrichtungen für temporäre Unterbringung wie Zelte, Trinkwasseraufbereitung, Latrinen etc). Beschaffungsentscheidungen werden durchweg von den UN-Behörden selbst getroffen, nicht von den Ländern, die diese Güter schließlich erhalten. Man muss auch bedenken, dass solche Entscheidungen oft in Notlagen (Antwort auf Naturkatastrophen oder politische Probleme) getroffen werden müssen und sich deshalb kaum für systematische, zeitraubende Beschaffungsregeln eignen. 38

5.3.5.4 Europäische Union – Die Beschaffungsregeln bei Entwicklungshilfe der Europäischen Kommission

Nach längeren Jahren mit einer verwirrenden Vielfalt von Regeln hat die Europäische Kommission im Jahre 1999 neue Verfahrensregeln für alle Leistungs-, Liefer- und Bauverträge erlassen, die im Rahmen der Kooperation der Europäischen Kommission mit Drittländern abgeschlossen werden (Joint Common Service Relex – SCR – Manual of Procedural Rules).[90] Diese SCR-Regeln sind umfassend und folgen weitgehend den von der Weltbank entwickelten Regeln, einschließlich der traditionell-zurückhaltenden Behandlung von Fragen der Transparenz. Auch bei der EU wird der 39

---

[90] SCR-Joint Common Service Relex – Manual of Procedural Rules – dated 1 June 1999 – Service, Supply and Works Contracts concluded within the Framework of Community Cooperation for Third Countries, of the European Commission.

Auswahlprozess einschließlich der Evaluierung der Angebote streng vertraulich behandelt. Die Regeln enthalten aber auch eine Reihe von ausgezeichneten Neuerungen, die man anderen Organisationen empfehlen kann, wie etwa:
– Die Regeln sehen verschiedene Grade von Formalität vor, je nach dem Wert des Auftrags;
– Formalitätsanforderungen können im Falle „größter Dringlichkeit" herabgesetzt werden, aber es ist ausdrücklich festgelegt, dass die „Dringlichkeit" nicht in irgendeiner Weise vom Auftraggeber selbst herbeigeführt worden oder anderweitig verantwortbar sein darf;
– als Bieter zugelassen sind Firmen oder Personen aus den EU Mitgliedstaaten sowie aus Entwicklungsländern in der entsprechenden Region;
– Firmen, die wegen Verstößen gegen berufliche Verhaltensregeln rechtskräftig verurteilt worden sind, die sich schweren beruflichen Fehlverhaltens schuldig gemacht, die ihre Steuern oder Sozialabgaben nicht bezahlt, falsche Informationen eingereicht oder bei anderen von der Kommission finanzierten Aufträgen schwere Vertragsverletzungen begangen haben, können nicht am Wettbewerb teilnehmen oder Aufträge erhalten;
– Bieter müssen den Nachweis erbringen, dass sie in keine dieser Kategorien fallen;
– Ethik-Klauseln enthalten detaillierte Vorschriften über bestimmte Verhaltensweisen des Bieters (wie korruptives Verhalten, Vertrauensbruch, Verstoß gegen Menschenrechte oder Umweltschutzregeln, Aufgabe der beruflichen Unabhängigkeit und daraus möglicherweise folgender Interessenkonflikt), die zum Ausschluss von der Ausschreibung, dem Verlust des Auftrags, in schweren Fällen zum Ausschluss von zukünftigen Ausschreibungen, und zu anderen verwaltungs- oder strafrechtlichen Konsequenzen führen können; und schließlich
– unter bestimmten Umständen kann die Kommission die Offenlegung aller von dem Anbieter bezahlter Provisionen etc verlangen und die Bücher des Bieters einsehen.

5.3.5.5 Nationale Entwicklungshilfe: Die Beschaffungsregeln der Kreditanstalt für Wiederaufbau

40 Die 1948 durch Gesetz als Körperschaft des öffentlichen Rechts mit Sitz in Frankfurt/Main gegründete Kreditanstalt für Wiederaufbau (KfW) agiert ihrem gesetzlichen Auftrag entsprechend als Förderbank für die eigene Volkswirtschaft und als Entwicklungsbank für die Entwicklungsländer. Am Grundkapital sind der Bund mit 80% und die Bundesländer mit 20% beteiligt.

Für den Bereich der finanziellen Zusammenarbeit (FZ) der Bundesrepublik Deutschland mit Entwicklungsländern hat die KfW „Richtlinien der KfW für die Vergabe von Aufträgen" erlassen, deren gegenwärtig geltende Fassung vom August 1997 stammt. Wenn auch die KfW weder Träger des Vergabeverfahrens noch Partner der genannten Verträge ist, so hat sie doch darauf zu achten, dass die öffentlichen Mittel „so effizient und wirtschaftlich wie möglich" verwendet werden, und dass es sich bei der Ausschreibung um einen fairen, die Chancengleichheit aller Bieter wahrenden Wettbewerb handelt, der die Ermittlung des günstigsten Angebots und damit die wirkungsvollste Verwendung knapper Mittel gewährleistet.

Im einzelnen sehen die Richtlinien u.a. folgendes vor:
– Es gilt der Grundsatz der öffentlichen Ausschreibung; jedoch kann die Ausschreibung „bei ausreichendem Wettbewerb" auf Firmen beschränkt werden, die ihren Sitz in Deutschland haben; dies kommt einer Lieferbindung ziemlich nahe;
– auf die öffentliche Ausschreibung kann auch verzichtet werden, wenn nur eine begrenzte Anzahl von Bietern in Frage kommt („beschränkte Ausschreibung") oder wenn technische und/oder wirtschaftliche Gründe eine Direktvergabe rechtfertigen;

- Alternativangebote sind nur zulässig, wenn dies in den Ausschreibungsbedingungen ausdrücklich vermerkt ist;
- Präqualifikation findet bei umfangreichen oder technisch komplexen Projekten statt; dabei werden die Erfahrung mit der Durchführung vergleichbarer Projekte, Erfahrung in vergleichbaren Ländern, Vorhandensein von qualifiziertem Personal und Gerät, und die finanzielle Leistungsfähigkeit berücksichtigt;
- die Öffnung der Angebote findet in einer öffentlichen Sitzung statt;
- Einzelheiten hinsichtlich der Prüfung und Auswertung der Angebote sowie Vergabeempfehlungen und sonstige Einzelheiten der Bewertung sind vertraulich zu behandeln;
- verspätet eingereichte Angebote müssen nicht zurückgewiesen werden, wenn der Bieter die verspätete Abgabe nicht zu vertreten hat;
- Rechenfehler in den Angeboten können nach Öffnung korrigiert werden;
- Verhandlungen zwischen dem Auftraggeber und Bietern sind unzulässig; und
- eine Konzernverflechtung zwischen dem Bieter und dem in die Vorbereitung und/ oder Durchführung des Projektes eingeschalteten Consultant führt zur Zurückweisung des Angebots.

Damit sind auch die Beschaffungsregeln der KfW denen der Weltbank recht ähnlich, mit Ausnahme der möglichen Beschränkung auf deutsche Anbieter.

5.4 Korruptionsprävention

5.4.1 Darstellung des Problems

„Beschaffung" aus öffentlichen Geldern beläuft sich im Durchschnitt auf 15–20% des Bruttosozialprodukts eines Landes, in manchen Ländern auch mehr, bis zu 40%. Das bedeutet, dass hierfür allein in Europa jedes Jahr Geldbeträge in Höhe von vielen Milliarden Euro ausgegeben werden. Bei der Umsetzung solcher Summen darf es dann nicht verwundern, dass hier eine große Versuchung besteht und der Prozess der Beschaffung und Ausführung von Liefer-, Bau- und anderen Leistungsverträgen höchst korruptionsanfällig ist. Während man noch bis vor einigen Jahren weithin der Meinung war, dass „Korruption" im wesentlichen ein Problem der Entwicklungsländer, und in Industrieländern nur gelegentlich anzutreffen sei, so hat die wachsende Zahl der in den vergangenen Jahren auch in Europa bekannt gewordenen Korruptionsskandale gezeigt, dass man überall auf der Hut sein und sich mit Repressions- wie mit Präventionsmaßnahmen wirksamer als bisher gegen Korruption schützen muss.[91] Der rein finanzielle Schaden durch Korruption kann durchaus bei 10–20% der Vertragswerte liegen. Noch gefährlicher und weitreichender ist der Schaden durch Vernachlässigung sozialer und umweltbezogener Verantwortung, durch Verschwendung von Staatsgeldern zu Lasten der Ärmsten eines Landes, durch soziale und moralische Disintegration, durch Verlust des Respekts vor der konstitutionellen Autorität und Zynismus, durch

---

[91] Das im September 1999 vom Bundeskriminalamt Wiesbaden herausgegebene „Lagebild Korruption – Bundesrepublik Deutschland 1997/1998" zeigt in den Jahren 1994–1998 einen vierfachen Anstieg der korruptionsrelevanten Verfahrenszahlen (Seite 11) und stellt weiter fest, dass „während des gesamten Zeitraums 1994–1998 die Schwerpunkte der Korruption im Bereich der Vergabe öffentlicher Aufträge zu finden sind" (Seite 18). Obwohl es keine konkreten Angaben über die Relation Hellfeld-Dunkelfeld gibt, sagt der Lagebericht (Seite 10): „Das Dunkelfeld der strukturellen Korruptionshandlungen dürfte zumindest entlang der Schnittstelle zwischen öffentlicher Beschaffung, Investition oder Auftragsvergabe und der privaten Wirtschaft sehr hoch sein."

Erosion des demokratischen Bürgerbewusstseins (mit allen seinen Rechten und Pflichten), und durch die Öffnung der Tore für die organisierte Kriminalität.

Das Risiko, dass sachliche Entscheidungen infolge des Einflusses von Korruption verfälscht und zu persönlichem Gewinn umfunktioniert werden, beginnt bei der Beschaffung aus öffentlichen Mitteln bereits bei der Planung und Vorbereitung von Investitionen und den damit verbundenen Ausgaben, und damit bei der Auswahl der Consultants und Berater, die die Investitionsnotwendigkeit und die technischen Lösungsmöglichkeiten untersuchen und die Beschaffungsunterlagen vorbereiten. Weitere Risikopunkte sind die Auswahl des Lieferanten oder Bauunternehmers, die Durchführung des Auftrags (insbesondere durch die unkontrollierte Manipulation von Vertragsänderungen) und schließlich auch der Betrieb und (bei Nuklear-Kraftwerken oder anderen toxischen Anlagen) Abbau und Entfernung der Anlagen nach Beendigung der wirtschaftlichen Nutzung.

Die rechtliche Situation stellt sich so dar: Bestechung von Amtsträgern im eigenen Land ist in praktisch allen Ländern verboten und ein krimineller Akt. Bestechung von ausländischen Amtsträgern ist (außer in den USA, wo der Foreign Corrupt Practices Act seit 1977 in Kraft ist) gemäß der OECD-Konvention vom Dezember 1997 erst seit dem 15. Februar 1999 ein krimineller Akt in denjenigen Ländern, die diese Konvention ratifiziert und in ihr nationales Recht umgesetzt haben. Von den 34 Unterzeichnerstaaten (alle 29 Mitglieder der OECD und fünf weitere Staaten, nämlich Argentinien, Brasilien, Bulgarien, Chile und Slowakische Republik) haben bis zum Jahresbeginn 2000 erst 23 Staaten ratifiziert, aber man darf davon ausgehen, dass die restlichen Staaten ebenfalls bald ratifizieren werden. Gleichzeitig mit der Kriminalisierung haben viele Staaten in den vergangenen Jahren die bis dahin großzügig gewährte steuerliche Absetzbarkeit von Bestechungsgeldern abgeschafft (Deutschland mit dem Jahressteuergesetz 1998/99/2000 vom März 1999). Gleichzeitig mit der OECD-Konvention haben die Mitgliedstaaten der EU und des Europarats ebenso wie die Staaten der westlichen Hemisphäre mehrere Konventionen zur Korruptionsbekämpfung verabschiedet, die sich zur Zeit im Ratifizierungsprozess befinden.

42 Ratifizierung der OECD-Konvention bedeutet, dass die Staaten die in der Konvention vereinbarten Regeln in das eigene Rechtssystem einzufügen hatten. Zur Zeit läuft ein Prozess der Evaluierung, in dem die gesetzliche Umsetzung durch die Ratifikationsländer von der OECD und den anderen Konventions-Unterzeichnerstaaten nachgeprüft und möglicherweise Nachbesserungsbedarf festgestellt wird. Die Umsetzung durch Deutschland entspricht weitgehend den Absichten der Konvention.

Der in den USA seit 1977 in Kraft befindliche Foreign Corrupt Practices Act (FCPA) hat zu hohen und sicherlich abschreckenden Strafen geführt. Es wird trotzdem manchmal behauptet, dass amerikanische Exporteure den FCPA durch die Einschaltung Dritter umgangen haben. Mit der sich laufend verbreitenden Wirksamkeit der OECD-Konvention würden auch solche Umgehungsaktivitäten mehr und mehr erschwert werden.

5.4.2 Korruptions-Prävention auf nationalstaatlicher Basis

43 Wichtig für eine effektive Prävention auf nationalstaatlicher Basis sind nicht nur gute einschlägige Rechtsbestimmungen, sondern auch die Existenz wirksamer Sanktionen, effektiver Disput-Resolutionsinstrumente (wie Mediation und Schiedsgerichtsbarkeit) und eines unabhängigen, zuverlässigen Rechtssystems.

In Deutschland sind die gesetzlichen Bestimmungen und Vorschriften durchweg ausreichend, aber die Umsetzung lässt manchmal zu wünschen übrig. Man denke daran, dass trotz der klaren Vorschriften zugunsten der „öffentlichen" Ausschreibung viel zu häufig Ausnahmetatbestände statuiert werden, die eine begrenzte Ausschreibung erlauben (und damit den in vielen Großstädten operierenden Submissions-Kartellen Tür und Tor geöffnet haben). Oder daran, dass das bundesweite Zentralregister für Firmen, die wegen korruptiver Tätigkeit gefasst worden sind und deshalb auf Zeit oder Dauer von öffentlichen Aufträgen ausgeschlossen werden sollen, zwar in einer Richtlinie des Bundesinnenministeriums vom 17. 6. 1997 erwähnt wird, aber bisher noch nicht eingerichtet worden ist. Auch die Frage der rechtlichen Wirksamkeit von Verträgen, die durch Bestechung zustande gekommen sind, ist noch nicht abschließend geklärt. In einem kürzlichen Urteil des BGH ist entschieden worden, dass der durch einen Bestechungsvertrag zustande gekommene Hauptvertrag nur dann nichtig ist, wenn nachgewiesen werden kann, dass der abgeschlossene Hauptvertrag zu einem echten Schaden des Auftraggebers geführt hat, also nicht nur dem Bestecher anstelle eines anderen Interessenten einen Auftrag zum selben Preis verschafft hat.[92] Man sollte normalerweise davon ausgehen können, dass, wenn es echten Wettbewerb um einen Auftrag gegeben hätte, auch ein niedrigerer Preis hätte erreicht werden können. Im vom BGH entschiedenen Fall handelte es sich allerdings um einen Architektenvertrag, dessen Vergütungsberechnung als ein Prozentsatz des Auftragswerts generell festgesetzt ist. Der Architekt, der sich den Vertrag durch Bestechung erwirkt hatte, war also für den Auftraggeber nicht teurer als ein anderer es gewesen wäre.

Das UNCITRAL Modell-Gesetz (siehe oben) schlägt vor, dass staatliche Auftraggeber ein Angebot ablehnen, wenn der Lieferant oder Unternehmer einem Beamten oder Angestellten des Auftraggebers irgendeinen Vorteil gegeben oder versprochen hat als Anreiz für eine Entscheidung zugunsten des Lieferanten oder Unternehmers.

5.4.3 Das Hong Kong ACP Modell

Es mag manchen Leser überraschen, dass ausgerechnet Hong Kong hier als Modellfall vorgeführt wird. Aber Hong Kong hat in den 90er Jahren seinen neuen Flughafen (voll auf neugewonnenem Land), eine Zubringerschnellbahn und -straße mit mehreren Hängebrücken und einen zusätzlichen Tunnel unter dem Hafen (das „Airport Core Programm" oder ACP) mit Gesamtkosten von ca. DM 40 Milliarden musterhaft durchgeführt – termingerecht, ohne Kostenüberschreitung und ohne nennenswerte Korruptionsfälle. Das ist eine so erstaunliche Leistung (auch gerade im Vergleich mit Flughafenprojekten in Deutschland), dass Transparency International (TI), eine Nichtregierungsorganisation im Kampf gegen die Korruption, über die weiter unten noch zu berichten sein wird, eine sorgfältige Untersuchung angestellt hat, um die Gründe für diesen Erfolg festzustellen.

Vier Gruppen von Faktoren haben die korruptionsfreie und termingerechte Durchführung dieses massiven Investitionsprojekts erlaubt und möglich gemacht:
– Die Existenz eines klaren und eindeutigen Korruptionspräventions-Gesetzes[93] und einer starken, zentralen, unabhängigen Antikorruptions-Institution (ICAC)[94] mit weitgehenden gesetzlichen Rechten und einem mehr als adäquaten Stab von Fachleuten;
– die Existenz klarer Regeln für
  – die Auswahl/Beschaffung von Consultant- und Bauleistungen und von Investitionsgütern,
  – die wirksame Überwachung und Kontrolle der Durchführung aller Verträge,

---

[92] BGH, Urteil vom 6. 5. 1999, VII ZR 132/97 in wistra 6/99.
[93] „Prevention of Bribery Ordinance", CAP 201, ursprünglich 1970 in Kraft getreten, mit vielen Änderungen seither.
[94] „Independent Commission Against Corruption" oder ICAC, CAP 204, erstmals 1974 erlassen, mit mehreren Änderungen seither.

5. Teil. Ausschreibung und Vergabeverfahren

- die Durchsetzung der vollen Verantwortlichkeit der Regierungsbeamten ebenso wie der Consultants und anderen Auftragnehmer, und
- die Behandlung und Lösung von Streitigkeiten;
- die Gründung, zur Durchführung des ACP, von Sonderinstitutionen wie des Projekt-Koordinations-Büros für den Flughafen[95] und des Consultant-Auswahl-Büros.[96] NAPCO hatte während der Projektdurchführung ein „fliegendes Konflikt-Resolutions-Team", das bei jeder Streitigkeit oder Unklarheit sofort eingreifen konnte; und
- ein positives Arbeitsumfeld, einschließlich adäquater Einkommen der Regierungsbeamten, ein hohes Maß an Professionalität und Berufsstolz unter den Beamten, und eine eher überschaubare Gesellschaft, in der Geschäftsleute, die bei Bestechungsversuchen oder anderen Manipulationen erwischt worden sind, nur schwer neue Aufträge bekommen, was jeden Korruptionsversuch mit einem hohen Risiko belastet.

Nicht alle diese Bedingungen sind ohne weiteres in anderen Ländern nachzuvollziehen, aber die Hauptfaktoren – nämlich die Existenz guter Gesetze und Beschaffungsregeln, und das Bestehen guter Institutionen – doch.

Das Korruptionspräventions-Gesetz hat eindeutige Definitionen für Bestechung, Bestecher und Bestochene. Der mit einer Bestechung gegebene oder angebotene „Vorteil" schließt ein Geschenke, Darlehen, Darlehenserlass, Arbeits- oder andere Verträge oder irgendeinen anderen Vorteil oder Dienstleistung. Für Beamte gibt es eine Umkehrung der Beweislast, d.h. ein Beamter, der Eigentum oder Einkommen hat, das nicht aus seinen offiziellen Bezügen erklärbar ist, ist strafbar, es sei denn, er kann die rechtmäßige Herkunft dieses Vermögens nachweisen. Die Strafe kann bis zu 10 Jahren Gefängnis sein. Eine Verteidigung mit dem Hinweis, dass es sich um eine „übliche" Tat gehandelt habe, ist nicht möglich. Informanten werden geschützt, aber wissentlich falsche oder böswillige Informationen werden bestraft. Außerdem gibt es klare Regeln, wie Beamte mit Interessenkonflikten umzugehen haben.

Die ICAC hat drei Abteilungen,

- die Operative Abteilung, die Untersuchungen durchführt und Einzelfälle verfolgt,
- die Präventions-Abteilung, die
  - in der Gesetzgebungsphase und der Formulierung von Direktiven beteiligt ist,
  - mit allen Regierungsbehörden in Kontakt ist und laufende Beratung anbietet,
  - mit Industrie und Handel eng zusammenarbeitet und Hilfestellung und Beratung bei allen einschlägigen Problemen anbietet; von den ca. 2800 an der Börse von Hong Kong registrierten Firmen haben mehr als 70% bis heute einen Code of Conduct verabschiedet, in dem die Firmen sich verpflichten, nicht zu bestechen oder sich sonstwie korruptiv zu verhalten,
  - Anleitungen („Best Practice Guides") für Industrie und Handel entwirft und verteilt, und
  - aus allen Korruptionsfällen sofort Lehren zieht und umsetzt; und
- die „Community Relations-Abteilung", die die Bevölkerung von Hong Kong insgesamt über die Schädlichkeit der Korruption aufklärt, in Kindergärten, Schulen und Universitäten Schulungs- und Informationsprogramme durchführt und durch ihr „Ethik-Entwicklungs-Zentrum" Schulungsmaterial und Sprecherdienste anbietet.

Es würde hier zu weit führen, wenn man die Beschaffungsregeln im einzelnen darstellen wollte, aber ein paar grundsätzliche – und wahrscheinlich entscheidende – Dinge seien doch aufgezählt:

---

[95] „New Airport Coordination Office" oder NAPCO.
[96] „Engineering and Associates Consultant Selection Board" oder EACSB.

Korruptionsprävention

- alle wesentlichen Entscheidungen werden nicht von Einzelpersonen, sondern von Kommissionen oder anderen Gruppen von Beamten getroffen;
- für alle wesentlichen Entscheidungen gibt es „checks and balances", d. h. mehrere Beamte bereiten eine Entscheidung für die Auswahlkommission vor, und mehrere höhere Chargen müssen die Entscheidung der Kommission prüfen und genehmigen;
- alle Entscheidungen müssen schriftlich begründet werden;
- bei dem Präqualifikations-Verfahren werden auch Informationen über die Anzahl und den Gesamtwert von Vertragsänderungen, die Anzahl von Streitfällen bei früheren Aufträgen und etwaige Verurteilungen des Unternehmers wegen Verstößen gegen Gesundheits- oder Sicherheitsvorschriften erfragt, und diese Informationen bei der Bewertung der Zuverlässigkeit der Bewerber mit einbezogen;
- alle in den folgenden 9 Monaten geplanten Ausschreibungen werden regelmäßig im Internet veröffentlicht;
- die Vertragsdurchführung unterliegt strengen Überwachungs- und Kontrollvorschriften, und jede vom Auftragnehmer gewünschte Vertragsänderung muss von Beamten auf mehreren Ebenen geprüft und genehmigt werden;
- für alle komplexen Aufträge benutzt die Regierung zusätzlich zu ihren eigenen Kontrolleuren „unabhängige Kontroll-Ingenieure"; und
- alle Konflikte werden zunächst einem Vermittlungsausschuss zugewiesen, und nur wenn dort keine Einigung erzielt werden kann, geht der Fall zum Schiedsgericht, das die endgültige Entscheidung fällt.

Manche der in Hong Kong anwendbaren Regeln und Prozesse erscheinen zeitraubend und langwierig. Die Tatsache, dass das Mega-Projekt ACP zeitgerecht und ohne Kostenüberschreitung durchgeführt wurde, zeigt jedoch, dass mit klaren Regeln, Strukturen und Einrichtungen zur Vermeidung von Unklarheiten und Konflikten letztendlich Zeit gespart und nicht vergeudet wird.

5.4.4 Korruptions-Prävention bei Entwicklungshilfe

5.4.4.1 Nationale Entwicklungshilfe-Programme

Im Jahre 1997 hat das Entwicklungshilfe-Komitee der OECD[97] eine Empfehlung an alle OECD Mitglieder gerichtet, Verpflichtungserklärungen zur Korruptions-Prävention in die bilateralen Entwicklungshilfe-Abkommen einzubauen.

Deutschland hat dieser Empfehlung durch die Einfügung einer entsprechenden Klausel in alle neu-verhandelten Regierungsabkommen entsprochen. Die Klausel (die der Empfehlung des DAC eng folgt) lautet folgendermaßen:

„Die Regierung der BRD und die Regierung von ... sind sich einig in der Bewertung der negativen Folgen von Korruption. Sie untergräbt gute Regierungsführung. Sie verschwendet knappe Finanzmittel und hat weitreichende negative Auswirkungen auf die wirtschaftliche und soziale Entwicklung. Sie gefährdet die Glaubwürdigkeit der Entwicklungszusammenarbeit und deren Unterstützung durch die Öffentlichkeit und beeinträchtigt die Bemühungen all jener, die sich für die Förderung nachhaltiger Entwicklung einsetzen. Sie verhindert offenen und transparenten, auf Preis und Qualität gerichteten Wettbewerb.

Beide Regierungen werden eng zusammenarbeiten, um Transparenz, Rechenschaftspflicht und Integrität bei der Verwendung öffentlicher Mittel zu gewährleisten und möglicherweise bestehende Gelegenheiten zu korrupten Praktiken in ihrer Entwicklungszusammenarbeit auszuschließen."

Diese Vereinbarung ist nicht mit besonderen Sanktionen versehen. Zu der Einfügung einer solchen Klausel in einzelne Finanzierungsverträge der Kreditanstalt für

---

[97] „Development Assistance Committee" oder DAC.

Wiederaufbau mit Regierungen in Entwicklungsländern, ebenfalls vom DAC empfohlen, hat die Bundesregierung sich noch nicht entschließen können.

Nachdem jetzt mehr als zwei Jahre seit Verabschiedung dieser Empfehlung vergangen sind, unternimmt das DAC zur Zeit eine Untersuchung dazu, wie diese Empfehlung in den Mitgliedsländern umgesetzt worden ist. Das Ergebnis dieser Untersuchung wird auf der Frühjahrssitzung 2000 der DAC-Arbeitsgruppe „Financial Aspects" beraten werden.

5.4.4.2 Entwicklungshilfe durch die EU

46 In den bereits erwähnten „Ethik-Klauseln"[98] der EU-Kommission wird das Thema „korruptive Praktiken" direkt und konstruktiv angegangen:
- Die Kommission hat das Recht, die Finanzierung eines Projekts zu suspendieren oder zu annullieren, wenn „korruptive Praktiken irgendwelcher Art" entdeckt werden;
- „korruptive Praktiken" schließt ein „jeden Vorschlag oder Vereinbarung, eine unrechtmäßige Zahlung, ein Geschenk, eine Zuwendung oder eine Provision irgendeiner Person anzubieten als Anreiz oder Belohnung für das Begehen oder Unterlassen irgendeiner Handlung, die im Zusammenhang mit dem Vertrag steht";
- alle Vertragsdokumente für die Erbringung von Güterlieferungen, Bau- oder anderen Leistungen müssen eine Klausel dahingehend enthalten, dass ein Angebot oder Vertrag, der zur Zahlung „ungewöhnlicher geschäftlicher Kosten" geführt hat, zurückgewiesen oder annulliert wird;
- als „ungewöhnliche geschäftliche Kosten" werden angesehen
  - Provisionen, die nicht im Hauptvertrag aufgeführt sind oder die nicht aus einem ordentlichen Vertrag zu dieser Transaktion resultieren,
  - Provisionen, die gezahlt werden, ohne dass eine tatsächliche oder legitime Leistung erbracht worden ist,
  - Provisionen, die in einem Steuerparadies gezahlt wurden, oder
  - Provisionen an Begünstigte, die nicht eindeutig identifiziert wurden, oder an eine Gesellschaft, die offensichtlich nur für eine andere Gesellschaft auftritt;
- auf Anfrage der Kommission muss der Ausschreibungssieger der Kommission alle Informationen zur Verfügung stellen, die notwendig sind um nachzuweisen, dass seine Firma die vertraglichen Vereinbarungen erfüllt;
- wo es Verdacht auf die Zahlung „ungewöhnlicher geschäftlicher Kosten" gibt, dort hat die Kommission das Recht, alle einschlägigen Unterlagen, die sie für relevant hält, in den Büros der Firma einzusehen;
- Ausschreibungssieger, die der direkten oder indirekten Zahlung „ungewöhnlicher geschäftlicher Kosten" schuldig befunden werden, riskieren, dass sie auf Dauer von der Beteiligung an von der Kommission finanzierten Projekten ausgeschlossen werden, entsprechend der Schwere ihrer Verfehlung; und
- Verstöße gegen eine oder mehrere dieser Ethik-Klauseln können zu dem Ausschluss der Firma auch von anderen Verträgen der EU-Kommission führen.

Dies sind eindeutige und wirksame Sanktionen.

5.4.4.3 Entwicklungshilfe durch die Weltbank und die Regionalbanken

47 Die Weltbank hat kürzlich in ihre Beschaffungsrichtlinien ebenso klare Regeln zur Korruptionsprävention aufgenommen unter dem Titel „Betrug und Korruption".[99]

---

[98] Artikel 7 der Verfahrensregeln SCR vom Jahre 1999.
[99] Paragraf 1.15.

Es wird dort als Bank-Politik dargestellt, dass Darlehensnehmer, Bieter, Lieferanten oder Unternehmer den „höchsten ethischen Standard" während der Beschaffung und der Durchführung eines Auftrags einzuhalten haben. „Korruptives Verhalten" ist weit definiert – das Angebot, die Hingabe, die Annahme oder das Verlangen nach irgendeiner Sache von Wert, um dadurch die Handlung eines Amtsträgers im Beschaffungsprozess oder bei der Durchführung des Auftrags zu beeinflussen. „Betrügerisches Verhalten" schließt ein Falschdarstellung von Tatsachen sowie Kollusion mit anderen Anbietern, um dadurch erhöhte Preise zu erzielen und den Wettbewerb auszuschalten.

Seit einiger Zeit verlangt die Weltbank auch, dass Bieter alle im Zusammenhang mit diesem Auftrag von ihnen gezahlten oder vereinbarten Provisionen offenlegen. Damit unterbindet man, dass Bieter, wenn später hohe Zahlungen an Agenten bekannt werden, diese Zahlungen als „ganz normale Agenten-Provisionen" darzustellen versuchen.

Eine zusätzliche neue Korruptionspräventions-Maßnahme der Weltbank ist die Vorschrift, dass Bieter testieren müssen, dass sie nach den Antikorruptions-Vorschriften der Weltbank zur Angebotsabgabe berechtigt sind. Das soll verhindern, dass „ausgeschlossene" Firmen durch die Hintertür, etwa neue Firmenmäntel oder Tochtergesellschaften, doch Zugang zu Weltbank-finanzierten Aufträgen erhalten.

Die Weltbank droht an,

- den Zuschlag eines Auftrags zurückzuweisen, wenn der Bieter korruptiv oder betrügerisch gehandelt hat;
- Teile des Weltbankdarlehens zu annullieren, wenn sich herausstellt, dass Amtsträger des Darlehensnehmers korruptiv oder betrügerisch gehandelt haben;
- eine Firma auf Zeit oder auf Dauer vom Zuschlag bei Weltbank-finanzierten Aufträgen irgendwo in der Welt auszuschließen, wenn die Weltbank entscheidet, dass die Firma sich bei der Bewerbung um einen Auftrag, oder bei seiner Durchführung, korruptiv oder betrügerisch verhalten hat. Tatsächlich hat die Weltbank bisher fast 50 international tätige Firmen (Consultants, Lieferanten und Unternehmer) auf ihre Ausschlussliste gesetzt, und zwar permanent; diese Liste ist auf der Website der Weltbank öffentlich zugänglich.

Die Weltbank hat sich auch das Recht vorbehalten, die Bücher und Unterlagen von Unternehmern oder Lieferanten unter Weltbank-Finanzierung selbst einzusehen oder durch Buchprüfer prüfen zu lassen.

Die multilateralen Regionalbanken haben sehr ähnliche Vorschriften entwickelt und eingeführt. Die Regeln der Asiatischen Entwicklungsbank, zum Beispiel, entsprechen fast wörtlich denen der Weltbank. Mit Ausschlüssen sind die Regionalbanken allerdings zurückhaltender als die Weltbank.

5.4.5 Korruptionsvermeidende Praktiken

Transparenz der Verfahren hat sich als das wichtigste Regulativ gegen Korruption [48] herausgestellt: Je mehr Einzelentscheidungen und -schritte während des Beschaffungs- und Durchführungsprozesses offengelegt oder zumindest der Öffentlichkeit zugänglich gemacht werden, desto schwerer ist es für korruptive Beamte oder Unternehmer, die Regeln zu umgehen oder für ihre eigenen Zwecke zu missbrauchen.

Die „Öffentliche Ausschreibung" sollte nicht nur „die Regel", sondern tatsächlich auch die bei weitem überwiegende Praxis sein; alle Ausnahmen sollten schriftlich begründet werden müssen, so dass die Gründe nachvollziehbar sind. Die Erfahrung hat klar gezeigt, dass jedes andere Auswahlverfahren Missbrauch und Manipulation erlaubt und fördert.

Als sehr wichtig hat sich herausgestellt, dass wenigstens alle größeren Bauvorhaben und Investitionen lange im Voraus angekündigt werden, so dass die kompetenten Firmen sich darauf einstellen und vorbereiten können. Die Ankündigung sollte vor allem von dem Auftraggeber ausgehen, aber auch die Finanzierungs-Institutionen sollten ihre eigenen Kanäle frühzeitig nutzen (wie die EU, die Weltbank und die Regionalbanken es heute normalerweise tun), und die Ländervereine, wie der Afrika Verein etc., und die Wirtschaftspresse sollten ebenfalls bei der Verbreitung der Informationen aktiv mitwirken.

Die Baubeschreibung und das Leistungsverzeichnis müssen so formuliert sein, dass sie jede Diskriminierung (normalerweise zwischen heimischen und ausländischen Anbietern, oder auch zugunsten einzelner Anbieter) vermeiden, und auch die Termin-Planung darf nicht zu Lasten ausländischer oder uneingeweihter Interessenten gehen.

Ebenso wichtig ist es, dass auch die restlichen bilateralen Entwicklungshilfe-Geber mit der schädlichen Praxis liefergebundener Kredite Schluss machen. Liefergebundenheit (und damit die praktische Abwesenheit von Wettbewerb) führt erfahrungsgemäß zu stark überhöhten Preisen.

Ein paar Staaten haben die Möglichkeiten des Internet entdeckt und sie sich voll zunutze gemacht. In Mexiko, Kolumbien, Chile und Hongkong werden alle öffentlichen Aufträge über das Internet bekannt gegeben und abgewickelt. Damit haben alle interessierten Firmen die Möglichkeit, alle wirtschaftlichen, technischen und finanziellen Aspekte einer Ausschreibung mit einem Minimum an Aufwand zu erfahren und sich daran zu beteiligen. Ein anderes eindrucksvolles Beispiel für die Möglichkeiten des Internet gibt es in (Süd)Korea, wo die 27 häufigsten Verwaltungsvorgänge in der Millionenstadt Seoul über das Internet zugänglich sind. Jeder Bürger kann mit der Stadtverwaltung elektronisch verkehren, z. B. einen Antrag auf Baugenehmigung oder eine Schankkonzession elektronisch einreichen, und später täglich feststellen, auf wessen Schreibtisch der Antrag liegt, und auch die gesamte Liste aller anhängigen Anträge auf Baugenehmigungen oder Schankkonzessionen einsehen. In manchen dieser Länder werden Informationen, die sonstwo als „absolut datenschutzwürdige Informationen" behandelt werden, ohne Zurückhaltung öffentlich zur Verfügung gestellt. Das Resultat ist eine lebendige, transparente, weitgehend korruptions-resistente Verwaltung der Ausschreibungsprozesse. Auch in Deutschland gibt es Stadtverwaltungen, die einige ihrer Verwaltungsvorgänge über das Internet transparenter machen. Es ist zu hoffen, dass die hierbei gemachten guten Erfahrungen bald zu einer weiteren Verbreitung dieser Praxis führen werden.

5.4.6 Initiativen der Industrie

49   Verantwortliche Industrieführer haben längst erkannt, dass ein Wettbewerb auf der Basis von Bestechung teuer, unzuverlässig und mit einem hohen Risiko behaftet ist. Das trifft umso mehr zu als seit Februar 1999 die Bestechung ausländischer Amtsträger in allen Staaten, die die OECD Konvention ratifiziert haben, auch strafbar ist. Eine Reihe von global arbeitenden Unternehmen haben sich nicht nur „Leitlinien" gegeben, die die Verwendung von Bestechung und anderen korruptiven Praktiken unzweideutig ablehnen, sondern haben auch dafür gesorgt, dass diese Geschäftspolitik des Unternehmens allen Mitarbeitern des Hauses sowie allen Kunden durch Umsetzungs- und Schulungsprogramme („Compliance Programs") klargemacht und ihnen geholfen wird, sich entsprechend diesen Leitlinien zu verhalten. Manche Firmen werben mit diesem „Bekenntnis zur Integrität" und haben diese resolute ethische Haltung zu einem Wettbewerbsvorteil ausgebaut.

Die **Internationale Handelskammer (ICC) in Paris** hat im Jahre 1996 Verhaltensregeln für Unternehmen unter dem Titel „Erpressung und Bestechung in interna-

Korruptionsprävention

tionalen Geschäftsbeziehungen"[100] herausgegeben, in denen die wichtigsten Manifestationen der Korruption angesprochen werden:

- Niemand soll, direkt oder indirekt, eine Bestechung verlangen oder annehmen;
- kein Unternehmen soll, direkt oder indirekt, eine Bestechung geben oder anbieten;
- kein Unternehmen soll einen Teil des vereinbarten Preises als „Kickback" an Mitarbeiter des Vertragspartners zahlen oder andere Techniken benutzen, wie etwa Unter-, Kauf- oder Beratungsverträge, um solche Zahlungen an Regierungsbeamte, Mitarbeiter der anderen Vertragspartei oder ihre Familienangehörige oder Geschäftspartner zu leiten;
- Zahlungen an Agenten oder Mittelspersonen sollen eine angemessene Bezahlung für die tatsächlich von diesem Agenten geleisteten legitimen Dienste nicht übersteigen;
- Agenten dürfen von den an sie geleisteten Zahlungen nichts in der Form einer Bestechung oder sonstwie unerlaubt weitergeben;
- Unternehmen sollen eine vollständige Liste aller von ihnen für Transaktionen mit staatlichen Stellen beauftragten Agenten, mit Namen und Vertragsbedingungen, führen;
- alle finanziellen Transaktionen sollen klar und vollständig in den Büchern festgehalten und Buchprüfern und dem Aufsichtsrat offengelegt werden;
- es darf keine geheimen Konten oder bewusst irreführend ausgestellten Dokumente geben;
- die Verantwortlichkeit der Aufsichtsräte wird bestätigt; und
- Unternehmen wird dringend empfohlen, ihre eigenen Firmen-Verhaltensregeln zu entwerfen, in Übereinstimmung mit den ICC Regeln.

Die **Deutsche Landesgruppe der ICC** hat eine verkürzte Fassung dieser Verhaltensregeln herausgegeben.[101]

Schon 1995 hatte der **Bundesverband der Deutschen Industrie (BDI)** eine „Empfehlung für die gewerbliche Wirtschaft zur Bekämpfung der Korruption in Deutschland" herausgegeben und unter seinen Mitgliedsverbänden verteilt. Die „Empfehlung" enthält ausgezeichnete Grundsätze für das Verhalten innerhalb Deutschlands:

- Strikte Einhaltung von Gesetzen und sonstigen Bestimmungen;
- Vorbildfunktion der Unternehmensleitung;
- Umgang mit Zulieferern und Abnehmern allein auf der Basis von Qualität, Preis, Leistung und Eignung des Produkts, und die Anwendung von Sanktionen gegen Mitarbeiter, die die Regeln missachten und verletzen;
- äußerst restriktives Verhalten beim Umgang mit Geschenken, sonstigen Zuwendungen und Einladungen;
- sorgfältige Trennung zwischen geschäftlichen und privaten Aufwendungen;
- keine Inanspruchnahme von Geschäftspartnern für private Zwecke; und
- Vermeidung von Interessenkonflikten durch Nebentätigkeiten und Kapitalbeteiligungen.

Die Empfehlung enthält auch wertvolle Anregungen für innerbetriebliche Organisations- und Kontrollmaßnahmen zur Korruptionsprävention. Es ist nur bedauerlich, dass die Empfehlung nicht ebenso klare Richtlinien für das geschäftliche Verhalten im Ausland enthält; das ist daraus zu erklären, dass die Bestechung ausländischer Amtsträger zum Zeitpunkt der Veröffentlichung dieser Empfehlung nicht strafbar war. Es ist zu erwarten, dass der BDI in der nächsten Ausgabe dieser Empfehlung diese Lücke schließen wird.

---

[100] „Extortion and Bribery in International Business Transactions", 1996 Revisions to the ICC Rules of Conduct; Fundstelle: www.iccwbo.org.
[101] Fundstelle: www.icc-deutschland.de.

Die wichtigste und größte Organisation international arbeitender Beratender Ingenieure (Consultant Engineers) die **Fédération Internationale des Ingénieurs-Conseils (FIDIC)**, hat im Jahre 1996 ein „Policy Statement on Corruption" verabschiedet und veröffentlicht[102] in dem u. a. festgestellt wird, dass

- korruptive Praktiken überall möglich sind,
- ein Consultant keine Bezahlung von einem Lieferanten annehmen soll, der möglicherweise ein Angebot für das vom Consultant vorbereitete Projekt machen wird,
- die Auswahl von Consultants auf der Grundlage von Qualifikation und Wettbewerb stattfinden soll,
- Consultants die lokalen Regeln über Korruption kennen und jedes korruptive Verhalten sofort den Behörden anzeigen sollten, und
- FIDIC Mitgliedsgruppen prompt gegen Mitgliedsfirmen vorgehen sollen, die diesen FIDIC Code of Ethics verletzen.

5.4.7 Vorschläge zur Korruptionsprävention von Transparency International (TI)

50   Transparency International (TI), eine 1993 gegründete Nichtregierungsorganisation mit Sitz in Berlin[103] und Nationalen Sektionen in ca. 80 Ländern, einschließlich TI-Deutschland mit Sitz in München,[104] widmet sich der Korruptionsbekämpfung und -prävention. TI verfolgt keine Einzelfälle, sondern arbeitet in nationalen und globalen Koalitionen zwischen Regierungen, der Wirtschaft und der Zivilgesellschaft für bessere Gesetze und Regeln, für ein besseres allgemeines Verständnis der Schwere der Korruptionsschäden und für Eigeninitiative der Wirtschaft und Zivilgesellschaft zur Korruptionsprävention.

Auf dem Gebiet der Finanzierung und Durchführung von Projekten, die von der öffentlichen Hand finanziert werden, setzt sich TI ein

- ganz allgemein für mehr Transparenz der Verfahren (z. B. Offenlegung durch Bieter aller von ihnen gezahlten oder vereinbarten Provisionen; Bekanntgabe nicht nur der Kriterien, nach denen Angebote evaluiert werden sollen, sondern Offenlegung der Einzelwertungen und -entscheidungen bei der Evaluierung von Angeboten, um damit Manipulationen bei der Evaluierung zu begrenzen);
- für Selbstverpflichtungen der Consultants, der Lieferanten und Bauunternehmer und der Auftraggeber zu integrem Verhalten (zur Erhöhung der Sensibilisierung, aber auch zur Schaffung vertraglicher Verpflichtungen, die leicht durchsetzbar sind, wo gesetzliche Regeln möglicherweise schwach oder unklar sind); TI drängt weltweit auf die Erstellung von Firmen-Leitlinien (Codes of Conduct) und wirksame Umsetzungsprogramme, in denen der ethischen Firmenverantwortlichkeit und dem Wettbewerb auf der Grundlage von Qualität und Preis des Produkts wieder die ihnen gebührende Rolle eingeräumt wird; und
- für eine Rolle der Zivilgesellschaft bei der Überwachung und Kontrolle wichtiger öffentlicher Vorhaben.

Angesichts der Tatsache, dass etliche Regierungen wie auch globale Unternehmen bereit sind, die Korruption auszuschalten, es aber Zeit brauchen wird, bis landesweite Systemänderungen durchgeführt werden können, hat TI das Konzept des Integritätspaktes entwickelt, unter dem ein Auftraggeber sich mit allen Anbietern für ein Projekt auf bestimmte Grundregeln zum Ausschluss aller korruptiven Praktiken einigen kann,

---

[102] Fundstelle: www.fidic.com.
[103] Fundstelle: www.transparency.org.
[104] Fundstelle: www.ti-deutschland-de.

mit gleichzeitiger Auflistung wirksamer Sanktionen für den Fall, dass diese Grundregeln verletzt werden. Der Integritätspakt sieht ebenfalls eine wichtige Rolle der Zivilgesellschaft bei der Projektdurchführung vor.

Das Konzept ist mehrfach in Teilbereichen angewendet worden, regelmäßig mit Erfolg, insbesondere dort, wo der Zivilgesellschaft eine tragende Rolle eingeräumt wurde. Unternehmen schätzen den Integritätspakt, weil er die teure und unsichere Bestechungsnotwendigkeit beendet. Der Pakt ist auf Liefer- und Bauverträge ebenso anwendbar wie auf die Vergabe von Konzessionen und Privatisierungen von Staatsvermögen. Informationen über den Integritätspakt und seine bisherige Anwendungen findet man bei www.transparency.org.

6. Teil. Projektfinanzierung[1]

Übersicht

	Rdn.
6.1 Überblick	1
6.1.1 Definition der Projektfinanzierung	1
6.1.2 Strukturierung der Verträge einer Projektfinanzierung	7
6.1.3 Gründe für Projektfinanzierungen	10
6.1.4 Projektrisiken	18
6.2 Bankkredite	24
6.2.1 Einführung und allgemeine Rechtsfragen	24
6.2.1.1 Angebot – Annahme – *consideration*	25
6.2.1.2 Rechtspersönlichkeit *(contractual capacity)* des Vertragspartners	26
6.2.1.3 Vollmacht *(power of attorney)*	29
6.2.1.3.1 Deutsches Recht	29
6.2.1.3.2 Englisches Recht	30
6.2.1.4 Form- und Eintragungserfordernisse	34
6.2.1.4.1 Deutsches Recht	34
6.2.1.4.2 Englisches Recht	35
6.2.1.5 Besonderheiten des englischen Rechts	36
6.2.1.5.1 *Breach of contract* und *specific performance*	36
6.2.1.5.2 *Privity of contract*	36
6.2.1.5.3 Keine Trennung von schuldrechtlichem Geschäft und Verfügung	36
6.2.1.5.4 Vertragsauslegung	36
6.2.2 Beratungsvertrag *(mandate letter)*	37
6.2.3 Finanzierungsvorschlag *(term sheet)*	42
6.2.4 Zusicherungsschreiben *(letter of information)*	44
6.2.5 Zusageschreiben *(commitment letter)*, Finanzierungsbestätigung und Absichtserklärung *(letter of intent)*	45
6.2.5.1 Zusage gegenüber der Kreditnehmerin	45
6.2.5.2 Zusage gegenüber der Arrangerbank bei 48tien bzw. Unterbeteiligungen	46
6.2.5.3 Finanzierungsbestätigung und Absichtserklärung *(letter of intent)*	47
6.2.6 Darlehensvertrag *(loan agreement)*	48
6.2.6.1 Vertragstechnik bei Projektfinanzierungen	48
6.2.6.2 Inhalt und Struktur des Darlehensvertrags	49
6.2.6.3 Vertragsparteien	53
6.2.6.4 Vertragszweck	54
6.2.6.5 Definitionen	55
6.2.6.5.1 Englisches Recht	55
(1) Projektfertigstellung *(project completion)*	56
(2) Finanzkennzahlen *(coverage and other financial ratios)*	60
(3) LIBOR bzw. EURIBOR	62
6.2.6.5.2 Deutsches Recht	63

---

[1] Für wertvolle Hinweise danke ich Herrn Dr. *Andreas Früh*, Herrn Dipl.-Kaufm. *Leonard Reinard*, Herrn Rechtsanwalt *Martin Rey* und Herrn Syndikus *Herbert Thomas*, LL.M.

… 6. Teil. Projektfinanzierung

			Rdnr.
6.2.6.6	Hauptleistungspflichten *(financial terms)*		64
	6.2.6.6.1	Darlehensgeber	65
	6.2.6.6.2	Darlehensnehmer	70
		(1) Zinszahlungspflicht	71
		(2) Entgelte *(fees)*	75
		(3) Rückzahlungspflicht	77
		(4) Vorzeitige Rückzahlung	81
		(5) Margenschutzbestimmungen *(margin protection clauses)*	82
		(6) Kostenklauseln	85
	6.2.6.6.3	Zahlungsmodalitäten	86
	6.2.6.6.4	Änderung der Hauptleistungspflichten	87
6.2.6.7	Zusicherungen *(representations and warranties)*		88
	6.2.6.7.1	Englisches Recht	88
	6.2.6.7.2	Deutsches Recht	90
6.2.6.8	Auszahlungsvoraussetzungen *(conditions precedent)*		91
6.2.6.9	Positive und negative Nebenleistungspflichten *(affirmative and negative covenants* und *undertakings)*		95
	6.2.6.9.1	Englisches Recht	95
	6.2.6.9.2	Deutsches Recht	102
6.2.6.10	Kündigung bzw. *default*		109
	6.2.6.10.1	Deutsches Recht	109
	6.2.6.10.2	Englisches Recht	113
	6.2.6.10.3	Funktionen der Rechte bei Vertragsverletzungen	117
6.2.6.11	Sonstige Vorschriften		118
	6.2.6.11.1	Einbeziehung der AGB Banken	118
	6.2.6.11.2	Aufrechnung	119
	6.2.6.11.3	Abtretungsverbot für den Darlehensnehmer	120
	6.2.6.11.4	Syndizierungsklausel	121
	6.2.6.11.5	Leistungs- und Erfolgsort	122
	6.2.6.11.6	Anwendbares Recht *(choice of law)*	123
	6.2.6.11.7	Zustimmung zu Vertragsabweichungen *(waivers)* und Vertragsänderungen *(amendments)*	128
	6.2.6.11.8	Salvatorische Klausel	129
	6.2.6.11.9	Bestimmung nach § 8 Geldwäschegesetz	130
6.2.6.12	Unterschriften		131
6.2.6.13	Anlagen *(schedules)*		132
6.2.6.14	Ausfertigung des Darlehensvertrags *(execution of documents)*		133
6.3 Formen der Beteiligung mehrerer Kreditgeber			134
6.3.1 Einführung			134
6.3.2 Verkaufsprospekt *(information memorandum)*			137
6.3.3 Unterbeteiligungsvertrag *(participation agreement)* bei Unterbeteiligung *(sub-participation)*			139
6.3.4 Konsortialkredit			140
	6.3.4.1	Konsortialvertrag *(inter-creditor agreement)*	140
	6.3.4.2	Konsortialkreditvertrag *(syndicated loan agreement)*	142
	6.3.4.3	Sicherheitenpoolvertrag *(security trust agreement)*	145
6.4 Vollständige und teilweise Übertragung von Darlehensrisiken			149
6.4.1 Abtretung bzw. Vertragsübernahme *(legal und equitable assignment)*			151
6.4.2 Novation *(novation)*			153
6.5 Islamic Banking			156
6.5.1 Islamic Banking als Wachstumsmarkt			156
6.5.2 Islamisches Recht und Islamische Banken			157
6.5.3 Islamische Finanzierungen			161
	6.5.3.1	Strukturierung und Rechtswahl	162

Schrifttum

	Rdnr.
6.5.3.2 Exportfinanzierung: murâbaha	165
6.5.3.3 Private Equity: mushâraka	168
6.5.3.4 Leasing: ijâra	171
6.5.3.5 Projektfinanzierung: istisnâ	173

Schrifttum: 1. Zum deutschen Recht: *Achleitner,* Investmentbanking, 1999, S. 334 ff.; *Backhaus/ Sandrock/Schill/Uekermann* (Hrsg.), Projektfinanzierung. Wirtschaftliche und rechtliche Aspekte einer Finanzierungsmethode für Großprojekte, 1990; *Baumbach/Hopt,* Handelsgesetzbuch mit GmbH & Co., Handelsklauseln, Bank- und Börsenrecht, Transportrecht (ohne Seerecht), 29. Aufl. 1995; *Graf von Bernstorff,* Rechtsprobleme im Auslandsgeschäft, 3. Aufl. 1992; *ders.,* Finanzinnovationen. Anwendungsmöglichkeiten, Strategien, Beispiele, Wiesbaden 1996; *Bundesverband der Deutschen Industrie e. V.* (Hrsg.), Projektfinanzierung und Betreibermodelle auf Auslandsmärkten: Das Geschäft der Zukunft?, Köln 1996; *Canaris,* Großkommentar zum Handelsgesetzbuch, 3. Band, 1. Teil (Bankvertragsrecht), 1988, 3. Band, 3. Teil (Bankvertragsrecht), 1981; *Claussen,* Bank- und Börsenrecht, 2. Aufl., München 2000; *Ebenroth,* Das Vertragsrecht der internationalen Konsortialkredite und Projektfinanzierungen, in: JZ 1986, S. 731–736; *Fikentscher,* Der Werkverschaffungsvertrag, in: AcP Bd. 190 (1990), S. 34–111; *Früh,* Kreditvertragsrecht, in: Hellner/Steuer (Hrsg.), Bankrecht und Bankpraxis (Loseblatt); *J. Gruber,* Die Befugnis des Darlehensgebers zur Vertragsbeendigung bei internationalen Kreditverträgen, Bielefeld 1997; *Heinrich* (Hrsg.), Projektfinanzierung, 1990; *Hinsch/Horn,* Das Vertragsrecht der internationalen Konsortialkredite und Projektfinanzierungen, Berlin 1985; *Hopt/Mülbert,* Kreditrecht, 1989; *Jährig/Schuck/Rösler/Woite,* Handbuch des Kreditgeschäfts, 5. Aufl. 1990; *Kamlah,* Strukturierte Anleihen – Merkmale, Dokumentation und Börseneinführung –, in: WM 1998, S. 1429–1439; *Kiethe/Hektor,* Grundlagen und Techniken der Projektfinanzierung, in: DStR 1996, S. 977–983; *Kohls,* Die vorvertragliche Informationshaftung nach dem Recht der B. R. Deutschland, der U. S. A. und Englands am Beispiel der Lead Bank eines Kreditkonsortiums, 1990; *ders.,* Bankrecht, 2. Aufl., München 1998; *Kümpel,* Bank- und Kapitalmarktrecht, 2. Aufl. 2000; *Nicklisch* (Hrsg.), Rechtsfragen privatfinanzierter Projekte. Nationale und internationale BOT-Projekte. Technikrechtsforum Heidelberg 1993, 1994; *ders.,* Vertragsstrukturen und Risiken des Projekterstellers bei internationalen BOT-Projekten, in: Bruchhausen/Hefermehl/Hommelhoff/Messer (Hrsg.), Festschrift für Rudolf Nirk zum 70. Geburtstag, München 1992, S. 735–744; *ders.,* BOT-Projekte: Vertragsstrukturen, Risikoverteilung und Streitbeilegung, in: BB 1998, S. 2–9; *ders.* (Hrsg.), Konsortien und Joint Ventures bei Infrastrukturprojekten, 1998; *Pöhler,* Das internationale Konsortialgeschäft der Banken, 1988; *Reifner,* Handbuch des Kreditrechts, 1991; *Reuter,* Was ist und wie funktioniert Projektfinanzierung?, in: DB 1999, S. 31–37; *Rey,* Projektgesellschaften zur Finanzierung und Beteiligung kommunaler und industrieller Projekte im Energiesektor, Saarberg-Forum, 1994; *ders.,* Vom Kommunaldarlehen zur „Public Private Partnership", in: Bürgermeisterhandbuch 1994, Kapitel 5–5.1; *Richter,* Financial Engineering. Leitfaden für Projektfinanzierungen mit nationalen und internationalen Entwicklungsbanken, Frankfurt 1999; *Scheibel,* Projektfinanzierung: BOT- und Konzessionsgesetzgebung, in: RIW 1996, S. 373–379; *Schimansky/Bunte/Lwowski,* Bankrechts-Handbuch, Bde. I–III, 1997; *Schmitt,* Internationale Projektfinanzierung bei deutschen Banken, 1989; *Schröder/Wenner,* Internationales Vertragsrecht, 1998; *Schwintowski/Schäfer,* Bankrecht. Commercial Banking – Investment Banking, 1997; *Uekermann,* Risikopolitik bei Projektfinanzierungen, 1993; *Welter,* Auslandskreditgeschäft, in: Schimansky/Bunte/Lwowski (Hrsg.), Bankrechts-Handbuch, Bd. III, München 1997, § 118; *Graf von Westphalen,* Rechtsprobleme der Exportfinanzierung, 3. Aufl. 1987.

2. Zum englischen Recht: *Graf von Bernstorff,* Einführung in das englische Recht, 2. Aufl. 2000; *Bucheit,* How to Negotiate Eurocurrency Loan Agreements, 1995; *Clifford Chance* (Hrsg.), Project Finance, 1991; *Coles,* Project Financing, 6. Aufl. 1998; *Cranston,* Principles of Banking Law, Oxford 1997; *Cresswell/Blair/Hill/Wood,* Encyclopaedia of Banking Law (Loseblatt); *Cuthbert* (Hrsg.), Asset & Project Finance: Law & Precedent, 1998; *Denton Hall* (Hrsg.), A guide to project finance, 1998; *Ellinger/Lomnicka,* Modern Banking Law, 2. Aufl., Oxford 1994; *Fahrholz,* Neue Formen der Unternehmensfinanzierung, 1998, S. 253–299; *Freshfields* (Hrsg.), Project Finance, 4. Aufl. 1996; *Goode,* Commercial Law, 2. Aufl. 1995; *Graaf,* Euromarket Finance: Issues of Euromarket securities and syndicated Eurocurrency loans, Deventer, Boston 1991; *Hapgood,* Paget's Law of Banking, 11. Aufl. 1996; *Harries,* The Contract Law of Project Financing, in: Horn (Hrsg.), The

6. Teil. Projektfinanzierung

Law of International Trade Finance, 1989, S. 345; *Henrich,* Einführung in das englische Privatrecht, 2. Aufl. 1993; *Holden,* The Law and Practice of Banking, Bd. 1: Banker and Customer, 4. Aufl., London 1986, Bd. 2: Securities for Bankers' Advances, 8. Aufl., London 1993; *McCormick,* Legal Issues in Project Finance, in: Journal of Energy & Natural Resources Law 1982, S. 22; *ders.,* Legal aspects of pipeline project financing, in: International Financial Law Review 1986, S. 11–16; *ders.,* Legal Issues in Project Finance, in: JERL 1 (1983), S. 52; *ders.,* Project Finance: Legal Issues, in: JIBFL 8 (1992), S. 375, JIBFL 9 (1993), S. 428; *Penn/Shea/Arora,* The Law Relating to Domestic Banking, 1987; *dies.,* The Law and Practice of International Banking, 1987; *Pennington,* Bank Finance for Companies, 1987; *Suratgar,* Project Finance: Law & Practice, 1995; *Tennekoon,* The Law and Regulation of International Finance, London, Dublin, Edinburgh 1991; *Thompson,* International Project Finance, 1998; *Tinsley,* Project Finance: Legal and Documentation Issues, 1996; *Treitel,* An Outline of the Law of Contract, 5. Aufl. 1995; *Triebel/Hodgson/Kellenter/Müller,* Englisches Handels- und Wirtschaftsrecht, 2. Aufl. 1995; *Vinter,* Project Finance. A legal guide, 2. Aufl. 1998; *Vogel,* Vertragsgestaltung bei internationalen Projektfinanzierungen, 1997; *Wood,* Law & Practice of International Finance, 1980; *ders.,* Project Finance, Subordinated Debt and State Loans, 1995.

3. Zum US-amerikanischen Recht: *Ebenroth/Stolten,* Der Schutz vertraglicher Darlehensrückzahlungsansprüche am Finanzplatz New York, in: RIW 1991, S. 269–274; *Finnerty,* Project Financing. Asset-Based Financial Engineering, New York usw. 1996, S. 53–90; *Gooch/Klein,* Loan Documentation, 2. Aufl., London 1991; *dies.,* Annotated Sample Revolving Credit Agreement, Washington 1994; *Hay,* Einführung in das amerikanische Recht, 4. Aufl. 1995; *Hoffman,* The Law and Business of International Project Finance. A Resource for Governments, Sponsors, Lenders, Lawyers and Project Participants, 1998; *Milbank, Tweed, Hadley & McCloy* (Hrsg.), The Guide to Financing International Oil and Gas Projects, London 1996; *Nevitt/Fabozzi,* Project Financing, 6. Aufl. 1995; *Sullivan,* Financing Transnational Projects, 1993 & 1998 Suppl.; *Reuter/Wecker,* Projektfinanzierung. Anwendungsmöglichkeiten, Risikomanagement, Vertragsgestaltung, bilanzielle Behandlung, Stuttgart 1999 (unter weitgehender Bezugnahme auf *Nevitt/Fabozzi*).

Zu 6.5: *Al-Omar/Abdel Haq,* Islamic Banking: Theory, Practice and Challenges (1996); *Amereller,* Hintergründe des Islamic Banking (1995); *Balz,* Islamic Law as Governing Law under the Rome Convention. Universalist Lex Mercatoria vs. the Regional Unification of Laws, Uniform Law Review 2000 (im Erscheinen); *ders.,* Das internationale Vertragsrecht der islamischen Banken, WM 1999, 2443; *ders.,* Versicherungsvertragsrecht in den Arabischen Staaten (1997); *Banagar/Ray/Tomkins,* External Audit and Corperate Gouvernance in Islamic Banks (1994); *Beauge* (Hrsg.), Lex capitaux de l'Islam (1990); *Butterworth's Editorial Staff* (Hrsg.), Islamic Banking and Finance (1986); *Comair-Obeid,* Les contrats en droit musulman des affaires (1995); *Coulson,* Commercial Law in the Gulf States (1984); *Grahammer,* Islamische Banken (1993); *Hamid,* Facing the challenges to Islamic Banking: an overview of the issues, in: v. Bar (Hrsg.), Islamic Law and its Reception by the Courts in the West (1999), 157; *Klötzel,* Islamic Banking in Malaysia, FS Schutze 1999, 381; *Mallat* (Hrsg.), Islamic Law and Finance (1988); *Mills/Presley,* Islamic Finance: Theory and Practice (1999); *Piazolo,* Islamic Banking – ein Wachstumsmarkt auch für westliche Banken, ZfgK 1997, 122; *Piccinelli,* I principi e gli istituti finanziari islamici, Oriente Moderno 68 (1988) 1; *Rahman,* Banking and Insurance (1979); *Ray,* Arab Islamic Banking and the Renewal of Islamic Law (1995); *Roser,* Die steuerliche Qualifikation der Finanzierungsinstrumente des Islams (1994); *Saeed,* Islamic Banking and Interest (1999); *Salen,* Unlawful gain and legitimate profit in Islamic law, 2. Aufl. (1992); *Shirazi,* Islamic Banking (1990); *Suwaidi,* Finance of International Trade in the Gulf (1994); *Vogel/Hayes,* Islamic Law and Finance (1998); *Wegen/Wichard,* Islamische Bankgeschäfte, RIW 1995, 826; *Wichard,* Zwischen Markt und Moschee: wirtschaftliche Bedürfnisse und religiöse Anforderungen im frühen islamischen Vertragsrecht (1995); *Wilson* (Hrsg.), Islamic Financial Markets (1990).

6.1 Überblick

6.1.1 Definition der Projektfinanzierung

In Abgrenzung zur herkömmlichen Unternehmensfinanzierung (corporate loan) ist **1**
die Projektfinanzierung nach heutigem Verständnis im Regelfall durch vier Merkmale gekennzeichnet.[2] Erstens wird zur Durchführung eines bestimmten Projekts eine **Projektgesellschaft** gegründet, und zwar von den am Eigenkapital beteiligten Projektsponsoren.[3] Diese Projektgesellschaft ist Trägerin aller Rechte und Pflichten im Zusammenhang mit dem Projekt und seiner Finanzierung. Zweitens wird von den Kreditgebern (im Regelfall also den Banken) für die Entscheidung über die Kreditwürdigkeit nicht, wie sonst üblich, auf die Bonität des Darlehensnehmers abgestellt, die mit Hilfe der Jahresabschlüsse ermittelt wird. Vielmehr ist bei Projektfinanzierungen entscheidend, dass sowohl Investitions- und Betriebskosten als auch Darlehensverbindlichkeiten (Zins und Tilgung) aus dem künftigen, laufenden **Cash flow** des finanzierten Projekts nach seiner Fertigstellung erwirtschaftet werden können. Drittens haben die Banken gegenüber den Projektsponsoren nach der vertraglich definierten Projektfertigstellung entweder **keine** (non-recourse financing) oder jedenfalls nur eine eingeschränkte **Rückgriffsmöglichkeit** (limited recourse financing) auf Vermögensgegenstände oder das Vermögen der Projektsponsoren.[4] Viertens werden bei einer Projektfinanzierung die verschiedenen **Risiken** so **strukturiert,** dass sie auf die verschiedenen Projektbeteiligten angemessen verteilt werden. Primäres Ziel der Risikostrukturierung ist es, Risiken den jeweils am besten zur Risikobeherrschung geeigneten Projektbeteiligten zuzuweisen. Projektfinanzierungen weisen außerdem zwei weitere Charakteristika auf, die nicht notwendigerweise vorliegen müssen, sondern nur typischerweise mit dieser Finanzierungsform verbunden sind. Projektfinanzierung ist häufig **Darlehensfinanzierung.** Sie kann aber auch über Kapitalmarktinstrumente (sogenannte Projektanleihen project bonds)[5] bzw. in Verbindung mit solchen erfolgen. Zudem ist Projektfinanzierung typischerweise **Fremdkapitalfinanzierung,** kann aber auch in Verbindung mit Eigenkapitalfinanzierung (z.B. durch Erwerb eines Gesellschaftsanteils an der Projektgesellschaft durch eine Bank bzw. eine zwischengeschaltete Fondsgesellschaft) oder mit Nachrangdarlehen (subordinated loans) stattfinden.

---

[2] Vgl. für weitere Definitionen: oben Kapitel 1.1; *Finnerty,* Project Financing. Asset-Based Financial Engineering, New York usw. 1996, S. 2; *Hinsch/Horn,* Das Vertragsrecht der internationalen Konsortialkredite und Projektfinanzierungen, 1985, S. 201 ff.; *Vogel,* Vertragsgestaltung bei internationalen Projektfinanzierungen, S. 5. Meist beschränken sich Definitionen des Begriffs „Projektfinanzierung" auf eines der im Folgenden genannten Merkmale, wobei besonders häufig das Abstellen auf den Projekt-Cash-flow als das entscheidende Kriterium angesehen wird. Erst die Gesamtheit der hier genannten Faktoren zeigt die Charakteristik der modernen Projektfinanzierung auf, die sie von anderen Finanzierungsformen (insbesondere der traditionellen Unternehmensfinanzierung) abhebt.

[3] Teilweise wird der Begriff der „Projektsponsoren" weiter gefasst. Z.T. werden unter „Projektsponsoren" alle Projektbeteiligten, d.h. alle an der Realisierung eines Projekts interessierten Parteien, verstanden. Diese umfassen dann neben den Eigenkapitalgebern auch Fremdkapitalgeber, Lieferanten, Abnehmer, Betriebsgesellschaften usw. Hier wird der Begriff der „Projektsponsoren" dagegen auf die Eigenkapitalgeber der Projektgesellschaft beschränkt.

[4] Bei Vollabsicherung durch den Sponsor z.B. im Wege einer zeitlich unbegrenzten Garantie *(full recourse financing)* liegt keine Projektfinanzierung i.e.S. vor; *Vogel,* Vertragsgestaltung bei internationalen Projektfinanzierungen, S. 5.

[5] *Kamlah,* Strukturierte Anleihen – Merkmale, Dokumentation und Börseneinführung –, in: WM 1998, S. 1429–1439; *Siebel,* Rechtsfragen internationaler Anleihen, Berlin 1997.

6. Teil. Projektfinanzierung

2 Die vier Merkmale einer Projektfinanzierung sollen kurz erläutert werden. Während die Projektentwicklung teilweise noch von den Sponsoren übernommen wird, ist jedenfalls die Projektdurchführung auf eine gesellschaftsrechtlich selbständige **Projektgesellschaft** übertragen, die in der Regel von den Projektsponsoren neu gegründet wird. Die Projektgesellschaft ist Träger der Rechte und Pflichten im Hinblick auf das Projekt. Sie schließt den Darlehensvertrag mit den Banken und sie ist auch Vertragspartei von Projektverträgen wie z. B. Abnahmeverträgen über das von der Projektgesellschaft angebotene Produkt. In der Grundkonstellation einer Projektfinanzierung entsteht damit eine Dreiecksbeziehung zwischen den Sponsoren eines Projekts, von denen die Initiative für ein Projekt ausgeht (die sich am Eigenkapital der Projektgesellschaft beteiligen und die gegenüber den Banken unter Umständen während der Errichtung des Projekts eine sogenannte Fertigstellungsgarantie übernehmen), der selbständigen Projektgesellschaft, die mit der Durchführung des Projekts betraut ist, und den Banken, welche die Fremdfinanzierung zur Verfügung stellen.

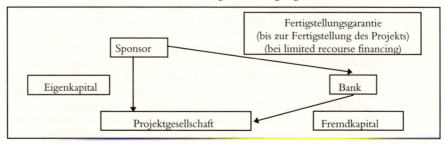

3 Zu beachten ist, dass die Projektfinanzierung nicht nur der Finanzierung privatwirtschaftlicher Projekte dient, sondern zunehmend auch eine Form der privaten Finanzierung von öffentlichen Einrichtungen insbesondere im Infrastrukturbereich[6] darstellt.[7] Die britische Private Finance Initiative (PFI) hat den Rahmen öffentlicher Projekte, die mittels Projektfinanzierung und unter Einschaltung privater Eigenkapital- und Fremdkapitalgeber verwirklicht werden können, über Infrastruktur hinaus erstreckt und gezeigt, dass z. B. auch Schulen, Gerichtsgebäude und Gefängnisse dieser Finanzierungstechnik zugänglich sind. Nach deutschem Recht ist dabei zu bedenken, dass sich der Staat als Sponsor seinen öffentlich-rechtlichen Bindungen (insbesondere der Grundrechtsbindung) nicht durch eine „Flucht in das Privatrecht" entziehen kann. Das Verwaltungsprivatrecht sorgt hier für eine öffentlich-rechtliche Regelung der staatlichen Tätigkeit in privatrechtlicher Form.[8]

4 Die Projektfinanzierung ist eine cash-flow-orientierte Finanzierungsform. Für die Entscheidung über die Finanzierung eines Projekts kommt es in erster Linie darauf an, ob das Projekt nach seiner Fertigstellung ausreichenden, laufenden **Cash flow**[9] erwirt-

---

[6] Öffentliche Infrastruktureinrichtungen werden schon lange privat finanziert. *Nicklisch* (Wirtschaftlicher Hintergrund und Vertragsstrukturen von BOT-Projekten, in: Nicklisch (Hrsg.), Rechtsfragen privatfinanzierter Projekte, Heidelberg 1994, S. 7, 12–14) hat auf die Finanzierung der preußischen Eisenbahn (auf der Grundlage des Preußischen Gesetzes über die Eisenbahn-Unternehmungen vom 3. November 1838; abgedruckt a. a. O., S. 118–128) und der Alpendurchquerung durch den Gotthardtunnel hingewiesen.

[7] Vgl. Beispiele für einzelne Projekttypen oben Kapitel 2.

[8] Vgl. nur *Maurer*, Allgemeines Verwaltungsrecht, 12. Aufl., München 1999, § 3 Rdn. 9 = S. 40–42.

[9] Der *Cash flow* ist eine aus der Gewinn- und Verlustrechnung der Projektgesellschaft abgeleitete Größe. Dabei steht weder der *Cash flow* aus Investitionstätigkeit noch der *Cash flow* aus Finanzierungstätigkeit im Vordergrund, sondern der *Cash flow* aus operativer Geschäftstätigkeit. Vereinfacht wird er wie folgt berechnet:

schaftet, um Investitions- und Betriebskosten zu tragen, das Fremdkapital zu bedienen und für die Sponsoren eine ausreichende Rendite auf das Eigenkapital zu erzielen. Die Nachhaltigkeit des Cash flow muss mindestens während der Laufzeit der Fremdfinanzierung gewährleistet sein. Um die Wirtschaftlichkeit und Finanzierbarkeit von Projekten zu ermitteln, werden von den Sponsoren und den finanzierenden Banken Cash-flow-Modelle entwickelt. Ein Cash-flow-Modell ist eine computergestützte Wirtschaftlichkeitsrechnung und Liquiditätsplanung, bei der sämtliche Betriebs- und Finanzdaten miteinander verknüpft werden. Dadurch können die Auswirkungen von Veränderungen eines oder mehrerer Parameter auf die Cash-flow-Entwicklung über die Dauer des Kredits bzw. des Projekts hinweg simuliert werden.[10] Die Entwicklung der Computertechnik, die zunehmend komplexe Cash-flow-Modelle ermöglicht hat, war für die Fortbildung der modernen Projektfinanzierung von großer Bedeutung. Obwohl für die Finanzierungsentscheidung wesentlich auf die erwartete, künftige Cash-flow-Entwicklung des Projekts abgestellt wird, spielen die Jahresabschlüsse und unterjährigen Zahlen der Projektsponsoren und anderer wichtiger Projektbeteiligter (z. B. von Abnehmern) natürlich als Zusatzkriterium eine wichtige Rolle. Insofern findet die traditionelle Bonitätsprüfung doch wieder Einlass. Diese Bonitätsprüfung wird aber – jedenfalls bis zur Aufnahme ihrer Unternehmenstätigkeit – meist nicht an die Projektgesellschaft anknüpfen können, die neu gegründet wird, und betrifft somit andere Beteiligte als den Darlehensnehmer.[11] Auch dient sie letztlich der Unterstützung der Cash-flow-Analyse, da mit ihrer Hilfe die Nachhaltigkeit eines bestimmten Cash flow (z. B. auf der Grundlage langfristiger Abnahmeverpflichtungen) und die Werthaltigkeit absichernder Verpflichtungen (z. B. von Fertigstellungsgarantien) untermauert werden soll.

Wichtiges Kennzeichen einer Projektfinanzierung ist weiterhin, dass die Banken **keinen** oder nur begrenzten **Rückgriff** auf die Projektsponsoren nehmen können. Im Rahmen des Darlehensvertrags ist Vertragspartner der Bank die Projektgesellschaft. Die Haftung der Sponsoren für Verbindlichkeiten aus dem Darlehensvertrag wird durch die Gründung einer Projektgesellschaft in Form einer Kapitalgesellschaft beschränkt. Sie bezieht sich folglich nur auf die vereinbarte Eigenkapitaleinlage der Sponsoren in der Projektgesellschaft und grundsätzlich nicht auf das sonstige Vermögen der Sponsoren. Dies bedeutet außerdem, dass die Projektsponsoren den Banken grundsätzlich keine dinglichen oder persönlichen Sicherheiten stellen bzw. nur für einen begrenzten Zeitraum Personalsicherheiten (insbesondere die Fertigstellungsgarantie für die Phase der Projekterstellung) begründen.[12] Die Finanzierung findet aber im Regelfall nicht unbesichert statt. Die Sicherheiten werden durch die Projektgesellschaft gestellt.[13] Dabei sind von besonderer Bedeutung Sicherheiten am Projekt-Cash-flow, z. B. in Form der Abtretung von Forderungen aus Abnahmeverträgen oder der Abtretung von sonstigen künftigen Erlösen aus der Veräußerung von Produkten der Projektgesellschaft. 5

Jeder Bankkredit birgt das Risiko des Ausfalls. Dieses Ausfallrisiko wird bei Projektfinanzierungen dadurch verschärft, dass spätestens mit Projektfertigstellung der Haftungszugriff grundsätzlich auf die Vermögensgegenstände der Projektgesellschaft beschränkt 6

    Jahresergebnis
\+   Abschreibungen
\+   Aufbau langfristiger Rückstellungen
=   *Cash flow* (aus operativer Geschäftstätigkeit)

[10] Vgl. zu *Cash-flow*-Modellen und den darin einfließenden Kenngrößen am Beispiel von Bergbauprojekten bereits oben Kapitel 2.6.
[11] Vgl. zu den Anforderungen des § 18 KWG unten Kapitel 6.2.6.9.1.
[12] Vgl. im Einzelnen unten Kapitel 7.
[13] Eine Ausnahme stellen insoweit Pfandrechte an den Gesellschaftsanteilen der Sponsoren an der Projektgesellschaft dar, die von den Sponsoren bestellt werden.

ist, da mit Projektfertigstellung die Fertigstellungsgarantien der Sponsoren wegfallen. Schwierigkeiten beim Bau oder Betrieb eines Projekts gefährden somit die Rückzahlung des Darlehens. Vor dem Hintergrund dieses besonderen Finanzierungsrisikos ist zu verstehen, dass Projektfinanzierungen mit detaillierten Risikoanalysen und darauf aufbauend mit einer umfassenden **Risikostrukturierung** verbunden sind. Kapitel 6.1.4 gibt eine Übersicht über die verschiedenen Risikoarten und deren Strukturierungsmöglichkeiten. Die Risikoallokation hat das Ziel, Risiken den jeweils am besten zur Risikobeherrschung geeigneten Projektbeteiligten zuzuweisen. Diese Zuweisung erfolgt mittels rechtlicher Vereinbarungen zwischen den Projektbeteiligten. So entsteht bei jeder Projektfinanzierung eine auf sie zugeschnittene Vertragsarchitektur, die sich aus einer Vielzahl von Verträgen zusammensetzt, welche den Bau, den Betrieb und die Finanzierung des Projekts regeln.[14]

6.1.2 Strukturierung der Verträge einer Projektfinanzierung

7   Die verschiedenen Verträge können grob danach gegliedert werden, wer die Vertragsparteien sind. Im einzelnen können folgende Vertragsgruppen unterschieden werden:[15]

(1) Verträge, welche die Projektgesellschaft als solche betreffen; insbesondere der Gesellschaftsvertrag bzw. die Satzung der Projektgesellschaft

(2) Verträge der Sponsoren mit der Projektgesellschaft wie Gesellschafterdarlehensvertrag (subordinated loan agreement), sponsor support agreement oder project funds agreement

(3) Verträge der Banken mit der Projektgesellschaft; insbesondere der Darlehensvertrag (bzw. Konsortialkreditvertrag) und Verträge zur Begründung dinglicher Sicherheiten

(4) Verträge der Banken mit den Sponsoren; insbesondere Fertigstellungsgarantien und Verträge über die Bestellung von Pfandrechten an den Gesellschaftsanteilen der Sponsoren an der Projektgesellschaft[16]

(5) Verträge der Projektgesellschaft mit Dritten (sogenannte Projektverträge); insbesondere Konzessionsverträge,[17] der Generalunternehmervertrag,[18] der Betriebsführungsvertrag, Lieferverträge, Abnahmeverträge und Versicherungsverträge

(6) Projektverträge zwischen Banken und Dritten (sogenannte direct agreements) Direct agreements sind eine rechtliche Innovation des **englischen Rechts** bei Projektfinanzierungen.[19] Diese Verträge räumen den Banken **eigene** Ansprüche aus den wichtigsten Projektverträgen, z.B. dem concession agreement, construction contract, operation and maintenance agreement, supply agreement oder off-

---

[14] *Nicklisch* (Wirtschaftlicher Hintergrund und Vertragsstrukturen von BOT-Projekten, in: ders. (Hrsg.), Rechtsfragen privatfinanzierter Projekte, Heidelberg 1994, S. 8) hat von einem „Netzwerk komplexer Langzeitverträge" gesprochen; vgl. auch *Pahl*, Die Entwicklung von Projektfinanzierungsstrukturen aus der Sicht des Financiers, in: Nicklisch (Hrsg.), a.a.O., S. 30.

[15] Weniger umfassend, aber häufig in Projektfinanzierungsverträgen anzutreffen, ist folgende Unterscheidung: Eigenkapitalverträge *(equity agreements)*, Finanzierungsverträge *(financing agreements)*, Sicherheitenverträge *(security agreements)*, Projektverträge *(project agreements)* und Versicherungen *(insurances)*.

[16] *Rümker/Franke,* Die Bedeutung von Gesellschaftsanteilen als Kreditsicherheit in der Praxis der Kreditinstitute, in: Hadding/U. H. Schneider (Hrsg.), Gesellschaftsanteile als Kreditsicherheit, Berlin 1979, S. 14ff.

[17] Soweit Konzessionen nach dem anwendbaren Recht vertraglich vereinbart werden können.

[18] Dazu *Fikentscher,* Der Werkverschaffungsvertrag, in: AcP Bd. 190 (1990), S. 34–111.

[19] Vgl. *Denton Hall* (Hrsg.), A guide to project finance, London 1998, S. 77–80; *Vinter*, Project Finance. A legal guide, 2. Aufl., London 1998, S. 159–167.

take agreement, ein. Sie ermöglichen es den Banken, die Fortführung eines Projekts von der Zahlungsfähigkeit und vom Bestand der Projektgesellschaft unabhängig zu machen. Die Banken werden durch diese direct agreements in die Lage versetzt, das Projekt auch ohne die Projektgesellschaft fortzuführen, da die wesentlichen Verpflichtungen auch bei Wegfall der Projektgesellschaft bestehen. Dieses Fortführungsbedürfnis der Banken wird regelmäßig nicht bereits durch dingliche Sicherheiten, z.B. eine Abtretung der Ansprüche aus einem Abnahmevertrag (offtake agreement), abgedeckt. Diese ermöglichen nämlich grundsätzlich nur die Sicherheitenverwertung im Sicherungsfall, sollen aber nicht umfassend die Projektfortführung sicherstellen. Juristisch muss das englische Recht auf die Rechtsfigur der direct agreements zurückgreifen, weil es keine Verträge zugunsten Dritter kennt.[20] Noch wichtiger ist, dass der Vertrag zwischen Projektgesellschaft und der anderen Partei noch nicht vollständig erfüllt ist (sogenannter executory contract) und deshalb der Insolvenzverwalter (liquidator) ein Wahlrecht hinsichtlich der Erfüllung hat.[21] Das direct agreement unterliegt demgegenüber nicht dem Wahlrecht des Insolvenzverwalters.

In Dokumentationen nach **deutschem Recht** sind Direktverträge unüblich. Sie wären rechtlich auch nicht erforderlich, weil in Verträgen zwischen der Projektgesellschaft und Dritten die Bank als unmittelbar forderungsberechtigte Partei aufgenommen werden könnte (Vertrag zugunsten Dritter, § 328 BGB). Doch stellt sich auch unter deutschem Recht die Frage, ob durch Direktverträge nicht die Insolvenzfestigkeit der Fortführungsrechte der Banken erreicht werden kann. Hinsichtlich der Projektverträge, welche die Projektgesellschaft abgeschlossen hat, besteht ein Wahlrecht des Insolvenzverwalters bei Insolvenz der Projektgesellschaft nach § 103 I InsO. Direktverträge der Banken werden vom Wortlaut des § 103 I InsO nicht erfasst. Da sie aber vor allem im Hinblick auf die Insolvenz der Projektgesellschaft geschlossen werden, ist nicht auszuschließen, dass die Rechtsprechung eine analoge Anwendung von § 103 I InsO befürworten könnte.

(7) Behördliche Genehmigungen im Gastland und Konzessionen; z.B. Baugenehmigung, immissionsschutzrechtliche Genehmigung, Import- und Exportgenehmigung, Deviseneinfuhr- und Devisenausfuhrgenehmigung
(8) Verträge zwischen den Banken; insbesondere der Konsortialvertrag und der Sicherheitenpoolvertrag bzw. der Unterbeteiligungsvertrag
(9) Verträge der Banken mit Beratern (Rechtsanwälten, Wirtschaftsprüfern, Versicherungsberatern, technischen Beratern usw.)
(10) Absicherung durch die Regierung des Gastlandes: insbesondere comfort letters.

Die rechtliche Dokumentation einer Projektfinanzierung dient der Umsetzung der zuvor entwickelten Risikostruktur. Für das Verhandeln und die Erstellung der Verträge einer Projektfinanzierung gilt deshalb die Regel: **erst die Struktur, dann der Vertrag.** Es ist erst dann sinnvoll, das umfangreiche Vertragsgeflecht auszuarbeiten, wenn die Struktur einer Projektfinanzierung weitgehend feststeht. Die Entwicklung einer solchen Struktur beginnt mit der Festlegung der Vertragsparteien und deren Rolle in der Gesamtstruktur (was gegebenenfalls mit Hilfe eines Strukturdiagramms visualisiert werden kann), setzt sich anschließend in einer kursorischen Formulierung der Vertragsbestimmungen in einem ausführlichen term sheet[22] fort und mündet in der Ausformu-

8

---

[20] *Henrich,* Einführung in das englische Privatrecht, 2. Aufl., Darmstadt 1993, S. 41, 58; *Triebel/ Hodgson/Kellenter/Müller,* Englisches Handels- und Wirtschaftsrecht, 2. Aufl., Heidelberg 1995, Rdnrn. 76–79.
[21] *Goode,* Principles of Corporate Insolvency Law, London 1990, S. 49–51.
[22] Vgl. unten Kapitel 6.2.3.

lierung der Vertragstexte. Wenn mehrere Fremdfinanzierungsquellen genutzt werden (z.B. bei Kombination von Bankdarlehen mit Absicherung durch verschiedene Exportkreditversicherer), bietet sich die Erstellung eines Vertrags mit gemeinsamen Vertragsbestimmungen (common terms agreement) an, der gemeinsame Vorschriften für die verschiedenen Darlehensverträge enthält. Ein zuweilen bei Projektfinanzierungen zu beobachtender Grundlagenfehler besteht darin, mit der Formulierung von Einzelverträgen bereits zu beginnen, bevor die Grundstruktur feststeht. Dies führt bei späteren Weiterentwicklungen in der Struktur zur Notwendigkeit von Anpassungen in den Vertragsentwürfen. Bei dem großen Umfang der Vertragsnetze ergeben sich schnell Ungereimtheiten und sogar Widersprüche. Dadurch werden unnötige Anwaltskosten und Zeitverzögerungen verursacht.

9   Die Übersicht über die Vertragsnetze kann durch einige **Hilfsmittel** erleichtert werden. So bedienen sich viele Vertragsjuristen einer Vertragsübersicht (closing document checklist), aus der sich alle erforderlichen Dokumente, ihr derzeitiger Fertigstellungsstatus und die für die Erstellung verantwortlichen Personen ergeben. Während der Vertragsverhandlungen sollte eine Problemliste (issue checklist) geführt werden, in der unterteilt nach den einzelnen Verträgen problematische oder fehlende Bestimmungen, Lösungsvorschläge und der jeweilige Diskussionsstand aufgeführt werden. Nur so kann bei längeren Verhandlungen der Überblick über das Vertragsnetz gewahrt werden. Um besonders wichtige Struktureinzelheiten auch Jahre nach Unterschrift der Verträge überschauen zu können, bietet es sich an, Detailübersichten anzufertigen. Dabei ist es insbesondere wichtig, Überblick über die Zahlungsflüsse von und zur Projektgesellschaft zu behalten. Dem dient eine Übersicht über die verschiedenen im Zusammenhang mit einer Projektfinanzierung eingerichteten Konten[23] und der Reihenfolge, in der bestimmte Forderungen aus diesen Konten zu befriedigen sind. Außerdem sollte der vertraglich festgelegte Verfahrensablauf bei Vertragsverletzungen (bzw. einem default bei Verträgen nach englischem Recht) des Darlehensvertrags durch ein Flussdiagramm (road map memorandum) abgebildet werden.

6.1.3 Gründe für Projektfinanzierungen

10 Häufig bedürfen Projektfinanzierungen einer langen Vorbereitungszeit, weisen eine komplexe Struktur auf, um die verschiedenen Risiken aufzufangen, und sind teurer als konventionelle Unternehmensfinanzierungen. Vor diesem Hintergrund ist die Frage zu stellen, warum Projektsponsoren diese Finanzierungsform nachfragen.[24] Aus der Sicht der Projektsponsoren können die Gründe für Projektfinanzierungen zunächst aus deren Definitionsmerkmalen selbst abgeleitet werden. Der erste Grund für Projektfinanzierungen ist in der damit verbundenen **Haftungsbegrenzung** der Sponsoren zu sehen. Die Sponsoren schließen ihre unbeschränkte Haftung für ein Projekt aus, indem sie eine Projektgesellschaft regelmäßig in Form einer Kapitalgesellschaft gründen, die sie nur teilweise mit ihrem Eigenkapital, im Übrigen aber mit Fremdkapital finanzieren, das von Banken stammt.[25] Eine Haftungsbegrenzung der Sponsoren wird außerdem dadurch

---

[23] Zu den einzelnen Kontenarten oben Kapitel 1.9 und unten Kapitel 6.2.6.9.
[24] Vgl. bereits oben Kapitel 2.6; *Denton Hall* (Hrsg.), A guide to project finance, 1998, S. 6f.; *Höpfner,* Projektfinanzierung. Erfolgsorientiertes Management einer bankbetrieblichen Leistungsart, Göttingen 1995; *Tytko,* Grundlagen der Projektfinanzierung, Stuttgart 1999; zu verschiedenen institutionenökonomischen Ansätzen *Jürgens,* Projektfinanzierung. Neue Institutionenlehre und ökonomische Rationalität, Wiesbaden 1994.
[25] In ähnlicher Weise führen Unternehmen teilweise bei Unternehmenskäufen eine Haftungsbeschränkung durch Zwischenschaltung einer Gesellschaft (sogenannte *new company*) durch. Die zwischengeschaltete Gesellschaft erwirbt mit Hilfe eines Bankenkredits die Gesellschaftsanteile an

erreicht, dass spätestens mit Projektfertigstellung die Fertigstellungsgarantien der Sponsoren für Verbindlichkeiten der Projektgesellschaft (limited recourse financing) wegfallen, wenn solche Garantien überhaupt gewährt werden. Mit Projektfertigstellung ist somit das Finanzierungsrisiko der Sponsoren maximal auf ihren jeweiligen Eigenkapitalbeitrag in der Projektgesellschaft beschränkt (non recourse financing). Durch die Haftungsbegrenzung wird das Risiko eines Fehlschlagens einer Investition auf die Projektgesellschaft isoliert und vom Sponsor rechtlich ferngehalten. Das Finanzierungsrisiko verschwindet natürlich nicht, sondern wird nur auf die Projektgesellschaft und auf die Fremdkapital gebenden Banken verlagert. Die hier auftretende Risikoverlagerung wird in der ökonomischen Analyse oft als das Problem des falschen Anreizes (moral hazard) bezeichnet.[26] Die Strukturierung der verschiedenen Projektrisiken, die oben als Merkmal der Projektfinanzierung genannt wurde,[27] ist im Wesentlichen auch ein Versuch der Banken, den Nachteilen aus der Risikoverlagerung teilweise entgegenzuwirken.

Ein weiterer wesentlicher, wirtschaftlicher Grund für Projektfinanzierungen ist darin zu sehen, dass sie für die Projektsponsoren eine Form der bilanzneutralen Finanzierung oder sogenannten **Off-balance-sheet-Finanzierung** darstellen,[28] was durch die Einschaltung einer Projektgesellschaft erreicht wird. Damit wird ausgedrückt, dass die Projektsponsoren nach Wegfall ihrer Fertigstellungsgarantien gegenüber den Banken keine Eventualverbindlichkeiten für ein Projekt mehr haben und dementsprechend projektbezogene Verbindlichkeiten in ihrem Einzeljahresabschluss entfallen. Die Fremdkapitalfinanzierung des Projekts wird in der Bilanz der Projektgesellschaft und nicht der Einzelbilanz der Sponsoren abgebildet. Allerdings kann eine Einbeziehung der Projektgesellschaft in den Konzernabschluss des Sponsors erforderlich sein.[29] Eine Einbeziehung in den Konzernabschluss kann nur vermieden werden, indem die Projektgesellschaft aus dem Konsolidierungskreis durch Vermeidung der Voraussetzungen für eine Konsolidierungspflicht ausgeschlossen wird.[30] Selbst bei Vermeidung einer Konsolidierungspflicht verschwindet die Projektgesellschaft – anders als Vermögensgegenstände bei anderen Formen der Off-balance-sheet-Finanzierung (insbesondere der Securitisation)[31] – aber nicht vollständig aus der Einzelbilanz der Projektsponsoren, da die Eigen-

11

---

bzw. die Vermögensgegenstände der Zielgesellschaft; vgl. *Fahrholz*, Neue Formen der Unternehmensfinanzierung. Unternehmensübernahmen, Big ticket-Leasing, Asset Backed- und Projektfinanzierungen, München 1998, S. 2.

[26] Vgl. umfassend *Röver*, Vergleichende Prinzipien dinglicher Sicherheiten, München 1999, S. 117f. am Beispiel der Sicherungsrechte. Außerdem *Jürgens*, Projektfinanzierung. Neue Institutionenlehre und ökonomische Rationalität, Wiesbaden 1994, S. 48–55, 115–133.

[27] Vgl. oben Kapitel 6.1.1.

[28] Vgl. zur Bilanzierung Kapitel 13; außerdem *Reuter*, Bilanzneutrale Gestaltung von Projektfinanzierungen nach GoB, Leasingregeln und US-GAAP, in: BB 2000, S. 659–666.

[29] Eine Verpflichtung zur Aufstellung eines Konzernabschlusses (vgl. auch Kapitel 13 B.III.g, C.II) besteht nach deutschem Recht insbesondere, wenn eine Kapitalgesellschaft mit Sitz im Inland die einheitliche Leitung über eine Projektgesellschaft ausübt (§ 290 I HGB), ihr an der Projektgesellschaft die Mehrheit der Stimmrechte zusteht (§ 290 II Nr. 1 HGB) oder die Kapitalgesellschaft auf Grund eines Beherrschungsvertrags oder einer Satzungsbestimmung ein Recht auf Ausübung eines beherrschenden Einflusses hat (§ 290 II Nr. 3 HGB).

[30] *Finnerty*, Project Financing, S. 31 weist allerdings darauf hin, dass in einem effizienten Kapitalmarkt Investoren und Ratingagenturen auch die Verbindlichkeiten eines Unternehmens außerhalb seiner Bilanz in ihre Bewertung mit einbeziehen.

[31] Bei der Grundform der *Securitisation* werden Vermögensgegenstände, z.B. Forderungsmehrheiten, an eine Einzweckgesellschaft veräußert. In der Bilanz des Forderungsveräußerers findet ein Aktivtausch statt. Die aktivierten Forderungen werden in eine Kasseposition für die Veräußerungserlöse umgewandelt. Diese Kasseposition deckt die gegebenenfalls für die Forderungen eingegangenen Verbindlichkeiten auf der Passivseite der Bilanz ab (vgl. zur *Securitisation Fahrholz*,

kapitalbeteiligung des Sponsors an der Projektgesellschaft in der Regel in dessen Einzelbilanz ausgewiesen wird.[32] Für die Projektsponsoren bedeutet die Off-balance-sheet-Finanzierung vor allem, dass sie – insbesondere während der Investitionsphase eines Projekts – eine Belastung ihrer Eigenkapitalrendite vermeiden können. Zudem ist für das Neuprojekt, das im Wege einer Projektfinanzierung dargestellt wird, nur ein gewisser Eigenkapitalbeitrag zu erbringen, im Übrigen wird aber das eigene Eigenkapital nicht belastet.[33] Durch Verlagerung der Verbindlichkeiten für das Projekt auf die Projektgesellschaft bewahrt sich der Sponsor seinen Finanzierungsspielraum zur Durchführung weiterer Projekte.

12   Als weiteres Merkmal der Projektfinanzierung wurde genannt, dass diese Finanzierungsform cash-flow-orientiert ist. Anders als die traditionelle Unternehmensfinanzierung der Banken, bei der sich die Kreditwürdigkeitsprüfung auf die Jahresabschlüsse[34] und die unterjährigen Zahlen des Kreditnehmers stützt, basiert eine Projektfinanzierung vor allem auf einer Untersuchung des künftigen, laufenden Cash flow eines zu finanzierenden Projekts. Gegenüber der traditionellen Unternehmensfinanzierung stellt die Technik der Projektfinanzierung somit eine **Erweiterung der Finanzierungsmöglichkeiten** dar. Allerdings sollte erwähnt werden, dass auch bei der Projektfinanzierung die traditionelle Bonitätsprüfung auf der Grundlage von Jahresabschlüssen und unterjährigen Zahlen nicht vollkommen überflüssig wird. Einerseits wird die Bank die Zahlen der Sponsoren und anderer wichtiger Projektbeteiligter bei ihrer Finanzierungsentscheidung berücksichtigen. Außerdem spiegelt sich die finanzielle Situation einer Projektgesellschaft nach Aufnahme der Unternehmenstätigkeit in ihren Unternehmenszahlen, die von den Banken nach Abschluss der Verträge einer Projektfinanzierung laufend untersucht werden.

13   Auch aus dem vierten Kriterium einer Projektfinanzierung, der Risikostrukturierung, ergeben sich Gründe für diese Finanzierungsart. Es wurde erwähnt, dass mit Hilfe der Risikostrukturierung versucht wird, Risiken dem jeweils am besten zur Risikobeherrschung geeigneten Projektbeteiligten zuzuweisen. Daraus resultiert eine **Risikoteilung** zwischen den verschiedenen Projektbeteiligten. Dabei werden die Projektrisiken zwischen den verschiedenen am Eigenkapital der Projektgesellschaft beteiligten Projektsponsoren, den Fremdkapital gebenden Banken und weiteren Projektbeteiligten aufgeteilt. Diese umfassende Risikoteilung kann ein wesentlicher Grund dafür sein, dass ein bestimmtes Projekt, das ein Sponsor alleine nicht durchführen könnte, verwirklicht werden kann. Somit ergibt sich aus der Risikoteilung wiederum eine Erweiterung der Finanzierungsmöglichkeiten.

14   Aus der umfassenden Risikostrukturierung folgt als weiterer Grund für Projektfinanzierungen die größere **Flexibilität** bei der Gestaltung von Darlehensbestimmungen gegenüber herkömmlichen Krediten.[35] Auf der Grundlage der aus dem Cash-flow-Modell gewonnenen Erkenntnisse wird eine Projektfinanzierung auf ein bestimmtes

---

Neue Formen der Unternehmensfinanzierung. Unternehmensübernahmen, Big ticket-Leasing, Asset Backed- und Projektfinanzierungen, München 1998, S. 213–251).

[32] Vgl. vertiefend Kapitel 13 B.III. a. Dividendenzahlungen der Projektgesellschaft erscheinen im Übrigen in der Regel in den Gewinn- und Verlustrechnungen der Projektsponsoren.

[33] Die Banken werden allerdings darauf achten, dass die Sponsoren von vornherein genügend Eigenkapital für die Projektgesellschaft zur Verfügung stellen; vgl. bereits oben Kapitel 2.6.3.

[34] § 18 S. 1 KWG bezieht sich vor allem auf diese Art der Unternehmensfinanzierung, wenn als Kreditunterlage insbesondere Jahresabschlüsse verlangt werden; vgl. vertiefend Kapitel 6.2.6.9.1.

[35] Diese Aussage gilt nicht uneingeschränkt für Projektfinanzierungen über den Kapitalmarkt durch Projektanleihen *(project bonds)*. Für Projektanleihen werden bislang wegen der fehlenden Tiefe des entsprechenden Markts eher einfache Strukturen (z. B. gleichmäßige Tilgungsraten) gewählt.

Projekt individuell zugeschnitten. Z. B. können tilgungsfreie Zeiten eingefügt und Tilgungsraten variabel gestaltet werden, auch die Zinszahlungen können dem erwarteten Cash-flow-Verlauf angepasst werden. Mechanismen vorzeitiger Rückzahlungen bei besser als erwartetem Cash-flow-Verlauf können in den Darlehensvertrag aufgenommen werden. In diesem Zusammenhang sollte auch erwähnt werden, dass bei Projektfinanzierungen **längere Rückzahlungsfristen** möglich sind als bei traditioneller Unternehmensfinanzierung.

Neben den Gründen, die sich direkt aus den Merkmalen einer Projektfinanzierung ableiten lassen, stehen selbständige Aspekte. Insbesondere kann der Einsatz von Fremdkapital (financial gearing), ebenso wie bei der konventionellen Unternehmensfinanzierung, die **Eigenkapitalverzinsung** erhöhen (sogenannter Leverage-Effekt). Dies setzt voraus, dass die Gesamtkapitalrendite über der Fremdkapitalrendite liegt, oder einfach ausgedrückt, dass ein Projekt ausreichend verdient.[36] Da Unternehmenserfolg heute vornehmlich an der Erhöhung des shareholder value (also des Aktienpreises bzw. der Dividendenzahlungen eines Unternehmens) gemessen wird, und dieser wiederum von der kontinuierlichen Erhöhung der Eigenkapitalrendite (return on equity)[37] abhängt, kann moderne Unternehmensführung auf den Einsatz adäquater Fremdkapitalmittel nicht mehr verzichten.

Ein wesentlicher Grund für Projektfinanzierungen ist weiterhin, dass Sponsor und Projektgesellschaft als unterschiedliche Personen in finanzieller Hinsicht möglicherweise eine unterschiedliche Behandlung erfahren. Aus einer günstigeren Behandlung der Projektgesellschaft können sich aus der Sicht eines Sponsors für eine Finanzierung **günstigere Kapitalkosten** ergeben.[38] Günstigere Kapitalkosten können beispielsweise daraus herrühren, dass mit bonitätsmäßig guten Abnehmern Abnahmeverträge vorliegen, die Projektgesellschaft steuerliche Vorteile nutzen kann oder einen höheren Verschuldungsgrad (financial leverage) unterhalten kann als der Sponsor. So können die Verschuldungsgrenzen eines Sponsors (die sich z. B. aus den Finanzkennzahlen [financial covenants] eines Darlehensvertrags ergeben) durch eine Projektfinanzierung umgangen werden. Auch kann die Projektgesellschaft sich gegebenenfalls günstig über den Kapitalmarkt in der Form von Projektanleihen finanzieren, während der Sponsor auf Grund seiner Größe oder Bonität keinen Zugang zum Kapitalmarkt hat. Der Kapitalmarkt bezieht sich bei der Preisgestaltung auf die Ratingklassifizierung einer Anleihe durch externe Ratingagenturen wie Standard & Poor's Rating Service, Moody's Investor Service, Inc., Duff & Phelps Credit Rating Co. oder Fitch IBCA.

Wie sich gezeigt hat, gibt es für die Projektsponsoren vielfältige Gründe, eine Projektfinanzierung zu wählen. Meist wird eine Kombination mehrerer genannter Gesichtspunkte den Ausschlag dafür geben, dass sich die Sponsoren für eine Projektfinanzierung entscheiden. Ob eine Projektfinanzierung tatsächlich durchgeführt wird, entscheidet sich letztlich daran, ob mit einem geplanten Projekt die vom Unternehmen angestrebte Eigenkapitalrendite erwirtschaftet wird und ob bei realistischer Einschätzung der verschiedenen Projektrisiken das Unternehmen und die Banken von der Beherrschbarkeit dieser Risiken überzeugt sind.

---

[36] Ausführlich *Brealey/Myers/Marcus,* Fundamentals of Corporate Finance, New York usw. 1995, S. 381–393.
[37] Der *return on equity* (RoE), auch *return on capital employed* (ROCE) genannt, ergibt sich aus einer Division des Betriebsergebnisses vor Finanzierung und Steuern durch das eingesetzte Kapital. Zum Zusammenhang dieses Maßstabes für Wertsteigerung mit der häufig verwendeten *internal rate of return* (IRR) *Higson,* Business Finance, 2. Aufl., London, Dublin, Edinburgh 1995, S. 316–320.
[38] *Finnerty,* Project Financing, S. 24.

6.1.4 Projektrisiken

18 Die Vertragsarchitektur einer Projektfinanzierung nimmt ihren Ausgang bei der **Verteilung der** verschiedenen **Risiken** auf die Geschäftsbeteiligten durch verschiedene Vertragsbeziehungen.[39] Hinsichtlich der Risiken hat es sich eingebürgert, bestimmte wesentliche Risikoarten zu unterscheiden. Die verschiedenen Risiken können durch bestimmte typische Strukturierungsmöglichkeiten aufgefangen werden. Im Folgenden geben wir, ohne Anspruch auf Vollständigkeit, eine Übersicht über typische Risikoarten, allgemeine Risikobeschränkungsmöglichkeiten und deren rechtliche Strukturierungsmöglichkeiten.[40]

Projektrisiko	Allgemeine Risikobeschränkungsmöglichkeiten (risk mitigants)	Rechtliche Strukturierungsmöglichkeiten
1. Kreditrisiken		
Allgemeines Kreditrisiko, d. h. Zahlungsverzug (payment default) oder Ausfall des Kredits (loss on default)	Analyse der im Folgenden beschriebenen Einzelrisiken	(1) Eigenkapitalquote (debt-to-equity (and subordinated debt) ratio) als Finanzkennzahl (financial covenant) im Darlehensvertrag (2) Personalsicherheiten (3) Dingliche Sicherheiten (4) Kreditderivate (credit derivatives), z. B. – Credit default swaps – Total return swaps – Credit spread options – Credit linked notes (5) Übertragung von Darlehensforderungen ganz oder teilweise auf Dritte
Bonitäts-/Kreditrisiko (credit risk) eines Vertragspartners (z. B. Sponsor, Lieferant, Abnehmer, Versicherer, hedging counterparty)	(1) Analyse unterjähriger Zahlen und von Jahresabschlüssen (2) Bankinternes bzw. externes Rating durch Ratingagenturen	(1) Verpflichtung im Darlehensvertrag zur Vorlage unterjähriger Zahlen und von Jahresabschlüssen (2) Garantie, Bürgschaft oder Akkreditiv (stand-by letter of credit) eines bonitätsmäßig erstklassigen Unternehmens/einer Bank

---

[39] Vgl. zu Risiken allgemein *Bernstein*, Against the Gods. The Remarkable Story of Risk, New York usw. 1996.
[40] Vgl. auch oben Kapitel 1.5–1.7. *Denton Hall* (Hrsg.), A guide to project finance, London 1998, S. 55–65; *Hinsch/Horn,* Das Vertragsrecht der internationalen Konsortialkredite und Projektfinanzierungen, 1985, S. 210 ff.; *Hupe,* Steuerung und Kontrolle internationaler Projektfinanzierungen, Frankfurt a. M., Berlin, Bern, New York, Paris, Wien 1995; *Nevitt/Fabozzi,* Project Financing, 6. Aufl. 1995, S. 35–38; *Tinsley,* Project Finance: Risk Analysis and Allocation, 1996; *Vogel,* Vertragsgestaltung bei internationalen Projektfinanzierungen, Köln 1997, S. 9–13; *Wood,* International Finance, 1980, S. 313.

Überblick

Projektrisiko	Allgemeine Risikobeschränkungsmöglichkeiten (risk mitigants)	Rechtliche Strukturierungsmöglichkeiten
2. Technische Risiken i. w. S.	Allgemein: (1) Machbarkeitsstudie (feasibility study) im Auftrag der Sponsoren (2) Überprüfung (audit) durch einen bankeigenen Ingenieur (3) Überprüfung (audit) durch einen unabhängigen, technischen Berater	Allgemein: (1) Vertrag mit dem unabhängigen, technischen Berater (mit genauer Tätigkeitsbeschreibung) (2) Verpflichtung im Darlehensvertrag zur Vorlage von Projektberichten
Fertigstellungsrisiko (completion/construction risk), d. h. zeitgerechte Fertigstellung gemäß der vereinbarten Spezifikation[41]	(1) Track record des Generalunternehmers (GU) (2) Bonität des GU	(1) GU-Vertrag (als turn key contract; fixed date/date certain, – Vertragsstrafen – mit Schadenspauschale [liquidated damages]) (2) Fertigstellungsgarantie der Sponsoren, Garantie des GU (performance bond) (3) Technischer Fertigstellungstest (technical completion test)
Technisches Risiko i. e. S. (technical risk/performance risk)	(1) Erprobte Technologie (proven technology) (2) Track record des Herstellers (3) Technische Unterstützung durch den Hersteller	(1) GU-Vertrag (insbesondere Gewährleistung) (2) Fertigstellungsgarantie der Sponsoren, Garantie des GU (performance bond) (3) Technischer Fertigstellungstest (technical completion test) und leistungsmäßiger Fertigstellungstest (performance completion test) (4) Technical assistance agreement zwischen Projektgesellschaft und Hersteller
Rohstoffrisiko (resource risk), d. h. Vorhandensein der Rohstoffe	(1) International anerkannte Rohstoffklassifizierung[42] (2) Probenuntersuchung durch international anerkanntes Laboratorium (3) Rohstoffreserven reichen über Finanzierungslaufzeit hinaus (reserve tail)	(1) Rohstoffmenge als Auszahlungsvoraussetzung (condition precedent) im Darlehensvertrag (2) Ausreichende Laufzeit der Konzession (concession tenor)

---

[41] Manche Autoren fassen unter das Fertigstellungsrisiko auch das Risiko einer Kostenüberschreitung während der Bauphase des Projekts. Dieses Risiko wird hier als Kostenrisiko den wirtschaftlichen Risiken zugeordnet.

[42] Vgl. oben Kapitel 2.6.3, 2.7.2.

Projektrisiko	Allgemeine Risikobeschränkungsmöglichkeiten (risk mitigants)	Rechtliche Strukturierungsmöglichkeiten
Abbaurisiko (exploration risk) bei Bergbau- bzw. Öl- und Gasprojekten	Erprobte Abbaumethode	(1) GU-Vertrag (als turn key contract; fixed date/date certain, Vertragsstrafen mit Schadenspauschale [liquidated damages]) (2) Fertigstellungsgarantie der Sponsoren, Garantie des GU (performance bond) (3) Technischer Fertigstellungstest (technical completion test)
Risiko einer geeigneten Bodenbeschaffenheit (z. B. bei Bau großer Anlagen oder Straßen)		
Transportrisiko (hinsichtlich Nachschub und Absatz)	Sichere Transportwege	
Sonstiges Infrastrukturrisiko (infrastructure risk), z. B. Elektrizität, Wasser, qualifizierte Arbeitskräfte, Unterbringung der Arbeitskräfte		
3. Wirtschaftliche Risiken[43]	Allgemein: (1) Cash-flow-Modell des Sponsors (2) Cash-flow-Modell der Banken und Berechnung von Sensitivitäten (insbesondere Break-even-Ermittlung)	Allgemein: (1) Wirtschaftlicher Fertigstellungstest (financial completion test) mit Bezugnahme auf Finanzkennzahlen (2) Finanzkennzahlen (financial covenants) i. V. m. Kündigungs-/default-Bestimmungen im Darlehensvertrag (3) Finanzkennzahlen (financial covenants) i. V. m. Ausschüttungsverboten im Darlehensvertrag (4) Finanzkennzahlen (financial covenants) als Auszahlungsvoraussetzungen (conditions precedent) im Darlehensvertrag (sogenannter „availability test") (5) Schuldendienstreservekonto (debt service reserve account)

21

---

[43] Wirtschaftliche Risiken werden teilweise in Betriebs- und Marktrisiken unterschieden.

Überblick

Projektrisiko	Allgemeine Risikobeschränkungsmöglichkeiten (risk mitigants)	Rechtliche Strukturierungsmöglichkeiten
		(6) Gesellschafterdarlehen (7) Haftungsvorschriften im Vertrag mit dem Entwickler des Cash-flow-Modells wegen Modellfehlern (8) Exportkredit „versicherung", die politisches **und** wirtschaftliches Risiko abdeckt
Kostenrisiko, d. h. – Kostenüberschreitungsrisiko (Capex[44] risk/cost overrun risk) während der Bauphase des Projekts – Betriebskostenrisiko (Opex[45] risk) während der Betriebsphase des Projekts – Kostenrisiko in der Stilllegungsphase	(1) Machbarkeitsstudie (feasibility study) im Auftrag der Sponsoren (2) Detaillierte Kostenplanung durch Sponsoren (3) Überprüfung (audit) urch einen bankeigenen Ingenieur (4) Überprüfung (audit) durch einen unabhängigen, technischen Berater (beachte Erfahrungs-/Vergleichswerte) (5) Track record des GU (6) Rückstellungen für Kostenüberschreitungen (cost overrun provisions) in der Kostenplanung (7) Rückstellungen in der Kostenplanung für Rekultivierungsmaßnahmen (reclamation)	(1) GU-Vertrag (Festpreis [fixed price], Vertragsstrafen mit Schadenspauschale liquidated damages) (2) Fertigstellungsgarantie der Sponsoren oder sonstige Sponsorengarantie (cost overrun guarantee), Garantie des GU (performance bond) (3) Zusätzliche Kreditlinie für Kostenüberschreitungen (cost overrun facility bzw. stand-by facility) (4) Betriebsmittelkreditlinie (working capital credit facility) (5) Sponsor support agreement (mit Nachschussverpflichtung)
Risiko einer Betriebsunterbrechung	Gutachten eines unabhängigen Versicherungsberaters zum Umfang der Betriebsunterbrechungsversicherung	Betriebsunterbrechungsversicherung (business interruption insurance)
Betreiberrisiko (operating performance risk)	(1) Track record des Betreibers (2) Technische Unterstützung durch die Sponsoren	(1) Betreibervertrag (mit incentive/penalty-Bestimmungen) (2) Technical assistance agreement zwischen Projektgesellschaft und Sponsor
Liefer-/Nachschubrisiko (supply risk) (z. B. Brennstoff)	(1) Track record des Lieferanten (2) Kein Rohstoffrisiko auf Seiten des Lieferanten	Langfristige Lieferverträge (supply contracts – Festpreis fixed price, Vertragsstrafen mit Schadenspauschale [liquidated damages])

---

[44] *Capex = capital expenditure* (Investitionskosten).
[45] *Opex = operating expenditure* (Betriebskosten).

Projektrisiko	Allgemeine Risikobeschränkungsmöglichkeiten (risk mitigants)	Rechtliche Strukturierungsmöglichkeiten
Markt-/Abnahmerisiko (down-stream market risk) hinsichtlich Abnahmemenge und -preis[46]	(1) Bankinterne Marktstudie (2) Externe Marktstudie	(1) Fertigstellungstest hinsichtlich der Absatzsicherstellung (sales completion test) (2) Langfristige Abnahmeverträge (offtake agreements, take-or-pay bzw. take-and-pay obligations) mit Sponsoren/anderen Abnehmern
Sonderfall des Markt-/Abnahmerisikos: Verkehrsaufkommen (hinsichtlich Verkehrsmenge und Mauthöhe)	Gutachten eines unabhängigen Marktforschers über Verkehrsaufkommen	(1) Ausreichende Laufzeit der Konzession (concession tenor) (2) Garantien der Regierung des Gastlandes
Preisänderungsrisiko (price risk) hinsichtlich des von der Projektgesellschaft angebotenen Produkts	(1) Bankinterne Marktstudie (2) Externe Marktstudie (3) Niedrige Produktionskosten (low cost producer); Überprüfung durch einen unabhängigen technischen Berater	(1) Preisgleitklauseln in Abnahmeverträgen (2) Fertigstellungsgarantie der Sponsoren (3) Wirtschaftlicher Fertigstellungstest (economic completion test) mit Bezugnahme auf Abnahmepreis (4) Derivatgeschäfte bei Rohstoffpreisrisiken (commodity price hedging), z.B. – Forward Rate Agreement (= FRA) – Futures – Optionsgeschäfte
Inflations-/Deflationsrisiko	(1) Volkswirtschaftliche Prognosen (2) Kapitalmarktzinsen für öffentliche oder Unternehmensanleihen als Indikator	(1) Darlehensvertrag und Abnahmeverträge bzw. Zulieferverträge in US$ oder anderer harter Währung bzw. jeweils in selber Währung (2) Preisgleitklauseln und Wertsicherungsklauseln[47] in Abnahme- bzw. Zulieferverträgen
Zinsänderungsrisiko (interest rate risk) hinsichtlich eines variablen Darlehenszinssatzes	(1) Volkswirtschaftliche Prognosen	(1) Fester Zinssatz bzw. langfristige Zinsbindung im Darlehensvertrag

---

[46] Hierzu gehören die Absatzmöglichkeiten für ein Produkt, Wettbewerb, Zugang zu den Märkten usw. Preisänderungsrisiken und Bonität der einzelnen Abnehmer werden hier gesonderten Risikoklassen zugewiesen.

[47] Soweit, z.B. nach deutschem Recht, rechtlich möglich.

Überblick

Projektrisiko	Allgemeine Risikobeschränkungsmöglichkeiten (risk mitigants)	Rechtliche Strukturierungsmöglichkeiten
	(2) Kapitalmarktzinsen für öffentliche oder Unternehmensanleihen als Indikator	(2) Derivatgeschäfte (hedging) (a) Termingeschäfte, z. B. – Zinsswap (interest rate swap) – Zins-/Währungsswap (cross currency swap) – Forward Rate Agreement (= FRA) – Forward-Zinsswap (b) Optionsgeschäfte, z. B. – Interest rate cap – Interest rate floor – Interest rate collar – Interest rate swaption
Wechselkursänderungsrisiko (exchange rate risk/ currency risk) zwischen der vom Projekt erwirtschafteten lokalen Währung bzw. den Projektkosten in lokaler Währung einerseits und der Darlehenswährung andererseits	(1) Volkswirtschaftliche Prognosen (2) Kapitalmarktzinsen für öffentliche oder Unternehmensanleihen als Indikator	(1) Darlehensvertrag und Abnahmeverträge bzw. Zulieferverträge in US$ oder anderer harter Währung bzw. jeweils in selber Währung (2) Preisgleitklauseln und Wertsicherungsklauseln[48] in Abnahme- bzw. Zulieferverträgen (3) Derivatgeschäfte (hedging), z. B. – Währungsswap (auch Devisenswap) (currency swap) – Zins-/Währungsswap (cross currency swap) – Exchange Rate Agreement (= ERA) – Forward-Währungsswap (FX forward) – Devisenoption (FX option)
Sachschäden	Gutachten eines unabhängigen Versicherungsberaters zum Umfang der Versicherungsverträge	Versicherungsverträge – Fertigstellungsphase: construction all risks insurance – Betriebsphase: physical loss and damage insurance – Haftpflichtversicherung – Kraftfahrzeugversicherung

[48] Soweit, z. B. nach deutschem Recht, rechtlich möglich.

6. Teil. Projektfinanzierung

Projektrisiko	Allgemeine Risikobeschränkungsmöglichkeiten (risk mitigants)	Rechtliche Strukturierungsmöglichkeiten
Personenschäden	Gutachten eines unabhängigen Versicherungsberaters zum Umfang der Versicherungsverträge	Versicherungsverträge – Haftpflichtversicherung – Kraftfahrzeugversicherung
Umweltschäden (environmental risk)[49]	(1) Umweltschonende Technologie (auch insoweit erprobte Technologie [proven technology]) (2) Umweltgutachten (environmental impact study) im Auftrag der Sponsoren (3) Überprüfung (audit) durch einen unabhängigen, technischen Berater (4) Erarbeitung von Umweltrichtlinien für die Projektgesellschaft (environmental action plan) (5) Rückstellungen in der Kostenplanung für Überwachung und Schadensbeseitigung	(1) Umweltauflagen im Darlehensvertrag: Verpflichtung zur Einhaltung der Weltbank-Standards und der Umweltstandards des nationalen Rechts (2) Ggfs. Verpflichtung der Projektgesellschaft im Darlehensvertrag, Rückstellungen für Rekultivierungsmaßnahmen zu bilden (3) Umwelthaftpflichtversicherung
4. Politische Risiken/Länderrisiko (political risk/country risk)[50]	Allgemein: Politische Analysen (z.B. Tagespresse, Ratingagenturen)	Allgemein: (1) Exportkredit „versicherung" (die nur politisches Risiko bzw. politisches **und** wirtschaftliches Risiko abdeckt) bzw. sonstige staatliche Garantie (2) Politische Risikoversicherung (political risk insurance = PRI)[51] (3) B-loan einer multilateralen Finanzinstitution (z.B. IFC, EBRD, ADB, IDB, CAF) (4) Kreditderivate (insbesondere credit default swaps) (5) Einbindung des Gastlandes (z.B. eines Staatsunternehmens oder eines staatlichen Pensionsfonds) als Gesellschafter der Projektgesellschaft (6) Comfort letter der Regierung des Gastlandes

22

---

[49] Vgl. Kapitel 17.
[50] Vgl. Kapitel 16.
[51] Eine politische Risikoversicherung deckt grundsätzlich nicht die Leistungsstörungen eines Vertrags mit einem staatlichen Vertragspartner.

Überblick

Projektrisiko	Allgemeine Risikobeschränkungsmöglichkeiten (risk mitigants)	Rechtliche Strukturierungsmöglichkeiten
Währungstransfer-/Zahlungsverbotsrisiko (transferability)		(1) Geldforderungen in US$ oder anderer harter Währung (2) Devisenausfuhrgenehmigung (3) (Devisen-)konto im Ausland (offshore collection account) (4) Bestimmung des Zahlungsflusses (insbesondere Einzahlung auf offshore collection account) in der Projektkontovereinbarung (5) Schuldendienstreservekonto (debt service reserve account) im Ausland
Währungskonvertierungsrisiko (convertibility)		(1) Geldforderungen in US$ oder anderer harter Währung (2) (Devisen-)konto im Ausland (offshore collection account) (3) Bestimmung des Zahlungsflusses (insbesondere Einzahlung auf offshore collection account) in der Projektkontovereinbarung (4) Schuldendienstreservekonto (debt service reserve account) im Ausland
Beschlagnahme (confiscation), Enteignung (expropriation), Verstaatlichung (nationalisation)		Kündigungsgrund (bzw. event of default) im Darlehensvertrag
Im- und Exportbeschränkungen/Embargo/Boykott		Kündigungsgrund (bzw. event of default) im Darlehensvertrag
Nichterteilung von Genehmigungen und Konzessionen		Auszahlungsvoraussetzung (condition precedent) im Darlehensvertrag
Konzessionsbruch		Kündigungsgrund (bzw. event of default) im Darlehensvertrag
Rechtsänderungsrisiko (change of law)		Kündigungsgrund (bzw. event of default)[52] im Darlehensvertrag

---

[52] Wohl kein Kündigungsgrund nach Nr. 19 III AGB Banken (der bei Anwendung deutschen Rechts und Einbeziehung der AGB Banken heranzuziehen ist); allerdings *material adverse change* (bei Verträgen nach englischem Recht).

Projektrisiko	Allgemeine Risikobeschränkungsmöglichkeiten (risk mitigants)	Rechtliche Strukturierungsmöglichkeiten
Steueränderungsrisiko (tax risk)[53]	Politische Analysen (z. B. Tagespresse)	(1) Transaktionsstruktur unter Einbeziehung steuerlicher Aspekte mit entsprechenden Rechtsgutachten (legal opinions) (2) Bestätigungen von Steuerbehörden (3) Tax gross-up clause[54]
Zolländerungsrisiko (export duty risk)[55]	Politische Analysen (z. B. Tagespresse)	Gross-up clause[56]
Risiko örtlicher Beeinträchtigungen (local interference risk)	(1) Örtliche Projektpartner (2) Wirtschaftlicher Nutzen für Ortsansässige	
5. Force Majeure-Risiken (z. B. Krieg, Bürgerkrieg (civil war), Unruhen (civil unrest/civil disturbance), Streik, terroristische Akte, Naturkatastrophen wie Erdbeben oder Sturm)[57]		(1) Versicherung, falls notwendig (soweit nicht durch politische Risikoversicherung abgedeckt) und möglich (2) Kündigungsgrund (bzw. event of default) im Darlehensvertrag
6. Rechtliche Risiken (legal risk)		Allgemein: (1) Rechtliche due diligence (2) Rechtsgutachten (legal opinions) (3) Verpflichtung zur Vorlage unabhängiger Rechtsgutachten als Auszahlungsvoraussetzung (condition precedent) im Darlehensvertrag
Nichterteilung von Lizenzen (z. B. Patentlizenzen)		Auszahlungsvoraussetzung (condition precedent) im Darlehensvertrag
Wirksamkeit und Durchsetzbarkeit der getroffenen Vereinbarungen		(1) Auszahlungsvoraussetzung (condition precedent) im Darlehensvertrag (2) Kündigungsgrund (bzw. event of default) im Darlehensvertrag

---

[53] Vgl. auch Kapitel 12.
[54] Soweit, z. B. nach deutschem Recht, rechtlich möglich.
[55] Vgl. auch Kapitel 11.
[56] Soweit, z. B. nach deutschem Recht, rechtlich möglich.
[57] Häufig werden Leistungsverpflichtungen in Projektverträgen durch *force-majeure*-Klauseln ausgeschlossen; vgl. *Böckstiegel,* Vertragsklauseln über nicht zu vertretende Risiken im internationalen Wirtschaftsverkehr, in: RIW 1984, S. 1–9.

Projektrisiko	Allgemeine Risikobeschränkungsmöglichkeiten (risk mitigants)	Rechtliche Strukturierungsmöglichkeiten
Unklare Rechtslage		Soweit rechtlich möglich, Wahl einer Rechtsordnung, bei der Unklarheiten über die Rechtslage nicht bestehen
Schlechtes Funktionieren des Gerichtswesens (Erkenntnisverfahren, Einzelzwangsvollstreckung, Insolvenz)[58]		(1) Soweit rechtlich möglich, Wahl einer entsprechenden internationalen Zuständigkeit (2) Schiedsgerichtsbarkeit
7. Syndizierungs-/Platzierungsrisiko (syndication risk)	(1) Syndizierungsfähige Struktur (2) Frühzeitige Einschaltung anderer Banken (3) Erstellung eines Verkaufsprospekts (information memorandum)	(1) Konsortialvorbehalt im Darlehensvertrag (2) Syndizierungsklausel im Darlehensvertrag ohne weitgehende Einschränkungen (3) Einfache Übertragbarkeit von persönlichen und dinglichen Sicherheiten (soweit sie nicht akzessorisch sind) (4) Beteiligungszusagen (commitment letter) anderer Banken (5) Konsortialvertrag bzw. Unterbeteiligungsverträge mit anderen Banken (6) Clear-market-Vereinbarung, wenn mehrere Darlehen des Darlehensnehmers syndiziert werden.
8. Refinanzierungsrisiko		Market disaster clause im Darlehensvertrag

6.2 Bankkredite

6.2.1 Einführung und allgemeine Rechtsfragen

Das englische Recht und das Recht des US-Bundesstaates New York haben eine große Bedeutung für die Dokumentation von Projektfinanzierungen. Bei internationalen Finanzierungen (bei denen der Kreditnehmer seinen Sitz in einem anderen Land als der Kreditgeber hat) stellt eines der beiden Rechte in den meisten Fällen das auf die Schuldverträge anwendbare Recht dar. Auch wenn englisches Recht oder das Recht des Bundesstaates New York nicht zur Anwendung kommt, macht sich bei der Gestaltung der Vertragsdokumentation der Einfluss anglo-amerikanischer Rechte bemerkbar. Es ist unverkennbar, dass die Dokumentation von Projektfinanzierungen stark durch die Entwicklungen in anglo-amerikanischen

24

---

[58] Vgl. auch Kapitel 8.

Rechten beeinflusst worden ist. Die große Bedeutung anglo-amerikanischer Rechten bei internationalen Finanzierungen ist nicht darin begründet, dass diese Rechte generell leistungsfähiger sind als beispielsweise das deutsche oder französische Recht. Sie ist vielmehr zunächst ein Ausdruck der überlegenen Infrastruktur der Bankenplätze London und New York, die sich in einer Vielzahl spezialisierter Banken, Finanzberater, Rechtsanwaltskanzleien und Wirtschaftsprüfer ausdrückt. Sie sind außerdem der Sitz von Gerichten[59] und Schiedsgerichten mit einer langen Tradition in der Beurteilung internationaler Wirtschaftsstreitigkeiten. Hinzu kommt eine nunmehr bereits vierzig Jahre andauernde Marktübung, die zu einer großen Vertrautheit auch ausländischer Marktteilnehmer mit englischem Recht und dem Recht des Bundesstaates New York geführt hat. Die Übung, englisches Recht anzuwenden, wurde nicht zuletzt durch die Entwicklung des Eurodollarmarktes in London begründet, die in den 60er Jahren einsetzte. Schließlich messen die Marktteilnehmer anglo-amerikanischen Rechten eine größere Rechtssicherheit gegenüber kontinentaleuropäischen Rechten vor allem deshalb zu, weil bei der Auslegung von Verträgen weniger richterliche Ergänzungsmöglichkeiten als in kontinentaleuropäischen Rechten bestehen und auch sonstige richterliche Korrekturmöglichkeiten (insbesondere auf der Grundlage von Generalklauseln wie § 242 BGB) begrenzt sind.[60] Im Folgenden wird der wesentliche Inhalt der Dokumentation einer Projektfinanzierung deshalb aus der Sicht des deutschen unter Berücksichtigung des englischen Rechts besprochen. Anliegen dieses Abschnitts ist es insbesondere, die Unterschiede zwischen deutschem und englischem Recht aufzuzeigen. Es wird sich dabei zeigen, dass eine einfache Übertragung der Vertragsstrukturen anglo-amerikanischer Rechte auf Verträge nach deutschem Recht nicht möglich ist.

Bei jedem Vertragsschluss sind eine Reihe allgemeiner Fragen zu beantworten. Diese werden hier zur Vermeidung von Wiederholungen nicht bei den Einzelverträgen behandelt, sondern „vor die Klammer" gezogen.

6.2.1.1 Angebot – Annahme – consideration

25   Ein Vertrag kommt durch Angebot (im englischen Recht „offer" genannt) und Annahme (im englischen Recht „acceptance" genannt) zustande.[61] Angebot und Annahme werden bei Projektfinanzierungen durch die Unterschriften der beteiligten Vertragsparteien unter einem Vertrag dokumentiert. Zeitpunkt des Vertragsschlusses ist der Zeitpunkt der letzten Annahme durch einen Vertragsbeteiligten. Nach englischem Recht ist ein vertragliches Versprechen nur dann bindend und durchsetzbar, wenn es (1) in die besondere Form einer „deed" gekleidet ist[62] oder (2) vom Versprechenden im Hinblick auf eine Gegenleistung (consideration) des Versprechensempfängers abgegeben worden ist oder (3) eine Gegenleistung (consideration) erbracht worden ist.[63]

---

[59] Des High Court of England, Queen's Bench Division, Commercial Court in London (vgl. dazu *Ingman*, The English Legal Process, 5. Aufl., London 1994, S. 17) und der Gerichte des Southern District of New York.

[60] *Tennekoon*, The Law and Regulation of International Finance, London, Dublin, Edinburgh 1991, S. 20–23.

[61] Vgl. für das deutsche Recht §§ 154 ff. BGB; zum englischen Recht: *Treitel*, An Outline of the Law of Contract, 5. Aufl., London, Dublin, Edinburgh 1995, Chapter 2 = S. 7–27.

[62] Vgl. dazu unten Kapitel 6.2.1.4.

[63] *Kötz/Flessner*, Europäisches Vertragsrecht, Bd. I: *Kötz*, Abschluss, Gültigkeit und Inhalt des Vertrages. Die Beteiligung Dritter am Vertrag, Tübingen 1996, S. 86 f., 97 f. Beachte, dass die *consideration* nicht in einer geldwerten Leistung bestehen oder zwischen Leistung und Gegenleistung eine Entsprechung vorliegen muss (im Einzelnen *Treitel*, An Outline of the Law of Contract, 5. Aufl., London, Dublin, Edinburgh 1995, Chapter 3 = S. 28–55).

In Verträgen nach englischem Recht[64] wird deshalb häufig ausdrücklich auf eine sogenannte consideration Bezug genommen. Die consideration-Lehre hat insbesondere Auswirkungen bei Bürgschafts- (bzw. Garantie-)verträgen[65] und bei Verträgen zugunsten Dritter.[66] Letztere sind im englischen Recht grundsätzlich nicht möglich.[67]

6.2.1.2 Rechtspersönlichkeit (contractual capacity) des Vertragspartners[68]

26 Verträge können nur mit natürlichen oder juristischen Personen abgeschlossen werden oder mit anderen Personen, denen nach dem anwendbaren Recht zumindest für Teilaspekte eine Rechtspersönlichkeit zuerkannt wird.[69] Insbesondere bei Verträgen mit einer Projektgesellschaft muss darauf geachtet werden, dass diese bereits gegründet wurde und wirksam Verträge mit Dritten abschließen kann.

27 Das auf die Rechtsverhältnisse von juristischen Personen und (zumindest teilweise) rechtlich gleichgestellten Rechtspersönlichkeiten anwendbare Recht ist nach deutschem Recht das Recht am Hauptverwaltungssitz der Gesellschaft (sogenanntes Sitzrecht) und nach anglo-amerikanischen Rechten das Recht, nach dem eine Gesellschaft gegründet wurde (sogenanntes Gründungsrecht).[70] Auch nach der Centros-Entscheidung des EuGH[71] ist derzeit nicht davon auszugehen, dass die Sitztheorie gegen die Niederlassungsfreiheit verstößt und damit auf Grund des Anwendungsvorrangs des EU-Rechts bei innergemeinschaftlichen Sachverhalten keine Anwendung mehr findet.[72] Die weitere Entwicklung der EuGH-Rechtsprechung könnte allerdings auf eine Abschaffung der Sitztheorie hinauslaufen.[73] Hat ein deutscher Richter über eine gesellschaftsrechtliche Frage zu entscheiden, wird er also bislang das Sitzrecht heranziehen, während ein englischer Richter sich auf das Gründungsrecht stützen wird. Soweit Gründungs- und Sitzort einer Gesellschaft zusammenfallen, was bei den meisten Projektgesellschaften der Fall sein dürfte, kommt dieser Unterschied in den nationalen Kollisionsrechten nicht zum Tragen. Andernfalls kann es zu sogenannten „hinkenden Gesellschaften" kommen, deren Rechtsverhältnisse nicht in allen Ländern gleichmäßig beurteilt werden.

28 Eine Handels- bzw. Kapitalgesellschaft (also keine bloße BGB-Gesellschaft) wird nach **deutschem Recht** durch einen Vertrag zwischen den Gesellschaftern und regelmäßig durch Eintragung in das Handelsregister gegründet.[74] Demgemäss ist die Rechtsper-

---

[64] Eine *consideration* oder etwas Äquivalentes ist auch im amerikanischen Recht notwendig.
[65] *Kötz/Flessner*, a.a.O., S. 98f.
[66] *Kötz/Flessner*, a.a.O., S. 102.
[67] Vgl. auch Kapitel 6.2.1.5.2.
[68] Im deutschen Recht wird zwischen der Rechtsfähigkeit und der Geschäftsfähigkeit einer Person unterschieden. Wir können im Folgenden Probleme der Geschäftsfähigkeit vernachlässigen. – Im englischen Recht werden beide Problemfelder im Vertragsrecht unter dem Oberbegriff „*contractual capacity*" behandelt.
[69] Nach deutschem Recht sind z.B. oHG und KG keine juristischen Personen, haben aber Teilrechtsfähigkeit. Fragen über die Person, mit der ein Vertrag letztlich geschlossen wurde, ergeben sich insbesondere bei BGB-Gesellschaften oder *partnerships* anglo-amerikanischer Rechte.
[70] Aus der Anwendbarkeit des Gründungsrechts erklärt sich die häufige Anwendbarkeit des Rechts des Bundesstaates Delaware bei US-amerikanischen Gesellschaften. Delawares Recht wird als äußerst unternehmensfreundlich angesehen.
[71] NJW 1999, 2027.
[72] So zutreffend *Sonnenberger/Großerichter,* Konfliktlinien zwischen internationalem Gesellschaftsrecht und Niederlassungsfreiheit, in: RIW 1999, S. 721–732.
[73] Zu den gemeinschaftsrechtlichen Bedenken umfassend *Schnichels*, Reichweite der Niederlassungsfreiheit, Baden-Baden 1995.
[74] Teilweise sind für die Gründung noch weitere Schritte erforderlich, z.B. die Entrichtung der eingeforderten Beträge bei der Aktiengesellschaft, § 36 II 1 AktG.

sönlichkeit bei Gesellschaften, die als Vertragspartner unbekannt sind, im Rahmen der rechtlichen due diligence durch Einsicht der Handelsregisterauszüge nachzuprüfen. Für Kapitalgesellschaften (companies)[75] nach **englischem Recht**[76] ist dagegen die Einsicht eines Registers, z.B. beim registrar of companies, im Hinblick auf die Rechtspersönlichkeit nicht weiterführend. Die englische company erwirbt ihre Rechtspersönlichkeit nämlich durch Ausstellung des certificate of incorporation und zwar mit Wirksamkeit ab dem im certificate genannten Datum.[77] Zu beachten ist, dass ein trust als spezifische Form der Vermögenszuordnung nach englischem Recht als solcher keine Rechtspersönlichkeit hat.[78]

6.2.1.3 Vollmacht (power of attorney)

29   Der konkrete Vertragspartner muss eine Vertretungsbefugnis für das getätigte Geschäft haben. Dies gilt für die Bank, aber auch für deren Vertragspartner.

6.2.1.3.1 Deutsches Recht

Verträge dürfen grundsätzlich nur von **im Handelsregister eingetragenen** Vorständen, geschäftsführenden Gesellschaftern, Geschäftsführern oder Prokuristen abgeschlossen werden (Handelsregisterauszug besorgen!). Dabei ist darauf zu achten, ob diese einzeln oder nur gemeinsam zeichnungsberechtigt sind. Bei Unterzeichnung durch nicht im Handelsregister genannte Personen muss diesen von der Bank oder von deren Vertragspartner wirksam eine **Vollmacht** erteilt worden sein. Diese wird Mitarbeitern von Banken im Zusammenhang mit ihrer Funktion erteilt (und dann durch eine Unterschriftenprobe in einem Unterschriftsbuch der Bank nachgewiesen), andernfalls ist eine entsprechende Einzelvollmacht im Original hereinzunehmen.

6.2.1.3.2 Englisches Recht

30   Es wird zugunsten eines gutgläubigen Vertragspartners vermutet, dass bei vorliegendem **Gesellschaftsbeschluss** („transaction decided on by the directors") ein leitender Mitarbeiter (director) einer Kapitalgesellschaft company berechtigt ist, diese zu vertreten (section 35 Companies Act 1985). Diese Vermutung wird im Außenverhältnis nicht durch den im memorandum of association festgelegten Gesellschaftszweck eingeschränkt (section 35 Companies Act 1985: „is deemed to be free of any limitation under the memorandum or articles"). Die früher das englische Recht auszeichnende ultra vires doctrine findet insofern keine Anwendung mehr.[79] Die Einsicht von memorandum oder articles of association ist nicht mehr erforderlich. Eine solche Einsicht würde

---

[75] Personengesellschaften *(partnerships)* haben im englischen Recht nur eine untergeordnete Bedeutung; vgl. *Triebel/Hodgson/Kellenter/Müller*, Englisches Handels- und Wirtschaftsrecht, 2. Aufl., Heidelberg 1995, Rdn. 571.

[76] Man unterscheidet *companies limited by shares, companies limited by guarantee* und *unlimited companies*. Praktisch allein bedeutsam ist die *company limited by shares*. Zu unterscheiden sind weiter die *public company limited by shares (plc)*, die der deutschen Aktiengesellschaft vergleichbar ist, und die *private company limited by shares (Ltd.)*, die der deutschen GmbH vergleichbar ist. Trotz dieser Unterscheidungen kennt das englische Recht anders als das deutsche grundsätzlich nur eine einheitliche Form der Kapitalgesellschaft *(company)* (vgl. zum englischen Gesellschaftsrecht insgesamt *Triebel/Hodgson/Kellenter/Müller*, Englisches Handels- und Wirtschaftsrecht, 2. Aufl., Heidelberg 1995, Rdnrn. 554–814).

[77] Section 13(3) Companies Act 1985. Die Gründungsurkunde beweist unwiderleglich, dass alle Voraussetzungen für die Gründung der *company* erfüllt wurden; section 13(7) Companies Act 1985.

[78] *Triebel/Hodgson/Kellenter/Müller*, Englisches Handels- und Wirtschaftsrecht, 2. Aufl., Heidelberg 1995, Rdn. 574.

[79] *Triebel/Hodgson/Kellenter/Müller*, a.a.O., Rdn. 621.

Bankkredite

bei Vorliegen von Vertretungsbeschränkungen zur Bösgläubigkeit des Vertragspartners führen (section 35 (2) Companies Act 1985). Gleichwohl wird eine solche Einsicht natürlich im Rahmen der rechtlichen due diligence vorgenommen.

Das englische Vertretungsrecht soll im Folgenden etwas eingehender erläutert werden. Grundsätzlich kann eine **Vollmacht**serteilung mündlich erfolgen, solange der auf Grund der Vollmacht abgeschlossene Vertrag in schriftlicher Form geschlossen wird oder zumindest schriftlich nachgewiesen („evidenced in writing") werden kann. Eine Vollmacht zum Abschluss eines Vertrags in Form einer besonderen Urkunde, einer sogenannten deed muss dagegen selbst in der Form einer deed erfolgen.[80] Diese Vollmachtsurkunde wird power of attorney genannt. Eine deed bzw. power of attorney kann von Kapitalgesellschaften formwirksam in zwei verschiedenen Formen errichtet werden. Einmal durch Anbringen eines Gesellschaftssiegels (common seal) oder durch Unterschrift eines director zusammen mit dem company secretary bzw. von zwei directors.[81] Sollten die unterzeichnenden Personen nicht directors bzw. company secretary sein, kann der Formmangel durch die Gutglaubensvorschrift in section 36A (6) Companies Act 1985 überwunden werden. Diese Formvorschriften gelten für Kapitalgesellschaften, die englischem Recht unterliegen. Ausführungsbestimmungen zum Companies Act 1985, welche die Formvorschriften für ausländische Gesellschaften regeln, die Vollmachten nach englischem Recht errichten müssen, finden sich in den Foreign Companies (Execution of Documents) Regulations 1994.[82] Nach Nr. 5 dieser Bestimmungen kann eine ausländische Gesellschaft Urkunden entweder nach den für englische Gesellschaften anwendbaren Regeln oder nach der für das entsprechende Dokument anwendbaren Ortsform errichten. Für eine Vollmachtserteilung nach deutschem Recht muss deshalb grundsätzlich keine besondere Form eingehalten werden. Hinzuweisen ist auch darauf, dass die Vollmacht eines Vertreters (agent) im englischen Recht durch einen agency contract begründet wird. Jede Beendigung dieses Vertrags führt notwendig zu einem Wegfall der Vollmacht und in diesem Sinn ist die Vollmacht des englischen Rechts „kausal".[83]

31

Die Vertretungsmacht von Gesellschaftern ist im englischen Recht im Rahmen der rechtlichen due diligence mit den selbstgesetzten Regeln der Gesellschaft zu vergleichen. Neben den Gesellschafterbeschlüssen und den Vorstandsbeschlüssen (board resolutions) folgen solche Regeln aber nicht aus einer einheitlichen Satzung bzw. einem Gesellschaftsvertrag. Das englische Recht unterscheidet vielmehr zwischen einem memorandum of association und den articles of association. Während das memorandum of association die Außenbeziehungen der Gesellschaft (Name, Sitz, Gesellschaftszweck, Haftungsbegrenzungen, Gesellschaftskapital) regelt, finden sich in den articles of association Bestimmungen zu den Innenbeziehungen der Gesellschaft.[84] Auch andere Verträge können wieder zu Beschränkungen führen (insbesondere Schuldverschreibungen [debenture trust deed] oder Darlehensverträge mit Negativklausel [negative pledge clause]). Für die

32

---

[80] Section 1 (1) Powers of Attorney Act 1971; *G. H. Treitel,* An Outline of the Law of Contract, 5. Aufl., London, Dublin, Edinburgh 1995, Chapter 15 2 a i = S. 277.

[81] Section 36A Companies Act 1985.

[82] Statutory Instrument 1994 No. 950. Die Rechtsgrundlage für diese Ausführungsbestimmungen findet sich in section 130 (6) Companies Act 1989.

[83] Anders als das deutsche Recht kennt das englische Recht also keine scharfe Trennung zwischen Innenverhältnis und Außenverhältnis, zwischen zugrundeliegendem Rechtsverhältnis und Vollmacht (*Triebel/Hodgson/Kellenter/Müller,* Englisches Handels- und Wirtschaftsrecht, 2. Aufl., Heidelberg 1995, Rdn. 403).

[84] Vgl. für Kapitalgesellschaften *(companies)* den Companies Act 1985 Table A, der einen Musterentwurf für den Fall enthält, dass eine Gesellschaft keine eigenen *articles* aufgestellt hat. – In den *articles of association* kann z. B. eine bestimmte Form der Garantiestellung *(under seal)* gefordert werden.

rechtliche due diligence nach englischem Recht sind die genannten Dokumente deshalb zu überprüfen.

33 Nach englischem Recht muss der Vertreter jeden Widerstreit seiner Interessen mit denen seines Geschäftsherrn vermeiden. Dieses Verbot ist weiter als das Verbot des Selbstkontrahierens nach § 181 BGB, da jeder objektive Interessenwiderstreit die Vertretung ausschließt.[85] Außerdem können Vorschriften bezüglich Interessenkonflikten (conflict of interest provisions) in den articles of association z. B. eines Darlehensnehmers oder eines Garantiegebers enthalten sein und insbesondere eingreifen, wenn beide eng miteinander verbunden sind.

Auch nach englischem Recht kann eine Vertretungsmacht durch **Gesetz** begründet werden. Insbesondere kann eine nicht bestehende Vollmacht durch eine Anscheinsvollmacht (apparent oder ostensible authority) begründet werden.[86]

6.2.1.4 Form- und Eintragungserfordernisse

6.2.1.4.1 Deutsches Recht

34 Verträge unterliegen nach deutschem Recht grundsätzlich keiner Form. Allerdings sind für Grundstückskaufverträge (notarielle Beurkundung nach § 313 S. 1 BGB) und Grundstücksübereignungen (Auflassung gemäß § 925 I BGB) besondere Formen zu beachten. Insbesondere für Darlehensverträge, Hypotheken und Grundschulden[87] und Sicherheitenpoolverträge bestehen keine eigenen Formerfordernisse.

Die wirksame Entstehung dinglicher Rechte (Eigentum, Sicherungseigentum, Hypothek, Grundschuld) setzt neben einem Vertrag über die Begründung des Rechts grundsätzlich einen Publizitätsakt voraus. Dieser besteht bei beweglichen Sachen grundsätzlich in einem Besitzverlust des Rechtsgewährenden bzw. bei unbeweglichen Sachen in einer Eintragung des Rechts im Grundbuch (§ 873 I BGB).

6.2.1.4.2 Englisches Recht

35 Auch im englischen Recht besteht grundsätzlich Formfreiheit. Notarielle oder gerichtliche Beurkundung oder Beglaubigung ist dem englischen Recht fremd, die Institution des Notars ist nahezu inexistent.[88] Verträge und sonstige Erklärungen werden aber häufig in Form einer Urkunde (deed) errichtet.[89] Die Übertragung von Grundstücksrechten setzt die Eintragung in einem Grundbuch (land register) nur voraus, wenn es sich um ein bereits voreingetragenes Grundstück (registered land) handelt. Im übrigen geschieht die Übertragung von Grundstücken im Wege der conveyance, die durch Übergabe einer Urkunde (deed) erfolgt (section 52 Law of Property Act 1925). Sicherungsrechte[90] setzen eine Registereintragung voraus, wenn es sich um Rechte an Grundstücken (Register of Land Charges, section 87 Law of Property Act 1925) oder um besitzlose Sicherungsrechte (charges) oder Sicherungsübertragungen (mortgages)[91] an den Vermögensgegenständen einer Kapitalgesellschaft (einzutragen beim registrar of

---

[85] *Triebel/Hodgson/Kellenter/Müller*, Englisches Handels- und Wirtschaftsrecht, 2. Aufl., Heidelberg 1995, Rdn. 409.
[86] *Treitel*, An Outline of the Law of Contract, 5. Aufl., London, Dublin, Edinburgh 1995, Chapter 15 2 b i = S. 278–281.
[87] Fast stets wird allerdings eine vollstreckbare Urkunde (§§ 794 I Nr. 5, 800 ZPO) vor einem Notar errichtet, um die Zwangsvollstreckung zu erleichtern.
[88] *Triebel/Hodgson/Kellenter/Müller*, Englisches Handels- und Wirtschaftsrecht, 2. Aufl., Heidelberg 1995, Rdn. 82.
[89] Vgl. dazu oben Kapitel 6.2.1.3.2.
[90] Dazu unten Kapitel 7.
[91] Section 396 (4) Companies Act 1985.

companies, Company House in Cardiff, section 396 Companies Act 1985) handelt. Charges und mortgages sind auch einzutragen, wenn sie als Sicherheit für Schuldverschreibungen (debentures) bestellt wurden.[92] Sicherungsübertragungen beweglicher Sachen (chattel mortgages), die nicht von Kapitalgesellschaften companies bestellt werden, sind nach den Bill of Sale Acts 1878 und 1882 beim registrar of bills of sale einzutragen.

6.2.1.5 Besonderheiten des englischen Rechts

Das englische Recht wählt aus der Sicht des deutschen Rechts vielfach überraschende Lösungen für Rechtsprobleme. Vier sollen hier zum besseren Verständnis des englischen Vertragsrechts besprochen werden.

6.2.1.5.1 Breach of contract und specific performance

Anders als nach deutschem Recht kann nach englischem Recht bei anderen als Geldansprüchen nicht aus dem Vertrag selbst Vertragserfüllung verlangt werden. Aus Verträgen kann damit grundsätzlich kein Erfüllungsanspruch geltend gemacht werden, sondern lediglich ein Zahlungsanspruch. Der typische Rechtsbehelf des englischen Rechts bei Nichterfüllung eines Vertrags ist der deliktische Schadensersatzanspruch auf Geld (damages) wegen breach of contract. Dieser hat fünf haftungsbegründende Voraussetzungen: (1) contract, (2) breach, (3) loss, (4) causation und (5) not too remote. Nur in Ausnahmefällen kann bei Vorliegen der Voraussetzungen des billigkeitsrechtlichen Rechtsbehelfs der specific performance (insbesondere dann, wenn Schadensersatz „inadequate" ist) Vertragserfüllung verlangt werden.[93]

6.2.1.5.2 Privity of contract

Englische Verträge können, wie deutsche, keine Belastungen zu Lasten Dritter bestimmen. Sie können aber traditionellerweise auch keine direkten Ansprüche zu ihren Gunsten enthalten (sogenannte privity of contract).[94] Vertragliche Ansprüche können deshalb grundsätzlich nur zwischen den unmittelbar am Vertragsschluss beteiligten Parteien bestehen.[95] Ausnahmen können gesetzlich bestimmt werden. Durch den Contracts (Rights of Third Parties) Act 1999 werden nunmehr Verträge zugunsten Dritter in weiterem Umfang ermöglicht.

6.2.1.5.3 Keine Trennung von schuldrechtlichem Geschäft und Verfügung

Die strenge Trennung zwischen einem schuldrechtlichen Geschäft (z.B. der Verpflichtung auf Übereignung im Kaufvertrag) und einem Vollzugsgeschäft in Form einer Verfügung (z.B. der Übereignung selbst) kennt das englische Recht nicht.[96] Obwohl es klar zwischen schuldrechtlichen (rights in personam) und dinglichen Rechten (rights in rem) unterscheidet, wird deshalb z.B. die Veräußerung einer Maschine, also deren Kauf und Übereignung, einheitlich in einem sales contract geregelt.

---

[92] Section 396 (1) (a) Companies Act 1985; *Triebel/Hodgson/Kellenter/Müller*, a.a.O., Rdn. 696.
[93] Vgl. *Treitel*, a.a.O., Chapter 18 4 = S. 390–399.
[94] *Treitel*, a.a.O., Chapter 13 3a = S. 234f. Als andere dogmatische Grundlage für das grundsätzliche Verbot des Vertrags zugunsten Dritter wird die *Consideration*-Lehre erwogen; vgl. *Triebel/Hodgson/Kellenter/Müller*, Englisches Handels- und Wirtschaftsrecht, 2. Aufl., Heidelberg 1995, Rdn. 76.
[95] Ein ähnliches Rechtsinstitut ist die sogenannte *privity of estate*, die bei Grundstücksüberlassungsverträgen *(land leases)* Anwendung findet; vgl. *Lawson/Rudden*, The Law of Property, 2. Aufl., Oxford 1982, S. 152–154.
[96] Im Übrigen ist auch kein Rechtsgrund *(causa)* im Sinne des deutschen Rechts für ein Vollzugsgeschäft erforderlich.

6.2.1.5.4 Vertragsauslegung

Das englische Recht ist bei der Vertragsauslegung wortlautgläubiger als das deutsche.[97] Insbesondere kommt es auf den von den Parteien verfolgten Zweck bei der Auslegung einer Vertragsklausel nicht an, wenn sich hierfür keine Andeutung im Wortlaut des Vertrags selbst findet. Eine Vertragsergänzung in ähnlichem Umfang wie das deutsche Recht kennt das englische Recht nicht.[98] Der Interpretation Act 1978 regelt nur die Auslegung von Gesetzen und untergesetzlichen Normen.

6.2.2 Beratungsvertrag (mandate letter)

37   Eine Bank kann als Finanzierungsberater (adviser), Arranger (arranger/manager/lead manager), Konsortialbank (syndicate bank) bzw. unterbeteiligte Bank (participant)[99] oder Underwriter[100] an einer Projektfinanzierung teilnehmen. Außerdem werden Banken als Vertreter (agent) mehrerer Banken für bestimmte Aufgaben während der Laufzeit der Finanzierung tätig. Der adviser wird vom Kunden mit der Strukturierung einer Finanzierung beauftragt. Er beteiligt sich normalerweise nicht oder nur untergeordnet am Projektkredit, kann aber für die Auswahl einer oder mehrerer kreditausreichender Banken verantwortlich sein. Der Arranger ist meist ebenso wie der adviser verantwortlich für die Strukturierung einer Projektfinanzierung, beteiligt sich aber auch selbst mit einem eigenen Finanzierungsbeitrag daran. Er verhandelt das Finanzierungspaket mit dem Kunden und involviert bei Bedarf und in Absprache mit dem Kunden externe Berater. Der Underwriter übernimmt gegen ein Syndizierungsrisikoentgelt (underwriting fee) alleine oder zusammen mit anderen Banken in einem Underwriting-Konsortium den gesamten Kreditbetrag. Er trägt das Risiko der weiteren Syndizierbarkeit des Darlehens. Die Konsortialbank (syndicate bank) oder unterbeteiligte Bank (participant) übernimmt schließlich vom Arranger oder vom Underwriter in der Syndizierungsphase einen Teil des Kredits. Eine weitere Ausplatzierung ist meist nicht beabsichtigt, sollte vertraglich aber nicht ausgeschlossen sein.

38   Die arrangierende Bank wird grundsätzlich in einem Beratungsvertrag (advisory and arranging agreement), teilweise auch Mandatsvereinbarung oder Auftragsschreiben (mandate letter) genannt, von einem oder mehreren Sponsoren für die Übernahme bestimmter Dienstleistungen mandatiert. Je nach Gestaltung des Vertragsverhältnisses kann es sich nach deutschem Recht um einen Auftrag (§§ 662 ff. BGB)[101] oder einen auf eine Dienstleistung gerichteten Geschäftsbesorgungsvertrag (§§ 675, 611 ff. BGB)[102] handeln. Hinsichtlich des Dienstleistungsumfangs ist zwischen dem anglo-amerikanischen und dem kontinentaleuropäischem Ansatz zu unterscheiden. Traditionellerweise trennten **anglo-amerikanische Banken** zwischen einem advising (Beratungsmandat hinsichtlich der Strukturierung) und einem arranging mandate (Finanzierungsmandat hinsichtlich der Finanzierung und Syndizierung), zwischen denen sie einen Interessenkonflikt sahen. **Kontinentaleuropäische Banken** bevorzugten dagegen ein kombiniertes advising und arranging mandate, da der financial adviser mit der Beteiligung an der Finanzierung seine Unterstützung des Projekts anzeige. Heutzutage hat diese Trennlinie

---

[97] *Tennekoon*, The Law and Regulation of International Finance, London, Dublin, Edinburgh 1991, S. 22; *Triebel/Hodgson/Kellenter/Müller*, Englisches Handels- und Wirtschaftsrecht, 2. Aufl., Heidelberg 1995, Rdnrn. 110–116.

[98] Vgl. vertiefend *Treitel*, An Outline of the Law of Contract, 5. Aufl., London, Dublin, Edinburgh 1995, Chapter 2 11 = S. 23–26 („vague or incomplete agreements").

[99] Vgl. unten Kapitel 6.3.

[100] Vgl. unten Kapitel 6.4.

[101] Dann erfolgt bloße Auslagenerstattung ohne Zahlung eines sonstigen Entgelts.

[102] Die Erbringung der Dienstleistung erfolgt gegen eine Vergütung (§ 612 BGB).

ihre Bedeutung verloren, da fast alle Banken zumindest in der Projektfinanzierung global organisiert sind und sowohl kombinierte arranging/advising-Mandate als auch getrennte Mandate übernehmen. Selbst bei Kombination beider Dienstleistungsangebote in einem Vertrag, bleiben advising und arranging zwei unterschiedliche Dienstleistungen. Das zeigt sich insbesondere daran, dass die Bezahlung des reinen advising bei Entgeltlichkeit gegebenenfalls auch dann erfolgen muss, wenn ein arranging nicht mehr stattfindet.

Der Beratungsvertrag dokumentiert (bei einem umfassenden Mandat im kontinentaleuropäischen Sinne bzw. bei einem arranging mandate im anglo-amerikanischen Sinne) die Absicht des Kunden, von der Bank eine Finanzierung zu erhalten. Es bestätigt außerdem das Interesse der Bank, die Anfrage des Kunden in Erwägung zu ziehen. Teilweise enthält der Beratungsvertrag bereits indikative, unverbindliche Finanzierungskonditionen. Dies setzt natürlich voraus, dass bereits eine gewisse Projektprüfung stattgefunden hat und bestimmte Verhandlungen geführt wurden, da andernfalls die Darlehenskonditionen keine ausreichende Grundlage haben. Auch bei Angabe von Finanzierungskonditionen wird ein Rechtsbindungswille aber von den Banken ausdrücklich ausgeschlossen. **39**

Außerdem klärt der Beratungsvertrag (advisory and arranging agreement) die Beratungsgebühr (advisory and arranging fee) und (über die gesetzliche Regelung des deutschen Rechts in § 670 BGB[103] hinaus) die Zahlungsverpflichtung des Kunden zur Erstattung der Bankauslagen. Er enthält insbesondere Angaben zum Umfang und zum Zeitpunkt der Auslagenerstattung. Hinsichtlich des Umfangs wird häufig eine Erstattung **aller** üblichen Auslagen (reasonable out-of-pocket expenses) der Bank vereinbart. Darüber hinaus regeln die Parteien meistens auch die Art der zu erstattenden Auslagen (z. B. Kosten für Marktanalyse, technische Berater, Wirtschaftsprüfer, Umweltberater, bankfremde Rechtsanwälte, teilweise auch bankeigene Rechtsanwälte). In diesem Zusammenhang wird häufig bestimmt, dass die Bank mit den Beratern Vergütungsobergrenzen (caps) zu vereinbaren hat. Hinsichtlich des Erstattungszeitpunkts empfiehlt es sich, bei langfristigen Beratungsmandaten eine monatliche Abrechnung der Auslagen zu vereinbaren. Im übrigen sollte eine Auskunftspflicht der Bank vereinbart werden, so dass die Bank den Kunden darüber zu unterrichten hat, wenn die Auslagen eine bestimmte Höhe erreichen, und von ihm gegebenenfalls eine Zustimmung zur Fortsetzung ihrer Arbeit einholen muss. Hinsichtlich der Einschaltung von Beratern wird zumeist bestimmt, dass diese erst nach Rücksprache mit dem Sponsor beauftragt werden dürfen. **40**

Ergänzt wird der Beratungsvertrag durch Vertraulichkeitspflichten für die beratende Bank (confidentiality) und ein befristetes Verbot zur Vergabe von Beratungsmandaten an andere Banken (exclusivity). In Verträgen nach englischem Recht finden sich darüber hinaus umfassende Haftungsfreistellungen für die beratende Bank (sogenannte Freizeichnungsklauseln, indemnity). Nach deutschem Recht unterliegen solche Freizeichnungsklauseln in Allgemeinen Geschäftsbedingungen auch unter Unternehmern der Kontrolle durch § 9 II Nr. 2 AGBG, zu dessen Ausfüllung teilweise die Wertung aus § 11 Nr. 7 AGBG herangezogen werden kann.[104] Außerdem kann nach § 276 II BGB die Haftung für Vorsatz des Schuldners nicht ausgeschlossen werden.[105] **41**

---

[103] § 670 BGB ist auch anwendbar auf den Aufwendungsersatz beim Dienstvertrag (entweder, bei Dienstverträgen die eine Geschäftsbesorgung zum Gegenstand haben, entsprechend über § 675 BGB oder aber, wenn dies nicht der Fall ist, in analoger Anwendung).

[104] Vgl. im Einzelnen *Palandt/Heinrichs*, BGB, 59. Aufl. 2000, § 9 AGBG Rdnrn. 29, 36–49.

[105] Vgl. zu vertraglichen Haftungsmilderungen *Palandt/Heinrichs*, BGB, 59. Aufl. 2000, § 276 Rdnrn. 57–62.

6.2.3 Finanzierungsvorschlag (term sheet)

42 Nach Abschluss eines Beratungsvertrags (bzw. Vergabe eines Mandats zur Finanzierungsberatung an eine Bank durch den oder die Sponsoren) und anfänglichen Verhandlungen, teilweise aber auch schon vorher, findet die Vertragsstruktur ihren Niederschlag in einem term sheet. Im term sheet sollten alle wesentlichen Verträge und deren wichtigste Bestimmungen (z.B. Auszahlungsvoraussetzungen [conditions precedent]) enthalten sein, die der konkreten Projektfinanzierung zugrundeliegen sollen. Der Nachteil dadurch möglicherweise verlängerter Verhandlungen des term sheet wird durch später vereinfachte Verhandlungen der endgültigen Vertragstexte aufgewogen. Eine detaillierte Einigung über das term sheet führt dazu, dass die Regel „erst die Struktur, dann der Vertrag"[106] umgesetzt wird.

43 Eine ausverhandelte Fassung des term sheet wird häufig von den Parteien unterschrieben, um den Abschluss der Term-sheet-Verhandlungen zu dokumentieren. Fraglich ist, ob aus einem solchen verhandelten term sheet vertragliche Ansprüche z.B. auf Abschluss eines Darlehensvertrags mit einem bestimmten Inhalt abgeleitet werden können. Im term sheet wird klargestellt, dass die darin aufgeführten Bestimmungen weiteren Veränderungen unterliegen können (subject to change), eine endgültige Zustimmung durch die Bank voraussetzen (subject to final approval by the bank) und im Übrigen der Ausfertigung der Dokumentation unterliegen (subject to execution of the appropriate legal documentation). Dadurch wird nach **deutschem Recht** ein Fehlen des Rechtsbindungswillens der Parteien klar zum Ausdruck gebracht. Die Notwendigkeit, den Rechtsbindungswillen zum Zeitpunkt der Einigung über den Inhalt eines term sheet auszuschließen, ergibt sich aus den Besonderheiten einer Projektfinanzierung. Der wirtschaftliche Sachverhalt ist noch nicht abschließend ermittelt und bis zur Unterschriftsreife der Dokumentation kann noch ein erheblicher Zeitraum verstreichen. Auch das regelmäßige Fehlen einer internen Kreditgenehmigung schließt es aus, dass die Bank sich zu diesem Zeitpunkt bereits verpflichten möchte. Trotz z.T. umfangreicher, vorausgehender Verhandlungen handelt es sich bei dem term sheet deshalb meist um ein bloßes gentlemen's agreement. Eine Qualifizierung als Vorvertrag[107] scheidet ebenfalls aus. Allerdings kommt eine Schadensersatzhaftung aus culpa in contrahendo bei Verletzung der Pflicht, nicht mehr grundlos vom Vertragsschluss Abstand zu nehmen, in Betracht. Eine solche Pflicht kann aber nur angenommen werden, wenn ausnahmsweise mit Abschluss der Term-sheet-Verhandlungen der Vertrag selbst in allen Einzelheiten ausgehandelt und der Abschluss nur noch als bloße Förmlichkeit anzusehen ist.[108] Ein term sheet, bei dem der Rechtsbindungswille nicht durch entsprechende Formulierungen ausdrücklich ausgeschlossen wurde, kann dagegen unter Umständen als Absichtserklärung, einen bestimmten Vertrag schließen zu wollen (letter of intent),[109] auszulegen sein, wobei diese meist keine rechtsgeschäftliche Bedeutung haben wird. Auch wenn das term sheet grundsätzlich selbst keinen Vertrag darstellt, ist es ein wichtiger Zwischenschritt hin zu der von den Parteien gewünschten Vertragsstruktur.

Bei Verträgen nach **englischem Recht** wird eine Verpflichtung durch das term sheet durch Verwendung klarstellende Formulierungen (insbesondere durch das Einfügen von „subject to contract" oder die oben angegebenen Formulierungen) ausgeschlossen.[110]

---

[106] Vgl. oben Kapitel 6.1.1.
[107] *Palandt/Heinrichs*, BGB, 59. Aufl. 2000, vor § 145 Rdnrn. 19–22.
[108] *Palandt/Heinrichs*, a.a.O., § 276 Rdnrn. 72, 74.
[109] *Lutter*, Der letter of intent, 3. Aufl. 1998 und unten Kapital 6.2.5.3.
[110] *Tennekoon*, The Law and Regulation of International Finance, London, Dublin, Edinburgh 1991, S. 46.

6.2.4 Zusicherungsschreiben (letter of information)

Bei Vertragsdokumentationen nach **englischem Recht** oder dem Recht des Bundesstaates New York ist häufig ein letter of information anzutreffen. Da er in angloamerikanischen Rechten die Basis für die vorläufige, rechtliche due diligence bildet, wird er regelmäßig zu einem frühen Zeitpunkt der Verhandlungen abgegeben und geht dem Darlehensvertrag deshalb zeitlich voraus. Er hat zwei Bestandteile: ein Begleitschreiben, in dem das Projekt, die geschätzten Projektkosten, ein Finanzierungsvorschlag geschildert und Zusicherungen (representations)[111] hinsichtlich des Bestehens oder Nichtbestehens von Verhältnissen der Sponsoren, der Projektgesellschaft und des Projekts gemacht werden. Dem Begleitschreiben sind unterstützende Dokumente wie Gesellschaftsverträge,[112] Machbarkeitsstudien und Wirtschaftlichkeitsberechnungen als Anlagen beigefügt. Die Richtigkeit der Zusicherungen im letter of information ist regelmäßig Gegenstand einer gesonderten Zusicherung (representation) im Darlehensvertrag.[113] Bei Vertragsdokumentationen, die **deutschem Recht** unterliegen, sind sowohl der letter of information als auch darauf bezogene Zusicherungen im Darlehensvertrag unbekannt.

44

6.2.5 Zusageschreiben (commitment letter) und Absichtserklärung (letter of intent)

6.2.5.1 Zusage gegenüber der Kreditnehmerin

Die Zusage einer Finanzierung erfolgt durch die Bank (nach interner Kreditgenehmigung durch den Kompetenzträger) in einer schriftlichen Mitteilung an die Projektgesellschaft. Sie nennt die von der Bank zur Verfügung gestellten Finanzierungskonditionen. In der Kreditzusage sollte klargestellt werden, dass die Modalitäten der Kreditgewährung in einem gesonderten Darlehensvertrag geregelt werden, damit Ansprüche auf Auszahlung der Darlehensvaluta aus der Kreditzusage selbst jedenfalls ausgeschlossen sind. Sie stellt demgemäß bei Projektfinanzierungen nur das Angebot auf Abschluss eines Vorvertrags dar.[114]

45

Fraglich ist, wie lange ein Angebot vom Kunden angenommen werden kann. Das einem Abwesenden gemachte Angebot kann nach deutschen Recht nur solange angenommen werden, wie der Antragende den Eingang der Antwort unter regelmäßigen Umständen erwarten darf (§ 147 II BGB). So muss beispielsweise ein Angebot per Telex spätestens binnen 4 Tagen angenommen werden.[115] Bei Darlehen wird das Angebot im Zusageschreiben ausdrücklich befristet (§ 148 BGB). Die Frist ist den individuellen Verhältnissen anzupassen. Im Regelfall wird eine Frist von drei bis sechs Monaten in das Zusageschreiben aufgenommen. Eine unbefristete Kreditzusage kann die Bank bei Einbeziehung der AGB Banken in den Darlehensvertrag nach Nr. 19 II AGB Banken grundsätzlich jederzeit kündigen.

Die Befristung eines Angebots ist wichtig wegen der Eigenkapitalbelastung, die bereits durch die Zusage ausgelöst wird. Obwohl der zukünftige Vertragspartner aus einer

---

[111] Vgl. zu *representations* unten Kapitel 6.2.6.7.
[112] Also ein *memorandum of association* und *articles of association;* vgl. oben Kapitel 6.2.1.3.2.
[113] Vgl. Kapitel 6.2.6.7.
[114] Beachte den Unterschied zum Krediteröffnungsvertrag (untechnisch auch Kreditzusage genannt) bei herkömmlichen Darlehensverträgen. Der Krediteröffnungsvertrag ist, nach der Konsensualvertragstheorie beim Darlehen, ein schuldrechtlicher Verpflichtungsvertrag, der einen Anspruch auf Abschluss eines Darlehensvertrags begründet (vgl. *Früh*, Kreditvertragsrecht, in: Hellner/Steuer (Hrsg.), Bankrecht und Bankpraxis, Köln (Loseblatt), Rdnrn. 3/9–10 b, 12).
[115] *Palandt/Heinrichs*, BGB, 59. Aufl. 2000, § 148 BGB Rdn. 7.

bloßen Zusage noch keinen Anspruch auf Auszahlung der Darlehensvaluta ableiten kann, besteht nach § 8 Nr. 2 d der Grundsätze über die Eigenmittel und die Liquidität der Institute bereits eine Verpflichtung der Bank zur 50%igen Eigenkapitalbelastung für Kreditzusagen. Im Umkehrschluss ergibt sich aus dieser Vorschrift, dass für Kreditzusagen mit einer Laufzeit von weniger als einem Jahr kein Eigenkapital vorgehalten werden muss. Eine Eigenkapitalbelastung wird deshalb vermieden, wenn ein nur befristetes Zusageschreiben herausgelegt wird.

6.2.5.2 Zusage gegenüber der Arrangerbank bei Kreditkonsortien bzw. Unterbeteiligungen

46   Die Zusage von Konsortial- bzw. unterbeteiligten Banken erfolgt grundsätzlich gegenüber der Arrangerbank und nicht gegenüber der Kreditnehmerin.[116] Nach interner Kreditgenehmigung durch den Kompetenzträger geschieht sie in zwei Schritten. (1) Zunächst wird eine Zusage „vorbehaltlich Vertragsdokumentation in zufrieden stellender Form" („subject to satisfactory documentation") erteilt. Diese wird zumeist ein Angebot auf Abschluss eines Konsortial- und Konsortialkreditvertrags bzw. eines Unterbeteiligungsvertrags darstellen, das unter einer aufschiebenden Bedingung (§ 158 I BGB) abgegeben wird. Wie ein Zusageschreiben gegenüber einer Projektgesellschaft wird das Angebot im Hinblick auf die Eigenkapitalbelastung von Kreditzusagen befristet. (2) In einem zweiten Schreiben wird dann die „Zustimmung zur vorgelegten Vertragsdokumentation" erklärt. Damit bestätigt die beteiligte Bank den Eintritt der aufschiebenden Bedingung und der Antrag wird wirksam. Dieser Antrag muss nun noch durch Unterschriften der anderen Banken und gegebenenfalls der Projektgesellschaft unter den jeweiligen Verträgen angenommen werden, damit beiderseitige Verpflichtungen entstehen. Erst mit Abschluss des Darlehensvertrags entstehen Ansprüche auf Auszahlung der Darlehensvaluta sowie Zahlung von Entgelten wie Arrangerprovisionen (arranging fees) und Beteiligungsprovisionen (participation fees). Teilweise können bei Beteiligung einer Vielzahl von Banken an einer Projektfinanzierung nicht alle Banken mit den gewünschten Kreditbeträgen berücksichtigt werden. Die Arrangerbank reduziert dann die einzelnen Bankenzusagen proratarisch. Man spricht davon, dass die Konsortialbzw. unterbeteiligten Banken repartiert (scaled back) werden. Die Repartierung stellt ein neues Angebot der Arrangerbank dar, das von den Konsortial- und unterbeteiligten Banken angenommen werden muss.

6.2.5.3 Finanzierungsbestätigung und Absichtserklärung (letter of intent)[117]

47   Zur Unterstützung von Bieterkonsortien beispielsweise von Bauleistungen für Großprojekte geben Banken teilweise Finanzierungsbestätigungen bzw. Absichtserklärungen ab. Bei einer Finanzierungsbestätigung erklärt eine Bank gegenüber einem Dritten (nicht gegenüber dem zukünftigen Kreditnehmer), eine Finanzierung für ein bestimmtes Projekt in bestimmter Höhe zur Verfügung stellen zu wol-

---

[116] Allerdings wird bei einem anfänglichen Außenkonsortium ein Darlehensvertrag unmittelbar zwischen Kreditgeber und Kreditnehmer geschlossen; vgl. Kapitel 6.3.4.2.

[117] Zum deutschen Recht *Lutter*, Der letter of intent, 3. Aufl. 1998; zu anglo-amerikanischen Rechten *Lake*, Letters of Intent. A Comparative Examination under English, U.S., French and West German Law, in: George Washington Journal of International Law and Economics Bd. 18 (1984), S. 331; *Omalu*, Precontractual Agreements in the Energy and Natural Resources Industries – Legal Implications and Basis for Liability (Civil Law, Common Law and Islamic Law), in: J.B.L 2000, S. 303–331 (308–311).

len.[118] Im Falle von Projektfinanzierungen ist eine solche Finanzierungsbestätigung eher selten, da zum Zeitpunkt des Angebots eines Bieterkonsortiums die Finanzierungsstruktur meist noch nicht feststeht und damit keine Grundlage für eine Kreditwürdigkeitsprüfung der Bank besteht. Bei einer Absichtserklärung stellt eine Bank grundsätzlich die Bereitstellung einer Finanzierung in einer bestimmten Höhe in Aussicht. Bei einem solchen letter of intent kann es sich nach deutschem Recht generell um eine Willenserklärung handeln, nämlich um einen Antrag oder bedingten Antrag, eventuell auch nur zum Abschluss eines Vorvertrages. Wo eine solche rechtsgeschäftliche Deutung ausscheidet, kommt noch eine Schadensersatzhaftung aus culpa in contrahendo in Betracht, wenn durch die Erklärung unbegründetes Vertrauen erweckt worden ist.[119] Bei Projektfinanzierungen ist eine Deutung als Willenserklärung zumeist nicht erwünscht. Dies wird durch die Aufnahme entsprechender Formulierungen klargestellt.

6.2.6 Darlehensvertrag (loan agreement)

6.2.6.1 Vertragstechnik bei Projektfinanzierungen

Verträge nach englischem Recht (oder dem Recht des Bundesstaates New York) und Verträge nach deutschem Recht unterscheiden sich schon rein äußerlich in auffälliger Weise: englische Verträge sind voluminös, deutsche dagegen schlank. Dies liegt daran, dass das **englische Recht** im Bereich des Vertrags- und Sicherungsrechts weitgehend noch Fallrecht ist, das nur punktuelle Regelungen schafft, insbesondere die Verträge nicht durch dispositives Recht entlasten hilft und die Parteien deshalb ihre vertraglichen Beziehungen selbst gestalten müssen. Auch auf die starke Wortlautorientierung des englischen Rechts bei der Vertragsauslegung[120] kann als Grund für die umfangreichen Regelungswerke verwiesen werden. Für Darlehens- und Konsortialkreditverträge nach englischem Recht haben sich als allgemeine Vorlagen inzwischen die Musterverträge des „Multicurrency Term Facility Agreement", des „Multicurrency Revolving Facility Agreement" und des „Multicurrency Term and Revolving Facility Agreement" durchgesetzt, die von der Loan Market Association, der British Bankers' Association, der Association of Corporate Treasurers und einigen Anwaltskanzleien ausgearbeitet wurden. Zu diesen Musterverträgen liegt eine Benutzungsanweisung (User's Guide, Stand Oktober 1999) vor. Im **deutschen Recht** können die Verträge dagegen kürzer gehalten werden, weil entweder Allgemeine Geschäftsbedingungen oder gesetzliche Regelungen eine ausreichende Bestimmung enthalten.[121] Nach deutschem Recht kann insbesondere der Darlehensvertrag von vielen Einzelbestimmungen durch folgende, bereits existierenden Regelungen entlastet werden:

– Darlehensrecht, §§ 607–610 BGB (insbesondere das Kündigungsrecht des Schuldners nach § 609a BGB)
– AGB Banken (Stand 1. Januar 2000)
  – Nr. 4 AGB Banken (Abtretungsverbot des Kreditnehmers)

---

[118] *Früh,* Kreditvertragsrecht, in: Hellner/Steuer (Hrsg.), Bankrecht und Bankpraxis, Köln (Loseblatt), Rdn. 3/96a; zum Fall der Abgabe einer Finanzierungsbestätigung durch einen Vertreter ohne Vertretungsmacht *Canaris,* Die Schadensersatzpflicht der Kreditinstitute für eine unrichtige Finanzierungsbestätigung als Fall der Vertrauenshaftung, in: Horn/Lwowski/Nobbe (Hrsg.), Bankrecht – Schwerpunkte und Perspektiven. Festschrift für Herbert Schimansky, Köln 1999, S. 43–66.
[119] *Medicus,* Allgemeiner Teil des BGB, 7. Aufl., Heidelberg 1997, Rdn. 455.
[120] S. o. Kapitel 6.2.1.5.4.
[121] Dies gilt allerdings nur begrenzt für die Sicherungsübertragung und den Eigentumsvorbehalt; beide Sicherungsinstrumente haben nur spärliche gesetzliche Regelung gefunden.

- Nr. 12 II AGB Banken (Bestimmung der Höhe von Zinsen und Entgelten nach billigem Ermessen der Bank)
- Nr. 12 V AGB Banken (Auslagenersatz der Bank)
- Nr. 13 I AGB Banken (Anspruch der Bank auf Bestellung von Sicherheiten)
- Nr. 13 II AGB Banken (Nachbesicherungsanspruch der Bank)
- Nr. 14 AGB Banken (Pfandrecht an Wertpapieren und Sachen im Besitz der Bank)
- Nr. 16 AGB Banken (Begrenzung des Besicherungsanspruchs und Freigabeverpflichtung)
- Nr. 17 AGB Banken (Wahlrecht der Bank bei der Verwertung von Sicherheiten)
- Nrn. 18 und 19 AGB Banken (Kündigungsrechte des Kunden und der Bank)
- Außerordentliches Kündigungsrecht bei Dauerschuldverhältnissen (§ 242 BGB)
- Vertragsanpassung bzw. außerordentliches Kündigungsrecht auf Grund Wegfall der Geschäftsgrundlage (§ 242 BGB)

6.2.6.2 Inhalt und Struktur des Darlehensvertrags

49 Der Darlehensvertrag hat bei einer Projektfinanzierung eine **Doppelfunktion.** Er ist zunächst die Grundlage des Darlehensverhältnisses. Darüber hinaus zeichnet sich im Darlehensvertrag die Grundstruktur der Projektfinanzierung insgesamt ab. Es wurde bereits dargestellt, dass bei Projektfinanzierungen mit der Projektfertigstellung und dem entsprechenden Wegfall von Fertigstellungsgarantien der Sponsoren das Finanzierungsrisiko allein von der Projektgesellschaft getragen wird. Dementsprechend sind Projektfinanzierungen mit einer umfassenden Risikostrukturierung verbunden, die in umfangreichen Vertragsnetzen umgesetzt wird. Die vertragliche Umsetzung der Risikostrukturierung ist Voraussetzung für die Fremdfinanzierung und wird deshalb im Darlehensvertrag wiedergegeben. Außerdem ist, wie gezeigt wurde, die Projektfinanzierung eine cash-flow-orientierte Finanzierungsform. Wichtiges Kennzeichen des Kreditvertrags einer Projektfinanzierung ist es demnach auch, dass er der Cash-flow-Orientierung dieser Finanzierungsform Rechnung trägt.[121a]

50 Im Hinblick auf die **Risikostrukturierung** ist z.B. das Zustandekommen wesentlicher anderer Verträge der Projektfinanzierung Auszahlungsvoraussetzung (condition precedent) oder positive Nebenleistungspflicht (affirmative covenant oder undertaking) im Darlehensvertrag. So ist die Bestellung dinglicher und persönlicher Sicherheiten Auszahlungsvoraussetzung bzw. schuldrechtliche Verpflichtung der Projektgesellschaft.[122] Neben der Bezugnahme auf andere Verträge finden sich im Darlehensvertrag auch die für eine Projektfinanzierung typischen Berichtspflichten als Nebenleistungspflichten (covenants), wobei die Berichte vom Darlehensnehmer oder von unabhängigen Dritten (z.B. unabhängigen, technischen Beratern) zu erbringen sind.

51 Im Hinblick auf die **Cash-flow-Orientierung** von Projektfinanzierungen sind die Kreditgeber darum bemüht, Kontrolle über den Cash flow zu erhalten.[123] Dem dienen beispielsweise die Verpflichtung der Einhaltung von Finanzkennzahlen (wie des Schuldendienstdeckungsgrads [debt service cover ratio]), die Verpflichtung zur Einrichtung von Reservekonten, die Sicherungsabtretung künftiger Forderungen, die wesentlich zum Cash flow der Projektgesellschaft aus operativer Geschäftstätigkeit beitragen, und Verpflichtungen zu vorzeitigen Rückzahlungen (mandatory prepayments). Ergänzt

---

[121a] Bei Konsortialkrediten nach englischem Recht enthält der Darlehensvertrag neben Bestimmungen zum Darlehensverhältnis und der damit verbundenen Risikostrukturierung häufig die Vereinbarungen des Konsortialvertrags; vgl. Kapitel 6.3.4.1.

[122] Die schuldrechtliche Verpflichtung zur Bestellung einer Sicherheit (die Sicherungsabrede) stellt im deutschen Recht das Kausalgeschäft für die dingliche Sicherheit dar.

[123] Vgl. auch *Früh*, Kreditvertragsrecht, in: Hellner/Steuer (Hrsg.), Bankrecht und Bankpraxis, Köln (Loseblatt), Rdnrn. 3/84 a–g.

werden diese durch Verbote der Dividendenzahlung und gegebenenfalls sogar Verpflichtungen zur Rückzahlung von bereits geleisteten Dividenden an die Projektgesellschaft (claw back mechanism). Die Cash-flow-Entwicklung wird mit Hilfe computergestützter Cash-flow-Modelle kontrolliert. Die Kontrollmöglichkeiten der Darlehensgeber stehen in einem Spannungsverhältnis zu den Vorschriften des deutschen Rechts über den Eigenkapitalersatz bei Kapital- und Personengesellschaften. Eine bislang offene Frage ist, wie weit die Kontrollmöglichkeiten von Darlehensgebern gehen können, ohne in Konflikt mit den Eigenkapitalersatzvorschriften des deutschen Rechts zu treten.[124]

Der Darlehensvertrag einer Projektfinanzierung ist wie folgt gegliedert. Nach den Eingangsbestimmungen zu den Vertragsparteien, dem Vertragszweck und Definitionen enthält er zunächst Bestimmungen zu den vertraglichen Hauptleistungspflichten (financial terms). Danach folgen bei Verträgen nach englischem Recht oder dem Recht des Bundesstaates New York Zusicherungen (representations and warranties) des Darlehensnehmers. Es schließen sich Auszahlungsvoraussetzungen (conditions precedent) an, die entweder nur bei der ersten Auszahlung oder aber bei jeder Auszahlung der Darlehensvaluta vorliegen müssen. Danach werden eine Reihe positiver und negativer Nebenleistungspflichten (covenants oder undertakings) im Vertrag aufgeführt. Ein weiterer Vertragsabschnitt widmet sich der außerordentlichen Kündigung (bzw. bei Verträgen nach englischem Recht dem default). Der Vertrag schließt dann mit einer Reihe von Schlussbestimmungen, die insbesondere die internationalen Aspekte des Vertrags (anwendbares Recht und internationale Zuständigkeit) behandeln. 52

6.2.6.3 Vertragsparteien

Das Deckblatt des Vertrags zählt zunächst die Vertragsparteien auf (sie werden dann nochmals vollständig am Ende des Haupttextes des Vertrags für die Unterschriften aufgeführt). Vertragsparteien sind vor allem die Projektgesellschaft als Darlehensnehmerin und die finanzierende Bank. Der Darlehensvertrag kann auch als Konsortialkreditvertrag (syndicated loan agreement) ausgestaltet sein, wenn sich mehrere Banken von Anfang an an einem Darlehensgeschäft beteiligen.[125] Es ist außerdem zu beachten, dass eine Projektgesellschaft teilweise mehrere parallele Darlehensverträge mit verschiedenen Darlehensgebern abschließen kann, die über für alle Darlehensverhältnisse gemeinsame Bestimmungen in einem common terms agreement aufeinander abgestimmt werden.[126] 53

6.2.6.4 Vertragszweck

In der sogenannten Präambel des Vertrags wird der Vertragszweck durch eine kurze Beschreibung des Projekts und gegebenenfalls des Mittelverwendungszwecks umrissen. Eine solche Aufnahme des Vertragszwecks kann, insbesondere für Verträge nach deutschem Recht, bei späteren Unstimmigkeiten zwischen den Parteien für eine Auslegung von Vertragsbestimmungen herangezogen werden. Die Nichtbeachtung dieses Mittelverwendungszweck durch den Kreditnehmer ist grundsätzlich die Verletzung einer Verhaltenspflicht und begründet nach deutschem Recht einen Schadensersatzanspruch der Bank aus positiver Forderungsverletzung. Aus der Angabe des Vertragszwecks ergibt sich, dass Projektfinanzierungen sogenannte zweckgebundene Darlehen sind.[127] Dementsprechend ist die zweckgemäße Mittelverwendung Auszahlungsvoraussetzung.[128] 54

---

[124] Vgl. dazu unten Kapitel 6.2.6.9.
[125] Vgl. unten Kapitel 6.3.4.
[126] Vgl. oben Kapitel 6.1.2.
[127] Zu zweckgebundenen Darlehen: *Münchener Kommentar/H. P. Westermann*, 3. Aufl., vor § 607 Rdn. 6.
[128] S. u. Kapitel 6.2.6.8.

Außerdem ist die entsprechende Mittelverwendung bei Verträgen nach englischem Recht als Nebenleistungspflicht im Darlehensvertrag verankert.[129] Zweckwidrige Verwendung bedeutet bei Verträgen nach englischem Recht einen default bzw. löst bei Verträgen nach deutschem Recht die mit einem außerordentlichen Kündigungsrecht verbundenen Rechte aus.[130] Gesetzlich kann nach deutschem Recht ein Rückforderungsanspruch nach § 812 I 2 Fall 2 BGB (sogenannte condictio ob rem) bestehen. Dieser Rückforderungsanspruch hat aber neben der Kündigung des Darlehens praktisch keine große Bedeutung.

6.2.6.5 Definitionen

6.2.6.5.1 Englisches Recht

55 Vor den eigentlichen Vertragsbestimmungen findet sich bei Verträgen nach englischem Recht und dem Recht des Bundesstaates New York ein umfangreicher Definitionsteil. Hier werden eine Reihe technischer Begriffe (wie z. B. der Begriff „Projektverträge [project agreements]" oder bestimmte Zeitpunkte) definiert. Solche definierten Begriffe werden im nachfolgenden Vertragstext durch Großbuchstaben (capitalised terms) kenntlich gemacht. Der Inhalt einer Vertragsbestimmung lässt sich somit nur aus dem Zusammenlesen der Einzelbestimmung mit den dazugehörigen Definitionen ermitteln. Von der Vielzahl möglicher Definitionen sind insbesondere drei Definitionsgruppen von Interesse: diejenigen, die sich auf die Projektfertigstellung beziehen, diejenigen, die Finanzkennzahlen betreffen, und diejenigen, die Referenzzinssätze bestimmen.

(1) Projektfertigstellung (project completion)

56 Der Fertigstellungstest hat in vielen Projekten eine zentrale Bedeutung, da mit Fertigstellung die Sponsoren aus ihrer häufig über die Fertigstellungsgarantie (completion guarantee) hergestellten Haftung für die Verbindlichkeiten der Projektgesellschaft entlassen werden. Der Fertigstellungstest ist dann auflösende Bedingung (condition subsequent) für die Fertigstellungsgarantie der Sponsoren und teilweise auch auflösende Bedingung für Nachfinanzierungsverpflichtungen der Sponsoren (die z. B. in einem project funds agreement geregelt sein können). In anderen Fällen ist die Fertigstellung eines Projekts allerdings bereits Voraussetzung für die Darlehensauszahlung und der Anspruch auf Darlehensauszahlung somit durch die Fertigstellung aufschiebend bedingt (condition precedent). Auf jeden Fall ist zu vermeiden, die Projektfertigstellung zur aufschiebenden Bedingung von Rückzahlungsverpflichtungen der Projektgesellschaft zu machen, da andernfalls diese Verpflichtungen vom Willen der Darlehensnehmerin abhingen. Das Nichterreichen der vertraglich definierten Projektfertigstellung kann im Übrigen einen Kündigungsgrund bzw., bei Verträgen nach englischem Recht, einen event of default darstellen. Zudem kann die Projektfertigstellung eine Erhöhung oder Verminderung (je nach Risikoeinschätzung) des Zinssatzes zur Folge haben.

57 Eine Bestimmung des Fertigstellungstests kann sich im Definitionsteil des Darlehensvertrags, aber auch in den Vertragsbestimmungen selbst finden (und zwar in solchen, die mit der Fertigstellung einen Bezug aufweisen, wie z. B. Verpflichtungen der Projektgesellschaft zur Erreichung und Erhaltung von Finanzkennzahlen). In anderen Fällen wird die Projektfertigstellung nicht im Darlehensvertrag, sondern in der Fertigstellungsgarantie (möglicherweise auch in einem project funds agreement) definiert.

58 Der Fertigstellungstest ist zunächst hinsichtlich der **Kriterien** zu bestimmen, die eine Projektgesellschaft erfüllen muss. Man unterscheidet zwischen

---

[129] Vgl. unten Kapitel 6.2.6.9.
[130] Vgl. Kapitel 6.2.6.10.

- der technischen Fertigstellung (technical/physical/mechanical completion),
- der leistungsmäßigen Fertigstellung (performance completion), bei der das Projekt bestimmte leistungsmäßige Spezifikationen erreichen muss (wie z. B. den Wirkungsgrad der Brennstoffverwertung bei Kraftwerken),
- der wirtschaftlichen Fertigstellung (financial/economic completion), bei der die Fertigstellung an das Bestehen bestimmter wirtschaftlicher Tatbestände wie z. B. bestimmter Finanzkennzahlen oder eines festgelegten Rohstoffpreises gebunden ist, und
- schließlich der Absatzsicherstellung (sales completion), bei der eine bestimmte Menge des vom Projekt angebotenen Produkts bei Sponsoren oder Dritten abgesetzt werden muss.

Wichtig ist, die einzelnen Kriterien des Fertigstellungstests so objektiv wie möglich zu definieren und so viele Projektrisiken wie möglich abzudecken. So werden beispielsweise bei Rohstoffprojekten häufig wirtschaftliche Fertigstellungstests aufgenommen, da sich Rohstoffpreise zyklisch entwickeln[131] und die Wirtschaftlichkeit des Projekts bei Fertigstellung sicherzustellen ist.

Außerdem ist der Fertigstellungstest **zeitlich** zu bestimmen. Dabei ist zum einen **59** festzulegen, über welchen Zeitraum hinweg der Fertigstellungstest durchzuführen ist und zum anderen, bis zu welchem Zeitpunkt er spätestens absolviert sein muss. Der Zeitpunkt der Projektfertigstellung wird normalerweise nicht taggenau festgeschrieben. Stattdessen wird ein Zeitraum festgelegt, innerhalb dessen die Fertigstellungskriterien zu erfüllen sind, und ein Enddatum definiert, bis zu dem die Fertigstellung spätestens zu erfolgen hat.[132] Um die Nachhaltigkeit des Erfüllens von Leistungs- oder wirtschaftlichen Daten sicherzustellen, ist es möglich, zwei oder mehr Fertigstellungszeiträume zu vereinbaren, während derer die vorgesehenen Fertigstellungskriterien erfüllt sein müssen. Die Erfüllung der verschiedenen Fertigstellungstests wird den Banken gegenüber meist durch Vorlage von Bestätigungen Dritter (wie unabhängiger, technischer Berater oder Wirtschaftsprüfer) nachgewiesen.

(2) Finanzkennzahlen (coverage and other financial ratios)

Die Erfüllung bestimmter Finanzkennzahlen[133] ist bei Projektfinanzierungen typi- **60** scherweise positive Nebenleistungspflicht (affirmative covenant or undertaking) und teilweise auch Auszahlungsvoraussetzung (condition precedent – sogenannter availability test). Das Nichterreichen einer Finanzkennzahl stellt regelmäßig einen Kündigungsgrund (bzw. bei Verträgen nach englischem Recht einen event of default) dar. Der Grad der durch die Finanzkennzahlen angezeigten Überdeckung[134] wird außerdem Einfluss auf die Zinshöhe des Darlehens haben, wobei eine niedrigere Überdeckung zu einem höheren Zins führt. Die Definitionen der Finanzkennzahlen geben Auskunft darüber, wie die Zahlen bei der jeweiligen Projektfinanzierung genau zu ermitteln sind. Zu beachten ist, dass es kein einheitliches Verständnis der Finanzkennzahlen gibt, es vielmehr große inhaltliche Unterschiede zwischen Finanzkennzahlen bei verschiedenen Projektfinanzierungen gibt. Außerdem werden in den verschiedenen Branchen der Projektfinanzierung auch unterschiedliche Anforderungen an den Grad der Überdeckung gestellt. Von besonderer Bedeutung sind vier Finanzkennzahlen:
- der jährliche Schuldendienstdeckungsgrad (annual debt service cover/coverage ratio, ADSCR), der grob gesprochen den erwarteten Cash flow der Projektgesellschaft

---

[131] S. o. Kapitel 2.6.

[132] Dieses Enddatum ist kein Endtermin (§§ 163, 158 II BGB), zumal der Fertigstellungstest selbst meist schon eine auflösende Bedingung darstellt.

[133] *Denton Hall* (Hrsg.), A guide to project finance, London 1998, S. 97–100; *Tinsley,* Project Finance: Project Feasibility and Credit Factors, 1996, S. 13–15.

[134] Des Schuldendienstes und der Darlehensschuld durch den Projekt-*Cash-flow* bzw. des Fremdkapitals durch das Eigenkapital.

einer Periode dem Schuldendienst (d. h. Zins und Tilgung) gegenübergestellt; der Schuldendienstdeckungsgrad wird häufig auch für kürzere Zeiträume als ein Jahr, z. B. halbjährlich, berechnet; mit Hilfe des Schuldendienstdeckungsgrads wird ermittelt, ob der erwartete Projekt-Cash-flow zu festgesetzten Zeitpunkten ausreicht, den Schuldendienst zu erbringen.

— der Deckungsgrad über die Darlehenslaufzeit (loan life cover ratio, LLCR), der grob gesprochen den Barwert (net present value, NPV) des künftigen Cash flow, der während der Darlehenslaufzeit zu erwarten ist, der Restdarlehensschuld (d. h. nur der Tilgung) gegenüberstellt; anders als beim jährlichen Schuldendienstdeckungsgrad wird der **gesamte** Cash flow auf einen bestimmten Zeitpunkt hin abgezinst und dem gesamten zu diesem Zeitpunkt geschuldeten Darlehensbetrag gegenübergestellt. Daraus kann erschlossen werden, ob die Fremdkapitalbelastung während der Darlehenslaufzeit zurückgeführt werden kann.

— der Deckungsgrad über die Projektlaufzeit (project life cover ratio, PLCR) wird entsprechend dem Deckungsgrad über die Darlehenslaufzeit berechnet, nur dass der Cash flow, der während der gesamten Projektlaufzeit zu erwarten ist, abgezinst wird, und

— die Eigenkapitalquote (debt-to-equity (and subordinated debt) ratio); wichtig ist in diesem Zusammenhang eine genaue Definition des relevanten Eigenkapitals; bei der Berechnung der Eigenkapitalquote werden meist nicht nur Eigenkapitaleinlagen der Projektsponsoren, sondern auch Gesellschafterdarlehen und sonstige Nachrangdarlehen (subordinated debt) mit einbezogen. Der Eigenkapitalbeitrag sichert eine direkte Risikobeteiligung der Sponsoren und reduziert damit zugunsten der Fremdkapitalgeber die Gefahr einer Risikoverlagerung auf sie, m. a. W. das Problem des falschen Anreizes (moral hazard).[135]

61 Die Berechnung der Finanzkennzahlen erfolgt von Zeit zu Zeit mit Hilfe eines computergestützten Cash-flow-Modells. Ein Ausdruck der Cash-flow-Modells wird häufig als Anlage zum Darlehensvertrag zum Bestandteil des Vertrags gemacht.[136] Allerdings gibt dieses Modell nur den Stand des angenommenen Cash flow zum Zeitpunkt des Abschlusses des Darlehensvertrags wieder. Bei Projektfinanzierungen ist es regelmäßig notwendig, das Cash-flow-Modell im Hinblick auf den späteren, tatsächlichen Zahlungsverlauf anzupassen. Dies wird von der darlehensgebenden Bank unter Berücksichtigung der Zahlen der Projektgesellschaft unternommen.

(3) LIBOR bzw. EURIBOR

62 Als Referenzzinssatz von internationalen Finanzierungen mit variabler Zinsbasis wird häufig die London Interbank Offered Rate (LIBOR) herangezogen. Für Finanzierungen im Euro-Raum bzw. in Euro wird neuerdings die European Interbank Offered Rate (EURIBOR) gewählt. Die Zinssätze werden von den Banken am vertraglich bestimmten Zinsfestsetzungstermin (fixing), für gewöhnlich spätestens zwei Bankarbeitstage vor Beginn einer neuen Zinsperiode um 11 Uhr Ortszeit, den öffentlich zugänglichen Handelssystemen entnommen. Im „Multicurrency Term Facility Agreement"[137] finden sich folgende Definitionen:

„LIBOR" means, in relation to any Loan:
(a) the applicable Screen Rate; or
(b) (if no Screen Rate is available for the currency or period of that Loan) the arithmetic mean of the rates (rounded upwards to four decimal places) as supplied to the Agent at its request quoted by the Reference Banks to leading banks in the London interbank market,
as of the Specified Time on the Quotation Day for the offering of deposits in the currency of that Loan and for a period comparable to the Interest Period for that Loan.

---

[135] Kapitel 6.1.3.
[136] Kapitel 6.2.6.13.
[137] Vgl. oben Kapitel 6.2.6.1.

„EURIBOR" means, in relation to any Loan in euro:
(a) the applicable Screen Rate; or
(b) (if no Screen Rate is available for the period of that Loan) the arithmetic mean of the rates (rounded upwards to four decimal places) as supplied to the Agent at its request quoted by the Reference Banks to leading banks in the European interbank market,
as of the Specified Time on the Quotation Day for the offering of deposits in euro for a period comparable to the Interest Period of the relevant Loan.

„Screen Rate" means:
(a) in relation to LIBOR, the British Bankers' Association Interest Settlement Rate for the relevant currency and period; and
(b) [in relation to EURIBOR, the percentage rate per annum determined by the Banking Federation of the European Union for the relevant period,]
displayed on the appropriate page of the [Telerate]^{138}/[Reuters] screen. If the agreed page is replaced or service ceases to be available, the Agent may specify another page or service displaying the appropriate rate after consultation with the Company and the Lenders.

Es empfiehlt sich, über die in den Musterregelungen getroffenen Regelungen hinaus zu bestimmen, welche Bank den Referenzzinssatz ermittelt.

6.2.6.5.2 Deutsches Recht

Im deutschen Recht ist eine Voranstellung von Definitionen vor dem eigentlichen Vertragstext unüblich. Man versucht vielmehr zu erreichen, dass Vertragsbestimmungen aus sich selbst heraus und nicht bloß durch Heranziehung von eigenständigen Begriffsdefinitionen verständlich sind. Im Übrigen werden bezüglich der Nennung von Finanzkennzahlen, die in den Vertragsbestimmungen zu den Nebenleistungspflichten der Projektgesellschaft aufgegriffen werden, unter dem Gesichtspunkt des Eigenkapitalersatzes neuerdings in der Literatur rechtliche Bedenken vorgetragen.^{139} Dennoch hat es sich auch bei Verträgen nach deutschem Recht, zumindest für Projektfinanzierungen, eingebürgert, einen Definitionsteil in den Vertragstext aufzunehmen. Insbesondere hat eine eindeutige Definition der Finanzkennzahlen zu erfolgen, welche die Grundlage von cash-flow-orientierten Finanzierungen darstellen.

63

6.2.6.6 Hauptleistungspflichten (financial terms^{140})

Der Kreditvertrag im Bankgeschäft ist entgeltlich (weil Zins zu zahlen ist). Es liegt deshalb ein gegenseitiger Vertrag vor.^{141} Im Gegenseitigkeitsverhältnis stehen die Verschaffung und Belassung des Kapitals einerseits und Zinszahlung, Bestellung vereinbarter Sicherheiten sowie Übernahme sonstiger Pflichten andererseits (grundsätzlich aber nicht die Rückerstattungspflicht, insbesondere die Tilgungsrate).

64

6.2.6.6.1 Darlehensgeber

Projektfinanzierungen stellen regelmäßig **Darlehen** (§ 607 BGB) bzw. loans dar und zwar im deutschen Recht ohne Kontokorrentabrede (§ 355 HGB). Bei internationalen Projektfinanzierungen handelt es sich meist um sogenannte Eurokredite (Eurocurrency loans), also um Darlehen, die in Währung^{142} außerhalb der Staaten abgewickelt wer-

65

---

[138] Für EURIBOR: Telerate 248; für LIBOR: Telerate 3750.
[139] Vgl. dazu unten Kapitel 6.2.6.9.
[140] Der Begriff wird teilweise auch nur auf die Zahlungsverpflichtungen des Darlehens**nehmers** bezogen.
[141] §§ 320 ff. BGB; h. M. – *Palandt/Putzo*, BGB, 59. Aufl. 2000, vor § 607 BGB Rdn. 2.
[142] Vgl. zur Unterscheidung zwischen Schuld- und Zahlungswährung Kapitel 6.2.6.11.6.

6. Teil. Projektfinanzierung

den, in denen diese Währung gesetzliches Zahlungsmittel ist.[143] Ein Projektdarlehen zur Deckung der Kapitalkosten (capital expenditure) kann von vornherein mit einer Betriebsmittelkreditlinie zur Deckung der Betriebskosten (operating expenditure) einer Projektgesellschaft verbunden sein. Die Betriebsmittelkreditlinie (working capital credit facility) wird regelmäßig als revolvierendes Darlehen ausgereicht. Die Hauptpflicht des Darlehensgebers, nämlich die Zahlung und Belassung der Darlehensvaluta (d. h. des Geldes) auf bestimmte (oder unbestimmte) Zeit,[144] findet im Darlehensvertrag bei Projektfinanzierungen eine umfangreiche Regelung. Hinsichtlich der Kreditgewährung sind folgende Punkte zu regeln:

– der Darlehensbetrag,
– die Währung bzw. Währungen (bei mehreren Währungen wird von einer multi-currency facility gesprochen), in der bzw. denen das Darlehen auszureichen ist,

Im Hinblick auf die Modalitäten der Inanspruchnahme der Darlehensvaluta finden folgende Fragen eine Regelung:

– die Option eines Währungswechsels,
– die Bereitstellungsfrist,
– Auszahlungen und
– ob es sich um einen revolvierend bzw. einen nicht revolvierend ausnutzbaren Kredit handelt.

66 Der Kreditnehmer hat aus dem Darlehensvertrag nach deutschem Recht zwar einen Anspruch auf Kreditgewährung. Gleichwohl kann und muss die Bank nicht leisten, solange ihre Leistungspflicht nicht durch einen Abruf eine Konkretisierung erfährt. Es handelt sich somit beim Anspruch auf Verschaffung des Kapitals um einen sogenannten **„verhaltenen Anspruch"**. Der **Darlehensbetrag** wird teilweise im Darlehensvertrag nicht betragsmäßig festgelegt, sondern an die Entwicklung von Finanzkennzahlen geknüpft.[145] Wenn zwischen den Parteien die Vereinbarung ausreichend bestimmt ist durch Bestimmbarkeit des maximalen Kreditbetrags, besteht in solchen Fällen zwischen ihnen Konsens.

67 Die **Option eines Währungswechsels** (multi-currency option), also beispielsweise der Übergang von US$ auf Euro wird dem Darlehensnehmer im Regelfall nur zum Ende einer Zinsperiode eingeräumt. Sie kann teilweise nur gegen Zahlung einer vertraglich vereinbarten Umwandlungsgebühr (conversion fee) ausgeübt werden. Die bankinterne Genehmigung wird grundsätzlich auf Grund der Hauptwährung des Darlehensvertrags herbeigeführt. Dementsprechend kann die Ziehung in einer anderen Währung als der Hauptwährung bei Wechselkursänderungen zu einer Überschreitung des genehmigten Darlehensbetrags führen. Um eine solche Überschreitung zu vermeiden, wird vertraglich bestimmt, dass der Wert des ausgezahlten Darlehensbetrags in der Hauptwährung und dessen Wert in der anderen Währung zu bestimmten Zeitpunkten (insbesondere bei einer Aufforderung zur Auszahlung eines Darlehensbetrages) nachkalkuliert werden und bei Differenzen Zahlungsansprüche entweder des Darlehensnehmers oder der Bank entstehen. Bei Verträgen nach englischem Recht ist ausdrücklich zu bestimmen, dass das Darlehen in der gleichen Währung zurückzuzahlen ist, in der es auch valutiert wurde. Andernfalls kann nach englischem Recht nämlich eine Forderung, die in einer ausländischen Währung geschuldet wird, vom Schuldner wahlweise entweder in der fremden Währung oder in britischen Pfund zurückgezahlt werden.[146]

---

[143] *Tennekoon*, The Law and Regulation of International Finance, London, Dublin, Edinburgh 1991, S. 2–11; *Welter*, in: Schimansky/Bunte/Lwowski (Hrsg.), Bankrechts-Handbuch, Bd. III, München 1997, § 118 Rdnrn. 4, 49–55.

[144] Der Auszahlungsanspruch des Darlehensnehmers folgt nach der Realvertragstheorie aus einem Vorvertrag, dem sogenannten Darlehensversprechen (BGH NJW 1975, 443), und nach der Konsensualvertragstheorie unmittelbar aus dem Darlehensvertrag (*Palandt/Putzo*, BGB, 59. Aufl. 2000, vor § 607 BGB Rdn. 3).

[145] Zur sogenannten „borrowing base" bereits Kapitel 2.6.4, 2.7.3.

[146] *Tennekoon*, The Law and Regulation of International Finance, London, Dublin, Edinburgh 1991, S. 73 f. m. w. N.

Bankkredite

Der Darlehensvertrag legt normalerweise auch die Auszahlungs- bzw. **Bereitstellungsfrist** 68
(commitment period) fest, d. h. den Zeitraum, während dessen eine Abrufmöglichkeit durch den
Kreditnehmer und demgemäß eine Pflicht zur Kapitalverschaffung bestehen soll. Während der
Bereitstellungsfrist kann das Darlehen nur unter engen Voraussetzungen gekündigt werden und ist
nur dann vorzeitig zurückzuzahlen, wenn ein Kündigungsgrund bzw., bei Verträgen nach englischem Recht, ein event of default eingetreten ist. Ein bis zum Erreichen der Bereitstellungsfrist
nicht in Anspruch genommener Restbetrag kann von der Projektgesellschaft nicht mehr verlangt
werden (§§ 163, 158 II BGB).

Die Vertragsbestimmungen befassen sich weiterhin mit den **Auszahlungen** bzw. Ziehungen 69
(disbursements/drawings/drawdowns) des Darlehensbetrags. Auszahlungen erfolgen nur bei Erfüllung der Auszahlungsvoraussetzungen (conditions precedent).[147] Projektdarlehen werden regelmäßig
in Raten entsprechend des Baufortschritts eines Projekts ausgereicht, wobei die Mittelverwendung gemäß dem vertraglich definierten Verwendungszweck zu erfolgen hat.[148] Die Projektgesellschaft wird in der Regel einen gewissen Spielraum bezüglich der genauen Auszahlungszeitpunkte
haben. Um eine Auszahlung zu veranlassen, hat die Projektgesellschaft der Bank eine Auszahlungsanzeige (funding notice) vorzulegen. Deren genaue Form wird teilweise in einer Anlage
zum Darlehensvertrag festgelegt.[149] Besonders wichtig ist die Festlegung einer Anzeigefrist für die
jeweilige Ziehung (die eine Fälligkeitsbestimmung nach § 271 II BGB darstellt), um den Banken
einen angemessenen Vorlauf für die Refinanzierung zu ermöglichen und damit Refinanzierungsschäden (breakage costs) zu vermeiden. In der Regel sollte diese Frist 3 Bankarbeitstage nicht unterschreiten. Um genau festzulegen, welche Tage als Bankarbeitstage und nicht als Feiertage gelten, sind die genauen Orte zu bestimmen, nach deren lokalen Bestimmungen sich das Vorliegen
eines Bankarbeitstages richtet. Dabei sind bei Kreditkonsortien oder mehreren unterbeteiligten
Banken die Bankarbeitstage jeder Bank zu bestimmen, die sich liquiditätsmäßig an der Finanzierung beteiligt.

Das Darlehen kann als **revolvierend** (revolving facility) oder als **nicht revolvierend** ausnutzbarer Kredit (term facility) ausgestaltet werden. Beim revolvierend ausnutzbaren Kredit kann die
zurückgezahlte Darlehensvaluta bis zu einem vereinbarten Höchstbetrag erneut gezogen werden,
während dies beim nicht revolvierend ausnutzbaren Kredit nicht der Fall ist.

6.2.6.6.2 Darlehensnehmer

Der Darlehensnehmer hat drei Hauptpflichten: die Zahlung der Zinsen, die Zahlung 70
der vereinbarten Entgelte und die Darlehensrückzahlung.[150] Nach deutschem Recht ist
Zins die nach **Laufzeit** bemessene gewinn- und umsatzunabhängige[151] Gegenleistung
des Kunden für die zeitweilige Überlassung des Darlehenskapitals durch die Bank.[152]
Dementsprechend sind die teilweise fälschlicherweise Bereitstellungs„zinsen" (commitment „fees") genannten Zahlungspflichten nach deutschem Recht Provisionen, da
sie kein Entgelt für die Überlassung von Kapital sind.

(1) Zinszahlungspflicht

Hinsichtlich der Zinszahlung ist zunächst zu bestimmen, ob ein fester (fixed) oder 71
ein variabler (variable) **Zinssatz** (interest rate) vereinbart wird. Hinsichtlich fester Zinssätze ist zu beachten, dass die maximale Zinsbindungsfrist bei Darlehen nach deutschem Recht gemäß § 609 I Nr. 3 BGB 10 Jahre seit vollständigem Empfang der Dar-

---

[147] S. u. Kapitel 6.2.6.8.
[148] Oben Kapitel 6.2.6.4, unten Kapitel 6.2.6.8, 6.2.6.9.
[149] Kapitel 6.2.6.13.
[150] Beachte, dass grundsätzlich nur die Zinspflicht mit der Darlehensbelassungspflicht des Darlehensgebers im Gegenseitigkeitsverhältnis gemäß § 323 ff. BGB steht. Dies kann nur durch entsprechende vertragliche Vereinbarung geändert werden.
[151] Andernfalls liegt ein partiarisches Darlehen vor, das nach deutschem Recht eine Personengesellschaft begründet; *Palandt/Putzo*, BGB, 59. Aufl. 2000, vor § 607 BGB Rdn. 22.
[152] BGH NJW 1979, S. 541, 806.

lehensvaluta beträgt. Bei variablem Zinssatz wird eine Zinsgleitklausel vereinbart. Darin wird ein variabler Referenzzinssatz wie die Interbankenzinssätze LIBOR oder EURIBOR[153] zuzüglich einer Marge für die Banken vereinbart. Der Referenzzinssatz kann auch der durchschnittliche, von mehreren führenden Geschäftsbanken (reference banks) genannte Zinssatz für Darlehen unter Banken sein. Über den Referenzzinssatz werden im Wesentlichen die Refinanzierungskosten der Bank abgedeckt.[154] Eine Verweisung auf einen Referenzzinssatz, die eine Anpassung an kapitalmarktbedingte Änderungen der Refinanzierungskosten ermöglicht, ist auch in AGB nach deutschem Recht unbedenklich, sofern sie bei Sinken des Zinsniveaus auch eine Verpflichtung zur Herabsetzung des Zinses besteht.[155] Der Zinssatz kann sich nach Projektfertigstellung erhöhen (sogenannter „step up") bzw. verringern (sogenannter „step down"), da sich auf Grund eines Wegfalls einer möglicherweise bestehenden Projektfertigstellungsgarantie der Sponsoren bzw. auf Grund der Tatsache der Fertigstellung eine veränderte Risikosituation ergibt. Auch finden sich häufig Gestaltungen, bei denen sich mit längerem Projektbetrieb der Zinssatz stufenweise erhöht oder verringert. Solche Zinsanpassungsklauseln unterliegen im deutschen Recht der Billigkeitskontrolle des § 315 III BGB. Der Anpassungsmechanismus muss so festgelegt werden, dass der Bank kein einseitiges Leistungsbestimmungsrecht im Sinne von § 315 BGB zukommt.[156] Die Vereinbarung eines **Disagios** oder **Damnums**, also einer Differenz zwischen dem rückzahlbaren Nominalbetrag des Darlehens und dem an den Darlehensnehmer tatsächlich ausgezahlten Betrag,[157] ist bei Darlehen für Projektfinanzierungen unüblich.

72 Die sogenannte **market disruption clause** (auch disaster clause oder substitute basis clause) soll die Bank für den Fall schützen, dass ein bestimmter Refinanzierungsmarkt gestört ist, was in der Praxis äußerst selten der Fall ist.[158] Wenn sich bei variablem Zinssatz der Interbankenzinssatz wegen Störung des Interbankenmarktes nicht bestimmen lässt, ist innerhalb einer Frist z. B. von 30 Tagen eine alternative Zinsberechnungsmethode zu vereinbaren. Andernfalls berechnet der Darlehensgeber die Kosten der Refinanzierung zuzüglich der Marge. Gegebenenfalls hat der Darlehensnehmer ein Recht zur vorzeitigen Rückzahlung. Die disaster clause kann auch weiter gefasst sein und dann einen Vorbehalt marktbedingter Verfügbarkeit von vereinbarten Vertragsbestandteilen (z. B. Zinshöhe, Laufzeit, Währung) zum Ende einer Zinsperiode enthalten, verbunden mit dem Angebot der Bank, den Kredit zu den dann bestehenden Marktbedingungen weiter zu gewähren.[159]

73 Die Vereinbarung eines variablen Zinssatzes setzt die Projektgesellschaft einem Zinsänderungsrisiko aus. Um dieses Risiko auszuschließen oder zumindest abzuschwächen, werden häufig **Zinsderivatgeschäfte** abgeschlossen, die eigenständige Verträge darstellen, aber in diesem Zusammenhang zumindest erwähnt werden sollten. Das häufigste Zinsderivatgeschäft ist der Zinsswap (interest rate swap), der ein Termingeschäft[160] darstellt. Alternativ können Optionsgeschäfte wie z. B. ein Zins-cap, ein Zins-collar oder

---

[153] Kapitel 6.2.6.5.1.
[154] Nur „im Wesentlichen", da die tatsächlichen Refinanzierungskosten einer Bank von ihrem externen Rating (z. B. durch Standard & Poor's Rating Service oder Moody's Investor Service, Inc.) abhängig sind.
[155] *Palandt/Heinrichs*, BGB, 59. Aufl. 2000, § 11 AGBG Rdn. 9.
[156] Vgl. auch *Früh*, Kreditvertragsrecht, in: Hellner/Steuer (Hrsg.), Bankrecht und Bankpraxis, Köln (Loseblatt), Rdn. 3/120 a.
[157] *Kümpel*, Bank- und Kapitalmarktrecht, 2. Aufl., Köln 2000, Rdn. 5.128.
[158] Zu den Ursprüngen dieser Vorschrift *Vinter*, Project Finance, 2. Aufl., London 1998, S. 108 f.
[159] *Kohls*, Bankrecht, 2. Aufl., München 1997, Rdn. 154.
[160] Nicht zu verwechseln mit Termingeschäften nach § 23 EStG n. F. Der Begriff des Termingeschäfts tritt hier an die Stelle des „Differenzgeschäfts".

eine Zins-swaption vereinbart werden.[161] Um einen Wechsel zwischen festem und variablem Zinssatz zu ermöglichen, kann der Projektgesellschaft eine **Umwandlungsoption** hinsichtlich der Zinsberechnungsgrundlage eingeräumt werden. Wie beim Wechsel zwischen verschiedenen Währungen werden die Banken dafür teilweise eine Umwandlungsgebühr (conversion fee) verlangen. Die Parteien können eine **zinsfreie Zeit** (interest grace period) vereinbaren. Nach deutschem Recht dürfen Zinsen allerdings wegen des Zinseszinsverbots in § 248 I BGB nicht zum Kapital geschlagen werden (sogenannte Kapitalisierung von Zinsen).[162] Die Parteien können also nur eine Stundung (arg. § 202 I Fall 1 BGB) der Zinszahlung bzw. eine Verschiebung des Fälligkeitszeitpunktes der Zinsen vereinbaren. Im englischen Recht ist eine capitalisation of interest dagegen möglich. Während des vereinbarten Zeitraums muss der Kreditnehmer dann zwar keine Zinsen zahlen, dafür werden die eigentlich zu zahlenden Zinsen aber kapitalisiert, d.h. zum Rückzahlungsbetrag hinzugerechnet und erhöhen dementsprechend die Zinsbasis.

Zinsen werden auf der Grundlage zweier verschiedener Zinsberechnungsmethoden **74** berechnet:[163]

– entweder der französischen Zinsusanz (für internationale Darlehen), nach der das Jahr mit 360 Jahren und der Monat mit der tatsächlichen Anzahl Tage (also 28, 29, 30 oder 31) gerechnet wird (kurz: 360/365) oder
– der englischen Zinsusanz (für Darlehen in britischen Pfund), nach der das Jahr mit 365 Tagen und der Monat mit 28, 29, 30 oder 31 Tagen gerechnet wird (kurz: 365/365).[164]

Der auf der jeweiligen Basis ermittelte Tageszins wird dann für die effektiven Tage der Darlehensbeanspruchung berechnet. Um Unklarheiten zu vermeiden, wird die Berechnungsweise bei internationalen Darlehen im Darlehensvertrag bestimmt. Ebenso wird vereinbart, ob die Zinsberechnung vorschüssig oder nachschüssig stattzufinden hat. Es ist unbedingt zu bestimmen, dass der genaue Zinsbetrag für einen bestimmten Zinszeitraum (z.B. drei Monate) auf der Grundlage der tatsächlich abgelaufenen Tage berechnet wird. Dies hängt mit der Refinanzierung der Banken zusammen, die ebenfalls auf tatsächlich abgelaufenen Tagen beruht. Eine pauschalierte Regelung kann zu einem Refinanzierungsschaden der Bank führen. Bei Darlehen mit variablem Zinssatz sind die **Zinsanpassungstermine** (auch Zinsfestschreibungsperioden oder roll over genannt) zu bestimmen. Zu diesen Terminen wird der Referenzzinssatz ermittelt. Bei Inlandskrediten mit variablem Zinssatz und Vorbehaltsklausel („bis auf weiteres") kann die Bank bei Einbeziehung der AGB Banken jederzeit nach billigem Ermessen (Nr. 12 III AGB Banken i.V.m. § 315 BGB, z.B. zur Anpassung an veränderte Refinanzierungskosten) den Zinssatz ändern. Dem Kunden steht dann allerdings ein Kündigungsrecht zu (Nr. 12 IV AGB Banken). Wichtig für die praktische Abwicklung des Darlehens ist die genaue Festlegung der **Zinszahlungstermine,** d.h. die Festlegung der Fälligkeit einzelner

---

[161] Vgl. zu Derivatgeschäften *Jahn,* Außerbörsliche Finanztermingeschäfte (OTC-Derivate), in: Schimansky/Bunte/Lwowski, Bankrechts-Handbuch, Bd. III, München 1997, § 114. Zur Frage, ob sich der Kreditnehmer bei Kündigung des Darlehensvertrags gemäß § 609a BGB auch vom Zinssicherungsgeschäft nach § 609a IV 1 BGB analog lösen kann *Früh,* Kreditvertragsrecht, in: Hellner/Steuer (Hrsg.), Bankrecht und Bankpraxis, Köln (Loseblatt), Rdn. 3/154a.
[162] *K. Schmidt/Staudinger,* 13. Aufl., § 248 Rdn. 12; die Ausnahme vom Zinszinsverbot nach § 355 I HGB ist bei Projektfinanzierungskrediten nicht einschlägig.
[163] *Schweizerische Bankgesellschaft* (Hrsg.), Formeln und Kennziffern im Bankgeschäft, Zürich 1991, S. 5.
[164] Früher wurde auch noch die deutschen Zinsusanz verwendet und zwar für Inlandsdarlehen in DM. Nach dieser wurde das Jahr zu 360 Tagen und der Monat zu 30 Tagen gerechnet (kurz: 360/360).

6. Teil. Projektfinanzierung

Zinszahlungen. Wie die Zinsberechnung kann auch die Zinszahlung entweder vorschüssig oder nachschüssig vorgenommen werden. Für die praktische Abwicklung eines Darlehens sollten die Parteien sich von vornherein über die bei der Ermittlung der Bankarbeitstage zu berücksichtigenden Feiertage verständigen und insbesondere auf gegebenenfalls einschlägige lokale Feiertage achten (deutsches Beispiel: das Augsburger Friedensfest, mit dem der Confessio Augustana gedacht wird). Wenn eine Zinszahlung nicht an einem vereinbarten Zinszahlungstermin erfolgt, sind **Verzugszinsen** (default interest) zu zahlen. Für das deutsche Recht findet sich eine gesetzliche Regelung in § 288 I 1 BGB.[165] Dieser gewährt allerdings nur einen Anspruch auf 4% Verzugszinsen. Häufig wird ein höherer Verzugszinssatz darlehensvertraglich festgelegt. Der dadurch abgedeckte Zinsschaden kann entweder im Verlust von Anlagezinsen oder in der Aufwendung von Kreditzinsen bestehen. Als Schadenspauschale kann auf einen Referenzzinssatz zuzüglich einer bestimmten Marge verwiesen werden.[166] Die Bank wird sich bei Zugrundelegung einer Schadenspauschale den Anspruch auf Ersatz eines weitergehenden Schadens vorbehalten. Umgekehrt kann der Kreditnehmer bei einer Schadenspauschale einen tatsächlich geringeren Schaden nachweisen. Da die Verzugszinsen rechtlich Schadensersatz darstellen, findet das Zinseszinsverbot (§ 248 I BGB) keine Anwendung. Deshalb ist es auch zulässig, Verzugszinsen wegen rückständiger Verzugszinsen geltend zu machen.[167]

(2) Entgelte (fees)

75 Bei Projektfinanzierungen sind vom Darlehensnehmer, neben den im Darlehensgeschäft üblichen Zinszahlungen, eine Reihe von besonderen Entgelten für Tätigkeiten der Banken zu zahlen.[168] Diese Entgelte werden allerdings häufig nicht vollständig im Darlehensvertrag zu finden sein. Sie werden weitgehend in gesonderte Vereinbarungen (fee letter) zwischen dem jeweiligen Schuldner und Gläubiger aufgenommen. Das liegt einmal daran, dass sie teilweise Entgelt nicht für die Darlehensüberlassung sind, sondern für spezifische Dienstleistungen einer Bank (so z.B. die Arrangerprovision). Außerdem soll dadurch erreicht werden, dass die jeweilige Gebührenvereinbarung nur den beteiligten Parteien bekannt ist. Wir behandeln diese Entgelte im Zusammenhang mit der Zinszahlung, da sie aus Sicht des Darlehensnehmers allesamt weitere Kosten des Darlehens darstellen. Dabei ist die folgende Aufzählung nicht vollständig, da nur die wichtigsten Leistungsentgelte herausgegriffen wurden. Auch ist die Terminologie in der Praxis uneinheitlich.

76 Das erste Entgelt, das im Zusammenhang mit einer Projektfinanzierung bei Einschaltung von Banken anfällt, ist die Beratungs- oder Strukturierungsprovision (advising fee). Sie wird für die finanzielle Beratung der Sponsoren (und teilweise der Projektgesellschaft) erhoben und meist in einem Beratungsvertrag (mandate letter) vereinbart. Des weiteren wird eine Arrangerprovision oder ein Strukturierungsentgelt (arranger/arranging fee/structuring fee) an die Bank oder Banken gezahlt, die für das Zustandekommen der Finanzierung sorgen, d.h. insbesondere einen Verkaufsprospekt (information memorandum) über die Projektfinanzierung erstellen und weitere Banken in die Finanzierung einschalten. Auch diese Gebühr wird in einem gesonderten Vertrag

---

[165] Umfassend zu gesetzlichen Zinsansprüchen: *Kindler,* Gesetzliche Zinsansprüche im Zivilrecht und Handelsrecht, Tübingen 1996.

[166] Vom BGH (WM 1995, 1055) bisher lediglich für die Pauschale in § 11 VerbrKrG (Diskontsatz der Deutschen Bundesbank +5%) anerkannt, wobei der Diskontsatz nach der Einführung des Euro durch den Basiszinssatz ersetzt wurde; vgl. auch *Früh,* Kreditvertragsrecht, in: Hellner/Steuer (Hrsg.), Bankrecht und Bankpraxis, Köln (Loseblatt), Rdn. 1/127.

[167] *Bruchner,* in: Schimansky/Bunte/Lwowski (Hrsg.), Bankrechts-Handbuch, Bd. II, München 1997, § 78 Rdn. 19.

[168] *Früh,* Kreditvertragsrecht, in: Hellner/Steuer (Hrsg.), Bankrecht und Bankpraxis, Köln (Loseblatt), Rdnrn. 3/137 a–c.

(mandate letter) vereinbart. Sie wird häufig mit Unterschrift der Dokumentation oder mit erster Auszahlung fällig und teilweise werden für den Zeitraum bis zum Fälligkeitszeitpunkt Abschlagszahlungen vereinbart, die auch beim Nichtzustandekommen der Finanzierung von der Bank nicht zu erstatten sind. Es wurde bereits darauf hingewiesen,[169] dass Beratungs- und Finanzierungsmandat von kontinentaleuropäischen Banken traditionellerweise als miteinander verbundene Dienstleistungen verstanden und dementsprechend in einem einheitlichen Beratungsvertrag geregelt werden. Die arranging fee deckt in solchen Fällen auch beide Dienstleistungen ab. Eine insbesondere bei großen Finanzierungen anfallende Gebühr ist das Syndizierungsrisikoentgelt (underwriting fee). Die Underwriter einer Finanzierung übernehmen das Syndizierungsrisiko des Darlehens am Bankenmarkt. Bei Nichtsyndizierung haben sie selbst den nachgefragten Darlehensbetrag zur Verfügung zu stellen. Für die Übernahme des Syndizierungsrisikos zahlt die Arrangerbank einen Teil ihrer Arrangerprovision an die Underwriter bzw. wird vom Darlehensnehmer ein von der Arrangerprovision unabhängiges Syndizierungsrisikoentgelt gezahlt. Weiterhin wird den an einer Projektfinanzierung beteiligten Konsortialbanken oder unterbeteiligten Banken eine Beteiligungsprovision (participation fee/up-front fee) gezahlt. Die Beteiligungsprovision wird an die Banken weitergegeben, die nicht als Arranger oder Underwriter an der Syndizierung einer Finanzierung beteiligt waren. Sie vergütet ihren gegenüber einem normalen Darlehen erhöhten Prüfungsaufwand. Diese Provision wird vom Arranger bzw. Underwriter zumeist aus seinen jeweiligen Provisionen gezahlt. Der Underwriter wird teilweise allerdings einen Teil der Zinsen bzw. der fees, den sogenannten „skim" (auch praecipuum oder Vorabgebühr), für sich behalten. Größere Bankenkonsortien teilen die Arbeit der Darlehens- und Sicherheitenverwaltung häufig unter sich auf. Die mit einzelnen Verwaltungsaufgaben betraute Bank erhält für ihre Arbeit vom Darlehensnehmer Verwaltungsprovisionen in Form eines Konsortialführungs- (management fee/agency fee/loan administration fee) bzw. Poolführungsentgelts (security agency fee). Schließlich werden für zugesagte aber noch nicht gezogene Darlehensbeträge Bereitstellungs„zinsen" (commitment fees) gezahlt. Diese werden im Darlehensvertrag geregelt und gelten ohne Unterschied für alle beteiligten Banken. Zu beachten ist, dass es sich hierbei nach deutschem Recht um keine Zinszahlung, sondern um eine Provision handelt, da sie kein Entgelt für die Überlassung von Kapital sind.[170] Die Bereitstellungsprovisionen decken die Kosten der Bank für Eigenkapital, das sie auf Grund bankaufsichtsrechtlicher Vorschriften für längerfristige Zusagen vorhalten müssen.[171]

(3) Rückzahlungspflicht

Neben der Zinszahlung und der Zahlung bestimmter Entgelte ist die Rückzahlung der Darlehensvaluta die dritte Hauptpflicht der Projektgesellschaft. Folgende Fragen sind im Zusammenhang mit der Rückzahlung zu regeln:

– Laufzeit des Darlehens,
– Art der Rückzahlung,
– Wertsicherung,
– tilgungsfreie Zeit und
– Zahlungstermine.

Mit der **Laufzeit** des Darlehens (maturity) wird der letzte Rückzahlungszeitpunkt bestimmt. Die Art der **Rückzahlung** kann bei Projektfinanzierungen sehr individuell geregelt werden. Es kommen zunächst die gewöhnlichen Formen des Tilgungs- oder Annuitätendarlehens in Betracht. Beim Tilgungsdarlehen wird der immer gleiche Til-

---

[169] Kapitel 6.2.2.
[170] BGH WM 1996, 157; *Palandt/Heinrichs*, BGB, 59. Aufl. 2000, § 246 Rdn. 4.
[171] Vgl. Kapitel 6.2.5.1.

gungsbetrag zurückgezahlt, die Zinsbelastung verringert sich dementsprechend mit kleiner werdendem Darlehensbetrag; die gezahlte Rate reduziert sich somit. Beim Annuitätendarlehen wird stets die gleiche Rate gezahlt. Dies wird dadurch erreicht, dass sowohl Tilgungsbeträge als auch Zinsbeträge variabel ausgestaltet werden. Neben diesen gewöhnlichen Gestaltungsweisen kann die Rückzahlung der gesamten bzw. eines erheblichen Teils[172] der Darlehensvaluta auch in einem Betrag am Ende der Laufzeit geschehen (sogenanntes endfälliges Darlehen; man spricht auch von bullet repayment). Außerdem ist die Rückzahlung eines am Ende der Laufzeit verbleibenden Restbetrags in einer Summe (balloon repayment) möglich. Schließlich kann ein Darlehen mit vollkommen individueller Rückzahlungsbestimmung vereinbart werden. Dafür werden Tilgungspläne an den angenommenen bzw. tatsächlichen Leistungsverlauf eines Projekts angepasst, und zwar durch Anpassung an die Entwicklung des Cash flow.

79 Der Darlehensgeber erleidet bei Inflation der Schuld- bzw. Zahlungswährung einen laufenden Wertverlust hinsichtlich seines Darlehens. Dagegen wird er sich durch **Wertsicherungsklauseln** hinsichtlich der Rückzahlung abzusichern suchen. Solche Wertsicherungsklauseln unterlagen bei DM-Darlehen bisher nach deutschem Recht einer Genehmigungspflicht nach § 3 S. 2 WährG. Für die Genehmigung war die Deutsche Bundesbank zuständig (§ 49 II AWG), sie wurde aber weithin verweigert (allerdings waren Leistungsbestimmungsvorbehalte, Spannungsklauseln, Preisklauseln und Umsatz- oder Beteiligungsklauseln nach der Rechtsprechung des BGH genehmigungsfrei). Diese Regelung der Indexierung war im Hinblick auf die Zentralisierung der Währungspolitik im Europäischen System der Zentralbanken nicht mehr vereinbar mit EU-Recht. Auch nach Beginn der Europäischen Währungsunion bleibt die Indexierung aber in Deutschland im Grundsatz verboten.[173] Bei internationalen Finanzierungen stellt diese deutsche Regelung kein Problem dar, da die Parteien auf ausländisches Rechts ausweichen werden. Sowohl nach englischem Recht als auch nach dem Recht von New York sind Wertsicherungsklauseln möglich. Allerdings ist das Wertsicherungsbedürfnis bei Darlehen in sogenannter harter Währung (US$, Euro) nicht allzu groß. Bei Projektfinanzierungen spielen Gesichtspunkte der Wertsicherung dagegen eine große Rolle bei Abnahmeverträgen (offtake agreements) und sonstigen Projektverträgen.

80 Ähnlich wie bei der Zinszahlung kann auch hinsichtlich der Rückzahlung der Darlehensvaluta eine **tilgungsfreie Zeit** (grace period) vereinbart werden. Durch Aussetzung der Tilgung wird häufig berücksichtigt, dass die Projektgesellschaft während der Fertigstellung des Projekts noch keinen Cash flow erwirtschaftet. Außerdem sind die **Zahlungstermine** (repayment dates) festzulegen. Dabei sollte darauf geachtet werden, Rückzahlungstermine und Zinszahlungstermine (bzw. das Ende einer Zinsfestschreibungsperiode) zusammenfallen zu lassen. Damit kann der Aufwand für die Darlehensverwaltung beschränkt werden.

(4) Vorzeitige Rückzahlung

81 Bei vielen Projektfinanzierungen wird neben Pflichttilgungen die Möglichkeit einer vorzeitigen (freiwilligen oder zwingenden) Rückzahlung bzw. von freiwilligen Sondertilgungen des Darlehens vorgesehen. Hinsichtlich der **freiwilligen Rückzahlung** (right to prepay) ist vorzusehen, wann eine Rückzahlung erfolgen kann, welcher Mindestbetrag (minimum amount) zu zahlen ist und ob gegebenenfalls die Projektgesellschaft den Banken eine Rückzahlung anzuzeigen hat (und bis spätestens zu welchem Zeitpunkt). Vorzeitige Rückzahlungen sind meist nur in beschränktem Umfang mög-

---

[172] Der z. B. dem konservativ geschätzten Marktwert eines Vermögensgegenstands wie einem Kraftwerk entspricht.
[173] Vgl. § 2 I 1 Preisangaben- und Preisklauselgesetz.

lich. Häufig wird z.B. bestimmt, dass die Rückzahlungen aus dem Cash flow der Projektgesellschaft erbracht werden müssen (und nicht über eine Mittelaufnahme am Kapitalmarkt). Um einerseits Refinanzierungskosten der Banken abzudecken (breakage costs), andererseits die entgangene Geschäftsmöglichkeit zu vergüten, ist eine Vorfälligkeitsentschädigung (prepayment fee) zu zahlen.

Neben der Möglichkeit freiwilliger Rückzahlungen werden häufig **zwingende Rückzahlungen** (mandatory prepayments) vereinbart. Von besonderer Bedeutung sind dabei sogenannte Pflichtsondertilgungen (cash sweep mechanism). Der nach regulärem Schuldendienst verbleibende Cash flow (excess cash flow) wird dabei – wenigstens teilweise – zur weiteren Bedienung des Schuldendienstes bzw. zur Finanzierung von Reservekonten verwendet.

Hinsichtlich Rückzahlungen sollte in Darlehensverträgen nach deutschem Recht eine Tilgungsbestimmung getroffen werden und nicht die Tilgungsbestimmung nach § 366 I BGB dem Schuldner überlassen werden. Um die Laufzeit des Darlehens zu verkürzen, sollten vorzeitige Rückzahlungen regelmäßige Rückzahlungsraten in umgekehrter Reihenfolge ihrer Fälligkeit (inverse order of maturity) tilgen. Dagegen werden nach der gesetzlichen Tilgungsbestimmung in § 366 II BGB zunächst fällige Schulden getilgt.

(5) Margenschutzbestimmungen (margin protection clauses)

Kostenrisiken werden bei Projektfinanzierungen so weit wie möglich auf die Projektgesellschaft durch Preiserhöhungsklauseln im Darlehensvertrag abgewälzt. Wie sich aus der Wertung des § 11 Nr. 1 HS 2 AGBG ergibt, sind solche Preiserhöhungsklauseln bei Dauerschuldverhältnissen im Regelfall auch nach deutschem Recht unbedenklich.[174] Vor allem zwei kostenerhöhende Ereignisse[175] werden im Darlehensvertrag über Preiserhöhungsklauseln abgedeckt:[176] 82

– Quellensteuern im Sitzland der Projektgesellschaft und
– bankaufsichtsrechtliche Eigenkapital- und Liquiditätserfordernisse.

Hinsichtlich möglicher Quellensteuern ist im Darlehensvertrag auf eine **Absorptionsklausel** (tax gross-up provision) zu achten. Damit wird eine ausländische effektive Quellensteuer (withholding tax) auf den Kreditnehmer abgewälzt. Wenn diese Absorptionsklausel nicht im Darlehensvertrag enthalten ist und eine effektive Quellensteuer von den Zinsen im Ausland abgezogen wird, ist nach den einschlägigen Doppelbesteuerungsabkommen (DBA)[177] die im Ausland entrichtete Steuer bei Zugrundelegung der Anrechnungsmethode auf die Steuerschuld der finanzierenden Bank in Deutschland häufig nicht anrechenbar (wegen der Begrenzung auf Anrechnungshöchstbeträge). Ebenso ist eine direkte Steueranrechnung nach § 34c I EStG, die gegebenenfalls bei Nichtvorliegen eines DBA in Frage kommt, auf einen Anrechnungshöchstbetrag begrenzt. Die begrenzte Anrechenbarkeit kann im Ergebnis zu einem Negativzins führen.[178] 83

---

[174] *Palandt/Heinrichs*, BGB, 59. Aufl. 2000, § 11 AGBG Rdn. 5.
[175] Vgl. zur sogenannten *market disruption clause* bereits oben Kapitel 6.2.6.6.2.1.
[176] *Vinter*, Project Finance, 2. Aufl., London 1998, S. 107–109.
[177] Vgl. *Korn/Debatin*, Doppelbesteuerung. Sammlung der zwischen der Bundesrepublik Deutschland und dem Ausland bestehenden Abkommen über die Vermeidung der Doppelbesteuerung. Kommentar, Bde. I–IV, München (Loseblatt).
[178] Beispiel: Wenn der Zins 100 beträgt (wovon 90 auf die Refinanzierungskosten und 10 auf die Marge entfallen) und die deutsche Körperschaftssteuer 4,5 (45% der Marge), so kann eine ausländische Quellensteuer von 15 (15% des Zinsbetrages) mit maximal 4,5 auf die inländische Steuerschuld angerechnet werden. Es ergibt sich also eine insgesamte Steuerbelastung von 4,5 + 15 – 4,5 = 15 und damit ein Negativzins von –5.

6. Teil. Projektfinanzierung

84 Der Zinsanspruch der Bank kann nicht nur durch eine ausländische Quellensteuer, sondern auch durch bankaufsichtsrechtliche Eigenkapital- und Liquiditätserfordernisse geschmälert werden. Die Zinsschmälerung wird durch die sogenannte increased costs clause abgewendet.[179] Bei Kreditverträgen nach deutschem Recht ist fraglich, ob eine **increased costs-Klausel** wegen Verstoßes gegen § 9 AGBG unwirksam ist.[180] Bei den von Banken verwendeten Vertragstexten handelt es sich um Allgemeine Geschäftsbedingungen im Sinne von § 1 I 1 AGBG, wenn die Vertragsbedingungen zumindest mit der Absicht mehrfacher Verwendung ausformuliert wurden (sie sind dann „vorformuliert") und soweit diese von der Bank gestellt und nicht im Sinne von § 1 II AGBG im Einzelnen ausgehandelt wurden. Auch bei Allgemeinen Geschäftsbedingungen, die einem Unternehmer gegenüber verwendet werden, ist gemäß § 24 S. 1 Nr. 1 AGBG zumindest § 9 AGBG für die Inhaltskontrolle anwendbar. In Betracht kommt ein Verstoß des Verbots der Aushöhlung vertragswesentlicher Rechte und Pflichten (§ 9 II Nr. 2 AGBG) durch die increased-costs-Klausel. Bei der Beurteilung ist zu beachten, dass § 9 AGBG im kaufmännischen Verkehr unter Verwendung einer generalisierenden Betrachtungsweise anzuwenden ist.[181] In Verträgen mit Unternehmern können Preiserhöhungsklauseln auch dann zulässig sein, wenn dem Kunden für den Fall einer erheblichen Preissteigerung kein Lösungsrecht eingeräumt wird, sofern seine Interessen in anderer Weise ausreichend gewährt sind.[182] Davon ist bei der increased-costs-Klausel auszugehen, da sie ein typisches Finanzierungsrisiko der Projektfinanzierung abdecken soll. Da die Projektfinanzierung durch die Beschränkung der Haftungsmasse auf die Vermögensgegenstände eines spezifischen Projekts der Bank erhöhte Finanzierungsrisiken auferlegt, will die Bank eine risikoadäquate Vergütung erzielen. Dazu gehört auch, dass die Zinsen netto sämtlicher Belastungen gezahlt werden. Unter der Voraussetzung der Zahlung einer angemessenen Risikoprämie stellt die Bank ein Darlehen in der Form der Projektfinanzierung zur Verfügung. Damit wird den Interessen des Kunden ausreichend Rechnung getragen, da er jederzeit die Möglichkeit hat, eine herkömmliche Unternehmensfinanzierung vorzunehmen.

(6) Kostenklauseln

85 Außerdem wälzen die Darlehensgeber über Kostenklauseln sämtliche derzeitigen und künftigen Kosten in Verbindung mit der Darlehensgewährung auf den Kreditnehmer ab. Typischerweise anfallende Kosten sind Eintragungsgebühren (z. B. beim Handelsregister, Grundbuch oder Erbbaurechtsgrundbuch), Anwaltshonorare, Notargebühren, Wirtschaftsprüferkosten und Kosten für unabhängige, technische Berater oder Versicherungsberater, die zunächst von der Bank bezahlt und dann vom Darlehensnehmer erstattet werden. Nach deutschem Recht sind Auslagen der Bank bei Einbeziehung der AGB Banken in den Darlehensvertrag bereits über Nr. 12 V AGB Banken zu ersetzen, so dass eine darlehensvertragliche Regelung nicht erforderlich ist. Es wurde bereits darauf hingewiesen, dass sich Kostenklauseln auch in der Mandatsvereinbarung zwischen Arranger und Sponsoren finden.[183] Diese erfassen die Kosten, die bis zum Abschluss des Darlehensvertrags anfallen.

---

[179] Zum englischen Recht *Tennekoon,* The Law and Regulation of International Finance, London, Dublin, Edinburgh 1991, S. 81 f.
[180] Die folgende Diskussion kann auch auf die Absorptionsklausel und die *market disruption clause* entsprechend übertragen werden.
[181] *Palandt/Heinrichs,* BGB, 59. Aufl. 2000, § 9 AGBG Rdn. 33.
[182] *Palandt/Heinrichs,* a. a. O., § 11 AGBG Rdn. 10.
[183] Vgl. Kapitel 6.2.2.

6.2.6.6.3 Zahlungsmodalitäten

Die Zahlungsmodalitäten werden teilweise in den Darlehensvertrag selbst aufgenommen. Dabei sind der Kontoinhaber bzw. die sonstige Kontobezeichnung, der Bankname, die Bankadresse, der S. W. I. F. T.[184] code, die Bankleitzahl (sorting code) und die Kontonummer festzulegen und zwar für Zahlungen sowohl des Darlehensgebers als auch des Darlehensnehmers. Jedenfalls bei Konsortialkrediten und Unterbeteiligungen ist aber vorzugswürdig die Bestimmung außerhalb des Darlehensvertrags in einer gesonderten Mitteilung an die darlehensverwaltende Stelle (loan administration) der Bank, die den Zahlungsverkehr der Projektgesellschaft (häufig die Konsortialführerin) verwaltet (Zahlstelle payment agent).[185] Bei administrativen Veränderungen muss dann keine Änderung das Darlehensvertrags vorgenommen werden.

6.2.6.6.4 Änderung der Hauptleistungspflichten

Um ihr Syndizierungsrisiko zu begrenzen, sind Banken daran interessiert, den Inhalt der Hauptleistungspflichten während der Syndizierungsphase noch ändern zu können. Es findet sich deshalb zuweilen in Finanzierungsvorschlägen (term streets) und teilweise auch in den Darlehensverträgen eine sogenannte Flexibilisierungsklausel (market flex clause), die in Dokumenten nach englischem Recht wie folgt lauten kann: „The Arrangers shall be entitled, in consultation with the Company, to change the structure, terms, pricing and amount of the Facilities if the Arrangers determine that such changes are reasonably necessary in order to ensure a successful syndication, provided that the aggregate amount of the Facilities shall remain unchanged." Eine Syndizierung wird aus der Sicht der Arranger dann als erfolgreich angesehen, wenn der angestrebte Darlehensbetrag von anderen Banken übernommen wurde. Wenn solche Market-flex-Klauseln in Darlehensverträgen im deutschen Recht als einseitige Bestimmungsrechte der Banken ausgestaltet sind, verstoßen sie – soweit sie Allgemeine Geschäftsbedingungen darstellen – gegen § 9 II Nr. 2 AGBGB, im Übrigen unter dem Gesichtspunkt des Knebelungsvertrags gegen § 138 I BGB und sind damit unwirksam bzw. nichtig. Sie müssen so ausgestaltet sein, dass im Falle einer erfolglosen Syndizierung sowohl die Projektgesellschaft als auch die Banken eine Neuverhandlungspflicht haben.[186] Für den Fall, dass über geänderte Darlehenskonditionen zwischen den Parteien keine Einigung erzielt wird, muss ein Kündigungsrecht der Banken vorgesehen werden, wenn die Bank das Darlehen nicht mehr zu den ursprünglichen Konditionen ausreichen will.

6.2.6.7 Zusicherungen (representations and warranties)

6.2.6.7.1 Englisches Recht[187]

Bei Verträgen nach englischem Recht[188] wird das Bestehen oder Nichtbestehen rechtlicher und tatsächlicher Verhältnisse des Darlehensnehmers, die für die Kreditentscheidung des Darlehensgebers wesentlich sind, im Darlehensvertrag vom Darlehensnehmer in sogenannten representations and warranties zugesichert. Eine representation ist nach englischem Recht eine Feststellung, die von einer Partei **vor** Vertragsschluss getroffen wurde und in Vertrauen auf die eine andere Partei den Vertrag eingegangen

---

[184] S. W. I. F. T. steht für „Society for Worldwide Interbank Financial Telecommunication".
[185] Vgl. unten Kapitel 6.3.4.1.
[186] Vgl. *Nelle,* Neuverhandlungspflichten. Neuverhandlungen zur Vertragsanpassung und Vertragsergänzung als Gegenstand von Pflichten und Obliegenheiten, München 1993.
[187] *Tennekoon,* The Law and Regulation of International Finance, London, Dublin, Edinburgh 1991, S. 71–73.
[188] Gleiches gilt für das Recht des Bundesstaates New York.

ist. Wenn eine solche Feststellung unrichtig ist, kann die andere Partei gegebenenfalls nach section 2(1) Misrepresentation Act 1967 den Vertrag kündigen oder Schadensersatz verlangen. Eine warranty ist dagegen **Vertragsbestandteil** (term of the contract) und ihre Unrichtigkeit stellt dementsprechend einen breach of contract dar, der wiederum eine Anspruchsgrundlage für Schadensersatz abgibt.[189] Außerdem kann bei Unrichtigkeit von representations und warranties ein Schadensersatzanspruch nach dem sogenannten tort of negligence (nach den Grundsätzen der Entscheidung Hedley Byrne & Co Ltd v. Heller & Partners Ltd)[190] bestehen. Die Richtigkeit der representations und warranties ist Auszahlungsvoraussetzung[191] und die Unrichtigkeit einer Zusicherung steht deshalb der Auszahlung der Darlehensvaluta entgegen. Sowohl die Unrichtigkeit einer representation als auch die einer warranty stellt nach Auszahlung der Darlehensvaluta einen default dar und berechtigt gleichermaßen zu den mit einem default verbundenen vertraglichen Rechtsbehelfen, so dass die genaue Unterscheidung praktisch meist ohne Bedeutung ist. Sie erlangt erst dann Bedeutung, wenn eine Partei bei Unrichtigkeit einer Zusicherung keine Rechte aus dem Darlehensvertrag ableiten kann und deshalb auf die gesetzlichen Rechtsbehelfe verwiesen ist.

89 Folgende Zusicherungen der Projektgesellschaft werden häufig im Darlehensvertrag aufgenommen:

– Soweit Zusicherungen in einem sogenannten Zusicherungsschreiben (letter of information) gegeben wurden,[192] wird die Richtigkeit dieser Informationen nochmals im Darlehensvertrag zugesichert; dadurch können im Falle einer Unrichtigkeit dieser Zusicherungen die Rechtsbehelfe im Zusammenhang mit einem default unter dem Darlehensvertrag genutzt werden;
– Rechtspersönlichkeit (legal status) der Projektgesellschaft;
– wirksame Vollmachten (powers and authorisations) von Vertretern;
– Vorliegen aller gesetzlich und gesellschaftsrechtlich erforderlichen Genehmigungen, die zur Durchführung des Projekts und seiner Finanzierung benötigt werden;
– kein Verstoß gegen Gesetz, Urteil, Gesellschaftsvertrag oder sonstige Verträge (insbesondere Negativklauseln (negative pledge clauses) und Bestimmungen in anderen Darlehensverträgen);
– keine Korruption (sogenannte non-corruption representation);[193]
– Wirksamkeit und Durchsetzbarkeit (validity and enforceability) der vertraglichen Pflichten der Projektgesellschaft;
– die neu begründete Darlehensforderung wird zumindest gleichrangig (pari passu ranking) mit anderen gegenwärtigen und künftigen vertraglichen, ungesicherten Verbindlichkeiten (indebtedness) der Projektgesellschaft erfüllt;

---

[189] Die soeben beschriebene Verwendung des Begriffs „*warranty*" ist übrigens von einer anderen vertragsrechtlichen Unterscheidung zwischen nebensächlichen „*warranties*" und hauptsächlichen Vertragsbestimmungen „*conditions*" zu differenzieren, nach der sich bestimmt, ob ein Vertrag bei Nichterfüllung einer Verpflichtung gekündigt *(recission)* werden kann oder ob nur ein Schadensersatzanspruch besteht: „*A warranty (in modern legal usage) is a term which affects some relatively minor or subsidiary aspect of the subject-matter of the contract. Breach of it gives rise to a right to claim damages but not, in general, to rescind the contract. A condition, on the other hand, is a term which affects an important aspect of the subject-matter. Breach of it entitles the victim not only to claim damages but also, in general, to rescinding the contract.* (Treitel, An Outline of the Law of Contract, 5. Aufl., London, Dublin, Edinburgh 1995, Chapter 16 3 c iii = S. 311 f.). – Der Begriff „*warranty*" bedeutet übrigens drittens „Gewährleistung bei Schlechterfüllung" (z. B. eines Generalunternehmervertrags).

[190] [1964] AC 465; vgl. auch die Erläuterungen in der Entscheidung *Caparo Industries v Dickman Ltd* [1990] 2 AC 605.

[191] S. u. Kapitel 6.2.6.8.

[192] Dazu Kapitel 6.2.4.

[193] Vgl. dazu Kapitel 5.3.

- Bei Bestellung dinglicher Sicherheiten wird zugesichert, dass die Projektgesellschaft Eigentümerin bzw. Inhaberin der Sicherungsgegenstände (title[194] to secured assets) ist, die besichert werden, außerdem, dass an den Sicherungsgegenständen keine anderen Sicherheiten bestellt wurden (sodass die Sicherheiten für das Projektdarlehen erstrangig sind). Zudem wird die Wirksamkeit der dinglichen Sicherheiten in der Insolvenz und gegenüber Dritten zugesichert. Diese letzte Zusicherung wird im englischen Recht getrennt vorgenommen, da dingliche Rechte in zwei Schritten entstehen. Nach ihrer Begründung (attachment) durch einen Sicherheitenvertrag werden sie grundsätzlich erst durch einen Publizitätsakt vollendet (perfection) und erhalten dadurch – vereinfacht ausgedrückt – Wirkung gegenüber Dritten;[195]
- Richtigkeit der Informationen im Verkaufsprospekt (information memorandum);[196]
- Richtigkeit der übergebenen Jahresabschlüsse (financial statements);
- Keine wesentliche Veränderung (material adverse change) der wirtschaftlichen Verhältnisse seit dem letzten Jahresabschluss der Projektgesellschaft;
- Keine Vertragsverletzungen (default) unter anderen Verträgen;
- Steuerverbindlichkeiten (tax liabilities) erfüllt;
- Keine Rechtsstreitigkeiten (litigation).

6.2.6.7.2 Deutsches Recht[197]

In Verträgen nach deutschem Recht sind Zusicherungen nicht üblich.[198] Aufgrund gesetzlicher Regelungen (z.B. Gutglaubensschutz des Handelsregisters, negative und positive Publizität des Grundbuchs, Vertretung von Gesellschaften unabhängig von gesellschaftsinternen Zustimmungserfordernissen) besteht normalerweise kein Bedarf für gesonderte Zusicherungen des Schuldners. Wenn der Schuldner einen Kredit auf Grund unzutreffender Angaben erhält, kann die Bank bei Einbeziehung der AGB Banken in den Darlehensvertrag nach Nr. 19 III AGB Banken (vgl. insbesondere S. 2) den Darlehensvertrag kündigen. Außerdem können eine Anfechtung des Darlehensvertrags durch die Bank wegen arglistiger Täuschung (§ 123 BGB) und Schadensersatzansprüche wegen sittenwidriger Schädigung (§ 826 BGB) in Betracht kommen. In besonders gravierenden Fällen kann ein Kreditbetrug (§ 823 II 1 BGB i.V.m. §§ 263, 265a StGB, Art. 2 EGBGB als zivilrechtliche Anspruchsgrundlage und §§ 263, 265a StGB) vorliegen.

90

6.2.6.8 Auszahlungsvoraussetzungen (conditions precedent, CP)

Vor jeder Darlehensauszahlung sind gewisse Auszahlungsvoraussetzungen zu erfüllen, die entweder vor der ersten oder vor jeder Auszahlung vorliegen müssen. Mit Hilfe der Auszahlungsvoraussetzungen wird sichergestellt, dass die projektfinanzierungstypische Risikoverteilung vor Auszahlung der Darlehensvaluta durch Abschluss entsprechender Verträge und Begründung dinglicher Rechte abgeschlossen ist. Außerdem versucht der Darlehensgeber durch die Auszahlungsvoraussetzungen sicherzustellen, dass zum Zeitpunkt der Auszahlung mit einer planmäßigen Fertigstellung des

91

---

[194] Vgl. zur Unterscheidung zwischen *title* und *interest* im englischen Recht *Röver,* Vergleichende Prinzipien dinglicher Sicherheiten, München 1999, S. 142f.
[195] *Röver,* a.a.O., S. 147f., 150f.
[196] Vgl. zum Verkaufsprospekt Kapitel 6.3.2.
[197] Vgl. *Früh,* Kreditvertragsrecht, in: Hellner/Steuer (Hrsg.), Bankrecht und Bankpraxis, Köln (Loseblatt), Rdnrn. 3/84f.; *Wittig,* Representations und Warranties. Vertragliche Tatsachenbehauptungen in der anglo-amerikanischen Vertragsdokumentation, in: WM 1999, S. 985–996.
[198] Eine Ausnahme stellt die Bestimmung dar, welche die Vorgehensweise nach § 8 Geldwäschegesetz bestätigt; vgl. Kapitel 6.2.6.11.9.

6. Teil. Projektfinanzierung

Projekts und einem ordnungsgemäßen Projektbetrieb bei der Projektgesellschaft zu rechnen ist. Diese Voraussetzungen können nach **deutschem Recht** aufschiebende Bedingungen darstellen. Sie sind dann meist nicht aufschiebende Bedingungen für die Wirksamkeit des Darlehensvertrags insgesamt, sondern nur aufschiebende Bedingungen (§ 158 I BGB) **hinsichtlich des jeweiligen vertraglichen Auszahlungsanspruchs des Darlehensnehmers.** Häufiger handelt es sich aber um bloße Auszahlungsvoraussetzungen, bei denen eine Nebenleistungspflicht besteht, deren Einhaltung die Bank selbständig einklagen kann bzw. deren Nichterfüllung die Bank gemäß § 273 I BGB oder § 320 I 1 BGB zur Verweigerung der Auszahlung berechtigt. **Nach englischem Recht** wird eine condition precedent meist ähnliche Wirkungen haben; allerdings ergibt sich hier die genaue Rechtsfolge erst aus einer Auslegung der jeweiligen Vertragsbestimmung.[199]

92 Wenn das Darlehen nicht in einem Betrag ausgezahlt wird – was bei Projektfinanzierungen der Regelfall ist –, muss zwischen Auszahlungsvoraussetzungen unterschieden werden, die nur bei der ersten Auszahlung (first disbursement) der Darlehensvaluta, und solchen, die bei jeder Auszahlung (each disbursement) vorliegen müssen. Die Auszahlungsvoraussetzungen für die erste Auszahlung sollen sicherstellen, dass zum Zeitpunkt der Auszahlung die rechtliche Umsetzung der Risikostrukturierung abgeschlossen ist. Folgende Auszahlungsvoraussetzungen müssen grundsätzlich bei der ersten Auszahlung vorliegen:

– Wirksame Gründung der Projektgesellschaft. Insbesondere muss die Satzung bzw. der Gesellschaftsvertrag[200] der Projektgesellschaft in zufrieden stellender Form (in form and substance satisfactory) sein und gegebenenfalls eine Eintragung der Gesellschaft im Handelsregister o. ä. erfolgt sein. Der Nachweis wird bei einem Kreditvertrag nach deutschem Recht durch Vorlage einer beglaubigten (§ 129 BGB) Kopie der Satzung bzw. des Gesellschaftsvertrags und eines Handelsregisterauszugs erbracht.
– Alle Eigenkapital-,[201] Finanzierungs-, Sicherheiten-, Projekt- und Versicherungsverträge müssen wirksam und in zufrieden stellender Form abgeschlossen sein. Dies bezieht sich insbesondere auf Garantien (Fertigstellungsgarantien [completion guarantees]), die Bestellung dinglicher Sicherheiten, Abnahmeverträge und Versicherungsverträge. Bei einem Kreditvertrag nach deutschem Recht wird meist ein Nachweis des Vertragsschlusses durch Vorlage einer beglaubigten Kopie verlangt. Vertragstechnisch wird die genaue Definition der einzelnen Verträge entweder im Rahmen der Auszahlungsvoraussetzungen, im Abschnitt Definitionen oder in einer Anlage (schedule)[202] vorgenommen. Aus einer Verweisung auf andere Verträge ergibt sich teilweise indirekt, dass bestimmte in anderen Verträgen enthaltene Leistungsverpflichtungen zeitlich vor der Auszahlung der Darlehensvaluta zu erfüllen sind. Z.B. kann in der Definition der „financial documents" auf die Vereinbarungen mit den Sponsoren verwiesen werden. In diesen Verträgen kann wiederum das Erfordernis enthalten sein, Eigenkapitalbeiträge oder Gesellschafterdarlehen zu erbringen. Falls die Bestellung von Sicherheiten bis zur Auszahlung nicht erfolgt ist, kann

---

[199] Vgl. nur *Treitel,* An Outline of the Law of Contract, 5. Aufl., London, Dublin, Edinburgh 1995, Chapter 2 12 = S. 26 f., der drei verschiedene Auslegungsmöglichkeiten für *conditions precedent* unterscheidet, die er aus dem Fallrecht ableitet; außerdem *Tennekoon,* a.a.O., S. 68–71.

[200] Im englischen Recht also *memorandum of association* und *articles of association;* vgl. oben Kapitel 6.2.1.3.2.

[201] In diesem Zusammenhang bezieht sich der Begriff auf die Verträge der Sponsoren mit der Projektgesellschaft wie Gesellschafterdarlehensverträge (also nicht auf die Eigenkapitalzusage im Rahmen eines Gesellschaftsvertrags).

[202] Vgl. Kapitel 6.2.6.13.

eine Darlehensauszahlung gegen Garantie oder Bürgschaft eines bonitätsmäßig erstklassigen Sponsors bzw. von Banken im Einzelfall wirtschaftlich vertretbar sein. In diesem Zusammenhang ist an die Möglichkeit der **Umwelthaftung** von gesicherten Kreditgebern (lender's liability) zu erinnern. Im deutschen Recht kann sich die Umwelthaftung auf Grund öffentlich-rechtlicher[203] und zivilrechtlicher Vorschriften[204] ergeben.[205] In den Vereinigten Staaten, die sich durch ein besonders scharfes Haftungsrecht auszeichnen, kann die Haftung vor allem auf das Bundesgesetz Comprehensive Environmental Response, Compensation and Liability Act (CERCLA) gestützt werden.[206] Section 101 (20) (A) i–iii CERCLA enthält allerdings eine sogenannte secured creditor exemption, die dinglich gesicherte Kreditgeber weitgehend von der Haftung ausnimmt. Auch im Hinblick auf eine mögliche Umwelthaftung erlangen unabhängige Umweltgutachten (s. u.) zugunsten der Kreditgeber bei der Hereinnahme von Sicherungsmitteln eine große Bedeutung. Diese sind vor Kreditvergabe zu erstellen und haben insbesondere auch auf die Altlastensituation einzugehen.

– Alle Eigenkapitalbeteiligungen (equity) an der Projektgesellschaft sind zugesagt und voll eingezahlt (subscribed and fully paid); zuweilen werden Eigenkapitalbeiträge (teilweise) zu einem späteren Zeitpunkt eingezahlt, ihre Erbringung dann aber – je nach Bonität der Sponsoren – zusätzlich durch Garantien der Sponsoren bzw. von Banken abgesichert. Letzteres hat in der Regel bilanztechnische oder steuerliche Gründe und hat darüber hinaus – gerade bei langen Bauzeiten von Projekten – einen erheblichen Einfluss auf die Eigenkapitalrendite bei den Sponsoren.
– Gesellschafterdarlehen (shareholder subordinated loans) bzw. sonstige Nachrangdarlehen sind vollständig eingezahlt.
– Die Syndizierung ist erfolgreich, d. h. Beteiligungen an einem Bankenkonsortium (bank syndicate) bzw. Unterbeteiligungen (participations) wurden vereinbart oder von den Banken mit rechtsgeschäftlicher Wirkung zugesagt.
– Die erforderlichen Rechtsgutachten (legal opinions) liegen in zufrieden stellender Form (in form and substance satisfactory) vor. Bei internationalen Projektfinanzierungen, die englischem Recht oder dem Recht des Bundesstaates New York unterliegen, werden die wirksame Gründung der Projektgesellschaft, die Wirksamkeit und Durchsetzbarkeit der verhandelten Verträge (insbesondere des Darlehensvertrags sowie der dinglichen und persönlichen Sicherheiten) und das Vorliegen der erforderlichen behördlichen Genehmigungen in abschließenden Rechtsgutachten bestätigt.[207] Solche Rechtsgutachten sind bei Darlehensverträge nach deutschem Recht bislang unüblich.

---

[203] Verwaltungsrechtliche Spezialgesetze des Bundes und der Länder wie das Bundesimmissionsschutzgesetz, die Abfallgesetze oder die Wasserhaushaltsgesetze bzw. Zustandshaftung auf Grund der polizeirechtlichen Generalklausel.

[204] §§ 906 II 2, 1004 I, 823 I, II 1 BGB i. V. m. Schutzgesetzen, Umwelthaftungsgesetz.

[205] Vgl. im Einzelnen *Bigalke,* Die umweltrechtliche Verantwortung von gesicherten Kreditgebern. Am Beispiel der USA und der Bundesrepublik Deutschland, Frankfurt 1994; *Gößmann/ Ignatzi,* Die Umwelthaftung im Kreditgeschäft, in: Liber amicorum. Jens Nielsen zum 65. Geburtstag, Hamburg 1996, S. 11–27; *Marburger,* Ausbau des Individualschutzes gegen Umweltbelastungen als Aufgabe des bürgerlichen und des öffentlichen Rechts, Gutachten C zum 56. Deutschen Juristentag Berlin 1986, München 1986; *U. H. Schneider/Eichholz,* Die umweltrechtliche Verantwortlichkeit des Sicherungsnehmers, in: ZIP 1990, S. 18–24.

[206] Vgl. *Berz/Gillon,* Lender Liability under CERCLA: In Search of a New Deep Pocket, in: Banking Law Journal Bd. 108 (1991), S. 4 ff.; *Bigalke,* a. a. O.; *Janke/Weinreich,* Haftung des Kreditgebers für Altlasten seines Schuldners in den USA, in: RIW 1991, S. 281–284; *King,* Lender's Liability for cleanup costs, in: Environmental Law 1998, S. 242 ff.; *Köndgen,* Haftung der Kreditbank in den USA, in: Die Bank 1991, S. 283 ff.

[207] *Gruson/Hutter/Kutschera,* Legal Opinions in International Transactions, 3. Aufl., Dordrecht 1997. Der Erstellung dieser Gutachten geht eine umfassende rechtliche *due diligence* voraus.

- Das Gutachten eines unabhängigen, technischen Beraters über die technischen Aspekte des Projekts und ein unabhängiges Umweltgutachten liegen in zufrieden stellender Form vor.

93 Bei jeder Auszahlung (bei der ersten Auszahlung also zusätzlich) müssen weitere Auszahlungsvoraussetzungen gegeben sein, die sicherstellen sollen, dass die rechtlichen und wirtschaftlichen Gegebenheiten für eine Auszahlung fortbestehen. Es handelt sich typischerweise um folgende Auszahlungsvoraussetzungen:

- Es liegt eine Auszahlungsanzeige (disbursement oder drawdown notice) des Kreditnehmers vor, deren Form zumeist in einer Anlage zum Darlehensvertrag vorgegeben wird; um Refinanzierungsschäden (breakage costs) der Banken zu vermeiden, ist es ratsam, die Fälligkeit des Auszahlungsanspruchs erst mit Ablauf eines angemessenen Zeitraums (ca. 3–5 Tage) nach Zugang der Auszahlungsanzeige eintreten zu lassen.
- Die ausgezahlte Darlehensvaluta wird für die definierten Projektzwecke benötigt; die Auszahlung der Darlehensvaluta erfolgt grundsätzlich ratenweise entsprechend des Baufortschritts des Projekts, der einer genauen Überprüfung durch unabhängige technische Berater unterliegt und durch regelmäßige Baufortschrittsberichte dokumentiert wird.[208] Die zweckgemäße Verwendung der Darlehensvaluta wird üblicherweise durch die Darlehensnehmerin in der Auszahlungsanzeige jeweils nochmals bestätigt.
- Sämtliche Konzessionen sowie behördlichen und gesellschaftsrechtlichen Genehmigungen wurden für das Projekt und seine Finanzierung erteilt und es wurden geeignete Nachweise darüber vorgelegt. Als behördliche Genehmigungen kommen insbesondere die Baugenehmigung, die immissionsschutzrechtliche Genehmigung, Import- und Exportgenehmigungen sowie Deviseneinfuhr- und Devisenausfuhrgenehmigungen in Frage. Bei untergeordneten Genehmigungen im Zusammenhang mit der Errichtung der Projektanlagen ist es teilweise vertretbar, dass sie erst während der Bauphase erteilt werden. Bei allen Genehmigungen sind wesentliche Einschränkungen (material qualifications) zu beachten.
- Bei Verträgen nach englischem Recht oder dem Recht von New York ist Auszahlungsvoraussetzung die Richtigkeit der Zusicherungen (representations and warranties).
- Positive und negative Nebenleistungspflichten (affirmative and negative covenants), insbesondere der Finanzkennzahlen, werden von der Darlehensnehmerin befolgt.
- Alle Projektverträge, soweit sie noch für das Projekt benötigt werden, sind zum Zeitpunkt der Auszahlung weiterhin wirksam.
- Die Auszahlung stellt keinen Verstoß gegen Gesetz, Urteil, Gesellschaftsvertrag oder sonstige Verträge dar, denen die Projektgesellschaft unterliegt.
- Nichtvorliegen eines tatsächlichen oder möglichen (potential) Kündigungsgrunds bzw., bei Anwendung englischen Rechts, eines event of default.
- Im Rahmen einer Generalklausel wird die Auszahlung davon abhängig gemacht, dass keine wesentliche Veränderung (material adverse change) der wirtschaftlichen Verhältnisse des Projekts oder der Projektgesellschaft seit Unterzeichnung des Darlehensvertrags eingetreten ist.

94 Wenn der Darlehensbetrag an mehrere Banken syndiziert oder ausplatziert wurde,[209] bestätigt normalerweise die für die Verwaltung des Darlehens verantwortliche Bank (administrative agent),[210] dass sämtliche Auszahlungsvoraussetzungen erfüllt

---

[208] Vgl. unten Kapitel 6.2.6.9.1.
[209] S. u. Kapitel 6.3 und 6.4.
[210] Der sowohl im eigenen wie auch im Drittinteresse handelt; seltener wird ein *fiduciary agent* eingesetzt, der nicht an der Finanzierung beteiligt ist und ausschließlich im Drittinteresse handelt.

sind.[211] Erst nach Erteilung der Bestätigung zahlen die unterbeteiligten bzw. Konsortialbanken den auf sie entfallenden Darlehensbetrag aus.

6.2.6.9 Positive und negative Nebenleistungspflichten (affirmative and negative covenants und undertakings)

6.2.6.9.1 Englisches Recht

Neben den bereits oben[212] genannten Pflichten enthält ein Darlehensvertrag, der englischem Recht unterliegt, zahlreiche weitere Handlungs- und Unterlassungspflichten des Darlehensnehmers, welche die Rückzahlbarkeit des Darlehens einerseits überprüfen und andererseits sicherstellen sollen. Sie dienen damit der Absicherung der Hauptleistungspflichten und der finanziellen Rahmenbedingungen. Vier Zwecke werden im Wesentlichen verfolgt. (1) Zur fortlaufenden Kontrolle der wirtschaftlichen Verhältnisse der Projektgesellschaft werden bestimmte Finanzkennzahlen (financial covenants) vereinbart. In der Steuerung der Finanzierung über bestimmte Finanzkennzahlen zeigt sich die Cash-flow-Orientierung der Projektfinanzierung. (2) Andere Pflichten sollen gewährleisten, dass sich die gesellschaftsrechtlichen Verhältnisse bei der Projektgesellschaft nach Abschluss der Darlehensvertrags nicht wesentlich verändern. (3) Weitere Pflichten sollen dafür sorgen, dass die Vermögenssituation der Projektgesellschaft und die Rechte der Banken erhalten bleiben. Insbesondere bedürfen nicht direkt projektbezogene finanzielle Verpflichtungen der Projektgesellschaft der Zustimmung der Darlehensgeber. Außerdem wird beim Eintreten wirtschaftlicher Schwierigkeiten verhindert, dass die Sponsoren weiterhin Dividendenzahlungen erhalten und sich somit vor den Darlehensgebern befriedigen. (4) Eine letzte Gruppe von Nebenleistungspflichten verfolgt den Zweck, den Darlehensgebern genügend und verlässliche Information über die wirtschaftliche Situation des Darlehensnehmers zu geben. Im Gegensatz zu den **zeitpunkt**bezogenen representations and warranties sind die covenants **zeitraum**bezogen, denn sie stellen dauernde Verpflichtungen der Darlehensnehmerin dar.

Die Nichterfüllung von covenants und undertakings ist ein event of default und löst die mit einem default verbundenen Rechtsbehelfe[213] aus. Daneben bestehen die gesetzlichen Rechtsbehelfe bei Nichterfüllung einer Vertragsbestimmung, nämlich grundsätzlich Schadensersatzanspruch wegen breach of contract (breach of undertaking) bzw. ausnahmsweise ein Anspruch auf Vertragserfüllung (specific performance).[214] Gegebenenfalls können Vertragsverletzungen durch eine einstweilige Verfügung (injunction) abgewehrt werden. In den meisten Fällen wird bei einer Nichterfüllung von covenants eine Zustimmung zu der Vertragsabweichung (waiver) erteilt[215] und es werden gerade nicht die übrigen weitgehenden Rechtsbehelfe ausgeübt.[216]

Häufig wird in Darlehensverträgen zwischen Handlungspflichten (affirmative covenants) und Unterlassungspflichten (negative covenants) unterschieden. Im Folgenden werden die Pflichten dagegen nach dem damit verfolgten Zweck untergliedert. Folgende Pflichten sind in vielen Darlehensverträgen zu finden.

Die Projektgesellschaft hat zunächst die Pflicht, bestimmte **Finanzkennzahlen** einzuhalten. Bei diesen Kennzahlen handelt es sich im Wesentlichen um folgende: den

---

[211] Zum englischen Recht *Tennekoon,* The Law and Regulation of International Finance, London, Dublin, Edinburgh 1991, S. 48, 59 f.
[212] Kapitel 6.2.6.2.
[213] Vgl. unten Kapitel 6.2.6.10.2.
[214] Dazu oben Kapitel 6.2.1.5.1.
[215] Kapitel 6.2.6.11.7.
[216] Vgl. dazu auch Kapitel 6.2.6.10.3.

Schuldendienstdeckungsgrad (auf jährlicher Basis bzw. auf Basis kürzerer Zeiträume) (debt service cover ratio, DSCR), den Deckungsgrad über die Darlehenslaufzeit (loan life cover ratio, LLCR), den Deckungsgrad über die Projektlaufzeit (project life cover ratio, PLCR) und die Eigenkapitalquote (debt-to-equity (and subordinated debt) ratio). Der genaue Inhalt dieser Finanzkennzahlen wurde teilweise im Abschnitt Definitionen bestimmt.[217]

98 Eine Reihe von Pflichten dient dazu, eine **Beibehaltung der gesellschaftsrechtlichen Verhältnisse** der Projektgesellschaft zu erreichen. Dies ist für die Fremdkapitalgeber wichtig, da sie spätestens ab Fertigstellung des Projekts keinen Haftungszugriff auf die Sponsoren mehr haben, sondern nur noch auf die Projektgesellschaft zugreifen können. Der Projektgesellschaft sind deshalb der Wechsel des Gesellschaftszwecks, der Wechsel von Gesellschaftern und die Änderung der Satzung der Gesellschaft bzw. des Gesellschaftsvertrags[218] verboten. Auch Umwandlungen, Verschmelzungen und Liquidationen können nicht getätigt werden. Schließlich ist es der Projektgesellschaft im Regelfall verboten, Tochtergesellschaften (subsidiaries) zu gründen oder das Unternehmensvermögen ganz oder teilweise zu veräußern. Transaktionen dieser Art bedürfen der Zustimmung der Darlehensgeber.

99 Eine dritte Gruppe von Nebenleistungspflichten dient dazu sicherzustellen, dass die **Vermögenssituation** der Projektgesellschaft und die Rechte der Banken **beibehalten** werden. Dem dienen folgende Verpflichtungen:

— Verbot des Eingehens weiterer Darlehensverbindlichkeiten (indebtedness) bei Überschreiten einer festgelegten Betragsgrenze;
— Verbot des Eingehens neuer Eventualverbindlichkeiten (contingent liabilities) in Form von Garantie- und Bürgschaftsverbindlichkeiten (guarantees) bei Überschreiten einer festgelegten Betragsgrenze;[219]
— Beschränkung von Derivatgeschäften, die keine Absicherung gegen bestimmte Risiken der Projektgesellschaft bezwecken;
— Verpflichtung zum Abschluss von Derivatgeschäften, insbesondere zur Absicherung gegen die Veränderungen von Rohstoffpreisen, wenn die Projektgesellschaft Rohstoffe fördert, oder gegen die Veränderung von Zinsen bzw. Wechselkursen;
— Schuldrechtliche[220] Veräußerungsbeschränkungen hinsichtlich der Vermögensgegenstände der Projektgesellschaft (restrictions on disposals of all or a substantial part of the assets);
— Verbot der Bestellung sämtlicher Formen dinglicher Sicherheiten für Dritte (Negativklausel [negative pledge clause]). Nach deutschem (§ 137 BGB) und englischem Recht[221] hat die Negativklausel bloß schuldrechtliche Wirkung und bewirkt keine Verfügungsbeschränkung. Nach **deutschem Recht** wird die Negativerklärung häufig nicht im Rahmen des Darlehensvertrags, sondern im Rahmen einer eigenständigen Erklärung abgegeben. Die Negativerklärung ist außerdem im deutschen Recht, anders als im englischen, bei Projektfinanzierungen unüblich, da den Banken bereits an allen wesentlichen Vermögensgegenständen Sicherheiten bestellt wurden. Im **englischen Recht** wird der negative pledge clause dagegen eine grundlegende Be-

---

[217] Oben Kapitel 6.2.6.5.1.
[218] Beachte die Unterscheidung zwischen *memorandum of association* und *articles of association* im englischen Recht.
[219] Zu beachten ist, dass in anglo-amerikanischen Rechten sowohl Garantie als auch Bürgschaft als „guarantee" bezeichnet werden.
[220] Nach deutschem Recht (§ 137 BGB) kann eine rechtsgeschäftliche Verfügungsbeschränkung nur mit Wirkung für die Vertragsparteien vereinbart werden.
[221] *Goode*, Legal Problems of Credit and Security, 2. Aufl., London 1988, S. 19–23.

deutung zugemessen.[222] Sie kann eine Reihe verschiedener Formen annehmen; zu beachten ist, dass das englische Recht als Sicherheiten im technischen Sinne nur die charge (besitzloses Sicherungsrecht), die mortgage (Sicherungsübertragung), die pledge (Besitzpfandrecht) und das contractual lien (vertraglich vereinbartes Pfandrecht bei Vertragsverhältnissen; außerdem werden mit dem Begriff „lien" gesetzliche Pfandrechte bezeichnet) kennt;[223] die charge gibt es entweder als fixed oder als floating charge, wobei die letztere sogar als globales Unternehmenspfandrecht über nahezu sämtliche Gegenstände einer Kapitalgesellschaft (company) bestellt werden kann.[224] Daneben gibt es sogenannte Quasi-Sicherheiten, die funktional Sicherungsfunktion übernehmen, nach dem Verständnis des englischen Rechts aber nicht security interests im technischen Sinne darstellen. Dazu zählen financial leasing, hire purchase (Ratenerwerb), retention of title (auch reservation of title genannt), sale and repurchase (Pensionsgeschäft), sale and lease-back sowie factoring. Diese Quasi-Sicherheiten werden normalerweise von einer negative pledge clause nicht erfasst, können aber durchaus bei entsprechender Formulierung in den Anwendungsbereich mit einbezogen werden. Die Frage, ob ein Sicherungsrecht wirksam bestellt wurde und welchen Rang es hat, bestimmt sich internationalprivatrechtlich grundsätzlich nach dem Recht am Ort der Belegenheit des Gegenstands (der lex rei sitae).[225] Soweit die Sicherheiten nicht nach englischem Recht, sondern einem anderen Recht bestellt werden, können sich bei einer negative pledge clause schwierige Qualifikationsfragen ergeben;

- Pflicht zur Sicherheitenbestellung an künftig erworbenen Vermögensgegenständen (Positiverklärung);
- Gleichrangklausel/Gleichstellungsverpflichtung (pari passu clause),[226] d. h. eine Verpflichtung, die neu begründete Darlehensforderung gleichrangig mit anderen gegenwärtigen und künftigen vertraglichen, ungesicherten Verbindlichkeiten der Projektgesellschaft zu befriedigen;[227]
- Einrichtung eines Projektkontos (collection account) für die Einzahlung der Einnahmen der Projektgesellschaft und zwar möglichst in einem Hartwährungsland, wenn die Projektgesellschaft ihren Sitz entweder in einem Weichwährungsland oder in einem Land hat, in dem politische Risiken bestehen (dieses Auslandskonto wird „offshore account" genannt);
- Einrichtung eines Schuldendienstreservekontos (debt service reserve account), d. h. eines Treuhandkontos (escrow account),[228] auf das vom Projektkonto ein Reservebetrag für Zins- und Tilgungszahlungen überwiesen wird; auch hierfür wird gegebenenfalls ein Auslandskonto eingerichtet;

---

[222] *Tennekoon,* The Law and Regulation of International Finance, London, Dublin, Edinburgh 1991, S. 89–98.

[223] *Goode,* Commercial Law, 2. Aufl., London 1995, 22.4 (i), (ii) = S. 642–646.

[224] *Goode,* a. a. O., 25 = S. 730–744; *Röver,* Vergleichende Prinzipien dinglicher Sicherheiten, München 1999.

[225] Vgl. zum deutschen Recht *Palandt/Heldrich,* BGB, 59. Aufl. 2000, Art. 38 EGBGB Anhang II Rdn. 2; zum englischen Recht *Tennekoon,* The Law and Regulation of International Finance, London, Dublin, Edinburgh 1991, S. 41, 92–94.

[226] *Tennekoon,* a. a. O., S. 89.

[227] Soweit eine solche Klausel über eine bloße Verpflichtung des Schuldners hinausgehen sollte und mit ihr die Rechte Dritter beeinträchtigt werden sollten, wäre sie im deutschen Recht als Vertrag zu Lasten Dritter wegen Verstoßes gegen den Grundsatz der Privatautonomie unzulässig (*Palandt/Heinrichs,* BGB, 59. Aufl. 2000, vor § 328 Rdn. 10). Neue Gläubiger der Projektgesellschaft können allenfalls selbst Nachrangdarlehen vereinbaren.

[228] Vgl. rechtsvergleichend aus der Sicht des belgischen Rechts *Du Bois,* Problèmes posés par „l'escrow account" et par la compensation comme sûreté dans certains instruments financiers, in: Stranart (Hrsg.), Le Droit des Sûretés, Brüssel 1992, S. 417–426.

– Ausschüttungsverbot (hinsichtlich der Zahlung von Dividenden (dividend stopper) bzw. der Zahlung von Zins bzw. Tilgung bei Gesellschafterdarlehen oder sonstigen Nachrangdarlehen subordinated loans) bei tatsächlicher oder möglicher Vertragsverletzung (default) oder bei Unterschreiten eines bestimmten Schuldendienstdeckungsgrades (debt service cover ratio) bzw. einer bestimmten Eigenkapitalquote (debt-to-equity (and subordinated debt) ratio); für den Fall bereits erfolgter Ausschüttung kann ein sogenannter claw back mechanism vorgesehen werden, nach dem die den Sponsoren gezahlten Dividenden an die Projektgesellschaft zurückzuzahlen sind, wenn bestimmte Finanzkennzahlen (z.B. die DSCR) unterschritten werden;
– Unterhaltung angemessenen Versicherungsschutzes;
– Nennung der Banken (bei deutschem Recht) bzw. eines Treuhänders (trustees, bei englischem Recht) als Begünstiger (loss payee) in Versicherungspolicen.

100 Eine vierte Gruppe von Nebenleistungspflichten soll die **Information der Kreditgeber**[229] **über die wirtschaftliche Situation** der Projektgesellschaft und über die Sponsoren sicherstellen (sogenannte information undertakings).

– Regelmäßige Baufortschrittsberichte während der Bauphase des Projekts (in der Regel monatlich);
– Regelmäßige Projektberichte während der Betriebsphase des Projekts;
– Unterjährige Zahlen der Projektgesellschaft (monatlich bzw. vierteljährlich) und zwar Gewinn- und Verlustrechnung (income statement bzw. profit and loss account) und Liquiditätsplan;
– Von einem anerkannten Wirtschaftsprüfer (auditor) testierte Jahresabschlüsse (financial statements) der Projektgesellschaft, d.h. vor allem Bilanz (balance sheet) und Gewinn- und Verlustrechnung nach International Accounting Standards (IAS) oder Generally Accepted Accounting Principles (GAAP) der Heimatjurisdiktion;

Diese Bestimmung ist aus der Sicht des deutschen Rechts im Hinblick auf § 18 KWG wichtig. Nach § 18 KWG sind Banken verpflichtet, sich von Kreditnehmern, denen Kredite von insgesamt mehr als DM 500 000.– gewährt werden, die wirtschaftlichen Verhältnisse, insbesondere durch die Vorlage der Jahresabschlüsse, offenlegen zu lassen. Die Bank kann hiervon nur absehen, wenn dieses Verlangen im Hinblick auf die gestellten Sicherheiten oder auf die Mitverpflichteten offensichtlich unbegründet wäre. Dies ist lediglich dann der Fall, wenn **zweifelsfrei** feststeht, dass die Kreditrückzahlung durch die eingeräumten Sicherheiten oder die Mitverpflichteten gewährleistet ist.
Für gewöhnlich ist die Verpflichtung zur Vorlage von Jahresabschlüssen in den Nebenleistungsverpflichtungen und nicht unter den Auszahlungsvoraussetzungen des Darlehensvertrags enthalten. Auch vor Auszahlung des Darlehens stellt sich aber im Hinblick auf § 18 KWG die Frage, welche Unterlagen vorzulegen sind. Eine Projektgesellschaft kann bei Abschluss einer Projektfinanzierung Jahresabschlüsse im Regelfall noch nicht vorlegen, da sie neu gegründet wurde. Allenfalls können von ihr pro-forma-Abschlüsse eingereicht werden. Welche Unterlagen stattdessen bei Beginn einer Projektfinanzierung den Anforderungen des § 18 KWG entsprechen, ist bislang ungeklärt. In Anlehnung an die Ausführungen des Bundesaufsichtsamts für das Kreditwesen zu Objektgesellschaften[230] wird man sagen können, dass jedenfalls eine bloße Wirtschaftlichkeitsrechnung und Liquiditätsplanung mit Hilfe eines Cash-flow-Modells für sich genommen nicht ausreicht. Es werden vielmehr Unterlagen über die Hauptbeteiligten hereinzunehmen sein. Dazu zählen die (Einzel- und Konzern-)Jahresabschlüsse der Sponsoren (und zwar unabhängig davon, ob sie eine Fertigstellungsgarantie übernommen haben) und der Abnehmer des vom Projekt angebotenen Produkts, wenn die Abnehmer Abnahmeverträge mit der Projektgesellschaft schließen und ihr Kreis nicht unübersehbar ist (wie z.B. bei Nutzern eines Telekommunikationsnetzes). Je nach den Umständen des Einzelfalls können auch Unterlagen über den Generalunternehmer vorzulegen sein.

---

[229] In Versicherungsverträgen werden gesonderte Informationspflichten gegenüber Versicherern aufgenommen; vgl. zu Versicherungen allgemein Kapitel 15.
[230] *Consbruch/Möller/Bähre/Schneider,* KWG, Bd. I, München (Loseblatt), Nr. 4.304.

Bankkredite

- Von einem anerkannten Wirtschaftsprüfer testierte Jahresabschlüsse der Sponsoren (und zwar Einzelabschlüsse und, soweit vorhanden, der Konzernabschluss);
- Jährlich aktualisierte Liste der Gesellschafter der Projektgesellschaft;[231]
- Auskunftspflicht der Projektgesellschaft bei wichtigen Ereignissen (Änderung der Projektplanung, material adverse event or condition, event of default, potential event of default);
- Allgemeines Auskunftsrecht der Banken.

Schließlich finden sich Verpflichtungen, die unterschiedlichen Zwecken dienen.   **101**

- Verpflichtung zur Verwendung der Darlehensvaluta für Projektzwecke; diese Bestimmung greift die Beschreibung des Mittelverwendungszwecks aus der Vertragspräambel[232] wieder auf. Zur Konkretisierung der Mittelverwendung wird häufig auf einen Investitions- und Finanzierungsplan in einer Anlage zum Darlehensvertrag verwiesen; Ausgabenabweichungen von diesem Plan bedürfen ab einer bestimmten Betragsgrenze einer schriftlichen Einwilligung der Bank.
- Keine Vereinbarungen der Projektgesellschaft mit ihren Gesellschaftern, es sei denn zu Konditionen, die auch mit unbeteiligten Dritten vereinbart würden (arm's length).
- Umweltgerechter Projektbetrieb gemäß Weltbank-Standards,[233] Umweltstandards des anwendbaren nationalen Rechts sowie Umweltrichtlinien der Projektgesellschaft (environmental action plan).[234]
- Teilweise ist die Kreditnehmerin dazu verpflichtet, die Finanzkennzahlen z.B. ein Mal jährlich zu berechnen und deren Einhaltung zu bestätigen (compliance certificate). Häufig ist die Berechnung der Finanzkennzahlen durch einen Wirtschaftsprüfer gegenzubestätigen. Darüber hinaus wird zum Teil auch die Bestätigung der Einhaltung weiterer covenants bzw. das Nichtvorliegen eines event of default verlangt. Es ist anzuraten, die Form der Bestätigung bereits mit Abschluss des Darlehensvertrags zu vereinbaren und ein entsprechendes Muster als Anlage beizufügen.[235]

Wenn die Banken in außergewöhnlicher Weise das Management der Projektgesellschaft beeinflussen, so dass sie sogenannte de facto directors werden, sind sie für ihre Handlungen und Unterlassungen während einer Krise der Projektgesellschaft nach section 214 Insolvency Act 1986 haftbar und müssen angemessene Beiträge zur Insolvenzmasse leisten.[236]

---

[231] Ebenfalls erforderlich im Hinblick auf § 18 KWG.

[232] Kapitel 6.2.6.4.

[233] Vgl. für die Umweltstandards der Weltbankgruppe: *World Bank Group,* Pollution Prevention and Abatement Handbook, Stand 1998; im Internet unter www.worldbank.org; vgl. außerdem das Environmental Assessment Sourcebook, Stand 1996 und verschiedene World Bank Operational Directives zu Einzelfragen.

[234] Zum Problem der Umwelthaftung des gesicherten Kreditgebers vgl. oben Kapitel 6.2.6.8. Vgl. außerdem das Umweltauditgesetz (UAG), BGBl. 1995, 1591 ff., das auf der Verordnung (EWG) Nr. 1836/93 des Rates vom 29. 6. 1993 über die freiwillige Beteiligung gewerblicher Unternehmen an einem Gemeinschaftssystem für das Umweltmanagement und die Umweltbetriebsprüfung (ABlEG Nr. L 168/1) beruht.

[235] Kapitel 6.2.6.13.

[236] Zu Section 214 Insolvency Act 1986 *Goode,* Principles of Corporate Insolvency Law, 1990, S. 203–213; zu *de facto directors* a.a.O., S. 196 f.

6.2.6.9.2 Deutsches Recht[237]

102 Auch ein Darlehensvertrag nach deutschem Recht kann eine Reihe von Nebenleistungspflichten[238] (teilweise werden sie „Auflagen" oder wie im englischen Recht „Covenants" genannt) enthalten, insbesondere bestimmte Finanzkennzahlen.[239] Die Verpflichtung, dass Kredite von der Projektgesellschaft nur gemäß dem vereinbarten Mittelverwendungszweck zu verwenden sind, findet sich in deutschen Verträgen allerdings bereits meist in unmittelbarem Anschluss an die Vorschriften zur Kreditgewährung. Bei Nichterfüllung von Nebenleistungspflichten kann der Kreditgeber zunächst deren Erfüllung verlangen bzw. bei Nichterfüllung gemäß § 273 I BGB oder § 320 I BGB eine gegebenenfalls ausstehende Auszahlung verweigern. Im Übrigen ergibt sich bei Einbeziehung der AGB Banken ein Anspruch der Bank auf Verstärkung von Sicherheiten schon aus Nr. 13 II AGB Banken. Eine Verletzung von Nebenleistungspflichten kann zum Schadensersatz wegen positiver Forderungsverletzung berechtigen. Schließlich bleibt auch noch eine außerordentliche Kündigung aus wichtigem Grund nach dem Darlehensvertrag bzw. nach Nr. 19 III AGB Banken.

103 Ein Darlehensvertrag kann wegen Schuldnerknebelung nach § 138 I BGB nichtig sein. Darüber hinaus kann sich die Bank gegenüber der Gesellschaft sowie Gläubigern (u. U. auch gegenüber den Gesellschaftern) des Schuldnerunternehmens nach § 826 BGB schadensersatzpflichtig machen. Nach der Rechtsprechung liegt eine Schuldnerknebelung insbesondere im Fall einer stillen Geschäftsinhaberschaft oder faktischen Geschäftsführung vor. Dabei besteht eine stille Geschäftsinhaberschaft oder faktische Geschäftsführung, „wenn das Kreditinstitut den Schuldner zu seinem bloßen Strohmann erniedrigt, der nur noch nach außen hin als Inhaber des Geschäfts erscheint, ihm gegenüber aber in Wirklichkeit nur noch die Stellung eines abhängigen Verwalters hat, und zwar so, dass der ganze Gewinn des Geschäfts dem Kreditinstitut zufließt, ein etwaiger Verlust von ihm aber nicht getragen und jede Haftung für die Geschäftsschulden auch bei fehlender sonstiger Deckung von ihm abgelehnt wird".[240] Anders ausgedrückt liegt eine faktische Geschäftsführung vor, wenn ein Darlehensgeber, ohne formal Gesellschafter zu sein, unternehmerische Interessen mit hinreichender Einflussmöglichkeit auf die Gesellschaft verbindet.[241] Eine Bank wird sich gegenüber ihrer Kreditnehmerin aber nur selten im Wege von Covenants lückenlose Kontroll- und Zustimmungsrechte dergestalt vorbehalten, dass sie jedes Geschäft verhindern und dadurch die Verwirklichung von Unternehmenszielen steuern kann. Eine Sittenwidrig-

---

[237] Vgl. allgemein *Früh*, Kreditvertragsrecht, in: Hellner/Steuer (Hrsg.), Bankrecht und Bankpraxis, Köln (Loseblatt), Rdnrn. 3/84 b–d; *Thießen*, Covenants in Kreditverträgen: Alternative oder Ergänzung zum Insolvenzrecht?, in: ZBB 1996, S. 19–37; *Wittig*, Financial Covenants im inländischen Kreditgeschäft, in: WM 1996, S. 1381–1391.

[238] Beachte, dass nach deutschem Recht grundsätzlich nur die Zinszahlungspflicht auf Seiten des Darlehensnehmers gegenseitig im Sinne der §§ 323 ff. BGB ist und in diesem Sinne als Hauptleistungspflicht bezeichnet werden kann.

[239] Zu den Pflichten zur Beibehaltung der gesellschaftsrechtlichen Verhältnisse und den entsprechenden Informationspflichten *U. H. Schneider*, Die Anpassung von langfristigen Verträgen bei Änderung der Verhältnisse oder bei Gesellschafterwechsel oder bei Änderung der Konzernlage, in: Festschrift für Wolfgang Zöllner. Zum 70. Geburtstag, Bd. I, Köln, Berlin, Bonn, München 1998, S. 539–551 (544 f.). Zu den Problemen, wenn eine Bank gleichzeitig Zahlstelle für den Kunden und durch Hereinnahme einer Globalzession Sicherungsnehmer bezüglich der Forderungen des Kunden gegen Dritte ist, *Peters/Lwowski*, Das Kreditinstitut als Zahlstelle und Sicherungsnehmer, in: Liber amicorum. Jens Nielsen zum 65. Geburtstag, Hamburg 1996, S. 115–131.

[240] *Scholz/Lwowski*, Das Recht der Kreditsicherung, 6. Aufl., Berlin 1986, Rdn. 177.

[241] BGH NJW 1988, 1789 (1790); vgl. auch *K. Schmidt*, Gesellschaftsrecht, 3. Aufl., Köln, Berlin, Bonn, München 1997, § 14 III 4a = S. 425 f.

keit des Darlehensvertrags auf Grund Schuldnerknebelung kommt deshalb auf Grund von Covenants nur in extremen Fällen in Betracht.²⁴²

Allerdings ist bei Vereinbarung solcher Covenants in Darlehensverträgen in Verbindung mit dem Pfandrecht der Bank an den Gesellschaftsanteilen an der Projektgesellschaft in der Form einer Kapitalgesellschaft (oder einer ihr haftungsrechtlich ähnlichen Gesellschaftsform) die Problematik des **Eigenkapitalersatzes** zu untersuchen. Ein Gesellschafter, der seiner Gesellschaft in der Krise Fremdkapital und kein Eigenkapital zuführt, riskiert vor allem, dass dieses Fremdkapital in Eigenkapital umqualifiziert wird und er seine Ansprüche somit nur noch nachrangig geltend machen kann.²⁴³ Die Anwendung der Eigenkapitalersatzregeln kann allenfalls in Betracht kommen, wenn Covenants einer Bank, die bloß Fremdkapital zur Verfügung stellt, eine gesellschafterähnliche Stellung einräumen. Die Frage, inwieweit Covenants zu einer Anwendung der Eigenkapitalersatzregeln führen, ist von der Rechtsprechung für Projektfinanzierungen bislang noch nicht entschieden worden.²⁴⁴ In der Literatur wird eine Anwendung der Eigenkapitalregeln teilweise bereits bei der bloßen Vereinbarung von Covenants angenommen.²⁴⁵ Diese pauschale Sicht ist zurückzuweisen.²⁴⁶ Die ratio legis der Eigenkapitalersatzregeln liegt darin, Mittel als Haftkapital zu behandeln, die nach dem Willen der Gesellschafter Fremdmittel sein sollen, aber als Haftkapital fungieren und in diesem Licht Haftkapital sind.²⁴⁷ Sie sollen demjenigen, der die unternehmerische Verantwortung trägt, auch die Finanzierungsverantwortung zuweisen. Die besondere Behandlung des Fremdkapitals setzt voraus, dass erstens ein Zurechnungszusammenhang zwischen Kredit und Gesellschafterstellung besteht und, zweitens, der Kredit notwendiges Eigenkapital ersetzt. Eine Anwendung der Kapitalersatzregeln kommt deshalb nur in Betracht, wenn einerseits einem Kreditgeber durch Covenants eine gesellschafterähnliche Stellung eingeräumt wird und andererseits die Fremdfinanzierung eine Kapitalersatzfunktion hat. Das Überschreiten der Grenze zur **gesellschafterähnlichen Stellung** wird bei Projektfinanzierungen nur in extremen Ausnahmefällen gegeben sein. Zwar

104

---

²⁴² *Engelke*, Faktische Geschäftsführung durch Kreditinstitute?, in: Die Bank 1998, S. 431–433; *Früh*, Kreditvertragsrecht, in: Hellner/Steuer (Hrsg.), Bankrecht und Bankpraxis, Köln (Loseblatt), Rdn. 3/63 a.

²⁴³ Vgl. § 39 I Nr. 5 InsO, §§ 32 a f. GmbHG für die GmbH, § 129 a HGB für die oHG, § 172 a HGB für die GmbH & Co. KG und allgemein; vgl. auch die Anfechtungsrechte in § 6 AnfG und § 135 InsO. Aus den §§ 30, 31 GmbHG und §§ 57, 62 AktG hat der BGH für die GmbH und die AG sogenannte Rechtsprechungsregeln entwickelt, die neben den gesetzlichen Eigenkapitalersatzvorschriften weiterhin Anwendung finden. Danach kann die Rückforderung eines eigenkapitalersetzenden Gesellschafterkredits unabhängig von einem Insolvenzverfahren ausgeschlossen sein, wenn die Rückforderung zu einer Minderung des satzungsmäßigen Stammkapitals bei der GmbH bzw. des Grundkapitals zuzüglich der gesetzlichen Rücklage bei der AG führen würde. Allgemein: *Früh*, Kreditvertragsrecht, in: Hellner/Steuer (Hrsg.), Bankrecht und Bankpraxis, Köln (Loseblatt), Rdnrn. 3/47 a–n.

²⁴⁴ Die Stellungnahmen in der Literatur stützen sich vielfach auf die sogenannte Pfandgläubiger-Entscheidung des BGH; BGHZ 119, 191 = BGH WM 1992, 1685. In dieser wird eine Anwendung der Eigenkapitalersatzregeln auf Nichtgesellschafter befürwortet, die ein Pfandrecht an Gesellschaftsanteilen haben und die auf die Gesellschaft einen gesellschafterähnlichen Einfluss nehmen.

²⁴⁵ Vgl. im Einzelnen *Fleischer*, Covenants und Kapitalersatz, in: ZIP 1998, S. 313–321.

²⁴⁶ So zutreffend *Früh*, Eigenkapitalersetzende Gesellschafterkredite. Eine kurze Bestandsaufnahme nach Inkrafttreten des KapAEG, des KonTraG und der InsO, in: GmbHR 1999, S. 842–847; *ders.*, Kreditvertragsrecht, in: Hellner/Steuer (Hrsg.), Bankrecht und Bankpraxis (Loseblatt), Rdn. 3/476; *von Hagemeister/Büttmann*, Konflikte von Sicherungsinstrumenten und Eigenkapitalersatz bei Projektfinanzierungen durch Banken, in: WM 1997, S. 549–555.

²⁴⁷ *K. Schmidt*, Gesellschaftsrecht, 3. Aufl., Köln, Berlin, Bonn, München 1997, § 18 III 4 b = S. 531 f., § 37 IV 1 c = S. 1151.

ist für die Annahme einer gesellschafterähnlichen Stellung nach der Rechtsprechung unerheblich, dass eine kreditgebende Bank mit der auf ihr Verlangen eingeräumten Stellung in der Gesellschaft keine unternehmerischen,[248] sondern nur Sicherungsinteressen verfolgt.[249] Covenants sind aber als passive Kontrollrechte ausgestaltet, die etwaige Änderungen eines zum Zeitpunkt des Abschlusses des Darlehensvertrags definierten wirtschaftlichen und gesellschaftsrechtlichen status quo einer Überprüfung des Kreditgebers unterwerfen. Bei Verletzung von Covenants ist der Kreditgeber nur zur außerordentlichen Kündigung des Darlehensvertrags berechtigt, wird aber zumeist stattdessen eine Zustimmung zur Vertragsabweichung erklären. Wenn dem Kreditgeber aber nur passive Kontrollrechte eingeräumt werden, ist seine Stellung nicht als gesellschafterähnliche zu qualifizieren.

105 Eine Anwendung der Kapitalersatzregeln käme im Übrigen nur dann in Frage, wenn die Finanzierung durch Fremdkapital von Kreditgebern **notwendiges Eigenkapital ersetzen** würde. Bei einer planmäßigen Fremdfinanzierung ist dies bei Finanzierungsleistungen gegeben, die „von vornherein auf Krisenfinanzierung" angelegt sind.[250] Dies scheidet aber bei Projektfinanzierungen regelmäßig aus. Das Darlehen wird grundsätzlich einer neu gegründeten Projektgesellschaft gewährt, die sich zum Zeitpunkt des Abschlusses des Darlehensvertrag nicht in einer Krise befindet. Es wird während der Bauphase eines Projekts ausgezahlt und anschließend während der Betriebsphase zurückgeführt ohne dass es im Grundsatz zu zusätzlichen Zahlungen während einer finanziellen Krise der Projektgesellschaft kommt. Für den Hauptgläubiger, den Generalunternehmer, ist im Übrigen erkennbar, dass es sich um eine Projektfinanzierung handelt (schon weil er seinen Vertrag mit einer Projektgesellschaft abschließt). Aus all diesen Gesichtspunkten ergibt sich, dass ein Eigenkapitalersatz bei einer Projektfinanzierung durch die Fremdfinanzierung nur selten eintreten wird. Dieses Ergebnis wird durch folgende Überlegung unterstützt. Auch wenn eine Projektfinanzierung auf Grund des mit ihr verbundenen höheren Aufwands üblicherweise teurer ist als eine herkömmliche Unternehmensfinanzierung, erwirtschaftet sie dennoch nicht die mit einer Eigenkapitalfinanzierung verbundenen Erträge. Die bloße typische Fremdkapitalverzinsung ist ein Indiz dafür, dass die Fremdmittel keine Kapitalersatzfunktion haben.

106 Für die Einräumung von Kontrollrechten der Kreditgeber gibt es anerkennenswerte wirtschaftliche Gründe. Projektfinanzierung ist eine cash-flow-orientierte Finanzierungsform, die einerseits mit einer allenfalls eingeschränkten Rückgriffsmöglichkeit auf die Projektsponsoren und andererseits mit einer umfassenden Risikostrukturierung verbunden ist, mit der die Kreditgeber dem Problem des falschen Anreizes (moral hazard) begegnen.[251] Wenn dem Kreditgeber die Vermögenswerte der Projektsponsoren nur in begrenztem Umfang zur Verfügung stehen und ihm statt-

---

[248] Sogar unternehmerische Interessen werden allerdings bei Projektfinanzierungen verfolgt, bei denen ein Unternehmenspfandrecht *(floating charge)* nach englischem Recht an nahezu sämtlichen Vermögensgegenständen der Projektgesellschaft bestellt wird. In diesen Fällen ist das Interesse der Kreditgeber auf eine mögliche Weiterführung einer Projektgesellschaft durch einen Verwalter *(receiver)* gerichtet. Die Bestellung einer *floating charge* scheidet aber für in Deutschland belegene Vermögensgegenstände aus. Allenfalls könnte im seltenen Fall eines Darlehensvertrags nach deutschem Recht bei gleichzeitiger Bestellung eines Unternehmenspfandrechts nach englischem Recht die Grenze zur gesellschafterähnlichen Stellung überschritten sein. Die Kapitalersatzvorschriften schützen aber nur bestimmte deutsche Gesellschaftstypen und sind nicht auf den Gläubigerschutz ausländischer Gesellschaften anwendbar.

[249] BGH WM 1992, 1656.

[250] BGH NJW 1987, 1080; vgl. auch *K. Schmidt,* Gesellschaftsrecht, 3. Aufl., Köln, Berlin, Bonn, München 1997, § 37 IV 2c = S. 1154f. Auch das Stehenlassen eines in guten Zeiten gewährten Kredits in der nachfolgenden Krise des Unternehmens kann nach der Rechtsprechung des BGH im Übrigen eine Anwendung der Eigenkapitalersatzregeln begründen.

[251] Vgl. oben Kapitel 6.1.3.

dessen nur der Rückgriff auf eine zunächst vermögenslose Projektgesellschaft eröffnet wird, muss er unter dem Gesichtspunkt des funktionalen Ersatzes für werthaltige Sicherheiten erreichen, dass seine Erwartung auf die prognostizierte Cash-flow-Entwicklung nicht durch externe, d. h. projektunabhängige, Ereignisse vereitelt wird. Auch einer Veränderung der vertraglich festgelegten Risikostrukturierung muss er kritisch gegenüberstehen. Dem Ausschluss von bestimmten, externen Einflüssen auf die Cash-Flow-Entwicklung und der Absicherung der Risikostrukturierung dienen letztlich die passiven Kontrollrechte des Kreditgebers. Die Besonderheiten der Projektfinanzierung unterstützen somit die hier vertretene Zurückhaltung gegenüber einer Anwendung der Eigenkapitalersatzregeln.

Wenngleich die Aufnahme von Covenants nicht dem Einwand unterliegen sollte, dass damit eine Anwendung von Eigenkapitalersatzregeln ausgelöst wird, werden aber noch weitere Bedenken vorgebracht. Es wird nämlich eingewandt, dass die Vereinbarung von genau definierten Finanzkennzahlen vor allem einen Nachbesicherungsanspruch und ein außerordentliches Kündigungsrecht der Bank auslösen sollen, die aber bereits aus Nrn. 13 II und 19 III AGB Banken folgen würden. Die dort enthaltenen Regelungen seien angemessener, da sie der Bank eine flexiblere Reaktionsmöglichkeit erlauben würden, seien aber bei Vereinbarung von Finanzkennzahlen durch vorrangige Individualabreden verdrängt (§ 4 AGBG). Diese Auffassung wird im Regelfall den Bedürfnissen der Parteien einer cash-flow-orientierten Finanzierung nach klaren Handlungsanweisungen widersprechen. Ein Verzicht auf Finanzkennzahlen dürfte deshalb bei Projektfinanzierungen auch in Verträgen nach deutschem Recht eher die Ausnahme als die Regel sein. Im Übrigen kann gegebenenfalls bei einer unerheblichen Verletzung von Finanzkennzahlen die Bank durch eine Zustimmung zu den Vertragsabweichungen (waiver)[252] hinreichend flexibel reagieren. Außerdem schließt das Bestehen eines außerordentlichen Kündigungsrechts auf Grund einer Verletzung von Finanzkennzahlen andere Kündigungsgründe nicht notwendigerweise aus. 107

Es wurde bereits darauf hingewiesen, dass bei Vertragsdokumentationen nach deutschem Recht bei Projektfinanzierungen meist keine **Negativverklärungen**[253] abgegeben werden. Darüber hinaus ist zu beachten, dass eine Negativverklärung nach deutschem Recht wegen § 1136 BGB nicht im Zusammenhang mit einem für die Bank bereits bestellten Grundpfandrecht hereinzunehmen ist. Nach § 1136 BGB ist nämlich eine Negativverklärung nichtig, in der sich ein Grundstückseigentümer gegenüber dem Grundpfandgläubiger verpflichtet, das Grundstück nicht zu veräußern oder nicht weiter zu belasten. Zwar muss die Verpflichtung gerade mit Rücksicht auf die Stellung des Vertragspartners als Grundpfandgläubiger, also zur Verstärkung des dinglichen Rechts eingegangen worden sein. Ein solcher Zusammenhang ist aber gerade bei Projektfinanzierungen gewollt. Deshalb sind jedenfalls bereits belastete Grundstücke aus einer Negativverklärung auszunehmen. 108

6.2.6.10 Kündigung bzw. default[254]

6.2.6.10.1 Deutsches Recht

Hinsichtlich möglicher Leistungsstörungen ist bei Projektfinanzierungen zwischen Leistungsstörungen des Darlehensvertrags und Leistungsstörungen anderer Verträge zu unterscheiden. Bei Leistungsstörungen mit Verpflichtungen aus dem Darlehensvertrag finden die gesetzlichen Rechtsbehelfe Anwendung. Eine (objektive oder subjektive) Unmöglichkeit hinsichtlich der Geldschulden des Darlehensgebers oder des Darlehens- 109

---

[252] Vgl. unten Kapitel 6.2.6.11.9.
[253] Zur Negativklausel umfassend *Merkel,* in: Schimansky/Bunte/Lwowski, Bankrechts-Handbuch, Bd. II, München 1997, § 98 Rdnrn. 76–97.
[254] *J. Gruber,* Die Befugnis des Darlehensgebers zur Vertragsbeendigung bei internationalen Kreditverträgen, Bielefeld 1997.

nehmers scheidet allerdings aus.[255] Insbesondere die subjektive Unmöglichkeit bei Geldschulden in Form der Zahlungsunfähigkeit führt nicht zum Freiwerden von der Zahlungsverpflichtung gemäß § 275 BGB, sondern zur Durchführung von Maßnahmen der Einzelzwangsvollstreckung bzw. eines Insolvenzverfahrens. Bei Schuldnerverzug des Darlehensnehmers mit Zahlungsverpflichtungen finden die gesetzlichen Verzugsfolgen (§§ 326, 286, 288 BGB) Anwendung. Auf die Folgen eines sonstigen Leistungsverzugs ist § 286 BGB anwendbar. Auch auf Leistungsstörungen bei Verpflichtungen aus anderen Darlehensverträgen der Projektgesellschaft bzw. aus Projektverträgen (z. B. dem Generalunternehmervertrag für die Errichtung der Projektanlagen) finden die gesetzlichen Rechtsbehelfe Anwendung.

110 In der Praxis sind allerdings die vertraglichen Rechte der Parteien zur Lösung vom Darlehensvertrag wichtiger als die gesetzlichen Leistungsstörungsvorschriften. Gerade im Hinblick auf die Behandlung von Leistungsstörungen unterscheiden sich Darlehensverträge nach deutschem und nach englischem Recht. Während der deutsche Vertrag das Kündigungsrecht in den Mittelpunkt stellt, geht der englische vom Begriff der Vertragsverletzung (default) aus. Das deutsche Recht unterscheidet zwischen der ordentlichen (der Kündigung innerhalb bestimmter vereinbarter Fristen) und außerordentlichen Kündigung (der fristlosen Kündigung, die eines Grundes bedarf). Die Vereinbarung einer vertraglichen Kündigungsfrist und eine dementsprechende **ordentliche Kündigung** ist bei Projektkrediten im deutschen Recht unüblich. Zu beachten ist aber das gesetzliche ordentliche Kündigungsrecht nach § 609a BGB. Bei Darlehen mit festem Zinssatz besteht ein Kündigungsrecht spätestens nach 10 Jahren ab vollständigem Empfang der Darlehensvaluta (§ 609a I Nr. 3 BGB) und bei Darlehen mit veränderlichem Zinssatz jederzeit unter Einhaltung einer Kündigungsfrist von drei Monaten (§ 609a II BGB).[256] Beide Vorschriften sind zugunsten des Darlehensnehmers zwingend (§ 609a IV 1 BGB) und entgegenstehende Vereinbarungen nach § 134 BGB nichtig. Zwingende Vorschrift (oder „Eingriffsnorm") im Sinne des Art. 34 EGBGB ist aber nur § 609a I Nr. 2 BGB,[257] sodass bei einem Darlehensvertrag z. B. nach englischem Recht § 609a I Nr. 3 oder § 609a II BGB auch bei starkem Inlandsbezug des Sachverhalts keine Anwendung findet. Beachte außerdem bei Einbeziehung der AGB Banken in den Darlehensvertrag die Kündigungsrechte des Kunden in Nrn. 12 IV (Kündigungsrecht des Kunden bei Darlehen mit variablem Zinssatz, wenn Zinssatz erhöht wurde), 18 I AGB Banken und der Bank in Nr. 19 I, II AGB Banken.

111 Bei Vertragsverletzungen des Darlehensnehmers, insbesondere bei Zahlungsverzug, kann nach deutschem Recht der Darlehensvertrag seitens der Bank **außerordentlich gekündigt** werden.[258] Da die vertraglichen Rechte zur außerordentlichen Kündigung die in der Praxis entscheidende Sanktion bei Vertragsverletzungen sind, wird die differenzierte Rechtsfolgenlösung des deutschen Rechts im Bereich der Leistungsstörungen – ähnlich wie im englischen Recht – praktisch durch eine einheitliche Sanktion bei Leistungsstörungen verdrängt. Die außerordentliche Kündigung wird hinsichtlich der notwendigen Kündigungserklärung, der Gründe und der einzuhaltenden Fristen im Darlehensvertrag geregelt. Nr. 19 III AGB Banken nennt, bei Einbeziehung der AGB Banken in den Darlehensvertrag, die Kündigungsgründe für eine außerordentliche Kündigung durch die Bank. In Anlehnung an Nr. 19 III AGB Banken werden die

---

[255] *Medicus,* Bürgerliches Recht, 18. Aufl. 1999, Rdnrn. 249 f.

[256] Umstritten ist, ob § 609a BGB auch auf Schuldverschreibungen, die Darlehen verbriefen (wie z. B. Projektanleihen), anwendbar ist (*Hopt/Mülbert,* Die Darlehenskündigung nach § 609a BGB – Eine Bilanz der Ersten drei Jahre –, WM SoBeil 3/1990, S. 5 m. w. N.).

[257] *Palandt/Putzo,* BGB, 59. Aufl. 2000, § 609a Rdn. 5.

[258] Neben diesem vertraglichen Rechtsbehelf können gesetzlich begründete Ansprüche, z. B. Schadensersatz wegen positiver Forderungsverletzung, Anwendung finden.

Kündigungsgründe zumeist nochmals im Kreditvertrag ausdrücklich genannt. Eine Anlehnung an Nr. 19 III AGB Banken ist im Übrigen sinnvoll, da die dort aufgeführten Kündigungsgründe sowohl § 9 AGBG als auch § 242 BGB Rechnung tragen. In der Praxis finden sich häufig weit über Nr. 19 III AGB Banken hinausgehende Regelungen, die unwirksam sein können. Insbesondere ist an folgende Kündigungsgründe zu denken:

- Der Kreditnehmer hat in der Präambel des Kreditvertrags oder anderweitig unrichtige oder unvollständige Angaben gemacht, die für die Entscheidung der Bank über die Kreditgewährung von erheblicher Bedeutung waren;
- der Kredit wird nicht entsprechend des vereinbarten Mittelverwendungszwecks eingesetzt;
- die Auszahlungsvoraussetzungen werden bis zu einem Termin innerhalb der Bereitstellungsfrist nicht erfüllt oder entfallen nachträglich;
- der Kreditnehmer kommt seiner Verpflichtung zur Bestellung von Sicherheiten oder zur Verstärkung von Sicherheiten nach Nr. 13 II AGB Banken nicht innerhalb einer von der Bank gesetzten angemessenen Frist nach;
- der Kreditnehmer kommt der Pflicht zur Offenlegung der wirtschaftlichen Verhältnisse nicht oder nur unzureichend nach;
- der Kreditnehmer gerät mit Zins- oder Tilgungsleistungen in Verzug oder verweigert solche Zahlungen ernsthaft und endgültig;
- der Kreditnehmer oder Dritte erfüllen sonstige Verpflichtungen aus dem Darlehensvertrag nicht innerhalb einer von der Bank gesetzten angemessenen Frist und dies führt zu einer Gefährdung der Verbindlichkeiten gegenüber der Bank. Z.B. wird das Projekt bis zu einem bestimmten Fertigstellungstermin nicht fertiggestellt. Die Parteien können anstelle eines außerordentlichen Kündigungsrechts im Darlehensvertrag vereinbaren, dass die Haftung der Sponsoren für die Projektverbindlichkeiten (über Fertigstellungsgarantien oder sonstige Nachfinanzierungsverpflichtungen) nicht entfällt. Ein weiterer wichtiger Fall einer Nichterfüllung von Verpflichtungen aus dem Darlehensvertrag ist die Verletzung von Finanzkennzahlen. Wenngleich diese Verletzung bereits einen Kündigungsgrund darstellt, sollte im Darlehensvertrag noch klargestellt werden, dass weitere Kündigungsgründe auf Grund einer Verschlechterung der wirtschaftlichen Verhältnisse unberührt bleiben.[259]
- die Erreichung des Mittelverwendungszwecks ist ausgeschlossen oder gefährdet; dies kommt z.B. in Betracht, wenn der Kreditnehmer auf Grund der Verschlechterung seiner betrieblichen und wirtschaftlichen Verhältnisse mit überwiegender Wahrscheinlichkeit eine Fertigstellung des Projekts nicht mehr erreichen kann;
- die Realisierung der Sicherheiten ist ausgeschlossen oder gefährdet;
- eine wesentliche Verschlechterung der Vermögenslage des Kreditnehmers tritt ein oder droht einzutreten und führt zu einer Gefährdung von Ansprüchen und Rechten der Bank;
- Zwangsvollstreckungsmaßnahmen in das Vermögen des Kreditnehmers werden eingeleitet und nicht innerhalb von z.B. 4 Wochen wieder aufgehoben und der Kreditnehmer hat nicht in einer die Bank zufrieden stellenden Weise die Unbegründetheit und Unzulässigkeit der Zwangsvollstreckungsmaßnahmen dargelegt;
- der Kreditnehmer hat seine Zahlungen eingestellt oder gegen ihn wurde die Eröffnung eines gerichtlichen Insolvenzverfahrens über sein Vermögen beantragt und nicht innerhalb von z.B. 4 Wochen eingestellt oder ein solches Verfahren wurde eröffnet.

---

[259] *Früh*, Kreditvertragsrecht, in: Hellner/Steuer (Hrsg.), Bankrecht und Bankpraxis, Köln (Loseblatt), Rdn. 3/84 d.

Es ist zweifelhaft, ob bei Einbeziehung der AGB Banken in den Darlehensvertrag daneben noch weitere individualvertragliche Kündigungsgründe der Bank aufgenommen werden sollten. Das Kündigungsrecht des Kunden findet sich in Nr. 18 II AGB Banken. Ein allgemeines außerordentliches Kündigungsrecht der Bank wie des Kunden wird im Übrigen bereits durch § 242 begründet, da es sich beim Darlehensvertrag um ein Dauerschuldverhältnis handelt.

112 Mit der Kündigung wandelt sich das Vertragsverhältnis der Vertragsparteien nach deutschem Recht in ein Rückabwicklungsverhältnis um. Der Darlehensnehmer hat eine sofortige Pflicht zur **Rückzahlung** bereits valutierter Darlehensbeträge (§§ 607 I, 609 I BGB) und zwar auch mit noch nicht fälligen Darlehensbeträgen. Da mit der Fälligkeit der Zahlungsverpflichtungen des Darlehensnehmers durch die Kündigung eine aufrechenbare Forderung besteht, kann die Bank nach deutschem Recht mit gleichartigen und durchsetzbaren (insbesondere fälligen) Forderungen des Darlehensnehmers gegenüber der Bank gemäß § 389 BGB **aufrechnen.** Mit dem Zahlungsverzug und nicht erst mit erfolgter Kündigung können die persönlichen und dinglichen **Sicherheiten** der Bank **verwertet** werden. Vor einer Kündigung sind aber lediglich die Zins- und Tilgungsraten des Darlehens fällig und daher kommt die Verwertung von Sicherheiten wegen der Gesamtansprüche der Bank erst nach einer Kündigung in Betracht. Der Zahlungsverzug löst nach deutschem Recht außerdem einen Anspruch auf **Verzugszinsen** aus. Ein solcher Anspruch besteht im deutschen Recht bereits gesetzlich nach § 288 I 1 BGB. Dabei bleiben diese Zinsen ihrer Höhe nach aber auf 4% beschränkt. Es ist deshalb ratsam, die Höhe des Verzugszinses festzulegen und so eine Anspruchsgrundlage für eine höhere Schadensersatzleistung zu schaffen (vgl. § 288 I 2 BGB).[259a]

6.2.6.10.2 Englisches Recht

113 Mit Vertragsverletzungen beschäftigen sich Darlehensverträge, die englischem Recht unterliegen, in einem Abschnitt unter der Überschrift „Verzug [default]". Default tritt bei Vorliegen eines event of default ein. Dieser Begriff des „default" darf nicht mit dem deutschen Rechtsbegriff des „Verzugs" verwechselt werden. Schuldnerverzug liegt im deutschen Recht (als Unterfall der Leistungsstörung) vor, wenn der Schuldner eine Leistung aus einem von ihm zu vertretenden Umstand rechtswidrig verzögert. Demgemäß stellt nicht jede Vertragsverletzung nach deutschem Recht zwangsläufig einen „Verzug" dar. Verzug setzt vielmehr ein Verschulden des Darlehensnehmers und eine zeitliche Verzögerung voraus. Das englische Recht kennt dagegen keinen gesetzlich definierten Begriff des „Verzugs". Es unterscheidet im Übrigen, anders als das deutsche Recht, nicht zwischen verschiedenen Formen der Leistungsstörung, sondern kennt nur einen einheitlichen Leistungsstörungsbegriff.[260] Die Parteien können vertraglich bestimmen, welche Vertragsverletzungen und sonstige Verletzungen[261] als default angesehen werden sollen und welche vertraglichen Rechtsfolgen an eine solche Verletzung

---

[259a] Vgl. zur Bankenhaftung *T. Möllers,* Die Haftung der Bank bei der Kreditkündigung. Ein Beitrag zu den Verhaltenspflichten der Banken bei der Kündigung von Krediten im deutschen und amerikanischen Recht, Berlin 1991.

[260] Die gesetzliche Rechtsfolge sind Schadensersatzansprüche wegen „*breach of contract*". Allerdings kennt das englische Recht auch die sogenannte „*doctrine of frustration of contract*". Anders als das deutsche Leistungsstörungsrecht bietet sie aber nur eine Grundlage für die Beendigung und Rückabwicklung von Verträgen; vgl. im Einzelnen *Treitel,* An Outline of the Law of Contract, 5. Aufl., London, Dublin, Edinburgh 1995, Chapter 17 = S. 334–351 und den Law Reform (Frustrated Contracts) Act 1943, der allerdings nur Einzelfragen der *frustration* regelt.

[261] Bei *representations,* die kein Vertragsbestandteil sind.

geknüpft werden.[262] Die „Verzugs"bestimmungen des Darlehensvertrags regeln dementsprechend die wesentlichen vertraglichen Rechtsbehelfe des Darlehensgebers für den Fall, dass eine der genannten Verpflichtungen des Darlehensnehmers verletzt wird.

Bei einem default stehen dem Darlehensgeber im Regelfall folgende vertraglichen **Rechtsbehelfe** zur Verfügung: 114

- Bezüglich noch nicht gezogener Darlehensbeträge kann er die Auszahlung aussetzen bzw. kündigen. Dieser Rechtsbehelf ist meist bei den Pflichten des Darlehensnehmers geregelt.
- Außerdem hat der Darlehensgeber ein Kündigungsrecht bezüglich des Darlehensvertrags.
- In Verträgen nach englischem Recht wird stets eine sogenannte acceleration clause vereinbart. Danach werden sämtliche Zahlungsverpflichtungen des Darlehensnehmers unter dem Darlehensvertrag bei Vorliegen eines default sofort fällig (due and payable) gestellt. Bereits ausgezahlte Darlehensbeträge sind damit an den Darlehensgeber zurückzuzahlen. (Eine solche acceleration clause ist auf Grund der gesetzlichen Regelung des deutschen Rechts[263] nicht erforderlich. Gleichwohl wird sie sich teilweise in den Verträgen finden lassen. Sie kann entweder – rechtlich folgenlos – gestrichen werden oder aber – ebenfalls ohne negative rechtliche Auswirkung – im Vertrag belassen werden.)
- Ein Aufrechnungsrecht kann nach englischem Recht vertraglich vereinbart werden. Das Recht zur Aufrechnung der Forderungen einer Bank gegenüber ihrem Kunden (banker's right of set-off) wird sogar vertraglich impliziert.[264] Dennoch wird es im Darlehensvertrag zur Klarstellung ausdrücklich aufgenommen. Die Bank ist auf ein vertragliches Aufrechnungsrecht (contractual set-off) verwiesen, da eine Aufrechnung nach englischem Recht sonst nur noch unter den Voraussetzungen der billigkeitsrechtlichen Aufrechnung (equitable right of set-off) oder in der Insolvenz des Vertragspartners möglich ist.
- Die Fälligkeit der Forderungen ist die entscheidende Voraussetzung für die Ausübung persönlicher und dinglicher Sicherungsrechte. Mit default und damit verbundener acceleration erhalten die Banken somit auch (bei Einhaltung sonstiger Voraussetzungen) ein ausübbares Recht zur Verwertung der persönlichen und dinglichen Sicherheiten.
- Schließlich sollte nicht unerwähnt bleiben, dass ein default hinsichtlich einer Zahlungsverpflichtung nach einer besonderen Vorschrift im Darlehensvertrag eine Pflicht des Darlehensnehmers zur Zahlung von Vertragsverletzungszinsen (default interest) begründet. Solche Zinsbestimmungen sind allerdings unwirksam, wenn sie Vertragsstrafen (penalty clauses) darstellen. Wirksam ist nach englischem Recht nur die Vereinbarung einer Schadenspauschale (liquidated damages).[265]

Folgende **events of default** finden sich in den Darlehensverträgen bei Projektfinanzierungen: 115

---

[262] Neben den vertraglichen Rechtsfolgen gibt es auch gesetzliche Rechtsfolgen einer Vertragsverletzung. Verletzungen von Vertragsbestandteilen (*terms of the contract*; also z. B. nicht von *representations*) stellen einen „*breach of contract*" dar, der eine deliktische Anspruchsgrundlage für Schadensersatz darstellt.

[263] Mit der Kündigung wandelt sich der Darlehensvertrag automatisch in ein Rückabwicklungsverhältnis um.

[264] *Triebel/Hodgson/Kellenter/Müller*, Englisches Handels- und Wirtschaftsrecht, 2. Aufl., Heidelberg 1995, Rdnrn. 162–165, insbesondere Rdn. 165. Umfassend zur Aufrechnung im englischen Recht *Wood*, English and international set-off, London 1989.

[265] Zur Abgrenzung *Dunlop Ltd v New Garage Ltd* [1915] AC 79; *Treitel*, An Outline of the Law of Contract, 5. Aufl., London, Dublin, Edinburgh 1995, Chapter 18 2 e = S. 381–385.

6. Teil. Projektfinanzierung

- Zahlungsverzug mit Zins oder Tilgung (payment default);
- Sonstige Verletzung des Darlehensvertrags (insbesondere Unrichtigkeit von warranties, Verletzung von covenants oder undertakings) bzw. Unrichtigkeit von representations;
- Nichtfertigstellung des Projekts zum Fertigstellungstermin (sogenannter completion default). Allerdings muss die Nichterfüllung von Voraussetzungen des Fertigstellungstests zum dafür maßgeblichen Zeitpunkt nicht notwendigerweise einen default darstellen. Die Rechtsfolge einer Nichtfertigstellung kann sich darauf beschränken, dass die Sponsoren nicht aus ihren Fertigstellungsgarantien bzw. sonstigen Nachfinanzierungsverpflichtungen entlassen werden;[266]
- Zahlungsverzug oder sonstige Vertragsverletzung unter einem anderen als dem Darlehensvertrag, nach dem die Projektgesellschaft verpflichtet ist (z.B. einem anderen Darlehensvertrag oder einem anderen Projektvertrag wie einem Konzessionsvertrag); dies ist die erweiterte Vertragsverletzungsklausel (cross-default clause);
- Unrichtigkeit einer Zusicherung (representation) im letter of information oder in einem anderen Vertrag, nach dem die Projektgesellschaft im Zusammenhang mit dem Projektdarlehen verpflichtet ist;
- Beendigung wesentlicher Verträge (z.B. Konzessionsvertrag, Betreibervertrag);
- Vollstreckung (attachment, foreclosure) in das Vermögen der Projektgesellschaft;
- Insolvenz (insolvency bzw. bankruptcy)[267] der Projektgesellschaft;
- Liquidation der Projektgesellschaft;
- Veräußerung der Projektgesellschaft und zwar entweder durch Anteilsübertragung oder durch Übertragung des Gesellschaftsvermögens (sogenannte change of control clause);
- Wesentliche Veränderung in den Projektverhältnissen (material adverse change, MAC); diese Generalklausel soll weitere, im Einzelnen nicht genannte Ereignisse, erfassen; die Auflistung der events of default im Darlehensvertrag ist deshalb nicht abschließend, sondern wird durch diese Generalklausel offen gehalten.[268] Ein Fall für einen material adverse change könnte z.B. gegeben sein, wenn der Kreditnehmer auf Grund der Verschlechterung seiner betrieblichen und wirtschaftlichen Verhältnisse mit überwiegender Wahrscheinlichkeit eine Fertigstellung des Projekts nicht mehr erreichen kann. Die Beurteilung, ob ein material adverse change vorliegt, wird häufig der darlehensgebenden Bank bzw. der Vertreterin eines Bankenkonsortiums (agent)[269] übertragen. Wenngleich die material adverse change clause den Banken ein weites Ermessen und damit weiten Handlungsspielraum einzuräumen scheint, sind in der Praxis kaum Fälle bekannt, in denen eine Lösung vom Darlehensvertrag auf sie gestützt wurde.

116 Teilweise wird im Darlehensvertrag vorgesehen, dass ein event of default innerhalb einer gewissen Frist geheilt werden kann und dementsprechend nicht die Rechtsfolgen eines default auslöst. Auch wenn ein default nicht innerhalb einer gegebenen Frist ge-

---

[266] Vgl. oben Kapitel 6.2.6.5.1 (1).

[267] Die entweder im Verfahren des *winding up*, der *administration* oder der *administrative receivership* erfolgt. Eine *administrative receivership* kann bei Projektfinanzierungen im Falle der sogenannten Kristallisation *(crystallisation)* einer *floating charge*, die zugunsten der Banken bestellt wird, durchgeführt werden.

[268] Dieser Kündigungsgrund geht über die Kündigungsmöglichkeiten bei Wegfall der Geschäftsgrundlage (§ 242 BGB) nach deutschem Recht hinaus. Der Wegfall der Geschäftsgrundlage kommt nämlich nach der Rechtsprechung nur für den Wegfall solcher Umstände in Betracht, von denen die Parteien bei Vertragsschluss gemeinsam ausgegangen sind und auf denen ihr Geschäftswille aufbaut; vgl. *Palandt/Heinrichs*, BGB, 59. Aufl. 2000, § 242 BGB Rdn. 113.

[269] Vgl. unten Kapitel 6.3.4.1.

heilt werden sollte, werden die Banken es in den seltensten Fällen dazu kommen lassen, dass die oben beschriebenen Rechtsfolgen eintreten. Dies ergibt sich schon daraus, dass beispielsweise die bloße Verletzung einer Berichtspflicht nicht zur sofortigen Rückzahlung des Darlehens führen muss. Die Banken bedienen sich des Mittels des waiver. Nachdem eine Einigung mit der Projektgesellschaft erzielt und die Vertragsverletzung abgestellt wurde (z.B. durch Nachreichen eines Berichts oder Vereinbarung eines Abgabetermins für einen Bericht) oder der Grund für künftige Vertragsverletzungen beseitigt wurde (z.B. durch Anpassung gewisser Finanzkennzahlen, wenn deren laufende Unterschreitung droht) erklären die Banken eine Zustimmung zur Vertragsabweichung (waiver).[270] Insbesondere wenn künftige Vertragsverletzungen drohen oder die Vertragsverletzung zum Zeitpunkt des waiver noch nicht beseitigt ist, werden sie sich dabei eine Ausübung ihrer Rechte aus dem jetzt nicht weiter verfolgten default vorbehalten.

6.2.6.10.3 Funktionen der Rechte bei Vertragsverletzungen

Die mit dem Vorliegen eines Kündigungsgrunds (im deutschen Recht) bzw. eines event of default (im englischen Recht) verbundenen Rechte haben eine vierfache Funktion bei Projektfinanzierungen. Sie erfüllen zunächst eine **Sanktionsfunktion,** indem sie vor allem für die Nichterfüllung einer Vertragsverpflichtung mögliche vertragliche Rechtsfolgen bestimmen. Weiterhin bezwecken die Banken, im Gegenzug für eine Nichtausübung ihrer Rechte **Informationen** über die Situation zu erhalten. Zusätzlich haben die Rechte eine **negative** oder **Ausschlussfunktion.** Sie sollen nämlich den Banken bei Vertragsverletzungen des Darlehensnehmers eine Ausübung ihrer Rechte ermöglichen und zwar möglichst unter Ausschluss anderer Gläubiger des Darlehensnehmers. Bei Vertragsverletzung sowie Geltendmachung der Rechte und der damit verbundenen sofortigen Rückzahlungspflicht des Darlehensnehmers und möglichen Sicherheitenverwertung[271] erhalten die Banken eine der Krise angemessene, überlegene Verhandlungsmacht. Bei einem Unternehmenspfandrecht nach englischem Recht (floating charge)[272] haben die Sicherungsgläubiger nach dessen Kristallisation (insbesondere unter sogenannten automatic crystallisation clauses, die sich in weitem Umfang mit den events of default des Darlehensvertrags decken)[273] sogar die Möglichkeit, die Geschäftsführung der Projektgesellschaft an einen Verwalter (receiver) zu übertragen. Dieser kann das Unternehmen führen und als Ganzes veräußern. Die Banken werden ihre Rechte in den seltensten Fällen tatsächlich dazu einsetzen, nach erfolgter Auszahlung eines wesentlichen Teils der Darlehensvaluta sofortige vollständige Rückzahlung zu verlangen oder ihre Sicherheiten zu vollstrecken (**positive** oder **Ausübungsfunktion**). Bei noch nicht fertiggestellten Projekten, aber auch bei fertiggestellten Projekten würden Rückzahlung und Sicherheitenverwertung häufig zu Ausfällen der Banken führen, da ein Insolvenzverfahren über das Vermögen der Projektgesellschaft unvermeidlich wäre und die für einen bestimmten Projektzweck erstellten Anlagen sich nur schwer einzeln verwerten lassen. Es ist deshalb eher in ihrem Interesse, das Projekt fertig stellen zu lassen oder für einen ordnungsgemäßen Projektbetrieb zu sorgen. Da die Vertragsverletzung aber im Regelfall (es sei denn die Verpflichtungen waren von vornherein für den Darlehensnehmer unerfüllbar und deshalb

---

[270] Kapitel 6.2.6.11.7.
[271] Vgl. zu Sicherheiten unten Kapitel 7 und *Röver,* Vergleichende Prinzipien dinglicher Sicherheiten, München 1999.
[272] Dazu *Goode,* Commercial Law, 2. Aufl., London 1995, 25 = S. 730–744; *ders.,* Principles of Corporate Insolvency Law, London 1990, S. 77–109; *Röver,* a.a.O., S. 149f.
[273] Vgl. zur Wirksamkeit von *automatic crystallisation clauses: Goode,* Commercial Law, 25 (i) 4 = S. 738–740.

unsinnig) eine Krisensituation anzeigt, wird eine engere Engagementbetreuung erforderlich, für die den Banken die notwendigen Rechte in die Hände gegeben werden.

6.2.6.11 Sonstige Vorschriften
6.2.6.11.1 Einbeziehung der AGB Banken

118   Die Einbeziehung der Allgemeinen Geschäftsbedingungen der Banken erfolgt, soweit sie gewollt ist, bei Darlehensverträgen nach **deutschem Recht** entweder bei Vereinbarung der Kontoeröffnung mit dem Kunden oder aber durch entsprechenden Hinweis im Darlehensvertrag.[274] In Darlehensverträgen nach **englischem Recht** ist eine Einbeziehung von Allgemeinen Geschäftsbedingungen (general terms and conditions) nicht anzutreffen. Sämtliche Regelungen werden im Darlehensvertrag selbst getroffen. Darlehensverträge, die ihrerseits Allgemeine Geschäftsbedingungen darstellen, sind im Übrigen im englischen Recht am Unfair Contract Terms Act 1977 zu messen.[275]

6.2.6.11.2 Aufrechnung

119   Darlehensverträge enthalten häufig ein vertragliches Aufrechnungsverbot für den Darlehensnehmer (prohibition on set-off by the borrower).[276] Ein solches vertragliches Aufrechnungsverbot ist sowohl nach deutschem wie nach englischem Recht wirksam.[277] Durch den Ausschluss der Aufrechnung sollen nicht zuletzt Refinanzierungsschäden vermieden werden, die dadurch entstehen, dass der Darlehensnehmer weniger als erwartet zahlt und die Bank damit aus dem Darlehensverhältnis selbst weniger Mittel für die Refinanzierung zur Verfügung hat.

6.2.6.11.3 Abtretungsverbot für den Darlehensnehmer

120   Nach **deutschem Recht** kann die Abtretbarkeit von Forderungen des Darlehensnehmers aus dem Darlehensvertrags (z.B. der Anspruch auf Auszahlung der Darlehensvaluta) grundsätzlich nach § 399 Fall 2 BGB ausgeschlossen werden (sogenanntes pactum de non cedendo). Die gleichwohl erfolgte Abtretung einer Geldforderung ist allerdings nach § 354a S. 1 HGB wirksam, wenn das die Forderung begründende Rechtsgeschäft ein beiderseitiges Handelsgeschäft darstellt.[278] Da dies bei Projektfinanzierungen in den meisten Fällen gegeben sein wird, verzichten Darlehensverträge nach deutschem Recht auf ein entsprechendes Abtretungsverbot. Sollte sich im Darlehensvertrag doch ein Abtretungsverbot finden, kann der Schuldner trotz Unwirksamkeit nach § 354a S. 1 HGB mit befreiender Wirkung an den bisherigen Gläubiger leisten (§ 354a S. 2 HGB). Im **englischen Recht** gibt es keine dem § 354a HGB entsprechende Vorschrift oder richterrechtliche Regel. Ein Abtretungsverbot wird dementsprechend häufig im Darlehensvertrag vorgesehen.

---

[274] Zu den Vorschriften der AGB Banken, die bei Projektkreditverträgen von besonderer Bedeutung sind, vgl. oben Kapitel 6.2.6.1.

[275] *Triebel/Hodgson/Kellenter/Müller,* Englisches Handels- und Wirtschaftsrecht, 2. Aufl., Heidelberg 1995, Rdnrn. 95–103, 127–135.

[276] Das Aufrechnungsverbot für den Kreditnehmer ist im Übrigen auch in Nr. 4 AGB Banken geregelt. Danach kann der Kreditnehmer nur unbestrittene oder rechtskräftig festgestellte Forderungen aufrechnen.

[277] Und entfaltet im deutschen Recht sogar verfügende Wirkung; BGH, NJW 1984, 357.

[278] Vgl. vertiefend *K. Schmidt,* Zur Rechtsfolgenseite von § 354a BGB, in: Horn/Lwowski/Nobbe (Hrsg.). Bankrecht – Schwerpunkte und Perspektiven. Festschrift für Herbert Schimansky, Köln 1999, S. 503–520.

6.2.6.11.4 Syndizierungsklausel

Die Syndizierungsklausel sieht ein Recht der Banken zur Unterbeteiligung anderer Banken, zur Abtretung oder zur Absicherung von Forderungen aus dem Darlehensvertrag vor.[279] Sie könnte in einem Darlehensvertrag nach deutschem Recht wie folgt lauten:

„Bei Geschäftskrediten an Unternehmer darf die Bank Mitgliedern des Europäischen Systems der Zentralbanken, Kreditinstituten, Finanzdienstleistungsunternehmen, Finanzunternehmen, Versicherungsunternehmen, Kapitalsammelstellen, Fonds, Pensionskassen, Versorgungswerken und vergleichbaren Institutionen unter Berücksichtigung banküblicher Usancen Unterbeteiligungen einräumen und hinsichtlich der Rechte und Pflichten aus diesem Vertrag Verfügungen vornehmen, insbesondere Kreditforderungen samt zugehörigen Sicherheiten – ganz oder in Teilbeträgen – an den vorbezeichneten Adressatenkreis abtreten, verpfänden oder übertragen bzw. vom vorbezeichneten Adressatenkreis garantieren lassen.

Der Kreditnehmer befreit die Bank insoweit von der Verschwiegenheitspflicht als dies für die Durchführung der vorstehend beschriebenen Maßnahmen erforderlich ist."

Mit einer Syndizierung verfolgt eine Bank zumeist den Zweck der Risikodiversifizierung. Gerade bei größeren Krediten begrenzen die Banken ihr Ausfallrisiko dadurch, dass sie andere Banken beteiligen, indem sie Forderungen aus dem Darlehensvertrag an andere Banken abtreten. Außerdem gewinnt für Banken eine optimale Nutzung ihres Eigenkapitals zunehmende Bedeutung. Eine Möglichkeit zur Optimierung der Eigenkapitalnutzung bietet die Securitisation von Bankforderungen. Diese wird durch Übertragung von Bankforderungen auf Dritte bewirkt.[280] Neben der Securitisation wurden u. a. Garantiestrukturen und die Absicherung durch Kreditderivate (wie z. B. credit default swaps) verwendet, um eine Eigenkapitalentlastung zu erreichen.

6.2.6.11.5 Leistungs- und Erfolgsort

Die Parteien bestimmen den Leistungs- und Erfüllungsort vertraglich. Ein Rückgriff auf die gesetzlichen Regelungen zum Leistungs- und Erfolgsort in §§ 269f. BGB ist deshalb zumeist nicht erforderlich. Der in Verträgen häufig verwendete Begriff des „Erfüllungsorts" ist auslegungsbedürftig[281] und sollte deshalb vermieden werden.

---

[279] Vgl. auch unten Kapitel 6.3 und 6.4.
[280] Vgl. *Bär*, Asset Securitisation. Die Verbriefung von Finanzaktiven als innovative Finanzierungstechnik und neue Herausforderung für Banken, Bern, Stuttgart, Wien 1997; *Bhattacharya/Fabozzi (Hrsg.)*, Asset-Backed Securities, New Hope/Penn. 1996; *Fahrholz*, Neue Formen der Unternehmensfinanzierung. Unternehmensübernahmen, Big ticket-Leasing, Asset Backed- und Projektfinanzierungen, München 1998, S. 213–251; *Gehring*, Asset-Backed Securities im amerikanischen und im deutschen Recht, 1999; *Paul*, Bankintermediation und Verbriefung. Neue Chancen und Risiken für Kreditinstitute durch Asset Backed Securities? Wiesbaden 1994; *Rinze/Klüwer*, Securitisation – praktische Bedeutung eines Finanzierungsmodells, in: BB 1998, S. 1697–1703. Insbesondere zu Projektfinanzierungsdarlehen: *Dambach*, Securitization von Projektfinanzierungsdarlehen, in: Die Bank 1998, S. 437–439.
[281] *Medicus*, Schuldrecht I. Allgemeiner Teil, 11. Aufl., München 1999, Rdn. 143.

6. Teil. Projektfinanzierung

6.2.6.11.6 Anwendbares Recht (choice of law)[282]

123 Bei Sachverhalten mit Auslandsbezug, wie z. B. internationalen Projektfinanzierungen, kann nicht einfach von der Anwendung des eigenen Privatrechts ausgegangen werden. Das auf die Verträge und Rechte anwendbare nationale Recht bestimmt sich vielmehr nach den Regeln des internationalen Privatrechts, das entgegen seines irreführenden Namens, Regeln des **nationalen** Rechts enthält. Um bei **Schuldverträgen** (wie z. B. dem Darlehensvertrag) Zweifel über das anwendbare Recht auszuschließen, wählen die Parteien in einer sogenannten **Rechtswahlklausel** ein Recht und zwar bei Finanzierungen mit Projektbeteiligten im Inland das deutsche Recht[283] und bei internationalen Finanzierungen häufig das englische Recht bzw. das Recht des Bundesstaates New York. Die Wahl nicht eines nationalen Rechts, sondern der Unidroit-Prinzipien der internationalen Handelsverträge aus dem Jahre 1994 ist in der Praxis nicht anzutreffen.[284] Eine Rechtswahl für das auf Schuldverträge anwendbare Recht ist sowohl im deutschen wie auch im englischen Recht nach dem Europäischen Schuldvertragsübereinkommen (EVÜ) möglich, das in beiden Ländern in nationales Recht umgesetzt wurde. Die Rechtswahl führt nach Art. 35 I EGBGB (bzw. Art. 3 I Contracts (Applicable) Law Act 1990 im englischen Kollisionsrecht) zur Anwendung des **Sach**rechts; eine Rück- oder Weiterverweisung auf Grund **Kollisions**rechts wird dadurch ausgeschlossen.

124 In der deutschen Literatur wird teilweise vertreten, dass bei komplexen Vertragsverhältnissen die einzelnen Schuldverträge nicht gesondert, sondern akzessorisch anzuknüpfen seien.[285] Das anwendbare Recht soll sich nach dem Vertrag bestimmen, dem „das wirtschaftliche Hauptgewicht zukommt".[286] Als solcher käme beispielsweise bei BOT-Projekten der Generalunternehmerver-

---

[282] Zum **deutschen Recht:** *Jayme*, Kollisionsrecht und Bankgeschäfte mit Auslandsberührung, Berlin 1977; *ders.,* Moderne Vertragsformen und klassisches internationales Privatrecht, in: Heidelberger Jahrbücher 29 (1985), S. 15 ff.; *ders.,* Kollisionsrechtliche Techniken für Langzeitverträge mit Auslandsberührung, in: Nicklisch (Hrsg.), Der komplexe Langzeitvertrag, Heidelberg 1987, S. 311 ff.; *ders.,* Komplexe Langzeitverträge und Internationales Privatrecht, in: IPRax 1987, S. 63 f.; *ders.,* BOT-Projekte: Probleme der Rechtswahl, in: Nicklisch (Hrsg.), Rechtsfragen privatfinanzierter Projekte. Nationale und internationale BOT-Projekte. Technikrechtsforum Heidelberg 1993, Heidelberg 1994, S. 65–74; *Jayme/Geckler,* BOT-Projekte – Internationales Privatrecht und Völkerrecht, in: IPRax 1993, S. 274 f.; *Welter,* Auslandsbezug und Tragweite ausländischen Rechts, in: Schimansky/Bunte/Lwowski (Hrsg.), Bankrechts-Handbuch, Bd. I, München 1997, § 26; *ders.,* Auslandsgeschäfte, in: Schimansky/Bunte/Lwowski (Hrsg.), Bankrechts-Handbuch, Bd. III, München 1997, § 118 Rdnrn. 6–43; zum **englischen Recht:** *Collier*, Conflict of Laws, 2. Aufl., Cambridge 1994, 12 = S. 181–213; *Denton Hall* (Hrsg.), A guide to project finance, London 1998, S. 100–102; *Dicey & Morris,* The Conflict of Laws (hrsg. von Collins), Bd. 2, 13. Aufl., London 2000, Rdnrn. 32–001–240, 33–289–313; *North/Fawcett,* Cheshire & North's Private International Law, 13. Aufl., London, Edinburgh, Dublin 1999, Chapter 18 = S. 533–603; *Tennekoon,* The Law and Regulation of International Finance, London, Dublin, Edinburgh 1991, S. 15–42; *Triebel/Hodgson/Kellenter/Müller,* Englisches Handels- und Wirtschaftsrecht, 2. Aufl., Heidelberg 1995, Rdnrn. 1143–1160.

[283] Bei Einbeziehung der AGB Banken in den Darlehensvertrag findet sich diese Rechtswahl in Nr. 6 I AGB Banken.

[284] Vgl. zu den Prinzipien *Ferrari*, Das Verhältnis zwischen den Unidroit-Grundsätzen und den allgemeinen Grundsätzen internationaler Einheitsprivatrechtskonventionen, in: JZ 1998, S. 9–17 m. w. N.

[285] *Jayme,* BOT-Projekte: Probleme der Rechtswahl, in: Nicklisch (Hrsg.), Rechtsfragen privatfinanzierter Projekte. Nationale und internationale BOT-Projekte. Technikrechtsforum Heidelberg 1993, Heidelberg 1994, S. 65–74 (71 f.).

[286] *Jayme,* a. a. O., S. 66, 68 und bereits früher *ders.*, Kollisionsrecht und Bankgeschäfte mit Auslandsberührung, Berlin 1977, S. 13 f.; *von der Seipen,* Akzessorische Anknüpfung und engste Verbindung der komplexen Verhältnisse, 1989, S. 319.

trag in Betracht.[287] Mit einer solchen akzessorischen Anknüpfung sollen Brüche, die sich aus der Verschiedenheit von Rechtssystemen ergeben, vermieden werden. Eine akzessorische Anknüpfung würde entgegen der ausdrücklichen Regelung in Art. 27 EGBGB eine Rechtswahlmöglichkeit ausschließen.[288] Wenngleich ein einheitliches Vertragsstatut die Rechtsfindung erleichtert, kann die akzessorische Anknüpfung wirtschaftlich verbundener Verträge nur anerkannt werden, wenn der Schutz einer Vertragspartei die Einheitlichkeit des Vertragsstatuts zwingend erforderlich macht.[289] Davon kann bei Projektfinanzierungen nicht gesprochen werden. Bei Projektfinanzierungen steht einer akzessorischen Anknüpfung im Übrigen entgegen, dass ganz unterschiedliche Vertragsverhältnisse mit verschiedenen Vertragsparteien bestehen. Die Entwicklung eines komplexen Vertragsnetzes ist gerade das zentrale Anliegen der Projektfinanzierung, da dadurch die Risikostrukturierung vertraglich umgesetzt wird. Die Theorie der akzessorischen Anknüpfung sieht sich außerdem der Schwierigkeit gegenüber, einen Hauptvertrag bestimmen zu müssen. Wenn einem Projekt kein Generalunternehmervertrag zugrundeliegt, ist dies keine einfache Aufgabe. So könnten in solchen Fällen z. B. langfristige Abnahmeverträge die Hauptverträge darstellen, die aber mit mehreren verschiedenen Abnehmern geschlossen werden und jeweils unterschiedlichen Rechten unterliegen können. Schließlich führt das Abstellen auf einen Hauptvertrag wie einen Konzessionsvertrag oder Abnahmevertrag dazu, dass die Darlehensverträge für internationale Projektfinanzierungen nicht mehr – wie üblich – dem englischen Recht oder dem Recht des Bundesstaates New York unterliegen würden, sondern z. B. dem ungarischen oder dem chilenischen. Diese Rechte mögen für sich genommen nicht ungeeignet sein zur Regelung des Darlehensverhältnisses, sie erschweren aber ausländischen Banken die Beteiligung an einer Finanzierung, da ihr Inhalt im Finanzierungsverkehr unbekannt ist. Zumindest für internationale Projektfinanzierungen muss deshalb die Theorie der akzessorischen Anknüpfung komplexer Vertragsverhältnisse zurückgewiesen werden.

Der Umfang des Vertragsstatuts (der sogenannte Anknüpfungsgegenstand) wird in Art. 32 EGBGB genauer bestimmt. Das Vertragsstatut erstreckt sich nicht auf Fragen der Rechts- und Geschäftsfähigkeit der Vertragsparteien (Art. 7 EGBGB), der Form des Geschäfts (Art. 11 EGBGB), des Zustandekommens und der Wirksamkeit des Vertrages (Art. 31 EGBGB) sowie der Vertretungsmacht (Art. 37 Nr. 3 EGBGB). Diese Teilfragen werden selbständig angeknüpft und können dementsprechend anderen Rechten als dem von den Parteien für den Darlehensvertrag gewählten unterliegen. Außerdem kann nach dem Darlehensvertrag ein Unterschied zwischen der Währung, in der die Darlehensverbindlichkeit geschuldet wird (Schuldwährung) und der Währung, in der Zahlung erfolgen kann (Zahlungswährung), bestehen. Die Schuldwährung richtet sich zwar grundsätzlich nach dem auf den Vertrag anwendbaren Recht (lex causae), jedoch kann bei einem Vertrag nach deutschem[290] oder englischen Recht eine Geldschuld auch beispielsweise in US-Dollar vereinbart sein. Das auf Geldschulden anwendbare Währungsstatut (die lex monetae),[291] also die institutionellen Währungsvorschriften, welche die Geldverfassung eines Landes regeln, bestimmen sich nach h. M. nach dem Recht des Landes, in dessen Währung eine Schuld ausgedrückt ist. **125**

Zahlungsverpflichtungen aus Darlehensverträgen können gegen Devisenkontrollbestimmungen und damit gegen Art. VIII Abschnitt 2 (b) S. 1 Bretton-Woods-Abkommen über den Internationalen Währungsfonds vom 1.–22. 7. 1944[292] verstoßen. Nach deutscher Rechtsprechung können auch Darlehensverträge unter den Begriff des **126**

---

[287] *Jayme,* BOT-Projekte: Probleme der Rechtswahl, in: Nicklisch (Hrsg.), Rechtsfragen privatfinanzierter Projekte. Nationale und internationale BOT-Projekte. Technikrechtsforum Heidelberg 1993, Heidelberg 1994, S. 66.
[288] *Von der Seipen,* a. a. O., S. 249.
[289] So zutreffend *Dageförde,* Internationales Finanzierungsleasing, 1992, S. 70 f.
[290] BGH NJW 1987, 3181.
[291] *Münchener Kommentar/Martiny,* Bd. 10, 3. Aufl., München 1998, Nach Art. 34 Anh. I Rdnrn. 4–6.
[292] Hier zitiert als „IWF-Abkommen".

„Devisenkontrakts" in Art. VIII Abschnitt 2 (b) S. 1 IWF-Abkommen subsumiert werden.[293] Diese Sicht wird von englischen Gerichten abgelehnt, für die ein „Devisenkontrakt" ein „contract to exchange the currency of one country for the currency of another country" ist.[294] Nach deutscher Rechtsprechung lässt ein Verstoß gegen Devisenbestimmungen eines Mitglieds des IWF die Wirksamkeit des Vertrages nach §§ 134, 138 BGB unberührt. Der Verstoß führt vielmehr zur Unklagbarkeit einer Vertragsforderung[295] und bedeutet dementsprechend den Mangel einer Zulässigkeitsvoraussetzung. Eine Klage wäre von Amts wegen als unzulässig abzuweisen. Eine Zusatzanknüpfung zwingender Bestimmungen nach Art. 27 III EGBGB kommt deshalb nicht mehr zur Anwendung.

127 Vor deutschen Gerichten wird ausländisches Recht von Amts wegen festgestellt. Soweit ausländisches Recht für den Darlehensvertrag gewählt wird, besteht hinsichtlich des Inhalts des gewählten Rechts deshalb keine Beweislast.[296] Dagegen wird ausländisches Recht im englischen Recht wie eine Tatsache behandelt. Wer seine Anwendung behauptet, muss dies vortragen und beweisen.[297]

6.2.6.11.7 Zustimmung zu Vertragsabweichungen (waivers) und Vertragsänderungen (amendments)

128 Von zentraler Bedeutung ist eine Bestimmung, nach der die Darlehensgeber **Vertragsabweichungen** der Projektgesellschaft zustimmen können. Solche Vertragsabweichungen können z. B. vorliegen bei Nichteinhaltung eines bestimmten Fertigstellungstermins, bei Unterschreiten bestimmter Finanzkennzahlen oder bei nicht fristgerechter Vorlage von Berichten. Diese Verletzungen können die Banken zu einer außerordentlichen Kündigung nach deutschem Recht berechtigen. Bei Verträgen nach englischem Recht liegt ein default vor. Im Regelfall werden die Banken von ihren Rechten zur Lösung vom Darlehensvertrag keinen Gebrauch machen wollen.[298] Wenn die Vertragsverletzung bereits erfolgt ist, werden sie durch Erklärung ihrer Zustimmung zur Vertragsabweichung aber das Vorliegen einer solchen Abweichung zumindest feststellen wollen. Sie werden dies häufig mit der Setzung einer Frist zur Beseitigung der Vertragsabweichung verbinden. Die Erklärung der Banken ist dann meist mit dem Zusatz verbunden, dass die Zustimmung nur für die nunmehr vorliegende Verletzung Anwendung findet und sich nicht auf etwaige künftige Verletzungen bezieht. Außerdem werden sich die Banken eine spätere Ausübung ihrer Rechte vorbehalten. Rechtlich ist zu fragen, ob bei mehrfacher Wiederholung einer solchen Zustimmung das Kündigungsrecht der Bank wegen venire contra factum proprium (§ 242 BGB) ausgeschlossen ist.[299] Die Problematik sollte in der Praxis vermieden werden, indem vertrag-

---

[293] *Ebenroth/Neiss,* Internationale Kreditverträge unter Anwendung von Artikel VIII Abschnitt 2 (b) IWF-Abkommen, in: RIW 1991, S. 617–625.

[294] Vgl. die Entscheidung des Court of Appeal in *Wilson Smithett and Cope Ltd v Terruzzi* [1976] QB 683 (703); außerdem *Mann,* The Legal Aspects of Money, 4. Aufl. 1982, S. 372–400; *Tennekoon,* The Law and Regulation of International Finance, London, Dublin, Edinburgh 1991, S. 36 f.

[295] BGHZ 55, 334 (337 f.); vgl. den Wortlaut der Vorschrift: „kann [...] nicht geklagt werden".

[296] *Palandt/Heldrich,* BGB, 59. Aufl. 2000, vor Art. 3 EGBGB Rdn. 34.

[297] *Triebel/Hodgson/Kellenter/Müller,* Englisches Handels- und Wirtschaftsrecht, 2. Aufl., Heidelberg 1995, Rdn. 1093.

[298] Vgl. bereits oben Kapitel 6.2.6.10.

[299] *Palandt/Heinrichs,* BGB, 59. Aufl. 2000, § 242 Rdnrn. 55–57. Nach englischem Recht könnte eine Rechtsausübung aus dem Gesichtspunkt der *estoppel* ausgeschlossen sein; dazu *Treitel,* An Outline of the Law of Contract, 5. Aufl., London, Dublin, Edinburgh 1995, Chapter 3 10, 11 = S. 45–48.

liche Verpflichtungen, die der Darlehensnehmer auf Dauer nicht erfüllen kann, durch eine Änderung des Darlehensvertrags angepasst werden, wenn die Bank ihr Kündigungsrecht nicht ausüben will.

Vertragsänderungen können von den Parteien nach Abschluss des Darlehensvertrags vereinbart werden.[300] Für gewöhnlich schreibt der Darlehensvertrag für solche Vertragsänderungen die Schriftform vor (§ 127 BGB). Auch für die Zustimmung zu Vertragsabweichungen wird die Schriftform vereinbart.

6.2.6.11.8 Salvatorische Klausel

Auch in Darlehensverträgen von Projektfinanzierungen nach deutschem Recht findet sich die (insbesondere im Hinblick auf § 139 BGB) übliche salvatorische Klausel etwa folgenden Wortlauts: **129**

„Sollten eine oder mehrere Bestimmungen dieses Vertrags ganz oder teilweise unwirksam sein oder sich als undurchführbar erweisen, so wird die Wirksamkeit des Vertrags im Übrigen hiervon nicht berührt. Die Parteien werden die ganz oder teilweise unwirksamen oder undurchführbaren Bestimmungen durch eine wirksame Bestimmung ersetzen, die dem wirtschaftlich gewollten Zweck entspricht und dem Inhalt der zu ersetzenden Bestimmung möglichst nahe kommt. Dies gilt entsprechend, wenn sich herausstellt, dass der Vertrag Regelungslücken enthält."

6.2.6.11.9 Bestimmung nach § 8 Geldwäschegesetz (GwG)

Obwohl dem deutschen Recht Zusicherungen nach Art des englischen Rechts grundsätzlich fremd sind[301] wird in Kreditverträgen aus Klarstellungsgründen dennoch die Zusicherung aufgenommen, dass der Kreditnehmer für eigene Rechnung handelt, dass er den Kredit ausschließlich für eigene Rechnung aufnimmt und damit alleiniger wirtschaftlicher Berechtigter im Sinne des § 8 GwG ist.[302] Die Identifikation nach § 8 I GwG ist zwingend erforderlich und Verstöße stellen eine Ordnungswidrigkeit nach § 17 II Nr. 1, III GwG dar. **130**

6.2.6.12 Unterschriften

Die Aufzählung der unterschreibenden Parteien am Ende das Haupttextes des Vertrags muss mit der Nennung der Parteien auf dem Deckblatt[303] übereinstimmen. Bei Verträgen nach deutschem Recht sollten bei Bestellung von Drittsicherheiten (wenn Darlehensnehmer und Sicherungsgeber nicht identisch sind) auch alle Drittsicherungsgeber den Darlehensvertrag unterschreiben. In dieser zusätzlichen Unterschrift ist ein starkes Indiz für den Sicherungszweck der Drittsicherheiten zu sehen. **131**

§ 154 AO, der die Besteuerung deutscher Steuersubjekte erleichtern soll, verlangt, dass sich eine deutsche kontoführende Stelle Gewissheit über Person und Anschrift des Verfügungsberechtigten verschafft. Im Hinblick darauf lassen sich Banken von den handelnden Organmitgliedern der Projektgesellschaft den Personalausweis bzw. Reisepass vorlegen. Ausweiskopien werden zu den Akten genommen.

---

[300] *Nelle,* Neuverhandlungspflichten. Neuverhandlungen zur Vertragsanpassung und Vertragsergänzung als Gegenstand von Pflichten und Obliegenheiten, München 1993.
[301] Vgl. oben Kapitel 6.2.6.7.
[302] Die Vorschriften des GwG dienen der Umsetzung der Richtlinie 91/308/EWG des Rates vom 10. Juni 1991 zur Verhinderung der Nutzung des Finanzsystems zum Zwecke der Geldwäsche, ABlEG Nr. L 166/77–82. Diese wurde auch in englisches Recht umgesetzt; gleichwohl ist es in Darlehensverträgen nach englischem Recht bislang unüblich, eine entsprechende Zusicherung aufzunehmen.
[303] Vgl. oben Kapitel 6.2.6.3.

6.2.6.13 Anlagen (schedules)

132 Folgende Anlagen werden häufig zum Gegenstand der darlehensvertraglichen Vereinbarung gemacht:
- ein Ausdruck des Cash-flow-Modells,
- der Investitions- und Finanzierungsplan zur Konkretisierung des Mittelverwendungszwecks,
- ein Muster für eine Auszahlungsanzeige der Kreditnehmerin, und
- ein Muster für eine Bestätigung der Einhaltung von covenants (compliance certificate).

Auch verschiedene Vertragsbestandteile werden teilweise in Anlagen ausgelagert. So finden sich gelegentlich die Auszahlungsvoraussetzungen oder bestimmte Definitionen[304] in Anlagen.

6.2.6.14 Ausfertigung des Darlehensvertrages (execution of documents)

133 Verträge einer Projektfinanzierung sollten während der Verhandlungen ausdrücklich als **Entwürfe** gekennzeichnet sein und zur Vermeidung von Verwechslungen stets ein Entwurfsdatum tragen. Die ausverhandelten Verträge werden in ihrer endgültigen Gestalt von den Parteien unterschrieben (mit der Folge der Entstehung vertraglicher Ansprüche), wobei auf Erstellung in der geforderten Form zu achten ist (z. B. Schriftform, Beglaubigung, Beurkundung, Auflassung nach deutschem Recht, deed nach englischem Recht). Bisweilen werden die Verträge auf jeder einzelnen Seite durch sämtliche unterschreibenden Personen mit einem Handzeichen versehen (sogenanntes „Paraphieren" in Entlehnung eines Begriffs aus dem Völkerrecht). Der Vertrag wird außerdem von den Parteien regelmäßig in mehreren Exemplaren ausgefertigt, damit jede Partei ein Exemplar zu den Akten nehmen kann (im englischen Recht wird insofern von einer execution in counterparts gesprochen; die von den Parteien unterzeichneten Verträge werden in England häufig auf dem Titelblatt als **„execution copy"** gekennzeichnet). Von den ausgefertigten Verträgen werden häufig weitere mit dem Original übereinstimmende Abschriften ohne Originalunterschriften für die Akten erstellt, und zwar meist von den beteiligten Rechtsanwaltskanzleien oder Rechtsabteilungen (in England als **„conformed copy"** gekennzeichnet).

6.3 Formen der Beteiligung mehrerer Kreditgeber

6.3.1 Einführung

134 Wegen der häufig großen Kreditbeträge bei Projektfinanzierungen werden diese Darlehen von Banken zur Verringerung ihres Einzelkreditrisikos syndiziert. Außerdem können eine Reduzierung der eigenen Eigenkapitalbelastung, eine Vergrößerung der eigenen, limitierten Syndizierungskraft und das Einhalten rechtlich zulässiger Höchstgrenzen (z. B. § 13 III Nr. 2, IV KWG) gewollt sein.[305] Um das Syndizierungsrisiko auszuschließen, kann der Darlehensvertrag unter einem Konsortialvorbehalt stehen, d. h. durch eine positive Kreditentscheidung von Mitkreditgebern aufschiebend bedingt (§ 158 I BGB) sein. Bei der Syndizierung von Darlehen können zwei Wege eingeschlagen werden, um Darlehen bereits zum Zeitpunkt des Abschlusses des Darle-

---

[304] Z. B. die Definition der einzelnen abzuschließenden Verträge; s. o. Kapitel 6.2.6.8.
[305] *Kohls,* Bankrecht, 2. Aufl., München 1997, Rdn. 146.

hensvertrages oder im unmittelbaren Anschluß daran zu syndizieren:[306] die Unterbeteiligung einer oder mehrerer Banken am Darlehen einer anderen Bank oder der Konsortialkredit. Bei der **Unterbeteiligung**[307] besteht keine direkte Vertragsbeziehung zwischen dem Darlehensnehmer und den unterbeteiligten Banken. Vielmehr entsteht nur eine schuldrechtliche Beziehung zwischen der darlehensgebenden Bank und den unterbeteiligten Banken, die in einem Unterbeteiligungsvertrag (participation agreement) geregelt ist. Darin wird vereinbart, dass die unterbeteiligte Bank einen bestimmten Anteil des vom Hauptbeteiligten gewährten Kredits oder Kreditteils intern übernimmt.[308] Durch die Unterbeteiligung übernimmt der Unterbeteiligte das Risiko, einen etwaigen Ausfall quotenmäßig mitzutragen. Die Unterbeteiligung hinsichtlich des Darlehens kann sowohl nach deutschem als auch nach englischem Recht entweder liquiditätsmäßig (funded participation) oder nur risikomäßig (risk participation) erfolgen. Im Übrigen werden die Unterbeteiligten nicht nur an Zahlungen des Darlehensgebers, sondern auch an Verwertungserlösen aus den dafür bestellten Sicherheiten beteiligt (payment and security sharing). Der Unterbeteiligungsvertrag begründet nach **deutschem Recht** eine Gelegenheits- und Innengesellschaft des bürgerlichen Rechts, wobei die §§ 705–740 BGB in der Regel durch den Beteiligungsvertrag weitgehend abbedungen werden und nur noch subsidiär Anwendung finden. Insbesondere wird mangels Beitragspflicht (§ 705 BGB) kein Gesamthandsvermögen gebildet. Eine sub-participation in der Form der funded participation nach **englischem Recht** stellt rechtlich einen zweiten Darlehensvertrag zwischen dem Hauptbeteiligten und der unterbeteiligten Bank dar. Darin verpflichtet sich die unterbeteiligte Bank, beim Hauptbeteiligten einen Betrag in Höhe ihrer Beteiligung als Bareinlage zu leisten.[309] Man spricht deshalb auch von einem back-to-back loan. Die sub-participation begründet keine partnership, da die participants keine Gewinne (net profits) teilen.[310] Dementsprechend finden die Vorschriften des Partnership Act 1890 keine subsidiäre Anwendung.

135 Diese Unterbeteiligungsstruktur liegt dem B-loan einer multilateralen Finanzinstitution (International Financial Institution, IFI)[311] zugrunde. Multilaterale Finanzinstitutionen sind auf Grund

---

[306] Vgl. unten Kapitel 6.4 zur nachträglichen Ausplatzierung. Man spricht bei der Verteilung von Risiken aus Neukrediten von „Syndizierung" und bei der Verteilung von Risiken, die eine Bank im Bestand hat, von „Ausplatzierung". *Früh,* Kreditvertragsrecht, in: Hellner/Steuer (Hrsg.), Bankrecht und Bankpraxis, Köln (Loseblatt), Rdnrn. 3/339 a f.

[307] Vgl. zum deutschen Recht *W. Obermüller/M. Obermüller,* Die Unterbeteiligung im Bankgeschäft. Eine Übersicht für die Praxis, in: Hadding/Immenga/Mertens/Pleyer/U. H. Schneider (Hrsg.), Festschrift für Winfried Werner zum 65. Geburtstag, Berlin, New York 1984, S. 607–638; *Sittmann,* Kreditunterbeteiligungen von Banken. Eine Untersuchung zum Innenrecht der Unterbeteiligung, in: WM 1996, S. 469–475.

[308] *Hadding,* in: Schimansky/Bunte/Lwowski (Hrsg.), Bankrechts-Handbuch, Bd. II, München 1997, § 87 Rdn. 13.

[309] *Tennekoon,* The Law and Regulation of International Finance, London, Dublin, Edinburgh 1991, S. 108.

[310] Section 1 (1) Partnership Act 1890; *Triebel/Hodgson/Kellenter/Müller,* Englisches Handels- und Wirtschaftsrecht, 2. Aufl., Heidelberg 1995, Rdn. 789.

[311] Insbesondere International Bank for Reconstruction and Development (IBRD, kurz World Bank), International Finance Corporation (IFC, ein Teil der Weltbankgruppe), European Bank for Reconstruction and Development (EBRD), Inter-American Development Bank (IDB), Corporación Andina de Fomento (CAF) und Asian Development Bank (ADB). Die A/B-loan-Struktur ist dagegen nicht anzutreffen bei der European Investment Bank (EIB). Vgl. *Benoit,* Project Finance at the World Bank: An Overview of Policies and Instruments, World Bank Technical Paper Nr. 312, 1996; *Herdegen,* Internationales Wirtschaftsrecht. Ein Studienbuch, 2. Aufl., München 1995, § 22 Rdnrn. 6–11; *Richter,* Financial Engineering. Leitfaden für Projektfinanzierungen mit nationalen und internationalen Entwicklungsbanken, Frankfurt 1999.

von Regelungen in völkerrechtlichen Verträgen regelmäßig „preferred creditors".[312] Als solche können die Mitgliedstaaten einer multilateralen Finanzinstitution dieser keine Beschränkungen hinsichtlich des Empfangs, des Haltens, des Gebrauchs oder der Übertragung von Zahlungsmitteln (currencies) auferlegen[313] oder den Zugriff auf ihre Vermögensgegenstände beschränken.[314] Den Preferred-creditor-Status geben multilaterale Finanzinstitutionen an private Banken bei der A/B-loan-Struktur weiter. Sie bleiben dabei sogenannter „lender of record", beteiligen private Banken aber risiko- **und** meistens auch liquiditätsmäßig für den gesamten Betrag des B-loan im Wege des Beteiligungsvertrages unter. Der von der multilateralen Finanzinstitution nicht weitergegebene Teil des Darlehens heißt A-loan.[315]

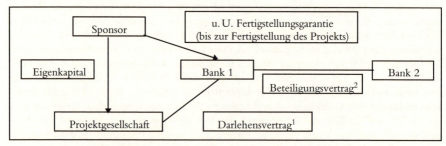

Schaubild: Vertragsbeziehungen bei Unterbeteiligung

[1] wenn Bank 1 eine multilaterale Finanzinstitution ist, stellt dieser Darlehensvertrag den A-loan dar
[2] wenn Bank 1 eine multilateral Finanzinstitution ist, stellt dieser Beteiligungsvertrag den sogenannte B-loan dar

136 Eine Syndizierung kann aber auch in Form eines **Konsortialkredites** geschehen,[316] wodurch Darlehen von mehreren Kreditinstituten auf gemeinsame Rechnung durchgeführt werden. Die Konsorten regeln ihre Rechte untereinander und gegenüber dem Darlehensnehmer hinsichtlich des Darlehens in einem Konsortialvertrag (inter-creditor agreement), einem Konsortialkreditvertrag (syndicated loan agreement) und hinsichtlich der Sicherheiten in einem Sicherheitenpoolvertrag (security sharing agreement). Wie bei der Unterbeteiligung kann der Konsortialkredit hinsichtlich des Darlehens sowohl nach deutschem als auch nach englischem Recht entweder liquiditätsmäßig oder nur risikomäßig sein. Das Kreditkonsortium bildet nach **deutschem Recht** eine Gelegenheitsgesellschaft des bürgerlichen Rechts und zwar meist als Außengesellschaft, wobei die §§ 705–740 BGB in der Regel durch den Konsortialvertrag weitgehend abbedungen werden[317] und nur noch subsidiär Anwendung finden. Insbesondere bestimmen die Par-

---

[312] *Fernandez-Duque,* Co-Financing with IFC: Preferred Creditor Status and Inter-creditor Agreements, in: IBL 1998, S. 300.
[313] Vgl. z. B. Art. 21 (Determination and Use of Currencies) des Agreement Establishing the European Bank for Reconstruction and Development vom 29. 5. 1990.
[314] Vgl. z. B. Art. 49 (Freedom of Assets from Restrictions) des Agreement Establishing the European Bank for Reconstruction and Development.
[315] Der IFC gewährt darüber hinaus sogenannte C-*loans*. Dabei handelt es sich um Nachrangdarlehen *(subordinated loans)* des IFC.
[316] Vgl. *De Meo,* Bankenkonsortien. Eine Untersuchung zum Innen- und Außenrecht von Emissions-, Kredit- und Sanierungskonsortien sowie zu deren Haftung für das Handeln von Konsortialvertretern, 1994; *Früh,* Kreditvertragsrecht, in: Hellner/Steuer (Hrsg.), Bankrecht und Bankpraxis, Köln (Loseblatt), Rdnrn. 3/333–355; *Hadding,* Konsortialkredit, in: Schimansky/Bunte/Lwowski (Hrsg.), Bankrechts-Handbuch, Bd. II, München 1997, § 87; zu den internationalprivatrechtlichen Aspekten von Konsortialkrediten: *König,* Die internationalprivatrechtliche Anknüpfung von Syndicated Loan Agreements, 1984; *Schücking,* Das Internationale Privatrecht der Banken-Konsortien, in: WM 1996, S. 281–289.
[317] *Kohls,* Bankrecht, 2. Aufl., München 1997, Rdn. 150.

teien, dass durch den Konsortialvertrag in Abweichung von § 718 BGB kein Gesellschaftsvermögen begründet wird. Ein loan syndicate nach **englischem Recht** stellt dagegen keine partnership dar, da die syndicate banks keine Gewinne (net profits) teilen.

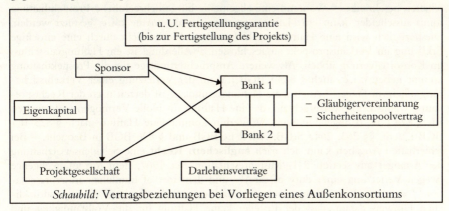

Schaubild: Vertragsbeziehungen bei Vorliegen eines Außenkonsortiums

6.3.2 Verkaufsprospekt (information memorandum)

Wenn einer Bank eine Finanzierung nicht als Arrangerbank, sondern zu einem späteren Zeitpunkt angetragen wird, werden ihr Informationen im Wege eines Verkaufsprospekts zur Verfügung gestellt. Dabei spielt es keine Rolle, ob die Beteiligung im Wege der Unterbeteiligung oder des Kreditkonsortiums stattfinden soll.[318] Ein Verkaufsprospekt enthält wirtschaftliche und rechtliche Informationen über die geplante Projektfinanzierung. Dementsprechend umfasst es zumeist den Finanzierungsvorschlag (term sheet), einen Finanzierungsplan, eine Darstellung des Absatzmarktes für das von der Projektgesellschaft angebotene Produkt, technische Erläuterungen zu dem geplanten Projekt – gegebenenfalls mit den Gutachten unabhängiger, technischer Berater – sowie eine Zusammenfassung der wichtigsten Verträge. Zudem werden Informationen und Jahresabschlüsse über die Sponsoren und teilweise auch über andere wichtige Projektbeteiligte aufgenommen. Ergänzend wird teilweise eine Aufstellung der Risiken der Projektfinanzierung und der entsprechenden Strukturierungselemente beigefügt.

Das information memorandum oder offering memorandum begründet wie der Finanzierungsvorschlag (term sheet) keine vertraglichen Ansprüche, da ein Rechtsbindungswille durch entsprechende Formulierungen ausdrücklich ausgeschlossen ist. Auch wenn das information memorandum keinen Vertrag zwischen den Banken begründet, ist es dennoch ein wichtiges Dokumentationselement, insbesondere im Hinblick auf eine mögliche Haftung für fehlerhafte Angaben.[319] Eine Haftung für fehlerhafte Angaben in einem information memorandum könnte sich im **deutschen Recht** auf Grund allgemeiner bürgerlichrechtlicher Prospekthaftung aus culpa in contrahendo ergeben. Voraussetzung wäre, dass durch schuldhaft falsche Prospektangaben der Arrangerbank die beteiligte Bank zum Vertragsschluss bestimmt wurde. Allerdings wird diese allgemeine bürgerlichrechtliche Prospekthaftung, nicht zuletzt

137

138

---

[318] Im Übrigen wird ein Verkaufsprospekt auch im Falle einer Ausplatzierung (unten Kapitel 6.4) erstellt.
[319] Vgl. im Einzelnen *Assmann*, Prospekthaftung als Haftung für die Verletzung kapitalmarktbezogener Informationsverkehrspflichten nach deutschem und US-amerikanischem Recht, Köln 1985; *Kohls*, Die Informationshaftung der Lead Bank nach dem Recht der B.R. Deutschland, der U.S.A. und Englands – am Beispiel des Kreditkonsortiums –, Diss. Berlin 1990; *Tennekoon*, The Law and Regulation of International Finance, London, Dublin, Edinburgh 1991, S. 48–55.

auf Grund ihrer Entwicklung aus der besonderen börsen- und investmentrechtlichen Prospekthaftung (§§ 45–49 BörsG, 20 KAGG, 12 AuslInvestmG), bislang von der Rechtsprechung auf die Geschäftsführer, Gründer und Initiatoren von Anlagegesellschaften beschränkt.[320] Während eine allgemeine bürgerlichrechtliche Prospekthaftung somit ausscheidet, kann ein Haftungsanspruch auf allgemeine c.i.c. gestützt werden. Diesbezüglich wird eine Haftung nach deutschem Recht nicht durch eine einseitige Erklärung im Verkaufsprospekt ausgeschlossen.[321] Allerdings ist ein Haftungsausschluss im Konsortialvertrag üblich. Als weitere Anspruchsgrundlage für die Prospekthaftung kommt neben c.i.c. auch § 823 I BGB i.V.m. der Verletzung einer Verkehrssicherungspflicht in Frage.[322] Auch diese Haftungsgrundlage ist derzeit nach der Rechtsprechung wenig Erfolg versprechend, da eine Haftung für bloße Vermögensverletzungen aus § 823 I BGB abgelehnt wird. Weiterhin kommt eine Haftung nach § 823 II 1 BGB i.V.m. §§ 263, 264a StGB, Art. 2 EGBGB und § 826 BGB in Betracht. – Bei fehlerhaften Angaben kann sich nach **englischem Recht** eine Schadensersatzhaftung des Arranger aus section 2(1) Misrepresentation Act 1967, dem tort of negligence (wegen Verletzung einer duty of care)[323] und dem tort of fraudulent misrepresentation[324] ergeben. Ein information memorandum enthält allerdings einen ausdrücklichen Hinweis darauf, dass der Ersteller keine Haftung für die Vollständigkeit und Richtigkeit der zusammengestellten Unterlagen übernimmt (disclaimer). Es ist davon auszugehen, dass diese einseitige Erklärung (!) einen weitgehenden Haftungsausschluss begründet, soweit die Erklärungen nicht mit betrügerischer Absicht (fraudulent misrepresentation) abgegeben wurden.[325]

6.3.3 Unterbeteiligungsvertrag (participation agreement) bei Unterbeteiligung (sub-participation)

139   Ein Unterbeteiligungsvertrag ist ein Vertrag, der nur zwischen den Banken geschlossen wird, ohne dass der Kreditnehmer darin einbezogen wird. Die beteiligten Banken verpflichten sich darin gegenüber der Bank, welche die Beteiligung einräumt, ihren Anteil liquiditätsmäßig oder nur risikomäßig (durch einen Beteiligungsvertrag in der Form des Risikoübernahmevertrages) zu übernehmen. Im Übrigen wird das Verhältnis zwischen den Banken in gleicher Weise geregelt wie im Konsortialvertrag eines Außenkonsortiums.[326] Die bloß risikomäßige Unterbeteiligung kommt insbesondere in Betracht, wenn der Hauptbeteiligte sich günstiger refinanzieren kann als die unterbeteiligte Bank. Da die Darlehensbeziehung zwischen dem Kreditnehmer und dem Hauptbeteiligten besteht, gibt es keine Notwendigkeit für einen Sicherheitenpoolvertrag.[327] Die Sicherheiten werden zugunsten der Bank bestellt, welche die Unterbeteiligungen einräumt. Die Banken regeln im Unterbeteiligungsvertrag eine Erlösverteilung hinsichtlich der Verwertungserlöse aus der Verwertung von dinglichen Sicherheiten, wobei die einzelne Bank einen pro-ratarischen Anspruch im Umfang ihrer Unterbeteiligung eingeräumt erhält (security sharing).

---

[320] *Kohls*, a.a.O., S. 14.
[321] *Kohls*, a.a.O., S. 42.
[322] *Deutsch*, Unerlaubte Handlungen, Schadensersatz und Schmerzensgeld, 3. Aufl., Köln, Berlin, Bonn, München 1995, Rdn. 260.
[323] *Hedley Byrne & Co Ltd v. Heller & Partners Ltd* [1964] AC 465; *Caparo Industries v Dickman Ltd* [1990] 2 AC 605.
[324] *Derry v Peek* (1889) 14 App Cas 337.
[325] *Tennekoon*, a.a.O., S. 51–54.
[326] S.u. Kapitel 6.3.4.1.
[327] S.u. Kapitel 6.3.4.3.

6.3.4 Konsortialkredit

6.3.4.1 Konsortialvertrag (inter-creditor agreement)

Der Konsortialvertrag regelt das Innenrecht des Bankenkonsortiums. Im deutschen Recht stellt er den Gesellschaftsvertrag des Kreditkonsortiums dar, das wie bereits erwähnt eine BGB-Gesellschaft bildet. Im englischen Recht ist das inter-creditor agreement dagegen kein partnership agreement, sondern als agency contract einzuordnen.[328] Im deutschen Recht wird der Konsortialvertrag üblicherweise vom Konsortialkreditvertrag (dem Außenvertrag) getrennt. Bei Verträgen nach englischem Recht werden dagegen die Regelungen des Innenverhältnisses häufig in den Außenvertrag mit aufgenommen, wobei aber auch die Trennung von syndicated loan agreement und inter-creditor agreement zu finden ist. Der Konsortialvertrag bzw. das inter-creditor agreement regelt insbesondere sechs Fragenkomplexe.

140

(1) Es werden die Quoten der einzelnen Konsortialbanken (im deutschen Recht stellt dies eine Abweichung von § 706 I BGB dar) bzw. syndicate banks festgelegt. Dadurch wird nicht nur die quotale Beteiligung an Kreditzahlungen der Banken an die Projektgesellschaft, sondern auch umgekehrt die quotale Verteilung sämtlicher Zahlungen des Darlehensnehmers auf die Konsortialbanken (pro rata payment sharing) geregelt. Den Konsorten stehen Ansprüche auf Zinsen und Tilgungen anteilig jeweils allein zu und werden nicht etwa Gegenstand des Gesamthandvermögens. Etwaige Beitragsforderungen gegen die Konsorten nach § 705 BGB bilden hingegen das Gesamthandvermögen des Konsortiums als Gesellschaft des bürgerlichen Rechts.[329]

141

(2) Die Geschäftsführung wird bei Konsortialverträgen nach deutschem Recht grundsätzlich als Einzelgeschäftsführung (also entgegen § 709 BGB) auf die Konsortialführerin übertragen. Im inter-creditor agreement nach englischem Recht findet sich dagegen keine Regelung der Geschäftsführungsbefugnis.

(3) Beim Außenkonsortium erteilen die Konsortialbanken im deutschen Recht der Konsortialführerin auch eine Einzelvertretungsmacht[330] zur Abgabe und Annahme von Erklärungen, die zum Abschluss und zur Durchführung des Darlehensvertrages notwendig sind. Außerdem ermächtigen sie die Konsortialführerin zur Vornahme aller erforderlichen oder zweckmäßigen Handlungen im Zusammenhang mit der Durchführung des Darlehensvertrags. Im wesentlichen übernimmt die Konsortialführerin vier Aufgaben: (1) die Bescheinigung, dass die Auszahlungsvoraussetzungen vorliegen, (2) eine Überwachung der Einhaltung von Nebenleistungspflichten (covenants), (3) ein Tätigwerden im Falle des Vorliegens eines Kündigungsgrundes bzw. eines event of default und (4) schließlich die Funktion als Zahlstelle (payment agent).[331] Auch im englischen Recht wird eine Bank als Vertreterin (administrative agent)[332] des Konsortiums bestimmt. Es ist darauf hinzuweisen, dass im englischen Recht das Innen- und das Außenverhältnis der Stellvertretung nicht getrennt werden. Dementsprechend umfasst der agency contract sowohl Innen- als auch Au-

---

[328] Zu dessen Besonderheiten *Triebel/Hodgson/Kellenter/Müller*, Englisches Handels- und Wirtschaftsrecht, 2. Aufl., Heidelberg 1995, Rdnrn. 400–412.

[329] *Hadding*, in: Schimansky/Bunte/Lwowski (Hrsg.), Bankrechts-Handbuch, Bd. II, München 1997, § 87 Rdn. 39.

[330] Was sich bei Einzelgeschäftsführungsbefugnis auch aus der Auslegungsregel des § 714 BGB ergibt.

[331] Zum englischen Recht *Tennekoon*, The Law and Regulation of International Finance, London, Dublin, Edinburgh 1991, S. 58–64.

[332] Der sowohl im eigenen wie auch im Drittinteresse handelt; seltener wird ein *fiduciary agent* eingesetzt, der nicht an der Finanzierung beteiligt ist und ausschließlich im Drittinteresse handelt.

ßenverhältnis.[333] Die Vertretungsregelungen ermöglichen insbesondere bei größeren Konsortien überhaupt erst die Darlehensverwaltung.

(4) Zwar wird das Bankenkonsortium beim Außenkonsortium nur durch die Konsortialführerin vertreten. Im Innenverhältnis unterliegt sie aber vielfachen Bindungen. Die Vereinbarungen zwischen den Konsortialbanken regeln detailliert, wie das Konsortium im Innenverhältnis seine Entscheidungen trifft (sogenannte „syndicate democracy"). Dabei werden für die einzelnen Fragen (wie z.B. Erteilung von Zustimmung zu Vertragsabweichungen, Erklärung einer Kündigung) die jeweiligen Entscheidungsmehrheiten festgelegt. Häufig werden einfache Mehrheiten (mehr als 50%), $^2/_3$-Mehrheiten oder Einstimmigkeit bestimmt. Das Erfordernis der Einstimmigkeit sollte auf wenige Fragen beschränkt werden, um die Handlungsfähigkeit des Bankenkonsortiums in kritischen Situationen zu erhalten.

(5) Da das Verhältnis der Banken untereinander nach deutschem Recht ein Gesellschaftsverhältnis darstellt, bedarf ein Gesellschafterwechsel (durch Übertragung des Gesellschaftsanteils nach §§ 413, 398 BGB) grundsätzlich der Zustimmung aller übrigen Gesellschafter. Diese Zustimmung kann bereits vorab im Konsortialvertrag erklärt werden.[334] Der Konsortialvertrag kann auch bestimmen, dass die Zustimmung später erteilt werden kann und dafür ein Mehrheitsbeschluss ausreicht.[335] Gerade bei großen Bankenkonsortien sollte vermieden werden, dass jeder Konsorte einem Gesellschafterwechsel zustimmen muss. Das gesetzliche Leitbild der BGB-Gesellschaft als eines engen personenrechtlichen Zusammenschlusses trifft auf ein kommerzielles Bankenkonsortium nicht zu und muss dementsprechend gesellschaftsvertraglich angepasst werden.

(6) Der Konsortialvertrag wird durch Zweckerreichung beendet (§ 726 BGB), d.h. mit der Abwicklung des Kreditvertrags. Wie bei jedem Dauerschuldverhältnis steht den Konsortialbanken ein außerordentliches Kündigungsrecht bei Vorliegen eines wichtigen Grundes zu (§ 242 BGB).

6.3.4.2 Konsortialkreditvertrag (syndicated loan agreement)

142 Der Konsortialkreditvertrag stellt den Außenvertrag beim Konsortialkredit dar, der das Kreditverhältnis zwischen dem Darlehensnehmer und den Konsortialbanken regelt.

Um zu bestimmen, welche Form der Schuldnermehrheit beim Konsortium vorliegt, ist im **deutschen Recht** zwischen einer „dezentralisierten" einer „zentralisierten" Form des Konsortialkredits zu unterscheiden.[336] Beim **dezentralisierten** Konsortialkredit stellt jede Konsortialbank ihren quotenmäßigen Anteil dem Kreditnehmer unmittelbar zur Verfügung. Dementsprechend handelt es sich um eine Mehrheit rechtlich selbständiger Kreditverträge. Beim **zentralisierten** Konsortialkredit stellt der Konsortialführer dem Kreditnehmer den vollen Kreditbetrag zur Verfügung und fordert im Innenverhältnis von den Mitkonsorten ihre Anteile ein. Es wird deshalb ein einheitlicher Kreditvertrag geschlossen. Der zentrale Konsortialkredit stellt bei Projektfinanzierungen in der Praxis die Regelform dar. Bei ihm wird die gesamtschuldnerische Haftung[337] ausgeschlossen. Die Konsortialbanken gehen teilschuldnerische Verpflichtungen (§ 420 BGB) zur Darlehensgewährung ein.

---

[333] *Triebel/Hodgson/Kellenter/Müller*, a.a.O., Rdnrn. 413f.
[334] *Palandt/Thomas*, BGB, 59. Aufl. 2000, § 719 Rdn. 3.
[335] BGH WM 1961, 303.
[336] *Hadding*, a.a.O., § 87 Rdnrn. 7f., 46f.
[337] Vgl. die Auslegungsregel in § 427 BGB.

Formen der Beteiligung mehrerer Kreditgeber

Hinsichtlich der Frage, in wessen Namen der Darlehensvertrag geschlosen wird, ist **143** beim zentralisierten Kreditkonsortium zwischen dem Außen- und dem Innenkonsortium zu unterscheiden.[338] Beim **Außen**konsortium handelt die führende Bank für das Konsortium und zwar sowohl im eigenen als auch im Namen der übrigen Konsortialbanken, als deren Stellvertreter sie auftritt (§ 164 I, III BGB). Beim Außenkonsortium entsteht somit eine direkte Darlehensbeziehung zwischen dem Darlehensnehmer und jeder einzelnen Konsortialbank. Der Inhalt eines Konsortialkreditvertrags gleicht beim Außenkonsortium dem eines Einzelkreditvertrags. Da Projektdarlehen häufig nicht in einem Betrag gezogen werden und die Konsortialbanken häufig mit unterschiedlichen Beträgen an der Finanzierung teilnehmen, wird die Verpflichtung zur Darlehensgewährung für die einzelne Bank beim Außenkonsortium zumeist durch Angabe eines Höchstbetrags und einer Beteiligungsquote bestimmt. Wenngleich sich die Konsortialbanken mit unterschiedlich hohen Beträgen beteiligen können, treffen die übrigen Bestimmungen des Darlehensvertrags auf alle Konsortialbanken in gleichem Maße zu. Bei einem **Innen**konsortium schließt das führende Kreditinstitut dagegen den Konsortialkreditvertrag ausschließlich im eigenen Namen ab, wenn auch für gemeinsame Rechnung aller Konsorten. Dabei kann weiter zwischen einem offenen und einem verdeckten Innenkonsortium unterschieden werden, je nachdem ob der Darlehensnehmerin das Konsortialverhältnis offengelegt wird oder nicht. Der Vorteil eines Innenkonsortiums wird teilweise darin gesehen, dass der Kreis der Konsorten vor oder nach Abschluss des Konsortialkreditvertrages ohne Zustimmung des Darlehensnehmers verändert werden kann.[339] Gleichwohl wird bei Projektfinanzierungen in der Praxis meist das Außenkonsortium gewählt.

Im **englischen Recht** begründet ein syndicated loan keine several liability,[340] die **144** eine Form der Schuldnermehrheit ist, die der deutschen Teilschuld vergleichbar ist. Vielmehr wird das syndicated loan als eine Reihe selbständiger Darlehen von einzelnen Banken mit der Darlehensnehmerin verstanden (several and separate loans), die jeweils den gleichen vertraglichen Regelungen unterliegen.[341]

6.3.4.3 Sicherheitenpoolvertrag (security trust agreement)

Beim Konsortialkredit teilen sich die Konsortialbanken nicht nur die Rechte und **145** Pflichten aus dem Darlehen an die Projektgesellschaft. Sie wollen gleichzeitig im Umfang ihrer Darlehensquote durch die dinglichen und persönlichen Sicherheiten, die im Zusammenhang mit der Projektfinanzierung bestellt werden, abgesichert werden. Zum Zwecke der einfachen Verwaltung der Sicherheiten werden die Sicherheiten im **deutschen Recht** für die sogenannte Poolführerin bestellt und von dieser für die anderen Banken treuhänderisch gehalten und mitverwaltet. Poolführerin ist zumeist die Konsortialführerin. Teilweise werden die Sicherheiten auch für einen am Konsortium nicht beteiligten Dritten als Treuhänder bestellt;[342] in der deutschen Sicherungspraxis ist dies allerdings wenig gebräuchlich. Das schuldrechtliche Treuhandverhältnis wird durch einen Sicherheitenpoolvertrag begründet und geregelt. Bei diesem Treuhandverhältnis handelt es sich um eine Form der Verwaltungstreuhand oder uneigennützi-

---

[338] Hadding, in: Schimansky/Bunte/Lwowski (Hrsg.), Bankrechts-Handbuch, Bd. II, München 1997, § 87 Rdn. 43.

[339] *Hadding,* a. a. O., § 87 Rdn. 44.

[340] Dazu *Treitel,* An Outline of the Law of Contract, 5. Aufl., London, Dublin, Edinburgh 1995, Chapter 13 1 = S. 228–231.

[341] *Tennekoon,* The Law and Regulation of International Finance, London, Dublin, Edinburgh 1991, S. 45, 59, 101.

[342] Was allerdings nur möglich ist, wenn es sich nicht um akzessorische Sicherheiten handelt; vgl. sogleich im Text.

6. Teil. Projektfinanzierung

gen Treuhand.[343] Der Sicherheitenpoolvertrag wird zwischen der Poolführerin, den Konsortialbanken und der Projektgesellschaft geschlossen.

146 Bei Begründung eines Sicherheitenpools ist im deutschen Recht auf die Unterscheidung zwischen akzessorischen und nichtakzessorischen Sicherheiten zu achten. Akzessorische Sicherheiten (also insbesondere Hypotheken, Pfandrechte und Bürgschaften) müssen zugunsten aller Konsorten in Höhe ihrer jeweiligen Beteiligungsquote bestellt werden, da akzessorische Sicherheiten nur insoweit Bestand haben als dem Sicherungsgläubiger eine Forderung gegenüber dem Forderungsschuldner zusteht (Bestands- und Umfangsakzessorietät). Die Poolführerin kann nicht Inhaberin der Sicherungsrechte zugunsten der Forderungsgläubiger sein, sondern nur die Verwaltung und Verwertung der akzessorischen Sicherungsrechte übernehmen. Akzessorische Sicherheiten werden bei Konsortialkrediten im Zusammenhang mit Projektfinanzierungen selten bestellt. Es werden vielmehr nichtakzessorische Sicherheiten für die Poolführerin (oder einen dritten Treuhänder) bestellt.

147 Im einzelnen enthält der Sicherheitenpoolvertrag folgende Regelungen:
– eine Aufzählung der Sicherheiten, zu deren Bestellung die Projektgesellschaft zugunsten der Poolführerin verpflichtet ist und die dementsprechend im Sicherheitenpool einbezogen sind;
– eine Sicherungsabrede, welche die gesicherten Forderungen bestimmt; diese Sicherungsabrede kann sich auch im Konsortialkreditvertrag finden;[344]
– eine Treuhandabrede, nach der die Poolführerin die Sicherheiten für die Konsorten treuhänderisch mitverwaltet und im Verwertungsfall auch verwertet;
– Bestimmungen über eine Rangordnung für die Verteilung von Verwertungserlösen.
– Der Vertrag wird grundsätzlich auf unbestimmte Zeit geschlossen. Es besteht aber wie bei anderen Dauerschuldverhältnissen ein außerordentliches Kündigungsrecht aus wichtigem Grund (§ 242 BGB).

148 Auch im **englischen Recht** werden die dinglichen Sicherheiten nicht für jede einzelne Konsortialbank bestellt, sondern nur für eine Bank. Diese hält als trustee diese Sicherheiten für die syndicate banks, die beneficiaries der Sicherungsrechte sind. Auch wenn die Sicherungsrechte des englischen Rechts als forderungsgebundene Rechte ausgestaltet sind, ist die Bestellung einer an der Finanzierung beteiligten Bank oder eines Dritten (der selbst keine Darlehensforderung unter dem Kreditvertrag gegenüber der Projektgesellschaft hat, aber Inhaber der Sicherungsrechte ist) als trustee (auch „security agent" genannt) möglich. Eine Unterscheidung zwischen akzessorischen und nicht akzessorischen Sicherungsrechten im Sinne des deutschen Rechts kennt das englische Recht nicht. Bei der deutschen Treuhand erhält der Treuhänder vom Treugeber Dritten gegenüber mehr Rechtsmacht, als er nach dem Zweck des Rechtsgeschäfts benötigt. Das Treugut wird zu vollem dinglichen Recht mit schuldrechtlicher Zweckbindung[345] übertragen. Die Besonderheit des englischen trust ist die Möglichkeit, einen „horizontalen Teilstrich durch den Rechtsinhalt"[346] zu ziehen, indem das dingliche Recht gleichzeitig zwei verschiedenen Personen zugeordnet wird. Während der trustee ein dingliches Recht in law hält, hat der beneficiary eine dingliche Berechtigung in equity.

---

[343] *Baur/Stürner,* Sachenrecht, 17. Aufl., München 1999, § 3 Rdn. 34.
[344] *Hadding,* in: Schimansky/Bunte/Lwowski (Hrsg.), Bankrechts-Handbuch, Bd. II, München 1997, § 87 Rdn. 52.
[345] Dabei kann es beim Sicherungspoolvertrag zu einer doppelten Zweckbindung kommen, einerseits gegenüber dem Sicherungsgeber und andererseits gegenüber den Konsortialbanken.
[346] Zu diesem Begriff *Heck,* Grundriss des Sachenrechts, Tübingen 1930, § 19 5 = S. 74 f.

6.4 Vollständige und teilweise Übertragung von Darlehensrisiken

Im Kapitel 6.3 wurde die Beteiligung mehrerer Kreditgeber für den Fall dargestellt, dass die Bankengruppe zum Zeitpunkt des Abschlusses des Darlehensvertrags bereits feststeht. Teilweise wird allerdings ein Kredit zunächst von einer Bank bzw. einer kleineren Gruppe von Banken[347] gewährt (underwriting) und dann zu einem späteren Zeitpunkt an eine größere Gruppe von Banken ausplatziert. Auch kommt es vor, dass Darlehen von Banken an andere Banken weiterveräußert werden, auch wenn zunächst nicht an eine Ausplatzierung gedacht worden war. Dies kann z.B. aus Gründen der Optimierung eines Darlehensportfolios geschehen. Die Übertragung von Darlehensrisiken kann auf viererlei Weise vorgenommen werden: (1) durch Abtretung bzw. Vertragsübernahme (legal und equitable assignment), (2) Novation (novation), (3) nachträgliche Unterbeteiligung (sub-participation) oder (4) nachträgliche Bildung eines Kreditkonsortiums.[348] Bei der Unterbeteiligung werden keine Rechte und Pflichten auf einen neuen Gläubiger übertragen oder für diesen begründet. Die nachträgliche Unterbeteiligung nach deutschem und englischem Recht weist grundsätzlich keine Besonderheiten gegenüber einer anfänglichen Unterbeteiligung auf.[349] Bei der nachträglichen Bildung eines Kreditkonsortiums müssen gegebenenfalls Darlehensforderungen auf die neuen Konsortialbanken übertragen werden. Dafür werden die im Folgenden beschriebenen Rechtsinstitute genutzt. Für die Regelung der Rechtsverhältnisse im Übrigen gilt das für anfängliche Kreditkonsortien Gesagte entsprechend.

Wenn eine Darlehensforderung von einer Bank übertragen wird, die an einem Kreditkonsortium beteiligt ist, muss daran gedacht werden, dass damit gleichzeitig ein Gesellschaftsanteil übertragen wird.[350] Dieser Übertragung müssen dementsprechend entweder die anderen Gesellschafter zum Zeitpunkt der Übertragung zustimmen oder zu ihr gleich im Konsortialvertrag vorab die Zustimmung erteilen.

6.4.1 Abtretung bzw. Vertragsübernahme (legal und equitable assignment)

Nach **deutschem Recht** kann eine Bank ihre Forderungen auf Rückzahlung des Darlehensbetrags und Zinszahlungen, die sie gegenüber einer Projektgesellschaft hat, ganz oder teilweise an eine andere Bank verkaufen (Rechtskauf) und an eine andere Bank abtreten (§§ 398–410 BGB). Statt einer Forderungsabtretung kann auch eine Vertragsübernahme gemäß § 305 BGB erfolgen, mit der sämtliche Rechte und Pflichten des Kreditgebers aus dem Darlehensvertrag übertragen werden. Diese ist in der Praxis aber selten, da sie die Beteiligung des Kreditnehmers voraussetzt und zwar im Wege eines dreiseitigen Übernahmevertrags, der Zustimmung oder – nach umstrittener Auffassung – der Genehmigung. Durch die Abtretung bzw. Vertragsübernahme

---

[347] Bei einer Bankengruppe wäre dann das Darlehensrisiko durch einen Konsortialkredit oder Unterbeteiligungen aufgeteilt; vgl. oben Kapitel 6.3.

[348] Wirtschaftlich steht den hier geschilderten Formen der Übertragung von Darlehensrisiken die Garantieübernahme z.B. durch eine andere Bank oder eine Versicherung gleich. Neuerdings werden solche Garantien neben der vollständigen Übertragung von Forderungen auf die Einzweckgesellschaft *(Securitisation)* als eine weitere Möglichkeit zur Übertragung von Darlehensrisiken genutzt. Neuerdings sind in der Praxis neben Garantieübernahmen auch Kreditderivate anzutreffen.

[349] Vgl. oben Kapitel 6.3.1, 6.3.3.

[350] Vgl. oben Kapitel 6.3.4.1.

entsteht eine direkte Vertragsbeziehung zwischen der Projektgesellschaft und dem Zessionar bzw. Vertragsübernehmer. Akzessorische Sicherungsrechte gehen zusammen mit der Forderung auf den Zessionar über (§§ 401 I, 1153 I BGB), während nichtakzessorische gesondert nach den jeweiligen Regeln übertragen werden müssen.

152 Nach **englischem Recht** scheidet eine Veräußerung von Rechten aus einem Darlehensvertrag im Wege eines sale aus.[351] Solche Rechte stellen sogenannte „choses in action" dar, die nach section 61 Sale of Goods Act 1979 nicht durch sale übertragen werden können. Rechte aus Darlehensverträgen werden deshalb in der Praxis meist durch Abtretung (assignment) übertragen, wobei zwischen einer strengrechtlichen (legal assignment) und einer billigkeitsrechtlichen Form der Abtretung (equitable assignment) zu unterscheiden ist.[352] Ein legal assignment nach section 136 (1) Law of Property Act 1925 setzt (1) die vollständige Übertragung des gesamten Rechts („absolute"), (2) die Einhaltung der Schriftform und (3) eine ausdrückliche Anzeige an den Schuldner voraus. Insbesondere kann eine Forderung nicht teilweise übertragen werden. Die Übertragung einer Teilforderung kann nur im Wege einer billigkeitsrechtlichen Abtretung erfolgen, die durch Richterrecht geregelt ist. Die billigkeitsrechtliche Abtretung setzt keine vollständige Forderungsübertragung, keine Schriftform und auch keine Anzeige an den Schuldner voraus. Allerdings ist die richterrechtliche Regel aus Dearle v Hall[353] zu beachten, wonach diejenige Abtretung, die dem Schuldner früher angezeigt wurde, einer später angezeigten vorgeht. Obwohl also frühere und spätere Abtretung **wirksam** sind, gehen die Rechte aus einer früher angezeigten Abtretung vor. Deshalb wird natürlich in der Praxis auch eine billigkeitsrechtliche Abtretung dem Schuldner angezeigt. Prozessuale Auswirkung einer billigkeitsrechtlichen Abtretung ist, dass der Zedent gegen den Schuldner nicht im eigenen Namen klagen kann, sondern den Zessionar als Kläger beiziehen muss (joined as plaintiff).[354] Hinsichtlich der bestellten Sicherheiten erweist sich bei einem assignment von Darlehensforderungen die Nützlichkeit der Einschaltung eines Treuhänders (trustee).[355] Bei einem assignment von Darlehensforderungen hält der trustee die Sicherheiten nunmehr zugunsten der neuen Gläubiger, ohne dass es besonderer Rechtsakte bedürfte.

6.4.2 Novation (novation)

153 Eine Begründung von Forderungen für einen neuen Gläubiger ist nach **deutschem Recht** durch Novation auf Grund von § 305 BGB möglich. Dabei verbinden die Parteien die Aufhebung eines Schuldverhältnisses derart mit der Begründung eines neuen Schuldverhältnisses, dass das neue an die Stelle des alten tritt. Bei der kausalen Novation (Schuldumschaffung) ist im Gegensatz zur abstrakten Novation die Entstehung des neuen Schuldverhältnisses vom Bestand der alten Schuld abhängig.[356] Schon wegen des Erlöschens akzessorischer Sicherheiten des deutschen Rechts und der Notwendigkeit, eine Zustimmung des Schuldners herbeiführen zu müssen, ist die Novation bei Projektfinanzierungen kaum anzutreffen.

154 Bei einem transfer by novation nach **englischem Recht** wird mit Zustimmung aller Vertragsparteien der Schuldner aus seinen vertraglichen Verpflichtungen gegenüber

---

[351] Nach englischem Recht wären bei einer Veräußerung übrigens nicht, wie nach deutschem Recht, ein Kaufvertrag und ein davon getrennter, dinglicher Übertragungsvertrag erforderlich; vgl. oben Kapitel 6.2.1.5.3.
[352] Einem *assignment* muss wie einem *sale* kein Kausalvertrag zugrundeliegen.
[353] (1823) 3 Russell 1.
[354] *Goode*, Commercial Law, 2. Aufl., London 1995, 2 9 (i) = S. 53.
[355] Vgl. oben Kapitel 6.3.4.3.
[356] *Palandt/Heinrichs*, BGB, 59. Aufl. 2000, § 305 Rdn. 9.

einem Gläubiger entlassen, wenn er dafür eine erwerbende Bank (buying bank) als seine neue Gläubigerin anerkennt.[357] Die Vertragsbeziehung zwischen veräußernder Bank (selling bank) und Schuldner erlischt. Die novation entspricht damit der Schuldumschaffung des deutschen Rechts. In Clause 24.1 des Multicurrency Term Facility Agreement[358] wird die novation als Möglichkeit des Gläubigerwechsels neben das assignment gestellt. Bei syndicated loans nach englischem Recht erweist sich die einfache novation aber als unpraktisch. Weil im syndicated loan agreement häufig auch Regelungen über das Verhältnis zwischen den syndicate banks enthalten sind,[359] müssen für eine novation sämtliche beteiligten Banken zustimmen.[360] Die einfache novation ist deshalb in der Praxis die Ausnahme geblieben. Um das umfassende Zustimmungserfordernis zu entschärfen, wird die novation in der Praxis mit einem transferable loan certificate (TLC) verbunden.[361] Ein Muster für ein TLC wird als Anhang (schedule) in den Darlehensvertrag mit aufgenommen. Der alte und der neue Darlehensgeber stellen ein TLC aus und legen es der Konsortialführerin oder einer sonstigen Vertreterin des Konsortiums (agent) vor. Das Angebot auf Übertragung eines Darlehens wird von der Konsortialführerin oder dem sonstigen agent angenommen, nachdem diese das Vorliegen der nach dem Darlehensvertrag bestehenden Übertragungsvoraussetzungen geprüft hat.

6.5 Islamic Banking

6.5.1 Islamic Banking als Wachstumsmarkt

Das Islamic Banking gehört zu den interessantesten Wachstumsmärkten im Finanzierungsbereich. **Islamische Banken** bestehen heute nicht nur in den meisten Staaten der islamischen Welt, sondern auch in Europa und den USA. 1996 war ein Vermögen von mehr als 100 Milliarden US Dollar „islamisch korrekt" angelegt[362] und auch große Infrastrukturprojekte werden inzwischen „islamisch" finanziert.[363] **Internationale Banken** haben den Markt für islamische Finanzprodukte entdeckt, wobei 2000 die erste deutsche Bank einen islamischen Fonds aufgelegt hat.[364]

Derzeit (noch) eine Randerscheinung des internationalen Finanzierungsgeschäfts, ist das Islamic Banking ein Markt mit erheblichem Potential: Seit den 1970er Jahren ist in vielen Staaten Nordafrikas, des Nahen Ostens und Südostasiens eine Rückbesinnung auf islamische Prinzipien und Vorstellungen zu beobachten, was sich unter anderem in der Forderung nach einer „islamischen Wirtschaft" artikuliert; gerade öffentliche Auftraggeber verlangen mitunter, dass auch ausländische Kreditgeber und Investoren solchen Anforderungen genügen. Das Islamic Banking entspricht weiter dem Trend hin zu „ethischen" und „ökologischen" Finanzprodukten, die sich mittlerweile gerade in

---

[357] *Tennekoon*, The Law and Regulation of International Finance, London, Dublin, Edinburgh 1991, S. 107, 134 f.
[358] Vgl. Kapitel 6.2.6.1.
[359] S. o. Kapitel 6.3.4.1.
[360] *Tennekoon*, a.a.O., S. 107.
[361] Vgl. auch Clause 24.5 *(Procedure for Transfer)* und Schedule 5 des Multicurrency Term Facility Agreement *(Form of Transfer Certificates)* und zu diesem Mustervertrag oben Kapitel 6.2.6.1; *Tennekoon*, a.a.O., S. 116–119.
[362] Und zwar bei einem Wachstum von 15% p.a.; hierzu *Piazolo*, ZfgK 1997, 122.
[363] Z.B. erfolgte der Großteil der US$ 1,89 Milliarden Finanzierung des *Hub River Project* in Pakistan (1993) durch islamische Banken.
[364] AlSukoor European Equity Fund der Commerz International Capital Management, einer Tochter der Commerzbank. Eine Aufstellung islamischer Fonds findet sich unter http://www.falaika.com/Funds.html.

den USA, aber auch in Deutschland als Nischenprodukte fest etabliert haben. Schließlich weisen islamische Finanzierungen Affinitäten zu Private Equity- und Projektfinanzierungen auf, denn auch sie durchbrechen die strikte Dichotomie von Fremd- und Eigenkapital und beteiligen den Kapitalgeber sehr viel stärker am unternehmerischen Risiko des finanzierten Vorhabens als eine konventionelle Kreditfinanzierung.

6.5.2 Islamisches Recht und Islamische Banken

156 Islamic Banking kann definiert werden als **Banking im Einklang mit den Bestimmungen des islamischen Rechts.** Hintergrund des Islamic Banking ist das islamische Verbot des ribâ, meist übersetzt als **Verbot des „Wuchers"** oder des „Zinses". Das Verbot des ribâ ist an verschiedener Stelle im Koran erwähnt, etwa in Sure II:275: „Gott hat den Kauf erlaubt und den ribâ verboten". Was unter ribâ zu verstehen ist, wird dort allerdings nicht näher definiert und wie das erlaubte Veräußerungsgeschäft vom verbotenen Wucher abzugrenzen ist, war unter den islamischen Juristen der klassischen Zeit umstritten.[365] Auch in der zeitgenössischen islamischen Rechtswissenschaft herrscht in diesem Punkt keine Einigkeit: Während einige Juristen das Verbot des ribâ restriktiv als Wucherverbot i. e. S. (vergleichbar mit § 138 Abs. 2 BGB) verstehen (und marktübliche Zinsen folglich erlaubt sind), umfasst nach überwiegender Auffassung ribâ jede Art von Zins.[366] Diese Auffassung liegt auch dem Islamic Banking zugrunde, das sich gerne als „zinsloses" Banking vom konventionellen, auf Zins beruhenden Banking abgrenzt.[367] Wohl treffender lässt sich das Islamic Banking als **„Profit-Banking"**[368] umschreiben, da dort ein aus Kapital gezogener Gewinn voraussetzt, dass der Kapitalgeber am unternehmerischen Risiko partizipiert: „no profit-sharing without risk-sharing."[369]

157 Der Begriff des Islamic Banking darf *nicht* mit **Banking in der islamischen Welt** gleichgesetzt werden. Seit dem ausgehenden 19. Jahrhundert hat sich dort ein modernes Bankwesen entwickelt und die Mehrzahl der Banken sind konventionelle, auf Zinsbasis arbeitende Institute.[370] Nur vereinzelt wurde in jüngerer Zeit der Versuch unternommen, das gesamte Bankwesen zu „islamisieren" und auf Islamic Banking umzustellen (so etwa im Iran, in Pakistan und im Sudan);[371] überwiegend konkurrieren die islamische Banken mit konventionellen Anbietern. Auch verfügen die meisten Staaten der islamischen Welt über ein modernes System von Recht und Gerichtsverfassung, das aus Europa rezipiert ist und das islamische Recht (mit Ausnahme des Familien- und Erbrechts) ersetzt hat.[372] Die Staaten Nordafrikas und des Nahen Ostens haben ganz überwiegend Kodifikationen des Zivil- und Handelsrechts nach französischem Vorbild erlassen; Pakistan und die Staaten Südostasiens orientieren sich am englischen Common Law.[373]

---

[365] Hierzu *Wichard*, 180 ff.; *Saleh*, 11 ff.
[366] Hierzu *Mallat*, in: ders. (Hrsg.), Islamic Law and Finance, 69 ff.; *Amereller*, 72 ff.
[367] Übersicht bei *Mills/Presley*, 15 ff.
[368] *Vogel/Hayes*, 2.
[369] *Al-Omar/Abdel-Haq*, 12.
[370] Hierzu *Azzam*, The Emerging Arab Capital Markets (1997); *Henry*, The Mediterranean Debt Crescent (1996).
[371] Hierzu *Nienhaus*, in: Ende/Steinbach/Krüger, Der Islam in der Gegenwart, 4. Aufl. (1996), 164, 175 ff.
[372] Die wichtigste Ausnahme ist Saudi Arabien, wo das vermögensrechtliche Privatrecht weiterhin im Grundsatz islamischem Recht unterliegt (auch wenn zahlreiche Spezialmaterien inzwischen durch Gesetz geregelt sind).
[373] Einen instruktiven Überblick bieten die Länderberichte (mit jährlichen Updates) im Yearbook of Islamic and Middle Eastern Law (1994 ff.) sowie *Comair-Obeid*, 121 ff.; *Elwan*, in: Stein-

Das islamische Recht und mit ihm das Verbot des ribâ ist heute so nicht mehr um- **158** fassend staatlich sanktioniert. Zwar lassen sich auch im modernen Recht vereinzelt „Nachwirkungen" des ribâ-Verbotes feststellen. Manche arabischen Zivilgesetzbücher kennen etwa keine Verzugszinsen und beschränken den Gläubiger bei Verzug des Schuldners darauf, den konkreten Verzugsschaden geltend zu machen (so Artt. 360 ff. des jordanischen ZGB und Artt. 386 ff. des ZGB der VAE).[374] Teilweise finden sich auch Bestimmungen, die ein Zinsversprechen im bürgerlich-rechtlichen Darlehensvertrag (Art. 640 des jordanischen ZGB; Art. 714 des ZGB der VAE; Art. 281 des sudanesischen ZGB; Art. 629 des jemenitischen ZGB) oder bei der Lebensversicherung (so Art. 1054 des ZGB der VAE) für unwirksam erklären. Jedoch besteht allgemein die Tendenz, Handelsgeschäfte – einschließlich der Bankgeschäfte – von solchen Restriktionen auszunehmen.[375] Sieht man einmal von Saudi-Arabien und Pakistan[376] ab, handelt es sich beim Verbot des ribâ nicht um eine im internationalen Handelsverkehr zu beachtende, zwingende Bestimmung des staatlichen Rechts.[377]

Gleichwohl befolgen viele gläubige Muslime das Verbot des ribâ weiterhin als **religiöses Gebot**. Auch ohne umfassende staatliche Sanktionierung beeinflussen die Bestimmungen des islamischen Rechts das Verbraucherverhalten, was sich nicht zuletzt an dem Boom islamischer Fonds und anderer Kapitalanlagen zeigt.[378] Des weiteren orientieren sich Entwicklungsbanken mit islamischer Ausrichtung wie die 1975 gegründete Islamic Development Bank (Jeddah) hieran ebenso wie gewichtige öffentliche und private Auftraggeber.

Islamische Banken sind Banken, die ausschließlich Bankgeschäfte in Überein- **159** stimmung mit dem islamischen Recht tätigen (oder dies jedenfalls für sich in Anspruch nehmen). Die erste islamische Bank i. e. S. wurde 1963 in Mit Ghamr, einer Kleinstadt im ägyptischen Nildelta gegründet.[379] Ziel der „zinslosen Sparkasse" war es, für Kleinsparer eine der ländlichen Kultur angepasste, „islamisch erlaubte" Art der Kapitalanlage zur Verfügung zu stellen und so in Bar- und Sachwerten gehortetes Kapital zu mobilisieren. Heute beschränkt sich das Islamic Banking jedoch längst nicht mehr auf entwicklungspolitisch motivierte Kleinkreditinstitute nach dem Vorbild der deutschen Raiffeisenbanken. Als eine Folge des Ölreichtums entstanden seit den 1970er Jahren in den Golfstaaten große islamische Geschäftsbanken, die auch auf dem Gebiet der Export- und Projektfinanzierung sowie im Asset Management tätig sind.[380] Diese Institute treten in zunehmendem Maße auch auf den internationalen Kapitalmärkten in Erscheinung, etwa als Kapitalgeber bei Leasing-Finanzierungen.[381] Zu den wich-

---

bach/Robert (Hrsg.), Der Nahe und Mittlere Osten (1988) Bd. 1, 221 ff.; *Krüger,* Recht van de Islam 14 (1997), 67 ff.

[374] Die jordanische Rechtsprechung versteht diese Bestimmungen allerdings nicht im Sinne eines Zinsverbotes i. e. S. (Nachweise bei *Krüger,* IPRax 2000, 435, 438 [Anm. 28]).

[375] Bankgeschäfte werden – wie im französischen Recht – stets als Handelsgeschäfte *(fonds de commerce)* qualifiziert und die Handelsgesetzbücher enthalten keine Zinsverbote. Hierzu *Amereller,* 133 ff.; *Bälz,* RabelsZ 62 (1998), 437, 415; *Comair-Obeid,* 164 ff.; *Elwan,* Festschr. Serick (1992), 57, 82 ff.; *Krüger,* Recht van de Islam 14 (1997), 67, 80 ff.

[376] Mit Urteil vom 23. Dezember 1999 hat der *Supreme Court of Pakistan* Zinsen, gleich welcher Art und welchen Rechtsgrundes, für unzulässig erklärt. Der Gesetzgeber hat bis zum 30. Juni 2001 sämtliche Zinsbestimmungen aufzuheben (IFLR, März 2000, 25 ff.).

[377] Zu weitgehend daher *Berger,* in: Herrmann/Berger/Wackerbarth (Hrsg.), Deutsches und Internationales Bank- und Wirtschaftsrecht im Wandel (1997) 322.

[378] Vgl. *Siddiqi,* The Middle East, Heft Juni 1999, 33.

[379] Hierzu *Najjar,* Zinslose Sparkassen, 2. Aufl. (1982).

[380] Überblick bei *Ray,* 8 ff.; *Beaugé,* in: ders. (Hrsg.) 15 ff.; *Al-Omar/Abdel-Haq,* 34 ff.

[381] In jüngster Zeit hat beispielsweise der islamische Leasingfonds der United Bank of Kuwait (mit Sitz in den USA) Vorhaben von General Motors, IBM, Daewoo und Alcatel finanziert.

tigsten islamischen Banken neuen Typs gehören der Dar al-Mal al-Islami Trust, ein 1981 auf den Bahamas gegründeter Finanzkonzern mit Sitz in Genf, und die Dalla al-Baraka Gruppe, gegründet 1982 in Jeddah. Zudem haben auch konventionelle Banken islamische Tochterunternehmen gegründet oder islamische Finanzprodukte in ihre Angebotspalette aufgenommen, unter ihnen auch namhafte internationale Banken. So kann man mit Recht von einer Internationalisierung des Islamic Banking sprechen.[382]

6.5.3 Islamische Finanzierungen

160 Die modernen islamischen Finanzierungsverträge sind das **Produkt der Kautelarpraxis** der islamischen Banken. Mittlerweile gibt es zwar in manchen Staaten auch Gesetze nach Art des malayischen Islamic Banking Act (1983),[383] die sich aber im wesentlichen auf das Aufsichtsrecht beschränken. Grundlage der islamischen Finanzierungsverträge sind Vertragstypen des klassischen islamischen Rechts, die jedoch fortentwickelt und an die Anforderungen des modernen Wirtschaftsverkehrs angepasst werden. Das Drafting orientiert sich in Aufbau und Stil meist an angloamerikanischen Vorbildern, die allgemein die Dokumentation internationaler Finanzierungen beherrschen.

6.5.3.1 Strukturierung und Rechtswahl

161 Die Strukturierung islamischer Finanzierungen hat gleichermaßen ökonomischen, rechtlichen und religiösen Anforderungen Rechnung zu tragen: Die islamischen Banken konkurrieren in den meisten Märkten mit konventionellen Banken, weshalb die Strukturierung in ökonomischer Hinsicht mit konventionellen Finanzierungen **wettbewerbsfähig** sein muss. Des weiteren ist auch in den islamischen Staaten das Vertragsrecht ebenso wie das Gesellschafts-, Bank- und Kapitalmarktrecht gesetzlich geregelt. So müssen die Vertragsgestaltungen auch den **Anforderungen des staatlichen Rechts** genügen. Endlich müssen die von den islamischen Banken getätigten Geschäfte im Einklang mit den Bestimmungen des islamischen Rechts stehen. Hierüber wacht regelmäßig ein **Shari'a Supervisory Board** der Bank, eine Art Beirat von islamischen Gelehrten, die die islamische Erlaubtheit der von der Bank getätigten Geschäfte überprüfen und im Geschäftsbericht durch einen Prüfvermerk bestätigen.[384]

162 Die Zielsetzung der islamischen Banken, Bankgeschäfte im Einklang mit dem islamischen Recht zu tätigen, kann gerade im internationalen Privatrecht Probleme aufwerfen. Zwar wählen auch die islamischen Banken bei ihren internationalen Verträgen oft das Recht eines bestimmten Staates.[385] In diesem Fall wirft die **Rechtswahl** keine besonderen Probleme auf. Doch finden sich in der Kautelarpraxis auch Rechtswahlklauseln, nach denen der Vertrag den „principles of the Islamic Shari'a" oder schlicht **„Islamic Law"** unterliegt. In diesen Klauseln wird nicht auf das Recht eines bestimmten Staates bezug genommen, sie unterstellen den Vertrag vielmehr dem nichtstaatlichen islamischen Recht. In der Schiedsgerichtsbarkeit dürfte eine dahingehende Rechtswahl wirksam sein, da § 1051 Abs. 1 S. 2 ZPO von der „Bezeichnung des Rechts oder der Rechtsordnung eines bestimmten Staates" spricht, was auch die Wahl

---

[382] In diesem Sinne *Roser*, 32 ff.
[383] Hierzu *Klötzel*, 381 ff.
[384] Vgl. *Vogel/Hayes*, 49 f.
[385] Verbreitet ist die Wahl englischen Rechts.

nichtstaatlicher Regelwerke (etwa der UNIDROIT-Prinzipien) gestatten soll.[386] Für die staatliche Gerichtsbarkeit hingegen lehnt die herrschende Meinung eine Wahl nichtstaatlichen Rechts ab. Art. 27 Abs. 1 EGBGB sei auf nationalstaatliche Rechtsordnungen zugeschnitten und kenne keine Verweisung auf transnationale Rechtsgrundsätze oder andere private Regelwerke.[387] Der Vertrag unterliegt in diesem Fall dem nach Art. 28 EGBGB im Wege der objektiven Anknüpfung zu ermittelnden Vertragsstatut und die Wahl nichtstaatlichen Rechts steht einer sog. materiellrechtlichen Verweisung auf ein privates Regelwerk gleich (etwa auf „die VOB" oder „die FIDIC-Bedingungen"). Der Vertrag ist dann insoweit nach islamischem Recht auszulegen und zu ergänzen, wie dies nicht den zwingenden Bestimmungen des Vertragsstatus widerspricht.[388]

Im Streitfall sind die „Bestimmungen des islamischen Recht" allerdings nur mit erheblichem Aufwand und kaum zweifelsfrei zu ermitteln, da das Islamische Recht aus verschiedenen Rechtsschulen[389] besteht, viele Einzelfragen unter den islamischen Juristen umstritten sind und Rechtsprechung auch zu Grundsatzfragen islamischer Finanzierungen fehlt.[390] Daher sollte in jedem Fall versucht werden, eine Wahl „islamischen Rechts" – ob als kollisionsrechtliche Rechtswahl oder als materiellrechtliche Verweisung – zu vermeiden. Ist dies nicht möglich, sollte schon im Vertrag ein **Schiedsgericht** oder **Schiedsgutachter** benannt werden, dessen Auslegung des islamischen Rechts die Parteien im Streitfall als verbindlich anerkennen.

Eine Klassifizierung der islamischen Finanzierungsmodelle kann sich entweder an den Kategorien des klassischen islamischen Rechts orientieren, die den Verträgen ihre Namen gegeben haben, oder aber an der ökonomischen Funktion, die sie heute erfüllen. Um den Bedürfnissen der Praxis entgegenzukommen, liegt dieser Darstellung der zweite Ansatz zugrunde und knüpft an die im konventionellen Finanzierungsgeschäft übliche Terminologie an. Dabei ist allerdings zu beachten, dass islamische Finanzierungen rechtlich mitunter ganz anders strukturiert sind: es handelt sich nicht um bloße Umgehungsgeschäfte, mit denen das Verbot des ribā umgangen wird, sondern um **alternative Finanzierungsformen mit eigenen Risiken.** Der Zielsetzung des Handbuches entsprechend beschränkt sich die Darstellung auf Finanzierungen und klammert islamische Kapitalanlagen, insbesondere Investmentfonds und Lebensversicherungen aus.

6.5.3.2 Exportfinanzierung: murâbaha

Die Exportfinanzierung macht ca. 80% des Islamic Banking aus und ist so der wichtigste Geschäftsbereich.[391] Grundlage der islamischen Exportfinanzierung ist die murâbaha (engl. „mark-up sale"), deutsch meist etwas sperrig mit „Kauf mit Wiederkauf

---

[386] *Baumbach/Lauterbach/Albers/Hartmann-Albers,* § 1051 ZPO Rdn. 2; *Zöller-Geimer,* § 1051 ZPO Rdn. 3; *Lachmann,* Handbuch für die Schiedspraxis Rdn. 439.

[387] *Von Bar,* Internationales PrivatR Bd. 1, Rdn. 104 f.; *Reithmann/Martiny,* Internationales Vertragsrecht Rdn. 62 (am Ende); MünchKomm-*Sonnenberger,* Einl. IPR Rdn. 153; *Erman-Hohloch* Art. 27 EGBGB Rdn. 9.

[388] Eine solche materiellrechtliche Verweisung auf die Bestimmungen des islamischen Rechts ist im übrigen aus dem Familienrecht bekannt, und zwar bei islamischen Eheverträgen, die deutschem Recht unterliegen. Aus jüngerer Zeit etwa BGH, NJW 1999, 574 f. und BayObLG, StAZ 1999, 108 ff.

[389] Die vier wichtigsten Rechtsschulen des sunnitischen Islam sind die hanafitische, schafiitische, hanbalitische und malikitische.

[390] Malaysche Gerichte haben sich jedoch in jüngerer Zeit mehrfach mit islamischen Finanzierungen befasst; vgl. *Klötzel,* 385 und 387.

[391] *Vogel/Hayes,* 135.

unter Gewinnangabe" übersetzt. Die murâbaha ist ein anerkannter Vertrag des klassischen islamischen Rechts[392] und besteht aus **zwei miteinander verbundenen Kaufverträgen:** Ein „Zwischenhändler" kauft ein Wirtschaftsgut beim Verkäufer (Exporteur) und verkauft es mit einem offengelegten „Aufschlag" an den Käufer (Importeur) weiter. Dabei ist der Kaufpreis im ersten Kaufvertrag sofort fällig, während der Kaufpreis im zweiten Kaufvertrages gestundet ist; der Aufschlag vergütet die Finanzierung durch den Zwischenhändler (heute in der Regel eine Bank). Die murâbaha erfüllt so die Funktion einer kurzfristigen Handelsfinanzierung, die nicht gegen das Verbot des ribâ verstößt, da die Bank ein Wirtschaftsgut und keinen Kredit zur Verfügung stellt.

Im Vergleich zu einer herkömmlichen Exportfinanzierung mittels Akkreditiv birgt eine murâbaha-Finanzierung für die Bank allerdings ungleich höhere Risiken, da Grundgeschäft und Finanzierung nicht voneinander getrennt sind. Die Bank handelt mit Waren, für die sie selbst keine Verwendung hat und mit denen sie sich im Regelfall auch nicht auskennt.

165 Um die Risiken der finanzierenden Bank zu minimieren, ist in der Praxis eine **Vertragsgestaltung** üblich, bei der die Risikoverteilung so weit als möglich der Akkreditivfinanzierung angenähert wird und die aus einem Kaufauftrag und zwei Kaufverträgen besteht:[393] (i) Kaufauftrag: Der Käufer erteilt der Bank einen „verbindlichen Kaufauftrag" über ein bestimmtes Warenkontingent. Für den Fall der Nichtabnahme verpflichtet sich der Käufer zur Zahlung eines Reugeldes.[394] (ii) Kaufvertrag 1: Die Bank kauft die Waren beim Verkäufer. Der Verkäufer verfrachtet die Waren und die Bank zahlt bei Vorlage der Dokumente den Kaufpreis. (iii) Kaufvertrag 2: Die Bank verkauft ihrerseits die Waren an den Käufer. Im Vertrag wird die Gewährleistung der Bank ausgeschlossen und vereinbart, dass der Käufer die Transportgefahr trägt. Im Gegenzug dafür tritt die Bank dem Käufer ihre Gewährleistungsansprüche gegen den Verkäufer ab. Der Anspruch der Bank gegen den Käufer auf Zahlung des Kaupreises wird meist bis zum Erhalt der Waren gestundet (mitunter aber auch bis zu zwei Jahre darüber hinaus).

166 Wenig geklärt ist die sachenrechtliche Abwicklung der murâbaha. Bei einem internationalen Sachverhalt ist zu beachten, dass der Eigentumserwerb nicht dem Vertragsstatut unterliegt, sondern dem Belegenheitsort der Sache (Art. 43 EGBGB). Nach islamischem Recht ist erforderlich, dass die Bank vorübergehend Eigentum und Besitz an den Waren erwirbt. Denn hier gilt der Grundsatz, dass niemand verkaufen darf, was er nicht hat;[395] die Praxis des Islamic Banking sieht über dieses Erfordernis allerdings mitunter hinweg. Unterliegt der Eigentumserwerb deutschem Recht, wird es – wie beim Streckengeschäft[396] – gleichwohl zu einem **Zwischenerwerb der Bank** kommen. Möchte man das Risiko der Bank weitestgehend reduzieren, so bietet sich an, den Zwischenerwerb auf eine „juristische Sekunde" zu beschränken und die Waren gegen die Risiken des Transports zu versichern. Dabei ist allerdings zu berücksichtigen,

---

[392] *Wichard*, 260 ff.; *Saleh*, 117 ff.
[393] Vgl. *Vogel/Hayes*, 241 ff.; *Ray*, 45 ff.; *Saeed*, 77 ff.
[394] Eine derartige Bestimmung ist anzuraten, da nach islamischem Recht fraglich ist, ob der Kaufauftrag den Käufer auch dazu verpflichtet, den Kaufvertrag 2 abzuschließen und die Waren abzunehmen. Unterliegt der Kaufauftrag deutschem Recht, so begegnet die Bindungswirkung eines einseitigen Versprechens zwar keinen grundsätzlichen Bedenken. Allerdings könnte ein Käufer, der „es sich anders überlegt hat" argumentieren, es handele sich um eine *islamische* Finanzierung und nach islamischem Recht verpflichte ein derartiger Kaufauftrag nur die Bank (wofür sich Argumente anführen lassen). Bei einer Auslegung des Kaufauftrages im Lichte islamischer Prinzipien fehle so der Rechtsbindungswille.
[395] Vgl. *Wichard*, 170.
[396] *Palandt/Bassenge*, § 929 Rdn. 20; *Münchener Kommentar/Quack*, § 929 BGB Rdn. 146 f.

dass die kommerzielle Versicherung nach in der im islamischen Recht überwiegenden Ansicht unzulässig ist, es also fraglich ist, inwieweit sie bei einer islamischen Finanzierung eingesetzt werden kann. Inzwischen gibt es jedoch auch islamische Formen der „kooperativen Versicherung" (takâful), die hierfür in Anspruch genommen werden können.[397]

6.5.3.3 Private Equity: mushâraka

Die Beteiligungsfinanzierung im Wege des **Profit and Loss Sharing (PLS)** ist der Idee nach das Rückgrat des Islamic Banking. Dessen ungeachtet macht sie derzeit nur ca. 10% des islamischen Bankgeschäfts aus. Rechtliche Grundlage des PLS ist insbesondere die mushâraka, worunter im klassischen islamischen Recht schlicht die Gesellschaft (im Sinne der §§ 705 ff. BGB) verstanden wurde.[398] Heute hat sich dieser Begriff für islamische Private Equity Transaktionen eingebürgert:[399] Die Bank beteiligt sich auf Zeit an einem bestimmten Unternehmen oder Vorhaben und erhält hierfür einen prozentual festgelegten Anteil am Gewinn. Die Rolle der Bank beschränkt sich dabei auf die eines Kapitalgebers und ihre Haftung ist auf die Einlage beschränkt; an der Geschäftsführung nimmt sie nicht teil, meist hat die Bank jedoch weitreichende Kontrollrechte. 167

Der Grundtyp der mushâraka-Finanzierung entspricht dem Gedanken der Venture Capital-Finanzierung, es finden sich jedoch auch Formen, die einer konventionellen Kreditfinanzierung recht nahe kommen, insbesondere die „diminishing mushâraka".[400] Bei dieser mushâraka wird vereinbart, dass der Unternehmer oder Initiator die Beteiligung der Bank in jährlichen „Raten" zu einem im Voraus bestimmten Preis zurückerwirbt. Regelmäßig sichert hier eine von dritter Seite gestellte Garantie die Rückerwerbsverpflichtung ab, mitunter einschließlich eines bestimmten Mindestgewinns. Ob diese Vertragsgestaltung dem islamischen Recht entspricht, ist umstritten, da in diesem Fall die Bank am unternehmerischen Risiko des finanzierten Vorhabens gerade nicht wie ein Eigenkapitalgeber teilnimmt.[401] Aus Sicht des deutschen Gesellschaftsrechts ist bei einer solchen Gestaltung weiter zu beachten, dass der Erwerb eigener Anteile durch oder mit Mitteln der Gesellschaft nur unter Einschränkungen zulässig ist (§ 33 GmbHG; §§ 71 ff. AktG). 168

Der geringe Umfang der mushâraka-Finanzierungen wird meist auf die wenigen hierfür geeigneten Vorhaben zurück geführt. Handelt es sich um eine echte Beteiligung am unternehmerischen Risiko, setzt dies auf Seiten der Bank eine genaue Kenntnis von Branche und Vorhaben voraus. Mit dem Vordringen von Private Equity- und Projektfinanzierungen in den kontinentaleuropäischen Märkten dürften sich jedoch gerade hier interessante Geschäftsfelder für islamische Banken auftun. **Startup-Finanzierungen** in der New Economy sind für islamische orientierte Kapitalgeber gerade deshalb geeignet, da Vorhaben in der Technologie- und Computerbranche nicht gegen islamische Verbote verstoßen, weshalb sie auch bevorzugte Anlageschwerpunkte islamischer Fonds sind.[402] Zudem lässt sich eine **Projektfinanzierung i. e. S.** auch als 169

---

[397] Hierzu ausführlich *Bälz*, Versicherungsvertragsrecht, 56 ff.
[398] Zum klassischen islamischen Gesellschaftsrecht *Udovitch*, Partnership and Profit in Medieval Islam (1970).
[399] Vgl. *Ray*, 62 ff.; *Saeed*, 62 ff.
[400] Hierzu *Ray*, 66 ff.; *Saeed*, 63 ff.
[401] Vgl. *Saeed*, 64.
[402] Ein islamischer Fonds kann nicht in ein islamisch unzulässiges Vorhaben (Alkohol, Schweinefleisch, Wucher und Spekulationn etc.) investieren. Damit scheiden viele Branchen aus (etwa Brauereien, Hotelketten und Fluggesellschaften, die Alkohol ausschenken, Banken und Versicherungen, der Großteil der Film- und Unterhaltungsindustrie).

mushâraka strukturieren, indem sich die islamische Bank zunächst an der Projektgesellschaft beteiligt und ihre Beteiligung nach Fertigstellung aus dem cash flow des Vorhabens wie bei einer diminishing mushâraka abgelöst wird. Bei Projekten in Ländern der Dritten Welt wird als Vorteil der mushâraka-Finanzierung angeführt, dass eine gesellschaftsrechtliche Beteiligung dem Kapitalgeber weitergehende Kontrollrechte vermittelt als die Covenants eines Darlehensvertrages und so die Projektrisiken besser zu kontrollieren sind. Manche Autoren gehen sogar so weit, in der mushâraka einen Ansatz zur Lösung der globalen Verschuldungskrise zu sehen, da eine eigenkapitalmäßige Beteiligung das Interesse des Kapitalgebers an einer nachhaltigen Entwicklung forciere.[403]

6.5.3.4 Leasing: ijâra

170 Ijâra bezeichnet im klassischen islamischen Recht die Sach- und Tätigkeitsmiete.[404] Im Islamic Banking wird der Begriff meist Synonym mit Leasing verwendet (bei dem es sich ja auch nach deutscher h. M. um eine Erscheinungsform der Miete handelt).[405] Die ijâra kommt in der Form des **Operatingleasing** und des **Finanzierungsleasing** vor; manche Verträge enthalten auch eine Kaufoption des Leasingnehmers bei Ende der Vertragsdauer (sog. ijâra wa iqtinâ').[406] Nicht abschließend geklärt ist allerdings, ob die für den Leasingvertrag charakteristische Freizeichnung des Leasinggebers den Bestimmungen des islamischen Rechts entspricht. Hier sprechen Argumente dafür, dass ein solcher Gewährleistungsausschluss mit der ijâra klassischen Typs nicht zu vereinbaren ist. Denn das klassische islamische Recht kannte keine Typen- und Inhaltsfreiheit von Schuldverträgen im heutigen Sinn. Ein Vertrag ist im Grundsatz nur dann wirksam, wenn er einem der anerkannten Typenverträge entspricht,[407] was immer dann Probleme aufwirft, wenn bestimmte Regelungen (etwa die Gewährleistung) abbedungen oder modifiziert werden. Jedoch besteht im heutigen islamischen Vertragsrecht ganz überwiegend die Tendenz, den starren schuldrechtlichen Typenzwang aufzugeben;[408] in der Praxis des Islamic Banking scheint die Freizeichnung des Leasinggebers keinen Einwanden zu begegnen.[409]

171 Die Bedeutung der ijâra im Islamic Banking ist derzeit gering, dies jedoch zu Unrecht: Die ijâra erlaubt einer islamischen Bank, in international üblicher Form **Kapital für Investitionsgüter** zur Verfügung zu stellen und hierbei die von ihr verwalteten Einlagen in islamisch zulässiger Weise zu reinvestieren. Als Kapitalsammelstelle kann dabei ein sog. **mudâraba-Fonds** zwischengeschaltet werden, wie er auf Grundlage des klassischen mudâraba-Vertrages entwickelt worden ist.[410] Die mudâraba (commenda) ist ein Vertrag des klassischen Islamischen Rechts, der der Kapitalaufbringung im Fernhandel diente. Bei der mudâraba überließ ein Anleger einem Kaufmann Kapital zur Durchführung einer Handelsfahrt. Nach deren Abschluss erhielt der Anleger seine Einlage mitsamt einem quotenmäßig festgelegten Anteil am Gewinn zurück, der Rest stand dem Kaufmann zu. Dieser Vertrag, der in seiner klassischen Ausprägung einer stillen Gesellschaft im Sinne des § 230 HGB ähnlich ist, dient heute als Grundlage für islamische Investmentfonds. Statt des reisen-

---

[403] I. d. S. etwa *Wabnitz*, ZfgK 1986, 14 ff.
[404] Vgl. *Schacht*, An Introduction to Islamic Law (1964), 154 f.
[405] *Palandt/Putzo*, Einf v § 535 Rdn. 28 m. N.
[406] *Vogel/Hayes*, 142.
[407] Hierzu *Wichard*, 231 ff.
[408] Vgl. *Bälz*, Versicherungsvertragsrecht, 47 f.
[409] Vgl. *Al-Omar/Abdel-Haq*, 14, unter Hinweis auf die Leasingbedingungen der Islamic Development Bank.
[410] Hierzu *Vogel*, 130 ff.; *Ray*, 73 ff.; *Bälz*, WM 1999, 2444.

den Kaufmannes verwaltet nun eine (häufig off-shore gegründete) Kapitalanlagegesellschaft die Einlagen nach dem Prinzip der Risikomischung. Diese werden in einem Sondervermögen zusammengefasst und in der Form von Investmentzertifikaten verbrieft und sind, anders als eine klassische mudâraba-Beteiligung, auch übertragbar.

6.5.3.5 Projektfinanzierung: istisnâ'

Für eine Projektfinanzierung i.e.S., bei der der Schuldendienst eines ökonomisch und rechtlich verselbständigten Vorhabens aus dem cash flow erbracht wird, ohne dass ein (voller) Rückgriff auf seine Initiatoren möglich ist, bietet sich zunächst eine mushâraka an **(Rdn. 15)**. In der Praxis der islamischen Banken findet sich jedoch auch eine weitere Strukturierung auf Grundlage des istisnâ' („Werklieferungsvertrag"), die u.a. bei der **Immobilien- und Flugzeugfinanzierung** eingesetzt wird. Der istisnâ' ist ein Vertrag des klassischen islamischen Rechts, durch den sich ein Werkunternehmer verpflichtet, aus eigenem Material ein Werk zu erstellen.[411] Dabei werden auch der Bau- und Anlagenvertrag (nach deutschem Verständnis Erscheinungsformen des Werkvertrages)[412] als Art des istisnâ' angesehen. Die istisnâ'-Finanzierung beruht auf **zwei hintereinandergeschalteten Werk(lieferungs)verträgen**[413] und ist ähnlich wie eine murâbaha strukturiert. Der Besteller schließt mit der Bank einen istisnâ' über die Errichtung eines bestimmten Projekts. Die Bank wiederum schließt (als Generalunternehmer) einen weiteren istisnâ' mit einem Werkunternehmer, der das Projekt durchführt. Während der Werklohn im Vertrag zwischen Besteller und Bank gestundet wird (etwa bis zur Inbetriebnahme der Anlage), ist der Werklohn im Vertrag zwischen Unternehmer und Bank bereits früher fällig (etwa nach Baufortschritt). Der Werklohn im Vertrag zwischen Besteller und Bank enthält dafür einen Aufschlag, der die Finanzierung des Projektes durch die Bank vergütet.

172

Die istisnâ'-Finanzierung ist aus mehreren Gründen für die Bank mit erheblichen **Risiken** verbunden, die im Wege der Vertragsgestaltung weit schwieriger in den Griff zu bekommen sind als bei der murâbaha. So kann nach einer Ansicht, die im klassischen islamischen Recht verbreitet war, der Besteller beim istisnâ' bis zur Fertigstellung des Werkes jederzeit vom Vertrag abstehen,[414] und zwar ohne dass er der Bank auch nur eine Teilvergütung schuldet (wie dies § 649 Satz 2 BGB für eine Kündigung durch den Besteller vorsieht). In der Praxis des Islamic Banking scheint sich jedoch die Gegenansicht durchgesetzt zu haben, wonach der istisnâ' von Anfang an ein bindender Vertrag ist.[415] Auch kann sich die Bank hiergegen wie bei der murâbaha durch ein Reugeld absichern **(Rdn. 11)**. Schwerer wiegt, dass die Bank als Generalunternehmer sämtliche Risiken des Projektes bis zur Abnahme trägt, insbesondere das Fertigstellungsrisiko. Zwar ist der Kreditgeber auch bei einer konventionellen Projektfinanzierung am unternehmerischen Risiko des Vorhabens beteiligt. Doch übernimmt dort regelmäßig der Initiator eine Fertigstellungsgarantie, wodurch die Risiken der Bauphase auf andere Beteiligte abgewälzt werden.[416] Die Verpflichtung des Werkunternehmers gegenüber der Bank sollte bei der isitisnâ'-Finanzierung daher in jedem Fall durch eine Erfüllungsgarantie gesichert werden. Sieht der Vertrag zwischen Werk-

173

---

[411] Hierzu *Wichard*, 237 ff.
[412] *Münchener Kommentar/Soergel*, § 631 BGB, Rdn. 23 und 72.
[413] Vgl. *Vogel/Hayes*, 279 ff.
[414] Dies, da auch hier der Werkunternehmer nach islamischer Vorstellung über eine Sache verfügt, an der er weder Eigentum noch Besitz hat, da er sie erst noch erstellen muss (zum klassischen Recht *Wichard*, 240).
[415] *Vogel/Hayes*, 147.
[416] *Reuter/Wecker*, Projektfinanzierung (1999) 63.

unternehmer und Bank eine Abnahme nach Baufortschritt vor, so sollte der Besteller zudem an ihr (selbst oder durch seinen Consulting Ingenieur) beteiligt werden und sie auch im Verhältnis zwischen sich und der Bank als verbindlich anerkennen. Anzustreben ist ferner, die Risiken aus dem Vertrag zwischen Besteller und Bank so weit als möglich im Wege einer „Als-ob-Klausel" an den Werkunternehmer „durchzustellen", wie dies bei stillen Konsortien verbreitet ist.[417] Endlich ist zu erwägen, Mangelgewährleistungsansprüche des Bestellers gegen die Bank nach Abnahme auszuschließen und dem Besteller die Mangelgewährleistungsansprüche der Bank gegen den Unternehmer abzutreten.

---

[417] Hierzu *Nicklisch,* BB 1999, 326 f.: Bei der konventionellen „Als-ob-Klausel" hat der Subunternehmer seinen Vertrag mit dem Generalunternehmer so zu erfüllen, als ob er selbst aufgrund des Generalunternehmervertrages gegenüber dem Besteller verpflichtet wäre.

7. Teil. Garantien und Sicherungsrechte im Projektgeschäft

Übersicht	Rdn.
7.1. Überblick	1
7.2. Rechtliche Sicherungstypen	5
7.2.1 Bürgschaft	5
7.2.2 Garantie	15
7.2.3 Patronatserklärung	23
7.3. Wichtige Klauseln in Garantien und Bürgschaften	24
7.4. Öffentliche Garantien/Bürgschaften	33

Schrifttum: *Bertrams*, Bank Guarantees in International Trade, Deventer 1990; *von Hagemeister/ Bültmann*, Konflikte von Sicherungsinstrumenten und Eigenkapitalersatz bei Projektfinanzierungen durch Banken, WM 1997, 548 ff; *Horn* in Staudinger, Kommentar zum BGB (1997) Vorbem zu §§ 765 ff; *Lettl*, Akzessiorität contra Sicherungszweck — Rechtsfragen bei der Gestaltung von Bürgschaftserklärungen –, WM 2000, S. 1316 ff.; *Nielsen*, Bankgarantien bei Außenhandelsgeschäften, in: Schimansky/Bunte/Lwowski (Hrsg.), Bankrechts-Handbuch, München 1997, § 121; *ders.*, Internationale Bankgarantie, Akkreditiv und anglo-amerikanisches Standby nach Inkrafttreten der ISP 98, WM 1999, 2005 ff.

7.1 Überblick

Garantie und Bürgschaften wie andere Sicherungen bedeuten eine Verlagerung von 1
Risiken des Projekts auf Personen, die nicht unmittelbar an der Durchführung des Projekts beteiligt sind. Sie erlauben dem Sicherungsgeber eine finanzielle Beteiligung an dem Projekt, ohne an der Durchführung selbst teilnehmen zu müssen. Anders als bei der Finanzierung durch Darlehen oder Eigenkapital erlauben solche Sicherungsrechte eine Investition ohne unmittelbare bilanzielle Auswirkung beim Sicherungsgeber, wenn auch in der Regel ein **Bilanzvermerk** erforderlich sein wird (§ 251 HGB).[1]

Mit die häufigsten Garantiegeber beim Projektgeschäft sind die **Sponsoren**, die 2
meist einen Projektträger gründen, der nicht über ausreichend Kapital und Kreditbonität für die Durchführung verfügt.[2] Um ihm die Finanzierungs- und Vertragsabschlussmöglichkeiten zu eröffnen, die das Projekt erfordert, stellt die Muttergesellschaft als Sponsor Garantien zur Verfügung. Das geschieht regelmäßig nicht für sämtliche Verpflichtungen des Projektträgers – das würde den einen wesentlichen Zweck des eigenständigen Projektträgers, die Isolierung von Risiken, verfehlen – aber für begrenzte Bestandteile des Risikos. Dazu gehören beispielsweise Fertigstellungsgarantien, mit denen der Sponsor die Einhaltung des als solchem von den Darlehens- und Kapitalgebern finanzierten Geschäftsplans sichert. Diese Garantie ist zwar regelmäßig nicht betragsmäßig begrenzt, wohl aber zeitlich, weil sie mit der Abnahme des Projekts ein Ende findet, so dass der Sponsor neue Projekte in gleicher Weise übernehmen kann.

---

[1] Vgl. Kap. 13.4.5.
[2] Vgl. Kap. 4.

3 Ist die Bonität des Sponsors nicht ausreichend, um die mit den Projekt verbundenen Risiken adäquat abzusichern, müssen **dritte Beteiligte** zur Besicherung herangezogen werden. Grundsätzlich jeder Projektbeteiligter kommt für eine solche Sicherstellung in Betracht, denn jeder von ihnen ist auf seine Weise an der Durchführung des Projekts interessiert. Das schließt auch und vor allem die Lieferanten ein, die auf diesem Weg ihren Absatz fördern, sowie die Abnehmer der Produkte des fertigen Projekts, deren Geschäft davon abhängen mag. Schließlich gehören dazu indirekt interessierte, wie insbesondere die öffentliche Hand und internationale Institutionen zur Entwicklungs- und Investitionsförderung.

4 Selbst ein Garantiegeber mag nicht die von den Beteiligten für notwendig gehaltene Bonität aufweisen, so dass die Garantie mit **Sicherungen** in Form von Verpfändungen, Sicherungsübereignungen und anderen Sicherungswerten unterlegt werden muss. Obwohl derartige klassische Sicherungsmittel des Bankgeschäfts auch unmittelbar die Projektrisiken besichern könnten, ist es im Projektgeschäft üblich, das Instrument einer Garantie oder Bürgschaft zwischenzuschalten.

Natürlich gehören auch im Projektgeschäft klassische Bürgschafts- und Garantietypen zu dem eingesetzten Repertoire der **Finanzierung,** das sind vor allem alle klassischen Bankgarantien und -bürgschaften, einschließlich und insbesondere Bietungs-, Anzahlungs- und Fertigstellungsgarantien, daneben gibt es selbständige Garantien des Werkunternehmers.[3]

7.2 Rechtliche Sicherungstypen

7.2.1 Bürgschaft

5 Wiewohl im deutschem Recht die Grundform des Einstehens für die Verpflichtungen Dritter (§ 765 BGB), ist die Bürgschaft in ihrer reinen Form im internationalen Projektgeschäft wenig gebräuchlich. Sie stellt eine **akzessorische Sicherheit** dar. Der Bürge haftet für die Erfüllung der Verbindlichkeit wie der Hauptschuldner und kann, wenn er sich nicht selbstschuldnerisch verbürgt hat, erst nach dem Hauptschuldner in Anspruch genommen werden (§ 773 BGB).

6 Ihr Gebrauch im internationalen Geschäft wird schon dadurch erschwert, dass die vorherrschende **Vertragssprache Englisch** und die angelsächsischen Rechtsordnungen ein unmittelbar vergleichbares Institut nicht kennen. Es ist daher bei Anwendung deutschen Rechts dringend zu empfehlen, den in der englischen Sprache verwendeten Begriff durch Bezugnahme auf § 765 BGB oder Hinzufügung des deutschen Wortes „Bürgschaft" unmissverständlich zu kennzeichnen, wenn eine Bürgschaft vereinbart werden soll.

7 Gerade in dem akzessorischen Charakter der Bürgschaft deutschen Rechts kann auch je nach Interessenlage der Beteiligten ihr wesentlicher Vorteil liegen. Es sind die Missbrauchsmöglichkeiten, die mit der typischerweise auf erstes Anforderung zahlbaren Garantie verbunden sind, von vorneherein weitgehend abgeschnitten.

8 Die Akzessorietät bewahrt die Bürgschaft in einem allerdings begrenzten Ausmaß auch dann, wenn sie als Bürgschaft **auf erstes Anfordern** übernommen wird.[4] Zwar muss dann – ebenso wie bei der Garantie auf erste Anforderung – ohne Nachweis des Bestehens der Hauptschuld gezahlt werden. Immerhin ist aber die gesicherte Partei zur Rückzahlung verpflichtet, wenn sie das Bestehen der Hauptschuld nicht beweisen kann.[5] Bei formularmäßig abgefassten Verträgen, die dem AGB-Gesetz unterliegen

---

[3] Vgl. Kap. 9.8.1.3.
[4] Ausführlich Staudinger/*Horn* (1997) Vorbem 25 ff zu §§ 765 ff.
[5] Münchner Kommentar/*Habersack,* § 765 BGB Rdn. 99.

können, muss die Rechtsprechung zur möglichen Unwirksamkeit dieser Verpflichtungsform berücksichtigt werden.[6]

Eine wichtige und allgemein übliche Lockerung der Akzessiorität ist der Verzicht auf die Einrede der Vorausklage (§ 771 BGB), einfacher ausgedrückt, indem eine **selbstschuldnerische Bürgschaft** übernommen wird. Im Englischen ist das Letztere nur schwer unzweideutig zu übersetzen und sollte daher durch Beifügung des deutschen Wortes oder Verweis auf § 773 I 1 BGB erläutert werden. 9

Wegen der Abhängigkeit der Verpflichtung von der Hauptschuld ist besonderes Augenmerk darauf zu richten, dass beide nach einheitlichen und zuverlässigen Maßstäben beurteilt werden. Nicht nur die Bürgschaft selber muss einer vom Sicherungsnehmer als vertrauenswürdig eingeschätzten **Rechtsordnung** und **Gerichtsbarkeit** unterstellt sein, sondern auch die verbürgte Hauptforderung. Für den Sicherungsgeber und dessen Auftraggeber ist wichtig, die Einheitlichkeit der Entscheidung unter beiden Vertragsverhältnissen sicherzustellen. Bei divergierenden Gerichtsbarkeiten sollte eine der Interventionswirkung von § 68 ZPO vergleichbare Grundlage nötigenfalls vertraglich vereinbart werden.[7] 10

Da der Bürgschaftsgeber in aller Regel nicht unbegrenzt das Risiko des Projekts übernehmen möchte, sind die Begrenzungen von Umfang, Betrag und zeitlicher Wirkung wesentlich. Sollen nur **sachlich abgegrenzte Risiken** verbürgt werden, bedarf es genauer Abstimmung mit den der Hauptschuld zugrundeliegenden Vereinbarungen, um diese genau und gleichzeitig vollständig in der Bürgschaft zu identifizieren. 11

Andere als der Projektsponsor, zuweilen auch dieser, werden grundsätzlich nur bis zu einem **Höchstbetrag** bürgen wollen. Dabei liegt es im Interesse des Bürgen, den Höchstbetrag auch für Kosten und Zinsen gelten zu lassen – so jedenfalls ist es banküblich.[8] Der Gesicherte muss mindestens einen Höchstbetrag verlangen, der alle Kosten und Zinsen eines Verzugs des Hauptschuldners einbezieht. Das gilt allemal für diejenigen, die bei einer unterstellten zeitigen Inanspruchnahme der Bürgschaft nicht identisch sind mit denjenigen Zinsen und Kosten, die der Bürge selbst zusätzlich zum Höchstbetrag schuldet, wenn er mit der Leistung aus der Bürgschaft in Verzug gerät. 12

Die **zeitliche Begrenzung** der Bürgschaft ist in allen Fällen besonders wichtig, in denen der Bürge eine Vergütung für die Stellung der Bürgschaft erhält, denn nur dann ist ein eindeutig definiertes zeitliches Ende dieser Vergütungspflicht sichergestellt. Aber auch die Sicherungsgeber, insbesondere Banken, legen Wert auf klare zeitliche Grenzen, da deren Bücher und Bilanz von der übernommenen Bürgschaftsverpflichtung zu einem definierten Zeitpunkt wieder befreit werden sollen. 13

Trotz ihrer Akzessiorität kann die Bürgschaft auch für **bedingte und künftige Forderungen** bestellt werden (§ 765 II BGB), solange diese nur überhaupt bestimmbar sind.[9] 14

7.2.2 Garantie

Die im BGB als solche nicht vorgesehene Garantie ist in der Praxis vor allem des internationalen Projektgeschäfts die wichtigste Sicherungsform. Es handelt sich um einen einseitig verpflichtenden **Vertrag eigener Art** nach § 305 BGB. Durch ihn 15

---

[6] Vgl. Staudinger/*Horn* (1997) Vorbem 25 zu §§ 765 ff; unbedenklich im Individualvertrag, jedenfalls für eine im internationalen Wirtschaftsverkehr tätige Aktiengesellschaft: BGH WM 1997, 656/658 f.

[7] Vgl. Kap. 8.

[8] Staudinger/*Horn* (1997) Vorbem 40 zu §§ 765 ff.

[9] *BGHZ* 25, 318 f.

7. Teil. Garantien und Sicherungsrechte im Projektgeschäft

verpflichtet sich der Garant, den Garantienehmer bei Eintritt des Garantiefalls so zu stellen, als ob der ins Auge gefasste Erfolg eingetreten oder der Schaden nicht entstanden wäre.[10]

Die Hauptleistungspflicht des Garanten besteht also im **Schadensersatz**, ohne dass es auf Verschulden oder Unmöglichkeit ankäme. Dabei gelten alle wesentlichen Grundsätze des Schadensersatzrechtes.[11]

16 Die Garantie ist **nicht akzessorisch**, hängt also nicht von der Wirksamkeit einer Verpflichtung des Hauptschuldners ab, denselben Erfolg herbeizuführen.[12] Die im internationalen Verkehr gebräuchlichen Garantietexte, die aus dem angelsächsischen Rechtskreis kommen, halten in wortreichen Klauseln ausdrücklich die Unabhängigkeit der Garantieverpflichtung von Wirksamkeit und Bestand der Hauptverpflichtung fest, ohne dass dies nach deutschem Recht erforderlich wäre. Freilich wird der garantierte Erfolg meist so formuliert, dass eine enge Beziehung zur gesicherten Verpflichtung besteht.

17 Wird der Vertrag in **englischer Sprache** abgeschlossen, ist auch hier eine Klarstellung der Bedeutung des Begriffs „Guarantee" dringend empfehlenswert, will man nicht Auslegungsunsicherheiten darüber in Kauf nehmen, ob – bei einem deutschem Recht unterliegenden Vertrag – Bürgschaft oder Garantie im Sinne des deutschen Rechts gemeint sind. Empfehlenswert ist daher die Beifügung des deutschen Wortes „Garantie", oder in geeigneten Worten die Beschreibung eines selbstständigen Versprechens für den Eintritt des Erfolges, möglicherweise unter Hinweis auf § 305 BGB.

18 Die mangelnde Akzessorietät führt dazu, dass die Rechte aus der Garantie anders als bei der Bürgschaft (§ 401 BGB) im Falle der **Abtretung** der gesicherten Hauptforderung nicht Kraft Gesetzes auf den neuen Gläubiger übergehen.[13] Dies bedarf gesonderter Vereinbarung, die allerdings in geeigneter Form in der Garantievereinbarung vorweggenommen werden kann.

19 Große Bedeutung hat die Garantie **auf erste Anforderung,** die je nach Bonität des Garantiegebers daraus eine Sicherung macht, die einem Bargelddepot vergleichbar ist, ohne dass der Garantiegeber tatsächlich Barmittel einsetzen müsste.[14] Auch hier muss eine mögliche Unwirksamkeit in Formularverträgen in Betracht gezogen werden.[15] Je nach Formulierung muss der Garantienehmer zur Herbeiführung der Garantieverpflichtung entweder nur zur Zahlung auffordern oder das Bestehen der Garantievoraussetzungen darlegen. In der Praxis wird versucht, eine gewisse „Hemmschwelle" gegenüber einem Missbrauch dieses Instruments einzurichten, indem die Darlegung bestimmter sachlicher Voraussetzungen zusammen mit der Zahlungsanforderung verlangt wird, zum Beispiel die mangelnde Erfüllung einer bestimmten Verpflichtung. Auch in solchen Fällen bedarf jedoch die Inanspruchnahme nicht mehr als dieser Behauptung,[16] und außer im Falle entsprechender Vereinbarung keiner wörtlichen Wiederholung der vorgesehenen Voraussetzungen.[17]

---

[10] Münchner Kommentar/*Habersack*, vor § 765 Rdn. 13; ausführliche Darstellung bei Staudinger/*Horn* (1997). Vorbem 194 ff zu §§ 765 ff; *Schmitz*, in: *Schimansky/Bunte/Lwowski*, Bankrechts-Handbuch, § 92.
[11] Münchner Kommentar/*Habersack*, Vor § 765 BGB Rdn. 14.
[12] Staudinger/*Horn* (1997) Vorbem 196 zu §§ 765 ff.
[13] Münchner Kommentar/*Habersack*, Vor § 765 BGB Rdn. 18.
[14] Ausführlich Staudinger/*Horn* (1997) Vorbem 231 zu §§ 765 ff; vgl. *Kupisch*, Die Bankgarantie auf erstes Anfordern im Dickicht des modernen Bereicherungsrechts, WM 1999, 2381 ff.
[15] Staudinger/*Horn* (1997) Vorbem 232 zu §§ 765 ff.
[16] Münchner Kommentar/*Habersack*, Vor § 765 BGB Rdn. 25 mit *Canaris*, Bankvertragsrecht, Rdn. 1130.
[17] BGH WM 1997, 656/660.

In geeigneten Fällen kann auf die von der Internationalen Handelskammer (ICC) 20
herausgegebenen **Einheitlichen Richtlinien für auf Anfordern zahlbare Garantien** oder andere internationale Regelwerke verwiesen werden.[18]

Begrenzungen pflegt die Garantie der Höhe und der Zeit nach zu enthalten. Da 21
die Garantieverpflichtung nicht vom Bestand der Hauptforderung abhängt und daher nicht durch deren Begrenzungen bestimmt wird, sind diese Festlegungen für den Garantiegeber und dessen Auftraggeber essentiell und unverzichtbar.

Dem **Missbrauch** der Garantie auf erste Anforderung kann nur begegnet werden, 22
wenn rechtzeitig vor Inanspruchnahme gerichtliche Hilfe erlangt werden kann.[19] Das ist nach deutschem Recht nur bei Offensichtlichkeit oder Vorlage liquider Beweismittel möglich, aus denen sich der Missbrauch ergibt.[20] Ansonsten sind der Garantiegeber und (indirekt) dessen Auftraggeber auf den Rückforderungsanspruch verwiesen.[21] Deshalb sollte eine Garantie auf erstes Anfordern nur zugestanden werden, wenn der Garantienehmer vertrauens- und kreditwürdig ist und wenn zuverlässige Durchsetzungsmöglichkeiten für den Rückforderungsanspruch bestehen. Der Vereinbarung von anwendbarem Recht und Gerichtsbarkeit kommt daher besonders große Bedeutung zu.

7.2.3 Patronatserklärung

Die Patronatserklärung ist ebenfalls nicht im BGB geregelt, aber als Vertrag eigener 23
Art nach § 305 BGB zulässig.[22] Mit ihr sucht im Projektgeschäft der Sponsor den Gläubigern der Projektgesellschaft das Zutrauen in die Erfüllungsfähigkeit der Projektgesellschaft zu verschaffen. Ob es sich um unverbindliche „weiche" oder bis zur Garantieähnlichkeit verpflichtende „harte" Patronatserklärungen handelt, ist anhand des Wortlauts zu bestimmen, wobei sich weitgehend akzeptierte Standardformulierungen herausgebildet haben. Da die harte Patronatserklärung, die allein Sicherungswert hat, ebenso wie Bürgschaft und Garantie eines Bilanzvermerks nach §§ 251, 340a) HBG bedarf,[23] ist für den Garantiegeber damit gegenüber klareren Sicherungsformen wenig gewonnen, während die zu sichernden Parteien den bei aller Standardisierung schwierigen Auslegungsfragen gegenüberstehen. Im internationalen Projektgeschäft mit ihrer Vielzahl von Beteiligten, einschließlich der Notwendigkeit, die Darlehensfinanzierung syndizierbar zu gestalten, wird diese Sicherungsform die Ausnahme bleiben. Ebenso wie die Bürgschaft setzt die Patronatserklärung den Bestand der zu sichernden Hauptforderung voraus, ist also akzessorisch und verlangt in aller Regel ein Vorgehen gegenüber dem Hauptschuldner, bevor der Patron in Anspruch genommen wird, wenn überhaupt ein eigener unmittelbarer Zahlungsanspruch besteht,[24] stellt also eine deutlich schlechtere Sicherheit als die Bürgschaft selbst in ihrer gesetzlichen Normalform dar.

---

[18] Staudinger/*Horn* (1997) Vorbem 295 zu §§ 765 ff; vgl. *Nielsen* (s. Schrifttumsübersicht) WM 1999, 2005 ff; *Hasse*, Die Einheitlichen Richtlinien, WM 1993, 1985 ff.

[19] Vgl. *Edelmann*, Blockierung der Inanspruchnahme einer direkten Auslandsgarantie, DB 1998, 2453.

[20] *Nielsen* in *Schimansky/Bunte/Lwowski*, Bankrechts-Handbuch, § 121 Rdn. 173.

[21] Staudinger/*Horn* (1997) Vorbem 345 ff zu §§ 765 ff; Münchner Kommentar/*Habersack*, Vor § 765 BGB Rdn. 30.

[22] Zur Patronatserklärung allgemein *Michalsky*, Die Patronatserklärung, WM 1994, 1229; Staudinger/*Horn* (1997) Vorbem 405 zu §§ 765 ff; Münchner Kommentar/*Habersack*, Vor § 765 BGB Rdn. 44 ff.; *Schütze*, Münchner Vertragshandbuch, 4. Aufl. 1998, Bd. 3, III 25 ff.

[23] Münchner Kommentar/*Habersack*, Vor § 765 BGB Rdn. 46; vgl. Kap. 13.4.5.

[24] Münchner Kommentar/*Habersack*, Vor § 765 BGB Rdn. 46, 47; vgl. *Schäfer*, Die harte Patronatserklärung – vergebliches Streben nach Sicherheit?, WM 1999, 153.

7.3 Wichtige Klauseln in Garantien und Bürgschaften

24   Unter deutschem Recht bedarf weder Bürgschaft noch Garantie eines umfangreichen Vertragstextes. Der **Inhalt** des Versprechens – Bürgschaft oder Garantie – muss klar zum Ausdruck kommen (vgl. Rdn. 6 und 17). Beide benötigen den unzweideutigen **Verweis** auf die gesicherte Hauptforderung bzw. den garantierten Erfolg, vorzugsweise durch konkrete Bezugnahme auf die Vereinbarung, die verbürgt bzw. deren erstrebter Erfolg garantiert werden soll. Bei der Garantie muss trotz dieses Verweises klar bleiben, dass die Leistungspflicht abstrakt und unabhängig vom Hauptgeschäft besteht. Soweit gewollt, werden **Höchstbetrag** (Rdn. 12) und **Befristung** (Rdn. 13) festgelegt.

25   Die Bürgschaft enthält normalerweise den Verzicht auf die Einrede der **Vorausklage** (§ 771 BGB),[25] vor allem bei Banken an sich überflüssig (§ 349 HGB), oft auch auf diejenigen der **Anfechtbarkeit** und **Aufrechenbarkeit** (§ 770 BGB). Ist der Sicherungsgeber ein anderer als der Sponsor, insbesondere eine Bank, wird er im Verhältnis zu anderen Kredit- und Sicherungsgebern Wert darauf legen, bei Leistung aus der Bürgschaft vollständig in die Position des Hauptschuldners einzurücken (**Forderungsübergang**) und daher § 774 I 2 BGB auszuschließen. Der Forderungsübergang muss für die Garantie ausdrücklich vereinbart werden, weil § 774 BGB insgesamt auf die Garantie nicht entsprechend angewendet wird.[26]

26   Soll die Bürgschaft oder Garantie **auf erstes Anfordern** zahlbar sein, ist festzulegen, welchen Inhalt die Anforderung haben muss, insbesondere, ob bestimmte tatbestandsmäßige Voraussetzungen dargelegt, vielleicht sogar durch geeignete Dokumente belegt werden müssen, um die Zahlungspflicht auszulösen.

27   Dass die Garantie **unwiderruflich** ist, versteht sich nach deutschem Recht von selbst,[27] wird aber im internationalen Geschäft in der Regel ausdrücklich gesagt.

28   Bei der Garantie empfiehlt sich klarzustellen, wenn dies gewollt ist, dass **politische Risiken** mitgarantiert werden, Leistung also auch dann zu erfolgen hat, wenn diejenige des Hauptschuldners aus Gründen höherer Gewalt aufgehoben, unmöglich oder gar verboten ist. Um die Garantieleistung selbst soweit möglich dem betreffenden hoheitlichen Zugriff zu entziehen, empfiehlt sich nötigenfalls zu vereinbaren, in welcher Währung und an welchem Ort zu leisten ist, nämlich vorzugsweise in der Währung und an dem Ort des Sicherungsnehmers.[28]

29   Die Folge von **Änderung** oder **Substitution** der **Hauptforderung** ist zu regeln, insbesondere also die Frage, ob und in welchem Umfang solche Zustimmungen oder Substitutionen ohne Zustimmung des Bürgen oder Garantiegebers möglich sein sollen, und welche Folgen **Verfügungen** des Gläubigers in Bezug auf die Hauptforderung haben. Das gilt insbesondere bei der Garantie, denn beispielsweise § 776 BGB – zur Sicherheitenaufgabe – ist nach herrschender Meinung nicht entsprechend auf die Garantie anwendbar.[29] Dasselbe gilt für den Übergang der Rechte aus der Garantie bei **Abtretung** der Hauptforderung (vgl. Rdn. 18).

30   **Schriftformklauseln** sind wünschenswert, weil ansonsten bei Kaufleuten sowohl Bürgschaft (§ 350 HGB) wie Garantie[30] formlos geändert werden könnten. Sind Garantiegeber und Sicherungsnehmer in unterschiedlichen Staaten ansässig, kann sich eine

---

[25] Vgl. Rdn. 9.
[26] Münchner Kommentar/*Habersack*, Vor § 765 BGB Rdn. 16.
[27] Vgl. *Schütze*, Münchner Vertragshandbuch, 4. Aufl. 1998, Bd. 3, III 19 Anm. 4.
[28] Damit nicht ausgeschlossen ist natürlich ein hoheitlicher Eingriff auf den Garantiegeber selbst an dessen Sitz.
[29] Vgl. *Habersack* a. a. O. (Fn 26).
[30] Vgl. *Habersack* a. a. O. (Fn 26).

Steuerklausel empfehlen, wonach bei etwaigen Steuereinbehalten oder -abzügen um soviel mehr gezahlt werden muss, dass der Sicherungsnehmer den geschuldeten Betrag effektiv erhält *(grossing up)*.

In der Bankpraxis vielfach routinemäßig verwendete **Hinterlegungsklauseln,** wonach sich Bürgschafts- oder Garantiegeber durch Hinterlegung von seiner Verpflichtung befreien kann, sind generell, im Projektgeschäft ganz besonders von zweifelhafter Berechtigung und unklarer Bedeutung, bei der Zahlungsgarantie auf erste Anforderung mit deren Wesen unvereinbar.[31] 31

Selbstverständlich müssen **anwendbares Recht** und **Gerichtsbarkeit** geregelt werden (Rdn. 10, 22).[32] 32

7.4 Öffentliche Garantien/Bürgschaften

Vor allem in staatswirtschaftlich geprägten Projektländern der dritten Welt stellt die 33 Garantie der Regierung des Projektlandes ein verbreitetes Sicherungsmittel dar, dessen Wert aber durch unzureichende Durchsetzungsmöglichkeiten deutlich begrenzt wird, zumal die Regierungen oft nicht bereit sind, andere als die eigene Rechtsordnung und Gerichtsbarkeit zu akzeptieren. Eine Verstärkung kann dieses Sicherungsmittel durch die Einbeziehung der internationalen Entwicklungsbanken des Weltbanksystems erfahren, denen über Cross-Default-Klauseln in den Entwicklungskrediten und informelle Einflussnahmen bessere Durchsetzungsmöglichkeiten zur Verfügung stehen.

Aber auch die öffentliche Hand der Industrieländer und die internationalen Finanzinstitutionen bieten Förderungen durch Bürgschaften und Garantien.[33]

Für Deutschland wichtigste Form ist die sog. **Hermes-Deckung**, die vom Bund 34 übernommene Ausfuhrkreditversicherung in Form von Garantien und Bürgschaften,[34] deren Rechtsnatur allerdings unklar ist und unabhängig von der Bezeichnung eher einer Bürgschaft ähnelt.[35] Versichert wird, je nach Deckungsform, die Uneinbringlichkeit einer Forderung aus wirtschaftlichen und/oder politischen Gründen. Unter anderen kann hiermit das Risiko der missbräuchlichen Inanspruchnahme sonstiger Garantien gedeckt werden. Der Standard-Selbstbehalt beläuft sich auf 10% für politische und 15% für wirtschaftliche Risiken; gelegentlich unternommene Versuche, durch getrennte Finanzierungen diesen Selbstbehalt anders als durch Eigenmittel des Exporteurs aufzubringen, gefährden den Bestand der gesamten Deckung und sind deswegen auch im Interesse der Kreditgeber sorgfältig zu vermeiden. Bei Projektfinanzierungen wird in der Regel die Einholung eines Wirtschaftlichkeitsgutachten verlangt.[36]

Wegen ihrer Beschränkung auf die Deckung des politischen Risikos im Anlageland 35 weniger bedeutend, im Projektgeschäft aber zunehmend benutzter[37] Sicherungsbestandteil sind die Garantien des Bundes für Kapitalanlagen im Ausland **(Investitions-**

---

[31] Vgl. *Schütze,* a. a. O. (Fn 27) Anm. 12; *Blesch,* in: *Hopt,* Hrsg., Vertrags- und Formularbuch, 2. Aufl. 2000, Form VI.L.22.6.

[32] Vgl. Kap. 8.

[33] Für Deutschland ausführlich Staudinger/*Horn* (1997) Vorbem 82 ff zu §§ 765 ff; *Janus,* in: Schimansky/Bunte/Lwowski, Bankrechts-Handbuch, § 121 Rdn. 173; zur möglichen Nichtigkeit vor dem EG-Beihilfeverbot *Tollmann,* WM 2000, 2030 ff.

[34] Vgl. Kap. 4.1.12.2; dazu Staudinger/*Horn* (1997) Vorbem 439 ff zu §§ 765 ff; *Masberg,* in: *Hohmann/John,* Ausfuhrrecht, 2000, Teil VI.

[35] Staudinger/*Horn* (1997) Vorbem 445 zu §§ 765 ff.

[36] Nicht veröffentlichte Auskunft des Bundesministeriums für Wirtschaft und Technologie vom 10. 1. 2000.

[37] Laut Bericht des Bundeswirtschaftsministers an den Deutschen Bundestag vom 10. 2. 1998 waren mit diesem Instrument seit 1993 Großprojekte mit insg. DM 5,3 Mrd. realisiert worden.

garantien).[38] Dafür kommen auch beteiligungsähnliche Darlehen[39] und in bestimmten Fällen Bankdarlehen[40] in Betracht. Voraussetzung ist, dass sich das betreffende Unternehmen mit der Erzeugung, Gewinnung oder dem Vertrieb von Gütern oder Beförderungsleistungen befasst. Wird die Garantie gewährt, so sind davon in den Richtlinien genau umschriebene politische Risiken abgedeckt, bei deren Eintritt der Bund bis zum vorgesehenen Höchstbetrag den Verlust ersetzt.[41] Es muss eine Selbstbeteiligung von mindestens 5% vorgesehen sein, die nicht anderweitig gedeckt werden darf.

In politisch motivierten Fällen, insbesondere zur Förderung der deutschen Rohstoffversorgung, gibt es **Gewährleistungen für ungebundene Finanzkredite,** die für ein bestimmtes Projekt, aber nicht im Zusammenhang mit deutschen Lieferungen gegeben werden.[42]

---

[38] Letzte Neufassung vom 7. 10. 1993, veröffentlicht in WM 1994 S. 41 ff.
[39] Ziffer II 2 c) der Richtlinien (Fn 38).
[40] Bericht des Bundeswirtschaftsministers an den Deutschen Bundestag vom 10. 2. 1998, S. 1 f., 14.
[41] Ziff. III der Richtlinien (Fn 38).
[42] Bericht des Bundeswirtschaftsministers an den Deutschen Bundestag vom 10. 2. 1998, S. 18 ff.

8. Teil. Vorsorge für ausreichenden Rechtsschutz im Konfliktfall

Übersicht

	Rdn.
Vorbemerkung	1
8.1 Keine besondere Rechtswegvereinbarung: Zuständig staatliches Gericht	3
8.1.1 Vor- und Nachteile der staatlichen Gerichtsbarkeit in Deutschland	4
8.1.1.1 Keine freie Auswahl der Prozessbevollmächtigten	6
8.1.1.2 Kein Einfluss auf die Auswahl des staatlichen Richters	7
8.1.1.3 Kein Einfluss auf den Ablauf des Gerichtsverfahrens	8
8.1.1.4 Keine erschöpfende mündliche Verhandlung	9
8.1.1.5 Nur eingeschränkte Vergleichsmöglichkeiten	10
8.1.1.6 Störung zukünftiger Kooperation der Beteiligten	12
8.1.1.7 Hoher Streitwert = Hohe Kosten	13
8.1.2 Mindestinhalt im Vertrag: Gerichtsstandvereinbarung	14
8.1.3 Nachteile bei einer Gerichtsstandsvereinbarung mit einer ausländischen Partei	16
8.1.4 Vollstreckung staatlicher Urteile im Ausland nicht problemlos	18
8.1.5 Zwischenergebnis: Gerichtsstandvereinbarung nicht empfehlenswert	19
8.1.6 Ausschluss ausländischer Gerichtsstände durch völkerrechtliche Investionsschutzabkommen	20
8.2 Geeignete Rechtsschutzform: Nationale und internationale Schiedsgerichtsbarkeit	23
8.2.1 Vorteile der Schiedsgerichtsbarkeit	24
8.2.1.1 Freie Auswahl der Verfahrensbevollmächtigten	24
8.2.1.2 Freiheit bei der Bildung des Schiedsgerichts	26
8.2.1.3 Parteiherrschaft über die Durchführung des Schiedsverfahrens	28
8.2.1.4 Vereinbarungen über die Kosten des Schiedsverfahrens	30
8.2.1.5 Ausführliche mündliche Verhandlung vor dem Schiedsgericht	32
8.2.1.6 Bessere Chancen für den Abschluss eines Vergleichs	33
8.2.1.7 Vollstreckung von Schiedssprüchen ist weltweit gesichert	35
8.2.1.8 Wahlmöglichkeit für einstweiligen Rechtsschutz durch staatliches Gericht oder durch Schiedsgericht	36
8.2.2 Zustimmung des Versicherers zu Schiedsvereinbarung und/oder Schiedsinstitution notwendig oder empfehlenswert	38
8.2.3 Ad hoc-Schiedsgericht oder institutionelles Schiedsgericht	39
8.2.3.1 Entscheidung für ein ad hoc-Schiedsverfahrens	43
8.2.3.2 Entscheidung für die institutionelle Schiedsgerichtsbarkeit	44
8.2.3.3 Vorteile der institutionellen Schiedsgerichtsbarkeit	47
8.2.4 Auswahl einer Schiedsgerichtsinstitution	52
8.2.4.1 Deutsche Institution für Schiedsgerichtsbarkeit e. V. – DIS	53
8.2.4.2 ICC-International Court of Arbitration	54
8.2.4.3 The London Court of International Arbitration – LCIA	59
8.2.4.4 The International Centre for Settlement of Investment Disputes – ICSID –	60

8. Teil. Vorsorge für ausreichenden Rechtsschutz im Konfliktfall

	Rdn.
8.2.4.5 Rechtsschutz durch die multilaterale Investitions-Garantie-Agentur (MIGA)	62
8.2.5 Nacheinanderschaltung von Schlichtungsverfahren/Mediation und Schiedsverfahren möglich	64
8.3 Inhalt einer Schiedsvereinbarung	67
8.3.1 Die Schiedsvereinbarung muss umfassend sein	69
8.3.2 Anzahl der Schiedsrichter	70
8.3.3 Bestimmung des „Sitzes" für das Schiedsgericht	71
8.3.4 Sprache des Schiedsverfahrens	73
8.3.5 Festlegung des materiellen Rechts	74
8.3.6 Kostenregelung	75
8.3.7 Kein Ausschluss der Anfechtbarkeit	76
8.4 Musterklauseln	77
8.4.1 Muster einer Rechtswahl- und Gerichtsstandsvereinbarung	77
8.4.2 Muster für eine ad hoc-Schiedsklausel	78
8.4.2.1 Deutsche Fassung	78
8.4.2.2 Englischer Fassung	79
8.4.3 Musterklauseln der Schiedsgerichtsinstitutionen	80
8.4.3.1 Musterklausel der DIS:	81
8.4.3.2 Musterklausel der ICC:	83
8.4.3.3 Musterschiedsklausel des LCIA:	85
8.4.3.4 Musterklauseln der ICSID	86
8.4.4 Muster für vorgeschaltete Schlichtungsverfahren	88
8.4.4.1 Vorgeschaltete ad hoc Schlichtungsvereinbarung (deutsche Fassung)	88
8.4.4.2 Vorgeschaltete ad hoc Schlichtungsvereinbarung (englische Fassung)	89
8.4.4.3 Vorgeschaltete ICC-Schlichtung (deutsche Fassung)	90
8.4.4.4 Vorgeschaltete ICC-Schlichtung (englische Fassung)	91

Schrifttum: *Broches*, Commentary on the UNCITRAL Model Law in: International Handbook on Commercial Arbitration Bd. IV, Kluwer Law International 2000; *Bülow/Böckstiegel/Geimer/Schütze*, Der Internationale Rechtsverkehr, 4. Aufl., 1998; *Geimer*, Internationales Zivilprozessrecht, 2. Aufl., 1993; *IBA-Working Party*, Commentary on the New IBA-Rules of Evidence in International Commercial Arbitration, Business Law International, 2000, S. 14 ff; *Kropholler*, Europäisches Zivilprozessrecht, 6. Aufl., 1998; *Lachmann*, Handbuch für die Schiedsgerichtspraxis, 1998; *Lionnet*, Handbuch der internationalen und nationalen Schiedsgerichtsbarkeit 1996; *Nicklisch* (Hrsg./Ed.), Der komplexe Langzeitvertrag 1987; *Parra*, Provisions on the Settlement of Investment Disputes in Modern Investment Law, Bilateral Investment Treaties and Multi-Lateral Instruments on Investment, ICSID-Review-FILJ 1997, S. 287 ff.; *Raeschke-Kessler/Berger*, Recht und Praxis des Schiedsverfahrens, 3. Aufl., 1999; *Redfern/Hunter*, Law and Practice of International Commercial Arbitration, 3. Aufl., London 1999; *Michael E. Schneider*, Combining Arbitration with Conciliation, ICCA Congress Series 1998, Nr. 8, S. 57 ff.; *Schwab/Walther*, Schiedsgerichtsbarkeit, 6. Aufl., 2000; *Shihata/Parra*, The Experience of the International Centre for Settlement of Investment Disputes, ICSID Review-FILJ, 1999, S. 299; *Zöller/Bearbeiter*, ZPO, 21. Aufl. 1999.

Vorbemerkung

1   Kaufleute und Techniker sind ihrer Natur nach Optimisten und vermögen sich bei den administrativen Vorarbeiten für die Durchführung eines Projekts nur schwer vorzustellen, dass bei dessen Abwicklung unvorhergesehene Schwierigkeiten und Konflikte jeder Art auftreten können. Dann muss jedoch der Vertrag Verfahren für deren

Lösung bereit halten, wenn die Folgen eines derartigen Konflikts von erheblichem wirtschaftlichem Gewicht sind. Im schlimmsten Fall kann ein ernsthafter Streit zum Abbruch des gesamten Projekts führen mit dann erheblichen finanziellen Auswirkungen. Jeder Vertrag muss daher Vorsorge dafür tragen, dass geeignete Mechanismen für eine Streitbeilegung und Streitentscheidung zur Verfügung stehen.

Werden bei der Vertragsgestaltung **Vertragsmuster** internationaler Standardverträge wie die der **FIDIC** oder **Allgemeine Geschäftsbedingungen** verwendet, ist zu prüfen, ob die darin enthaltenen Musterregelungen auf einen möglichen späteren Streitfall auch passen und nicht etwa ungewollte oder gar schädliche Konsequenzen zeitigen. Das gilt insbesondere dann, wenn fremde Allgemeine Geschäftsbedingungen verwendet werden sollen. Diese sind häufig ein unerwartetes Einfallstor für ein fremdes und nicht neutrales Recht und für einen ungünstigen ausländischen Gerichtsstand. Sofern sie Schiedsklauseln enthalten, ist zu prüfen, ob diese ausreichend und geeignet sind sowie rechtswirksam vereinbart werden können.   2

8.1 Keine besondere Rechtswegvereinbarung: Zuständig staatliches Gericht

Eine wichtige Weichenstellung bei der Vertragsgestaltung ist die Frage, ob ein zukünftiger Konflikt zwischen den Beteiligten durch ein **staatliches Gericht** oder durch ein – privates – **Schiedsgericht** entschieden werden soll. Enthält der Vertrag keine besondere Rechtswegvereinbarung, sind ausschließlich die staatlichen Gerichte zur Streitentscheidung befugt, es sei denn, es gelingt den Parteien, sich bei einer bereits aufgetretenen Auseinandersetzung nachträglich auf ein Schiedsgericht zu einigen. Denn ein Schiedsgericht ist nur zur Streitentscheidung befugt, wenn die Parteien ausdrücklich eine Schiedsvereinbarung als Bestandteil eines umfassenden Vertrags (Schiedsklausel) oder als gesonderten Vertrag (Schiedsvereinbarung) abgeschlossen haben, § 1029 ZPO = Art. 7 UNCITRAL-Modellgesetz.[1] Etwas anderes kann jedoch gelten, wenn es sich um **Streitigkeiten** zwischen einem **Investor** und einem **ausländischen Staat** handelt, der ein **bilaterales** oder **multilaterales Investitionsschutzabkommen** mit der Bundesrepublik Deutschland abgeschlossen hat. Dort ist regelmäßig die Zuständigkeit der staatlichen Gerichte im Investitionsstaat – meist nach einer bestimmten Frist – ausgeschlossen bzw. abwählbar.[2] Diese Streitigkeiten sind dann der internationalen Schiedsgerichtsbarkeit zugewiesen.   3

8.1.1 Vor- und Nachteile der staatlichen Gerichtsbarkeit in Deutschland

Die deutsche staatliche Justiz gilt als kompetent und – verglichen mit den staatlichen Gerichtssystemen anderer Länder – als ausgesprochen schnell. Ein durchschnittlicher Rechtsstreit in Wirtschaftssachen dauert von der I. Instanz (Landgericht) bis zur III. und letzten Instanz (Bundesgerichtshof) ca. 3 bis 4 Jahre. Dabei steht der Bundesgerichtshof gegenwärtig noch für alle Wirtschaftsstreitigkeiten zur Verfügung, sofern   4

---

[1] Die Hinweise auf das UNCITRAL-Modellgesetz sind Beleg dafür, dass es sich bei den Regelungen der ZPO über die Schiedsgerichtsbarkeit, die alle auf dem UNCITRAL-Modellgesetz beruhen, um weltweit akzeptierte Standards handelt; vgl. *Raeschke-Kessler/Berger*, a.a.O., Rdn. 122 ff.

[2] Z. B. Vertrag Deutschland/Polen über die Förderung und den gegenseitigen Schutz von Kapitalanlagen, BGBl 1990 II, S. 606 ff., dort Art. 11.

deren Wert nicht unter DM 60000,– liegt, § 546 Abs. 1 ZPO. Das Vorhaben des Bundesjustizministeriums für eine Justizreform[3] will das ändern. Danach soll in Wirtschaftsstreitigkeiten der freie Zugang zum Bundesgerichtshof abgeschafft werden, damit „kapitalkräftige Unternehmen" nicht mehr bevorzugt werden.[4] Nach dem Reformvorhaben muss das Oberlandesgericht die Revision zum Bundesgerichtshof ausdrücklich zulassen. Die Zulassung soll nur sehr eingeschränkt möglich sein, nämlich dann, wenn das Oberlandesgericht von der Rechtsprechung des Bundesgerichtshofs abweichen will oder wenn die Sache sich nach seiner Auffassung grundsätzlich zur Rechtsfortbildung eignet, §§ 543 ff. ZPO-E. Gegenwärtig (Stand Juli 2000) ist offen, ob sich das Bundesjustizministerium mit seinem Reformvorhaben durchsetzt. Geschieht dies, fielen bisher vorhandene Vorteile der staatlichen Gerichtsbarkeit – jedenfalls für Wirtschaftsstreitigkeiten bedeutsamer Art – fort, weil insbesondere die Sachkompetenz der Richter des Bundesgerichtshofs zur Lösung wirtschaftlich und rechtlich komplizierter Fälle für den konkreten Streitfall dann nicht mehr prognostizierbar zur Verfügung steht. Dann überwiegen auch bei rein nationalen Verträgen die Nachteile der staatlichen Gerichtsbarkeit im Vergleich zur Schiedsgerichtsbarkeit. Damit ist die Aufnahme einer **Schiedsklausel** oder einer gesonderten Schiedsvereinbarung in das Vertragswerk **grundsätzlich empfehlenswert.**

5   Die Verfasser gehen vorsorglich davon aus, dass sich das Bundesjustizministerium mit seinem „Reformvorhaben" durchsetzen wird. Unter dieser Prämisse ergeben sich für die **staatliche Gerichtsbarkeit** im Verhältnis zur Schiedsgerichtsbarkeit folgende **Nachteile,** die insbesondere für Konflikte mit hohen Streitwerten gelten, wie etwa bei projektfinanzierten Vorhaben.

8.1.1.1 Keine freie Auswahl der Prozessbevollmächtigten

6   Auch nach der Reform von § 78 Abs. 1 ZPO[5] muss spätestens im Berufungsverfahren vor dem Oberlandesgericht ein an dem jeweiligen Gericht zugelassener Rechtsanwalt mit der Prozessvertretung beauftragt werden. Das führt zur Notwendigkeit, gegebenenfalls mehrere von einander unabhängige Anwälte beauftragen und bezahlen zu müssen, etwa dann, wenn der Hausanwalt, der das Verfahren I. Instanz gemäß § 78 Abs. 1 ZPO vor jedem deutschen Landgericht führen kann, vor dem für die II. Instanz zuständigen Oberlandesgericht nicht zugelassen ist, gleichwohl als Vertrauensanwalt den Prozess weiter betreuen soll.

8.1.1.2 Kein Einfluss auf die Auswahl des staatlichen Richters

7   In der staatlichen Gerichtsbarkeit ist die Richterbank, die allein zur Entscheidung eines konkreten Streitfalls befugt ist, als „gesetzlicher Richter" vorgeschrieben, Art. 101 GG.[6] Sie wird durch den Geschäftsverteilungsplan des jeweiligen Gerichts bestimmt.[7] Die Parteien können sich damit nicht aus dem jeweiligen Gericht ihnen besonders geeignet erscheinende Richter auswählen, etwa solche mit besonderem wirtschaftlichen oder technischem Sachverstand.[8]

---

[3] Gesetzentwurf zur Reform des Zivilprozesses eingebracht von der Regierungskoalition SPD/Die Grünen am 5. 7. 2000, BT-Ds. 14/3750.
[4] Vgl. *Gottwald*, BRAK-Mitt, 1999, S. 55, 59.
[5] Gesetz v. 17. 12. 1999 (BGBl. I S. 2448).
[6] Hierzu *Maunz* in Maunz-Dürig, Komm.z.GG, Art. 101, Rdnrn. 11 ff.
[7] Vgl. BVerfGE 87, 284 (284 f.).
[8] Ein schönes Beispiel dafür, dass eine Partei ihre Revision lieber von einem anderen Senat des Bundesgerichtshofs entschieden haben wollte, liefert BVerfG NJW 1998, 3484.

8.1.1.3 Kein Einfluss auf den Ablauf des Gerichtsverfahrens

Das Verfahren vor den staatlichen Gerichten richtet sich nach den Vorschriften der ZPO in den Büchern 1 bis 9 (§§ 1–1024). Diese sind zwingend. Die Verfahrensherrschaft liegt beim Gericht und nicht bei den Parteien. Das macht sich etwa spätestens dann unangenehm bemerkbar, wenn das Gericht unter Hinweis auf § 184 GVG die Übersetzung eingereichter Dokumente in Englisch oder Französisch in die deutsche Sprache verlangt, obgleich es sich hierbei um eine Arbeitssprache der Parteien gehandelt hat.

8.1.1.4 Keine erschöpfende mündliche Verhandlung

Insbesondere die hohe Arbeitslast der staatlichen Gerichte zwingt diese dazu, den „großen Fall" nicht grundsätzlich anders zu behandeln als die alltäglichen kleinen Fälle. Selbst beim Bundesgerichtshof dauert die mündliche Verhandlung in einer bedeutenden Wirtschaftsstreitigkeit nicht wesentlich länger als die über eine Mietsache oder über einen Verbraucherkredit. Eine Differenzierung nach der wirtschaftlichen Bedeutung der Sache findet nicht statt, weil für den staatlichen Richter die Entscheidung einer Rechtsfrage im Vordergrund steht.

8.1.1.5 Nur eingeschränkte Vergleichsmöglichkeiten

Mündliche Verhandlungen in der I. und II. Instanz (Landgericht und Oberlandesgericht) laufen erfahrungsgemäß routinemäßig ab. Zu wirklichen Vergleichsgesprächen zwischen Gericht und Parteien kommt es trotz der Vorschrift von § 279 ZPO in wirtschaftlich komplexen Angelegenheiten nur selten, schon deswegen, weil viele staatliche Richter, die mit der Streitentscheidung befasst sind, nicht über vertiefte wirtschaftliche Kenntnisse verfügen. Der Vergleichsvorschlag eines staatlichen Gerichts orientiert sich daher häufig allein an den rechtlichen Risiken der Parteien im Gerichtsverfahren, die mit den wirtschaftlichen Interessen nicht übereinstimmen müssen.

In Revisionsverfahren vor dem Bundesgerichtshof haben sich die Positionen der Parteien regelmäßig so verhärtet, dass Vergleichsverhandlungen oder Vergleichsvorschläge durch den Bundesgerichtshof die Ausnahme, nicht aber die Regel sind. Die BGH-Anwälte können Vergleichsvorschläge, die vom Bundesgerichtshof ausgegangen sind, an den Fingern einer Hand abzählen. Da nach der vom Bundesgerichtshof geführten Statistik seit längerem ca. 80% aller begründeten Revisionen der Revisionskläger mit einem Nichtannahmebeschluss gemäß § 554b ZPO enden, durch den das angefochtene Berufungsurteil rechtskräftig wird, hat der Revisionsbeklagte nur wenig Anlass, sich während eines Revisionsverfahrens auf einen Vergleich einzulassen. Bei einer rein statistischer Betrachtung kann sich der Sieger vor dem Oberlandesgericht zu 80% auch als Sieger des Revisionsverfahrens fühlen.

8.1.1.6 Störung zukünftiger Kooperation der Beteiligten

Projekte mit einer Projektfinanzierung sind regelmäßig Langzeitvorhaben, die unter den Sammelbegriff **Long Term Contracts** fallen.[9] Die Abwicklung derartiger Verträge ist auf ein Kooperationsklima angewiesen, bei dem alle Beteiligten bereit und fähig sein müssen, Kompromisse zur Überwindung aufgetretener Probleme einzugehen. Ein staatliches Gerichtsverfahren, das mit einem Urteil endet, in dem die eine Partei siegt und die andere verliert, ist das Gegenteil eines Kooperationsmodells. Beginnt das Gerichtsverfahren bereits in einem frühen oder mittleren Stadium der langjährigen Ver-

---

[9] Hierzu *Nicklisch*, a.a.O., S. 17 ff.

tragsabwicklung, kann es die gedeihliche Fortführung des Vorhabens auf besondere Weise gefährden. Häufig zeigt sich dann der Verlierer nicht mehr kooperationswillig und hält sich in Zukunft nur noch starr an den Buchstaben des Vertrags, nicht mehr jedoch an den zu Grunde liegenden Geist. Diese Tendenz wird durch den möglichen Instanzenzug durch drei Gerichte (Landgericht, Oberlandesgericht, Bundesgerichtshof) gefördert.

8.1.1.7 Hoher Streitwert = Hohe Kosten

13   Verträge über Projekte der in diesem Handbuch beschriebenen Art beziehen sich regelmäßig auf Investitionsvorhaben über viele Millionen DM/Euro. Ein vor den staatlichen Gerichten zu führender Prozess mit hohem Streitwert (über DM 20 Mio) wird mindestens dann unverhältnismäßig teuer, wenn er über drei Instanzen bis zum Bundesgerichtshof geführt wird.[10] Die Gerichtskosten, die nach dem Gerichtskostengesetz berechnet werden, kennen für hohe Streitwerte keine degressive Abflachung, wie sie etwa für institutionelle Schiedsverfahren gilt, die nach der ICC-SchiedsO oder nach der DIS-SchiedsO durchgeführt werden.[11] Das staatliche Gericht kann auch nicht das vom Verlierer dem Sieger zu erstattende Honorar für dessen Prozessbevollmächtigte(n) nach eigenem Ermessen festsetzen, sondern ist an die starren Regeln der BRAGO gebunden, §§ 91, 97 ZPO. Der Schiedsrichter hat bei der Festsetzung der vom Verlierer dem Sieger zu erstattenden Anwaltskosten ein eigenes pflichtgemäßes Ermessen. Er ist damit bei hohen Streitwerten nicht automatisch an die BRAGO gebunden, § 1057 ZPO.[12]

8.1.2 Mindestinhalt im Vertrag: Gerichtsstandvereinbarung

14   Besteht eine der vertragsschließenden Parteien auf einer Streiterledigung durch die staatlichen Gerichte und nicht vor einem Schiedsgericht, sollte der Vertrag mindestens eine Gerichtsstandsvereinbarung enthalten, die ein bestimmtes Gericht I. Instanz als Eingangsgericht festlegt. Nur dann hängt das jeweils zuständige Gericht nicht von den Zufälligkeiten ab, die sich aus den Vorschriften über den Gerichtsstand gemäß §§ 12ff. ZPO ergeben. Sonst ist das zuständige Gericht danach zu bestimmen, welche Partei Kläger und welche Beklagter ist. Denn nach den allgemeinen Regeln kann der Beklagte nur an seinem (Wohn)-Sitz verklagt werden, §§ 13, 17 ZPO, es sei denn, dem Kläger steht einer der besonderen Gerichtsstände zur Verfügung, wie der des Erfüllungsorts, § 29 ZPO. Ähnliches gilt für ausländische Parteien aus dem Geltungsbereich des EuGVÜ, vgl. Art. 2, 3 EuGVÜ.[13]

15   Für ausländische Parteien außerhalb des Geltungsbereichs des EuGVÜ ist ein deutsches Gericht nur dann international zuständig, wenn sich seine Zuständigkeit aus der spiegelbildlichen Anwendung der §§ 12ff. ZPO auf die ausländische Partei ergibt. Grundsätzlich sind die Gerichte im Land des Beklagten zuständig.[14]

---

[10] Vgl. die Kostenübersicht bei *Lachmann*, a.a.O., S. 404ff.
[11] Vgl. die Kostentabelle gem. Anhang III zur ICC-SchiedsO und die Anlage zu § 40.5 der DIS-SchiedsO.
[12] *Raeschke-Kessler/Berger*, a.a.O., Rdnrn. 894ff.
[13] Kropholler, a.a.O., vor Art. 2, Rdnrn. 1ff.
[14] *Geimer*, a.a.O., Rdn. 1138.

8.1.3 Nachteile bei einer Gerichtsstandsvereinbarung mit einer ausländischen Partei

Bei Verträgen mit ausländischen Parteien ist davon abzuraten, die Zuständigkeit eines staatlichen Gerichts zu vereinbaren. Bereits die ordnungsgemäße **Zustellung** einer Klage an eine Partei mit Sitz im Ausland kann Schwierigkeiten bereiten und **umständlich** sein. Zu beachten sind gegebenenfalls multilaterale Abkommen wie die Haager Konvention oder bilaterale Verträge mit dem Staat des Vertragspartners.[15] So kann die ausländische Behörde, die die Zustellung zu bewirken hat, verlangen, dass die Klageschrift gemäß Art. 5 der Haager Konvention in ihre Amtssprache übersetzt wird.

16

Die staatliche **Gerichtsbarkeit im Ausland** kann extrem **langsam** sein. Bei einem Rechtsstreit z. B. in Italien oder Spanien vergehen nach Auskunft führender italienischer und spanischer Anwälte mehr als zwölf Jahre, bis das jeweilige höchste Zivilgericht des Landes entschieden hat. Das kommt häufig einer faktischen Rechtsverweigerung gleich.[16] Ist die Zustimmung zu einem ausländischen Gerichtsstand zentraler Verhandlungsgegenstand, muss daher mindestens vorher geprüft werden, welche Zeit durchschnittlich bis zur Entscheidung durch das höchste nationale Zivilgericht vergeht. Auskunft hierüber erteilt die Deutsche Handelskammer mit Sitz in dem jeweiligen Land, deren Adresse beim DIHT[17] in Berlin erfragt werden kann.

17

8.1.4 Vollstreckung staatlicher Urteile im Ausland nicht problemlos

Die Vollstreckung eines deutschen Urteils im Ausland ist nur in den Grenzen multilateraler oder bilateraler Abkommen möglich. Ist ein Staat der ausländische Vertragspartner, kann dieser bei einer gegen ihn gerichteten Vollstreckung im Ausland berechtigt oder unberechtigt die sogenannte Staatenimmunität für sich in Anspruch nehmen[18] und damit die gegen ihn gerichtete Vollstreckung erschweren oder gar vereiteln.

18

8.1.5 Zwischenergebnis: Gerichtsstandvereinbarung nicht empfehlenswert

Für umfangreiche und langfristige Projekte, die Gegenstand dieses Handbuchs sind, sollte, wenn irgend möglich, der Rechtsweg zu den staatlichen Gerichten ausgeschlossen werden. Das gilt insbesondere dann, wenn ein ausländischer Gerichtsstand im Gespräch ist. Besteht der zukünftige Vertragspartner in den Vertragsverhandlungen auf der Vereinbarung eines ausländischen Gerichtsstands, müssen die damit im Falle eines späteren Konflikts verbundenen Nachteile schon jetzt mit den Vorteilen abgewogen werden, die mit dem Vertragsabschluss und der Durchführung des Vertrags erhofft werden.

19

---

[15] Vergleiche nur das Haager Übereinkommen v. 15. 11. 1965 über die Zustellung gerichtlicher und außergerichtlicher Schriftstücke im Ausland in Zivil- oder Handelssachen (BGBl. 1977 II S. 1452, 1453).

[16] Vgl. FAZ v. 11. 5. 2000.

[17] Deutscher Industrie- und Handelstag, Breite Straße 29, 10178 Berlin, Tel. 030-203080, Fax 030-20308-2777.

[18] Hierzu *Geimer*, a. a. O., Rdnrn. 578 ff.

8.1.6 Ausschluss ausländischer Gerichtsstände durch völkerrechtliche Investionsschutzabkommen

20 Vorhaben der in diesem Handbuch beschriebenen Art, die in einem ausländischen Staat verwirklicht werden, gehören regelmäßig zu Investitionsvorhaben und/oder Kapitalanlagen aller Art, die durch bilaterale und multilaterale völkerrechtliche Investitionsschutzabkommen vor widerrechtlichen Eingriffen des ausländischen Investitionsstaats geschützt werden. **Streitigkeiten zwischen** dem **Investor** und dem **ausländischen Staat** werden so dessen staatlicher Gerichtsbarkeit entzogen, soweit sich der Investor dieser nicht freiwillig unterwirft, und der internationalen Handelsschiedsgerichtsbarkeit zugewiesen. Das gilt gerade auch dann, wenn der ausländische Staat unmittelbar oder mittelbar an dem Investitionsvorhaben beteiligt ist.

21 Vorrangig sind die **bilateralen Investitionsschutzabkommen** zwischen der Bundesrepublik Deutschland und zurzeit 125 ausländischen Staaten von Ägypten bis zur Zentralafrikanischen Republik.[19] Der Investor kann gegen ihn beeinträchtigende Maßnahmen des Staates ein ad hoc zu bildendes internationales Schiedsgericht anrufen, ohne zuvor gezwungen zu sein, einen Prozess vor den staatlichen Gerichten zu führen.[20] In diesen Fällen beruht die Zuständigkeit des Schiedsgerichts nicht wie üblich auf einer parteiautonomen Vereinbarung.[21] Vielmehr leitet sich die Zuständigkeit des Schiedsgerichts aus dem völkerrechtlichen Vertrag zwischen der Bundesrepublik Deutschland und dem ausländischen Staat ab. Einer ausdrücklichen Schiedsvereinbarung zwischen dem Staat und dem Investor bedarf es daher nicht.

22 Die Bundesrepublik ist auch dem **multilateralen Übereinkommen vom 18. 3. 1965 zur Beilegung von Investitionsstreitigkeiten zwischen Staaten und Angehörigen anderer Staaten** beigetreten,[22] durch das bei der Weltbank ein *International Center Settlement of Investment Disputes* errichtet worden ist. Das **ICSID-Zentrum** ist jedoch nur dann zur Streitentscheidung durch ein Schiedsgericht befugt, wenn beide Parteien schriftlich eingewilligt haben, die Streitigkeit dem Zentrum zu unterbreiten, Art. 25 Abs. 1 des Abkommens. Die in Art. 52 des Abkommens vorgesehene Möglichkeit, die Aufhebung eines ICSID-Schiedsspruchs zu betreiben, von der einige Entwicklungsstaaten bereits Gebrauch gemacht haben,[23] hat dazu geführt, dass ICSID-Schiedsverfahren nicht problemfrei sind. Der Investor sollte also vorrangig prüfen, ob er Rechtsschutz gegen den ausländischen Staat aufgrund eines bilateralen Investitionsschutzabkommens durch ein internationales Schiedsgericht erhalten kann, bevor er sich auf ein ICSID-Schiedsverfahren einlässt (zum ICSID-Schiedsverfahren s. Rdn. 60f.).

Beispiel für ein weiteres **multilaterales Investitionsschutzabkommen** ist der Vertrag über die **Energiecharta** vom 17. 12. 1994,[24] der für die Bundesrepublik Deutschland am 16. 4. 1998 in Kraft getreten ist.[25] Vertragsparteien sind die Europäische Gemeinschaft, die meisten europäischen Staaten und zahlreiche Nachfolgestaaten

---

[19] Nachweise in BGBl. II, Fundstellennachweis B, Sachgebiet VI.10; s. im Einzelnen unten *Siebel,* Investitionsschutz (Kap. 16).

[20] S. etwa Art. 11 des Vertrags zwischen der Bundesrepublik Deutschland und der Volksrepublik Polen über die Förderung und den gegenseitigen Schutz von Kapitalanlagen vom 10. 7. 1990 (BGBl. II S. 607, 610f.).

[21] Statt aller: *Schwab/Walter,* a.a.O., Kap. 3, Rdn. 1.

[22] BGBl. 1969 II, S. 369, 371 ff., abgedruckt bei *Bülow/Böckstiegel/Geimer/Schütze,* a.a.O., Bd. II, S. 720 ff. mit einem Kurzkommentar von *Böckstiegel,* a.a.O., S. 720.1 ff., und mit ausführlichem Literaturverzeichnis, a.a.O., S. 720.15 ff.

[23] Hierzu *Redfern/Hunter,* a.a.O., Rdnrn. 1–100 ff.

[24] BGBl 1997 II, S. 5 ff.

[25] BGBl 1998 II 3009.

der früheren Sowjetunion.[26] Es ist u. a. Zweck der Energiecharta, stabile Voraussetzungen für umweltgerechte Investitionen auf dem Gebiet der Energieversorgung und – Verteilung zu schaffen, Art. 10 ff. des Vertrags. Art. 26 des Vertrags enthält eine recht komplizierte Rechtswegeregelung für Streitigkeiten zwischen einem Investor und einem Vertragsstaat, sofern diese nicht ausdrücklich bereits zuvor ein Streitbeilegungsverfahren vereinbart haben. Danach kann der Investor zwischen einem Schiedsverfahren vor der ICSID,[27] einem ad hoc-Schiedsverfahren nach den UNCITRAL-Regeln oder einem Schiedsverfahren vor der Stockholmer Handelskammer wählen. Unbedingt vor Vertragsschluss zu prüfen ist jedoch, ob der Vertragsstaat gerade zu denen gehört, die in den Anlagen ID und IA zum Abkommen Vorbehalte erklärt haben.

8.2 Geeignete Rechtsschutzform: Nationale und internationale Schiedsgerichtsbarkeit

Bei Streitigkeiten über Investitionsvorhaben der in diesem Buch beschriebenen Art 23 und bei Streitigkeiten über die damit zusammenhängenden Verträge ist die nationale und internationale Schiedsgerichtsbarkeit die geeignete Rechtsschutzform.

8.2.1 Vorteile der Schiedsgerichtsbarkeit

8.2.1.1 Freie Auswahl der Verfahrensbevollmächtigten

In der nationalen und in der internationalen Schiedsgerichtsbarkeit gibt es keine 24 Beschränkungen für die Verfahrensbevollmächtigten der Parteien. Sofern sie nichts Abweichendes vereinbart haben, können die Parteien sich von ihnen geeignet erscheinenden Personen vertreten lassen. § 1042 Abs. 2 ZPO bestimmt lediglich, dass Rechtsanwälte als Bevollmächtigte nicht ausgeschlossen werden dürfen. Damit sind bei Schiedsverfahren in Deutschland auch ausländische Rechtsanwälte/Juristen uneingeschränkt als Verfahrensbevollmächtigte zulässig.[28] Das entspricht einem internationalen Verfahrensstandard.

Insbesondere in wirtschaftlich bedeutsamen Streitigkeiten sollte eine Partei Wert 25 darauf legen, von in der Schiedsgerichtsbarkeit erfahrenen Rechtsanwälten vertreten zu werden. Sofern das Schiedsverfahren in einer der üblichen Verkehrssprachen abgehalten wird (deutsch, englisch, französisch, usw.), sollte mindestens ein Verfahrensbevollmächtigter der Partei die Verfahrenssprache verhandlungssicher beherrschen.

8.2.1.2 Freiheit bei der Bildung des Schiedsgerichts

Die Parteien können ihr Schiedsgericht selbst bilden. Sie können sowohl die Anzahl 26 der Schiedsrichter vereinbaren, § 1034 Abs. 1 ZPO = Art. 10 Abs. 1 UNCITRAL-Modellgesetz und können die Personen, die als Schiedsrichter tätig werden sollen, selbst auswählen, § 1035 ZPO = Art. 11 UNCITRAL-Modellgesetz. Damit liegt es allein in der Hand der Parteien, sicherzustellen, dass ihr Streit durch sachkundige – und soweit notwendig – auch durch sprachkundige Schiedsrichter entschieden wird. Schiedsverfahren, denen erhebliche wirtschaftliche Interessen zugrunde liegen, werden üblicherweise durch **drei Schiedsrichter** entschieden. Möglich ist aber auch die Entscheidung durch einen **Einzelschiedsrichter.**

---

[26] Nachweis der Vertragsparteien in BGBl 2000 II, Fundstellennachweis B, S. 640.
[27] S. unten Rdnrn. 60 f.
[28] *Raeschke-Kessler/Berger,* a. a. O., Rdnrn. 18 ff.

27 Von besonderer Bedeutung ist bei einem 3er-Schiedsgericht die **Person des Vorsitzenden,** der in der Regel durch die beiden parteiernannten Schiedsrichter – üblicherweise nach Rücksprache mit den Parteien – ausgewählt wird, § 1035 Abs. 3 ZPO = Art. 11 Abs. 3a UNCITRAL-Modellgesetz. Der vom gemeinsamen Vertrauen der Parteien und der Mitschiedsrichter getragene Vorsitzende ist einem Vorsitzenden vorzuziehen, der im Wege der Ersatzbestellung durch das Gericht oder durch eine Schiedsgerichtsorganisation zu seinem Amt gelangt ist.

8.2.1.3 Parteiherrschaft über die Durchführung des Schiedsverfahrens

28 Die Parteien können den Ablauf des Schiedsverfahrens nach ihren Bedürfnissen frei gestalten. Sie sind lediglich an ganz wenige zwingende Verfahrensvorschriften gebunden, die für den Sitz des Schiedsgerichts gelten, wie etwa den Gleichbehandlungsgrundsatz oder das Gebot, rechtliches Gehör zu gewähren, § 1042 ZPO = Art. 18, 19 UNCITRAL-Modellgesetz. Zur Entscheidungsfreiheit über die Durchführung des Schiedsverfahrens gehört auch die Möglichkeit, sich in der Schiedsvereinbarung der **Schiedsordnung** einer Schiedsgerichtsorganisation zu unterwerfen, wie der ICC-SchiedsO oder der DIS-SchiedsO. Die Parteien können den **Ort** des Schiedsverfahrens frei bestimmen, § 1043 ZPO = Art. 20 UNCITRAL-Modellgesetz und sie können die **Sprache(n)** frei wählen, in der das Schiedsverfahren durchgeführt werden soll, § 1045 ZPO = Art. 22 UNCITRAL-Modellgesetz. Sie können die Anwendung ergänzender Verfahrensregeln wie der neuen **IBA-Rules on the Taking of Evidence in International Commercial Arbitration**[29] vereinbaren oder sie können deren Anwendung durch das Schiedsgericht ausdrücklich ausschließen. In allen Fällen ist das Schiedsgericht an die Verfahrensvereinbarung der Parteien gebunden.

29 Die Gestaltungsfreiheit der Parteien beruht auf der **Parteiautonomie** als einem international anerkannten Standard.[30] Nur da, wo die Parteien sich über den Ablauf und die Gestaltung des Schiedsverfahrens nicht einig sind, tritt die Entscheidungsbefugnis des Schiedsgerichts ein, das seine Autorität ausschließlich aus der Parteiautonomie herleitet.

8.2.1.4 Vereinbarungen über die Kosten des Schiedsverfahrens

30 Die Kosten- und Gebührenregeln, die für die staatliche Gerichtsbarkeit gelten, sind in der Schiedsgerichtsbarkeit nicht ohne weiteres anwendbar. In der institutionellen Schiedsgerichtsbarkeit gelten bei hohen Streitwerten (ab ca. DM 20 Mio.) die nach der BRAGO zu ermittelnden **Honorare der Schiedsrichter** im internationalen Vergleich als zu hoch. Die Honorare, die nach den Gebührentabellen der institutionellen Schiedsgerichtsbarkeit festgesetzt werden, sind erheblich niedriger.[31] In der internationalen ad hoc-Schiedsgerichtsbarkeit sind daher Honorarvereinbarungen zwischen Parteien und Schiedsgericht nicht selten, die sich an den degressiven Vergütungsregeln der institutionellen Schiedsgerichtsbarkeit und nicht an der linearen Vergütungsregelung der BRAGO orientieren.

31 Zwar wird sich in nationalen Schiedsverfahren die Erstattung der außergerichtlichen **Kosten der Parteien** an den Regeln orientieren, die für das staatliche Gerichtsverfahren gelten, § 1057 i. V. m. §§ 91 ff. ZPO. Besondere Vereinbarungen über die Höhe

---

[29] Abgedruckt bei *Raeschke-Kessler/Berger*, a.a.O., S. 313 ff.; hierzu Kommentar der Working Party, die die IBA-Rules verfasst hat in: Business Law International 2000, S. 14 ff.

[30] *Redfern/Hunter*, a.a.O., Rdnrn. 6–03 ff.

[31] Vgl. Anhang III zur ICC-SchiedsO u. Anl. zu § 40.5 DIS-SchiedsO.

der Anwaltskosten, die die unterliegende Partei der anderen Partei zu erstatten hat, sind daher im Prinzip entbehrlich, aber gleichwohl möglich. In internationalen Schiedsverfahren sind Absprachen zwischen den Parteien über die Grundsätze der Kostenerstattung empfehlenswert, die das Schiedsgericht bei seiner Entscheidung über die Kosten des Verfahrens anzuwenden hat.[32] Regeln wie die §§ 91 ff. ZPO sind vor allem im anglo-amerikanischen Rechtskreis unbekannt.

8.2.1.5 Ausführliche mündliche Verhandlung vor dem Schiedsgericht

In der Schiedsgerichtsbarkeit richtet sich die Dauer der mündlichen Verhandlung vor allem nach den Bedürfnissen der Parteien. Diese müssen die Gelegenheit erhalten, ihren Standpunkt ausführlich mündlich vorzutragen und mit der Gegenpartei sowie dem Schiedsgericht im Rechtsgespräch zu erörtern. Ist der Streitstoff umfangreich, kann das Schiedsgericht von vorneherein den Termin für eine mündliche Verhandlung anberaumen, die sich über mehr als einen Tag erstreckt. Das Gleiche gilt, wenn eine umfangreiche Beweisaufnahme durch die Vernehmung von Zeugen notwendig wird.

8.2.1.6 Bessere Chancen für den Abschluss eines Vergleichs

Die ausführliche Erörterung des Streitstoffs in der mündlichen Verhandlung mit dem Schiedsgericht veranlasst die Parteien erfahrungsgemäß, ihre zu Beginn des Schiedsverfahrens eingenommenen Standpunkte anhand objektiver Kriterien, die das Schiedsgericht im Rechtsgespräch zugrunde legt, zu überprüfen und gegebenenfalls zu relativieren. Das ermöglicht ihnen – unter aktiver Mitwirkung des Schiedsgerichts bei beiderseitigem Einverständnis – neue Vergleichsgespräche zu führen, die häufig den zweiten Teil der mündlichen Verhandlung ausmachen. Als Erfahrungssatz gilt, dass mehr als die Hälfte der Schiedsverfahren mit einem Vergleich und nicht mit einem Schiedsspruch endet. Die Parteien können in den Vergleich auch neue Elemente aufnehmen, die über den eigentlichen Streit hinausweisen und damit ihre Zusammenarbeit in der Zukunft auf eine verbreiterte Grundlage stellen.

Auf Antrag hat das Schiedsgericht einen erzielten Vergleich in der Form eines Schiedsspruchs mit vereinbartem Wortlaut festzuhalten, sofern dessen Inhalt nicht gegen den ordre public verstößt, § 1053 Abs. 1 ZPO. = Art. 30 Abs. 2 UNCITRAL-Modellgesetz.[33] Ein in dieser Form abgeschlossener Vergleich ersetzt zugleich eine etwa sonst notwendige notarielle Beurkundung, § 1053 Abs. 3 ZPO. Ein Schiedsspruch mit vereinbartem Wortlaut ist international uneingeschränkt nach den Regeln des New Yorker Übereinkommens von 1958 vollstreckungsfähig.[34]

8.2.1.7 Vollstreckung von Schiedssprüchen ist weltweit gesichert

Schiedssprüche, einschließlich Schiedssprüche mit vereinbartem Wortlaut nach § 1053 ZPO, können auf Grund des **New Yorker Übereinkommens über die Anerkennung und Vollstreckung ausländischer Schiedssprüche** von 1958 – NYÜ –[35] weltweit vollstreckt werden, weil nahezu alle Länder das NYÜ ratifiziert haben.[36]

---

[32] *Raeschke-Kessler/Berger*, a. a. O., Rdnrn. 44 f.
[33] Siehe hierzu auch Art. 26 ICC-Schieds-O.
[34] *Bericht der Kommission zur Neuordnung des Schiedsverfahrensrechts,* herausgegeben vom Bundesministerium der Justiz 1994, S. 176.
[35] BGBl. 1961 II, S. 122 ff.; abgedruckt in *Raeschke-Kessler/Berger*, a. a. O., S. 323 ff.
[36] Ratifikationsliste mit Stand 31. 12. 1999 abgedruckt in BGBl. 2000 II, Fundstellennachweis B, S. 406 f.; *Bülow/Böckstiegel/Geimer/Schütze*, a. a. O., S. 714.49 ff. mit Auflistung der von den Signatar-Staaten erklärten Vorbehalte.

8.2.1.8 Wahlmöglichkeit für einstweiligen Rechtsschutz durch staatliches Gericht oder durch Schiedsgericht

36   Den Parteien einer Schiedsvereinbarung steht es nach Zweckmäßigkeitserwägungen frei, einstweiligen Rechtsschutz vor dem staatlichen Gericht zu beantragen, § 1033 ZPO = Art. 9 UNCITRAL-Modellgesetz, oder das Schiedsgericht zu bitten, Maßnahmen des einstweiligen Rechtsschutzes anzuordnen, § 1041 ZPO = Art. 17 UNCITRAL-Modellgesetz. Eine Partei wird sich an das zuständige **staatliche Gericht** wenden, wenn das Schiedsgericht noch nicht konstituiert ist oder wenn es sich um die Anordnung unaufschiebbarer sichernder Eilmaßnahmen handelt, wie das Ausbringen eines dinglichen Arrests nach §§ 916 ff. ZPO, etwa wenn es darum geht, ein Flugzeug oder Schiff vorläufig an die Kette zu legen. Das staatliche Gericht ist allerdings bei der Anordnung und Vollstreckung von Maßnahmen des einstweiligen Rechtsschutzes an die von der ZPO vorgegebenen Formen des Arrests und der einstweiligen Verfügung nach §§ 916 ff. ZPO gebunden. Es darf auch bei Erlass einer einstweiligen Verfügung die Entscheidung zur Hauptsache nicht vorwegnehmen.[37] Es ist daher praktisch auch nicht möglich, mit Hilfe einer Leistungsverfügung nach § 940 ZPO eine Partei „vorläufig" zur Vertragserfüllung anzuhalten oder zu zwingen.[38]

37   Das **Schiedsgericht** ist bei der Anordnung von Maßnahmen des einstweiligen Rechtsschutzes an die Beschränkungen der staatlichen Gerichte durch §§ 916 ff. ZPO nicht gebunden. Streiten Auftraggeber und Auftragnehmer bei einem Investitionsprojekt erheblichen Umfangs darüber, ob der Auftragnehmer eine zusätzliche Vergütung für bestimmte Leistungen verlangen kann und hat der Auftragnehmer deswegen zunächst seine Arbeiten eingestellt, bis über diese Frage entschieden ist, so kann das Schiedsgericht ohne weiteres anordnen, dass er seine Arbeiten wieder aufzunehmen habe, um sodann in Ruhe durch Schiedsspruch darüber zu entscheiden, wer die Kosten für die zusätzlichen Maßnahmen zu tragen hat.[39]

8.2.2 Zustimmung des Versicherers zu Schiedsvereinbarung und/oder Schiedsinstitution notwendig oder empfehlenswert

38   Vor Abschluss einer Schiedsvereinbarung sind die eigenen Versicherungsbedingungen für das Unternehmen daraufhin zu überprüfen, ob sie einen Genehmigungsvorbehalt des Versicherers für den Abschluss von Schiedsvereinbarungen enthalten.[40] Dabei kann je nach Versicherungsbedingungen auch ein Vorbehalt zur Zustimmung für die ausgewählte Schiedsinstitution bestehen. Wird unter diesen Umständen eine Schiedsvereinbarung abgeschlossen oder eine Schiedsinstitution ausgewählt, für die die Zustimmung des Versicherers nicht vorliegt, kann der Versicherer den Versicherungsschutz verweigern, vgl. nur § 5 Nr. 4 AHB.[41]

---

[37] *Zöller-Vollkommer,* a. a. O., § 938, Rdn. 3.
[38] *Zöller-Vollkommer,* a. a. O., § 940, Rdn. 6.
[39] Vgl. *Broches,* a. a. O., Bd. IV, S. 88.
[40] S. im Einzelnen unten *Sigulla,* Versicherungsrechtliche Fragen (Kap. 15).
[41] *Späte,* Haftpflichtversicherung, § 5, Rdn. 39.

8.2.3 Ad hoc-Schiedsgericht oder institutionelles Schiedsgericht

Spätestens beim Entwerfen der Schiedsvereinbarung ist zu entscheiden, ob ein künftiger Streit durch ein ad hoc-Schiedsgericht oder durch ein institutionelles Schiedsgericht entschieden werden soll. Ein **ad hoc-Schiedsgericht** dient der Lösung eines konkreten Streits, ohne dass die Parteien sich bei der Formulierung der Schiedsvereinbarung, bei der Bildung des Schiedsgerichts, bei der Einleitung und Durchführung des Schiedsverfahrens der Mitwirkung einer institutionellen Schiedsgerichtsorganisation bedienen wollen. Parteien und Schiedsgericht müssen den Ablauf des Schiedsverfahrens von Anbeginn an selbst organisieren, sparen dafür jedoch die an die jeweilige Schiedsgerichtsorganisation zu zahlende Gebühr für deren Dienstleistungen. 39

Das gilt jedoch nicht, wenn sie ihrem ad hoc-Schiedsverfahren die **UNCITRAL-SchiedsO** von 1976 zugrunde legen.[42] Die UNCITRAL-SchiedsO enthält allgemein akzeptierte Verfahrensregeln für ad hoc-Schiedsverfahren. Damit ist insbesondere für die kritischen Phasen des Schiedsverfahrens, etwa bei der Bestellung des Schiedsgerichts, vorgesorgt. Einigen sich die Parteien für ein ad hoc-Schiedsverfahren auf die UNCITRAL-SchiedsO, sollten sie zusätzlich mindestens die **„Ernennende Stelle = Appointing Authority"** bestimmen. Diese wird gemäss Art. 6 UNCITRAL-SchiedsO tätig, wenn es bei der Bestellung der Schiedsrichter und Bildung des Schiedsgerichts zu Schwierigkeiten kommt. Sie soll die dann notwendige Einschaltung des staaatlichen Gerichts bei der Bestellung der Schiedsrichter ersetzen, vgl. § 1035 Abs. 3–5 ZPO. Wird keine Ernennende Stelle festgelegt, so sieht Art. 6 Abs. 2 UNCITRAL-SchiedsO vor, dass auf Antrag einer Partei der Generalsekretär des Ständigen Schiedsgerichts in Den Haag die Bestimmung der Ernennenden Stelle vornimmt. 40

Die UNCITRAL-SchiedsO trifft allerdings noch keine Vorsorge für Schiedsverfahren mit mehr als zwei Parteien – **Multi-Party-Arbitration.** Wegen der Schwierigkeiten, die insbesondere mit der Bildung des Schiedsgerichts für Mehrparteien-Schiedsverfahren verbunden sein können,[43] ist es in dieser Situation empfehlenswert, keine ad hoc-Schiedsvereinbarung abzuschließen, sondern die **institutionelle Schiedsgerichtsbarkeit** zu wählen. Die Schiedsordnungen der führenden Schiedsgerichtsinstitutionen, sind vor wenigen Jahren auch als Folge des sogenannten *Dutco-Urteils*[44] überarbeitet worden. Sie tragen den Anforderungen an die Bestellung eines Schiedsgerichts für ein Mehrparteien-Schiedsverfahren in ausreichender Form für den Fall Rechnung, dass sich die Parteien nicht auf die Einsetzung des Schiedsgerichts einigen können.[45] 41

Bei der **institutionellen Schiedsgerichtsbarkeit** hält die Schiedsgerichtsorganisation für die Parteien bestimmte Dienstleistungen vor, die von der Muster-Schiedsvereinbarung[46] bis zur Kontrolle des Schiedsspruchs auf Formfehler reichen können.[47] 42

---

[42] Abgedruckt bei: *Bülow/Böckstiegel/Geimer/Schütze*, a.a.O., Bd. 2, S. 753.4 ff.; hierzu Lionnet, a.a.O., S. 90 ff.
[43] Hierzu *Lionnet*, a.a.O., S. 208 ff.
[44] Franz. *Cour de Cassation*, BB 1992, Beilage 15, S. 27; hierzu statt aller: *Lionnet*, a.a.O., S. 214 f.
[45] Vgl. nur § 13 DIS-Schieds-O, Art. 10 ICC-SchiedsO; Art. 8 LCIA-Schieds-O.
[46] Vgl. die Standard-Schiedsklauseln der DIS und der ICC, abgedruckt bei *Raeschke-Kessler/Berger*, a.a.O., S. 257 f. u. Art. 27 ICC-SchiedsO, a.a.O., S. 293.
[47] So etwa bei der ICC-Schiedsgerichtsbarkeit gemäss Art. 27 ICC-SchiedsO.

8.2.3.1 Entscheidung für ein ad hoc-Schiedsverfahrens

43 Ein ad hoc-Schiedsverfahren sollte nur dann gewählt werden, wenn der zukünftige Streit sich in einer vertrauten rechtlichen Umgebung abwickelt und nicht mehr als zwei Parteien an der Schiedsvereinbarung beteiligt sind. Im internationalen Wirtschaftsverkehr sollte es nur dann eingesetzt werden, wenn die Parteien aus Ländern mit gleicher oder ähnlicher Rechtstradition stammen, etwa aus Deutschland oder der Schweiz. Ferner ist eine einigermaßen sichere Prognose wünschenswert, dass die Kooperationsbereitschaft der Parteien auch bei der Einleitung und Durchführung eines Schiedsverfahrens andauert, so dass nicht ständig auf die Unterstützungsfunktion der staatlichen Gerichte zurückgegriffen werden muss, vgl. nur § 1035 Abs. 3 u. 4 ZPO.[48]

8.2.3.2 Entscheidung für die institutionelle Schiedsgerichtsbarkeit

44 Als Faustregel gilt: Verträge über Großvorhaben, die in einer rechtlich schwierigen Umgebung durchzuführen sind, sollten ein Schiedsverfahren der institutionellen Schiedsgerichtsbarkeit in der Schiedsvereinbarung vorsehen. Das gilt erst recht, wenn die Parteien aus unterschiedlichen Rechtskulturen stammen, wie aus dem kontinentaleuropäischen und dem anglo-amerikanischen Rechtskreis.[49]

45 Bei der Abfassung der Schiedsvereinbarung bzw. der Schiedsklausel ist darauf zu achten, dass die institutionelle Schiedsgerichtsorganisation, unter deren Verfahrensordnung das Schiedsverfahren durchgeführt werden soll, genau und fehlerfrei bezeichnet ist. **Fehler in der Bezeichnung** der gewünschten Organisation können bis zur Unwirksamkeit oder Nichtigkeit der Schiedsvereinbarung führen und damit – ungewollt – die Zuständigkeit der staatlichen Gerichte – etwa im Land des Vertragspartners – eröffnen, vgl. nur § 1032 Abs. 1 ZPO = Art. 8 Abs. 1 UNCITRAL-Modellgesetz sowie Art. II Abs. 3 NYÜ.[50]

46 Soll ein Schiedsverfahren der institutionellen Schiedsgerichtsbarkeit unterstellt werden, ist es bei der Abfassung der Schiedsvereinbarung einfach, eine „pathologische" und damit gegebenenfalls unwirksame Schiedsklausel zu vermeiden. Es ist lediglich der Wortlaut der von der ins Auge gefassten Schiedsgerichtsorganisation vorgegebenen **Musterklausel** zu verwenden und nicht der Versuch zu unternehmen, eine eigene Schiedsvereinbarung zu entwerfen. Die Musterklauseln der DIS, ICC und des LCIA sind unten (Ziff. 8.4) wiedergegeben.

8.2.3.3 Vorteile der institutionellen Schiedsgerichtsbarkeit

47 Die führenden Schiedsgerichtsinstitutionen stellen den Parteien vor allem ihre **Schiedsgerichtsordnungen** zur Verfügung und überwachen und steuern die Einleitung eines Schiedsverfahrens sowie gegebenenfalls auch die Bildung des Schiedsgerichts. Die Schiedsgerichtsorganisationen ersetzen insoweit die Hilfestellung durch ein staatliches Gericht, wie sie etwa § 1035 Abs. 3 u. 4 ZPO vorsieht.[51]

48 Ein besonderer Vorteil der institutionellen Schiedsgerichtsbarkeit besteht jedoch darin, dass die Parteien im Vorfeld eines Schiedsverfahrens die Möglichkeit haben, sich über dessen wahrscheinlichen Ablauf und die für seine Einleitung notwendigen Schritte objektiv informieren zu lassen. Das kann durch das Einholen von **Auskünften**

---

[48] *Raeschke-Kessler/Berger*, a. a. O., Rdn. 62.
[49] *Raeschke-Kessler/Berger*, a. a. O., Rdn. 74.
[50] Zu pathologischen Schiedsvereinbarungen: *Raeschke-Kessler/Berger*, a. a. O., Rdnrn. 313 ff.; *Redfern/Hunter*, a. a. O., Rdnrn. 3–63 ff.
[51] Vgl. §§ 12 ff. DIS-SchiedsO; Art. 8 ff. ICC-SchiedsO.

Geeignete Rechtsschutzform: Nationale und internationale Schiedsgerichtsbarkeit

bei der Geschäftsstelle der jeweiligen Institution geschehen. So können etwa bei Verdachtsmomenten einer Partei, die sich gegen die Unabhängigkeit und Unparteilichkeit eines Schiedsrichters richten, deren Verfahrensbevollmächtigte im informellen und vertraulichen Gespräch mit der Schiedsgerichtsinstitution erörtern, ob die Verdachtsmomente ausreichen, um ein Ablehnungsgesuch mit Aussicht auf Erfolg einzureichen. Teilt die Geschäftsstelle daraufhin mit, dass die geschilderten Verdachtsmomente nach der ständigen Praxis der Schiedsgerichtsinstitution die Ablehnung eines Schiedsrichters nicht rechtfertigen, so wird der Ablehnungsantrag unterbleiben. Das aber ist für den atmosphärischen Ablauf des Schiedsverfahrens von großer Bedeutung, weil die erfolglose Ablehnung eines Schiedsrichters erhebliche psychologische Auswirkungen auf das Verfahren haben kann.

Ebenso wichtig und nützlich ist die **Betreuung der Schiedsrichter** durch die 49 Schiedsgerichtsinstitutionen. Diese können vor allem in schwierigen verfahrensrechtlichen Situationen das Problem mit der jeweiligen Geschäftsstelle erörtern, ohne dass hierdurch in ihre ausschließliche Entscheidungsfreiheit und Entscheidungsbefugnis eingegriffen wird. Das setzt naturgemäß voraus, dass die ausgewählte Schiedsgerichtsinstitution auch tatsächlich über eine breite Erfahrung in der Administration und Betreuung von Schiedsverfahren verfügt, wie dies etwa bei der ICC oder DIS der Fall ist.

Die institutionelle Schiedsgerichtsbarkeit ist insbesondere empfehlenswert, wenn 50 mehr als zwei Parteien am Vertrag und damit an der Schiedsvereinbarung beteiligt sind. Dann können auch an einem zukünftigen Schiedsverfahren mehr als zwei Parteien beteiligt sein – **Multi-Party-Arbitration** –.[52] Dabei können Probleme bei der Bildung eines Dreier-Schiedsgerichts auftreten, wenn jede Partei für sich beansprucht, „ihren" Schiedsrichter ernennen zu dürfen. Die Schiedsordnungen haben dieses Problem gelöst (s. Rdn. 41 f.).

Die Schiedsgerichtsinstitutionen verlangen für ihre **Serviceleistungen** streitwertab- 51 hängige **Vergütungen,** die jedoch auf einen Höchstbetrag begrenzt sind. So beträgt die DIS-Bearbeitungsgebühr mindestens DM 750,–, höchstens jedoch DM 50000,– für eine Klage mit einem Streitwert von mehr als DM 7,8 Mio.[53]

8.2.4 Auswahl einer Schiedsgerichtsinstitution

Für die Durchführung eines Schiedsverfahrens sollte ausschließlich eine Schiedsge- 52 richtsinstitution ausgewählt werden, die über langjährige Erfahrung in der Betreuung und Abwicklung nationaler und internationaler Schiedsverfahren verfügt, eine feste und gesicherte Organisationsstruktur besitzt und deren internationaler Ruf ausgezeichnet ist. Kurz: Es sollte ausschließlich eine der führenden internationalen Schiedsgerichtsinstitutionen ausgewählt werden. Nur diese sind erfahrungsgemäß in der Lage, den besonderen Service zu bieten, den die Parteien sich mit der Wahl einer Schiedsgerichtsinstitution für ein mögliches späteres Schiedsverfahren erhofft haben. Im folgenden werden die DIS, ICC, LCIA und ICSID vorgestellt. In der internationalen Schiedsgerichtsbarkeit anerkannt sind auch das *Internationale Schiedsgericht der Wirtschaftskammer Österreich,* die *American Arbitration Association* – AAA – und das *Arbitration Institute of the Stockholm Chamber of Commerce.* Diese Institutionen stehen jedoch für deutsche Unternehmen nicht (mehr) im Vordergrund, insbesondere nachdem jetzt das gesamte Gebiet des früheren COMECON für die ICC-Schiedsgerichtsbarkeit zugänglich ist. Insoweit wird auf die Beschreibung in den Handbüchern über die Schiedsgerichtsbarkeit verwiesen.[54]

---

[52] Hierzu ausführlich *Lachmann,* a. a. O., Rdnrn. 647 ff.
[53] Siehe Anlage zu § 40.5 DIS-SchiedsO, Nr. 15.
[54] Statt aller: *Lionnet,* a. a. O., S. 272 ff.

8.2.4.1 Deutsche Institution für Schiedsgerichtsbarkeit e. V. – DIS

53   Soll der Schiedsort in Deutschland liegen, so bietet sich zu dessen institutioneller Betreuung ohne weiteres die DIS – Deutsche Institution für Schiedsgerichtsbarkeit e. V.[55] an. Sie ist die führende deutsche Schiedsgerichtsorganisation und betreut die nationale und internationale Schiedsverfahren, die nach der **DIS-SchiedsO vom 1. 7. 1998**[56] durchzuführen sind. Die DIS-SchiedsO enthält in der Anlage zu § 40.5 eine **feste Honorarordnung** für die Schiedsrichter, die international üblichen Maßstäben entspricht und bei hohen Streitwerten deutlich nach unten von nach der BRAGO berechneten Gebühren abweicht. Die DIS unterhält enge Verbindungen zum DIHT und zu den deutschen Industrie- und Handelskammern. Sie verfügt über Geschäftsstellen in Bonn und Berlin. Ihr Vorsitzender ist Prof. Dr. Karl-Heinz Böckstiegel, Köln, der Generalsekretär RA Jens Bredow.

8.2.4.2 ICC-International Court of Arbitration

54   Die führende internationale Schiedsgerichtsorganisation, die weltweit Schiedsverfahren betreut, ist der ICC International Court of Arbitration der Internationalen Handelskammer – ICC – mit Sitz in Paris.[57] Die **ICC-SchiedsO** ist 1997 gründlich überarbeitet worden und wird den Bedürfnissen der internationalen Schiedsgerichtsbarkeit in vollem Umfang gerecht.[58]

55   Die Wahl eines ICC-Schiedsverfahrens ist insbesondere dann empfehlenswert, wenn die **Vertragsparteien aus unterschiedlichen Rechtskulturen** stammen, wie etwa der deutschen und der anglo-amerikanischen und daher während eines Schiedsverfahrens mit dem Aufeinanderprallen unterschiedlicher prozessualer Gewohnheiten und Praktiken zu rechnen ist. Gerade für diesen Fall kann die informelle Beratung der Parteien und des Schiedsgerichts durch das Sekretariat der ICC eine unschätzbare Hilfe sein, auftauchende Schwierigkeiten, die den Ablauf des Schiedsverfahrens beeinträchtigen können, rechtzeitig und angemessen in den Griff zu bekommen.

56   ICC-Schiedsverfahren, die von einer deutschen Partei eingeleitet werden, werden regelmäßig von dem jeweiligen **deutschsprachigen Sekretär** – Counsel – des ICC-Sekretariats betreut, auch dann, wenn die Verfahrenssprache englisch ist. Auch die Mitarbeiter dieses Sekretärs sind sprachkundig, so dass der informelle Verkehr zwischen dem ICC-Schiedsgerichtshof und den Parteien bzw. den Schiedsrichtern ohne weiteres auf Deutsch abgewickelt werden kann.

57   Auch die ICC-SchiedsO verfügt über eine **Honorarordnung** für das Schiedsgericht, wobei dem ICC-Schiedsgerichtshof bei der Festsetzung der Honorare im konkreten Fall innerhalb gewisser Bandbreiten ein Ermessen zusteht, das sich an der Schwierigkeit des Falles und dem vom Schiedsgericht benötigten Zeitaufwand orientiert.[59] Eine Besonderheit des ICC-Schiedsverfahrens ist der von den Parteien und vom Schiedsgericht gemeinsam in einem frühen Stadium des Schiedsverfahrens anzufertigende Schiedsauftrag nach Art. 18 ICC-SchiedsO, die sogenannten **„Terms of Re-**

---

[55] Adenauerallee 148, 53113 Bonn, Tel.-Nr. 0228/1042711, FAX-Nr. 0228/1042714, http://www.DIS-Arb.de.
[56] Abgedruckt in *Raeschke-Kessler/Berger*, a. a. O., S. 261 ff.
[57] ICC International Court of Arbitration, 38 Cours Albert 1er, 7500 Paris, Frankreich, Tel. 00331-1-49532828, Fax 00331-1-49532933, Internet www./iccwbo.org.; die ICC-SchiedsO ist abgedruckt bei *Raeschke-Kessler/Berger*, a. a. O., S. 279 f.
[58] *Schwab/Walter*, a. a. O., Rdnrn. 1 ff.
[59] Anhang III zur ICC-SchiedsO, abgedruckt bei *Raeschke-Kessler/Berger*, a. a. O., S. 302 ff.

ference".⁶⁰ Richtig angewandt vermögen die Terms of Reference den entscheidungserheblichen Streitstoff bereits in einem relativ frühen Verfahrensstadium zu begrenzen. Sie können damit erheblich zur Konzentration und Beschleunigung des Schiedsverfahrens beitragen, weil sie den Parteien erlauben, sich im schriftsätzlichen Vortrag auf die Streitpunkte zu beschränken, die in die Terms of Reference aufgenommen worden sind.

Endet das Schiedsverfahren mit einem Schiedsspruch durch das Schiedsgericht, so **überprüft** der ICC-Schiedsgerichtshof den Entwurf des Schiedsgerichts auf mögliche **formelle Fehler,** die eine spätere Vollstreckung behindern könnten, Art. 27 ICC-SchiedsO. Das ist eine weitere Besonderheit des ICC-Schiedsverfahrens.⁶¹ Der ICC-Schiedsgerichtshof darf dabei das Schiedsgericht auch auf materielle Punkte aufmerksam machen, die nach seiner Ansicht klärungsbedürftig sind, ohne hierdurch in die ausschließliche Entscheidungsbefugnis des Schiedsgerichts einzugreifen. Das Schiedsgericht kann einen materiell-rechtlichen Hinweis ohne weiteres ignorieren. **58**

8.2.4.3 The London Court of International Arbitration – LCIA –

Soll dem Vertrag ein anglo-amerikanisches Recht zu Grunde liegen und soll ein zukünftiges Schiedsverfahren an einem Ort in diesem Rechtsraum durchgeführt werden, kann das Schiedsverfahren der Schiedsordnung des London Court of International Arbitration – LCIA –⁶² unterstellt werden. Die LCIA-SchiedsO ist 1997 auch als Folge des englischen Arbitration Act von 1996⁶³ gänzlich überarbeitet worden.⁶⁴ Sie kennt jedoch keinen festen nach oben begrenzten Honorarrahmen für das Schiedsgericht. Das **Honorar der Schiedsrichter** wird vielmehr nach dem tatsächlichen **Zeitaufwand** festgesetzt, wobei der Honorarrahmen je Schiedsrichter gegenwärtig pro Arbeitstag zwischen £ 800 bis £ 2000 liegt und der Stundensatz der Schiedsrichter zwischen £ 100 bis £ 250. Das ergibt sich aus dem LCIA Schedule of Fees and Costs vom 1. 1. 1998.⁶⁵ Damit können Schiedsverfahren sehr teuer werden, die einen englischen Vorsitzenden haben, der eine Beweisaufnahme und mündliche Verhandlung von mehreren Wochen Dauer für erforderlich hält, was in anglo-amerikanisch geprägten Verfahren nicht selten geschieht. **59**

8.2.4.4 The International Centre for Settlement of Investment Disputes – ICSID –

Wird das Vorhaben der Parteien von der Weltbank-Gruppe finanziert, besteht die Möglichkeit, ein späteres Schiedsverfahren der Schiedsordnung des International Centre for Settlement of Investment Disputes – ICSID –⁶⁶ zu unterwerfen, das zur Weltbank-Gruppe gehört und seinen Sitz in Washington D.C., USA, hat. Das gilt insbesondere dann, wenn der Vertragspartner ein Staat, etwa ein Entwicklungsland, ist **60**

---

⁶⁰ Hierzu *Schwab/Walter,* a.a.O., Kap. 52, Rdn. 3.
⁶¹ *Hascher,* Scrutiny of Draft Awards by the Court: ICC Bulletin 1995, Nr. 1, S. 51 ff. u. ICC Bulletin 1996, Nr. 1, S. 14 ff.
⁶² The London Court of International Arbitration – LCIA –, 8 Breams Buildings, Chancery Lane, London EC 4A 1 HP, Tel. 0044-20-7405 8008, Fax 0044-20-7405 8009, Internet: www.lcia-arbitration.com.
⁶³ Abgedruckt in: International Handbook on Commercial Arbitration, a.a.O., Bd. II, mit einem Kommentar von *V. V. Veeder,* QC.
⁶⁴ Abgedruckt bei *Bülow/Böckstiegel/Geimer/Schütze,* a.a.O., S. 754.1 ff.
⁶⁵ Insoweit nicht abgedruckt bei *Bülow/Böckstiegel/Geimer/Schütze.*
⁶⁶ ICSID, 1818 H Street, N.W., Washington, D.C. 20433, USA, Tel. 001-202-458-1534; Fax 001-202-522-2615; Internet: http://www.worldbank.org/icsid/icsid.

8. Teil. Vorsorge für ausreichenden Rechtsschutz im Konfliktfall

(s. Rdn. 22). Die Erfahrungen mit der ICSID-Schiedsgerichtsbarkeit sind jedoch nicht durchweg positiv, weil unter bestimmten Voraussetzungen jede Partei nach Art. 52 ICSID-Konvention beim ICSID-Generalsekretär die Aufhebung des Schiedsspruchs beantragen kann.[67] Die Verfahren der bisher nach der ICISD-Konvention entschiedenen Streitfälle mit zum Teil pathologischem Ablauf sind von *Böckstiegel* nachgezeichnet.[68]

61 Das ICISD-Übereinkommen ermöglicht, auch Streitigkeiten, die im Zusammenhang mit privaten Investitionen zwischen einem Vertragsstaat des Übereinkommens und dem Angehörigen eines anderen Vertragsstaats entstehen, außergerichtlich durch ein **Vergleichsverfahren** nach Art. 28 ff. beizulegen.

8.2.4.5 Rechtsschutz durch die multilaterale Investitions-Garantie-Agentur (MIGA)

62 Bei Investitionsvorhaben in Entwicklungsländern ist vor Vertragsschluss zu prüfen, ob diese innerhalb des völkerrechtlichen Übereinkommens zur Errichtung der multilateralen Investitions-Garantie-Agentur (MIGA)[69] gegen die besonderen nicht kommerziellen Risiken versichert werden können, die Privatinvestitionen in Ländern mit nicht gesicherter und stabiler Rechts- und Wirtschaftsordnung gefährden können. Die MIGA ist eine mit der Weltbank verbundene, aber rechtlich selbständige Organisation, die Kapitalanlagen in Entwicklungsländern gegen nicht kommerzielle Risiken, nämlich Beschränkungen von Umtausch und Transfer der Währung des Gastlandes, Enteignungen und ähnliche Maßnahmen, Risiken im Zusammenhang mit Krieg und zivilen Unruhen, aber auch gegen das Risiko der Vertragsverletzung versichert.[70] Die MIGA hat Operational Regulations erlassen[71] und verfügt über General Conditions of Guarantee for Equity Investment.[72]

63 Der Versicherungsschutz der MIGA eröffnet automatisch die internationale Schiedsgerichtsbarkeit. Hierzu bedarf es weder einer ausdrücklichen Schiedsklausel im Investitionsvertrag zwischen Investor und Gastland, noch eines besonderen Investitionsschutzabkommens zwischen Gastland und Heimatstaat des Investors.[73]

8.2.5 Nacheinanderschaltung von Schlichtungsverfahren/ Mediation und Schiedsverfahren möglich

64 Bei großen Vorhaben kann es zweckmäßig sein, in die Schiedsvereinbarung die Absprache über ein mehrstufiges Verfahren aufzunehmen, etwa dergestalt, dass die Parteien zunächst ein nicht verbindliches Schlichtungs/Mediation-Verfahren mit dem Ziel einer gütlichen Einigung zu durchlaufen haben, bevor das Schiedsgericht zur verbindlichen Streitentscheidung angerufen werden kann. Eine Partei darf erst dann das Schiedsgericht anrufen, wenn das Mediation-/Schlichtungsverfahren erfolglos geendet hat.[74]

---

[67] Hierzu *Böckstiegel* in Bülow/Böckstiegel/Geimer/Schütze, a.a.O., Bd. II, S. 720.7 a.
[68] *Böckstiegel*, a.a.O., Bd. II, S. 720.21 ff.
[69] V. 11. 10. 1985 (BGBl. 1987 II, S. 454; abgedruckt und kurz kommentiert mit ausführlichem Literaturverzeichnis bei *Bülow/Böckstiegel/Geimer-Schütze*, a.a.O., Bd. II, S. 724.1 ff.
[70] *Böckstiegel*, a.a.O., S. 724.2.
[71] ICSID Review-FILJ 1988, S. 364 ff.
[72] ICSID Review-FILJ 1989, S. 114 ff.
[73] *Böckstiegel*, a.a.O, S. 724.3.
[74] Vgl. BGH WM 1999, 651 f.; für das Verhältnis Schlichtungsverfahren und Zuständigkeit des staatlichen Gerichts.

Ein zweistufiges Verfahren – erst Schlichtung, bei deren Fehlschlag Schiedsverfahren – kann insbesondere mit Vertragspartnern aus anglo-amerikanischen Ländern empfehlenswert sein, die Vergleichsbemühungen des Schiedsgerichts, wie sie der deutschen Tradition entsprechen, eher ablehnend gegenüberstehen und ihre Zustimmung hierzu häufig nicht erteilen.[75] Es gibt jedoch auch kontinental-europäische Schiedsrichter, die es ablehnen, innerhalb des Schiedsverfahrens Vergleichsvorschläge vorzulegen. In einer derartigen Umgebung steht im Schiedsverfahren ausschließlich die Streitentscheidung nach rechtlichen Gesichtspunkten im Vordergrund. Dann sind wirtschaftliche Erörterungen, die zu einer Streitbeilegung im Wege des vernünftigen und für beide Seiten vorteilhaften wirtschaftlichen Kompromisses führen, jedenfalls mit dem Schiedsgericht nicht möglich. Diese Situation kann das Vorschalten eines unverbindlichen Schlichtungsverfahrens mit dem Ziel, trotz des entstandenen Streites nach der wirtschaftlich vernünftigen gemeinschaftlichen Lösung zu suchen, sinnvoll machen, insbesondere, wenn abzusehen ist, dass das Schiedsgericht eine umfangreiche Beweisaufnahme – etwa auch unter Beteiligung von Sachverständigen – durchführen muss, deren Ergebnis stets mit Risiken verbunden ist. 65

Zu berücksichtigen ist jedoch bei einem derart zweistufigen Verfahren, dass die Einleitung eines Schlichtungsverfahrens die **Verjährung** nicht unterbricht.[76] Verjährungsunterbrechende Wirkung hat nur die ordnungsgemäße Einleitung eines Schiedsverfahrens, §§ 220, 209 BGB.[77] Nach deutschem Recht ist es nicht möglich, bereits vor Ablauf der Verjährung auf die Einrede der Verjährung zu verzichten, weil damit nach Auffassung des Bundesgerichtshofs die zwingende Vorschrift des § 225 BGB umgangen wird.[78] Daher muss bei drohendem Verjährungsablauf dafür Vorsorge getroffen werden, dass die Verjährung rechtzeitig durch die Einleitung eines Schiedsverfahrens unterbrochen werden kann. Dem tragen die Musterklauseln Rechnung.[79] 66

8.3 Inhalt einer Schiedsvereinbarung

Wegen der Gefahr, dass eine fehlerhaft entworfene Schiedsvereinbarung unwirksam ist und damit die Zuständigkeit der staatlichen Gerichte eröffnet,[80] ist es notwendig, bei der Abfassung sorgfältig vorzugehen. Das gilt insbesondere für Schiedsvereinbarungen über ad hoc-Verfahren. Soll das Schiedsverfahren dagegen nach den Regeln einer Schiedsgerichtsinstitution durchgeführt werden, ist lediglich deren Musterschiedsklausel genau zu übernehmen. 67

Eine Schiedsvereinbarung muss **schriftlich** abgeschlossen werden, sei es als Schiedsklausel innerhalb eines Vertragswerks oder als selbständige Vereinbarung (Schiedsabrede), vgl. § 1029 Abs. 2 ZPO = Art. 7 Abs. 1 UNCITRAL– Modellgesetz. 68

8.3.1 Die Schiedsvereinbarung muss umfassend sein

Die Schiedsvereinbarung sollte alle möglichen Ansprüche abdecken, die sich aus dem Vertragsverhältnis ergeben können, einschließlich solcher aus unerlaubter Handlung. Dies wird regelmäßig erreicht, indem eine Formulierung gewählt wird, die 69

---

[75] Hierzu *Michael E. Schneider*, Combining Arbitration with Conciliation, ICCA Congress Series 1998, Nr. 8, S. 57 ff.
[76] BGH WM 1993, 620, 622.
[77] Hierzu MünchKomm-*von Feldmann*, 3. Aufl., § 220, Rdnrn. 1 ff.
[78] BGH NJW 1998, 902, 903 m. w. N.
[79] S. unten Rdnrn. 88 ff.
[80] S. o. Rdn. 45.

„sämtliche Streitigkeiten aus oder im Zusammenhang mit dem zwischen den Parteien geschlossenen Vertrag vom ..." der Entscheidung durch ein Schiedsgericht zuweist.

8.3.2 Anzahl der Schiedsrichter

70   In der Schiedsvereinbarung festzulegen ist die Anzahl der Schiedsrichter, vgl. § 1034 Abs. 1 ZPO = Art. 10 UNCITRAL-Modellgesetz. Bei einem ad hoc-Schiedsverfahren, das den UNCITRAL-Regeln folgt, sollte die Ernennende Stelle bestimmt werden (s. o. Rdn. 40), die gegebenenfalls die Ersatzbestellung für einen fehlenden Schiedsrichter vornimmt. Bei Verträgen über Projekte von erheblicher wirtschaftlicher Bedeutung sollte das Schiedsgericht grundsätzlich aus drei Personen und nicht aus einem Einzelschiedsrichter bestehen.

8.3.3 Bestimmung des „Sitzes" für das Schiedsgericht

71   In der Schiedsvereinbarung sollte der Sitz des Schiedsgerichts festgelegt werden, vgl. § 1043 ZPO = Art. 20 UNCITRAL-Modellgesetz. Das ist wichtig für die Regeln, nach denen sich die Anfechtbarkeit und die Vollstreckbarkeit eines Schiedsspruchs richtet. Für den Schiedsspruch eines Schiedsgerichts mit Sitz in Deutschland gelten insoweit die §§ 1059 u. 1060 ZPO. Ein ausländischer Schiedsspruch kann nur vor dem ausländischen staatlichen Gericht angefochten werden, das für den Sitz des Schiedsgerichts zuständig ist. Die Vollstreckung eines ausländischen Schiedsspruchs in Deutschland kann nur unter den engen Voraussetzungen des New Yorker Übereinkommens verhindert werden, § 1061 ZPO. Als Sitz des Schiedsgerichts sollte nur ein Ort gewählt werden, der gut erreichbar ist und von dem bekannt ist, dass er über die für die Durchführung eines größeren Schiedsverfahrens notwendige Infrastruktur verfügt und dessen anzuwendendes zwingendes Verfahrensrecht keine Überraschung für die deutsche Partei bereit hält. Ist der Sitz im Ausland, sollten deshalb nur Länder wie die Schweiz, Frankreich, England usw. gewählt werden, exotische Länder sollten dagegen ausscheiden.

72   Das vom Schiedsgericht **anzuwendende Verfahrensrecht** sollte grundsätzlich mit dem Verfahrensrecht übereinstimmen, das für den Sitz des Schiedsgerichts gilt. Das Auseinanderfallen von Sitz und anwendbarem Verfahrensrecht kann gefährlich werden, wenn die rechtlichen Konsequenzen nicht genau überblickt werden können.

8.3.4 Sprache des Schiedsverfahrens

73   Die Sprache, in der das Schiedsverfahren zu führen ist, ist in der Schiedsvereinbarung festzulegen, vgl. § 1045 ZPO Art. 22 UNCITRAL-Modellgesetz. Das gleiche gilt für die Sprache der vorzulegenden Dokumente. Später lässt sich eine Einigung hierüber kaum mehr herbeiführen, wenn der Streit bereits entstanden ist und jede Partei das Schiedsverfahren in ihrer Sprache führen will.

8.3.5 Festlegung des materiellen Rechts

74   Bei einem Vertrag mit einem ausländischen Partner sollte das vom Schiedsgericht anzuwendende materielle Recht in der Schiedsvereinbarung festgeschrieben werden. Geschieht dies nicht, kann im Streitfall ungewiss sein, welches Recht das Schiedsgericht anwenden wird, deutsches Recht oder das materielle Recht des ausländischen Vertragspartners, vgl. Art. 28 EGBGB. Nach einer inzwischen im Vordringen befindlichen Auffassung kann das Schiedsgericht in einer derartigen Situation auch auf trans-

nationale Rechtsgrundsätze wie die UNIDROIT-Prinzipien zurückgreifen.[81] Das wird jedoch von einer mehr traditionellen Auffassung abgelehnt, die bei fehlender Rechtswahl an die herkömmlichen IPR-Regeln anknüpft.[82] Diese können jedoch zu völlig unterschiedlichen Ergebnissen führen.

8.3.6 Kostenregelung

Ist der Vertragspartner ein ausländisches Unternehmen, insbesondere aus dem anglo- 75 amerikanischen Rechtskreis, muss an die Regelung der Verfahrens- und Anwaltskosten gedacht werden. Im anglo-amerikanischen Rechtskreis ist die Verteilung der Verfahrenskosten nach dem Ergebnis des Schiedsverfahrens nicht unbedingt üblich. Häufig werden die Kosten unabhängig vom Ergebnis gegeneinander aufgehoben.

8.3.7 Kein Ausschluss der Anfechtbarkeit

Nicht empfehlenswert ist es, die Anfechtbarkeit des Schiedsspruchs bereits in der 76 Schiedsvereinbarung auszuschließen, wenn das Schiedsgericht seinen Sitz im Ausland hat. In Deutschland wäre der Ausschluss unwirksam.[83] In einigen Staaten ist ein derartiger Ausschluss zulässig, vgl. Art. 192 Abs. 1 Schweizerisches IPRG. Man begibt sich damit unnötig der Möglichkeit, einen grob fehlerhaften Schiedsspruch durch das staatliche Gericht am Sitz des Schiedsgerichts aufheben zu lassen und damit weltweit dessen Fähigkeit zu beseitigen, in einem anderen Staat für vollstreckbar erklärt zu werden, vgl. Art. V Abs. 1 Nr. 1 lit.e) NYÜ.

8.4 Musterklauseln

8.4.1 Muster einer Rechtswahl- und Gerichtsstandsvereinbarung

Der Vertrag unterliegt deutschem Recht. Gerichtsstand für alle aus diesem Vertrag 77 entstehenden Streitigkeiten ist ... (Ort mit Sitz mindestens eines Landgerichts).

8.4.2 Muster für eine ad hoc-Schiedsklausel[84]
8.4.2.1 Deutsche Fassung

(1) Sämtliche Streitigkeiten, die aus oder im Zusammenhang mit diesem Vertrag 78 entstehen. oder die sich auf dessen Verletzung, Auflösung oder Nichtigkeit beziehen, werden durch ein Schiedsgericht nach der zurzeit gültigen UNCITRAL-SchiedsO entschieden.

(2) Ernennende Stelle (Appointing Authority) soll ... sein (Funktion der ernennenden Person und die Einrichtung, der sie angehört, z. B. der Generalsekretär der Deutschen Institution für Schiedsgerichtsbarkeit e. V. – DIS).

(3) Die Anzahl der Schiedsrichter beträgt ... (1 oder 3).

---

[81] Vgl. *Raeschke-Kessler/Berger*, a. a. O., Rdnrn. 728 ff.
[82] *Sandrock*, Die objektive Anknüpfung von Verträgen nach § 1051 Abs. 2 ZPO, RIW 2000, 321 ff.
[83] BGHZ 96, 40, 42 (noch zum alten Recht).
[84] UNCITRAL-Musterklausel.

8. Teil. Vorsorge für ausreichenden Rechtsschutz im Konfliktfall

(4) Schiedsort ist ... (Stadt und Land; z. B. Genf, Schweiz).

(5) Die Sprache des schiedsrichterlichen Verfahrens ist ... (z. B. Deutsch)

Mögliche Ergänzung: Dokumente in der ... Sprache (z. B. Englisch) brauchen nicht in die Verfahrenssprache übersetzt zu werden.

(6) Es gilt ... (z. B. deutsches) Recht.

8.4.2.2 Englischer Text

79 (1) Any dispute, controversy or claim arising out of or relating to this contract, or the breach, termination or invalidity thereof, shall be settled by arbitration in accordance with the UNCITRAL Arbitration Rules as at present in force.

(2) The appointing authority shall be ... (name of function and institution);

(3) The number of arbitrators shall be ... (one or three);

(4) The place of arbitration shall be ... (town and country);

(5) The language to be used in the arbitral proceedings shall be ... (English).

Supplementary: Documents in (German) may be submitted without being translated into English.

(6) ... (German) law is to be applied to the Contract.

8.4.3 Musterklauseln der Schiedsgerichtsinstitutionen

80 Es ist empfehlenswert, die unten wiedergegebenen Musterklauseln der Schiedsgerichtsinstitutionen **um die Punkte (3)–(6) zu ergänzen**, die oben bei der **UNCITRAL-ad hoc-Schiedsklausel** angegeben sind.

8.4.3.1 Musterklausel der DIS:

81 **Deutsche Fassung:**

„Alle Streitigkeiten, die sich im Zusammenhang mit dem Vertrag (... Bezeichnung des Vertrages ...) oder über seine Gültigkeit ergeben, werden nach der Schiedsgerichtsordnung der Deutschen Institution für Schiedsgerichtsbarkeit e. V. (DIS) unter Ausschluss des ordentlichen Rechtsweges endgültig entschieden."

82 **Englisch:**

„All disputes arising in connection with the contract (... description of the contract ...) or its validity shall be finally settled in accordance with the Arbitration Rules of the German Institution of Arbitration e. V. (DIS) without recourse to the ordinary courts of law."

8.4.3.2 Musterklausel der ICC:

83 **Deutsch:**

„Alle aus oder in Zusammenhang mit dem gegenwärtigen Vertrag sich ergebenden Streitigkeiten werden nach der Schiedsgerichtsordnung der Internationalen Handelskammer von einem oder mehreren gemäß dieser Ordnung ernannten Schiedsrichtern endgültig entschieden."

84 **Englisch:**

„All disputes arising out of or in connection with the present contract shall be finally settled under the Rules of Arbitration of the International Chamber of Commerce by one oder more arbitrators appointed in accordance with the said Rules."

8.4.3.3 Musterschiedsklausel des LCIA:

„Any dispute arising out of or in connection with this contract, including any question regarding its existence, validity or termination, shall be referred to and finally resolved by arbitration under the LCIA Rules, which Rules are deemed to be incorporated by reference into this clause." 85

8.4.3.4 Musterklauseln der ICSID

Es gibt zahlreiche Musterklauseln der ICSID, weil sie den verschiedenen im ICSID geregelten Situationen Rechnung tragen wollen. Wiedergegeben wird daher lediglich die **Musterklausel I,** die voraussetzt, dass Parteien des Vertrages der Investor und unmittelbar der Investitionsstaat sind. Für die übrigen **Musterklauseln II–XIX** wird auf die Wiedergabe bei *Bülow/Böckstiegel/Geimer/Schütze,* Internationaler Rechtsverkehr, Bd. 2, S. 722.3 ff. verwiesen. 86

Musterklausel I

„The parties hereto hereby consent to submit to the International Centre for Settlement of Investment Disputes any dispute in relation to or arising out of this Agreement for settlement by conciliation/arbitration pursuant to the Convention on the Settlement of Investment Disputes between States and Nationals of Other States." 87

8.4.4 Muster für ein vorgeschaltetes Schlichtungsverfahren

8.4.4.1 Vorgeschaltete ad hoc-Schlichtungsvereinbarung (deutsche Fassung)

(1) Bei Streitigkeiten aus oder im Zusammenhang mit diesem Vertrag oder über seine Gültigkeit, werden die Parteien zunächst ein Schlichtungsverfahren mit dem Ziel einer gütlichen Einigung durchführen. 88

(2) Die Parteien haben sich innerhalb von ... Tagen auf die Person des Schlichters zu einigen. Gelingt dies nicht, wird der Schlichter auf Antrag einer Partei durch den Präsidenten der Handelskammer in ... ernannt.

(3) Der Schlichter hat das Schlichtungsverfahren nach eigenem Ermessen durchzuführen, sofern die Parteien sich hierüber nicht spätestens nach Einleitung eines Verfahrens einigen. Das Verfahren endet mit der Zustellung der Entscheidung des Schlichters an die Parteien, sofern es nicht vorher abgebrochen wird.

(4) Bleibt die erste Verhandlung des Schlichters mit dem Ziel eine gütliche Einigung herbeizuführen, ergebnislos, ist jede Partei berechtigt, das Schlichtungsverfahren abzubrechen und ein Schiedsverfahren gemäß der nachfolgenden Schiedsvereinbarung einzuleiten. Das gleiche gilt, wenn eine Partei einer Sachentscheidung des Schlichters nicht zustimmt.

(5) Droht während des Schlichtungsverfahrens der Ablauf der Verjährung, so ist die hierdurch belastete Partei berechtigt, das Verfahren in jedem Stadium abzubrechen und das Schiedsverfahren einzuleiten, sofern die andere Partei nach Aufforderung nicht unverzüglich auf die Einrede der Verjährung verzichtet.

Es folgt die Musterschiedsklausel wie oben Rdn. 78.

8.4.4.2 Vorgeschaltete ad hoc-Schlichtungsvereinbarung (englische Fassung)

89 (1) In all disputes arising in relation with this contract, or concerning its validity, the parties shall at first conduct a mediation procedure with the intent to reach an amicable settlement.

(2) The parties shall agree on the mediator within ... days. Should they fail to do so, the mediator shall be appointed by the president of the ... Chamber of Commerce at the request of one party.

(3) Unless the parties agree on the procedure after initiating the mediation, the mediator shall use his discretion with respect to said procedure. The mediation ends by the mediator's communicating his decision to the parties, unless it is terminated earlier.

(4) If the first hearing of the mediator does not result in an amicable settlement, as intended, each party has the right to terminate the mediation and to initiate arbitration in accordance with the following arbitration clause. The same applies if a party does not accept the mediator's decision on the merits.

(5) If the limitation period is due to expire during mediation, the burdened party has the right, at any stage, to terminate the mediation procedure and to initiate arbitration, unless the other party, upon request, immediately waives the defence of limitation.

8.4.4.3 Vorgeschaltete ICC-Schlichtung (deutsche Fassung)

90 (1) Bei Streitigkeiten, die sich im Zusammenhang mit diesem Vertrag oder über seine Gültigkeit ergeben, werden die Parteien zunächst ein Schlichtungsverfahren nach der ICC-Schlichtungsordnung in der jeweils gültigen Fassung mit dem Ziel einer gütlichen Einigung durchführen.

(2) Die Parteien haben sich innerhalb von ... Tagen auf die Person des Schlichters zu einigen. Gelingt dies nicht, wird der Schlichter auf Antrag einer Partei durch den Generalsekretär des Schiedsgerichtshofs der Internationalen Handelskammer ernannt.

(3) Wird das Schlichtungsverfahren abgebrochen oder stimmt eine Partei der Sachentscheidung des Schlichters nicht zu, ist jede Partei berechtigt, ohne weiteres das ICC-Schiedsverfahren gemäß der nachfolgenden Schiedsvereinbarung einzuleiten.

(4) Droht während des Schlichtungsverfahrens der Ablauf der Verjährung, so ist die hierdurch belastete Partei berechtigt, das Verfahren in jedem Stadium abzubrechen und das Schiedsverfahren einzuleiten, sofern die andere Partei nach Aufforderung nicht unverzüglich auf die Einrede der Verjährung verzichtet.

Es folgt die ICC-Musterschiedsklausel wie oben Ziff. 8.4.3.2.

8.4.4.4 Vorgeschaltete ICC-Schlichtung (englische Fassung)

91 (1) In disputes arising in connection with this contract or concerning its validity the parties shall at first conduct a conciliation/mediation procedure according to the ICC-Conciliation and/or Mediation Rules as in force at the beginning of the dispute, with the intent to reach an amicable settlement. The terms „mediation" and „conciliation" are used as synonyms.

(2) The parties shall agree on the conciliator/mediator within ... days. Should they fail to do so, the conciliator/mediator shall be appointed by the Secretary General of the ICC-Court of Arbitration, at the request of one party.

(3) In case the conciliation/mediation is terminated, or if a party does not accept the conciliator/mediator's decision on the merits, each party has the right to initiate immediately the ICC-Arbitration in accordance with the following arbitration clause.

(4) If the limitation period is due to expire during the conciliation/mediation, the burdened party has the right, at any stage, to terminate the conciliation/mediation procedure and to initiate arbitration, unless the other party, upon request, immediately waives the defence of limitation.

Es folgt die ICC-Musterschiedsklausel wie oben Rdn. 84 (englische Fassung).

Anmerkung zur ICC-Schlichtung

Die noch gültige ICC-Schlichtungsordnung von 1988 ist bisher nicht mit der ICC-Schiedsgerichtsordnung verknüpft. Hieran arbeitet gegenwärtig (Juli 2000) eine von der ICC-Commission on International Arbitration eingesetzte Arbeitsgruppe. Auch der englische Name für das Verfahren steht für die neue Schlichtungsordnung noch nicht fest. Bisher verwendet die ICC den Begriff „conciliation"; die gegenwärtigen ICC-Rules of Conciliation von 1988 haben sich jedoch nicht bewährt und sollen durch eine neue Schlichtungsordnung ersetzt werden, die voraussichtlich Ende 2000/Anfang 2001 in Kraft treten wird.

9. Teil. Projektdurchführung und Projektüberwachung

Übersicht

		Rdn.
9.1	Liefer- und Leistungsumfang des Auftragnehmers	5
9.2	Mitwirkungspflichten des Auftraggebers	27
9.3	Nebenpflichten des Auftragnehmers	37
9.4	Projektabwicklung und Organisation	45
9.5	Leistungszeit, Verzug und Sanktionen	55
9.6	Qualitätskontrolle vor Abnahme	73
9.7	Inbetriebsetzung/Inbetriebnahme, Abnahme und Übernahme, Eigentumsübergang	82
9.8	Gewährleistung	111
9.9	Höhere Gewalt (Force Majeure)	156
9.10	Kündigung	165
9.11	Allgemeine Haftung des Auftragnehmers und Haftungsbegrenzung	178
9.12	Schutzrechte	192
9.13	Projektbegleitende Streitbeilegung	199
9.14	„Nachlaufende" Leistungspflichten des Auftragnehmers	212
9.15	Vergütung des Auftragnehmers	223

Schrifttum: *Beitzke*, Höhere Gewalt-Klauseln, DB 1967, 1751 ff.; *Berger*, Vertragsstrafen und Schadenspauschalierungen im internationalen Wirtschaftsvertragsrecht, RIW 1999, 401 f.; *Beitzke*, Neuverhandlungs-, Revisions- und Sprechklauseln im internationalen Wirtschaftsvertragsrecht, RIW 2000, 1 ff., *Dünnweber*, Vertrag zur Erstellung einer schlüsselfertigen Industrieanlage im internationalen Wirtschaftsverkehr, 1984; *Fischer*, Die Abnahme beim Anlagengeschäft, DB 1984, 2125 ff.; *Goedel*, Die FIDIC-Bauvertragsbedingungen im internationalen Baurecht, RIW 1982, 81 f.; FIDIC New Red Book, Conditions of Contract for Construction, 1999; FIDIC Silver Book, Conditions of Contract for EPC Turnkey Projects, 1999; *Graf von Westphalen* in: Hopt/Graf v. Westphalen, Vertrags- und Formularbuch, 1995; *Grünhoff*, Die Konzeption des GMP-Vertrages – Meditation und Value Engineering, NZBau 2000, 313 ff.; *Heiermann/Riedel/Rusam*, Handkommentar zu VOB/B, 8. Aufl., 1997; *Joachim*, Der Managementvertrag, DZWiR, 1992, 397 ff. und 455 ff., *Joussen*, Der Industrieanlagen-Vertrag, 2. Auflage 1996; *Kapellmann/Schiffers*, Vergütung, Nachträge und Behinderungsfolgen beim Bauvertrag, Band 1: Einheitspreisvertrag, 4. Aufl. 2000, Band 2: Pauschalvertrag einschließlich Schlüsselfertigbau, 2. Aufl., 1997; *Kehlenbach*, Die neuen FIDIC-Musterbauverträge, ZfBR 1999, 291 ff.; *Kleine-Möller/Merl/Oelmaier*, Handbuch des Privaten Baurechts, 2. Aufl., 1997; *Kühnel*, Ausbildungsleistungen in Exportverträgen des deutschen Großanlagenbaus, RIW 1981, 533 ff.; *Kühnel*, Verfügbarkeitszusagen im Maschinen- und Anlagenbau, BB 1992, 934 ff.; *Labes*, Verfahrensoptionen der Alternativen Streitbeilegung („ADR"), DZWiR 1998, 353 ff.; *Lotz*, Der Begriff „schlüsselfertig" im Anlagenbau, BB 1996, 544 ff.; *Michaelis de Vasconcelos*; Muss der Anlagenbauer alles wissen?, NZBau 2000, 361 ff.; *Moeser*, Der Generalunternehmervertrag mit einer GMP-Preisabrede, ZfBR 1997, 113 ff.; *Nicklisch*, Instrumente der internationalen Handelsschiedsgerichtsbarkeit zur Konfliktregelung bei Verträgen, RIW 1978, 633; *Nicklisch* (Hrsg.), Sonderrisiken bei Bau- und Anlagenverträgen, BB 1991, Beilage 15 (Teil I), Beilage 20 (Teil II); *Nicklisch*, Mitwirkungspflichten des Bestellers beim Werkvertrag, insbesondere beim Bau- und Industrieanlagenvertrag, BB 1979, 533 ff.; *Reuter*, Was ist und wie funktioniert Projektfinanzierung?, DB 1999, 31 ff.; *Rosener* in: Schütze (Hrsg.) Münchener Vertragshandbuch, Band 2. Handels- und Wirtschaftsrecht, 4. Auflage 1997; *Schneider*, Die Abnahme in der Praxis internationaler Bau- und Anlagenverträge, ZfBR 1984, 101 ff.; *Stein/Berrer*, Praxis des Exportgeschäftes, Band II: Rechtsfragen, Industrieanlagenexport, 1989; *Tiling*, Vertragsgestaltung im Industrieanlagenexport, RIW 1986, 91 ff.; *Vinter*, Project Finance, 2. Aufl., 1998.

9. Teil. Projektdurchführung und Projektüberwachung

1 **Projektdurchführung** beschreibt im Rahmen des Komplexes „Projektfinanzierung" die Phase der **tatsächlichen Projektrealisierung,** d. h. die Herstellung, also im Wesentlichen die Planung und Errichtung der Infrastruktureinrichtung, der Abfallbeseitigungsanlage, des Kraftwerks, etc. Maßgeblich für diese Phase sind die Vertragsbeziehungen der Projektgesellschaft zu den „Lieferanten", welche die für das Projekt notwendigen Lieferungen und Leistungen wie z. B. Planungs- und Ingenieurleistungen, Anlagenlieferung bzw. Anlagenerrichtung/Montage, Inbetriebsetzung, Übertragung von Know-how einschließlich Schulung und Betreuung von Betriebspersonal, etc. erbringen.

2 Diese Vertragsbeziehungen sind in das **Netzwerk aller Einzelverträge** bei der Projektfinanzierung zu integrieren und dabei vor allem auf etwaige Konzessionsverträge, auf Betreiberverträge und auf Abnehmerverträge abzustimmen und **funktionsfähig miteinander zu verzahnen.**

Umgesetzt wird dabei die zentrale Aufgabenstellung, von der konkreten Finanzierungsstruktur ausgehend, identifizierbare **Projektrisiken** zwischen den verschiedenen Beteiligten wie Fremdkapitalgebern, Anlagenbauern/Lieferanten, Betreibern, Abnehmern, etc. geeignet zu verteilen und z. B. Haftungs- und Deckungslücken nicht entstehen zu lassen. Für die für die Projekterrichtung/Projektdurchführung maßgeblichen Liefer- oder Anlagenbauverträge bedeutet dies im Ergebnis, dass die von den Lieferanten/Auftragnehmern darin für ihr jeweiliges Aufgabengebiet übernommenen Risiken (z. B. die ordnungsgemäße und insbesondere fristgerechte Erstellung der Anlage mit den zugesagten Leistungsmerkmalen) und deren technische und wirtschaftliche Sicherstellung wesentlicher Aspekt bei der Gesamtbetrachtung und der Bewertung des Projekts aus dem Blickwinkel der Finanzierung sind.

3 Aufgrund fehlender oder beschränkter Rückgriffsmöglichkeiten bei der Finanzierung auf die Projektgesellschaft werden daher in diesen Fällen häufig strengere Anforderungen an die **Risikoeinbindung des Auftragnehmers** und des Lieferanten der Anlage gestellt als in Normalfällen. Dies gilt z. B. für die Verzugshaftung und die zu gewährenden technischen Garantien, insbesondere für die vom Auftragnehmer zu übernehmenden **Funktions-, Leistungs- und Verfügbarkeitsgarantien** und die bei deren Nichterreichung daran anknüpfenden Rechtsfolgen, um im Ergebnis den Projekterlös (Betriebserlös) zur Deckung und Verzinsung des gewährten Kapitals zu sichern. Aus dem Sicherungsbedürfnis folgen damit unmittelbar strengere Leistungs- und Haftungsanforderungen an den Lieferanten/Auftragnehmer und dessen stärkere Risikoeinbindung. Bei der Überarbeitung der **FIDIC-Musterbedingungen**[1] ist z. B. im Hinblick auf diese Aspekte (insbesondere auf weitreichende Preissicherheit auch bei unvorhergesehenen Ereignissen) das weitere Muster „Conditions of Contract for EPC Turnkey Projects" (EPC: Engineering, Procurement, Construction) als sog. „Silver Book" zur Verwendung insbesondere im Rahmen von Projektfinanzierungen wie z. B. bei BOT (Build-Operate-Transfer)-Modellen eingeführt worden.

4 In nicht wenigen Fällen ist Bestandteil dieses Konzepts zudem die **Beteiligung des Auftragnehmers** oder von Unternehmen aus dem Bereich des Auftragnehmers **an der Projektgesellschaft,** wodurch dieser teilweise selbst in die Rolle seines Kunden schlüpft und Finanzierungskosten und Finanzierungsrisiken unmittelbar mitträgt; er ist deshalb zur eigenen Risikovorsorge gezwungen, sich seinerseits frühzeitig mit dem Gesamtprojekt und den Einzelheiten der Projektdurchführung zu befassen.[2]

---

[1] S. hierzu *Kehlenbach,* ZfBR 1999, 291 ff.
[2] *Reuter,* DB 1999, 31, 35.

9.1 Liefer- und Leistungsumfang des Auftragnehmers

Im Rahmen der Projektdurchführung ist zunächst sicherzustellen, dass der beauftragte Auftragnehmer das Projekt in der erforderlichen Qualität, insbesondere mit den notwendigen Leistungsmerkmalen, errichtet, dass also die Projektgesellschaft den Auftragnehmer im Rahmen des Anlagenbauvertrages zu einem entsprechenden **Liefer- und Leistungsumfang** verpflichtet.

9.1.1 Leistungsbeschreibung

Der Liefer- und Leistungsumfang des Auftragnehmers, also die Definition des vom betreffenden Auftragnehmer geschuldeten Werkes (Bausoll/Leistungssoll), ergibt sich aus der **vertraglichen Leistungsbeschreibung,** worunter die Gesamtheit aller entsprechenden Angaben im betreffenden Anlagenbauvertrag zu verstehen ist. Erfasst werden also neben den Regelungen des konkreten Anlagenbauvertrages die auf Grund der Komplexität der meisten Anlagenprojekte zumeist in umfangreichen **Vertragsanlagen** niedergelegten Leistungsbeschreibungen, welche neben textlichen Ausführungen in erheblichem Umfang Pläne, Zeichnungen und andere graphische Darstellungen beinhalten.

9.1.1.1 Technische Spezifikation

Die mit der Leistungsbeschreibung beabsichtigte **technische Spezifikation**[3] dient insbesondere der Bestimmung des Leistungsumfangs sowie des Umfangs der vom in der Regel vereinbarten Pauschalpreis abgegoltenen Leistungen. Sofern der Leistungsumfang durch ein **Leistungsverzeichnis** bestimmt wird, in dem alle zu erbringenden Leistungen aufgeführt sind, sollte dies daher möglichst eindeutig und erschöpfend sein. Diese Vorgehensweise kommt allerdings überwiegend nur für Bauwerke in Betracht, bei denen sich der Leistungsumfang in einem noch überschaubaren Rahmen bewegt, weniger aber im komplexen Anlagenbau.

Gewählt wird dort zumeist eine **funktionale Leistungsbeschreibung,** welche im Ganzen oder in Teilbereichen nur noch die Funktion, das Ergebnis oder den Werkerfolg beschreibt. Die detaillierte Entwurfs- und Ausführungsplanung bleibt dann dem ausführenden Unternehmen überlassen. Dies hat für den Auftragnehmer zur Folge, dass er sämtliche Leistungen zu erbringen hat, die für das funktionale Leistungsziel erforderlich sind, auch wenn diese in der Leistungsbeschreibung nicht ausdrücklich enthalten sind.[4] Im Ergebnis wird damit das Planungsrisiko, also die Haftung dafür, dass mit der vorgesehenen Planung auch der letztlich bezweckte Erfolg erreicht wird, dadurch, dass die Planungsleistung nicht mehr vom Auftraggeber oder den von diesem beauftragten Ingenieuren als dessen Erfüllungsgehilfen, sondern vom Auftragnehmer unmittelbar erbracht wird, auf den Auftragnehmer verlagert und damit eine strenge Erfolgsbezogenheit und **Erfolgshaftung** des Auftragnehmers begründet. Der (sachkundige) Auftragnehmer kann sich nicht darauf berufen, er habe die mit einer funktionalen Leistungsbeschreibung verbundene Risikoverlagerung nicht erkennen können.[5] Dies entspricht im Ergebnis dem Gedanken stärkerer Risikoeinbindung des Auftragnehmers, ihm weiterreichende Verantwortung für den Projekterfolg aufzuerlegen.

---

[3] Vgl. *Tiling*, RIW 1986, 91.
[4] Vgl. *Kehlenbach*, ZfBR 1999, 291, 296; BGH NJW 1997, 61 („Kammerschleuse"); BGH NJW-RR 1992, 1046 („Wasserhaltung I"); BGH NJW 1994, 850 („Wasserhaltung II").
[5] BGH NJW 1997, 61.

9   Die Übernahme sämtlicher zur Erfüllung des funktional beschriebenen Werks erforderlichen Leistungen jenseits der spezifizierten Einzelanforderungen wird zumeist durch die Bezeichnung als **schlüsselfertige Anlage** zum Ausdruck gebracht. Der im internationalen Anlagenbau verwendete Begriff des **Turnkey Project** vermag jedoch nicht allein und in allen Fällen den Leistungsumfang abschließend festzulegen. So können sich bei Leistungen, deren Erbringung auch nach der funktionalen Leistungsbeschreibung überhaupt nicht zu erwarten war, durchaus noch Auslegungsschwierigkeiten ergeben.[6] Sinnvoll und zweckmäßig ist daher zur näheren Präzisierung des Leistungsumfangs die Vereinbarung von ausdrücklichen **Leistungsgrenzen** bzw. **Leistungsausschlüssen**. In einem Negativkatalog können dabei diejenigen Leistungen z. B. konkret benannt werden, welche nicht zum jeweiligen Leistungsumfang zählen.

10 Zweifel über den jeweiligen Leistungsumfang können insbesondere dadurch entstehen, dass für die Leistungsbeschreibung verschiedene technische Beschreibungen und Pläne als Anlagen einschließlich besonderer Definitionen von Leistungsgrenzen und Leistungsausschlüssen zusammengefügt werden, zum Teil als Konvolut aus unterschiedlichster Korrespondenz im Rahmen der Angebotserstellung und -verhandlung, ohne dass der jeweilige Inhalt aufeinander abgestimmt ist. Zur Vermeidung von Auseinandersetzungen über den Leistungsumfang ist daher die gründliche Abstimmung der verschiedenen Teile der Leistungsbeschreibung, gegebenenfalls unter (Neu-)Bearbeitung der gesamten Leistungsbeschreibung anstelle des bloßen Zusammenfügens ungeordneter Unterlagen erforderlich.

11 Bei Erstellung der Leistungsbeschreibung sind saubere **Schnittstellenfestlegungen** für die Arbeiten anderer, bei der Projektdurchführung tätiger Unternehmer erforderlich, falls für Teilbereiche weitere Unternehmer vom Auftraggeber eingesetzt werden. Soll aus dem Blickpunkt der Finanzierung die notwendige Leistung aus möglichst wenigen kompetenten Händen insgesamt und umfassend erfolgen, kommt die Leistungserbringung praktisch nur durch einen **Generalunternehmer** (oder durch ein hierzu gebildetes **Konsortium** mehrerer einzelner Auftragnehmer) in Betracht.

12 Eine Abstimmung der Schnittstellen ist auch im Hinblick auf die von der Projektgesellschaft in der Regel ebenfalls zu schließenden **Betreiberverträge** und **Abnehmerverträge** erforderlich, um sicherzustellen, dass die Anlage auch die geforderten Produkte produziert, zu deren Abnahme der Abnehmer verpflichtet ist. Damit wird letztlich die Vermarktung und der entsprechende Projekterlös ermöglicht.

13 Da aber auch eine sorgfältig erstellte Leistungsbeschreibung nicht alle denkbaren Einzelheiten und Eventualitäten berücksichtigen kann, werden in Anlagenbauverträgen oftmals Klauseln zum Schutz gegen unvollständige Leistungsbeschreibungen aufgenommen. In derartigen **Selbstunterrichtungsklauseln** wird der Auftragnehmer verpflichtet, sich über alle Einzelheiten des Auftrags und der beschriebenen Leistungen selbstständig zu unterrichten. Damit wird die Berufung auf die Verletzung von Aufklärungspflichten durch den Auftraggeber ausgeschlossen, wenn der Auftragnehmer bei ordnungsgemäßer Wahrnehmung der Selbstunterrichtungspflicht die offen gelassenen Punkte hätte erkennen können.[7]

9.1.1.2 Normen und technische Vorschriften

14 In den meisten Leistungsbeschreibungen wird über die technischen Darstellungen hinaus auf **anerkannte Regeln der Technik** verwiesen. Hierunter sind solche bautechnischen Regeln zu verstehen, die von der Wissenschaft als theoretisch richtig aner-

---

[6] Vgl. *Lotz*, BB 1996, 544, 549.
[7] Vgl. *Joussen*, a. a. O., § 2 Rdn. 6, als Beispiel: *Rosener*, a. a. O., § 2; siehe auch *Michaelis de Vasconcellos*, NZBau 2000, 361 ff.

kannt worden sind und die sich in der Praxis bewährt haben.[8] Diese Regeln sind also von den in Betracht kommenden Technikern, welche die für die Beurteilung der Regeln erforderliche Vorbildung besitzen, anerkannt und mit Erfolg praktisch angewandt worden.[9] Soweit das Bedürfnis besteht, Erkenntnisse und Entwicklungen von Wissenschaft und Technik in einem weiter reichenden Umfange zu erfassen, wird auf Begriffe des „Standes der Technik" und des „Standes von Wissenschaft und Technik" abgestellt.

Bei der Vereinbarung, dass die Leistungen des Auftragnehmers dem **Stand der** **Technik** entsprechen müssen, werden höhere Anforderungen an die Ausführung gestellt als bei Vereinbarung der anerkannten Regeln der Technik. Hierbei wird auf das Fachwissen des technischen Fortschritts und der technischen Entwicklung abgestellt; nicht erforderlich ist, dass sich die Verfahrensweise in der betrieblichen Praxis bereits bewährt hat.[10] 15

Der Begriff **„Stand von Wissenschaft und Technik"** geht darüber noch hinaus. Hierbei gelten die Anforderungen, die nach den neuesten wissenschaftlichen Erkenntnissen für notwendig gehalten werden. Unerheblich ist, ob die Realisierung dieser Anforderungen gegenwärtig technisch schon machbar ist.[11] 16

Diese unbestimmten Rechtsbegriffe können technische Sachverhalte naturgemäß nur im Ansatz regeln. Soweit möglich wird deshalb auf „kodifizierte" technische Normen und entsprechende Regelwerke Bezug genommen. Hierzu gehören die **DIN-Normen** (Normen des Vereins „Deutsches Institut für Normung e. V."). An Bedeutung gewinnen vor allem „Europäische Normen", z. B. die von dem Europäischen Komitee für Normung **(CEN)** oder dem Europäischen Komitee für Elektronische Normung **(CENELEC)** aufgestellten europäischen Normen **(EN)**, welche teilweise als **DIN-EN** in das nationale Normenwerk übernommen werden und entsprechende DIN-Normen ablösen.[12] Hinzu kommen Normen bestimmter privatrechtlicher Organisationen, wie z. B. diejenigen des Verbandes Deutscher Elektrotechniker **(VDE)**, des Deutschen Vereins des Gas- und Wasserfaches (DVGW) oder des Vereins Deutscher Ingenieure **(VDI)**. 17

Die kodifizierten technischen Regeln fassen prinzipiell zusammen, was den Regeln der Technik entspricht, sie müssen jedoch nicht die anerkannten Regeln der Technik wiedergeben und können hinter diesen zurückbleiben. Die technischen Regelwerke entfalten insoweit nur eine widerlegbare Vermutung, dass sie den anerkannten Regeln der Technik entsprechen.[13] 18

9.1.1.3 Leistungsgarantien

Kern der Leistungsbeschreibung ist im Hinblick auf die Erfolgsbezogenheit der Werkleistung ein Katalog erforderlicher **Leistungsgarantien**, welcher die von der Anlage zu erzielenden Leistungen, wie z. B. die Verfügbarkeit der Anlage, ihre Leistungen nach Tonnen pro Stunde, aber auch Energieverbrauch und Emissionswerte, genau festlegt. Teil dieser Beschreibung werden auch in aller Regel die Darstellung der dafür erforderlichen Leistungstests nach Art und Umfang sowie auch die dem Auftragnehmer eingeräumten Messtoleranzen sein.[14] Bedeutung hat die Festlegung der Leistungsgarantien insbesondere auch im Hinblick auf hieran anknüpfende Bestimmungen in Betreiberverträgen und Abnehmerverträgen, um hier keine Haftungs- oder Deckungslücken entstehen zu lassen. 19

---

[8] *Heiermann/Riedel/Rusam*, a. a. O., B. § 4.2 Rdn. 37.
[9] *Joussen*, a. a. O., § 5 Rdn. 3.
[10] *Joussen*, a. a. O., § 5 Rdn. 3.
[11] Vgl. *Heiermann/Riedel/Rusam*, B. § 4.2 Rdn. 39.
[12] *Heiermann/Riedel/Rusam*, a. a. O.
[13] BGH BauR 1981, 577, 579.
[14] Vgl. Beispiel bei *Rosener*, a. a. O., § 1 Abs. 1 i. V. m. Anlage III.

9.1.2 Zuordnung von Sonderrisiken

20 Die Realisierung größerer Anlagenbauprojekte ist zumeist mit einer nicht unerheblichen Anzahl von **Risiken** behaftet. Die entsprechende Unsicherheit über zukünftige Entwicklungen bei der Projektdurchführung beeinflusst den Leistungsumfang des Auftragnehmers.[15] Hat dieser bestimmte Risiken übernommen, kann er bei ihrem Eintritt in aller Regel keine Mehrvergütung für erforderlich gewordene zusätzliche Leistungen verlangen.[16] Preisstabilität (also Beschränkung des Finanzierungsrahmens) wird damit rechtlich erreicht.

21 Zu den typischen Risiken bei Bau- und Anlagenverträgen zählt das **Baugrundrisiko**. Dabei handelt es sich um das Risiko, dass beim Aushub oder bei den Grundstücksarbeiten unerwartete Schwierigkeiten auftreten.[17] Zur Erkundung des Baugrundrisikos werden oftmals umfassende Baugrunduntersuchungen durchgeführt, anhand derer der Unternehmer die möglicherweise durch die Risikoübernahme entstehenden Kosten bei seiner Kalkulation berücksichtigen kann. Es erscheint dann für den Auftragnehmer überschaubar und gerechtfertigt, ihm das Risiko unerwarteten Baugrundes aufzuerlegen. Aber auch für solche Fälle, in denen wenig aussagekräftige Vorerkundungen durchgeführt sind, wird aus Sicht des Auftraggebers und der finanzierenden Banken eine weitgehende Übernahme durch den Auftragnehmer verlangt werden. Inwieweit hier Teilbereiche ausgegrenzt und Risikobeschränkungen oder sonstige Sondergestaltungen vorgenommen werden können, hängt vom Einzelfall ab.

22 In dem Silver Book[18] der FIDIC-Musterbauverträge ist im Hinblick auf die Projektfinanzierung diesem Gesichtspunkt in Klausel 4.12 unter der Überschrift „Unforeseeable Difficulties" Rechnung getragen. Es heißt dort:

> „Except otherwise stated in the Contract:
> (a) The Contractor shall be deemed to have obtained all necessary information as to risks, contingencies and other circumstances which may influence or affect the Works;
> (b) by signing the Contract, the contractor accepts total responsibility for having foreseen all difficulties and costs of successfully completing the Works; and
> (c) the Contract Price shall not be adjusted to take account of any unforeseen difficulties or costs."

Da diese allgemeine und weite Klausel nicht unbedenklich erscheint, sollten – soweit möglich – im konkreten Projekt in jedem Fall Risiken möglichst genau identifiziert und dann einer konkreten, dem Einzelfall angepassten Lösung zugeführt werden.

9.1.3 Leistungsänderungen

23 Die hohe Komplexität moderner Anlagen erfordert regelmäßig **Änderungen des Liefer- und Leistungsumfangs** während der Projektdurchführung.

9.1.3.1 Änderungsanordnungen des Auftraggebers

24 Es ist deshalb von entscheidender Bedeutung, dass der Auftraggeber gegenüber dem Auftragnehmer berechtigt ist, bestimmte Änderungen des Leistungs- und Lieferumfangs einseitig anzuordnen. Die VOB/B sieht entsprechende einseitige Anordnungsrechte für **Leistungsänderungen** und für **zusätzliche Leistungen** in § 1 Nrn. 3

---

[15] Vgl. *Nicklisch*, Sonderrisiken, a. a. O., Beilage 15, S. 3.
[16] Zu den Rechtsgrundlagen derartiger Mehrvergütungsansprüche vgl. *Nicklisch*, a. a. O., Beilage 15, S. 4.
[17] *Nicklisch*, Sonderrisiken, a. a. O., Beilage 20, S. 12.
[18] S. hierzu *Kehlenbach*, ZfBR 1999, 291 ff.

und 4 VOB/B vor. Soweit die VOB/B nicht in den konkreten Vertrag einbezogen ist und auch keine entsprechenden vertraglichen Regelungen vorgesehen sind, ist auf der Grundlage des allgemeinen bürgerlichen Werkvertragsrechts die Frage, ob der Auftraggeber (Besteller) einseitig Leistungsänderungen anordnen darf, umstritten und wird überwiegend abgelehnt.[19] Es empfiehlt sich deshalb, in jedem Falle eine ausdrückliche **Änderungsbefugnis** im Vertrag zu verankern, wie dies z. B. Klausel 13.1 des FIDIC Silver Book („Right to Vary") vorsieht. Gleichzeitig sollte die Höhe der Vergütung für geänderte oder zusätzliche Leistungen – jedenfalls dem Grunde nach – geregelt werden. Dasselbe gilt hinsichtlich etwaiger damit verbundener zeitlicher Folgen (**Bauzeitverlängerung**).[20]

9.1.3.2 Änderungen auf Grund von außen einwirkender Ereignisse

Auch von außen einwirkende Ereignisse können Leistungsänderungen hervorrufen. Insbesondere die **Änderung von Gesetzen** und spätere **Auflagen der Genehmigungsbehörden** zwingen den Auftragnehmer zur entsprechenden Anpassung seiner Leistungen. Aber auch **Änderungen des Standes der Technik** und maßgebliche **veränderte Verhältnisse** sonstiger Art (z. B. veränderte Gesetzgebung im Land des Projektes) können Abweichungen vom ursprünglich vereinbarten Leistungsumfang erforderlich machen. Auch in diesen Fällen, welche letztlich Sonderrisiken im Sinne von oben 9.1.2 darstellen, ist klar festzulegen, in welchem Umfange welche Risiken von den Parteien getragen werden, insbesondere sind Fragen der Mehrvergütung und der Bauzeitverlängerung zu regeln. Aus Sicht der Projektgesellschaft und der Projektfinanzierung wird dabei weitgehend eine Risikoverlagerung auf den Auftragnehmer angestrebt. 25

Klausel 13.7 des FIDIC Silver Book z. B. regelt unter dem Titel „Adjustments for Changes in Legislation":

„The Contract Price shall be adjusted to take account of any increase or decrease in Cost resulting from a change in the Laws of the Country (including the introduction of new Laws and the repeal or modification of existing Laws) or in the judical or official governmental interpretation of such Laws, made after the Base Date, which affect the Contractor in the performance of obligations under the Contract.

If the Contractor suffers (or will suffer) delay and/or incurs (or will incur) additional Cost as a result of these changes in the Laws or in such interpretations, made after the Base Date, the Contractor shall give notice to the Employer and shall be entitled subject to Sub-Clause 20.1 [Contractor's Claims] to:

(a) an extension of time for any such delay, if completion is or will be delayed, under Sub-Clause 8.4 [Extension of Time for Completion], and

(b) payment of any such Cost, which shall be added to the Contract Price.

After receiving this notice, the Employer shall proceed in accordance with Sub-Clause 3.5 [Determinations] to agree or determine these matters."

9.1.3.3 Geltendmachung von Mehrforderungen

In diesem Zusammenhang sind formalisierte und strikte Anforderungen an die Geltendmachung von Mehrforderungen bedeutsam. **Form- oder Verfahrensvorschriften** regeln z. B., dass der Auftraggeber auf Änderungen frühzeitig schriftlich hingewiesen werden muss, dass Änderungen z. B. nur mit seiner ausdrücklichen Zustimmung 26

---

[19] *Heiermann/Riedel/Rusam*, a. a. O., B. § 1.3 Rdn. 30, Ausnahmefälle nach Treu und Glauben; a. A. *Kapellmann/Schiffers*, a. a. O., Band 2, Rdn. 1007. Inzwischen BGH BauR 1996, 378 im Hinblick auf § 1 Nr. 4 VOB/B (im Einzelfall aus Treu und Glauben als Vertragspflicht).

[20] Zur Vergütungshöhe s. § 2 Nrn. 5 und 6 und zur Bauzeitverlängerung s. § 6 VOB/B.

durchgeführt werden dürfen oder Mehrkosten erst erstattet werden können, wenn ein schriftlicher Auftrag erteilt ist. In Anlagenbauverträgen werden insoweit oft relativ kurze Fristen zur **Forderungsanmeldung** und zur detaillierten Begründung vorgesehen, bei deren Nichteinhaltung Ansprüche in der Regel verwirkt sind. Aus Sicht der Projektgesellschaft und ihrer Finanzierer sind dies wesentliche Elemente effektiver Projektkontrolle.

9.2 Mitwirkungspflichten des Auftraggebers

27   Bei der Projektdurchführung müssen Auftraggeber und Auftragnehmer zusammenwirken; ohne **Mitwirkungshandlungen des Auftraggebers** ist der Auftragnehmer in der Regel nicht in der Lage, die vereinbarte Anlage zu errichten.[21]

9.2.1 Beschaffung von Genehmigungen

28   Bei der Projektdurchführung ist regelmäßig eine Vielzahl **behördlicher Genehmigungen** erforderlich. Dazu zählen insbesondere die eigentliche **Bau- und Anlagengenehmigung (Errichtungsgenehmigung)** sowie zusätzliche **Betriebsgenehmigungen,** aber auch besondere behördliche Prüfungen, Abnahmen und dergleichen. Auch insoweit ist zur Bestimmung des Umfangs der betreffenden Mitwirkungspflicht des Auftraggebers anzustreben, die erforderlichen Genehmigungen, welche die Projektgesellschaft beschaffen muss oder welche in der vertraglichen Verantwortung der Projektgesellschaft zu beschaffen sind, ausdrucklich zu benennen und auch die Folgen für den Fall der Nichterteilung oder der verzögerten Erteilung entsprechender Genehmigungen festzulegen.[22] Hierbei müssen z. B. bestehende Möglichkeiten für Dritte, erteilte Genehmigungen anfechten zu können oder Aufhebungen von Genehmigungen oder Unterbrechungen der Baumaßnahme z. B. im Wege einstweiligen Rechtsschutzes herbeiführen zu können, berücksichtigt und in vertretbarer Weise geregelt werden.

29   Über die erforderlichen Genehmigungen für Errichtung und Betrieb der Anlage hinaus sind im internationalen Anlagenbau zumeist weitere Genehmigungen erforderlich. Dazu zählen insbesondere **Einfuhrgenehmigungen** für Baumaterial, Maschinen oder vorgefertigte Anlagenteile.[23] Auch bedarf das vom Auftragnehmer beschäftigte Fachpersonal u. U. einer **Einreisegenehmigung** oder es sind Spezialgenehmigungen (z. B. für Lagerung und den Einsatz von Sprengstoffen) von den örtlich zuständigen Stellen zu erteilen. Schließlich kann die Projektdurchführung dadurch gefährdet sein, dass für die Finanzierung erforderliche **Devisen-Transfergenehmigungen** fehlen.[24] Die vorstehenden Ausführungen gelten hierfür entsprechend. Die dezidierte Zuweisung, welche Genehmigungen von welcher Vertragspartei beschafft werden müssen, ist ratsam.

9.2.2 Baustellenübergabe und sonstige Beistellungen

30   Zu den typischen auftraggeberseitigen Mitwirkungspflichten gehört die **Übergabe der Baustelle.** Näher zu klären ist bereits die Frage, ob und inwieweit neben der Überlassung des in der Regel in der Verfügungsbefugnis der Projektgesellschaft stehenden Grundstücks der Zugang zur Baustelle hergestellt werden muss oder inwie-

---

[21] Zu Mitwirkungspflichten insgesamt *Nicklisch*, BB 1979, 533.
[22] Vgl. *Rosener*, a. a. O. § 44.
[23] S. *Nicklisch*, BB 1979, 534, zu Fragen des Zollrechts s. Kapitel 11.
[24] Vgl. dazu Kapitel 1 Ziffer 1.8.

weit eine **Energie- und Wasserversorgung** bereit zu stellen ist. Dasselbe gilt für die Frage, inwieweit Flächen für Baumaterial, Baustellenausrüstung bereitgehalten oder Kommunikationseinrichtungen wie Telefon und Computeranlagen zur Verfügung gestellt werden müssen.[25]

Trotz funktionaler Leistungsbeschreibung benötigt der Auftragnehmer in vielen Fällen zusätzliche **technische Unterlagen,** wie Lagepläne und Übersichten über vorhandene Anschlüsse und Leitungen.[26] Erst recht gilt dies, wenn Planungsleistungen nicht vollständig auf den Auftragnehmer übertragen sind und projektbegleitend **Planungsleistungen** dem Auftragnehmer zur Verfügung gestellt werden müssen. Hier ist insbesondere entscheidend, dass verbindliche Festlegungen dazu getroffen werden, welche Leistungen in welcher Form und insbesondere zu welchem Zeitpunkt vorliegen müssen, um terminliche und/oder preisliche Risiken aus Sicht der Projektgesellschaft auszuschließen oder jedenfalls zu minimieren.

31

9.2.3 Allgemeine Informationspflichten

Da bei internationalen Anlagenbauprojekten der Auftraggeber regelmäßig leichter Zugang zu den für das Vorhaben einschlägigen Vorschriften hat, wird der Auftraggeber zumeist verpflichtet, den Auftragnehmer rechtzeitig vom **Erlass neuer oder Änderungen bestehender gesetzlicher Vorschriften** und sonstiger Regelungen, wie insbesondere Sicherheitsvorschriften, zu unterrichten, die nach Vertragsunterzeichnung in Kraft getreten sind.[27]

32

9.2.4 Folgen der Verletzung von Mitwirkungspflichten

Im allgemeinen Werkvertragsrecht werden Mitwirkungspflichten des Auftraggebers grundsätzlich nicht als Rechtspflichten, sondern als **nicht einklagbare Obliegenheiten** qualifiziert.[28] In der Literatur wird allerdings überwiegend die Meinung vertreten, dass zumindest bei Bauverträgen über Großanlagen die Mitwirkung des Auftraggebers **vertragliche Nebenleistungspflicht** ist.[29]

33

Bei einem Obliegenheitsverstoß gewährt die Vorschrift des § 642 BGB dem Unternehmer einen Anspruch auf angemessene Abgeltung solcher Nachteile, die ihm infolge der Unterlassung von Mitwirkungshandlungen und der hierdurch ausgelösten Verzögerungen durch die Bereithaltung seiner Zeit, seiner Arbeitskraft, seiner Betriebsstoffe und -geräte entstehen.[30] Eine Entschädigung für den Fall, dass der Vertrag infolge der unterlassenen Mitwirkung gar nicht zur Durchführung gelangt, kann der Auftragnehmer allerdings nicht verlangen. Insofern gibt § 643 BGB dem Unternehmer die Möglichkeit, die fehlende Mitwirkung des Bestellers unter Fristsetzung und Androhung der Kündigung anzumahnen, mit der Folge der automatischen Vertragsbeendigung im Falle ergebnislosen Fristablaufs. Damit ist ein Teilvergütungsanspruch gemäß § 645 Abs. 1 Satz 2 BGB verbunden.

34

Durch die Einordnung der auftraggeberseitigen Mitwirkungspflichten im Anlagenbau als Nebenleistungspflichten stehen dem Auftragnehmer dagegen neben dem **Er-**

35

---

[25] Vgl. die Auflistung bei *Rosener*, a. a. O., § 12.
[26] Vgl. *Joussen*, a. a. O., § 2 Rdn. 77.
[27] S. bspw. *Graf von Westphalen*, a. a. O., § 9; *Rosener*, a. a. O., § 11.
[28] BGHZ 11, 80, 83; 50, 175, 178 f., a. a. O., 409.
[29] *Nicklisch*, BB 1979, 533 ff.; *Kleine-Möller/Merl/Oelmaier*, a. a. O., § 10 Rdn. 517; *Palandt-Thomas*, § 642 Rdn. 1.
[30] Der BGH gewährt jetzt einen Anspruch gem. § 642 BGB auch im VOB-Bauvertrag bei sog. verzögerten Vorunternehmerleistungen, BGH NZBau 2000, 187 ff.

füllungsanspruch bei unterlassener Mitwirkung auch **Ansprüche auf Ersatz des Verzögerungsschadens** gemäß § 286 Abs. 1 BGB sowie **Schadensersatzansprüche aus positiver Vertragsverletzung** bei schuldhafter Schlechterfüllung der Mitwirkungspflichten zu. Gleichzeitig begründet die unterlassene Mitwirkung ein **Zurückbehaltungsrecht** gemäß § 273 BGB zugunsten des Auftragnehmers, wodurch ein durch die Unterlassung verursachter Verzug des Auftragnehmers ausgeschlossen ist.[31]

36   In Anlagenbauverträgen wird die Verletzung von Mitwirkungspflichten des Auftraggebers jedoch zumeist selbständig geregelt. Da bei hochkomplexen Anlagen eine Kündigung, wie sie § 643 BGB vorsieht, zumeist nicht dem Interesse der Parteien entspricht, wird diese in der Regel abbedungen. Daneben finden sich zumeist Regelungen zur Erstattung der dem Auftraggeber entstehenden **Mehrkosten,** wenn er durch die Verletzung von Mitwirkungspflichten in der Erfüllung seiner Leistungspflichten behindert oder gestört wird.[32] Gleichzeitig wird für den Fall derartiger Behinderungen dem Unternehmer häufig das **Recht auf angemessene Fristverlängerung** eingeräumt.

So sieht z.B. Klausel 2.1 des FIDIC Silver Book unter dem Titel „Right of Access to the Site" Folgendes vor:

„The Employer shall give the Contractor right of access to, and possession of, all parts of the Site within the time (or times) stated in the Particular Conditions. The right and possession may not be exclusive to the Contractor. If, under the Contract, the Employer is required to give (to the Contractor) possession of any foundation, structure, plant or means of access, the Employer shall do so in the time and manner stated in the Employer's Requirements. However, the Employer may withhold any such right or possession until the Performance Security has been received.

(...)

If the Contractor suffers delay and/or incurs Cost as a result of a failure by the Employer to give any such right or possession within such time, the Contractor shall give notice to the Employer and shall be entitled subject to Sub-Clause 20.1 [Contractor's Claims] to:

(a) an extension of time for any such delay, if completion is or will be delayed, under Sub-Clause 8.4 [Extension of Time for Completion], and
(b) payment of any such Cost plus reasonable profit, which shall be added to the Contract Price.
(...)"

9.3 Nebenpflichten des Auftragnehmers

37   Im Anlagenbau ergeben sich für den Auftragnehmer neben der Hauptpflicht zur Errichtung der Anlage in der Regel weitere **Nebenpflichten,** welche für den Betrieb und die Unterhaltung der Anlage und damit für die Erwirtschaftung der Betriebserlöse nicht von minderer Bedeutung sind. Diese Pflichten sind üblicherweise im Anlagenbauvertrag im Zusammenhang mit der Planung und Errichtung der Anlage selbst geregelt; sie können aber auch, z.B. hinsichtlich Schulung, etc., in separaten Verträgen geregelt werden.[33]

9.3.1 Dokumentation

38   Üblicherweise wird der Auftragnehmer in Anlagenbauverträgen verpflichtet, bis spätestens zum Zeitpunkt der Abnahme eine umfassende **Anlagendokumentation** vorzulegen.[34] Zur Anlagendokumentation zählen insbesondere die **Ausführungsun-**

---

[31] *Palandt-Heinrichs*, § 273 Rdn. 20 m.w.N.
[32] Vgl. als Beispiel *Rosener*, a.a.O., § 44 Abs. 2.
[33] S. u. 9.14.
[34] Vgl. *Rosener*, a.a.O., § 4.

terlagen, worunter sämtliche technische Unterlagen wie Skizzen, Konstruktionszeichnungen, Planungsunterlagen, statische Berechnungen, Schaltbilder etc. fallen, insbesondere aber die **Bestandsunterlagen (As-Built-Documents),** welche den Zustand des zuletzt tatsächlich hergestellten Werkes dokumentieren. Auch **Anleitungen für Montage und Inbetriebnahme** können Gegenstand der Anlagendokumentation sein.

Bei internationalen Anlagenbauverträgen sollte die Sprache festgelegt werden, in der die Dokumentation zu übergeben ist. Zudem ist die genaue Bestimmung der Übergabetermine für die ganze oder teilweise Anlagendokumentation anzuraten. 39

Zum Betrieb der Anlage nach Fertigstellung bedarf der Bauherr im Übrigen sämtlicher **Betriebsanleitungen und Wartungsvorschriften.** Diese Unterlagen müssen alle Informationen mit solcher Detailgenauigkeit enthalten, dass der Auftraggeber in die Lage versetzt wird, die gesamte Anlage bedienen und warten zu können. Insbesondere handelt es sich dabei um **Betriebshandbücher, Betriebsführungsunterlagen, Reparatur- und Wartungsanleitungen** sowie u. U. **Schulungsunterlagen.** Der Unternehmer haftet für die Fehlerfreiheit der von ihm überreichten Betriebsanleitungen und Wartungsvorschriften, so dass er grundsätzlich auch zum Ersatz von Schäden, die durch fehlerhafte Anleitungen verursacht wurden, verpflichtet ist.[35] 40

Das FIDIC Silver Book sieht in Klausel 5.6 die Vorlage eines kompletten Satz sog. „**As-Built Documents**" und in Klausel 5.7 die Übergabe von „**Operation and Maintenance Manuals**" bis zur Übergabe vor. Wegen der Bedeutung der Betriebs- und Wartungsanleitungen ist nach Klausel 5.7 des FIDIC Silver Book die Leistung des Auftragnehmers ohne vollständige Übergabe der entsprechenden Unterlagen sogar als nicht fertiggestellt anzusehen. 41

9.3.2 Schulung und Ausbildung/Einweisung

Zu den Nebenpflichten des Auftragnehmers zählt auch die **Einweisung des Betreiberpersonals** in den Betrieb der Anlage. Dazu kann über die bloße Einweisung hinaus die **Schulung und Ausbildung** des Personals des Auftraggebers erforderlich sein.[36] Schulung und Einweisung sollten so rechtzeitig erfolgen, dass das Betreiberpersonal nach Inbetriebnahme der Anlage diese selbständig weiterbetreiben kann. Anderenfalls ist u. U. der Abschluss nachlaufender Betriebs- und Wartungsverträge erforderlich.[37] Insbesondere bei internationalen Anlagengeschäften ist Art und Umfang sowie die Qualifikation der Schulungskräfte vertraglich genau zu bestimmen. 42

9.3.3 Versicherungen

Besonders wichtige Nebenpflicht des Auftragnehmers ist der Abschluss von **Versicherungen** für die gesamte Dauer seiner Tätigkeit auf der Baustelle. Insofern wird vom Auftragnehmer üblicherweise der Abschluss einer **Montageversicherung/Bauleistungsversicherung,** einer **Transportversicherung** und einer **Betriebshaftpflichtversicherung** verlangt. Die umfassende versicherungsmäßige Eindeckung bei Anlagenprojekten beugt der Gefahr vor, dass Großschäden die Leistungsfähigkeit des Unternehmers übersteigen können und dadurch die Projektdurchführung zum Stillstand gelangt.[38] 43

---

[35] S. *Stein/Berrer,* a.a.O., S. F 14f.
[36] S. hierzu z.B. Klausel 5.5 des FIDIC Silver Book („Training of Employer's Personal in the Operation and Maintenance").
[37] Vgl. *Rosener,* a.a.O., S. 353.
[38] Vgl. *Joussen,* a.a.O., § 2 Rdn. 50.

44 Für das konkrete Projekt ist der notwendige **Versicherungsschutz** im Einzelnen festzulegen (Deckungssummen, versicherte Risiken, Selbstbehalte, etc.) und die dabei entstehenden Kosten vertraglich zu verteilen. In der Abwicklung ist die Erfüllung der entsprechenden Verpflichtungen nachzuhalten und jeweils vom Betreffenden nachzuweisen, wenn nicht der Auftraggeber selbst unmittelbar (auch zugunsten des Auftragnehmers) Versicherungen selbst abschließt, um ausreichende Deckung jederzeit sicherstellen zu können. Zu weiteren Einzelheiten siehe die Ausführungen in Kapitel 15.

9.4 Projektabwicklung und Organisation

45 Zur Sicherstellung einer möglichst reibungslosen Projektdurchführung sollten Grundsätze der **Projektabwicklung** und der **Organisation** vertraglich festgehalten und entsprechend beachtet werden. Gegebenenfalls sind genaue Aufgaben- und Zuständigkeitszuweisungen zu treffen.[39]

9.4.1 Baustelle/Baustellenorganisation

46 Die Einrichtung **der gesamten Baustelle** obliegt grundsätzlich dem Auftragnehmer. Sofern sich der Auftraggeber nicht zur Beistellung von Strom und Wasser verpflichtet hat, ist der Auftragnehmer auch verantwortlich für die Installation und Wartung aller Leitungen und Rohre für die Versorgung der Baustelle. Im Übrigen hat der Auftragnehmer sämtliche von den zuständigen Stellen erlassenen **Vorschriften betreffend Disziplin und Sicherheit** auf der Baustelle einzuhalten. Zudem trifft den Unternehmer die Pflicht, Baustelle und Umgebung während der Projektdurchführung in ordentlichem Zustand zu halten. Nach Fertigstellung der Anlage hat der Unternehmer die Baustelle zu räumen. Darunter fällt die Entfernung der gesamten Baustelleneinrichtung, sämtlicher vorübergehender Einrichtungen und Anlagen sowie Abfälle und die Reinigung von Baustelle und Anlage.

9.4.2 Material, Transport und Anlieferung/Lagerung

47 Neben der Baustelleneinrichtung trifft den Auftragnehmer die Pflicht zur **Beschaffung sämtlicher Materialien** sowohl für die vorübergehenden als auch für die endgültigen Anlagen und Einrichtungen. Dies erfordert den **Transport** von und zur sowie innerhalb der Baustelle. Das auf der Baustelle gelagerte Material ist vom Auftragnehmer bis zur Abnahme ausreichend zu bewachen. **Umzäunung und Beleuchtung der Baustelle** gehören regelmäßig zu den Verpflichtungen des Auftragnehmers.

9.4.3 Arbeitskräfte/Vertragssprache

48 Der Auftragnehmer ist im Übrigen zur **Stellung aller erforderlichen Arbeitskräfte** verpflichtet. Insbesondere im internationalen Anlagenbau hat der Auftragnehmer für die **angemessene Unterbringung** sämtlicher Arbeitskräfte Sorge zu tragen sowie auf der Baustelle alle erforderlichen Einrichtungen für Hygiene und Sicherheit zu schaffen.

49 Zur Vermeidung von Konflikten wegen Verständigungsschwierigkeiten sollten Mindestanforderungen an die **Sprachkenntnisse** der auf der Baustelle tätigen Arbeitskräfte entsprechend dem jeweiligen Aufgabenfeld festgelegt werden.

---

[39] In diesem Zusammenhang sind umfangreichste Regelungen denkbar, vgl. die Übersicht bei Rosener, a. a. O., S. 355 f.

9.4.4 Projektverantwortliche

50 Der Auftragnehmer sollte verpflichtet sein, für die Dauer der Errichtung der Anlage und gegebenenfalls eines angemessenen nachfolgenden Zeitraums einen **kompetenten Vertreter** zu benennen, der ständig auf der Baustelle sein muss. Dieser Vertreter des Unternehmers sollte ermächtigt sein, sämtliche Anordnungen des Auftraggebers entgegen zu nehmen und verbindlich für den Auftragnehmer handeln zu können. Insbesondere im Rahmen der regelmäßigen **Projektbesprechungen** soll dadurch jedenfalls die Möglichkeit geschaffen werden, anstehende Fragen und Meinungsverschiedenheiten möglichst umgehend und zeitnah einer Erledigung zuzuführen, insbesondere, um die weitere Projektdurchführung entsprechend zu entlasten.

9.4.5 Der beratende Ingenieur (Consulting Engineer)

51 Auf Seiten des Auftraggebers werden dessen Interessen während der Vertragsdurchführung regelmäßig durch den von diesem eingeschalteten **beratenden Ingenieur**, bei dem es sich meistens um ein großes Planungs- und Konstruktionsbüro handelt, wahrgenommen. Der beratende Ingenieur wird oftmals bereits vor der eigentlichen Abwicklung des Anlagenbauvertrages eingeschaltet und ist an der Planung, Ausschreibung, Angebotsprüfung und Auftragserteilung beteiligt. Er übernimmt für den Auftraggeber während der Projektdurchführung wesentliche Steuerungs- und Überwachungsaufgaben gegenüber dem Auftragnehmer.

52 Verträge nach angloamerikanischem Recht sehen überwiegend die Mitwirkung eines Ingenieurs **(Engineers)** vor, dessen Stellung allerdings sehr weitreichend ist. Er fungiert nicht nur als Vertreter des Bauherrn, sondern er hat auch die Stellung einer **neutralen Instanz zwischen den Parteien.**[40] Insofern kommt ihm die Aufgabe zu, verschiedene Bescheinigungen **(Certificates)** z.B. über die ordnungsgemäße Ausführung der Arbeiten, den Wert der erbrachten Leistungen sowie die endgültige Übernahme auszustellen. Weiterhin nimmt der Engineer **schiedsrichterliche Aufgaben** wahr.[41] Diese Stellung des Engineers ist von der europäischen Bauindustrie erheblich kritisiert worden;[42] die FIDIC hat nunmehr in ihren neuen Mustervertragswerken den Engineer ausdrücklich als Vertreter des Auftraggebers eingestuft (Klausel 3.1 des FIDIC New Red Book). Zu weiteren Einzelheiten siehe Kapitel 3.

9.4.6 Geheimhaltung/Vertraulichkeit

53 Anlagenbauverträge enthalten zumeist Klauseln zur wechselseitigen **Geheimhaltung von Informationen,** die im Zusammenhang mit dem Vertrag erlangt werden. Unter das von diesen Klauseln geschützte Know-how fallen nicht nur **technische Informationen,** sondern auch vertriebliche, kommerzielle und sonstige Geschäftsinformationen. Von der Geheimhaltungspflicht sind solche Informationen auszunehmen, die allgemein bekannt sind oder ohne Verschulden des Empfängers später allgemein bekannt werden. Ausgenommen sind auch Informationen, die dem anderen Vertragspartner bereits bekannt waren oder ihm später von dritter Seite ohne Verletzung einer Geheimhaltungsverpflichtung zugänglich gemacht werden.

54 Bei einigen Informationen kann die Befreiung eines Vertragspartners von der Geheimhaltungsverpflichtung erforderlich werden, wenn z.B. bestimmte Unterlagen in

---

[40] *Goedel,* RIW 1982, 81, 82.
[41] *Goedel,* RIW 1982, 82.
[42] S. zuletzt bei Kehlenbach, ZfBR 1999, 291, 292.

Genehmigungsverfahren den zuständigen Behörden, insbesondere im Auslandsgeschäft, überreicht werden müssen und dabei anderen Verfahrensbeteiligten Akteneinsicht gewährt werden soll.

9.5 Leistungszeit, Verzug und Sanktionen

55 Die Fertigstellung des Projektes innerhalb der vorgesehenen Fristen ist generell, insbesondere aber aus dem Blickwinkel der Projektfinanzierung, von zentraler Bedeutung. Nötig ist hier die Vereinbarung klarer terminlicher Regelungen und hinreichender Sanktionen zur Sicherstellung der Einhaltung entsprechender Vereinbarungen.

9.5.1 Vereinbarung der Leistungszeit

56 Anlagenbauverträge regeln üblicherweise sowohl den **Anfangs-** als auch insbesondere den **Endtermin** bzw. **Fertigstellungstermin** als verbindliche **Vertragsfrist**. Darüber hinaus sind wesentliche **Zwischentermine** ebenfalls ausdrücklich als Vertragsfristen zu vereinbaren. Ferner werden zweckmäßigerweise detaillierte **Netzpläne** vorgehalten, in denen durch Balkendiagramme oder dergleichen das Ineinandergreifen der verschiedenen Ausführungszeiten für verschiedene Bauabläufe oder für verschiedene Beteiligte dargestellt wird. Während hierdurch im Rahmen der Bauausführung in der Regel nur der Baufortschritt überprüft werden kann, können an die verbindlichen Zwischentermine erhebliche Rechtsfolgen wie Verzugsschadensersatz und ggf. Pönalen geknüpft werden, um auf die Einhaltung des Endtermins hinzuwirken.

57 Vereinbarte Ausführungsfristen sind veränderbar. Insbesondere bei der Errichtung komplexer Großanlagen kommt es zu **Behinderungen** und ggf. zur **Unterbrechung** der Bauausführung auf Grund unterschiedlichster Ursachen. Hier sollte die vertragliche Regelung einzelne Risikoabgrenzungen treffen, in welchen Fällen die Ausführungsfristen verschoben werden. Z. B. führen nach den Regelungen der VOB/B Behinderungen des Auftragnehmers, welche aus der vom Auftraggeber zu verantwortenden Sphäre stammen, also durch einen aus dem Risikobereich des Auftraggebers stammenden Umstand verursacht wurden,[43] zu Veränderungen der Ausführungsfristen. Gleichermaßen sollte der Anlagenbauvertrag Regelungen für den Fall von Unterbrechungen enthalten. Anders als Behinderungen, die den Bauablauf lediglich hemmen oder verzögern, führt eine Unterbrechung zu einem vorübergehenden völligen Stillstand der Tätigkeit des Unternehmers.[44] Neben dem **Anspruch auf Bauzeitverlängerung** sollte ein **Mehrvergütungsanspruch** des Unternehmers für durch die Behinderung erforderlich gewordene zusätzliche Leistungen und Kosten vertraglich geregelt werden. Formalien für die Geltendmachung entsprechender Rechte sind ebenfalls angeraten, z. B. das Vorsehen von Behinderungsanzeigen (s. hierzu § 6 Nr. 1 VOB/B).[45]

58 Klausel 8.4 des FIDIC Silver Book regelt z. B. unter dem Titel „Extension of Time for Completion" Folgendes:

„The Contractor shall be entitled subject to Sub-Clause 20.1 [Contractor's Claims] to an extension of the Time for Completion if and to the extent that completion for the purposes of Sub-Clause 10.1 [Taking Over of the Works and Sections] is or will be delayed by any of the following causes:

(a) a Variation (unless an adjustment to the Time of Completion has been agreed under Sub-Clause 13.3 [Variation Procedure]),

---

[43] So jetzt klarstellend § 6 Nr. 2 Abs. 1 VOB/B (Fassung 2000).
[44] Vgl. *Heiermann/Riedel/Rusam*, a.a.O., B § 6 Rdn. 2.
[45] Zu den Anforderungen an Behinderungsanzeigen BGH NZBau 2000, 187 ff.

(b) a cause of delay giving an entitlement to extension of time under a Sub-Clause of these Conditions, or
(c) any delay, impediment or prevention caused by or attributable to the Employer, the Employer's Personnel, or the Employer's other contractors on the Site.

If the Contractor considers himself to the entitled to an extension of the Time for Completion, the Contractor shall give notice to the Employer in accordance with Sub-Clause 20.1 [Contractor's Claim].
(...)"

Auch im Rahmen der Ausführungsfristen können vertraglich gewisse **Risikoverteilungen**, z.B. im Hinblick auf Witterungseinflüsse, Auswirkungen behördlicher Entscheidungen, etc. vorgenommen werden.[46]   59

9.5.2 Verzug

Verzug des Unternehmers tritt gemäß § 284 BGB ein, wenn der Unternehmer den kalendermäßig bestimmten Fertigstellungstermin überschritten hat oder vom Bauherrn **nach Fälligkeit gemahnt** wurde.[47] Voraussetzung dafür ist, dass die Leistungsverzögerung vom Auftragnehmer **verschuldet** wurde, wobei dies jedoch vermutet wird, also der Auftragnehmer nachweisen muss, dass er das die Überschreitung verursachende Ereignis nicht zu vertreten hat (§ 285 BGB).   60

Problematisch ist der in Anlagenbauverträgen häufig gebrauchte Terminus der **höheren Gewalt.** Oftmals werden umfangreiche Regelungen für die unterschiedlichen Fälle, in denen auf Grund höherer Gewalt kein Verzug eintritt, vereinbart. Da nach deutschem Recht Verzug jedoch nur durch schuldhaftes Handeln entstehen kann, sind derartige Regelungen letztlich überflüssig. In internationalen Anlagenbauverträgen, die sich nicht nach deutschem Recht richten, spielen diese Regelungen allerdings eine größere Rolle, vgl. dazu Ziff. 9.9.   61

9.5.3 Allgemeine Verzugsfolgen

Bei Verzug des Auftragnehmers hat der Auftraggeber grundsätzlich Anspruch auf Ersatz des **Verzugsschadens** gemäß § 286 Abs. 1 BGB, unabhängig von einem daneben bestehenden Erfüllungsanspruch. Darüber hinaus kann der Auftraggeber **Schadensersatz wegen Nichterfüllung** gemäß § 326 BGB verlangen oder wahlweise auch vom Vertrag **zurücktreten,** wenn sich der Auftragnehmer mit einer Hauptleistungspflicht in Verzug befindet und der Auftraggeber ihm erfolglos eine Nachfrist mit Ablehnungsandrohung gesetzt hat.   62

Unabhängig davon, ob der Auftragnehmer die Verspätung zu vertreten hat, besteht für den Auftraggeber ein **Rücktrittsrecht** gemäß § 636 Abs. 1 Satz 1 i.V.m. § 634 Abs. 1 bis 3 BGB. Voraussetzung hierfür ist allein die nicht rechtzeitige Herstellung des Werkes sowie die fruchtlose Fristsetzung mit Ablehnungsandrohung durch den Auftraggeber. Die Erklärung des Rücktritts wandelt das Vertragsverhältnis in ein Abwicklungsverhältnis um. Im Anlagenbau entspricht die Rückabwicklung des Vertrages oftmals nicht den Interessen der Beteiligten. Die Vertragsbeendigung wird daher zumeist für unterschiedliche Fallkonstellationen vertraglich besonders gestaltet, vgl. Ziff. 9.10.   63

---

[46] Vgl. *Rosener*, a.a.O., § 41.
[47] Für Geldschulden s. jedoch nunmehr mit Wirkung ab dem 1. 5. 2000 Gesetz zur Beschleunigung fälliger Zahlungen, § 284 Abs. 3 BGB.

9.5.4 Vertragsstrafe/Verzugspauschale

9.5.4.1 Zweck

64 Als wesentliche Sanktionen bei Nichteinhaltung vertraglich vereinbarter Termine greifen vertraglich vereinbarte **Vertragsstrafen** und/oder **Verzugspauschalen** ein. Entsprechende Klauseln stellen zum einen ein **Druckmittel** gegenüber dem Auftragnehmer dar, die vereinbarte Leistungszeit einzuhalten; zum anderen dienen sie der **Schadenskompensation** unter Freistellung des Auftraggebers von einem detaillierten Schadensnachweis. Bei der Vertragsstrafe gemäß § 339 BGB steht der Gesichtspunkt des Zwangsmittels zur Erfüllung der vertraglichen Verpflichtung im Vordergrund. Hiernach ist der Auftragnehmer im Verzugsfall zur Zahlung der vereinbarten Vertragsstrafe, unabhängig vom Eintritt eines konkreten Schadens, verpflichtet.[48] Demgegenüber setzt eine pauschale Verzugsentschädigung/Verzugspauschale als Schadenspauschalierung im Prinzip einen tatsächlich entstandenen Schaden voraus und stellt eine antizipierte Schätzung des typischerweise entstehenden Schadens dar.[49] Da dem Auftraggeber bei Verzögerungen der Bauleistung in der Regel immer zusätzliche Kosten entstehen werden, ist in der Praxis der Unterschied zwischen Vertragsstrafe und Verzugsentschädigung gering. Regelmäßig wird aus Sicht des Auftraggebers einer klaren Vertragsstrafenregelung der Vorzug zu geben sein.

9.5.4.2 Vertragliche Vereinbarung

65 Die Vertragsstrafe bedarf in jedem Falle einer **ausdrücklichen vertraglichen Vereinbarung;** entgegen weit verbreiteter Meinung ist sie keine gesetzliche Folge des Verzuges.[50] Die Höhe der Vertragsstrafe muss ausdrücklich bestimmt sein. Dabei wird im Anlagenbauvertrag in der Regel ein **Tagessatz** von 0,5 bis 1% der Auftragssumme pro Woche, also ca. 0,1 bis 0,2% der Auftragssumme je Werktag vereinbart. Die **Obergrenze** der Vertragsstrafe wird in der Regel auf 5 bis 10% der Auftragssumme (ggf. auch auf einen fixen Geldbetrag) begrenzt. Soweit die Vertragsstrafenregelung einer Beurteilung durch das **Gesetz zur Regelung der Allgemeinen Geschäftsbedingungen (AGB-Gesetz)** unterliegt und der Auftraggeber Verwender der entsprechenden Vertragsstrafenregelung ist, sind die von der Rechtsprechung hierfür entwickelten Kriterien zur Wirksamkeit der Vertragsstrafe einzuhalten: Die Vertragsstrafe darf nicht verschuldensunabhängig ausgestaltet sein; sie muss einen angemessenen Tagessatz (z. B. 0,2 bis 0,3% maximal) und außerdem eine absolute Höchstbegrenzung/Obergrenze (abhängig vom Gesamtvolumen ca. 5% bis 10%) vorsehen.[51]

9.5.4.3 Verwirkung der Vertragsstrafe

66 Die Vertragsstrafe wird dann **verwirkt,** wenn der Auftragnehmer mit den entsprechenden Leistungen, für die die Vertragsstrafe vereinbart ist, **in Verzug gerät,** falls nicht ausdrücklich geregelt ist, dass die Vertragsstrafe auch an die bloße (unverschuldete) Fristüberschreitung anknüpft.[52] Soweit Behinderungen oder Unterbrechungen des Bauablaufs zur Verlängerung der Ausführungsfristen führen, sollte bereits vertrag-

---

[48] Vgl. *Joussen*, a. a. O., § 4 Rdn. 35.
[49] *Berger*, RIW 1999, 401, 404.
[50] Auch § 11 VOB/B (Vertragsstrafe) gilt nur, wenn eine Vertragsstrafe konkret vereinbart wurde; die bloße Einbeziehung der VOB/B reicht dazu nicht.
[51] Übersicht in BGH NZBau 2000, 327 (unzulässiger Tagessatz von 0,5%).
[52] In Allgemeinen Geschäftsbedingungen des Auftraggebers ist dies unzulässig, in Individualregelungen jedoch nicht ausgeschlossen.

lich vorgesehen werden, dass die Vertragsstrafe auch bei Verzug mit den verlängerten Ausführungsfristen gilt; insbesondere bei Nachtragsvereinbarungen sollte dies ausdrücklich noch einmal klargestellt werden.

9.5.4.4 Vorbehalt der Vertragsstrafe

Nach deutschem Recht setzt die Geltendmachung eines Vertragsstrafenanspruchs 67 gegenüber dem Auftragnehmer voraus, dass der Auftraggeber sich diesen bei der Abnahme vorbehalten hat (§ 341 Abs. 3 BGB oder § 11 Nr. 4 VOB/B, **Vorbehalt der Vertragsstrafe**).[53] Im Abnahmeprotokoll ist in diesen Fällen deshalb zwingend auf eine entspreche Erklärung zu achten.

9.5.4.5 Gestörter Bauablauf/Zwischentermine

Bei erheblich **gestörtem Bauablauf** aus Gründen, die der Auftragnehmer nicht zu 68 vertreten hat, ist die Rechtsprechung der Auffassung, dass Vertragsstrafenabreden ihre Wirksamkeit unter bestimmten Voraussetzungen verlieren können.[54] Bei veränderten Bauabläufen ist deshalb in den dies regelnden Nachtragsvereinbarungen hierzu eine klarstellende Regelung angebracht.

Auch **Zwischentermine** können grundsätzlich mit einer Vertragsstrafe belegt wer- 69 den. Im Einzelfall ist dies bei komplexen Anlagen sinnvoll, wenn die Einhaltung der Zwischentermine für die Gesamtabwicklung des Projekts von wesentlicher Bedeutung ist. Überlegt werden muss in diesen Fällen, ob und inwieweit bei der Verspätung von Zwischenterminen verwirkte Vertragsstrafen auf die Vertragsstrafe im Falle des Verzugs mit dem Endtermin angerechnet werden. Hier kann es sonst u. U. zu einer Kumulation von Vertragsstrafen kommen, welche insbesondere unter den Gesichtspunkten des AGB-Gesetzes zur Unwirksamkeit der Vertragsstrafenregelung insgesamt führen kann.[55]

9.5.4.6 Verhältnis der Vertragsstrafe zum Schadensersatz

Steht dem Bauherrn auf Grund einer bestimmten Fristüberschreitung nicht nur die 70 vereinbarte Vertragsstrafe, sondern auch ein gesetzlicher Schadensersatzanspruch wegen Verzugs zu, so können **beide Ansprüche nicht nebeneinander** verlangt werden. Insofern ist die Vertragsstrafe auf den Schadensersatzanspruch anzurechnen. Abweichende Regelungen, auch die Kumulation von Vertragsstrafe und Schadensersatz, sind – falls bei den Auftragsverhandlungen überhaupt durchsetzbar - nur in Individualverträgen und nicht in Allgemeinen Vertragsbedingungen möglich.

Im Rahmen des Schadensersatzanspruches wegen Verzugs kann gemäß § 340 Abs. 2 71 Satz 1 BGB die verwirkte Strafe als Mindestbetrag des Schadens geltend gemacht werden. Über die verwirkte Vertragsstrafe hinaus ist die Geltendmachung des nachgewiesenen, sie übersteigenden Schadens grundsätzlich zulässig. Dieser überschießende Schadensersatzanspruch kann seinerseits durch vertragliche Vereinbarung begrenzt werden, z.B. durch eine generelle Schadens- oder Verzugsschadensbegrenzung oder durch Begrenzung auf die Höhe der Vertragsstrafe.[56] In normalen Anlagenbauverträgen ist eine Begrenzung von 5% bis 10% nicht unüblich, im Rahmen einer Projektfinanzierung sind jedoch durchaus Haftungserweiterungen sinnvoll und durchsetzbar.

---

[53] Zur Wirksamkeit einer AGB-Regelung, den Vorbehalt noch bis zur Schlusszahlung erklären zu können, BGH BB 1979, 69, a.A. OLG Düsseldorf, NJW-RR 1997, 1378; siehe auch KG Berlin, IBR 2000, 318 – Schmitz (Auslegung: nur bis zur Fälligkeit der Schlusszahlung).
[54] BGH NJW 1966, 971.
[55] OLG Bremen NJW-RR 1987, 486.
[56] *Joussen*, a.a.O., § 4 Rdn. 35.

9.5.5 „Liquidated damages" und „penalty"

72 Internationale Anlagenbauverträge unterscheiden bei Vereinbarung einer Vertragsstrafe zwischen **„Liquidated damages"** und **„penalty"**. Letztere stellt die eigentliche Bezeichnung für eine Vertragsstrafe (Pönale) dar. „Liquidated damages" sind demgegenüber vertraglich vereinbarte, im Schadensfalle zu zahlende feststehende Schadensersatzpauschalen, die auf einer Schadensvorausschätzung der Parteien beruhen.[57] Anders als bei der pauschalierten Verzugsentschädigung nach deutschem Recht ist der Unternehmer nach angloamerikanischem Recht nicht verpflichtet, das Entstehen eines Schadens glaubhaft zu machen. Bedeutung erlangt die Unterscheidung zwischen „Liquidated damages" und „penalty" allerdings dadurch, dass die Vereinbarung einer Vertragsstrafe („Penalty") im angloamerikanischen Rechtskreis als unwirksam angesehen wird.[58] Insofern wird in internationalen Verträgen häufig ausdrücklich klargestellt, dass keine Vertragsstrafe, sondern eine pauschalierte Entschädigung vereinbart wurde. Dem Ausschluss der Vertragsstrafe („Penalty") liegt der Gedanke des Common Law zugrunde, das eine den Unternehmer unter Druck setzende Zahlungspflicht nur dem nach Treu und Glauben zu schätzenden Schaden entsprechen darf.[59]

9.6 Qualitätskontrolle vor Abnahme

73 Die möglichst frühe Klärung von Qualitätsfragen besteht im Interesse beider Parteien, insbesondere jedoch für den Auftraggeber. Dieser hat ein besonderes Interesse daran, bereits während der Projektdurchführung Qualitätsmängel der verwendeten Materialien und der Arbeitsausführung frühzeitig zu erkennen und hier steuernd eingreifen zu können. Entsprechend den vertraglich vorgesehenen Regelungen sind daher Maßnahmen der **Qualitätskontrolle** auch schon vor der Abnahme durchzuführen.

9.6.1 Planprüfung

74 Insbesondere bei Herstellung einer schlüsselfertigen Anlage auf der Grundlage einer funktionalen Leistungsbeschreibung hat der Unternehmer für die Ausführung eine Vielzahl von technischen Plänen zu erstellen. Um Fehler bereits frühzeitig erkennen zu können, behält sich der Auftraggeber in der Regel vor, die Planunterlagen vor ihrer Verwendung einer Prüfung zu unterziehen (**Planprüfung**). Hier sehen vertragliche Vereinbarungen oft vor, dass mit der Ausführung von Bauteilen auf der Baustelle erst begonnen werden kann, wenn die förmliche Freigabe des Auftraggebers (ggf. durch den von diesem mit der technischen Abwicklung beauftragten Ingenieur) vorliegt. Der Auftraggeber muss sich in den Fällen der Verweigerung der Freigabe oder der Anordnung von Änderungen über den vertraglichen Gehalt seiner Erklärungen im Klaren sein: Sofern keine einvernehmliche Klärung eines streitigen technischen Punktes erzielt werden kann, können entsprechende Erklärungen Auftragsänderungen oder Anordnungen zur Erbringung zusätzlicher Leistungen darstellen, welche mehrvergütungspflichtig sein und zu einer Bauzeitverlängerung führen können.

---

[57] *Berger*, RIW 1999, 406.
[58] *Dünnweber*, a.a.O., S. 121; *Berger*, RIW 1999, S. 406.
[59] *Berger*, RIW 1999, S. 406.

9.6.2 Materialprüfung

Da alle Materialien den vertraglichen Spezifikationen entsprechen müssen, werden 75
sie regelmäßig Prüfungen **(Materialprüfungen)** unterzogen, welche bereits am Ort der Herstellung oder Fabrikation, aber auch auf der Baustelle stattfinden. Sowohl Art und Umfang der Prüfungen, als auch Einzelheiten ihrer Durchführung (Zurverfügungstellung der zur Messung und Prüfung erforderlichen Geräte und Personal, Kostentragung, etc.) sind vertraglich zu regeln. In vielen Fällen wird auch ausdrücklich die Herstellung und Vorlage von **Musterproben** vorgesehen.

9.6.3 Arbeitsausführung

In gleicher Weise wird die Arbeitsausführung des Auftragnehmers nach den in der 76
Leistungsbeschreibung festgelegten Arbeitsabläufen und sämtlichen sonstigen Leistungskriterien (Regeln der Technik, etc.) permanent überprüft. Entsprechende Zugangsrechte sowie Informationspflichten über den Bauablauf sind regelmäßig vertraglich vorgesehen.

Auch bei den Qualitätsprüfungen von Material und Arbeitsausführung auf der Bau- 77
stelle ist erforderlich, dass die Untersuchungen so rechtzeitig erfolgen, dass **Anlagenteile nicht nach der Montage verdeckt** oder auf sonstiger Weise der Sicht und damit praktisch der Prüfung entzogen werden. Der Unternehmer hat daher den Auftraggeber/Ingenieur rechtzeitig vor der Fertigstellung einzelner Anlagenteile zu benachrichtigen, um die Qualitätsprüfung zu einem Zeitpunkt, an dem diese noch ohne unverhältnismäßigen Aufwand möglich ist, zu gewährleisten. Nur wenn der hinreichende Verdacht einer Beschädigung oder eines anderen Funktionsmangels besteht, sollte der Unternehmer verpflichtet sein, einzelne bereits fertiggestellte Anlagenteile wieder freizulegen oder einen entsprechenden Zugang herzustellen. Gleiches gilt für die Öffnung von bereits zusammengesetzt angelieferten Anlagenteilen.

9.6.4 Ausführungsbegleitende Inspektionen in den Fertigungsstätten

Oftmals hat der Unternehmer Teile technischer Anlagen bereits in seinem Heimat- 78
land oder an einem anderen Herstellungsort zusammenzustellen, damit diese auf der Baustelle komplett weiterverwendet werden können. Eine Überprüfung der Qualität dieser Teilstücke nach dem Transport auf die Baustelle macht zumeist keinen Sinn, da für die Prüfung Teile wieder geöffnet oder sogar demontiert werden müssten. Insofern findet sich in Anlagenbauverträgen häufig die Regelung, dass die vom Unternehmer bereits im Vorfeld zusammengesetzten Teile auch am Herstellungsort überprüft werden. Da sich der Unternehmer für die Herstellung derartiger Teile oftmals eines Subunternehmers bedient, ist im Vertrag sicherzustellen, dass der vom Auftraggeber beauftragte Ingenieur berechtigt wird, auch **in den Fertigungsstätten des Subunternehmers** die vereinbarten Untersuchungen vorzunehmen.

9.6.5 Rechtliche Bedeutung der Qualitätsprüfung

Qualitätsprüfungen stellen regelmäßig keine Teilabnahme im rechtlichen Sinne dar. 79
Sie dienen nämlich allein dem **frühzeitigen Erkennen von Fehlentwicklungen**.[60]
Die Prüfung von Anlagenteilen, die durch die weitere Ausführung einer Feststellung

---

[60] *Rosener*, a.a.O., S. 356.

entzogen werden und dann nur noch mit unverhältnismäßigem Aufwand untersucht werden können, ist z. B. nach den Bestimmungen der VOB/B[61] ausdrücklich als sog. technische Abnahme und nicht als Abnahme im rechtsgeschäftlichen Sinne vorgesehen.[62] Im Übrigen gilt grundsätzlich, dass durch die Wahrnehmung der Prüfung durch den Auftraggeber der Auftragnehmer von seiner Verantwortung für die Richtigkeit seiner Leistung nicht entbunden wird.

9.6.6 Qualitätssicherungssysteme

80   Zusätzlich zu den Überprüfungsmöglichkeiten durch den Auftraggeber selbst wird zunehmend der Auftragnehmer verpflichtet, **Qualitätssicherungssysteme** zu installieren, wie dies z. B. Klausel 4.9 des FIDIC Silver Book unter dem Titel „Quality Assurance" vorsieht:

„The Contractor shall institute a quality assurance system to demonstrate compliance with the requirements of the Contract. The system shall be in accordance with the details stated in the Contract. The Employer shall be entitled to audit any aspect of the system.

Details of all procedures and compliance documents shall be submitted to the Employer for information before each design and execution stage is commenced. When any document of a technical nature is issued to the Employer, evidence of the prior approval by the Contractor himself shall be apparent on the document itself.

Compliance with the quality assurance system shall not relieve the Contractor of any of his duties, obligations or responsibilities under the Contract."

Wird die Verpflichtung, ein Gütesicherungssystem zu unterhalten, als Hauptpflicht angesehen, können sich aus deren schuldhafter Nichterfüllung schwer wiegende Konsequenzen (Vertragsbeendigung und Schadenersatz wegen Nichterfüllung) ergeben.

9.6.7 Mängelbeseitigung vor Abnahme

81   Zur effektiven Durchsetzung der Interessen des Auftraggebers bei schon in der Bauerrichtungsphase erkannten Fehlentwicklungen sollten Anlagenbauverträge ausdrücklich vorsehen, dass der Auftragnehmer auch bereits vor der Abnahme zur Mängelbeseitigung verpflichtet ist und dass der Auftraggeber insoweit nach vorgenommener Abmahnung zu Maßnahmen der Ersatzvornahme auf Kosten des Auftragnehmers berechtigt ist. Ohne derartige Regelungen sind diese Eingriffsbefugnisse nicht unproblematisch, da ein mangelfreies Werk erst zum vorgesehenen (Fertigstellungs-) Zeitpunkt geschuldet wird; die Regelungen der VOB/B sehen deshalb entsprechende Rechte zwar im Ergebnis vor, verlangen jedoch eine vorherige – möglicherweise gar nicht praktikable – (Teil-) Kündigung.[63]

9.7 Inbetriebsetzung/Inbetriebnahme, Abnahme und Übernahme, Eigentumsübergang

82   Die **Inbetriebnahme** der herzustellenden Anlage stellt eine der wichtigsten Phasen der Projektdurchführung dar. Aufgrund des zumeist hohen Komplexitätsgrades der Anlagen erfolgt die Inbetriebnahme in aller Regel nicht in einem Schritt, sondern gliedert sich in verschiedene, aufeinander aufbauende Abschnitte, nach deren Beendigung

---

[61] Früher § 12 Nr. 2 b), jetzt § 4 Nr. 10 (VOB Fassung 2000).
[62] *Heiermann/Riedel/Rusam*, a. a. O., B § 12.2 Rdn. 33.
[63] S. § 4 Nr. 7 VOB/B; BGH BauR 1997, 1027.

erst die tatsächliche **Inbetriebsetzung** der gesamten Anlage erfolgt. Neben diesem technisch komplizierten Ablauf ergeben sich mit der Inbetriebnahme auch erhebliche rechtliche Konsequenzen, da mit ihr in der Regel die **Abnahme** des Werkes im Sinne von § 640 BGB verbunden ist. Auch bei Vertragsschluss auf internationaler Ebene knüpfen die zumeist autonomen Parteivereinbarungen erhebliche rechtliche Folgen an die Inbetriebsetzung der Anlage.

9.7.1 Inbetriebsetzung/Inbetriebnahme

Der Begriff der **Inbetriebnahme** umfasst den technischen Ablauf von der Fertigstellung der Anlage bis zum Betrieb der Gesamtanlage bzw. maßgeblicher Teile der Anlage. Hierunter fallen eine Vielzahl von unterschiedlichen Verfahren, die der Überprüfung der Funktionsfähigkeit der einzelnen Anlagenteile und der Anlage insgesamt dienen. Die Prüfung kann im Einzelfall auf repräsentative Teile der Anlagengruppen beschränkt sein. Inhaltlich beziehen sich die Kontrollen zum einen auf Konstruktion, Bau und Montage,[64] zum anderen insbesondere darauf, dass die Anlage die von ihr geforderten Leistungen erbringt.[65] In der Praxis hat sich eine bestimmte Folge von Prüfungen und Leistungstests herausgebildet, die sich in den meisten abgeschlossenen Anlagenbauverträgen wiederfindet.[66]   83

Erste Stufe zur Inbetriebnahme, nach Meldung des **Montageabschlusses** durch den Auftragnehmer, ist zumeist die Feststellung, ob die bestellte Anlage vollständig montiert ist (sog. **„Mechanical Completion"**). Bei dieser **Vollständigkeitsprüfung** wird die Übereinstimmung der hergestellten Ausrüstung mit der technischen Beschreibung ermittelt.   84

Bei Industrieanlagen folgen hierauf regelmäßig sog. **Leerlaufversuche.** Dabei handelt es sich um die **Kaltinbetriebsetzung** aller sich selbständig bewegenden Teile, wie Ventile, Motoren und anderer mechanischer Konstruktionen. Soweit möglich, erfolgt hierbei auch schon eine isolierte Funktionsprüfung. Das FIDIC Silver Book spricht in Klausel 9.1 (a) von   85

„Pre-Commissioning tests, which shall include the appropriate Inspections and („dry" or „cold") functional tests to demonstrate that each item of Plant can safely unter-take the next stage".

In der nächsten Stufe werden diese Vorlauftests erweitert, indem in einzelnen Abschnitten Tests unter Last durchgeführt werden und die sog. **Lastversuche** erfolgen. Dabei können die grundsätzlichen Leistungsanforderungen an die Anlage und deren grundsätzliche Funktionalität überprüft werden, wie beispielsweise, ob die Anlage tatsächlich abfüllt oder zerkleinert. Diesen Abschnitt nennt das FIDIC Silver Book in Klausel 9.1 (b) die   86

„Commissioning tests, which shall include the specified operational tests to demonstrate that the works or section can be operated safely and as specified, under all available operating conditions."

In einem **Probebetrieb** (mehrtägiger oder mehrwöchiger Dauerbetrieb) wird schließlich die ordnungsgemäße Gesamtfunktion der Anlage, insbesondere die ausreichende Verfügbarkeit der Anlage, überprüft. Dies bezeichnet das FIDIC Silver Book als   87

---

[64] *Fischer,* DB 1984, 2125, 2126.
[65] *Fischer,* DB 1984, 2128.
[66] Vgl. dazu § 19 des Vertragsmusters über Planung und Errichtung einer Industrieanlage *Graf von Westphalen,* a.a.O., Formular IV.A.5; sowie § 28 des Vertragsmusters über die schlüsselfertige Herstellung einer Industrieanlage, *Rosener,* a.a.O., S. 315 ff.

9. Teil. Projektdurchführung und Projektüberwachung

„Trial Operation, which shall demonstrate that the works or section perform reliably and in accordance with the contract."

88   Die endgültigen **Leistungstests („Performance Tests")** erfolgen dann als letzter Schritt. Da in der Leistungsbeschreibung der zu errichtenden Anlage eine Vielzahl von Leistungswerten und Qualitätsanforderungen in der Regel als Leistungsgarantien vorgegeben sind, werden diese allesamt auf ihre Einhaltung überprüft. In den meisten Verträgen werden daher Ablauf und Inhalt der Leistungstests genau geregelt, wobei z. B. auch der Toleranzbereich von garantierten Leistungen festgelegt wird, innerhalb dessen ein Abweichen noch als unerheblich angesehen wird.[67] Diese Leistungstests werden zum Teil während des Probebetriebs durchgeführt, es ist aber auch durchaus der Fall, diese Tests erst während des Normalbetriebs, also nach der Betriebsübernahme durch den Auftraggeber, durchzuführen.

89   Zahlreiche Regelungen in Anlagenbauverträgen befassen sich mit Einzelheiten der Leistungstests, insbesondere hinsichtlich der Modalitäten der Wiederholung von Leistungstests im Falle ihres Fehlschlagens, und der sich daraus ergebenden Rechtsfolgen (s. FIDIC Silver Book, Klausel 9.2 „Delayed Tests", Klausel 9.3 „Retesting", Klausel 9.4 „Failure to pass tests on Completion").

90   Nach erfolgreichem Abschluss der Leistungstests und entsprechender Dokumentation kann die fertiggestellte Anlage oder der jeweils maßgebliche Teil dann in Betrieb genommen werden **(Inbetriebnahme).**

9.7.2 Abnahme

9.7.2.1 Zeitpunkt

91   Im betreffenden Anlagenbauvertrag ist zu bestimmen, zu welchem Zeitpunkt der einzelnen Prüfungsstufen die rechtsgeschäftliche **Abnahme** im Sinne von § 640 BGB stattfindet. Zu welchen Zeitpunkt im stufenweisen Ablauf zur Inbetriebnahme die Wirkung der Abnahme insgesamt oder hinsichtlich einzelner ihrer Rechtsfolgen eintritt, kann in den jeweiligen Verträgen sehr unterschiedlich geregelt sein. Insbesondere bei Verträgen, die nicht dem deutschen Recht unterliegen, wird die rechtliche Einordnung der verschiedenen Abschnitte bis zur tatsächlichen Inbetriebnahme durch einen uneinheitlichen Sprachgebrauch hinsichtlich der Abnahmehandlungen erschwert.[68]

92   Regelmäßig ist mit der technischen Inbetriebnahme der errichteten Anlage die rechtsgeschäftliche Abnahme im Sinne von § 640 BGB verbunden. Hierunter wird die Entgegennahme des Werks und die Billigung des fertiggestellten und betriebsbereiten Werkes als im Wesentlichen vertragsgerecht durch den Auftraggeber verstanden.[69] Diese Erklärung ist im Rahmen der Projektdurchführung von zentraler Bedeutung, weil an sie zahlreiche Rechtsfolgen geknüpft werden.

93   Die rechtsgeschäftliche Abnahme muss nicht zwangsläufig erst nach Abschluss des gesamten Verfahrens der technischen Inbetriebnahme erfolgen, sondern kann bereits zu einem früheren Zeitpunkt durchgeführt werden. Es kann durchaus sinnvoll sein, noch vor den abschließenden Leistungstests die Abnahme durchzuführen, weil bei Vorbereitung und Durchführung der Leistungstests die Anlage möglicherweise bereits wirtschaftlich für den Auftraggeber betrieben wird, z. B. schon für den Auftraggeber produziert.[70] Derartige Vereinbarungen verlangen jedoch eine deutliche Unterscheidung

---

[67] Vgl. *Rosener*, a. a. O., § 28 Abs. 3 i. V. m. Anlage III; *Graf von Westphalen*, a. a. O., § 23.
[68] Vgl. *Fischer*, DB 1984, 2127, *Joussen*, a. a. O., § 9 Rdn. 10.
[69] *Joussen*, a. a. O., § 9 Rdn. 2.
[70] *Fischer*, DB 1984, 2128; vgl. *Graf von Westphalen*, a. a. O., § 21 Abs. 1, § 23 Abs. 1; *Rosener*, a. a. O., § 30 Abs. 1, Abs. 2.

zwischen den verschiedenen technischen Prüfungsverfahren einerseits und der rechtsgeschäftlichen Abnahme andererseits.

Obwohl der Auftraggeber nach den Bestimmungen des BGB nicht zur Durchführung von **Teil- oder Zwischenabnahmen** verpflichtet ist, ist dies auf Grund einvernehmlicher Vereinbarung durch die Parteien möglich.[71] Bei vereinbarter VOB/B ist dies nach § 12 Nr. 2 VOB/B für in sich abgeschlossene Teile der Leistung z.B. der Fall. Im Anlagengeschäft ist die Vereinbarung von Teilabnahmen indes untypisch. Da sich der Auftrag in aller Regel auf eine Gesamtanlage bezieht, lässt sich die Tauglichkeit der einzelnen Aggregate letztlich nur vom Gesamterfolg der Anlage her überprüfen. Nur das Zusammenwirken sämtlicher Anlagenteile kann die Erfüllung der in der Leistungsbeschreibung verlangten Leistungswerte bestätigen. Der Verwendung der Begriffe Teil- oder Zwischenabnahme kommt daher im Anlagengeschäft oftmals eine andere (regelmäßig bloß technische) Bedeutung zu. So handelt es sich bei sog. Teilabnahmen häufig nur um die Durchführung einer der mit der Inbetriebsetzung verbundenen zahlreichen Prüfungen,[72] ohne dass dabei bereits die rechtlichen Folgen einer Abnahme eintreten sollen. 94

9.7.2.2 Abnahmebescheinigung

Die endgültige Abnahme im rechtsgeschäftlichen Sinn wird im Anlagengeschäft zumeist als **förmliche Abnahme** vereinbart. Auf Verlangen einer der Vertragsparteien wird hierbei eine gemeinsame Niederschrift über den Befund verfasst. In diesem **Abnahmeprotokoll** müssen verbliebene Mängel oder angefallene Vertragsstrafen vorbehalten werden. Zudem können darin sämtliche sonstigen Einwendungen des Auftragnehmers aufgenommen werden. Nach Unterschrift beider Parteien erhält jede von ihnen eine Ausfertigung.[73] 95

Eine andere Art der Abnahme kommt im Anlagenbau regelmäßig nicht in Betracht. So werden insbesondere auch die Grundsätze der **fiktiven Abnahme** (z.B. in entsprechender Anwendung des § 12 Nr. 5 VOB/B) bei Anlagenbauverträgen nicht angewendet. Allerdings versuchen Auftragnehmer sog. **Spätestfristen** zu vereinbaren, nach denen in vom Auftragnehmer nicht zu vertretenden Fällen die Abnahmefolgen ab einem bestimmten Zeitpunkt in jedem Fall eintreten. 96

An Stelle von Abnahmeprotokollen sehen Anlagenbauverträge oft **Abnahmebescheinigungen** vor (z.B. „**Taking-Over Certificate**" gemäß 10.1 des FIDIC Silver Book). Im Einzelfall muss geprüft werden, welche Bedeutung diesen Bescheinigungen über eine erfolgreiche Prüfung zukommt, also ob sie z.B. nur eine nachträgliche schriftliche Bestätigung darstellen (deklaratorische Bedeutung) oder ob deren Wirksamkeit erst mit ihrer Ausstellung eintritt (konstitutive Bedeutung).[74] 97

9.7.2.3 Rechtsfolgen der Abnahme

Die Bedeutung der Abnahme erhellt sich insbesondere aus den **zahlreichen Rechtsfolgen,** die an sie geknüpft sind. So stellt die Abnahme das **Ende des vertraglichen Erfüllungsstadiums** dar. Danach bestehen nur noch **Gewährleistungsansprüche,** sofern sich der Auftraggeber seine Rechte für ihm bekannte Mängel vorbehalten hat. Anderenfalls verliert der Auftraggeber seine gemäß §§ 633, 634 BGB bestehenden Gewährleistungsansprüche. Schadensersatz nach § 635 BGB sowie An- 98

---

[71] *Joussen,* a.a.O., § 9 Rdn. 10; *Fischer,* DB 1984, 2127.
[72] *Joussen,* a.a.O., § 9 Rdn. 10; *Fischer,* DB 1984, 2127.
[73] Vgl. die ausdrückliche Regelung in § 12 Nr. 4 Abs. 1 VOB/B.
[74] *Fischer,* DB 1984, 2125, 2128.

sprüche aus positiver Vertragsverletzung kann er allerdings weiterhin geltend machen. Mit der Abnahme **beginnt** für die Gewährleistungsansprüche auch die **Verjährung**.

99   Weitere wichtige Folge der Abnahme ist der **Gefahrübergang**. Bis zur Abnahme hat der Auftragnehmer gemäß § 644 Abs. 1 BGB das Risiko des zufälligen Untergangs der Anlage zu tragen, danach liegt das Risiko beim Auftraggeber. Unter zufälligem Untergang ist dabei der Untergang, der von keiner der Vertragsparteien zu vertreten ist, zu verstehen.

100 Weiterhin werden mit der Abnahme regelmäßig bedeutende Teile der **Vergütung fällig**.

101 Mit der Abnahme des Werks geht schließlich die **Beweislast** auf den Auftraggeber über. Mängel und nicht vertragsgemäße Leistungen hat nunmehr der Auftraggeber zu beweisen, während vorher die Beweislast für die Vertragsgemäßheit des Werkes beim Auftragnehmer lag. Diese **Beweislastumkehr** hat zumeist erhebliche materielle Auswirkungen, da es sich bei größeren Anlagen vielfach als unmöglich erweist, die genaue Ursache einer Störung der in Betrieb gegangenen Anlage zu analysieren. Nach der Abnahme kann dies auf Seiten des Auftraggebers dazu führen, dass mangels Nachweises eindeutiger Kausalität Gewährleistungsansprüche nicht durchgesetzt werden können.[75] Die Beweislastumkehr tritt nach der Rechtsprechung des Bundesgerichtshofes allerdings hinsichtlich derjenigen Mängel nicht ein, die sich der Auftragnehmer bei der Abnahme vorbehalten hat.[76] Den Auftragnehmer trifft danach für die vom Auftraggeber vorbehaltenen Mängel auch nach der Abnahme die Beweislast für die Mangelfreiheit seiner Leistung.

9.7.2.4 Vorläufige und endgültige Abnahme/Übernahme

102 Internationale Verträge verwenden oft das Begriffspaar **„Provisional Acceptance"** und **„Final Acceptance"**. Hierbei wird die „Provisional Acceptance" – vorbehaltlich genauer Prüfung des Vertragstextes – in der Regel inhaltsgleich mit dem deutschen Rechtsbegriff der Abnahme sein, während die „Final Acceptance" am Ende der Gewährleistungsfrist stattfinden soll. Soweit Verträge, denen deutsches Recht zugrunde liegt, diese Begriffe verwenden, können sich erhebliche Probleme stellen. Zwar kann noch die Abnahme des Werkes mit der **vorläufigen Abnahme/Übernahme** gleichgesetzt werden, wobei die Überprüfung der zugesicherten Leistungseigenschaften vorbehalten wird;[77] der Begriff der **endgültigen Abnahme/Übernahme** nach Ablauf der Gewährleistungsfrist ist jedoch bereits schwierig zu handhaben, da nach deutschem Recht zahlreiche Umstände zur Verlängerung und zu einem uneinheitlichem Ablauf von Gewährleistungsfristen führen können. Allein wegen der begrifflichen Unklarheiten ist im Einzelfall daher genau zu prüfen, welche Rechtsfolgen mit welchem Begriff jeweils verbunden werden.[78]

9.7.2.5 Abnahmeverweigerung

103 Nach der bis zum 1. Mai 2000 geltenden Regelung des BGB war der Auftraggeber im Prinzip auch bei unwesentlichen Mängeln berechtigt, die Abnahme zu verweigern. Dies galt nur dann nicht, wenn die **Abnahmeverweigerung** einen Verstoß gegen Treu und Glauben darstellte.[79] Nunmehr stellt § 640 Abs. 1 Satz 2 BGB klar, dass bei Vorliegen unwesentlicher Mängel die Abnahme nicht mehr verweigert werden darf.

---

[75] Vgl. *Joussen*, a.a.O., § 9 Rdn. 5.
[76] Vgl. BGH BauR 1997, 129, 130; a.A. OLG Hamburg, OLGR 1998, 61, 62f.
[77] Vgl. *Rosener*, a.a.O., S. 358.
[78] Vgl. *Graf von Westphalen*, a.a.O., § 21 und § 26; *Rosener*, a.a.O., § 30 und § 35.
[79] Vgl. BGH NJW 1996, 1280, 1281.

§ 12 Nr. 3 VOB/B regelte insoweit auch bislang schon, dass die Abnahmeverweigerung nur wegen wesentlicher Mängel erfolgen darf. In dem FIDIC Silver Book (Klausel 10.1 (a)) ist dies in ähnlicher Weise verankert. Hier ist das „Taking-Over Certificate" 28 Tage nach vertragsgemäßer Fertigstellung der Vertragsleistungen zu erteilen, ausgenommen sind jedoch

„… any minor outstanding work and defects which will not substantially affect the use of the Works or Section for their intended purpose …"

§ 640 Abs. 1 Satz 3 BGB legt nunmehr fest, dass es der Abnahme gleich steht, wenn der Auftraggeber das Werk nicht innerhalb einer vom Auftragnehmer gesetzten angemessenen Frist abnimmt, obwohl er dazu verpflichtet ist.

Zur vollständigen Leistungserbringung gehört auch die Ablieferung der vereinbarten Dokumentationen (s. oben 9.3.1). Insoweit besteht Regelungsbedarf, inwieweit das Fehlen derartiger Unterlagen den Auftraggeber zur Abnahmeverweigerung berechtigt. So sieht das FIDIC Silver Book als Voraussetzung für das „Taking-Over Certificate" in Klausel 5.7 ausdrücklich vor: **104**

„The Works shall not be considered to be completed for the purposes of taking-over under sub-clause 10.1 [Taking Over of the Works and Sections] until the Employer has received final operation and maintenance manuals in such detail, and any other manuals specified in the Employer's Requirements for these purposes."

In Klausel 5.6 ist ferner geregelt. **105**

„Prior to the issue of any Taking Over Certificate, the Contractor shall supply to the Employer the specified numbers and types of copys of the relevant as-built drawings, in accordance with the Employer's Requirements. The Works shall not be considered to be completed for the purposes of taking-over under sub-clause 10.1 [Taking Over of the Works and Sections] until the Employer has received these documents."

Dasselbe gilt auch hinsichtlich des vom Auftragnehmer gemäß Klausel 5.5 geschuldeten Trainings des Auftraggeberpersonals. **106**

Diese strikten Regelungen kollidieren mit den Schwierigkeiten des Auftragnehmers, bereits zu diesem Zeitpunkt die vollständige endgültige Dokumentation vorlegen zu können, so dass oft i.S. einer vermittelnden Lösung zum Zeitpunkt der Abnahme nur die wesentliche Fertigstellung der Dokumentation, die für den Betrieb der Anlage ohne jede Einschränkung erforderlich ist, verlangt wird und endgültige Dokumente erst später nachgeliefert werden können. In diesem Fall ist ein ausreichender Vergütungseinbehalt als Druckmittel für die Erfüllung dieser Verpflichtung vorzusehen. **107**

9.7.2.6 Nutzung vor Abnahme

Aus Sicht der Projektgesellschaft ist eine möglichst frühe kommerzielle Nutzung der Anlage vorteilhaft, z.B. wenn sie den Probebetrieb im Wesentlichen erfolgreich bestanden hat. Zugleich soll jedoch die Abnahme mit den zahlreichen daran sich anknüpfenden Rechtsfolgen noch nicht erklärt werden. Mangels ausdrücklicher vertraglicher Regelung ist der Auftragnehmer in diesem Fall aber berechtigt, ohne förmliche Abnahmeerklärung die Benutzung der Anlage nicht zuzulassen, so dass aus Sicht der Projektgesellschaft die ausdrückliche Vereinbarung eines **vorläufigen Nutzungsrechts** geboten erscheint. Auch kann dies im Interesse des Auftragnehmers liegen, dem gegenüber auf Grund der Nutzung eine ansonsten fällige Vertragsstrafe wegen Nichteinhaltung des Abnahmetermins nicht geltend gemacht wird. Im Einzelfall werden bei derartigen Fallgestaltungen aber Modifikationen, z.B. im Hinblick auf den Gefahrübergang, Zahlungsfälligkeiten, etc. vereinbart. **108**

9.7.3 Übernahme der Anlage

109   Die Übernahme der Anlage (**Betriebsübernahme**) mit dem Übergang der **Betriebsverantwortung** liegt in der Regel zeitgleich mit dem Zeitpunkt der Abnahme im Sinne von § 640 BGB, weil insbesondere zu diesem Zeitpunkt auch die Gefahr vom Auftragnehmer auf den Auftraggeber übergeht. Da ab diesem Zeitpunkt der Betrieb durch das Personal des Auftraggebers durchgeführt wird, ist durch ausreichende vertragliche Regelung und entsprechende praktische Handhabung sicherzustellen, dass das **Betriebs- und Wartungspersonal** des Auftraggebers auch entsprechend bereitsteht, insbesondere dass zuvor die **Schulungs- und Ausbildungsmaßnahmen** für das Personal des Auftraggebers durchgeführt sind und dieses Personal insbesondere hinreichend in die Anlage eingewiesen ist. Das Personal muss umfassend geschult sein, insbesondere hinsichtlich des An- und Abfahrens der Anlage oder bestimmter Anlagenteile, der Bedienung, Wartung, Reparatur und Instandhaltung sowie hinsichtlich des Verhaltens bei Störfällen und hinsichtlich des Erreichens und des Beibehaltens der maßgeblichen Garantiewerte. Die Einweisung und Schulung wird dabei regelmäßig schon während der Montage beginnen können und insbesondere während der späteren Probeläufe intensiv durchgeführt und abgeschlossen werden müssen. Sinnvoll kann aber auch eine weitere nachlaufende Begleitung und Schulung des Betreiberpersonals durch den Auftragnehmer sein (s. dazu unten 9.13).

110   Soweit die Projektgesellschaft den Betrieb der Anlage im Rahmen von Betreiberverträgen auf Dritte übertragen hat, ist eine funktionsgerechte Verzahnung des Anlagenerrichtungsvertrages mit dem **Betreibervertrag** im Hinblick auf die Betriebsübernahme zur Vermeidung von Deckungs- und Haftungslücken von entscheidender Bedeutung.

9.7.4 Eigentumsübergang

111   Der **Eigentumsübergang** ist grundsätzlich unabhängig von dem mit der Abnahme verknüpften Gefahrübergang oder mit der Betriebsübernahme. Bei der Errichtung einer Anlage auf fremden Grund und Boden entzieht sich eine vertragliche Vereinbarung hierüber der freien Vereinbarung der Parteien, weil unabhängig von einem etwa vereinbarten Zeitpunkt des Eigentumsübergangs das Eigentum vielfach bereits früher auf Grund zwingender sachenrechtlicher Vorschriften über die Verbindung mit dem Baugrundstück auf den Grundstückseigentümer, in der Regel also auf den Auftraggeber, übergeht (s. §§ 94f. BGB). Bei Auslandsprojekten kommt hinzu, dass zwar z.B. deutsches Recht für das Vertragsverhältnis vereinbart wird, dass jedoch für den Eigentumsübergang an Grundstücken und Grundstücksteilen sowohl nach deutschem als auch nach ausländischem internationalen Privatrecht das **örtliche Sachenrecht (Lex rei sitae)** maßgeblich ist.[80]

9.8 Gewährleistung

9.8.1 Mangelhafte Anlagenerrichtung

9.8.1.1 Fehlerhafte Anlage

112   Der Lieferant/Anlagenbauer hat dem Auftraggeber dafür einzustehen, dass die von ihm errichtete Anlage frei von **Mängeln** ist und die vertraglich zugesicherten Eigenschaften aufweist. Nach den Regeln des Werkvertragsrechts ist der Unternehmer ver-

---

[80] Vgl. *Rosener*, a.a.O., S. 358.

pflichtet, die Anlage so herzustellen, dass sie nicht mit **Fehlern** behaftet ist, die den Wert oder die Tauglichkeit zu dem gewöhnlichen oder nach dem Vertrag vorausgesetzten Gebrauch aufheben oder mindern (§ 633 Abs. 1 BGB). Für die erforderliche **Wert- oder Tauglichkeitsminderung** ist zunächst der jeweils vertraglich vorausgesetzte besondere Zweck, Gebrauch oder Zustand des Werks maßgeblich (sog. subjektiver Fehlerbegriff). Haben die Parteien jedoch keine entsprechende Leistungsbeschreibung vorgenommen und ergeben sich auch aus dem geschlossenen Vertrag keine anderweitigen Anhaltspunkte, ist auf die gewöhnliche Beschaffenheit derartiger Leistungen abzustellen (sog. objektiver Fehlerbegriff).[81]

Bestehen für die vom Auftraggeber auszuführende Werkleistung anerkannte **Regeln der Technik,**[82] gelten deren Anforderungen als die vereinbarte Qualität. Mit der Verletzung von anerkannten Regeln der Technik liegt damit grundsätzlich auch ein Fehler vor.[83] Hiervon kann es allerdings Ausnahmen für den Fall geben, dass die **Beschaffenheitsvereinbarung,** die konkret im Vertrag vereinbart wurde, den anerkannten Regeln der Technik widerspricht. Dann ist letztere vorrangig. Soweit anerkannte Regeln der Technik nicht festzustellen sind und z. B. in der Gestalt bestimmter technischer Vorschriften nicht bestehen, schließt dies das Vorliegen eines Mangels nicht aus. Auch hier ist auf den vertraglich vorausgesetzten, hilfsweise auf den gewöhnlichen Gebrauch der Anlage abzustellen. **113**

Selbst die Einhaltung technischer Vorschriften schließt einen Mangel nicht aus. Der Auftragnehmer schuldet nämlich nicht nur eine den genannten Regeln entsprechende Leistung, sondern eine insgesamt mangelfreie, also dem vertraglich vorausgesetzten oder gewöhnlichen Gebrauch entsprechende Leistung. Dies gilt auch für die Fälle, in denen z. B. die Leistungsbeschreibung keine ausdrücklichen Anforderungen stellt. Es ist dann ebenfalls auf die vorausgesetzte oder gewöhnliche Tauglichkeit Bezug zu nehmen.[84] **114**

Der Auftragnehmer haftet ferner dafür, dass der von ihm errichteten Anlage keine vertraglich **zugesicherten Eigenschaften** fehlen. Im Gegensatz zum Fehler haftet der Unternehmer hier auch dann, wenn der Wert oder die Gebrauchstauglichkeit auf Grund des Fehlens der Eigenschaft nicht beeinträchtigt wird. Entscheidend ist allein, dass die Eigenschaft vom Unternehmer zugesichert wurde. Der Unternehmer hat daher unabhängig von etwa entstehenden Kosten das Werk mit diesen zugesicherten Eigenschaften auszustatten. Dabei haftet der Unternehmer (z. B. auf Minderung) selbst dann, wenn es technisch nicht möglich sein sollte, dem Werk die zugesicherte Eigenschaft zu verleihen.[85] Nur bei völliger Bedeutungslosigkeit des Fehlens der Eigenschaft kann es dem Bauherrn verwehrt sein, Gewährleistungsrechte geltend zu machen.[86] **115**

Zusicherung i. S. v. § 633 Abs. 1 BGB ist dabei das Versprechen des Auftragnehmers, das Werk mit einer bestimmten Eigenschaft auszustatten. Im Gegensatz zum Kaufrecht[87] ist im Werkvertragsrecht nicht erforderlich, dass der Unternehmer darüber hinaus für alle Folgen des Fehlens der zugesicherten Eigenschaft einstehen will.[88] **116**

Eine Zusicherung liegt in der Regel nicht schon dann vor, wenn zur Konkretisierung der geschuldeten Leistungen eine Vielzahl von Leistungsmerkmalen in der Leis- **117**

---

[81] H. M. s. nur *Kleine-Möller/Merl/Oelmaier,* a. a. O., § 12 Rdnrn. 180 ff.
[82] S. oben Ziff. 9.1.1.2.
[83] Vgl. BGH BauR 1981, 577, 579.
[84] BGH NZBau 2000, 74.
[85] BGH ZfBR 1997, 295.
[86] *Kleine-Möller/Merl/Oelmaier,* a. a. O., § 12 Rdn. 112.
[87] Vgl. *Palandt-Putzo,* § 459 Rdn. 16.
[88] BGH 96, 111, NJW-RR 1996, 783.

tungsbeschreibung aufgezählt wird.[89] Insofern müssen bestimmte Eigenschaften im Vertrag besonders hervorgehoben werden oder es müssen andere Umstände den Willen des Unternehmers deutlich werden lassen, auch ohne Beeinträchtigung von Wert oder Tauglichkeit Gewähr zu leisten. Bei der Vereinbarung bestimmter Nutzungsergebnisse wie bestimmter Leistungs- und Wirkungswerte reicht allerdings in der Regel die bloße Festlegung im Vertrag.[90] Denn durch die genaue Bestimmung dieser Werte bringt der Auftraggeber sein besonderes Interesse an ihrer Einhaltung zum Ausdruck.

118 Im Anlagenbau werden die wesentlichen Auslegungsmerkmale überwiegend ausdrücklich vom Auftragnehmer zugesichert. Der technische Sprachgebrauch verwendet hierfür insbesondere die Begriffe der **technischen Garantie** oder der **Leistungsgarantie;** rechtlich handelt es sich um zugesicherte Eigenschaften i.S.v. § 633 Abs. 1 BGB.[91] Regelmäßig zugesichert werden insoweit z.B. vertraglich vereinbarte Leistungswerte über Produktionsumfang, daneben aber auch Betriebswerte der Anlage, wie etwa den Energieverbrauch zur Erreichung der geschuldeten Produktionsmengen.[92] Die Einhaltung der zugesicherten Werte wird bei den Leistungstests (siehe oben 9.7.1) im Rahmen eines in der Regel genau vorgegebenen Prüfungsverfahrens untersucht.

119 Zur Sicherstellung der erforderlichen Projekterlöse aus dem Blickwinkel der Projektfinanzierung ist neben dem Risiko mangelhafter Qualitäten der mit der Anlage produzierten Güter und Leistungen auch das Ausfallrisiko der Anlage und ein ausreichendes Produktionsvolumen abzusichern.[93] Hierzu dienen **Verfügbarkeitsgarantien,** mit denen der Auftragnehmer die Verfügbarkeit der Anlage für einen Mindestzeitraum und z.B. mit Mindestbetriebszeiten einschließlich bestimmter Produktionsmengen zusichert.[94] Für die Projektgesellschaft kann dadurch sichergestellt werden, dass eventuelle Einnahmeausfälle, die dadurch entstehen, dass die Anlage innerhalb der durch die Verfügbarkeitsgarantie gezogenen Grenzen nicht die volle Produktion fährt, vom Auftragnehmer getragen werden.

9.8.1.2 Mitverantwortung des Auftragnehmers

120 Die Einstandspflicht des Auftragnehmers zur Herstellung einer mangelfreien Anlage begründet nach dem gesetzlichen Leitbild des BGB eine grundsätzliche **Erfolgshaftung des Auftragnehmers.** Dieser schuldet den werkvertraglich vereinbarten Erfolg, für den er auch ohne Verschulden einzustehen hat. Er ist insofern zur Nachbesserung verpflichtet oder hat eine Minderung der vereinbarten Vergütung bzw. die Rückgängigmachung des Werkvertrages hinzunehmen, auch wenn ihn ein Verschulden hieran nicht trifft. Unerheblich ist, ob der Mangel vorhersehbar oder für ihn vermeidbar war.[95] Die Gewährleistungsverpflichtung des Auftragnehmers ist daher dem Grunde nach eine **Risikohaftung.**[96] Dennoch trägt auch der Auftraggeber eine gewisse **Mitverantwortung** für den Eintritt des vereinbarten werkvertraglichen Erfolges. Eine Einschränkung der Risikohaftung liegt insbesondere dann vor, wenn der Auftraggeber in die Verfügungsfreiheit des Auftragnehmers bei Erstellung des geschuldeten Werkes eingreift.[97] Solche Eingriffe sind z.B. bei der Bestimmung des zu verwendenden Materials oder bei genauer Vorgabe der Verfahrensweise zur Herstellung des Werkes gege-

---

[89] BGH NJW 1986, 711, OLG Düsseldorf NJW-RR 1995, 82.
[90] Vgl. BGH NJW 1986, 711, NJW 1981, 2403.
[91] *Joussen,* a.a.O., § 5 Rdn. 10.
[92] Vgl. Beispiel für Leistungsgarantie bei *Rosener,* a.a.O., Anlage III (S. 344).
[93] *Kühnel,* BB 1992, 934.
[94] *Graf von Westphalen,* a.a.O., 516.
[95] Vgl. BGH NJW 1995, 787, OLG Frankfurt NJW 1983, 456.
[96] *Kleine-Möller/Merl/Oelmaier,* a.a.O., § 12 Rdn 75.
[97] *Kleine-Möller/Merl/Oelmaier,* a.a.O., § 12 Rdn. 77.

ben.[98] Sie liegen aber auch dann vor, wenn zur Erbringung der Werkleistung Vorgaben, z.B. in der Form von Planunterlagen durch den Auftraggeber oder durch dessen Ingenieure als Erfüllungsgehilfen erfolgen. Zwar treffen den Auftragnehmer in diesen Fällen **Prüfungs- und Hinweispflichten,** die in einer Verpflichtung münden, dem Auftraggeber Bedenken, die z.B. die vorgesehene Art der Ausführung oder die Güte des vorgeschriebenen Materials betreffen, vor Beginn seiner Leistungen mitzuteilen.[99] Gleichwohl verbleibt auch trotz dieser Prüfungs- und Hinweispflichten die Mitverantwortung beim Auftraggeber mit entsprechender Haftungsentlastung beim Auftragnehmer, wenn z.B. der Auftragnehmer trotz gebotener Prüfung entsprechende Fehler in der vom Auftraggeber vorgelegten Planung nicht erkennen konnte und musste.

Zur Reduzierung dieser Mitverantwortung führt im Ergebnis u.a. das Konzept der **funktionalen Leistungsbeschreibung** (s.o. Rdn. 8), in dem bewusst dem Auftragnehmer nur der Leistungserfolg als solcher vorgeben wird und ihm die Einzelheiten der Ausführung zur Erreichung dieses Leistungserfolges freigestellt werden. Sämtliche Planungsleistungen erbringt daher der Auftragnehmer selbst und auf eigenes Risiko, was den Auftraggeber (und damit die die Projektgesellschaft finanzierenden Banken) von entsprechenden Risiken entlastet. **121**

9.8.1.3 Verschärfung durch Garantieversprechen

Die – verschuldensunabhängige – Einstandsverpflichtung des Werkunternehmers erstreckt sich jedoch nicht darauf, dass der Auftragnehmer dem Auftraggeber auch sämtlichen Schaden, der durch den Mangel verursacht wird, zu erstatten hat. Diese Schadensersatzhaftung bleibt vielmehr verschuldensabhängig. Allerdings können derartige weitergehende Haftungen durch Vereinbarungen von Garantien übernommen werden. Bei derartigen **Garantievereinbarungen** haftet der Auftragnehmer für jeden Schaden, der auf dem Mangel beruht, z.B. auch dann, wenn er den Mangel nicht verschuldet hat.[100] In Anlagenbauverträgen wird die Zusicherung von Sacheigenschaften (in der Form von zugesicherten Eigenschaften) häufig nicht von einer Garantieerklärung im engeren Sinne unterschieden. Im Einzelfall ist daher sorgfältig zu prüfen, in welchem Umfange der Auftragnehmer für das Fehlen der vereinbarten Eigenschaft haftet bzw. es ist ausdrücklich vertraglich zu regeln, in welchem Umfange er haften soll. Gewährleistungs- und Garantievorschriften sollten daher sauber getrennt und im Einzelfall sollte klargestellt werden, welche Rechtsfolgen an die Verletzung des betreffenden Tatbestandes jeweils geknüpft werden. **122**

Neben Garantien, bei denen sich die Einstandspflicht des Auftragnehmers auf Eigenschaften der Bauleistung und deren vertragsgemäße Herstellung bezieht, kommen noch weiter gehende, so genannte **selbstständige Garantien,** in Betracht, bei denen der Auftragnehmer sogar die Haftung für einen über die Sacheigenschaften des Werkes hinausgehenden Erfolg übernimmt.[101] Insoweit kommen z.B. Preisgarantien, also die Übernahme der Verpflichtung, den Auftraggeber von Baukosten über einen bestimmten Betrag hinaus freizustellen,[102] oder das Einstehen müssen für sonstige Umstände[103] in Betracht. **123**

---

[98] Siehe zu sog. „Ausreißern" BGH NJW 1996, 2372.
[99] Entsprechende Grundsätze ergeben sich z.B. ausdrücklich bei Vereinbarungen der VOB/B (§ 4 Nr. 3); sie gelten aber auch aus der dem Auftragnehmer allgemein gem. § 242 BGB obliegenden Sorgfalts- und Obhutspflicht BGH NJW 1960, 1813; NJW 1987, 643.
[100] *Kleine-Möller/Merl/Oelmaier,* a.a.O., § 12 Rdn. 162.
[101] Vgl. *Heiermann/Riedl/Rusam,* Einführung zu B § 13 Rdn 23.
[102] BGH NJW 1983, 109.
[103] Beispiele bei *Kleine-Möller/Merl/Oelmaier,* a.a.O., § 12 Rdn 172.

9.8.1.4 Beurteilungszeitpunkt

124 Die Mangelfreiheit der erstellten Anlage ist grundsätzlich zum **Zeitpunkt der Abnahme** zu beurteilen. Bei Vereinbarung von vorgeschalteten **Teilabnahmen** liegt der Beurteilungszeitpunkt dementsprechend früher. Bei internationalen Anlagenverträgen, in denen die Regelung der Abnahme durch eine vorläufige und endgültige Übernahme ersetzt wurde, ist für die Beurteilung regelmäßig der Zeitpunkt der vorläufigen Übernahme maßgeblich, weil darin die Abnahme gesehen wird. Anderes gilt für vereinbarte Leistungswerte, die die Anlage erst nach ihrer Errichtung erbringen soll und die erst nach der Betriebsübernahme überprüft werden. Dann ist der insoweit vorgesehene Zeitpunkt maßgeblich.

9.8.2 Gewährleistungsrechte

125 Die dem Auftraggeber im Falle der mangelhaften Lieferung zustehenden Gewährleistungsrechte sind in der Regel in autonomen Anlagenbauverträgen umfassend und abschließend geregelt. Sie folgen im Wesentlichen den nachfolgend auf der Grundlage des BGB dargelegten Gewährleistungsrechten.

9.8.2.1 Nachbesserung/Ersatzlieferung

126 Bei Mangelhaftigkeit der vom Auftragnehmer errichteten Anlage hat der Auftraggeber grundsätzlich gemäß § 633 Abs. 2 Satz 1 BGB einen Anspruch auf **Mängelbeseitigung:** Auftretende Mängel hat der Auftragnehmer auf eigene Kosten durch **Nachbesserung** oder **Ersatzlieferung** zu beseitigen.

127 Inhaltlich geht der Anspruch auf Behebung der der Anlage anhaftenden Fehler bzw. Herstellung der zugesicherten Eigenschaften. Dabei kommt auch die Neuherstellung der Anlage in Betracht, wenn die Mängel nur auf diese Weise zu beseitigen sind.[104] Die Grenze für die Nachbesserung liegt in der **Unzumutbarkeit der Ausführung** für den Unternehmer gemäß § 633 Abs. 2 Satz 3 BGB. Unzumutbarkeit liegt dann vor, wenn der Aufwand des Unternehmers für die Mängelbeseitigung in keinem vernünftigen Verhältnis mehr zu dem Vorteil liegt, den der Auftraggeber durch sie erlangen würde.[105] Dabei ist grundsätzlich auf das Interesse des Auftraggebers an der Mängelbeseitigung abzustellen, nicht jedoch auf das Verhältnis von Aufwand zur vereinbarten Vergütung.[106]

128 Befindet sich der Auftragnehmer mit der **Mängelbeseitigung in Verzug,** ist der Auftraggeber gemäß § 633 Abs. 3 BGB berechtigt, den Mangel **selbst zu beseitigen** und **Ersatz** der insofern erforderlichen **Aufwendungen** zu verlangen. Erforderlich sind solche Aufwendungen, die der Auftraggeber nach sachkundiger Beratung für eine geeignete und Erfolg versprechende Maßnahme der Mängelbeseitigung halten musste.[107] Bei Ausübung des Rechts auf **Ersatzvornahme** gemäß § 633 Abs. 3 BGB kann der Auftraggeber für die zu erwartenden Aufwendungen bereits im Voraus einen **Kostenvorschuss** verlangen.[108] Voraussetzung für den Vorschussanspruch ist allein, dass der Bauherr die Mangelbeseitigung in angemessener Zeit beabsichtigt. Nicht jedoch muss der Auftraggeber mit den Arbeiten bereits begonnen haben oder Angebote von anderen Unternehmern vorlegen. Nach Ausführung der Mängelbeseiti-

---

[104] BGHZ 96, 111.
[105] BGHZ 59, 365.
[106] Vgl. BGH ZfBR 1997, 249; OLG Düsseldorf NJW-RR 1997, 1450.
[107] Vgl. BGH BB 1991, 651.
[108] BGH BauR 1999, 631.

gungsarbeiten ist über den Kostenvorschuss abzurechnen. Reicht der ursprünglich gezahlte Vorschuss für die Mängelbeseitigung nicht aus, kommt eine Nachforderung weiteren Vorschusses in Betracht.[109] Möglich ist im Übrigen auch, dass der Besteller mit dem Vorschussanspruch gegen den Anspruch des Unternehmers auf Werklohn aufrechnet.[110] Der Auftraggeber hat den erhaltenen Vorschuss allerdings zurückzuzahlen, wenn er nicht innerhalb eines angemessenen Zeitraumes mit der Durchführung der Mängelbeseitigungsarbeiten beginnt.[111]

Bei **eigenmächtiger Durchführung der Ersatzvornahme** durch den Auftraggeber, d. h. ohne dass sich der Unternehmer gemäß § 633 Abs. 3 BGB tatsächlich in Verzug mit der Mängelbeseitigung befindet, steht dem Bauherrn kein Anspruch auf Ersatz seiner Aufwendungen zu. Insofern ist zu beachten, dass auch ein Aufwendungsersatz auf anderer Rechtsgrundlage ausgeschlossen ist, da § 633 Abs. 3 BGB den Kostenerstattungsanspruch des Bestellers abschließend regelt. Unberührt bleiben allerdings Schadensersatzansprüche für Folgeschäden.[112] 129

Ausgenommen von der Erstattungspflicht des Auftragnehmers für die Mängelbeseitigung sind die sog. **Sowieso-Kosten.** Dabei handelt es sich um solche Aufwendungen für Baumaßnahmen, die nicht im ursprünglichen Leistungsumfang des Unternehmers enthalten waren, aber zur mangelfreien Leistungserbringung eigentlich hätten von Anfang an beauftragt werden müssen.[113] Auch kann der Aufwendungsersatzanspruch des Bauherrn unter dem Gesichtspunkt des **Vorteilsausgleichs** beschränkt sein. Ein derartiger Ausgleich ist u. U. vorzunehmen, wenn der Bauherr durch die Mängelbeseitigung zusätzliche Vorteile, wie etwa die längere Verfügbarkeit der Anlage oder die Instandsetzung bereits abgenutzter Bauteile, erlangt. Dies gilt dann jedoch nicht, wenn derartige Vorteile aus einer nicht ordnungsgemäßen Lieferung des Auftragnehmers herrühren. 130

9.8.2.2 Minderung/Leistungspönale

Bei Mangelhaftigkeit der Anlage steht dem Auftraggeber auch das Recht zur **Minderung** der Vergütung zu, sofern er dem Unternehmer gemäß § 634 BGB eine angemessene Frist zur Mängelbeseitigung mit der Erklärung gesetzt hat, dass er die Beseitigung nach fruchtlosem Fristablauf ablehne. Die Fristsetzung ist ausnahmsweise entbehrlich, wenn die **Mängelbeseitigung objektiv unmöglich** ist oder aber der Unternehmer die **Mängelbeseitigung ernsthaft und endgültig abgelehnt** hat. Auch bei gerechtfertigtem besonderem Interesse des Bestellers an der sofortigen Geltendmachung der Minderung muss er dem Unternehmer gemäß § 634 Abs. 2 BGB keine Frist setzen. Die Höhe der Minderung bemisst sich nach §§ 634 Abs. 4, 472 BGB. Danach ist der Werklohn in dem Verhältnis herabzusetzen, in dem der Wert der mangelhaften Sache zu demjenigen der geschuldeten mangelfreien Sache steht. Der Minderwert drückt sich in der Regel in dem Betrag aus, der für die Mängelbeseitigung aufzuwenden ist.[114] 131

Im Bereich des Anlagenbaus vermag der gesetzliche Gewährleistungsanspruch der Minderung jedoch nicht immer den infolge der Nichterreichung der vollen Leistung vollständig entgangenen Nutzen zu kompensieren.[115] Insofern werden in Anlagenbauverträgen überwiegend im Vorhinein pauschalierte Minderungen bei Nichterreichung 132

---

[109] Vgl. BGH NJW-RR 1986, 1026.
[110] BGHZ 54, 244.
[111] Vgl. *Kleine-Möller/Merl/Oelmaier*, a. a. O., § 12 Rdn. 335.
[112] *Kleine-Möller/Merl/Oelmaier*, a. a. O., § 12 Rdn. 342.
[113] BGH NJW 1984, 2457.
[114] BGH NJW 1996, 3001.
[115] Vgl. *Joussen*, a. a. O., § 5 Rdn. 50 f.

von bestimmten Leistungswerten vereinbart. Bei derartigen **Leistungs-** oder **technischen Pönalen** handelt es sich rechtlich um vorab pauschalierte Minderungsansprüche. Üblich ist insoweit die Festlegung eines bestimmten Prozentsatzes im Verhältnis zur Abweichung (Minderleistung oder z.B. Mehrverbrauch) des zugesicherten Wertes, z.B. wie folgt:

> „Bei Nichterreichung der garantierten Leistungsdaten gem.. des Vertrages gelten folgende pauschalierten Minderungssätze:
> Minderung für garantierte Kapazität
> Für jedes volle Prozent (1%) Unterschreiten der garantierten Kapazität (Förderleistung) – nach entsprechender Anrechnung der dreiprozentigen (3%) Messtoleranz – beträgt der Minderungssatz ein Prozent (1%) des anteiligen, in der Anlage .. aufgeführten Vertragswertes der entsprechenden in ... aufgeführten Baugruppen".[116]

133 Die pauschalen Minderungssätze werden für die unterschiedlichen zugesicherten Leistungseigenschaften in der Regel in unterschiedlicher Höhe geregelt, um der Bedeutung des betreffenden Leistungsmerkmals im Einzelnen gerecht zu werden.

134 Üblich sind in Anlagenbauverträgen **Begrenzungen für vereinbarte Einzelpönalen** sowie eine Gesamtbegrenzung aller Leistungspönalen, welche z.B. um 5% des Auftragswertes liegt. Im Rahmen der Projektfinanzierung und der aus der Sicht der finanzierenden Banken erforderlichen stärkeren Risikoeinbindung des Auftragnehmers, sind Haftungsbegrenzungen – abhängig vom Einzelfall – wesentlich höher zu fassen, als dies in normalen Anlagenbauverträgen der Fall ist. Die Höchstgrenze der einzelnen Pönalen, also die Grenze für die Summe aller Leistungspönalen insgesamt, darf in keinem Falle eine demotivierende Wirkung dadurch auslösen, dass ein Anreiz für den Auftragnehmer darin besteht, lieber die Pönale zu zahlen als den Mangel zu beseitigen.

135 In diesem Zusammenhang kommt dem Verhältnis der pauschalierten Minderung zum Recht zur Nachbesserung besondere Bedeutung zu. Es muss klargestellt werden, ob und unter welchen Voraussetzungen der Auftragnehmer berechtigt ist, anstelle der Nachbesserung die Leistungspönale an den Auftraggeber zu zahlen.

9.8.2.3 Weitergehender Schadensersatz

136 Unter den Voraussetzungen der Minderung gemäß § 634 BGB kann der Auftraggeber auch **Schadensersatz wegen Nichterfüllung** gemäß § 635 BGB verlangen, wenn der Unternehmer die Mangelhaftigkeit des Werkes zu vertreten hat. Dabei kann der Auftraggeber Ersatz für solche Schäden verlangen, die der mangelhaften Bauleistung unmittelbar anhaften oder zwar außerhalb der Bauleistung liegen, jedoch mit dem Mangel in einem engen und unmittelbaren Zusammenhang stehen (sog. **enger Mangelfolgeschaden**).[117] Für **entfernte Mangelfolgeschäden** kann Schadenersatz nach den Regeln der positiven Vertragsverletzung verlangt werden. Die Abgrenzung dieser beiden Schadenskategorien kann im Einzelfall erhebliche Schwierigkeiten bereiten, die Unterschiede bestehen im Wesentlichen in der bei der Haftung aus positiver Vertragsverletzung geltenden 30-jährigen Verjährungsfrist, wenn nicht der konkrete Anlagenbauvertrag ohnehin alle Schadensersatzfälle insoweit gleich behandelt.

137 Grundvoraussetzung für den Schadensersatzanspruch nach § 635 BGB ist die schuldhafte Verursachung des Mangels durch den Auftragnehmer, was auch bei Fehlen zugesicherter Eigenschaften gilt. **Verschulden** des Unternehmers liegt gemäß § 276 BGB bei Vorsatz oder Fahrlässigkeit vor. Fahrlässig handelt der Unternehmer, wenn er die

---

[116] Vgl. Beispiel bei *Rosener*, a.a.O., Anlage V (S. 346).
[117] Vgl. BGH NJW 1976, 1502.

im Verkehr erforderliche Sorgfalt außer Acht lässt. Insofern ist zu berücksichtigen, dass der Auftragnehmer gemäß § 278 BGB auch für das Verschulden von Personen, derer er sich zur Erfüllung seiner Herstellungsverpflichtung bedient, haftet (**Erfüllungsgehilfen**). Dazu zählen insbesondere die von ihm beauftragten Nachunternehmer. Bei bloßen Baustofflieferanten ist gründlich zu prüfen, ob sie vom Auftragnehmer bewusst in die Erfüllung der vertraglichen Herstellungspflicht einbezogen wurden. In der Regel sind bloße Zulieferer keine Erfüllungsgehilfen.[118]

Schuldhaft handelt der Auftragnehmer oder sein Erfüllungsgehilfe insbesondere dann, wenn er gegen die allgemein anerkannten **Regeln der Technik** verstößt. Bei ihrer Einhaltung ist umgekehrt grundsätzlich nicht von einem Verschulden des Unternehmers auszugehen.[119] **138**

Beruhen die eingetretenen Schäden an der Anlage auf verschiedenen Ursachen, muss der Unternehmer wenigstens eine schuldhaft gesetzt haben. Trifft den Auftraggeber selbst ein **Mitverschulden** am Entstehen des Mangels, z.B. durch fehlerhafte Planung oder Anordnung, mindert sich der Schadensersatz um die anteilige Haftung des Bauherrn gemäß § 254 Abs. 1 BGB. Darüber hinaus kann die anteilige Haftung des Auftraggebers dadurch eintreten, dass er gemäß § 254 Abs. 2 BGB der ihm im Einzelfall obliegenden Schadensminderungspflicht nicht nachkommt. **139**

Aus Sicht des Auftragnehmers ist im Anlagenbauvertrag auch die Schadensersatzhaftung insgesamt summenmäßig zu begrenzen, was regelmäßig im Rahmen einer generellen **Haftungsbegrenzung** (s.u. 9.11) erfolgt. **140**

9.8.2.4 Wandlung

Unter denselben Voraussetzungen wie bei der Minderung kann der Auftraggeber gemäß § 634 BGB **Wandlung** des abgeschlossenen Anlagenbauvertrages verlangen. Nach Ablauf der gesetzten Frist zur Mängelbeseitigung mit Ablehnungsandrohung kann der Bauherr daher zwischen den Rechten auf Wandlung oder Minderung wählen. Das Recht auf Wandlung stellt im Anlagenbau eine nur wenig praktikable Lösung bei mangelhafter Bauleistung dar.[120] In Anlagenbauverträgen wird sie gelegentlich vollständig ausgeschlossen.[121] In jedem Falle führen die erheblichen Konsequenzen einer Rückabwicklung des Anlagenbauvertrages, wenn z.B. eine vertraglich vereinbarte **Rückbauverpflichtung** damit einhergeht, regelmäßig dazu, dass entsprechende Ansprüche **erst bei Erreichen einer erheblichen Abweichung** von der vertraglich geschuldeten Leistung oder der zugesicherten Leistungswerte vom Auftraggeber geltend gemacht werden können. Diese Grenze wird häufig bei der Unzumutbarkeit für den Auftraggeber gezogen, die errichtete Anlage weiter zu betreiben. Wegen der eingeschränkten, wirtschaftlich in der Regel unbefriedigenden Rückabwicklung haben deshalb die sonstigen Gewährleistungsrechte unter Aufrechterhaltung des Vertrages (Nachbesserung, Minderung, Schadensersatz), aber insbesondere sämtliche Maßnahmen der ausführungsbegleitenden Kontrolle (s. oben 9.6) und der vorzeitigen Eingriffsbefugnis, insbesondere auch Mängelbeseitigung vor Abnahme, eine weitaus größere Bedeutung. **141**

---

[118] BGH NJW 1978, 1157.
[119] *Kleine-Möller/Merl/Oelmaier*, a.a.O., § 12 Rdn. 444.
[120] Vgl. *Rosener*, a.a.O., S. 359; zu den Rechtsfolgen siehe *Kleine-Möller/Merl/Oelmeier*, a.a.O., § 12 Rdn. 417ff.
[121] Siehe § 32 Abs. 5 des Musters bei *Rosener* a.a.O., Rdn. 46 (S. 359).

9.8.3 Gewährleistungsfristen
9.8.3.1 Beginn und Dauer

142 Das werkvertragliche Gewährleistungsrecht unterscheidet bei der **Gewährleistungsfrist** nach unterschiedlichen Inhalten der Herstellungsverpflichtung. Nach der Vorschrift des § 638 BGB verjähren die Gewährleistungsrechte des Auftraggebers bei Arbeiten an einem Grundstück in einem Jahr und bei Arbeiten an Bauwerken in fünf Jahren. Bei allen sonstigen Arbeiten beträgt die Gewährleistungsfrist sechs Monate. Diese **Differenzierung nach den verschiedenen Komponenten** des Bauwerks führt allerdings nicht dazu, dass für ein einheitlich zu errichtendes Bauwerk verschiedene Verjährungsfristen anfallen. Insofern wird im Interesse gleichmäßiger Rechtsanwendung für die Leistungen, die für sich gesehen verschiedenen Verjährungsfristen zu unterstellen wären, eine einheitliche Verjährungsfrist angenommen.[122]

143 Im Anlagenbau werden die gesetzlichen Verjährungsfristen häufig den besonderen Anforderungen der Anlage angepasst. So verbleibt es für die Bauteile der Anlage oftmals bei der werkvertraglichen Verjährungsfrist von fünf Jahren gemäß § 638 BGB. Für den Anlagenteil wird demgegenüber oft eine kürzere Verjährungsfrist, zwischen einem Jahr und zwei Jahren, vereinbart. Üblich ist es auch, die Dauer der Gewährleistung in einer bestimmten Zahl von Betriebsstunden anzugeben. Nicht unüblich sind sog. **Spätestklauseln,** nach denen in jedem Fall Gewährleistungsansprüche ab einem bestimmten Zeitpunkt verjähren, falls z.B. bestimmte Garantienachweise aus vom Auftragnehmer nicht zu vertretenden Gründen nicht erbracht werden können.

144 Die Verjährung beginnt gemäß § 638 Abs. 1 Satz 2 BGB mit Abnahme des Werks.

145 Hat der Unternehmer den Mangel allerdings **arglistig verschwiegen,** gelten die vorgenannten Verjährungsfristen gemäß § 638 Abs. 1 BGB nicht. In diesem Fall findet die 30-jährige Verjährungsfrist nach § 195 BGB Anwendung. Arglistig handelt der Unternehmer, wenn er die Mangelhaftigkeit des hergestellten Werks pflichtwidrig nicht offenbart oder die Mangelfreiheit der Leistung vorspiegelt, obwohl er den Mangel kennt und sich der Bedeutung für den vertragsgemäßen Gebrauch bewusst ist.[123] Eine Schädigungsabsicht des Auftragnehmers ist nicht erforderlich.

146 Der Kenntnis des Unternehmers von den vorhandenen Mängeln steht die Kenntnis seiner gesetzlichen oder gewillkürten Vertreter sowie derjenigen Mitarbeiter, derer er sich zur Abnahme gegenüber dem Auftraggeber bedient gleich.[124] Zurechenbar ist insofern die Kenntnis all derer, welche die bei Abnahme bestehende Offenbarungspflicht über vorhandene Mängel anstelle des Bauherrn trifft.

147 Dem arglistigen Verschweigen steht das **Organisationsverschulden** des Auftraggebers gleich. Davon ist auszugehen, wenn der Bauherr, der ein Bauwerk arbeitsteilig herstellen lässt, nicht die organisatorischen Voraussetzungen schafft, um sachgerecht beurteilen zu können, ob das Werk mängelfrei ist und die aufgetretenen Mängel bei richtiger Organisation entdeckt worden wären.[125] Auch hier gilt die 30-jährige Verjährungsfrist nach § 195 BGB.

9.8.3.2 Hemmung und Unterbrechung

148 Verjährungsfristen können sowohl gehemmt oder unterbrochen sein. Wird die Verjährung gehemmt, wird für die Dauer der **Hemmung** der Lauf der Verjährungsfrist angehalten. Die Zeit der Hemmung wird gemäß § 205 BGB nicht in die Verjährungs-

---

[122] Vgl. BGH NJW 1993, 3195, *Kleine-Möller/Merl/Oelmaier*, a.a.O., § 12 Rdn. 905.
[123] BGH NJW 1986, 980; NJW 1976, 515; NJW 1974, 553.
[124] Vgl. *Kleine-Möller/Merl/Oelmaier*, a.a.O., § 12 Rdn. 955.
[125] BGHZ 117, 318.

zeit eingerechnet. Im Werkvertragsrecht begründet § 639 Abs. 2 BGB die Hemmung der Verjährung für den Fall, dass der Unternehmer im Einverständnis des Auftraggebers das Vorhandensein eines Mangels überprüft oder die Beseitigung des Mangels in Angriff nimmt. Die Verjährung ist dabei so lange gehemmt, bis der Unternehmer das Ergebnis der Prüfung dem Bauherrn mitteilt, ihm gegenüber den Mangel für beseitigt erklärt oder die Fortsetzung der Beseitigung verweigert. Die Hemmung der Verjährung tritt nicht erst mit Beginn der Prüfungs- oder Beseitigungsarbeiten ein, sondern bereits mit ihrer Ankündigung, sofern diese im Einverständnis des Auftraggebers erfolgt.

Bei einer **Unterbrechung** der Verjährung wird die bis zur Unterbrechung verstrichene Zeit für den Verjährungseintritt gemäß § 217 BGB nicht mehr berücksichtigt. Nach Ende der Unterbrechung beginnt daher eine neue Verjährung, ohne dass dabei die vor Unterbrechung abgelaufene Verjährungszeit angerechnet würde. Die Unterbrechung der Verjährung kann durch Einleitung eines **selbständigen Beweisverfahrens** gemäß § 639 Abs. 1 i.V.m. § 477 Abs. 2 BGB, durch **Anerkenntnis** des Auftragnehmers im Sinne von § 208 BGB sowie gemäß § 209 Abs. 1 BGB durch **Klageerhebung** eintreten. 149

9.8.3.3 Verlängerung der Gewährleistungsfristen in Sonderfällen

Die Besonderheiten des Anlagenbaus erfordern oftmals eine differenzierte Regelung der Gewährleistungsfristen. So können insbesondere länger laufende **Funktions- oder Verfügbarkeitsgarantien** (neben einer sog. bloßen Materialgewährleistung) zu einer generellen Verjährungsverlängerung führen. Denn soweit der Unternehmer die volle Funktionsfähigkeit der Anlage für einen die gesetzlichen Verjährungsfristen oder die Fristen für die Materialgewährleistung überschreitenden Zeitraum übernimmt, haftet er innerhalb dessen im Ergebnis dennoch für sämtliche Mängel, die die uneingeschränkte Leistungsfähigkeit beeinträchtigen. 150

Auch bei übergebenen **Ersatzteilen** für die Anlage ist eine Modifizierung der Verjährungsfrist sinnvoll. Da diese Teile u.U. erst nach Ablauf der Gewährleistungsfrist in die Anlage eingebaut werden, sollte die Gewährleistungsfrist für die Ersatzteile auch erst mit ihrem Einbau beginnen. 151

Keine Besonderheiten gelten bei **„verdeckten Mängeln"**. Bei der Abnahme verdeckte Mängel können vom Auftraggeber geltend gemacht werden, sofern sie während der Gewährleistungsfristen auftreten.[126] Eine besondere verlängerte Gewährleistungsfrist für diese Fälle existiert – entgegen weit verbreiteter Ansicht – nicht. Unberührt bleibt jedoch die Haftung bei arglistig verschwiegenem Mangel (s. oben Rdn. 145 ff.). 152

Da bei komplexen Großanlagen zahlreiche Mängel erst durch turnusmäßige Kontrollen **(planmäßige Revision)** entdeckt werden, muss sichergestellt werden, dass die Gewährleistungsfrist nicht vorzeitig abläuft, um den Auftraggeber nicht zur Durchführung von gesonderten außerplanmäßigen Revisionen (mit den damit verbundenen Kosten, Aufwendungen und Beeinträchtigungen für den Anlagenbetrieb) zu zwingen. Da es für den Auftraggeber ungünstig sein kann, die Revision der Anlage vorzuziehen, kann dem durch eine vertragliche Verlängerung der Gewährleistungsfristen über den ersten vorgesehenen Kontrolltermin hinaus begegnet werden. 153

9.8.4 Beweislast

Bis zur Abnahme ist der Auftragnehmer beweispflichtig dafür, dass er seine Leistung mangelfrei erbracht hat. Nach Abnahme kehrt sich diese **Beweislast** zu Ungunsten des Auftraggebers um, der nunmehr das Vorhandensein von Mängeln zu beweisen hat.[127] 154

---

[126] Vgl. *Kleine-Möller/Merl/Oelmaier*, a.a.O., § 12 Rdn. 893.
[127] S. oben Rdn. 101.

9.8.5 Auslandsgeschäft

155 Internationale Anlagenbauverträge, deren Grundlage im **angloamerikanischen Rechtskreis** liegt, enthalten oftmals **umfangreiche Gewährleistungsregelungen,** die zumeist erheblich von den Regelungen der auf deutschem Recht basierenden Verträgen abweichen. Dies liegt z.B. an der grundsätzlich anderen Vertragsgestaltung der Abnahme durch Bestimmung vorläufiger und endgültiger Übernahme (Provisional and Final Acceptance), aber auch an speziellen Regelungen für sog. Latent Defects oder Significant Defects. Grundsätzlich machen Anlagenbauverträge auf angloamerikanischer Rechtsgrundlage daher eine gründliche Prüfung dessen erforderlich, was mit den verwendeten Begriffen und den entsprechenden Regelungen wirklich beabsichtigt ist. So werden für die Gewährleistung sowohl die Begriffe **„Warranty"** als auch **„Guarantee"** verwendet. Häufig kommt letzterem Ausdruck die Bedeutung einer technischen Garantie als zugesicherte Eigenschaft zu. Im Übrigen bedeutet die Vereinbarung einer bestimmten Gewährleistungsfrist **(Defects Liability Period)** auch nicht zwangsläufig das Ende der Haftung des Auftragsnehmers nach ihrem Ablauf. So kann damit auch bloß gemeint sein, dass der Auftragnehmer nach Fristablauf nicht mehr berechtigt ist, die Mängelbeseitigung selbst vorzunehmen, während nunmehr ein Dritter diese im Auftrag des Bauherrn auszuführen hat, wobei die Kosten hierfür u.U. dennoch vom Auftragnehmer zu übernehmen sind.[128]

9.9 Höhere Gewalt (Force Majeure)

9.9.1 Begriff und Anwendungsbereich

156 Unter dem Begriff der **höheren Gewalt (Force Majeure)** ist ein außergewöhnliches Ereignis zu verstehen, das von außen auf die Vertragserfüllung einwirkt und für die betroffene Vertragspartei weder vorhersehbar noch vermeidbar war.[129] Da derartige Ereignisse in der Regel zu Verzögerungen bei Lieferungen und Leistungen führen, sind sie in deutschen Anlagenbauverträgen im Wesentlichen unter dem Gesichtspunkt des Verzugs zu berücksichtigen. Da Verzug nach deutschem Recht in jedem Fall aber ein Verschulden des Auftragnehmers voraussetzt, führen die unter den Begriff höhere Gewalt zu subsumierenden Fälle ohnehin nicht zur Haftung des Auftragnehmers. Die Auflistung von Ereignissen, die die Vertragsparteien der höheren Gewalt zuordnen, greift in deutschen Anlagenbauverträgen daher nicht in das gesetzliche Haftungsrecht ein und ist insofern eigentlich überflüssig.[130]

157 Im internationalen Anlagenbau finden sich jedoch fast ausnahmslos vertragliche Regelungen zur höheren Gewalt, sog. **Force Majeure-Klauseln.** Dabei werden zumeist detailliert alle für das jeweilige Projekt denkbaren Fälle unerwarteter Ereignisse aufgezählt. Z.B. regelt Klausel 19.1 des FIDIC Silver Book als „Definition of Force Majeure":

„In this clause, „Force Majeure" means an exceptional event or circumstance:
(a) which is beyond the Party's control,
(b) which such Party could not reasonably have provided against before entering into the Contract,
(c) which, having arisen, such Party could not reasonably have avoided or overcome, and
(d) which is not substantially attributably to the other Party.

---

[128] *Vinter*, a.a.O., S. 54.
[129] *Joussen*, a.a.O., § 4 Rdn. 14, *Beitzke*, DB 1967, 1751 ff., *Vinter*, a.a.O., S. 88.
[130] Vgl. *Beitzke*, DB 1967, 1753.

Höhere Gewalt (Force Majeure)

Force Majeure may include, but is not limited to, exceptional events or circumstances of the kind listed below, so long as conditions (a) to (d) above are satisfied:
(i) war, hostilities (whether war be declared or not), invasion, act of foreign enemies,
(ii) rebellion, terrorism, revolution, insurrection, military or usurped power, or civil war,
(iii) riot, commotion, disorder, strike or lockout by persons other than the Contractor's Personnel and other employees of the Contractor and Subcontractors,
(iv) munitions of war, explosive materials, ionising radiation or contamination by radio-activity, except as may be attributable to the Contractor's use of such munitions, explosives, radiation or radio-activity, and
(v) natural catastrophes such as earthquake, hurricane, typhoon or volcanic activity."

Bezogen auf das konkrete Projekt und dessen äußere Rahmenbedingungen sollte bei Vertragsabschluss genau überlegt werden, ob und welche **Risikobereiche** welcher Partei **zuzuordnen** sind, insbesondere wenn sie von dieser Partei kontrolliert werden können oder aus deren Sphäre kommen. Aus Sicht des Auftraggebers sollten die einzelnen Tatbestände der höheren Gewalt möglichst abschließend geregelt und keine Öffnungsklauseln enthalten, wie z.B. „sonstige vom Lieferanten nicht zu vertretende Ereignisse" oder „sonstige unvermeidbare Ereignisse", um nachteilige Folgen (Haftungsfreistellung, Kostenansprüche, Bauzeitverlängerungen) zu begrenzen. 158

9.9.2 Rechtsfolgen

Da mit dem Eintritt eines als höhere Gewalt zu bezeichnenden Ereignisses der Stillstand oder erhebliche Verzögerungen des Bauvorhabens verbunden sind, reicht die bloße Feststellung, dass der Auftragnehmer insofern von der Haftung befreit ist, in der Regel nicht aus, die mit dem Stillstand einhergehenden Probleme sachgerecht zu lösen. 159

9.9.2.1 Verzug/Unmöglichkeit

Im Fall höherer Gewalt kann der Auftragnehmer grundsätzlich **nicht in Verzug** geraten, so dass er weder eine vereinbarte Verzugspönale noch anderweitig Schadensersatz zu leisten hat. Hierbei wirkt sich aus, ob die Parteien die Fälle höherer Gewalt abschließend aufgelistet oder in einer Generalklausel sämtliche unvorhersehbaren und unvermeidbaren Ereignisse erfasst haben. Bei abschließender Aufzählung der Höhere Gewalt-Ereignisse kann der Unternehmer zur Zahlung der Verzugspönale auch bei einem für ihn unvermeidbaren und nicht vorhersehbaren Ereignis verpflichtet sein, wenn dieses nicht ausdrücklich als Fall höherer Gewalt bestimmt wurde. Wird die Herstellung des vereinbarten Werks durch höhere Gewalt **endgültig unmöglich**, wird der Unternehmer gemäß § 275 BGB von seiner Herstellungsverpflichtung frei. 160

9.9.2.2 Mehrkosten

Regelungsbedürftig sind auch die durch das unvorhersehbar eingetretene Ereignis verursachten **Mehrkosten** und die sich daraus ergebenden **Bauzeitverschiebungen.** 161

Bei Eintritt eines Falls höherer Gewalt sollte eine **kurzfristige Meldepflicht** der betroffenen Vertragspartei vertraglich vereinbart werden.[131] 162

9.9.2.3 Vorzeitige Vertragsbeendigung bei höherer Gewalt

Der Eintritt eines Ereignisses auf Grund höherer Gewalt kann für die Vertragsparteien derartig erhebliche Konsequenzen mit sich bringen, dass für eine oder beide Parteien kein Interesse mehr besteht, am Vertrag fest zu halten. Internationale Anlagen- 163

---

[131] Vgl. Beispiel bei *Rosener*, a.a.O., § 40 Abs. 1.

9. Teil. Projektdurchführung und Projektüberwachung

bauverträge enthalten daher häufig die Regelung, dass die Parteien nach Ablauf eines festgelegten Zeitraums der Unterbrechung auf Grund höherer Gewalt den Vertrag durch **Kündigung** vorzeitig beendigen können.[132]

164 Da die mit der Kündigung verbundenen Abwicklungsschwierigkeiten bei größeren Anlagen erheblich sind und daher nur schwer vorab vertraglich geregelt werden können, wird neben dem Kündigungsrecht in Fällen höherer Gewalt oftmals eine **Nachverhandlungspflicht** der Parteien vereinbart. Bei dieser Nachverhandlung kann eine den jeweiligen Umständen entsprechende **Vertragsanpassung** vorgenommen werden.

9.10 Kündigung

165 Durch Kündigung erfolgt die vorzeitige Beendigung des Anlagenbauvertrages. Hierbei wird der Vertrag mit Wirkung für die Zukunft beendet. Im einzelnen kommen folgende Gründe für eine Kündigung in Betracht:

9.10.1 Freie Auftraggeberkündigung

166 Nach den Regeln des Werkvertragsrechts ist der Auftraggeber gemäß § 649 BGB berechtigt, den Vertrag **jederzeit zu kündigen** (sog. **freie Auftraggeberkündigung**). Da der Bauherr insofern keinerlei Gründe für die Kündigung anzugeben hat, kann eine unberechtigte außerordentliche Kündigung in eine ordentliche Kündigung gemäß § 649 BCB umzudeuten sein, wenn der Auftraggeber an der Fortsetzung des Vertrags zweifelsfrei nicht mehr interessiert ist.[133] Dem Auftragnehmer steht dem gegenüber kein ordentliches Kündigungsrecht zu.

9.10.2 Begründete Vertragsbeendigung durch den Auftraggeber

167 Anlagenbauverträge enthalten Regelungen, dass der Auftraggeber bei Vorliegen bestimmter Gründe zur Vertragsbeendigung berechtigt sein soll. Da die Beendigung von Anlagenbauverträgen erhebliche finanzielle und organisatorische Konsequenzen zur Folge hat, werden diese Rechte zumeist erst ab einer bestimmten Intensität der Beeinträchtigung eingeräumt.

168 Im Fall von **Lieferverzögerungen** wird dem Auftraggeber zumeist ein Kündigungsrecht zugestanden, wenn er dem Unternehmer mehrfach angemessene Nachfristen fruchtlos gesetzt hat und der vorgesehene Abnahmetermin erheblich überschritten wird.

169 Auch wenn die errichtete Anlage trotz mehrfacher Nachbesserungsversuche im Erfüllungsstadium **erhebliche und dauerhafte Mängel aufweist**, kann dem Auftraggeber vertraglich ein Kündigungsrecht gewährt sein. Hierbei bedarf es genauer Regelungen, ab welchem Grad der Mangelhaftigkeit bzw. des Nichterreichens zugesicherter Eigenschaften der Auftraggeber den Vertrag beenden kann.

9.10.3 Kündigung aus wichtigem Grund

170 Beiden Parteien des Anlagenbauvertrags steht das Recht zur **Kündigung aus wichtigem Grund** zu. Nach den allgemeinen Rechtsgrundsätzen besteht das Kündigungsrecht immer dann, wenn ein Vertragspartner seine vertraglichen Verpflichtungen

---

[132] Vgl. Regelung bei *Rosener*, a. a. O., § 45 Abs. 1 (S. 335).
[133] Vgl. OLG Schleswig BauR 1989, 730, 734.

derartig verletzt hat oder wenn sonstige Umstände vorliegen, dass für die andere Vertragspartei ein Festhalten am Vertrag nicht mehr zumutbar ist.[134]

Insbesondere in Fällen **höherer Gewalt** kann es dem Unternehmer unmöglich werden, seine vertraglich geschuldeten Leistungen zu erbringen. Auch für diese Fälle werden Lösungsrechte regelmäßig vereinbart. Insbesondere knüpfen diese daran an, dass eine bestimmte Zeit lang die Leistungen vom Auftraggeber nicht erbracht werden konnten bzw. eine Unterbrechung der Leistungen vorlag. § 6 Nr. 7 VOB/B ermöglicht so die Kündigung beider Parteien (also auch des Auftragnehmers) nach Ablauf von drei Monaten, nach Klausel 19.6 des FIDIC Silver Book nach 84 Tagen. Hier ist im Einzelfall, insbesondere im Zusammenhang mit den Klauseln zur höheren Gewalt, zu prüfen, ob diese Fristen generell oder für bestimmte Risiken angepasst werden müssen, insbesondere um dem Auftragnehmer über eine derartige Vorschrift nicht die vorzeitige Lösung aus der vertraglichen Bindung zu ermöglichen. 171

9.10.4 Rechtsfolgen vorzeitiger Vertragsbeendigung

Bei Ausübung des freien Kündigungsrechts gemäß § 649 BGB kann der Auftragnehmer **die volle vereinbarte Vergütung** verlangen. Er muss sich dabei jedoch dasjenige anrechnen lassen, was er infolge der Aufhebung des Vertrags an **Aufwendungen erspart** oder durch anderweitigen Einsatz seiner Arbeitskraft erwirbt oder zu erwerben böswillig unterlässt. Da diese gesetzliche Regelung den Auftragnehmer nicht unerheblich begünstigt, wird die Vergütungshöhe in diesen Fällen zumeist auf die bis zu diesem Zeitpunkt erbrachten Leistungen zuzüglich einer angemessenen Pauschale zur Abgeltung weiter gehender Ansprüche beschränkt. 172

Ähnliche Vereinbarungen werden auch bei den anderen Formen der Kündigung, d. h. in Fällen höherer Gewalt oder Kündigung aus wichtigem Grund, getroffen. Der Unternehmer erhält dann in der Regel nur die Vergütung für die von ihm bis zum Kündigungszeitpunkt erbrachten Leistungen, ggf. eine Erstattung für die von ihm derzeit aufgewendeten Kosten. 173

Regelungsbedürftig ist in der Regel bei vereinbarten Kündigungsrechten auch, ob und in welchem Umfang der Auftraggeber neben der Vertragsbeendigung **weitergehende Schadensersatzansprüche** geltend machen kann. Darunter können insbesondere Produktionsausfall bzw. entgangener Gewinn fallen. Wegen des Risikos der daraus resultierenden Forderungen enthalten Anlagenbauverträge regelmäßig Haftungsbegrenzungen (s. hierzu unten Rdn. 9.11). 174

9.10.5 Auslandsgeschäft

Internationale Anlagenbauverträge enthalten anstelle von Regelungen zu Rücktritt oder Kündigung die Begriffe „**Cancellation**", „**Recession**" oder „**Termination**". Wie bei deutschen Anlagenbauverträgen auch kommt es hierbei maßgeblich auf die Ausgestaltung der jeweiligen Regelungen an und nicht auf die verwendeten Begriffe. Üblicherweise wird auch im Auslandsgeschäft bei höherer Gewalt nach Ablauf einer bestimmten Frist den Parteien das Recht zugestanden, den Vertrag zu kündigen. Dabei hat der Auftraggeber in der Regel die nachgewiesenen und nicht mehr abwendbaren Kosten des Unternehmers zu tragen. 175

Die Kündigungsmöglichkeiten im Übrigen sind zumeist sehr weit gefasst (**Breach of material Obligations**). Das Recht der Zurückweisung der Anlage (**Rejection**) mit entsprechender Rückbauverpflichtung ist in der Regel nur bei Unzumutbarkeit ihres Weiterbetriebs vereinbart. 176

---

[134] BGH BauR 1996, 704, 706.

177 Zur Vertragsbeendigung wegen höherer Gewalt und der daraus resultierenden Kosten vgl. Klausel 19.6 des FIDIC Silver Book unter dem Titel „Optional Termination, Payment and Release":

> „If the execution of substantially all the Works in progress is prevented for continuous period of 84 days by reason of Force Majeure of which notice has been given under Sub-Clause 19.2 [Force Majeure], or for multiple periods which total more then 140 days due to the same notified Force Majeure, then either Party may give to the other Party a notice of termination of the Contract. In this event, the termination shall take effect 7 days after the notice is given (...).
> Upon such termination, the Employer shall pay to the Contractor:
> (a) the amounts payable for any work carried out for which a price is stated in the Contract;
> (b) the Cost of Plant and Materials ordered for the Works which have been delivered to the Contractor, or of which the Contractor is liable to accept delivery: this Plant and Materials shall become the property of (and be at the risk of) the Employer when paid for by the Employer, and the Contractor shall place the same at the Employer's disposal;
> (c) any other Cost or liability which in the circumstances was reasonably incurred by the Contractor in the expectation of completing the Works;
> (d) the Cost of removal of Temporary Works and Contractor's Equipment from the Site and the return of these items to the Contractor's works in his country (or to any other destination at no greater cost); and
> (e) the Cost of repatriation of the Contractor's staff and labour employed wholly in connection with the Works at the date of termination."

9.11 Allgemeine Haftung des Auftragnehmers und Haftungsbegrenzung

9.11.1 Haftungsgrundlagen

178 Die Haftung des Unternehmers kann sich auf Grund der **nicht rechtzeitigen Erfüllung des Vertrags** bzw. der Überschreitung verbindlich vereinbarter Zwischenfristen ergeben. Hierbei handelt es sich um Ansprüche des Auftraggebers aus **Verzug**. Darüber hinaus haftet der Auftragnehmer für die **ordnungsgemäße Erfüllung** des geschlossenen Anlagenbauvertrags. Dem Auftraggeber stehen insofern **Gewährleistungsansprüche** zu. Schließlich kann sich ein Haftungstatbestand aus der **Verletzung vertraglicher Nebenpflichten,** wie Sorgfalts- und Hinweispflichten, ergeben. Derartige Vertragsverletzungen führen zur Haftung aus **positiver Forderungsverletzung.** Außerhalb des Vertrages haftet der Auftragnehmer für **unerlaubte Handlungen** gemäß §§ 823ff. BGB.

179 Schadensersatzansprüche setzen grundsätzlich **Verschulden** voraus. Verschulden liegt gemäß § 276 BGB bei **Vorsatz** oder **Fahrlässigkeit,** also der Verletzung der im Verkehr erforderlichen Sorgfalt, vor. Ausnahmsweise muss im Rahmen der sog. Gefährdungshaftung auch ohne Verschulden gehaftet werden, die jedoch nur bei ausdrücklicher gesetzlicher Regelung eingreift (z.B. § 7 StVG §§ 1, 2 UmwHG, § 1 ProdHaftG, etc.).[135] Bei diesem vom grundsätzlichen Verschuldensprinzip abweichenden Haftungstatbestand wird von der Einstandspflicht desjenigen ausgegangen, von dem oder durch den eine Gefährdung anderer Personen oder Sachen ausgeht.

180 Im Rahmen der vertraglichen Haftung haftet der Auftragnehmer auch für ein Verschulden der Personen, derer er sich zur Erfüllung seiner Verbindlichkeiten bedient. (sog. **Erfüllungsgehilfen,** § 278 BGB).[136] Bei deliktischer Haftung haftet der Auftragnehmer für sog. **Verrichtungsgehilfen,** es sei denn, er hat bei der Aus-

---

[135] Vgl. zur Gefährdungshaftung *Palandt-Heinrichs,* § 276 Rdn. 136 m.w.N.
[136] Näheres bei *Palandt-Heinrichs,* § 278 Rdnrn. 1 ff.

wahl der Betreffenden, bei deren Überwachung und Leitung die im Verkehr erforderliche Sorgfalt beachtet und der Schaden wäre auch bei Beachtung dieser Sorgfalt entstanden (§ 831 BGB).[137]

9.11.2 Schadensarten

Bei **Personenschäden** kommt es zu einer Verletzung der vom Auftraggeber angestellten Mitarbeiter oder beauftragten Dritten durch den ausführenden Unternehmer. Da zu diesen Personen aus Auftragnehmersicht selbst kein Vertragsverhältnis besteht, kommen insofern hauptsächlich Schadensersatzansprüche aus unerlaubter Handlung in Betracht. 181

Sachschäden sind Beschädigungen am Eigentum des Bauherrn. Insofern kann es insbesondere zu Bearbeitungsschäden, d. h. Schäden an Anlagenteilen, die Gegenstand der vertraglich vereinbarten Tätigkeit sind, kommen. Durch derartige unmittelbare Sachbeschädigungen können zusätzlich mittelbare Schäden entstehen. Grundsätzlich muss für unmittelbare und mittelbare Schäden gehaftet werden.[138] 182

Oftmals wird der Begriff des **Vermögensschadens** verwendet. Hierbei ist zu beachten, dass die versicherungsrechtlichen und allgemeinen zivilrechtlichen Begrifflichkeiten nicht einheitlich sind. Jedenfalls werden üblicherweise Produktionsausfall und entgangener Gewinn als Vermögensschäden angesehen, ebenso wie Finanzierungsaufwendungen. 183

9.11.3 Haftungsbegrenzungen

Grundsätzlich wird bei Verschulden sowohl der Höhe nach als auch dem Umfang nach unbegrenzt gehaftet. Das **Prinzip der unbegrenzten gesetzlichen Haftung** gilt nicht nur im deutschen Recht, sondern auch in den meisten ausländischen Rechtsordnungen. 184

Eine angemessene Begrenzung der Haftung des Auftragnehmers ist jedoch angesichts der mit der Anlageerrichtung für diesen damit verbundenen Risiken üblich. Insoweit kommen verschiedene Ansatzpunkte in Betracht: 185

In den Anlagenbauvertrag kann eine **summenmäßige oder prozentuale Begrenzung** aufgenommen werden. Diese kann sich auf sämtliche Ansprüche des Bauherrn gegen den Unternehmer beziehen, aber auch nur einzelne Anspruchsarten erfassen. Möglich ist beispielsweise die Gesamtbegrenzung sämtlicher vereinbarter Vertragsstrafen und pauschalierter Minderungsansprüche,[139] aber auch die umfassende Gesamtbegrenzung für sämtliche Ansprüche gegen den Auftragnehmer aus dem Vertrag, z. B. in einer Größenordnung von 10% bis 20%. 186

Die Haftung des Unternehmers kann aber auch dadurch begrenzt werden, dass insgesamt die **Haftung für einfache Fahrlässigkeit ausgeschlossen** wird. Der Unternehmer haftet dann bei sämtlichen Ansprüchen des Auftraggebers, die Verschulden voraussetzen, nur für Vorsatz oder grobe Fahrlässigkeit. Problematisch kann im Einzelfall die Abgrenzung der leichten zur groben Fahrlässigkeit sein. Grobe Fahrlässigkeit liegt vor, wenn die verkehrserforderliche Sorgfalt in besonders schwerem Maße verletzt wird. Dies ist der Fall, wenn einfachste, ganz nahe liegende Überlegungen nicht angestellt wurden und nicht beachtet wurde, was im gegebenen Fall jedem einleuchten musste.[140] 187

---

[137] S. *Palandt-Thomas*, § 831, Rdnrn. 1 ff.
[138] Vgl. *Palandt-Heinrichs*, Vorbemerkungen vor § 249 Rdn. 15.
[139] Vgl. Beispiel bei *Rosener*, a. a. O., § 46 Abs. 4 (S. 336).
[140] BGHZ 10, 16; 89, 161.

188 Regelmäßig wird die Haftung für **mittelbare Schäden** ausgeschlossen. Da hierunter insbesondere die durch **Produktionsausfall** entstehenden Schäden und der **entgangene Gewinn**[141] fallen, ist die Höhe des vom Unternehmer zu leistenden Schadensersatzes nämlich für diesen nur schwer vorhersehbar und in der Regel unüberschaubar. Zur Abgrenzung der dem Haftungsausschluss unterfallenden Ansprüche wird häufig auch zwischen **direkten und indirekten Schäden** bzw. **Mangelschaden** und **Mangelfolgeschaden** unterschieden,[142] aber auch hier ist die Grenzziehung nicht immer klar und wird oft durch die Aufzählung von Beispielen konkretisiert.

189 Das Interesse des Auftragnehmers an der Haftungsbegrenzung kollidiert mit dem Interesse des Auftraggebers, insbesondere aus Sicht der Projektfinanzierung. Insoweit schlägt sich die **stärkere Risikoeinbindung des Auftragnehmers** bei der Projektfinanzierung darin nieder, Haftungsbegrenzungen, insbesondere solcher summenmäßiger oder prozentualer Art, weitaus restriktiver zu handhaben, soweit nicht durch Beteiligung des Auftragnehmers an der Projektgesellschaft selbst wirtschaftlich vergleichbare Ergebnisse erzielt werden können.

9.11.3 Verjährung

190 Die Haftung des Auftragnehmers endet nach Ablauf aller Gewährleistungs- und anderer einschlägiger Verjährungsfristen. Insofern ist zu beachten, dass (entferntere) Mangelfolgeschäden nach deutschem Recht gemäß § 195 BGB erst nach 30 Jahren verjähren. Aus Sicht des Auftragnehmers werden Vertragsregelungen angestrebt, wonach zu einem bestimmten Zeitpunkt (z.B. mit Ablauf der Gewährleistungsfristen) sämtliche Ansprüche, gleich welcher Art, aus dem Vertrag erledigt sind und nicht mehr geltend gemacht werden können.

9.11.4 Freistellungsregelung

191 Kommt es zu einer schuldhaften Verletzung Dritter durch den Auftragnehmer, kann u.U. der Auftraggeber von diesem Dritten aus unerlaubter Handlung oder auf Grund anderer gesetzlicher Vorschriften in Anspruch genommen werden. Zur Vermeidung der Haftung des Auftraggebers enthalten die Verträge daher regelmäßig Regelungen, wonach der Auftragnehmer den Auftraggeber von sämtlichen Ansprüchen **freizustellen** hat, die auf einer dem Auftragnehmer zuzurechnenden Schädigung Dritter beruhen (vgl. z.B. FIDIC Silver Book, Klausel 17.1 „Indemnification", siehe auch § 10 Nr. 6 VOB/B).

9.12 Schutzrechte

192 Der vertragsgemäße Gebrauch der errichteten Anlage kann nicht nur durch mangelhafte Leistungen beeinträchtigt sein, sondern es können auch **Rechte Dritter aus dem Bereich des gewerblichen Rechtsschutzes** die Errichtung oder den Betrieb der Anlage behindern und schlimmstenfalls verhindern. Insofern ist gerade bei Anlagen mit moderner Technologie darauf zu achten, dass der Unternehmer sich zur Errichtung der Anlage frei von diesen Schutzrechten Dritter verpflichtet.

---

[141] Vgl. insofern Beispiel bei *Rosener*, a.a.O., § 46 Abs. 5 (S. 336).
[142] *Rosener*, a.a.O., S. 362, *Joussen*, a.a.O., § 5 Rdn. 42, vgl. auch Ziff. 9.8.4.4.

9.12.1 Formen der Schutzrechte

Das sog. **geistige Eigentum** wird durch zahlreiche gesetzliche Vorschriften geschützt. So enthalten **Patentgesetz**, Gebrauchsmustergesetz, Geschmacksmustergesetz, Halbleiterschutzgesetz, Markengesetz und das **Urheberrechtsgesetz** entsprechende Schutzvorschriften. Insbesondere dient auch das **Gesetz gegen den unlauteren Wettbewerb** dem Schutz von Betriebsgeheimnissen und der Vermeidung der unlauteren Übernahme fremder Arbeitsergebnisse. Insofern werden Konstruktions- und Fabrikationsgeheimnisse, Datenverarbeitungsprogramme, Kundenlisten, Kalkulationsunterlagen sowie anderes technisches Know-how vor der unrechtmäßigen und wettbewerbswidrigen Beschaffung oder Verwertung geschützt.

Sämtliche Vorschriften zum Schutz des geistigen Eigentums enthalten Strafbestimmungen gegen die unerlaubte Benutzung des jeweiligen Schutzgegenstandes, wie etwa eines Patents. Bei vorsätzlicher Verletzung der Vorschriften des gewerblichen Rechtsschutzes oder des Urheberrechtsgesetzes können Geldstrafe oder Freiheitsstrafe bis zu drei Jahren verhängt werden. Bei bestimmten Verstößen ist bereits der Versuch strafbar.

9.12.2 Vertragliche Bedeutung

Werden vom Auftragnehmer bei der Errichtung der Anlage bestimmte technische Elemente verwendet oder bestimmte Technologien angewandt, an denen Schutzrechte Dritter bestehen, kann dies den geplanten Bauablauf oder den anschließenden Betrieb nach Fertigstellung erheblich beeinträchtigen. Bei Geltendmachung von Schutzrechten durch Dritte ist der Auftragnehmer gezwungen, entweder auf Teile oder Technologien anderer Hersteller oder Entwickler zurückzugreifen oder aber von dem betroffenen Dritten das Recht zur Nutzung zu erwerben. Da dies insbesondere im Bereich von Patentrechten langwierige Verhandlungen mit sich bringen kann, muss mit nicht unerheblichen **Verzögerungen bei der Bauausführung** gerechnet werden. Dabei können nur einzelne Bereiche der Anlage betroffen sein, bei Verwendung geschützter Technologien, d.h. bestimmter bei der Errichtung angewandter Verfahren, kann aber auch die gesamte Anlage Gegenstand der geltend gemachten Schutzrechte sein.

9.12.2.1 Freistellung und Nutzungsrechtseinräumung

Die meisten Anlagenbauverträge enthalten auf Grund der Gefahr derartiger Beeinträchtigungen Regelungen, wie bestehende Schutzrechte Dritter behandelt werden sollen. Insofern sichert der Unternehmer in der Regel zu, dass das hergestellte Werk **frei von Rechten Dritter** ist und auch im Übrigen keine Patent- oder sonstigen Schutzrechte verletzt werden.[143] Ergänzend enthalten Anlagenbauverträge zumeist umfassende **Freistellungsverpflichtungen** für sämtliche gegen den Auftraggeber gerichteten Ansprüche wegen der Verletzung von Schutzrechten Dritter.

Daneben werden in der Regel Absprachen getroffen, wonach der Auftragnehmer berechtigt wird, alle im Zusammenhang mit einer behaupteten Schutzrechtsverletzung erforderlichen Maßnahmen zu ergreifen, wie etwa das **Führen von Vergleichsverhandlungen** oder die **Unterstützung des Auftraggebers bei gerichtlichen Verfahren**. Zur Freistellung des Auftraggebers bei Schutzrechtverletzungen wird zudem häufig vereinbart, dass der Unternehmer dem Auftraggeber die Lizenzen der berechtigten Dritten beschaffen soll. Die Kosten für diese **Nutzungsrechtseinräumung** sind in diesem Fall vom Auftragnehmer zu tragen.

---

[143] Vgl. *Rosener*, a.a.O, § 34 Abs. 1 (S. 332).

9.12.2.2 Gewährleistung

198 Die Haftung des Unternehmers für die Verletzung von Schutzrechten Dritter stellt rechtlich einen Fall der sog. **Rechtsmängelhaftung** dar. Anders als im Kaufrecht, wo die Haftung für Rechtsmängel in § 434 BGB ausdrücklich geregelt ist, enthält das Werkvertragsrecht keine Regelung zur Rechtsmängelhaftung. Insofern gelten die §§ 434ff. BGB entsprechend.[144] Der Auftragnehmer hat die Mängelbeseitigungspflicht gemäß § 633 Abs. 2 BGB.[145] In Anlagenbauverträgen wird diese Rechtsmängelhaftung jedoch zumeist umfassend geregelt (s. 9.12.2.1).

9.13 Projektbegleitende Streitbeilegung

199 Aufgrund der Komplexität moderner Anlagenerrichtung können nicht rechtzeitig gelöste Konflikte erhebliche Folgeschäden verursachen. Insofern sind die Vertragsparteien im Anlagenbaugeschäft bemüht, Streitigkeiten während der Bauausführung (projektbegleitend) durch umfassende **Präventivregelungen** zu vermeiden und für dennoch entstandene Konflikte effektive **Verfahren zur Streitbeilegung** vorzugeben.[146]

9.13.1 Mechanismen vertragsimmanenter Konfliktbeilegung

200 Als **vertragsimmanente Konfliktregelungen** sind solche Vertragsbestimmungen anzusehen, die darauf abzielen, Meinungsverschiedenheiten bei der Abwicklung von Verträgen zu reduzieren, ohne schon Dritte mit schiedsrichterlichen oder quasi-schiedsrichterlichen Aufgaben einzuschalten.[147] Hinter derartigen Vertragsgestaltungen steht die Absicht der Vertragsparteien, die planmäßige und störungsfreie Durchführung des Projekts als gemeinschaftliche Aufgabe aller Beteiligten zu verstehen.[148]

9.13.1.1 Ankündigungs- und Informationsregelungen

201 Der Vorbeugung von Diskrepanzen bei der Bauausführung dienen insbesondere Vereinbarungen, wonach die Parteien wechselseitig für das Bauvorhaben erhebliche Umstände oder andere Informationen dem jeweils anderen unverzüglich bzw. innerhalb einer festgelegten Frist mitzuteilen haben. Dazu zählt die unverzügliche **Hinweispflicht** des Unternehmers, wenn vom Auftraggeber übergebene Unterlagen und Pläne Unrichtigkeiten bzw. Unvollständigkeiten aufweisen.[149] Aber auch der Auftraggeber ist zum Hinweis auf den Erlass neuer oder auf Änderung bestehender gesetzlicher Vorschriften und sonstiger Regelungen verpflichtet.[150]

202 Zudem wird in Anlagenbauverträgen eine unverzügliche **Mitteilungspflicht** im Falle von unvorhersehbaren Ereignissen ausdrücklich vereinbart, z.B. für Fälle der Force Majeure. Klausel 19.2 des FIDIC Silver Book formuliert:

„If a Party is or will prevented from performing any of its obligations under the Contract by Force Majeure, then it shall give notice to the other Party of the event or circumstances

---

[144] Vgl. *Rosener*, a.a.O., S. 360, *Palandt-Sprau*, Vorbemerkung vor § 633 Rdn. 2.
[145] *Palandt-Sprau*, ebd.
[146] Vgl. *Rosener*, a.a.O., S. 355.
[147] *Nicklisch*, BB 1979, 633, 635.
[148] *Rosener*, a.a.O.
[149] Vgl. Beispiel *Rosener*, a.a.O., § 2 Abs. 4.
[150] Vgl. *Graf von Westphalen*, a.a.O., § 9.

constituting the Force Majeure and shall specify the obligations, the performance of which is or will be prevented. The notice shall be given within 14 days after the party became aware, or should have became aware, of the relevant event or circumstance constituting Force Majeure.
(...)"

9.13.1.2 Verhandlungsmodelle

Oftmals bestimmen **vertragliche Konfliktbeilegungsregelungen,** dass die Parteien sich zunächst durch Verhandlungen ernsthaft um eine Beilegung des Konflikts zu bemühen haben. Auch ohne eine derartige Vereinbarung unternehmen die Parteien in der Regel den Versuch, auf dem Verhandlungsweg die Streitigkeit beizulegen. Die ausdrückliche Vereinbarung einer derartigen Regelung verpflichtet die Parteien jedoch wenigstens, an Verhandlungen zur gütlichen Einigung teilzunehmen, vgl. folgende Regelung des UNIDO-Vertragsmodells:[151]

203

„In the event of any dispute, difference of contention in the interpretation or meaning of any of the articles to this Contract or reasonably inference there from, both parties shall promptly make endeavours to resolve the dispute or differences by mutual discussions and agreement."

In diesen Zusammenhang gehört auch die grundsätzliche Aussage des BGH zum VOB-Bauvertrag, dass die Parteien während der Vertragsdurchführung zur **Kooperation verpflichtet** sind: Entstehen während der Vertragsdurchführung Meinungsverschiedenheiten zwischen den Parteien über die Notwendigkeit oder die Art und Weise einer Anpassung des Vertrages oder seiner Durchführung an geänderte Umstände, sind die Parteien grundsätzlich verpflichtet, durch Verhandlungen eine einvernehmliche Beilegung der Meinungsverschiedenheiten zu suchen.[152]

Neben derartigen allgemeinen Verhandlungsklauseln enthalten Anlagenbauverträge häufig auch spezielle **Neuverhandlungs-, Revisions- oder Sprechklauseln,**[153] die Neuverhandlungspflichten begründen.[154] So wird für den Fall von Änderungen des Leistungsumfangs häufig in sog. Sprechklauseln geregelt, dass die Parteien wegen der nachgewiesenen Mehrkosten eine angemessene Regelung zu treffen haben. Auch im Fall von höherer Gewalt sehen Anlagenbauverträge nicht selten vor, dass die Parteien über die Folgen des Ereignisses auf dem nachträglichen Verhandlungsweg eine Einigung erzielen sollen.

204

9.13.1.3 Einschaltung des Engineers

Anlagenbauverträge auf angloamerikanischer Rechtsgrundlage sehen zur Konfliktbewältigung häufig die **Einschaltung eines beratenden Ingenieurs (Engineer)** vor. Dieser soll je nach vertraglicher Gestaltung **schiedsrichterähnlich** bei auftretenden Konflikten entscheiden.[155] Zu den Einzelheiten zur Rolle des Engineers vgl. die Ausführungen in Kapitel 2. Möglich ist auch die vertragliche Etablierung eines **Dispute Review Board** oder eines **Dispute Adjudication Board,** welche projektbegleitend streitschlichtend tätig werden und entweder Empfehlungen aussprechen oder bis zur Anrufung eines Schiedsgerichts verbindliche Entscheidungen treffen.[156]

205

---

[151] UNIDO Model Form, Ziff. 37.1.
[152] BGH ZfBR 2000, 170.
[153] Vgl. *Berger,* RIW 2000, 1, 4f.
[154] *Dünnweber,* a. a. O., S. 151.
[155] Vgl. *Goedel,* RIW 1982, 81, 82.
[156] S. Interview mit *Goedel,* IBR 2000, 298 ff.

9.13.1.4 Schiedsgutachter

206 Die Parteien des Anlagenbauvertrages können auch vereinbaren, dass ein neutraler Dritter als **Schiedsgutachter** über bestimmte Vertragselemente im Konfliktfall entscheiden soll. Im Gegensatz zum Schiedsgerichtsverfahren entscheidet der Schiedsgutachter nur über einzelne Tatbestandsmerkmale oder andere Teilaspekte.[157] Insofern kann der Schiedsgutachter z. B. auch mit der vertragsausfüllenden Bestimmung der Leistung beauftragt werden.[158] Darunter fallen alle die den Vertragsinhalt klärenden Feststellungen, wie z. B. die Festlegung der ortsüblichen oder angemessenen Vergütung, die DIN-gerechte oder den Regeln der Technik entsprechende Ausführung.

207 Schiedsgutachten werden bei internationalen Anlagenprojekten oftmals auch **im Rahmen von sog. Claim Management-Systemen** eingeholt. Insofern wird häufig vereinbart, dass die Parteien zunächst entsprechend dem durch das jeweilige Claim Management vorgegebenen Verfahren versuchen, Einigung über die Berechtigung einer Mehrforderung zu erzielen. Soweit dieser Versuch scheitert, wird dann ein Schiedsgutachter mit der Prüfung dieser Forderung beauftragt. Die Person des Schiedsgutachters oder die Institution, die den Schiedsgutachter benennen soll, wie z. B. der TÜV oder bestimmte Industrie- oder Handwerkskammern, wird häufig schon bei Vertragsschluss festgelegt.

9.13.2 Alternative Streitbeilegung (Alternative Dispute Resolution)

208 Aus dem angloamerikanischen Rechtsbereich stammend, haben sich unter dem Begriff **ADR (Alternative Dispute Resolution)** verschiedene Verfahren der Streitbeilegung gebildet. Diese unterscheiden sich von den üblichen Gerichts- und Schiedsgerichtsverfahren dadurch, dass bei ihnen ein Streitfall nicht entschieden, sondern beigelegt wird. Sämtliche ADR-Verfahren sind dadurch gekennzeichnet, dass sie **freiwillig** sind und ein **unabhängiger und unparteiischer Dritter** tätig wird. Zu den ADR-Verfahren zählen insbesondere Mediation, Conciliation, Mini-Trial und Rent-a-judge.

209 Bei dem mit **Mediation** bezeichneten Verfahren handelt es sich um den Versuch der **Vermittlung.** Der Mediator hat die Aufgabe, den Parteien zu helfen, eine für beide Seite akzeptable Lösung zu finden.[159] Dem gegenüber soll am Ende eines Verfahrens der **Conciliation (Schlichtung)** ein Vergleichsvorschlag vorgelegt werden. Der Conciliator hat insofern die Parteien zur Einigung auf diesen Vergleichsschluss zu bewegen.[160] Beide Verfahren werden nicht immer deutlich voneinander unterschieden, oftmals werden beide Begriffe für ein und dasselbe Verfahren verwandt.

210 Weiterhin fallen in den Bereich der Alternativen Streitbeilegungen die gerichtsähnlichen Verfahren **Mini-Trial** und **Rent-a-judge.** Beim Mini-Trial Verfahren wird ein Tribunal gebildet, dem ein neutraler Vorsitzender und je zwei Managementvertreter der Parteien angehören. Diese arbeiten nach Aufklärung des Sachverhaltes eine einstimmige Empfehlung aus. Beim Rent-a-judge Verfahren wird schließlich ein zumeist pensionierter Richter beauftragt, ein gerichtsähnliches Verfahren durchzuführen. Beide Verfahren werden in Europa allerdings noch wenig genutzt.

---

[157] *Nicklisch*, RIW 1978, 633, 635.
[158] *Kleine-Möller/Merl/Oelmaier*, a. a. O., § 16 Rdnr. 21.
[159] *Labes*, DZWiR, 353, 360.
[160] Vgl. *Labes*, ebd.

9.13.3 Schiedsgericht

Im internationalen Anlagenbau hat sich weitgehend die **Schiedsgerichtsbarkeit** durchgesetzt. Entsprechende vertragliche Vereinbarungen stellen die Regeln dar. Zu sämtlichen Einzelheiten nationaler und internationaler Schiedsgerichtsbarkeit vgl. die Ausführungen in Kapitel 8.7.

9.14 „Nachlaufende" Leistungspflichten des Auftragnehmers

Bei sog. „nachlaufenden" Leistungspflichten geht es um (Neben-) Leistungen, die der Auftragnehmer über die eigentliche Hauptleistung des Anlagenbaus (Planung, Lieferung und Erstellung der Industrieanlage) hinaus zu erbringen hat. Abhängig von den Betriebsmöglichkeiten des Auftraggebers, z.B. in personeller Hinsicht, reicht die bloße Inbetriebnahme der Anlage durch den Auftragnehmer nicht aus, sondern der Auftraggeber benötigt insbesondere noch das **zum Betrieb erforderliche Know-how**. Mit nachlaufenden Verträgen soll daher die **Optimierung und die Sicherstellung des Anlagenbetriebs** erreicht werden. Diese zusätzlichen Dienst- oder Werkleistungen können bei der Auftragsvergabe einen **wesentlichen Wettbewerbsfaktor** darstellen. Die nachlaufende Leistungsverpflichtung des Auftragnehmers kann sowohl im Anlagenbauvertrag selbst als auch in einem zusätzlichen Vertrag begründet werden.

9.14.1 Schulungs- und Ausbildungsleistungen

Da es bei einer Anlage im Ausland, die dort nicht oder nur in geringer Zahl existiert, für den Auftraggeber zumeist unmöglich ist, im eigenen Land qualifiziertes Personal zum Betrieb der Anlage zu finden, enthalten Anlagenbauverträge häufig Regelungen über vom Auftragnehmer zu erbringende **Ausbildungsleistungen**. Diese Vereinbarungen über Ausbildungsleistungen stellen bei deutscher Rechtsgrundlage überwiegend Dienstverträge gemäß §§ 611 ff. BGB dar.

Obwohl häufig unterschätzt, kann die Abfassung der Schulungs- und Ausbildungsverträge erhebliche Risiken beinhalten. Zur Vermeidung unnötiger Auseinandersetzungen mit dem Besteller der Anlage sollten die Ausbildungsleistungen des Auftragnehmers möglichst genau beschrieben sein. So ist insbesondere genau festzulegen, welche Ziele der Auftraggeber mit der Schulung bzw. Ausbildung verfolgt. Die für die Erreichung dieser Ziele **erforderliche Ausbildungszeit** sowie die Zahl der Auszubildenden sollten genau bestimmt sein. Dabei kann sich auch die Festlegung eines bestimmten Ausbildungsvolumens in Mann-Tagen empfehlen.[161] Festzulegen ist auch der Ort der Ausbildungsstätte.

Häufig erfolgt die Ausbildung in dem Land, in dem die Anlage errichtet werden soll. In Betracht kommen aber auch Schulungsräume des Auftragnehmers in einem dritten Land oder in anderen Forschungs- und Entwicklungseinrichtungen. Insofern ist auch regelungsbedürftig, mit welchem **Material** und in welcher **Sprache** die Schulung erfolgen soll. Da das Ausbildungsprogramm bei Vertragsabschluss zumeist noch nicht im Detail festgelegt werden kann, empfiehlt sich die Vereinbarung eines Zeitpunktes, bis zu dem ein detailliertes Ausbildungsprogramm vom Auftragnehmer vorgelegt wird.

Im Übrigen ist der zeitliche Rahmen für die Ausbildung zu vereinbaren, da das Personal des Auftraggebers den Betrieb der Anlage u.U. bereits mit der Inbetriebnah-

---

[161] Vgl. *Kühnel*, RIW 1981, 533, 534.

me der Anlage übernehmen soll. Häufig wird auch für das Personal des Auftraggebers ein bestimmter Qualifikationsgrad vorausgesetzt, damit das Ausbildungsprogramm auf einem bestimmten Niveau aufbauen kann. Sofern die Schulung am Ort der Anlagenerrichtung erfolgt, müssen schließlich auch die **Unterbringung, Verpflegung und Beförderung der Ausbildenden** geregelt werden. Trotz der sorgfältigen Abfassung der Vereinbarung über zusätzliche Ausbildungsleistungen kommt es im internationalen Bereich dennoch häufig zu Abwicklungsschwierigkeiten. Die Gründe dafür können insbesondere in kulturellen Unterschieden liegen, die auch durch die sorgfältigste Vertragsgestaltung nicht immer überwunden werden können.[162]

9.14.2 Betriebsführung

217   Fehlendes eigenes Know-how des Auftraggebers für den Betrieb der Anlage kann dieser durch die Beauftragung eines **Betriebsführers** kompensieren. In einem Betriebsführungsvertrag verpflichtet sich der Betriebsführer, ein **fremdes Unternehmen in fremdem Namen und für fremde Rechnung gegen Entgelt** zu führen. Da der Betriebsführer im Namen des jeweiligen Anlageneigentümers handelt, verbleiben die Rechte und Pflichten aus dem Anlagenbetrieb bei diesem. Demzufolge hat dieser letztlich auch den Gewinn oder Verlust zu tragen. Die Vergütung des Betriebsführers stellt insofern rechtlich einen Aufwendungsersatzanspruch für die ausgeführte Geschäftsbesorgung dar.[163]

218   Bei in BOT- oder BOO-Modellen errichteten Anlagen erfolgt der Betrieb nach Fertigstellung der Anlage durch eine **Betreibergesellschaft.** Auch hierbei ist der abzuschließende Betriebsführungsvertrag dadurch gekennzeichnet, dass der Betreiber im Namen und für Rechnung der Projektgesellschaft handelt. Um den Betreiber stärker in das Geschäftsrisiko einzubinden, wird dieser häufig als **Beteiligter in die Projektgesellschaft** aufgenommen. Dadurch hat der Betreiber über den Betriebsführungsvertrag hinaus die Risiken des Gesamtprojektes zusammen mit den übrigen Projektgesellschaftern zu tragen.[164]

9.14.3 Betriebsüberwachung

219   Insbesondere, wenn das Betriebspersonal des Auftraggebers vom Auftragnehmer geschult oder ausgebildet wurde, kommt der Abschluss eines **Betriebsüberwachungsvertrags** in Betracht. Dabei erfolgt der Anlagenbetrieb ausschließlich durch den Auftraggeber und mit dessen Personal, wird jedoch noch von dem beauftragten Dritten im Hinblick auf die **optimale Wirtschaftlichkeit der Betriebsführung** überwacht. Mit der Überwachungsverpflichtung kann auch die Anleitung des Betriebspersonals des Auftraggebers verbunden werden, soweit dieses grundsätzlich die Qualifikation zum Betrieb der Anlage besitzt, jedoch noch erforderliches Detailwissen benötigt.

9.14.4 Wartung

220   Gegenstand vieler nachlaufender Verträge im Anlagenbau ist die **Wartung** der errichteten Anlage. Unter diesen Begriff fallen verschiedene Leistungen, wie insbesondere Inspektion, Instandhaltung, Instandsetzung, Kundendienst, Pflege, Reparatur, Revision, Service, Störungsdienst, Überholung, Überwachung, Vollunterhaltung und

---

[162] Vgl. *Kühnel*, RIW 1981, 533, 535.
[163] Vgl. *Joachim*, DZWiR 1992, 397, 398.
[164] Vgl. *Vinter*, a.a.O., S. 62f.

Vollwartung.¹⁶⁵ Diese unterschiedlichen Begrifflichkeiten führen nicht selten zu Unstimmigkeiten der Parteien über den Inhalt des geschlossenen Wartungsvertrags. Gemäß der Definition in DIN 31051 umfasst der Begriff der **Instandhaltung** die Teilbereiche Inspektion, Instandsetzung und Wartung. Unter **Inspektion** wird die Feststellung von Mängeln, Verbrauch oder Ausstoß verstanden. Die **Instandsetzung** beinhaltet die Wiederherstellung der bei der Inspektion festgestellten Mängel bzw. der verlangten Leistungswerte.¹⁶⁶ Mit der **Wartung** soll der vorgegebene Sollzustand der errichteten Anlage dauerhaft erhalten werden. Darunter fällt im Einzelnen das Reinigen, Auswechseln, Nachstellen, Konservieren und Ergänzen der Anlage oder einzelner Anlagenteile. Die Wartung kann ständig erfolgen **(Day-to-Day Maintenance)** oder aber planmäßig **(Scheduled Maintenance)**. Bei dieser auch als **Revision** bezeichneten planmäßigen Wartung wird oftmals auch die **Lieferung der erforderlichen Ersatzteile** und die **Zurverfügungstellung** eines **Notservices** vereinbart.

Anlagenbauverträge enthalten häufig die Vereinbarung einer **Vollwartung.** Damit sollen die Betriebsbereitschaft der Anlage zu jedem Zeitpunkt sichergestellt und insofern Verluste durch unwirtschaftlichen Betrieb oder Stillstand vermieden werden.¹⁶⁷ Zur Umgehung von Streitigkeiten über die für die Vollwartung zu erbringenden Leistungen sollten die wesentlichen, vom Auftragnehmer zu erbringenden Leistungen in einer **detaillierten Leistungsbeschreibung** festgelegt werden. Da insbesondere Inspektions- und Instandsetzungsarbeiten über die einfache Wartung hinausgehen, sollten diese Leistungsteile explizit vereinbart werden. **221**

In Anlagenbauverträgen auf angloamerikanischer Rechtsgrundlage vereinbaren die Parteien oftmals auch eine sog. **Garantiewartung (Maintenance).**¹⁶⁸ Dabei übernimmt der Auftragnehmer, der die Anlage errichtet hat, neben der normalen Gewährleistung zumeist für den Zeitraum zwischen vorläufiger und endgültiger Übernahme auch die Instandhaltung/Wartung der Anlage. Kennzeichnend für diese Form der Instandhaltung/Wartung ist, dass auch diejenigen Mängel zu beseitigen sind, die weder auf vertragswidriger Leistung noch auf einem Verschulden des Auftragnehmers beruhen. Sofern für die Garantiewartung ein Pauschalpreis vereinbart wird, kann damit die oftmals schwierige Unterscheidung von Wartungs- und Gewährleistungsarbeiten überflüssig werden.¹⁶⁹ **222**

9.15 Vergütung des Auftragnehmers

9.15.1 Pauschalpreisvertrag

Bei der Projektfinanzierung kommen im Hinblick auf die Vergütung nur **Pauschalpreisverträge** in Betracht. Hierbei wird für die Gesamtleistung ein im Voraus bezifferter Geldbetrag als Vergütung festgelegt **(Pauschalpreis),** welcher grundsätzlich von den tatsächlich erbrachten Leistungen unabhängig ist. Dies gilt insbesondere für den Fall, dass die der Kalkulation der Pauschalsumme zugrundegelegten Mengen und Massen ohne leistungsändernden Eingriff des Auftraggebers überschritten oder unterschritten werden. **223**

Durch diese Preisgestaltung erreicht die Projektgesellschaft/der Auftraggeber größtmögliche Preissicherheit, was im Rahmen der Projektfinanzierung von entscheidender Bedeutung ist. **224**

---

¹⁶⁵ Vgl. *Kühnel*, BB 1985, 1227.
¹⁶⁶ *Kühnel*, BB 1985, 1228.
¹⁶⁷ *Kühnel*, BB 1985, 1228.
¹⁶⁸ S. *Goedel*, RiW 1982, 81, 86.
¹⁶⁹ *Rosener*, a. a. O., S. 364.

225 Als Sondervariante zum Pauschalpreisvertrag kommen neuerdings Pauschalpreisverträge mit sog. GMP-Abrede (**„Guaranteed Maximum Price"**, „Garantierter Maximalpreis")[170] in Betracht. Hierbei werden zunächst diejenigen Leistungen, die der Auftragnehmer selbst ausführt, von denjenigen Leistungen, die er durch Subunternehmer erbringen lässt, getrennt. Die Vergütung des Auftragnehmers setzt sich dann aus dem Werklohnanspruch für die von ihm selbst ausgeführten Bauleistungen sowie den direkten Kosten der jeweiligen Nachunternehmerleistungen (zuzüglich einer festen Vergütung für die vom Auftragnehmer zu erbringenden Planungs- und Regieleistungen) zusammen. Hinzu kommt eine **Bonusregelung,** in der die Vertragsparteien zunächst bestimmte Vergabepreise für die Nachunternehmerleistungen als Zielwerte festsetzen. Der Auftragnehmer partizipiert dann an dem wirtschaftlichen Ergebnis zu einem vereinbarten Prozentsatz, wenn es ihm gelingt, die Summe der Vergütung für die Nachunternehmer unter die Zielwerte insgesamt oder unter den Zielwert für ein bestimmtes Gewerk zu senken. Kern des Vertragswerks ist ferner die **Garantie des Maximalpreises.** Übersteigt der sich auf Grund der Nachunternehmervergabe ergebende Preis den garantierten Maximalpreis, erhält der Auftragnehmer nicht nur keinen Bonus, vielmehr hat er dem Auftraggeber die Differenzkosten zu erstatten.

9.15.2 Abgeltungsumfang des Pauschalpreises/Claim Management

226 Die Vereinbarung eines Pauschalpreises besagt noch nicht, dass der vereinbarte Pauschalpreis auch tatsächlich unverändert bleibt. Dies ist eine Frage des **Abgeltungsumfangs des Pauschalpreises** und der entsprechenden **Beschreibung des Leistungsgegenstandes.** Insoweit kommt es auf die Auslegung der vertraglichen Leistungsbeschreibung dahingehend an, ob und welche Leistungen mit dem Pauschalpreis abgegolten sind und bei welchen Leistungen dies nicht der Fall ist. Werden Bauleistungen z. B. anhand vollständiger Leistungsbeschreibungen detailliert bestimmt, sind mit dem Pauschalpreis in der Regel auch nur die detailliert beschriebenen Leistungen und nicht weitergehende, sich während der Projektdurchführung erst herausstellende erforderliche Arbeiten abgegolten. Anders ist dies in den Fällen des **funktional beschriebenen Leistungserfolgs** bei einer funktionalen Leistungsbeschreibung. Hier erstreckt sich der Abgeltungsumfang des Pauschalpreises nicht nur auf konkret beschriebene Einzelleistungen, sondern auf den insgesamt beschriebenen Leistungserfolg. Der Auftragnehmer trägt damit nicht nur das Mengen- bzw. Mengenermittlungsrisiko, sondern auch das Risiko des Leistungsinhalts, indem er auch sämtliche weiteren Leistungen, die er nicht kalkuliert hatte, die aber zur Erreichung des vereinbarten Leistungserfolgs erforderlich sind, zur vereinbarten Vergütung erbringen muss und keine Mehrvergütung dafür verlangen kann.

227 Die Berechtigung von zusätzlichen Mehrvergütungsansprüchen des Auftragnehmers (Nachträge) dreht sich daher in der Regel um die Frage der Auslegung der **Leistungsbeschreibung,** also inwieweit die tatsächlich auszuführende Leistung vom Auftragnehmer geschuldet (vom sog. Bausoll umfasst) und damit mit dem Pauschalpreis abgegolten ist oder nicht.[171] Die Überprüfung und Abwicklung entsprechender Ansprüche erfolgt im Rahmen des **Claim Managements.** Dieses umfasst aus Sicht des Auftragnehmers sowohl die Durchsetzung berechtigter und aus Sicht des Auftraggebers die Abwehr unberechtigter Ansprüche (aktives und defensives Claim Management). Im Interesse beider Parteien und der Finanzierungsaspekte ist dabei anzustreben, Mehrfor-

---

[170] *Moeser,* ZfBR 1997, 113; *Grünhoff,* NZBau 2000, 313.
[171] S. instruktiv die Entscheidung „Farbpalette", BGH BauR 1993, 595 ff. und nach Rückverweisung OLG Köln BauR 1998, 1996 ff.

9.15.3 Preisgleitklauseln

Soweit die Projektdurchführung (inkl. Planungszeitraum) einen längeren Zeitraum einnimmt, können erhebliche **Lohn- oder Materialkostenschwankungen** auftreten. Aus Sicht des Auftragnehmers wird diesem Risiko durch die Vereinbarung von **Preisgleitklauseln** begegnet. Hier werden in der Regel spezielle **Preisgleitformeln,** welche unter Berücksichtigung der besonderen Umstände des Einzelfalls die Veränderung von Löhnen und Materialpreisen umfassen, vereinbart.[172]

228

9.15.4 Devisen- und Währungsrecht/Kurssicherung

Soweit Vergütungen in Fremdwährungen zu leisten sind, ist auf bestehende Kursrisiken Rücksicht zu nehmen. Möglich ist die Aufnahme von **Kurssicherungsregelungen,** aber auch die Absicherung der Kursrisiken außerhalb des Vertrages, z. B. durch Abschluss von Wechselkursversicherungen oder Devisentermingeschäften. Vgl. hierzu im einzelnen Kapitel 7.

229

9.15.5 Zahlungsbedingungen

Die Fälligkeit der Vergütung des Auftragnehmers richtet sich in der Regel nach einem bereits bei Vertragsabschluss festgelegten **Zahlungsplan.** Hierbei werden einzelne Raten zumeist an den vorgesehenen Baufortschritt geknüpft. Die einzelnen Raten richten sich dabei nicht unwesentlich nach den Finanzierungsmöglichkeiten und -erfordernissen des Auftragnehmers, der wegen von ihm zu tätigender **Vorleistungen** (z. B. Planungsleistungen oder vorzunehmende Bestellungen) oft nicht unwesentliche Anzahlungen erhält. Wesentliche Teile der Vergütung werden schließlich mit der Abnahme/Inbetriebnahme, zum Teil erst nach erfolgreicher Durchführung der Leistungstests, zur Zahlung fällig. Verbleibende **Sicherheitseinbehalte** werden – insofern sie nicht durch anderweitige Sicherheiten abgelöst werden – nach Ablauf der Gewährleistungsfrist ausgezahlt.

230

Die Gestaltung der **Fälligkeit der Auftragnehmervergütung** bedarf ebenso wie die damit verbundene Gestaltung der Sicherungsaspekte (Vereinbarung von **Vorauszahlungsgarantien/Anzahlungsgarantien, Erfüllungs- und Gewährleistungsgarantien**, s. dazu Kapitel 7) der besonderen Abstimmung mit den finanzierenden Banken. Insbesondere ist dabei auch die Durchführung der verbindlichen Feststellung des zur Auszahlung eines bestimmten Betrages jeweils berechtigenden **Bauten- oder Leistungsstandes,** z. B. die Produktion bestimmter Bauteile, die Bauerrichtung bis zu einem gewissen Grade, die Absolvierung gewisser Tests, die Einreichung von Bescheinigungen, etc., im Vorfeld detailliert abzustimmen. Hierzu gehört auch die Absprache und die Festlegung der zu diesem Zwecke einzuhaltenden Verfahren, die Vereinbarung nötiger Besichtigungs-, Einsichts- und Kontrollrechte und auch die Festlegung der den Bauten- bzw. Leistungsstand feststellenden Personen (z. B. im Auftrage der Bank eingeschaltete unabhängige Sachverständige oder Ingenieurbüros).

231

---

[172] Vgl. *Joussen,* a. a. O., § 7 Rdn. 5.

10. Teil. Anforderungen des Außenwirtschaftsrechts an Projekte

Übersicht

	Rdn.
10.1 Einführung	1
10.2 Übersicht über Verbote, Genehmigungen und Meldepflichten	8
10.2.1 Verbote für Ausfuhren, Dienstleistungs- und Kapitalverkehr	13
10.2.2 Genehmigungspflichten für Ausfuhren und Dienstleistungsverkehr	17
10.2.3 Meldepflichten für den Kapital- und Dienstleistungsverkehr	25
10.3 Meldepflichten für Investitionen	28
10.3.1 Nach § 55 a. F. AWV	29
10.3.2 Nach § 56a und § 58a AWV	30
10.3.3 Nach §§ 59, 62 AWV	32
10.4 Genehmigungsbedürftigkeit für den Transfer von Gütern und Dienstleistungen	33
10.4.1 Die betroffenen Gemeinwohlbelange	33
10.4.2 Genehmigung von Ausfuhren (Art. 3, 4 und 5 Dual-Use-VO)	41
10.4.3 Genehmigung von Verbringungen (Art. 19 Dual-Use-VO, § 7 AWV)	51
10.4.4 Genehmigung von Knowhow- und Dienstleistungstransfers (§§ 45, 45 b AWV)	54
10.4.5 Verfahrenserleichterungen als Ausfluss der Außenhandelsfreiheit	60
10.5 Ersatz für Embargoschäden?	69
10.5.1 Haftung der EG aus Art. 288 Abs. 2 EG (Art. 215 Abs. 2 EGV)	71
10.5.2 Kriterien für gute Aussichten bezüglich Ersatz	74
10.6 Resümée	77

Schrifttum: *BAFA (Bundesausfuhramt)* (Hrsg.), Handbuch des deutschen Exportkontrolle (Haddex), (Stand: November 1999), Band 1 und Band 2; *Bebermeyer* (Hrsg.), Deutsche Ausfuhrkontrolle 1992, Bonn 1992; *Benedek* (Hrsg.), Die Welthandelsorganisation, München 1998; *Bermbach*, Die gemeinschaftliche Ausfuhrkontrolle für Dual-Use-Güter, Baden-Baden 1997; *Bieneck* (Hrsg.), Handbuch des Außenwirtschafts- und Kriegswaffenkontrollrechts, Münster/Köln 1998; *Bryde*, Außenwirtschaftsrecht (§ 14), in: R. Schmidt (Hrsg.), Öffentliches Wirtschaftsrecht Bes. Teil Band 2, Berlin/Heidelberg 1996, S. 485 ff.; *Burkemper*, Export *verboten*: Export Controls in the US and Germany, Southern California Law Review 67 (1993–94), S. 149 ff.; *Dichtl/Issing* (Hrsg.), Exportnation Deutschland, 2. Aufl. München 1992; *Epping*, Die Außenwirtschaftsfreiheit, Tübingen 1998; *Gramlich*, Außenwirtschaftsrecht. Ein Grundriss, Köln/Berlin 1991; *ders.*, Eine neue Weltinvestitionsordnung? AW-Prax 1997, 160 ff., 190 ff., 232 ff.; *Häde*, Rechtliche Aspekte des Irak-Embargos, BayVBl. 1991, 485 ff.; *Hinder*, Der Ausfuhrverantwortliche im Außenwirtschafts- und Kriegswaffenkontrollrecht, Münster/Köln 1999; *Hocke/Berwald/Maurer/Friedrich* (Hrsg.), Außenwirtschaftsrecht (Texte und Kommentar), Heidelberg, Stand: November 1999; *Hohmann*, Angemessene Außenhandelsfreiheit zwischen staatlichen Beschränkungs- und individuellen Freiheitsinteressen in den USA, in Deutschland (unter Berücksichtigung der EG-Prägung) und in Japan, Habil. Frankfurt/Main 1998 zit. nach der unveröff. Habil; Tübingen i. E.; *ders.*, Handel mit Dual-Use-Gütern im Binnenmarkt, EWS 2000, 52 ff.; *ders.*, Rechtliche Fragen beim Warenhandel zwischen vier Staaten infolge internationaler Arbeitsteilung, Der Betrieb 2000, 1649 ff.; *Hohmann/John* (Hrsg.), Ausfuhrrecht (Kommentar), München 2000 (im Druck); *Hoh-*

mann/Rao, Aus für den deutschen Maschinenexport nach Indien ?, AW-Prax 1997, 53 ff.; *Hucko* (Hrsg.), Außenwirtschaftsrecht und Kriegswaffenkontrollrecht 7. Aufl. Köln 1998; *John*, Exportkontrollen für Dual-Use-Waren, ZfZ 1993, 375 ff.; *Kadelbach*, Staatshaftung für Embargoschäden, JZ 1993, 1134 ff.; *U. Karpenstein*, Europäisches Exportkontrollrecht für Dual-use-Güter, Stuttgart/München 1998; *E. Langen*, Außenwirtschaftsgesetz (Kommentar), München 1968; *Mestmäcker/Engel*, Das Embargo gegen Irak und Kuwait, Baden-Baden 1991; *J. Mittag*, Handelsembargo und Entschädigung, Diss. Würzburg 1994; *Monreal/Runte*, Das aktuelle Exportrecht. Ein Überblick, GewA 2000, 142 ff.; *Pottmeyer*, Der Ausfuhrverantwortliche, Köln 1997; *Renneberg/Wolffgang*, Ausfuhrbeschränkungen im Handelsverkehr mit Drittländern, AW-Prax 1997, 208 ff., 247 ff.; *A. Reuter*, Außenwirtschafts- und Exportkontrollrecht Deutschland/EU, München 1995; *Schweitzer/Streinz*, Stellungnahme zur Frage von Entschädigungsansprüchen der vom Irak-Embargo betroffenen Unternehmen, unveröff. Gutachten 1990; *Wapenhensch/Schroth* (Hrsg.), Außenwirtschaftsrecht. Ergänzbare Sammlung, Berlin/Bielefeld 1992 ff. (Stand 1999); *Wimmer*, Entschädigungsansprüche aus dem Irak-Embargo gegen die BR Deutschland, BB 1990, 1986 ff.; *S. Zinkeisen*, Das Fehlen einer Entschädigungsregelung im AWG, Diss. München 1968.

10.1 Einführung

1   Jeglicher grenzüberschreitende **Transfer von Gütern, Dienstleistungen, Know-how und Kapital** unterfällt dem Außenwirtschaftsrecht. Hierfür ist EG-Recht, deutsches und z. T. ausländisches Außenwirtschaftsrecht[1] zu berücksichtigen. Da der grenzüberschreitende Transfer von Kapital ebenfalls erfasst wird, gilt es, das Außenwirtschaftsrecht auch bei allen **Devisenfragen** und bei der Frage des **Transfers von Gewinnen** zu berücksichtigen. Vor allem Entwicklungsländer tendieren hier zu umfassenden Restriktionen, wobei der Internationale Währungsfonds (IWF) gewisse Privilegierungen der Entwicklungsländer vorsieht.[2] Auch die Frage, inwieweit *expatriates* frei sind, Gewinne und Kapital zurückzuzahlen und ob dies in ausländischer oder lokaler Währung geschehen muss, richtet sich, sofern die völkerrechtlichen Vorgaben[3]

---

[1] Vgl. *Hohmann*, Der Betrieb 2000, 1649 (1650 ff.). Zum amerikanischen Exportrecht vgl. Nachweis unten in Fn. 73. Wegen einer Differenzierung des Außenwirtschaftsrechts in die zwei Bereiche Ein- und Ausfuhrrecht vgl. Hinweise in Fn. 48. Da das deutsch-europäische Einfuhrrecht kaum Anforderungen an Projekte stellt, wird es hier nur am Rande erwähnt; vgl. Hinweis in Fn. 58 (Stand des Beitrags: Juli 2000; einige Aktualisierungen im September 2000 nachgetragen).

[2] Nach Art. IV IWF-Vertrag (u. a. in: *Zamora/Brand* eds., Basic Documents of International Economic Law, Washington DC 1990, Vol. 1, S. 315 ff.) haben die IWF-Mitglieder – außer im Verhältnis bezüglich Gold – eine weitgehende Freiheit, ihre Austausch-Praktiken unter Beachtung einiger IWF-Richtlinien festzusetzen (Art. IV sect. 1), wobei die Einhaltung der Richtlinien durch eine IWF-Kontrolle durchgesetzt werden kann (Art. IV sect. 3). Im Ergebnis erlaubt das IWF-Abkommen den Regierungen, isolierte Kapitalbewegungen national zu regeln (Art. VI sect. 3), nur für Kapitalbeschränkungen in internationalen Austauschverträgen (z. B. über die Aus- oder Einfuhr von Gütern oder Dienstleistungen) ist eine IWF-Zustimmung erforderlich (Art. VIII sect. 2 (a)) – für Entwicklungsländer gibt es diesbezüglich Privilegierungen für bis zum Tag der Mitgliedschaft bestehende Beschränkungen (Art. XIV). Vgl. hierzu u. a. *Gramlich*, AW-Prax 160 ff.

[3] Vgl. vor allem die Vorgaben des IWF (siehe Fn. 2). Aus dem WTO-Übereinkommen über handelsbezogene Investitionsmaßnahmen (u. a. in *Benedek* Hrsg., Die Welthandelsorganisation, S. 238 ff.), das wieder gewisse Privilegierungen von Entwicklungsländern vorsieht (Art. 4), ergibt sich u. a. die Pflicht, keine Investitionsmaßnahmen zu erlassen, welche die Ein- oder Ausfuhr von Waren beschränken, u. a. durch Beschränkung des Zugangs zu Devisen (Art. 2 i. V. m. Anhang Nr. 2). Zur Frage der Behandlung von *expatriates* im internationalen Privatrecht und internationalen Arbeitsrecht vgl. *Cichowski*, Kapitel 14 in diesem Band.

Einführung

eingehalten werden, nach nationalem Außenwirtschaftsrecht. Demnach sind **Investitionen, Rückzahlung von Kapital oder Darlehen, Transfer von Gewinnen oder Dividenden** vom nationalen Außenwirtschaftsrecht (unter Beachtung seiner völkerrechtlichen Anforderungen) betroffen.

Das Außenwirtschaftsrecht der EG und Deutschlands geht gleichermaßen von der grundrechtlich gesicherten **Ausfuhrfreiheit** aus. Aus dem Gemeinschaftsrecht[4] und aus der deklaratorischen Norm des § 1 Außenwirtschaftsgesetz[5] (nachfolgend AWG) ergibt sich, dass der grenzüberschreitende Transfer von Waren, Dienstleistungen, Knowhow, Kapital und Zahlungen grundsätzlich frei ist und dass er nur den Einschränkungen unterliegt, welche entsprechende EG-Verordnungen bzw. das AWG und die auf ihm beruhende Außenwirtschaftsverordnung (nachfolgend AWV) erlauben. In der Regel geht es bei den Beschränkungen um Genehmigungspflichten, etwas seltener um Meldepflichten und ausnahmsweise um Verbote. Dabei bekennen sich das Gemeinschaftsrecht und das AWG gleichermaßen zum **verhältnismäßigen Interventionsminimum**[6] und zum **grundrechtlichen Anspruch:** Sofern Rechtsgeschäfte genehmigungspflichtig sind, besteht – sofern es nicht um Kriegswaffen geht[7] – ein Anspruch auf die Erteilung der Genehmigung, wenn zu erwarten ist, dass die Vornahme des Rechtsgeschäfts den Zweck der beschränkenden Vorschriften nicht oder nur unwesentlich gefährdet (vgl. § 3 Abs. 1 AWG).[8] Es geht demnach – wie regelmäßig im Wirtschaftsverwaltungsrecht – um ein **präventives Verbot mit Erlaubnisvorbehalt,**[9] welche

2

---

[4] Primärrechtlich ergibt sich dies vor allem aus dem allgemeinen Rechtsgrundsatz der Berufs-, Wirtschafts- und Handelsfreiheit, welcher vom EuGH anerkannt wurde, und aus der Warenverkehrsfreiheit, die gemäß Art. 1 der EG-Verordnung 2603/69 vom 20. 12. 1969 zur Festlegung einer gemeinsamen Ausfuhrregelung (nachfolgend: EG-Ausfuhr-VO), ABl. L 324/25 (u. a. in: *Hocke/Berwald/Maurer* Hrsg., Außenwirtschaftsrecht, Hauptteil III.II.b.1) über den Binnenmarkt hinaus vergleichbar auch gegenüber Drittstaaten gilt, und sekundärrechtlich aus der deklaratorischen Norm des Art. 1 EG-Ausfuhr-VO; vgl. hierzu *Hohmann*, in: Hohmann/John, Ausfuhrrecht (Kommentar), Art. 1 EG-Ausfuhr-VO Rdn. 1ff mit Nachw. Das AWG vom 28. 4. 1961 (BGBl. I S. 481, zuletzt geändert am 9. 6. 1998, BGBl. I, S. 1242, 1254) und die AWV vom 18. 12. 1986 (BGBl. I S. 2671, i.d.F. der Bekanntmachung vom 22. 11. 1993, BGBl. I S. 1934, ber. 2493, zuletzt geändert: 48. Änderungsverordnung vom 22. 7. 1999, BAnz S. 12853), u. a. in: *BAFA*, Haddex Band 2, Nr. 100 und Nr. 110, und in: *Hucko*, Außenwirtschaftsrecht 7. Aufl., S. 23ff und 112ff.

[5] Sie ist deklaratorisch, weil sich dieser grundrechtliche Anspruch unmittelbar aus dem Grundrecht des Art. 12 Abs. 1 GG ergibt; zum Grundrecht der Ausfuhrfreiheit vgl. vor allem BVerfGE 12, 281 (294f) *(Devisenbewirtschaftungsgesetz),* sowie umfassend *Epping,* Die Außenwirtschaftsfreiheit, S. 10ff, und *Hohmann,* Angemessene Außenhandelsfreiheit (Habil), S. 439ff sowie *ders.,* in: Hohmann/John (Fn. 4), § 1 AWG Rdnrn. 1ff.

[6] Demnach sind alle Eingriffe in die Handelsliberalität auf den unumgänglichen Umfang zu beschränken; vgl. etwa § 2 Abs. 3 und Abs. 4 AWG; bezüglich des Gemeinschaftsrechts ergibt sich dies aus Art. 9 Abs. 2 der Dual-Use-Verordnung i. V. m. allgemeinen Rechtsgrundsätzen.

[7] Aus § 6 Abs. 1 KWKG ergibt sich, dass hier kein Anspruch auf eine Genehmigungserteilung besteht. Anders als nach dem AWG-Regime ist dies ein repressives Verbot mit Befreiungsvorbehalt; auch die grundrechtliche Ausfuhrfreiheit ist von vorneherein durch Art. 26 Abs. 2 GG begrenzt.

[8] In anderen Fällen besteht Ermessen, vgl. § 3 Abs. 1 Satz 2 AWG. Im Gemeinschaftsrecht ist die Rechtslage gleich; allerdings wird die deutsche Berücksichtigung des volkswirtschaftlichen Interesses (§ 3 Abs. 1 Satz 2 AWG) nicht auf das Gemeinschaftsrecht übertragen werden können; vgl. *U. Karpenstein,* in: Hohmann/John (Fn. 4), Einleitung Dual-Use-VO Rdn. 22.

[9] Anders als das repressive Verbot mit Befreiungsvorbehalt geht es nicht um eine Ausnahmebewilligung, sondern um eine Erlaubnis, die Kontrolle ermöglicht, auf die aber Anspruch besteht (Kontrollerlaubnis); vgl. *Maurer,* Allgemeines Verwaltungsrecht, 11. Aufl. München 1997, § 9 Rdnrn. 51–55.

10. Teil. Anforderungen des Außenwirtschaftsrechts an Projekte

eine Abwägung mit den wichtigen Gemeinwohlerwägungen – vor allem denen des friedlichen Zusammenlebens der Völker und denen der Sicherheit und der auswärtigen Belange der Bundesrepublik (vgl. § 7 Abs. 1 AWG) – voraussetzt. Ein solcher **Abwägungsvorgang** zwischen der individuellen Handelsfreiheit und den öffentlichen Gemeinwohlbelangen ist erforderlich, um eine „angemessene Außenhandelsfreiheit" zu erreichen.[10]

3   Investitionen im Ausland sowie Planung, Bau und Instandhaltung von Projekten werden immer wieder von **Verboten, Genehmigungs- oder Meldepflichten** des Außenwirtschaftsrechts betroffen sein. Deren Kenntnis ist deswegen von elementarer Bedeutung, weil im Falle des Verstoßes **sehr umfassende Sanktionen** – genau genommen: drei verschiedene Arten von Sanktionen - drohen können:[11]

4   – **Strafrechtliche Sanktionen** sind seit der Novelle von 1990/92 beträchtlich ausgeweitet worden. So sind für besonders schwere Verstöße (§ 34 Abs. 4 und Abs. 6 AWG) Strafen von zwei bis 15 Jahren vorgesehen – die höchste zeitige Freiheitsstrafe Deutschlands – und für Ordnungswidrigkeiten Geldbußen von bis zu 50 000 bzw. 1 Million DM (§ 33 Abs. 6 AWG) – also der 50- bzw. 1000-fache Wert dessen, den § 17 Abs. 1 OWiG sonst für andere Ordnungswidrigkeiten vorsieht. Hinzu kommt gemäß §§ 73 ff. StGB die Möglichkeit, nicht nur den Gewinn, sondern den gesamten Umsatz aus dem illegalen Geschäft (den Bruttoerlös) sowie gemäß § 36 AWG alle Embargogegenstände einzuziehen.

5   – Die **Verwaltungssanktionen,** die gesetzlich praktisch nicht geregelt sind, bestehen im Entzug bzw. **Widerruf von Verfahrenserleichterungen** und in berufsverbotsähnlichen Maßnahmen. Da die für die Exportwirtschaft wichtigsten Verfahrenserleichterungen (Sammelausfuhrgenehmigung SAG und Vorausanmeldeverfahren) von der besonderen Zuverlässigkeit des Antragstellers abhängig sind, können diese widerrufen werden, falls Anhaltspunkte für mangelnde Zuverlässigkeit vorliegen. Dies dürfte für Exportunternehmen den ökonomischen Ruin bedeuteten.[12] Zu einem **faktischen Berufsverbot** kann es dadurch kommen, dass die Genehmigungsbehörde Bundesausfuhramt (nachfolgend: BAFA) faktisch erzwingen kann, den Ausfuhrverantwortlichen wegen vermuteter oder erwiesener Unzuverlässigkeit gegen eine zuverlässige Person auszutauschen.[13] Er wird dann anschließend keinesfalls in einer anderen Führungsstellung – möglicherweise auch nicht in jedweder sonstigen Position – des Unternehmens noch arbeiten können, weil sonst das Risiko besteht, dass das Unternehmen weiterhin als unzuverlässig gilt.

6   – Die **Sanktionen der Verbraucher** können für Unternehmen genauso intensiv oder noch gravierender sein: Wenn sich bei den Verbrauchern herumspricht, dass ein Unternehmen gegen Verbote oder Genehmigungspflichten (z. B. gegen Embargos oder Kriegswaffenkontrollrecht) verstößt, ist ein Verbraucherboykott gegen dieses Unternehmen zu befürchten.

---

[10] Vgl. hierzu umfassend *Hohmann*, (Fn. 5), S. 6 ff.

[11] Vgl. hierzu *Hohmann* (Fn. 5), S. 258–261.

[12] Für eine größere Exportfirma in Süddeutschland sehen die Zahlen (nach Angaben eines Exportberaters) wie folgt aus: Mit Hilfe der SAG und des Vorausanmeldeverfahrens würden monatlich etwa 6000 (täglich 300) Exportsendungen abgewickelt; nach Entzug dieser Verfahrenserleichterungen müsste dies auf etwa 1 % des bisherigen Umfangs reduziert werden.

[13] Rechtsgrundlage hierfür ist Nr. 5 der „Grundsätze der Bundesregierung zur Prüfung der Zuverlässigkeit von Exporteuren von Kriegswaffen und rüstungsrelevanten Gütern" (BAnZ 1990 S. 6406 und 1991 S. 545, u. a. in: *BAFA*, Haddex Band 2, Nr. 501, und in *Hucko*, Fn. 4, S. 247 f.). Zur Frage, ob diese Grundsätze verfassungsrechtlich ausreichen, vgl. die Kritik von *Hohmann* (Fn. 5), S. 358 ff, und ausführlich von *Hinder*, Der Ausfuhrverantwortliche, insbes. S. 193 ff; a. A. aber *Pietsch*, in: Hohmann/John (Fn. 4), Politische Grundsätze der Bundesregierung zum Export von Kriegswaffen (Anhang 2 zum KWKG).

Unternehmen sollten sich daher vor der Tätigkeit von Investitionen im Ausland sowie vor Planung, Bau und Instandhaltung von Projekten durch Anwälte beraten lassen, ob Verbote, Genehmigungs- oder Meldepflichten des Außenwirtschaftsrechts bestehen. Ein zusätzlicher Punkt, der hier nicht näher dargestellt werden kann, ist die Pflicht, auf Managementebene einen Ausfuhrverantwortlichen zu bestellen.[14]

Nachfolgend wird zunächst ein Überblick über Verbote, Genehmigungs- und Meldepflichten gegeben (10.2). Daran anschließend werden drei für Projekte wichtige Fragestellungen u. a. mithilfe von Fällen, die der Anschaulichkeit dienen, behandelt: Meldepflichten für Investitionen (10.3), Genehmigungsbedürftigkeit für Transfer von Gütern und Dienstleistungen (10.4) und Ersatz für Embargoschäden (10.5).

10.2 Übersicht über Verbote, Genehmigungen und Meldepflichten

Da europäisches und nationales Recht hier sehr umfassend ineinandergreifen, ist es für jedes Unternehmen sehr aufwendig, einen Überblick über die Anforderungen des Außenwirtschaftsrechts zu erhalten. Dabei wird das EG-Recht – wie später gezeigt wird – seinerseits umfassend durch WTO-Recht vorgeprägt.

Weil das **EG-Recht Vorrang vor deutschem Recht** genießt, ist das nationale deutsche Außenwirtschaftsrecht auf die Bereiche begrenzt, die ihm das EG-Recht zuweist oder die mangels Harmonisierung als nationale Kompetenz verbleiben; hinzu kommen Ermächtigungen zu Vollzug oder Umsetzung des EG-Rechts. Zu den **nationalen Regelungsbereichen** gehören vor allem folgende drei:[15]

– Maßnahmen gegenüber Mitgliedstaaten zum Schutz „zwingender Erfordernisse" i. S. d. Art. 28 EG (Art. 30 EGV) oder der **Gemeinwohlbelange des Art. 30 EG** (Art. 36 EGV) – Gleiches gilt gegenüber Drittstaaten (Art. 11 EG-Ausfuhr-VO) –; hierzu gehören vor allem folgende Schutzgüter: öffentliche Sicherheit und Ordnung, Leben und Gesundheit von Menschen, Schutz von Tieren und Pflanzen, Schutz des nationalen Kulturgutes, Schutz des gewerblichen und kommerziellen Eigentums, Schutz der Lauterkeit des Handels, wirksame steuerliche Kontrolle, Verbraucher- und Umweltschutz.

– Maßnahmen zur Wahrung der **nationalen Sicherheit** nach Art. 296–298 EG (Art. 223–225 EGV) gegenüber Mitglied- und Drittstaaten; hierbei geht es insbesondere um Regelungen für die Güter der Liste nach Art. 296 Abs. 2 EG (Art. 223 Abs. 2 EGV), nämlich um Waffen, Munition, Kriegsmaterial und Gegenstände zu ihrer Erzeugung.

– Maßnahmen gegenüber Drittstaaten, soweit diese **nicht der gemeinsamen Handelspolitik** nach Art. 133 EG (Art. 113 EGV) **unterfallen,** und Maßnahmen, die zwar der gemeinsamen Handelspolitik unterfallen, wobei aber entweder die Kommission nach Art. 134 Abs. 1 Satz 2 EG (Art. 115 Abs. 1 Satz 2 EGV) oder die jeweilige EG-Verordnung selber zum nationalen Vorgehen ermächtigt (durch Schutz- oder nationale Öffnungsklauseln).

---

[14] Vgl. Nr. 2 der Grundsätze a. a. O. (Fn. 13); vgl. hierzu *Hinder* (Fn. 13), S. 47 ff. und *Pottmeyer*, Der Ausfuhrverantwortliche, S. 17 ff.

[15] Vgl. *Hohmann* (Fn. 5), S. 227–231. Zu den „zwingenden Erfordernissen" vgl. die *Casssis de Dijon*-Rechtsprechung, EuGH, Urt. v. 20. 2. 1979, RS C-120/78, EuGHE I 1979, 649 (Cassis) und die Mitteilung der Kommission über die Auswirkungen dieses Urteils, EG-ABl. C 256/2 vom 3. 10. 1980; vgl. hierzu *Hohmann*, Das Reinheitsgebot-Urteil und seine Auswirkungen auf den Binnenmarkt JZ 1987, 959 (961).

12   Schwerpunktmäßig werden die Maßnahmen der ersten Gruppe im sog. **Recht der „Verbote und Beschränkungen"** (nachfolgend: VuB, vgl. Art. 58 Abs. 2 Zollkodex – nachfolgend ZK –) geregelt; hierzu gehören Chemikalien-, Gefahrstoff-, Arzneimittel-, Lebensmittelgesetze sowie solche zu geistigem Eigentum, Kulturgütern, Ökologie etc.[16] und die der zweiten Gruppe im **Kriegswaffenkontrollgesetz** (KWKG), § 5b AWV und den sie begleitenden Regelungen zu Chemiewaffen.[17] Maßnahmen der dritten Gruppe werden praktisch bedeutend primär durch die verschiedenen **nationalen Öffnungsklauseln** der Dual-Use-Verordnung;[18] für das deutschen Recht sind vor allem die Art. 5 und Art. 19 Dual-Use-VO zu erwähnen, die eine nationale Kompetenz bereitstellen, wonach erstens einige Ausfuhren (Art. 5, vgl. die deutschen Regelungen §§ 5c, 5d, 5e AWV sowie die nationalen Positionen der Ausfuhrliste nach § 5 Abs. 2 Satz 2 AWV) und zweitens einige „Verbringungen" – Warenhandel zwischen den Mitgliedstaaten – einer Genehmigungspflicht unterfallen können (Art. 19, vgl. § 7 AWV).

10.2.1 Verbote für Ausfuhren, Dienstleistungs- und Kapitalverkehr

13   Da ein Ausfuhrverbot grundsätzlich immer gegen die grundrechtlich verbürgte Ausfuhrfreiheit verstößt, wird nur in sehr wenigen – extremen – Fällen ein Ausfuhrverbot noch als verhältnismäßig angesehen.

Zu diesen wenigen Fällen gehören vor allem die **Embargo-Regelungen** (insbesondere das Totalembargo) und die **Verbote des KWKG**. Nach letzteren ist vor allem jede Entwicklung, jede Herstellung und jeder Handel mit den Massenvernichtungswaffen (sog. ABC-Waffen) und mit Antipersonenminen verboten.[19] Insgesamt unterfällt der Handel mit Kriegswaffen – als Konsequenz des verfassungsrechtlichen Gebots des Art. 26 Abs. 2 GG – einem repressiven Verbot mit Befreiungsvorbehalt:[20] Anders als unter der Dual-Use-VO und dem im Falle einer Harmonisierungslücke anwendbaren deutschen Regime von AWG/AWV besteht unter dem KWKG kein Anspruch auf die Genehmigung (vgl. § 6 Abs. 1 KWKG).

---

[16] Vgl. *Henke*, in: Bieneck, Handbuch AWR, § 3 (VuB-Recht) und *Hohmann* (Fn. 5), S. 273 (VuB-Recht bzw. „Außenwirtschaftsrecht im weiteren Sinne"), vgl. auch *dens.* in: Hohmann/John (Fn. 4), § 10 AWG Rdn. 35ff. Zollkodex (ZK): EG-Verordnung 2913/92 vom 12. 10. 1992, u. a. in: *Wapenhensch/Schroth*, Nr. Z 516; vgl. hierzu *Wolffgang*, Kapitel 11 in diesem Band.

[17] Diese Regelungen können im Rahmen dieses Beitrags nicht behandelt werden. Bei den Chemiewaffen-Regelungen geht es um die deutsche Umsetzung zum Chemiewaffenübereinkommen (CWÜ) durch CWÜ-Ausführungsgesetz (CWÜ-G) und CWÜ-Ausführungs-VO (CWÜ-AV); vgl. hierzu *Pietsch/Haenel/Bundscherer*, in: Hohmann/John (Fn. 4), Anhang 1 zum KWKG.

[18] Verordnung Nr. 3381/94 des Rates vom 19. 12. 1994 über eine Gemeinschaftsregelung der Ausfuhrkontrolle von Gütern mit doppeltem Verwendungszweck (nachfolgend: Dual-Use-VO), Abl. L 367/1, geändert am 10. 4. 1995, Abl. L 90/1, u. a. in: *BAFA*, Haddex, Band 2, Nr. 1, in: *Hucko* (Fn. 4), S. 53ff. **Aktualitäts-Nachtrag:** Zum 20. 9. 2000 wird eine völlige Neufassung (Verordnung Nr. 1334/2000 vom 22. 6. 2000, Abl. L 159/1 vom 30. 6. 2000, u. a. in: Hohmann/John Fn. 4, Anhang 1 zur Dual-Use-VO) in Kraft treten. Zu den wichtigsten Änderungen vgl. *Hohmann/John*, in: Hohmann/John Fn. 4, Anhang 2 zur Dual-Use-VO. – Soweit nicht eigens vermerkt, wird mit zitierten Artikeln nur auf die derzeit geltende EG-VO 3381/94 Bezug genommen.

[19] Vgl. §§ 17, 18, 18a KWKG. Dies ist eine striktere Umsetzung der Nonproliferationregime und der Antipersonenminenkonvention; vgl. ausführlich zu diesen Regimen *Woll (und Hohmann)*, in: Hohmann/John (Fn. 4), Anhang 3 zum AWG.

[20] Vgl. hierzu *Pietsch*, in: Hohmann/John (Fn. 4), Einführung KWKG Rdn. 22ff. Allgemein zur Abgrenzung zwischen präventivem Verbot mit Erlaubnisvorbehalt („die Kontrollerlaubnis") und repressivem Verbot mit Befreiungsvorbehalt („die Ausnahmebewilligung") vgl. oben Hinweise in Fn. 7 und Fn. 9.

Übersicht über Verbote, Genehmigungen und Meldepflichten

Ein **Totalembargo** ist ein umfassendes Ein- und Ausfuhrverbot, das lediglich durch einige, der Genehmigungspflicht unterliegende, humanitäre Lieferungen abgemildert wird. Ein solches besteht derzeit allein gegenüber dem **Irak**; es wird – in Umsetzung der UN-Resolution 661 (1990) – unmittelbar durch die EG-Verordnung 2340/90 und ihre Nachfolgeakte, die jetzt in einem umfassenden Rechtsakt der EG (EG-Verordnung 2465/96) zusammengefasst wurden, angeordnet.[21] Da jede EG-Verordnung unmittelbar in jedem Mitgliedstaat als rechtsverbindlich gilt (vgl. Art. 249 Abs. 2 EG, Art. 189 Abs. 2 EGV), bedurfte es keiner zusätzlicher nationalen Vorschrift mit deklaratorischen Charakter. Die §§ 69a ff. AWV a.F. wurden daher aufgehoben, und durch die 40. Änderungs-VO der AWV (1997) wurden die jetzigen §§ 69a und 69e AWV eingefügt, welche ergänzende Regelungen zur o. g. EG-VO 2465/96 beinhalten.[22] Es gilt demnach ein umfassendes Ein- und Ausfuhrverbot, eine Blockade des Kapital- und Zahlungsverkehrs (vgl. § 69 e), der Seefracht und Lufttransporte und eine Beschränkung der Dienstleistungen gegenüber dem Irak.

14

Ein **Teilembargo** enthält entsprechende Verbote nur für einzelne Wirtschaftsbereiche. Ein solches gilt gegenwärtig gegenüber **Libyen** kraft der EG-Verordnung 3274/93, welche die UN-Resolution 748 (1992) umsetzt. Die §§ 69l, 69m und 69n AWV haben nur deklaratorische Bedeutung. Es galt demnach bis April 1999 ein sehr weitgehendes Teilembargo für den Luftverkehr, ein Embargo für Rüstungsmaterial und ein Embargo des Kapital- und Zahlungsverkehrs. Nachdem Libyen einem Kompromiss bezüglich der Lockerbie-Attentäter zugestimmt hatte, beschlossen UN-Sicherheitsrat und EU eine Teilaussetzung des Teilembargos ab April 1999 (vgl. § 69l Abs. 3 AWV in der Fassung der 46. Änderungs-VO). Beibehalten werden die Antiterrorismusmaßnahmen: Embargo für Rüstungsmaterial (vgl. u.a. § 5b und § 45a AWV), Einschränkung der Freizügigkeit von diplomatischem und konsularischem Personal, strenge Bedingungen für die Vergabe von Sichtvermerken.

15

Ein weiteres Teilembargo gilt gegenüber **Sierra Leone** durch die EG-Verordnung 2465/97, welche UN-Resolution 1132 (1997) umsetzt. Es erfasst Waffen, einige Dual-Use-Güter und paramilitärische Ausrüstung (vgl. § 69g AWV).[23]

Waffenembargos verbieten die Lieferung von Rüstungsmaterial. Meistens gehen diese Waffenembargos auf einen gemeinsamen Standpunkt der EU zurück. Administrativ werden sie umgesetzt[24] derzeit gegenüber folgenden Staaten: Afghanistan, Armenien und Aserbaidschan, Bosnien-Herzegowina und Kroatien, VR China, Liberia, Myanmar (früher: Burma/Birma), Nigeria, Ruanda, Somalia, Sudan und Zaire (Demokratische Republik Kongo).[25]

16

10.2.2 Genehmigungspflichten für Ausfuhren und Dienstleistungsverkehr

Für alle Güter, die nicht eindeutig als Waffen oder Rüstungsgüter anzusehen sind, gilt (nach dem oben Gesagten) ein präventives Verbot mit Erlaubnisvorbehalt (bloße Kontrollerlaubnis) für die Ausfuhr. Die Genehmigungspflicht kann sich aus der Dual-

17

---

[21] Vgl. *Khan/Woll*, in: Hohmann/John (Fn. 4), § 69a AWV Rdnrn. 1 ff.

[22] Vgl. *Khan/Woll* (Fn. 21), § 69a AWV Rdn. 16. – Nach den Angaben mehrerer Firmenvertreter unterfällt selbst die Bezahlung von irakischen Hotel- oder Taxirechnungen einer Genehmigungspflicht. Eine solche Genehmigung muss demnach bei der zuständigen Landeszentralbank *vor* der Reise in den Irak eingeholt werden.

[23] Vgl. *Khan/Woll* (Fn. 21), § 69g AWV Rdnrn. 1 ff. Bis 1998 waren auch Erdöl/Erdölprodukte von diesem Teilembargo betroffen.

[24] Die Genehmigungspflicht wird hier immer im Sinne der Nichtgenehmigung ausgelegt.

[25] Vgl. *Khan/Woll* (Fn. 21), Anhang zu §§ 69a ff. AWV.

Use-VO oder – im Falle einer Harmonisierungslücke – aus der AWV ergeben. Die Anwendung der genannten EG-Verordnung setzt allerdings voraus, dass alle diese Güter **Dual-Use-Güter** („Güter mit doppeltem Verwendungszweck") sind. Nach einer vermutlich vorzugswürdigen weiten Auffassung sind unter Dual-Use-Gütern sämtliche Güter zu verstehen, die nicht eindeutig Waffen oder Rüstungsgüter sind – denn letztere unterfallen allein einem nationalen Regime mit repressiver Erlaubnis. Nach einer etwas restriktiven Auffassung wären aus dieser Gütermenge solche Güter auszuscheiden, die keinerlei mögliche strategische Bedeutung besitzen.[26] Beide Ansätze besitzen ihre Berechtigung. Angesichts der technischen Revolution kann die weite Auffassung vorzugswürdiger sein, wenn man sich folgendes vor Augen hält: Da evtl. eine Teigrührmaschine – auf jeden Fall aber eine Mischmaschine für die Pharma-, Lack- oder Farbenindustrie – vergleichbar geeignet ist wie eine Mischmaschine für die Herstellung der (für Raketenherstellung wichtigen) Festtreibstoffe, ist die überraschende Folge, dass beide Maschinen unter die Genehmigungspflicht fallen.[27] Diese **Multifunktionalität von Gütern** – praktisch jedes Gut kann sowohl für zivile als auch für militärische Zwecke eingesetzt werden! – dürfte eher für die weite Auffassung sprechen. Sie verdeutlicht auch die Brisanz des Außenwirtschaftsrechts, dem Ziel einer „angemessenen Außenhandelsfreiheit" möglichst nahe zu kommen, indem die Handelsfreiheit mit den legitimen Gemeinwohlinteressen in einen angemessenen Ausgleich gebracht wird.

18 Für Dual-Use-Güter ergeben sich die **wichtigsten Genehmigungspflichten** für die Ausfuhr aus den Artikeln 3 Abs. 1 (betrifft die gelisteten Güter auf Anhang I des Dual-Use-Beschlusses, welcher inhaltlich mit Teil I C der deutschen Ausfuhrliste übereinstimmt – Teil I C enthält allerdings noch zusätzliche nationale Positionen –), Artikel 4 Abs. 1 (betrifft nicht-gelistete Güter mit bestimmter Verwendung) und Artikel 19 Dual-Use-VO (betrifft den Binnenhandel). Über die nationalen Öffnungsklauseln des Art. 5 und Art. 19 Abs. 3 Dual-Use-VO sind auch nationale Genehmigungspflichten – sie betreffen verwendungsbezogene Kontrollen nicht-gelisteter Güter bzw. den Binnenhandel – zu berücksichtigen. Der Handel mit Drittstaaten wird als **„Ausfuhr"** und der Binnenhandel (also der Handel zwischen den Mitgliedstaaten der EG) als **„Verbringung"** bezeichnet.

19 Für Unternehmen empfiehlt sich folgender **Prüfungskatalog**: Falls kein Verbot eingreift, kann sich eine Genehmigungspflicht ergeben aus folgenden Gründen[28] (**Ausfuhr- und Verbringungsregelungen** für Dual-Use-Güter):

– erstens bezüglich Ausfuhren in Drittländer: **güterbezogene Genehmigungsvorbehalte** für gelistete Dual-Use-Güter, nämlich für auf Teil I C der Ausfuhrliste geführte Güter (Art. 3 Abs. 1 der Dual-Use-VO bzgl. europäischer Positionen, § 5 Abs. 2 Satz 1 AWV bezüglich zusätzlicher deutscher Sonderpositionen auf Teil I C und für Güter auf Teil I B der Ausfuhrliste),

20 – zweitens bezüglich Ausfuhren in Drittländer: **verwendungsbezogene Genehmigungsvorbehalte** für nicht-gelistete Güter, falls diese verwendet werden können für:

a) Massenvernichtungswaffen (sog. ABC-Waffen)[29] und Unterrichtung hierüber besteht (Art. 4 Abs. 1 und Abs. 2 der Dual-Use-VO) oder – wegen der Öffnungsklausel des Art. 5 nach nationalem Recht –:

---

[26] Vgl. *Sack/Hohmann*, in: Hohmann/John (Fn. 4), Art. 2 Dual-Use-VO Rdn. 2 und Rdn. 3.
[27] Vgl. *Hohmann/Rao*, AW-Prax 1997, S. 53 (54). Wesentlich für die vergleichbare Eignung ist hier die explosionsgeschützte Bauart.
[28] Vgl. *Hohmann* (Fn. 5), S. 236 ff. Vgl. auch *Renneberg/Wolffgang*, AW-Prax 1997, S. 208 ff und 247 ff.
[29] ABC-Waffen meint: atomare, biologische oder chemische Waffen einschließlich ihrer Trägerraketen, sofern diese Gegenstand entsprechender Nonproliferationsregime sind.

Übersicht über Verbote, Genehmigungen und Meldepflichten

b) für Rüstungsanlagen in einem der 15 K-Länder[30] (§ 5c AWV)[31] bzw. für kerntechnische Anlagen in einem der 10 nuklear-sensitiven Länder[32] (§ 5d AWV) und Kenntnis hiervon besteht, oder: falls diese an zwei bestimmte syrische Institute geliefert werden (§ 5e AWV).

– drittens bezüglich Verbringungen (innerhalb der EU): **güterbezogene Genehmigungsvorbehalte** für gelistete Dual-Use-Güter (auf Anhang IV Dual-Use-Beschluss gelistete Güter nach Art. 19 Abs. 1 b,[33] auf Anhang V gelistete nach Art. 20 Abs. 1 Dual-Use-VO i.V.m. § 7 Abs. 3 AWV, und für sonstige Güter auf Teil I C und Teil I B der Ausfuhrliste, falls Kenntnis von einer Drittlandausfuhr besteht, nach Art. 19 Abs. 3 lit. a Dual-Use-VO i.V.m. § 7 Abs. 4 AWV), 21

– viertens bezüglich Verbringungen: **verwendungsbezogene Genehmigungsvorbehalte** für nicht-gelistete Güter, falls sie den Verwendungen des §§ 5c, 5d und 5e AWV zugeführt werden sollen und Kenntnis hiervon besteht (§ 7 Abs. 5, Abs. 6 und Abs. 7 AWV). 22

Hinzu treten drei **Dienstleistungsregelungen,** welche Art. 4 Abs. 1 Dual-Use-VO, § 5c und § 5d AWV entsprechen. Demnach besteht eine Genehmigungspflicht für Dienstleistungen (Reparaturen etc.), wenn sie sich beziehen auf: 23

– ABC-Waffen (und/oder ihre Trägerraketen) und hierfür entwickelte Bestandteile, sofern sie – die Dienstleistungen – in Ländern außerhalb der Liste L (außerhalb der OECD) erbracht werden (§ 45b Abs. 2 und Abs. 4 AWV – vgl. Art. 4 Dual-Use-VO –), oder:

– Rüstungsgüter (nach Teil I A der Ausfuhrliste), sofern sie in einem der 15 K-Länder erbracht werden (§ 45b Abs. 1 AWV – vgl. § 5c AWV –), oder:

– kerntechnische Anlagen, sofern sie in einem der 10 nuklear-sensitiven Länder des § 5d AWV erbracht werden (§ 45b Abs. 3 AWV).

Um das „Technologiesöldnertum" zu vermeiden, bestehen auch zwei **Knowhowtransfer- und Transithandelsregelungen,** die Art. 4 Abs. 1 Dual-Use-VO und § 5c AWV entsprechen. Genehmigungspflichten beziehen sich demnach auf: 24

– nicht allgemein zugängliche Kenntnisse und DV-Programme über die Fertigung von Rüstungsgütern (Teil I A der AL), sofern sie an Gebietsfremde weiterge-

---

[30] Es handelt sich um folgende 15 Staaten: Afghanistan, Angola, Bosnien-Herzegowina, Irak, Iran, BR Jugoslawien, Kroatien, Kuba, Libanon, Libyen, Mosambik, Myanmar, Nordkorea, Somalia, Syrien. Mit Inkrafttreten der 51. Änderungs-VO zur AWV wird zwar die K-Liste auf 6 Staaten (Iran, Kuba, Libanon, Mosambik, Nordkorea, Syrien) gekürzt werden, aber die übrigen 9 Staaten werden als Embargostaaten vom neugefaßten Art. 4 Abs. 2 Dual-Use-VO erfaßt werden; vgl. *Simonsen*, Die novellierte Dual-Use-VO, AW-Prax 2000, 358 (360). Zu weiteren Änderungen der AWV vgl. *Hohmann* RIW i.E.

[31] **Aktualitäts-Nachtrag:** Nach Inkrafttreten der Neufassung der Dual-Use-VO (vgl. Fn. 18) wird der Anwendungsbereich des § 5c AWV eingeschränkt werden durch Art. 4 Abs. 2 und Abs. 3 des Entwurfs der Dual-Use-VO. Es müsste dann wie folgt differenziert werden: Art. 4 Abs. 2 des Entwurfs findet Anwendung, wenn es um eine militärische Endverwendung geht und gegen das Käufer- oder Bestimmungsland ein Waffenembargo besteht, sofern Unterrichtung hierüber besteht. Art. 4 Abs. 3 des Entwurfs findet Anwendung, wenn es um eine bestimmte Form militärischer Endverwendung geht (nämlich Einbau eines Bestandteils in ein militärisches Gut nach der nationalen Militärliste) und wenn dieses Bestandteil rechtswidrig ausgeführt wurde, sofern Unterrichtung hierüber besteht. Nur im danach noch verbleibenden Anwendungsbereich kann § 5c AWV noch angewendet werden.

[32] Algerien, Indien, Iran, Irak, Israel, Jordanien, Libyen, Nordkorea, Pakistan, Syrien – allesamt Länder, die keinen umfassenden nuklear-relevanten Sicherungsmaßnahmen unterliegen oder zu nuklearen Spannungsgebieten gehören.

[33] Anhang IV – eine europäische Liste – ist ein kleiner Ausschnitt von Anhang I; es sind die sensibelsten Güter des Anhang I (quasi der „harte Kern" von Anhang I). Anhang V ist dagegen eine zusätzliche nationale Liste mit gemeinschaftsweiter Auswirkung.

geben werden, die in einem Land der Liste K ansässig sind (§ 45 Abs. 1 AWV),
– nicht allgemein zugängliche Kenntnisse und DV-Programme, die für die Entwicklung, Herstellung etc. von ABC-Waffen geeignet sind, sofern sie an Gebietsfremde weitergegeben werden, die nicht in einem Land der Liste L (also: nicht in einem OECD-Land) ansässig sind (§ 45 Abs. 2 AWV) – vgl. bereits die Verbote der §§ 17 Abs. 1 Nr. 2, 18 Nr. 2 KWKG –,
– Transithandelsgeschäfte, sofern sie über Rüstung (AL Teil I A) getätigt werden und das Käufer- und Bestimmungsland außerhalb der Liste L liegt (§ 40 Abs. 1 AWV) oder
– Transithandelsgeschäfte, sofern sie über Güter und Unterlagen nach Teil I C der AL getätigt werden und Käufer- und Bestimmungsland ein Land der Liste K ist (§ 40 Abs. 2 AWV).

10.2.3 Meldepflichten für den Kapital- und Dienstleistungsverkehr

25   Der Umfang der meisten **Meldepflichten** ergibt sich aus § 26 AWG. Nach § 26 Abs. 2 AWG kann durch Rechtsverordnung – also insbesondere durch die AWV – angeordnet werden, „dass Rechtsgeschäfte und Handlungen im Außenwirtschaftsverkehr, insbesondere aus ihnen erwachsende Forderungen und Verbindlichkeiten sowie Vermögensanlagen und die Leistung oder Entgegennahme von Zahlungen, unter Angabe des Rechtsgrundes zu melden sind, wenn dies erforderlich ist, um
– Nr. 1: festzustellen, ob die Voraussetzungen für die Aufhebung, Erleichterung oder Anordnung von Beschränkungen vorliegen,
– Nr. 2: laufend die Zahlungsbilanz der BR Deutschland erstellen zu können,
– Nr. 3: die Wahrnehmung der außenwirtschaftspolitischen Interessen zu gewährleisten,
– Nr. 4: Verpflichtungen aus zwischenstaatlichen Vereinbarungen erfüllen zu können oder
– Nr. 5: die Durchführung und Einhaltung einer auf Grund des § 6a Abs. 1 Satz 1 vorgeschriebenen Depotpflicht zu gewährleisten".

26   Nach § 26a Abs. 1 AWG kann angeordnet werden, dass dem BAFA die Vornahme von Rechtsgeschäften oder Handlungen zu melden ist, die sich auf Waren und Technologien im atomaren, biologischen und chemischen Bereich nach Teil I der Ausfuhrliste (Rüstung) beziehen, soweit dies zur Überwachung des Außenwirtschaftsverkehrs erforderlich ist.

27   Die **meisten Meldepflichten** beziehen sich – entsprechend den Vorgaben des § 26 Abs. 2 AWG – auf den **Dienstleistungs-, Kapital- und Zahlungsverkehr;** konkret betreffen die Meldungen u. a.:[34]
– Vermögen Gebietsansässiger in fremden Wirtschaftsgebieten (§ 56a AWV),
– Vermögen Gebietsfremder im Wirtschaftsgebiet (§ 58a AWV),
– eingehende oder ausgehende Zahlungen (§ 59 AWV),
– Forderungen und Verbindlichkeiten gegenüber Gebietsfremden (§ 62 AWV),
– Zahlungen im Transithandel (§ 66 AWV),
und erfassen auch die Meldevorschriften für Geldinstitute (§ 69 AWV). Zusätzliche Melde- oder Anzeigenspflichten bestehen u. a.[35] auch

---

[34] Hinzu kommen u. a.: Entgelte für Filmrechte (§ 50a AWV), Vertriebsrechte für ausländisches Bier (§ 50b AWV) u.ä.; vgl. die umfassende Aufzählung bei *Just*, in: Hohmann/John (Fn. 4) Anhang 2 zu § 26 AWG.

[35] Hinzu kommen u. a. auch die Melde- und Anzeigepflichten bei der Ausfuhr von Obst und Gemüse (§ 16a AWV) durch eine Kontrollbescheinigung.

- beim Vorausanmeldeverfahren (§ 13 Abs. 2 AWV) und
- bei der Mineralölausfuhr (§ 15 AWV).

Der Umsetzung des § 26a Abs. 1 AWG dienen vor allem die Meldepflichten nach §§ 12 und 12a KWKG i. V. m. der Kriegswaffenmelde-VO (Führen eines Kriegswaffenbuches, Meldung über Erwerb bzw. Verlust von Kriegswaffen, Meldung über Ein- und Ausfuhr von Kriegswaffen nach Teil B der Kriegswaffenliste).

10.3 Meldepflichten für Investitionen

Der Verständlichkeit halber soll hier von folgendem Fall ausgegangen werden: 28

Fall 1: Investitionen mit Hindernissen

a) Die deutsche Firma A möchte in Indonesien Geld für Projekte investieren, um dort Grundstücke zu erwerben und eine Zweigniederlassung zu errichten. Was muss dabei beachtet werden und was würde sich ändern, wenn in Indonesien ein Unternehmen gegründet wird, in welchem aus Deutschland gelieferte Handy-Teile zusammengebaut werden, oder ein Mobilfunknetz errichtet wird, für welches die Funkanlagen aus Deutschland mitgebracht werden und deutsche Ingenieure anreisen werden?

b) Was wäre zu beachten, wenn ein indonesisches Unternehmen in Deutschland Geld investieren möchte und 12% der Anteile bzw. Stimmrechte der deutschen Firma B kauft, so dass 88% der Anteile bzw. Stimmrechte bei der deutschen Firma B verbleiben?

10.3.1 Frühere Meldepflicht nach § 55 a. F. AWV

Bis Ende 1997 wäre auf den Fall § 55 a. F. AWV anzuwenden gewesen. Nach dieser 29 Vorschrift waren Leistungen an Gebietsfremde zum Zwecke von Direktinvestitionen u. a. in Form von Gründung/Erwerb von Unternehmen, Unternehmensbeteiligungen oder Zweigniederlassungen nach § 56 a. F. AWV an die Bundesbank meldepflichtig (K 1/K 2-Meldungen für Transferstatistiken), sofern kein Fall von Geringfügigkeit nach § 55 Abs. 2 a. F. AWV (unter 100000 DM oder Beteiligung unter 20%) vorlag. Zu Beginn des Jahres 1998 wurde diese Meldebestimmung durch die 40. Änderungs-VO zur AWV aufgehoben.[36]

10.3.2 Meldepflichten nach §§ 56a und 58a AWV

In Betracht kommt eine Meldung an die Deutsche Bundesbank sowohl über Ver- 30 mögen Gebietsansässiger in fremden Wirtschaftsgebieten (K-3 Meldung) nach § 56a AWV als auch über Vermögen Gebietsfremder im Wirtschaftsgebiet (K 4-Meldung) nach § 58a AWV.[37]

In Variante a von Fall 1 liegen die Voraussetzungen von § 56a Abs. 1 Nr. 3 AWV 31 vor: Deutsches Vermögen wird in indonesischen Zweigniederlassungen investiert. Es

---

[36] Dies geschah aus folgendem Grund (vgl. Art. 1 Nr. 17 des Runderlass Außenwirtschaft 15/97, BAnz Nr. 242 vom 30. 12. 1997, S. 15173, u. a. im Haddex-Schnelldienst 1/98): „Die nach den §§ 55, 56, 57, 58 abzugebenden K 1/K 2-Meldungen dienten bisher u. a. als Grundlage für die Transferstatistik über Direktinvestitionen. Nachdem die methodischen Grundlagen der Transferstatistik der der Zahlungsbilanzstatistik angeglichen worden sind, können die für die Transferstatistik erforderlichen Daten jetzt auch den Zahlungsmeldungen (§ 59) entnommen werden. Die Meldepflicht hinsichtlich der K 1/K 2-Meldungen wird daher zur Entlastung der Wirtschaft aufgehoben".

[37] Vgl. hierzu *Gramlich*, in: Hohmann/John (Fn. 4), § 56a AWV Rdn. 1ff und 58a AWV Rdn. 1ff. Vgl. auch *Steger* für: Dt. Wirtschaftsdienst (Hrsg.), Meldebestimmungen im Zahlungs- und Kapitalverkehr mit dem Ausland, 17. Aufl. Köln 1998.

wird dabei davon ausgegangen, dass kein geringfügiger Fall nach § 56a Abs. 3 AWV (Bilanzsumme des indonesischen Unternehmens unter 1 Million DM) vorliegt. Bezüglich der Voraussetzungen zu § 56a Abs. 1 Nr. 1 AWV ist zu differenzieren, ob sich der Fall vor 1999 oder danach ereignet: Bis Ende 1998 lautete die Voraussetzung für eine Meldung nach dieser Nummer, dass dem Gebietsansässigen „mehr als 20 v. H. der Anteile oder der Stimmrechte an dem Unternehmen zuzurechnen sind"; seit 1999 wird nach dieser Nummer darauf abgestellt, ob dem Gebietsansässigen „zehn oder mehr v. H. der Anteile oder der Stimmrechte an dem Unternehmen zuzurechnen sind".[38]

31   In Variante b von Fall 1 liegen die Voraussetzungen des § 58a Abs. 1 Nr. 1 und Nr. 3 AWV, die mit denen des § 56a Abs. 1 Nr. 1 und Nr. 3 AWV identisch sind, vor: Der indonesische Erwerb von 12% der Anteile bzw. Stimmrechte der deutschen Firma ist erst seit 1999 nach § 58a Abs. 1 Nr. 1 AWV meldepflichtig (vorher galt auch hier die Grenze von mindestens 20%).

10.3.3 Meldepflichten nach §§ 59 und 62 AWV

32   Zusätzlich könnte eine Meldepflicht an die Deutsche Bundesbank nach § 59 AWV für Zahlungen und nach § 62 AWV für Verbindlichkeiten bestehen.

Die Voraussetzungen des § 59 Abs. 1 Nr. 2 AWV liegen bei Variante a von Fall 1 vor. Es handelt sich um eine ausgehende Zahlung, die nicht der Geringfügigkeit des § 59 Abs. 2 AWV (Zahlungen bis 5000 DM etc.) unterfällt. Nach Variante b von Fall 1 würde für die eingehende Zahlung das Gleiche gelten; vgl. § 59 Abs. 1 Nr. 1 AWV.

Die Voraussetzungen des § 62 Abs. 1 AWV sind erfüllt, wenn Verbindlichkeiten der deutschen gegenüber indonesischen Firmen von über 3 Millionen DM bestehen.

Sofern diese Voraussetzungen vorliegen, besteht eine Pflicht zu Z 1-Meldungen des Geldinstituts gemäß §§ 60, 61 AWV. Weiter besteht eine Pflicht zu Z 5-Meldungen über die LZB an die Deutsche Bundesbank nach §§ 62, 63 AWV. Wer gegen diese Meldepflicht verstößt, muss mit einer Verfolgung wegen Ordnungswidrigkeit (§ 70 Abs. 6 Nr. 7 AWV) rechnen.

10.4 Genehmigungsbedürftigkeit für den Transfer von Gütern und Dienstleistungen (vor allem aus Gründen des § 7 Abs. 1 AWG)

10.4.1 Die betroffenen Gemeinwohlbelange

33   Sowohl bei Verboten als auch bei Genehmigungen geht es um die Umsetzung von Gemeinwohlbelangen, die nach WTO-Recht, EG-Recht und deutschen Verfassungsrecht erlaubt sowie durch gemeinschaftsrechtliches bzw. deutsches Ausfuhrrecht umgesetzt sind; hierzu gehören insbesondere:

---

[38] Zum Hintergrund für diese Änderung durch die 44. Änderungs-VO vgl. Nr. 1a des Runderlass Außenwirtschaft 11/98 vom 12. 8. 1998, BAnz Nr. 162 vom 1. 9. 1998, S. 12993 (u. a. in Haddex-Schnelldienst 12/98): „Das Senken der Beteiligungsgrenze für Direktinvestitionen von derzeit mehr als 20% Anteil am Kapital oder an den Stimmrechten auf 10% dient der Harmonisierung der Statistiken über Direktinvestitionen auf internationaler Ebene. Sowohl die OECD als auch der IWF empfehlen eine Abgrenzung von Direktinvestitionen ab Beteiligungen von 10% oder mehr am Kapital oder der Stimmrechte. Das Europäische Währungsinstitut hat sich dieser Empfehlung angeschlossen und festgelegt, dass bei den an die Europäische Zentralbank zu übermittelnden Zahlungsbilanzdaten Unternehmensinvestitionen ab einer zehnprozentigen Beteiligung als Direktinvestitionen zu verbuchen sind".

– **Schutz der Rechte der eigenen Bevölkerung** (insbesondere Gesundheits- und   34
Verbraucherschutz, öffentliche Ordnung, Eigentum und geistiges Eigentum); für die
WTO ergibt sich die Rechtfertigung aus Art. XX lit. a, lit. b und lit. d GATT 1994,
für die EG entweder aus Art. 30 Satz 1 EG (Art. 36 Satz 1 EGV) für Warenbewegungen innerhalb der EG oder aus Art. 11 der EG-Ausfuhr-VO[39] für Handel mit
Drittstaaten und für Deutschland aus Schutzpflichten nach Artt. 2 Abs. 2 Satz 1,
Art. 14 Abs. 1, Art. 2 Abs. 1 i.V.m. Art. 1 Abs. 1 GG.[40] Die gesetzliche Umsetzung
erfolgt durch das sog. **VuB-Recht (Recht der „Verbote und Beschränkungen")**,[41] das Regelungen erstens zum Schutz vor umwelt- und gesundheitsgefährlichen Stoffen bzw. zum Schutz bedrohter Arten, zweitens zum Schutz der menschlichen Gesundheit (Lebens- und Arzneimittelregelungen), drittens zum Schutz kultureller Belange, viertens zum Schutz des geistigen Eigentums und fünftens zum
Schutz der öffentlichen Sicherheit und Ordnung enthält;[42] dieses „Außenwirtschaftsrecht im weiteren Sinne"[43] ist sehr umfassend und kann hier nicht weiter dargestellt
werden.
– **Schutz von Umwelt- und Kulturgütern;** für die WTO ergibt sich die Rechtfer-   35
tigung aus Art. XX lit. b, lit. f und lit. g GATT 1994, für die EG aus Art. 30 Satz 1
EG (Art. 36 Satz 1 EGV) bzw. aus Art. 11 der EG-Ausfuhr-VO, und für Deutschland aus dem objektiven Auftrag zur Kunstförderung aus Art. 5 Abs. 3 GG und dem
Schutzauftrag aus Art. 20a GG.[44] Auch hier erfolgt die Umsetzung durch das **VuB-Recht**.
– **Schutz wirtschaftlicher Gemeinwohlbelange:** Deckung wichtigen Bedarfs und   36
Qualitätskontrollen, Schutz der Zahlungsbilanz, vorübergehender Schutz vor fairen,
aber schädigenden Einfuhren (hier geht es um den Schutz der *infant industries*) oder
längerfristiger Schutz vor unfairen Einfuhren, bedingt durch Exportsubventionen oder Dumping; für die WTO ergibt sich die Rechtfertigung aus Art. XI
Abs. 2 lit. a und lit. b GATT 1994, Art. XII Abs. 1 GATT 1994, Art. XIX GATT
1994 i.V.m. dem WTO-Übereinkommen über Schutzmaßnahmen, Art. VI und
Art. XVI GATT 1994 i.V.m. den WTO- Subventions- und Antidumpingübereinkommen,[45] für die EG aus Artt. 6, 8 und 10 der EG-Ausfuhr-VO, Art. 16 ff. der
EG-Einfuhr-VO 3285/94 und aus der EG-Antidumping-VO 384/96 bzw. der EG-
Antisubventions-VO 3284/94,[46] und für Deutschland aus der Schutzpflicht aus

---

[39] Nachweis in Fn. 4; vgl. *Hohmann*, in: Hohmann/John (Fn. 4) Art. 11 EG-Ausfuhr-VO Rdn. 1 ff.
[40] Zur Rechtfertigung dieser und der weiteren vier Gemeinwohlbelange vgl. *Hohmann* (Fn. 5), S. 98 ff, 227 ff, 480–482.
[41] Vgl. Nachweise in Fn. 16.
[42] Vgl. *Hohmann*, in Hohmann/John (Fn. 4), § 10 AWG Rdn. 35. Damit umfasst das „VuB"-Recht fast das gesamte öffentliche Wirtschaftsrecht, das Recht des geistigen Eigentums, sowie das Gefahrstoff-, Gefahrenabwehr- und Umweltrecht. Zum nationalen und internationalen Gefahrstoffrecht vgl. *Gündling*, in: Hohmann/John (Fn. 4), Anhang 2 zur AWV.
[43] Vgl. *Hohmann* (Fn. 5), S. 273.
[44] Es geht um den Schutz bedrohter Tiere und Pflanzen, die Erhaltung erschöpflicher Naturresourcen und um den Schutz nationalen Kulturgutes (vor Abwanderung in dritte Staaten). Diese Gemeinwohlbelange stehen in einem Spannungsgefüge zum Freihandelsprinzip, vgl. *Hohmann*, Der Konflikt zwischen freiem Handel und Umweltschutz in WTO und EG, RIW 2000, S. 88 ff., und – bezüglich Handels mit Kunstwerken – vgl. *Mußgnug*, in: Hohmann/John (Fn. 4), Anhang 3 zur AWV.
[45] Alle u.a. in *Benedek* (Fn. 3), 61 ff (GATT 1994), 377 ff (Übereinkommen über Schutzmaßnahmen), 243 ff und 330 ff (Antidumping- und Subventionsübereinkommen).
[46] Allgemeine EG-Einfuhr-VO 3285/94 vom 22. 12. 1994, ABl L 349/53 vom 31. 12. 1994, EG-Antidumping-VO 384/96 vom 22. 12. 1995 EG-Abl. L 56/1 vom 6. 3. 1996, EG-Antisubventions-VO 3284/94 vom 22. 12. 1994, EG-Abl. L 349/22 vom 31. 12. 1994; alle drei

Art. 12 Abs. 1 i. V. m. Art. 2 Abs. 1 GG. Diese Belange werden überwiegend durch das **Einfuhrrecht** umgesetzt.[47] Für das Ausfuhrrecht,[48] um das es hier zentral gehen soll, spielen allein **Bedarfsdeckung** (Deckung wichtigen Bedarfs) **und Qualitätskontrollen** eine Rolle; neben Artt. 6, 8 und 10 EG-Ausfuhr-VO ergibt sich die Umsetzung aus § 8 Abs. 1 (Deckung wichtigen Bedarfes) und Abs. 2 AWG (Qualitätskontrollen). Die Deckung wichtigen Bedarfs würde im Falle einer Energieknappheit dazu führen, die Ausfuhr von Erdöl und Erdgas vorübergehend zu beschränken – weitere Beschränkungen sind zur Bedarfsdeckung nicht zulässig;[49] bei den Qualitätskontrollen geht es vor allem um die Umsetzung bestimmter EG-Qualitätsnormen für die Ausfuhr von Obst und Gemüse (vgl. §§ 6a, 16a AWV).

37 – **Schutz der internationalen Sicherheit und des friedlichen Zusammenlebens der Völker,** konkret: primär weltweites **Nonproliferationsinteresse,** sekundär nationale Kriegswaffenkontrolle und internationale Einhaltung von UN-Embargos; für die WTO gerechtfertigt nach Art. XXI GATT, für die EG nach Art. 133 EG (Art. 113 EGV) bzw. nach Art. 11 der EG-Ausfuhr-VO, und für Deutschland aus der Genehmigungspflicht aus Art. 26 Abs. 2 i. V. m. der Schutzpflicht aus Art. 26 Abs. 1 GG. Hier geht es um das Hauptanliegen des Ausfuhrrechts, das bezüglich Kriegswaffen durch das KWKG (unter Verweis auf die Kriegswaffen nach der Kriegswaffenliste) i. V. m. § 5 Abs. 1 AWV (unter Verweis auf die Rüstungsgüter in Teil I A der Ausfuhrliste) und vor allem bezüglich der wirtschaftlich wichtigen Dual-Use-Güter durch die Dual-Use-VO und durch das deutsche AWG/AWV-Regime umgesetzt wird. Der Nonproliferation von Massenvernichtungswaffen dienen die Ausfuhrgenehmigungspflichten des Art. 3 Dual-Use-VO – im Anhang I des Dual-Use-Beschluss werden nämlich die von den Nonproliferationsregimen erfassten Güter gelistet[50] – und die verwendungsbezogenen Kontrollen des Art. 4 Dual-Use-VO sowie der §§ 5c, 5d und 5e AWV. Die verbindlichen Embargos werden

---

u. a. in: *Wapenhensch/Schroth,* E 183, E 188 und E 184, und in: *Dorsch* Hrsg., Zollrecht, F II 1 und F I.

[47] Dabei geht es um die genannten EG-Verordnungen; das Antidumping- und Subventionsrecht wird üblicherweise zum Einfuhrrecht gerechnet, weil es um die Abwehr unfairer Einfuhren geht. Auch die §§ 10–14 AWG (vgl. etwa § 10 Abs. 3 und Abs. 4 AWG und § 14 AWG) werden weitgehend durch EG-Recht überlagert; vgl. *Schallenberg/Hohmann,* in: Hohmann/John (Fn. 4), § 10 AWG Rdnrn. 1 ff.

[48] Vereinfacht gesagt unterfällt das Außenwirtschaftsrecht in zwei größere Bereiche, nämlich das Außenwirtschaftsrecht „im weiteren Sinne" – also das VuB-Recht (vgl. Fn. 16 und Fn. 42) – und das im engeren Sinne, wobei dieses schwerpunktmäßig in Einfuhrrecht (vgl. Fn. 47) und Ausfuhrrecht (inklusive Dienstleistungs- und Kapitalverkehr) differenziert werden kann; in der Literatur herrscht keinerlei Konsens über die Präzisierung des Begriffs Außenwirtschaftsrechts – gelegentlich scheinen auch Beschränkungen des Investitions- und Niederlassungsrechts dazu gerechnet zu werden. Da die meisten Anforderungen für Projekte dem Ausfuhrrecht (inklusive dem Kapital- und Dienstleistungsverkehr) zuzurechnen sind, wird dieses hier in das Zentrum des Aufsatzes gestellt.

[49] Diese Kompetenz ergibt sich aus Art. 10 Abs. 2 Satz 1 i. V. m. Anhang II der EG-Ausfuhr-VO; vgl. *Hohmann,* in: Hohmann/John (Fn. 4), Art. 10 EG-Ausfuhr-VO Rdn. 3. Soweit § 8 Abs. 1 AWG nicht bereits durch Artt. 8 und 10 EG-Ausfuhr-VO verdrängt ist, müsste er konform zu diesen Bestimmungen ausgelegt werden; vgl. *Streinz/Hohmann,* in: Hohmann/John (Fn. 4), § 8 AWG Rdn. 1 ff.

[50] Vgl. *Schörner/Jestaedt,* in: Hohmann/John (Fn. 4), Art. 3 Dual-Use-VO Rdn. 1 ff. Gleiches gilt für die Verbringungskontrollen nach Art. 19 Abs. 1 lit. b Dual-Use-VO, weil Anhang IV den „harten Kern" der Güter des Anhang I enthält; vgl. *v. Behr,* in: Hohmann/John (Fn. 4), Art. 19 Rdn. 20. Zu den Nonproliferationsregimen vgl. umfassend *Woll (und Hohmann),* in: Hohmann/John (Fn. 4), Anhang 3 zum AWG mit zahlreichen Nachw.

durch die genannten EG-Verordnungen und die diese ergänzenden deutschen Regelungen der §§ 69a ff. AWV umgesetzt.

Problematisch ist, dass für das deutsche Ausfuhrrecht **§ 7 Abs. 1 AWG** verdeutlicht, dass neben der Gewährleistung der internationalen Sicherheit der Bundesrepublik (Nr. 1) und dem Verhüten einer Störung des friedlichen Zusammenlebens der Völker (Nr. 2) – diese beiden Schutzgüter sind international und verfassungsrechtlich anerkannt – auch (abweichend von dem nach WTO, EGV und GG gerechtfertigten Bereich) der **Schutz der auswärtigen Beziehungen** der Bundesrepublik gehört (Nr. 3).[51] § 7 Abs. 1 Nr. 3 AWG ist daher verfassungsrechtlich umstritten,[52] ist aber die Grundlage dafür, dass man gegenüber den EG-Mitgliedstaaten auf entsprechenden nationalen Öffnungsklauseln in der Dual-Use-VO bestanden hat; sie führen zu einem deutlich höheren Schutzniveau für deutsche Ausfuhren innerhalb des EG-Binnenmarktes, was zu Wettbewerbsverzerrungen führt, die der Binnenmarktidee widersprechen. Art. 3 Abs. 2 Dual-Use-VO wurde genutzt, um zusätzliche nationale Positionen auf die Ausfuhrliste – auch auf den an sich harmonisierten Teil I C – zu setzen und damit einer Genehmigungspflicht zu unterwerfen (vgl. § 5 Abs. 2 AWV). Art. 5 Abs. 1 Dual-Use-VO wurde genutzt, um zusätzliche nationale Kontrollen für nicht-gelistete Güter einzuführen; es geht insbesondere um die §§ 5b, 5c, 5d und 5e AWV. Und Art. 19 Abs. 3 Dual-Use-VO wurde genutzt, um zusätzliche Verbringungsgenehmigungen in § 7 AWV einzuführen, die eindeutig der Binnenmarktidee des EGV widersprechen.[53]

– **Sonstige Gemeinwohlbelange wie Menschenrechte (sowie Handelspräferenzen für Entwicklungsländer);** in der WTO gerechtfertigt durch Art. XXV Abs. 5 bzw. Art. XX lit. e GATT 1994, in der EG durch Art. 133 EG (Art. 113 EGV) und Art. 299 Abs. 3 EG (Art. 227 Abs. 3 EGV) bzw. Art. 6 Abs. 2 EU (Art. F Abs. 2 EUV) und in Deutschland aus der Schutzpflicht aus Art. 1 Abs. 2 GG i.V.m. Artt. 24, 25. 26 GG. Die Umsetzung der Handelspräferenzen geschieht vor allem durch das Lomé-Abkommen der EG. Der Umsetzung des **Menschenrechtsschutzes**[54] dienen neuerdings neben einer Genehmigungspflicht für die Ausfuhr möglicher Folterwerkzeuge (vgl. § 5 Abs. 2 AWV i.V.m. Teil I B der Ausfuhrliste) Restriktionen beim Rüstungsexport entsprechend den „Politischen Grundsätzen der

---

[51] Nach § 7 Abs. 1 Nr. 3 AWG können Handelsbeschränkungen erfolgen, „um zu verhüten, dass die auswärtigen Beziehungen der Bundesrepublik Deutschland erheblich gestört werden". Aus Art. 32 Abs. 1 GG ergibt sich zwar ein verfassungsrechtliches Mandat zur Pflege der auswärtigen Interessen, aber m.E. kein gegenläufiges Verfassungsgut, das in der Lage wäre, im Sinne einer verfassungsrechtlichen Schutzpflicht jedes Grundrecht einzuschränken; vgl. *Hohmann* (Fn. 5), S. 481 in der dortigen Fn. 269; a.A. möglicherweise aber BVerfG NJW 1992, 2624 *(Diffusionsofen)*.

[52] Die Rechtsprechung hat bisher noch (unter Zuhilfenahme einiger Restriktionen) die Verfassungsmäßigkeit bejaht, vgl. vor allem BVerfG NJW 1992, 2624 *(Diffusionsofen)* und *BVerfGE* 91, 148 I, 163 *(Samarra)*, während nach der Literatur die Verfassungsmäßigkeit mangels Bestimmtheit völlig umstritten ist und überwiegend abgelehnt wird, vgl. vor allem *Epping*, Die Außenwirtschaftsfreiheit, S. 364f., *Bryde*, in: R. Schmidt, Öffentliches Wirtschaftsrecht BT 2, § 14 Rdn. 52–53 und *Hohmann* (Fn. 5), S. 477f., alle mit Nachw.; vgl. auch die unterschiedliche Wertung von *Sauer* und *Hohmann*, beide in: Hohmann/John (Fn. 4), § 7 AWG Rdn. 19 (Sauer) und Rdn. 28–30 (Hohmann).

[53] Vgl. *Hohmann*, EWS 2000, 52 (55f.); vgl. auch *Sack*, in: Hohmann/John (Fn. 4), Art. 19 Rdn. 26–28 (differenzierend).

[54] Vgl. *Simma/Khan*, Verwaltungshandeln im Außenwirtschaftsrecht. Die Berücksichtigung menschenrechtlicher Gesichtspunkte, FS Fikentscher, Berlin 1998, 1011ff. (zum deutschen Recht – die Änderungen von 1998/2000 konnten noch nicht berücksichtigt werden –); vgl. auch *Hohmann* (Fn. 5), S. 103f., 199, 382f. und 552 (mit Vergleichen zum amerikanischen Recht).

Bundesregierung für den Export von Kriegswaffen und sonstigen Rüstungsgütern"[55] i. V. m. dem Verhaltenskodex der EU für Waffenausfuhren.[56]

40 Hinzuweisen ist darauf, dass auch das deutsch-europäische **Einfuhrrecht** Genehmigungspflichten kennt;[57] sie sollen – mangels eines mehr als vagen Bezugs zu Projekten[58] – nicht dargestellt werden.

Die nachfolgenden Darstellungen werden sich – unter Ausblendung des KWKG – allein auf die **drei Schutzgüter des § 7 Abs. 1 AWG** konzentrieren, internationale **Sicherheit** der Bundesrepublik, **friedliches Zusammenleben der Völker** und **außenpolitische Belange** der Bundesrepublik.

Aus Gründen einer übersichtlichen Darstellung ist zu unterscheiden zwischen **drei Fallgruppen:** Genehmigung der Ausfuhr von Gütern in Drittländer (10.4.2), Genehmigung der „Verbringung" von Gütern in EG-Mitgliedstaaten (10.4.3) und Genehmigung von Knowhow- und Dienstleistungstransfers (10.4.4).

10.4.2 Genehmigung der Ausfuhr von Gütern in Drittstaaten

41 Hier empfiehlt sich für Exportfirmen folgende **Prüfungsreihenfolge:**[59]
– Prüfung 1: Bestehen Ausfuhrverbote, sei es auf Grund Embargos (vgl. §§ 69 a ff. AWV) oder auf Grund bestimmter Zulieferungen nach Libyen (§ 5b AWV)?[60]
– Prüfung 2 a: Abgrenzung der Regime: Geht es um Kriegswaffen bzw. Rüstungsgüter (KWKG und § 5 Abs. 1 AWV) oder geht es um Dual-Use-Güter?[61] falls letzteres bejaht:
– Prüfung 2 b: Gelistetes Dual-Use-Gut ? Genehmigung aus Art. 3 Abs. 1 Dual-Use-VO (europäische Positionen auf AL I C)? aus § 5 Abs. 2 AWV (AL I B und nationale Sonderpositionen auf AL I C), oder aus § 6a AWV (Gemüse/Obst nach Teil II Spalte 3, das dort mit G gekennzeichnet ist)?

42 – Prüfung 3: Sofern es um ein Dual-Use-Gut geht, das nicht auf Teil I B, C oder Teil II der Ausfuhrliste geführt ist, können die verwendungsbezogenen Genehmigungspflichten eingreifen, nämlich dann, wenn Unterrichtung erfolgte bzw. Kenntnis besteht, dass

---

[55] Vom 19. 1. 2000 (u. a. in: AW-Prax 2000, 78 f.), siehe insbes. Nr. III.4; vgl. hierzu *Pietsch*, Anhang 2 zum KWKG, in: Hohmann/John.

[56] Vom 8. 6. 1998, vgl. *Pietsch*, Anhang 3 zum KWKG, in: Hohmann/John.

[57] Sie ergeben sich u. a. aus unvollständiger Liberalisierung, welche primär durch die Einfuhrliste gesteuert wird (vgl. § 10 Abs. 1 AWG). Während Nichtgemeinschaftsansässige für jede Einfuhr in der Regel eine Genehmigung benötigen, bedürfen Gemeinschaftsansässige für den Import der laut Einfuhrliste liberalisierten Waren in der Regel keine Genehmigung; vgl. *Hohmann* (Fn. 5), S. 261 ff., und *Schallenberg*, in: Hohmann/John (Fn. 4), Erläuterungen zu §§ 10–14 AWG.

[58] Bezüglich des deutsch-europäischen Einfuhrrechts ist keinerlei Bezug zu Projekten von Gemeinschaftsbürgern erkennbar. Allerdings kann das Einfuhrrecht eines Drittstaates Auswirkungen auf Projekte von Gemeinschaftsbürgern haben; dies gilt etwa für sehr restriktive – insbesondere nicht WTO-konforme – Einfuhrbeschränkungen.

[59] Vgl. oben Text bei Fn. 28 und Nachweise oben in Fn. 28; vgl. auch *Hohmann/Rao*, AW-Prax 1997, 53 ff.

[60] Ein zusätzliches Verbot ergibt sich aus §§ 17, 18, 18a KWKG bezüglich ABC-Waffen und Antipersonenminen.

[61] Hierfür empfehlen *Renneberg/Wolffgang* (Fn. 28), S. 248, die Nutzung der Warenliste Ausfuhr (sog. Umschlüsselungsverzeichnis), VSF Vorschriften der Finanzverwaltung, herausgegeben vom BMF A 0690. In den Erläuterungen hierzu (VSF 0690 Nr. 1a) (Stand: 66. Lieferung) heißt es: „Auskünfte zur Anwendung des Umschlüsselungsverzeichnisses bzw. zur Genehmigungspflicht der Ausfuhr oder Verbringung bestimmter Waren erteilt das Bundesausfuhramt, Frankfurter Straße 29–35, 65760 Eschborn, Tel. 06196-908-845, Fax 06196-908-800 sowie e-mail: poststelle@bundesausfuhramt.de".

Genehmigungsbedürftigkeit für den Transfer von Gütern und Dienstleistungen

- Prüfung 3a: Nutzungsmöglichkeit für die Entwicklung, Herstellung, Wartung, Verbreitung von sog. ABC-Waffen oder ihrer Trägerraketen besteht (bei Exporten in alle Drittstaaten) (Art. 4 Abs. 1 und Abs. 2 Dual-Use-VO),
- Prüfung 3b: Nutzungsmöglichkeit für die Errichtung oder den Betrieb von rüstungstechnischen Anlagen besteht (bei Exporten allein in 15 Drittstaaten der K-Gruppe) (§ 5c AWV)
- Prüfung 3c: Nutzungsmöglichkeit für die Errichtung oder den Betrieb von Anlagen für kerntechnische Zwecke besteht (bei Exporten allein in 10 nuklearproliferationskritische Drittstaaten) (§ 5d AWV)
- Prüfung 3d: Nutzungsmöglichkeit in zwei syrischen Einrichtungen besteht (bei Exporten nach Syrien bzw. in alle Drittstaaten, falls sie für Syrien bestimmt sind) (§ 5e AWV).

Diese Genehmigungsvorbehalte sollen nachfolgend durch zwei Beispiele erläutert werden: **43**

Beispiel 1: Im oben genannten Fall 1 („Investitionen mit Hindernissen") wurden auch Mobilfunkteile und Funkanlagen in das Drittland Indonesien ausgeführt. Diese Dual-Use-Güter sind heute nur noch ausnahmsweise von Nr. 5 A 002 (a 1) des Teil I C der Ausfuhrliste[62] erfasst (aus Gründen des Wassenaar-Arrangements).[63] Die Genehmigungspflicht für den Ausnahmefall ergibt sich folglich aus Art. 3 Abs. 1 der Dual-Use-VO. Aus Art. 6 Abs. 1 der Dual-Use-VO i.V.m. Anhang II des Dual-Use-Beschlusses folgt, dass hierfür eine Einzelgenehmigung erforderlich ist.[64] Sofern die Ausfuhr ohne eine solche Genehmigung des Bundesausfuhramtes (nachfolgend: BAFA) erfolgt, kann dies als Ordnungswidrigkeit (§ 33 Abs. 4 AWG i.V.m. § 70 Abs. 5a AWV) oder als Straftat (§ 34 Abs. 2 AWG) verfolgt werden.

Beispiel 2 geht von folgendem Fall 2 aus: **44**

Fall 2 (Ersatzteillieferungen nach Indien):[65]
Der deutschen Firma K wurde im April 1991 mit einem Nullbescheid (bzw. mit einer Auskunft zur Güterliste) mitgeteilt, dass die Ausfuhr von 2 Kaltpilgerwalzwerken nach Indien für die Hüllrohrherstellung, die in aller Regel Verwendung im nicht-nuklearen Kesselbau, in der chemischen Industrie und im Behälterbau Anwendung finden, nicht genehmigungspflichtig ist. Der Firma war bekannt, dass auf dem Kaltpilgerwalzwerk auch Rohre hergestellt werden könnten, die erst nach weiterer Bearbeitung in kerntechnischen Anlagen unterschiedliche Anwendung finden könnten. Ein Verlängerungsantrag der K für diesen Bescheid wurde im April 1992 – im Hinblick auf die AWV-Änderungen vom April 1992 – abgelehnt. K stellte dann im Mai 1992 Antrag auf Ausfuhrgenehmigung für diese zwei Walzwerke, zu deren Lieferung sie sich im Mai 1991 verpflichtet hatte. Das BAFA stufte die Lieferung als genehmigungspflichtig nach § 5d AWV ein: Zwar seien die Kaltpilgerwalzwerke selber nicht genehmigungspflichtig, sie stünden aber in räumlich-funktionalen Zusammenhang mit Anlagen für die Herstellung von Kernreaktor-Brennelementen (jetzt Ausfuhrliste Teil I C Nr. 0B005). Die erteilte Genehmigung enthielt den Hinweis, dass diese Genehmigung nur mit Rücksicht auf die bestehenden Altverträge erteilt würde

---

[62] Ausfuhrliste u. a. in: *BAFA*, Haddex Band 2, Nr. 300. Vgl. die Erläuterungen zu Position 5 Teil I C der Ausfuhrliste von *Hunger*, in: Hohmann/John, Anhang 1 zur AWV, AL I C Kap. 5 Rdn. 20 mit dem Hinweis, dass zivile und militärische Nachrichtensysteme sich kaum unterscheiden.

[63] Nach telefonischer Auskunft des BAFA (Juni 2000) waren Handys noch Anfang 1997 generell erfasst wegen der Verschlüsselungstechnologie – es wurde aber eine allgemeine Genehmigung eingeführt –; heute sind sie, wenn sie massenhaft vertrieben werden, im Regelfall nicht mehr erfasst; bei ganz neu ausgerüsteten Geräten kann dies künftig wieder anders aussehen.

[64] Allein bei Exporten in die Drittstaaten USA, Kanada, Japan, Australien, Neuseeland, Norwegen und Schweiz würde eine allgemeine Genehmigung reichen.

[65] Fall nach: *VG Frankfurt/Main*, Urteil v. 16. 7. 1998 – 1 E 2402/95 – (unveröff., zitiert nach dem Umdruck). Nach den Urteilstatbestand ging es um einen „Nullbescheid", zu vermuten ist aber, dass es um die „Negativbescheinigung" (jetzige Auskunft zur Güterliste) ging.

und zukünftige Entscheidungen hierdurch nicht präjudiziert würden. Nachdem das BAFA im März 1994 eine Ausfuhrgenehmigung für Ersatzteile für die gelieferten Kaltpilgerwalzwerke mit dem Hinweis, es handele sich um eine einmalige Folgen-Genehmigung, erteilt hatte, lehnte es einen weiteren Antrag auf Ersatzteillieferung (Wert: 8000 DM) im April 1995 unter Berufung auf § 7 Abs. 1 Nr. 3 AWG und § 5 d AWV ab. Zu Recht?

45 Im Fall 2 folgt die Genehmigungspflicht nicht aus Art. 3 Abs. 1 der Dual-Use-VO, weil die Kaltpilgerwalzwerke nicht auf der Ausfuhrliste geführt sind.[66] Stattdessen besteht lediglich ein – von Art. 3 Abs. 1 nicht erfasster – „enger räumlich-funktionaler Zusammenhang" mit Nr. 0B005 von Teil I C der Ausfuhrliste. Diese Nr. erfasst Anlagen, die besonders konstruiert sind für die Herstellung von Kernreaktor-Brennelementen. Es liegt kein Fall des Art. 4 Abs. 1 der Dual-Use-VO vor: Die Firma K wurde nicht unterrichtet, dass eine Nutzungsmöglichkeit dieser Güter für die Entwicklung, Herstellung, Wartung oder Verbreitung von sog. ABC-Waffen besteht. Sie hatte auch keine entsprechende Kenntnis, so dass Art. 4 Abs. 2 Dual-Use-VO ebenfalls ausscheidet. Es sind noch die auf die Öffnungsklausel des Art. 5 Abs. 1 Dual-Use-VO gestützten nationalen verwendungsbezogenen Genehmigungspflichten zu prüfen; mangels Nutzungsmöglichkeiten für rüstungstechnische Anlagen scheidet § 5 c AWV von vorneherein aus. Entscheidend ist die Auslegung des § 5 d Abs. 1 AWV, nach dem die Ausfuhr dieser nicht gelisteten Güter der Genehmigung bedarf, „wenn sie für die Errichtung, den Betrieb oder zum Einbau in eine Anlage für kerntechnische Zwecke bestimmt sind", Käufer-, Bestimmungs- oder Einbauland u. a. Indien ist und der Ausführer Kenntnis von diesem Zusammenhang hat.

46 Die Auslegung des „bestimmt sein für den Einbau in eine Anlage für kerntechnische Zwecke" ist hier sehr schwierig: Die Firma K machte mit guten Gründen geltend, diese Bestimmung liege nur dann vor, wenn die Ausfuhrgüter auch einen konkreten Bezug zu der Anlage hätten; zu unterscheiden hiervon seien solche Güter, die einen breit gefächerten Anwendungsbereich hätten[67] (konkret: noch nicht einmal die vielseitig verwendbaren Rohre – auch nicht Zirkaloy-Rohre –, die mit Hilfe des Kalpilgerwalzwerkes hergestellt werden könnten, seien für den Einbau in eine kerntechnische Anlage geeignet, sondern allenfalls Vorrohre, wenn sie zu maßhaltigen Röhren verarbeitet würden); es sei auch nur auf die Ersatzteile abzustellen, die erst recht keinen Bezug zu einer solchen Anlage hätten und „Allerweltsprodukte" darstellten.

47 Das VG Frankfurt/Main folgte dieser Auffassung z. T. aus Besonderheiten des Sachverhaltes nicht; es kommt damit zu einer für die Wirtschaft einschneidenden Auslegung: Entscheidend für die Genehmigungspflicht nach § 5 d AWV ist demnach nicht der Verwendungszweck der Ersatzteile, sondern die Frage, ob die Lieferung der Ware, für die die Ersatzteillieferung bestimmt ist, genehmigungspflichtig ist. Mit anderen Worten: Entscheidend ist die Anlage des Empfängers, und hier ist „auf den tatsächlichen Verwendungszweck" des Empfängers abzustellen,[68] und nicht darauf, welche Verwendung in aller Regel erfolgt. Hier spielten Besonderheiten des Sachverhalts eine Rolle:

---

[66] Offenkundig scheidet auch § 5 Abs. 2 AWV (i. V. m. Art. 3 Abs. 2 Dual-Use-VO) aus, weil keine rein nationale Warenposition auf der Ausfuhrliste betroffen ist.

[67] Vgl. dazu den Runderlass zu § 5 d AWV vom 6. April 1992 (Banz Nr. 69 vom 8. 4. 1992, S. 2998, u. a. in BAFA, Haddex Band 2, Nr. 721). Im Prozess äußerte sich das BAFA dahingehend, dass hiermit lediglich „Hausinstallationen, Sozialeinrichtungen und anderes gemeint seien, welche mit dem Fertigungsbetrieb in keinem Zusammenhang stünden" (vgl. *VG Frankfurt* a. a. O., Umdruck S. 10). Der Runderlass verlangt eine funktionale Zuordnung zur Nutzung der kerntechnischen Anlage; nach Erläuterung Nr. 7 des Erlasses fehlt dies bei „Geschäfts- und Bürotechnik oder Verwaltungs- und Sozialeinrichtungen", nicht jedoch bei universell einsetzbaren Computern.

[68] *VG Frankfurt* a. a. O., Umdruck S. 15.

Genehmigungsbedürftigkeit für den Transfer von Gütern und Dienstleistungen

Mittels nachrichtendienstlicher Erkenntnisse hatte das BAFA herausgefunden, dass die indische Abnehmerin der Ersatzteillieferung Brennelemente für indische Kernkraftwerke und Rohre für indische Schwerwasserproduktionsanlagen, die – mangels eines Beitritts Indiens zum Nichtverbreitungsvertrag – nicht unter IAEO-*safeguards*[69] standen, herstellte. Zum Gesamtproduktionsprozess dieser Firma gehörten erstens der Betrieb für die Brennelementefertigung, zweitens das Kaltpilgerwalzwerk und drittens eine Hüllrohrfertigungsanlage. Die im Kaltpilgerwalzwerk hergestellten Zirkaloy-Rohre konnten in der Hüllrohrfertigungsanlage weiterverarbeitet werden, um dann als Brennelementehüllrohre für die genannten kerntechnischen Zwecke eingesetzt zu werden. Der Betrieb der Brennelementefertigung konnte nicht ohne die in der Hüllrohrfertigungsanlage bearbeiteten und zuvor im Kaltpilgerwalzwerk hergestellten Zirkaloyrohre betrieben werden.

Man kann dies so zusammenfassen: Für den Betrieb der Anlage sind Waren dann **48** bestimmt, wenn sie die tatsächliche Inanspruchnahme der Anlage ermöglichen und der Nutzung der Anlage selbst funktional zugeordnet werden können. Die Kenntnis der K von diesem Zusammenhang hat das VG sehr lapidar damit begründet: „Sie hat bei der Beantragung der Ausfuhrgenehmigung bereits angegeben, dass das Kaltpilgerwalzwerk u. a. in der Hüllrohrherstellung Verwendung findet".[70] Diese Begründung ist eindeutig zu kurz: Offen bleibt, wie arglos eine Exportfirma sein darf und welche Recherchepflichten sie hat.[71]

Diese rechtskräftige Entscheidung, welche die **Recherchepflichten für Export-** **49** **firmen** evtl. über den Wortlaut der Norm hinaus **ausdehnt**, ist einschneidend für die Wirtschaft aus zwei Gesichtspunkten: Sie dehnt erstens den Tatbestand des tatsächlichen Ermöglichens des Betriebs einer kerntechnischen Anlage sehr weit aus, indem sie **auch entfernter liegende Kausalbeiträge** in die Betrachtung einbezieht.[72] Dadurch müssen sich auch Firmen, die Güter exportieren wollen, die praktisch immer (in 99% aller Fälle) zivil genutzt werden, Gedanken machen über mögliche entferntere Kausalbeiträge in Richtung proliferationskritischer Nutzung; bereits damit wird der Exportwirtschaft eine relativ weitreichende Recherchepflicht aufgenötigt. Sie dehnt zweitens den Begriff der „Kenntnis" sehr weit aus, so dass **kaum noch Grenzen erkennbar** sind **zwischen „Kennenmüssen" und „Kenntnis"**.[73] Gerade hierdurch wird die Recherchepflicht zu einer unnötig hohen Bürde für die Wirtschaft, obwohl es in über

---

[69] IAEO ist die Internationale Atomenergieorganisation. Nach dem Nichtverbreitungsvertrag (NVV) von 1969/1995 (u. a. in: *Goldblat*, Arms Control. A Guide to Negotiations and Agreements, London/Oslo 1994, S. 343 ff.) verpflichtet sich jeder Nicht-Nuklearstaat des Vertrages, *safeguards* (Sicherheits- und Verifikationsmaßnahmen), welche durch eine mit der IAEO zu schließende Übereinkunft festgelegt werden müssen, zu akzeptieren, um entsprechend Art. II NVV eine Abzweigung des Kernmaterials von der allein friedlich zulässigen Nutzung für die Herstellung von Atomwaffen und Kernsprengkörper zu verhindern (Art. III Abs. 1 NVV); durch das Abkommen mit der IAEO muss der betreffende Staat seine gesamten nuklearen Tätigkeiten der Kontrolle der IAEO unterstellen; vgl. *Hohmann* (Fn. 5), S. 104 ff.
[70] *VG Frankfurt* a. a. .O., Umdruck S. 16.
[71] Sowohl für die „Kenntnis" nach Art. 4 Abs. 2 Dual-Use-VO als auch für die „Kenntnis" nach den §§ 5 c, 5 d AWV wird in der Literatur eine Recherchepflicht abgelehnt; andererseits wird auch hervorgehoben, dass bei bewusstem Ignorieren des sensiblen Verwendungszwecks – trotz offensichtlicher Anhaltspunkte – eine „Kenntnis" bestehen kann; vgl. etwa *B. J. Fehn*, in: Hohmann/John (Fn. 4), Art. 4 Dual-Use-VO Rdn. 45, und *Monreal/Runte* GewA 2000, 142 (145). Zur Änderung der §§ 5 c, 5 d AWV durch die 51. Änderungs-VO (die Unterrichtung wird allein maßgeblich!) vgl. *Hohmann* RIW i. E. und *Simonsen* (Fn. 30), S. 361.
[72] Etwas ganz anderes wäre es gewesen, wenn die Firma K an eine indische Firma für Brennelementefertigung geliefert hätte. Stattdessen wusste K gar nichts davon, dass der indische Abnehmer noch zwei weitere Herstellungsbetriebe hat.
[73] Das amerikanische Exportrecht unterscheidet sorgfältig zwischen *reason to know-* und *know-*Standards. Zum amerikanischen Exportrecht vgl. *Hausmann/Blegen/Hohmann*, in: Hohmann/John (Fn. 4), Anhang 2 zum AWG und *Hohmann* (Fn. 5), S. 157–221.

10. Teil. Anforderungen des Außenwirtschaftsrechts an Projekte

99% aller Fälle um eine eindeutige zivile Nutzung gehen wird. So sehr es wünschenswert ist, dass Deutschland keinerlei Beihilfe zu einer nuklearen Aufrüstung Indiens leistet, ist es doch unrealistisch, heute – angesichts des Fortschritts der modernen Technik – eine perfektionistische, also lückenlose, Überwachung des Gemeinwohlziels der Nonproliferation zu erwarten. Gerade in einem solchen Fall[74] stellt sich die Frage, ob es nicht verhältnismäßiger wäre, der Firma K zur Auflage zu machen, *compliance*-Briefe[75] von der indischen Abnehmerin zu verlangen.[76]

50 Als Zwischenresümée dieses Falles bleibt festzuhalten, dass über den Wortlaut „Kenntnis" hinaus Firmen **gewisse** – in ihrem Umfang umstrittene – **Recherchepflichten selbst bei scheinbar unproblematischen Exportvorgängen** besitzen können. Insbesondere bei Anzeichen von sog. **red flags**,[77] also bei Anhaltspunkten für Unstimmigkeiten, Warnzeichen etc., welche den „vernünftigen" Ausführer aufhorchen lassen müssen,[78] dürfen sie sich nicht arglos stellen. Nach der Auffassung des BAFA lagen hier solche **„Warnzeichen"** vor.[79] Die entscheidende Frage ist dann aber, wer materiell die Beweislast dafür trägt, dass die „Warnzeichen" ausreichend sind, um eine „Kenntnis" des Ausführers unterstellen zu können[80]

---

[74] Hierfür sprechen zwei Umstände: Erstens ging es um Allerweltsprodukte von relativ geringem Wert; zweitens wird in jedem Fall ein anderes Land – vermutlich ein anderer Mitgliedstaat, der keine § 5d AWV entsprechende Regelung hat – die Ersatzteile bzw. die neue Maschine liefern; Indien wird in jedem Fall die benötigte Maschine erhalten und die deutsche Firma K würde sich schadensersatzpflichtig machen, vermutlich ohne einen Ersatzanspruch geltend machen zu können. Ist damit viel erreicht?

[75] Dies sind Briefe, in denen sich der indische Abnehmer verpflichten würde, die Güter nicht an sensible Zwecke (z.B. an Hüllrohrfertigungsanlagen und/oder Brennelementefertigungen) weiterzugeben; im Falle eines Verstoßes würde Schadensersatz geschuldet. Solche Briefe wurden in letzter Zeit vor allem für die Jahr 2000-Festigkeit verlangt.

[76] Dies würde zwar nicht mit letzter Sicherheit unerwünschte Lieferungen ausschließen, aber auf Grund der umfassenden Haftung der indischen Empfängerfirma (sie umfasst sowohl die hohen Geldbußen für die Ordnungswidrigkeit der deutschen Firma als auch Schadensersatz dafür, dass der nächste geplante Exportvorgang der deutschen Firma nicht genehmigt werden wird) dafür sorgen, dass diese alles unternehmen wird, um ein proliferationskritisches Ergebnis zu vermeiden.

[77] Unter *red flags* versteht das US-Exportrecht sämtliche Unstimmigkeiten in Angaben von Exporteuren oder sämtliche sonstigen Anhaltspunkte, die den Verdacht aufkommen lassen könnten, dass es hier – entgegen den gemachten Angaben – um einen proliferationskritischen Endnutzen geht.

[78] Auch das BAFA geht von diesem Konzept aus. So fand es beim Export einer Maschine, welche angeblich für die Herstellung von Autos genutzt werden sollte, etwa neun Indizien, die dafür sprachen, dass es eher um die Raketenherstellung gehen sollte.

[79] Dieses begründete das BAFA dem Verf. gegenüber mündlich (im Juni 2000) wie folgt: Erstens wären die konkreten Rohre – zumindest die Hüllrohre – (anders als Wasserrohre) sehr sensible Produkte, die praktisch nur für proliferationskritische Zwecke eingesetzt werden können; insofern wäre auch von Kenntnis auszugehen. Zweitens sei vor dem Genehmigungsantrag ein Frühwarnschreiben dem Ausführer zugegangen, welches ihm Kenntnis verschafft habe und damit die Genehmigungspflicht ausgelöst habe. Zur Bedeutung von Frühwarnschreiben vgl. auch *John*, Die Frühwarnschreiben der Bundesregierung, AW-Prax 1998, 232ff, *Pietsch*, Das Frühwarnsystem, AW-Prax 1998, 345ff., und *Kreuzer*, Beware of bad guys, AW-Prax 1999, 453ff.

[80] Vgl. *OLG Köln*, NVwZ 2000, 594 (596), welches die Beweislast tendenziell eher dem BAFA aufbürdet. Demnach reicht ein Frühwarnschreiben des BAFA nicht aus, die Genehmigungspflicht zu begründen, insbesondere dann nicht, wenn dieses aus der Sicht des Empfängers zweifelhafte oder unbewiesene Behauptungen enthalte. Dies betrifft insbesondere die Situation, dass der Ausführer auf Grund eigener Recherchen andere Erkenntnisse hat; dann muss das BAFA diesem substantiierten Vorbringen des Ausführers durch ebenso substantiiertes Entgegnen antworten – daran fehlte es in der OLG-Entscheidung. Hinweis: Gegen die OLG-Entscheidung ist eine Revision anhängig.

10.4.3 Genehmigung von Verbringungen (Art. 19 Dual-Use-VO, § 7 AWV)

Nach § 7 Abs. 1 AWV wird (entsprechend dem Begriffsverständnis der Dual-Use-VO) die Warenbewegung in andere EG-Mitgliedstaaten als **„Verbringung"** bezeichnet. Die Dual-Use-VO lässt erkennen, dass wegen der Binnenmarktkonzeption[81] sämtliche Verbringungskontrollen nur vorübergehender Art sein sollen.[82] **51**

Für Verbringungen bietet sich folgende **Prüfungsreihenfolge** an:
- Erstens: Besteht eines der Genehmigungserfordernisse für folgende gelistete Dual-Use-Güter:
  - Prüfung 1a: besonders „hochsicherheitsempfindliche" Güter, gelistet auf Anhang IV des Dual-Use-Beschlusses („harter Kern" des Anhangs I), nach Art. 19 Abs. 1 lit. b Dual-Use-VO,[83]
  - Prüfung 1b: zusätzliche Anhang I-Güter, die von einzelnen Mitgliedstaaten in Anhang V des Beschlusses gelistet wurden, nach Art. 20 Abs. 1 Dual-Use-VO,
  - Prüfung 1c: zusätzliche nationale Genehmigungspflichten auf der Basis der Öffnungsklausel des Art. 19 Abs. 3 lit. a Dual-Use-VO, in Deutschland: erstens für drei Positionen von Anhang I in jedem Fall (§ 7 Abs. 3 AWV), und zweitens für sämtliche Güter, die auf Teil I B und I C der Ausfuhrliste geführt werden, falls dem Verbringer bekannt ist, dass das endgültige Bestimmungsziel der Waren außerhalb der EU liegt (§ 7 Abs. 4 AWV).
- Zweitens: zusätzliche nationale Genehmigungspflichten auf der Basis der gleichen Öffnungsklausel, falls das Dual-Use-Gut nicht gelistet ist und die Situationen der verwendungsbezogenen Genehmigungspflichten nach §§ 5c, 5d, 5e AWV besteht: also: **52**
  - Prüfung 2a: Nutzungsmöglichkeit für Errichtung/Betrieb von rüstungstechnischen Anlagen, falls endgültiges Bestimmungsland eines der 15 Länder der K-Gruppe ist (§ 7 Abs. 5 AWV),
  - Prüfung 2b: Nutzungsmöglichkeit für Errichtung/Betrieb von Anlagen für kerntechnische Zwecke, falls endgültiges Bestimmungsland eines der 10 nuklearproliferationskritischen Drittstaaten des § 5d AWV ist (§ 7 Abs. 6 AWV),
  - Prüfung 2c: bzw. falls Bestimmung für zwei syrische Anlagen besteht (§ 7 Abs. 7 AWV),
- sofern in diesen drei Situationen entsprechende Kenntnis des Verbringers von diesem Zusammenhang besteht.

Für die Wirtschaft ist § 7 Abs. 4 AWV sehr einschneidend: Dass beim Handel zwischen den EG-Staaten sämtliche auf Teil I C der Ausfuhrliste geführten Dual-Use-Güter einem Genehmigungserfordernis unterfallen, falls das endgültige Bestimmungsziel außerhalb der EU liegt, führt dazu, dass nach einigen Schätzungen bei **53**

---

[81] Der Binnenmarkt stellt einen „Raum ohne Binnengrenzen dar, in dem der freie Verkehr von Waren, Personen, Dienstleistungen und Kapital gewährleistet ist" (Art. 14 EG, Art. 7a EGV).

[82] Vgl. Art. 19 Abs. 1 Dual-Use-VO und Erwägung 11 der Präambel der Dual-Use-VO. Nach dem Neuentwurf dieser EG-Verordnung vom Mai 1998 (KOM (1998) 257 vom 15. 5. 1998, BR-Drs. 548/98 vom 4. 6. 1998, Abl. C 399/1 vom 21. 12. 1998) sollen die Genehmigungserfordernisse für Verbringungen durch Konsultationen ersetzt und die Öffnungsklausel des Art. 19 Abs. 3 gestrichen werden; vgl. dazu *Hohmann*, EWS 2000, 52 (56 f.). In der Neufassung vom Juni 2000 (vgl. Fn. 18) ist dieser Änderungsvorschlag nicht übernommen worden.

[83] Für die sonstigen Güter nach Anhang I gilt gemeinschaftsweit lediglich eine dreijährige Aufbewahrungspflicht der Geschäftspapiere und eine einmalige Notifizierung (vgl. Art. 19 Abs. 1 lit. a und Abs. 2 Dual-Use-VO).

über 60% der Exportaktivitäten ein sehr **hoher bürokratischer Aufwand** entsteht.[84] Weit über 60% der deutschen Exportaktivitäten geht in die anderen Mitgliedstaaten, und bei jedem von ihnen muss allein nach deutscher Rechtslage von den Ausführern geprüft werden, ob im Unternehmen Kenntnis vorliegt, dass das „wirkliche" Bestimmungsziel außerhalb der EU liegt. Diese Handelsbeschränkung, welche die **„höhere deutsche Exportphilosophie"** absichern soll, ist aus zwei Gründen problematisch: Mangels einer WTO-Rechtfertigung kann sie als protektionistisch bezeichnet werden[85] und zweitens verstößt sie diametral gegen die **Binnenmarktkonzeption,** wodurch sie zu einem *license shopping* im EG-Binnenmarkt einlädt: Größere Firmen werden von anderen Mitgliedstaaten aus ihre Exportgeschäfte betreiben, um dieser allein in Deutschland bestehenden und ökonomisch kaum nachvollziehbaren Verbringungsgenehmigung ausweichen zu können.[86] Für Firmen, die in mehreren Mitgliedstaaten Niederlassungen und Warenlager haben, scheint dieser **„Exportkontrolltourismus"** ohne weiteres zulässig zu sein.[87] Nicht nur überhöhte Kosten in Deutschland – Stichwort: Remailing[88] –, sondern auch im Binnenmarkt einzigartig hohe rechtliche Standards können zu Verlagerung ganzer Vorgänge auf andere Mitgliedstaaten führen. Man kann sich fragen: Ist damit irgendetwas für Deutschland gewonnen?

10.4.4 Genehmigung von Knowhow- und Dienstleistungstransfers

54 Die Genehmigungstatbestände für Ausfuhren und Verbringungen werden ergänzt um solche für den **Transfer von Knowhow und von Dienstleistungen.** Erstere sollen eine Kenntnisweitergabe im Sinne eines „Technologiesöldnertum" verhindern.[89] Letztere sind besonders relevant für die Wirtschaft; sie ergänzen die Vorschriften des Art. 4 Dual-Use-VO, des § 5c und § 5d AWV um entsprechende Dienstleistungsregelungen.

55 Der **Transfer von Dienstleistungen** (z. B. von Reparaturen) unterfällt dann einer Genehmigungspflicht, wenn sie sich beziehen auf
– Rüstung nach Teil I A der Ausfuhrliste, und wenn die Dienstleistungen in einem der 15 Länder der Liste K erbracht werden (§ 45b Abs. 1 AWV; vgl. § 5c AWV),

---

[84] Vgl. *John* ZfZ 1993, 375 (377 f.) und *Burkemper*, Southern California Law Review 67 (1993), 149 (172).
[85] Dass sie eine Ermächtigung in Art. 19 Abs. 3 lit. a Dual-Use-VO findet, ist unbeachtlich, weil diese Ermächtigung gegen Art. 14 EG (Art. 7a EGV) verstoßen dürfte; vgl. *Hohmann* EWS 2000, 52 (55 f.). Soweit man auf die Ermächtigung in § 7 Abs. 1 Nr. 3 AWG (außenpolitischen Belange) abstellt: diese Norm findet keine Rechtfertigung im WTO-Recht, weil das GATT kein Gemeinwohl „Außenpolitik" kennt.
[86] Vgl. *Hohmann* (Fn. 85), 54, sowie *Merkelbach*, zitiert nach *Möllenhoff*, AW-Prax 1999, 166 (167).
[87] Der „Ausführer"-Begriff des Art. 2 lit.c Dual-Use-VO stellt nicht auf den Auftragseingang, sondern auf die tatsächliche Abwicklung des Auftrags ab; vgl. *Hohmann* (Fn. 85), S. 54, in der dortigen Fn. 20.
[88] Vgl. hierzu EuGH EuZW 2000, 281 (m. Amn. *Neu*) = ZIP 2000, 329.
[89] Demnach ist genehmigungspflichtig die Weitergabe nicht allgemein zugänglicher Kenntnisse und DV-Programme, erstens: über die Fertigung von Rüstung nach Teil I A der Ausfuhrliste an „Gebietsfremde", die in einem Land der Liste K ansässig sind (§ 45 Abs. 1 AWV), zweitens: für die Entwicklung, Herstellung von ABC-Waffen an „Gebietsfremde", die nicht in einem Land der Liste L (also: nicht in einem OECD-Land) ansässig sind (§ 45 Abs. 2 AWV). Vgl. auch die Regelung über Transithandelsgeschäfte in § 40 AWV. Zu Änderungen durch die 51. Änderungs-VO zur AWV vgl. *Hohmann* RIW i. E. und *Simonsen* (Fn. 30), S. 363.

Genehmigungsbedürftigkeit für den Transfer von Gütern und Dienstleistungen

– Errichtung oder Betrieb einer Anlage für kerntechnische Zwecke, und wenn die Dienstleistungen in einem der zehn nuklear-sensitiven Länder des § 5d AWV erbracht werden (§ 45b Abs. 3 AWV),
– ABC-Waffen, Trägerraketen und hierfür entwickelte Bauteile, und wenn die Dienstleistungen in Ländern außerhalb der Liste L (also außerhalb der OECD) erbracht werden (§ 45b Abs. 2 und Abs. 4 AWV).

Hinzu kommt das Verbot von Dienstleistungen für Errichtung bzw. Betrieb einer Anlage für Chemiewaffenherstellung in Libyen (§ 45a AWV), welche das Ausfuhrverbot des § 5b AWV komplettiert.

Zur Verdeutlichung dieser Dienstleistungstransfer-Regelungen dient folgender Fall: 56

Fall 3: Dienstleistungen im Iran[90]

Das deutsche Ingenieurbüro I, das über Spezialkenntnisse im Hinblick auf die Überwachung von Kernkraftwerken verfügt, soll im Iran als Subunternehmer russischer Firmen eingeschaltet werden, um zwei unvollendete und durch den Krieg zwischen Iran und Irak schwer beschädigte iranische Kernkraftwerke fertigzustellen. Das iranische Ingenieurbüro, welches mit der Prüfung der Baustatik und Bauüberwachung betraut ist, aber keine Spezialkenntnisse bezüglich der Sicherheit von Kernkraftwerken besitzt, besteht auf der Einschaltung von I, um die Einhaltung westlicher Sicherheitsstandards zu garantieren. Ist diese Dienstleistung genehmigungspflichtig?

Während im obigen Fall 1 Ingenieurleistungen in Indonesien erwähnt wurden, die 57 nach § 45b Abs. 1 und Abs. 3 AWV keiner Genehmigung bedürfen – Indonesien ist kein K-Land und kein nuklear-sensitives Land nach § 5d AWV –, ist sehr viel mehr Vorsicht anzuraten, wenn es um Dienstleistungen im Iran geht, weil Iran sowohl zur K-Gruppe als auch zur nuklear-sensitiven Gruppe des § 5d AWV gehört. Nach § 45b Abs. 3 AWV ist im Fall 3 eine Genehmigung dann erforderlich, wenn es um Dienstleistungen der „Gebietsansässigen" I „im Zusammenhang mit der Errichtung oder dem Betrieb von Anlagen für kerntechnische Zwecke" im Iran ging. Nachdem das BAFA diese Dienstleistung als genehmigungspflichtig bezeichnet und die Genehmigung verweigert hatte, machte I für seine Anfechtungs- und Feststellungsklage auf Grund einer systematischen und teleologischen Interpretation folgendes geltend:

Die Regelung des § 45b Abs. 3 AWV beziehe sich nur auf Dienstleistungen an 58 Waren, deren Ausfuhr gemäß § 5d AWV genehmigungspflichtig sei. Aus der Bekanntmachung zu § 5d AWV[91] ergebe sich, dass damit nur eine „enge" Beziehung gemeint sein könne (entsprechend dem „bestimmt für kerntechnische Zwecke" im Sinne des § 5d AWV). Demnach erfasse § 45b Abs. 3 AWV nur die kerntechnische Anlage im engeren Sinne, also die eigentliche Reaktortechnik; die von ihr geplante Bauüberwachung und sicherheitstechnische Überprüfung der Sekundärabschirmung der Reaktoren falle nicht unter diese restriktiv zu verstehende Genehmigungspflicht. Wenn gleichwohl eine Genehmigungspflicht angenommen würde, habe sie Anspruch auf die Genehmigung nach § 3 Abs. 1 AWG, einmal weil die §§ 5d, 45b Abs. 3 AWV nicht verhindern wollten, dass Kernkraftwerke ohne die größtmögliche Sicherheit gebaut würden, und zum anderen, weil dieses Anliegen auch dem sicherheits- und außenpolitischen Interesse der Bundesrepublik (§ 7 Abs. 1 Nr. 1 und Nr. 3 AWG) entspreche.[92]

---

[90] Fall nach Urteil des VG Frankfurt vom 15. 5. 1997, 1 E 3692/94 (V), unveröffentlicht, auszugsweise in: AW-Prax 1998, 205–208.
[91] Bekanntmachung vom 6. April 1992 (BAnz Nr. 69 vom 8. April 1992, S. 2998), u.a. in: *BAFA*, Haddex Band 2, Nr. 721.
[92] Nach einer mündlichen Auskunft des BAFA gegenüber dem Verf. (Juni 2000) ist dies ein richtiger Ansatz gegenüber den bestehenden osteuropäischen Kernreaktoren. Der Unterschied gegenüber den zerstörten iranischen Reaktoren bestehe darin, dass diese bis heute – auf Grund

59 Bedauerlicherweise hat sich das VG Frankfurt dieser vorzugswürdigen **restriktiven Auslegung des § 45 b Abs. 3 AWV** nicht angeschlossen. Es lehnte unter Hinweis auf den unterschiedlichen Wortlaut in § 5d AWV („bestimmt für") und in § 45b Abs. 3 AWV („im Zusammenhang mit") eine Kongruenz dieser beiden Vorschriften ab. Demnach reicht der Schutzumfang des § 45b Abs. 3 AWV weiter, so dass letztlich jeglicher „räumlich-funktionale Zusammenhang" mit einer Anlage für kerntechnische Anlage ausreicht, um das Genehmigungserfordernis des § 45b Abs. 3 AWV auszulösen.[93] Hintergrund dieser Entscheidung dürfte auch sein, dass eine ausschließlich friedliche Nutzung der Kernenergie im Iran nicht mit letzter Sicherheit nachgewiesen werden konnte; wegen erheblicher Beeinträchtigung der **deutschen Nonproliferationspolitik** (§ 7 Abs. 1 Nr. 3 AWG) wurde ein Anspruch auf die Genehmigungserteilung vom Gericht verneint.[94] Das in § 3 Abs. 1 Satz 2 AWG genannte **„volkswirtschaftliche Interesse"** war nicht genügend dargetan worden – nach Ansicht des Gericht entspricht es dem „gesamtwirtschaftlichen Interesse" im Sinne des § 8 Abs. 1 AWG und dem „magischen Viereck" des § 1 Stabilitätsgesetz.[95] Auch hier ist eine **Ausweitung der Genehmigungspflicht** für die deutsche Wirtschaft auszumachen. Hätte I ohne die erforderliche Genehmigung die Dienstleistung erbracht, hätte es eine Ordnungswidrigkeit nach § 70 Abs. 1 Nr. 6a AWV bzw. eine Straftat nach § 34 Abs. 2 AWG begangen.[96]

10.4.5 Verfahrenserleichterungen als Ausfluss der Außenhandelsfreiheit

60 Zuständige Genehmigungsbehörde für den Handel mit Waren und Dienstleistungen (sofern nicht die See- und Binnenschifffahrt bzw. der Agrarbereich oder das VuB-Recht betroffen wird) ist das BAFA, sofern es um Waren- und Dienstleistungsverkehr von außen- oder sicherheitspolitischer Bedeutung geht, und ansonsten das Bundesamt für Wirtschaft (BAW).[97]

61 In Konkretisierung des § 3 AWG stellt die AWV fest, dass die erforderliche Genehmigung erteilt werden kann als:
- **Einzelgenehmigung** (§ 1 Abs. 1 AWV),
- **Allgemeine Genehmigung** (§ 1 Abs. 2 AWV, vgl. Art. 6 Abs. 1 lit. a Dual-Use-VO) – sie werden in Form der Allgemeinverfügung (§ 35 Satz 2 VwVfG) von Amts wegen erteilt – oder als
- **Sammelgenehmigung** (§ 2 AWV, vgl. Art. 6 Abs. 1 lit. b Dual-Use-VO) – eine befristete Genehmigung für eine unbestimmte Anzahl gleichartiger Rechtsgeschäfte oder Handlungen, wobei sowohl Waren als auch Empfänger genehmigt werden müssen –.

62 Die durch Art. 12 Abs. 1 und Art. 2 Abs. 1 GG geschützte Ausfuhrfreiheit gebietet auch Verfahrenserleichterungen:

---

der Zerstörung – nicht funktionieren. Die deutsche Ingenieurleistung hätte demnach erst das Funktionieren der Reaktors erlaubt.

[93] VG Frankfurt (Fn. 90), Umdruck Seite 24.
[94] VG Frankfurt (Fn. 90), Umdruck Seite 31 (einschränkend hierzu ebda, S. 29: Dort war gesagt worden, dass sich die Befürchtungen des Beklagten, dass die beiden zivilen Leistungsreaktoren in ein militärisches Atomwaffenprogramm integriert werden sollen, nicht belegen ließen).
[95] Stabilität des Preisniveaus, hoher Beschäftigungsstand, außenwirtschaftliches Gleichgewicht, stetiges und angemessenes Wirtschaftswachstum.
[96] Zu Straftaten und Ordnungswidrigkeiten nach dem AWG vgl. umfassend *John*, in: Hohmann/John (Fn. 4), Vor §§ 33 AWG Rdn. 1ff, § 33 AWG Rdnrn. 1 ff., § 34 AWG Rdnrn. 1 ff., sowie *Bieneck*, in ders., Handbuch des Außenwirtschaftsrechts, §§ 26–35.
[97] Wegen der Zuständigkeit anderer Behörden vgl. *Just*, in: Hohmann/John (Fn. 4), § 28 AWG Rdnrn. 1 ff.

Genehmigungsbedürftigkeit für den Transfer von Gütern und Dienstleistungen

Der prozeduralen Umsetzung der Außenhandelsfreiheit dienen einmal Ausnahmen zur Genehmigungspflicht wegen des Geringfügigkeitsprinzips und zum anderen verschiedene Verfahrenserleichterungen, wie allgemeine Genehmigungen und Sammelgenehmigungen.[98]

Das **Geringfügigkeitsprinzip** wird sowohl normativ durch die AWV als auch administrativ durch spezifische allgemeine Genehmigungen umgesetzt, wobei die Umsetzung für Ausfuhren und Verbringungen unter deutschem Recht normativ und solche unter EG-Recht administrativ erfolgen.[99] Normativ ist das Wegfallen einer Genehmigungspflicht wegen Geringfügigkeit festgelegt für: 63
– Ausfuhren oder Verbringungen, die Warensendungen von geringem Wert (unter 5000 DM) betreffen (§§ 5 Abs. 3, 5c Abs. 3, 5d Abs. 3, 5e Abs. 2, 7 Abs. 9 AWV) – entsprechende Regelungen fehlen für den Dienstleistungs- und Knowhowtransfer –, und für
– Ausfuhren oder Verbringungen mit geringem Kontrollinteresse (§ 19 AWV und § 7 Abs. 8 AWV).[100]

Für Genehmigungsvorgänge nach der Dual-Use-VO ergeben sich in Deutschland administrativ gleiche Ausnahmen, weil die allgemeine Genehmigung Nr. 12 (WGG) die 5000 DM-Grenze für Ausfuhren der Güter nach Anhang I des Dual-Use-Beschlusses anwendet und die allgemeine Genehmigung Nr. 13 (FAG) für diese Dual-Use-Güter vergleichbare Fälle geringen Kontrollinteresses festlegt.[101]

Allgemeine Genehmigungen ähneln in ihrer Funktion den Freistellungsverordnungen nach Art. 81 Abs. 3 EG (Art. 85 Abs. 3 EGV): Sofern ein Gut hiervon erfasst ist, wird die Ausfuhr bzw. Verbringung generell genehmigt, ohne dass ein Genehmigungsantrag erforderlich ist – z. T. ist eine Meldung an das BAFA erforderlich. Für die Exportwirtschaft am wichtigsten dürfte die allgemeine Genehmigung 11 (AGG) sein: Sie genehmigt allgemein die Ausfuhr (sowie die Verbringung nach § 7 Abs. 4 AWV) von zahlreichen high tech-Gütern, die im Anhang I Dual-Use-Beschluss gelistet sind, wenn sie in die sieben international anerkannten Nonproliferationsstaaten des Anhang II des Dual-Use-Beschlusses[102] geliefert werden. Die weiteren allgemeinen Genehmigungen (nachfolgend abgekürzt: AG) betreffen folgende gelistete Güter: Graphite in bestimmte Staaten (AG Nr. 9), Digitalrechner bis zu einer bestimmten Kapazität in alle Staaten (AG Nr. 10), Teile von Feuerwaffen in die EG-Staaten (AG Nr. 17), militärische Kleidung etc. in alle Staaten (AG Nr. 18) und bestimmte Güter der Telekommunikation und Informationssicherheit in alle Staaten (AG Nr. 16). Für nicht gelistete Güter wird allgemein die Ausfuhr/Verbringung genehmigt für: rüstungsproduktbezogene Regal- und Massenware in K-Länder (AG Nr. 14, Ausnahmen von: §§ 5c, 7 Abs. 5, 45b Abs. 1 AWV) und kerntechnisch relevante Verbrauchswaren in nuklear-sensitive Staaten des § 5d AWV (AG Nr. 15, Ausnahmen von §§ 5d, 7 Abs. 6 und 45b Abs. 3 AWV).[103] 64

---

[98] Vgl. hierzu *BAFA*, Haddex Band 1, Rdn. 423 ff., und *Hohmann* (Fn. 5), S. 248 ff.
[99] Vgl. *Hohmann* (Fn. 5), S. 249.
[100] Es geht um Verbringungen zum Zwecke der Be- oder Verarbeitung, § 7 Abs. 8 AWV; Ausfuhren für dienstliche Zwecke der EG-Mitgliedstaaten etc., Ausfuhr von Staatsgeschenken sowie Rückführung von Waren, die zur Wartung oder Reparatur vorübergehend eingeführt worden waren, etc., § 19 Abs. 1 Nr. 8, Nr. 10 und Nr. 12 AWV.
[101] Die WGG und FAG sind abgedruckt in: *BAFA*, Haddex Band 2, Nr. 753 und 754.
[102] USA, Kanada, Australien, Neuseeland, Japan, Norwegen und Schweiz. Hinzugedacht werden müssen die 14 EG-Staaten, die nur deswegen hier nicht aufgeführt sind, weil die Verbringung in andere EG-Staaten grundsätzlich genehmigungsfrei sind (Hauptausnahme: § 7 Abs. 4 AWV).
[103] Die allgemeinen Genehmigungen 9 bis 18 sind abgedruckt in: *BAFA*, Haddex Band 2, Nr. 750 bis 759. Durch die Novellierung der Dual-Use-VO (vgl. Fn. 18) kommt es auch hier zu Änderungen; vgl. *Simonsen* (Fn. 30), S. 363f. und *Hohmann* RIW i. E.

10. Teil. Anforderungen des Außenwirtschaftsrechts an Projekte

65 Das wichtigste Instrument verfahrensmäßiger Umsetzung der Ausfuhrfreiheit für große Exportfirmen ist die auf § 2 AWV und Art. 6 Abs. 1 lit. b Dual-Use-VO beruhende **Sammelausfuhrgenehmigung** (SAG), insbesondere wenn mit der SAG – wie es üblich ist – zugleich der Verzicht auf die zollamtliche Abfertigung ausgesprochen wird:[104] Dann ist anstelle des aufwändigen Genehmigungs- und Zollabfertigungsverfahrens nur eine Meldung der Exporte je Quartal erforderlich.[105] Aus dem Runderlass 7/97,[106] der die Voraussetzungen des § 2 AWV präzisiert, ergibt sich, dass für den Antrag auf Erhalt der SAG umfassend die besondere Zuverlässigkeit des Ausführers sowie die Zuverlässigkeit der Empfänger nachgewiesen werden muss.[107] Die grundsätzlich nur für die Dauer auf 2 Jahre erteilte SAG erlaubt dem Exportunternehmen relativ unbürokratisch, eine Vielzahl von genehmigten Empfängern in mehreren Staaten mit einer Vielzahl von genehmigten Gütern von Teil I C (sowie ausnahmsweise auch von Teil I A) der Ausfuhrliste zu beliefern.[108]

66 Die wichtigste zollrechtliche Verfahrenserleichterung für Exportunternehmen ist das **Vorausanmeldeverfahren** nach § 13 AWV: Unter vergleichbaren Voraussetzungen wie bei der SAG wird es nur besonders zuverlässigen („vertrauenswürdigen") Ausführern bewilligt. Die Vereinfachung besteht hier darin, dass der Ausführer die Ware für einen längeren Zeitraum im Voraus bei der Ausfuhrzollstelle anmelden kann, sie dieser Zollstelle nicht zu gestellen braucht und bei der Ausgangszollstelle anstatt der Ausfuhranmeldung nur ein Ausfuhrdokument in stark vereinfachter Form – die Ausfuhrkontrollmeldung – benötigt.[109]

67 Ohne SAG oder Vorausanmeldeverfahren wäre es heute gar nicht möglich, dass eine große Exportfirma – wie das Beispiel einer Firma belegt – ca. 6000 Sendungen pro Monat (d. h. 300 pro Tag) ausführt. Nach Widerruf der SAG bzw. Entzug des Vorausanmeldeverfahrens könnten in einer solchen Firma nur noch ca. 1% dieser Menge (also etwa 3 Sendungen pro Tag) ausgeführt werden.[110] Das zeigt die ökonomische Brisanz dieser Verwaltungssanktion (Entzug der Verfahrenserleichterung): Für manche Exportfirmen wird dies den ökonomischen Ruin bedeuten.

68 Zwei weitere, auf der Basis des § 10 Abs. 1 Satz 2 AWV entwickelte, zollrechtliche Verfahrenserleichterungen sind der **Nullbescheid** sowie die **Auskunft zur Güterliste** (die frühere Negativbescheinigung).[111] Während letztere lediglich die Klarstellung beinhaltet, dass ein konkretes Gut nicht auf der Ausfuhrliste geführt ist, stellt der Nullbe-

---

[104] Vgl. *Friedrich*, in: Hocke/Berwald/Maurer, § 2 AWV Anm. 3 (76. ErgLfg).
[105] Vgl. *Hohmann* (Fn. 5), S. 254.
[106] In: BAnz. Nr. 92 vom 22. 5. 1997, S. 6225, und in: *BAFA*, Haddex, Band 2, Nr. 602.
[107] Für die besondere Zuverlässigkeit des Ausführers ist nach diesem Runderlass vor allem folgendes nachzuweisen: Das Unternehmen sollte im Jahr vor dem ersten Antrag mindestens 50 Einzelgenehmigungen erhalten und ausgenutzt haben, es muss ein internes Programm zur Einhaltung der Ausfuhrvorschriften in der Verantwortung eines Mitglieds der Geschäftsleitung haben, eine angemessene Aus- und Fortbildung seines Exportpersonals zum Ausfuhrrecht nachweisen, eine Liste der Personen, die in dem Unternehmen für die Einhaltung der Ausfuhrvorschriften verantwortlich sind, vorlegen und die Zuverlässigkeit der Abnehmer (vor allem durch Endverbleibsdokumente) glaubhaft darzulegen und ggfls. Hinweise auf Verstöße der Abnehmer dem BAFA melden.
[108] Zur SAG und zur Sonderform der Höchstbetragsgenehmigung (sie geht von einem einzigen Empfänger für sukzessive Lieferungen aus) vgl. *Hohmann* (Fn. 5), S. 254–256, und *Krakowka*, in: Bieneck, Handbuch Außenwirtschaftsrecht, § 16 Rdn. 33 und 34.
[109] Vgl. *Hohmann* (Fn. 5), 248 f., und *Haase*, in: Hocke/Berwald/Maurer, § 13 AWV Anm. 2 (59. Erg-Lfg).
[110] So die Angaben eines Exportberaters; vgl. bereits Fn. 12. Andere Experten meinten hierzu, dass nach Entzug der SAG noch etwa „10%" (statt „1%") der Exportvorgänge abgewickelt werden könne.
[111] Vgl. *BAFA*, Haddex Band 1, Rdnrn. 625 ff., und *Hohmann* (Fn. 5), 256 f.

scheid umfassender fest, dass keinerlei Genehmigung (weder eine listen- noch eine verwendungsbezogene) für eine konkret geplante Ausfuhr erforderlich ist. Rechtscharakter und Bindungswirkung beider Instrumente sind umstritten.[112] Auskunft zur Güterliste, Nullbescheid oder – als Alternative zum Nullbescheid – die **Voranfrage**[113] sind für die Exportwirtschaft wichtig, wenn sie vor dem endgültigen Vertragsabschluss wissen will, ob möglicherweise ein Genehmigungserfordernis eingreift, welches der Durchführung des Vertrages entgegenstehen kann. Mit der Erteilung eines Nullbescheids schafft das BAFA einen Vertrauenstatbestand, von dem es sich nach richtiger Auffassung nicht ohne weiteres lösen kann.[114]

10.5 Ersatz für Embargoschäden?

Während Art. 12 GG den Erwerb und damit auch die Außenhandelsfreiheit schützt, schützt die **Eigentumsfreiheit des Art. 14 GG** das Erworbene, so dass Eingriffe in Alt-Verträge dem Schutz des Art. 14 GG unterfallen. Eine der umstrittensten Fragen des Außenwirtschaftsrechts ist, ob und unter welchen Voraussetzungen eine Haftung (Deutschlands bzw.) der EG für Embargoschäden besteht.[115] Ein Teil der Literatur befürwortet hierfür einen **Anspruch aus enteignungsgleichem bzw. enteignendem Eingriff** gemäß Art. 14 Abs. 3 GG entsprechend oder gemäß Art. 288 Abs. 2 EG (Art. 215 Abs. 2 EGV),[116] während ein anderer Teil ihn ablehnt, weil er das AWG und andere außenwirtschaftsrechtliche Normen in der Regel als eine bloße **Inhaltsbestimmung des Eigentums** (Art. 14 Abs. 1 Satz 2 GG) ansieht;[117] ein dritter Teil der Literatur hält eine **ausgleichspflichtige Inhaltsbestimmung** für möglich[118] – was im Ergebnis weitgehend dem enteignenden Eingriff (den unzumutbaren Nebenfolgen eines rechtmäßigen hoheitlichen Handelns) entsprechen dürfte. Die Diskussion entzündete sich vor allem an den Folgen des Irak-Embargos.

Zur Verdeutlichung dieser Diskussion soll der jüngst vom EuG entschiedene Fall **70** dienen:

69

---

[112] Nach richtiger Auffassung handelt es sich um einen feststellenden VA (Nullbescheid) bzw. bezüglich der Auskunft zur Güterliste um eine „technische feststellende Allgemeinverfügung" (kein VA) oder – wenn offenkundig ist, dass verwendungsbezogene Genehmigungspflichten nicht eingreifen können – feststellende Allgemeinverfügung i. S. d. § 35 Satz 2 VwVfG; vgl. *Hohmann* (Fn. 5), 356 f. Vgl. auch *Monreal/Runte* GewA 2000, 142 (148): nur der Nullbescheid ist VA.

[113] Vgl. hierzu *BAFA* (Fn. 111) Rdn. 638 ff. und *Hohmann* (Fn. 5), S. 257.

[114] Dies ergibt sich bzgl. eines rechtmäßigen Nullbescheids bereits aus § 49 Abs. 2 VwVfG. Die Praxis scheint zu einer Auslegung zu tendieren, die eine solche Bindungswirkung negieren möchte. Eine vergleichbare Bindungswirkung besteht für die positiv beschiedene Voranfrage, welche eine Zusicherung nach § 38 VwVfG darstellt; vgl. *Hohmann* (Fn. 5), S. 357 f., und jetzt auch *BAFA* (Fn. 111), Rdn. 639.

[115] Vgl. hierzu *Hohmann* (Fn. 5), S. 460 ff, und *Epping*, Die Außenwirtschaftsfreiheit, S. 495 ff. Vgl. auch *Just* und *Hohmann*, in: Hohmann/John (Fn. 4), Zivilrechtliche Folgen von Embargos (Anhang 1 zum Teil 6), sowie *Schmahl*, Ungereimtheiten und Rechtsschutzlücken bei der außervertraglichen Haftung der EG, ZeuS Zeitschrift für Europarechtliche Studien 2 (1999), S. 415 ff.; vgl. neuerdings auch *Friese*, Kompensation von Embargoschäden, 2000.

[116] Vgl. *E. Langen*, § 2 AWG Rdn. 9 ff.; *S. Zinkeisen*, Das Fehlen einer Entschädigungsregelung, S. 97; *Mestmäcker/Engel*, Das Irak-Embargo, S. 67 und 73 f; *Wimmer* BB 1990, 1986 (1991), *Häde* BayVBl 1991, 485 (491 f.), *Schweitzer/Streinz*, Stellungnahme zur Frage von Entschädigungsansprüchen, S. 27.

[117] Vgl. *Kadelbach* JZ 1993, 1134 (1137); *J. Mittag*, Handelsembargo und Entschädigung, S. 162 f (nur bei hoher Intensität liege ein enteignender Eingriff vor).

[118] Vgl. *Epping* (Fn. 115), S. 512.

10. Teil. Anforderungen des Außenwirtschaftsrechts an Projekte

Fall 4: Haftung für das UN-Irak-Embargo[119]

Die deutsche Firma D schloss mit dem irakischen Verkehrsministerium einen langjährigen Vertrag, in dem sie sich verpflichtete, beim Bau des Iraq Express Way No.1 Planungs- und Bauüberwachungsleistungen zu erbringen. Im Februar 1990 erkannte das irakische Verkehrsministerium schriftlich an, dass der Firma D aus dieser Tätigkeit 2 Mio DM zustehen und wies eine irakische Bank zur Zahlung dieses Betrags an. Hierzu kam es jedoch nicht: Aufgrund der irakischen Invasion Kuwaits verhängte der UN-Sicherheitsrat am 6. August 1990 mit UN-Resolution 661 (1990) gegen Irak und Kuwait ein Handelsembargo. Dieses wurde in der EG durch die EG-Verordnung 2340/90 umgesetzt, die sämtliche Handelstätigkeit mit Irak und Kuwait (selbst aus bereits geschlossenen und teils erfüllten Verträgen) verbot. Als Gegenreaktion gegen „willkürliche Beschlüsse einiger Regierungen" erließ der Oberste Revolutionsrat Iraks im September 1990 – rückwirkend zum 6. August 1990 – das Gesetz Nr. 57 über den Schutz des irakischen Vermögens, nach dessen Art. 7 alle Bestände und Forderungen für Regierungen und Gesellschaften der Staaten, die solche „willkürlichen Beschlüsse" gegen Irak erlassen hätten, gesperrt wurden. Nachdem die Firma D daraufhin nicht ihre Restforderung in Höhe von 2 Mio DM erhielt, wandte sie sich vergeblich an die Kommission und den Rat der EG mit der Bitte um Schadensersatz. Hat die D einen solchen Schadensersatz aus Art. 215 Abs. 2 EGV aus rechtmäßigem oder rechtswidrigen Verhalten der EG?

10.5.1 Haftung der EG aus Art. 288 Abs. 2 EG (Art. 215 Abs. 2 EGV)

71 Der EuG ließ dahinstehen, ob auf Art. 288 Abs. 2 EG ein Anspruch entsprechend dem deutschem **Sonderopfer** bzw. dem französischem Rechtsinstitut der *rupture de l'égalité devant les charges publiques* anzuerkennen sei; inzident scheint dies anerkannt worden zu sein. Unverzichtbar hierfür sind **drei Voraussetzungen,** nämlich
– „tatsächlicher" und **„sicherer" Schaden,**
– **unmittelbarer Kausalzusammenhang** zwischen Schaden und EG-Verordnung und
– **außergewöhnlicher und besonderer Schaden.**

72 Alle drei Voraussetzungen wurden hier verneint, Voraussetzung 1 deshalb, weil die klagende D nicht in der Lage war, aussagekräftige Beweismittel vorzulegen, aus denen sich ergab, dass die Forderung endgültig uneinbringlich geworden war. Dass das Gericht allerdings Schwierigkeiten bei der Feststellung eines **unmittelbaren kausalen Zusammenhangs** zwischen Embargoverordnung der EG und irakischen Abwehrgesetz sah, ist wenig nachvollziehbar (letztlich verantwortlich für das Embargo sei die UNO mit ihrer Resolution 661): Allein die EG-Verordnungen begründen für die Unternehmen der Gemeinschaft unmittelbar verbindliche Ge- und Verbote, während die UN-Resolutionen nur die Mitgliedstaaten, aber nicht die Unternehmen binden; hinzu kommt folgendes: Zwischen der Verhängung einer Embargoverordnung und einem Abwehrgesetz durch den Embargozielstaat besteht ein Automatismus.[120] Zur Voraussetzung 3: Ein **außergewöhnlicher Schaden** liegt nach dem EuG nur dann vor, wenn allein der klagenden D (oder einer sehr kleinen Gruppe von Wirtschaftsteilnehmern) – nicht aber wie hier einer Vielzahl von anderen Firmen – ein Sonderopfer auferlegt wird, und ein **besonderer Schaden** dann, wenn wegen unvorhersehbarer Umstände das allgemeine Risiko überschritten wird. Letzteres wurde abgelehnt, weil der Irak schon lange als „Hochrisikoland" gilt. Ein anderes Problem war, dass die klagende D nicht nachweisen konnte, dass sie das einzige

---

[119] Fall nach EuGH, Urteil vom 28. 4. 1998, RS T-184/95 *(Dorsch Consult)*, EuR 1998, S. 542 ff. = CMLR 1998, S. 758 ff. = *Lübbig,* AW-Prax 1998, S. 244 f.; vgl. auch das knappe Berufungsurteil des EuGH v. 15. 6. 2000, ABl. C 273/5 v. 23. 9. 2000.

[120] Vgl. *Lübbig,* AW-Prax 1998, 244 (245).

oder annähernd das einzige Unternehmen war, das durch das irakische Abwehrgesetz betroffen wurde.

Die Prüfung einer Haftung wegen rechtswidrigen Verhaltens (nach deutscher Terminologie: **enteignungsgleicher Eingriff**) schloss der EuG aus, weil der Nachweis des „tatsächlichen" und „sicheren" Schadens fehlte. Die Rechtswidrigkeit hätte möglicherweise damit begründet werden können, dass der EG-Verordnung eine Entschädigungs- bzw. eine pauschale Billigkeitsregelung fehlte. Der enteignungsgleiche Eingriff dürfte künftig eine größere Rolle spielen, nachdem das OLG Köln jetzt erstmals einen solchen Anspruch (in einem anderen Verfahren) wegen rechtswidriger Anwendung des § 5c AWV bejaht hat.[121]

10.5.2 Kriterien für bessere Erfolgsaussichten

Der größte Teil der Entscheidung des EuG ist mit *Besonderheiten des Sachverhaltes* zu erklären. Ein anderes Ergebnis wäre denkbar gewesen, wenn D hinreichend dargetan hätte, dass die irakischen Stellen sich endgültig geweigert haben, die ausstehenden Forderungen zu begleichen (eine entsprechende Korrespondenz fehlte). Betroffene Exportfirmen sollten daher alles daran setzen, eine entsprechend eindeutige Korrespondenz vorlegen zu können. Bezüglich des außergewöhnlichen Schadens hatte D deutlich gemacht, dass nicht nur sie, sondern eine ganze Gruppe von Exporteuren betroffen war; etwas anderes hätte dann gegolten, wenn sie mehr oder weniger das einzige Unternehmen gewesen wäre, bei dem eine entsprechende Deckung durch Versicherungen des Bundes gefehlt hätte. Bezüglich des besonderen Schadens hätte D deutlicher machen können, dass zum Beginn ihrer Geschäftsaktivitäten im Jahre 1975 (vier Jahre vor Beginn des jetzigen irakischen Regimes, das den iranisch-irakischen Krieg angezettelt hat) eine solche Invasion und ein damit zusammenhängendes EG-Embargo unvorhersehbar gewesen sind. Je weniger voraussehbar ein Eingriff für den Exporteur ist, umso weniger wahrscheinlich ist, dass dieser innerhalb seiner Risikosphäre verbleibt.[122] Zusätzlich hätte D darauf hinweisen können, dass seit mehreren Jahren Irakgeschäfte durch Exportbürgschaften abgesichert wurden; eine staatliche Handelsförderung spricht dagegen, dass es allein um das Risiko eines Unternehmers geht.[123]

Ein anderer Teil der Entscheidung mag mit *rechtlichen Unsicherheiten* zusammenhängen. Der EuGH hat bereits anerkannt, dass das Eigentumsrecht nicht nur vor Entziehungen, sondern auch vor unverhältnismäßigen Eingriffen in Vorrechte des Eigentümers schützt.[124] Die Erkenntnis, dass dies auch die Pflicht zu Entschädigungen umfassen dürfte, steht bevor,[125] harrt aber noch seiner Umsetzung in der Rechtsprechung.

Bei anderen Entscheidungen der Rechtsprechung zu Embargoschäden lagen ebenfalls Besonderheiten des Sachverhalts vor.[126] In jedem Fall waren die Entscheidungen – nicht zuletzt auch wegen rechtlicher Unsicherheiten – bisher abschlägig, abgesehen von der genannten Entscheidung des OLG Köln. Umso notwendiger ist es für Exportfirmen, ihre Risiken durch Bürgschaften des Bundes oder durch private Versicherungen abdecken zu lassen.[127]

---

[121] Vgl. OLG Köln NVwZ 2000, 594 (595f.) (nicht rechtskräftig, Revision anhängig).
[122] Vgl. *Zinkeisen* (Fn. 116), 69.
[123] Vgl. *Hohmann* (Fn. 5), 466.
[124] Vgl. EuGH Rs. 44/79, Slg. 1979, 3727 *(Hauer)*.
[125] In diesem Sinne auch *Gilsdorf/Oliver*, in: Groeben/Thiesing/Ehlermann, EG-Kommentar, 5. Aufl., Baden-Baden 1998, Art. 215 EGV Rdn. 89.
[126] Vgl. *Hohmann* (Fn. 5), S. 465.
[127] Vgl. hierzu Kapitel 7 *(zu Löwenstein)* in diesem Band; vgl. auch *Gramlich*, Richtlinien zur Exportförderung, und *Masberg*, Zivilrecht und Exportabsicherung, beide in: Hohmann/John (Fn. 4), Teil 6.

10.6 Resümee

77 Angesichts dieser komplizierten Rechtsmaterie können Unternehmen viele Schwierigkeiten vermeiden, wenn sie sich vor Beginn eines Projektes sehr umfassend anwaltlich beraten lassen. Aufgrund des technischen Fortschritts kann selbst eine Knetmaschine, die üblicherweise für die Teigherstellung eingesetzt wird, militärisch – nämlich für die Raketentreibstoffherstellung – genutzt werden; dadurch entstehen ständig Proliferationsgefahren durch den Handel mit Dual-Use-Gütern, selbst mit solchen Gütern, von denen man annahm, dass sie praktisch ausschließlich zivil genutzt werden. Verwaltung und Gerichte bleiben aufgerufen, wegen der multifunktionalen Verwendung praktisch sämtlicher Dual-Use-Güter nicht in einen Perfektionismus zu verfallen, der die gesetzlichen Genehmigungspflichten immer weiter ausdehnt und dadurch die grundrechtliche Ausfuhrfreiheit aushöhlt. Die Exportunternehmen müssen ihrerseits peinlichst auf sämtliche Warnsignale *(red flags)* achten, die zu einer Genehmigungspflicht führen können.

78 Besondere Vorsicht ist immer angebracht, wenn es um Transfer von Gütern oder Dienstleistungen in einen der Embargostaaten, in eines der 15 Länder der Liste K oder in eines der 10 nuklear-sensitiven Länder des § 5 d AWV geht.[128] Vor allem hier sollten die Unternehmen auf mögliche Gefahrenanzeichen achten. Weniger problematisch sind in der Regel Exporte in die OECD-Staaten, insbesondere Exporte zu den sieben international anerkannten Nonproliferationsstaaten des Anhang II des Dual-Use-Beschluss. Aber auch hier ist Vorsicht angebracht, weil selbst beim Handel mit anderen EG-Staaten eine Verbringungsgenehmigung erforderlich werden kann, insbesondere wenn der endgültige Bestimmungsort außerhalb der EG liegt. Von einer weitgehenden verfahrensrechtlichen Außenhandelsfreiheit kann vor allem gesprochen werden, wenn ein Exportunternehmen eine Sammelausfuhrgenehmigung erhalten hat; dann treten Meldungen an die Stelle von aufwändigen Genehmigungs- und Abfertigungsprozeduren.[129] Aber selbst hier gilt zu beachten, dass die verwendungsbezogenen Genehmigungspflichten und die Embargos weiterhin zusätzlich zu beachten sind. Das Herstellen „angemessener Außenhandelsfreiheit" bleibt eine ständige Herausforderung.

---

[128] Vgl. auch die Übersicht von *Pottmeyer*, Good guys – bad guys. Staaten der Welt im Raster der Exportkontrolle, AW-Prax 1998, S. 310–312.

[129] Die SAG gilt nach ihrem Runderlass 7/97 ausschließlich für die güterbezogenen Kontrollen, also für Güter, die auf Anhang I und Teil I C AL (und ausnahmsweise auch auf Teil I A AL) gelistet sind.

11. Teil. Zollrecht

Übersicht

	Rdn.
11.1 System des internationalen Zollrechts	2
11.1.1 Prinzipien des Zolls	2
11.1.2 Staatsgebiet und Zollgebiet	6
11.1.3 Weltzollrecht	9
11.1.3.1 GATT/WTO	11
11.1.3.2 ECE	17
11.1.3.3 RZZ/WCO	18
11.2 Warenbewegungen über die EG-Zollgrenze	22
11.2.1 Zielsetzung und Rechtsgrundlagen	22
11.2.2 Verbringen von Waren aus dem Zollgebiet	25
11.2.2.1 Zollamtliche Überwachung	25
11.2.2.2 Ausfuhr	26
11.2.2.3 Die passive Veredelung	31
11.2.3 Einfuhr	33
11.2.3.1 Einfuhrüberwachung	33
11.2.3.2 Erhalt einer zollrechtlichen Bestimmung	36
11.3 Verbringen von Waren in Drittlandszollgebiete	50
11.3.1 Zollamtliche Überwachung bei der Einfuhr	50
11.3.2 Zollverfahren ohne Entstehung einer Abgabenschuld	51
11.3.2.1 Transit (Carnet TIR)	51
11.3.2.2 Vorübergehende Verwendung	55
11.3.2.3 Zolllager	60
11.3.3 Verzollung	61
11.3.3.1 Überführung in den zollrechtlich freien Verkehr	61
11.3.3.2 Bemessung der Abgabenschuld	65
11.3.3.3 Abweichungen von den Bemessungsregeln	86

Schrifttum: *Bieneck*, Handbuch des Außenwirtschaftsrechts, 1998; *Birk*, Handbuch des Europäischen Steuer- und Abgabenrechts, 1995; *Czakert*, Das Harmonisierte System 96, 1996; *Dorsch* (Hrsg.), Kommentar Zollrecht, Loseblatt; *Eurostat NC 1999*, Mise A Jour Des Codes De La NC, 1998; *Florida International University*, Customs Guide To The Americas, 1997; *Grabitz/Hilf*, Kommentar zur Europäischen Union, Loseblatt; *International Monetary Fund*, Government Finance and Statistics Yearbook 1992, 1992; *Hauser/Schanz*, Das neue GATT, 2. Aufl. 1995; *Müller-Eiselt*, EG-Zollrecht, Zollkodex/Zollwert, Loseblatt; *Seidl-Hohenveldern*, Völkerrecht, 9. Aufl. 1997; *Senti*, WTO-System und Funktionsweise der Welthandelsordnung, 2000; *Witte/Wolffgang*, Lehrbuch des Europäischen Zollrechts, 3. Aufl. 1998; *Witte/(Bearbeiter)*, Zollkodex Kommentar, 2. Aufl. 1998; *Wolffgang*, Management mit Zollpräferenzen, 1998.

Der Bau und/oder der Betrieb von Anlagen eines Projektes im In- oder Ausland **1** macht Warenverschiebungen über Staats- und damit auch regelmäßig Zollgrenzen erforderlich. Eine Grundkenntnis der Funktionsweise des Zollrechts ist zur Ausnutzung von Gestaltungsmöglichkeiten im Zollrecht, insbesondere zur Auswahl und Durchführung der geeigneten Zollverfahren, nützlich. Vorliegender Beitrag soll eine Einführung in das System des internationalen Zollrechts leisten (11.1) sowie eine Übersicht der Ein- und Ausfuhrmodalitäten des Zollrechts der Europäischen Gemeinschaft[1]

---

[1] Im speziellen Anwendungsbereich des EG-Vertrags wird weiterhin von Europäischer Gemeinschaft gesprochen, während der Begriff der „Europäischen Union" in einem übergeordneten Sinne und für die Bereiche der intergouvernementalen Zusammenarbeit (Außen- und Sicher-

(11.2) geben und die international anerkannten Zollgrundsätze und Zollverfahren bei dem Verbringen von Waren in Drittlandszollgebiete darstellen (11.3).

11.1 System des internationalen Zollrechts

11.1.1 Prinzipien des Zolls

2   Der Begriff „**Zoll**" steht für Abgaben, die bei bestimmten Warenbewegungen (Einfuhr, Ausfuhr, Durchfuhr) über eine Staatsgrenze erhoben werden, ohne dass es sich um ein Entgelt für eine Leistung der Verwaltung handelt (Abgrenzung zur „Gebühr") und ohne dass inländische Waren mit einer gleichartigen Abgabe belastet werden (Abgrenzung zur „Verbrauchsteuer").[2]

3   Die Ziele des Zolls haben sich im Laufe der Zeit gewandelt, bzw. es sind neue hinzugetreten. Ursprünglich dienten Zölle ausschließlich der Erzielung von Einnahmen. Sie wurden daher als **Finanzzölle** bezeichnet.[3] Im Zeitalter des Merkantilismus erlangten Zölle wirtschaftspolitische Bedeutung. Als „**Schutzzölle**" bewirkten sie mittels drastischer Zolltarife eine Marktabschottung und verteidigten so die einheimische Wirtschaft vor Konkurrenzprodukten aus dem Ausland.

4   Heutzutage steht der Gedanke des „**Wirtschaftszolls**" im Vordergrund.[4] Der Zoll schafft im Inland erzeugten oder hergestellten Waren eine Präferenz gegenüber Waren, die in die inländische Wirtschaft eingehen. Theoretisch dient der Zoll auch dazu, Preisvorteile der Einfuhrware auszugleichen, die diese auf Grund von Lohnvorteilen oder weniger regulierten Produktionsbedingungen in den Exportländern besitzt. Faktisch hat auch der Wirtschaftszoll seiner Wirkung nach den Charakter eines Schutzzolls, allerdings in abgeschwächter Form, da die Zolltarife heutzutage niedriger sind. Die Erzielung von Staatseinnahmen ist in den modernen Industriestaaten nur noch ein Nebenaspekt, der die Zollgesetzgebung lediglich bedingt beeinflusst.

5   In manchen Ländern – zum Großteil Entwicklungsländern – ist der Staat allerdings nach wie vor noch in hohem Maße auf die Erzielung von Einnahmen durch Zölle angewiesen. Dies gilt insbesondere für mittel- und südafrikanische Staaten sowie für asiatische Staaten.[5] Dort machen die Zolleinnahmen noch 20–60% der gesamten Steuereinnahmen des Staates aus, im Gegensatz zu 1–3% in Japan oder in den USA.[6]

11.1.2 Staatsgebiet und Zollgebiet

6   Aus völkerrechtlicher Sicht setzt sich ein **Staatsgebiet** zusammen aus dem Land- und Wassergebiet einschließlich des unterirdischen und des Luftbereichs, das der Herrschaftsgewalt eines Staates zugeordnet ist (Gebiets-, Territorialhoheit).[7]

7   Das **Zollgebiet** eines Staates entspricht grundsätzlich seinem Staatsgebiet. Allerdings ergeben sich aus historischen, geographischen und wirtschaftlichen Besonderheiten

---

heitspolitik/Innen- und Rechtspolitik) verwendet wird; vgl. dazu *von Bogdandy/Nettesheim* in: *Grabitz/Hilf*, Kommentar zur Europäischen Union, Art. 1 EGV, Rdn. 2.

[2] *Witte/Wolffgang*, a. a. O., Rdn. 27.
[3] *Witte/Wolffgang*, a. a. O., Rdn. 28.
[4] *Witte/Wolffgang*, a. a. O., Rdn. 29.
[5] Die aktuellen Zollsätze können den Veröffentlichungen der Bundesstelle für Außenhandelsinformation entnommen werden; Nachweis im Internet unter http://www.bfai.com. Einen unmittelbaren Internetzugang zu zahlreichen Zolltarifen der Welt bietet die Datenbank der Europäischen Union unter http://www.mkaccdb.eu.int.
[6] Government Finance Statistics Yearbook des International Monetary Fund 1992.
[7] *Seidl-Hohenveldern*, a. a. O., S. 205 ff.

Abweichungen.[8] Teile eines Staatsgebiets können bei der Bestimmung des Zollgebiets ausgenommen (Zollausschlüsse), andere hinzugezogen sein (Zolleinschlüsse). Im Falle des Zusammenschlusses mehrerer Staaten zu einer **Zollunion** (wie bei der EG geschehen) formen mehrere Staatsgebiete ein einziges Zollgebiet.[9]

Freizonen gehören nach EG-rechtlicher Regelung zum Zollgebiet der Gemeinschaft, es gelten jedoch sowohl verfahrens- als auch zollschuldrechtliche Besonderheiten.[10]

8

11.1.3 Weltzollrecht

Durch den Abschluss internationaler Abkommen und die Arbeitsergebnisse internationaler Organisationen sind heutzutage allgemeingültige Zollgrundsätze bis hin zu Zollverfahrensrecht und materiellem Zollrecht entstanden, welche annähernd für den gesamten Welthandel gelten und in vielen Staaten Eingang in das nationale Zollrecht gefunden haben. Dies führt dazu, dass man in gewisser Weise von der Geltung eines **Weltzollrechts** sprechen kann, obwohl nach wie vor einzelne Regeln und Ausgestaltungen in jedem Zollgebiet stark unterschiedlich sein können.

9

Erste Schritte zur Erleichterung des weltweiten Handels bildeten das im Rahmen des Völkerbundes abgeschlossene „Übereinkommen und Statut über die Freiheit des Durchgangsverkehrs" von 1921 und das „Genfer Internationale Übereinkommen zur Vereinfachung der Zollformalitäten" von 1923. Wegen der Unverbindlichkeit blieben diese Übereinkommen allerdings weitgehend wirkungslos.

10

11.1.3.1 GATT/WTO

Nach Beendigung des zweiten Weltkrieges schloß die internationale Staatengemeinschaft im Jahre 1947 das **GATT-Abkommen (General Agreement on Tariffs and Trade)**. Im Rahmen dieses Abkommens wurden acht große Verhandlungsrunden abgehalten und weitere Verträge geschlossen bis hin zur Umformung des GATT zu einer internationalen Organisation, der **WTO (World Trade Organization)** im Jahre 1994.

11

Ziel des GATT war stets, Zölle und nicht-tarifäre Handelsbarrieren abzubauen. Hierzu wurden im GATT zollrechtliche Grundprinzipien aufgestellt. Nach dem Grundsatz der **„Meistbegünstigung"** müssen die Mitglieder alle Vergünstigungen, Vorteile und Zollbefreiungen, die im zwischenstaatlichen Handel einer Vertragspartei gewährt werden, auch allen anderen zugute kommen lassen (GATT, Teil I, Art. I und II). Das **„Verhältnismäßigkeitsprinzip"** verpflichtet die Vertragsparteien, Beschwernisse bei Ein- und Ausfuhrförmlichkeiten auf ein Mindestmaß zu beschränken, die Förmlichkeiten möglichst einfach zu gestalten sowie die bei Ein- oder Ausfuhr beizubringenden Unterlagen zu verringern und zu vereinfachen (GATT, Art. VIII). Das **„Transparenzgebot"** verpflichtet dazu, alle allgemeingültigen Maßnahmen, welche sich auf die Anwendung der Übereinkommen beziehen oder sie beeinträchtigen, umgehend, spätestens aber mit Inkrafttreten, zu veröffentlichen (GATT, Art. X).

12

13

Der Abbau von Zöllen wurde im Laufe der Zeit durch mehrere **Zollsenkungsrunden** sehr erfolgreich verwirklicht. Die von Industrieländern auf gewerbliche Importgüter erhobenen Zölle haben dadurch erheblich an kommerzieller Bedeutung verloren.

14

---

[8] *Witte*, a.a.O., Art. 3 Rdn. 2.
[9] Dies ist in Art. XXIV (8) GATT sogar international geregelt.
[10] Freizonen sind umgrenzte Gebiete, in denen Waren hinsichtlich der Abgabenerhebung als nicht im Zollgebiet befindlich gelten; vgl. Art. 166 Zollkodex; zur Vertiefung siehe *Witte/Petrat*, a.a.O., Art. 166.

Die Vertragsparteien haben allerdings zunächst Zugeständnisse bei Zollsenkungen durch **andere Handelshemmnisse** ausgeglichen. Erst in der Uruguay-Runde im Jahr 1993 wurde die Verpflichtung zum Abbau dieser Hindernisse durchgesetzt.[11] Dagegen hat die Bedeutung von **Antidumpingzöllen** zugenommen.

Erhebliche Bedeutung hat schließlich der im Rahmen des GATT abgeschlossene **Zollwertkodex**.[12]

15   Die WTO[13] hat die Aufgaben und Ergebnisse des GATT übernommen. Darüber hinaus enthält das **WTO-Übereinkommen** das **Dienstleistungsabkommen (GATS)** und das **Abkommen über geistiges Eigentum (TRIPs)**. Damit ist der Schutz einer grenzüberschreitenden freien Dienstleistungserbringung als Ziel festgeschrieben worden, und es sind Mindestschutzbestimmungen für alle wichtigen immateriellen Güter festgelegt worden (u.a. Patente, Marken, Computerprogramme, Halbleitertopographien und Geschäftsgeheimnisse).[14]

16   Hinsichtlich des Zollrechts ist im GATT 1994 (bereits im Rahmen der WTO) weiterhin folgendes vereinbart worden: der **Antidumpingkodex 1994**, der **Zollwertkodex 1994**, die Erarbeitung einheitlicher **Ursprungsregeln** und die Festlegung der Voraussetzungen von **Warenversandkontrollen** im Exportland durch Vertreter des Importlandes.

11.1.3.2 ECE

17   Die **ECE** (Economic Commission for Europe = Europäische Wirtschaftskommission der UN) gab 1949 den Anstoß zur Gründung des **TIR-Übereinkommens**, welches heutzutage als Versandverfahren für alle internationalen Warentransporte durch alle Verkehrsarten weltweit gilt. Auf Initiative der ECE ist auch das Internationale Übereinkommen zur Harmonisierung der Warenkontrollen an den Grenzen geschlossen worden.[15]

11.1.3.3 RZZ/WCO

18   Besonders bedeutsam ist die Gründung des **RZZ** (Rat für die Zusammenarbeit auf dem Gebiet des Zollwesens = Brüsseler Zollrat) im Jahr 1952. Mit mittlerweile annähernd 140 Vertragsparteien ist er weltweit die wichtigste Einrichtung, die sich speziell mit Zollfragen befasst. Nach Gründung der WTO hat sich der RZZ als **Weltzollorganisation WCO**[16] (World Customs Organisation) etabliert.[17]

19   Der RZZ hat auf mehreren Gebieten grundlegende Instrumente für die zollrechtliche Abwicklung des Welthandels erarbeitet. Auf dem Gebiet der **Nomenklatur**[18] wurde ein **Zolltarifschema**[19] entworfen, im **Zollwertrecht** eine **Zollwertdefinition**. Beide sind inzwischen ersetzt, das Zolltarifschema durch das Harmonisierte System für die Bezeichnung und Codierung von Waren des internationalen Handels (HS) vom 14. Juni 1983, die Zollwertdefinition durch den GATT-Zollwertkodex. Im

---

[11] *Witte/Wolffgang*, a.a.O., Rdn. 51.
[12] Siehe dazu 11.3.3.2.
[13] http://www.wto.org/.
[14] *Witte/Wolffgang*, Lehrbuch, Rdn. 55.
[15] *Witte/Wolffgang*, Lehrbuch, Rdn. 48.
[16] http://www.wcoomd.org/.
[17] *Witte*, a.a.O., Einführung, Rdn. 9.
[18] Mit „zollrechtlicher Nomenklatur" bezeichnet man ein System zur Bezeichnung und Codierung von Waren.
[19] Zuordnung von Waren zu einem Abgabensatz, ausgedrückt in Prozent, auf dessen Grundlage der zu entrichtende Abgabenbetrag zu errechnen ist.

Brüsseler Zollrat sind ferner Vereinbarungen zur Schmuggelbekämpfung und Regelungen zur Zolltechnik getroffen worden.

Hervorzuheben ist das Übereinkommen für die Vereinfachung und Harmonisierung der Zollverfahren, die **Kyoto-Konvention** vom 18. Mai 1973. Sie faßt in einer Grundkonvention und 31 Anhängen das gesamte Zollrecht zusammen.[20]

Die Anhänge bestehen zunächst jeweils aus einer Einleitung, die den wirtschaftlichen Zweck und Hintergrund des betreffenden Zollverfahrens schildert, und aus Definitionen der verwendeten Schlüsselbegriffe. Der Hauptteil jedes Anhangs setzt sich zusammen aus Normen, Empfehlungen und Anmerkungen. In den Normen sind die zollrechtlichen Regelungen verankert, deren Umsetzung in nationales Recht für die Erzielung einer weltweit ausreichenden Vereinfachung und Harmonisierung als notwendig erachtet wird. Die Normen sind bindend, soweit nicht ein Vorbehalt eingelegt ist, die Empfehlungen sind nicht bindend. Jeder Anhang bildet mit der Grundkonvention zusammen ein Zollabkommen, so dass auch nur einzelne Anhänge angenommen und in innerstaatliches Recht umgesetzt werden können. Angenommen ist die Grundkonvention bereits von ca. 55 Staaten.[21]

Derzeit wird die Konvention überarbeitet. Zum einen werden die einheitlich regelbaren Gegenstände aus den Anhängen in einen Hauptanhang „vor die Klammer gezogen". Dieser muss in Zukunft von jedem Vertragsstaat angenommen werden, ohne dass Vorbehalte eingelegt werden können. Zum anderen wird die Konvention im Hinblick auf Veränderungen, vor allem hinsichtlich Neuerungen in der Datenverarbeitung, modernisiert. Der materielle Gehalt bleibt hingegen im Wesentlichen unverändert.

Ergänzt wurde die Kyoto-Konvention 1990 durch die **Istanbul-Konvention,** in welcher das Zollverfahren der **„vorübergehenden Einfuhr"** geregelt ist.[22]

11.2 Warenbewegungen über die EG-Zollgrenze

11.2.1 Zielsetzung und Rechtsgrundlagen

Grundlage der Europäischen Gemeinschaft ist nach Art. 23 EGV eine **Zollunion,** die sich auf den gesamten Warenaustausch erstreckt. Das Wesen einer Zollunion besteht darin, dass die Mitgliedstaaten untereinander keine Zölle und Abgaben gleicher Wirkung erheben und dass gegenüber Drittländern ein gemeinsamer Zolltarif festgelegt ist. Die Schaffung der Zollunion der EG erforderte einen **langwierigen Harmonisierungsprozess** des Zollrechts der Mitgliedstaaten. Die Europäische Gemeinschaft erließ im Laufe der Zeit über 100 verschiedene Verordnungen und Richtlinien, die das Zollrecht jedes Mitgliedstaats durchdrangen.[23] Nachdem auf diese Weise praktisch alle Bereiche harmonisiert und damit die einzelstaatlichen Zollgesetze in zunehmendem Maße gegenstandslos geworden waren, wurde das nunmehr bestehende europäische Zollrecht neu geordnet und in einem Grundwerk, dem **Zollkodex der EG**[24] **(ZK),** und einer **Durchführungsverordnung**[25] **(ZK-DVO)** zusammengefasst. Der Zollkodex gilt gemäß Art. 253 Abs. 1 S. 1 ZK seit dem 1. 1. 1994.

---

[20] *Witte*, a. a. O., Einführung, Rdn. 9.
[21] Selbstdarstellung der WCO in http://www.wcoomd/fr/publicf.htm unter „convention de Kyoto".
[22] Siehe dazu die Ausführungen unter 11.3.2.2.
[23] *Witte*, a. a. O., Vor Art. 1 Rdn. 1.
[24] VO (EWG) 2913/92 vom 12. Oktober 1992; ABl. EG 1992, L 302/1.
[25] VO (EWG) 2454/93 vom 2. Juli 1993; ABl. EG 1993, L 253/1.

23 Der Zollkodex regelt die Voraussetzungen und Einzelheiten der Anwendung der zolltariflichen sowie anderer (z.B. handelspolitischer) Maßnahmen im Außenhandel der Gemeinschaft. Insbesondere sieht er eine Überwachung der Waren an den Außengrenzen der Gemeinschaft vor und regelt über die zollrechtlichen Bestimmungen die Überführung eingeführter Waren in den zollrechtlich freien Verkehr sowie die Fälle, in denen Waren nicht in den Wirtschaftskreislauf der Gemeinschaft eingehen und deshalb keiner Abgabenpflicht unterliegen, sondern nur einer besonderen Überwachung bedürfen.

24 Der **Zollkodex** ist folgendermaßen **aufgebaut.**[26] Im Mittelpunkt steht der Titel IV „Zollrechtliche Bestimmung". In ihm sind die Zollverfahren und andere zollrechtliche Bestimmungen festgelegt, unter denen der Einführer bzw. der Ausführer je nach Verwendung der Ware auswählt. Zum Beispiel kann er die Waren in den zollrechtlich freien Verkehr überführen (und die nach dem Zolltarif geschuldeten Einfuhrabgaben bezahlen) oder er beschränkt sich darauf, die Ware zunächst zu lagern. Gewissermaßen wie ein Vor- und ein Nachspann um Titel IV sind die Titel III „Verbringen von Waren in das Zollgebiet der Gemeinschaft" und Titel V „Verbringen von Waren aus dem Zollgebiet" der Gemeinschaft angeordnet, welche die Ein- und Ausfuhrüberwachung regeln. Um diesen Komplex ist das materielle Zollrecht angeordnet. So sind in Titel II die Zollerhebungsgrundlagen (Zolltarif, Warenursprung, Zollwert) festgelegt, während in Titel VI „Vorzugsbehandlungen" und in Titel VII die „Zollschuld" nebst Sicherheitsleistung, Entstehen, Erhebung, Erlöschen und Erstattung/Erlass festgeschrieben sind. Titel I besteht aus allgemeinen Regeln, Titel VIII regelt das Rechtsbehelfsverfahren und Titel IX enthält „Schlussbestimmungen".

Da sich die Funktionsweise des Zollrechts in erster Linie aus dem Ausfuhrverfahren, Einfuhrverfahren und den verschiedenen zollrechtlichen Bestimmungen ergibt und diese Bereiche des gemeinschaftlichen Zollrechts deshalb für europäische Wirtschaftsunternehmen, die am Außenhandel teilnehmen, besonders interessant erscheinen, werden sie nachfolgend näher erläutert.

11.2.2 Verbringen von Waren aus dem Zollgebiet

11.2.2.1 Zollamtliche Überwachung

25 Alle Waren, die aus dem Zollgebiet der Gemeinschaft verbracht werden, unterliegen der **zollamtlichen Überwachung.** Sie können von den Zollbehörden kontrolliert werden und müssen gegebenenfalls über bestimmte Wege und nach bestimmten Modalitäten aus dem Zollgebiet verbracht werden (Art. 183 ZK).

11.2.2.2 Ausfuhr

26 Die Ausfuhr von Gemeinschaftswaren aus dem Zollgebiet der EG ist in den Artikeln 161 und 162 ZK geregelt. Zur Ergänzung werden die allgemeinen Regeln über Zollverfahren (Art. 59 bis 78 ZK, Art. 198 bis 253 ZK-DVO) herangezogen. Grundsätzlich ist jede auszuführende Gemeinschaftsware in das **Ausfuhrverfahren** zu überführen.

27 Da von der Gemeinschaft praktisch keine Ausfuhrabgaben erhoben werden, dient das Verfahren hauptsächlich zur Kontrolle, ob **Verbote und Beschränkungen,**[27] insbesondere **handelspolitische Maßnahmen,** eingehalten werden (z.B. Embargobestimmungen, Beschränkungen bei dual-use-Gütern). Ausfuhrbeschränkungen rich-

---

[26] Siehe zum Aufbau und zur Systematik auch *Witte,* a.a.O., Vor Art. 1 Rdn. 3 ff.
[27] Eine Auflistung nach Art. 58 ZK möglicher Verbote und Beschränkungen befindet sich in *Witte,* a.a.O., Art. 58 Rdn. 50.

ten sich zum Teil noch nach nationalem Außenwirtschaftsrecht, häufig inhaltlich vorgegeben durch die internationalen Regime, weitgehend aber auch nach EG-Recht.[28] Bei gewissen Waren kann die Ausfuhr genehmigungspflichtig sein. Das Genehmigungsverfahren bei diesen Ausfuhren bestimmt sich in einer Gemengelage sowohl nach deutschem Außenwirtschaftsrecht als auch nach Gemeinschaftsrecht.[29]

Das normale Ausfuhrverfahren

Das Ausfuhrverfahren verläuft in zwei Stufen. Zunächst wird die **Ausfuhranmeldung** (gegebenenfalls zusammen mit der Ausfuhrgenehmigung) bei der **Ausfuhrzollstelle** vorgelegt, bei der die auszuführenden Waren zu gestellt sind (Art. 63 ZK). Die **Gestellung** ist gemäß Art. 4 Nr. 19 ZK die Mitteilung an die Zollbehörden in der vorgeschriebenen Form, dass sich die Waren bei der Zollstelle oder an einem anderen von den Zollbehörden bezeichneten oder zugelassenem Ort befinden. 28

Die **Ausfuhrzollstelle** ist gemäß Art. 161 Abs. 5 S. 1 ZK die Zollstelle, die für den Ort, an dem der Ausführer ansässig ist, zuständig ist. Wenn die Waren an einem anderen Ort verpackt oder verladen werden, ist die Zollstelle dieses Ortes zuständig. Die Person des Anmelders kann von der des Ausführers unterschiedlich sein.[30] Falls die Ausführung durch einen Subunternehmer erfolgt, kann auch das für diesen zuständige Zollamt als Ausfuhrzollstelle gewählt werden (Art. 789 ZK-DVO). 29

Nach Verbringen zur **Ausgangszollstelle** werden die Waren dort unter Vorlage einer Durchschrift der Ausfuhranmeldung erneut gestellt.

Die Ausfuhranmeldung ist auf dem Einheitspapier in Zusammenstellung der Exemplare Nr. 1, 2 und 3 abzugeben (Art. 792 ZK-DVO).

Die **Ausgangszollstelle** ist die Grenzzollstelle zu einem Drittland (Art. 793 Abs. 2 Buchst. c ZK-DVO). Im Bahn-, Post-, Luft- oder Seeverkehr wird die für den Ort der Übernahme durch den Beförderer zuständige Zollstelle zur Ausgangszollstelle (Art. 793 Abs. 2 Buchst. a ZK-DVO).

Verfahrensvereinfachungen/Befreiungen[31]

Bei den vereinfachten Ausfuhrverfahren sind die Förmlichkeiten erleichtert. 30
- So muss bei **Kleinsendungen** mit einem Warenwert unter 3000 Euro die Ware lediglich bei der Ausgangszollstelle gestellt werden (Art. 794 Abs. 1 ZK-DVO).
- Im Verfahren der **unvollständigen Ausfuhranmeldung** muss das Einheitspapier nur Mindestangaben enthalten und innerhalb eines Monats (in Deutschland 10 Tage) ergänzt oder ersetzt werden (Art. 280, Art. 255–259 ZK-DVO). Dieses Verfahren ist vor allem für Subunternehmer interessant, die nicht über alle erforderlichen Daten verfügen.
- Das **vereinfachte Anmeldeverfahren** gleicht dem der unvollständigen Zollanmeldung. Die Ergänzung ist hingegen innerhalb einer von den Zollbehörden festgelegten Frist vorzulegen und kann globaler, periodischer und zusammenfassender Art sein (Art. 253 Abs. 2 ZK-DVO) und auf einem sonstigen Verwaltungs- oder Handelspapier abgegeben werden. Das Verfahren bedarf der vorherigen Bewilligung des Hauptzollamts (Art. 282 Abs. 1 ZK-DVO i. V. m. Art. 261 und 262 ZK-DVO).
- Im **Anschreibeverfahren** (Art. 283 ff. ZK-DVO) wird auf die Vorlage der Ausfuhranmeldung bei der Ausfuhrzollstelle verzichtet. Statt dessen treffen den Aus-

---

[28] Witte/Wolffgang, a.a.O., Rdn. 1052, 1053; Bieneck, a.a.O., § 10; siehe hierzu Hohmann, 10.2.2, Kap. 10 Rdnrn. 8 ff. und Rdnrn. 33 ff. (in diesem Band).
[29] Bieneck, a.a.O., § 16.
[30] Siehe zur Person des Anmelders Art. 64 ZK, zum Vertretungsrecht Art. 5 ZK.
[31] Ausführliche Darstellung in Witte/Wolffgang, a.a.O., Rdn. 1077 ff.

führer Verfahrenspflichten, wie Mitteilung und Buchführung, die betriebsinterne Überprüfungen ermöglichen sollen. Das Verfahren bedarf einer Bewilligung, deren Erteilung ausreichende Überwachungsmöglichkeiten im Unternehmen und persönliche Zuverlässigkeit des Ausführers voraussetzt. Der Anmelder wird als „zugelassener Ausführer" bezeichnet.[32]

– Im **Handelspapierverfahren** kann das Einheitspapier durch Handels- oder Verwaltungsdokumente oder Datenträger ersetzt werden (Art. 288 ZK-DVO). Voraussetzung ist, dass sich der Ausfuhrvorgang auf einen Mitgliedstaat beschränkt oder dass Verwaltungsvereinbarungen zwischen den am Ausfuhrvorgang beteiligten Mitgliedstaaten bestehen (was bis auf Griechenland der Fall ist).

– Letztlich sind nationale **Sondervereinfachungen** zulässig, soweit sich der Ausfuhrvorgang auf einen Mitgliedstaat beschränkt (Art. 289 ZK-DVO).

Befreiungen von dem schriftlichen Anmeldeverfahren sind zusammengefasst für mehrere Zollverfahren in den Artikeln 225 bis 236 ZK-DVO vorgesehen. Betroffen sind bestimmte Waren, die zu nichtkommerziellen Zwecken (eingeführt oder) ausgeführt werden, Beförderungsmittel, Waren, die nach der Zollbefreiungsverordnung von Ausfuhrabgaben befreit sind, und Postsendungen (Art. 237ff. ZK-DVO). Die Zollanmeldung erfolgt in diesen Fällen mündlich oder konkludent.

11.2.2.3 Passive Veredelung

31 Die **passive Veredelung** (Art. 145 bis 160 ZK) stellt ein **besonderes Ausfuhrverfahren** dar. Gemeinschaftswaren, das heißt in der Gemeinschaft gewonnene, hergestellte oder sich in der Gemeinschaft im freien Verkehr befindliche Waren[33] werden zur Be- oder Verarbeitung oder Ausbesserung in ein Drittland ausgeführt und sollen anschließend wiedereingeführt werden. Die wirtschaftliche Bedeutung des Verfahrens liegt darin, dass bei der Wiedereinfuhr (dem Wirtschaftszollgedanken entsprechend) der fiktive Zoll für die ausgeführten Vorerzeugnisse vom Zoll der eingeführten Ware abgezogen wird (Methode der **„Differenzverzollung")**.[34]

32 Erforderlich ist eine **Zollanmeldung,** die auch vereinfacht abgegeben werden kann (Art. 76 ZK). Ein gesondertes Ausfuhrverfahren entfällt hingegen (Art. 161 Abs. 2 ZK). Erforderlich ist die **Bewilligung** durch das Hauptzollamt. Diese wird erteilt, wenn der Antragsteller in der Gemeinschaft ansässig ist (Art. 148 Buchst. a ZK), die Gewähr bietet, welche die Zollverwaltung für nötig hält (Art. 86 1. Anstrich ZK), d.h. vertrauenswürdig ist, und die wirtschaftlichen Bewilligungsvoraussetzungen des Art. 148 Buchst. c ZK erfüllt sind. Nach diesen müsste grundsätzlich eine Abwägung zwischen den Vorteilen (des Antragstellers) und Nachteilen (von Verarbeitern der Gemeinschaft) stattfinden. Die wirtschaftlichen Bewilligungsvoraussetzungen werden im Regelfall als erfüllt angesehen.[35]

---

[32] Die meisten Unternehmen haben die Möglichkeit, diese Verfahrensvereinfachung zu nutzen. Zu beachten ist aber, dass das Anschreibeverfahren im Regelfall nur für genehmigungsfreie Ausfuhren möglich ist. Sollte eine Ausfuhr im Einzelfall genehmigungspflichtig sein, weil die Ausfuhr z.B. in ein außenpolitisch sensibles Land erfolgt oder die Waren zu militärischen Zwecken verwendet werden, darf die Verfahrenserleichterung nicht in Anspruch genommen werden. Im Falle der Zuwiderhandlung drohen straf- oder ordnungswidrigkeitenrechtliche Folgen; zur Vertiefung vgl. *Hohmann,* Kap. 10 Rdn. 3ff. (in diesem Band); *Bieneck,* a.a.O., § 26.

[33] Eine genaue Definition befindet sich in Art. 4 Nr. 7 ZK.

[34] Zur Differenzverzollung siehe *Witte/Wolffgang,* a.a.O., Rdn. 990.

[35] *Witte/Wolffgang,* a.a.O., Rdn. 975.

11.2.3 Einfuhr

11.2.3.1 Einfuhrüberwachung

Waren, die in das Zollgebiet der Gemeinschaft verbracht werden, unterliegen vom Zeitpunkt des Verbringens an der **zollamtlichen Überwachung** (Art. 37 Abs. 1 ZK). Sie können zollamtlich überprüft werden (Art. 13 ZK).[36] Die Überwachungsphase dauert grundsätzlich so lange, bis der zollrechtliche Status[37] der Waren ermittelt ist und, im Fall von Nichtgemeinschaftswaren, bis sie ihren Status wechseln, in eine Freizone oder ein Freilager verbracht, wiederausgeführt, vernichtet oder zerstört werden (Art. 37 Abs. 2 ZK). 33

Ziele der zollamtlichen Überwachung sind die Sicherung der Erhebung von Einfuhrabgaben sowie von nationalen Steuern (Einfuhrumsatzsteuer und besondere Verbrauchsteuern) und die Beachtung der handelspolitischen Maßnahmen sowie der sonstigen Verbote und Beschränkungen. 34

Die Person, die die Waren in das Zollgebiet verbracht hat, hat diese gegebenenfalls unter Benutzung einer bestimmten Straße und nach bestimmten Modalitäten zu einer Zollstelle zu bringen, dort zu gestellen und eine summarische Zollanmeldung abzugeben. Diese hat im Wesentlichen Überwachungsfunktion bezüglich der **Nämlichkeit** (= Identität) der Waren sowie Einhaltung der Fristen zur Abgabe einer Zollanmeldung.[38] Die Waren erhalten mit der Gestellung den **Status der „vorübergehenden Verwahrung"**. Dieser hält so lange an, bis die Waren auf Antrag des Anmelders eine **zollrechtliche Bestimmung** erhalten. Ist dies nicht sofort möglich, haben die Zollbehörden nach Art. 51 Abs. 1 ZK über die Modalitäten der vorübergehenden Verwahrung zu entscheiden. Nach pflichtgemäßer Ermessensausübung können die Waren dem Gestellenden oder dessen Nachfolger im Besitz, ggf. nach Erhebung einer Sicherheit, vorübergehend zur Verwahrung übergeben werden oder vom Zoll selbst oder über einen Dritten kostenpflichtig eingelagert werden. 35

11.2.3.2 Erhalt einer zollrechtlichen Bestimmung

Der Einführer hat die Wahl, ob er die Waren in eine Freizone oder ein Freilager verbringt, aus dem Zollgebiet der Gemeinschaft wiederausführt, vernichtet oder zerstört, zu Gunsten der Staatskasse aufgibt oder durch Anmeldung in ein **Zollverfahren** überführt (Art. 4 Nr. 15 ZK). 36

Im Folgenden werden die möglichen Einfuhrzollverfahren dargestellt. Gemeinsam ist ihnen das Erfordernis der Anmeldung. Unvollständige Zollanmeldungen, vereinfachte Anmeldeverfahren und Anschreibeverfahren sind zulässig (Art. 76 ZK, Art. 253 ff. ZK-DVO).

Überführung in den zollrechtlich freien Verkehr

Die Überführung von Nichtgemeinschaftswaren in den zollrechtlich freien Verkehr (Art. 79 bis 83 ZK) verleiht ihnen den **Status von Gemeinschaftswaren**. Die im Zolltarif vorgesehenen Zölle und die anderen Einfuhrabgaben sind zu entrich- 37

---

[36] *Witte/Wolffgang*, a.a.O., Rdn. 84.
[37] Nach dem zollrechtlichen Status ist eine Ware entweder Gemeinschaftsware oder Nichtgemeinschaftsware, Art. 4 Nr. 6 bis 8 ZK. Werden Nichtgemeinschaftswaren in den zollrechtlich freien Verkehr überführt (im Normalfall unter Erhebung von Einfuhrabgaben), werden sie zu Gemeinschaftswaren.
[38] *Witte/Wolffgang*, a.a.O., Rdn. 229.

ten,³⁹ handelspolitische und weitere Maßnahmen werden gegebenenfalls angewendet. Die Waren unterliegen damit nicht mehr der Zollüberwachung (mit Ausnahme von Waren der besonderen Verwendung, Art. 82 ZK) und dürfen frei in den Wirtschaftskreislauf der Gemeinschaft eingehen.

38 Einen Sonderfall stellt die **Regelung über Rückwaren** dar, nach der unter den Voraussetzungen der Artikel 185 bis 187 ZK ausgeführte Waren einfuhrabgabenfrei reimportiert werden können, etwa wenn sie im Ausland auf einer Messe ausgestellt worden sind oder aber wegen Mängeln, Nichteignung oder Falschlieferung für den Käufer unbrauchbar sind.

39 Die **einfuhrabgabenfreie Wiedereinfuhr** setzt voraus, dass die Rückwaren zum zollrechtlich freien Verkehr angemeldet werden, dass ein entsprechender Zusatzantrag gestellt wird, dass die Wiedereinfuhrfrist von drei Jahren eingehalten wird (Überschreitung wegen besonderer Umstände möglich) und dass ein Nämlichkeitsnachweis erbracht wird. Dieser Nachweis kann bereits bei der Ausfuhr durch Benutzung des „Auskunftsblatts INF-3" erstellt werden, wenn bei der Ausfuhr eine Wiedereinfuhr vorgesehen ist. Anderenfalls wird die Nämlichkeit durch Vorlage der Durchschrift der Ausfuhranmeldung oder durch andere bzw. zusätzliche Beweise belegt (Art. 848 ZK-DVO).

40 Gemäß Art. 186 ZK dürfen die Waren im Ausland grundsätzlich nicht behandelt worden sein. Damit sollen Werterhöhungen ausgeschlossen werden. Zulässig sind, vereinfacht ausgedrückt, Erhaltungsbehandlungen, Reparaturen und ein Gebrauch der Waren, wenn sich erst durch ihn die Mangelhaftigkeit feststellen ließ (Art. 846 ZK-DVO).⁴⁰

41 Waren, die mit einem in der EG ausgestelltem Carnet-ATA⁴¹ ausgeführt worden sind, erhalten eine Abgabenbefreiung nach Art. 185 Abs. 1 ZK bei ihrer Wiedereinfuhr, wenn die allgemeine Wiedereinfuhrfrist eingehalten ist. Die Befristung des Carnet-ATA ist insoweit ohne Bedeutung (Art. 848 Abs. 1 2. Anstrich ZK-DVO).⁴²

Das Versandverfahren als Einfuhrverfahren

42 Das Versandverfahren ermöglicht es, importierte Ware nicht gleich beim Einfuhrzollamt ihrer endgültigen zollrechtlichen Bestimmung zuzuführen, sondern sie zunächst zu einer Zollstelle im Landesinnern, etwa in der Nähe des Geschäftssitzes des Einführers zu transportieren. Dies entspricht zumeist dem Interesse des Einführers, der etwaige Mängel der Ware frühzeitig („dass heißt vor Überführung in ein abgabenpflichtiges Verfahren,) feststellen und beanstanden will (vgl. Art. 377 HGB) und bei Wiederausfuhr keine Einfuhrabgaben für die mängelbehafteten Waren zu entrichten braucht (was ihm einen Antrag auf Erlass oder Erstattung erspart). Schließlich kann es an den Grenzzollstellen eher zu Staus kommen, als an Zollstellen im Inland. Diese Zeitverzögerung wird vermieden, und die Transportmittel sind früher für andere Zwecke einsatzfähig. Letztlich bietet dieses Verfahren dem Einführer gegenüber einer Abfertigung an der Grenze den Vorteil, dass er sich nicht durch Dritte, etwa einen Spediteur vertreten lassen muss. Er spart Kosten und vermeidet Fehlerquellen, die durch Einschaltung einer weiteren Person entstehen können.⁴³

---

³⁹ In bestimmten Fällen ist eine Befreiung von Einfuhrabgaben nach der Zollbefreiungsverordnung (VO [EWG] Nr. 918/83 vom 28. März 1983, ABl. EG Nr. L 105/1) möglich; zur Vertiefung vgl. *Witte/Kampf*, a.a.O., Anhang 1.
⁴⁰ Besonderheiten bestehen für zweckgebundene Waren, Waren der passiven Veredelung und Erstattungswaren; siehe dazu *Witte/Wolffgang*, a.a.O., Rdn. 1810 bis 1812.
⁴¹ Siehe die Ausführungen zum Carnet-ATA in 11.3.2.2.
⁴² *Witte/Wolffgang*, a.a.O., Rdn. 1813.
⁴³ *Witte/Wolffgang*, a.a.O., Rdn. 465.

In der EG sind mehrere Versandverfahren anwendbar. Die wichtigsten sind das **43** **gemeinschaftliche Versandverfahren,** das **gemeinsame Versandverfahren,** die Beförderung mit **Carnet TIR** und die Beförderung mit **Carnet ATA**. Letztere Verfahren gehen auf völkerrechtliche Regelungen zurück und werden unter 11.3.2.1 und 11.3.2.2 behandelt.

Das Zolllagerverfahren

Im Zolllagerverfahren (Art. 98 bis 113 ZK) können Nichtgemeinschaftswaren in **44** einem Zolllager gelagert werden, ohne dass Einfuhrabgaben entstehen. Die Waren können später entweder wiederausgeführt (Transitlagerung) oder einem anderen Zollverfahren zugeführt (Kreditlagerung) werden.[44] Sie dürfen nicht be- oder verarbeitet, sondern nur einfachen Behandlungen unterworfen werden (Art. 109 ZK). Wegen der vielfältigen Kombinierbarkeit der Zollverfahren untereinander kommt dem Zolllagerverfahren auch im Zusammenhang mit anderen Verfahren Bedeutung zu. So müssen Waren nach einer aktiven Veredelung fristgerecht ausgeführt werden. Kann diese Ausfuhr etwa aus betriebsorganisatorischen Gründen noch nicht stattfinden, wird statt der Wiederausfuhr zunächst das Zolllagerverfahren gewählt, wodurch die Frist ebenfalls eingehalten wird.[45]

Es gibt **sechs verschiedene Arten von Zolllagern (Typ A bis E).** Sie unter- **45** scheiden sich danach, ob sie öffentlich oder privat sind, und nach den Modalitäten ihres Betriebs. Die flexibelsten Lager sind die privaten Lager des Typs D, aus dem Waren ohne Gestellung und vor Anmeldung in den zollrechtlich freien Verkehr überführt werden können, und des Typs E, bei dem der Einlagerer keine feste Lagerstätte haben muss.

Das Zolllager bedarf einer **Bewilligung.** Ausnahme davon ist das Zolllager des Typs **46** F, welches öffentlich ist und von den Zollbehörden betrieben wird (Art. 100 Abs. 1 ZK). Die Bewilligung setzt die erforderliche Gewähr des Antragstellers für die ordnungsgemäße Abwicklung des Zollverfahrens voraus, auch muss der Antragsteller in der Gemeinschaft ansässig sein. Letztlich muss ein wirtschaftliches Bedürfnis vorhanden sein (Art. 100 Abs. 2 ZK i. V. m. Art. 510 Abs. 1 ZK-DVO). Darunter wird allgemein verstanden, dass der Hauptzweck in der Lagerung als solcher bestehen muss (im Gegensatz zu Behandlungs- Veredelungs- und Umwandlungsvorgängen), dass die Lagerung eine minimale Lagerdauer überschreiten muss (bei weniger als 20 Tagen reicht ein bloßes Verwahrungslager[46] aus, da in diesem Zeitraum gemäß Art. 49 ZK noch keine Zollanmeldung erfolgen muss), dass die zolltechnische Überwachung gewährleistet ist und der mit ihr verbundene Verwaltungsaufwand verhältnismäßig ist.[47]

Die Zollbehörden können sowohl vom Einlagerer als auch vom Lagerhalter eine **Sicherheit** erheben (Art. 88 Abs. 1, 104, 189 ff. ZK).

Die aktive Veredelung

Im Rahmen der aktiven Veredelung (Art. 114 bis 129 ZK) werden Nichtgemein- **47** schaftswaren ohne Abgabenerhebung eingeführt, **veredelt (bearbeitet, verarbeitet oder ausgebessert)** und anschließend innerhalb einer bestimmten Frist wieder ausgeführt. Zur Förderung der Exportchancen der einheimischen verarbeitenden Industrie bestehen **Zollvergünstigungen** auf diese Einfuhren von Vorprodukten, wenn dadurch die Produktion von Herstellern gleicher Vorprodukte in der Gemeinschaft nicht

---

[44] *Birk*, a. a. O., § 12, Rdn. 57.
[45] *Witte/Wolffgang*, a. a. O., Rdn. 296, 279.
[46] Zur vorübergehenden Verwahrung siehe 11.2.3.1.
[47] *Witte/Wolffgang*, a. a. O., Rdnrn. 652 ff.

wesentlich beeinträchtigt wird (wirtschaftliche Voraussetzung).[48] Diese Voraussetzung wird im Rahmen der Bewilligung der aktiven Veredelung anhand einer Interessenabwägung geprüft. Daneben muss die Ansässigkeit und erforderliche Gewähr des Antragstellers gegeben sein.

Das Umwandlungsverfahren

48   Im Umwandlungsverfahren (Art. 114 bis 129 ZK) werden Nichtgemeinschaftswaren nicht in ihrer ursprünglichen Form, sondern erst nach einer Änderung ihrer Beschaffenheit (Bearbeitung, Verarbeitung, Ausbesserung und Verwendung von Produktionshilfsmitteln gemäß Art. 114 Abs. 2 Buchst. c ZK) in den zollrechtlich freien Verkehr überführt. Die Einfuhrabgaben werden nicht für die eingeführten Waren erhoben, sondern für die Endprodukte. Das Verfahren ist immer dann vorteilhaft, wenn auf das Endprodukt **niedrigere Abgaben** erhoben werden. Dies ist zumeist dann der Fall, wenn das **Endprodukt** einer **niedrigeren Produktionsstufe** zugehörig ist. Das Verfahren dient dazu, dass Arbeitsprozesse in der Gemeinschaft und nicht in einem Drittland durchgeführt werden. Es ist nur in bestimmten Fällen zulässig, die in Anhang 87 zu Art. 650 ZK-DVO aufgeführt sind.
Das Umwandlungsverfahren bedarf einer **Bewilligung**.[49]

Die vorübergehende Verwendung[50]

49   Das Verfahren der vorübergehenden Verwendung (Art. 137 bis 144 ZK) ist anwendbar, wenn **Nichtgemeinschaftswaren** im Zollgebiet der Gemeinschaft nur **zeitlich begrenzt genutzt** und anschließend unverändert wiederausgeführt werden sollen. Die Waren sind u. U. gänzlich **abgabenfrei** oder unterliegen lediglich einer **Teilverzollung**. Vollständig abgabenfrei sind u. a. Beförderungsmittel, Berufsausrüstungen, Ausstellungsgut, persönliche Gebrauchsgegenstände und Sportartikel. Eine Aufzählung befindet sich in den Artikeln 671 bis 689 ZK-DVO.[51] Andere Gegenstände können teilweise abgabenfrei sein. Gemäß Art. 143 Abs. 1 ZK werden in diesem Fall für jeden angefangenen Monat 3% der Abgaben festgesetzt, die bei einer Überführung in den zollrechtlich freien Verkehr angefallen wären.

11.3 Verbringen von Waren in Drittlandszollgebiete

11.3.1 Zollamtliche Überwachung bei der Einfuhr

50   Die Anhänge A.1 und A.2 der **Konvention von Kyoto** treffen Regelungen über die zollamtliche Überwachung der Waren nach deren Verbringung in ein Zollgebiet (eines Unterzeichnerstaates)[52] und vor Erhalt einer zollrechtlichen Bestimmung. Danach unterliegen alle Waren der **zollamtlichen Überwachung** (A.1, Norm 3). Der nationale Gesetzgeber bezeichnet die Orte des Verbringens ins Zollgebiet, er kann Zollstraßen bestimmen, die benutzt werden müssen (A.1, Norm 6). Desweiteren ist die Pflicht des Beförderers festgelegt, die Waren unmittelbar zu einer Zollstelle zu bringen, ohne dieselben oder die Verpackung zuvor zu verändern (A.1, Norm 7). Die Zoll-

---

[48] *Witte/Wolffgang*, a. a. O., Rdnrn. 720 bis 722.
[49] Zu den Voraussetzungen siehe *Witte/Wolffgang*, a. a. O., Rdnrn. 852 ff.
[50] Zu den völkerrechtlichen Regelungen siehe 11.3.2.2.
[51] Siehe auch die Aufstellung in *Witte/Wolffgang*, a. a. O., Rdn. 913.
[52] Eine Übersicht, welche Staaten den Anhang A.1 bzw. A.2 angenommen haben, befindet sich in *Witte*, a. a. O., Anhang 3, Nr. 10.

förmlichkeiten bei der Einfuhrzollstelle sind auf ein Minimum zu beschränken (A.1, Norm 4). So soll zum Beispiel nur die Vorlage bestimmter Dokumente (zur Kontrolle der Identität der Waren und des Transportmittels) verlangt werden (A.1, Norm 11). Gemäß A.1, Norm 13 bestimmen die Zollbehörden die für die Gestellung zuständigen Zollstellen und die Öffnungszeiten. In A.1, Ziff. 17 bis 20 sind Regelungen über die Entladung getroffen, die auch außerhalb des Amtsplatzes und der Öffnungszeiten der Zollstelle möglich sein sollte. Die Modalitäten über die vorübergehende Verwahrung von Waren vor der Anmeldung zu einem Zollverfahren sind in A.2 festgelegt. So ist insbesondere vorgesehen, dass kein neues Dokument erforderlich ist (Norm 5) und dass Untersuchungen und einfache Behandlungen an den Waren zulässig sind (Normen 11 und 12, empfohlene Praktik 13).

11.3.2 Zollverfahren ohne Entstehung einer Abgabenschuld

Nachfolgend werden die für den Exporteur bedeutsamsten, im Bestimmungsland durchführbaren Zollverfahren ohne Entstehung einer Abgabenschuld vorgestellt.

11.3.2.1 Transit (Carnet TIR)

Zur Erleichterung der Warentransporte über mehrere Zollgebiete ist 1975 das „Zollübereinkommen über den internationalen Warentransport mit Carnets TIR **(TIR-Übereinkommen)**" geschlossen worden. Es löst das TIR-Übereinkommen aus dem Jahr 1949 zwischen den Vertragsstaaten ab. **Vertragsparteien** sind im Wesentlichen alle Staaten der Welt,[53] die geographisch so angeordnet sind, dass ein Warentransport auch unter Benutzung eines bestehenden Straßennetzes über mehrere Zollgrenzen möglich ist. 51

Wenn es das TIR-Übereinkommen nicht gäbe, müsste bei einem Transport über mehrere Zollgrenzen in jedem Land eine Anmeldung zum nationalen Versandverfahren unter Verwendung der nationalen Zollpapiere, eine Abfertigung unter Anwendung der nationalen Vorschriften zur Nämlichkeitssicherung, Fristsetzung und Sicherheitsleistung und eine Verfahrensbeendigung durch Abfertigung und ggf. Rückzahlung der Sicherheiten erfolgen.[54] 52

Statt dessen genügt im Rahmen des TIR-Verfahrens eine Anmeldung und Abfertigung unter Verwendung des **einheitlichen Zolldokuments Carnet-TIR**, die Leistung einer **einheitlichen Sicherheit** (Bürgschaft durch die zuständige Stelle des Ausgangsstaates), die bloße Vorführung des Fahrzeugs oder der Behälter bei den **Durchgangszollstellen** und die Verfahrensbeendigung bei der **Bestimmungszollstelle**. So sieht Art. 5 des Abkommens vor, dass grundsätzlich bei den Durchgangszollstellen keine Zollbeschau stattfindet. Art. 23 bestimmt, dass die Zollbehörden eine Kontrolle oder eine Beschau unterwegs nur in Ausnahmefällen durchführen dürfen. Eine Entrichtung von Einfuhr- oder Ausfuhrabgaben darf bei den Durchgangszollstellen gemäß Art. 4 nicht gefordert werden. Unberührt bleiben davon lediglich Kontrollen oder Gebühren, die nach innerstaatlichen Vorschriften aus Gründen der öffentlichen Moral, öffentlichen Sicherheit, Hygiene oder öffentlichen Gesundheit sowie veterinärpolizeilichen oder pflanzenschutzrechtlichen Maßnahmen vorgesehen sind (Art. 47). 53

Zur Sicherstellung, dass das Zollverfahren ohne Unregelmäßigkeiten bzw. Verstöße abläuft, bzw. das betroffene Land gegen solche abgesichert ist, ist folgendes vorgesehen. 54

---

[53] BGBl II, 22. 1. 1999, Fundstellennachweis völkerrechtlicher Vereinbarungen, Abgeschlossen am 31. 12. 1998; eine Auflistung befindet sich auch bei Witte, a.a.O., Anhang 3 Nr. 16.
[54] *Witte/Wolffgang*, a.a.O., Rdn. 585.

- Der Transport hat mit **Fahrzeugen oder Behältern** (nach dem Behälterbegriff in Art. 1 Buchst. e sind in erster Linie Container gemeint) stattzufinden, die zugelassen worden (Art. 3 Buchst. a) und mit **Zollverschlüssen** versehbar sind. Von Zollverschlüssen kann nach Art. 29 bei besonders schweren oder sperrigen Waren abgesehen werden, wenn deren Nämlichkeit durch eine Warenbeschreibung, durch Zollplomben oder Nämlichkeitszeichen gesichert ist.
- Die Waren dürfen nach Art. 2 vor Beendigung des Verfahrens **nicht umgeladen** werden. (Im Gegensatz zu den Fahrzeugen oder Behältern als solchen).
- Gemäß Art. 20 können die Zollbehörden eines jeden Transitstaates bestimmen, dass für die Durchfahrt durch das Land eine **Frist** und eine **vorgeschriebene Fahrstrecke** eingehalten werden muss.
- Gemäß Art. 21 ist das Transportmittel bzw. sind die Behälter mit dem Carnet-TIR jeder **Durchgangszollstelle vorzuführen.**
- Während der Fahrt müssen Straßenfahrzeuge oder Lastzüge vorn und hinten eine gut sichtbare (, den Merkmalen der Anlage 5 entsprechende) Tafel mit der **Aufschrift „TIR"** tragen (Art. 16).
- Für den Warentransport muss schließlich gemäß Art. 3 Buchst. b eine **Bürgschaft** von nach Art. 6 zugelassenen Verbänden geleistet werden.

11.3.2.2 Vorübergehende Verwendung

55 Unter einer vorübergehenden Verwendung versteht man (auf internationaler Ebene)[55] ein Zollverfahren, nach dem bestimmte Waren (einschließlich Beförderungsmittel) unter Aussetzung der Einfuhrabgaben und frei von Einfuhrverboten und Einfuhrbeschränkungen (VuB) wirtschaftlicher Art für einen **bestimmten Zweck** in ein Zollgebiet verbracht werden dürfen, um innerhalb einer bestimmten Frist und, von der normalen Wertminderung abgesehen, in unverändertem Zustand wieder ausgeführt zu werden.

56 Im Mittelpunkt völkerrechtlicher Regelungen steht das **Istanbuler Übereinkommen von 1990,** das im Rahmen des Rates für die Zusammenarbeit auf dem Gebiet des Zollwesens (RZZ/WCO) ausgearbeitet worden ist. Es ersetzt zwischen den Vertragsstaaten eine Reihe früherer Abkommen zur vorübergehenden Verwendung von einzelnen Produkten, insbesondere auch das „Zollübereinkommen über das **Carnet A.T.A** (Admission Temporaire – Temporary Admission) für die vorübergehende Einfuhr von Waren" von 1961.[56]

57 Wesentlich ist die in Art. 2 Abs. 1 des Istanbuler Übereinkommens enthaltene Verpflichtung der Unterzeichnerstaaten, die in den Anlagen des Abkommens aufgeführten Waren zur vorübergehenden Verwendung zuzulassen. Nach den Anlagen B1 bis B9, C und D wird die vorübergehende Verwendung unter vollständiger **Aussetzung der Einfuhrabgaben** und **frei von VuB wirtschaftlicher Art** für folgende Waren gewährt:
- **Waren, die auf Ausstellungen, Messen, Kongressen oder ähnlichen Veranstaltungen verwendet werden sollen** (Anlage B. 1). Umfasst sind neben den auszustellenden Gegenständen Konstruktions- und Ausrüstungsmaterial, sowie Werbematerial und Vorführapparate in angemessener Anzahl. In den zollrechtlich freien Verkehr dürfen abgabenfrei überführt werden: Muster und Proben, die unentgeltlich und in angemessener Anzahl verteilt werden.

---

[55] Gemäß Art. 1 Buchst. a des Istanbuler Übereinkommens von 1990 (BGBl. II 1993, S. 2214).

[56] Eine Auflistung der Unterzeichnerstaaten beider Abkommen befindet sich in *Witte*, a.a.O., Anhang 3 Nr. 2 und 9.
Gemäß Art. 19 Abs. 1 der Anlage A des Istanbuler Übereinkommens ist (zwischen den Unterzeichnerstaaten) das Carnet-ATA-Übereinkommen außer Kraft gesetzt.

- **Berufsausrüstung** (Anlage B. 2). Das Verfahren ist nur für außerhalb des Zollgebiets ansässige Personen zulässig (Art. 3 der Anlage B.2) und nur im Rahmen der Aufzählung der Liste in Anhang III zur Anlage.
- **Behälter, Paletten, Umschließungen, Muster und andere im Rahmen eines Handelsgeschäfts eingeführte Waren** (Anlage B. 3).
- **Waren, die für ein Herstellungsverfahren eingeführt werden (Anlage B. 4).** Gemeint sind Matrizen, Klischees, Platten, Formen, Zeichnungen, Pläne, Modelle, Messgeräte, Überwachungsgeräte, Spezialinstrumente, usw.
- **Waren, die für den Unterricht, für wissenschaftliche oder kulturelle Zwecke eingeführt werden** (Anlage B. 5). Siehe dazu die Anhänge I bis III zur Anlage.
- Persönliche Gebrauchsgegenstände der Reisenden und zu Sportzwecken eingeführte Waren (Anlage B. 6).
- Werbematerial für den Fremdenverkehr (Anlage B. 7).
- Waren, die im Grenzverkehr eingeführt werden (Anlage B. 8).
- Waren, die für humanitäre Zwecke eingeführt werden (Anlage B. 9).
- **Beförderungsmittel** (Anlage C).
- Tiere (Anlage D).

Andere Waren, die zum Beispiel **Produktionszwecken** oder zur Ausführung von Arbeiten dienen, werden gemäß Art. 2 der Anlage E i.V.m. Art. 2 des Übereinkommens unter **teilweiser Abgabenbefreiung** zur vorübergehenden Verwendung zugelassen. Die Höhe der Abgaben darf je angefangenen Monat bis zu fünf Prozent des Betrages ausmachen, der bei einer Überführung in den freien Verkehr angefallen wäre (Art. 5 der Anlage E).[57]

Anstelle der jeweiligen innerstaatlichen Zolldokumente haben die Unterzeichnerstaaten ein **einheitliches Zollpapier** eingeführt, das **Carnet ATA** bzw. für Beförderungsmittel das **Zollpassierscheinheft**. Das Zollpapier hat nicht nur die Aufgabe, die Nämlichkeit der Waren zu sichern, sondern es dient auch als Sicherheit (für die Entrichtung von Einfuhrabgaben bei etwaigen Verstößen des Einführers). Durch Ausstellung des Zollpapiers verbürgt sich ein Verband oder eine Verbandskette (Handelskammern, Automobilclubs) für die gegebenenfalls entstehende Zollschuld des Einführers und haftet mit diesem als Gesamtschuldner (Art. 8 der Anlage A des Übereinkommens).

11.3.2.3 Zolllagerverfahren

Durch Inanspruchnahme des Zolllagerverfahrens können eingeführte Waren gelagert werden, ohne dass Einfuhrabgaben fällig werden. Das Zolllagerverfahren ist in allen Ländern anerkannt, die den Anhang A.2 der Kyoto-Konvention angenommen haben.[58]

11.3.3 Verzollung

11.3.3.1 Überführung in den freien Verkehr

Sollen eingeführte Waren im Zollgebiet verbleiben, um ge- oder verbraucht zu werden, sind sie in den zollrechtlich freien Verkehr zu überführen.

---

[57] Gemäß Art. 9 der Anlage E kann jeder Unterzeichnerstaat einen Vorbehalt zu Art. 2 in Bezug auf die teilweise Befreiung von den Eingangsabgaben einlegen. Es ist daher davon auszugehen, dass von dieser Art der vorübergehenden Verwendung nicht in jedem Unterzeichnerstaat Gebrauch gemacht werden kann.
[58] Siehe *Witte*, a.a.O., Anhang 3, Nr. 10.

Zollanmeldung

61 International gültige Vorschriften über die Überführung von Waren in den freien Verkehr sind im Anhang B.1 der Konvention von Kyoto enthalten. Dieser enthält im über die Zollanmeldung im Wesentlichen folgende Regelungen.

Gemäß Norm 5 legen die nationalen Gesetzgeber der Unterzeichnerstaaten fest, wer Zollanmelder sein kann. Dies sollte nach dem Sinn der empfohlenen Praktik 6 jede Person sein, die dazu vom Berechtigten ermächtigt worden ist.

Gemäß der Norm 11 sollen die Angaben in der Zollanmeldung auf das beschränkt werden, was zur Abgabenerhebung, für statistische Zwecke und zur Anwendung anderer Vorschriften, für die der Zoll zuständig ist, unbedingt notwendig ist. Dazu gehören regelmäßig Angaben über Namen und Adresse der beteiligten Personen, Auskünfte über Transportart und -mittel und umfassende Angaben über die Waren (Anmerkung 1 zu Norm 11). Vom Zollanmelder zu erbringende Nachweise sind ebenfalls auf ein Mindestmaß zu beschränken (Norm 15). Erforderlich werden sein: Einfuhrgenehmigung (falls eine solche vorgeschrieben ist), Ursprungsnachweis, bei Tieren und Pflanzen sanitäre Nachweise, Handelsrechnung und Beförderungsdokument (Anmerkung zu Norm 15).

Die Möglichkeit einer vorläufigen oder unvollständigen Anmeldung wird in der Praktik 12 empfohlen, ist aber nicht Pflicht der Unterzeichnerstaaten.

In den Ziffern 18 bis 20 sind schließlich Vorschriften enthalten über die nachträgliche Berichtigung bzw. die Rücknahme der Zollanmeldung unter Wahl eines anderen Zollverfahrens.

Ist die Prüfung der Zollanmeldung und ggf. der Waren abgeschlossen, sind die Waren freizugeben, wenn die Abgaben gezahlt sind oder dafür Sicherheit geleistet ist (Norm 59). Die eingeführte Ware darf frei verwendet werden, die zollamtliche Überwachung endet.

Besondere Verwendung

62 In bestimmten Fällen kann eine Zollvergünstigung[59] an die Voraussetzung geknüpft werden, dass die Waren einer besonderen Verwendung zugeführt werden. In diesen Fällen besteht eine Einschränkung der Verfügungsfreiheit des Einführers dahingehend, dass er die Waren nur im Rahmen des begünstigten Zwecks verwenden darf. Das Verfahren setzt meistens eine Bewilligung voraus. Die zollamtliche Überwachung der Waren besteht auch nach der Überführung in den zollrechtlich freien Verkehr fort.

Verfügungsbeschränkungen

63 Auf diesem Gebiet befinden sich internationale Regelungen in der Konvention von Kyoto im Anhang B.2. Dort ist insbesondere festgelegt, dass dem Einführer verboten werden kann, die eingeführte Ware an Dritte weiterzugeben (Abs. 5 der Einleitung). Als Sicherheit sollten die Zollbehörden im Allgemeinen nur eine schriftliche Verpflichtungserklärung des Einführers verlangen (empfohlene Praktik Nr. 10), eine Real- oder Personalsicherheit nur in bestimmten Sonderfällen (empfohlene Praktik Nr. 11).

Zollbefreiungen

64 Weiterhin enthält der Anhang B.2 Empfehlungen über Waren, deren zollfreie Einfuhr möglich sein sollte. Interessant für den Bau und Betrieb von Großprojekten könnte dabei die Nennung von Bildungsmaterial und wissenschaftlichen Geräten sein, (sofern sie auch im UNESCO-Abkommen enthalten sind).

---

[59] Siehe auch 11.3.3.3.

Die Möglichkeit der zollfreien Einfuhr von Übersiedlungsgut im Falle eines Wohnsitzwechsels einer natürlichen Person in das Einfuhrland, ist im Anhang B.2 als Norm (Nr. 17) vorgeschrieben.

11.3.3.2 Bemessung der Abgabenschuld

Die Abgabenschuld wird durch die **drei Elemente „Zolltarif", „Warenursprung"** (bei einer Präferenz) **und „Zollwert"** bestimmt (Zollerhebungsgrundlagen).

Zolltarif

Der Zolltarif legt fest, für welche Waren und in welcher Höhe ein Zollanspruch besteht. Jeder Tarif besteht aus zwei Grundbestandteilen, dem **Zolltarifschema** und den verschiedenen **Zollsätzen**.[60] Das Zolltarifschema, welches auch als „Nomenklatur" bezeichnet wird, ist ein Warenverzeichnis, das sämtliche Waren und Güter eindeutig und systematisch klassifiziert (einreiht).[61] Der Aufbau folgt im Allgemeinen dem Prinzip, von den Rohprodukten aufsteigend zu den immer stärker bearbeiteten Produkten zu klassifizieren.[62]

Den ersten Schritt zu einer weltweiten Vereinheitlichung von nationalen Nomenklaturen bildete die sogenannte Genfer Nomenklatur aus dem Jahr 1931. Im Jahr 1950 wurde die eine noch weitergehende Produktaufgliederung enthaltende Brüsseler Nomenklatur eingeführt. Diese wurde wiederum abgelöst von dem ab 1988 bis heute geltenden **„Harmonisierten System zur Bezeichnung und Kodierung der Waren" (HS)**. Diesem Übereinkommen sind (mit Stand vom 18. 11. 1994) 77 Staaten und die EG beigetreten.[63] In 131 Staaten ist das HS Basis der verwendeten Nomenklatur.[64]

Das Warenverzeichnis des HS ist in 21 Abschnitte, diese wiederum sind in 99 zollrechtlich relevante Kapitel aufgeteilt. Ausgehend von 1241 Positionen, die mit vier arabischen Ziffern gekennzeichnet sind, werden diese Positionen durch eine 5., ebenfalls mit arabischen Ziffern versehene Stelle in weitere Unterpositionen und diese mit einer weiteren mit arabischen Ziffern versehene 6. Stelle in insgesamt 5113 Unterpositionen gegliedert.[65]

Die Unterteilungen im HS stellen sich wie folgt an einem Ausschnitt dar:

8468	Maschinen, Apparate und Geräte zum Löten oder Schweißen, auch wenn sie nicht zum Brennschneiden verwendbar sind, jedoch ausgenommen solche der Position 8515; Maschinen und Apparate zum autogenen Oberflächenhärten:
846810	– Handapparate und -geräte (Brenner)
846820	– andere Autogenmaschinen, -apparate und -geräte
846880	– andere Maschinen, Apparate und Geräte
846890	– Teile
8469	Schreibmaschinen, ausgenommen Drucker der Position 8471; Textverarbeitungsmaschinen:
	– automatische Schreibmaschinen und Textverarbeitungsmaschinen:
846911	– – Textverarbeitungsmaschinen
846912	– – automatische Schreibmaschinen
...	

---

[60] *Witte/Wolffgang*, a.a.O., Rdn. 1373.
[61] *Czakert*, a.a.O., 9.
[62] *Czakert*, a.a.O., 10.
[63] Eine Auflistung der Unterzeichnerstaaten befindet sich in *Witte*, a.a.O., Anhang 3 Nr. 8.
[64] *Czakert*, 10.
[65] Eurostat, 11.

68 Weitere Bestandteile des HS sind (bindende) Anmerkungen und Auslegungsvorschriften. In Art. 3 des Übereinkommens ist die Pflicht jeder Vertragspartei aufgeführt, ihre Zolltarifnomenklatur und ihre Statistiknomenklatur mit dem HS in Einklang zu bringen. Dies bedeutet, dass alle Positionen, Unterpositionen und Codenummern des HS übernommen werden müssen. Art. 3 erlaubt weitere nationale Untergliederungen. Art. 4 gesteht den Entwicklungsländern zu, die Anwendung von Unterpositionen so lange aufzuschieben, wie sich dies in Anbetracht der Struktur des Außenhandels oder der Leistungsfähigkeit der Verwaltung des jeweiligen Landes als notwendig erweist.

Ein **Großprojekt,** wie beispielsweise eine Fabrik oder ein Hotel, kann nicht als solches in das Harmonisierte System bzw. dessen nationale Umsetzung eingereiht und pauschal verzollt werden. Statt dessen ist grundsätzlich jede einzelne Einfuhr von Bauteilen einem Zollverfahren zuzuführen. Eine Erleichterung bietet in diesem Zusammenhang die **Codenummer 940600,** unter der „**vorgefertigte Gebäude**" aus verschiedenen Stoffen als „eine Ware" eingeführt werden können. Für **Maschinen** der unterschiedlichsten Art sind in **Kapitel 84 und 85** Codes vorgesehen, so dass nicht Einzelteile verzollt werden müssen. Maschinenbestandteile, die gleichzeitig gestellt und nach der Einfuhr zu einer Maschine zusammengebaut werden sollen, können gemäß Nr. 2 Buchst. a der allgemeinen Auslegungsvorschriften bereits als Maschine verzollt werden.

Ursprung/Zollpräferenzen

69 Der zweite Faktor zur Berechnung des Abgabenbetrages ist der Ursprung der Ware, wenn eine Präferenzregelung für die Ware in Betracht kommt.[66] Der Ursprung einer Ware ist aber auch zollrechtlich von Interesse, wenn keine Präferenzbehandlung in Betracht kommt, sondern in Fällen von Zollaussetzungen oder Zollkontingenten besondere oder keine Zollsätze zur Anwendung kommen. Darüber hinaus kann der Ursprung von Bedeutung sein, soweit handelspolitische Maßnahmen gegenüber bestimmten Staaten bestehen und der Einfuhrstaat daher den Nachweis begehrt, in welchem Staat die importierte Ware ihren Ursprung hat. Soweit keine Präferenzbehandlung, also Zollsatzvergünstigung, bei der Einfuhr begehrt wird, finden die Regeln des sog. nichtpräferenziellen Ursprungs Anwendung.

Nichtpräferenzieller Ursprung

70 Im Sinne des nichtpräferenziellen Ursprungs sind Ursprungswaren eines Landes solche, die vollständig in diesem Land gewonnen oder hergestellt werden. Sind mehrere Länder an der Herstellung beteiligt, ist entscheidend, wo die **letzte wesentliche und wirtschaftlich gerechtfertigte Be- oder Verarbeitung** stattgefunden hat.[67] Diese Definition reicht allerdings nur zum ersten Verständnis des Begriffs „Ursprung". Nach welchen Regeln der Ursprung genau zu bestimmen ist, setzt jedes Land für seine Einfuhren selbst fest. Dies versteht sich fast von selbst, ist aber auch im „Internationalen Übereinkommen über die Zollförmlichkeiten" von 1923 (RGBl. II 1925, S. 672) festgelegt.

71 Inzwischen sind viele Länder bei der **Ausgestaltung ihrer Ursprungsregeln** an **völkervertragsrechtliche Vereinbarungen** gebunden. Nach Beendigung des 2. Weltkrieges wurden im Rahmen des GATT und der UNCTAD (United Nations Conference on Trade and Development) die ersten (unverbindlichen) Definitionen und

---

[66] Anderenfalls bleibt der Warenursprung bei der Abgabenberechnung wegen der Geltung des Meistbegünstigungsgrundsatzes unberücksichtigt.
[67] *Witte*, a. a. O., Zoll-ABC, Rdn. 2.

Regeln zum Warenursprung entwickelt. Verbindliche Regeln hat der Zollrat (RZZ/WCO) 1973 in der Kyoto-Konvention in den Anhängen D1 bis D3 aufgestellt. Während in D2 Ursprungsnachweise und in D3 die nachträgliche Kontrolle von Ursprungsnachweisen behandelt, enthält D1 materielle Ursprungsregeln. Dieses Werk ist bis jetzt das Einzige, mit dem auf internationaler Ebene gearbeitet werden kann. Es hat sich allerdings nie allgemein durchsetzen können. Zwar ist der Anhang D1 von Australien, der EG, Indien, Israel, Japan, Korea und der Schweiz angenommen worden, von den USA hingegen nicht.[68]

Eine Einigung mit den USA ist schließlich bei der Uruguay-Runde des GATT erzielt worden. In Anhang 1 ist dem Abkommen zur Errichtung der WTO ein Übereinkommen über Ursprungsregeln beigefügt worden. Die Regeln sind derzeit in Arbeit. Es besteht die Pflicht der Mitgliedstaaten zur Annahme (Notifikationspflicht). Die neue, globale Regelung soll „kohärent, unparteiisch, vorhersehbar, objektiv, vernünftig sowie verständlich sein und auf positiven Abgrenzungskriterien beruhen". Eine komplexe, ausführliche Bestimmung mit zahlreichen Listenpositionen wie von den präferenziellen Ursprungsregeln bekannt ist auch für den nichtpräferenziellen Bereich zu erwarten. 72

Die bisherige Regelung in Anhang D1 der Kyoto-Konvention trifft exakte Regeln (in Form einer Aufzählung) lediglich für Waren, die vollständig in einem Land erzeugt sind. Zur Erfassung des Kriteriums der „wesentlichen Verarbeitung", welches gilt, wenn mehrere Länder beteiligt sind, schlägt Ziffer 3 des Anhangs D1 bisher lediglich drei alternativ oder kumulativ anwendbare Methoden vor. Danach können die Vertragsparteien der Konvention eine **„wesentliche Verarbeitung"** davon abhängig machen, ob 73

– durch sie ein **Tarifsprung** innerhalb einer bestimmten Nomenklatur stattgefunden hat. (Zum Beispiel gilt für Lederschuhe ein höherer Tarif als für Leder). Dabei sollen Ausnahmelisten erstellt werden, welche Tarifsprünge nicht zu einer „wesentlichen Verarbeitung" führen und welche Verarbeitungen, die keinen Tarifsprung bewirken trotzdem als „wesentlich" zu erachten sind.[69]
– die Verarbeitung in einer erstellten **Liste** aller denkbaren Be- und Verarbeitungsvorgänge als **wesentlich** gewertet wird.
– die Verarbeitung zu einer in Prozenten ausgedrückten **Wertsteigerung** der Ware führt.

Präferenzieller Ursprung

Eine Präferenz ist eine **zolltarifliche Vorzugsbehandlung,** die ein Staat Waren eines oder mehrerer anderer Staaten gewährt. Beispielsweise gewährt die EG den AKP-Staaten (bestimmte Länder des afrikanischen, karibischen und pazifischen Raumes) im Rahmen des Abkommens von Lomé eine gänzlich zollfreie Einfuhr bestimmter Waren (Nullzollsatz). Die sog. **Präferenzzölle**[70] sind **Ausnahmen vom Meistbegünstigungsgrundsatz** und werden auf Sonderregelungen des GATT für Zollunionen, Freihandelszonen und Entwicklungsländer gestützt.[71] 74

Der präferenzielle Ursprung ist der Ursprung einer Ware, der sich in der Regel aus **speziellen Ursprungsregeln,** die zur Regelung der Präferenz erlassen worden sind, ergibt. Der Unterschied zu den nichtpräferenziellen Ursprungsregeln liegt

---

[68] Von den 55 Unterzeichnern der Kyoto-Konvention ist der Anhang D 1 von 29 abgelehnt worden (Siehe *Witte*, a. a. O., Anhang 3 Nr. 10).
[69] Hier findet also eine negative Abgrenzung statt im Gegensatz zu einer positiven, wie dies im Rahmen der Uruguay- Runde vereinbart worden ist.
[70] Diese sind Ausnahmen von den normalerweise geltenden sog. „Regelzöllen".
[71] *Dorsch*, a. a. O., Einleitung A, Rdn. 21.

zumeist darin, dass nur für bestimmte Waren Regeln getroffen werden müssen, diese damit umfassender sind und höhere Anforderungen an die Feststellung des Ursprungs stellen.

Präferenzielle Ursprungsregeln können zum einen autonome Regeln eines Staates, zum anderen Regeln in bi- oder multilateralen Präferenzabkommen[72] sein. Z.B. enthalten die Art. 66 bis 123 ZK-DVO autonome präferenzielle Ursprungsregeln der EG, die zum Beispiel im Rahmen der einseitigen Zollpräferenzen gegenüber Entwicklungsländern (APS = Allgemeines Präferenzsystem) gelten. Dagegen sind die für das Präferenzabkommen zwischen der EG und Island, Norwegen und Liechtenstein (EWR = Europäischer Wirtschaftsraum = Freihandelszone) gültigen Ursprungsregeln in einem Protokoll zu diesem Abkommen festgelegt.[73]

Zollwert

75 Um die Zollschuld bestimmen zu können, ist neben der Einreihung der Waren in den Zolltarif und gegebenenfalls der Feststellung des Ursprungs die Bestimmung einer Größe der eingeführten Waren erforderlich, an die der Tarif anknüpfen soll. In Betracht kommt diesbezüglich der **Wert der Waren oder Spezifika, wie Stückzahl, Gewicht, Volumen etc.** So ist es zum Beispiel bei Fernsehern denkbar, dass man eine Abgabe je Fernseher, eine Abgabe je Kilogramm Fernseher oder einen Prozentsatz seines Wertes als Abgabe erhebt. Im Ergebnis würden im ersten Fall alle Fernseher gleich, im zweiten Fall schwere Fernseher und im dritten Fall wertvolle Fernseher stärker belastet. Der Methode – Verzollung nach dem Zollwert – wird zwar entgegengebracht, man könne mit spezifischen Maßstäben genauer, gerechter und gleichmäßiger verzollen. Sie hat sich jedoch als die praktikablere und effizientere Methode erwiesen und auf internationaler Ebene durchgesetzt.[74]

76 Im Jahr 1947 kam man im Rahmen des GATT überein, dass der Abgabenerhebung der „wirkliche Wert" der Ware zugrunde gelegt werden soll (GATT, Art. VII). Unter diesem war „der Rechnungspreis zuzüglich aller im Rechnungspreis etwa nicht enthaltenen rechtlich zulässigen Kosten, die zu den Elementen des ‚wirklichen Wertes' gehören, sowie zuzüglich jedes außergewöhnlichen Preisnachlasses oder jeder sonstigen Ermäßigung des üblichen Wettbewerbspreises" zu verstehen (Anmerkungen und ergänzende Bestimmungen zu Art. VII:2).

77 Dieser wettbewerbsneutrale, theoretische Wertbegriff war schließlich auch Grundlage des 1950 abgeschlossenen internationalen **Brüsseler Zollwertabkommens,** dem 33 Staaten beitraten. Einige wichtige Handelsnationen, darunter die USA, lehnten diesen Wertbegriff jedoch ab. Sie legten der Verzollung einen positiven Wert zugrunde, den (reinen) Transaktionswert.

78 Schließlich einigte man sich im Rahmen des GATT auf ein einheitliches Zollwertsystem, den **GATT-Zollwertkodex,** welcher 1981 in Kraft trat und dessen Regeln noch heute gültig sind. Er ist zwar während der Uruguay- Runde reformiert worden und wird **jetzt GATT-Zollwertkodex 1994** genannt, materiell-rechtlich ist er aber unverändert geblieben. Das Abkommen bindet etwa 45 Staaten und wird in absehbarer Zeit bei über 95% des Welthandels Anwendung finden.[75]

Einige Länder, vornehmlich Entwicklungsländer sind hingegen nach wie vor Mitglieder des **Brüsseler Zollwertabkommens** oder wenden es an.[76]

---

[72] Dort werden sie zumeist in ein Protokoll aufgenommen.
[73] Zum präferenziellen Ursprung vgl. *Wolffgang,* a.a.O., S. 1 ff.
[74] *Müller-Eiselt,* a.a.O., 4100, Rdn. 13.
[75] *Müller-Eiselt,* a.a.O., 4100, Rdn. 82.
[76] *Müller-Eiselt,* a.a.O., 4100, Rdn. 40.

Der GATT-Zollwertkodex basiert auf einem positiven Wertbegriff, d. h. **Zollwert** 79
ist im Regelfall der **Preis, zu dem die zu bewertende Ware tatsächlich verkauft
worden ist.**[77]

Das Übereinkommen sieht im Einzelnen **fünf Zollwertbestimmungsmethoden**
und eine sogenannte **Auffang-Klausel** vor. Die einzelnen Methoden stehen in einer
hierarchischen Ordnung zueinander: Wenn der Zollwert nicht nach der ersten Methode errechnet werden kann, kommt die zweite zur Anwendung usw.. Hinsichtlich der
vierten und fünften Methode kann der Importeur eine Umkehrung der Reihenfolge
beantragen. 95 % aller Fälle lassen sich bereits mit der ersten Methode lösen.[78]

Erste Methode: Als Zollwert der eingeführten Ware gilt gemäß Art. 1 des Über- 80
einkommens der **Transaktionswert,** das heißt der für die eingeführte Ware tatsächlich bezahlte oder zu zahlende Preis. Nach Art. 8 werden dem effektiv zu bezahlenden
Preis **zugerechnet: Maklergebühren, Verpackungskosten und Lizenzgebühren.**
Über die Einbeziehung der **Transportkosten** bis zur **Grenze des Einfuhrlandes,
der Lade- und Entladekosten sowie der** Versicherungskosten entscheidet das jeweilige Einfuhrland durch Gesetz. Art. 1 stellt desweiteren Voraussetzungen auf, die
sicherstellen sollen, dass Käufer und Verkäufer keine Preismanipulationen vornehmen.

Zweite Methode: Ist der Zollwert der eingeführten Ware nach der ersten Metho- 81
de nicht zu ermitteln, so entspricht der Zollwert dem Transaktionswert gleicher Ware,
die unter den gleichen Konkurrenzverhältnissen importiert wird. Falls keine direkte
Vergleichbarkeit besteht, ist eine in Art. 2 Nr. 2 festgelegte Berichtigung vorzunehmen.

Dritte Methode: Können Art. 1 und 2 nicht zur Anwendung gelangen, so wird 82
der Transaktionswert gleichartiger (nicht gleicher) Ware als Zollwert angenommen.

Vierte Methode: Art. 5 bestimmt die Ermittlung des Zollwertes entsprechend dem 83
im Einfuhrland erzielten Verkaufswert der Ware („deduktive Methode"), unter Abzug
bestimmter (i. d. R. dem Vertrieb zugehöriger Kosten) sowie der üblichen Gewinnmarge.

Fünfte Methode: Der Zollwert entspricht der Summe der Herstellkosten, der 84
Handelsmarge im Ausfuhrland sowie der in der ersten Methode erwähnten Nebenkosten (Art. 6).

Auffang-Klausel: Der Zollwert wird durch andere zweckmäßige Methoden gemäß 85
den Leitlinien des Art. VII GATT bestimmt. Dabei darf der Zollwert nicht die in
Art. 7 festgelegten Preise oder Werte zur Grundlage haben, wie zum Beispiel den Verkaufswert der im Einfuhrland hergestellten Produkte, den Inlandsmarktpreis von Waren im Ausfuhrland oder willkürliche oder fiktive Werte.

11.3.3.3 Abweichungen von den Verzollungsregeln

Zollbefreiungen/Zollaussetzungen

Zollbefreiungen sind Ausnahmen von der im Tarif vorgesehenen Zollbelastung. 86
Sie sind in einer Zollgesetzgebung regelmäßig vorgesehen, soweit der Staat aus besonderen Umständen oder Anlässen eine Zollerhebung nicht für angebracht oder wünschenswert hält. So hat beispielsweise die **EG** in ihrer **Zollbefreiungsverordnung**
(VO 918/83; ABl. 1983 Nr. L 105/1) festgelegt, dass eine **Betriebsverlegung in das
Zollgebiet der Gemeinschaft** hinsichtlich Investitionsgüter und sonstigen Ausrüstungsgegenständen (mit Ausnahme etwa von Rohstoffen, Fertig- oder Halbfertigwaren) gänzlich **zollfrei** erfolgt (bei Erfüllung gewisser Bedingungen, die in den Art. 33

---

[77] *Müller-Eiselt,* a. a. O., 4100, Rdn. 41.
[78] *Müller-Eiselt,* a. a. O., 4100, Rdn. 46.

bis 37 der VO festgelegt sind), soweit der Betrieb seine Tätigkeit in dem Drittland endgültig einstellt. Ähnliche, zum Teil auch weitergehende Vorschriften finden sich in den Zollgesetzgebungen vieler Staaten.

87 **Zollaussetzungen** sind Maßnahmen von begrenzter Dauer, während der die im Tarif vorgesehenen Zölle für Einfuhren einer unbegrenzten Menge (Zollaussetzung) oder einer begrenzten Menge (Zollkontingent) entweder gar nicht oder nur teilweise entrichtet werden müssen.

Verbindliche Auskünfte

88 Viele Staaten sehen in ihrer Zollgesetzgebung die Möglichkeit vor, dass bei den Zollbehörden verbindliche Auskünfte über den im Einzelfall anzuwendenden Tarif oder den Ursprung einer Ware eingeholt werden können. Erweist sich eine solche verbindliche Auskunft im Nachhinein als falsch, können die betroffenen Waren entsprechend der Auskunft eingeführt werden.

89 Auf internationaler Ebene ist die **verbindliche Tarifauskunft** im Anhang G.1 Ziffer 2 der Kyoto- Konvention geregelt. Die genaue Ausgestaltung, unter welchen Voraussetzungen Tarifauskünfte verbindlich sind, ist jedoch den Unterzeichnerstaaten überlassen.

90 Die Mitglieder des WTO-Abkommens haben sich auch zur Einführung der **verbindlichen Ursprungsauskunft** verpflichtet. Diese Verpflichtung ist bedeutender als die bezüglich der Tarifauskunft in der Konvention von Kyoto, da den Unterzeichnerstaaten kein vergleichbarer Spielraum verbleibt. Zu beachten ist aber, dass eine Ursprungsauskunft nur bindend ist, wenn der Ursprung aller Einzelteile richtig angegeben wurde.

Sondervereinbarungen

91 Je nach der Bedeutung des Projektes für das Land, in dem es errichtet werden soll, kann ein Staat etwa durch Schaffung einer speziellen Zollbefreiung oder Zollaussetzung in seiner Gesetzgebung zur Gewährung von Zollvergünstigungen/Zollfreiheit bereit sein. So hat zum Beispiel Japan beim Bau des Disneylands in Tokio für dafür verwendete eingeführte Waren Zollvergünstigungen gewährt. Frankreich konnte hingegen beim Projekt „Eurodisney" wegen der Einbindung in die europäische Zollunion keine Zugeständnisse machen.

Ist an dem Projekt ein einheimisches Unternehmen beteiligt, wird in der Praxis zumeist so verfahren, dass dieses für Einfuhr und Verzollung verantwortlich und für die Beantragung von Zollvergünstigungen oder anderen steuerlichen Kompensationen zuständig ist.

Zum Teil kommt es vor, dass ein Staat offen mit Zollvergünstigungen wirbt, so zum Beispiel die Bahamas für den Bau von Hotels oder für Investitionen in Fabrikationsbetriebe.[79] In der Praxis sind derartige Vergünstigungen allerdings nicht häufig und auch nicht unproblematisch. Zumindest in Fällen, in denen keine offizielle Ausschreibung stattgefunden hat, und damit nicht Unternehmen verschiedener Länder eine Chance zur Realisierung des Projektes und damit in den Genuss der Zollvergünstigung zu kommen hatten, können Verstöße gegen internationales Recht (Grundsatz der Meistbegünstigung) nicht ausgeschlossen werden.

Auch kann in gewissen Fällen die Gefahr von Korruption gegeben sein, wenn einem einheimischen Vertragspartner die Aufgaben „Einfuhr und Verzollung" übertragen werden.

---

[79] *Florida International University,* Customs Guide To The Americas 1997.

12. Teil. Steuerfragen bei der Projektfinanzierung

Übersicht

	Rdn.
12. Steuerfragen bei der Projektfinanzierung	1
12.1 Problemstellung	1
12.2 Gang der Darstellung	5
12.3. Steuerliche Aspekte der Projektgesellschaft	6
12.3.1 Vorbemerkung	6
12.3.2 Kapitalgesellschaft als Projektgesellschaft	7
12.3.2.1 Besteuerung der Projektgesellschaft in Deutschland	8
12.3.2.1.1 Allgemeines zur Besteuerung	8
12.3.2.1.2 Ermittlung der Besteuerungsgrundlagen	13
12.3.2.1.3 Gesellschafterfremdfinanzierung (§ 8a KStG)	18
12.3.2.1.3.1 Einzelheiten der Regelung	19
12.3.2.1.3.2 Praktische Auswirkungen der Regelung auf die Projektfinanzierung	28
12.3.2.1.4 Verlustnutzung bei Kapitalgesellschaften	30
12.3.2.1.4.1 Verlustnutzung für Körperschaftsteuerzwecke	31
12.3.2.1.4.2 Verlustnutzung für Gewerbesteuerzwecke	32
12.3.2.1.4.3 Verlustnutzung durch die steuerliche Organschaft	33
12.3.3 Personengesellschaft als Projektgesellschaft	36
12.3.3.1 Vorbemerkung	36
12.3.3.2 Allgemeines zur Besteuerung	37
12.3.3.3 Ermittlung der Besteuerungsgrundlagen	40
12.3.3.4 Besteuerung der atypisch stillen Gesellschaft	46
12.4 Steuerliche Aspekte beim Projektträger	49
12.4.1 Allgemeines	49
12.4.2 Besteuerung der Projektträger als Eigenkapitalgeber einer Projektkapitalgesellschaft	51
12.4.2.1 Beteiligung an einer inländischen Projektgesellschaft durch inländische Projektträger	52
12.4.2.2 Beteiligung eines inländischen Projektträgers an einer ausländischen Projektgesellschaft	55
12.4.2.2.1 Besteuerung der ausländischen Projektgesellschaft	55
12.4.2.2.2 Besteuerung des inländischen Projektträgers	56
12.4.2.3 Beteiligung eines ausländischen Projektträgers an inländischer Projektgesellschaft	60
12.4.2.3.1 Besteuerung des Projektträgers im Inland	61
12.4.2.3.2 Aspekte der Doppelbesteuerung	63
12.4.2.3.3 Besteuerung im Ausland	66
12.4.2.4 Beteiligung an einer Projektgesellschaft in Form einer Personengesellschaft	67
12.4.2.4.1 Vorbemerkung	67
12.4.2.4.2 Beteiligung eines inländischen Projektträgers an einer inländischen Projektgesellschaft	68
12.4.2.4.3 Beteiligung eines inländischen Projektträgers an einer ausländischen Projektgesellschaft	70
12.4.2.4.4 Beteiligung eines ausländischen Projektträgers an einer inländischen Projektgesellschaft	72

12. Teil. Steuerfragen bei der Projektfinanzierung

	Rdn.
12.5 Steuerliche Aspekte bei den Kreditgebern	74
12.5.1 Vorbemerkung	74
12.5.2 Quellensteuer	75
12.5.3 Auswirkung der Gesellschafterfremdfinanzierung auf Kreditgeber	79
12.6 Steuerliche Aspekte beim Lieferanten	79 a
12.6.1 Vorbemerkung	79 a
12.6.2 Keine Beteiligung des Lieferanten an der Projektgesellschaft	80
12.6.2.1 Trennung von Offshore- und Onshore-Leistungen	81
12.6.2.2 Kooperationsformen der Lieferanten	82
12.6.2.2.1 General-/Subunternehmer-Verhältnis	83
12.6.2.2.2 Konsortium	84
12.6.2.2.3 Arbeitsgemeinschaft (ARGE)	85
12.6.2.3 Betriebsstättenbesteuerung	86
12.6.2.4 Steuerliche Aspekte des Know-How Transfers	91
12.6.2.5 Steuerklausel/Steuerüberwälzungsklausel	92
12.6.3 Beteiligung des Lieferanten an der Projektgesellschaft	93
12.6.3.1 Verrechnungspreise aus steuerlicher Sicht	95
12.6.3.2 Fremdvergleich	96
12.6.3.3 Standardmethoden zur Verrechnungspreisbestimmung	97
12.6.3.3.1 Preisvergleichsmethode (comparable uncontrolled price method)	98
12.6.3.3.2 Wiederverkaufspreismethode (resale price method)	99
12.6.3.3.3 Kostenaufschlagsmethode (cost plus method)	100
12.6.3.4 Anwendung der Methoden	101
12.7 Schlussbemerkung	102

Schrifttum: *Blaurock*, Handbuch der Stillen Gesellschaft, 5. Auflage 1998, Köln; *Büschgen u. a.*, Praxishandbuch Leasing, München 1999; *Erle/Sauter u. a.*, Reform der Unternehmensbesteuerung: Kommentar zum Steuersenkungsgesetz mit Checklisten und Materialien, Köln 2000; *Hinsch/Horn*, Das Vertragsrecht der internationalen Konsortialkredite und Exportfinanzierungen, 1985; *Fahrholz*, Neue Formen der Unternehmensfinanzierung – Unternehmensübernahmen, Big ticket-Leasing, Asset Backed- und Projektfinanzierungen, 1998; *Dötsch/Eversberg/Jost/Witt*, Die Körperschaftsteuer, Kommentar, Loseblatt, Stuttgart 2000; *Dötsch/Pung*, Die geplante Reform der Unternehmensbesteuerung, Der Betrieb, Beilage Nr. 4/2000; *Glanegger/Güroff*, Gewerbesteuergesetz, Kommentar, 4. Aufl., München 1999; *Mossner u.a.*, Steuerrecht international tätiger Unternehmen, 2. Aufl. 1998; *International Bureau of Fiscal Dokumentation*, European Tax Handbook 2000, Amsterdam; *Kiethe/Hektor*, Grundlagen und Techniken der Projektfinanzierung, DStR 1996, S 977; *Schmidt*, Einkommensteuergesetz, Kommentar, 19. Aufl., München 2000; *Reuter/Wecker*, Projektfinanzierung – Anwendungsmöglichkeiten, Risikomanagement, Vertragsgestaltung, bilanzielle Behandlung, Stuttgart 1999; *Sonntag*, Steuerliche Aspekte des internationalen Großanlagenbaus, IWB-Nr. 17 vom 10. 9. 1991, Fach 3 Deutschland, Gruppe 1, Seite 1293; *Vogel*, Doppelbesteuerungsabkommen, 3. Aufl., München 1996; *Vögele u. a.*, Handbuch der Verrechnungspreise, München 1997

12.1 Problemstellung

1   Der Erfolg einer Projektfinanzierung hängt neben den vielen in diesem Buch angesprochenen Themen auch von der Besteuerung ab. So minimiert beispielsweise jegliche Besteuerung im Lande der Projektdurchführung den **Cash Flow** aus dem Projekt und beeinflusst damit die Fähigkeit, den Kapitaldienst aus den erwarteten Einnahmen zu leisten. Aufgrund der vielfältigen Erscheinungsformen der Projektfinanzierung spielen bei der Analyse der steuerlichen Einflussgrößen auf den Cash Flow eine Vielzahl steuerlicher Vorschriften der Jurisdiktion, in der das Projekt verwirklicht wird, eine

Problemstellung

Rolle. Darüber hinaus ist zu beachten, dass bei einer grenzüberschreitenden Projektfinanzierung in dem Beziehungsgeflecht der am Projekt Beteiligten mehrere Steuerjurisdiktionen berührt werden und sich daraus Probleme ergeben können, die aus den unterschiedlichen Steuersystemen und Besteuerungsprinzipien resultieren.

Der Versuch einer Systematisierung der steuerlichen Aspekte ist nicht einfach. Dies liegt einerseits darin begründet, dass die finanzierten Projekte vielfältiger Natur sind. So gestaltet sich beispielsweise die Ausbeutung von Rohstoffquellen grundsätzlich anders als die Errichtung eines Telekommunikationsnetzes. Andererseits wird eine Systematisierung durch die Vielfalt der steuerlich zu beachtenden Regelungsmechanismen erschwert. Vereinfacht gesagt kann eine Ausarbeitung über die steuerlichen Aspekte bei der Projektfinanzierung in einen Überblick über das **Steuerrecht** in mehreren Jurisdiktionen sowie in deren Beziehungen zueinander ausarten.

Einen vielversprechenden Ansatz einer Systematisierung bieten die an dem jeweiligen Projekt Beteiligten. Sie sind gegenüber dem jeweiligen Staat zur Steuerzahlung verpflichtet, wenn sie durch ihre Beteiligung an dem Projekt – in welcher Form auch immer – einen Tatbestand verwirklichen, der eine Steuerpflicht auslöst und damit die für den Kapitaldienst maßgebenden Kennzahlen beeinflusst.

Ausgehend von den verschiedenen Beteiligten[1] einer Projektdurchführung spielen die Besteuerung der Erträge aus der Projektaktivität selbst sowie die Belastung des durch das Projekt gebundenen Kapitals mit Kapitalsteuern eine zentrale Rolle. Eng damit verbunden sind Fragen, die sich aus der Rechtsform der projektierten Aktivität bei grenzüberschreitenden Vorgängen ergeben (z. B. **Tochterkapitalgesellschaft, Personengesellschaft, Betriebsstätte**) sowie bei der Ermittlung der Besteuerungsgrundlage von Bedeutung sind.

Daran schließen sich an die Aspekte, die sich bei der Besteuerung des **Gewinntransfers** an die das Projekt tragenden Unternehmen (**„Projektträger"** oder **„Sponsoren"**) ergeben. Denn schließlich wird ein Projekt nicht um seiner selbst willen, sondern zur Generierung von Gewinnen durchgeführt, die letztendlich den Anteilseignern zugute kommen sollen. Dies setzt voraus, dass der Gewinn auf der Ebene der Projektgesellschaft erzielt und an die Sponsoren als Beteiligungserträge weitergeleitet wird. Es liegt in der Natur der Dinge, dass Projekte mit einem größeren Finanzierungsvolumen nicht von Einzelnen, sondern von Unternehmensgruppen oder konzernartigen Gebilden initiiert werden, die bereits in den entsprechenden oder ähnlichen Märkten tätig sind und ihre Liefer- und Abnahmeinteressen im Blick haben.[2] Dies impliziert bei grenzüberschreitenden Projekten die Anwendung des internationalen **Konzernsteuerrechts,** das einerseits dadurch geprägt ist, die steuerliche Neutralität grenzüberschreitender wirtschaftlicher Tätigkeit zu erreichen.[3] Andererseits müssen dort, wo der Gewinn der Projektträger aus der Abnahme und dem Weiterverkauf des produzierten Gutes erzielt werden, die **Verrechnungspreisgrundsätze** zwischen verbundenen Unternehmen beachtet werden.

Als weiterer Anknüpfungspunkt für Besteuerungstatbestände kommt die Finanzierungstätigkeit der Fremdkapitalgeber hinsichtlich des Projektes selbst in Betracht. Hierbei ist zu denken an die Besteuerung der Vergütung für das Fremdkapital an der Quelle, **Gesellschafter-Fremdfinanzierung,** die Einschaltung von **Finanzierungsgesellschaften** etc. Als Sonderform der Finanzierung einer Projektaktivität ist das

---

[1] Vgl. *Hinsch/Horn*, Das Vertragsrecht der internationalen Konsortialkredite und Exportfinanzierungen, S. 221 ff.

[2] Vgl. *Fahrholz*, Neue Formen der Unternehmensfinanzierung – Unternehmensübernahmen, Big ticket-Leasing, Asset Backed- und Projektfinanzierungen, 1998, S. 255.

[3] Vgl. *Menck*, in *Mössner u.a.*, Steuerrecht international tätiger Unternehmen, 2. Aufl. 1998, A 45, *Röver*, Kapitel 6.

Leasing zu nennen. Die Darstellung der steuerlichen Aspekte der verschiedenen Formen des Leasings auf dem Hintergrund der damit zusammenhängenden Fragen der **Bilanzierung** würden jedoch den Rahmen dieses Kapitels sprengen.[4]

Eine nicht unerhebliche Rolle spielt das Steuerrecht auch für die **Lieferanten** einer projektierten Anlage. Aus dem Bereich des **internationalen Anlagenbaus** ergeben sich beispielsweise die vielfältigsten steuerlichen Probleme und Gestaltungsalternativen zur Vermeidung einer Steuerbelastung auf die Lieferung und damit der Reduzierung der Investitionskosten des Projekts.

Schließlich ist der Staat, in dessen Territorium das Projekt durchgeführt werden soll, von eminenter Bedeutung. Zunächst spielt er als Konzessionsgeber und als Gesetzgeber der investitionsrechtlichen Rahmenbedingungen eine zentrale Rolle. Darüber hinaus ist, abgesehen von seiner fiskalischen Rolle, die ein Staat kraft seiner öffentlich-rechtlichen Hoheitsgewalt wahrnimmt, im Zusammenhang mit der Besteuerung seine Rolle in der Wirtschaftsförderung erwähnenswert, die sich u. a. in steuerlichen Anreizen,[5] Zuschüssen und Zulagen, Garantien etc. manifestiert. Darüber hinaus können insbesondere bei Bergbauprojekten beträchtliche gewinnunabhängige Abgaben den Cash flow aus dem Projekt nachhaltig beeinflussen.

12.2 Gang der Darstellung

5   Ausgehend von der zuvor dargestellten Systematik versuchen die nun folgenden Ausführungen einen Überblick über die jeweils einzelnen steuerlichen Aspekte zu geben. Leitgedanke ist stets ein im Rahmen einer betriebswirtschaftlichen Analyse steuerlich optimierter Cash flow. Dies ist der Dreh- und Angelpunkt einer erfolgreichen Projektfinanzierung. Eine nachlässige Planung des künftigen Steueraufwands kann die betriebswirtschaftlichen Kennzahlen des Projekts (z.B. die **„life of loan cover ratio"** und die **„debt service cover ratio"**)[6] nachhaltig verfälschen und damit die Entscheidungen der Projektträger und Fremdkapitalgeber in die falsche Richtung lenken.

Um einen Zugang zu der komplizierten Materie zu erlangen, soll zunächst im Rahmen der zuvor dargestellten Systematik anhand des nationalen deutschen Steuerrechts ein Grundverständnis geschaffen werden. Diese Darstellung berücksichtigt auch die Neuregelung, die das deutsche Steuerrecht durch das Gesetz zur Senkung der Steuersätze und zur Reform zur Unternehmensbesteuerung (**Steuersenkungsgesetz –** StSenkG –) erfahren hat.[7] Dieses Grundverständnis wird ergänzt durch die Darstellung der Prinzipien des internationalen Steuerrechts, soweit es für die Besteuerung in Deutschland von Relevanz ist. Danach soll in Einzelfällen versucht werden, den Bezug zu entsprechenden Rechtsinstituten anderer Steuerjurisdiktionen herzustellen und auf die Interdependenz der verschiedenen Steuersysteme hinzuweisen.

12.3 Steuerliche Aspekte der Projektgesellschaft

12.3.1 Vorbemerkung

6   Die Projektgesellschaft bildet die zentrale organisatorische Einheit für die Durchführung des Projektes als Einzelgesellschaft.[8] Sie ist eine Einzweckgesellschaft, mit der

---

[4] Vgl. zum Leasing *Büschgen*, Praxishandbuch Leasing.
[5] Vgl. *Hinsch/Horn*, S. 230.
[6] Vgl. *Fahrholz*, S. 292 ff.
[7] Vgl. BGBl. I 2000 S. 1439.
[8] Vgl. *Fahrholz*, S. 259.

die maßgeblichen Voraussetzungen dafür geschaffen werden, Großprojekte finanzierungsfähig und damit erst realisierungsfähig zu machen.[9] Für die **Rechtsformwahl** spielen neben dem Kernziel der Haftungsfreistellung der Sponsoren und ggf. der **Dekonsolidierung** die steuerlichen Auswirkungen eine besondere Rolle.[10] Als Grundformen bieten sich die Kapitalgesellschaft sowie die Personengesellschaft an. Die steuerlichen Aspekte beider Rechtsformen im Hinblick auf die Projektfinanzierung werden nachfolgend im Überblick dargestellt.

12.3.2 Kapitalgesellschaft als Projektgesellschaft

In der Praxis gründen die Projektträger in den meisten Fällen eine besondere Kapitalgesellschaft (sog. **special purpose vehicle,** SPV), deren alleiniger Zweck die Entwicklung und der Betrieb des Projektes ist. Diese Kapitalgesellschaft ist dann Vertragspartei, rechtlicher Bezugspunkt der im Rahmen des Projekts bestehenden Rechtsverhältnisse[11] und – abgesehen von geleasten Wirtschaftsgütern – wirtschaftliche Eigentümerin der Anlagegüter, mit denen der Erfolg des Projektes erzielt werden soll. 7

Bezüglich der Besteuerung der Kapitalgesellschaften trifft das internationale Konzernsteuerrecht die Grundaussage, dass nach dem **Trennungsprinzip** die gesonderte Rechtspersönlichkeit der einzelnen Gesellschaften sowohl von den Staaten der Ansässigkeit der jeweiligen Konzernobergesellschaft, als auch von den Tätigkeitsstaaten anerkannt wird. Darüber hinaus ist internationales gemeinsames Verständnis, dass die einzelnen Konzerngesellschaften, und nicht der Konzern als ganzes, zur Steuer herangezogen werden und dass den Konzerngesellschaften in ihren jeweiligen Ansässigkeits- und Tätigkeitsstaaten die gleiche Behandlung zu gewähren ist wie Inländern. Nicht unerwähnt soll bleiben, dass die Heimatstaaten eines Konzerns grundsätzlich die rechtliche Selbstständigkeit der Tochtergesellschaften achten, indem sie deren Gewinne bei der Muttergesellschaft nicht mit deren Entstehen, sondern erst bei der Ausschüttung besteuern.[12]

12.3.2.1 Besteuerung der Kapitalgesellschaft in Deutschland

12.3.2.1.1 Allgemeines zur Besteuerung

In Deutschland werden die Gesellschaft mit beschränkter Haftung (GmbH) sowie die Aktiengesellschaft (AG) als Projektgesellschaft verwendet, wobei letztere auf Grund ihrer gesellschaftsrechtlichen Verfassung – sieht man von der sog. kleinen Aktiengesellschaft ab – wesentlich aufwändiger zu handhaben ist als eine GmbH. Steuerlich ist die Kapitalgesellschaft selbst Rechtssubjekt, d.h. ihre Gewinne unterliegen auf ihrer Ebene der Körperschaftsteuer und Gewerbesteuer.[13] Diese steuerrechtliche Selbständigkeit der Kapitalgesellschaft gegenüber ihren Anteilseignern führt zu einer „**Abschirmwirkung"** in dem Sinne, dass Gewinne einer Kapitalgesellschaft bis zu ihrer Ausschüttung bei den Anteilseignern grundsätzlich steuerlich nicht erfasst werden; ausgenommen hiervon sind Fälle des **Gestaltungsmissbrauchs** i.S.d. § 42 AO oder die **Hinzurechnungsbesteuerung** nach den §§ 7ff AStG.[14] 8

---

[9] Vgl. *Fahrholz,* S. 299.
[10] Vgl. *Fahrholz,* S. 261.
[11] Vgl. *Kiethe/Hektor,* Grundlagen und Techniken der Projektfinanzierung, DStR 1996, S. 979.
[12] Vgl. *Menck,* in *Mössner u. a.,* a.a.O, A 47.
[13] Vgl. zur relativen Rechtsfähigkeit der Personengesellschaft im Steuerrecht 12.3.3.
[14] Vgl. zur Hinzurechnungsbesteuerung *Henkel,* in *Mössner u. a.,* a.a.O., E 496 ff. mit weiteren Nachweisen.

12. Teil. Steuerfragen bei der Projektfinanzierung

Die deutsche unbeschränkte Steuerpflicht knüpft daran an, dass die Kapitalgesellschaft ihren Sitz oder ihre Geschäftsleitung im Geltungsbereich des Körperschaftsteuergesetzes hat.[15] Unbeschränkte Steuerpflicht bedeutet, dass eine Kapitalgesellschaft mit ihren weltweiten Gewinnen der **Körperschaftsteuer** unterliegt, soweit nicht Befreiungstatbestände greifen. Solche Befreiungstatbestände können sich insbesondere aus Abkommen zur Vermeidung der Doppelbesteuerung (DBA) ergeben und betreffen dann in der Regel Gewinne aus ausländischen Betriebsstätten sowie Einkünfte aus ausländischem Grundbesitz; sachliche **Steuerbefreiungen** hinsichtlich Dividendenerträgen sowie aus Anteilsbesitz ergeben sich gemäß den Neuregelungen des § 8b KStG durch das StSenkG aus dem Körperschaftsteuergesetz selbst. Demgegenüber betrifft die beschränkte Steuerpflicht ausländischer Kapitalgesellschaften gemäß § 49 Abs. 1 KStG nur die in § 49 Abs. 1 EStG abschließend aufgezählten Einkünfte.

9 Die Anerkennung der Kapitalgesellschaft als selbstständiges Steuersubjekt hat zwingend zur Folge, dass die von ihr erzielten Gewinne in ihrer Steuerschuldnerschaft der Körperschaftsteuer unterworfen und an die Anteilseigner ausgeschüttete Gewinne bei diesen versteuert werden müssen. Im Ergebnis werden also von einer Kapitalgesellschaft erwirtschaftete Gewinne zweimal versteuert mit der Folge, dass dem Anteilseigner dem von der Kapitalgesellschaft erwirtschafteten Gewinnen nur ein um die jeweils anzuwendenden Steuersätze verminderter Betrag verbleibt. Die doppelte Belastung der Gewinne einerseits mit Körperschaftsteuer und andererseits nach Ausschüttung noch einmal mit Ertragsteuer auf der Ebene des Anteilseigners entspricht dem sog. „**klassischen System**" der Körperschaftsteuer und wird je nach Höhe der Steuer als belastend empfunden. Das bislang geltende **Anrechnungsverfahren** sollte diese Doppelbelastung vermeiden. Es handelt sich um ein **Vollanrechnungsverfahren** im geschlossenen System. Das bedeutet, dass die auf der Ebene der Kapitalgesellschaft gezahlte Körperschaftsteuer in voller Höhe auf die Steuerschuld des Anteilseigners angerechnet wird, unabhängig davon, wann die Dividendenausschüttung erfolgt.

Demgemäss beträgt der Steuersatz für **thesaurierte Gewinne** bis zum Veranlagungszeitraum 2000 40%, der sog. Ausschüttungsatz 30%. Die von der Kapitalgesellschaft gezahlte Körperschaftsteuer ist auf der Ebene des inländischen Anteilseigners mit der eigenen Einkommen-/Körperschaftsteuerbelastung verrechenbar. Bei der Ermittlung der Bemessungsgrundlage wird das sog. Körperschaftsteueranrechnungsguthaben mit berücksichtigt. Anteilseigner, die entweder persönlich steuerbefreit sind (wie z.B. **Gebietskörperschaften**) oder bei denen bezüglich von Gewinnausschüttungen die Steuerpflicht gemäß § 50 Abs. 5 EStG durch den Abzug der **Kapitalertragsteuer** abgegolten ist, sind gemäß § 51 KStG vom Anrechnungsverfahren ausgeschlossen. Letzteres betrifft insbesondere Anteilseigner, die weder Sitz oder Geschäftsleitung bzw. Wohnsitz oder gewöhnlichen Aufenthalt im Inland haben (ausländische Anteilseigner).

10 Diese seit 1977 geltende Vollanrechnung der Körperschaftsteuer im geschlossenen System wird ab 2001 durch ein System der Definitivbelastung mit Körperschaftsteuer in Höhe von 25% ersetzt. Die von der Körperschaft auf den von ihr erwirtschafteten Gewinn gezahlte Körperschaftsteuer wird im Falle einer Dividendenausschüttung an den Anteilseigner nicht mehr mit dessen eigener Körperschaftsteuer/Einkommensteuer verrechnet, sondern definitiv. Konsequenterweise werden Dividenden aus Beteiligungen auf der Ebene der empfangenen Körperschaft von der Bemessungsgrundlage ausgenommen.[16] Aufwendungen im Zusammenhang mit den empfangenen Dividenden,

---

[15] Vgl. § 1 Abs. 1 KStG; zur Behandlung von ausländischen Kapitalgesellschaften mit Geschäftsleitung im Inland vgl. *Graffe* in *Dötsch/Eversberg/Jost/Witt*, Kommentar zum KStG und EStG Tz. 80 ff. zu § 1 KStG.

[16] Vgl. § 8b Abs. 1 KStG in der Fassung des Gesetz zur Änderung des Investitionszulagengesetzes 1999 vom 20. Dezember 2000, BGBl. I S. 1850.

insbesondere Refinanzierungskosten im Zusammenhang mit der Beteiligung, sind dann nicht abzugsfähig.[17] Auf die weiteren Auswirkungen dieser Systemänderung wird noch bei der Darstellung der steuerlichen Aspekte bei den Projektträgern einzugehen sein.[18]

Darüber hinaus unterliegt der Gewinn der Kapitalgesellschaft der **Gewerbeertrag-** 11 **steuer,** die einerseits für Zwecke der Körperschaftsteuer, andererseits auch für Zwecke der Gewerbeertragsteuer selbst als Betriebsausgabe abgezogen werden kann. Die Gewerbesteuerbelastung variiert je nach örtlicher Lage des Projekts auf Basis unterschiedlicher kommunaler Gewerbesteuerhebesätze zwischen 0% (Hebesatz 0%) und effektiv 20,48% (Hebesatz 515%). Der Gewinn der Projektgesellschaft wird darüber hinaus durch den derzeit erhobenen **Solidaritätszuschlag** geschmälert, der gemäss § 4 SolzG in Höhe von 5,5% auf die zu zahlende Körperschaftsteuer erhoben wird und für Zwecke der steuerlichen Gewinnermittlung nicht abziehbar ist.[19]

Seit der Abschaffung der **Gewerbekapitalsteuer** durch das Gesetz zur Fortsetzung 12 der Unternehmenssteuerreform in 1997 ab dem 1.1.1998 sowie die durch den Beschluss des Bundesverfassungsgerichts vom 22.6.1995[20] nicht mehr zulässige Erhebung der **Vermögensteuer** ab dem 1.1.1997 spielt die früher bei kapitalintensiven Investitionen bestehende ertragsunabhängige Belastung des Nettoeigenkapitals mit **Kapitalsteuer** vorläufig keine liquiditätsschmälernde Rolle mehr. Die Vermögensteuerbelastung betrug beispielsweise ca. 0,45% des Nettovermögens, die Gewerbekapitalsteuerbelastung je nach örtlichem Hebesatz zwischen bis zu 1,0%. Diese Belastungen wurden einerseits verstärkt durch die Behandlung der langfristigen Refinanzierungsmittel als **Dauerschulden** für Zwecke der Gewerbekapitalsteuer mit der Folge, dass 50% der langfristigen Fremdmittel für Zwecke der Ermittlung der Steuerbemessungsgrundlage nicht abzugsfähig waren. Andererseits stellte die Nichtabziehbarkeit der Vermögensteuer für Ertragsteuerzwecke eine weitere Belastung dar, denn nicht nur die Vermögensteuer selbst, sondern auch die darauf entfallende Körperschaftsteuer sowie Gewerbeertragsteuer beeinträchtigten die Liquiditätsposition der Projektgesellschaft.

12.3.2.1.2 Ermittlung der Besteuerungsgrundlagen

Die Kapitalgesellschaft ist als Kaufmann gem. § 238 HGB zur Buchführung ver- 13 pflichtet. Die Wertansätze der Wirtschaftsgüter in der **Handelsbilanz** sind grundsätzlich gemäss § 5 Abs. 1 Satz 1 EStG auch maßgeblich für die **Steuerbilanz,** soweit das Steuerrecht keine eigenen Wertansätze vorschreibt. Die einkommensteuerrechtliche Gewinnermittlung ist gemäss § 7 KStG auch maßgebend für Zwecke der Körperschaftsteuer.

Das Verhältnis zwischen handelsrechtlicher und steuerlicher Gewinnermittlung ist diffizil und insbesondere für ausländische Investoren nicht einfach zu durchschauen. Es ist geprägt durch die unterschiedlichen Zielsetzungen des Handelsrechts einerseits und des Steuerrechts andererseits. Handelsrecht ist Zivilrecht und dient der Ermittlung der ausschüttungsfähigen Dividende an den Anteilseigner. Steuerrecht ist öffentliches Eingriffsrecht und soll der Ermittlung des „wirklichen Gewinns" als Indikator der wirtschaftlichen Leistungsfähigkeit dienen.[21] Im Hinblick auf die Gewinnermittlung von Projektgesellschaften sind zunächst die allgemeinen Grundsätze zu beachten. Danach ist

---

[17] Vgl. § 3c EStG in der Fassung des Gesetzes zur Änderung des Investitionszulagengesetzes 1999 vom 20. Dezember 2000, BGBl. I S. 1850.
[18] Vgl. 12.4.2.1.
[19] Vgl. § 10 Abs. 2 KStG.
[20] BGBl. I S. 1191, BStBl. II S. 655.
[21] Vgl. Schmidt/Weber-Grellet EStG § 5 Rdn. 27 m.w.N.

zunächst, sofern keine speziellere steuerliche Ansatznorm, wie beispielsweise § 5 Abs. 2 EStG für die Aktivierung von derivativ erworbenen **immateriellen Wirtschaftsgütern,** gilt, in der Steuerbilanz zu aktivieren, was handelsrechtlich aktiviert werden muss und zu passivieren, was handelsrechtlich passiviert werden muss (**Maßgeblichkeit** der handelsrechtlichen Aktivierungs- und Passivierungsgebote). Im Gegensatz dazu ist steuerrechtlich nicht zu aktivieren, was handelsrechtlich nicht aktiviert werden darf und nicht zu passivieren, was handelsrechtlich nicht passiviert werden darf (Maßgeblichkeit der handelsrechtlichen Aktivierungs- und Passivierungsverbote).[22] Diese Grundsätze werden nach der ständigen Rechtsprechung des BFH erweitert um das Prinzip, dass in der Steuerbilanz das aktiviert werden muss, was handelsrechtlich lediglich aktiviert werden darf und dass in der Steuerbilanz nicht passiviert werden darf, was in der Handelsbilanz nicht passiviert werden muss.[23]

14 Nicht maßgeblich für die Steuerbilanz bei Projektgesellschaften sind daher beispielsweise **Bilanzierungshilfen,** wie die Aktivierung von **Ingangsetzungskosten** und aktive latente Steuern,[24] die der Darstellung einer verbesserten Eigenkapitalsituation dienen, jedoch mit einer **Ausschüttungssperre** belegt sind. Sie werden beispielsweise verwendet, um für Zwecke der **Gesellschafter-Fremdfinanzierung** die Eigenkapitalposition zu stärken und damit das zulässige Fremdkapital aus dem Konzern zu erhöhen. Auf der Passivseite der Steuerbilanz sind insbesondere die Vorschriften betreffend die Bildung von **Rückstellungen** zu nennen, bei denen es zu gravierenden Unterschieden im Bewertungsansatz kommen kann. So dürfen z. B. sogenannte Aufwandsrückstellungen, die in der Handelsbilanz gem. § 249 Abs. 2 HGB gebildet werden können, in der Steuerbilanz nicht gebildet werden. Darüber hinaus hat der Steuergesetzgeber für bestimmte handelsrechtlich zu bildende Rückstellungen Sonderregelungen getroffen. Zu nennen sind hier das Verbot zur Bildung von Rückstellungen für drohende Verluste aus schwebenden Geschäften[25] und einschränkende Regelungen betreffend die Bildung von Rückstellungen für die Verpflichtung zur schadlosen Verwertung radioaktiven Atommülls.[26]

Im Bereich der Bewertung von bilanzierten Wirtschaftsgütern sehen die Vorschriften des §§ 6ff. EStG eine Reihe von steuerbilanziellen Regelungen und **Wahlrechten** vor, die in der Handelsbilanz zur Vermeidung von unterschiedlichen Bilanzansätzen nachvollzogen werden. Zu nennen sind hier beispielsweise die Abschreibung von Mobilien gem. § 7 Abs. 2 EStG oder die sofortige Abschreibung sogenannter geringwertiger Wirtschaftsgüter gem. § 6 Abs. 2 EStG.[27] Hier gilt gemäß § 5 EStG Abs. 1 S. 2 EStG der Grundsatz der formellen Maßgeblichkeit der Handelsbilanz für die Steuerbilanz, nach dem steuerrechtliche Wahlrechte nur in Übereinstimmung mit der Handelsbilanz ausgeübt werden dürfen.

Bildet der auf der Grundlage der Steuerbilanz ermittelte Gewinn die Ausgangsgröße für die Ermittlung des zu versteuernden Einkommens, wird dieser um steuerrechtliche Besonderheiten modifiziert. Dies bezieht sich einerseits auf steuerlich nicht beachtliche Vermögensmehrungen, andererseits auf nicht abziehbare Aufwendungen. Im Zusammenhang mit der Projektfinanzierung sind auf der Ebene der Projektkapitalgesellschaft insbesondere die steuerfreien Investitionszulagen[28] sowie die nicht steuerbaren Einlagen der Gesellschafter zu nennen. Davon abzugrenzen sind Zuschüsse, die je nach Art ent-

---

[22] Vgl. *Schmidt/Weber-Grellet* EStG § 5 Rdn. 30.
[23] Vgl. GrS BFH BStBl II 69, 291.
[24] Vgl. §§ 269, 274 Abs. 2 HGB.
[25] Vgl. § 5 Abs. 4a EStG.
[26] Vgl. § 5 Abs. 4b EStG.
[27] Bzgl. weiterer Einzelheiten vgl. *Schmidt/Weber-Grellet* EStG § 5 EStG Rdn. 42.
[28] Vgl. § 9 InvZulG 1999.

weder die Aktivierung einzelner Wirtschaftsgüter beeinflussen oder als steuerfreie/-pflichtige Betriebseinnahmen zu behandeln sind.[29]

Auf der Ausgabenseite sind insbesondere die Vorschriften zur Abziehbarkeit der sog. **„nützlichen Aufwendungen"**[30] sowie der Problemkreis der sog. **verdeckten Gewinnausschüttung** zu nennen.[31] Letzterer spielt insbesondere eine große Rolle im Bereich der **Gesellschafter-Fremdfinanzierung** und wird dort noch eingehender behandelt.[32] Verdeckte Gewinnauschüttungen ziehen die steuerlichen Konsequenzen aus der Verlagerung von Vermögenswerten und Erträgen bzw. Aufwendungen zu Lasten der Projektgesellschaft zugunsten der Projektträger, soweit diese durch das Gesellschaftsverhältnis und nicht betrieblich veranlasst sind.[33] Obwohl sie nicht nur gesellschaftsrechtlich veranlasste Vermögensminderungen betreffen, sondern auch insoweit veranlasste verhinderte Vermögensmehrungen, bilden die Vermögensminderungen den Schwerpunkt der Nichtabziehbarkeit. Ihr Hauptanwendungsfall im internationalen Kontext ist die Gewinnverlagerung über die Grenze im Bereich der internationalen **Verrechnungspreise.**[34] Dieser Themenkomplex wird insbesondere dort relevant, wo Projektträger einerseits als Gesellschafter der Projektgesellschaft agieren, andererseits eigne Lieferanten- oder Abnehmerinteressen verfolgen.[35] Dies trifft beispielsweise Konsortien zu, die sich zur Förderung und dem Vertrieb von Erdöl in einer Fördergesellschaft (SPV) zusammenschließen, die geförderte Erdölmenge quotal unter sich verteilen und den Projektgewinn aus dem Vertrieb des Erdöls generieren.

15

Gewerbesteuerrechtlich ist auf die eingeschränkte Abziehbarkeit der **Refinanzierungsaufwendungen** bei sog. **Dauerschulden** und auf die Rechtslage zur Abziehbarkeit von **Leasingraten** über die Grenze hinzuweisen. Die gewerbesteuerrechtliche Gewinnermittlung knüpft gemäß § 7 GewStG an die Gewinnermittlung für die Körperschaftsteuer an und wird durch Spezialvorschriften des Gewerbesteuerrechts modifiziert. Die beschränkte Abziehbarkeit von Refinanzierungsaufwendungen im Zusammenhang mit dem Erwerb von Anlagevermögen ist in § 8 Nr. 1 GewStG geregelt. Sie betrifft alle Finanzierungen, die bei der steuerlichen Gewinnermittlung zu Zinsaufwand führen und langfristigen Charakter haben. Sie betrifft darüber hinaus langfristige Finanzierungen von Umlaufvermögen **(Betriebsmittelkredite).** Ihre Wirkung besteht darin, dass für Zwecke der Gewerbesteuer die Zinsen nur zur Hälfte abziehbar sind. Diese Regelung steigert die Kreditkosten und mindert den durch Kreditaufnahme beabsichtigten leverage effect. Die Nichtabziehbarkeit von Leasingraten betrifft gleichfalls die Finanzierung von Investitionsgütern und ist nach dem derzeitigen Gesetzeswortlaut an die gewerbesteuerrechtliche Situation des Empfängers der Leasingraten geknüpft. Werden die Leasingraten beim Empfänger **(Leasinggeber)** nicht in die Ermittlung der Bemessungsgrundlage miteinbezogen, sind sie gemäß § 8 Nr. 7 GewStG auf der Ebene des Leasingnehmers nicht abzugsfähig. Dies führt zu der europarechtlich bedenklichen Situation, dass Leasingraten, die an einen außerhalb Deutschland in der Europäischen Union ansässigen Leasinggeber gezahlt werden, nicht von der gewerbesteuerlichen Bemessungsgrundlage des deutschen Leasingnehmers abgezogen werden können. Der deutsche gewerblich tätige Leasinggeber ermöglicht dem **Leasingnehmer** jedoch den

16

---

[29] Vgl. *Schmid/Heinicke* EStG § 4 Rdn. 460 m. w. N.

[30] Vgl. § 4 Abs. 5 Nr. 10 EStG, auch als Bestechungsgelder bezeichnet; vgl. hierzu auch die Ausführungen von *Wiehen* Kapitel 5.3.

[31] Vgl. § 8 Abs. 3 S. 2 KStG.

[32] Vgl. 12.3.2.1.3.

[33] Vgl. § 8 Abs. 3 KStG, Abschnitte 31 ff. KStR.

[34] Vgl. Verwaltungsgrundsätze vom 23. Februar 1983 (BStBl. I S. 218) geändert durch BMF vom 30. Dezember 1999 (BStBl. I, S. 1122), Tz. 8.1.1. a.

[35] Vgl. 12.6.3.1.

vollen Abzug. Diese Regelung wird inzwischen unter **Diskriminierung**sgesichtspunkten vom BFH höchst kritisch gesehen.[36] Der **Europäische Gerichtshof** hat diese Regelung inzwischen als mit dem EU-Vertrag unvereinbar erachtet.[37] Der deutsche Gesetzgeber hat im Rahmen des StSenkG auf diese Rechtsprechung noch nicht reagiert, eine Anpassung des Gesetzes steht noch aus.

Die Zweifelhaftigkeit der Hinzurechnung ergibt sich im Einzelfall bei grenzüberschreitenden Leasingverhältnissen auch unter dem Blickwinkel der Regelungen der entsprechenden **Doppelbesteuerungsabkommen (DBA)**. So enthält das DBA der Bundesrepublik Deutschland-USA in Art 24 Abs. 3 eine Regelung, nach der Aufwendungen eines in einem Vertragsstaat ansässigen Unternehmens, wenn sie an ein Unternehmen des anderen Vertragsstaates geleistet werden, stets abzugsfähig sein müssen, wenn sie an einen inländischen Empfänger abzugsfähig wären.

17 Eine weitere für Zwecke der Projektfinanzierung nicht unerhebliche Vorschrift betrifft die Abzugsfähigkeit von Vergütungen, die auf **mezzanine Finanzierungen** in Form der typischen **stillen Beteiligung** geleistet werden. Es handelt sich um § 8 Nr. 3 GewStG. Für Zwecke der Gewerbesteuer ist eine volle Hinzurechnung vorgesehen, soweit der entsprechende Ertrag beim Empfänger nicht der Gewerbesteuer unterliegt. Dies betrifft wiederum die grenzüberschreitende Finanzierungsaktivität. Auch hier führt die gesetzliche Regelung zu einer nicht akzeptablen Verteuerung der Investition, die unter Diskriminierungsgesichtspunkten aus den gleichen Gründen, wie bei den grenzüberschreitenden Leasingzahlungen, nicht hinzunehmen ist.

12.3.2.1.3 Gesellschafter-Fremdfinanzierung (§ 8a KStG)

18 Wesentlich für den Kapitaldienst bei einer Projektfinanzierung ist die volle Abzugsfähigkeit der Zinsaufwendungen für Zwecke der Besteuerung. Dies gilt einerseits für die Finanzierung durch die Projektträger (Sponsoren); dies gilt auch für die durch die Banken und andere Kapitalgeber gewährten Fremdmittel. Der Mangel der Abzugsfähigkeit, bzw. ihre Einschränkung bedeuten einen erhöhten Liquiditätsabfluss, der die betriebswirtschaftlichen Kennzahlen des Projekts nachhaltig verschlechtern kann.

Das deutsche Steuerrecht kennt neben der beschränkten Abzugsfähigkeit von Zinsaufwendungen für Zwecke der Gewerbesteuer seit den Änderungen durch das sog. Standortsicherungsgesetz in 1993 eine Vorschrift, die die Finanzierung einer unbeschränkt steuerpflichtigen Kapitalgesellschaft durch Anteilseigner, die selbst nicht das **Körperschaftsteueranrechnungsverfahren** nutzen können, steuerlich unschädlich nur in gesetzlich definierten Verhältnisgrößen zwischen dem anteiligen Eigenkapital und dem Fremdkapital zulässt. Es handelt sich um die Norm des § 8a KStG, erläutert durch den Erlass des Bundesfinanzministeriums vom 15. Dezember 1994.[38] Die Vorschrift betrifft nicht nur Fremdkapital, das einer inländischen Kapitalgesellschaft von ihrem Anteilseigner oder einer diesem nahe stehenden Person i. S. d. § 1 Abs. 2 AStG gewährt wird. Sie betrifft auch Finanzierungen Dritter – einschließlich Bankfinanzierungen – insoweit, als die Kreditgeber unmittelbar oder mittelbar auf den Anteilseigner oder diesem verbundene Personen zurückgreifen können.[39]

Im Hinblick auf die Abschaffung des Körperschaftsteueranrechnungsverfahrens durch das StSenkG musste der Gesetzgeber auch den § 8a KStG anpassen. Gemäß der Neufassung kommt es demgemäss nicht mehr auf die Anrechnungsberechtigung des Anteilseigners hinsichtlich der Körperschaftsteuer, sondern darauf an, ob die an den An-

---

[36] Vgl. Beschluss des BFH vom 30. Dezember 1996, IStR 1997, S. 206.
[37] Vgl. Eurowings-Urteil des EuGH vom 26. Oktober 1999, IStR 1999, S. 691, BStBl. II 851.
[38] Vgl. BMF-Schreiben vom 15. Dezember 1994 – IV B 7 – S 2742a – 63/94 –, DB Beilage Nr. 1/95.
[39] Vgl. § 8a Abs. 1 S. 2 KStG a. F.

teilseigner gezahlte Vergütung für das überlassene Gesellschafter-Fremdkapital bei ihm oder bei einer ihm nahestehenden Person i. S. d. § 1 Abs. 2 AStG im Rahmen einer inländischen Veranlagung erfasst wird.[40]

12.3.2.1.3.1 Einzelheiten der Regelung

§ 8a KStG qualifiziert Zinszahlungen einer unbeschränkt steuerpflichtigen Kapitalgesellschaft in verdeckte Gewinnausschüttungen gemäss § 8 Abs. 3 KStG um, soweit gesetzlich definierte Relationen zwischen Eigen- und Fremdkapital überschritten werden. Die Vorschrift gilt nur für unbeschränkt steuerpflichtige Kapitalgesellschaften, die Vergütungen auf **Gesellschafter-Fremdkapital** leisten, die weder beim Anteilseigner noch bei einer diesem nahestehenden Person i. S. d. § 1 Abs. 2 AStG im Rahmen einer eigenen Veranlagung im Inland erfasst werden. Dies betrifft einerseits Anteilseigner, die im Ausland ansässig sind und dort die entsprechenden Zinserträge steuerlich vereinnahmen. Dies betrifft andererseits inländische Gebietskörperschaften, Anstalten des öffentlichen Rechts und ähnliche Institutionen, die mangels eigener Steuerpflicht nicht zur Steuer veranlagt werden. 19

§ 8a KStG schränkt nicht die Gesellschafter-Fremdfinanzierung der inländischen Kapitalgesellschaft mit Anteileignern generell ein, sondern nur den Zinsabzug bei den Gesellschaften, deren Anteile zu mehr als einem Viertel unmittelbar oder mittelbar von einem „schädlichen Anteilseigner" gehalten werden. Wird diese Beteiligungsgrenze unterschritten, schränkt § 8a KStG die Finanzierung einer inländischen Kapitalgesellschaft nur dann ein, wenn der Anteilseigner zusammen mit anderen Anteilseignern, mit denen er eine Personenvereinigung bildet, zu mehr als einem Viertel beteiligt ist oder einen beherrschenden Einfluss auf die inländische Kapitalgesellschaft ausübt.[41] Durch diese Ersatztatbestände soll möglichen Steuerumgehungen vorgebeugt werden.

§ 8a KStG unterschied bisher in zwei Arten von Fremdkapital: Ist die Vergütung für das der unbeschränkt steuerpflichtigen Kapitalgesellschaft gewährte Fremdkapital nicht in einem Bruchteil bemessen, sondern in irgendeiner Weise vom Umsatz oder von der Ertragssituation der Gesellschaft abhängig, so darf das von einem Gesellschafter gewährte Fremdkapital das Doppelte des ihm anteilig zuzurechnenden Eigenkapitals nicht überschreiten. Die Relation zwischen Eigen- und Fremdkapital für diese Art von Finanzierung betrug bisher 1:0,5. Ist hingegen die Vergütung des Gesellschafter-Fremdkapitals in einem Bruchteil desselben bemessen (z.B. durch einen fest vereinbarten Prozentsatz), erlaubt die Vorschrift bisher eine Finanzierung durch den Gesellschafter in Höhe des dreifachen des ihm zuzurechnenden anteiligen Eigenkapitals. Die Relation zwischen Eigen- und Fremdkapital für diese Art von Finanzierung betrug bisher insoweit 3:1. 20

Dieses Verhältnis von 3:1 für gewinnunabhängig vergütetes Gesellschafter-Fremdkapital ist nicht erforderlich, soweit die Kapitalgesellschaft nachweist, dass sie dieses Fremdkapital unter sonst gleichen Umständen von einem fremden Dritten erhalten hätte. Dieser Nachweis dürfte bei einer kapitalintensiven Investition durch eine Projektgesellschaft in der Praxis schwer zu führen sein, denn er setzt voraus, dass die Projektgesellschaft auf Grund ihrer eigenen Bonität die Finanzmittel von fremden Dritten ohne **Regress**möglichkeiten gegen den Anteilseigner oder ihm nahe stehenden Personen erhalten hätte. Dies dürfte in der Praxis der Projektfinanzierung kaum vorkommen. Als Sonderfall einer fremdüblichen Finanzierung stellt das Gesetz die Finanzierung **banküblicher Geschäfte** von den Beschränkungen der Gesellschafter-Fremdfinanzierung frei.[42]

---

[40] Vgl. § 8a Abs. 1 KStG in der Fassung des StSenkG.
[41] Vgl. § 8a Abs. 3 KStG in der unveränderten Fassung.
[42] Vgl. § 8a Abs. 1 S. 2 KStG.

21 Gewinnabhängig vergütetes Fremdkapital liegt immer dann vor, wenn sich die Vergütung nicht ausschliesslich nach einem Bruchteil des Kapitals bestimmt. Darunter fallen – je nach Ausgestaltung – die **typische stille Beteiligung** sowie das als Fremdkapital behandelte **Genussrechtskapital.** Darüber hinaus soll das Gleiche gelten, wenn die Vergütung zwar selbst ausschließlich nach einem bestimmten Bruchteil des Kapitals berechnet wird, die Vergütungsabrede aber weitere ertragsabhängige Bestandteile enthält. Hierunter dürfte beispielsweise eine Abrede im Rahmen einer **mezzaninen Finanzierung** fallen, nach der eine feste Vergütung vereinbart wird, die jedoch in Verlustjahren entweder nicht entstehen oder gestundet werden soll.[43] Diese Regelung dürfte sog. mezzanine Finanzierungsformen, wie **Nachrangdarlehen** mit Stundungsabreden bei Verlusten, **Wandelanleihen,** in diese Fremdkapitalkategorie führen.

22 Das StSenkG führt hinsichtlich der Relation zwischen Eigen- und Gesellschafter-Fremdkapital ab 2001 zu einer Verschärfung der steuerlichen Nichtabziehbarkeit von Zinsaufwendungen in diesem Bereich. Vergütungen auf Gesellschafter-Fremdkapital, die nicht in einem Bruchteil des überlassenen Betrages vereinbart sind und die überdies nicht im Rahmen einer Veranlagung beim inländischen Anteilseigner oder bei einem ihm verbundenen inländischem Unternehmen erfasst werden, sind ab 2001 für Körperschaftsteuerzwecke nicht mehr abzugsfähig. Darüber hinaus wird die derzeit geltende Eigenkapital-Fremdkapitalrelation für gewinn-, ertrags- oder umsatzunabhängig vergütetes Gesellschafter-Fremdkapital auf 1,5 : 1 halbiert.[44]

23 Um die Möglichkeiten von Umgehungen zu vermeiden, bezieht § 8a KStG Finanzierungen durch fremde Dritte (beispielsweise durch Banken) in die Schädlichkeitsprüfung ein, soweit diese drittfinanzierenden Stellen auf den Anteilseigner oder einer diesen nahe stehenden Person zurückgreifen kann. Der **Rückgriff** wird von der Finanzverwaltung denkbar weit interpretiert. Jegliche Art von Garantien, harter oder weicher **Patronatserklärung,** letter of comfort etc., wird von der Finanzverwaltung als Rückgriffsmöglichkeit gesehen. Darüber hinaus stellt die Finanzverwaltung die Vermutung auf, dass bei einer konzernangehörigen unbeschränkt steuerpflichtigen Kapitalgesellschaft stets davon auszugehen ist, dass die Konzernobergesellschaft für die Verbindlichkeiten ihrer Tochterkapitalgesellschaft einsteht, es sei denn, das Gegenteil ist evident.[45] In Projektfinanzierungsfällen dürfte eine ausdrückliche Erklärung der Sponsoren, im Insolvenzfalle für die Verbindlichkeiten ihrer Tochtergesellschaft nicht einzustehen, nicht ohne weiteres die Akzeptanz der finanzierenden Banken finden.

24 Auf diesem Hintergrund wäre die Finanzierung einer inländischen Projektgesellschaft in Form der Kapitalgesellschaft stets unter dem Blickwinkel des § 8a KStG risikobehaftet. Das BMF hat jedoch eine Regelung geschaffen, die es bisher ermöglicht, durch die Einschaltung inländischer kreditgebender Stellen den Beschränkungen durch § 8a KStG zu entgehen.[46] Sofern Darlehensmittel durch einen zur Körperschaftsteueranrechnung Berechtigten gewährt werden und der Kreditnehmer nachweisen kann, dass die von ihm gezahlten Zinsen im Inland besteuert worden sind und darüber hinaus weder unmittelbar noch mittelbar mit Ausgaben im Zusammenhang stehen, die einem beschränkt steuerpflichtigen Anteilseigner bzw. einer ihm **nahestehenden Person** zufließen, gelten die Einschränkungen durch § 8a KStG nicht. Als mögliche Kreditgeber qualifizieren sich somit im Inland ansässige Kreditinstitute (Personengesellschaften, Kapitalgesellschaften) sowie inländische Zweigniederlassungen ausländischer Banken. Daher wird zurecht die Frage aufgeworfen, ob diese Präferenz für inländische Kapitalgeber mit den Vorschriften über die wirtschaftliche Freizügigkeit im EG-Vertrag in

---

[43] Vgl. BMF-Schreiben vom 15. Dezember 1994, FN 28, Tz. 59 ff.
[44] Vgl. § 8a Abs. 1 Satz 1 Nr. 2 KStG in der Fassung des StSenkG.
[45] Vgl. BMF-Schreiben vom 15. Dezember 1994, FN 38, Tz. 22.
[46] Vgl. BMF-Schreiben vom 15. Dezember 1994, FN 38, Tz. 23.

Einklang steht. Das Finanzgericht Münster hat jüngst zunächst im sog. Aussetzungsverfahren ernstliche Zweifel an der Rechtmäßigkeit der Vorschrift geäussert; danach hat es einen entsprechenden Vorlagebeschluss an den Europäischen Gerichtshof (EuGH) gefasst.[47] Beide Beschlüsse betreffen im Kern die europarechtliche Fragwürdigkeit des Regelungskomplexes insgesamt.

Die Anwendung der im Erlasswege gewährten Ausnahmeregelung in der Praxis selbst ist im Einzelfall sehr schwierig, denn ihre Begrifflichkeit weist erhebliche Unschärfen auf. So ist beispielsweise ungeklärt, in welchen Fällen die Zinseinnahmen der finanzierenden Bank mit Ausgaben im Zusammenhang stehen, die an den Anteilseigner oder einer diesem nahe stehenden Person zurückfließen. Die Praxis der deutschen Finanzverwaltung geht derzeit dahin, Unklarheiten in der Erlassregelung zu ihren Gunsten zu interpretieren, um keine weiteren Ausnahmetatbestände zuzulassen. Hintergrund dafür ist, dass die Finanzverwaltung von einer sog. geltungserhaltenden Reduktion der Vorschrift ausgeht. Demgemäss soll diese Regelung zur Vermeidung einer Doppelbesteuerung dienen, die dadurch eintreten kann, dass auf der einen Seite über das Institut der verdeckten Gewinnausschüttung der Betriebsausgabenabzug versagt wird, auf der anderen Seite die Zinsen der inländischen Kreditgebern der deutschen Besteuerung unterliegen. Darüber hinaus sollte das jeweilige der Projektgesellschaft gewährte Darlehen auch wirtschaftlich der ausreichenden Stelle zuzuordnen sein, um nicht lediglich dem Wortlaut der Verwaltungsregelung Genüge zu tun. Die Einschaltung eines inländischen Kreditgebers als reine Buchungsstelle dürfte nicht genügen.

Zu dieser für in Deutschland ansässigen Projektgesellschaften vorteilhaften Regelung sei angemerkt, dass nach der Abschaffung des Körperschaftsteueranrechnungsverfahrens diese Interpretation des Gesetzes durch das zitierte BMF-Schreiben einer Anpassung bedarf. Denn mit dem Wegfall des Anrechnungsverfahrens entfällt auch eine zentrale Voraussetzung für die Anwendung der für die Projektgesellschaft günstigen Ausnahmeregelung. Die Ausnahmeregelung ist darüber hinaus nicht zwingend und kann jederzeit aufgehoben werden. Das BMF hat jedoch ein Schreiben angekündigt, in dem es klarstellt, dass die nach Sinn und Zweck einschränkende Interpretation des § 8a KStG durch Tz. 23 des BMF-Schreibens vom 15. Dezember 1994 in Fällen der Gesellschafter-Fremdfinanzierung durch Dritte mit Rückgriffsrecht unberührt bleibt.

Als in die sog. **safe haven-Berechnung** einzubeziehendes Eigenkapital definiert 25 § 8a Abs. 2 KStG das handelsrechtliche Eigenkapital[48] einer Kapitalgesellschaft zuzüglich der Hälfte des Sonderpostens mit Rücklageanteil.[49] Eine vorübergehende Reduzierung des Eigenkapitals durch einen Verlust vermindert das Eigenkapital für einen Folgezeitraum von drei Jahren nicht, und zwar unter der Voraussetzung, dass bis zum Ablauf dieses Dreijahreszeitraums das ursprüngliche Eigenkapital durch Gewinnrücklagen oder Einlagen wieder hergestellt wird. Diese Verlustregelung dürfte bei einer Projektgesellschaft, die in den meisten Fällen auf Grund hoher Investitionen in den Anfangsjahren Verluste erleiden dürfte, zum Tragen kommen.

Eine zentrale Rolle bei der Projektfinanzierung inländischer Kapitalgesellschaften 26 mit wesentlich beteiligten ausländischen Anteilseignern spielt die sog. **Holding-Regelung** in § 8a Abs. 4 KStG. Nach dieser Regelung erhöht sich der sog. safe haven von 3:1 bei gewinnunabhängig vergütetem Fremdkapital bei Kapitalgesellschaften, die die Definition der Holdinggesellschaft erfüllen, nach bisheriger Rechtslage auf 1:9. Ab 2001 wird dieser sog. save haven auf 1:3 gesenkt. Als **Holdinggesellschaft** definiert § 8a Abs. 4 KStG Kapitalgesellschaften, deren Haupttätigkeit darin besteht, ihrerseits

---

[47] Vgl. FG Münster, Beschl. vom 24. Januar 2000, IStR 2000, S. 342 sowie Beschl. vom 21. August 2000, IStR 2000, S. 727.
[48] Vgl. §§ 266 Abs. 3 Abschn. A, 272 HGB.
[49] Vgl. §§ 273, 281 HGB.

Beteiligungen an Kapitalgesellschaften zu halten und diese Kapitalgesellschaften zu finanzieren oder deren Vermögen zu mehr als 75% ihrer Bilanzsumme aus Beteiligungen an Kapitalgesellschaften besteht. Liegt eine solche Holdinggesellschaft vor, muss das Gesellschafter-Fremdkapital für die Projektgesellschaft zwingend über die Holding geleitet werden. Zur Vermeidung des sog. **Kaskadeneffektes** steht den Tochterkapitalgesellschaften einer solchen Holdinggesellschaft kein eigener safe haven zur Verfügung. Qualifiziert sich die Obergesellschaft nicht als Holdinggesellschaft im Sinne dieser Vorschrift, steht der Tochtergesellschaft (Projektgesellschaft) ein eigener safe haven in Höhe von 1:1,5 zu. Damit es nicht zu einer weiteren Berücksichtigung des Eigenkapitals der Tochtergesellschaft auf der Ebene der Muttergesellschaft kommt, wird bei der Festlegung des sog. safe haven auf der Ebene der Muttergesellschaft der Beteiligungsbuchwert heraus gekürzt.

27   Um Umgehungsgestaltungen vorzubeugen, sieht § 8a Abs. 5 KStG Ergänzungstatbestände vor. Danach gilt die Vorschrift auch dann, wenn der Anteilseigner einer inländischen Kapitalgesellschaft nur deswegen sich als eigentlich „unschädlicher" Anteilseigner qualifiziert, weil die Einkünfte aus der Beteiligung Betriebseinnahmen seines inländischen Betriebs sind oder wenn die Beteiligung über eine Personengesellschaft gehalten wird und das Fremdkapital über die Personengesellschaft geleitet wird.

12.3.2.1.3.2 Praktische Auswirkungen der Regelungen auf die Projektfinanzierung

28   Wendet man die Regelungen der Gesellschafter-Fremdfinanzierung auf die verschiedensten Formen der Fremdkapitalhingabe an eine in Deutschland ansässige Projektgesellschaft in Form einer Kapitalgesellschaft an, so lässt sich folgende Abstufung je nach Qualifikation der Sponsoren und Darlehensgeber feststellen:

Ohne Beschränkung durch § 8a KStG kann eine in Deutschland ansässige Kapitalgesellschaft durch ihre Sponsoren (Gesellschafter) dann finanziert werden, wenn die Zinsen bei ihnen oder mit ihnen verbundenen inländischen Unternehmen im Rahmen ihrer deutschen Steuerpflicht erfasst werden oder ihre Beteiligung jeweils 25% des Grund- oder Stammkapitals nicht übersteigt. Als schädlich zu werten sind u.a. Beteiligungen über 25% von ausländischen Anteilseignern, inländischen Personen des öffentlichen Rechts sowie steuerbefreiter Körperschaften i.S.d. § 5 Abs. 1 KStG. Beteiligungen unter 25% sind schädlich, wenn sie über eine Personengesellschaft zu solchen gebündelt werden, die diese Grenze überschreiten.

Liegt eine Kapitalgesellschaft vor, die auf Grund ihrer Anteilseigner-Struktur in der Finanzierung durch § 8a KStG beschränkt ist, kann diese nach dem derzeit und wohl auch künftig gültigen BMF-Schreiben[50] steuerunschädlich finanziert werden durch inländische Kreditgeber, bei denen die Zinsen im Rahmen der deutschen Besteuerung erfasst werden, die selbst zur Anrechnung von deutscher Körperschaftsteuer berechtigt sind und die von ihr erzielten Zinsen weder unmittelbar noch mittelbar dem nicht bevorrechtigten Anteilseigner oder einer diesem nahe stehenden Person zufließen (sog. **back-to-back-Finanzierung**). Dies schließt die Einschaltung von Finanzierungen durch die in § 5 Abs. 1 Nr. 2 KStG genannten Körperschaften zwingend aus, denn diese sind von der Körperschaftsteuer befreit, d.h. die von der Projektgesellschaft gezahlten Zinsen unterliegen bei ihr nicht der Körperschaftsteuer. Als unschädliche Fremdkapitalgeber qualifizieren sich mithin nicht die **Kreditanstalt für Wiederaufbau,** die **Deutsche Ausgleichsbank** sowie die ländereigenen Banken zur Investitionsförderung. Die Finanzierung durch eine inländische Bank ist auch dann unschädlich, wenn ein Rückgriff auf den Anteilseigner (oder eine ihm nahe stehende Person) gegeben ist oder die Vergütung gewinn- bzw. umsatzabhängig gezahlt wird (z.B. bei

---

[50] Vgl. BMF-Schreiben vom 15. Dezember 1994, FN 38, Tz. 23.

Steuerliche Aspekte der Projektgesellschaft

mezzaninen Finanzierungsformen). Die künftige Entwicklung dieser Verwaltungsregelung ist jedoch genau zu beobachten.

Alle übrigen Finanzierungen müssen sich in den von den Gesetzen vorgegebenen Eigen-Fremdkapitalrelationen bewegen, um nicht wie eine verdeckte Gewinnausschüttung gewertet zu werden. Gewinn-, ertrags- oder umsatzabhängig vergütetes Gesellschafter-Fremdkapital führt ab 2001 generell zur verdeckten Gewinnausschüttung. Die relevanten safe haven betragen ab 2001 1:1,5 sowie 1:3 (Holding-Privileg).

Verdeckte Gewinnausschüttungen führen nach dem derzeit gültigen Recht einerseits zu nicht abzugsfähigen Betriebsausgaben,[51] andererseits führen sie zu einer Dividendenzahlung, bei der nach den Vorschriften über das körperschaftsteuerliche Anrechnungsverfahren[52] prinzipiell die sog. Körperschaftsteuerausschüttungsbelastung von 30%, bezogen auf den effektiven Mittelabfluss in Höhe der nicht abzugsfähigen Zinsen, herzustellen ist. In dieser sog. **Ausschüttungsfiktion** liegt nach dem derzeit geltenden Recht der eigentliche negative Effekt der verdeckten Gewinnausschüttung. Die Ausschüttungsbelastung ist unabhängig davon herzustellen, ob die Projektgesellschaft über entsprechende Körperschaftanrechnungsguthaben aus früheren thesaurierten Gewinnen verfügt oder nicht. Dies führt insbesondere in der Startphase eines Projekts zu den cash-flow signifikant beeinträchtigenden Liquiditätsabflüssen, die auch im Hinblick auf den 5,5%igen Solidaritätszuschlag unbedingt vermieden werden sollten. 29

Auch nach der Reform des Körperschaftsteuerrechts durch das StSenkG führen verdeckte Gewinnausschüttungen resultierend aus der Anwendung des § 8a KStG zur Nichtabziehbarkeit der Zinsaufwendungen für Zwecke der Körperschaftsteuer. Da jedoch für Gewinne, die eine Körperschaft ab dem Jahre 2001 generiert, dass Anrechnungsverfahren entfällt, entfallen auch die diesbezüglichen Wirkungen der verdeckten Gewinnausschüttung, d.h. die sog. Ausschüttungsbelastung ist nicht herzustellen.[53]

Abschließend kann gesagt werden, dass für die Projektgesellschaften, die den safe haven für eine echte Gesellschafter-Fremdfinanzierung oder eine grenzüberschreitende Bankfinanzierung benötigen, sich die Rahmenbedingungen dramatisch ändern.

12.3.2.1.4 Verlustnutzung bei Kapitalgesellschaften

Stellen bei Projektfinanzierungen Steuerzahlungen an sich bereits eine gewichtige Grösse dar, kommt der zeitlichen Komponente der Steuerzahlung gleichfalls Bedeutung zu. Üblicherweise fallen bei Projekten gleich welcher Art zu Beginn hohe Anfangsverluste an. Sie resultieren einerseits daraus, dass für Steuerzwecke in der Investitionsphase nicht alle Aufwendungen auf die Anlage aktiviert werden können, mithin Kosten entstehen, die sofort aufwandswirksam verbucht werden müssen. Zu denken ist hierbei insbesondere an die Nebenkosten der Finanzierung, den Strukturierungskosten sowie Personalkosten. Bauzeitzinsen sind gleichfalls nicht aktivierungsfähig und müssen steuerlich sofort aufwandswirksam verbucht werden. 30

Andererseits ist nach allgemeinen Gewinnermittlungsgrundsätzen das jeweilige Investitionsobjekt ab dem Zeitpunkt der Fertigstellung/Inbetriebnahme abzuschreiben, wobei die Abschreibungsmethode je nach Jurisdiktion durchaus unterschiedlich sein kann. In Deutschland erlaubt das Bilanzsteuerrecht bei beweglichen Wirtschaftsgütern des Anlagevermögens die lineare sowie alternativ die degressive Abschreibung.[54] Ohne

---

[51] Vgl. § 8 Abs. 3 S. 1 KStG.
[52] Vgl. §§ 27 ff. KStG in der derzeit geltenden Fassung.
[53] Bezüglich der Behandlung der verdeckten Gewinnausschüttung insbesondere während der 15-jährigen Übergangszeit vgl. *Dötsch/Pung*, Die geplante Reform der Unternehmensbesteuerung, Der Betrieb, Beilage 4/2000, S. 6.
[54] Vgl. § 7 Abs. 1 und 2 EStG; die degressive Abschreibung wird durch das StSenkG auf das Doppelte der linearen Abschreibung, maximal 20% der Anschaffungs-/Herstellungskosten begrenzt.

entsprechend hohe Einnahmen aus der projektierten Tätigkeit zu Beginn entstehen üblicherweise Bilanzverluste, die steuerlich die Möglichkeiten der Verlustnutzung in den Vordergrund rücken.

Eine steueroptimale Projektfinanzierung erfordert die volle Verrechnung der erlittenen Verluste mit künftigen Gewinnen aus dem Projekt oder mit gegenwärtigen Gewinnen auf der Ebene des oder der Projektträger. Das technische Instrument, dass es ermöglicht, erlittene Verluste auf der Ebene der Projektgesellschaft mit künftigen Gewinnen derselben juristischen Einheit zu verrechnen, ist der steuerliche **Verlustvortrag**. Eine sofortige **Verlustverrechnung** findet hingegen nach den Vorschriften über die Konsolidierung steuerlicher Ergebnisse mehrerer verbundener Gesellschaften statt.

12.3.2.1.4.1 Verlustnutzung für Körperschaftsteuerzwecke

31 Jede entwickelte Steuerjurisdiktion stellt entsprechende Verlustvortragsmechanismen zur Verfügung, die im Einzelfall durch **Anti-Missbrauchsregelungen** beschränkt sein können. In Deutschland sind dies die Vorschriften der § 10d EStG, § 10a GewStG, § 8 Abs. 4 KStG sowie § 12 Abs. 3 S. 2 UmwStG. Die zentrale Vorschrift in Deutschland für den Verlustvortrag ist § 10d EStG, die nach der derzeit gültigen Fassung den unbegrenzten Verlustausgleich mit künftigen Gewinnen desselben Rechtsträgers zulässt. Der **Verlustrücktrag** ist nach bisher geltendem Recht auf DM 2 Millionen begrenzt und kann nur in dem vorhergehenden Veranlagungszeitraum durchgeführt werden.[55] Ab 2001 ist der Verlustrücktrag lediglich in Höhe von DM 1 Million zulässig.[56] Für Zwecke der Projektfinanzierung spielt der Rücktrag von Verlusten im Vergleich zum ungleich wichtigeren Verlustvortrag eine untergeordnete Rolle.

Das Körperschaftsteuerrecht erklärt § 10d EStG prinzipiell auch für Zwecke der Ermittlung des steuerpflichtigen Einkommens einer Körperschaft für anwendbar,[57] stellt jedoch den Abzug unter den Vorbehalt, dass die Körperschaft, die den Verlust erlitten hat, wirtschaftlich mit derjenigen identisch sein muss, die den Verlust erlitten hat.[58] Durch diese Einschränkung sollen insbesondere Gestaltungen des sog. „Mantelkaufs"[59] eingedämmt werden. Der Mangel an wirtschaftlicher Identität in anderen Fällen ist zwar – soweit ersichtlich – nicht praxisrelevant geworden, darf jedoch bei der Planung von Verlustnutzungsstrategien als Risikoelement nicht unberücksichtigt bleiben.[60]

Berücksichtigt werden müssen auch die Vorschriften über die Verlustnutzung des Umwandlungssteuerrechts, sollte die Projektgesellschaft entweder mit einem anderen Rechtsträger verschmolzen oder Gegenstand einer Spaltung sein. So lässt beispielsweise die bereits zitierte Vorschrift des § 12 Abs. 3 S. 2 UmwStG den Übergang eines Verlustes der übertragenden Gesellschaft anlässlich der Verschmelzung prinzipiell zu, knüpft jedoch die weitere Verrechenbarkeit mit künftigen Gewinn der verschmolzenen Einheit an die erkennbare Weiterführung der verlustverursachenden wirtschaftlichen Einheit.

12.3.2.1.4.2 Verlustnutzung für Gewerbesteuerzwecke

32 Für Zwecke der **Gewerbeertragsteuer** sieht § 10a GewStG eine entsprechende Verlustnutzungsmöglichkeit durch die Verrechenbarkeit mit künftigen Gewinnen vor.

---

[55] Vgl. § 10d Abs. 1 S. 1 EStG.
[56] Vgl. § 52 Abs. 25 S. 2 EStG.
[57] Vgl. Abschnitt 27 Abs. 1 Nr. 1 KStR.
[58] Vgl. § 8 Abs. 4 S. 1 KStG.
[59] Vgl. zum Begriff *Dötsch* in *Dötsch/Eversberg/Jost/Witt,* Kommentar zum KStG und EStG Rdn. 513 ff. zu § 8 Abs. 4 KStG.
[60] Vgl. BMF IV C 6 – S 2745 – 12/99 vom 16. April 1999, BStBl. I, S. 455; so dürfte sich z. B. ein umfassender Branchenwechsel für eine verlusttragende Kapitalgesellschaft aus diesem Grunde verbieten.

Neben den auch für Zwecke der Gewerbesteuer geltenden Verlustnutzungsbeschränkungen des § 8 Abs. 4 KStG (Mantelkauf) und § 12 Abs. 3 S 2 UmwStG bei Verschmelzungen erfordert § 10a GewStG für die Verlustnutzung Unternehmens- sowie Unternehmeridentität.[61] Das Erfordernis der **Unternehmensidentität** ergibt sich aus dem Objektcharakter der Gewerbesteuer, d. h. Gewerbesteuersubjekt ist der Betrieb eines Gewerbes an sich. Das Erfordernis der **Unternehmeridentität** ergibt sich aus der Regelung des § 10a Satz 3 i. V. m. § 2 Abs. 5 GewStG. Danach ist im Falle des Übergangs eines Gewerbebetriebs auf einen anderen Unternehmer der gleichzeitige Übergang des Verlustvortrags ausgeschlossen. Diese **Verlustausgleichsbeschränkung** spielt bei der Kapitalgesellschaft verglichen mit der identischen Problematik bei der Personengesellschaft[62] eine untergeordnete Rolle. Sie kann jedoch beispielsweise relevant werden, wenn der operative Geschäftsbetrieb der Projektgesellschaft gemäß den Vorschriften der §§ 123 ff. UmwG i. V. m. §§ 20 ff. UmwStG in eine separate Tochtergesellschaft ausgegliedert wird. Dann findet eine Trennung von Unternehmen (operativer Geschäftsbetrieb) und Unternehmer (Kapitalgesellschaft) statt.

Zusammenfassend lässt sich im Bereich der Verlustnutzung konstatieren, dass bei einer deutschen Projektgesellschaft in Form einer Kapitalgesellschaft, die ausschließlich für das Projekt gegründet worden ist, die künftige Verrechenbarkeit von erlittenen Verlusten zulässig sein dürfte. Der Zweck des Projektes indiziert normalerweise keine so tiefgreifenden Änderungen in der Gesellschafterstruktur oder in der Rechtsform, dass die Verrechnung von Verlusten unter den dargestellten Vorschriften gefährdet ist.

12.3.2.1.4.3 Verlustnutzung durch die steuerliche Organschaft

Nicht nur aus steuerlichen Gründen kann es für eine Projektfinanzierung erforderlich sein, die entstehenden Anfangsverluste sofort mit steuerpflichtigen Gewinnen auf einer anderen Ebene zu verrechnen und dadurch aus Sicht der/des Projektträgers zu einem Liquiditätsvorteil zu gelangen. Auch unter insolvenzrechtlichen Gesichtspunkten ist ein Verlustausgleich von Relevanz. **33**

Die Verrechnung von Verlusten einer Kapitalgesellschaft beim Anteilseigner ist nur nach den Grundsätzen der sog. **Organschaft** möglich. Die steuerliche Organschaft erlaubt es einer Unternehmensverbindung, die in den einzelnen rechtlichen Einheiten entstandenen steuerpflichtigen Ergebnissen miteinander zu verrechnen und dadurch zu einer Steuerbelastung auf Gruppenbasis zu kommen, nicht auf der Basis der einzelnen Gesellschaften. Die Organschaft ist darüber hinaus nach Inkrafttreten der StSenkG empfehlenswert, um auf der Ebene des Organträgers die Nachteile der Nichtabzugsfähigkeit der Aufwendungen zu vermeiden, die auf Grund der Steuerfreiheit der Dividendeneinnahmen gemäß § 8b Abs. 1 KStG i. V. m. § 3c Abs. 1 EStG entstehen können.[63] Die Vorschriften über die Organschaft finden sich in den §§ 14 ff. KStG.

Nach den künftigen körperschaftsteuerrechtlichen Vorschriften ist das Einkommen einer **Organgesellschaft** grundsätzlich dem **Organträger** hinzuzurechnen, wenn die **Organgesellschaft** finanziell unmittelbar oder mittelbar in einen inländischen Gewerbebetrieb eingegliedert ist. Der wirtschaftlichen und organisatorischen **Eingliederung** bedarf es nicht mehr.[64] Darüber hinaus bedarf es gemäss § 14 Nr. 4 KStG für Zwecke der körperschaftsteuerlichen Organschaft eines **Gewinnabführungsvertrages** im Sinne des § 291 Abs. 1 AktG. Als Organgesellschaft qualifizieren sich grundsätzlich die **34**

---

[61] Vgl. zu diesem Begriffspaar Abschnitte 67, 68 GewStR.
[62] Vgl. 12.3.3.3.
[63] Vgl. 12.4.2.1.
[64] Vgl. § 14 Nr. 2 KStG a. F.

Aktiengesellschaften, die Kommanditgesellschaften auf Aktien sowie die GmbH. Als Organträger kommt jedes gewerbliche Unternehmen einschließlich einer inländischen **Zweigniederlassung** eines ausländischen Unternehmens in Betracht, wenn die Eingliederungsvoraussetzungen im Verhältnis zur Zweigniederlassung gegeben sind. Finanziell ist die Organgesellschaft dann in das Unternehmen des Organträgers eingegliedert, wenn dem Organträger seit Beginn des Wirtschaftsjahres, für das die Organschaft gelten soll, die Mehrheit der Stimmrechte zusteht. Die Stimmrechtsmehrheit kann einerseits unmittelbar bestehen, andererseits auch durch mittelbare Beteiligung dargestellt werden. Die Zusammenrechnung von mittelbaren und unmittelbaren Beteiligungen zur Herstellung der Stimmrechtsmehrheit ist nach dem StSenkG ab 2001 möglich.

Der Gewinnabführungsvertrag enthält bereits aktienrechtlich eine Verlustübernahmekomponente;[65] er muss auf mindestens fünf Jahre abgeschlossen sein und durchgeführt werden. Eine vorzeitige Kündigung oder einvernehmliche Aufhebung ist nur dann unschädlich, wenn die Beendigung auf einem wichtigen Grund beruht. Als wichtige Gründe werden insbesondere Veräußerungs- und Reorganisationsvorgänge[66] angesehen. Der Gewinnabführungsvertrag muss die handelsrechtlichen Formvorschriften erfüllen und muss, um steuerlich wirksam zu werden, spätestens in dem Wirtschaftsjahr, das demjenigen folgt, für das der Gewinnabführungsvertrag das erste Mal gelten soll, im Handelsregister eingetragen werden.[67]

35 Die Voraussetzungen der Organschaft für Zwecke der Gewerbeertragsteuer unterscheiden sich von den zuvor dargelegten Voraussetzungen insoweit, als einerseits für Gewerbesteuerzwecke ein Gewinnabführungsvertrag nach den Vorschriften des Aktienrechts nicht erforderlich ist, andererseits die finanzielle, wirtschaftliche und organisatorische Eingliederung in der bisherigen Fassung des § 14 Nr. 2 KStG gegeben sein muß. Nach der Reform der Unternehmensbesteuerung sind die Voraussetzungen der gewerbesteuerlichen Organschaft vom Körperschaftsteuerrecht weitgehend voneinander abgekoppelt. Bei Vorliegen sämtlicher Eingliederungsvoraussetzungen treten die Folgen der **gewerbesteuerlichen Organschaft** automatisch ein, d.h. die Organgesellschaft gilt gemäß § 2 Abs. 2 Satz 2 GewStG als **Betriebstätte** des Organträgers mit der Folge, dass dem Organträger der Gewerbeertrag der Organgesellschaft zur Ermittlung des eigenen **Gewerbesteuermessbetrages** zugerechnet wird.[68]

In Fällen der Beteiligung ausländischer Sponsoren an der Projektgesellschaft lässt sich u. U. eine Optimierung der steuerlichen Liquiditätsabflüsse dadurch erreichen, dass für Zwecke der Gesellschafter-Fremdfinanzierung eine Holding gemäss § 8a Abs. 4 KStG eingeschaltet wird, anderseits die Holding als Organträger für eine Unternehmensgruppe fungiert.

Bei Projektfinanzierungen unter Beteiligung mehrerer Sponsoren ist es nicht unüblich, eine sog. **Mehrmütterorganschaft** zu etablieren, um die durch die Projektgesellschaft erzielten Verluste mit Gewinnen der Projektträger zu verrechnen. Diese Mehrmütterorganschaft ist dadurch gekennzeichnet, dass sich mehrere gewerbliche Unternehmen, deren Träger unbeschränkt steuerpflichtige natürliche Personen oder Körperschaften sind, lediglich zur einheitlichen Willensbildung gegenüber einer Organgesellschaft zu einer GbR zusammenschließen und im Übrigen die bisher erforderlichen Eingliederungsvoraussetzungen im Verhältnis zur gemeinsam gehalten Organgesellschaft vorliegen. Der Gewinnabführungsvertrag muss mit der GbR abgeschlos-

---

[65] Vgl. § 302 AktG.
[66] Vgl. Abschnitt 55 Abs. 7 KStR.
[67] Zu den Einzelheiten der Organschaftsvoraussetzungen vgl. Abschnitt 48 bis 64 KStR; infolge des Wegfalls der organisatorischen sowie wirtschaftlichen Eingliederungsvoraussetzungen in § 14 KStG dürften insbesondere diese Abschnitte der KStR überarbeitet werden.
[68] Vgl. Abschnitt 14 Abs. 1 GewStR.

sen werden.[69] Über die Zurechnung des Ergebnisses der GbR an die Projektträger[70] findet, positive Ergebnisse auf dieser Ebene vorausgesetzt, eine Verlustverrechnung statt.

12.3.3 Projektgesellschaft als Personengesellschaft

12.3.3.1 Vorbemerkung

Vor dem Hintergrund der Darstellung der Besteuerung einer Projektgesellschaft in Form einer Kapitalgesellschaft werden die Vorteile der Nutzung einer **Personengesellschaft** deutlich. Die Kapitalgesellschaft kann an die beteiligten Projektträger erst Liquidität in Form von Gewinnen auskehren, wenn dieser handelsrechtlich entstanden ist. Die Kapitalgesellschaft mag unter diesem Blickwinkel für den Fremdkapitalgeber die vorzugswürdigere Variante sein, weil die durch die investitionsbedingten oftmals hohen anfänglichen Abschreibungen ein positiver **cash flow** entsteht, der nicht ausgeschüttet werden kann und daher für Zins und Tilgung zur Verfügung steht. Für den Eigenkapitalgeber, der einen angemessenen „**Return on Investment**" anstrebt, sind Entnahmen überschüssiger Liquidität auch bei negativem (Buch-)Kapitalkonto wünschenswert.

Überdies ermöglicht die Personengesellschaft zumindest ihrem inländischen Projektträger unter Einschränkungen die Verrechnung von Verlusten mit eigenen Gewinnen für Zwecke der Körperschaftsteuer/Einkommensteuer. Im Gegensatz zur Kapitalgesellschaft unterliegt bei einer Beteiligung eines ausländischen Projektträgers dessen Gesellschafter-Fremdfinanzierung nicht den Beschränkungen des § 8a KStG.

Einem weiteren bisher von den Investoren in Personengesellschaften geschätzten Vorteil hat der Gesetzgeber kürzlich durch eine Gesetzesänderung die Grundlage entzogen. Bis zum Inkrafttreten des Kapitalgesellschaften- und Co-Richtlinien-Gesetzes (KapCoRiLiG) am 9. März 2000[71] war nur ein Bruchteil der in der Bundesrepublik bestehenden Personengesellschaften zur Offenlegung von Jahresabschlüssen verpflichtet. Diese **Offenlegungspflicht** ist nunmehr für Personengesellschaften, deren einziger voll haftender Gesellschafter eine Kapitalgesellschaft ist, die selbst nur beschränkt auf ihr Kapital haftet, ab der im Gesetz definierten Größenordnung eingeführt worden. Da im Hinblick auf die Haftungsbeschränkung für Zwecke der Projektfinanzierung nur eine solche Kapitalgesellschaft & Co (z.B. GmbH & Co KG) in Betracht kommt, scheiden Publizitätsaspekte als Argument für eine Personengesellschaft aus.

Nicht unerwähnt sollte jedoch bleiben, dass sämtliche steuerinduzierten Finanzierungsformen unter Einwerbung von Kapitalanlegern als Mitunternehmer die Kapitalgesellschaft und Co als „Projektgesellschaft" auserkoren haben.

12.3.3.2 Allgemeines zur Besteuerung

Im Bereich der Personengesellschaft hat sich der Gesetzgeber – im Gegensatz zur Besteuerung von Kapitalgesellschaften – für die relative Rechtsfähigkeit der Personengesellschaft entschieden. Dies bedeutet, dass eine Personengesellschaft weder bei der Einkommensteuer, noch bei der Körperschaftsteuer als eigenständiges Steuersubjekt behandelt wird. Einkommen-/körperschaftsteuerpflichtig sind vielmehr unmittelbar die Gesellschafter (**Mitunternehmer**) mit dem auf sie entfallenden Anteil am Gewinn der

---

[69] Vgl. Abschnitt 52 Abs. 6 KStR; nach Wegfall der organisatorischen und wirtschaftlichen Eingliederung dürfte die Mehrmütterorganschaft leichter zu etablieren sein. Die weitere Entwicklung der Organschaftsvoraussetzungen ist jedoch sorgfältig zu beobachten.
[70] Vgl. 12.3.3.2.
[71] KapCoRiLiG vom 24. Februar 2000, BGBl. I 2000 S. 154 ff.

12. Teil. Steuerfragen bei der Projektfinanzierung

Personengesellschaft. Ist die Personengesellschaft gewerblich tätig, gehören die Gewinnanteile auf der Ebene der Gesellschafter zu den Einkünften aus **Gewerbebetrieb** gemäß § 15 Abs. 1 Nr. 2 EStG. Die unmittelbare Zuordnung des Ergebnisses der Gesellschaft auf die Gesellschafter erfolgt auch bei Verlusten. Diese können grundsätzlich auf der Ebene der Gesellschafter mit anderen positiven Einkünften desselben Jahres ausgeglichen oder nach den allgemeinen Regeln zurück bzw. vorgetragen werden.

Dieses Konzept der **Transparenz** der Personengesellschaft gilt nicht in allen Steuerjurisdiktionen. So kann beispielsweise eine französische „Société en Nom Collectif" und eine „Société en Participation" zur Besteuerung wie eine Körperschaft optieren.[72] Diese Option ist unwiderruflich.

38   Um die im Einkommensteuergesetz angelegte Gleichstellung der Besteuerung der Gesellschafter (Mitunternehmer) an einer Personengesellschaft mit der eines Einzelunternehmers zu erreichen, werden die von den Gesellschaftern empfangenen Vergütungen aus schuldrechtlichen Verträgen mit der Personengesellschaft ihren Einkünften aus Gewerbebetrieb zugeordnet **(Sondervergütung).** Zur technischen Umsetzung dieser als Mitunternehmerkonzeption bezeichneten Zielsetzung dient die zweistufige Gewinnermittlung. Auf der ersten Stufe werden – im Zivilrecht und analog zur Besteuerung von Kapitalgesellschaften, auch bei Personengesellschaften – die Gesellschaft-Gesellschafter-Verträge wie bei einem Leistungsaustausch mit Außenstehenden behandelt. Die vom Gesellschafter empfangenen Vergütungen mindern also den Gewinn der Personengesellschaft und damit entsprechend dem vereinbarten Gewinnverteilungsschlüssel den auf die einzelnen Gesellschafter entfallenden Gewinn.

Auf der zweiten Stufe werden die Vergütungen aus den schuldrechtlichen Verträgen bei einem begünstigten Gesellschafter seinem Anteil am Gewinn an der Personengesellschaft hinzugerechnet. Diese gelten generell als Einkünfte aus Gewerbebetrieb. Durch diese Zuordnung der Sondervergütung zum gewerblichen Bereich wird das gleiche Ergebnis erreicht wie bei einem **Einzelunternehmer,** der mit seinem Unternehmen keine schuldrechtlichen Leistungsbeziehungen eingehen kann. Demgemäss werden alle Einkünfte, die jeder Gesellschafter einer Personengesellschaft aus seiner unternehmerischen Tätigkeit erzielt, als Einkünfte aus Gewerbebetrieb erfasst.

39   Bei einer Personengesellschaft ist für die Frage des Steuergegenstandes, der Steuerschuldnerschaft und des Umfangs der Bemessungsgrundlage auch im Rahmen der Gewerbesteuer entscheidend, ob sie wie ein Einzelunternehmen oder wie eine Kapitalgesellschaft besteuert wird. Ebenso wie ein Einzelunternehmen ist eine Personengesellschaft nur Steuergegenstand der Gewerbesteuer, wenn sie eine gewerbliche Tätigkeit entfaltet (Gewerbebetrieb kraft gewerblicher Betätigung). Schuldner der Gewerbesteuer ist die Personengesellschaft selbst, nicht der Gesellschafter. Dies entspricht konzeptionell der Besteuerung einer Kapitalgesellschaft und stellt eine Abweichung zum Transparenzprinzip dar, bei dem die einzelnen Gesellschafter steuerpflichtig sind. Die Einordnung von Personengesellschaften im Zusammenhang mit der Gewerbebetriebseigenschaft (wie Einzelunternehmen) und der Steuerschuldnerschaft (wie Kapitalgesellschaften) ist materiell von geringer Relevanz. Für die **Rechtsformwahl** ist vielmehr von einkommensteuerrechtlicher grundlegender Bedeutung, dass durch die Übernahme der einkommensteuerrechtlichen Bemessungsgrundlage die für die Einkommensteuer/Körperschaftsteuer geltende Mitunternehmerkonzeption auf die Gewerbesteuer übertragen wird. Die an die Gesellschafter gezahlten Vergütungen für die Überlassung von Wirtschaftsgütern oder Leistung von Diensten mindert zwar den verteilungsfähigen Gewinn der Personengesellschaft, sie werden jedoch auf der zweiten Stufe den gewerblichen Einkünften der Gesellschafter zugeordnet. Da für die Gesellschaft-Gesellschafter-Verträge keine speziellen Kürzungsvorschriften bestehen, ist die Gewerbesteuerbelas-

---

[72] Vgl. European Tax Handbook 2000, S. 191.

tung einer Personengesellschaft mit der eines Einzelunternehmens weitgehend vergleichbar. Gegenüber einer Kapitalgesellschaft ergeben sich entsprechend dem Umfang der Gesellschaft-Gesellschafter-Verträge gewerbesteuerliche Mehrbelastungen.

12.3.3.3 Ermittlung der Besteuerungsgrundlagen

Die zentrale Vorschrift im Einkommensteuerrecht zur Besteuerung einer Personengesellschaft ist § 15 Abs. 1 Nr. 2 EStG. Die Vorschrift bezweckt, die Einkünfte bei der gemeinschaftlichen Erzielung von Einkünften aus Gewerbebetrieb zu bestimmen,[73] und dabei die Mitunternehmer und die Einzelunternehmer nach Möglichkeit gleichzustellen.[74] Voraussetzung ist zunächst die Erzielung von **gewerblichen Einkünfte**. Das Gesetz definiert Einkünfte dann als gewerblich, wenn sie durch eine selbständige nachhaltige Betätigung mit der Absicht, Gewinn zu erzielen, unternommen wird, sich als Beteiligung am allgemeinen wirtschaftlichen Verkehr darstellt und wenn darüber hinaus die Betätigung weder als Land- und Forstwirtschaft noch als freier Beruf zu qualifizieren ist.[75] Als unbeschriebenes Tatbestandsmerkmal darf sich die Betätigung nicht als **private Vermögensverwaltung**, wie beispielsweise die reine Vermietung von Immobilien, qualifizieren. 40

Zentraler Begriff der Besteuerung der Personengesellschaft ist der des **Mitunternehmers**; § 15 Abs. 1 Nr. 2 EStG erfasst den Gewinnanteil eines Mitunternehmers. Eine Person qualifiziert sich dann als Mitunternehmer, wenn sie einerseits Gesellschafter einer Personengesellschaft ist, andererseits **Mitunternehmerinitiative** entfalten kann sowie **Mitunternehmerrisiko** trägt. Die Gesellschaftereigenschaft ist für die Qualifikation als Mitunternehmer unerlässlich. 41

Als Gesellschafter einer Personengesellschaft kommen in Betracht die unbeschränkt und beschränkt haftenden Gesellschafter einer Personenhandelsgesellschaft (OHG, KG), die Gesellschafter einer Gesellschaft des bürgerlichen Rechts (GbR) sowie der atypisch still Beteiligte.[76] Letzteres deswegen, weil die **stille Gesellschaft** trotz der Tatsache, dass die Einlage des Stillen in das Vermögen des Inhabers des Handelsgeschäfts übergeht und nur er aus den in seinem Betrieb geschlossenen Geschäften berechtigt und verpflichtet wird, eine **Innengesellschaft** ist.[77] Sie tritt nicht nach außen in Erscheinung.

Mitunternehmerinitiative bedeutet grundsätzlich die gesellschaftsrechtliche Teilnahme an unternehmerischen Entscheidungen, wie sie den Geschäftsführern und leitenden Angestellten obliegen. Ausreichend kann bereits die Möglichkeit zur Ausübung von Rechten sein, die den Stimm-, Kontroll- und Widerspruchsrechten eines Kommanditisten (§§ 164, 166 HGB) wenigstens angenähert sind oder den Kontrollrechten nach § 716 BGB entsprechen.[78] Mitunternehmerrisiko bedeutet die gesellschaftsrechtliche Teilhabe am Erfolg oder Misserfolg eines Gewerbebetriebes, der in der Regel durch die Beteiligung am Gewinn und Verlust sowie an den stillen Reserven einschließlich des Firmenwerts erfolgt.[79]

Als Gewerbebetrieb gilt gemäß § 15 Abs. 3 Nr. 2 EStG stets und in vollem Umfang die Tätigkeit einer Personengesellschaft, die selbst keine gewerbliche Tätigkeit im Sinne des § 15 Abs. 1 S. 1 Nr. 1 EStG ausübt, bei der jedoch als persönliche haftende Gesellschafter eine oder mehrere Kapitalgesellschaften fungieren und nur diese oder 42

---

[73] Vgl. GrS BStBl. II 1984, 751/68.
[74] Vgl. BFH BStBl. II 1995, 171.
[75] Vgl. § 15 Abs. 2 Satz 1 EStG.
[76] Vgl. 12.3.3.4.
[77] Vgl. *Blaurock*, Handbuch der Stillen Gesellschaft, Rdn 161.
[78] Vgl. *Schmidt* EStG § 15 Rdn. 263.
[79] Vgl. *Schmidt* EStG § 15 Rdn. 264.

Personen, die nicht Gesellschafter sind, zur Geschäftsführung befugt sind. Es handelt sich hierbei um die sog. **gewerblich geprägte Personengesellschaft,** die bei Vorliegen ihrer Voraussetzungen unabhängig von der Art ihrer Tätigkeit gewerbliche Einkünfte vermittelt. Diese Gesellschaftsform spielt im Bereich der steuerinduzierten Immobilienfinanzierung sowie im anlegerorientierten Mobilienleasing eine zentrale Rolle.

43 Um zu einer Gleichstellung der gewerblichen Einkünfte einer Personengesellschaft mit denen eines Einzelunternehmers zu gelangen, werden die Anteile der Gesellschaft am Gewinn der Personengesellschaft (§ 15 Abs. 1 Satz 1 Nr. 2 EStG) um die sogenannten Sondervergütungen des § 15 Abs. 1 Satz 1 Nr. 2 zweiter Halbsatz EStG ergänzt. Danach sind Vergütungen für Tätigkeiten im Dienste der Gesellschaft, für die Hingabe von Darlehen sowie für die Überlassung von Wirtschaftsgütern gleichfalls bei der Ermittlung der Einkünfte aus Gewerbebetrieb zu berücksichtigen. Daraus folgt für die steuerrechtliche Zuordnung von Wirtschaftsgütern, dass einerseits das gesamthänderisch gebundene Vermögen der Personengesellschaften, andererseits das sog. **Sonderbetriebsvermögen** der Gesellschafter zum Betriebsvermögen der Personengesellschaft rechnet. In der Handelsbilanz wird jedoch nur das Vermögen der Gesellschaft, das sog. **Gesamthandsvermögen,** nicht jedoch das Vermögen der einzelnen Gesellschafter berücksichtigt. Daher ist der Gewinn, der einerseits in der Handelsbilanz, andererseits in der Steuerbilanz ermittelt wird, in den meisten Fällen unterschiedlich hoch.

Im Bereich des Sonderbetriebsvermögens wird einerseits in notwendiges und nicht notwendiges Sonderbetriebsvermögen, andererseits in Sonderbetriebsvermögen I und Sonderbetriebsvermögen II differenziert.[80] Sonderbetriebsvermögen I liegt vor, wenn die Wirtschaftsgüter dazu geeignet und bestimmt sind, der Personengesellschaft zu dienen; Sonderbetriebsvermögen II liegt vor, wenn die Wirtschaftsgüter der Beteiligung des Gesellschafters an der Personengesellschaft zumindest förderlich sind. Diese Unterscheidung zwischen den verschiedenen Arten von Sonderbetriebsvermögen ist im Rahmen der Finanzierung einer Projektgesellschaft in Form der Personengesellschaft nur von sekundärer Relevanz. Zu erwähnen ist, dass das handelsrechtliche Eigen- und Fremdkapital, das der Projektgesellschaft in der Form der Personengesellschaft von ihrem(n) Projektträger(n) zur Verfügung gestellt wird, für steuerliche Zwecke insgesamt als Eigenkapital zu behandeln ist. Geldmittel, die zur Refinanzierung der Kapitaleinlage, sowie des zur Verfügung gestellten Fremdkapitals aufgenommen werden, gelten als sogenanntes negatives Sonderbetriebsvermögen und führen bei der steuerlichen Gewinnermittlung der Personengesellschaft zu abziehbaren Refinanzierungsaufwendungen. Für Zwecke der Gewerbesteuer ist bezüglich dieser Refinanzierungsaufwendungen zu prüfen, ob es sich nicht um sogenannte **Dauerschuldzinsen** gemäß § 8 Nr. 1 GewStG handelt.

44 Als wesentliche Folge der steuerlichen Transparenz können Verluste, die die Personengesellschaft erzielt, den Gesellschaftern zugerechnet und dort mit anderen Gewinnen aus Gewerbebetrieb verrechnet werden. Im Hinblick auf den Missbrauch dieser Regelungsmechanik durch sogenannte **Verlustzuweisungsgesellschaften** hat der deutsche Gesetzgeber die Regelung des § 15a EStG eingeführt, die diese Verlustnutzung aus seiner Sicht auf das notwendige Maß beschränken soll. Der Regelungsgehalt dieser Vorschrift ist, dass einem Gesellschafter der Ausgleich von Verlusten aus einer Beteiligung an einer Personengesellschaft nur insoweit möglich sein soll, als er für die Verluste der Gesellschaft in Anspruch genommen werden kann. Dies führt beim persönlich haftenden Gesellschafter einer Personengesellschaft (z.B. dem Komplementär einer OHG oder dem Gesellschafter einer GbR) zu einem vollen Verlust-

---

[80] Vgl. *Schmidt* EStG § 15 Rdn. 507 ff.

ausgleich, sofern nicht auf seiner Ebene eigene Verlustausgleichsbeschränkungen bestehen.[81]

Sofern der Gesellschafter einer Personengesellschaft in seiner Haftung beschränkt ist, ist gemäß § 15a Abs. 1 Satz 1 EStG der Ausgleich der aus der Personengesellschaft zugewiesenen Verluste mit positiven Einkünften aus anderen Quellen auf seine Gesellschaftereinlage in der Personengesellschaft beschränkt. Haftet der Kommanditist den Gläubigern einer Gesellschaft auf Grund einer gemäß § 171 Abs. 1 HGB im Handelsregister eingetragenen höheren Haftsumme, so ist diese für den Verlustausgleich maßgebend. Sofern der Verlust nach diesen Regelungen nicht mit anderen positiven Einkünften verrechnet bzw. ausgeglichen werden kann, mindert er gemäß § 15a Abs. 2 EStG die Gewinne, die dem beschränkt haftenden Gesellschafter in späteren Wirtschaftsjahren aus seiner Beteiligung an der Personengesellschaft zuzurechnen sind. Diese Regelung gilt gemäß § 15a Abs. 5 EStG auch für andere Formen mitunternehmerischer Beteiligungen, soweit im Einzelnen die vereinbarte Haftungsregelung der eines Kommanditisten vergleichbar ist (z.B. einem atypisch stillen Gesellschafters, dessen Haftung auf die geleistete Einlage beschränkt ist). Verluste im Bereich des Sonderbetriebsvermögens werden von § 15a EStG nicht erfasst; sie können im Rahmen der allgemeinen Verlustausgleichregelungen[82] mit anderen Einkünften des Mitunternehmers verrechnet werden.

Erwähnenswert im Zusammenhang mit der Gewinnermittlung einer Personengesellschaft im Hinblick auf die Projektfinanzierung ist weiterhin die Behandlung ihrer Verluste für Zwecke der Gewerbesteuer. Zunächst folgt aus der erwähnten Steuersubjektsfähigkeit für Gewerbesteuerzwecke,[83] dass die Verluste einer Personengesellschaft nur mit eigenen künftigen Gewinnen, nicht jedoch mit Gewinnen der Gesellschafter verrechnet werden können. Dies ergibt sich aus dem **Objektsteuercharakter** der Gewerbesteuer, die an den Gewerbebetrieb der Personengesellschaft anknüpft. Darüber hinaus ist die Nutzung von Verlusten für Gewerbesteuerzwecke gemäß § 10a GewStG von der sogenannten Identität des Unternehmens und der Identität der Unternehmer abhängig.[84] 45

Die Nutzung eines gewerbesteuerlichen Verlustvortrages durch eine Personengesellschaft ist nur insoweit zulässig, als einerseits das Unternehmen, das den Verlust erlitten hat, mit dem Unternehmen identisch ist, das den vorgetragenen Verlust nutzen möchte. Andererseits müssen die Mitunternehmer, die zum Zeitpunkt der Verlustentstehung beteiligt waren, mit denen identisch sein, die zum Zeitpunkt der Verlustnutzung beteiligt sind. Dies führt in Fällen des **Gesellschafterwechsels** sowie in Fällen der Reorganisation der verlusttragenden Personengesellschaft zum teilweisen oder vollständigen Wegfall des gewerbesteuerlichen Verlustvortrages.[85]

12.3.3.4 Besteuerung der atypisch stillen Gesellschaft

Die **atypisch stille Gesellschaft** ist die mitunternehmerische Beteiligungsform, die oft in Projektfinanzierungen eingesetzt wird. Üblicherweise beteiligt sich ein Kapitalgeber atypisch still an einer Projektgesellschaft in Form einer Kapitalgesellschaft. Es entsteht beispielsweise eine **GmbH & (atypisch) Still.** Die atypisch stille Beteiligung vereinigt die zivilrechtlichen Vorteile der stillen Gesellschaft mit den Vorteilen, wie eine Personengesellschaft besteuert zu werden. Sie ist abzugrenzen von der typischen stillen Gesellschaft. 46

---

[81] Z.B. §§ 2 Abs. 3, 2b, 10d EStG.
[82] Vgl. FN 81.
[83] Vgl. 12.3.3.2.
[84] Siehe dazu 12.3.2.1.4.2.
[85] Vgl. *Glanegger/Güroff*, GewStG, § 10a Anm. 9, 15ff.

Die **stille Gesellschaft** gemäß § 230 HGB ist eine Personengesellschaft, die kein Gesamthandsvermögen besitzt. Der stille Gesellschafter leistet seine Einlage vielmehr in das Vermögen des Betriebsinhabers. Er wird hierfür am Gewinn und gegebenenfalls am Verlust des Unternehmens – bei atypisch stillen Gesellschaften darüber hinaus grundsätzlich auch an den **stillen Reserven** – beteiligt. Bei der stillen Gesellschaft handelt es sich um eine reine **Innengesellschaft**.[86] Sie tritt im Wirtschaftsleben nach außen hin nicht in Erscheinung. Sie kann deshalb auch keine Kaufmannseigenschaft erlangen. Kaufmann ist lediglich der Betriebsinhaber. Dieser weist die Beteiligung des stillen Gesellschafters grundsätzlich als Fremdkapital aus. Der Gewinn eines stillen Gesellschafters wird gewinnmindernd gebucht. Er ist anhand des Jahresabschlusses des Inhabers des Handelsgeschäfts zu ermitteln.

47 Steuerlich ist zwischen typischer und atypischer Gesellschaft zu unterscheiden. Die typische stille Gesellschaft stellt eine bloße Kapitalüberlassung dar und führt deshalb beim stillen Gesellschafter im Zeitpunkt des Zuflusses zu Einkünften aus Kapitalvermögen im Sinne von § 20 Abs. 1 Nr. 4 EStG. Die Zahlung des Gewinnanteils löst gemäß § 43 Abs. 1 Nr. 3 EStG **Kapitalertragsteuer** aus. Die atypisch stille Gesellschaft ist hingegen im steuerlichen Sinne als Mitunternehmerschaft ausgestaltet. Demgemäss übt der stille Beteiligte **Mitunternehmerinitiative** aus (zumindest im Umfang der Kontroll- und Widerspruchsrechte eines Kommanditisten gemäß §§ 164, 166 HGB) und trägt darüber hinaus **Mitunternehmerrisiko** (durch Teilnahme am Gewinn und Verlust sowie schuldrechtliche Beteiligung an den stillen Reserven einschließlich Geschäftswert).

Erwähnenswert ist, dass die Vergütung des atypisch stillen Beteiligten angemessen sein muss. Zwar gibt es hierzu keine Rechtsprechung des BFH, jedoch kann sich in den Fällen einer atypisch stillen Beteiligung an einer Kapitalgesellschaft die Gewinnverteilung an den Grundsätzen orientieren, die der BFH zur stillen Gesellschaft aufgestellt hat.[87]

Aufgrund der Tatsache, dass es sich bei der atypisch stillen Gesellschaft steuerlich um eine Mitunternehmerschaft handelt, gelten die allgemeinen Grundsätze der Gewinnermittlung. Ist beispielsweise ein atypisch stiller Gesellschafter an einer GmbH beteiligt, so muss der im Jahresabschluss der Kapitalgesellschaft als Betriebsausgabe abgezogene Gewinnanteil der stillen Gesellschaft dem steuerlichen Gesamtgewinn der Mitunternehmerschaft hinzugerechnet werden. Gleiches gilt für sogenannte Sondervergütungen, die jeder stille Gesellschafter im Rahmen der Mitunternehmerschaft bezogen hat (z.B. Vergütungen für die Überlassung von Wirtschaftsgütern oder Darlehen). Die Anwendung der Regelungen betreffend die Mitunternehmerschaft bedingen auch, dass die entsprechenden Refinanzierungsaufwendungen für die Kapitalbeteiligung den steuerlichen Gewinn der Mitunternehmerschaft als sogenannte Sonderbetriebsausgaben mindern. Sofern diese Refinanzierung dauerhaften Charakter hat, kommt für Gewerbesteuerzwecke nur eine 50%ige Abziehbarkeit dieser Aufwendungen in Betracht. Es handelt sich um Dauerschuldzinsen i.S.d. § 8 Nr. 1 GewStG.

48 Sofern die Rechtsstellung des atypisch stillen Gesellschafters bezüglich seiner Haftung für Verbindlichkeiten des Kaufmanns der eines Kommanditisten vergleichbar ist, gelten die Einschränkungen der Verlustnutzung durch § 15a EStG auch für ihn.[88] Der Gewinnanteil des atypisch stillen Gesellschafters unterliegt nicht der Kapitalertragsteuer. Dies ist insbesondere von Bedeutung, soweit sich ein im Ausland ansässiger Investor an einer deutschen Kapitalgesellschaft atypisch still beteiligt. Die Kapitalbeteiligungen im

---

[86] Vgl. FN 77.
[87] Vgl. z.B. BFH vom 6. 2. 1980, BStBl. II 1980, 477.
[88] Vgl. § 15a Abs. 5 Nr. 1 EStG.

Wege der atypisch stillen Gesellschaft unterliegen darüber hinaus nicht den Beschränkungen der Gesellschafter-Fremdfinanzierung durch § 8a KStG.

Abschließend ist darauf hinzuweisen, dass die Finanzverwaltung sich in jüngerer Zeit verstärkt der einkommensteuerlichen Behandlung der atypisch stillen Gesellschaft zugewendet hat. Die Einzelheiten an dieser Stelle zu erläutern würde den Rahmen dieser Ausführungen sprengen.[89]

12.4 Steuerliche Aspekte beim Projektträger

12.4.1 Allgemeines

Der Projektträger („Sponsor") initiiert das Projekt, von ihm geht der unternehmerische Impuls aus. Er entscheidet über die Durchführung und bildet mithin das Zentrum des Vorhabens.[90] Dazu gehören einerseits Unternehmen, zu dessen eigenem unternehmerischen Anliegen das Vorhaben gehört, die aber im Hinblick auf das Finanzierungsvolumen und die Risikoträchtigkeit nur ein begrenztes Engagement eingehen wollen und deshalb zur Projektfinanzierung greifen.[91] Dazu gehören auch Lieferanten der investiven Leistung, beispielsweise Anlagenbauer, Bauunternehmen oder Technologielieferanten. Ihr primäres Interesse ist zwar die Erbringung der eigenen Leistung. Aus Gründen des Wettbewerbs und auch aus Finanzierungsgründen müssen oder wollen sie sich aber an dem Projekt auch mit Eigenkapital als Voraussetzung der eigenen Leistungserbringung beteiligen.[92] Zu dieser Gruppe zählen auch die Abnehmer von Projektprodukten sowie die Lieferanten von Roh-, Hilfs- und Betriebsstoffen.[93] Als eine weitere Gruppe von Projektträgern kommen Anleger/Investoren in Betracht, die in das Projekt aus Renditegründen einsteigen. Hierzu zählen u. a. sog. **Risikokapitalgeber (venture capitalists)** sowie Anleger mit steuerlichen Interessen. Neben diesen privaten Projektträgern beteiligen sich auch parastaatliche Institutionen aus Gründen der allgemeinen Wirtschaftsförderung (z. B. durch Infrastrukturprojekte oder Vorhaben zum Technologieerwerb) als Sponsoren an der Projektgesellschaft.[94]

49

Wegen der Größe und der Komplexität der einzelnen Vorhaben schließen sich üblicherweise mehrere solcher Projektträger zusammen, bringen ihre Mittel und Knowhow in das Projekt ein und partizipieren am Ergebnis. Üblicherweise gibt es eine Kerntruppe von Projektträgern, die sich aus den Gruppen der Unternehmen mit unternehmerischem Anliegen sowie Liefer- bzw. Abnehmerinteressenten rekrutieren, die dann zur Regelung des Innenverhältnisses weitere Projektträger, z. B. Anleger, hinzuwerben.

Steuerlich ist bei den Projektträgern bezüglich ihrer Funktion im Verhältnis zur Projektgesellschaft zu differenzieren. Handelt der Projektträger lediglich als Geber von Eigenkapital, gelten für ihn die steuerrechtlichen Normen, die das Verhältnis der Gesellschaft zu ihren Gesellschaftern betreffen. Tritt er darüber hinaus auch in ein Lieferungs- und/oder Leistungsverhältnis ein, so gelten die allgemeinen steuerlichen Vorschriften für diese Lieferungs- und Leistungsbeziehungen sowie Regelungen der Preisgestaltung zwischen verbundenen Unternehmen.[95]

50

---

[89] Vgl. hierzu Verfügung der OFD Rostock vom 19. Dezember 1999, S 2241 – St 23, DStR 2000, 591.
[90] Vgl. *Fahrholz*, a. a. O. S. 255.
[91] Vgl. *Reuter/Wecker*, Projektfinanzierung S. 23.
[92] Vgl. *Reuter/Wecker*, a. a. O. S. 23.
[93] Vgl. *Reuter/Wecker*, a. a. O. S. 23.
[94] Vgl. *Fahrholz*, a. a. O. S. 255.
[95] Vgl. 12.6.3.

12.4.2 Besteuerung der Projektträger als Eigenkapitalgeber einer Projektkapitalgesellschaft

51 Bezüglich der Beteiligung eines Projektträgers an einer Projektgesellschaft ist zu unterscheiden, ob sich ein inländischer Projektträger an einer inländischen oder einer ausländischen Projektgesellschaft bzw. ein ausländischer Projektträger an einer inländischen Projektgesellschaft beteiligt. Hierbei ist zunächst das Verhältnis zwischen Kapitalgesellschaften von primärem Interesse.

12.4.2.1 Beteiligung eines inländischen Projektträgers an einer inländischen Projektgesellschaft

52 Die steuerlichen Konsequenzen der Beteiligung eines inländischen Projektträgers an einer inländischen Projektgesellschaft in Form der Kapitalgesellschaft orientieren sich an der Rechtsform des Projektträgers. Handelt es sich, wie in den meisten Fällen, beim Projektträger um eine Kapitalgesellschaft, erzielt sie, soweit die Projektgesellschaft ausschüttungsfähige Gewinne erwirtschaftet, Beteiligungserträge. Das Dividendenpotential auf der Ebene der Projektgesellschaft wird nach den handelsrechtlichen Vorschriften unter Einbeziehung des Steueraufwandes ermittelt.[96] Die **Dividendeneinkünfte** unterliegen bei einer rein inländischen Beteiligungskonstellation bis zum Wirtschaftsjahr 2001 unter dem derzeit noch geltenden **Körperschaftsteuersystem** dem körperschaftsteuerlichen Anrechnungsverfahren, d.h. die auf der Ebene der Projektgesellschaft gezahlte **Körperschaftsteuer** wird zur Bemessungsgrundlage beim Projektträger hinzugerechnet und auf die so entstehende Körperschaftsteuerschuld des Projektträgers angerechnet. Dies gilt nicht für den auf der Ebene der Projektgesellschaft gezahlten **Solidaritätszuschlag.** Er stellt eine sog. nicht abziehbare, aber auch nicht anrechenbare Ausgabe dar, soweit er auf die Körperschaftsteuer erhoben wird.

53 Wie bereits erläutert[97] hat der Gesetzgeber dieses System abgeschafft. Das körperschaftsteuerliche Anrechnungssystem wird durch ein System der Definitivbelastung, verbunden mit dem sog. **Halbeinkünfteverfahren** beim Anteilseigner, sofern es sich um eine natürliche Person handelt, ersetzt. Im Verhältnis zwischen Körperschaften wird eine Mehrfachbelastung mit Körperschaftsteuer durch ein Freistellungssystem bei Dividendenerträgen erreicht.[98] Um eine Gleichbehandlung von ausgezahlten Dividenden mit thesaurierten Gewinnen herzustellen, sieht die Gesetzesneufassung darüber hinaus die Freistellung der **Veräußerungsgewinne** aus dem Verkauf von Kapitalgesellschaften von der Körperschaftsteuer vor.[99] Diese Möglichkeit bestand bisher gemäß § 8b Abs. 2 KStG für sog. ausländische **Schachtelbeteiligungen,** d.h. ausländische Beteiligungen, deren Ausschüttungen gemäß § 8b Abs. 7 KStG steuerfrei sind, sowie für solche Beteiligungen, die gemäß § 26 Abs. 2, 3 KStG zur indirekten Körperschaftsteueranrechnung berechtigen.[100] Diese Ausdehnung des steuerfreien Anteilsverkaufs dürfte in der Zukunft die Möglichkeiten für inländische Kapitalgesellschaften verbessern, sich ohne Steuerbelastung auf ihrer Ebene von einer profitablen Projektgesellschaft zu trennen.

---

[96] Siehe hierzu Kapitel 13.
[97] Vgl. 12.3.2.1.
[98] Vgl. § 8b Abs. 1 KStG in der Fassung des Gesetzes zur Änderung des Investitionszulagengesetzes 1999 vom 20. Dezember 2000, BGBl. I S. 1850.
[99] Vgl. § 8b Abs. 2 KStG in der Fassung des Gesetzes zur Änderung des Investitionszulagengesetzes 1999 vom 20. Dezember 2000, BGBl. I S. 1850.
[100] Siehe dazu 12.4.2.2.2.

Die Steuerfreiheit des Veräußerungserlöses setzt voraus, dass der Beteiligungsansatz nicht in der Zeit vor dem Systemwechsel steuerwirksam wertberichtigt und diese Wertberichtigung nicht durch eine Wertzuschreibung gleichfalls steuerwirksam ausgeglichen worden sein.

Mit der Freistellung der Dividendeneinkünfte sowie der Gewinne aus der Veräusserung von Kapitalgesellschaften einer geht die Nichtabziehbarkeit von damit zusammenhängenden Aufwendungen.[101] Diese Regelung führt bei der Ausschüttung von inländischen Dividenden auf die nächste (Kapitalgesellschafts-)Ebene einerseits zu steuerfreien Einnahmen, die andererseits den Abzug von damit zusammenhängenden Aufwendungen nicht zulasssen. Die Kosten der Beteiligung an einer Projekttochtergesellschaft werden dadurch steuerlich irrelevant. Um diesbezüglich eine Abziehbarkeit zu erreichen, bietet sich die Etablierung einer körperschaftsteuerlichen **Organschaft** an.[102] Das der Mutterkapitalgesellschaft (Organträger) zugewiesene Ergebnis der Organgesellschaft gilt als eigenes Ergebnis, das für steuerliche Zwecke um die mit der Beteiligung zusammenhängenden Aufwendungen reduziert wird.

54

Bei der **Gewerbesteuer** des Projektträgers führt die Steuerfreiheit für inländische Dividendenerträge dazu, dass die bisher bei der Kürzungsvorschrift des § 9 Nr. 2a GewStG vorgesehene Mindestbeteiligung von 10% für die Nichtberücksichtigung der Dividendenerträge irrelevant wird. Dividenden inländischer Kapitalgesellschaften dürften nach dem StSenkG unabhängig von der Beteiligungshöhe und der Besitzzeit beim Projektträger nicht der Gewerbesteuer unterliegen. Die Gewerbesteuerfreiheit dürfte über den Verweis in § 7 GewStG auf die Gewinnermittlung im Körperschaftsteuerrecht auch für Gewinne aus der Veräußerung von Beteiligungen gelten, soweit die Voraussetzungen des § 8b KStG vorliegen.

12.4.2.2 Beteiligung eines inländischen Projektträgers an einer ausländischen Projektgesellschaft

12.4.2.2.1 Besteuerung der ausländischen Projektgesellschaft

Hinsichtlich der Beteiligung an einer ausländischen Kapitalgesellschaft richtet sich die Frage, ob diese als Körperschaftsteuersubjekt zu qualifizieren ist, nach dem sog. **Rechtstypenvergleich**.[103] Demgemäss ist entscheidend, ob die ausländische Gesellschaft nach ihrem rechtlichen Aufbau und ihrer wirtschaftlichen Stellung in ihrem Heimatstaat eher mit einer Kapitalgesellschaft oder eher mit einer Personengesellschaft nach dem deutschen Rechtsverständnis vergleichbar ist. Die ausländische Gesellschaft ist gemäß § 2 Nr. 1 KStG im Inland beschränkt steuerpflichtig, wenn sie hier weder ihren Sitz noch ihre Geschäftsleitung hat. Der sachlichen Steuerpflicht unterliegt sie nur dann, wenn sie inländische Einkünfte i. S. d. § 49 EStG erzielt.

55

Projektgesellschaften in der Form von Kapitalgesellschaften werden grundsätzlich auch im Ausland als selbständige Steuersubjekte betrachtet und unterliegen dort unter der Voraussetzung, dass sie ihren **Sitz** oder ihre **Geschäftsleitung** dort unterhalten, der unbeschränkten Besteuerung. Ihre inländischen Anteilseigner werden hingegen im Ausland üblicherweise nur mit den an sie ausgeschütteten Dividenden besteuert. Dies führt einerseits zu einer Besteuerung der Gewinne auf der Ebene der ausländischen Kapitalgesellschaft und andererseits zu einer Besteuerung der **Dividendenerträge** auf der Ebene der Gesellschafter.

---

[101] Vgl. 3c Abs. 1 EStG in der Fassung des Gesetzes zur Änderung des Investitionszulagengesetzes 1999 vom 20. Dezember 2000, BGBl. I, S. 1850.
[102] Vgl. 12. 3.2.1.4.
[103] Vgl. BFH, BStBl. II 1968, 695.

12.4.2.2.2 Besteuerung des inländischen Projektträgers

56 Der im Inland ansässige Projektträger unterliegt der **unbeschränkten Steuerpflicht**.[104] Zu seinem zu versteuernden Einkommen gehören grundsätzlich auch die aus seiner ausländischen Projektgesellschaft ausgeschütteten Gewinne. Nicht ausgeschüttete Gewinne werden nach den Voraussetzungen der § 7 ff AStG beim inländischen Gesellschafter unter den dort dargestellten Voraussetzungen hinzugerechnet und besteuert. Die Vorschriften des AStG dienen der Verhinderung der Verlagerung von wirtschaftlichen Aktivitäten ins niedriger besteuernde Ausland. Erforderlich ist eine Beteiligung von mehr als 50% der Anteile oder Stimmrechte, eine sog. **passive Tätigkeit** i. S. d. § 8 Abs. 1 AstG sowie eine **niedrige Besteuerung.** Eine niedrige Besteuerung liegt nach der Neufassung des § 8 Abs. 3 AStG vor, wenn die Belastung der ausländischen Tochterkapitalgesellschaft durch lokale Ertragsteuern 25% unterschreitet, wobei die entrichtete Steuer mit einer nach deutschem Recht ermittelten Bemessungsgrundlage verglichen werden muss. Diese Regelungen tragen aus der Sicht des deutschen Gesetzgebers dem sog. **Vorbelastungsgebot** Rechnung. Die Steuerfreistellung der Dividenden auf der Ebene der beteiligten Kapitalgesellschaft und die Anwendung des **Halbeinkünfteverfahrens** auf der Ebene des Letztempfängers (natürliche Person) setzen voraus, dass die an den Letztempfänger ausgeschütteten Dividenden auf der Ebene der ausschüttenden Gesellschaften einer ausreichenden Vorbelastung unterlegen haben. Dies muss auch für Einkünfte aus passivem Erwerb gelten, die die ausschüttende Gesellschaft von ausländischen Beteiligungsgesellschaften bezieht, die **Zwischengesellschaften** i. S. d. AStG sind und die in ihrem Sitzstaat niedrig besteuert werden.

Für Zwecke der Projektfinanzierung sind diese Vorschriften insoweit von geringerer Relevanz, als die finanzierten Projektaktivitäten in den allermeisten Fällen als aktiv i. S. d. § 8 Abs. 1 AStG gewertet werden können. Als **aktive Tätigkeit** definiert das Gesetz die Herstellung, Bearbeitung, Verarbeitung oder Montage von Sachen, die Erzeugung von Energie sowie das Aufsuchen und die Gewinnung von Bodenschätzen. Betrachtet man die in Kapitel 2 dargestellten Projekttypen, dürfte eine passive Tätigkeit in den wenigsten Fällen vorliegen. Eine passive Tätigkeit kommt jedoch u. U. in Frage, wenn in die Projektfinanzierung von Seiten des Projektträgers eine sog. **Konzernfinanzierungsgesellschaft** eingeschaltet wird.[105]

57 Das StSenkG führt im Bereich der Besteuerung inländischer Kapitalgesellschaften hinsichtlich der Beteiligungserträge aus ausländischen Tochtergesellschaften zu einer erfreulichen Vereinfachung. Gemäß § 8b Abs. 1 KStG n. F. bleiben diese Dividenden bei der Ermittlung des steuerpflichtigen Einkommens außer Ansatz. Dies ist eine umfassende Freistellung der Beteiligungserträge, die die bisherigen komplexen Regelungen des § 26 KStG überwiegend überflüssig macht. Folgerichtig sind die Absätze 2 bis 5 in der geänderten Fassung des § 26 KStG nicht mehr enthalten. Lediglich insoweit, als die inländische Kapitalgesellschaft bei anderen Erträgen als Dividendeneinnahmen einer **ausländischen Quellensteuer** unterliegt, besteht noch Bedarf für eine Anrechnungsvorschrift.[106]

58 Darüber hinaus gilt ab 2001 nach dem § 8b Abs. 2 KStG in der Fassung des StSenkG die bereits erwähnte allgemeine Freistellung der **Veräußerungsgewinne** für Beteiligungen an Kapitalgesellschaften. Auf die diesbezüglichen Ausführungen in Zusammenhang mit der Beteiligung an inländischen Kapitalgesellschaften wird insoweit verwiesen.[107]

---

[104] Zur Ermittlung der Besteuerungsgrundlagen allgemein vgl. 12.3.2.1.2.
[105] Vgl. *Henkel* in *Mössner u. a.* a. a. O., E 518.
[106] Vgl. § 26 Abs. 1 KStG n. F.
[107] Vgl. 12.4.2.1.

Bezüglich der Abziehbarkeit von mit den steuerfreien Auslandsdividenden verbundenen Aufwendungen ist auf folgendes hinzuweisen: Eine – unsystematische – Spezialregelung der generellen Nichtabzugsfähigkeit der Aufwendungen für Beteiligungen in § 3c Abs. 1 EStG n.F. enthält die Regelung bezüglich der Steuerfreiheit von Dividenden aus ausländischen Kapitalgesellschaften, die von der Körperschaftsteuer befreit sind. Hier gelten nach der Neufassung des § 8b Abs. 5 KStG typisierend 5% der Einnahmen als Betriebsausgaben, die für Zwecke der Nichtabziehbarkeit mit den Dividendeneinnahmen in unmittelbarem wirtschaftlichen Zusammenhang stehen und damit im Rahmen des § 3c Abs. 1 EStG n.F. nicht abziehbar sind. Die Inkonsistenz dieser Regelung ist offenbar und es bleibt abzuwarten, ob sie langfristig Bestand haben wird.[108]

Zu erwähnen ist noch, dass die Steuerfreiheit gemäß § 8b KStG zunächst nur für den Projektträger selbst gilt, sofern er als Kapitalgesellschaft im Inland unbeschränkt oder beschränkt steuerpflichtig ist. Wird der entsprechende Ertrag aus Dividenden oder Veräußerungen seinerseits für Dividendenausschüttungen des Projektträgers an seine Anteilseigner verwendet, kommt es auf die Person des Empfängers und deren Wohnsitz bzw. Sitz an. Sind die Dividendenempfänger nicht in Deutschland ansässig, wird die Steuerfreiheit derzeit[109] und auch künftig im neuen Körperschaftsteuersystem an diese Empfänger weitergereicht. Dies gilt auch, soweit an dem inländischen Projektträger eine inländische Kapitalgesellschaft beteiligt ist. Soweit die Dividende – verbunden mit anderen handelsrechtlichen Gewinnbestandteilen – an eine im Inland steuerpflichtige natürliche Person fließt oder ihr über eine Personengesellschaft zugerechnet wird, unterliegt diese bis 2001 einschließlich der vollen Besteuerung. Nach den Vorschriften des StSenkG gilt ab 2002 das sog. **Halbeinkünfteverfahren.** Das bedeutet, die Dividenden werden bei einer natürlichen Person in Inland – wie bisher – besteuert, jedoch nur zu 50% der Einnahmen.[110]

Die gewerbesteuerrechtliche Behandlung der Dividendeneinnahmen und der Veräußerungsgewinne bzgl. ausländischen Beteiligungsbesitzes entspricht den Ausführungen betreffend den inländischen Beteiligungsbesitz.[111]

12.4.2.3 Beteiligung eines ausländischen Projektträgers an einer inländischen Projektgesellschaft

Beteiligt sich ein ausländischer Projektträger an einer inländischen Projektgesellschaft in Form einer Kapitalgesellschaft, unterliegt der ausländische Projektträger mit den an ihn ausgeschütteten Dividenden der **beschränkten Körperschaftsteuerpflicht.** Beschränkt körperschaftsteuerpflichtig sind Körperschaften, die weder ihren **Sitz** noch ihre **Geschäftsleitung** im Inland haben, mit ihren inländischen Einkünften.[112] Dividenden einer Kapitalgesellschaft, die Sitz oder Geschäftsleitung im Inland hat, führen für den ausländischen Anteilseigner gemäss § 8 Abs. 1 KStG i.V.m. § 49 Abs. 1 Nr. 5 EStG zu steuerpflichtigen inländischen Einkünften. Dies gilt auch für **verdeckte Gewinnausschüttungen.**

12.4.2.3.1 Besteuerung des Projektträgers im Inland

Dividenden i.S.d. § 20 Abs. 1 Nr. 1 EStG unterliegen künftig gemäss § 43 Abs. 1 Satz 1 Nr. 1 EStG dem **Kapitalertragsteuerabzug** von 20% unter der Voraussetzung,

---

[108] Die nochmalige Änderung des § 8b KStG durch das Gesetz zur Änderung des Investitionszulagengesetzes 1999 (vgl. FN 16, 98) führte jedoch zu keiner Anpassung der Regelung.
[109] Vgl. §§ 27ff KStG a.F.
[110] Vgl. § 3 Nr. 40 i.V.m. § 20 Abs. 1 Nr. 1 EStG n.F.
[111] Vgl. 12.4.2.1.
[112] Vgl. § 2 Nr. 1 KStG.

dass der Gläubiger die Kapitalertragsteuer trägt. Sollte sie von der Projektgesellschaft als der Schuldnerin der Kapitalerträge übernommen werden, beträgt die Kapitalertragsteuer 25% des tatsächlich gezahlten Betrages.[113] Gemäss § 50 Abs. 5 Satz 1 EStG gilt die Steuer für Einkünfte, die dem Steuerabzug von Kapitalertrag unterliegen, bei den beschränkt steuerpflichtigen Anteilseignern als mit dem Steuerabzug abgegolten. Demgemäss wird eine ausländische Kapitalgesellschaft trotz der Tatsache, dass sie im Inland beschränkt steuerpflichtige Dividendeneinkünfte erzielt, nicht zur Körperschaftsteuer veranlagt.

62 Hinsichtlich eines Veräußerungsgewinns ist zunächst auf § 49 Abs. 1 Nr. 2e EStG hinzuweisen, der nach der Neufassung des § 17 EStG bzgl. einer Beteiligung an einer Kapitalgesellschaft von mindestens 1% innerhalb der letzten 5 Jahre eine beschränkte Steuerpflicht vorsieht. Diese Regelung ist m. E. jedoch auf Grund der Neuregelung des § 8b Abs. 2 KStG, der auch für die Gewinnermittlung beschränkt steuerpflichtiger Kapitalgesellschaften gilt, überholt. Die dort geregelte Steuerfreiheit gilt auch für beschränkt steuerpflichtige Anteilseigner. Einer Entlastung durch eine entsprechende Regelung im DBA für Veräußerungsgewinne[114] bedarf es nicht, soweit die Voraussetzungen des § 8b Abs. 2 KStG vorliegen.

12.4.2.3.2 Aspekte der Doppelbesteuerung

63 Im Hinblick auf die Belastung des Ertrags auf der Projektgesellschaft mit Kapitalertragsteuer ist es für den Projektträger stets vorteilhaft, wenn im Staat der Projektgesellschaft eine solche **Quellensteuer** nicht erhoben bzw. durch ein entsprechendes Regelwerk diese auf ein erträgliches Maß reduziert wird. Für Gewinnausschüttungen einer deutschen Projektgesellschaft an eine in der Europäischen Union ansässige Muttergesellschaft sieht das deutsche Einkommensteuerrecht basierend auf der sogenannten **Mutter-Tochter-Richtlinie** der Europäischen Union[115] unter bestimmten Voraussetzungen keine Erhebung der deutschen Kapitalertragsteuer vor. Die Jurisdiktionen der Staaten der Europäischen Union haben gleichwirkend gelagerte Vorschriften etabliert, um die Quellensteuerbelastung auf Dividenden innerhalb der Europäischen Union gänzlich zu vermeiden. Der neue durch das StSenkG eingeführte § 43b EStG ersetzt den bisher geltenden § 44d EStG, enthält jedoch den gleichen Regelungsgehalt wie die bisherige Vorschrift. Die Nichterhebung erfolgt auf Antrag und setzt eine Mindestbeteiligung einer in der Europäischen Union ansässigen Muttergesellschaft von 25% am Nennkapital der deutschen Projektgesellschaft voraus, die mindestens 12 Monate bestehen muss. Die Entlastungsregelung gilt auch dann, wenn eine mindestens 10%ige Beteiligung der in der Europäischen Union ansässigen Muttergesellschaft an einer deutschen Projektgesellschaft besteht und ein Doppelbesteuerungsabkommen auf Gewinnausschüttungen entweder einer Steuerbefreiung oder die Anrechnung der deutschen Körperschaftsteuer die Steuer der Muttergesellschaft gewährt und im Wege der **Gegenseitigkeit** Gewinnausschüttungen an eine in Deutschland unbeschränkt steuerpflichtige Kapitalgesellschaft ab der gleichen Beteiligungshöhe von 10% von der Kapitalertragsteuer befreit. Da die Bundesrepublik Deutschland mit allen Staaten der Europäischen Union entsprechende Doppelbesteuerungsabkommen geschlossen hat, sind Dividendenzahlungen ab einer Beteiligungshöhe von 10% zwischen den Steuerjurisdiktionen von Quellensteuer befreit. Die Entlastung hat weiterhin zur Voraussetzung, dass die ausländische EU-Muttergesellschaft zwingend eine in der Anlage 7 zu § 43b EStG n. F. ausdrücklich ausgeführten Gesellschaftsformen erfüllen muss, die sämtliche

---

[113] Vgl. § 43a Abs. 1 Nr. 1 EStG n. F.
[114] Vgl. Art. 13 OECD-MA.
[115] Vgl. Abl. EG v. 20. 8. 1990 Nr. L 225.

den Charakter von Kapitalgesellschaften haben. Sollte die Steuerentlastung nach DBA günstiger sein, geht diese vor. Normalerweise ist jedoch die Steuerentlastung nach § 43b EStG n. F. vorteilhafter, so dass diese Regelung vorgeht.[116]

Im Verhältnis zu Projektträgergesellschaften in anderen Jurisdiktionen – d. h. außerhalb der EU – müssen die zwischen der Bundesrepublik Deutschland und diesen Jurisdiktionen geschlossenen DBA geprüft werden, um festzustellen, unter welchen Voraussetzungen eine Reduzierung der Quellensteuerbelastung in Deutschland bzw. vice versa in anderen Jurisdiktionen erreicht werden kann. Insoweit ist hier auf Art. 10 OECD-MA hinzuweisen, demgemäss Dividenden, die in einem Vertragsstaat ansässige Gesellschaft an eine in einem anderen Vertragsstaat ansässige Gesellschaft zahlt, in dem anderen Vertragsstaat besteuert werden können.[117] Diese Dividenden können jedoch auch in dem Vertragsstaat, in dem die die Dividenden zahlende Gesellschaft ansässig ist, nach dem Recht dieses Staates besteuert werden. Die Steuer darf aber, wenn der Empfänger die Dividende zugleich der Nutzungsberechtigte ist, 5% des Bruttobetrags der Dividende nicht übersteigen, wenn die Nutzungberechtigte sich als Gesellschaft qualifiziert, die unmittelbar über mindestens 25% des Kapitals der Dividenden zahlenden Gesellschaft verfügt.[118] Der Wohnsitzstaat hat mithin das volle Besteuerungsrecht, der Quellenstaat eine begrenzte Befugnis zum Quellensteuerabzug. Liegen die Voraussetzungen der qualifizierten Beteiligung nicht vor (z. B. für sogenannten **Streubesitz**), sieht das OECD-MA einen Quellensteuersatz von 15% auf Dividenden vor.[119]

Die von der Bundesrepublik Deutschland abgeschlossenen DBA enthalten Variationen von diesen Regelungen. Grundprinzip ist jedoch stets, dass unter gewissen qualifizierenden Voraussetzungen eine Entlastung der Doppelbesteuerung im Quellenstaat der Dividende vorgesehen ist.[120]

Bezüglich der Besteuerung von **Veräußerungsgewinnen** ist bereits der Regelungszusammenhang zwischen §§ 49 Abs. 1 Nr. 2e EStG i. V. m. § 8b Abs. 2 KStG erläutert worden.[121] Die exklusive Zuweisung des Besteuerungsrechts an den ausländischen Anteilseigner gemäß den DBA-Vorschriften, die Art. 13 Abs. 4 OECD-MA entsprechen, ist nur noch dort von Relevanz, wo die Voraussetzungen der Steuerfreiheit gemäß § 8b Abs. 2 KStG nicht vorliegen.

Zu beachten ist in diesem Zusammenhang die Missbrauchsklausel des § 50d Abs. 1a EStG. Gemäß dieser Norm hat eine ausländische Gesellschaft keinen Anspruch auf Steuerentlastung (Steuerbefreiung oder -ermäßigung nach § 43b EStG oder nach einem DBA), soweit Personen an ihr beteiligt sind, denen die Steuerentlastung nicht zustünde, wenn sie die Einkünfte unmittelbar erzielten, und für die Einschaltung der ausländischen Gesellschaft wirtschaftliche oder sonst beachtliche Gründe fehlen und sie keine eigene Wirtschaftstätigkeit entfalten. Hintergrund dieser Vorschrift ist die Vermeidung des sogenannten **„treaty shoppings"** bzw. des **„directive shoppings"**. Es soll vermieden werden, dass über die Zwischenschaltung einer funktionslosen Kapitalgesellschaft in einem Staat die Voraussetzung der Inanspruchnahme der Vergünstigungen des § 43b EStG bzw. einer günstigen DBA-Regelung geschaffen werden.[122]

---

[116] Vgl. *Henkel* in *Mössner u. a.*, Steuerrecht international tätiger Unternehmen, F 263.
[117] Vgl. Art. 1 Abs. 1 OECD-MA.
[118] Vgl. Art. 10 Abs. 2 Satz 1 (a) OECD-MA.
[119] Vgl. Art. 10 Abs. 2 (b) OECD-MA.
[120] Vgl. *Vogel* DBA Rdnr. 87 zu Art. 10.
[121] Vgl. 12.4.2.3.1.
[122] Zu den einzelnen Tatbestandsmerkmalen vgl. *Henkel* in *Mössner u. a.*, Steuerrecht international tätiger Unternehmen, F 275 ff.

12.4.2.3.3 Besteuerung im Ausland

66 Üblicherweise wird der **Ansässigkeits**staat des ausländischen Projektträgers die Dividendenausschüttung der inländischen Projektgesellschaft nach dem **Welteinkommensprinzip** der Besteuerung unterwerfen. Darüber hinaus besteht in einigen Staaten die Bestrebung, Gewinnverlagerungen auf ausländische Tochtergesellschaften zu unterbinden und die Selbständigkeit der ausländischen Tochtergesellschaft zu durchbrechen, um auf den von ihr erwirtschafteten Gewinn auch ohne Gewinnausschüttung zugreifen zu können. Die Bundesrepublik Deutschland hat diesbezüglich die Regelungen im sog. Außensteuergesetz erlassen (§§ 7 ff AStG); ähnliche Regelungen kennen USA, Frankreich, Großbritannien, Kanada, Japan und Australien. Diesbezüglich ist zu prüfen, ob die in Deutschland ansässige Tochtergesellschaft **Abschirmwirkung** gegenüber den Gesellschaftern entfaltet.

Das Recht des ausländischen Staates kann auf unilateraler Basis für Dividendenausschüttungen Steuererleichterungen vorsehen. Ähnlich wie im deutschen Recht können Quellensteuern auf Dividenden auf die beim Anteilseigner anfallende Steuer angerechnet bzw. von der Bemessungsgrundlage abgezogen werden. Bei Schachteldividenden kann es darüber hinaus zu einer indirekten Anrechnung der auf die inländische Kapitalgesellschaft entfallenden Körperschaftsteuer kommen.[123]

Weitere Steuerermäßigungen können aus einem anwendbaren Doppelbesteuerungsabkommen resultieren. Üblicherweise sehen die von der Bundesrepublik Deutschland abgeschlossenen Doppelbesteuerungsabkommen die Anrechnung der nach dem Doppelbesteuerungsabkommen in Deutschland zulässig erhobenen Quellensteuer auf die im Ansässigkeitsstaat des Gesellschafters anfallende Steuer vor. Auf seiten des Empfängerstaates ist insofern zu untersuchen, ob die sog. **Schachteldividenden** freigestellt oder der **indirekten Anrechnung** unterliegen. Innerhalb der Europäischen Union ist gemäß Art. 4 Abs. 1 der Mutter-/Tochterrichtlinie[124] die Dividende entweder von der Steuer freizustellen oder die indirekte Anrechnung zu gewähren.

12.4.2.4 Beteiligung an einer Projektgesellschaft in Form einer Personengesellschaft

12.4.2.4.1 Vorbemerkung

67 Auch hinsichtlich der Verwendung einer Projektgesellschaft in der Form einer Personengesellschaft ist bezüglich des Projektträgers in folgende Fallgruppen zu differenzieren:
– inländischer Projektträger, der an einer inländischen Projektgesellschaft beteiligt ist;
– ausländischer Projektträger, der an einer inländischen Projektgesellschaft beteiligt ist;
– inländischer Projektträger, der an einer ausländischen Projektgesellschaft in Form der Personengesellschaft beteiligt ist.

Auf die Beteiligung eines ausländischen Projektträgers, der an einer ausländischen Projektgesellschaft in Form der Personengesellschaft beteiligt ist, braucht mangels Bezug zum deutschen Steuerrecht nicht eingegangen zu werden.

12.4.2.4.2 Beteiligung eines inländischen Projektträgers an einer inländischen Projektgesellschaft

68 Diesbezüglich ist zu differenzieren, ob sich eine Kapitalgesellschaft, eine natürliche Person oder eine Personengesellschaft an der Projektgesellschaft beteiligt. Für Zwecke

---

[123] Vgl. *Vogel* DBA Art. 23 Rdn. 117.
[124] Vgl. Abl. EG vom 28. August 1990, Nr. L 225.

Steuerliche Aspekte beim Projektträger

der vorliegenden Darstellung soll die Beteiligung einer natürlichen Person nur insofern von Relevanz sein, als die Besteuerung der mitunternehmerischen Einkünfte durch das StSenkG neu geregelt wird.

Der inländische Projektträger in Form einer Kapitalgesellschaft unterliegt mit dem ihm aus der Personengesellschaft auf Grund deren **Transparenz** zugewiesenen Gewinnanteil der Körperschaftsteuer. Verluste können von dem Projektträger nur in dem von § 15a EStG gesetzten Rahmen sofort geltend gemacht werden.[125] Nicht ausgleichsfähige Verluste werden vorgetragen. Bei der Ermittlung der Bemessungsgrundlage für Zwecke der **Gewerbesteuer** werden auf der Ebene des Projektträgers das zugerechnete Beteiligungsergebnis über die gewerbesteuerlichen Hinzurechnungs- und Kürzungsvorschriften eliminiert, um eine doppelte Berücksichtigung des bereits auf der Ebene der Projektgesellschaft besteuerten Ergebnisses zu vermeiden.[126]

Der inländische Projektträger in Form der Personengesellschaft ist für Zwecke der Einkommensbesteuerung (Einkommensteuer, Körperschaftsteuer) gleichfalls transparent. Die ihm von der Projektgesellschaft zugewiesenen Besteuerungsgrundlagen werden wiederum den hinter dem Projektträger stehen Gesellschaftern zugewiesen. Dort ist über die Besteuerung zu entscheiden. Für Zwecke der Gewerbesteuer gelten die gleichen Korrekturvorschriften, wie bei der Beteiligung der einer inländischen Kapitalgesellschaft als Projektträger.[127]

Ist an dem Projektträger eine Person beteiligt, die der deutschen Einkommensteuerpflicht unterliegt, ist bei ihr ab dem Veranlagungszeitraum 2001 § 35 Abs. 1 Nr. 2 EStG zu beachten. Diese Norm beinhaltet die Ermäßigung der auf den Gewinnanteil aus der Projektträgergesellschaft festzusetzenden tariflichen Einkommensteuer um das 1,8fache des auf der Ebene der Projektträgergesellschaft anteilig festgesetzten Gewerbesteuermessbetrages. Dadurch kommt es zu einer Entlastung der tariflichen Einkommensteuer.[128] Dies betrifft den an einen Projektträger ausgeschütteten Gewinn einer Projektgesellschaft in Form einer Kapitalgesellschaft nur insoweit, als er überhaupt im **Gewerbesteuermessbetrag** der Projektträgergesellschaft enthalten ist. Daran mangelt es bei einer Schachtelbeteiligung i. S. d. § 9 Nr. 2a GewStG, d. h. einer Beteiligung ab 10%. Die anteilige Anrechnung des Gewerbesteuermessbetrages gilt zudem nicht, wenn der Gewinn der Tochterkapitalgesellschaft über eine gewerbesteuerliche **Organschaft** der Projektträgergesellschaft zugerechnet wird, weil die Anrechnung nicht Gewinne aus Kapitalgesellschaften, die bereits vermittelt durch die Personengesellschaft dem Halbeinkünfteverfahren auf der Ebene des Gesellschafters unterliegen, nochmals präferiert werden sollen. Dies gilt wiederum nicht, soweit die Projektgesellschaft über einen **Gewinnabführungsvertrag** der Projektträgergesellschaft im Wege auch einer körperschaftsteuerlichen Organschaft verbunden ist. Insoweit fingiert die Organschaft eigenes gewerbesteuerpflichtiges Einkommen der Projektträgergesellschaft.

Handelt es sich bei der Projektgesellschaft selbst um eine Personengesellschaft, herrscht für Einkommen-/Körperschaftsteuerzwecke volle Transparenz. Gewerbesteuerlich gelten die allgemeinen Grundsätze mit den entsprechenden Kürzungs- bzw. **Hinzurechnungsvorschriften** zur Vermeidung einer doppelten Belastung, bzw. Entlastung. Die Anrechnung des 1,8fachen Gewerbesteuermessbetrages dürfte nach dem Sinn und Zweck des § 35 EStG bei **doppelstöckigen Personengesellschaften** für den insgesamt den Gesellschaftern zugerechneten Gewinn aus Gewerbebetrieb gelten.[129]

---

[125] Vgl. 12.3.3.3.
[126] Vgl. §§ 8 Nr. 8, 9 Nr. 2 GewStG.
[127] Vgl. §§ 8 Nr. 8, 9 Nr. 2 GewStG.
[128] Vgl. zu den Konsequenzen der Regelung *Diener/Schulte* in *Erle/Sauter* u. a. Reform der Unternehmensbesteuerung, S. 116 ff.
[129] Vgl. *Diener/Schulte* in *Erle/Sauter* u. a., S. 126.

12.4.2.4.3. Beteiligung eines ausländischen Projektträgers an einer inländischen Projektgesellschaft

70 Die Beteiligung an deutschen Personengesellschaften war bisher nicht die typische Rechtsform ausländischer Investitionen im Inland. Die Personengesellschaft als Unternehmensform ist die Domäne des Mittelstandes. Die Personengesellschaft ist jedoch für einen beschränkten Investorenkreis durchaus interessant, wenn man sich die beschränkten Möglichkeiten der Rückführung von investiertem Kapital aus einer Kapitalgesellschaft vor Augen hält.[130]

Eine Beteiligung von Ausländern an einer inländischen Personengesellschaft kommt in Form einer Kommanditistenbeteiligung an einer deutschen KG vor. Dabei treten üblicherweise als Kommanditisten ausländische Kapitalgesellschaften auf. Aufgrund der **Transparenz** der Personengesellschaft ist diese als solche kein Steuersubjekt; ihre ausländischen Gesellschafter erzielen beschränkt steuerpflichtige Einkünfte i.S.d. § 49 EStG. Die ausländischen Projektträger in der Form natürlicher Personen sind beschränkt steuerpflichtig; ausländische Körperschaften sind gemäß § 1 Abs. 4 EStG i.V.m. § 2 Abs. 1 KStG beschränkt steuerpflichtig.

Die Steuerpflicht für den ausländischen Gesellschafter einer Personengesellschaft ist daran geknüpft, ob gemäß § 49 Abs. 1 Nr. 2a EStG Einkünfte aus Gewerbebetrieb erzielt werden (§§ 15–17 EStG), für den im Inland eine **Betriebsstätte** unterhalten wird oder ein **ständiger Vertreter** bestellt ist. Das setzt zunächst voraus, dass die deutsche Personengesellschaft ein gewerbliches Unternehmen im Sinne von § 15 Abs. 1 Nr. 1 i.V.m. Abs. 2 EStG betreibt oder es sich um eine sog. **gewerblich geprägte Personengesellschaft** im Sinne des § 15 Abs. 3 EStG handelt. Auch die Beteiligung einer ausländischen Kapitalgesellschaft als persönlich haftender Gesellschafter führt zu einer gewerblich geprägten Personengesellschaft kraft sog. Prägung.[131] Um gewerbliche Einkünfte zu erzielen, müssen die ausländischen Gesellschafter **Mitunternehmer** sein, d.h. sie müssen Mitunternehmerrisiko und Mitunternehmerinitiative entfalten. Diesbezügliche Beurteilung obliegt allein dem deutschen Steuerrecht. Dies kann unter Umständen zu sog. **Qualifikationskonflikten** führen.[132]

Der Verweis auf § 15 EStG führt auch dazu, dass sog. Sondervergütungen zu den beschränkt steuerpflichtigen Einkünften aus Gewerbebetrieb gerechnet werden. Gibt beispielsweise der ausländische Projektträger inländischen Personengesellschaften ein Gesellschafterdarlehen, so unterliegt die darauf gezahlte Verzinsung der inländischen Besteuerung.

71 Die Besteuerung des ausländischen Gesellschafters ist an das Vorhandensein einer inländischen **Betriebsstätte** geknüpft. Der Begriff der Betriebsstätte ergibt sich aus § 12 AO. Danach sind insbesondere die Stelle der **Geschäftsleitung, Zweigniederlassungen,** Geschäftsstellen, Fabrikations- oder Werkstätten, Warenlager, Ein- oder Verkaufstellen, Bergwerke, Steinbrüche oder andere stehende, örtlich fortschreitende oder schwimmende Stätten der Gewinnung von Bodenschätzen sowie Bauausführungen oder Montagen, die länger als sechs Monate dauern, als Betriebsstätten anzusehen.

Die beschränkte Steuerpflicht des ausländischen Gesellschafters erstreckt sich auf sämtliche Einkünfte, die der Betriebsstätte der deutschen Gesellschaft zuzurechnen sind. Die DBA ordnen üblicherweise das Recht zur Besteuerung einschließlich der Betriebsveräußerung in der Regel dem Staat zu, in dem die Betriebsstätte angesiedelt ist. Dies bedeutet, dass für eine Personengesellschaft, die gewerblich tätig ist, der Ge-

---

[130] Vgl. 12.3.3.1.
[131] Vgl. *Schmidt/Drenseck* EStG § 15 Rdn. 216.
[132] Vgl. *Piltz* in *Mössner u.a.*, Rdn. F 11.

winnanteil des ausländischen Gesellschafters gemäß den Vorschriften, die z.B. Artikel 7, Artikel 3 Abs. 1c OECD-MA entsprechen, in Deutschland besteuert werden können. Demgemäss handelt es sich bei dem Anteil des Steuerausländers an der deutschen Personengesellschaft mit Betriebsstätte in Deutschland um ein ausländisches Unternehmen mit einer deutschen Betriebsstätte.[133]

Die Gewinnanteile sind Unternehmensgewinne (Einkünfte aus Gewerbebetrieb) im Sinne von Art. 7 OECD-MA. Im einzelnen ist hier jedoch vieles umstritten, insbesondere die Rechtslage für die gewerblich geprägte Personengesellschaft.[134] Problematisch ist insbesondere die unterschiedliche Behandlung von Sondervergütungen als Gewinn, der auf der einen Seite der Betriebsstätte in Deutschland zuzurechnen ist, andererseits der entsprechenden Ansässigkeit des Gesellschafters. Hier kann es zu Qualifikationskonflikten kommen. Dies gilt auch für sog. Sonderbetriebsausgaben, d. h. Aufwendungen auf der Ebene des Gesellschafters, die mit der Beteiligung an der deutschen Personengesellschaft in Zusammenhang stehen. Sie kann Betriebsausgaben gemäß § 50 Abs. 1 Satz 1 EStG ebenso absetzen wie ein Steuerinländer. Dabei ist es nicht entscheidend, ob diese Aufwendungen im In- oder Ausland anfallen. Auch ist nicht entscheidend, ob die Sonderbetriebsausgaben von der steuerlichen Bemessungsgrundlage des ausländischen Gesellschafters nach den dort gültigen Regelungen abgezogen werden. Insoweit kann es zu einer doppelten Berücksichtigung entsprechender Aufwendungen kommen.

Ein spezielles Thema betrifft die **Überführung** von Wirtschaftsgütern aus der Sphäre des ausländischen Gesellschafters in die Sphäre der inländischen Personengesellschaft.[135] Erleidet der ausländische Gesellschafter durch seine Beteiligung an der inländischen Personengesellschaft einen Verlust nach den deutschen Gewinnermittlungsvorschriften, können diese wie inländische Gesellschafter die Verluste vortragen. Die Beschränkung des § 15a EStG findet auf ausländische Gesellschafter einer inländischen Personengesellschaft in gleicher Weise Anwendung.

12.4.2.4.4 Beteiligung eines inländischen Projektträgers an einer ausländischen Projektgesellschaft

Die Beteiligung eines inländischen Projektträgers an einer ausländischen Personengesellschaft stellt nicht gerade die typische Investitionsform deutscher Direktinvestition im Ausland dar. Dennoch ist bei fortschreitender Verwirklichung eines gemeinsamen Marktes innerhalb der Europäischen Gemeinschaft und der Internationalisierung und Globalisierung mit einer Intensivierung dieser Entwicklung zu rechnen.[136]

Dennoch soll diese Handlungsalternative an dieser Stelle – bis auf die unten dargestellten Grundsätze – nicht weiter vertieft werden. Die Finanzverwaltung hat hierzu kürzlich ein BMF-Schreiben veröffentlicht, welches die **Betriebsstättenbesteuerung** umfassend behandelt und auch die Besteuerung von grenzüberschreitenden Personengesellschaftsbeteiligungen umfasst. Auf dieses Schreiben wird verwiesen.[137] In diesem Schreiben ist erstmals der Versuch unternommen worden, der Finanzverwaltung Anwendungsregeln an die Hand zu geben, um diesen schwierigen Komplex adäquat zu behandeln.

Nach dem deutschen Steuerrecht unterliegt der Gewinn aus der ausländischen Personengesellschaft grundsätzlich der inländischen Gesellschafterbesteuerung. Ausgangs-

---

[133] Vgl. BFH BStBl. II 1992, 937.
[134] Vgl. hierzu *Piltz* in *Mössner u. a.*, F 26.
[135] Vgl. Betriebsstätten-Verwaltungsgrundsätze vom 24. Dezember 1999; BStBl. I Tz 2.6.
[136] Vgl. *Greif* in *Mössner u. a.*, E 1.
[137] Vgl. Betriebsstätten-Verwaltungsgrundsätze vom 24. Dezember 1999; BStBl. I Tz. 1.1.5.2 m. w. N.

grundlage ist die nach ausländischem Recht geführte Buchführung der Personengesellschaft, aus der unter Anpassung an die deutschen steuerrechtlichen Vorschriften der steuerpflichtige Gewinn abzuleiten ist.

12.5 Steuerliche Aspekte bei den Kreditgebern

12.5.1 Vorbemerkung

74 In steuerlicher Hinsicht ist es für die Kreditgeber von grundlegendem Interesse, dass die Finanzierungsstruktur auf der Ebene der Projektgesellschaft bzw. auf der Ebene einer zwischengeschalteten Finanzierungsgesellschaft keine Quellensteuerbelastung auslöst. Die **Quellensteuer** auf die Vergütung für die Kapitalüberlassung reduziert einerseits unmittelbar den Liquiditätszufluss auf Seiten der kreditgebenden Stellen, andererseits ist nicht sichergestellt, dass die kreditgebenden Stellen mit der einbehaltenen Quellensteuer auf ihrer Ebene die eigene Steuerposition positiv beeinflussen können. Daher ist die Quellensteuerfreiheit der Vergütung für die Kapitalüberlassung von zentraler Bedeutung. Als Kreditgeber in diesem Sinne soll derjenige bezeichnet sein, der das Kreditausfallrisiko trägt.

Es kann jedoch für die Rentabilität auf Seiten eines Kreditgebers von Interesse sein, eine nicht gezahlte Quellensteuer, d. h. eine **fiktive Quellensteuer** zu verwenden, um die eigene Steuerposition positiv beeinflussen zu können. Damit ist die Problematik der fiktiven Quellensteuer in Doppelbesteuerungsabkommen angesprochen.

Ein weiteres Problem betrifft die Frage, welche Voraussetzungen auf Seiten der Kreditgeber insbesondere bei der Finanzierung von deutschen Projektgesellschaften erfüllt werden müssen, um nach den bisherigen Vorschriften eine Unschädlichkeit im Sinne der Vorschriften über die **Gesellschafter-Fremdfinanzierung** herbeizuführen.

12.5.2 Quellensteuer

75 **Quellensteuern** werden weltweit auf die verschiedensten Einkunftsarten erhoben. Zu nennen sind hier bei grenzüberschreitenden wirtschaftlichen Aktivitäten insbesondere **Dividenden,** Vergütungen für **Nutzungsüberlassungen** (Kapital, bewegliche Wirtschaftsgüter) sowie Lizenzgebühren. Innerhalb einer Steuerjurisdiktion ist die Quellensteuerproblematik von geringerer Relevanz, weil generell die Möglichkeit der Anrechnung bzw. der Erstattung des sog. Anrechnungsüberhangs gegeben ist.

Im Rahmen der grenzüberschreitenden Projektfinanzierung sind für Kreditgeber Quellensteuern auf die Vergütung für überlassenes Fremdkapital von erheblicher Relevanz. Sie zu vermeiden, ist von signifikantem Interesse. Zwar besteht in den meisten Steuerjurisdiktionen die Möglichkeit der Anrechnung der im Quellenstaat der Vergütung gezahlten Quellensteuer.[138] Diese Anrechnungsmöglichkeit ist jedoch beispielsweise im Falle der Bundesrepublik Deutschland auf die deutsche Einkommen-/Körperschaftsteuer beschränkt, die auf den Nettoertrag aus dem entsprechenden Kreditengagement anfällt. Dies ist insbesondere im Hinblick auf die Refinanzierung und der dadurch determinierten Marge weniger attraktiv, weil es zu sog **Anrechnungsüberhängen** kommen kann, d.h. die ausländische Quellensteuer übersteigt bei weitem die deutsche Einkommen-/Körperschaftsteuer auf den Nettoertrag. Darüber hinaus gilt die sog. **per country limitation,** d.h. die ausländische Quellensteuer kann gemäß § 34c Abs. 1 S. 1 EStG nur auf die deutsche Steuer angerechnet werden, die auf die Einkünfte aus diesem Staat entfällt. Alternativ stellen die nationalen Steuervorschriften den Abzug der

---

[138] Vgl. § 34 c EStG und entsprechende Vorschriften im Staat der Kreditgeber.

ausländischen Quellensteuer von der inländischen Bemessungsgrundlage zur Verfügung.[139] Diese Vorgehensweise bietet sich an, wenn bei Steueranrechnung ein signifikanter Anrechnungsüberhang entsteht und der Abzug als Betriebsausgabe steuerlich günstiger ist. Darüber hinaus bietet sich die Abzugsmethode an, wenn auf Grund von steuerlichen Verlusten auf Seiten des Kreditgebers keine Steuer entsteht, auf die die ausländische Steuer angerechnet werden kann.

Die Problematik kommt erst zum Tragen, wenn die Fremdkapitalüberlassung überhaupt Quellensteuer auslöst. So löst beispielsweise die Kreditgewährung an eine deutsche Projektgesellschaft in Form eines Darlehens keine deutsche **Kapitalertragsteuer** (Quellensteuer) aus. Eine solche wird hingegen ausgelöst, wenn **mezzanine Finanzierungsformen,** wie beispielsweise Genussrechte oder stille Beteiligungen gewählt werden. Die darauf geleistete Vergütung unterliegt gem. § 43 Abs. 1 Nr. 2, 3 EStG n. F. der Kapitalertragsteuer.

In ähnlicher Weise ist bei jeder Finanzierung auf der Ebene des Kreditnehmers zunächst zu bestimmen, ob die konkrete Finanzierungsform lokal eine Quellensteuer auslöst. An dieser Stelle sei der Hinweis erlaubt, dass den Staaten, die die Investitionen durch ausländische Kapitalgeber fördern wollen, die investitionshemmende Wirkung der Quellensteuer durchaus bekannt ist und sie deshalb von vornherein bestimmte Finanzierungen von gewünschten Investitionen (z. B. **Infrastrukturprojekte**) von der Quellensteuer ausnehmen.

Lässt sich auf der lokalen Ebene die Quellensteuer nicht vermeiden, so kann sich auf **76** der Ebene der zwischenstaatlich abgeschlossenen DBA eine Quellensteuerentlastung ergeben. Art. 11 OECD-MA sieht für Zinsen beispielhaft vor, dass einerseits der Empfängerstaat das volle Besteuerungsrecht hat, andererseits das Recht des Quellenstaates, eine Quellensteuer zu erheben, auf 10% des Bruttobetrags der Zinsen begrenzt ist. Der Vielfalt der weltweit abgeschlossenen DBA entspricht die Vielfalt der Regelungen des Quellensteuerabzugs im Einzelfall. Bei den von der Bundesrepublik Deutschland abgeschlossenen DBA reicht die Spanne der vereinbarten Quellensteuersätze von 0% bis zu einer unbeschränkten Belastung je nach Art der Finanzierung und DBA-Staat.[140] Insbesondere dort, wo die Vergütung des Fremdkapitals vom Gewinn abhängig ist, begrenzen eine Reihe von DBA den lokalen Steuerabzug nicht. In Fällen, in denen sich eine Quellensteuerbelastung nicht vermeiden lässt, wird diese, um die Kreditmarge nicht zu beeinträchtigen, in den Zinssatz einbezogen und damit der Kreditnehmer belastet.

Um dennoch in der jeweiligen Fallkonstellation die Quellensteuer zu vermeiden, werden Finanzierungsstrukturen etabliert, die unter Berücksichtigung der Regelungen in günstigen DBA eine quellensteuerneutrale Finanzierung ermöglichen. International organisierte Banken schalten zu diesem Zweck verbundene Unternehmen in den Staaten ein, die mit dem Staat des Kreditnehmers entsprechend günstige DBA abgeschlossen haben. Solange die entsprechende Kreditforderung dem kreditgebenden Unternehmen auch wirtschaftlich zuzurechnen ist, begegnet diese Vorgehensweise keinen Bedenken; lediglich aus Gründen der Angemessenheit der Preisgestaltung bei international verbundenen Unternehmen muss der Ergebnisbeitrag der das Projekt akquirierenden Konzerngesellschaft angemessen berücksichtigt werden, beispielsweise durch eine **Vermittlungsprovision.**

Steuerlich problematisch hingegen wird die Einschaltung einer Tochtergesellschaft **77** durch einen international operierenden Bankkonzern dann, wenn dies lediglich zu dem Zweck geschieht, ein günstiges DBA auszunutzen, im Übrigen jedoch eine Struktur etabliert wird, auf Grund derer das wirtschaftliche Risiko aus dem Kredit und

---

[139] Vgl. § 34c Abs. 2 EStG.
[140] Vgl. *Vogel* DBA Art. 11 Rdn. 46.

dementsprechend die Erträge bei einer anderen Konzerngesellschaft in einer anderen – nicht durch ein DBA begünstigten – Steuerjurisdiktion anfallen. Gedacht ist dabei insbesondere an die Fälle, in denen beispielsweise eine deutsche Tochterbank eines ausländischen Bankkonzerns als Kreditgeber gegenüber einer in einem DBA-Staat ansässigen Projektgesellschaft (z. B. in Belgien) agiert, das anwendbare DBA mit der Bundesrepublik Deutschland einen Quellensteuersatz von 0% vorsieht[141] und ein Schwesterunternehmen in einer anderen Jurisdiktion (z. B. in London) durch die Vereinbarung einer **stillen Beteiligung** in den Kredit einbezieht. Würde das britische Schwesterunternehmen den Kredit selbst ausreichen, sähe das anwendbare DBA zwischen Belgien und dem Vereinigten Königreich lediglich eine Reduktion der belgischen Quellensteuer auf 15% vor. Durch die stille Beteiligung wird das Kreditrisiko auf die Schwestergesellschaft verlagert, die im Ergebnis auch die Refinanzierung zu besorgen hat. Bei einer solchen Struktur besteht das Risiko, dass der Fiskus des Staates der Ansässigkeit des Kreditnehmers (Belgien) die Quellensteuerentlastung unter dem anwendbaren DBA mit der Bundesrepublik Deutschland versagt und die Kreditkosten dadurch – entgegen der ursprünglichen Planung – signifikant steigen. Darüber hinaus ist zu berücksichtigen, dass in dem entsprechenden Verwaltungsverfahren, das zu einer Reduzierung der Quellensteuerbelastung führt, die deutsche kreditgebende Stelle üblicherweise bestätigen muss, dass sie wirtschaftlich hinsichtlich des Kredits berechtigt und verpflichtet ist (sog. **beneficial owner**). Ist diese Bestätigung unzutreffend, besteht zumindestens neben eventuellen strafrechtlichen Konsequenzen das Risiko eines Reputationsverlustes.

78 Um die Investitionstätigkeit in dem jeweiligen Staat zu fördern, sehen eine Reihe von DBA sog. fiktive Quellensteuern vor.[142] Das Wesen der **fiktiven Quellensteuer** besteht darin, dass für Zwecke der Anwendung des DBA's eine Quellensteuer auf die Vergütung als einbehalten und abgeführt gilt, obwohl dies in der Realität nicht der Fall ist. Der Vorteil der fiktiven Quellensteuer wird offenbar, wenn man berücksichtigt, dass das kreditgewährende Unternehmen diese entweder auf die eigene Steuer, die auf den Ergebnisbeitrag aus dem Kredit entfällt, anrechnen oder von der steuerlichen Bemessungsgrundlage abziehen kann. Durch diese Regelungstechnik sinkt die Steuerbelastung des kreditgebenden Unternehmens, ein Umstand, der normalerweise dazu verwendet wird, die Kreditkonditionen günstiger zu gestalten. In diesem Zusammenhang ist jedoch zu berücksichtigen, dass die deutschen steuerrechtlichen Vorschriften bei Kreditgebern, die ihr Engagement – wie bei Banken üblich – durch Kreditaufnahme refinanzieren, eine Anrechnung fiktiver Quellensteuern auf die eigene Steuerbelastung faktisch ausschließen. Der gem. § 34c Abs. 2 EStG grundsätzlich zulässige Abzug ist gemäß § 34c Abs. 6 Satz S. 2 EStG für fiktive Quellensteuer unzulässig. Lediglich in Fällen der Finanzierung durch Eigenkapital kann die fiktive Quellensteuer angerechnet werden. Mithin bietet die fiktive Quellensteuer für in Deutschland ansässige Kreditgeber, soweit sie den Kredit refinanzieren müssen, keinen Vorteil mehr.

12.5.3 Auswirkung der Gesellschafter-Fremdfinanzierung auf Kreditgeber

79 Es ist bereits erläutert worden, dass in der Bundesrepublik Deutschland ansässige Projektgesellschaften in der Form der Kapitalgesellschaften derzeit die Einschränkung der **Gesellschafter-Fremdfinanzierung** durch § 8a KStG dadurch gestalten können, dass die Gesellschafter-Fremdfinanzierung durch eine Finanzierung durch Dritte ersetzt

---

[141] Vgl. Art. 11 Abs. 2 DBA BRD/Belgien; hierbei ist davon auszugehen, dass sich die Projektgesellschaft als Unternehmen im Sinne dieser Vorschrift qualifiziert.
[142] Vgl. *Vogel* DBA Art. 23, Rdn. 177.

wird, bei denen die Vergütung für die Kapitalüberlassung zu einem steuerpflichtigen Ertrag führt.[143] Diese Alternative ist durch die entsprechende Verwaltungsregelung zum § 8a KStG eröffnet. Diese Regelung erfordert jedoch, dass auf der Ebene der finanzierenden Stelle geprüft wird, ob die Voraussetzungen, die die Finanzverwaltung fordert, auch tatsächlich erfüllt sind. Ein diesbezügliches Risiko, dass beim Kreditnehmer zu einer zusätzlichen Liquiditätsbelastung durch Steuern führt, wird von ihm im Zweifel gegenüber der finanzierenden Bank als Schadensersatz geltend gemacht. Insofern sind die einzelnen Voraussetzungen auf der Ebene der Bank vor der Bestätigung sorgfältig zu prüfen.

12.6 Steuerliche Aspekte beim Lieferanten

12.6.1 Vorbemerkung

Auch beim **Lieferanten** der projektierten Anlage oder der diesbezüglichen Ausrüstung spielen steuerliche Aspekte eine nicht unerhebliche Rolle. Steuern beeinflussen insbesondere bei grenzüberschreitenden **Lieferungen/Leistungen** die Kosten des Lieferanten und dadurch mittelbar die Aufwendungen der Projektgesellschaft. Diese müssen wiederum finanziert werden und erhöhen damit das Kreditvolumen. Jegliche Besteuerung in diesem Bereich hat daher zum Ziel, durch die Reduzierung der entsprechenden Aufwendungen auf der Lieferantenebene einen besseren Preis anbieten zu können und damit die Wahrscheinlichkeit für den Zuschlag für das Projekt – oder Teilen davon – zu erhalten.

Hinsichtlich der steuerlichen Aspekte auf der Lieferantenebene ist wiederum zu unterscheiden, in welcher Funktion diese Tätigkeiten erbracht werden. Zu differenzieren ist einerseits in solche Unternehmen, die lediglich Lieferungen und/oder Dienstleistungen erbringen, ohne selbst an der Projektgesellschaft beteiligt zu sein. Andererseits werden Lieferanten aus den verschiedensten Gründen auch als Eigenkapitalgeber **(Sponsoren)** der Projektgesellschaft tätig. Ihr primäres Ziel ist zwar die Erbringung der eigenen Leistung. Aus Gründen des Wettbewerbs und der Finanzierung sind sie aber oftmals gezwungen, sich als Gesellschafter an der Projektgesellschaft zu beteiligen. Darüber hinaus gibt es Strukturen, in denen die Projektträger im Rahmen der gesamten Struktur eine dreifache Rolle spielen: Einerseits stellen sie die für die Projektaktivität erforderliche Ausrüstung sowie das technische Wissen zur Verfügung; andererseits werden die aus der Projektaktivität produzierten Güter diesen Unternehmen in festen Quoten zum Vertrieb überlassen. Die dritte Funktion als Eigenkapitalgeber tritt hinter der Vertriebsfunktion zurück, denn der aus dem Projekt erzielbare Gewinn wird bei der Abnahme und Weiterlieferung der produzierten Güter erzielt. Die nachfolgenden Ausführungen folgen dieser grundlegenden Differenzierung.

12.6.2 Keine Beteiligung des Lieferanten an der Projektgesellschaft

Sofern sich der Lieferant nicht an der Projektgesellschaft beteiligt, liegt aus steuerlicher Sicht eine Geschäftsbeziehung vor, die von gesellschaftsrechtlichen Einflüssen nicht tangiert ist. Insoweit sind die steuerlichen Aspekte üblicher Lieferungs- und Leistungsbeziehungen zu beleuchten. Für Zwecke der nachfolgenden Darstellung mö-

---

[143] Vgl. 12.3.2.1.3.1.

ge als praktischer Anwendungsfall der **internationale Anlagenbau** aus Sicht eines deutschen Lieferanten dienen. Steuerrechtliche Fragen ergeben sich insbesondere im Zusammenhang mit der Form der Leistungserbringung. Dabei soll der Begriff der Leistung als Oberbegriff für die Lieferung von Materialien und die Erbringung von Service-Leistungen verstanden werden.

Von praktischer Relevanz sind hierbei insbesondere Fragen der **Betriebsstättenbesteuerung,** sowie der Besteuerung der **Know-how-Überlassung.** Dem vorgelagert ist die Frage, ob die Projektleistung außerhalb **(Offshore)** oder innerhalb **(Onshore)** des Projektstaates erbracht wird. Darüber hinaus sind steuerliche Aspekte der einzelnen **Kooperationsformen** zu diskutieren. Von nicht unerheblicher Bedeutung sind schließlich in diesem Zusammenhang auch Aspekte der steuerlichen Abziehbarkeit von sog. nützlichen Aufwendungen im Zusammenhang mit der Auftragsvergabe.[144]

12.6.2.1 Trennung von Offshore- und Onshore-Leistungen

81 **Offshore-Leistungen** werden üblicherweise entweder im Wohnsitzstaat des Lieferanten oder in einem Drittstaat erbracht. In diesem Zusammenhang sind insbesondere folgende Leistungen zu nennen:[145]

– Erstellung der technischen Planungsunterlagen für die Herstellung, Errichtung, Inbetriebsetzung und Betrieb der Anlage (**„Engineering"**);
– Herstellung von Teilen;
– Verhandlung und Abschluss von Verträgen mit Subunternehmer;
– Übermittlung von Know-how;
– Lizenzgewährung;
– Koordination der technischen und kaufmännischen Aktivitäten aller an der Auftragsdurchführung beteiligten Unternehmen;
– Darstellung der Exportkreditversicherung.

Onshore-Leistungen werden im Staat der Projekterrichtung erbracht. Dabei handelt es sich i.d.R. um folgende Leistungen:

– Bau bzw. Montage der Anlage einschließlich der Überwachung von Montage und Inbetriebnahme;
– Überwachung der Herstellung von Teilen, die die Projektgesellschaft im Projektstaat mit Hilfe des gelieferten **Engineering** selbst zukauft und diesem beistellt;
– Training des Personals der Projektgesellschaft;
– Übermittlung von Know-how im Projektstaat;
– Koordination der technischen und kaufmännischen Aktivitäten der am Projekt Beteiligten im Projektstaat;
– Zusätzliche Serviceleistungen wie z.B. Assistenz beim Anlagenbetrieb, Instandhaltung, Einrichtung einer EDV, Aufbau eines Vertriebsnetzes etc.

12.6.2.2 Kooperationsformen der Lieferanten

82 Häufig kommt es im Anlagenbau, insbesondere bei sog. **„Turnkey-Projekten"** zu Kooperationsformen, deren sich die verschiedenen Lieferanten bedienen.[146] Steuerlich richtet sich die Behandlung dieser Kooperationsformen bzw. der dahinter stehenden Partner nach dem jeweiligen wirtschaftlichen Gehalt der getroffenen Vereinbarungen. Zu nennen sind das **General-/Subunternehmer**-Verhältnis, das **Konsortium**, die

---

[144] Vgl. Kapitel 5.3.
[145] Zitiert nach *Sonntag*, Steuerliche Aspekte des internationalen Großanlagenbaus, IWB Fach 3, Deutschland Gruppe, S. 1294.
[146] Vgl. *Sonntag*, a.a.O. S. 1294.

Arbeitsgemeinschaft (ARGE) und das Joint Venture. Auf die zuletzt genannte Form der unternehmerischen Zusammenarbeit soll wegen der gegebenen Unschärfe der Begriffsdefinition nicht näher eingegangen werden.

12.6.2.2.1 General-/Subunternehmer-Verhältnis

Im General-/Subunternehmer-Verhältnis ist alleiniger Auftragnehmer gegenüber der Projektgesellschaft der **Generalunternehmer**. Er schuldet die gesamte Leistung und garantiert im Einzelfall allein die volle Funktionstüchtigkeit der Anlage. Die **Subunternehmer** unterhalten Rechtsbeziehungen lediglich zum Generalunternehmer. Dies gilt auch dann, wenn der Projekterrichtungsvertrag direkte Zahlungen vom Auftraggeber an die sog. qualifizierten Subunternehmer vorsieht. Dies ist dann der Fall, wenn die Unterauftragnehmer aus verschiedenen Ländern kommen und einen Anspruch auf Entgelt in ihrer jeweiligen Landeswährung haben. Jeder im Projektstaat tätig werdende Unternehmer wird als eigenständiges Steuersubjekt angesehen und nach den Regeln des nationalen und internationalen Steuerrechts auch so behandelt. So ist beispielsweise für jedes Subunternehmen festzustellen, ob durch seine Tätigkeit eine lokale Betriebsstätte begründet wird. Ob dieses Prinzip im Einzelnen angewendet oder dem Generalunternehmen zu Besteuerungszwecken die Tätigkeit der Subunternehmer zugerechnet wird, ist im Einzelfall zu prüfen.[147]

83

12.6.2.2.2 Konsortium

Von einem **Konsortium** wird gesprochen, wenn sich zwei oder mehr Partner zwecks gemeinsamer Entgegennahme und Abwicklung eines Auftrags zusammenschließen und dabei nur nach außen, also der Projektgesellschaft gegenüber, gesamtschuldnerisch für alle im Vertrag zugesagten Lieferungen und sonstigen Leistungen sowie deren Erfolg haften. Der Unterschied zur sog. **Arbeitsgemeinschaft** liegt darin begründet, dass die Partner des Konsortiums im Innenverhältnis so agieren, als habe jeder seinen eigenen Auftragsteil mit dem Kunden separat kontrahiert. Der vom einzelnen Partner zu erbringende Teil der Gesamtleistung und der ihm dafür zustehende Anteil am Gesamtentgelt werden entweder schon im Projekterrichtungsvertrag oder aber in einem **Konsortialvertrag** präzise festgelegt. Jeder Partner trägt die ihm entstehenden Aufwendungen auf eigene Rechnung. Eine **Ergebnispoolung** findet nicht statt. Das Konsortium tritt zwar als Verkäuferin der Gesamtanlage auf, regelmäßig jedoch nicht als Auftraggeber von Subunternehmern. Der Konsortialvertrag legt fest, wer die kaufmännische und technische Führung bei dem Projekt inne hat.

84

Im Rahmen einer immer mehr zur Spezialisierung neigenden Wirtschaft muss ein Konsortium nicht unbedingt aus Mitgliedern nicht miteinander verbundenen Unternehmen handeln. Es sind durchaus auch Konsortien zwischen verbundenen Unternehmen denkbar, die einerseits aus technologischen Gründen (Diversifikation im Konzern), andererseits aus anderen Gründen (wie beispielsweise die Nutzung zusätzlicher **Exportkreditversicherer**) gegründet werden. Steuerlich werden in den meisten Ländern nicht das Konsortium, sondern ausschließlich jeder Konsorte als separates Steuersubjekt betrachtet. Im Einzelfall ist jedoch zu prüfen, ob diese Gesellschaftsform im Staat der Projektgesellschaft nicht als steuerlich zu erfassende Personengesellschaft zu behandeln ist mit der Folge, das für steuerliche Zwecke ein Gesamtergebnis zu ermitteln ist, das es als solches nicht gibt.[148]

---

[147] Vgl. *Sonntag,* a. a. O. S. 1295.
[148] Vgl. *Sonntag,* a. a. O. S. 1296.

12.6.2.2.3 Arbeitsgemeinschaft (ARGE)

85   Bei der **Arbeitsgemeinschaft** schließen sich zwei oder mehr Partner zwecks gemeinsamer Entgegennahme und Abwicklung des Auftrags zu einer Gesellschaft des Bürgerlichen Rechts (GbR) zusammen. Vertragspartner der Projektgesellschaft ist die **ARGE**. Alle Partner haften auf der Erfüllungs- wie auf der Gewährungsleistungsebene dem Auftraggeber/Projektgesellschaft gegenüber gesamtschuldnerisch für die im Liefervertrag zugesagten Lieferungen und sonstigen Leistungen und deren Erfolg. Die Leistungsbeiträge der einzelnen ARGE-Partner werden durch einen ARGE-Vertrag im Innenverhältnis festgelegt. Im Unterschied zum Konsortium arbeiten die ARGE-Partner auf gemeinsame Rechnung. Hierzu schalten sie auch Subunternehmer ein.

In Deutschland wird die ARGE wie eine Personengesellschaft behandelt, bildet einkommensteuerrechtlich eine Mitunternehmerschaft.[149] Ist aber der Zweck die Erfüllung eines einzelnen **Werk- oder Werklieferungsvertrages** (sog. kleine ARGE), so gelten sie gewerbesteuerrechtlich insoweit als anteilige „Betriebsstätten" der Gesellschafter. Im Ausland ist die steuerliche Erfassung von Arbeitsgemeinschaften von Land zu Land unterschiedlich geregelt. In der Mehrzahl der Fälle muss allerdings davon ausgegangen werden, dass die ARGE als Steuersubjekt oder als steuererklärungspflichtig behandelt wird.[150]

12.6.2.3 Betriebsstättenbesteuerung

86   Der Schwerpunkt der steuerlichen Problematik beim Anlagenbau liegt bei der **Betriebsstättenbesteuerung.** Gemäß den Grundsätzen der internationalen Besteuerung sollte im Projektstaat neben Lizenzgebühren und Zinsen prinzipiell nur dasjenige Nettoeinkommen besteuert werden, das aus den dort innerhalb einer Betriebsstätte durchgeführten Projektaktivitäten erzielt wird.[151] Weil die Ermittlung der Besteuerungsgrundlagen in diesem Zusammenhang schwierig ist, greifen manche Staaten mit einer geringer entwickelten Finanzverwaltung auf **Schätzmethoden** zurück (z.B. Prozentsatz auf den Umsatz). Diese Vorgehensweise ist einfach und reduziert die administrativen Kosten, verursacht jedoch dann Nachteile, wenn der geschätzte Gewinn den tatsächlichen Gewinn übersteigt.[152]

87   Der Regelungskomplex der **Betriebsstättenbesteuerung** betrifft vorwiegend die Abwicklung eines gewonnenen Auftrages durch einen im Ausland ansässigen Lieferanten am Ort der Projekterrichtung. Diesem vorgelagert ist die Marktbeobachtung und die Akquisition des Auftrags. Der Lieferant kann für diese Zwecke eine **Repräsentanz** im ausländischen Markt etablieren, um diesen zu erkunden und Aufträge zu akquirieren. Repräsentanzleistungen führen grundsätzlich nicht dazu, dass der Lieferant in der entsprechenden Steuerjurisdiktion steuerpflichtig wird. Dies setzt jedoch voraus, dass er sich bei seiner Tätigkeit auf Marktanalysen und die Anbahnung von Geschäftskontakten beschränkt. Wirkt hingegen der Repräsentant bei Vertragsverhandlungen mit, ggf. mit Abschlussvollmacht oder wird er im Rahmen der Auftragsabwicklung für das Unternehmen unterstützend tätig, kann eine zuvor „steuerfreie" Repräsentanz in eine steuerpflichtige Betriebsstätte umqualifiziert werden. Ohne eine solche Umqualifizierung kann es in einigen wenigen Ländern dazu kommen, dass u.U. – auch entgegen einem anwendbaren DBA – die Repräsentanzleistungen besteuert werden. Als Besteuerungsmethode bietet sich hierbei das sog. **Kostenaufschlagsverfahren** an.[153]

---

[149] Vgl. 12.3.3.
[150] Vgl. *Sonntag,* a.a.O. S. 1297.
[151] Vgl. *Sonntag,* a.a.O. S. 1298.
[152] Vgl. *Sonntag,* a.a.O. S. 1299.
[153] Vgl. dazu 12.6.3.3.3.

Steuerliche Aspekte beim Lieferanten

Im Vergleich zu einer Repräsentanz führt eine im Ausland unterhaltene **Betriebsstätte** zu einer Steuerpflicht der durch diese Betriebsstätte ausgeübten Aktivität. Eine Betriebsstätte ist, auch in Fällen einer Registrierung als Niederlassung, rechtlich eine unselbständige Einheit des liefernden Unternehmens. Alle Verträge werden daher im Namen und auf Rechnung des Lieferanten, also des Rechtsträgers abgeschlossen. Gem. Art. 5 Abs. 1 OECD-MA bedeutet der Ausdruck „Betriebsstätte" für Abkommenszwecke eine feste **Geschäftseinrichtung,** durch die die Tätigkeit eines Unternehmens ganz oder teilweise ausgeübt wird. Der Begriff „Betriebsstätte" umfasst insbesondere einen Ort der Leitung, einer **Zweigniederlassung,** eine **Geschäftsstelle,** eine Fabrikationsstätte, eine Werkstätte und ein Bergwerk-, Öl- oder Gasvorkommen, einen Steinbruch oder eine andere Stätte der Ausbeutung von Bodenschätzen. Eine **Bauausführung** oder **Montage** gilt nur dann als Betriebsstätte, wenn ihre Dauer 12 Monate überschreitet. Darüber hinaus führt ein sog. **abhängiger Vertreter** i. S. d. Art. 5 Absätze 5 und 6 OECD-MA zur Fiktion einer Betriebsstätte.[154]

Insbesondere in Montagefällen sowie bei sog. **Turnkey-Projekten** – zum Festpreis errichtete schlüsselfertige Anlagen – wird durch die Lieferantentätigkeit eine ausländische Betriebsstätte begründet. Sie gilt steuerrechtlich als eigenes Steuersubjekt und muss daher im ausländischen Steuerrecht bei der Finanzbehörde registriert werden. Dies gilt nicht nur für die Ertragsbesteuerung sondern auch für die **Umsatzsteuer.** Die Betriebsstätte hat wie ein lokal ansässiges Unternehmen auf ihren Gewinn die lokalen Steuern zu zahlen. In einigen Steuerjurisdiktionen[155] ist bei Zahlungen des Auftraggebers/Projektgesellschaft an eine ausländische Betriebsstätte eine Quellensteuer einzubehalten, die als Vorauszahlung auf die lokale Ertragsteuer der Betriebsstätte anzurechnen ist. Diese Anrechnung kann im Einzelfall schwierig werden. 88

Die Betriebsstätte unterliegt grundsätzlich den gleichen steuerrechtlichen Verpflichtungen wie ein juristisch eigenständiges Unternehmen. Dazu zählt im Wesentlichen die jährliche Gewinnermittlung auf Grund einer **„Betriebsstättenbuchhaltung"** nach den lokalen Vorschriften und die Abgabe von Steuererklärungen als Grundlage der Besteuerung. Das jeweils anwendbare DBA enthält üblicherweise zusätzliche Regelungen zur Gewinnermittlung, insbesondere im Hinblick auf den Abzug von Aufwendungen, die im Stammhaus für die Betriebsstätte entstanden sind.[156] Die DBA enthalten darüber hinaus im Einzelfall Regelungen zur Besteuerung des **Betriebsstättengewinns** in Abgrenzung zu anderen erbrachten Leistungen (wie z. B. Materiallieferungen und Know-how Transfer).[157] 89

Soweit im Projektstaat ein Umsatzsteuersystem besteht, hat die Betriebsstätte ihre Umsätze für Lieferungen und Leistungen an die Projektgesellschaft mit der lokalen Umsatzsteuer zu fakturieren. Für diese ist die Berechnung im Rahmen eines „Mehrwertsteuersystems" grundsätzlich kostenneutral.

Die Steuerbelastung auf den **Betriebsstättengewinn** entspricht in der Regel der Steuerbelastung einer selbständigen lokalen Tochtergesellschaft. Auf der Ebene des Lieferanten wird jedoch das Betriebsstättenergebnis nach den für ihn geltenden Vorschriften berechnet und nach dem **Welteinkommensprinzip** in die steuerliche Bemessungsgrundlage einbezogen. Dies gilt jedoch dann nicht, wenn beispielsweise die Bundesrepublik Deutschland als Ansässigkeitsstaat des Lieferanten mit dem Staat der Betriebsstätte ein DBA geschlossen hat, in dem die **Freistellung** der Betriebsstättengewinne vereinbart ist. Diese ist üblicherweise in den deutschen DBA's vorgesehen.[158] 90

---

[154] Vgl. *Vogel* DBA Art. 5 Rdn. 135 ff.
[155] Z. B. in Ägypten.
[156] Vgl. Art. 7 Abs. 2 OECD-MA.
[157] Vgl. z. B. DBA China, Protokoll 1 zu Art. 7.
[158] Vgl. *Vogel* DBA Art. 23 Rdnr. 41.

In allen anderen Fällen unterliegen die Gewinn der ausländischen Betriebsstätte der deutschen Besteuerung, jedoch können die im Ausland gezahlten Ertragsteuern bis zur Höhe der deutschen Steuerschuld angerechnet oder als Betriebsausgaben abgezogen werden.[159] Resultiert die Auslandsaktivität über eine Betriebsstätte in Verlusten, so sieht zunächst § 2a Abs. 1 Nr. 2 EStG eine Beschränkung der Verrechnung mit inländischen positiven Einkünften vor. Diese Verluste können nur mit positiven Einkünften der jeweils selben Art aus demselben Staat ausgeglichen werden. Soweit der Steuerpflichtige nachweist, dass die Verluste aus einer gewerblichen Betriebsstätte im Ausland stammen, die ausschließlich oder fast ausschließlich die Herstellung und Lieferung von Waren (außer Waffen), die Gewinnung von Bodenschätzen sowie die Bewirkung gewerblicher Leistungen zum Gegenstand hat, ist eine Verlustverrechnung möglich. Dies gilt wiederum nicht, soweit Fremdenverkehrsanlagen oder die gewerbliche Vermietung und Verpachtung einzelner Wirtschaftsgüter jeder Art betrieben werden. Dadurch erfolgt eine gewisse steuerliche Subvention der Auslandstätigkeit in den genannten Bereichen.

Zu berücksichtigen ist auch, ob nach den örtlichen Devisenbeschränkungen die Betriebsstätte ihren sog. **„Nach-Steuer-Gewinn"** nach Deutschland transferieren kann. Viele DBA's schließen beim Gewinntransfer den Abzug einer zusätzlichen **Quellensteuer** darauf aus.

12.6.2.4 Steuerliche Aspekte des Know-how Transfers

91 Soll eine Betriebsstätte vermieden werden, teilt der Lieferant üblicherweise seine Leistungen auf. Zunächst wird ein Liefervertrag über Material geschlossen. Sofern die Lieferung FOB oder CIF erfolgt, führt die Projektgesellschaft das Material ein. Eine Steuerpflicht des Lieferers im Lande der Projektgesellschaft wird grundsätzlich dadurch nicht ausgelöst. In einem zweiten Vertrag wird üblicherweise die Lieferung von **Engineering**-Leistungen vereinbart. Diese führt praktisch zu einer Steuerpflicht des deutschen Lieferanten im Ausland, weil die ausländische Finanzbehörde mit der Lieferung des Engineering's, insbesondere beim **Basic-Engineering,** den Transfer von Know-how verbindet. Die Zahlungen an den deutschen Lieferanten unterliegen dann dem Quellensteuereinbehalt im Staat der Projektgesellschaft. Nach den meisten, von der Bundesrepublik Deutschland abgeschlossenen Doppelbesteuerungsabkommen kann die ausländische Quellensteuer nach den allgemeinen Vorschriften auf die deutsche Ertragsteuer des Lieferanten angerechnet werden, wenn sich im Jahr der Zahlung auch eine deutsche Steuerschuld ergibt (vgl. § 34c Abs. 1 EStG). Alternativ kann das Abzugsverfahren gem. § 34c Abs. 2 EStG angewendet werden.

Diese Grundsätze gelten auch, wenn der inländische Lieferant der Projektgesellschaft eine Verfahrenslizenz überlässt. Vielfach unterliegen die Einnahmen des Lieferanten aus den Lizenzen neben der deutschen Besteuerung auch der lokalen Quellenbesteuerung im Ausland. Hier gelten die gleichen Anrechnungs- bzw. Abzugsvorschriften der DBA und des § 34c EStG.

Soweit der Know-how Transfer einer lokalen Betriebsstätte dem Staat der Projektgesellschaft zuzurechnen ist, wird üblicherweise keine Quellensteuer erhoben. Die Lizenzeinnahmen werden jedoch als Teil des Betriebsstättengewinns vor Ort besteuert.

12.6.2.5 Steuerklausel/Steuerüberwälzungsklausel

92 Sofern die Rechtsordnung des Projektstaats es zulässt, kann der Lieferant mit seinem ausländischen Auftraggeber/Kunden auch eine **Steuerklausel** (besser: **Steuerüberwälzungsklausel**) vereinbaren, soweit seine Leistung eine Steuerpflicht im Projektstaat

---

[159] Vgl. § 34c EStG i. V. m. § 26 Abs. 1 KStG n. F.

auslöst.[160] Danach trägt der Auftraggeber alle in seinem Land für den Lieferanten im Zusammenhang mit dem Bau der Anlage anfallenden Steuern. Steuerklauseln spielen überall dort eine Rolle, wo die im Projektstaat entstehende Steuerbelastung im Wohnsitzstaat des Lieferanten entweder gar nicht oder nicht mit hinreichender Sicherheit kompensiert wird. Soweit es nicht gelingt, diese Last auf die Projektgesellschaft zu verlagern, müssen diese ausländischen Steuern in der Auftragskalkulation als Kostenfaktor berücksichtigt werden.

Da es sich nur um eine vertragliche Vereinbarung handelt, ändert die Steuerüberwälzungsklausel nicht die Steuerschuldnerschaft des Lieferanten. Sofern der Auftraggeber die Steuern nicht begleicht, bleibt es bei der Zahlungsverpflichtung des Lieferanten. Die Übernahme der Steuer führt im Normalfall zu einer Erhöhung des Entgelts, welches wiederum die Steuer selbst erhöht. Streitig ist vielfach, ob und in welchem Umfang die Projektgesellschaft als Auftraggeber für Steuerschätzungen oder ähnliches einzustehen hat. Letztlich ist die Steuerklausel keine verlässliche Regelung, sich vor ausländischer Steuer zu schützen, sofern es sich nicht um einen Staatsauftrag handelt. Hier hat nämlich der Auftraggeber die Machtbefugnis, das ausländische Unternehmen durch Dekret von Steuern freizustellen.

12.6.3 Beteiligung des Lieferanten an der Projektgesellschaft

Soweit der Lieferant über seine Lieferinteressen hinaus auch unternehmerische Verantwortung als Projektträger übernimmt, steht er der Projektgesellschaft einerseits als Anteilseigner, andererseits als leistender Unternehmer gegenüber. Dies gilt auch, wenn er einerseits als Anteilseigner beteiligt ist, andererseits als Abnehmer der produzierten Güter den Vertrieb übernommen hat. **93**

Bezüglich seiner Stellung als Anteilseigner gegenüber der Projektgesellschaft gelten die Ausführungen unter 12.4 entsprechend. Hinsichtlich seines Verhältnisses als Erbringer von Leistungen bzw. Lieferungen an die Projektgesellschaft sind steuerrechtlich die Regelungen über die **Verrechnungspreise** im Konzern von erheblicher Bedeutung. Zweck dieser Regelungen ist die zutreffende Besteuerung des Ergebnisses grenzüberschreitender wirtschaftlicher Aktivitäten zwischen verbundenen Unternehmen. **Verbundene Unternehmen** sind gemäss § 15 AktG in Mehrbesitz stehende und mit Mehrheit beteiligte Unternehmen, abhängige und herrschende Unternehmen, Konzernunternehmen, wechselseitig beteiligte Unternehmen. Diese Unternehmen bilden wirtschaftlich eine Einheit, steuerrechtlich sind sie gemäß dem Trennungsprinzip als juristische Personen selbständig steuerpflichtig. Der Leistungsaustausch zwischen den Unternehmen bzw. das für interne Liefer- und Leistungsbeziehungen angesetzte Entgelt (Verrechnungspreis) wird bei der Gewinnermittlung der einzelnen Unternehmen als Betriebseinnahme oder -ausgabe berücksichtigt.

Die Erstellung eines optimalen **Verrechnungspreissystems** ist für international verbundene Unternehmen auch im Bereich der Projektfinanzierung von herausragender Bedeutung, da Verrechnungspreise nicht nur die Finanzplanungen und Managemententscheidungen, sondern auch den Gewinn der einzelnen Unternehmen und damit ihre Besteuerung beeinflussen. Bei verbundenen Unternehmen wird überprüft, ob die Abrechnung zwischen den verbundenen Gesellschaften mit Sitz in verschiedenen Staaten wie unter unabhängigen Dritten erfolgt und nicht unberechtigte Gewinnverschiebungen vorliegen. Bei Missachtung der Verrechnungspreismethoden oder fehlender Dokumentation werden vielfach Gewinne erhöht und es kommt zu höheren, die Liquidität der an dem Projekt Beteiligten belastenden Steuern. **94**

---

[160] Vgl. *Sonntag* a. a. O. S. 1310; *Schieber* DStR 1989 Beilage zu Heft 21, S. 1 ff.

Nur in Ausnahmefällen korrigiert die Finanzverwaltung des anderen Staates in umgekehrter Weise die Gewinne. Daher kommt es für die Unternehmen bei Gewinnzuschätzungen auf Grund nicht anerkannter Verrechnungspreise zu steuerlichen Doppelbelastungen. Im Fall eines DBA's besteht eine Chance, diese im Rahmen eines langwierigen Verständigungsverfahrens rückgängig zu machen. Die strengen Vorschriften für die Bemessung der „richtigen" Verrechnungspreise für Lieferungen und Leistungen sowie im Fall von Kostenumlageverträgen gelten auch bei der Abrechnung zwischen dem Stammhaus und der ausländischen Betriebstätte.[161]

12.6.3.1 Verrechnungspreise aus steuerlicher Sicht

95 Für die Ermittlung von Verrechnungspreisen ist entscheidend, dass die beteiligen Finanzverwaltungen die Verrechnungspreise bzw. die Methode für die Ermittlung der Verrechnungspreise akzeptieren. Zur Vermeidung einer Doppelbelastung ist es daher wichtig, sich mit den Berechnungsmethoden für Verrechnungspreise auseinanderzusetzen. Bis zu welcher Höhe ein Verrechnungpreis zulässig ist und wann eine Verrechnungspreismanipulation vorliegt, kann nur im Einzelfall geprüft werden. Erschwerend kommt hinzu, dass die Bestimmung eines Verrechnungspreises nur anhand von umfassenden Kenntnissen über das **Verrechnungspreissystems** und deren finanzbehördlicher Anerkennung in den beteiligten Jurisdiktionen möglich ist.

Bei den folgenden Ausführungen handelt es sich um lediglich um einen kurzen Überblick über die Thematik. Eine erschöpfende Darstellung des komplexen Themas ist hier nicht zu leisten.[162]

12.6.3.2 Fremdvergleich

96 Die Höhe des angemessen Verrechnungspreises richtet sich nach „dem unter Fremden vereinbarten Preis" (**Fremdvergleich** = dealing at arm's length); die zwischen verbundenen Unternehmen vereinbarten Entgelte müssen sich am Verhalten nicht verbundener Unternehmen messen lassen. Als Verrechnungspreis ist der Betrag anzusetzen, den ein Fremder für eine gleichartige Lieferung oder Leistung gezahlt hätte.

Zur Ermittlung des Verrechnungspreises sind alle Anhaltspunkte heranzuziehen, auf Grund derer sich die Preise zwischen Fremden im Markt bilden. Als Anhaltspunkte können herangezogen werden: branchenübliche Preise, Vereinbarungen über marktübliche Preise, Gewinnaufschläge, Kalkulationsverfahren oder sonstige betriebswirtschaftliche Grundlagen, die im freien Markt die Preisbildung beeinflussen. Diese Anhaltspunkte sind gegebenenfalls um alle Besonderheiten des Einzelfalles zu korrigieren. Besonderheiten des Einzelfalls sind beispielsweise die tatsächlichen Verhältnisse nach ihrem wirtschaftlichen Gehalt für das jeweilige Geschäft und die Funktionen des verbundenen Unternehmens (Organisation, Risikoverteilung, Aufgaben und Tätigkeitsform).

Der nach den oben genannten Merkmalen ermittelte Verrechnungspreis wird nach dem Kriterium überprüft, ob ein ordentlicher und gewissenhafter Geschäftsleiter mit der gebotenen Sorgfalt aus den verfügbaren zugänglichen Daten bzw. Anhaltspunkten den Verrechnungspreis ebenso ermittelt hätte. Ob ein ordentlicher und gewissenhafter Geschäftsleiter die gebotene Sorgfalt im Einzelfall beachtet, ist nicht eindeutig bestimmbar. Die Ermittlung von Verrechnungspreisen beinhaltet daher erhebliche Unsicherheiten, ob die Finanzverwaltung den Verrechnungspreis anerkennt oder nicht.

---

[161] Vgl. 12.6.2.3.
[162] Vgl. hierzu *Vögele u. a.*, Handbuch der Verrechnungspreise.

12.6.3.3 Standardmethoden zur Verrechnungspreisbestimmung

Um die Unsicherheiten für die Ermittlung von Verrechnungspreisen zu mindern, wurden drei international anerkannte **Standardmethoden** entwickelt:
- Preisvergleichsmethode
- Wiederverkaufspreismethode
- Kostenaufschlagsmethode.

12.6.3.3.1 Preisvergleichsmethode (comparable uncontrolled price method)

Bei der Preisvergleichsmethode wird der zwischen den verbundenen Unternehmen vereinbarte Preis mit Preisen verglichen, die bei vergleichbaren Geschäften zwischen Fremden im Markt vereinbart worden sind. Der Verrechnungspreis kann bei dieser Methode durch einen äußeren oder inneren Preisvergleich ermittelt werden. Bei dem äußeren Preisvergleich wird auf den Leistungsvergleich zwischen unabhängigen Unternehmen der selben Branche abgestellt. Er ist anzuwenden, wenn die Leistungen auf Grund ihrer Wiederholbarkeit und Standardisierbarkeit als marktgängig angesehen werden. Für solche Leistungsarten existieren entweder von Verbänden oder amtlichen Stellen stammende Preisübersichten in Form von Honorar- und Gebührenordnungen oder es sind branchenübliche Preise feststellbar (zum Beispiel Finanzierungsleistungen im Konzern).

Bei dem inneren Preisvergleich werden die Preise des Unternehmens mit den Preisen verglichen, die das Unternehmen von einem fremden Unternehmen erhält oder zahlt.

12.6.3.3.2 Wiederverkaufspreismethode (resale price method)

Bei der **Wiederverkaufspreismethode** errechnet sich der Verrechnungspreis aus dem Wiederverkaufspreis, den das verbundene Unternehmen am freien Markt für das Wirtschaftsgut erzielt, abzüglich einer marktüblichen Handelsspanne. Voraussetzung für die Anwendung dieser Methode ist eine nur unwesentliche Bearbeitung der Ware durch das verbundene Unternehmen, welches die Ware an Dritte veräußert. Es gilt folgende Formel:

Marktpreis bei Wiederverkauf an Fremde
./. marktübliche Handelsspanne des Wiederverkäufers
= Verrechnungspreis.

12.6.3.3.3 Kostenaufschlagsmethode (cost plus method)

Die **Kostenaufschlagsmethode** kommt in Betracht, wenn das weiterveräußernde Unternehmen eine erhebliche Be- oder Verarbeitung vornimmt. Der Verrechnungspreis setzt sich aus den Selbstkosten des liefernden/leistenden Unternehmens zuzüglich eines angemessen **Gewinnaufschlags** zusammen.

12.6.3.4 Anwendung der Methoden

Die Standardmethoden (Preisvergleichs-, Wiederverkaufspreis- und Kostenaufschlagsmethode) sind untereinander grundsätzlich gleichrangig. Zu berücksichtigen ist aber, dass auf einen ordentlichen und gewissenhaften Geschäftsleiter abzustellen ist. Dies bedeutet, dass die Auswahl unter den Standardmethoden stark eingeschränkt ist. Der ordentliche und gewissenhafte Geschäftsleiter wird immer auf das Verfahren abstellen, welches möglichst zuverlässige preisrelevante Daten verarbeitet.

Führen die drei Standardmethoden zu keinem oder nur zu einem unsachgemäßen Ergebnis, dann können ausnahmsweise für die Ermittlung des Verrechnungspreises ertrags- oder funktionsorientierte **Schätzmethoden** herangezogen werden. Zu diesen Methoden zählen der globale Betriebsvergleich **(comparable profit method)** und die funktionsorientierte Gewinnzuordnung **(profit split method)**. Die Schätzmethoden werden von der deutschen wie auch anderen Finanzverwaltungen eher zur Kontrolle als zur Bestimmung eines angemessenen Verrechnungspreises angewendet. Die deutsche Finanzverwaltung empfiehlt in ihren offiziellen Verlautbarungen[163] deshalb, die Schätzmethoden nur mit Umsicht und Zurückhaltung anzuwenden. Es ist daher davon auszugehen, dass die Schätzmethoden nur anzuwenden sind, wenn nachgewiesen wird, dass die Ermittlung des Verrechnungspreises mittels einer der Standardmethoden nicht möglich ist.

Zu beachten ist, dass Schätzmethoden in den USA zulässig sind, wenn der Verrechnungspreis dadurch am zuverlässigsten ermittelt werden kann (best method rule). Dies kann zu Diskrepanzen zwischen dem in den USA durch die Schätzmethode ermittelten und anerkannten Verrechnungspreis und dem in anderen Steuerjurisdiktionen anzuerkennenden Verrechnungspreis führen.

Hinsichtlich der weiteren Besonderheiten bei der Ermittlung von Verrechnungspreisen sei auf die zu diesem Themenkomplex veröffentlichte Spezialliteratur verwiesen.[164]

12.7 Schlussbemerkung

Abschließend sei angemerkt, dass die hier gegebene Darstellung nicht den Anspruch erhebt, die steuerlichen Aspekte der Projektfinanzierung umfassend dargestellt zu haben. Zweck ist es jedoch, die bei der Strukturierung der Projektfinanzierung Beteiligen in dieser Hinsicht zu sensibilisieren und bei der Planung zu berücksichtigen.

---

[163] Vgl. Verwaltungsgrundsätze vom 23. Februar 1983 (BStBl. I S. 218) geändert durch BMF vom 30. Dezember 1999 (BStBl. I, S. 1122), 2.4.6.

[164] Vgl. hierzu z. B. *Vögele u. a.*, Handbuch der Verrechnungspreise.

13. Teil. Rechnungslegung und Bilanzierung

Übersicht

	Rdn.
13.1 Vorbemerkung	1
13.2 Grundlagen der Bilanzierung	4
13.2.1 Rechtliche und wirtschaftliche Grundlagen	4
13.2.1.1 Geltende Rechtsvorschriften	4
13.2.1.2 Kriterien zur Einordnung von Projektgesellschaften	7
13.2.2 Rechnungslegung innerhalb von Projektgesellschaften	12
13.2.2.1 Vorbemerkung	12
13.2.2.2 Inhalt der Bilanz der Projektgesellschaft	17
13.2.2.3 Inhalt der Gewinn- und Verlustrechnung	26
13.2.2.4 Ausweisfragen	30
13.2.3 Rechnungslegung im Partnerunternehmen	36
13.2.3.1 Bilanzierung des Anteils am Joint Venture	36
13.2.3.2 Bewertung	44
13.2.3.3 Gewinne und Verluste	50
13.2.3.4 Umsatz- und Ergebnisausweis	60
13.2.3.5 Anhang und Lagebericht	65
13.2.3.6 Schuldrechtliche Beziehungen	70
13.2.3.7 Bilanzierung im Konzernabschluss	76
13.3 Internationale Rechnungslegung	87
13.3.1 Unterschiede zum deutschen Recht	87
13.3.2 Einbeziehung in den Konzernabschluss	90
13.4 Einzelfragen	93
13.4.1 Langfristige Auftragsfertigung	93
13.4.2 Kapitalflussrechnungen	104
13.4.3 Währungsumrechnung	109
13.4.3.1 Fremdwährungsgeschäfte im Einzelabschluss (Foreign Currency Transactions)	110
13.4.3.2 Umrechnung von in Fremdwährung erstellten Jahresabschlüssen (Foreign Currency Translation)	113
13.4.3.3 Bilanzierung von Deckungsgeschäften	116
13.4.4 Leasing	120
13.4.5 Stellung von Sicherheiten und Haftung	126
13.4.6 Sonstige	136
13.5 Bilanzpolitik	138
13.6 Prüfung von Projektgeschäften	142
13.6.1 Berücksichtigung im Rahmen der Jahresabschlussprüfung	142
13.6.2 (Gesonderte) Prüfung der Projektgesellschaft	144

Schrifttum: Beck'scher Bilanz Kommentar, München, 1998; *Adler/Düring/Schmaltz*, Rechnungslegung und Prüfung der Unternehmen: Kommentar zum HGB, AktG, GmbHG, PublG nach den Vorschriften des Bilanzrichtlinien-Gesetzes, 6. Auflage, Stuttgart 2000; *Pejic, Philip; Meiisel, Patrick*, Discontinuing Operations – Ausweis- und Bilanzierungsvorschriften nach dem Standard des IASC. Der Betrieb 45/1998, S. 2229–2232; *Kiethe/Hektor*, Grundlagen und Techniken der Projektfinanzierung. DStR 25/1996, S. 977–983; *Hagemeister/Bültmann*, Konflikte von Sicherungsinstrumenten und Eigenkapitalersatz bei Projektfinanzierungen durch Banken. WM 12/1997, S. 549–596; *Laux*, Projektfinanzierung – Vorteile auch für kapitalkräftige Unternehmen?. DBW 57/1997, S. 840–856; *Fahrholz*, Neue Formen der Unternehmensfinanzierung – Unter-

13. Teil. Rechnungslegung und Bilanzierung

nehmensübernahmen, Big ticket-Leasing, Asset Backed- und Projektfinanzierung. S. 253–299; *Nicklisch*, Vertragsstrukturen und Risiken des Projekterstellers bei internationalen BOT-Projekten. S. 734–744; *ders.*, BOT-Projekte: Vertragsstrukturen, Risikoverteilung und Streitbeilegung. BB 1/1998, S. 2–9; *Scheibel*, Projektfinanzierung: BOT- und Konzessionsgesetzgebung. RIW 5/1996, S. 373–379; *Früh, Klar, Michael*, Joint Ventures – Bilanzielle Behandlung und Berichterstattung. WPg 16/1993, S. 493–503; *Nordmeyer*, Die Einbeziehung von Joint Ventures in den Konzernabschluss. WPg 10/1994, S. 301–312; *Niehus/Thyll*, Alfred: Konzernabschluss nach US-GAAP – Grundlagen und Gegenüberstellung mit den deutschen Vorschriften. S. 11–13, 263–265; KPMG: Rechnungslegung nach US-amerikanischen Grundsätzen – Eine Einführung in die US-GAAP und die SEC-Vorschriften. S. 14–15, 18–19, 43–47, 312–313, 322–325; *Moxter*, Künftige Verluste in der Handels- und Steuerbilanz. DStR 14/1998, S. 509–548; *Komander*, Bilanzierung von unfertigen Bauten nach Abschaffung der Drohverlustrückstellung aus schwebenden Geschäften – Praktische Anwendung des Gesetzes. Bonn 1997; *Lutz*, Bilanzierung von unfertigen Bauten nach Abschaffung der Drohverlustrückstellungen aus schwebenden Geschäften – Theoretisch-systematische Grundlagen. Bonn 1997; Denton Hall Projects Group: A Guide to Project Finance. London 1998; *Reuter*, Bilanzneutrale Gestaltung von Projektfinanzierungen nach GoB, Leasingregeln und US-GAAP; Betriebs-Berater 2000, S. 659–666; WP-Handbuch 1998, Düsseldorf 1998.

13.1 Vorbemerkung

1   Die Bedeutung der Rechnungslegung und Bilanzierung im Zusammenhang mit Projektgeschäften ergibt sich aus der Art ihrer Finanzierung: Regelmäßig stellt das Projektvorhaben als solches eine wesentliche, wenn nicht gar die einzige Sicherheit für die Kreditgeber dar. Daher sind diese an Informationen über die wirtschaftliche Lage des Projektes interessiert. Aufgabe der Rechnungslegung ist es, neben der Eigeninformation der Projektbetreiber geeignete (und standardisierte) Informationen über den Projektstatus für Dritte zu liefern. Daten aus der Rechnungslegung sind insofern nichts anderes, als die vertraglich festgelegte oder gesetzlich vorgeschriebene Informationsweitergabe des Managements an die Vertragspartner. Sofern die für Gewinnausschüttungen an den Investor verwendete Bemessungsgrundlage aus den Rechnungslegungsdaten abgeleitet wird, sind neben den Ausschüttungsmodalitäten, Kapitaltransferbeschränkungen, Wechselkursentwicklungen und steuerlichen Besonderheiten auch die Rechnungslegungsnormen des Auslandes bei der Investitionsentscheidung (Rendite-Risiko-Prognose) explizit zu berücksichtigen.[1]

Art, Umfang und Inhalt der Rechnungslegung über Projektgeschäfte hängen von der rechtlichen und wirtschaftlichen Ausgestaltung des jeweiligen Projektgeschäftes ab. Aufgrund der Vielzahl möglicher Gestaltungsvarianten, die durch die bisherige Praxis entwickelt worden sind, können nur die wesentlichen Grundgedanken sowie einige exemplarische Einzelfragen in diesem Handbuch behandelt werden.

2   Die **Verantwortung** zur Rechnungslegung und Bilanzierung ergibt sich aus den jeweiligen rechtlichen Verhältnissen des einzelnen Projektes: Bestimmend für die Ausgestaltung der Rechnungslegung sind neben dem Recht der betroffenen Staaten auch vertragliche Regelungen zwischen den Parteien, die über das gesetzlich erforderliche Maß hinausgehen können, oder aber auch vertraglich fixierte Ansprüche von finanzierenden (Dritt-) Parteien. Der Umfang der Rechnungslegung bezieht sich dabei regelmäßig nicht nur auf die Erstellung einer Bilanz sowie Gewinn- und Verlustrechnung. Von wesentlicher Bedeutung sind vielmehr auch erläuternde Angaben über den Inhalt einzelner Positionen oder die weitere wirtschaftliche Entwicklung des Projektes in der Zukunft. Hierzu werden neben Anhang oder Lagebericht vielfach gesetzlich

---

[1] *Pellens*, Internationale Rechnungslegung, 2. Aufl. Stuttgart 1998, S. 9 f.

nicht geregelte Informationsinstrumente (Zwischenberichte, Planungsrechnungen) verwendet werden.

Projektgeschäfte sind vielfach dadurch gekennzeichnet, dass mit dem zugrundeliegenden Vorhaben eine langfristige Bindung von Kapital verbunden ist. Dabei ergeben sich naturgemäß Ermessensspielräume hinsichtlich der Würdigung einzelner Sachverhalte. Diese sind dann so auszuüben, dass ein den tatsächlichen Verhältnissen entsprechendes Bild der wirtschaftlichen Lage des Projektes im Jahresabschluss der Projektgesellschaft wie auch der beteiligten Partner vermittelt wird.

Der Inhalt der nachfolgenden Ausführungen orientiert sich an den bestehenden gesetzlichen Regelungen. Soweit im Rahmen der Auslegung der gesetzlichen Bestimmungen unterschiedliche Ansichten bestehen, wurde die herrschende Meinung bzw. die überwiegende Bilanzierungspraxis dargestellt.

13.2 Grundlagen der Bilanzierung

13.2.1 Rechtliche und wirtschaftliche Grundlagen

13.2.1.1 Geltende Rechtsvorschriften

Joint Ventures sind vertragliche Vereinbarungen über gemeinsame wirtschaftliche Aktivitäten zwischen zwei und mehr Parteien.

Für den Jahresabschluss von Projektgesellschaften oder Joint Ventures sowie hinsichtlich der Bilanzierung von Mitgliedschaften ist zunächst von deren rechtlicher Ausgestaltung auszugehen. Nach deutschem Recht können Joint Ventures als Kapitalgesellschaften, Personenhandelsgesellschaften, BGB-Gesellschaften („GbR's") oder Bruchteilsgemeinschaften (Konsortium) tätig werden. Joint Ventures, die nach dem Recht anderer Staaten oder internationalen gesellschaftsrechtlichen Normen ausgestaltet sind, müssen für Zwecke der Rechnungslegung in Deutschland den zuvor genannten (deutschen) Rechtsformkategorien zugeordnet werden.

Besondere Bilanzierungsprobleme ergeben sich bei solchen Joint Ventures, die nicht Kapitalgesellschaften oder Personenhandelsgesellschaften, sondern Bruchteilsgemeinschaften oder BGB-Gesellschaften sind, da hierfür im Handelsrecht keine gesonderten Rechnungslegungsvorschriften enthalten sind und für die Bilanzierung von Anteilen an BGB-Gesellschaften keine allgemein anerkannten Grundsätze existieren. Nachfolgend werden nur solche Gesellschaften betrachtet, die eine eigenständige **wirtschaftliche Aktivität** (i. e. eigene Interessen kaufmännischer Art) verfolgen.

13.2.1.2 Kriterien zur Einordnung von Projektgesellschaften

Die rechtliche und wirtschaftliche Einordnung[2] hat wesentliche Auswirkungen auf die Rechnungslegung im Joint Venture und auf die Behandlung eines Joint Venture im Jahresabschluss der Partnerunternehmen. Eine Klassifizierung ist entsprechend den nachfolgenden Merkmalen durchzuführen.

Für die Bilanzierung beim Partnerunternehmen ist entscheidend, ob eine Gesellschaft besteht, die auf Grund ihrer Ausgestaltung als solche Bilanzierungsobjekt wird, oder ob anteilige Vermögensgegenstände und Schulden (d. h. sog. Bruchteilseigentum) zu bilanzieren sind. Von wesentlicher Bedeutung sind dabei,

---

[2] Vgl. im nachfolgenden auch: HFA 1/1993: Zur Bilanzierung von Joint Ventures, in: WPg 1993, S. 441 ff.

- ob das Joint Venture als **Außengesellschaft** fungiert, d. h. nach außen auftritt und Rechtsbeziehungen zu Dritten unterhält, oder seine Rechtsbeziehungen auf die Mitgesellschafter beschränkt (sog. **Innengesellschaft**),
- ob das Joint Venture als **Gesamthandsgemeinschaft** ausgestaltet ist und das Vermögen folglich allen Gesellschaftern gemeinschaftlich („zur gesamten Hand") zusteht oder sog. **Bruchteilseigentum** gebildet wurde, und
- inwieweit vertragliche Gesellschafterleistungen als **Einlagen** (Beiträge der Gesellschafter) erbracht werden und inwieweit daneben oder ausschließlich ein Leistungsaustausch auf **schuldrechtlicher** Basis (Verrechnungsverkehr) erfolgt.

9 Nach der Qualifizierung als Bilanzierungsobjekt ist weiterhin wesentlich, für welchen Zeitraum das Joint Venture angelegt ist und ob es sich um ein Unternehmen im handelsrechtlichen Sinne handelt. Hinsichtlich der zeitlichen Dauer können Joint Ventures auf die Durchführung einer einzigen Aufgabe beschränkt oder zeitlich begrenzt sowie auf unbestimmte Dauer geschlossen werden.

10 Das geforderte Kriterium der Unternehmereigenschaft ist gesetzlich nicht geregelt. Allerdings wird dann das Vorliegen eines Unternehmens zu bejahen sein, wenn das Vermögen des Joint Venture ganz oder zumindest teilweise gesamthänderisch gebunden ist, erwerbswirtschaftliche Interessen verfolgt werden, eine eigene Organisation für das Joint Venture besteht und das Joint Venture nach außen in Erscheinung tritt. Letztes kann durch Rechtsbeziehungen zu Dritten oder zu den Partnerunternehmen erfolgen. Eine lediglich vermögensverwaltende Tätigkeit stellt kein Unternehmen im handelsrechtlichen Sinne dar. Für die Qualifizierung als Unternehmen sind sowohl die Dauer als auch die Anzahl der abzuwickelnden Projekte nicht entscheidend.

11 Die vorgenannten Kriterien sind einheitlich zu würdigen, d. h. die Qualifizierung als Bilanzierungsobjekt muss sowohl auf Ebene des Partnerunternehmens als auch auf Ebene des Joint Ventures mit dem gleichen Ergebnis erfolgen. Dabei ist auf die wirtschaftliche Betrachtung abzustellen, d. h. die Gesamtheit der vertraglichen Beziehungen und ihre tatsächliche Durchführung sind zu beurteilen.

13.2.2 Rechnungslegung innerhalb von Projektgesellschaften
13.2.2.1 Vorbemerkung

12 Für Projektgesellschaften in Form von Kapital- oder Personenhandelsgesellschaften gelten die Vorschriften zur Rechnungslegung des HGB. Darüber hinaus können je nach Größe oder Rechtsform der Gesellschaft auch die Vorschriften des Publizitätsgesetzes[3] einschlägig sein.

13 Gegenstand der Rechnungslegung bei Kapitalgesellschaften sind der Jahresabschluss (Bilanz, Gewinn- und Verlustrechnung sowie Anhang) und der Lagebericht. Sog. kleine Kapitalgesellschaften (vgl. § 267 Abs. 1 HGB) sind von der Aufstellung eines Lageberichtes und gewisser Angaben im Anhang befreit. Personengesellschaften unterliegen grundsätzlich nicht der Verpflichtung einen Anhang und einen Lagebericht aufstellen zu müssen. Eine gesetzliche Verpflichtung zur Vorlage einer Kapitalflussrechnung besteht ebenfalls nicht.

---

[3] Im einzelnen handelt es sich um Unternehmen, die an drei aufeinander folgenden Abschlussstichtagen zwei der drei nachfolgenden Merkmale überschreiten: Bilanzsumme größer 125 Millionen Deutsche Mark, Umsatzerlöse größer als 250 Millionen Deutsche Mark und die Anzahl der durchschnittlich Beschäftigten ist größer als 5000 (vgl. § 1 PublG). Darüber hinaus muss es sich um Unternehmen in der Rechtsform einer Personenhandelsgesellschaft, eines Einzelkaufmanns oder einen Verein, dessen Zweck auf einen wirtschaftlichen Geschäftsbetrieb ausgerichtet ist, handeln (vgl. § 3 PublG).

Personenhandelsgesellschaften (Kommanditgesellschaften und Offene Handelsgesellschaften) haben für den Schluss eines jeden Geschäftsjahres eine Bilanz und eine Gewinn- und Verlustrechnung aufzustellen (§§ 6 Abs. 1, 242 Abs. 1 Satz 1, Abs. 2 HGB). Dabei haben sie die §§ 238 ff. und insbesondere die §§ 243 bis 256 HGB zu beachten.[4]

BGB-Gesellschaften unterliegen nach § 721 Abs. 2 BGB grundsätzlich der Pflicht, periodische Abschlüsse zu erstellen. Dieser Vorschrift unterliegen jedoch nur Gesellschaften von längerer Dauer. Darüber hinaus ist die Vorschrift durch Gesellschaftsvertrag abdingbar. Explizite handelsrechtliche Pflichten zur Rechnungslegung bestehen für BGB-Gesellschaften nicht. Sofern freiwillig, d.h. durch entsprechende Bestimmung im Gesellschaftsvertrag, ein periodischer Abschluss erstellt werden soll, muss sich dieser an dem Vermögen des Joint Venture orientieren. Wird durch das Joint Venture kein periodischer Abschluss erstellt, ergibt sich für die einzelnen Partner regelmäßig die Notwendigkeit zur Führung von Nebenrechnungen, um die gem. § 246 Abs. 1 HGB erforderlichen Informationen über Aktiva und Passiva zu erhalten. Hierdurch entstehen zwangsläufig Unsicherheiten und Unwirtschaftlichkeiten, da mehrere Partner die gleiche Tätigkeit nebeneinander mit evtl. unterschiedlichen Ergebnissen (z. B. auf Grund der Anwendung unterschiedlicher Rechtsnormen) ausführen. Im Interesse der Zuverlässigkeit der Rechnungslegung der Partnerunternehmen ist daher dringend zu empfehlen, im Joint-Venture-Vertrag eine Gemeinschaftsrechnung nach den einschlägigen gesetzlichen Vorschriften zur Rechnungslegung zu vereinbaren. Dies insbesondere dann, wenn die erforderlichen Informationen nicht bereits auf Grund eines Konzernverhältnisses nach § 290 HGB zur Verfügung gestellt werden müssen. Auch für Joint Ventures, die im Ausland tätig und unter Beachtung der jeweiligen Gesetze nicht zur kaufmännischen Rechnungslegung verpflichtet sind, bestehen für die Partnerunternehmen entsprechende Informationserfordernisse.

Liegt im Rahmen des Joint Venture kein Gesamthandsvermögen vor, so ist kein Bedarf der Partner für eine gesonderte Rechnungslegung innerhalb des Joint Ventures. Allenfalls kann für gesonderte Zwecke der Partner eine „gesamtheitliche" Gewinnermittlung durchgeführt werden, wobei sinnvollerweise geeignete Grundsätze festgelegt werden.

13.2.2.2 Inhalt der Bilanz der Projektgesellschaft

Hinsichtlich der Bilanzierung innerhalb der Projektgesellschaft ergeben sich je nach Rechtsform unterschiedliche Regelungen. Grundsätzliche Frage bei der Bilanzierung von Projektgesellschaften ist die wirtschaftliche Zuordnung von Vermögensgegenständen und Schulden.

13.2.2.2.1 Kapitalgesellschaften

Für Projektgesellschaften in der Rechtsform einer **Kapitalgesellschaft** sind die gesetzlichen Bestimmungen des HGB zur Abgrenzung der Vermögensgegenstände und Schulden (insbesondere §§ 246 ff. HGB) zu beachten. Besonderheiten für Projektgesellschaften bestehen hier nicht.

13.2.2.2.2 Personenhandelsgesellschaften

13.2.2.2.2.1 Vermögensgegenstände der Personenhandelsgesellschaft

Nach den handelsrechtlichen Bestimmungen dürfen in der Bilanz nur solche **Vermögensgegenstände** ausgewiesen werden, die auch als wirtschaftliches Eigentum der

---

[4] Vgl. auch grundlegend: HFA 2/1993: Zur Bilanzierung bei Personenhandelsgesellschaften, WPg 1993, S. 540 ff.

Gesellschaft anzusehen sind. Eine Personengesellschaft ist dann als wirtschaftlicher Eigentümer anzusehen ist, wenn es in ihrer Entscheidungsgewalt liegt auch die rechtliche Zuordnung zu erreichen (z.B. durch Zahlung des Kaufpreises bei Eigentumsvorbehalt etc.): Wenn der Personenhandelsgesellschaft alle Wertsteigerungschancen und Verlustrisiken zustehen und sie alle Erträge aus dem Vermögensgegenstand ziehen kann sowie alle Kosten zu tragen hat, ist ihr bilanzrechtlich der Vermögensgegenstand zuzurechnen.[5]

20 Im Gegensatz zur steuerlichen Behandlung werden in der Handelsbilanz keine Vermögensgegenstände ausgewiesen, die zwar dem Betrieb der Gesellschaft dienen, jedoch nicht dem wirtschaftlichen Eigentum der Gesellschaft zuzurechnen sind (z.B. ein von einem Gesellschafter an die Gesellschaft vermietetes oder zur Nutzung überlassenes, jedoch nicht auf die Gesellschaft übertragenes Grundstück). Dies gilt auch dann, wenn die betreffenden Vermögensgegenstände steuerlich als sog. Sonderbetriebsvermögen behandelt werden. Es ist nach allgemeinen Grundsätzen nicht ausreichend, lediglich auf die Nichtzugehörigkeit zum Gesellschaftsvermögen hinzuweisen und einen Ausgleichsposten für diese Gegenstände, die sich im Eigentum eines Gesellschafters befinden, zu passivieren.

13.2.2.2.2.2 Schulden der Personenhandelsgesellschaft

21 Als Schulden der Personenhandelsgesellschaft dürfen nur solche Verbindlichkeiten aufgenommen werden, die gegenüber der Gesellschaft als Gesamthandsverbindlichkeit bestehen. „Private" Verbindlichkeiten und Schulden der Gesellschafter oder Partnerunternehmen dürfen nicht in die Bilanz der Personenhandelsgesellschaft aufgenommen werden.[6]

22 Dieser allgemeine Grundsatz hat zur Folge, dass die **Steuerverbindlichkeiten** der Gesellschafter (auch wenn sie sich aus der Beteiligung am Vermögen und Gewinn der Personenhandelsgesellschaft ergeben) nicht innerhalb der Bilanz der Gesellschaft ausgewiesen werden dürfen. Im Ergebnis bedeutet dies, dass die Gewinne nur mit Gewerbesteuer belastet sind und Einkommensteuer oder Körperschaftsteuer nicht in der Bilanz der Gesellschaft enthalten sind. Dies führt insbesondere bei ausländischen Betrachtern immer wieder zu Missverständnissen.

23 Hinsichtlich der Abgrenzung von **Eigen- und Fremdkapital** gilt, dass Verbindlichkeiten gegenüber Gesellschaftern Fremdkapital darstellen. Ein Ausweis als Eigenkapital ist nur dann zulässig, wenn künftige Verluste mit diesen Konten bis zur vollen Höhe mit Wirkung gegenüber den Gesellschaftsgläubigern zu verrechnen sind, wenn sie im Konkursfalle nicht als Konkursforderung geltend gemacht werden können oder im Falle der Liquidation der Gesellschaft erst nach Befriedigung aller Gesellschaftsgläubiger auszugleichen sind.

24 Nach § 249 HGB gelten für Personenhandelsgesellschaften die gleichen Grundsätze zur Bildung von **Rückstellungen** wie für Kapitalgesellschaften. Dies gilt zumindest handelsrechtlich auch für Pensionszusagen der Gesellschaft an Gesellschafter.

13.2.2.2.3 BGB-Gesellschaften

25 Der Inhalt der Bilanz bei BGB-Gesellschaften ist nach den zuvor genannten Grundsätzen für Personenhandelsgesellschaften abzugrenzen. Eine Besonderheit können jedoch hier gesellschaftsvertragliche Regelungen in sich bergen. So sind insbesondere die festgelegten Gewinnverteilungsregeln sowie gesonderte Entnahmerechte der Gesellschafter zu berücksichtigen. Sofern auf Grund der Größe und Rechtsform eine

---

[5] Vgl. *Herrmann*, Zur Bilanzierung bei Personenhandelsgesellschaften, in: WPg: 1994, S. 500.
[6] Vgl. § 5 Abs. 4 PublG, der diesen allgemeinen Grundsatz zum Ausdruck bringt.

Rechnungslegung gem. PublG durchzuführen ist, sind über § 5 PublG die entsprechenden Vorschriften des HGB zu beachten. Demnach gelten für den Inhalt des Jahresabschlusses die §§ 265, 266, 268 bis 275, 277, 278, 281 und 282 des HGB.

13.2.2.3 Inhalt der Gewinn- und Verlustrechnung

13.2.2.3.1 Auswirkungen von Rechtsbeziehungen der Projektgesellschaft zu ihren Gesellschaftern

13.2.2.3.1.1 Kapitalgesellschaften

Für Kapitalgesellschaften gelten die Bestimmungen des HGB, insbesondere die §§ 275 ff. HGB. 26

13.2.2.3.1.2 Personenhandelsgesellschaften

Entsprechend den oben erläuterten Grundsätzen zur Abgrenzung der Sphären von Projektgesellschaft und Partnerunternehmen ist auch der Inhalt der G&V zu bestimmen. Rechtsbeziehungen zwischen Partnerunternehmen und Projektgesellschaft (z.B. Zinsen für gewährte Darlehen, Mieten für Vermögensgegenstände, Ankauf von Materialien, etc.) können zu Aufwand und Ertrag der Gesellschaft führen oder Teil der Ergebnisverteilung sein. Der endgültige Ausweis bestimmt sich nach den getroffenen Vereinbarungen oder der in der Vergangenheit vorgenommenen Behandlung. 27

Bei der Rechtsbeziehung mit Gesellschaftern ist jeweils zu fragen, auf welcher Grundlage sie erfolgt: Beruhen die Rechtsbeziehungen auf Gesellschaftsrecht (z.B. Nutzungsüberlassung eines Grundstückes auf Grund des Gesellschaftsvertrages, sog. Einbringung quoad usum), können die Nutzungsentgelte als Teil der Gewinnverwendung anzusehen sein und entsprechend auch wieder zum Aufleben der Haftung führen. Ergibt sich die Rechtsbeziehung allein aus schuldrechtlichen Vorschriften (z.B. Anmietung eines Grundstückes auf Basis eines Mietvertrages), sind die entstehenden Entgelte als Aufwendungen zu qualifizieren und nicht Bestandteil der Gewinnverwendung. Die Gesellschafter sind zivilrechtlich frei, mit der Projektgesellschaft in „normale" schuldrechtliche Beziehungen einzutreten oder aber auf gesellschaftsrechtlicher Ebene Rechtsbeziehungen aufzubauen. Im Rahmen der Bilanzierung ist daher darauf zu achten, dass die jeweilige rechtliche Gestaltung zutreffend abgebildet wird.[7] 28

13.2.2.3.1.3 BGB-Gesellschaften

Auch für BGB-Gesellschaften gelten die zuvor für Personenhandelsgesellschaften genannten Grundsätze. Besonderheiten können sich auch hier wiederum aus dem Gesellschaftsvertrag ergeben. 29

13.2.2.4 Ausweisfragen

13.2.2.4.1 Gliederung der Bilanz

Kapitalgesellschaften haben ihre Bilanz und Gewinn- und Verlustrechnung entsprechend den handelsrechtlichen Vorschriften (§§ 265 ff und §§ 275 ff. HGB) zu gliedern und entsprechende Vermerke anzubringen. Für Unternehmen (Personengesellschaften, Einzelkaufleute und erwerbswirtschaftliche Vereine), die einen Jahresabschluss nach den Vorschriften des PublG aufstellen müssen, gelten diese Vorschriften gem. § 5 Abs. 1 PublG entsprechend. 30

---

[7] *Hermann*, Zur Bilanzierung bei Personenhandelsgesellschaften, in: WPg 1994, S. 502.

31 Für **Personengesellschaften,** die nicht dem PublG unterliegen, wird lediglich in § 247 Abs. 1 HGB bestimmt, dass das Anlage- und das Umlaufvermögen, das Eigenkapital, die Schulden sowie die Rechnungsabgrenzungsposten gesondert auszuweisen und hinreichend aufzugliedern sind. Damit ist die Gliederung einer Entscheidung des Bilanzierenden vorbehalten, der jedoch die Grundsätze ordnungsmäßiger Buchführung (insbesondere der Klarheit und Übersichtlichkeit) zu beachten hat. Dabei ist auf die Bedeutung der einzelnen Positionen für den Jahresabschluss abzustellen. Je komplexer und umfangreicher die Geschäftstätigkeit ist, desto tiefergehender wird die Gliederung sein müssen. Die Übernahme des gesetzlichen Gliederungsschemas für Kapitalgesellschaften (§ 266 HGB) ist zulässig und empfehlenswert.

32 Der Ausweis des **Eigenkapitals** und des (Jahres-)**Ergebnisses** sollte unter entsprechender Bezeichnung erfolgen. Dabei ist für das feste Kapital der Gesellschafter eine gesonderte Bezeichnung zu wählen, die dem Charakter des Postens entspricht. In der Praxis hat sich bspw. für das haftende Kommanditkapital die Bezeichnung „Hafteinlage" oder „Haftkapital" bewährt. Für die beweglichen Kapitalkonten, denen der Gewinn unmittelbar gutgeschrieben wird, ist eine entsprechende Bezeichnung zu wählen, die deutlich erkennen lässt, dass es sich nicht um festes Kapital der Gesellschaft handelt.

33 **Forderungen und Verbindlichkeiten** gegenüber den Gesellschaftern sind gesondert auszuweisen. Insbesondere ist kenntlich zu machen, dass es sich bei Verbindlichkeiten nicht um Eigenkapital handelt, wenn eine nachrangige Haftung und dauerhafte Überlassung an die Gesellschaft nicht vorliegt.

34 Für **BGB-Gesellschaften** sind die für Personengesellschaften geltenden Bestimmungen entsprechend anzuwenden. Zu beachten sind hierbei jedoch mögliche abweichende Regelungen des Gesellschaftsvertrages.

13.2.2.4.2 Gliederung der Gewinn- und Verlustrechnung

35 Die oben erläuterten Grundzüge für die Gliederung und Ausweis innerhalb der Bilanz sind entsprechend auf die G&V zu übertragen. Ein gesondertes Gliederungsschema besteht nur für Kapitalgesellschaften (§§ 275 ff. HGB) und solche Gesellschaften, die dem Publizitätsgesetz unterliegen. Die Gliederung bestimmt sich nach der jeweiligen Größe der Gesellschaft. Die Gewinn- und Verlustrechnung ist dabei an die Besonderheiten von Personengesellschaften oder BGB-Gesellschaften und an den Einzelfall anzupassen.[8]

13.2.3 Rechnungslegung im Partnerunternehmen

13.2.3.1 Bilanzierung des Anteils am Joint Venture

36 Die Bilanzierung der Mitgliedschaft an einem Joint Venture im Einzelabschluss des Partnerunternehmens ist wiederum durch die rechtliche Ausgestaltung des Joint Venture bestimmt. Sofern das Joint Venture als Kapital- oder Personengesellschaft geführt wird, ist die Mitgliedschaft als gesonderter Anteil auszuweisen. Hier ergeben sich in der Praxis lediglich für ausländische Joint Ventures dahingehend Auslegungsfragen, inwieweit die ausländische Gesellschaft als Kapital- oder Personengesellschaft anzusehen ist.

37 Die Qualifizierung des Joint Ventures ist dabei hinsichtlich der rechtlichen Haftung der Gesellschafter vorzunehmen. Der Ausweis einer Beteiligung an einer Kapital- oder Personengesellschaft wird regelmäßig innerhalb des Anlagevermögens erfolgen, da eine dauerhafte Beteiligung angestrebt sein dürfte. Mitgliedschaften an Personengesellschaften sind unabhängig von der Höhe der Beteiligung unter dem Posten Beteiligungen

---

[8] *Hermann,* WPg 1994 S. 508.

Grundlagen der Bilanzierung

auszuweisen.[9] Bei wesentlicher Bedeutung des Joint Venture für den Jahresabschluss des Partnerunternehmens ist ein gesonderter Ausweis unter den Finanzanlagen geboten.

Für die Bilanzierung der Mitgliedschaft in einer BGB-Gesellschaft oder anderen Formen von Projektgesellschaften ist entscheidend, wie die Verfügbarkeit über die Vermögensgegenstände geregelt ist. Voraussetzung für die Bilanzierung eines selbständigen Joint Venture-Anteils im Einzelabschluss des Partnerunternehmens ist die Teilhaberschaft an einem Gesamthandsvermögen, d. h. es bestehen nicht Rechte an einzelnen Vermögensgegenständen sondern entsprechend der Beteiligungshöhe an der Sachgesamtheit.[10] In diesem Fall bestehen für ein Mitglied eines Joint Ventures nur indirekt, d. h. über die Ausübung seiner Gesellschafterrechte, Möglichkeiten zur Veräußerung oder zum Erwerb von einzelnen Vermögensgegenständen. Entsprechend der zivilrechtlichen Klassifizierung des Vermögens des Joint Ventures erfolgt auch die Bilanzierung des Anteils: Liegt sog. Bruchteilseigentum vor, d. h. jeder Gesellschafter bleibt zivilrechtlich Eigentümer der von ihm für das Joint Venture beigestellten Vermögensgegenstände, so sind auch weiterhin die einzelnen Vermögensgegenstände in der Bilanz des Partnerunternehmens auszuweisen. Liegt dagegen das o. a. Gesamthandseigentum vor, ist zwingend ein Anteil an einem Joint Venture zu bilanzieren.[11] 38

In einem weiteren Schritt ist zu klären, ob der Anteil an dem Joint Venture dem Anlagevermögen oder dem Umlaufvermögen zuzurechnen ist. Die Zuordnung ergibt sich gem. § 247 Abs. 2 HGB aus der Dauerhaftigkeit der Mitgliedschaft. Ist der entsprechende Anteil dazu bestimmt, dauernd dem Geschäftsbetrieb des Partnerunternehmens zu dienen, muss ein Ausweis innerhalb des Anlagevermögens erfolgen. Nach HFA 1/1993 ist auf Grund „der besonderen Bindung der Gesellschafter einer BGB-Gesellschaft zu der Gesellschaft (…) in der Regel von einer dauernden Zweckbestimmung der Mitgliedschaft und einem Ausweis im Anlagevermögen auszugehen".[12] 39

Bei gegebener Unternehmenseigenschaft des Joint Ventures ist grundsätzlich der Ausweis unter dem Posten Beteiligungen gem. § 271 Abs. 1 HGB geboten. Sofern auch die Voraussetzungen des § 271 Abs. 2 HGB (Einbeziehung in den Konzernabschluss als Tochterunternehmen) erfüllt sind, stellen die Mitgliedschaften in Joint Ventures Anteile an verbundenen Unternehmen dar. 40

Fehlt dem Joint Venture die Unternehmenseigenschaft, d. h. das Joint Venture verfolgt keine eigenen wirtschaftlichen Interessen, sind die Anteile als sonstige Ausleihungen grundsätzlich unter Anpassung der Postenbezeichnung gem. § 265 Abs. 6 HGB oder in Erweiterung des gesetzlichen Gliederungsschemas gem. § 265 Abs. 5 HGB innerhalb der Finanzanlagen gesondert auszuweisen. 41

In der Bilanzierungspraxis wird vielfach jedoch ein Ausweis von Beteiligungen an Joint Ventures innerhalb des Umlaufvermögens vorgenommen. Grund hierfür ist die Vermeidung von häufigen Zu- und Abgängen zum Anlagevermögen bei Partnerunternehmen mit vielen kurzlebigen Arbeitsgemeinschaften. Diese Vorgehensweise wird auch als zulässig angesehen, sofern sich die voraussichtliche Dauer des Joint Ventures über nicht mehr als zwei Abschlussstichtage des Partnerunternehmens erstreckt.[13] Innerhalb des Umlaufvermögens sollte bei wesentlicher Bedeutung des Joint Ventures für den Jahresabschluss des Partnerunternehmens ein gesonderter Ausweis erfolgen. 42

---

[9] Vgl. HFA 1/1991, Zur Bilanzierung von Beteiligungen an Personenhandelsgesellschaften, WPg 1991, S. 334.
[10] Vgl. auch *Früh/Klar:* Joint Ventures – Bilanzielle Behandlung und Berichterstattung, WPg 1993, S. 493.
[11] Vgl. HFA 1/1993, Zur Bilanzierung bei Joint Ventures, WPg 1993, S. 441.
[12] HFA 1/1993, WPg 1993, S. 442.
[13] Vgl. HFA 1/1993, WPg 1993, S. 442.

13. Teil. Rechnungslegung und Bilanzierung

43 Das nachfolgende Schaubild verdeutlicht die zuvor geschilderten Grundsätze zum Ausweis von Mitgliedschaften in Joint Ventures:

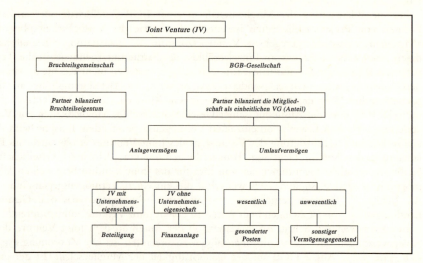

Abb.: Bilanzielle Berücksichtigung der Mitgliedschaft beim Partnerunternehmen
Quelle: Dörner, WPg 1993, S. 706

13.2.3.2 Bewertung

44 Neben Fragen des Ausweises der Mitgliedschaft in einem Joint Venture sind weiterhin Fragen der Anteilsbewertung von Interesse. Dabei sind die allgemeinen Grundsätze für die Bewertung von Anteilen zu beachten. Für BGB-Gesellschaften richtet sich die Anteilsbewertung, unabhängig vom Ausweis im Anlage- oder Umlaufvermögen ganz allgemein nach den für Personengesellschaften entwickelten Grundsätzen.

45 Liegt ein sog. **Bruchteilseigentum** vor, sind die Vermögensgegenstände und Schulden auf Ebene des Partnerunternehmens anteilig auszuweisen. Es wird dabei fiktiv unterstellt, dass eine unmittelbare Anschaffung durch das Partnerunternehmen erfolgt ist. Die weitere Bewertung der Vermögensgegenstände und Schulden (z.B. Abschreibungen) richtet sich nach den allgemeinen Grundsätzen.

46 Besteht ein **Gesamthandsvermögen,** so sind gem. § 253 Abs. 1 HGB grundsätzlich die Anschaffungskosten der Mitgliedschaft zu bilanzieren. Die Anschaffungskosten sind der Ausgangspunkt aber auch die Obergrenze der Bewertung. Als Anschaffungskosten ist der Betrag der geleisteten Einlage zuzüglich eingeforderter Beträge zu aktivieren. Sie kann jedoch auch mit dem etwaig höheren bedungenen Betrag aktiviert werden. Der Unterschiedsbetrag zwischen der geleisteten und der aktivierten Einlage ist als Resteinzahlungsverpflichtung zu passivieren. Soweit Resteinzahlungsverpflichtungen für noch nicht eingeforderte bedungene Einlagen nicht passiviert werden, ist die Haftung auf Volleinzahlung im Anhang gem. § 285 Nr. 3 HGB zu beziffern. Die Höhe der Anschaffungskosten ist dabei grundsätzlich unabhängig von der Hafteinlage. Im Rahmen von Sacheinlagen (Hingabe von Vermögensgegenständen gegen Gewährung von Mitgliedsrechten) können als Anschaffungskosten wahlweise der Buchwert oder maximal der Zeitwert der hingegebenen Einlage angesetzt werden.[14]

---

[14] Vgl. HFA 1/1991, WPg 1991, S. 334.

Grundlagen der Bilanzierung

Zu den Anschaffungskosten gehören auch Anschaffungsnebenkosten (z.B. Notarkosten, Grunderwerbsteuer, Provisionen) und nachträgliche Anschaffungskosten. Finanzierungskosten dürften regelmäßig nicht aktivierungsfähig sein, da es insoweit an einem Herstellungsvorgang für den Anteil an einem Joint Venture fehlt. 47

Eine Besonderheit im Rahmen der Bewertung von Joint Ventures ergibt sich aus der Tatsache, dass oftmals keine festen Einlagen der Partner vereinbart sind. Maschinen und sonstige Vermögensgegenstände werden der Arbeitsgemeinschaft von den Gesellschaftern vielmehr auf schuldrechtlicher Basis zur Verfügung gestellt. Anschaffungskosten für eine Beteiligung entstehen daher nicht in nennenswertem Umfang. Die endgültige Überlassung von Gegenständen oder Nutzungsrechten ist jedoch als Einlage zu qualifizieren, da damit zumindest das wirtschaftliche Eigentum an den Vermögensgegenständen auf das Joint Venture übertragen wird. 48

Bei Beendigung des Joint Ventures oder bei Veräußerung der Anteile sind die entsprechenden Buchwerte auszubuchen und das Ergebnis aus der Aufgabe oder Veräußerung in der Gewinn- und Verlustrechnung zu bilanzieren. 49

13.2.3.3 Gewinne und Verluste

13.2.3.3.1 Gewinnvereinnahmung

Voraussetzung für die Vereinnahmung eines Gewinnes aus dem Anteil an einem Joint Venture ist, dass der Gewinnanspruch des Partners realisiert und hinreichend sicher ist. Die handelsrechtliche Gewinnvereinnahmung unterscheidet sich jedoch von der steuerlichen Handhabung. 50

13.2.3.3.1.1 Joint Venture als Kapitalgesellschaft

Sofern die Projektgesellschaft in der Rechtsform einer Kapitalgesellschaft geführt wird, ergibt sich die Vereinnahmung des Gewinns grundsätzlich erst mit der Beschlussfassung über die Gewinnverwendung. Eine Ausnahme hiervon ist bei sog. Ergebnisabführungsverträgen oder der sog. phasengleichen Vereinnahmung zulässig: Das Partnerunternehmen bilanziert in diesem Fall den Anspruch auf Gewinn der Projektgesellschaft im gleichen Geschäftsjahr als Forderung gegenüber der Projektgesellschaft. Die phasengleiche Gewinnvereinnahmung ist jedoch nur zulässig, sofern das Partnerunternehmen über die Mehrheit der Stimmrechte zur Beschlussfassung über den Jahresabschluss verfügt, der Abschlussstichtag des Joint Ventures nicht nach dem des Partnerunternehmens liegt, ein (Jahres-)Abschluss des Joint Ventures zum Zeitpunkt der Aufstellung des Jahresabschlusses des Partnerunternehmens vorliegt und entsprechende Gewinnverwendungsvorschläge vorgelegt wurden. 51

13.2.3.3.1.2 Joint Venture als Personen- oder BGB-Gesellschaft

Bei Personengesellschaften und BGB-Gesellschaften ist eine unterschiedliche Behandlung der Gewinnanteile möglich. 52

Der Gewinnanspruch entsteht grundsätzlich dann, wenn in dem Rechnungsabschluss des Joint Ventures ein entsprechender Gewinn ausgewiesen wird und keine abweichenden Regelungen im Gesellschaftsvertrag des Joint Ventures bestehen. Der einem Gesellschafter zukommende Anteil am Gewinn des Joint Venture ist insoweit gem. § 252 Abs. 1 Nr. 4 HGB als realisiert anzusehen und damit als Forderung des Partnerunternehmens bilanzierungspflichtig, als dem Gesellschafter hierauf ein Anspruch zusteht, über den er individuell verfügen kann. Aufgrund der wirtschaftlichen Betrachtungsweise ist ein gesonderter Rechtsanspruch nicht erforderlich. Allerdings muss die Entstehung eines Rechtsanspruches gesichert sein. 53

54 Kritisch zu würdigen ist bei einem deutschen Partnerunternehmen die Art der Bilanzierung innerhalb des Joint Ventures. Ein im Ausland ansässiges Joint Venture ermittelt den Gewinn regelmäßig nicht nach deutschen, sondern nach ausländischen Vorschriften. Dabei ist ein Gewinnausweis denkbar, der sich unter Zugrundelegung deutscher Rechnungslegungsvorschriften in dieser Höhe nicht ergeben hätte. Dem Vorsichtsprinzip folgend wird hier eine Gewinnvereinnahmung nur insoweit als möglich angesehen, als keine sonstigen, auch nach deutschem Recht zu berücksichtigenden Risiken vorliegen.[15] Zu beachten ist jedoch, dass sich der Gewinnanspruch aus dem Abschluss des Joint Ventures bestimmt. Die Berücksichtigung sonstiger Risiken im Rahmen der Gewinnvereinnahmung kann sich daher nur auf solche Risiken beziehen, die zukünftig zu Belastungen des Partnerunternehmens aus dem Joint Venture führen (z. B. Nachbesserungs- oder Gewährleistungsverpflichtungen). Wird für das Joint Venture im Rahmen der Konsolidierung eine sog. Handelsbilanz II nach deutschen Rechnungslegungsgrundsätzen erstellt, können sich hieraus Erkenntnisse für die Sicherheit des vom Joint Venture ermittelten Ergebnisses ableiten lassen.

55 Ist der Gewinnanteil durch Gesetz, Gesellschaftsvertrag oder Gewinnverwendungsbeschluss der Verfügungsgewalt des Partnerunternehmens entzogen, besteht für den Gesellschafter kein aktivierungsfähiger Anspruch. Eine Vereinnahmung ist insoweit nicht zulässig. Ist die Verfügung des Partnerunternehmens von einem Beschluss der Gesellschafter abhängig, ist eine Gewinnvereinnahmung erst im Zeitpunkt eines solchen Beschlusses – frühestens jedoch am Abschlussstichtag des Joint Ventures – realisiert. Sofern einem Gesellschafter die Mehrheit der Stimmrechte zusteht, ist entsprechend den Grundsätzen der phasengleichen Gewinnvereinnahmung der entsprechende Gewinnanteil als Forderung zu aktivieren.

56 Eine so entstandene Forderung auf Gewinnanteile kann wiederum in das gesamthänderisch gebundene Vermögen des Joint Venture eingelegt werden oder gilt für den vollhaftenden Gesellschafter als durch Zeitablauf eingelegt (vgl. §§ 122 Abs. 1 und 169 Abs. 1 S. 2 HGB). Insoweit entstehen nachträgliche Anschaffungskosten. Die Forderung auf Gewinnanteile ist entsprechend umzubuchen. Weiterhin führt die Umqualifizierung eines Gewinnanteils, über den der Gesellschafter noch kein Verfügungsrecht hatte, in eine Einlage zu einer Erhöhung der Anschaffungskosten für das Joint Venture und somit auch zu einer Gewinnvereinnahmung auf Ebene des Partnerunternehmens. Eine solche Vereinnahmung ist wiederum erst zum Zeitpunkt der Beschlussfassung – frühestens jedoch am Abschlussstichtag des Joint Ventures zulässig.

13.2.3.3.2 Verlustanteile

57 Verluste und Ergebnisverschlechterungen bei dem Joint Venture führen dann zu einer außerplanmäßigen Abschreibung der Beteiligung beim Gesellschafter, wenn der Beteiligung bedingt durch die Verluste ein niedrigerer Wert beizulegen ist (§ 253 Abs. 2 S. 3 HGB). Sofern der Ausweis innerhalb des Umlaufvermögens erfolgt, wird vom Gesetz auch bei nur vorübergehender Wertminderung verpflichtend eine Abschreibung auf den niedrigeren beizulegenden Wert gefordert. Handelt es sich um eine voraussichtlich dauerhafte Wertminderung, ist auch bei Ausweis innerhalb des Anlagevermögens eine außerplanmäßige Abschreibung zwingend.

58 Verluste oder Ergebnisverschlechterungen, die durch Vornahme steuerlicher Abschreibungen gem. § 254 HGB bei dem Joint Venture eingetreten sind, führen nicht zu einer außerplanmäßigen Abschreibung, da der beizulegende Wert der Mitgliedschaft hierdurch nicht negativ beeinflusst wird. Für Partnerunternehmen in der Rechtsform einer Kapitalgesellschaft gilt, dass außerplanmäßige Abschreibungen bei Fortfall der

---

[15] Vgl. HFA 1/1991, WPg 1993 S. 335; *Früh/Klar:* WPg 1993, S. 498.

Gründe durch Zuschreibungen zwingend wieder aufzuholen sind. § 280 Abs. 2 HGB findet insoweit keine Anwendung.

Ergibt sich während der Laufzeit eines Joint Ventures, dass ein ausgleichspflichtiger (Total-)Verlust droht, so ist hierfür beim Gesellschafter eine Rückstellung nach § 249 Abs. 1 S. 1 HGB (Rückstellung für ungewisse Verbindlichkeiten) zu passivieren. In diesem Zusammenhang sind auch erkennbare Risiken, die sich aus einer möglichen Insolvenz der Partnerunternehmen ergeben können, zu berücksichtigen. 59

13.2.3.4 Umsatz- und Ergebnisausweis

Umsatzerlöse mit Joint Ventures, an denen das Partnerunternehmen mittelbar oder unmittelbar beteiligt ist, sind einschließlich der Erlöse aus der Beistellung von Arbeitskräften und Geräten wie Umsätze mit (fremden) Dritten als Umsatzerlöse auszuweisen. Ebenfalls hierunter fallen Umsätze, die direkt mit dem Auftraggeber abgerechnet werden. Erbringt das Partnerunternehmen im Rahmen eines Subunternehmens Leistungen an das Joint Venture, so sind auch diese Umsatzerlöse entsprechend zu behandeln (Ausweis als Umsatzerlös beim Subunternehmer, Aufwand bei dem Joint Venture).[16] Eine anteilige Übernahme der Umsatzerlöse des Joint Venture sowie deren Aufwendungen in die Gewinn- und Verlustrechnung des Partnerunternehmens entsprechend der Höhe der Beteiligung an der Projektgesellschaft ist mit ADS abzulehnen; dies würde nur zu einer unzulässigen Aufblähung der Gewinn- und Verlustrechnung führen.[17] 60

Grundsätzlich ist in der Gewinn- und Verlustrechnung als Erfolg aus dem Anteil an einer Projektgesellschaft nur das anteilige Ergebnis zu zeigen; zusätzlich zu berücksichtigende Risiken (z.B. Währungsdifferenzen, drohende zukünftige Verluste aus der Mitgliedschaft) sind in Abzug zu bringen. Eine Saldierung von positiven und negativen Ergebnissen aus Anteilen an verschiedenen Joint Ventures ist nach § 246 Abs. 2 HGB generell nicht zulässig. 61

Der bilanzielle Ausweis von Ergebnissen aus Joint Ventures ist entsprechend der bilanziellen Behandlung des Anteils in der Bilanz vorzunehmen: Werden die Anteile an einem Joint Venture innerhalb des Finanzanlagevermögens ausgewiesen, sind auch die Ergebnisse aus der Beteiligung an dem Joint Venture innerhalb der entsprechenden Posten des Finanzergebnisses („Erträge aus Beteiligungen", ggf. „Erträge aus anderen Wertpapieren und Ausleihungen des Anlagevermögens") auszuweisen. 62

Wird die Mitgliedschaft in einem Joint Venture innerhalb des Umlaufvermögens ausgewiesen, weil das Partnerunternehmen einen Teil seiner gewöhnlichen Geschäftstätigkeit ausgelagert hat und wurden keine gesonderten Einlagen geleistet, kann der Ergebnisanteil aus einem Joint Venture als Umsatzerlös behandelt werden. Voraussetzung hierfür ist jedoch nach HFA 1/1993 eine entsprechende Erweiterung der Postenbezeichnung („einschließlich der Erträge aus Arbeitsgemeinschaften") sowie die Vornahme zusätzlicher Angaben im Anhang. 63

Verluste aus Projektgesellschaften dürfen nicht mit den Umsatzerlösen saldiert werden. Ein gesonderter Ausweis unter den „sonstigen betrieblichen Aufwendungen" ist nach der herrschenden Meinung sachgerecht.[18] 64

13.2.3.5 Anhang und Lagebericht

Im **Anhang** des Partnerunternehmens sind gem. § 285 Nr. 11 HGB Name und Sitz anderer Unternehmen, von denen die Kapitalgesellschaft oder eine für Rechnung der Kapitalgesellschaft handelnde Person mindestens den fünften Teil der Anteile besitzt 65

---

[16] Vgl. ADS[6], § 277 Tz. 23.
[17] Vgl. ADS[6], § 277 Tz. 23.
[18] Vgl. ADS[6], § 277 Tz. 24.

13. Teil. Rechnungslegung und Bilanzierung

anzugeben. Außerdem sind die Höhe des Anteils am Kapital (in %), das Eigenkapital und das Ergebnis des letzten Geschäftsjahres dieser Unternehmen aufzuführen.

66 Alternativ dürfen die geforderten Angaben zum Anteilsbesitz auch in einer gesonderten Aufstellung des Anteilsbesitzes gemacht werden. Diese Aufstellung ist dann Bestandteil des Anhanges. Gem. § 287 HGB ist auf die besondere Aufstellung des Anteilsbesitzes und den Ort ihrer Hinterlegung im Anhang hinzuweisen. Die Angabepflicht besteht unabhängig vom Ausweis der Mitgliedschaft im Anlage- oder Umlaufvermögen. Die im Rahmen von § 285 Nr. 11 HGB erforderlichen Angaben können unterbleiben, wenn die berichtende Kapitalgesellschaft weniger als 50% der Anteile an dem Joint Venture besitzt (§ 286 Abs. 3 Satz 2 HGB).

67 Genügt der Rechnungsabschluss des Joint Venture nicht den Anforderungen an einen von Kaufleuten aufzustellenden (landesrechtlichen) Abschluss, so sind erläuternde Angaben zu machen. Zusätzliche freiwillige Angaben innerhalb des Anhangs dürfen allerdings nicht gegen die Generalnorm des § 264 Abs. 2 HGB („true and fair view") verstoßen.

68 Grundsätzlich ist auf das Bestehen einer unbeschränkten persönlichen Haftung aus dem Joint Venture bzw. für die Verbindlichkeiten der Projektgesellschaften im Jahresabschluss des Partnerunternehmens – ungeachtet des Ausweises im Anlage- oder Umlaufvermögen – in deutlicher Form hinzuweisen.

69 Innerhalb des **Lageberichtes** ist eine Darstellung des Geschäftsverlaufs der Gesellschaft einschließlich der Ergebnisentwicklung, einer Erläuterung des Investitions- und Finanzierungsbereiches sowie wichtiger Ereignisse während des Geschäftsjahres geboten.[19] Demnach sind solche Projektgeschäfte, die einen wesentlichen Einfluss auf die Geschäftsentwicklung des abgeschlossenen Geschäftsjahres hatten, zu erläutern. Mögliche Indizien für eine Berichtspflicht sind die Größe des Projektes, das Eingehen neuer Projekte oder aber besondere Entwicklungen (z.B. technische Verzögerungen) einzelner Projekte. Weiterhin sind die Risiken der zukünftigen Entwicklung darzustellen. Dabei können auch Risiken aus wesentlichen Projektgeschäften, an denen die Gesellschaft beteiligt ist, berichtspflichtig werden.

13.2.3.6 Schuldrechtliche Beziehungen

13.2.3.6.1 Vorbemerkung

70 Zwischen einem Joint Venture und seinem Partnerunternehmen findet in der Regel ein fortwährender Leistungsaustausch statt. Derartige Leistungsbeziehungen sind meist schon im Gesellschaftsvertrag festgeschrieben. Obwohl der Leistungsumfang dem Inhalt nach bereits im Gesellschaftsvertrag bestimmt ist, handelt es sich nicht zwangsläufig um gesellschaftsrechtliche Leistungen (Einlagen). Die gesellschaftsrechtliche Fixierung kann lediglich zum Ziel haben, Umfang und Rahmen des Leistungsaustausches festzulegen. Die tatsächlichen Rechtsgeschäfte, die dem späteren Leistungsaustausch zugrundeliegen, können durchaus schuldrechtlicher Natur sein und somit ein gesondertes Entgelt für die Leistung des Partnerunternehmens bedingen. Umgekehrt bedingen schuldrechtliche Vereinbarungen des Joint Ventures mit den Partnerunternehmen regelmäßig auch die Unternehmenseigenschaft des Joint Ventures.[20] Leistungen, die rein durch gesellschaftsrechtliche Vereinbarung begründet sind, werden durch entsprechende Beteiligung am Gewinn oder Verlust des Joint Ventures abgegolten.

71 Zu Leistungsbeziehungen zwischen Partnerunternehmen und Joint Venture kann es jedoch nur kommen, wenn ein Gesamthandsvermögen auf Ebene des Joint Venture vorliegt. Besteht auf Ebene des Joint Ventures lediglich eine Bruchteilsgemeinschaft,

---

[19] Vgl. IDW RS HFA 1: Zur Aufstellung des Lageberichtes, WPg 1998, S. 653 ff.
[20] *Früh/Klar:* WPg 1993, S. 500.

ergeben sich durch die Leistung des einen Partnerunternehmens unmittelbar Forderungen gegen die übrigen Partnerunternehmen.

13.2.3.6.2 Realisierungszeitpunkt

Da das Joint Venture dem leistenden Partnerunternehmen im Rahmen des schuldrechtlichen Leistungsaustausches wie ein fremder Dritter gegenübersteht, gelten die allgemeinen Grundsätze für die Bilanzierung dieser Art der Rechtsgeschäfte hinsichtlich Gewinn- und Verlustrealisation (§ 252 Abs. 1 Nr. 4 HGB). Problematisch kann bei der Bilanzierung des Leistungsaustausches zwischen Joint Venture und Partnerunternehmen der Zeitpunkt der Gewinnrealisierung sein. Der Leistungsaustausch zwischen Partnerunternehmen und Joint Venture würde zum Zeitpunkt des Gefahrenübergangs zu einer Realisation des Gewinnes auf Ebene des Partnerunternehmens führen, obwohl zum Zeitpunkt der Fakturierung bei dem Joint Venture selber noch keine Gewinnrealisierung stattgefunden hat. Die eigentliche Leistung des Joint Venture, für die der Partner verantwortlich ist und auf Grund dessen der Partner eventuell in das Joint Venture eingetreten ist, steht möglicherweise noch aus. Bei unmittelbarer Leistungserbringung wäre eine Gewinnrealisation noch nicht erfolgt. Eine Anwendung der allgemeinen Grundsätze auf die Gewinnvereinnahmung ist dennoch zulässig und sachgerecht, da das Joint Venture als Gesamthandsvermögen eigenständige unternehmerische Interessen verfolgt. 72

Einer ergänzenden Würdigung bedürfen in diesem Zusammenhang die schuldrechtlichen Vereinbarungen zwischen Joint Venture und Partnerunternehmen, insbesondere hinsichtlich der Preisgestaltung.[21] Sofern durch die Partnerunternehmen eine im Vergleich zu Marktpreisen nicht angemessene Berechnung der Leistungen in das Joint Venture erfolgt, können sich Rückwirkungen auf den Jahresabschluss der Partnerunternehmen ergeben, in dem z.B. gegenüber dem Joint Venture bestehende Forderungen auf ihre Werthaltigkeit hin zu prüfen sind. 73

13.2.3.6.3 Ausweis

Hinsichtlich des Ausweises der Leistungsbeziehungen in Bilanz sowie Gewinn- und Verlustrechnung gelten die Ausweisvorschriften des Handelsgesetzbuches. Aufgrund des Gebotes der Klarheit der Darstellung dürfte die alleinige Führung eines Verrechnungskontos mit dem Joint Venture nicht ausreichend sein. Forderungen und Verbindlichkeiten, die dem Lieferungs- und Leistungsverkehr zuzurechnen sind, müssen als Forderungen und Verbindlichkeiten aus Lieferungen und Leistungen bzw. gegenüber Unternehmen, mit denen ein Beteiligungsverhältnis besteht, ausgewiesen werden. Ebenfalls zulässig ist eine weitere Untergliederung der entsprechenden Posten. 74

Innerhalb der Gewinn- und Verlustrechnung erfolgt der Ausweis unter den Umsatzerlösen bzw. unter den sonstigen betrieblichen Erträgen.[22] Zwingend ist jedoch eine Abgrenzung zu den Erträgen, die auf Grund gesellschaftsrechtlicher Beziehung entstanden sind. 75

13.2.3.7 Bilanzierung im Konzernabschluss

13.2.3.7.1 Einbeziehung

Die Einbeziehung eines Joint Ventures in den ggf. aufzustellenden Konzernabschluss des Partnerunternehmens richtet sich nach den allgemeinen Vorschriften des Konzernrechts. Voraussetzung für eine mögliche Einbeziehung ist demnach u.a. das 76

---

[21] HFA 1/1993, WPg, S. 443.
[22] Vgl. ADS, § 277, Tz. 23.

Vorliegen der Unternehmereigenschaft.[23] Die Rechtsform des Joint Venture ist hinsichtlich der Konsolidierung unbeachtlich. Die Frage der Unternehmenseigenschaft ist bereits im Rahmen der Bilanzierung innerhalb des Einzelabschlusses des Partnerunternehmens zu beantworten und wirkt entsprechend auch auf den Konzernabschluss präjudizierend.[24] Liegt die Unternehmereigenschaft nicht vor, beschränkt sich die Berücksichtigung des Joint Ventures im Konzernabschluss auf die entsprechenden Wertansätze in der sog. Handelsbilanz II des Partnerunternehmens.

13.2.3.7.2 Konsolidierungsmethoden

77 Die Wahl der Konsolidierungsmethode bestimmt sich nach dem Einzelfall. Grundsätzlich kommen die Vollkonsolidierung (§§ 290 ff HGB), eine Quotenkonsolidierung (§ 310 HGB) sowie eine Equity-Bewertung (§§ 311, 312 HGB) in Betracht.

13.2.3.7.2.1 Vollkonsolidierung

78 Prinzipiell erfolgt bei Vorliegen der Voraussetzungen des § 290 HGB die Einbeziehung des Joint Ventures auf dem Wege der Vollkonsolidierung (§ 301 HGB). § 290 HGB verlangt im Wesentlichen das Vorliegen einer Beteiligung gem. § 271 Abs. 1 HGB sowie die Ausübung der einheitlichen Leitung (Abs. 1) oder die Möglichkeit der Kontrolle (Abs. 2) des Joint Ventures durch das Partnerunternehmen. Die Erfüllung eines der beiden Kriterien löst bereits die Pflicht zur Konsolidierung aus.[25]

79 **Einheitliche Leitung** bedeutet nach h.M. die Übernahme originärer Leitungsaufgaben für die betreffende Gesellschaft durch ein Konzernunternehmen und damit eine planmäßige Koordinierung der Geschäftspolitik und sonstiger Aspekte der Geschäftsleitung.[26] Die Koordinierung setzt kein Weisungsrecht im juristischen Sinne voraus.[27] Sie ist vielmehr auch durch persönliche Verflechtung der Verwaltung bzw. durch gemeinsame Beratungen möglich. Wichtig für das Bestehen einer einheitlichen Leitung ist deren tatsächliche und nachhaltige Ausübung und nicht die bloße Möglichkeit der Einflussnahme. Eine einheitliche Leitung ist dann nicht gegeben, wenn die Einflussnahme des Partnerunternehmens nur auf zufälligen Umständen beruht, die nicht ihrem Willen unterworfen sind.[28]

80 Das sog. **Control-Konzept** besagt, dass eine Einbeziehung in den Konzernabschluss erfolgen muss, wenn dem Partnerunternehmen unmittelbar oder mittelbar bestimmte Rechte an dem Joint Venture zustehen. Im einzelnen handelt es sich um die Mehrheit der Stimmrechte, Bestellungs- und Abberufungsrechte von Organmitgliedern sowie das Bestehen eines Beherrschungsvertrages oder einer entsprechenden Satzungsbestimmung. Die einzelnen Rechte müssen hier nicht tatsächlich ausgeübt werden. Für die Einbeziehung in den Konzernabschluss nach dem Control-Konzept ist das Bestehen der vorgenannten Rechte ausreichend.

Da beide Konzepte alternativ zu verstehen sind, kann ein Joint Venture auch in mehrere Konzernabschlüsse im Wege der Vollkonsolidierung einbezogen werden.

81 Sofern zwar die Unternehmenseigenschaft bejaht wird und auch die sonstigen Voraussetzungen für eine Einbeziehung gegeben sind, ist lediglich auf Grund des Verbotes der Einbeziehung gem. § 295 HGB (Vermittlung eines nicht den tatsächlichen Verhältnissen entsprechenden Bildes der Vermögens-, Finanz- und Ertragslage) sowie Aus-

---

[23] Vgl. §§ 290 Abs. 1 und Abs. 2 HGB sowie § 11 PublG.
[24] *Früh/Klar*, WPg 1993, S. 501.
[25] Vgl. BeckBilKomm³ § 290, Anm. 9.
[26] Vgl. BeckBilKomm³ § 290, Anm. 20.
[27] Vgl. *Nordmeyer*, WPg, 1994, S. 303.
[28] Vgl. *Nordmeyer*, WPg, 1994, S. 303, der einen ausführlichen Katalog möglicher Kriterien für das Vorliegen der einheitlichen Leitung benennt.

übung des Einbeziehungswahlrechtes gem. § 296 HGB (u. a. untergeordnete Bedeutung) eine Nichteinbeziehung in den Konzernabschluss möglich. Sofern die Voraussetzung des § 295 HGB vorliegt, ist jedoch zu prüfen, ob nicht eine Equity-Bewertung vorzunehmen ist.

Im Rahmen der Vollkonsolidierung werden dann sämtliche Vermögensgegenstände und Schulden des Joint Ventures in den Konzernabschluss des Partnerunternehmens übernommen. Anteile fremder Partner werden durch sog. Ausgleichsposten innerhalb des Eigenkapitals berücksichtigt. Hinsichtlich der Konsolidierungstechnik im Rahmen der Vollkonsolidierung sei auf die einschlägige Literatur verwiesen.[29]

13.2.3.7.2.2 Quotenkonsolidierung

Wird das Joint Venture von seinen Partnern gemeinschaftlich geführt, indem z. B. gemeinschaftlich besetzte Geschäftsführungen eingesetzt sind, und gehören diese Partner zu verschiedenen Konzernen, besteht grundsätzlich die Möglichkeit einer quotalen Konsolidierung gem. § 310 HGB. Die gemeinsame Führung muss dabei tatsächlich für eine gewisse Dauer ausgeübt werden. Die quotale Konsolidierung erscheint jedoch bei paritätischer Beteiligung zweier Gesellschafter nur möglich, sofern das Joint Venture gegenüber seinen Gesellschaftern einen gewissen Gestaltungsspielraum besitzt.[30]

Im Konzernabschluss des Partnerunternehmens werden dementsprechend Vermögensgegenstände, Schulden, Aufwendungen und Erträge nach der Beteiligungsquote ausgewiesen.

13.2.3.7.2.3 Equity-Methode

Erfolgt bei gemeinschaftlicher Führung des Joint Ventures keine Quotenkonsolidierung, ist dass Joint Venture als assoziiertes Unternehmen in den Konzernabschluss einzubeziehen. Liegt kein assoziiertes Unternehmen vor, so gilt dies auch, wenn das Partnerunternehmen einen maßgeblichen Einfluss auf die Geschäfts- und Finanzpolitik des Joint Ventures ausübt. Entscheidend ist auch hier wiederum die tatsächliche und nachhaltige Ausübung eines maßgeblichen Einflusses. Der Gesetzgeber hat in § 311 Abs. 1 HGB einen maßgeblichen Einfluss bei einer Stimmrechtsquote des Partnerunternehmens von 20% unterstellt. Die gesetzliche Vermutung kann jedoch widerlegt werden. Darüber hinaus können auch vergleichbare Einflussmöglichkeiten zu einem maßgeblichen Einfluss führen.

Im Rahmen der Equity-Bewertung wird das anteilige Eigenkapital im Konzernabschluss berücksichtigt und im Zeitablauf fortgeschrieben. Haftungsverhältnisse und sonstige finanzielle Verpflichtungen des Joint Ventures sind im Anhang anzugeben, wobei eine anteilige Angabe möglich ist.

13.3 Internationale Rechnungslegung

13.3.1 Unterschiede zum deutschen Recht

Zwingender Gegenstand der Rechnungslegung sind im internationalen Bereich neben der Bilanz *(balance sheet)*, der Gewinn- und Verlustrechnung *(statement of income)* und dem Anhang *(notes)* weiterhin eine Kapitalflussrechnung *(statement of cash flows)* und eine Eigenkapitalentwicklung *(statement of changes in stockholders equity)*. Dabei ist grundsätzlich von *consolidated financial statements* auszugehen, sobald ein Mutter-Tochter-Verhältnis vorliegt. Sofern die bilanzierende Gesellschaft den Vorschriften der

---

[29] Vgl. ADS[6], §§ 290 ff; BeckBilKomm[3] §§ 290ff; m. w. N.
[30] Vgl. *Nordmeyer*, WPg 1994, S. 309.

SEC unterliegt, sind weitere ergänzende Informationen in den notes oder anderen *financial statement schedules* zu publizieren. Eine wesentliche zusätzliche Informationspflicht für SEC-Gesellschaften stellt der *Director's report* oder *Management Discussion and Analysis of Financial Condition and Results of Operations (MD & A)* dar, in dem weitgehend die wirtschaftliche Lage der Gesellschaft erläutert wird.[31]

88   Gesonderte Vorschriften zur Rechnungslegung innerhalb von Personengesellschaften und zur Beteiligung an solchen Gesellschaften bestehen gesellschaftsrechtlich nicht. Allerdings existieren Standards, die jedoch für die praktische Bilanzierung im Rahmen von Projektgeschäften ohne Relevanz sind. Banken und sonstige Kreditgeber verlangen fast ausschließlich die Vorlage von Informationen, die dem Standard der US-GAAP, wie sie für Kapitalgesellschaften gelten, entsprechen.

89   Innerhalb der International Accounting Standards existieren allgemeine Grundsätze zur Bilanzierung von Joint Ventures. Die in IAS 31[32] niedergelegten Grundsätze entsprechen weitestgehend der deutschen Handhabung. Primäres Kriterium ist wiederum die Frage der Unternehmenseigenschaft des Joint Ventures. Anhand seiner rechtlichen Ausgestaltung leiten sich anschließend die Kriterien zur Bilanzierung des Joint Venture ab.

13.3.2 Einbeziehung in den Konzernabschluss

90   Generell entsprechen die deutschen Regelungen zur Konsolidierung den internationalen Grundsätzen: Beteiligungen mit über 50% der Anteile sind vollumfänglich zu konsolidieren, mit der Folge dass sämtliche Verbindlichkeiten der Projektgesellschaft im Konzernabschluss enthalten sind. Beteiligungen mit 50% oder weniger Anteilen sind unter Zugrundelegung der Equity-Bewertung einzubeziehen, wobei die Verbindlichkeiten der Beteiligung nicht im Konzernabschluss enthalten sind. Dies eröffnet insbesondere für solche Projektgesellschaften, an denen keiner der Partner mehrheitlich beteiligt ist, interessante Gestaltungsmöglichkeiten für die Bilanzierungspraxis.

91   In den USA entsteht die Konzernrechnungslegungspflicht, wenn zwei oder mehrere rechtlich selbständige Unternehmen unter gemeinsamer Kontrolle stehen. Dann ist ein Unternehmen in der Lage einen beherrschenden Einfluss auf ein anderes Unternehmen auszuüben.[33] Auch in den USA ist nicht die tatsächliche Beherrschung gefordert, sondern bereits die Möglichkeit der beherrschenden Einflussnahme wird als ausreichend angesehen. Einzig das Vorliegen einer finanziellen Beteiligung ist gem. SFAS No. 94[34] zwingend. Liegt keine finanzielle Beteiligung vor, darf keine Konsolidierung erfolgen.

92   Eine Konsolidierungspflicht existiert grundsätzlich nur für solche Tochtergesellschaften, an denen die Muttergesellschaft mehrheitlich die Stimmrechte besitzt (Majority-Owned Subsidiaries). Für Minderheitsbeteiligungen, an denen ein beherrschender Einfluss ausgeübt werden könnte, besteht keine generelle Konsolidierungspflicht. Sofern die Beherrschung nur vorübergehender Natur ist (z.B. bei beabsichtigter Weiterveräußerung der Anteile) oder die Einflussmöglichkeiten faktisch nicht mehr ausgeübt werden können (z.B. Konkursverfahren), muss eine Konsolidierung unterbleiben.

---

[31] Vgl. KPMG (Hrsg.), Rechnungslegung nach US-amerikanischen Grundsätzen, 2. Aufl., Berlin 1999, S. 16.
[32] Vgl. IAS 31: Financial Reporting of Interests in Joint Ventures.
[33] Vgl. *Pellens*, Internationale Rechnungslegung, 2. Aufl., Stuttgart 1998, S. 255.
[34] ARB No. 51: Consolidated Financial Statements; SFAS 91: Consolidation of All Majority-Owned Subsidiaries (eine Ergänzung zu ARB No. 51).

13.4 Einzelfragen

13.4.1 Langfristige Auftragsfertigung

Im Rahmen der Bewertung des Vorratsvermögens entsteht bei Fertigungsaufträgen, die zum Bilanzstichtag noch nicht abgeschlossen sind, das Problem der Teilgewinnrealisierung. Das deutsche Handelsrecht verbietet eine vorzeitige Gewinnrealisierung, solange keine separat abrechenbare Teilleistung erbracht und der Auftrag nicht nach Teilabnahmen bewertet werden kann. Gem. § 252 Abs. 1 Nr. 4 HGB[35] (sog. Realisationsprinzip) ist der gesamte Gewinn in dem Geschäftsjahr auszuweisen, in dem der Umsatzerlös konkret anfällt (sog. **Completed-Contract Method**). In den vorhergehenden Perioden sind die Herstellungskosten, die im Rahmen der langfristigen Fertigung angefallen sind, unter den unfertigen Erzeugnissen im Vorratsvermögen zu aktivieren.[36] Eine auch nur anteilige Berücksichtigung von Erträgen scheidet regelmäßig nach deutschem Handelsrecht aus. 93

In den USA hingegen wird auf Grund des sog. Accrual Principle die vorzeitige Realisierung von Teilgewinnen in der Bilanzierungspraxis verwendet. Sie entspricht nach amerikanischem Bilanzverständnis einer periodengerechten Gewinnermittlung. Gem. ARB No. 45 „Long-Term Construction-Type Contracts" können Gewinne entsprechend dem jeweiligen Grad der Fertigstellung vereinnahmt werden. Diese als **Percentage-of-Completion Method** bezeichnete Vorgehensweise setzt jedoch voraus, dass der Fertigungsverlauf und die anfallenden Aufwendungen und Erträge hinreichend sicher antizipiert werden können.[37] Weiterhin sollte sichergestellt sein, dass der dem Fertigungsauftrag zugrundeliegende Vertrag sämtliche Rechte und Pflichten der beiden Vertragsparteien genau beschreibt und darüber hinaus die Vertragsparteien in der Lage sind, ihre jeweiligen Verpflichtungen zu erfüllen. Die Completed-Contract Method wird auch für zulässig erachtet, sie findet in der US-amerikanischen Bilanzierungspraxis jedoch kaum Anwendung. 94

Innerhalb der Gewinn- und Verlustrechnung wird während des Fertigungszeitraumes der auf das jeweilige Geschäftsjahr entfallende Gewinn (Teilgewinn) als realisiert ausgewiesen. Die zugehörigen Herstellkosten sind unter den Umsatzerlösen auszuweisen, die entsprechenden Aufwendungen innerhalb der entsprechenden Positionen der G&V. In der Bilanz erfolgt im Vorratsvermögen unter der Position „Construction in Process" die Aktivierung der bisher angefallenen Herstellungskosten des Auftrages. Dies entspricht auch der deutschen Vorgehensweise. Nach US-GAAP wird jedoch zusätzlich der als realisiert anzusehende Teilgewinn dort aktiviert. Die Verteilung des Gewinns erfolgt nach den US-GAAP vorwiegend nach dem sog. Cost-to-Cost Verfahren. Danach wird der Gesamterfolg gemäß dem Verhältnis der bereits angefallenen Kosten zu den Gesamtkosten des Auftrags auf die Geschäftsjahre verteilt. 95

---

[35] „Gewinne sind nur zu berücksichtigen, wenn sie am Abschlussstichtag realisiert sind." (§ 252 Abs. 1 Nr. 4 HGB).

[36] Vgl. *Backhaus,* Die Gewinnrealisation bei mehrperiodigen Lieferungen und Leistungen in der Aktienbilanz, in: ZfbF 1980, S. 347–360.

[37] Vgl. *Pellens,* Internationale Rechnungslegung, 2. Aufl., Stuttgart 1998, S. 190.

Beispiel: Percentage-of-Completion mit der Cost-to-Cost Methode

96 Herstellungszeitraum 3 Jahre, Gesamtvolumen 110 Mio $, (kalkulierte Gesamtherstellkosten 100 Mio $; kalkulierter Gesamtgewinn 10 Mio $)

(Mio $)	Herstell-kosten	US-GAAP		HGB	
		Gewinn	Bilanz-wert	Gewinn	Bilanz-wert
Jahr 1	25	2,5	27,5	0,0	25,0
Jahr 2	50	5,0	82,5	0,0	75,0
Jahr 3	25	2,5	110,0	10,0	110,0
Gesamt	100	10,0		10,0	

97 In der Bilanz würden folgerichtig die Vorräte mit den Herstellkosten zzgl. (anteiliger) Gewinn ausgewiesen.

98 Der Gesamterfolg des Projektes ist allerdings unabhängig von der zugrundeliegenden Bilanzierungsweise gleich: Die US-amerikanische Bilanzierung führt zu einem früheren Gewinnausweis, während nach deutschen Grundsätzen eine (vollumfängliche) Gewinnrealisierung erst im Jahr der Abnahme des Projektes erfolgt.

99 Eine weitere wesentliche Abweichung von der deutschen Bilanzierung ist die Bewertung der unfertigen und fertigen Erzeugnisse nach dem sog. Vollkostenprinzip. Während in der Vergangenheit in Deutschland die Bewertung der Vorräte zu Teilkosten, d.h. z.B. ohne Berücksichtigung von Gemeinkosten im Verwaltungsbereich, erfolgte, wurde international überwiegend unter Einbeziehung sämtlicher, dem Projekt auch nur indirekt zurechenbarer Kosten (z.B. herstellungsbezogener Verwaltungskosten, Fremdkapitalzinsen) bilanziert.

100 Drohende (Gesamt-)**Verluste** aus den einzelnen Aufträgen sind durch die Vornahme einer verlustfreien Bewertung (retrograde Wertermittlung) oder ggfs. durch die Bildung von Rückstellungen (Drohverlustrückstellungen) zu berücksichtigen, sobald die Schätzungen der Gesamtkosten eines Auftrages einen Verlust prognostizieren. Im Rahmen der verlustfreien Bewertung werden ausgehend vom (vorsichtig) geschätzten Absatzpreis alle noch bis zum Absatzzeitpunkt anfallenden Aufwendungen abgesetzt. Der sich so ergebende Wert wird den bisher aufgelaufenen tatsächlichen Herstellungskosten gegenüber gestellt. Ein drohender Verlust wird durch einen Abschlag (Abschreibung auf den beizulegenden Wert) berücksichtigt, um die Zukunft von Verlusten frei zu halten. Übersteigt der drohende Verlust die aktivierten Herstellungskosten, ist ggf. eine Rückstellung für den verbleibenden Restbetrag zu bilden.

101 Darüber hinaus ist für schwebende Geschäfte, aus denen ein Verlust droht, eine Rückstellung zu bilden (§ 249 Abs. 1 HGB). Steuerrechtlich ist die Bildung sog. Drohverlustrückstellungen nicht mehr zulässig.[38]

102 Nach US-amerikanischen Standards sind bei der Bildung von Verlustrückstellungen folgende Kriterien zu beachten:[39]

— Die Berechnung der Rückstellungen hat auf Basis der geschätzten Gesamtkosten bis zur Fertigstellung des Auftrages zu erfolgen und sämtliche Kostenbestandteile zu berücksichtigen, die in den kalkulierten Auftragskosten enthalten sind.

— Die so ermittelte Rückstellung ist gesondert in der Bilanz zu zeigen oder aber direkt von den bereits aktivierten Kosten abzusetzen.

— Die so entstandenen Verluste müssen in der G&V unter den Aufwendungen für diesen Auftrag ausgewiesen werden und dürfen nicht mit Erträgen saldiert werden.

---

[38] Vgl. § 5 Abs. 4a EStG.
[39] Vgl. KPMG, Rechnungslegung nach US-amerikanischen Grundsätzen, Berlin 1996, S. 47.

Bei Anwendung der Percentage-of-Completion Method dürfen allgemeine Verwaltungs- und Vertriebskosten nicht bei den Auftragskosten erfasst und folglich auch nicht bei einer Ermittlung der Auftragsverluste berücksichtigt werden. Im Rahmen der Completed-Contract method dürfen jedoch angemessene Teile der allgemeinen Vertriebs- und Verwaltungsaufwendungen in die Berechnung der Auftragskosten einbezogen werden und erhöhen folglich den Auftragsverlust. 103

13.4.2 Kapitalflussrechnungen

Die Vorlage von Finanzierungsrechnungen (Kapitalflussrechnungen) als Unterlage für die Kreditgeber wird vielfach in den zugrundeliegenden Finanzierungsverträgen des Projektvorhabens gefordert. Finanzierungsrechnungen dienen dabei als Nachweis über die (planmäßige) Entwicklung des Vorhabens. Erst über einen Vergleich mit der ursprünglichen (Finanzierungs-) Planung des Vorhabens ist eine wesentliche Kontrolle für die Kreditgeber möglich. Daher sind Kapitalflussrechnungen ein wesentliches Informationsinstrument bei Projektgeschäften. 104

In Deutschland ist die Vorlage einer Kapitalflussrechnung (Cash Flow Statement) gesetzlich nur für den Konzernabschluss börsennotierter Kapitalgesellschaften gefordert (vgl. § 297 Abs. 1 HGB). Allerdings findet sich regelmäßig in den Geschäftsberichten großer Gesellschaften eine entsprechende Aufstellung auf freiwilliger Basis. International stellt ein sog. statement of cash flows einen unverzichtbaren Bestandteil des Jahresabschlusses dar. Es dient der Ermittlung des Cash Flows, den ein Unternehmen in einem Geschäftsjahr erwirtschaftet hat. Dabei wird sowohl nach deutschen als auch nach internationalen Regeln die Veränderung der Flüssigen Mittel dargestellt. 105

Die Cash Flow-Rechnung ist in drei Bereiche[40] – Cash Flows aus gewöhnlicher Geschäftstätigkeit (Cash from Operating Activities), Cash Flows aus Investitionstätigkeit (Cash Flows from Investing Activities) sowie Cash Flows aus Finanzierungstätigkeit (Cash Flows from Financing Activities) – zu untergliedern, wobei die Ermittlung der Cash Flows üblicherweise indirekt erfolgt. Im Rahmen der sog. indirekten Ermittlung wird der Jahresüberschuss um nicht liquiditätswirksame Aufwendungen und Erträge, zukünftig erwartete Geldein- und Geldausgänge sowie Transaktionen im Investitions- und Finanzierungstätigkeit korrigiert. 106

Zu den Cash Flows aus **Investitionstätigkeit** gehören alle Ein- und Auszahlungen, die im Zusammenhang mit dem Erwerb oder Verkauf von Gegenständen des Anlagevermögens stehen. Innerhalb der **Finanzierungstätigkeit** werden alle Ein- und Auszahlungen, die durch die Aufnahme oder Rückzahlung von Eigen- oder Fremdkapital entstehen ausgewiesen. Der Auszahlungsseite sind u. a. Tilgungen von Darlehen, Dividendenzahlungen etc. zuzuordnen. Zu den Einzahlungen gehören u. a. Schuldverschreibungen, Zahlungen aus der Darlehensaufnahme. Zinsen für Kredite und Veränderungen der kurzfristigen Verbindlichkeiten gehören jedoch zum **operativen Bereich.** Weiterhin gehören zum operativen Bereich sämtliche zahlungswirksamen Transaktionen, die nicht den beiden anderen Cash Flows-Bereichen zugerechnet werden können. Dazu gehören insbesondere Einzahlungen aus dem Verkauf von Gütern und Dienstleistungen, erhaltene Zinsen für gewährte Darlehen sowie Auszahlungen an Lieferanten für Roh-, Hilfs- und Betriebsstoffe oder in Anspruch genommene Dienstleistungen, Zahlungen von Löhnen und Gehältern, Steuerzahlungen, Zölle und Abgaben. 107

---

[40] Zur inhaltlichen Ausgestaltung und Zuordnung von bestimmten Posten in Deutschland: vgl. HFA 1/1995, Die Kapitalflussrechnung als Ergänzung des Jahres- und Konzernabschlusses (gemeinsam mit der Schmalenbach-Gesellschaft), WPg 1995, S. 210; in den USA: SFAS No. 95 „Statements of Cash Flows"; nach IAS: IAS No. 7 „Cash Flow Statements".

108 Ein mögliches Beispiel für die Ausgestaltung einer Kapitalflussrechnung nach der indirekten Methode enthält die nachfolgende Übersicht:

I.	Cash Flow aus Betriebstätigkeit	
	Jahresüberschuss	1000
+	Abschreibungen	400
–/+	Erhöhung/Verminderung der Vorauszahlungen	100
–/+	Erhöhung/Verminderung der Vorräte	– 300
–/+	Erträge/Aufwendungen aus Anlagenabgängen	– 100
–/+	Erhöhung/Verminderung der Forderungen	– 200
	Cash Flow aus Betriebstätigkeit	900
II.	Cash Flow aus Investitionstätigkeit	
+	Verkäufe von immateriellem Vermögen und Sachanlagen	300
–	Investitionen im immaterielles Vermögen und Sachanlagen	– 100
	Cash Flow aus Investitionstätigkeit	200
III.	Cash Flow aus der Finanzierungstätigkeit	
+/–	Erhöhung/Verminderung langfristiger Kredite	200
–	Zahlungen an Gesellschafter (Dividenden etc.)	– 50
	Cash Flow aus der Finanzierungstätigkeit	150
	Zunahme/Abnahme der liquiden Mittel (Summe aus I–III)	1250
+	Liquide Mittel zu Beginn des Jahres	750
	Liquide Mittel zum Ende des Jahres	2000

13.4.3 Währungsumrechnung

109 Projektgeschäfte werden vielfach international durchgeführt und erfordern daher auch die Bilanzierung von Geschäftsvorfällen in fremder Währung. Dabei ist zu unterscheiden zwischen der bilanziellen Behandlung von Fremdwährungsgeschäften im Einzelabschluss (sog. Foreign Currency Transactions) und der Einbeziehung von in fremder Währung erstellten Jahresabschlüssen (sog. Foreign Currency Translation).

13.4.3.1 Fremdwährungsgeschäfte im Einzelabschluss (Foreign Currency Transactions)

110 Der Jahresabschluss einer in Deutschland zur Bilanzierung verpflichteten Projektgesellschaft (Kapital-, Personen- oder BGB-Gesellschaft) ist gem. § 244 HGB in Deutscher Mark bzw. ab dem 1. Januar 1999 alternativ auch in Euro aufzustellen. Daher sind Geschäfte, die in fremder Währung getätigt wurden, zum Zeitpunkt ihrer Verbuchung in Deutsche Mark oder Euro umzurechnen. Eine gesetzliche Regelung zur Währungsumrechnung besteht nicht.

111 Nach den GoB sind Forderungen in fremder Währung grundsätzlich mit dem Devisen-Geldkurs zum Zeitpunkt der Lieferung/Leistung zu bewerten. Verbindlichkeiten sind generell mit dem Devisen-Briefkurs zum Zeitpunkt der Lieferung/Leistung zu bilanzieren. Veränderung des Wechselkurses im Zeitablauf sind imparitätisch zu berücksichtigen, d. h. bei sinkenden Kursen sind die Forderungen entsprechend niedriger, Verbindlichkeiten entsprechend höher zu bewerten. Gewinne aus Kursschwankungen dürfen erst nach ihrer Realisierung berücksichtigt werden. Geleistete Anzahlungen sind zum Brief-, erhaltene Anzahlungen zum Geldkurs des Zahlungstages abzurechnen.[41] Bei anderen Posten ist grundsätzlich der in DM bzw. Euro aufgewendete Betrag maßgeblich.

---

[41] Vgl. m. w. N. ADS⁶ § 253, Tz. 90 ff.

International ist die Währungsumrechnung innerhalb des Jahresabschlusses in den weitgehend übereinstimmenden Standards SFAS No. 52[42] und IAS 21[43] geregelt. Beide Standards schreiben für die bilanzielle Darstellung von in ausländischer Währung getätigten Geschäftsvorfällen vor, dass alle mit einem Fremdwährungsgeschäft verbundenen Vermögensgegenstände, Schulden, Aufwendungen und Erträge grundsätzlich zum jeweiligen Wechselkurs zum Zeitpunkt des Geschäftsabschlusses zu bewerten sind. Bei der Folgebewertung sind monetäre Positionen (Forderungen, Verbindlichkeiten, Darlehen etc.) in fremder Währung generell mit dem Wechselkurs zum jeweiligen Stichtag umzurechnen. Die auf Basis von Anschaffungs- oder Herstellkosten zu bewertenden nicht-monetären Positionen (Sachanlagen, Vorräte etc.) werden grundsätzlich in den Folgejahren weiterhin mit dem Wechselkurs zum Erwerbszeitpunkt umgerechnet. Sich aus der Umrechnung ergebende Erträge oder Aufwendungen sind grundsätzlich erfolgswirksam zu erfassen. **112**

13.4.3.2 Umrechnung von in Fremdwährung erstellten Jahresabschlüssen (Foreign Currency Translation)

Der Konzernabschluss ist gem. §§ 298 Abs. 1, 244 HGB in Deutscher Mark bzw. alternativ ab dem 1. Januar 1999 in Euro aufzustellen. Sofern in den Konsolidierungskreis ausländische Töchter einbezogen werden, müssen in den jeweiligen Landeswährungen aufgestellte Jahresabschlüsse zunächst in Deutsche Mark umgerechnet werden. Eine gesetzliche Regelung besteht wiederum nicht. In der Praxis haben sich mehrere Umrechnungsmethoden herausgebildet, die nach den GoB als zulässig angesehen werden.[44] Am häufigsten dürfte aus Wirtschaftlichkeitsgründen die Stichtagsmethode angewandt werden. Demnach sind sämtliche Posten des Jahresabschlusses einheitlich mit dem am Bilanzstichtag geltenden Kurs umzurechnen.[45] **113**

Im Rahmen der Währungsumrechnung von Jahresabschlüssen ausländischer Tochterunternehmen für den Konzernabschluss ist unter Zugrundelegung internationaler Rechnungslegungsstandards nach dem Konzept der funktionalen Währung vorzugehen: Wenn das Tochterunternehmen im jeweiligen Sitzland überwiegend selbständig tätig ist, wird davon ausgegangen, dass die Landeswährung des Sitzlandes des Tochterunternehmens die funktionale Währung darstellt. Agiert das Tochterunternehmen jedoch als „verlängerter Arm" des Mutterunternehmens im Sitzland, ist die Währung des Mutterunternehmens als funktionale Währung zugrunde zu legen. Weichen Landeswährung und funktionale Währung voneinander ab, muss eine Umrechnung des Abschlusses in die funktionale Währung nach der sog. Zeitbezugsmethode erfolgen: Der Umrechnungskurs bestimmt sich nach dem Zeitpunkt, der der Bewertungsbasis in Landeswährung entspricht (Anschaffungs- und Herstellungskosten zu historischen und Tageswerte zu Stichtagskursen). **114**

Entsprechen sich Landeswährung des Joint Ventures und funktionale Währung eines Tochterunternehmens, wird die Währungsumrechnung von der funktionalen in die Konzernwährung nach der sog. (modifizierten) Stichtagskursmethode vorgenommen: Sämtliche Bilanzpositionen mit Ausnahme des zum historischen Kurs umzurechnenden Eigenkapitals werden zu Stichtagskursen, die zeitraumbezogenen Posten der G&V werden vereinfachend zu Durchschnittskursen umgerechnet. **115**

---

[42] SFAS No. 52: Foreign Currency Translation.
[43] IAS 21: The Effects of Changes in Foreign Exchange Rates.
[44] Vgl. m.w.N. ADS[6] § 298, Tz. 14 ff.
[45] In der Praxis finden sich jedoch auch häufig Varianten dieser „reinen" Stichtagsmethode (z.B. Umrechnung des Eigenkapitals zu historischen Kursen).

13.4.3.3 Bilanzierung von Deckungsgeschäften

116 Die (negativen) Auswirkungen möglicher Schwankungen von Wechselkursen sollen durch sog. Kurssicherungsgeschäfte begrenzt bzw. vermieden werden. Mögliche Instrumente für solche Deckungsgeschäfte sind neben Wechselkursversicherungen oder Factoring und Forfaitierung auch Devisentermingeschäfte oder Währungsoptionen. Lediglich Devisentermingeschäfte stellen eine besondere Problematik im Rahmen der Bilanzierung dar.

117 Bilanziell sind grundsätzlich sämtliche Rechtsgeschäfte einzeln zu bewerten (sog. Einzelbewertungsgrundsatz des § 252 Abs. 1 Nr. 3 HGB). In Zusammenhang mit dem Imparitätsprinzip bedeutet dies, dass unrealisierte Währungsverluste einzelner Posten mit unrealisierten Währungsgewinnen anderer Posten nicht verrechnet werden dürfen. Eine Ausnahme von diesem Grundsatz ist nur zulässig, wenn eine geschlossene Position (sog. Bewertungseinheit von Grund- und Deckungsgeschäft), d. h. eine durch ein Deckungsgeschäft abgesicherte Position vorliegt. Allerdings müssen hierzu drei Voraussetzungen erfüllt sein:

– *Währungsidentität* (beide Geschäfte sind in einer Währung getätigt)
– *Betragsidentität* (übersteigende Beträge sind wie offene Posten zu bewerten)
– *Fristenkongruenz* (ein Ausgleich zwischen lang- und kurzfristigen Positionen ist demnach nicht möglich).

118 Weiterhin wird bei Devisentermingeschäften, die zur Absicherung eines Grundgeschäftes berücksichtigt werden sollen, gefordert, dass ein innerer Zusammenhang zwischen Grund- und Sicherungsgeschäft besteht. Liegt dieser Zusammenhang vor und ist folglich keine spekulative Absicht mit dem Termingeschäft verbunden, ist eine Bewertungseinheit anzunehmen mit der Folge, dass das Grundgeschäft mit dem Kassakurs oder dem Terminkurs eingebucht werden kann. Kursschwankungen sind dann bilanziell grundsätzlich nicht mehr zu berücksichtigen.

119 Die bilanzielle Behandlung von Kurssicherungsgeschäften ist jedoch innerhalb der Fachwelt äußerst umstritten. Insbesondere die Kriterien Fristenkongruenz und Betragsidentität sind zunehmend der Kritik ausgesetzt.

13.4.4 Leasing

120 Leasing ist ein vielfach verwendetes Finanzierungsinstrument, um die Liquiditätsbelastung und folglich auch das Risiko der beteiligten Projektpartner zu begrenzen. Gleichzeitig dient diese Art der Finanzierung dazu, die Bilanzen der beteiligten Partnerunternehmen zu entlasten, in dem die benötigten Finanzmittel für den Erwerb der notwendigen Anlagen bei entsprechender Ausgestaltung des Leasingvertrages nicht in die Bücher aufgenommen werden müssen.

121 Die Bilanzierung von Leasinggeschäften ist im HGB nicht geregelt. Nach den GoB richtet sich die Bilanzierung danach, ob das wirtschaftliche Eigentum beim Leasinggeber oder beim Leasingnehmer liegt. Die steuerliche Behandlung von Leasingverträgen wurde von der Finanzverwaltung in vier BMF-Schreiben geregelt. Es ist inzwischen allgemeine handelsrechtliche Übung, die Bilanzierung von Leasinggeschäften an den steuerlichen Vorschriften auszurichten.[46]

122 Deutsche und amerikanische Vorschriften zur bilanziellen Abbildung von Leasingverhältnissen beruhen auf der gleichen Annahme: Verfügt der Leasingnehmer über eine eigentümerähnliche Position bzw. deuten Indizien auf eine spätere endgültige

---

[46] Vgl. WP-Handbuch 1996, Bd. I, E 23, S. 158.

Übernahme des Leasinggegenstandes durch den Leasingnehmer hin, hat die Bilanzierung beim Leasingnehmer zu erfolgen.[47] Die beiden Rechnungslegungswerke unterscheiden sich jedoch in der konkreten Ausgestaltung der Indizien, anhand derer letztendlich die bilanzielle Zuordnung entschieden wird. Im Einzelfall kann dies abweichende Entscheidungen zur Folge haben.

Zwei der zuvor erwähnten steuerlichen Leasingerlasse der deutschen Finanzverwaltung behandeln die Bilanzierung von sog. Vollamortisationsverträgen, bei denen die während einer unkündbaren Grundmietzeit zu leistenden Leasingraten mindestens die Anschaffungs- oder Herstellungskosten des Leasinggegenstandes decken (Finanzierungs-Leasing).[48] Sofern es sich bei dem Leasinggegenstand um einen beweglichen Vermögensgegenstand handelt, hat in folgenden Fällen eine Bilanzierung beim Leasingnehmer zu erfolgen:[49] **123**

– die fest vereinbarte Grundmietzeit beträgt weniger als 40 oder mehr als 90% der betriebsgewöhnlichen Nutzungsdauer;
– bei Verträgen mit Kauf- oder Mietverlängerungsoption erfolgt bei Nichterfüllung des obigen Kriteriums eine Bilanzierung beim Leasingnehmer, wenn der Vertrag eine günstige Kauf- oder Mietverlängerungsoption zugunsten des Leasingnehmers vorsieht;
– der Leasinggegenstand wurde speziell auf die Verhältnisse des Leasingnehmers zugeschnitten (Spezial-Leasing).

Nach den US-GAAP ist eine Aktivierung beim Leasingenehmer vorzunehmen, wenn durch einen Leasingvertrag die überwiegenden Risiken und Chancen, die sich aus dem Eigentum am Leasingobjekt ergeben, auf den Leasingnehmer übertragen werden (capital lease).[50] Beispiele für Chancen und Risiken sind die Möglichkeit von Wertsteigerungen oder die Gefahr des technischen Veraltens. Nach US-amerikanischen Grundsätzen[51] liegt capital lease vor, wenn eine der folgenden Bedingungen erfüllt ist: **124**

– das rechtliche Eigentum geht nach Ablauf des Leasingvertrages auf den Leasingnehmer über;
– der Leasingvertrag enthält eine günstige Kaufoption für den Leasingnehmer;
– die Grundmietzeit beträgt mindestens 75% der Nutzungsdauer des Leasingobjektes;
– der Barwert der Mindestleasingzahlungen erreicht am Beginn der Grundmietzeit mindestens 90% des Zeitwertes des Leasingobjektes.

In der Praxis hat sich gezeigt, dass nach deutschem Bilanzverständnis beim Leasinggeber zu bilanzierende Leasinggegenstände nach den US-GAAP beim Leasingnehmer zu aktivieren sind. Folglich hat der Leasingnehmer auch die Leasingverbindlichkeiten auszuweisen. **125**

Hinsichtlich der bilanziellen Behandlung von anderen Leassinggeschäften sei auf die entsprechenden BMF-Schreiben bzw. die US-amerikanischen Standards[52] verwiesen.

---

[47] Vgl. *Grammer*, Einführung in die Rechnungslegung nach US-GAAP, in: INF 1998, S. 310 ff. (341).
[48] Die weiteren BMF-Schreiben behandeln sog. Teilamortisationsverträge.
[49] Vgl. BMF-Schreiben vom 19. April 1971, IV B 2 – S 2170–31/71, BStBl I 1971, S. 264 ff.
[50] Vgl. *Reichertz/Frey:* Bilanzierung von Leasingverträgen nach US-GAAP, WPg 1997, S. 663.
[51] Vgl. SFAS No. 13. Bei Leasingverträgen über bebaute oder unbebaute Grundstücke sind gesonderte Vorschriften zu beachten, vgl. hierzu *Siebert*, Grundlagen der US-amerikanischen Rechnungslegung, 1996, S. 237 ff.
[52] Vgl. SFAS No. 13.

13.4.5 Stellung von Sicherheiten und Haftung

126 Im Rahmen von Projektfinanzierungen wird von Seiten der Partner regelmäßig eine isolierte Finanzierung und Besicherung des Vorhabens angestrebt. Regelmäßig beschränkt sich die Haftung der Partner auf die Erbringung ihrer Einlage (Zahlung des Kapitalanteils) sowie die Verpfändung ihres Anteils an der Projektgesellschaft. Auf Ebene der Projektgesellschaft wird allgemein im Wege der Sicherungsübereignung oder Verpfändung ein Zugriff der Kreditgeber auf die Vermögensgegenstände der Projektgesellschaft eingeräumt.

127 Bilanzielle Fragen können sich hierbei insoweit ergeben, als die Verpflichtung der Projektpartner sowie der Projektgesellschaft innerhalb des jeweiligen Jahresabschlusses zu berücksichtigen ist. Noch zu erbringende Einlagen sind soweit eingefordert als Verbindlichkeiten zu passivieren. Wurde der Anteil an der Projektgesellschaft verpfändet, erfolgt dennoch weiterhin ein Ausweis beim Pfandgeber – sofern er weiterhin als wirtschaftlicher Eigentümer anzusehen ist. Gleiches gilt für die Bilanzierung der Vermögensgegenstände auf Ebene der Projektgesellschaft: Solange es in der Macht der Projektgesellschaft steht, die den Sicherungsgeschäften zugrundeliegende Verpflichtung zu erfüllen, ist sie als wirtschaftlicher Eigentümer anzusehen und hat entsprechend die Vermögensgegenstände in ihrer Bilanz auszuweisen.

128 Einen Sonderfall stellt die sog. **Patronatserklärung** dar. Es handelt sich hierbei um eine in der Kreditsicherungspraxis verbreitete Erklärung einer Muttergesellschaft gegenüber den Kreditgebern von Tochtergesellschaften zum Zwecke der Kreditsicherung. Der Aussagegehalt solcher Erklärungen reicht von garantieähnlichen Verpflichtungen bis hin zu bloßen Absichtserklärungen. Die Einordnung und die Durchsetzbarkeit von Patronatserklärungen sind oft zweifelhaft und nicht selten bewusst unklar formuliert. Der Vorteil von Patronatserklärungen kann darin liegen, dass der Inhalt der Erklärung nicht zu einer Vermerkpflicht unter der Bilanz führt. Hierdurch wird der Finanzierungsspielraum der Muttergesellschaft nicht belastet.

129 Hinsichtlich der Auswirkungen der Abgabe einer Patronatserklärung ist auf die Qualität der Verpflichtung abzustellen. Liegt ein juristisches oder wirtschaftliches Haftungsverhältnis vor, das bereits durch einen Anspruch der Gegenseite tatsächlich begründet wurde oder dessen Inanspruchnahme wahrscheinlich ist, muss eine Verbindlichkeit oder Rückstellung passiviert werden. Ist die Inanspruchnahme eines juristisch oder wirtschaftlich begründeten Haftungsverhältnisses zwar tatsächlich nicht gegeben aber dennoch möglich, muss ein Vermerk als sog. Eventualverbindlichkeit unter der Bilanz erfolgen. Ist eine Inanspruchnahme aus der Patronatserklärung nicht möglich oder handelt es sich bei der Patronatserklärung um eine bloße Absichtserklärung, die juristisch nicht bindend ist, erfolgt keine Berücksichtigung innerhalb des Jahresabschlusses.

130 Umstritten ist nach Einführung des neuen Insolvenzrechtes zum 1. Januar 1999 derzeit immer noch, welche Rechtswirkung Patronatserklärungen entfalten, die vor diesem Zeitpunkt abgegeben wurden.[53] Bisher war es herrschende Meinung, dass eine Rangrücktrittsvereinbarung geeignet sein könnte, die Überschuldung einer Gesellschaft zu vermeiden. Die subordinierte Verbindlichkeit war auf Grund der Rangrücktrittsvereinbarung im Überschuldungsstatus nicht anzusetzen. Mit Inkrafttreten der Insolvenzordnung sollen nach der Begründung des Gesetzgebers zukünftig auf der Passivseite des Überschuldungsstatus auch die nachrangigen Verbindlichkeiten zu berücksichtigen und aufzunehmen sein (§ 39 Abs. 2 InsO). Dem Bedürfnis der Praxis, durch den Rangrücktritt eines Gläubigers den Eintritt einer Überschuldung zu vermeiden oder eine

---

[53] WP-Handbuch 1998 Bd. II, S. 743 f.

bereits eingetretene Überschuldung wieder zu beseitigen, könne lediglich in der Weise Rechnung getragen werden, dass die Forderung des Gläubigers für den Fall der Eröffnung eines Insolvenzverfahrens erlassen werde.[54]

Nach anderer Meinung reicht auch nach Inkrafttreten der Insolvenzordnung die Vereinbarung eines Rangrücktritts aus und ist ein zusätzlicher aufschiebend bedingter Forderungsverzicht nicht notwendig. Denn die Qualifizierung von Forderungen mit Rangrücktritt als Insolvenzforderungen nach § 39 Abs. 2 InsO ändert nichts daran, dass diese Forderungen bei der Verteilung erst dann berücksichtigt werden, wenn zuvor alle anderen Gläubiger befriedigt und alle Kosten aus der Insolvenzmasse vollständig gedeckt sind.[55] **131**

Gem. §§ 251, 268 Abs. 7 HGB sind **Haftungsverhältnisse** (Verbindlichkeiten aus der Begebung und Übertragung von Wechseln, Bürgschaften, Pfandrechte, Gewährleistungsverpflichtungen etc.) unter der Bilanz zu vermerken oder im Anhang gesondert zu erläutern. Gleichwertige Rückgriffsforderungen verhindern nicht einen entsprechenden Vermerk der eigenen Verpflichtung. **132**

Leistungsgarantien, d.h. Verpflichtungen der Partner zur Erbringung einer inhaltlich genau bestimmten Leistung sowie das Einstehen für einen bestimmten Erfolg, sind nicht vermerkpflichtig, solange die Zusage über gesetzliche oder bei einem Betrieb dieser Art normalerweise zu erwartende Verpflichtungen nicht hinausgeht. Rentabilitätsgarantien der Partner für das Vorhaben stellen jedoch eine vermerkpflichtige Angabe gem. § 251 HGB dar. Soweit eine Quantifizierung nicht möglich ist, kann die Verpflichtung ersatzweise im Anhang angegeben werden. **133**

Eine in der Praxis bedeutende Problematik ist der **Ausfall** von Projektpartnern oder Subunternehmern (z.B. Insolvenz). Sofern eine gesamtschuldnerische oder gemeinsame Haftung der Partner für den Erfolg bestimmter Leistungen vereinbart wurde oder gesetzlich begründet ist, sind zwingend entsprechende negative Auswirkungen im Jahresabschluss des solventen Partners zu berücksichtigen. Dies erfolgt zweckmäßigerweise durch Bildung einer entsprechenden Rückstellung. Der Zeitpunkt für die Bildung einer solchen Rückstellung wird durch die Wahrscheinlichkeit der Inanspruchnahme für die Verpflichtungen des Partners bestimmt. **134**

Weiterhin sind in der Bilanzierungspraxis sog. **Betreibergarantien** von Bedeutung. Im Rahmen einer Betreibergarantie übernimmt die Projektgesellschaft die Verpflichtung zur Durchführung vertraglich fixierter Leistungen über einen bestimmten Zeitraum. Aus dem laufenden Betrieb können sich jedoch Verluste ergeben, da bspw. die laufenden Kosten einschl. Abschreibungen die Erträge übersteigen. Fraglich ist, ob die zukünftigen Verluste durch Bildung einer entsprechenden Rückstellung innerhalb der Projektgesellschaft zu passivieren sind. Nach der hier vertretenen Auffassung ist bei Vorliegen einer rechtlichen Verpflichtung gegenüber einem Dritten eine Rückstellung zu bilden. Im Rahmen der Bewertung ist zu berücksichtigen, wie zukünftige Kosteneinsparungen oder mögliche Ertragssteigerungen durch eine bessere Auslastung des Projektes den Verlust mindern können. Hierfür empfiehlt sich die Aufstellung geeigneter Planungsrechnungen. **135**

13.4.6 Sonstige

Ein besonderes Problem im Rahmen der Bilanzierung von Projektgeschäften kann **Inflation** darstellen. Eine gesetzliche Regelung zur bilanziellen Behandlung von Inflation existiert in Deutschland nicht. Nach internationalen Grundsätzen ist bei hochinflationären Verhältnissen entweder gem. SFAS 52 die sonst übliche Stichtagskursme- **136**

---

[54] Vgl. u.a. *Janssen,* NWB 1998, S. 1405; *Olbing,* GmbH-StB 1998, S. 263 ff.
[55] WP-Handbuch 1998 Bd. II, S. 743 f.

13. Teil. Rechnungslegung und Bilanzierung

thode durch die Zeitbezugsmethode zu ersetzen oder nach IAS 21[56] eine Anpassung der nicht-monetären Posten an die Kaufkraftverhältnisse am Abschlussstichtag über Preisindices vorzunehmen.

137 Weiterhin sind die Leistungen der Projektpartner regelmäßig mit **Gewährleistungen** gesetzlicher oder vertraglicher Art verbunden. Bspw. kann zeitlich befristet die Qualität oder das Funktionieren bestimmter Vermögensgegenstände geschuldet sein. Verpflichtungen dieser Art sind, soweit eine Inanspruchnahme wahrscheinlich ist, durch Bildung einer entsprechenden Rückstellung bilanziell zu berücksichtigen. Hinsichtlich der Bewertung ist auf Erfahrungswerte bei vergleichbaren Projekten zurückzugreifen. Im Rahmen der Bewertung sind mögliche Ansprüche gegenüber Subunternehmern, die ihrerseits wiederum Garantieversprechen abgegeben haben, unter Berücksichtigung der jeweiligen Bonität einzubeziehen.

13.5 Bilanzpolitik

138 Gegenstand der Bilanzpolitik ist es, durch geeignete Ausübung von Bilanzierungs- und Ausweiswahlrechten sowie durch zweckgerichtete Sachverhaltsgestaltung innerhalb der bestehenden gesetzlichen Regelungen ein möglichst günstiges Bild des Unternehmens nach zu außen zu vermitteln. Im Rahmen von Projektgeschäften bedeutet dies, dass die Partner mit der Projektfinanzierung das Ziel verfolgen eine sog. off-balance-finance, d. h. die Finanzierung des Projektes sowie die Projektdurchführung sollte zumindest ohne Belastung der Bilanz der Projektpartner erfolgen, zu erreichen. Nebeneffekt einer solchen Gestaltung soll zumeist sein, dass auch eine Realisierung von Erträgen innerhalb des Einzelabschlusses der Partner bzw. des jeweiligen Konzernabschlusses erfolgen kann.[57]

139 Geeignete und in der Praxis vielfach verwendete Hilfsmittel sind z. B. die Steuerung des Abnahmezeitpunktes für die gesamte Anlage, der Ansatz von Teilkosten gegenüber Vollkosten im Rahmen der Bewertung von unfertigen Leistungen aber auch Leasing, Factoring, Forfaitierung etc. Ebenfalls finden sich in der Praxis Gestaltungen wieder, die eine Einbeziehung von Gesellschaften in den Konzernabschluss der Partner vermeiden lassen, in dem bspw. zwar die Mehrheit des Kapitals in den Händen der Partner liegt, eine beherrschende Einflussnahme auf Grund bestehender Stimmrechtsvereinbarungen jedoch nicht gegeben ist. Bilanzpolitik darf jedoch nicht insoweit missverstanden werden, dass über die tatsächlichen Verhältnisse hinweg in rechtsmissbräuchlicher Weise Gestaltungen gewählt werden. Maßgebend für die bilanzielle Behandlung bleiben immer die tatsächlichen wirtschaftlichen Verhältnisse.

140 Die Projektpartner streben weiterhin vielfach an, mögliche Garantien oder Deckungszusagen sowie sonstige Verpflichtungen nicht innerhalb des Jahresabschlusses bilanzieren zu müssen. Hierzu bestehen Instrumente (z. B. weiche Patronatserklärungen, Absichtserklärungen, etc.). Die bilanziellen Maßnahmen sind wiederum abhängig vom Projektstatus sowie der Art der Finanzierung: Eine bilanzneutrale (Teil-)Finanzierung ist z. B. durch die Einschaltung einer Tochtergesellschaft als Kreditnehmer zu erreichen, wobei die Kreditfähigkeit bzw. die Absicherung der Kredite über Patronatserklärungen und durch Sicherung von Abnahmeverträgen erreicht wird bzw. erfolgt. Diese Vorgehensweise bietet sich in der Produktionsphase, d. h. bei weitgehendem

---

[56] Vgl. IAS 29: Financial Reporting in Hyperinflationary Economies.

[57] Vgl. hierzu insbesondere: *Reuter, Alexander:* Bilanzneutrale Gestaltung von Projektfinanzierungen nach GoB, Leasingregeln und US-GAAP; in: Betriebs-Berater 2000, S. 659 ff.

Projektfortschritt an.[58] Für die Phase der Entwicklung werden i. d. R. konventionelle Kreditsicherheiten gestellt werden müssen, die folglich auch entsprechend in der Bilanz des Projektpartners auszuweisen sind.

Im Rahmen der Bilanzpolitik spielen einerseits vielfach steuerliche Motive eine wesentliche Rolle: Gesellschaftsrechtliche Gestaltungen werden bewusst gewählt um Steuerzahlungen in spätere Jahre oder aber in Gebiete mit geringerer Belastung zu verlagern bzw. die Zurechnung von (Anlauf-)Verlusten beim Projektpartner zu erreichen. Andererseits sind die steuerlichen Auswirkungen möglicher Gestaltungsalternativen zu bedenken, um nicht unerwünschte Nebeneffekte zu bewirken. 141

13.6 Prüfung von Projektgeschäften

13.6.1 Berücksichtigung im Rahmen der Jahresabschlussprüfung

In der Bilanzierungspraxis ergeben sich auch auf Grund entsprechender Sachverhaltsgestaltung zahlreiche Risiken für die beteiligten Projektpartner, die sich unmittelbar oder auch erst mittelbar auf den Jahresabschluss der beteiligten Gesellschaften auswirken können. Daher wird der gesetzliche Abschlussprüfer ein Mindestmaß an Information über die einzelnen Projektgeschäfte einfordern. Dabei sind insbesondere die vertraglichen und betrieblichen Risiken des Projektes zu berücksichtigen. Weiterhin hat der Abschlussprüfer im Rahmen der Prüfung der Bewertung von Beteiligungen und sonstigen Vermögensgegenständen (Ausleihungen, Anlagen, Forderungen etc.) und der Vollständigkeit des Schuldenausweises u. a. Länder-, Zins- und Marktrisiken im Rahmen seiner Tätigkeit zu berücksichtigen bzw. er hat zu prüfen, ob solchen Risiken in erforderlichem Maße Rechnung getragen wurde. 142

Abschlussprüfer von Kreditinstituten haben im Rahmen ihrer Prüfungshandlungen neben den gesetzlichen Bestimmungen der §§ 316 ff. HGB weitergehende und umfassende sowie z. T. sehr detailliert ausgestaltete Vorschriften zu beachten, die vom Bundesaufsichtsamt für das Kreditwesen oder von der Bundesbank herausgegeben werden.[59] Schwerpunkte dieser ergänzenden Regelungen sind u. a. die Einhaltung aufsichtsrechtlicher Normen (Großkreditgrenzen, Organisationsfragen und Risikodarstellungen). Diese besonderen Prüfungspflichten gewinnen auch international zunehmend an Bedeutung, in dem die ursprünglich nur in Deutschland festzustellende Einbindung des Abschlussprüfers in die Beaufsichtigung der Kreditinstitute übernommen wird.[60] 143

13.6.2 (Gesonderte) Prüfung der Projektgesellschaft

Aufgrund gesellschaftsvertraglicher Bestimmungen oder aber auch auf Grund vertraglicher Vereinbarungen mit den Kreditgebern kann eine gesonderte Prüfung der Projektgesellschaft erfolgen. Gegenstand der Prüfung können neben der Ordnungsmäßigkeit der Rechnungslegung insbesondere auch die Überprüfung und Analyse von 144

---

[58] *Hinsch/Horn:* Das Vertragsrecht der internationalen Konsortialkredite und Projektfinanzierungen, Berlin 1985 (Recht des internationalen Wirtschaftsverkehrs; Bd. 2); S. 267.
[59] *Windmöller, Rolf:* Das internationale Bankgeschäft aus der Sicht der Wirtschaftsprüfung, in: *Büschgen/Richolt* (Hrsg.): Handbuch des internationalen Bankgeschäfts, Wiesbaden 1989, S. 71–82, S. 74.
[60] A. a. O., S. 74.

(finanziellen) Planungsrechnungen oder Einhaltung von Kontrollvorgaben sein. Hierbei dient die Bestätigung des Prüfers der Gewährleistung der Kontrollrechte der Kreditgeber oder der Projektpartner.

145 Sofern an dem Vorhaben auch die öffentliche Hand beteiligt ist, sei es durch unmittelbare Beteiligung oder über Finanzierungszusagen, wird regelmäßig gem. § 53 HGrG oder § 67 BHO eine Prüfung der Geschäftsführung durchgeführt werden müssen. Darüber hinaus sind mögliche Rechte von Bundes-, Landes- oder kommunalen Rechnungshöfen zu berücksichtigen.

14. Teil. Arbeitsrecht

Übersicht

	Rdn.
14.1 Arbeitsverträge und Arbeitsverhältnisse	4
14.1.1 Anwendbares Recht (Art. 30 EGBGB)	4
14.1.1.1 Der Arbeitnehmerschutzgedanke nach Art. 30 Abs. 1 EGBGB	4
14.1.1.2 Das Arbeitsstatut nach Art. 30 Abs. 2 EGBGB	6
14.1.1.3 Die Fortgeltung von Betriebsvereinbarungen und betrieblichen Regelungen	8
14.1.1.4 Tarifliche Regelungen und ihre Bedeutung für die Vertragsgestaltung und –durchführung	9
14.1.2 Rechtswahl und Kollisionsnorm/en (Art. 27, 34 EGBGB)	10
14.1.2.1 Voraussetzungen der Rechtswahl	10
14.1.2.2 Einschränkungen der Rechtswahl	13
14.1.2.3 Der ordre public-Gedanke (Art. 34 EG BGB in Verbindung mit Art. 6 EG BGB	14
14.1.2.4 Zwingende Bestimmungen Art. 27 Abs. 3 EGBGB	17
14.1.2.5 Art. 34 EGBGB	18
14.1.3 Gerichtsstandsvereinbarungen	24
14.2 Relevante EU-Vorschriften zu Auslandstätigkeiten	25
14.2.1 Die Entsende-Richtlinie	26
14.2.2 Die freie Wahl des Arbeitsverhältnisses	27
14.2.3 Die Bedeutung des Gleichbehandlungsgrundsatzes	28
14.3 Beurteilung der Vertragsbeziehungen zwischen Mitarbeiter und entsendendem Unternehmen/Stammhaus	29
14.3.1 Vertragsgestaltungen und -arten bei Auslandstätigkeiten	30
14.3.1.1 Vorübergehende Entsendung/Versetzung	30
14.3.1.1.1 (langfristige) Dienstreise	30
14.3.1.1.2 Abordnungsvertrag	31
14.3.1.1.2.1 Montagetätigkeit	33
14.3.1.1.2.2 Projektaufgaben	34
14.3.2 Längerfristige Entsendungen/Versetzungen	35
14.3.2.1 Notwendige vertragliche Regelungen mit dem Stammhaus	36
14.3.2.2 Der Anstellungsvertrag mit der lokalen Gesellschaft	40
14.3.3 Die vertraglichen Hauptpflichten	43
14.3.3.1 … des Arbeitgebers	43
14.3.3.1.1 Vergütungsanspruch	43
14.3.3.1.1.1 Entgeltzahlung	43
14.3.3.1.1.2 Aufwandsentschädigung	45
14.3.3.1.2 Fürsorgepflichten	47
14.3.3.2 … des Arbeitnehmers	49
14.3.3.2.1 Arbeits- und Leistungsverpflichtung	49
14.3.3.2.1.1 nach Art und Inhalt der Tätigkeit	49
14.3.3.2.1.2 Leistungsort und Arbeitszeit	51
14.3.3.2.1.3 Konkrete Leistungsbestimmung nach Vertrag	58
14.3.3.2.2 Auswirkungen und Direktionsrechte des Arbeitgebers auf Vertragsinhalte und deren Durchführung	60

14. Teil. Arbeitsrecht

	Rdn.
14.3.3.2.2.1 Fragen zur Dauer und Befristung von Arbeitsverträgen	60
14.3.3.2.2.2 Versetzungs- und Rückkehrklauseln	61
14.3.3.2.2.3 Weisungsrechte in der Projektdurchführung	63
14.3.4 Vertragliche Nebenpflichten und typische Vertragsinhalte – „Entsendungspaket"	66
14.3.4.1 Persönliche Verpflichtungen des Arbeitnehmers	66
14.3.4.1.1 Qualifikation und Weiterbildung – Know-How-Transfer –	67
14.3.4.1.2 Berichterstattungspflichten	68
14.3.4.2 Typische vertragliche Leistungen des Arbeitgebers	69
14.3.5 Leistungsstörungen und deren rechtliche Auswirkungen	75
14.3.5.1 Erfüllungs- und Durchführungshindernisse	75
14.3.5.1.1 … in der Person des Arbeitnehmers	75
14.3.5.1.2 Projektrisiken	78
14.3.5.2 Beendigungsgründe und Folgen	80
14.3.5.2.1 Arbeitnehmer- und Arbeitgeberkündigung	80
14.3.5.2.2 Befristung, Projektbeendigung und Aufhebungsvereinbarung	86
14.3.5.2.3 Sonstige Gründe	91
14.3.5.2.4 Auswirkungen auf vertragliche Haupt- und Nebenpflichten	92
14.3.5.2.4.1 Finanzielle Abwicklung des Vertrages	92
14.3.5.2.4.2 Vertragliche Anrechnungsklausel	93
14.3.5.2.4.3 Wiedereinstellungszusagen/ Rückkehrgarantie	95
14.3.5.2.5 Sonderfälle: Sozialplan im Stammhaus, Betriebsübergang, Rechtsänderung bei entsendendem Arbeitgeber	97
14.3.6 Arbeitsvertragliche Regelungen und Besonderheiten bei Versetzungen	99
14.3.7 Vertragliche Sonderformen bei Auslandseinsätzen	101
14.4 Exkurs: Mitbestimmung bei Entsendung ins Ausland	103
14.4.1 Betriebliche Mitbestimmung	103
14.4.1.1 Funktionen und Aufgaben des Betriebsrates	105
14.4.1.2 Die Rolle des Sprecherausschusses	107
14.4.2 Die Bedeutung des Eurobetriebsrates	108
14.5. Konsequenzen des Steuerrechts bei Auslandstätigkeiten	109
14.6 Deutsches Sozialversicherungsrecht: die soziale Absicherung des Arbeitnehmers	112
14.6.1 EU-Recht und bilaterale Abkommen	116
14.6.2 Vertragliche (Ergänzungs-) Regelungen und Versicherungsschutz	120

Schrifttum: *Meisel, Peter G.,* Arbeitsrecht für die betriebliche Praxis, 5. Auflage 1988; *Gaul, Dieter,* Das Arbeitsrecht im Betrieb, Band 1 und 2, 8. Auflage 1986; *Schaub,* Arbeitsrechtshandbuch, 9. Auflage 2000; *Eser,* Das Arbeitsverhältnis im Multinationalen Unternehmen, 1996; Beck'sches Personalhandbuch, Band I, (Arbeitsrechtslexikon), lfd. Loseblattsammlung; Beck'sches Personalhandbuch, Band II, (Lohnsteuer und Sozialversicherung), lfd. Loseblattsammlung; *Richter/ Schanz,* Betriebliche Altersversorgung: Steuer- und arbeitsrechtliche Aspekte bei Personalentsendungen in der Europäischen Union, in BB 94, S. 397 ff.; *Fitting, Kaiser, u. a.,* Betriebsverfassungsgesetz, (Handkommentar), 20. Auflage 2000; Bundesversicherungsanstalt für Angestellte, BfH-

Arbeitsverträge und Arbeitsverhältnisse

Informationen zur Sozialversicherung im Ausland, (Länderinformationen u. a.); *Palandt,* Bürgerliches Gesetzbuch, 58. Auflage 1999; Deutsche Sozialversicherungsabkommen mit ausländischen Staaten, (Loseblattsammlung); Erfurter Kommentar zum Arbeitsrecht, München 1998; *Blaupain, R./Schmidt, M.,/Schweibert, U.,* Europäisches Arbeitsrecht, 2. Auflage 1996; *Hofstede, G. von,* Interkulturelle Zusammenarbeit: Kulturen, Organisationen, Management, 1993; Deutsche Gesellschaft für Personalführung, Der internationale Einsatz von Fach- und Führungskräften, 2. Auflage 1995; *Hueck, von Hoyningen-Huene,* Kündigungsschutzgesetz, 12. Auflage 1997; Bundesverwaltungsamt in Köln, Merkblätter für Auslandstätige und Auswanderer, (Länderinformationen); Deutsche Verbindungsstelle Krankenversicherung – Ausland in Bonn (Hrsg.), Merkblätter über die Entsendung von Arbeitnehmern zur vorübergehenden Beschäftigung im Ausland; *Richardi, R. (Hrsg.),* Münchner Handbuch zum Arbeitsrecht, Bände 1–3, München 1993; *Küttner, Wolfdieter,* Personalbuch 2000, 7. Auflage 2000; *Zander, Prof. Dr. E.,* Personalführung in unterschiedlichen politischen und kulturellen Umfeldern, in BB 97, S. 2214 ff.; *Derschka, Dr. Peter (Hrsg.),* Das Praxishandbuch Personal, (lfd. Loseblattsammlung); *Buttler, A.,* Steuerliche Restriktionen bei der Gestaltung der betrieblichen Altersversorgung bei Auslandsentsendungen, in BB 1998, S. 1132 ff.

1   Entscheidender „Faktor" für den Erfolg und das Gelingen von Projekten ist oft der Human Ressource-Aspekt. Projekte werden initiiert, konzipiert und durchgeführt von Menschen, im internationalen Umfeld von Menschen unterschiedlicher Herkunft und Kultur, die zeitlich befristet an einem gemeinsamen Thema miteinander arbeiten und dieses zum Erfolg führen müssen.

In Zeiten zunehmender Globalisierung und Transparenz auf den Weltmärkten kommt dem Erfolgsfaktor „Mensch" immer mehr eine entscheidende Rolle zu. Ausbildung und Wissen entscheiden über Erfolg und Misserfolg, ständige Weiterentwicklung von Know-how und Vertiefung von Fertigkeiten bei höherer Anforderung an Flexibilität und Mobilität bei gleichzeitiger höherer „Drehgeschwindigkeit" sind die Norm. Im Zeitalter von Internet, E-Business und E-Commerce sind Wissensvorsprünge häufig nur noch marginal. Nicht der Große frisst den Kleinen, sondern der Schnelle den Langsamen.

2   Dabei haben sich die Rahmenbedingungen gewandelt. Arbeitsmärkte sind nicht mehr lokal abgegrenzt, nach außen abgeschottete Terrains. Vielmehr sind die Grenzen durchlässig. Die Mobilität fördert diesen Trend. Mit Zunahme kurz- und/oder längerfristigen Tätigkeiten von Mitarbeitern eines Unternehmens im Ausland stellen sich zahlreiche Fragen des Arbeits-, Steuer- und Sozialrechts, die nicht mehr nur allein aus dem Begriffsgebäude des deutschen Arbeitsrechts heraus beantwortet werden können.

Bei grenzüberschreitenden (Projekt-)Tätigkeiten sind zahlreiche komplexe Fragestellungen zu beachten, die sich an dem Zusammenspiel in- und ausländischer Arbeitsrechtsregeln ergehen und sehr oft – im Rahmen der jeweiligen rechtlichen Gegebenheiten und Voraussetzungen – pragmatisch geregelt werden müssen. Dies erfordert umfangreiche Kenntnisse der Rahmenbedingungen der beteiligten Rechtsordnungen in allen Fragen des Arbeitsrechts. Mitarbeiter eines Unternehmens, die unter schwierigsten Umständen im Ausland tätig werden, müssen darauf vertrauen können, dass die Rahmenbedingungen ihres Arbeitsvertrages sorgfältig geregelt sind.

3   In diesem Zusammenhang ist es erforderlich, dass der deutsche Gesetzgeber die notwendige Transparenz schafft und Regelungen zur Verfügung stellt, die Auslandsinvestitionen auch im begleitenden Human-Ressource-Bereich erleichtern. Vereinfachungen im Steuer- und Sozialversicherungsrecht, wie beispielsweise die Fortführung der deutschen Arbeitslosenversicherung auch bei Entsendungen oder die einheitliche Gewährung von Kindergeld in allen Fällen der befristeten Auslandstätigkeit, sind Forderungen, die noch nicht erfüllt sind. Im Vergleich mit anderen Industrienationen, wie den westeuropäischen Ländern, USA und Japan scheinen die Förderungs- und Unterstützungsmaßnahmen des deutschen Gesetzgebers für die Exportwirtschaft in diesem Bereich weit weniger begünstigend zu wirken. Dies gilt für viele Themen insb. im

Steuer und Sozialversicherungsrecht. Gerade hier kann viel im Sinne eines positiven Beitrags zum Investitionsklima bewegt werden.

Der Beitrag „Arbeitsverträge und Arbeitsverhältnisse" stellt die rechtlichen Zusammenhänge für Auslandseinsätze dar und legt die Priorität auf pragmatische Lösungsansätze.

14.1 Arbeitsverträge und Arbeitsverhältnisse

14.1.1 Anwendbares Recht (Art. 30 EGBGB)

14.1.1.1 Der Arbeitnehmerschutzgedanke nach Art. 30 Abs. 1

4   Indem Art. 30 Abs. 1 auch **Arbeitsverhältnisse** anspricht, gilt die Vorschrift auch für nichtige, aber in Vollzug gesetzte Arbeitsverträge sowie für faktische Arbeitsverträge ohne vertragliche Grundlage.

Ob dem Arbeitnehmer durch das gewählte Recht der **Schutz** der zwingenden arbeitsrechtlichen Bestimmungen des nach Abs. 2 maßgebenden Rechts **entzogen** wird, ist durch Vergleich der beiden Rechtsordnungen zu ermitteln; dabei ist jeweils auf die **Ergebnisse** abzustellen, zu denen sie in dem betr. Teilbereich, z.B. Kündigungsschutz, im Einzelfall gelangen.

Soweit das gewählte Recht mit seinen zwingenden Vorschriften den Arbeitnehmer im Ergebnis genauso oder besser schützt als das bei Fehlen einer Rechtswahl berufene Recht, hat es bei der Anwendung jener Vorschriften sein Bewenden; soweit es hinter dem Schutz des nach Abs. 2 maßgebenden Rechts zurückbleibt, finden stattdessen die dem Arbeitnehmer günstigeren zwingenden Vorschriften dieser Rechtsordnung Anwendung. Auf diese Weise kann ein Arbeitsverhältnis u.U. einem Mosaik zwingender Schutzvorschriften verschiedener staatlicher Herkunft unterliegen, z.B. den Kündigungsfristen des gewählten Rechts und der Lohnfortzahlung im Krankheitsfall nach dem an sich maßgebenden Recht.

5   **Zwingende** Bestimmungen, die nach Abs. 1 durch Rechtswahl nicht ausgeschaltet werden können, finden sich verstreut im gesamten Arbeitsrecht. In Betracht kommen etwa der Gleichbehandlungsgrundsatz, Vorschriften über Arbeitnehmererfindung, über Kündigungsschutz, Vertragsübernahme bei Betriebsübergang (§ 613a BGB), Jugendarbeitsschutz, Mutterschutz, Arbeitszeit. Sie können auch in einem Tarifvertrag enthalten sein.

14.1.1.2 Das Arbeitsvertragsstatut nach Art. 30 Abs. 2 EGBGB

6   Das von den Parteien gewählte oder durch objektive Anknüpfung nach Art. 30 Abs. 2 maßgebende Arbeitsvertragsstatut regelt vorbehaltlich der Sonderanknüpfung zwingender Bestimmungen – hierzu weiter unten 14.1.2 und 14.2.2 – grundsätzlich alle mit Begründung, Inhalt, Erfüllung und Beendigung eines Arbeitsverhältnisses zusammenhängenden Fragen, also insbesondere Lohnzahlungspflicht (einschließlich Mehrarbeitsvergütung), Erstattung von Umzugskosten, Urlaub, Schadensersatzpflicht, Vertragsübernahme bei Betriebsübergang, Kündigungsschutz, nachvertragliche Wettbewerbsverbote, Arbeitnehmererfindungen und betriebliche Altersversorgung.

Haben die Parteien von der Möglichkeit einer Rechtswahl gem. Art. 27 **keinen** Gebrauch gemacht, (was angesichts der mit der Rechtswahl verbundenen Probleme dringend anzuraten ist) oder ist die von ihnen getroffene Rechtsanwendung nach dem dafür maßgebenden Recht (Art. 27 Abs. 1 i.V.m. Art 31) unwirksam, so ist auf Grund objektiver Anknüpfung nach Absatz 2 Nr. 1 grds. das Recht des Staates maßgebend, in dem der Arbeitnehmer in Erfüllung des Vertrages (oder des Arbeitsverhältnisses, s. o. 2.1) **gewöhnlich** seine Arbeit verrichtet, d. h., das **Recht** des normalen **Arbeitsortes**; bei Einsatz an wechselnden Orten innerhalb eines Staates ist Arbeitsort das Gebiet, in dem die Arbeitsleistung überwiegend erbracht wird. Bei der Anwendung dieses Rechts bleibt es auch dann, wenn der Arbeitnehmer vorübergehend, d. h., nicht endgültig in einen anderen Staat entsandt wird: Vorschriften des Rechts am Arbeitsort über Arbeitssicherheit, Arbeitszeit oder Feiertage sind aber entsprechend Art. 32 Abs. 2 (Geltungsbereich des auf den Vertrag anzuwendenden Rechts) zu berücksichtigen.

Bei einer auf Dauer angelegten Versetzung an einen anderen Arbeitsort in einem anderen Staat kommt es zu einem Statutenwechsel.

Verrichtet der Arbeitnehmer seine Arbeit gewöhnlich nicht in ein und demselben Staat, so ist nach Art. 30 Abs. 2 Nr. 2 grundsätzlich das Recht der Niederlassung des Arbeitgebers maßgebend, die den Arbeitnehmer eingestellt hat.

Die Anwendung der Ausnahmeklausel der engeren Verbindung nach der Gesamtheit der Umstände bleibt vorbehalten: Die in Art. 30 Abs. 2 Nr. 1 u. 2 vorgesehenen Anknüpfungen an den Arbeitsort bzw. die Anstellungsniederlassung sind keine starren Regeln. Sofern sich aus der Gesamtheit der Umstände (z. B. Arbeitsort, Sitz des Arbeitgebers, Wohnsitz des Arbeitnehmers, Staatsangehörigkeit der Parteien, daneben auch Vertragsstrafe und -währung, Abschlussort, Altersversorgung und Krankenkasse) ergibt, dass der Vertrag engere Bindungen zu einem anderen Staat aufweist, ist nach der Ausnahmeklausel in Abs. 2 an Stelle des Rechts des Arbeitsorts bzw. der Anstellungsniederlassung das Recht jenes anderen Staates maßgebend. 7

14.1.1.3 Die Fortgeltung von Betriebsvereinbarungen und betrieblichen Regelungen

Deutsches Betriebsverfassungsrecht gilt nach dem Territorialitätsprinzip nur für die im Inland gelegenen Betriebe (sofern keine Ausstrahlung eines inländischen Betriebes bei vorübergehender Auslandsbeschäftigung vorliegt). Insoweit liegt hierin die Grenze des oben erwähnten Arbeitnehmerschutzgedankens des Art. 30 Abs. 1 sowie des Arbeitsstatuts des Art. 30 Abs. 2. 8

14.1.1.4 Tarifliche Regelungen und ihre Bedeutung für die Vertragsgestaltung und -durchführung

Das auf Tarifverträge anwendbare Tarifvertragsstatut können die Parteien durch ausdrückliche oder konkludente Rechtswahl bestimmen. 9

Die Beschränkung des räumlichen und persönlichen Geltungsbereichs eines Tarifvertrages ist dabei als materielle Regelung zu beachten.

Ob ein Tarifvertrag überhaupt auf ein einzelnes Arbeitsverhältnis einwirkt, hängt von dem dafür maßgebenden Arbeitsvertragsstatut ab, zu dessen Vorschriften auch die Tarifnormen gehören.

Nicht nur (verstreut) in Arbeitsgesetzen, sondern auch in einem Tarifvertrag können zwingende Bestimmungen enthalten sein. Zwingende Bestimmungen können durch Rechtswahl nach Art 27 Abs. 1 nicht ausgeschaltet werden (siehe Art. 27 Abs. 3 und 4; Art. 30 Abs. 1; Art. 34 EGBGB).

14.1.2 Rechtswahl und Kollisionsnormen (Art. 27, 34 EGBGB)

14.1.2.1 Voraussetzungen der Rechtswahl

Art. 34 versagt einer von den Parteien nach Art. 27 Abs. 1 getroffenen Rechtswahl insoweit die Wirksamkeit, als dadurch dem Arbeitnehmer der Schutz entzogen wird, 10 den ihm die zwingenden Vorschriften der Rechtsordnung gewähren, die ohne die Rechtswahl maßgeblich gewesen wäre („Günstigkeitsprinzip"). Mit dieser Regelung soll verhindert werden, dass durch eine Rechtswahlerklärung im Arbeitsvertrag die an sich maßgebenden zwingenden arbeitsrechtlichen Schutzvorschriften umgangen werden. Sie dient dem Schutz des Arbeitnehmers.

Art. 27 Abs. 1 kodifiziert den bisher gewohnheitsrechtlich geltenden Grundsatz der Parteiautonomie. Danach können die Parteien das für einen schuldrechtlichen Vertrag maßgebende Recht („Vertragsstatut") selbst bestimmen. Die Rechtswahl wird durch einen kollisionsrechtlichen Verweisungsvertrag vorgenommen, dessen Zustandekommen sich nach Abs. 4 regelt.

Von der kollisionsrechtlichen ist die materiellrechtliche Verweisung zu unterscheiden, durch welche Vorschriften einer bestehenden Rechtsordnung zum Vertragsinhalt gemacht werden. Sie ist nur insoweit wirksam, als die kollisionsrechtlich maßgebende Rechtsordnung es gestattet, d. h., ihre Vorschriften dispositiv sind.

Die Parteien sind nach Art. 27 Abs. 1 Satz 1 in ihrer Rechtswahl grundsätzlich frei. Sie können den Vertrag wirksam auch einem Recht unterstellen, zu dem er sonst keine Beziehungen aufweist, z. B. dem Recht eines Drittstaates, was aber faktisch kaum vorkommen wird. Einschränkungen der Rechtswahlfreiheit bestehen aber nach Abs. 3 bei Arbeitsverträgen, eine analoge Anwendung dieser Vorschriften auf andere Fälle ist wegen ihres Ausnahmecharakters nicht statthaft. Die Rechtswahl kann nicht an dem ordre public-Gedanken des Art. 6 gemessen werden.

11 Für das Zustandekommen braucht die Rechtswahl nicht ausdrücklich getroffen zu werden; sie kann sich nach Abs. 1 S. 2 auch konkludent ergeben, sofern sich ein entsprechender realer Parteiwille mit hinreichender Sicherheit aus den Bestimmungen des Vertrags oder den Umständen des Sachverhalts/Einzelfalls ergibt. Bei Fehlen hinreichender Anhaltspunkte für eine schlüssige Rechtswahl ist das Vertragsstatut nach Art. 28 zu bestimmen. Art. 30 Abs. 2 Ziff. 2, 2. Halbsatz EGBGB regelt, dass das Arbeitsrecht Anwendung findet, zu dem der Arbeitsvertrag oder das Arbeitsverhältnis **engere Verbindungen** aufweist. Diese Ausnahme greift sowohl beim Tätigkeitsort wie auch bei dem Anknüpfungspunkt der Niederlassung.[1]

Indizien für eine **konkludente** Rechtswahl im Sinne der „Berücksichtigung der Gesamtumstände" sind z. B.:
– Vertragsabschluss zwischen im Inland ansässigen Parteien in deutscher Sprache im Inland
– Vereinbarung eines einheitlichen Gerichtsstands (nicht aber ein formularmäßiger Gerichtsstandvermerk auf einer Rechnung oder eines einheitlichen Erfüllungsorts)
– Vereinbarung eines institutionellen Schiedsgerichts
– Vereinbarung der Geltung von AGB einer Partei
– Verwendung von Formularen oder eine bestimmte Rechtsordnung
– Bezugnahme auf Rechtsvorschriften in einer Vertragsurkunde
– Vereinbarung der Auslegung des Vertrags nach ausländischem Recht
– Orientierung des Vertragsinhalts an den besonderen Bedürfnissen einer Partei oder an den Gepflogenheiten des gemeinsamen Heimatlandes
– Verhalten der Parteien im Prozess
– Staatsangehörigkeit der Parteien
– Sitz des Arbeitgebers
– Vertragssprache
– Währung, in der die Vergütung oder sonstige Leistungen erbracht werden
– Ort des Vertragsschlusses
– Wohnsitz des Arbeitnehmers

---

[1] Vgl. BAG in NBZ 90, S. 841.

Die Sprache eines Vertrags allein genügt nicht: Auch die im Vertrag vereinbarte Währung für die Vergütung und andere Leistungen stellt für sich noch kein ausreichendes Indiz dar.

Die Parteien können nach **Absatz 1 Satz 3** die Rechtswahl auch auf einen **Teil** des Vertrags beschränken oder für verschiedene Teile des Vertrages eine jeweils unterschiedliche Rechtswahl treffen (Spaltung des Vertragsstatuts), z. B. über formelles Zustandekommen des Vertrags einerseits und über seine materielle Wirksamkeit andererseits. Auch eine von der Gerichtsstandregelung abweichende Rechtswahl ist selbstverständlich möglich. Dagegen gestattet Abs. 1 S. 3 nicht, die jeweiligen Pflichten der Vertragsparteien verschiedenem Recht zu unterstellen. 12

Die Rechtswahl braucht nicht notwendig bei Vertragsschluss getroffen zu werden. Sie kann nach **Absatz 2** auch zu einem **späteren** Zeitpunkt vorgenommen werden; auch kann eine bereits getroffene Rechtswahl jederzeit durch eine neue ersetzt werden. Soweit sich aus der späteren Rechtswahl ein Wechsel des Vertragsstatuts ergibt, wirkt dieser im Zweifel ex nunc; er lässt jedenfalls eine nach dem alten Statut gem. Art. 11 bestehende Formgültigkeit des Vertrags und die nach dem bisher maßgebenden Recht begründeten Rechte Dritter unberührt, Abs. 2 Satz 2. Zu den Auswirkungen der EU-Entsenderichtlinie 96/71 auf die Rechtswahl s. 14.2.1.

14.1.2.2 Einschränkungen der Rechtswahl

Einschränkungen der Rechtswahlfreiheit bestehen bei Arbeitsverträgen, (Art. 30 Abs. 1). Eine analoge Anwendung dieser Vorschriften auf andere Fälle – z. B. Beraterverträge oder Dienstleistungsverträge, die nicht Arbeitsverträge sind – ist wegen ihres Ausnahmecharakters nicht statthaft. 13

14.1.2.3 Der ordre public-Gedanke (Art. 34 EGBGB in Verbindung mit Art. 6 EGBGB)

Vorstehend wurde festgestellt, dass dann, wenn ausländisches Recht kraft Rechtswahl oder objektiver Anknüpfung Vertragsstatut ist, auch Eingriffsnormen ausländischen Rechts anzuwenden sind, soweit sie nicht gegen den deutschen ordre public verstoßen (s. o.: 14.1.2.1). 14

Ausgangspunkt eines entwickelten Internationalen Privatrechts ist es, einen Rechtsfall nach derjenigen Rechtsordnung zu entscheiden, zu welcher er die engsten Beziehungen hat. Der Gesetzgeber nimmt dabei im Interesse international privatrechtlicher Gerechtigkeit bewusst Entscheidungen in Kauf, die von den nach dem eigenen Recht zu fällenden abweichen. Durch die kollektivrechtliche Verweisung auf fremdes Recht dürfen die inländischen Gerichte aber nicht zu Entscheidungen genötigt werden, die im Ergebnis grundlegenden Rechtsanschauungen krass widerstreiten. Für solche Fälle schließt Art. 6 (der in seinem sachlichen Gehalt Art. 30 nach alter Fassung entspricht) zum Schutz der inländischen öffentlichen Ordnung (ordre public) die Anwendung ausländischen Rechts für den konkreten Sachverhalt aus. Eine solche Vorbehaltsklausel findet sich im Internationalen Privatrecht aller Staaten ebenso wie in allen neueren Staatsverträgen.

Maßstab für den Verstoß gegen den ordre public ist daher nach wie vor, „ob das Ergebnis der Anwendung des ausländischen Rechts zu den Grundgedanken der deutschen Regelung und den in ihnen liegenden Gerechtigkeitsvorstellungen in so starkem Widerspruch steht, dass es von uns für untragbar gehalten wird".[2] 15

Maßgebend ist, dass die Anwendung der ausländischen Rechtsvorschrift „offensichtlich" mit der deutschen öffentlichen Ordnung unvereinbar sein muss; der Verstoß

---

[2] BAG in NZA 90, S. 841.

gegen den ordre public muss also eklatant sein. Als Prüfungsmaßstab sind die Rechtsanschauungen z. Z. der richterlichen Entscheidung maßgebend.

Abzustellen ist immer darauf, ob das **Ergebnis** der Anwendung ausländischen Rechts im **konkreten Fall** in einem unerträglichen Widerspruch zu grundlegenden deutschen Rechtsvorstellungen stünde. Voraussetzung dafür ist, dass der Inhalt des anwendbaren fremden Rechts ermittelt werden kann; ist dies ausgeschlossen, kommt Anwendung der lex fori als Ersatzrecht in Betracht.

16 Bei der Anwendung von Art. 6 ist große **Zurückhaltung** geboten. Der deutsche Richter darf sich nicht zum Sittenrichter über fremdes Recht aufwerfen; dass eine Norm im Ursprungsland selbst als reformbedürftig gilt, erleichtert die Heranziehung von Art. 6.

Einzelfälle aus der gerichtlichen Praxis: (**ja** = Greifen von Art. 6, d. h. Verstoß gegen den ordre public)
– Zwingende Vorschrift des § 613a BGB (Betriebsübergang): nein
– Fristloses Kündigungsrecht hinsichtlich Dienstvertrag ohne wichtigen Grund: nein
– Einen vertraglicher Verzicht auf Kündigungsschutz: **ja** (nicht jedoch des KSchG selbst)
– Fehlen von dem deutschen Standard entsprechenden Arbeitsschutzvorschriften: nein
– Frauenbeschäftigungsverbot: nein
– Fehlen von Kündigungsschutz zu Beginn des Arbeitsverhältnisses: nein
– Unterschiedlicher Kündigungsschutz verschiedener Gruppen von Arbeitnehmern: nein
– Mitbestimmungsregelung anlässlich grenzüberschreitender Fusion: nein

14.1.2.4 Zwingende Bestimmungen nach Art. 27 Abs. 3 EGBGB

17 Nach Art. 27 Abs. 3 können zusätzlich auch die zwingenden Vorschriften einer anderen Rechtsordnung zur Anwendung kommen, wenn der Sachverhalt, abgesehen von der Rechtswahl und gegebenenfalls einer begleitenden Gerichtsstandvereinbarung; nur zu dieser Rechtsordnung Beziehungen aufweist, nicht also bei Vertragsabschluss im Bereich des von den Parteien gewählten Rechts.

Aus dieser Sonderregelung ergibt sich mittelbar eine Einschränkung der Rechtswahlfreiheit; die zwingenden Vorschriften des Staates, in dem alle anderen Elemente des Sachverhalts liegen, müssen ohne Rücksicht auf das von den Parteien gewählte Vertragsstatut weiterhin angewandt werden.

14.1.2.5 zu Art. 34 EGBGB

18 Art. 34 regelt einen Ausschnitt aus dem Problemkreis der Sonderanknüpfung zwingender Vorschriften mit wirtschafts- und sozialpolitischen Gehalt (sog. Eingriffsnormen).

Es handelt sich um eine Sonderanknüpfung zwingender deutscher Vorschriften.

Unabhängig von dem für einen Schuldvertrag nach Art. 27 bis 30 geltenden Vertragsstatut sind nach Art. 34 in jedem Fall die vertraglichen nicht abdingbaren Vorschriften des deutschen Rechts anzuwenden, die den Sachverhalt ohne Rücksicht auf das auf den Vertrag anzuwendende Recht international zwingend regeln. Die Vorschrift bezieht sich nur auf „diesen Unterabschnitt" (Art. 27 ff.), mithin nicht auf Art. 11 (Form von Rechtsgeschäften).

19 Erforderlich ist ein internationaler Gestaltungswille, der einer Norm auch durch Auslegung entnommen werden kann; generelle Kriterien lassen sich dafür nicht aufstellen. Art. 34 ist eine Generalklausel, die fallweise zu konkretisieren ist.

Dabei spielt ähnlich wie beim ordre public neben der Bedeutung des Rechtsgehalts der betreffenden Vorschrift auch der Inlandsbezug des zu entscheidenden Falls eine

Rolle, der umso stärker sein muss, je schwächer das Gewicht der durch die Eingriffsnorm geschützten öffentlichen Interessen ist. Die bloße Unabdingbarkeit nach deutschem materiellen Recht genügt nicht. Daher können über Art. 34 nicht etwa §§ 138 BGB (Sittenwidrige Rechtsgeschäfte) u. 242 BGB (Treu und Glauben) angewandt werden. Ihre Durchsetzung gegenüber dem an sich maßgebenden ausländischen Recht kann nur über Art. 6 (ordre public) erfolgen. In Betracht kommen dagegen sowohl privatrechtliche wie auch öffentlich-rechtliche Vorschriften, die im öffentlichen (insbesondere sozial- oder wirtschaftspolitischen) Interesse und sei es auch nur zum Schutz der sozial schwächeren Vertragspartei in Schuldverhältnisse eingreifen, z.B. Vorschriften des Außenwirtschaftsrechts etc. Dagegen gehören nicht hierher das deutsche Mitbestimmungsrecht, der arbeitsrechtliche Gleichbehandlungsgrundsatz sowie Bestandsschutz nach § 613a BGB.

Vorschriften der in Art. 34 genannten Art gehen den für den Vertrag im Übrigen 20 geltenden Bestimmungen eines ausländischen Rechts vor, gleichgültig, ob diese kraft Rechtswahl gemäß Art. 27, oder kraft objektiver Anknüpfung, Art. 30 Abs. 2 berufen sind; sie setzen sich als vorrangige Sonderregelung auch gegenüber zwingenden Bestimmungen fremden Rechts durch, die ebenfalls unabhängig vom Vertragsstatut kraft oben erwähnter Sonderanknüpfung gemäß Art. 27 Abs. 3 und 30 Abs. 1 anwendbar sind.

Allgemeine Grundsätze zur Anwendung zwingender Vorschriften wirtschafts- und sozialpolitischer Art (Eingriffsnormen)

a) Ist **deutsches** Recht kraft Rechtswahl Vertragsstatut, so kommt eine Anwendung 21 zwingender Vorschriften eines **ausländischen** Rechts nur unter den Voraussetzungen der Art. 27 Abs. 3 (29 Abs. 1) und 30 Abs. 1 in Betracht; bei Maßgeblichkeit deutschen Rechts kraft objektiver Anknüpfung gem. Art. 28, 29 Abs. 2 und 30 Abs. 2 scheidet die Anwendung zwingender Vorschriften eines fremden Rechts aus. Anstelle einer unmittelbaren Anwendung kommt aber bei entsprechenden tatsächlichen Beziehungen zu einer ausländischen Rechtsordnung stets eine faktische Berücksichtigung ihrer Eingriffsnormen zwar nicht im Rahmen von § 134 BGB (Nichtigkeit verbotener Rechtsgeschäfte), wohl aber über § 138 BGB in Betracht. Auch können solche Gesetze zu einer tatsächlichen ursprünglichen oder nachträglichen Unmöglichkeit der Leistung, zum Wegfall der Geschäftsgrundlage oder zum faktischen Ausschluss bestimmter Erfüllungsweisen führen, z.B. durch ausländische Devisenvorschriften.

Zweifelsohne sind jedoch die Fallgestaltungen zu § 138 BGB im internationalen 22 Privatrecht sehr restriktiv zu behandeln. Ansonsten würden Rechtsauffassungen unseres deutschen Kodifizierungssystems ungefiltert Einfluss auf Fallgestaltungen mit Auslandsbezug entfalten und eine eigenständige Entwicklung internationalen Privatrechts von vornherein gefährden oder unmöglich machen.

b) Ist **ausländisches** Recht kraft Rechtswahl oder objektiver Anknüpfung Vertragsstatut, so sind auch dessen Eingriffsnormen anzuwenden, soweit sie nicht gegen den deutschen ordre public verstoßen, Art. 6 (siehe hierzu 2.2.3). Trotz der Maßgeblichkeit ausländischen Rechts setzen sich aber auf Grund Sonderanknüpfung nach Art. 34 die internationalen zwingenden Vorschriften des deutschen Rechts durch.

Beruht die Maßgeblichkeit des betreffenden ausländischen Rechts auf einer Rechts- 23 wahl, so sind außerdem auf Grund Sonderanknüpfung gem. Art. 27 Abs. 3, 29 Abs. 1 und 30 Abs. 1 unter den dort genannten Voraussetzungen zwingende Vorschriften des deutschen oder eines anderen ausländischen Rechts anzuwenden. Im übrigen können Eingriffsnormen eines dritten Staates auch im Rahmen der Sachnormen des ausländischen Vertragsstatus faktisch berücksichtigt werden. Im **Konfliktfall** setzen sich die nach Art. 34 berufenen zwingenden **deutschen** Vorschriften gegenüber den zwingenden Vorschriften eines ausländischen Vertragsstatuts **und** gegenüber den kraft Sonderanknüpfung gem. Art. 27 Abs. 3, 29 Abs. 1 und 30 Abs. 1 zur Anwendung gelangenden zwingenden Vorschriften des deutschen oder eines anderen ausländischen Rechts durch. Die kraft Sonderanknüpfung gem. Art. 27 Abs. 3, 29 und 30 Abs. 1 berufenen zwingenden Vorschriften des deutschen oder eines ausländischen Rechts besitzen den Vorrang auch vor den zwingenden Vorschriften des ausländischen Vertragsstatus.

14.1.3 Gerichtsstandvereinbarungen

24 Sowohl der nationale wie auch der internationale Gerichtsstand sollten geregelt werden. Selbst wenn die Wirksamkeit derartiger Regelungen im Einzelfall nach ausländischen Rechtsordnungen in Frage gestellt sein können, ist die Gerichtsstandsvereinbarung jedenfalls nicht nachteilig. Eine Gerichtsstandsvereinbarung lässt § 38 Abs. 2 ZPO zu, wenn eine der Vertragsparteien im Inland keinen allgemeinen Gerichtsstand unterhält. Der allgemeine Gerichtsstand wird durch den Wohnort geregelt (§ 13 ZPO). Verlagert der Arbeitnehmer – wie regelmäßig bei längerfristigen Entsendungen/Versetzungen – seinen Wohnsitz ins Ausland, ist die Vereinbarung des Gerichtsstand möglich. Diese begründet die internationale wie örtliche Zuständigkeit.[3] Die Vereinbarung bedarf der Schriftform und zwar möglichst in den Originalverträgen.

Der Gerichtsstand sollte sich in dem Land befinden, dessen Recht im Rahmen der Rechtswahl vereinbart wird. Ein Auseinanderfallen von Rechts- und Gerichtsstandswahl erhöht die Risiken erforderlicher Auslegungsfragen. Die Auslegung nach ausländischen Rechtsnormen und Anwendung ausländischen Rechts auf der Basis von Rechtsgutachten internationaler Institutionen oder dem Max-Planck-Institut für ausländisches Recht ist mit zahlreichen Unsicherheitsfaktoren behaftet.

14.2 Relevante EU-Vorschriften zu Auslandstätigkeiten

25 Die arbeitsrechtlichen sowie beschäftigungs- und arbeitsplatzbezogenen Regelungen finden sich in zahlreichen EU-Richtlinien und -verordnungen (s. Zusammenstellung der wichtigsten Arbeits- und Sozialversicherungsbestimmungen in Nipperdey I: Arbeitsrecht (Nr. 850 ff.). Wesentliche Grundsätze lassen sich in den nachstehenden drei Punkten finden.

14.2.1 Die Entsende-Richtlinie

26 Im sog. Entsendegesetz hat der deutsche Gesetzgeber Mindestanforderungen an die deutschen Arbeitsverträge deutscher Unternehmen mit ausländischen Mitarbeitern im Baugewerbe gestellt. Im europäischen Umfeld besteht seit 1996 eine Richtlinie[4] für grenzüberschreitende Dienstleistungen. Wesentliche Inhalte sind die Beseitigung von Hindernissen für den freien Personen- und Dienstleistungsverkehr und die Schaffung der Rahmenbedingungen hierfür. Bei zeitlich befristeten Auslandseinsätzen – die Richtlinie spricht von sog. Transnationalisierung der Arbeitsverhältnisse – sollen der Zielsetzung der Regelung nach für die Vertragsparteien weitgehende Gestaltungsmöglichkeiten (freie Rechtswahl, Beachtung des ordre-public-Gedankens u. a.) bestehen. Das Gemeinschaftsrecht hindert jedoch die Mitgliedsstaaten nicht daran, ihre Gesetze

---

[3] BAG in NJW 84, S. 1320.
[4] 96/71/EG vom 16. 12. 96.

und von den Sozialparteien abgeschlossene Tarifverträge auch auf vorübergehend im Land Beschäftigte anzuwenden, unabhängig von der Anwendung des Rechts des Entsendungs-/Heimatstaates bei mangelnder Rechtswahl. Die sich hieraus ergebenen Kollisionen lassen sich nur einzelvertraglich regeln und sollten auch zwischen den Vertragsparteien der Entsendung festgeschrieben werden.

14.2.2 Die freie Wahl des Arbeitsverhältnisses

Die freie Wahl des Arbeitsverhältnisses setzt einen funktionierenden und grenzenlosen Binnen(Arbeits-)markt voraus. Der freie Dienstleistungsverkehr einschließlich der grenzüberschreitenden Tätigkeiten von Arbeitnehmern muss dadurch gewährleistet werden (hierzu EU-Richtlinie 90/364 und 90/366 vom 28. 6. 90, Amtsblatt Nr. L 180 vom 13. 7. 90, S. 26ff sowie Verordnung (EWG) Nr. 1612/68 vom 15. 10. 68). Diese Regelungen betreffen Staatsangehörige der EU-Mitgliedsstaaten. Für Staatsangehörige – und damit Beschäftigte – aus anderen Staaten gelten nach wie vor grundsätzlich die innerstaatlichen Regelungen zur Aufenthalts- und Arbeitserlaubnis. Dies ist bei Entsendungen gerade bei internationalen Konzernen zu beachten, die zunehmend eine sehr globale Mitarbeiterrotation betreiben. Der rechtzeitige Vorlauf von entsprechenden Visa-Anträge ist hierbei zu berücksichtigen. Ob die Entsenderichtlinie EG-RL 96/71 eine andere, weitere Interpretation des Arbeitnehmerbegriffs und somit die Anwendung auf alle Arbeitnehmer ohne Rücksicht auf die Staatsangehörigkeit zulässt, ist noch nicht entschieden. Dem Wortlaut des Art. 3 nach dürfte dies jedoch der Fall sein. 27

14.2.3 Die Bedeutung des Gleichbehandlungsgrundsatzes

Die Gleichbehandlung im Sinne der Nichtdiskriminierung findet sich in einer Vielfalt von Fallgestaltungen. Arbeitnehmer und -gruppen dürfen nicht aus unsachgerechten Gründen u. a. wegen ihres Geschlechts, der Staatsangehörigkeit, Rasse und Religionszugehörigkeit anders behandelt und damit diskriminiert werden. Bei grenzüberschreitenden Arbeitstätigkeiten hat dies vor allem für die Einbindung des befristet im Ausland tätigen Mitarbeiters in die lokale Betriebsorganisation Bedeutung. Aber auch rechtliche Rahmenbedingungen wie im Steuer- und Sozialversicherungsrecht erfordern die Beachtung dieser Grundsätze. Für Arbeitsverträge ist die Einbeziehung in die „soziale" betriebliche Infrastruktur wie z.B. betriebliche Altersversorgung und Krankenversicherung bzw. Lohnfortzahlung oder andere finanzielle für den Mitarbeiter relevante Gesichtspunkte zu regeln. Wegen der Befristung werden die Konditionen des Stammhauses aufrecht erhalten, die wiederum mit denen des lokalen Unternehmens kollidieren können. Zur Vermeidung von Unklarheiten und Dissens in Auslegungsfragen müssen die Vertragskonditionen sowohl des Ruhensvertrags wie auch des „aktiven" lokalen Vertrags im Ausland diese Grundsätze wiederspiegeln. 28

14.3 Die Beurteilung der Vertragsbeziehungen zwischen Mitarbeiter und entsendendem Unternehmen/ Stammhaus

Für die Beurteilung der Vertragsbeziehungen zwischen dem im Ausland tätigen Mitarbeiter und dem entsendenden Unternehmen (Stammhaus) sind zunächst die (arbeits-)vertraglichen Regelungen entscheidend. Von Einfluss können daneben kollektive Normen aus Tarifverträgen – einschließlich deren Allgemeinverbindlichkeit sein. Zur Beurteilung von arbeitsrechtlichen Sachverhalten sind desweiteren gesetzliche Rege- 29 lungen und Rechtssprechungsentscheidungen sowohl des Entsendungsstaates wie auch des Tätigkeitsstaates heranzuziehen. Auch hierbei ist die umfassende Vollständigkeit und Transparenz der zwischen den Parteien getroffenen Vereinbarungen wichtig und entscheidend.

Sozialversicherung und Steuerrechtliche Aspekte treten dabei zunächst in den Hintergrund, gewinnen jedoch für die Wahl der Vertragspartner sowie die Dauer der Entsendung bzw. Auslandstätigkeit an Bedeutung.

14.3.1 Vertragsgestaltungen und -arten bei Auslandstätigkeiten

14.3.1.1 Vorübergehende Entsendung/Versetzung

14.3.1.1.1 (langfristige) Dienstreise

30   Die Dienstreise stellt sich im Regelfall als einen kurzfristigen Auslandsaufenthalt im Rahmen des bestehenden Inlandsvertrages dar. Hierfür gelten regelmäßig die betriebsinternen Reiseordnungen, die die Konditionen für Dienstreisen abdecken. Weitergehende arbeitsvertragliche Regelungen, wie sie für längerfristige Auslandsaufenthalte erforderlich sind, werden für Dienstreisen nicht benötigt.

Der Steuergesetzgeber hat die Rahmenbedingungen in der Lohnsteuerrechtlinie 37 Abs. 3, (für das Kalenderjahr 2000) festgelegt. Die ab 1. April 2000 geltenden Pauschbeträge für Verpflegungsmehraufwendungen und Übernachtungskosten sind mit Rundschreiben des Bundesfinanzministers vom 21. Februar 2000 festgelegt.

Aus steuerlicher Sicht sind die steuerfreien Pauschalen für Übernachtungen und Verpflegungen der Höhe und Dauer nach begrenzt (zurzeit auf 3 Monate), so dass nach Ablauf dieser steuerfreien Zeit vom Arbeitgeber gezahlte Zulagen steuerpflichtig werden. Im Rahmen der Absicherung des Mitarbeiters vor Unfällen und im Krankheitsfalle empfiehlt sich der Abschluss zusätzlicher Gruppenversicherungen. Die Prämien hierfür sind relativ niedrig.

Dienstreisen sind der Dauer nach nicht beschränkt. Die 183-Tage-Regelung von Doppelbesteuerungsabkommen und die Aus- und Einstrahlungsregelungen des deutschen Sozialversicherungsrechts führen jedoch im Regelfall zu einer maximalen Dauer von drei bis sechs Monaten. Danach sollten gesonderte vertragliche Regelungen mit dem Mitarbeiter getroffen werden.

14.3.1.1.2 Abordnungsverträge

31   Eine der Dienstreise ähnliche Vertragsform ist der Abordnungsvertrag, der dadurch gekennzeichnet ist, dass der jeweilige Anstellungsvertrag im Inland während der Auslandstätigkeit fortbesteht. Alle vertraglichen Pflichten sowohl des Arbeitgebers wie des Arbeitnehmers behalten in vollem Umfang ihre Gültigkeit. Kennzeichnend für einen Abordnungsvertrag ist, dass die Weisungsbefugnis und das Direktionsrecht beim inländischen Arbeitgeber verbleiben. Eine steuerliche Betriebsstätte wird regelmäßig im Ausland nicht begründet, auch nicht in der Person des Arbeitnehmers im Rahmen seiner Auslandstätigkeit. Da sich die steuerliche Beurteilung nach dem Recht des jeweiligen Aufenthaltsstaates bestimmt, ist die steuerliche Betrachtung nach dessen (lokalem) Steuerrecht zu beurteilen. Tritt der entsandte Mitarbeiter aber im Ausland im Außenverhältnis zu Dritten mit eigenen (Abschluss-) Vollmachten auf und schließt z.B. wie ein lokaler Mitarbeiter berechtigterweise Verträge ab, d.h. ist nicht nur im Rahmen typischer Repräsentantenaufgaben tätig, dann kann er selbst als ausländische Betriebsstätte anzusehen sein.

Lediglich für die Dauer des Auslandsaufenthaltes vereinbaren die Vertragsparteien — in der Regel bereits ihrer entsprechende Abordnungsregelungen, seltener im Rahmen von Betriebsvereinbarungen — die Übernahme der (Mehr-) Kosten und Aufwendungen des entsandten Mitarbeiters im Ausland durch den Arbeitgeber. Hierzu zählen entsprechende Auslandszulagen, Ausgleich für höhere Lebenshaltungskosten, Heimflugregelungen, Mitnahme von (Ehe-) Partnern sowie die Behandlung von zusätzlichem Umzugsgut. Von der Einsatzzeit her wird der Abordnungsvertrag in der Regel über ca. 1 Jahr gehen. An eine bestimmte Einsatzdauer ist er jedoch grundsätzlich nicht gebunden. 32

14.3.1.1.2.1 Montagetätigkeit

Für typische Montagetätigkeiten hat der deutsche Steuergesetzgeber den Auslandstätigkeitserlass („ATE") vorgesehen. Nach dem ATE werden bestimmte aufgeführte Tätigkeiten im Ausland von der deutschen Steuer freigestellt. Mit der Freistellung soll die deutsche Exportwirtschaft insbesondere bei der Rohstoffexploration, -gewinnung und -verarbeitung sowie bei anderen wichtigen Aufgaben unterstützt und gefördert werden. Die Freistellung von der deutschen Steuer ohne Rückgriff auf den sonst üblichen Progressionsvorbehalt im Bereich von Doppelbesteuerungsabkommen bedeutet jedoch nicht eine Freistellung von der Besteuerung im Einsatzland. Für viele Auslandseinsätze insbesondere in Projekten des Bergbaus und des Anlagenbaus lässt sich jedoch im Rahmen von entsprechenden vertraglichen Gestaltungen, hauptsächlich bei Beteiligung staatlicher Institutionen im Einsatzland, eine Steuerbefreiung oder -reduzierung vor Ort erreichen. 33

Um eine Gleichbehandlung möglichst aller Auslandsmitarbeiter eines Unternehmens hinsichtlich ihrer Besteuerung zu erzielen, empfiehlt sich eine sogenannte „Steuertopflösung", wie sie im Anlagenbau oft zur Anwendung kommt. Die Bruttovergütung — einschließlich von Zulagen und Ausgleichszahlungen — wird dabei für jeden entsandten Mitarbeiter nach deutschem Steuerrecht bewertet.

Der so ermittelte Steuerbetrag, der bei Tätigkeit im Inland zu zahlen wäre, wird einem zentralen internen Konto zugeführt. Hieraus werden diese Mehrkosten für Steuerzahlungen derjenigen Mitarbeiter bedient, die im Ausland höhere Steuerbelastungen als im Inland haben.

Diese Lösung stellt die Gleichbehandlung aller entsandten Mitarbeiter unabhängig vom Einsatzland sicher, ohne die Mitarbeiter zu benachteiligen.

14.3.1.1.2.2 Projektaufgaben

Über Abordnungsverträge abgewickelte Projektaufgaben werden durch das Fortbestehen der Weisungsbefugnisse des inländischen Arbeitgebers gekennzeichnet. Eine klare vertragliche Regelung empfiehlt sich bei solchen Projekten, bei denen der Mitarbeiter Tätigkeiten in von Dritten geführten Projekten durchführt bzw. in (Dritt-) Organisationen eingebunden ist. Inhalt und Aufgabe wie auch Verantwortlichkeiten und Berichtspflichten sowie Entscheidungsbefugnisse und Vertretungsregelungen sollten in den projektbezogenen Abordnungsvertrag aufgenommen werden. 34

14.3.2 Längerfristige Entsendungen/Versetzungen

Die längerfristige Entsendung bzw. Versetzung ins Ausland erfordert detaillierte vertragliche Regelungen nicht nur hinsichtlich der gegenseitigen vertraglichen Hauptpflichten — der Arbeitsleistung und der Vergütung —, sondern auch zu einer Vielzahl von Einzelpunkten, meistens im Zusammenhang mit Mehrkosten und -aufwendungen des Arbeitnehmers während der Auslandstätigkeit. 35

Daneben sind auch steuerliche und sozialversicherungsrechtliche Weichenstellungen vorzunehmen. Entsendungs- und Versetzungsverträge sind bei Tätigkeiten in ausländischen (steuerlichen) Betriebsstätten und selbständigen Unternehmen bzw. eigenständigen Arbeitgebern im Ausland erforderlich. Eine schriftliche Niederlegung der getroffenen Vereinbarungen empfiehlt sich wegen der Befristung der Tätigkeit im Ausland und der im Regelfall späteren Rückkehr in das inländische Arbeitsverhältnis. Vereinbarungen werden jeweils mit dem entsendenden Stammhaus im Inland und der Auslandsgesellschaft getroffen.

Im Gegensatz zur Dienstreise und einer Abordnung, deren Durchführung auch während der Auslandstätigkeit im Rahmen des fortbestehenden inländischen Anstellungsvertrages erfolgt und für die damit deutsches Arbeitsrecht per se fortgilt, ist die befristete Entsendung bzw. Versetzung durch die vorübergehende Beendigung des inländischen Vertragsverhältnisses und dem ebenfalls befristeten Eingehen eines Anstellungsverhältnisses im Ausland gekennzeichnet.

Die arbeitsrechtlichen Bedingungen und rechtlichen Voraussetzungen bedürfen deshalb sowohl aus Arbeitgeber- wie auch Arbeitnehmersicht vertraglicher Vereinbarungen.

14.3.2.1 Notwendige vertragliche Regelungen mit dem Stammhaus

36   Entsendungsvereinbarungen mit dem Stammhaus haben in erster Linie das Anstellungsverhältnis bis zur Aufnahme der Tätigkeit im Ausland und nach der Rückkehr ins Stammhaus zum Inhalt.

Der Inhalt des Arbeitsverhältnisses für den Zeitraum der Auslandstätigkeit ist Bestandteil des Vertrages mit der Auslandsgesellschaft. Lediglich Elemente einer Betreuungsfunktion des Stammhauses finden sich im Entsendungsvertrag.

Im Gegensatz zur Abordnung und Dienstreise ruht das inländische Arbeitsverhältnis während des Auslandseinsatzes. Die vertraglichen Hauptpflichten werden für einen befristeten Zeitraum suspendiert. Regelmäßig ist das Ruhen des Arbeitsverhältnisses im Inland mit der Rückkehrzusage des Arbeitgebers verbunden. Dem entsandten Mitarbeiter wird ein Anspruch auf Wiedereinstellung im Stammhaus oft auch bei Konzernunternehmen des Stammhauses verbrieft. Unter der Voraussetzung der vereinbarten Rückkehr nach Ablauf der Auslandstätigkeit lebt das ruhende Anstellungsverhältnis im Inland wieder in vollem Umfang mit allen Rechten und Pflichten auf. Dem Arbeitnehmer wird dabei eine adäquate Position zugesichert, die seinen beruflichen Erfahrungen, seinen Leistungen und Fähigkeiten entspricht. Zur Erleichterung der Wiedereingliederung des Mitarbeiters und Rückkehr empfiehlt sich die Fortführung und Weiterentwicklung der vertraglichen Vergütung und während der Zeit im Ausland nach inländischen Usancen als sog. „fiktive oder Schattenbezüge". Ein Anspruch auf Auszahlung dieser Schattenbezüge besteht nicht; sie bilden lediglich die Basis für die vertragliche Vergütung nach Rückkehr. Sie stellen auch keine Referenzgröße im Rahmen der Sozialversicherung dar.

37   Die Wiedereingliederung eines Auslandsmitarbeiters in ein inländisches Unternehmen nach vielen Jahren im Ausland ist häufig das schwierigste Kapitel der gesamten Entsendung. Die konsequente Betreuung während des Auslandseinsatzes durch das Stammhaus, die berufliche Weiterentwicklung des Mitarbeiters im Rahmen der Förder- und Schulungsprogramme des Personalentwicklungsbereichs des Stammhauses und die rechtzeitige Prüfung in Frage kommender Positionen nach Rückkehr und Vorbereitung des Mitarbeiters hierauf erhöht die Erfolgsaussichten für eine gelungene Entsendung, bei der eine erfolgreiche Wiedereingliederung unabdingbar ist. Im Ausland tätige Mitarbeiter sind wegen ihrer Erfahrungen und multikulturellen Kompetenzen gerade im Zeichen zwingender und zunehmender Internationalisierung und Glo-

balisierung nicht nur essentieller Bestandteil der „workforce". Die erheblichen Investitionen in einen Auslandseinsatz – Regelfall: im Durchschnitt dreieinhalb- bis vierfache Höhe gegenüber Inlandsaufwendungen – lassen sich betriebswirtschaftlich auch nur rechtfertigen, wenn der „return" im langfristigen Nutzen der Fähigkeiten dieser Mitarbeiter besteht. Es kommt hinzu, dass eine nicht erfolgreiche Rückkehr eine hohe Eintrittshürde für künftige Entsendungsfälle darstellt.

Aus arbeitsrechtlicher Sicht sollte die Wahl des anzuwendenden Rechts und Gerichtsstandes ebenso wie die Auswirkungen von Leistungsstörungen und Kündigungsfragen im „Ruhevertrag" geregelt werden. Der Entsendungsvertrag muss aus Sicht der Sozialversicherung und der ausländischen Arbeits- und Aufenthaltsgesetze – wie zum Teil des ausländischen Steuerrechts – zwingend eine Befristung enthalten. 38

Auch die Aufnahme einer salvatorischen Klausel ist ratsam. Im Regelfall beträgt der Zeitraum der Tätigkeit im Ausland zwischen drei und fünf Jahren mit entsprechenden Verlängerungsklauseln. Zweckmäßigerweise sollten die Laufzeiten des Ruhevertrages mit dem Stammhaus mit den Laufzeiten des Vertrages im Ausland kongruent sein.

Das Recht des Stammhauses auf vorzeitigen Rückruf des Mitarbeiters vor Ablauf der vereinbarten Auslandstätigkeit muss im Vertrag ausdrücklich vorbehalten werden. Auch wenn eine entsprechende Vorlauffrist für einen vorzeitigen Rückruf ins Inland nicht enthalten ist, wird man von einer angemessenen Frist für den erforderlichen Umzug ausgehen können.

In der Praxis ist besonders zu beachten, dass zum frühstmöglichen Zeitpunkt des Feststehens der Entsendung die lokalen Aufenthalts- und Arbeitserlaubnisse einzuholen sind. Ein Umzug oder bereits die Aufnahme der Tätigkeit im Ausland vor Erteilung der erforderlichen Visa kann zu einer endgültigen Ablehnung der Visa-Anträge führen. Sorgfältiges Planen aller Beteiligten in dieser Vor-Phase der Entsendung ist deshalb unabdingbar. Bei der Risikoaufteilung zur Erfüllung der notwendigen Voraussetzungen sind an der Visa-Beantragung neben dem Stammhaus (hinsichtlich geschäftlicher Gründe und Erfordernisse) der betroffene Mitarbeiter selbst wegen persönlicher Voraussetzungen, z.B. Erfüllung von Gesundheitsanforderungen (auch bzgl. mitreisender Familienangehörigen) und die Auslandsgesellschaft (wegen des künftigen Anstellungsverhältnisses) zu beteiligen. 39

Ein genereller Verweis im Vertrag auf die Gültigkeit von betrieblichen Entsendungsvorschriften wird den individuellen Erfordernissen jeder einzelnen Entsendung nicht gerecht. Entsprechende Richtlinien empfehlen sich jedoch zur Vereinfachung von Regelungen für gleiche Sachverhalte wie z.B. für Umzüge, Mietkostenübernahme oder Grundlagen der Berechnung von Vergütungen und Auslandszulagen. Die individuelle Betrachtung und Regelung können sie nicht ersetzen.

14.3.2.2 Der Anstellungsvertrag mit der lokalen Gesellschaft

Im Anstellungsvertrag mit der lokalen Gesellschaft sind die vertraglichen Vereinbarungen für den Auslandseinsatz enthalten. Auch wenn in vielen Ländern eine Schriftform nicht zwingend vorgeschrieben ist, empfiehlt sich dennoch die schriftliche Vereinbarung. Zu beachten sind hierbei lokale Wirksamkeitserfordernisse (z.B. Vorliegen des Originalvertrages in der Landessprache). Die oft üblichen Vertragsmuster in englischer Sprache oder sog. „letter of employment" des Stammhauses wie der Auslandsgesellschaft genügen diesen Anforderungen nicht immer. 40

Mangels Wirksamkeit des Vertrages mit der Auslandsgesellschaft finden dann die im Übrigen geltenden ausländischen Arbeitsrechtsvorschriften – sofern vorhanden – bzw. Arbeitsrechtsgrundsätze Anwendung. Im Zweifel hilft dies keiner der Parteien, da die rechtlichen Auswirkungen die notwendige Fixierung der Interessen auf die konkrete Aufgabenstellung mit dem individuellen Regelungscharakter nicht berücksichtigen.

Eine Reihe ausländischer Rechtsanforderungen sehen zwingend vertragliche Mindestregelungen vor, die als Wirksamkeitserfordernis zu beachten sind. Neben den materiellen Regelungen des „Entsendungspakets", auf das später einzugehen ist, ist im Vertrag die Aufgabenstellung zu konkretisieren, die Berichtswege und Verantwortlichkeiten zu bestimmen sowie Befugnisse und evtl. Vollmachten festzuhalten.

Die Verträge mit der Auslandsgesellschaft enthalten den Zeitraum des Einsatzes mit entsprechender Befristung. Zu beachten sind die häufig engen Voraussetzungen und Beschränkungen für Befristungen in ausländischen Rechtsordnungen, deren Nichtbeachtung die Unwirksamkeit des Anstellungsvertrages zur Folge haben kann.

41 In den Vertrag aufzunehmen sind Bestimmungen über den Datenschutz, Geheimhaltungsverpflichtungen sowie die Weitergeltung von Verpflichtungen aus dem ruhenden Arbeitsverhältnis mit dem Stammhaus. Deren Regelung ist deshalb erforderlich, weil sie nicht automatisch für die Zeit im Ausland fortgelten und im übrigen im Hinblick auf die Auslandsfunktion zu modifizieren sind. Namentlich ist an dieser Stelle auf Bestimmungen des KontraG hinzuweisen.

Die bei der Auslandsgesellschaft geltenden betrieblichen Regelungen wie Arbeitszeit, Feiertags- und Urlaubsregelungen sollten vertraglich geregelt und einbezogen werden.

Ausdrücklicher und eindeutiger Regelung bedürfen Beendigungstatbestände und deren rechtliche und materielle Folgen. In diesem Zusammenhang steht die Frage der Gültigkeit von Wettbewerbsvereinbarungen nach § 74ff. HGB während des Auslandseinsatzes. Infolge der Unabdingbarkeit der handelsrechtlichen Vorschriften zum vertraglichen Wettbewerbsverbot (§ 75d HGB) findet die Vorschrift des § 74 Abs. 2 HGB über die Verpflichtung zur Zahlung einer Entschädigung Anwendung, wonach mindestens die Hälfte der zuletzt bezogenen vertragsgemäßen Leistungen zu zahlen sind. Um die rechtliche Verbindlichkeit der Wettbewerbsvereinbarung auch für die Dauer des Auslandseinsatzes und nach Rückkehr zu gewährleisten, gleichzeitig jedoch die zumeist durch Auslands- und Funktionszulagen deutlich höheren Bezüge und zusätzlichen Nebenleistungen wie Mietausgleich oder ähnliches nicht als Basis für die Bemessung der Entschädigung heranziehen zu müssen, ist dieser Sachverhalt vertraglich zu regeln.

42 Als Basis für die Entschädigungshöhe dienen die jeweiligen Schattenbezüge ohne entsendungsbedingte Zulagen und Ausgleichszahlungen.

Der Vollständigkeit halber ist darauf zu verweisen, dass eine Versetzung ohne Ruhensvertrag mit dem Stammhaus ein rein lokales Anstellungsverhältnis im Ausland begründet, auf das ausnahmslos die lokalen Arbeitsrechtsvorschriften und die lokale Rechtsprechung Anwendung findet. Probleme bereiten in der Praxis Vertragsklauseln, die ab einer bestimmten Vertragsdauer der Auslandstätigkeit (meistens nach acht bis maximal zehn Jahren) eine Auflösung der Anbindung an das Stammhaus zugunsten einer endgültigen Versetzung mit lokalem Arbeitsvertrag begründen. Inwieweit die Automatik derartiger Klauseln justiziabel ist, ist bisher in Literatur und Rechtsprechung nicht untersucht. Wegen des Versetzungscharakters dürften die Regelungen der entsprechenden Vertragsklauseln in Anstellungsverträgen im Inland analog Anwendung finden.

14.3.3 Die vertraglichen Hauptpflichten

14.3.3.1 ... des Arbeitgebers

14.3.3.1.1 Vergütungsanspruch

14.3.3.1.1.1 Entgeltzahlung

43 Für die Vergütungsabrechnungen bei Arbeitsverträgen über Auslandstätigkeiten gelten grundsätzlich die gleichen rechtlichen Überlegungen wie bei Vergütungsabrechnungen im Rahmen eines Arbeitsvertrages über eine Tätigkeit in Deutschland. Die

Die Beurteilung der Vertragsbeziehungen

Vergütung des Arbeitnehmers im Inland wird im Ausland durch zahlreiche Besonderheiten ergänzt, die sich aus der konkreten Situation im Ausland ergeben. Neben höheren Kosten und Aufwendungen können dem Arbeitnehmer zusätzliche sozialversicherungsrechtliche und steuerliche Obliegenheiten treffen, die der Arbeitgeber im Innenverhältnis übernimmt.

Vertraglich erforderlich ist die klare Abrede der Höhe der Vergütung für die Auslandstätigkeit, die vertragliche Basis – entweder der Abordnungsvertrag oder der lokale Vertrag in den Fällen der Entsendung/Versetzung – sowie die konkreten Auszahlungsbedingungen. Hierbei sind steuerliche Vorschriften im In- und Ausland zu berücksichtigen. In der Praxis hat sich vor allem die Problematik von (Teil-) Zahlungen für die Auslandstätigkeit vor Ausreise oder nach Rückkehr ergeben. Hierbei sollte der Grundsatz beachtet werden, dass auch derartige Zahlungen den steuerlichen Regelungen während des Entsendungszeitraums unterliegen und nach den entsprechend anwendbaren Steuerregeln zu versteuern sind. Gleiches gilt im Übrigen auch für den umgekehrten Fall einer Entsendung vom Ausland ins Inland.

Die Berechnung der Vergütung für die Auslandstätigkeit erfolgt in den überwiegenden Fällen bei Entsendung/Versetzung und im sog. „net balance-approach".

Während bei Abordnungsverträgen (ohne Wechsel des eigentlichen Lebensmittelpunktes) die Urlaubsbezüge durch Auslandszulagen ergänzt werden, stellt sich bei längerfristigen Auslandsaufenthalten die Frage nach **Zahlung eines Lebenshaltungskostenausgleichs** und Ausgleich für andere Nachteile des Mitarbeiters. Bei dieser Berechnungsmethode wird nach Abzug der individuellen deutschen Steuerbelastung (d.h. Einkommensteuer evtl. Kirchensteuer und Solidaritätszuschlag, teilweise unter Einbezug gewährter Freibeträge) und der Arbeitnehmerzahlungen zur Sozialversicherung das aktuelle Nettogehalt ermittelt. Hiervon werden bei vielen Unternehmen individuelle oder nach Werten des statistischen Bundesamtes ermittelte Pauschalbeträge für Mietkosten und Sparleistungen in Abzug gebracht, um das **verfügbare Nettoeinkommen** festzustellen. Dies wird mit den Lebenshaltungskosten für das Land bzw. die jeweilige Stadt angepasst (ermittelt von am Markt tätigen Beratungsunternehmen) und mit festgelegten Währungskursen in die Währung des Einsatzlandes umgerechnet. Nach Addition der Sozialversicherungsbeiträge und eventueller sonstiger Netto-Ausgleiche steht das im Ausland in Kaufkraft ermittelte Nettoeinkommen fest, das dann nach den ausländischen Steuerregelungen auf ein Bruttoeinkommen hochgerechnet wird. Hierzu kommen Auslandsincentives wie Funktions-, Länder- oder Mobilitätsaufschläge bzw. -zulagen. Länderzuschläge richten sich üblicherweise nach Schwere der Lebensbedingungen vor Ort wie z.B. den klimatischen Verhältnissen, Sicherheitsrisiken und Entfernungen vom Heimatland.

44

14.3.3.1.1.2. Aufwandsentschädigung

Dem Arbeitnehmer im Ausland steht grundsätzlich während seiner Tätigkeit wie im Inland ein Ersatz seiner Aufwendungen und der ihm entstandenen Kosten zu. Die Aufwandsentschädigung ist grundsätzlich vom Ersatz für Aufwendungen/Auslagen des Arbeitnehmers für den Arbeitgeber zu unterscheiden.

45

Dies ergibt sich für den Aufwendungsersatz im Rahmen eines inländischen Arbeitsverhältnisses nach §§ 617 ff. BGB, für Inlandsarbeitsverhältnisse – und damit auch für den Fall der Abordnung ins Ausland – aus § 670 BGB. Zu den Spesen gehören nicht per se die höheren Lebenshaltungskosten, die durch die Vergütung abgegolten sind. Der entsprechende Kostenausgleich muss einzelvertraglich geregelt werden. Abordnungs- wie Entsendungsverträge enthalten deshalb im Regelfall ausführliche Vertragsklauseln, nach denen der Arbeitgeber alle zusätzlichen Kosten und Aufwendungen des Arbeitnehmers kompensiert. Eine Besonderheit zum Spesensatz bei dem ins Ausland entsandten Arbeitnehmers kann sich aus tarifvertraglichen Bestimmungen ergeben.

46

14. Teil. Arbeitsrecht

Eine eindeutige Festlegung und Beschränkung auf den Zeitraum der Auslandstätigkeit empfiehlt sich zur Klarstellung und zur Vermeidung von arbeitsgerichtlichen Auseinandersetzungen, wobei die Fälle vorzeitigen Rückrufs und die Beendigung durch Arbeitgeber wie Arbeitnehmer zu regeln sind. Häufig gehen Auslegungsschwierigkeiten zu Lasten des Arbeitgebers insbesondere dann, wenn die jeweilige Regelung unklar und auslegungsbedürftig ist oder nicht im Individualvertrag sondern sich in Richtlinien oder in sonstigen arbeitgeberseitigen Regelungen wiederfinden.[5] Derartige Regelungen können für den Arbeitnehmer überraschend sein. Schwierigkeiten bei der Vertragsauslegung lassen sich durch eindeutige Absprachen im Vertrag leicht vermeiden.

Insbesondere alle finanziellen Aspekte des Auslandseinsatzes und regelmäßig zu erwartende Vertragsabsprachen wie Umzugskosten, Heimflüge, Mietkostenübernahme oder Lebenshaltungskostenausgleich gehören in den Entsendungsvertrag.

14.3.3.1.2 Fürsorgepflichten

47 Weitergehende arbeitsvertragliche Fürsorgepflichten des Arbeitgebers lassen sich bei Auslandsbezug des Arbeitsverhältnisses nicht ohne weiteres begründen. Veranlasst der inländische Arbeitgeber jedoch die Tätigkeit im Ausland im Rahmen eines inländischen Arbeitsverhältnisses (siehe Abordnung) oder aus einer solchen heraus (wie im Falle der Entsendung/Versetzung), hat er den Mitarbeiter über zu erwartende Risiken aufzuklären. Regelmäßig wird er über Länderspezifika vor Ort selbst oder über seine Auslandsorganisation besser Bescheid wissen oder zumindest die Möglichkeit der Informationsbeschaffung haben. Hierzu zählen die arbeits-, sozialversicherungs- und steuerrechtlichen Erfordernissen vor Ort ebenso wie die Kenntnisse über Visa-Beschaffung und Aufenthaltsrecht. Dies lässt sich auch für die tatsächlichen Lebensumstände und konkrete Gefahren und Risiken, wie sie insbesondere in Schwellenländern und Entwicklungsländern (Afrikas und Südamerikas) auch durch interne Unruhen und Terroraktionen ergeben können (z.B. Entführungsgefahren).

48 Der Umfang der Fürsorgepflicht des Arbeitgebers erfasst lokale Umstände und Sachverhalte und ist im Falle der drohenden Realisierung dieser Risiken auch mit unmittelbaren rechtlichen Verpflichtungen des Arbeitgebers wie die Einleitung einer sofortigen Ausreise oder ähnliches verbunden. Stellt der Arbeitgeber den im Land bereits lebenden Arbeitnehmer im Ausland ein, gilt diese Erweiterung der Fürsorgepflicht nach deutschem Rechtsverständnis nicht.

14.3.3.2 ... des Arbeitnehmers
14.3.3.2.1 Arbeits- und Leistungsverpflichtung
14.3.3.2.1.1 Nach Art und Inhalt der Tätigkeit

49 Art und Inhalt der Tätigkeit ergeben sich durch die Funktion und Position, für die der Arbeitnehmer eingestellt wird, oder wird durch die jeweilige Aufgabe vor Ort bzw. das Projekt bestimmt. Der Arbeitgeber hat die rechtliche Verpflichtung zur Prüfung der Qualifikation des Arbeitnehmers für die konkrete Aufgabe. Um mangelnder Qualifikationen in persönlicher wie fachlicher Hinsicht vorzubeugen und einen Auslandseinsatz daran scheitern zu lassen, sollten Aufgaben und Inhalte umfassend geklärt sein und insbesondere auch die persönliche Eignung für die Aufgabe feststehen.

Hierzu zählt nicht nur die bisherige berufliche Erfahrung und Erfüllung der notwendigen fachlichen Verantwortung, vielmehr erfordern Tätigkeiten im Ausland – insbesondere in Managementfunktionen – anders als bei reinen Projektaufgaben (wie Anlagenanlauf oder Reparaturaufgaben), d.h. reinen Know-How oder Fachaufgaben

---

[5] Vgl. hierzu BAG in NZA 96, S. 30.

besondere persönliche Fähigkeiten. Flexibilität, Fingerspitzengefühl, Diplomatie und Improvisationstalent gepaart mit kommunikativen und intuitiven Fähigkeiten lassen sich nicht arbeitsvertraglich regeln. Je umfassender die Aufgabe, desto konkreter sollte jedoch ihre inhaltliche Ausgestaltung im Vertrag erfolgen. Umfassende Anforderungsprofile für die Auslandsqualifikation finden sich selten in Arbeitsverträgen.

Eine Selbstverständlichkeit, aber dennoch aus Erfahrungen der Praxis heraus gesondert zu erwähnen, stellen gute Sprachkenntnisse dar. Die Sprache ist das Kommunikationsmittel schlechthin. Sehr gute Kenntnisse der jeweiligen Landessprachen (bzw. eventuell auch zusätzlich Amtssprachen) sind unabdingbar. Hierbei sollten Arbeitgeber nicht fälschlicherweise an Kosten sparen, auch wenn man Sprachen im Land selbst am besten erlernt. Bei den Sprachkursen im Rahmen der Vorbereitung auf die Auslandstätigkeit sollten mitausreisende Familienangehörige auf jeden Fall einbezogen werden. 50

14.3.3.3.2.1.2 Leistungsort und Arbeitszeit

Leistungsort und Arbeitszeit unterliegen zunächst der Parteivereinbarung. Eine **Veränderung des Leistungsortes** kann nach deutschem Recht nur durch Änderungskündigung nach § 2 KSchG erfolgen, die der Nachprüfung im Rahmen des Kündigungsschutzverfahrens unterliegt. Eine Ausnahme kann in Fällen einer **vertraglichen Versetzungsklausel** bestehen. Sie kann in der Praxis die Einsatzmöglichkeiten des Arbeitnehmers für den Arbeitgeber erheblich erleichtern oder gar erst ermöglichen. Im Auslandsvertrag empfiehlt sich die Bestimmung über den Leistungsort arbeitsvertraglich durch Versetzungsklauseln zu regeln. Diese erweitert die Weisungsbefugnis des Arbeitgebers im Einzelfall, kann sich jedoch im Falle der Wiedereingliederung eines Mitarbeiters und im Falle der Vertragsbeendigung durch Kündigung auch zu einer Belastung für den Arbeitgeber entwickeln. Trotz Wegfall des Arbeitsplatzes und Wegfall des Beschäftigungsinteresses beim Arbeitgeber kann eine Beendigung durch Kündigung ohne Möglichkeit des Angebots eines Arbeitsplatzes an anderer Stelle – sogar im Ausland – erfolglos sein. Es empfiehlt sich deshalb, die genaue Prüfung der konkreten möglichen Einsatzorte vor Vertragsabschluss und die Beschränkung seitens des Arbeitgebers auf den notwendigen räumlichen Umfang. 51

Die gleichen Überlegungen wie zum Leistungsort und für die Versetzungsklausel in einen anderen Ort gelten auch in anderen Fällen der Versetzung, d.h. sowohl für den Vorbehalt (vorzeitigen) Rückrufs des Arbeitnehmers durch den Arbeitgeber wie auch bei Versetzungen zu einem anderen Unternehmen innerhalb des Konzerns. Die Zulässigkeit beider Vertragsklauseln ist mittlerweile nicht mehr bestritten.[6] Hierbei ist jedoch zu beachten, dass eine Konzernversetzungsklausel Arbeitnehmern einen erweiterten Kündigungsschutz gegen betriebsbedingte Kündigungen bietet, da die Möglichkeiten konzerninterner Versetzungsmöglichkeiten ausgeschöpft sein müssen. 52

Die **Dauer der Arbeitszeit** und die **Art und Lage** des konkreten Einsatzes unterliegen den Regelungen des Arbeitsvertrages, wobei nach deutschem Arbeits- und öffentlichem Recht nähere Inhaltsbestimmungen auf Höchstbegrenzungen nach Gesetz (Arbeitszeitordnung/"AZO" und Tarifvertrag) zu beachten sind. Auch hier gilt im Grundsatz das Territorialitätsprinzip. 53

Danach sieht die Rechtsprechung bei Auslandseinsätzen grundsätzlich keine rechtlichen Hindernisse bei einer Beschäftigung zu anderen (höheren) Arbeitszeiten als in Deutschland. Dies gilt im übrigen auch, wenn deutsches Arbeitsrecht gilt.[7] Auch die Rechtsprechungsgrundsätze zur sachlichen Rechtfertigung einer Befristung des Arbeitsvertrages finden keine Anwendung. Die Vorschriften der AZO gelten danach im Ausland nicht. 54

---

[6] Vgl. zuletzt BAG vom 21. 1. 97, AZR 648/97.
[7] Vgl. BAG vom 12. 12. 90 in NZA 91 S. 386 zur 54-Stunden-Woche in Saudi-Arabien.

Vielmehr können sowohl bei Abordnungen wie auch bei Eingliederung in eine ausländische Betriebsorganisation bei langfristigen Entsendungen und Versetzungen die lokalen Arbeitszeiten vertraglich zugrunde gelegt werden. Dies gilt auch für die rechtliche Behandlung von Feiertagen im Ausland. Unabhängig vom Arbeitsinhalt gilt grundsätzlich das lokale Recht. Jedoch wird man analog deutschem Arbeitsrecht die Vergütungspflicht annehmen können, sofern vertraglich keine andersweitige Regelung getroffen wurde. Zu bezahlen sind nur die **Feiertage,** an denen der Mitarbeiter an seiner Leistungserbringung vor Ort verhindert ist. Dies ist im Ausland nicht der Fall bei entsprechenden Feiertagen im Heimatland. Insofern entspricht dies der Regelung § 616 BGB, die jedoch nach Rechtsprechung abdingbar ist.[8]

55 Besondere Bedeutung können die Vorschriften des **Mutterschutz- und Erziehungsurlaubsgesetzes** sowie des Schwerbehindertengesetzes entwickeln. Voraussetzungen für die Anwendung des Schwerbehindertengesetzes ist der Wohnsitz, gewöhnlicher Aufenthalt oder die Beschäftigung in der Bundesrepublik Deutschland (§ 1 SchwerbG). Trotz Geltung der besonderen Kündigungsfrist von 4 Wochen nach § 16 SchwerbehindertenG im Falle der Unterstellung des Auslandsverhältnisses unter deutsches Recht lässt die Rechtsprechung den Kündigungsschutz im Ausland nicht greifen.[9] Dies ist jedenfalls für längerfristige Auslandseinsätze anerkannt, während bei kurzfristigen Auslandseinsätzen der Kündigungsschutz nicht entfällt. Eine Entscheidung zur zeitlichen Abgrenzung liegt jedoch noch nicht vor.

Der Grundsatz, wonach solche Regelungen, die ihrer Natur nach dem Privatrecht zuzuordnen sind, im Falle der Wahl deutschen Rechts auch bei Auslandsbezug weitergelten, dürfte auch im **Mutterschutzrecht** Anwendung finden. Die dem öffentlichen (Schutz)Recht zuzuordnenden Bestimmungen über Beschäftigungsverbote und Arbeitszeiteinschränkungen sind danach den eventuellen Schutzbestimmungen des Einsatzlandes zuzuordnen. Dies müsste konsequenterweise auch für den besonderen Kündigungsschutz gelten.

56 Hinsichtlich des Anspruchs auf **Erziehungsurlaub** gelten nach Wegfall der Voraussetzung des Vorliegen eines Arbeitgebers im Inland auch im Ausland – bei Geltung deutschen Arbeitsrechts – die Regelungen dieses Gesetzes (s. auch die Spezialvorschrift des § 4 des Entwicklungshelfer-Gesetzes).

Zur Erleichterung der Integration bei Einbindung in Betriebsorganisationen im Ausland werden bei befristeten Entsendungen bzw. Versetzungen meistens die lokalen Urlaubsregelungen vertraglich übernommen.

57 Abgesehen von einem Mindesturlaubsanspruch können die fehlenden Urlaubstage nach Rückkehr genommen werden. Hierzu finden sich vielfältige vertragliche Regelungen, die die Inanspruchnahme von Urlaub mit der Übernahme von Heimflügen und Weiterbildungsmaßnahmen oder Arbeitstätigkeit im Heimatland verknüpfen.

Die Einbeziehung von Urlaubstagen in die Gesamtvergütung ist ebenfalls möglich, soweit sie nicht nach zwingendem deutschen Recht dem BUrlG unterliegen. Die Bestimmungen des deutschen Urlaubsgesetzes sind anwendbar kraft Parteibestimmung über Rechtswahl oder die Weitergeltung deutschen Rechts in diesem Zusammenhang. In den Rahmen der Arbeitszeit fallen auch die **Mehrarbeits- und Überstundenvergütung**. Soweit deutsches Recht Anwendung findet, sind die einschlägigen tarifvertraglichen Bestimmungen zu beachten. In diesen Fällen besteht auch ein Mitbestimmungsrecht des Betriebsrates nach § 87 BetrVG zur Regelung von Arbeitszeiten, sofern keine vorrangigen gesetzlichen oder tarifvertraglichen Regelungen eingreifen. Zur Beantwortung dieser Fragen sollten in den Vertrag entsprechende Regelungen aufgenommen werden. Dies ist auch für den Fall der **Lohnfortzahlung im Krankheits-**

---

[8] BAG in AP Nr. 55 zu § 616 BAG, AP Nr. 1 zu § 1 BMT-G II.
[9] BAG in NZA 1988, S. 135.

fall, also der Verhinderung der Leistungserbringung bei Arbeitnehmer, notwendig. Dies wird oft in Auslandsentsendeverträgen vergessen, so dass bei befristeten Versetzungen zu lokalen Gesellschaften die Lohnfortzahlung und Mehrarbeitsregelung vor Ort gelten.

14.3.3.2.1.3 Konkrete Leistungsbestimmung nach Vertrag

Die Bestimmung der Funktion und Beschreibung der Aufgabe im Entsendungsvertrag ist eine Selbstverständlichkeit. Dagegen fehlt es oft an näheren Festlegungen des Leistungsinhalts und -umfangs sowie an vertraglichen Regelungen von Nebenpflichten. Will der Arbeitgeber eine Ausübung einer **Nebentätigkeit** während des Auslandseinsatzes unterbinden, muss dies vertraglich vereinbart werden. Entsprechende Klauseln des inländischen Beschäftigungsverhältnisses gelten nicht automatisch fort.

Die rechtliche Beurteilung unterliegt jedenfalls bei Entsendung in eine Betriebsorganisation im Ausland den lokalen Rechtsbestimmungen. Gleiches gilt für **Geheimhaltungsverpflichtungen** wie für Anbindung an – deutsche – **Datenschutzregelungen** und die Fortgeltung weiterer inländischer Vertragsverpflichtungen im Ausland wie z.B. auf das **KontraG**, die Übertragung von **Unternehmer- und Betreiberpflichten** sowie **Wertpapierhandelsgeschäfte** bei deutschen Aktiengesellschaften. Zumindest diese Sachverhalte sollten ausschließlich deutschem Recht unterstellt bleiben.

Eine besondere Fragestellung zum Leistungsumfang ergibt sich aus der Verpflichtung zur Übernahme weiterer Aufgaben und konkreter **Mandate im Ausland** wie z.B. Geschäftsführungs- oder Aufsichts(rats)positionen. Da die Aufgaben und das geschäftliche Umfeld sich während langjähriger Tätigkeiten im Ausland ändern können, sollten vertragliche Regelungen für derartige Fallkonstellationen bereits im Vorfeld getroffen werden.

Oft hat der entsandte Mitarbeiter eine Schlüsselposition im Ausland inne. Im Entsendungsvertrag empfiehlt sich deshalb die Aufnahme einer Verpflichtung zur Übernahme derartiger Mandate ohne weitere Vergütung außer notwendiger (Reise-) Aufwendungen. Sollte nach lokalem Recht des Einsatzlandes oder nach sonstigen Regelungen (Gesellschaftervertrag, Satzung, Gesellschaftsrecht o. a.) eine Vergütung zwingend vorgesehen sein, ist die Offenlegung sowie Abführung an den Arbeitgeber oder die Möglichkeit der Verrechnung vorzusehen. Ansonsten lassen sich derartige Einkünfte über das vereinbarte Vergütungs- und Leistungspaket hinaus nicht anrechnen. Zur Absicherung vor Schadensfällen, die durch Fehlverhalten des entsandten Mitarbeiters durch Unkenntnis der rechtlichen oder tatsächlichen Gepflogenheiten vor Ort verursacht werden, sollte der Arbeitgeber eine Vertrauensschadensversicherung abschließen („Directors Liability").

14.3.3.2.2 Auswirkungen und Direktionsrechte des Arbeitgebers auf Vertragsinhalte und deren Durchführung

14.3.3.2.2.1 Fragen zur Dauer und Befristung von Arbeitsverträgen

Dem Grundsatz der weitgehenden Vertragsfreiheit bei Auslandsberührungen im Arbeitsrecht entspricht die Möglichkeit der vertraglichen Regelungen der Dauer und Befristung des Auslandseinsatzes. Bei Auslandseinsätzen behält sich das entsendende Unternehmen weiterhin das Direktionsrecht im Einzelfall vor. Die entsprechenden Arbeitsrechtsgrundsätze wie im Inland gelten dann auch im Ausland. Daneben können sich jedoch projektbezogene oder in der Eigenart der Tätigkeit liegende Konkretisierungen oder Beschränkungen vor Ort ergeben, beispielsweise bei Einsätzen an Großbaustellen oder im Verbund mit anderen Projektpartnern.

Auch hinsichtlich von Befristungen hat der Arbeitgeber die Möglichkeit, sich im Rahmen vertraglicher Regelungen ein einseitiges vorzeitiges Rückrufrecht vorzubehalten. Im Rahmen sachlicher Gründe und gegen Ersatz erforderlicher Aufwendungen kann dieses Recht auch jederzeit ausgeübt werden. Eine entsprechende Vorlaufzeit dürfte jedoch notwendig sein. Eine Befristung des Auslandseinsatzes empfiehlt sich schon im Hinblick auf die Voraussetzungen der Fortgeltung des deutschen Sozialversicherungsrechtes.

14.3.3.2.2.2 Versetzungs- und Rückkehrklauseln

61 Wie bereits unter 14.3.3.2.1.2 festgestellt, gestattet das Arbeitsrecht die weitgehend freie Regelung von Versetzungsklauseln. Hiermit korrespondiert das Interesse des Arbeitnehmers nach einer gesicherten Rückkehrmöglichkeit. In Entsendungsverträgen wird deshalb in aller Regel ein **Anspruch des Arbeitnehmers auf Rückkehr** festgeschrieben. Um dem Arbeitgeber die Möglichkeit zu geben, rechtzeitig nach einer adäquaten Position im Unternehmen zu suchen, ist die einseitige vorzeitige Rückkehr des Arbeitnehmers ausgeschlossen.

Im Gegensatz hierzu behält sich der Arbeitgeber häufig die vorzeitige Abberufung aus dem Ausland vor. Diese scheinbare Begünstigung des Arbeitgebers hat ihre sachliche Rechtfertigung in geschäftlichen Notwendigkeiten, beispielsweise vorzeitiger Projektbeendigung oder ähnlicher Ereignisse. In diesem Fall findet die Vorschrift des § 315 BGB Anwendung. Unzweifelhaft dürfte auch das **vorzeitige Rückrufrecht des Arbeitgebers** bei schwerwiegenden Krankheiten des Arbeitnehmers oder in Fällen von schwerwiegenden Hindernissen im Ausland (z. B. Sicherheitsrisiken, Terrorakte, kriegerische Ereignisse bzw. Bürgerkrieg) gegeben sein. Der Vermeidung von rechtlichen Auseinandersetzungen über die Verpflichtung des Arbeitgebers zur Fortzahlung der höheren Auslandsvergütung und -zulagen dient eine eindeutige vertragliche Regelung im Entsendungsvertrag.

62 Die vertragliche **Zusicherung** eines entsprechend den Erfahrungen und der beruflichen Entwicklung **adäquaten Arbeitsplatzes** ist eine wesentliche Bindung des Arbeitgebers, die bei Fehlen von entsprechenden Beschäftigungsmöglichkeiten in der Praxis zu ganz erheblichen Schwierigkeiten und hohen Abfindungen führt. Deshalb sollte darauf geachtet werden, den möglichen Einsatz nach Rückkehr vertraglich möglichst weit zu gestalten und keinesfalls einen konkreten Arbeitsplatz zuzusagen. Die Kündigung eines derartig konkreten Arbeitsplatzes kann erhebliche Rechtsprobleme aufwerfen. Auch bei bestehender Möglichkeit einer Arbeitgeberkündigung wegen Wegfall des konkreten Arbeitsplatzes sind kündigungsrechtliche Schutzvorschriften des KSchG zu beachten. Der Wirksamkeit eines vorzeitigen Rückrufs durch den Arbeitgeber steht auch nicht die Tatsache entgegen, dass der Arbeitgeber lediglich den Arbeitsvertrag in Deutschland durch Aufhebung oder Kündigung zu Inlandskonditionen, d. h. ohne das höhere Vergütungs- und Auslandspaket, beenden will.

14.3.3.2.2.3 Weisungsrechte in der Projektdurchführung

63 Die Weisungs- und Direktionsrechte des Arbeitgebers werden grundsätzlich durch die Tätigkeit im Ausland nicht beeinträchtigt, solange der Auslandseinsatz im Rahmen des bestehenden Arbeitsverhältnisses liegt. Dies ist unzweifelhaft bei einem Abordnungsverhältnis der Fall. Auch im Fall einer eigenständigen Betriebsorganisation im Ausland besteht trotz des Abschlusses eines ruhenden Inlandsvertrages (Beurlaubungsvertrag) das **Direktionsrecht des entsendenden Stammhauses** im Rahmen **dieses** Vertrages fort. Zum Direktionsrecht des lokalen – befristeten – Arbeitgebers steht es jedoch in einem Subsidiaritätsverhältnis. Für den Mitarbeiter kann dies zu einem erheblichen Spannungsverhältnis, insbesondere bei Aufgaben mit Berichtspflichten an das entsendende Stammhaus, führen, die außerdem einer ausländischen Rechtsregelung unterworfen sein können. Auch die Frage eventueller Durchgriffshaftungen wegen unternehmerischen Einflusses auf das ausländische Unternehmen kann sich bei

Durchführung von Weisungen und korrespondierender Informationen und Berichtspflichten stellen. Demzufolge sollten, auch bei einer Entsendung innerhalb eines Konzerns, die Weisungsbefugnisse genauso das Berichtswesen sowie die disziplinarischen Unterstellungen zweifelsfrei und für den Mitarbeiter eindeutig geregelt werden.

Gleiches gilt für Entsendungen in ein Joint Venture oder zu einem Arbeitgeber bzw. Arbeitgebergemeinschaft im Ausland (z. B. ARGE).

Besondere Überlegungen stellen sich bei der **Arbeitnehmerüberlassung im Ausland** unter dem Gesichtspunkt des Arbeitnehmerüberlassungsgesetzes (AÜG). Diese Vorschriften finden grundsätzlich auch dann Anwendung, wenn die Entsendung in das Ausland mit dem Ziel einer Beschäftigung für ein anderes, auch Konzernunternehmen, erfolgt. Verstöße gegen die Pflicht zur Einholung einer Erlaubnis führen zu Ordnungswidrigkeiten. Vom AÜG gibt es jedoch zwei für Auslandsentsendungen wesentliche Ausnahmen. Nicht erfasst werden Arbeitnehmerüberlassungen zu Konzernunternehmen (§ 1 Abs. 3 AÜG). Der Konzernbegriff des § 18 AktG findet hierbei Anwendung, d. h. erforderlich ist die Beherrschung des Tochterunternehmens. Eine bloße Minderheitsbeteiligung reicht nicht aus. Dagegen wird eine Minderheitsbeteiligung mit faktischer oder vertraglicher Beherrschung den Tatbestand erfüllen können und zu einer Subsumierung unter den Befreiungstatbestand führen. Hierunter dürfte auch die Entsendung in ein Joint Venture zu zählen sein.

64

Die zweite Ausnahme bilden die Fälle der Entsendung zu einer Arbeitsgemeinschaft zur Herstellung eines bestimmten Werkes (§ 1 Abs. 3 Ziffer 2 AÜG). Voraussetzung dabei ist jedoch, dass der Arbeitgeber neben der Mitgliedschaft in der ARGE zusammen mit allen ARGE-Mitgliedsunternehmen an den im selben Wirtschaftszweig gültigen Tarifvertrag gebunden ist und alle ARGE-Mitglieder auf Grund der ARGE-Leistungen gemeinsam verpflichtet sind. Die Ausnahme betrifft in der Praxis damit nur deutsche ARGEs, nicht jedoch international besetzte Arbeitsgemeinschaften.

65

Im Ergebnis wäre eine Entsendung in eine solche ARGE ohne Erlaubnis nach AÜG rechtswidrig, sofern die weiteren Voraussetzungen der Eingliederung in den Betrieb der ARGE und die Weisungsobliegenheiten an die (Projekt)Leitung der ARGE vorliegen. Rechtsprechung zu diesen Fragen ist bislang noch nicht bekannt geworden. Im Rahmen der konkreten Aufgaben des entsandten Mitarbeiters wird man jedoch zwischen der echten Eingliederung in eine andere Betriebsorganisation und somit AÜG-relevanter Überlassung und der bloßen projektzielgerichteten Arbeitsausführung unterscheiden. Auch dies erzwingt die Erforderlichkeit genauer vertraglicher Regelungen.

14.3.4 Vertragliche Nebenpflichten und typische Vertragsinhalte – „Entsendungspaket"

14.3.4.1 Persönliche Verpflichtungen des Arbeitnehmers

Die Hauptpflichten des im Ausland tätigen Mitarbeiters zu Erbringung von arbeitsvertraglich geschuldeten Leistungen bestehen unabhängig von der Art und der Vertragstypik der Entsendung. Lediglich die Leistungsempfänger unterscheiden sich bei der Abordnung – und der (längerfristigen) Dienstreise – von der befristeten Entsendung bzw. Versetzung.

66

Aber auch bei der befristeten Entsendung bzw. Versetzung bleiben die vertraglichen Pflichten aus dem Ruhensvertrag mit dem Stammhaus bestehen. Dies gilt für ausdrückliche vertragliche Regelungen wie auch für solche Pflichten des Arbeitnehmers, die der Natur der Sache nach auch nachvertragliche Pflichten darstellen. Hierzu zählt insbesondere die Wahrung von Betriebs- und Geschäftsgeheimnissen. Zur Klarstellung wird jedoch eine Aufnahme in den Ruhensvertrag empfohlen. Für den Abordnungsvertrag ergibt sich dies bereits aus dem fortbestehenden inländischen Arbeitsverhältnis.

14.3.4.1.1 Qualifikationen und Weiterbildung – Know how-Transfer –

67   Die Aufrechterhaltung und Weiterentwicklung der Qualifikation des Mitarbeiters zur Erfüllung seiner vertraglichen Pflichten ergibt sich bereits aus dem inländischen Beschäftigungsverhältnis. Im Rahmen der Auslandstätigkeit übernimmt das Stammhaus in aller Regel die Weiterbildungskosten sowie die Kosten der Anreise ins Inland. Regelmäßig werden die Weiterbildungsveranstaltungen mit dem Heimaturlaub verbunden, um Reisezeit und -aufwendungen zu bündeln. Dies wird so auch im Ruhensvertrag mit dem Stammhaus vereinbart.

14.3.4.1.2 Berichterstattungspflichten

68   Innerhalb eines Abordnungsverhältnisses, in dem die arbeitsvertraglichen Pflichten ohne Einschränkungen – mit Ausnahme der Verlagerung des Arbeitsortes ins Ausland – fortgelten, ergeben sich keine Änderungen der Auskunfts- und Berichtspflichten gegenüber der Tätigkeit im Inland. Diese Pflichten des Arbeitnehmers können jedoch, je nach konkreter Aufgabenstellung, dann eingeschränkt oder verstärkt werden, wenn Drittinteressen tangiert werden, beispielsweise bei Tätigkeiten mit Projektpartnern/ARGBEs. Gleiches gilt für Entsendungen bzw. Versetzungen. Art und Inhalt der Berichtspflichten sollten – auch im Konzern – vertraglich konkretisiert werden. Dies dient der Klarstellung zugunsten des Mitarbeiters und für die beteiligten Arbeitgeber. Bei der vertraglichen Festlegung sind jedoch Vorschriften lokalen Rechts im Ausland zu beachten. Die Durchführung von internen Berichterstattungen kann im angelsächsischen Recht als Vorstufe zu später erfolgten unternehmerischen Einwirkungen zu sehen sein und eine Durchgriffshaftung auf den Inlandsarbeitgeber/das Stammhaus begründen.

14.3.4.2 Typische vertragliche Leistungen des Arbeitgebers

69   Im Hinblick auf entstehende Mehrkosten und höhere Aufwendungen des Mitarbeiters liegt es im Interesse des Arbeitgebers, den Mitarbeiter vor finanziellen Nachteilen zu bewahren. Im Abordnungs- bzw. Entsendungsvertrag werden die vom Stammhaus zu tragenden Aufwendungen erfasst, während im Falle der befristeten Entsendung und Versetzung die **lokalen Mehraufwendungen** und **Kostenübernahmen** im lokalen Vertrag geregelt werden.

70   Zusätzliche Kosten und höhere Aufwendungen werden finanziell beziffert und deren finanzieller Ausgleich festgestellt. Auf der Basis dieser Einzelbetrachtung empfiehlt sich jedoch die endgültige Festlegung im **Rahmen eines Gesamtpakets,** in dem die jeweiligen steuerlichen und auch die sozialversicherungsrechtlichen Aspekte und Gestaltungsmöglichkeiten sowohl im Rahmen des deutschen (im Fall der befristeten Entsendung ruhenden) Arbeitsverhältnisses wie auch des jeweiligen Einsatzlandes berücksichtigt werden. Als Grundsatz ist dabei zu beachten, dass der Mitarbeiter lediglich befristet im Ausland tätig ist und nach Rückkehr wieder in vollem Umfang in sein Inlandsarbeitsverhältnis integriert werden soll. Seine arbeitsvertraglichen Ansprüche auf betriebliche Leistungen wie insb. bei betrieblichen Pensionsregelungen leben dann wieder auf. Eine Einbindung in das betriebliche Leistungsspektrum der lokalen Auslandsorganisation empfiehlt sich wegen der Befristung nicht. Ansonsten würden doppelte betriebliche Leistungen gleichzeitig im In- und Ausland aufgebaut. Sollte die Gewährung betrieblicher – und auch gesetzlicher – Leistungen im Ausland trotz Freiwilligkeit auf Grund bestehender rechtlicher Vorschriften im Ausland zwingend notwendig werden, so ist im Entsendungsvertrag mit dem Stammhaus eine entsprechende **Anrechnungsklausel** aufzunehmen. Demnach ist bei jeder einzelnen Leistung deren

Die Beurteilung der Vertragsbeziehungen

Rechtsgrundlage, Umfang und rechtliche Einbindung zu prüfen. Derartige zwingende (arbeits)rechtlichen Regelungen finden sich häufig im (außereuropäischen wie auch teilweise europäischen) Ausland hinsichtlich (garantierter) Versorgungsleistungen bei Vertragsbeendigung durch Abfindungs- und betriebliche Altersversorgungsregelungen. Bei der Anrechnung ist darauf zu achten, dass solche Garantien für Arbeitnehmer im Ausland regelmäßig unbeschränkt einklagbar sind.

Weitere wesentliche Gesichtspunkte bei der Verteilung der Kosten zwischen Stammhaus und Auslandsgesellschaft ergeben sich aus steuerlicher Sicht. Dem Grundsatz, dass alle Kosten während der Auslandstätigkeit von der lokalen Auslandsgesellschaft zu tragen sind, trägt nur die **Weiterbelastung der Kostenübernahme durch das Stammhaus** an die Auslandsgesellschaften Rechnung. Dies gilt auch für die vom Stammhaus (weiter) getragenen Kosten, wie beispielsweise Zuführungen zu Pensionsrückstellungen. Lediglich in Ausnahmefällen dürften sich Beratungs- oder ähnliche Verträge rechtfertigen lassen, die wegen des unmittelbaren Stammhausinteresses eine entsprechende Vergütung durch das Stammhaus im Rahmen der beschränkten Steuerpflicht nach § 49 EStG (dort Abst. 1 Ziffern 3 und 4) zulassen. Zu Unrecht nicht weiterbelastete Kosten sind beim Stammhaus nicht als Betriebsausgaben absetzbar und sind als aktivierte Eigenleistungen an die ausländische Betriebsstätte anzusehen.

Welche Kosten und Aufwendungen werden im Einzelnen berücksichtigt?

Neben der Vergütung und dem Ausgleich für Aufwand (siehe 14.3.3.1.1.) werden regelmäßig die Umzugskosten, (pauschale) Kosten für die Anschaffungen vor Ort z.B. für elektrische Geräte mit anderer Stromspannung o.ä. Sprachkurse (auch für die Familie), Kindergarten- und Schulkosten, Aufwendungen für Heimflüge während der Auslandstätigkeit, Steuerberatungskosten und Renovierungskosten übernommen.

Den Mitarbeitern wird oft ein steuerpflichtiger Pauschalbetrag zur Verfügung gestellt, um Detaildiskussionen über die Erforderlichkeit und Notwendigkeit der Höhe von Ausgleichsleistungen zu vermeiden. Im Rahmen der Vorbereitung dienen sogenannte „Look-and-See-Trips" der besseren Vorbereitung des Mitarbeiters und seiner Familie vor Ort. Daneben finden sich vertragliche Regelungen über die Mitnahme von Umzugsgut (z.B. auch Privatwagen), Ausgleichszulagen für den Verlust beim Verkauf von Immobilien und die Übernahme von Kosten für die Wohnungssuche und Mietkosten im Ausland. Schon aus Gleichbehandlungsgründen empfiehlt sich die Festsetzung der Regelungen in detaillierter Form in **Entsendungs- und Versetzungsrichtlinien.**

Im Zusammenhang mit der Übernahme von Kosten für die Unterbringung im Ausland hat die Erfahrung gezeigt, dass sich die Finanzierung von Immobilien seitens des Arbeitgebers entweder direkt oder durch ein Mitarbeiterdarlehen wegen der Befristung des Aufenthalts nicht empfiehlt. Die Entwicklung von Immobilienpreisen im Ausland ist nicht kalkulierbar. Hinzu kommen die unterschiedlichen Ansprüche der Mitarbeiter und deren Familien an Wohnlage und Ausstattung. Erwirbt der Mitarbeiter selbst eine Immobilie, muss er das volle Risiko tragen. Eine andere Entscheidung kann sich für den – projektbezogenen – Einsatz von Mitarbeitern auf Bau- und Montagestellen oder in bestimmten Ländern bzw. unter besonderen Umständen empfehlen.

Die Kompensation von Aufwendungen und Kosten berücksichtigt auch die Mitausreise von Familienangehörigen.

In der Summe der vom Arbeitgeber vertraglich zu übernehmenden Kosten, die dem Mitarbeiter ohne Eigenbelastung durch Steuer und Sozialversicherung auf Netto-Basis zufließen, kann sich leicht der drei- bis vierfache Aufwand für die Auslandstätigkeit im Vergleich zu einer entsprechenden Tätigkeit des Mitarbeiters im Inland ergeben. Dies zeigt deutlich die Erforderlichkeit einer detaillierten Entsendungskonzeption und einer entsprechenden Planung, zu der neben der sorgfältigen Vorbereitung des Mitarbeiters und seiner Familie auch die Kostenplanung gehört.

Dies gilt auch für Projekt- und kurzfristige Einsätze. Wegen der Bedeutung der Personalkosten ist die Projektkalkulationen entsprechend zu gestalten. Ist der Mitarbeiter bei einer selbständigen Betriebsstätte tätig, ist wegen der zwingenden Weiterbelastung der Kosten an die ausländische Betriebsstätte besonders die Steuer- und sozialversicherungsrechtliche Auswirkung auf die persönliche Situation des Mitarbeiters im Inland und Ausland zu achten. Dies gilt auch im Rahmen von joint ventures und ist auch bei Einsätzen als Subunternehmen im Rahmen einer ARGE zu prüfen.

14.3.5 Leistungsstörungen und deren rechtliche Auswirkungen

14.3.5.1 Erfüllungs- und Durchführungshindernisse

14.3.5.1.1 In der Person des Arbeitnehmers

75 Es gibt eine Reihe von rechtlichen und tatsächlichen Hindernissen in der Person des Arbeitnehmers – auch bei mitreisenden Familienangehörigen –, die die Durchführung der Auslandstätigkeit verhindern können. Im Vordergrund stehen gesundheitliche Hinderungsgründe beim Mitarbeiter selbst, die einen Aufenthalt im Ausland, beispielsweise in subtropischen und tropischen Gebieten, unmöglich machen. In Fällen der Auslandstätigkeit empfiehlt sich deshalb, vor Vertragsabschluss, spätestens jedoch vor der Ausreise des Mitarbeiters, einen ärztlichen Check vorzunehmen und auch die mitreisenden Familienangehörigen mit einzubeziehen. Allein die Risiken, die dem entsendenden Unternehmen aus der Sozialversicherung heraus erwachsen können (vgl. § 17 SGB V) rechtfertigen die Kostenübernahme einer derartigen intensiven ärztlichen Untersuchung.

76 Weitere Hindernisse in der Person des Arbeitnehmers, die sich vor Beginn der Auslandstätigkeit einstellen können, liegen in den lokalen Aufenthaltsgenehmigungen und der Erteilung von Arbeitserlaubnissen. Die erforderlichen Visa sollten rechtzeitig beantragt werden, wobei eine längerfristige Genehmigungsphase berücksichtigt werden sollte. Häufig sind auch gesundheitliche Voraussetzungen (z. B. Aids-Test) an die Erteilung von Visa geknüpft, die der Arbeitnehmer erfüllen muss.

77 Die gleichen Hinderungsgründe wie vor der Ausreise können sich auch nach der Ausreise im Laufe der Auslandstätigkeit ergeben. In der Praxis sind die Hinderungsgründe überwiegend in gesundheitlichen Problemen oder aber auch im Verhalten des Mitarbeiters zu sehen, z. B. der Verstoß gegen lokale (Straf-) Vorschriften (ein häufiger Fall: Alkoholverbot in arabischen Ländern).

Insofern gleichen die Hinderungsgründe auf Arbeitnehmerseite denen der verhaltens- und personenbedingten Kündigungsgründe im Inlandsarbeitsverhältnis. Die entsprechenden rechtlichen Voraussetzungen und Rechtsfolgen im Inland gelten deshalb grundsätzlich auch im Ausland. Gleiches ist für die mangelnde Qualifikation des Arbeitnehmers anzunehmen, die sich beispielsweise im Laufe einer Projektdurchführung vor Ort ergibt. Beendigungsmöglichkeiten des Arbeitgebers sind die gleichen wie im Inlandsarbeitsverhältnis. Bei der befristeten Versetzung sind jedoch die lokalen Beendigungsgründe des Vertrags mit der Auslandsgesellschaft zusätzlich zu prüfen.

14.3.5.1.2 Projektrisiken

78 Die Risiken der Durchführung der Auslandstätigkeit und der Projekte liegen beim Arbeitgeber. Sie können nicht auf den entsandten Arbeitnehmer übertragen werden.

Eine vertragliche Übertragung ist aus generellen Billigkeitsgründen heraus unwirksam, sofern sie nicht bereits im Rahmen einer analogen Anwendung der Vorschriften des AGB-Gesetzes als überraschend und damit unbillig anzusehen ist. Dies gilt nicht für die Übertragung von typischen Unternehmer- und Betreiberpflichten, wie sie auch in inländischen Arbeitsverhältnissen rechtlich möglich ist.

Dies gilt sowohl für die Rahmenbedingungen zur Durchführung der Auslandstätigkeit bzw. des Projektes wie auch deren individuelle Voraussetzungen. Liegen Gründe vor, die eine sinnvolle Durchführung der Auslandstätigkeit verhindern (beispielsweise Streik von Zulieferunternehmen, lokale Projektschwierigkeiten jedweder Art) führen diese Hindernisse auf Arbeitnehmerseite nicht zum Verlust des Vergütungsanspruchs und sonstiger Nebenleistungen.

Hinsichtlich der erforderlichen Visa und Aufenthaltserlaubnisse gehen solche Hinderungsgründe zu Lasten des Arbeitgebers, die er zu vertreten hat. Hierzu sind beispielsweise mangelnde Nachweise für geschäftliche Aktivitäten oder das Fehlen oder der Wegfall der Voraussetzungen für die Errichtung einer lokalen Betriebsstätte zu zählen. Werden die erforderlichen Visa für den Auslandsmitarbeiter aus diesen Gründen nicht erteilt oder zu einem späteren Zeitpunkt wieder entzogen, hat dies keinen Einfluss auf die vom Arbeitgeber geschuldete arbeitsvertragliche Leistung. Im Zusammenhang mit der Beantragung der erforderlichen Arbeits- und Aufenthaltserlaubnisse sind die lokalen Vorschriften des jeweiligen Landes strikt zu beachten. Dies gilt namentlich auch für das Verbot der zwischenzeitlichen Einreise nach Antragstellung und vor Erteilung der Erlaubnisse. Die Einreisemöglichkeiten sind dann im Einzelfall zu prüfen, z.B. ob eine kurzfristige Reise aus geschäftlichen Gründen möglich ist und unter welchen Umständen sie stattfinden kann. Keinesfalls darf der Mitarbeiter in diesem Beantragungsstadium bereits Aktivitäten für seine künftige Auslandstätigkeit entfalten, insb. nicht z.B. als neuer Mitarbeiter der künftigen Auslandsgesellschaft geschäftlich aktiv werden oder beispielsweise den Umzug beginnen.

14.3.5.2 Beendigungsgründe und Folgen

14.3.5.2.1 Arbeitnehmer- und Arbeitgeberkündigung

Für die Arbeitgeber- wie auch die Arbeitnehmerkündigung gelten grundsätzlich auch im Rahmen der Auslandstätigkeit eines entsandten Mitarbeiters die Kündigungsanforderungen und kündigungsrechtlichen Voraussetzungen des Inlandsarbeitsverhältnisses. Die Kündigung als Ultima Ratio muss unter Verhältnismäßigkeitsgesichtspunkten geprüft werden, wobei im Rahmen der Verhältnismäßigkeitsprüfung eine vorgeschaltete Abmahnung erforderlich ist. Die arbeitsrechtlichen Kündigungsgründe der personen-, verhaltens- bzw. betriebsbedingten Kündigung gelten auch beim Auslandsvertrag. Schwierigkeiten können in der Praxis bezüglich der Wirksamkeitsvoraussetzungen einer Beendigungskündigung entstehen. Die Kündigung wird erst im Zeitpunkt der Zustellung des Kündigungsschreibens wirksam, was im Ausland an tatsächliche Schwierigkeiten stoßen kann. Bereitet der Arbeitgeber die Kündigung seines Auslandsmitarbeiters vor, sollte er die lokalen Verhältnisse kennen, um sich nicht nicht den Vorwurf der Kündigung zu Unzeit auszusetzen.

Die gleichen Zugangserfordernisse wie im Inland gelten auch im Ausland, d.h. die Kündigung gilt dann als zugestellt, wenn sie den Mitarbeiter im Rahmen des üblichen Posteingangs erreicht und von ihm nach objektiven Umständen zur Kenntnis genommen werden konnte.

Durch die zeitliche und räumliche Distanz im Ausland, insb. in Übersee, ergeben sich hier naturgemäß auch im Zeitalter von Intranet und E-Mail-Übertragungssystemen Schwierigkeiten. Derartige Kündigungen sind nicht rechtswirksam. Eine weitere Frage wirft der Nachweis der erforderlichen Vollmacht zum Ausspruch der Kündigung auf. Während im Inland keine Schwierigkeiten bestehen dürften (obwohl in Kündigungsverfahren zu diesem Punkt immer wieder formale Fehler gemacht werden) ist die Kündigung im Ausland bei Einbindung des Mitarbeiters an andere betrieblichen Organisationen als das entsendende Stammhaus mit Schwierigkeiten verbunden.

Im Falle der Abordnung, d.h. des Fortbestehen des inländischen Arbeitsvertrages, erfolgt der Kündigungsausspruch durch den Arbeitgeber. Insofern ergeben sich keine Unterschiede zum inländischen Arbeitsverhältnis. Gerade im Hinblick auf eine Kündigung aus wichtigem Grund ist die 2-Wochen-Frist im Ausland oft nur schwer einzuhalten. Wird der Mitarbeiter jedoch im Rahmen einer befristeten Versetzung ins Ausland zu einer Tochtergesellschaft oder einem joint venture entsandt, ist er in die dortige Betriebsorganisation eingegliedert und unterliegt den dortigen Weisungsrechten des Arbeitgebers. Da er in diesem Fall auch einen lokalen Arbeitsvertrag nach lokalen arbeitsrechtlichen Voraussetzungen abschließt, gelten in diesem Fall auch die ausländischen Rechtsvorschriften über die Beendigung eines Arbeitsverhältnisses. Hiernach können eine Kündigungsmöglichkeiten nur unter bestimmten Voraussetzungen vorliegen oder ganz oder zum Teil ausgeschlossen sein.

Um dem entsandten Arbeitnehmer den Schutz der deutschen Kündigungsvorschriften weiterhin zu gewährleisten, sind die Kündigungsmöglichkeiten und -voraussetzungen sowie die Kündigungsfristen in den Beurlaubungsvertrag und möglichst den lokalen Anstellungsvertrag bei der ausländischen Betriebsorganisation mit einzubeziehen. Vertraglich können auch andere als die Kündigungsfristen des deutschen Arbeitsrechts vereinbart werden, da der deutsche Kündigungsschutz nicht als Voraussetzung oder Rechtsvorschrift des Ordre Publique im Rahmen des EGBGB anzusehen ist und demzufolge kein zwingenden Charakter besitzt.

82 Bei der vertraglichen Vereinbarung von Kündigungsfristen, muss auf jeden Fall auf die **Fristenkonkurrenz** des ruhenden Beurlaubungsvertrages und des aktiven lokalen Anstellungsvertrages geachtet werden. Es sollte ausgeschlossen sein, dass die Kündigung eines Vertrages durch den Arbeitgeber oder -nehmer die Beendigung des damit verbundenen zweiten Vertrages nicht automatisch auslöst. Kündigt beispielsweise der Arbeitnehmer den Vertrag im Ausland rechtswirksam, so betrifft dies den ruhenden Inlands- bzw. Beurlaubungsvertrag für die Auslandstätigkeit nicht automatisch, sofern dies nicht vereinbart ist.

83 Im Falle der Arbeitgeberkündigung ist zu differenzieren. Kündigt der ausländische Arbeitgeber rechtswirksam den lokalen Anstellungsvertrag im Ausland, hat dies weder nach der Kündigungsfrist noch den -gründen eine automatische Beendigung des ruhenden Inlandsvertrages zur Folge. Die Kündigungsgründe und -möglichkeiten im Ausland stellen im Regelfall deutlich niedrigere Anforderungen als im Inland.

Es kommen in der Praxis auch häufig Fallkonstellationen vor, bei denen sich die Auslandsgesellschaft vom Mitarbeiter trennt, ohne dass das entsendende Stammhaus den Mitarbeiter überhaupt oder gerade zu diesem Zeitpunkt wieder in das inländische Arbeitsverhältnis eingliedern möchte. Hierzu muss im Sinne einer Transparenz der Vertragsregelung eine Klarstellung im Entsendungsvertrag erfolgen. Eine Kündigung des ausländischen Arbeitgebers, gleich welcher Art und ob aus welchem Grund, sollte grundsätzlich auch als Kündigung des inländischen Arbeitsverhältnisses gelten, sofern der inländische Arbeitgeber keine anderen Dispositionen trifft. In diesem Fall muss zwischen dem inländischen und ausländischen Arbeitgeber im Vorfeld eine Abstimmung über die Beendigung des Vertrages im Ausland vereinbart werden. Dann unterliegen die vorgetragenen Beendigungsgründe des Arbeitgebers im Ausland auch der rechtlichen Kontrolle nach inländischen Kündigungsrecht. Führen sie danach nicht zu einer Beendigung, so gilt der ruhende Arbeitsvertrag unverändert fort. Der inländische Arbeitgeber kann unter diesen Umständen den Mitarbeiter jedoch vorzeitig mit der Folge zurückrufen, dass sein inländischer Arbeitsvertrag wieder auflebt. Die für die Dauer der Auslandstätigkeit gewährten Sonderkonditionen und Zulagen gelten jedoch in diesem Fall möglicherweise weiterhin fort, wenn sich der Arbeitgeber nicht ein vorzeitiges Rückrufrecht vor Ablauf des Entsendungszeitraums vertraglich vorbehalten hat. Es empfiehlt sich auch eine Regelung in den ruhenden Beurlaubungsvertrag/Entsendungsvertrag mit aufzunehmen, wonach der inländische Arbeitgeber den Arbeitgeber des Mitarbeiters im Ausland bevollmächtigt, Kündigungen mit Wirkung für den inländischen Arbeitgeber auszusprechen. Auch hier sind entsprechend die Kündigungsgründe nach deutschem Recht zu prüfen, dem der ruhende Inlandsvertrag und der Beurlaubungsvertrag unterliegen. Fehlt es an der erforderlichen Wirksamkeit der genannten Beendigungsgründe nach inländischen Kündigungsrecht, ist eine gleichwohl ausgesprochene Kündigung unwirksam.

Wichtige Kündigungsvoraussetzungen und -regelungen können sich auch im Hinblick auf die erforderlichen Fristen aus dem KSchG und einschlägigen Tarifverträgen ergeben. Hier sind insbesondere Tarifverträge im Baugewerbe zu beachten, die für allgemeinverbindlich erklärt wurden. Aus ihnen ergibt sich eine kurze Frist zur Geltendmachung der Ansprüche des Arbeitnehmers gegenüber dem Arbeitgeber von 2 Monaten. Auch andere Tarifverträge können ähnliche zeitliche Beschränkungen vorsehen. Für den Arbeitnehmer, dem im Ausland vor Ort gekündigt wird, ist durch den räumlichen Abstand die Möglichkeit der Kündigungsschutzklage erschwert. Dies ändert jedoch nichts an der Gültigkeit der inländischen Arbeitsrechtsregelungen.

Kündigt der Arbeitnehmer im Ausland, so dürfte auch ohne ausdrücklichen vertraglichen Vorbehalt des vorzeitigen Rückrufs durch den Arbeitgeber ein solches Recht zu dessen Gunsten bestehen, da durch die Kündigung des Auslandsvertrages die Fortsetzung der Tätigkeit nicht mehr möglich und dem Arbeitgeber ein Festhalten am Vertrag nicht mehr zumutbar ist. Ob und wieweit die Umstände auch zu einer Kündigung des inländischen Arbeitsvertrages führen können, ist im Einzelfall zu prüfen. Im Regelfall dürfte eine betriebsbedingte Kündigung wegen Wegfall des Arbeitsplatzes möglich sein.

Hierbei kann jedoch wiederum die Klausel, wonach der inländische Arbeitgeber im Rückkehrfall sich die Möglichkeit des Einsatzes des zurückkehrenden Arbeitnehmers innerhalb des Konzerns bei anderen Unternehmen oder an anderen Arbeitsplätzen als dem bisherigen vorbehält, zu einem weitgehenden Kündigungsschutz für den Mitarbeiter werden (s. o. „konzerndimensionaler" Kündigungsschutz).

Eine besondere Form der Arbeitnehmerkündigung im Ausland findet sich in der Rechtsprechung zur sog. „Druckkündigung".[10] Eine derartige Druckkündigung liegt vor, wenn Dritte (z. B. der Auftraggeber oder Projektverantwortliche im Ausland) unter Androhung von Nachteilen für den Arbeitgeber von diesem die Entlassung eines bestimmten Arbeitnehmers verlangen. Hierbei unterscheidet man zwei Fallgestaltungen: Zum einen kann das Verlangen des Dritten unter verhaltens- oder personenbedingten Gründen objektiv gerechtfertigt sein. In diesem Fall ist es dem Arbeitgeber anheim gestellt, aus genau diesen Gründen eine personen- oder verhaltensbedingte Kündigung im Inland auszusprechen. Eine betriebsbedingte Druckkündigung ist dann nicht mehr möglich. Im zweiten Fall ist die objektive Rechtfertigung nicht gegeben. Gleichwohl kann hier eine – betriebsbedingte – Kündigung des Arbeitnehmers wegen Wegfalls einer konkreten Beschäftigungsmöglichkeit vorliegen. Voraussetzung ist jedoch in diesem Fall, dass der kündigende Arbeitgeber alle notwendigen und zumutbaren Schritte zur Vermeidung der Kündigung vorgeschaltet hat.

14.3.5.2.2 Befristung, Projektbeendigung und Aufhebungsvereinbarung

Die Beendigung einer Auslandstätigkeit und damit eines Arbeitsvertrages im Ausland durch Befristung ist der Regelfall. Die Befristung sollte bei einer zeitlich begrenzten

---

[10] Vgl. BAG in NZA 1987, S. 21.

Versetzung im Wege eines Entsendungsvertrages sowohl im ruhenden Beurlaubungsvertrag mit dem Stammhaus wie auch in dem lokalen Anstellungsvertrag mit der Auslandsgesellschaft kongruent vereinbart sein. Es ist nicht erforderlich, eine zeitliche Terminierung im Vertrag vorzusehen, wenn sich aus den Umständen, insb. aus dem konkreten Projekt heraus, ein entsprechender zeitlicher Rahmen ergibt und dieser Projektbezug im Vertrag selbst oder durch die konkreten Umstände zwischen den Parteien eindeutig gegeben ist. Grundsätzlich ist eine Befristung auch bei Auslandstätigkeiten wirksam, wobei das BAG die generellen Regelungen über die Wirksamkeit von Befristungen auch in diesem Fällen anwendet.

Dies bedeutet, dass eine Befristung des Arbeitsvertrages nur dann rechtlich haltbar ist, wenn sie den Arbeitnehmer nicht ohne sachlichen Grund der zwingenden Wirkung des KSchG entzieht. Regelmäßig gilt dies in den Fällen der Tätigkeit im Rahmen eines inländischen Arbeitsverhältnisses, wie bei der Abordnung und auch für den ruhenden Beurlaubungsvertrag mit dem Stammhaus. Im Sinne einer projektbezogenen Auslandstätigkeit, einer Personalentwicklungsmaßnahme oder eines Know-How-Transfers als Basis für die Tätigkeit im Ausland ist der sachliche Grund im Regelfall jedenfalls zu bejahen.

87 Allerdings führt die Beendigung der Befristung im Auslandsvertrag nicht dazu, dass der Inlandsvertrag ohne weiteres zum Wegfall kommt, es sei denn, der Mitarbeiter ist ausschließlich für das konkrete Projekt im Ausland eingestellt worden. Diese Fallgestaltung ist ausschließlich nach ausländischem Recht zu beurteilen.

Wird er jedoch aus einem bestehenden Arbeitsverhältnis im Inland heraus ins Ausland entsandt, beendet die Auslandstätigkeit seinen Inlandsvertrag nicht. Auch im Falle einer Einstellung lediglich für das konkrete Projekt bzw. den konkreten Zeitraum im Ausland führt nicht generell zum Wegfall der Prüfung der sachlichen Begründung für die Befristung, wenn der Mitarbeiter zuvor schon bei dem gleichen Arbeitgeber im Inland befristet angestellt war. Das BAG stellt hierbei im Falle der Prüfung des sachlichen Grundes lediglich auf den letzten Vertrag ab. Eine Ausnahme würde nur dann vorliegen, wenn der Folgevertrag lediglich im Sinne einer einheitlichen Betrachtung nach dem Willen der Vertragsparteien erkennbar als Einheit mit dem vorhergehenden Arbeitsvertrag betrachtet werden sollte und somit der befristete Tätigkeitszeitraum lediglich ein Annex des ursprünglichen Vertrages ist, jedoch keine selbständige vertragliche Grundlage bietet. Hieran stellt die Rechtsprechung strenge Anforderungen.

88 Für die Wirksamkeit des sachlichen Grundes einer Befristung hebt das BAG[11] außerdem auf die Beschäftigungsdauer ab. Je länger eine Beschäftigung dauert, desto schwieriger ist auch der sachliche Grund zu rechtfertigen. Diese Überlegungen greifen bei längerfristigen Beschäftigungen, wobei das BAG offengelassen hat, ob zwischen mehreren Tätigkeiten zur Rechtfertigung der Befristung ein Zeitraum von mehreren Monaten liegen kann. Bei langer Beschäftigungsdauer ist im Ergebnis deshalb eine Befristung nur dann sachlich gerechtfertigt, wenn zurzeit des Abschlusses des Arbeitsvertrages hinreichend konkrete objektive Anhaltspunkte dafür vorliegen, dass eine Weiterbeschäftigung des Arbeitnehmers nach Abschluss des konkreten Projektes nicht mehr möglich ist.

89 Abgesehen vom Vorliegen von Versetzungsklauseln im Vertrag bzw. der Einräumung von Rückkehrrechten oder im Falle der Abordnung besteht seitens des Arbeitnehmers kein Anspruch auf eine Weiterbeschäftigung nach Ablauf an anderen offenen Positionen beim gleichen Arbeitgeber, da es bei der Beschäftigung auf die geschuldete und nicht auf irgendeine Leistung oder Aufgabe ankommt.

Im Falle gesetzlicher Regelungen nach dem Beschäftigungsförderungsgesetz ist der sachliche Grund nicht gesondert zu begründen. Eine Befristung ist immer dann ohne

---

[11] Vgl. BAG in DB 1986, S. 2498.

weiteres zulässig, wenn durch sie Kündigungsbestimmungen nicht umgangen werden können, etwa auch bei der Wartezeit nach KSchG (§ 1 Abs. 1) oder bei vorgeschalteter 6monatiger Probezeit.

Fragen der Projektbeendigung unterscheiden sich nicht von den Fragestellungen der Befristung. Die vorzeitige Projektbeendigung allein kann jedoch im Hinblick auf die vertragliche geschuldete Leistung des Arbeitgebers zur Zahlung von Zulagen und sonstigen Auslandsvergünstigungen Probleme aufwerfen. Auch hier zeigt sich wieder die Erforderlichkeit eines vertraglichen Vorbehalts seitens des Arbeitgebers auf jederzeitige vorzeitige Abberufung des Mitarbeiters von seiner Auslandstätigkeit.

Eine weitere Möglichkeit der Beendigung einer Tätigkeit im Ausland stellt die Aufhebungsvereinbarung dar, die sowohl für den ruhenden Inlands- wie auch betreffend den Auslandsvertrag jederzeit abgeschlossen werden kann. Hierbei ist jedoch zu beachten, dass bei Aufhebungsvereinbarungen bezüglich des Auslandsvertrages mit der ausländischen Gesellschaft regelmäßig lokale Bedingungen zugrunde zu legen sind und in einer Vielzahl von europäischen Ländern sowie auch in Übersee die Aufhebungsregelungen und Abfindungszahlungen – gesetzlich geregelt – deutlich höher sein können als im Inland. Weiterhin ist zu beachten, dass bei einer Aufhebungsvereinbarung im Ausland auch die Gesamtbezüge und Konditionen des Mitarbeiters während der Auslandstätigkeit zugrunde gelegt werden und somit die Auslandszuschläge wie auch die zusätzlichen Vergünstigungen wie Mietzahlungen etc. als Abfindungsbasis herangezogen werden können.

Dies kann der Arbeitgeber nur dann vermeiden, wenn er entweder die potentiellen **90** Aufhebungsvereinbarung schon im Entsendungsvertrag antizipiert oder die Beendigungsvereinbarung deutschen Rechtsgrundsätzen und den Inlandskonditionen unterwirft. Die erste Fallgestaltung wird in der Praxis nur in seltenen Ausnahmefällen vorkommen, während in der zweiten Fallgestaltung wiederum der Vorbehalt der vorzeitigen Abberufung des Auslandsmitarbeiters mit der Folge greift, dass der durch den ruhenden Entsendungsvertrag vorübergehend suspendierte Inlandsarbeitsvertrag wieder in vollem Umfang auflebt.

14.3.5.2.3 Sonstige Gründe

Als sonstige Gründe einer Vertragsbeendigung der Auslandstätigkeit sind seltene **91** Fallgestaltungen zu betrachten, die unter dem Gesichtspunkt „force majeure" weder vom Arbeitnehmer noch vom Arbeitgeber zu vertreten sind bzw. in deren Einflusssphären fallen. Regelmäßig dürften hierunter kriegerische Ereignisse, interne Bürgerkriege oder sonstige Gefahrensituationen wie Naturkatastrophen zu subsumieren sein.

Ob und in welchem Umfang sich hierbei eine der Parteien Beendigungsmöglichkeiten auf dem Wege einer Kündigung oder Aufhebung finden lassen oder inwieweit vertragliche Kompensationsansprüche des Arbeitnehmers gegenüber dem Arbeitgeber bestehen, wird sich im Einzelfall nach lokalem Arbeitsrecht gestalten.

14.3.5.2.4 Auswirkungen auf vertragliche Haupt- und Nebenpflichten

14.3.5.2.4.1 Finanzielle Abwicklung des Vertrages

Im Falle der Befristung eines Vertrages bzw. einer rechtswirksamen Beendigungs- **92** kündigung hat der Mitarbeiter einen Anspruch auf Fortzahlung seiner Vergütung einschl. Auslandszulagen bis zum Ablauf der Vertragslaufzeit. Hier kann der Arbeitgeber sich auch nicht von seiner Verpflichtung auf Zahlung der Auslandszuschläge dadurch befreien, dass er im Rahmen des Rückrufvorbehalts den Mitarbeiter vorzeitig nur zu diesem Zweck abberuft. Ist jedoch, wie üblicherweise bei Auslandsentsendungsverträgen ausdrücklich geregelt, der Rückruf durch den Arbeitgeber aus geschäftlichen Gründen vorbehalten, so erlischt mit der Rückkehr ins Inland der Vergütungsanspruch des Arbeitnehmers für seine Auslandstätigkeit. Etwas anderes kann im Zusammenhang mit einer Kündigung dann gelten, wenn die Kündigungsfristen des Auslandsvertrages über die vergleichbaren Kündigungsfristen im Inland hinausgehen.

Erfolgt in sofern ein berechtigter Rückruf des Arbeitgebers, so könnte in entsprechender Anwendung der inländischen Kündigungsfristen die Gewährung von Auslandszulage bis zum Ablauf der Frist vom Arbeitnehmer gefordert werden. Dies würde jedoch dem vorbehaltenen jederzeitigen Rückrufrecht des Arbeitgebers entgegenlaufen, so dass auch in diesen Fällen ein weitergehender Vergütungsanspruch über das Inlandsgehalt bzw. das während der Dauer der Auslandstätigkeit festgelegte Schatteneinkommen hinaus nicht angenommen werden kann.

14.3.5.2.4.2 Vertragliche Anrechnungsklauseln

93 In einer Vielzahl von Staaten sehen die lokalen Gesetze und teilweise auch die von der dortigen Rechtsprechung entwickelten Grundsätze garantierte Abfindungszahlungen als Minimum für eine entsprechende Aufhebung des Vertragsverhältnisses im Ausland oder eine Beendigung jedweder Art vor.

Da der lokale Auslandsvertrag im Rahmen der befristeten Entsendung den dortigen Rechtsvorschriften untersteht, finden diese gesetzlichen Vorschriften auch auf den Vertrag mit dem entsandten Mitarbeiter im Ausland unabhängig vom Bestehen eines Rückkehranspruchs aus dem Ruhensvertrag Anwendung. In vielen Fällen treten diese gesetzlichen Mindestabfindungen an die Stelle der ansonsten nicht vorhandenen betrieblichen oder gesetzlichen Altersversorgung (z. B. Brasilien, Italien, auch Österreich, Belgien u. a.). Dies hat aber wegen des Sicherungscharakters nach dem lokalen Recht oft zur Folge, dass der Anspruch des Mitarbeiters nicht durch Abtretung, Pfändung oder in sonstiger Weise tangiert werden kann.

Endet das Vertragsverhältnis im Ausland durch Kündigung des Mitarbeiters, durch Beendigungskündigung des Arbeitgebers oder auch durch eine Aufhebungsvereinbarung auf Veranlassung des Arbeitgebers, so erlöschen die Ansprüche aus diesen Regelungen grundsätzlich nicht. Sie bestehen neben den vertraglichen Ansprüchen aus bzw. bis zur Beendigung des Arbeitsverhältnisses fort.

94 Etwas anderes gilt auch nicht für den Fall, dass der Mitarbeiter nach Beendigung im Ausland in ein inländisches Arbeitsverhältnis zurückkehrt. Auch in diesem Fall sehen die ausländischen Regelungen keinerlei Einschränkungen gegenüber den vergleichbaren Tatbeständen vor. Da gleichzeitig zum Zwecke der Absicherung dieser Beendigungsansprüche die ausländischen Gesellschaften entsprechende bilanzielle Vorkehrungen treffen müssen, sind die Ansprüche regelmäßig im Ausland von der dortigen Gesellschaft auch ausfinanziert. Erhält nun der Mitarbeiter einen derartigen finanziellen Ausgleich und ist dies nicht in den Entsendungsverträgen berücksichtigt, so erhält er unter Umständen doppelte Leistungen für vergleichbare Sachverhalte, beispielsweise bei gleichzeitiger Weiterführung der betrieblichen Altersversorgung im Inland wie auch der gesetzlichen Sozialversicherung im Rahmen des ruhenden inländischen Arbeitsvertrages mit dem Stammhaus. Um dies zu vermeiden, sollten die Beurlaubungsverträge entsprechende Anrechnungsklauseln vorsehen. Hierbei ist zunächst das Ziel zu definieren, nämlich die Vermeidung einer doppelten Leistung des Arbeitgebers.

Da eine Abtretung, der Verzicht oder ähnliche einseitige Willenserklärungen des Mitarbeiters wie auch die vertragliche Regelung im Auslandsvertrag selbst in diesen Fällen regelmäßig unwirksam sind, sollte eine Verrechnung dergestalt vorgenommen werden, dass andere Ansprüche, insb. Zahlungsansprüche des Mitarbeiters, hiermit verrechnet werden. Dies gilt namentlich für betriebliche Zusatzleistungen wie Altersversorgung oder auch Versicherungen und die Umzugskosten und -pauschalen bei Rückkehr.

14.3.5.2.4.3 Wiedereinstellungszusage/Rückkehrgarantie

Im Regelfall erteilt das Stammhaus dem entsandten Arbeitnehmer eine Wiedereinstellungszusage und damit eine Rückkehrgarantie auf einen adäquaten Arbeitsplatz im Inland. Diese Garantien setzen zum einen voraus, dass der Arbeitnehmer regelmäßig in Erfüllung seines Vertrages im Ausland bis zum Ablauf der Befristung oder dem Ende des Projektes tätig wird. Gerade bei längerfristigen Auslandstätigkeiten ist im Rahmen der Personalplanung die Möglichkeit der zur Verfügungstellung eines adäquaten Arbeitsplatzes problematisch. 95

Selbst bei konsequenter Personalplanung ist die Wiedereingliederung die schwierigste Frage im Zusammenhang mit der Auslandsentsendung. Kündigt der Mitarbeiter den Auslandsvertrag vor Ablauf und kehrt ins Inland zurück, ist dem Arbeitgeber die Zurverfügungstellung einer entsprechenden Position im Inland nicht zumutbar. Er hat dann die Möglichkeit, aus betriebsbedingten Gründen eine Kündigung auszusprechen.

Hingegen hat der Arbeitgeber die Verpflichtung, dem Mitarbeiter eine adäquate Positionen in Fällen vorzeitiger Abberufung und Rückkehr ins Inland zur Verfügung zu stellen.

Probleme können sich an der Frage der Adäquanz der angebotenen Position stellen. In der Praxis wird allgemein auf die Kenntnisse des Mitarbeiters und die zwischenzeitlich im Ausland gemachten Erfahrungen verwiesen. Die Position im Inland muss mindestens mit der Position vergleichbar sein, die der Mitarbeiter vor seiner Auslandsentsendung bekleidet hat. Zwischenzeitliche organisatorische Veränderungen im Inland gerade bei langfristigen Auslandsaufenthalten führen oft dazu, dass die Vergleichbarkeit nicht mehr gegeben ist. Auch für den Fall, dass der Mitarbeiter keinerlei Einbußen an seiner Vergütung und in seinen Vertragskonditionen hinnehmen muss, hat er jedoch einen Anspruch auf eine entsprechende Beschäftigung im Inland nach Rückkehr. Ansonsten würde ihm die Möglichkeit der Nutzung seiner bisherigen Kenntnisse und Know-Hows verwehrt werden. Sollte eine entsprechende Position nicht zur Verfügung stehen, kann der Arbeitgeber dem Mitarbeiter eine andere vergleichbare Position im Wege einer Änderungskündigung anbieten. Hierbei kann er gleichzeitig auch die Vertragskonditionen für diese neue Position und das vertragliche Schatteneinkommen festlegen. Diese Änderungskündigung unterliegt der Überprüfung nach § 2 KSchG. 96

14.3.5.2.5 Sonderfälle Sozialplan im Stammhaus, Betriebsübergang, Rechtsänderung bei entsendendem Arbeitgeber

Zunehmend finden sich Fallgestaltungen in der Praxis, bei denen der Arbeitnehmer bei langfristigen Auslandsaufenthalten und Rückkehr in die Organisation des Stammhauses seine ursprüngliche Funktion und Abteilung nicht mehr vorfindet. Jegliche Form der Umstrukturierung tangiert auch die Wiedereinstellungszusage und Rückkehrgarantie des Arbeitgebers und damit die Rechtsposition des Arbeitnehmers. Die Wiedereinstellungszusage ist in aller Regel nicht auf eine konkrete genau definierte Position bezogen, sondern ist in allgemeiner Form abgegeben. Das ruhende Inlandsarbeitsverhältnis unterliegt dem arbeitsrechtlichen Schicksal aller aktiven Arbeitsverhältnisse im Inland. 97

Dies bedeutet, dass bei einem Sozialplan im Stammhaus der ruhende Auslandsarbeitsvertrag ebenso Berücksichtigung findet. In vielen Fällen wird der Arbeitgeber die Vorschrift des § 1 Abs. 3 Satz 2 KSchG anführen können, wonach der Arbeitnehmer gerade auf Grund seiner Auslandserfahrung besondere Kenntnisse und Fähigkeiten oder Leistungsvermögen besitzt, die ein berechtigtes betriebliches Interesse an dem Aus- 98 schluss von der sonst erforderlichen Sozialauswahl begründet. Ist dies jedoch nicht der Fall oder beruft sich der Arbeitgeber nicht auf diese Vorschrift, so sind auch entsprechende ruhende Arbeitsverhältnisse mit in den Sozialplan mit einzubeziehen. Gleiches gilt auch bei Betriebsübergängen nach § 613a BGB. Die Tatsache des Bestehens einer Wiedereinstellungszusage hindert den inländischen Arbeitgeber nicht daran, auch die ruhenden Verträge mit auf einen neuen Arbeitgeber übergehen zu lassen. Dies bedeutet für den entsandten Arbeitnehmer, dass er den Anspruch auf Wiedereingliederung nunmehr gegen den neuen Arbeitgeber geltend machen muss.

Rechtsänderungen bei dem entsendenden Arbeitgeber führen in aller Regel dagegen nicht zu einer Änderung der Vertragssituation bei dem im Ausland tätigen Mitarbeiter.

14.3.6 Arbeitsvertragliche Regelungen und Besonderheiten bei Versetzungen

99 Besondere arbeitsrechtliche Probleme ergeben sich bei nicht befristeten Versetzungen ins Ausland. Vielfach sehen Entsendungsregelungen eine automatische Beendigung der vertraglichen Anbindung an das inländische Stammhaus nach Ablauf langjähriger Auslandstätigkeiten bei gleichzeitiger endgültiger Versetzung zur lokalen Betriebsstätte oder Konzerngesellschaft im Ausland vor. Derartige Klauseln sind zwar grundsätzlich rechtswirksam, werden jedoch in der Praxis nur schwer durchsetzbar sein. Abgesehen von den schwierigen Fragen zur Fortführung von Aufenthalts- und Arbeitsbedingungen trotz Beendigung der Rückkehrmöglichkeit und damit der anderen Qualifikationsanforderungen an die Gültigkeit der Visa bedeutet die Fortführung des Auslandsvertrages nicht automatisch die Beendigung des deutschen Rechts unterliegenden Ruhensvertrags. Diese richtet sich nach deutschen Rechtsgrundsätzen. Ob in diesem Fall eine Kündigung des Arbeitgebers mit dem Ziel der ursprünglich mit dem Mitarbeiter vor der Entsendung vertraglich vereinbarten endgültigen Versetzung rechtswirksam ist, ist in der Rechtsprechung nicht entschieden.

100 Nach den Kündigungsregeln des deutschen Arbeitsrechts ist diese ohne Vorliegen konkreter Kündigungsgründe nicht rechtswirksam. Die ursprüngliche Zustimmung des Arbeitnehmers ist nicht als antizipierte Zustimmung des Arbeitnehmers zu einer späteren vertraglichen Beendigung oder antizipierte Zustimmung zu einer Kündigung bzw. Verzicht auf ein Wiedereinstellungsrecht gegen eine Beendigung anzusehen.[12]

Üblicherweise werden diese Fallgestaltungen individuell im Interessenabgleich beider Parteien geregelt.

14.3.7 Vertragliche Sonderformen bei Auslandseinsätzen

101 Vertragliche Sonderformen bei Auslandseinsätzen fanden sich früher häufig bei Beratertätigkeiten oder im Rahmen von Übernahmen von Mandaten im Rahmen von Aufsichts- oder Verwaltungsratsfunktionen. Teilweise wurde über Beraterverträge mit dem entsendenden Stammhaus für den Mitarbeiter die Möglichkeit geschaffen, Einkünfte im Inland und in inländischer Währung zu erzielen und damit die auch während der Auslandstätigkeit fortlaufenden inländischen Verpflichtungen wie Privatversicherungen, gesetzliche Sozialabgaben o. ä. weiterzahlen. Derartige Sonderverträge setzen nach § 49 EStG einen sog. Verwertungstatbestand beim inländischen Unternehmen voraus. Das inländische Unternehmen bzw. Stammhaus als Leistungsempfänger der Beratungsleistung des im Ausland tätigen Mitarbeiters kann die Aufwendungen

---

[12] Zur Versetzungsproblematik siehe Küttner, Personalbuch 2000, unter „Versetzung", insb. Ziff. 2 und 3).

für die Beratungsleistung nur dann als Betriebsausgaben geltend machen, wenn der Vergütung eine entsprechende Dienstleistung des Mitarbeiters für das Stammhaus entgegensteht bzw. im Ausland getätigte Leistungen im Inland verwertet werden.

Dies dürfte auch in den Fällen, in denen der Mitarbeiter auf Veranlassung des Stammhauses ins Ausland entsandt wurde und gewissen Weisungs- und Berichtspflichten der Konzernführungsgesellschaft insb. innerhalb eines Konzerns noch weiterhin untersteht, nur in Ausnahmefällen Anwendung finden.

Den Abschluss eines entsprechenden Beratungsvertrages neben den bereits genannten Vertragskonstellationen im Rahmen einer Abordnung oder befristeten Entsendung/Versetzung bringt im Regelfall weder dem Arbeitgeber noch dem Arbeitnehmer Vorteile und sollte möglichst nur in Ausnahmefällen nach vorheriger Klärung der steuerlichen Erfordernisse (Anrufungsausschuss beim Finanzamt) abgeschlossen werden. In jedem Fall müssen die Verträge mit den anderen Auslandsentsendungsverträgen sowohl hinsichtlich der Laufzeiten wie auch der Beendigungsmöglichkeit und der Vertragsinhalte wie auch der Verpflichtung zum Aufwendungsersatz eng verbunden werden, damit sie als Gesamtheit betrachtet werden können. Gleiches gilt grundsätzlich auch für die Übernahme von Mandaten im Rahmen der Auslandstätigkeit bei lokalen Tochtergesellschaften. Hier sollte vertraglich in jedem Fall eine weitere Einnahmequelle für den Mitarbeiter neben seinen im Entsendungsvertrag bzw. lokalen Anstellungsvertrag genannten Vergütungspaket ausgeschlossen werden und der Mitarbeiter lediglich einen Ausgleich für seine Aufwendungen (beispielsweise Reisekosten etc.) erhalten. **102**

14.4 Exkurs: Mitbestimmung bei Entsendung ins Ausland

14.4.1 Betriebliche Mitbestimmung

In der Literatur und Rechtssprechung[13] besteht die einhellige Meinung, dass das Betriebsverfassungsgesetz durch das Territorialitätsprinzip gekennzeichnet ist. Es erfasst die in seinem räumlichen Geltungsbereichen tätigen und gelegenen Betriebe. Das Betriebsverfassungsgesetz greift weit in den organisatorischen Aufbau und die Abläufe dieser Betriebe ein und begrenzt die Befugnisse des Arbeitgebers. Derartige Regelungen können sich daher schon ihrem Inhalt nach nur auf inländische Betriebe beziehen. Gleiches gilt im umgekehrten Fall für ausländische Rechtsordnungen, die ähnliche Formen der Mitbestimmung kennen. **103**

Das BAG sieht jedoch für auslandsrelevante Tätigkeiten dann Ausnahmen vor, wenn sich diese Tätigkeit als „Ausstrahlung" eines inländischen Betriebes darstellt. Diese Ausnahmen haben in der Praxis vielfältige Relevanz. Eine Ausstrahlung liegt auch vor, wenn Arbeitnehmer vorübergehend im Ausland außerhalb der inländischen betrieblichen Organisation beschäftigt werden. Auch bei Eingliederung in eine Betriebsorganisation im Ausland gilt die Mitbestimmung kraft Ausstrahlung, wenn die Tätigkeit zeitlich beschränkt ist. Das ist der Fall nicht nur bei von vorneherein vereinbarten Befristungen sondern auch in Fällen des vertraglichen Vorbehalts eines jederzeitigen Rückrufrechts des Arbeitgebers.[14] Die Mitbestimmung betrifft die Rückkehr dieses Mitarbeiters in das inländische Arbeitsverhältnis, nicht aber die bestehenden betrieblichen Verhältnisse bei der Organisation im Ausland. **104**

Indiz hierfür ist die dem inländischen Betrieb bzw. Stammhaus gegenüber bestehende Weisungsabhängigkeit.

---

[13] S. BAG vom 30. 4. 87 in NZA 88, S. 5 und S. 135.
[14] BAG in NZA 1990, S. 658.

Damit liegen die Fälle der vertraglichen Abordnung sowie der langfristigen Dienstreise (siehe 14.3.1.1.1. und 14.3.1.1.2) voll im Rahmen betrieblicher Mitbestimmung. Langfristige Entsendungen mit ruhenden Inlandsverträgen wie reine Auslandsarbeitsverhältnisse und bei Verlagerung von Weisungsrechten des Arbeitgebers ohne jederzeitigen Rückrufvorbehalt in eine ausländische betriebliche Organisation unterliegen dagegen nur beschränkt dem Mitbestimmungsrecht. Das Betriebsverfassungsgesetz gilt in diesen Fällen für die Zeit im Ausland nicht. In jedem Fall einer Rückkehr nach Beendigung der Auslandstätigkeit leben jedoch auch in diesen Fällen die Mitbestimmungsrechte wieder auf.

14.4.1.1 Funktionen und Aufgaben des Betriebsrates

105   Bei Geltung des Betriebsverfassungsgesetz wird das Anstellungsverhältnis in seiner Gänze von der Mitbestimmung erfasst. Insbesondere gelten die Rechte des Betriebsrates aus § 87 BetrVG. Nach der Rechtssprechung hat der Betriebsrat eine Mitstimmung bei der Gestaltung von Auslandszulagen bei vorübergehenden Entsendungen.[15]

Im Rahmen von Dienstreisen und Abordnungen bestehen die Mitbestimmungsrechte grundsätzlich auch bei der Gestaltung der Arbeitszeit im Ausland, der Anordnung von Überstunden oder bei der Zuweisung konkreter Arbeitsinhalte.

Entsprechende Urteile sind bisher jedoch in der Praxis nicht bekannt geworden. Das deutsche Mitbestimmungsrecht kann auch zu Kollisionen mit den örtlichen Gegebenheiten im Ausland führen. Es empfiehlt sich dann eine ausdrückliche Regelung, die entweder generell in Entsendungsrichtlinien oder – projektbezogen im Einzelfall zu treffen ist. Bisher nicht abschließend von der Rechtssprechung entschieden sind Fragen zur betrieblichen Mitbestimmung in den Fällen der befristeten Entsendung bei Eingliederung in eine betriebliche Organisation im Ausland. Trotz auch vorzeitig vertraglicher Rückrufmöglichkeit durch den inländischen Arbeitgeber ist im Hinblick auf die Eingliederung im Ausland und wegen der bestehenden Suspendierung seiner Weisungsbefugnisse für die Dauer der tatsächlichen Tätigkeit im Ausland keine Fortgeltung der Mitbestimmungsrechte des Betriebsverfassungsrechts anzunehmen. Dies gilt bis zur Ausübung des Rückrufrechts. Für die Wiederaufnahme der Tätigkeit im inländischen Betrieb des Arbeitgebers entfaltet die betriebsverfassungsrechtliche Mitbestimmung ihren vollen Geltungsbereich.

106   Entsprechende Konsequenzen gelten auch für entsandte Mitarbeiter in ausländischen Projektorganisationen und ARGEs sowie bei joint ventures, in denen der entsendende Inlandsarbeitgeber keine unternehmerische und damit arbeitsrechtliche „Führerschaft" besitzt. Sofern nicht zwingende Regelungen im Rahmen des Art. 30 Abs. 1 EGBGB oder Grundgedanken des ordre-public aus Art. 6 EGBGB verletzt sind, haben die Mitbestimmungsrechte nach dem Betriebsverfassungsrecht keine Gültigkeit. Anders ist die Rechtssituation dann zu beurteilen, wenn der Arbeitgeber selbst die Verantwortung für Auslandsprojekte innehat, in denen der entsandte Mitarbeiter tätig ist.

14.4.1.2 Die Rolle des Sprecherausschuss

107   Der Sprecherausschuss hat nach dem Sprecherausschussgesetz keine Mitbestimmungsrechte wie der Betriebsrat. Informations- und Beratungsrechte begründen keine weitergehenden Rechte bei Auslandsbezug von Arbeitsverhältnissen. Im Rahmen von Konsultationen sollten jedoch die Rahmenbedingungen für Auslandseinsätze abgestimmt werden. Individuelle Mitspracherechte sind nicht gegeben.

---

[15] Vgl. BAG vom 30. 1. 91 in NZA 90, S. 571.

14.4.2 Die Bedeutung des Eurobetriebsrates

Gegenüber dem Eurobetriebsrat bestehen lediglich Informationsverpflichtungen des Arbeitgebers, deren Nichterfüllung jedoch erhebliche rechtliche Konsequenzen bei grenzüberschreitenden arbeitsrechtlichen Themen haben können. Im Zusammenhang mit Entsendungen gibt es keine relevanten Informationstatbestände.

108

14.5 Konsequenzen des Steuerrechts bei Auslandstätigkeiten

Bereits bei verschiedenen Fragestellungen wurde die Bedeutung der Besteuerung beim Mitarbeiter sowie beim Stammhaus und der ausländischen Gesellschaft bzw. Betriebsstätte deutlich. Entscheidend ist bei der Konzeption der Auslandstätigkeit, gleichgültig ob im Rahmen einer Abordnung oder einer Entsendung bzw. Versetzung, die Berücksichtigung der gegenseitigen Wechselwirkung und der steuerlichen Voraussetzungen im In- und Ausland. Die Einbeziehung von Steuerfachleuten sollte deshalb unbedingt erfolgen.

109

Dies eröffnet auch die Möglichkeit der Gestaltung von Leistungen innerhalb des Entsendungspakets. Die Einhaltung insbesondere lokaler Steuervorschriften durch die Unternehmen und den Mitarbeiter ist eine Selbstverständlichkeit, die jedoch auch zu kontrollieren ist. Schließlich repräsentiert der Mitarbeiter das Unternehmen vor Ort. Eine generelle Vertragsklausel, wonach der Mitarbeiter die steuerlichen Vorschriften vor Ort zu erfüllen hat, entbindet den Arbeitgeber nicht grundsätzlich in vollem Umfang von seinen Verpflichtungen. Hierbei kann und sollte er den Mitarbeiter durch Übernahme von Beratungskosten in steuerlichen Angelegenheiten aktiv unterstützen, insbesondere wenn der Mitarbeiter selbst – wie in vielen Ländern üblich – zur Abgabe von Steuererklärungen verpflichtet ist und Lohn- und Einkommenssteuern nicht vom lokalen Arbeitgeber oder vom entsendenden Stammhaus im Inland bereits im Rahmen der Gehaltsabrechnung berücksichtigt werden.

Zu beachten ist, dass alle finanziellen Leistungen des Arbeitgebers wie auch die Gewährung von Vergünstigungen wie beispielsweise Miete oder Heimflüge und Schulkosten auch im Einsatzland regelmäßig geldwerte und damit steuerbare Einkünfte darstellen, auch wenn sie das Stammhaus zahlt.

Entsprechend dem OECD-Musterabkommen hat die Bundesrepublik Deutschland mit vielen Staaten Doppelbesteuerungsabkommen („DBA") abgeschlossen, die neben zahlreichen Steuersachverhalten auch der Vermeidung einer doppelten Besteuerung im In- und Ausland auf Einkünfte aus nicht-selbständigen Tätigkeiten dienen. Abgesehen davon, dass die jeweiligen Abkommen besondere Regelungen enthalten können, gilt die dort festgelegte Struktur, wonach das Besteuerungsrecht beim Heimatstaat verbleibt, wenn der Arbeitnehmer nicht länger als 183 Tage im Ausland verbringt. Wechselt der Wohnsitz ins Ausland bzw. werden die Einkünfte von Arbeitgebern im Ausland gezahlt oder ins Ausland weiterbelastet, so gilt das Besteuerungsrecht des Einsatzlandes. Beim Auslandsbezug ist die zeitliche Zuordnung von Vergütungsanteilen in den jeweiligen Tätigkeitszeitraum zu beachten. Die Bundesrepublik Deutschland behält sich die Besteuerung von inländischen (Teil-)Einkünften im Wege des Progressionsvorbehalts nach höheren Steuersätzen vor. In Ländern ohne DBA lässt sich eine doppelte Steuerzahlung im Inland durch den Nachweis der Besteuerung im Ausland vermeiden. Der deutsche Steuergesetzgeber hat die den deutschen Steuern für Einkünfte aus nicht-selbständigen Tätigkeiten gleichgestellten ausländischen Steuersachverhalte erfasst und in § 34c EStG deren Anrechnung geregelt.

110

Der Nachweis der Abführung von Steuern im Ausland erfasst nicht nur den Grund der Zahlung, sondern auch deren Höhe, d. h. in Höhe der eventuellen Differenz verbleibt es bei einer Besteuerung im Inland

111 Grundsätzlich besteht – unabhängig von der Besteuerungsregelung nach DBAs – die unbeschränkte Steuerpflicht für alle natürlichen Personen mit Wohnsitz im Inland (§ 1 Abs. 1 EStG) für ihre weltweiten Einkünfte oder bei Wohnsitz im Ausland für ihre im Inland erzielten Einkünfte (§ 1 Abs. 4 EStG). Näheres regelt § 49 EStG für diesen beschränkt steuerpflichtigen Personenkreis. Auch die Abordnung des Besteuerungsrechts nach DBA erfolgt u. a. nach dem Wohnsitz des Arbeitnehmers. Im Falle einer Dienstreise oder Abordnung, bei der die Familie immer in Deutschland bleibt und der Mitarbeiter auch seinen Wohnsitz hier beibehält, verbleibt das Besteuerungsrecht im Regelfall im Inland; der im Ausland tätige Mitarbeiter ist in Deutschland unbeschränkt steuerpflichtig. Etwas anderes kann nur dann in Frage kommen, wenn er im Ausland bezahlt wird und dort im Rahmen eines DBA oder nach lokalem Steuerrecht die Einkommensteuer zu entrichten ist und die Einkünfte nicht nach Deutschland an den Inlandsarbeitgeber weiterbelastet werden. In diesem Fall greift aber der Progressionsvorbehalt (§ 32b EStG, s. auch §§ 340, 46 und 50 EStG).

14.6 Deutsches Sozialversicherungsrecht: Die soziale Absicherung des Arbeitnehmers

112 Infolge des befristeten Charakters von Auslandstätigkeiten im Rahmen von Abordnungsverhältnissen oder Entsendungsverträgen und der geplanten Rückkehr in das ruhende Inlandsarbeitsverhältnis hat der Arbeitnehmer ein Interesse an der Aufrechterhaltung und Fortführung der bisherigen Sozialversicherung im deutschen System.

113 Entstehende Lücken durch Auslandstätigkeiten schlagen insbesondere in der gesetzlichen Rentenversicherung mit erheblichen Rentenabzügen zu Buche. Ausländische Sozialversicherungssysteme sind häufig nur rudimentär vorhanden und bieten dem Mitarbeiter nicht den gleichen Schutzumfang wie im Inland. Es können Währungs- und Transferrisiken hinzukommen. Ebenso fehlt ein nahtloses Ineinanderwirken der unterschiedlichen Systeme im Sinne einer gemeinsamen Leistungsformel in den einzelnen Sozialversicherungszweigen. Zur Vermeidung einer doppelten Mitgliedschaft in zwei Sozialversicherungssystemen hat die Bundesrepublik Deutschland mit zahlreichen Staaten bilaterale Abkommen geschlossen.

114 Nach § 4 SGB IV gelten die Rechtsvorschriften des deutschen Sozialversicherungsrechts in vollem Umfang auch bei Tätigkeiten im Ausland weiter, wenn die Tätigkeit im Rahmen eines bestehenden Beschäftigungsverhältnisses im Inland (s. § 7 SGB IV) ausgeübt wird, sofern die Entsendung infolge Eigenart der Beschäftigung oder vertraglich im Voraus zeitlich begrenzt ist. Wesentliche Indizien hierfür sind das Fortbestehen des Weisungsrechts des – inländischen – Arbeitgebers bzw. Stammhauses und die entsprechende Fortzahlung und Verbuchung der Bezüge im Inland. Die Rechtsfolge ist die Fortgeltung der deutschen Sozialversicherung als Pflichtversicherung in allen Versicherungszweigen und unabhängig vom Bestehen einer entsprechenden Versicherungspflicht im Ausland (sog. Ausstrahlung). Im umgekehrten Fall sieht der Gesetzgeber in § 5 SGB IV bei einer sogenannten Einstrahlung, d. h. bei Tätigkeiten im Inland im Rahmen eines im Ausland bestehenden Beschäftigungsverhältnisses, von einer Versicherungspflicht im Inland ab, wenn diese Tätigkeit wegen ihrer Eigenart (z. B.: Projektbezogenheit) oder vertraglich im Voraus zeitlich begrenzt ist. In den Ausstrahlungs- und Einstrahlungsrichtlinien finden sich eine Vielzahl von Fallgestaltungen zu diesen Sachverhalten.[16]

---

[16] In: Aichberger, Rentenversicherung, Textsammlung, unter Nr. 116.

Die zeitliche Beschränkung im Voraus muss entweder vertraglich hinsichtlich ihrer Gesamtdauer festgelegt sein, wobei konkret befristete Verlängerungsklauseln der Annahme des Entsendungscharakters im sozialversicherungsrechtlichen Sinne nicht entgegenstehen. Die Vereinbarung eines vorzeitigen Rückrufrechtes des Arbeitgebers im Rahmen einer unbefristeten Entsendung genügt allein nicht den Anforderungen an eine Befristung im Voraus. Eine entsprechende Befristung bei konkreten Projekten wie Betreuung beim Anlauf oder Montage einer Anlage, bei Bauvorhaben oder anderen Projektaufgaben definiert sich durch das Projekt selbst und kann hingegen im Einzelfall ausreichend sein.

Eine Entsendung im Sozialversicherungsrecht liegt dann vor, wenn die Auslandstätigkeit auf Weisung des inländischen Arbeitgebers im Rahmen des bestehenden Beschäftigungsverhältnisses erfolgt. 115

Dies ist dann nicht gegeben, wenn der Mitarbeiter im Ausland lebte und dort für einen inländischen Arbeitgeber eine Beschäftigung beginnt bzw. nach Anstellung im Ausland in einen Drittstaat entsandt wird. Die bloße vertragliche Bezeichnung als „Entsendung" reicht grundsätzlich nicht aus, wenn die genannten Indizien im Übrigen nicht gegeben sind.

Bei einer Abordnung (s. 14.3.1.1.1.2) ist die Ausstrahlung regelmäßig zu bejahen. Im Falle einer – befristeten – Versetzung bzw. Entsendung (diese wird nachstehend „Entsendung" genannt) bei gleichzeitiger Eingliederung in einer ausländischen betrieblichen Organisation fehlt es an dem Merkmal der Weisungsgebundenheit an den Arbeitgeber im Inland.

Diese Regelungen gelten nur für die Betrachtung der inländischen Sozialversicherungspflicht und haben keine Präjudizwirkung auf die Versicherungspflicht im Ausland.

14.6.1 EU-Recht und bilaterale Abkommen

Im Rahmen von Auslandstätigkeiten in EU-Staaten gilt als Basis immer noch die EU-Verordnung 1408/71 vom 14.06.71. Danach gelten bei befristeten Tätigkeiten **von bis zu zwölf Monaten** die inländischen Sozialversicherungsbestimmungen automatisch und ohne Versicherungspflicht im Ausland fort, solange der Mitarbeiter nicht einen anderen Mitarbeiter ersetzt, der bereits die zwölf Monate erreicht hat. Eine Fortdauer der Weitergeltung **bis zu 24 Monaten** ist rechtzeitig vor Ablauf der 12-Monatsfrist bei der Deutschen Versicherungsstelle für Krankenkassen zu beantragen. Die Feststellung der Befreiung erfolgt nach Genehmigung durch die ausländische Sozialversicherungsinstitution durch die örtliche Betriebskrankenkasse oder die BfA bei Privatversicherten (besondere Formulare sind dort erhältlich). Bei **längerfristigen Aufenthalten** im EU-Ausland ist ebenfalls eine Befreiung auf Antrag möglich, wobei eine genehmigte Freistellung alle deutschen Sozialversicherungszweige betrifft. Der Antrag sollte möglichst vor der Entsendung für die gesamte Entsendungsdauer gestellt werden. Zwar ist eine Verlängerung nach Fristablauf auf Antrag möglich. Die Befreiung im Ausland wird jedoch zunehmend auf sechs bis acht Jahre maximal mit der Folge des Entstehens einer Versicherungspflicht im Ausland nach Ablauf dieses Zeitraumes beschränkt. 116

Im Gegensatz zum EU-Recht sehen die **bilateralen Abkommen** grundsätzlich die Befreiung nur auf Antrag und nur in dem im jeweiligen Abkommen erwähnten Umfang vor. Eine Beschränkung auf bestimmte Zweige der deutschen Sozialversicherung ist in vielen Abkommen vorgesehen. Zum Teil hängen die Befreiungsmöglichkeiten von der Staatsangehörigkeit des Arbeitnehmers ab, wobei auch Meistbegünstigungsklauseln vorkommen. 117

Bestehen keine bilateralen Abkommen oder handelt es sich nicht um EU-Staaten ist eine Befreiung von der doppelten Versicherungspflicht nicht möglich. Zwar besteht die Möglichkeit der **freiwilligen Fortführung der Mitgliedschaft** in der gesetzlichen Rentenversicherung für deutsche Staatsangehörige als Antragspflichtversicherung nach § 4 Abs. 1 SGB VI oder als freiwillige Versicherung nach § 7 Abs. 1 SGB VI nicht jedoch in der Arbeitslosenversicherung. Hierfür müssen gesonderte einzelvertragliche Regelungen bei befristeten Entsendungen/Versetzungen getroffen werden, um dem Mitarbeiter eine privatrechtliche Gleichstellung einzuräumen und ihn den Inlandsbestimmungen gleichzustellen, wenn er nach Rückkehr arbeitslos würde. Zu Rentenfragen wird auf die Richtlinie 98/49/EG vom 29. 6. 98 verwiesen.

118 Eine Fortführung der **Krankenkassen-Mitgliedschaft** auf Ruhensbasis, sog. „Anwartschaftsversicherung" ist gegen entsprechende Prämienzahlung möglich, jedoch entfallen die Leistungen im Ausland bzw. sind auf die Leistungshöhe der gesetzlichen Krankenkassen im Inland im Einzelfall maximal begrenzt. Durch die Kostenübernahmeverpflichtung des inländischen Arbeitgebers nach § 17 SGB V hat der Gesetzgeber insoweit eine Absicherung des Mitarbeiters und seiner mitanreisenden Familienangehörigen – sofern eine Familienversicherung nach § 10 SGB V besteht – vorgesehen. Für den Arbeitgeber bleibt jedoch das Kostenrisiko im übrigen bestehen, so dass sich in Anbetracht zum Teil ganz erheblicher Mehrkosten im Ausland für ambulante und stationäre Behandlung der Abschluss entsprechender Zusatzversicherungen lohnt. Hierbei ist auch eine Rückholversicherung in medizinisch indizierten Notfällen für Behandlungen im Inland einzubeziehen.

119 Für die Bestimmung der Höhe des Arbeitseinkommens als Basis für die Sozialversicherungsbeiträge sind die Vorschriften des § 15 und § 17a (bei Einkünften in ausländischer Währung), beides nach SGB IV, heranzuziehen. Bei älteren Mitarbeitern ist darauf zu achten, dass die Voraussetzung der Beitragszahlung als Basis einer Fortführung der Mitgliedschaft nach Pensionierung besonders beachtet werden, wenn der Gesetzgeber bestehende langjährige **Pflicht**mitgliedschaften voraussetzt. Bei nur freiwilligen Mitgliedschaften können später erhebliche Nachteile entstehen, wenn eine kostengünstige Fortführung insbesondere in der gesetzlichen Krankenversicherung nicht mehr möglich ist. Eine sorgfältige Planung durch den Arbeitgeber ist hierbei unumgänglich.

Im Rahmen der gesetzlichen Unfallversicherung kann eine Fortführung über die Auslandsberufsgenossenschaft ermöglicht werden. Auslandsmitarbeiter sind hier einzeln zu melden. Bei der Pflegeversicherung ist die Weiterversicherungsmöglichkeit gegeben (§ 26 Abs. 2 SGB XI). Nachstehend ist ein Entscheidungsschema für die gesetzliche Sozialversicherung abgedruckt.

Deutsches Sozialversicherungsrecht: Die soziale Absicherung des Arbeitnehmers

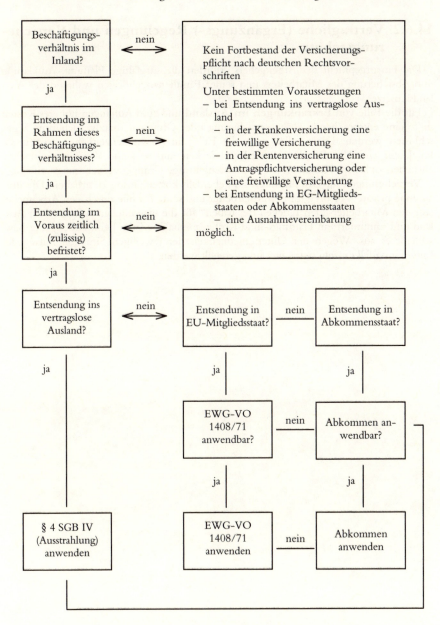

Abb.: Entscheidungstabelle zur Beurteilung der Verischerungspflicht bei einer Auslandsbeschäftigung

14.6.2 Vertragliche (Ergänzungs-) Regelungen und Versicherungsschutz

120 Die Fürsorgepflicht des Arbeitgebers erfordert die sorgfältige Planung, Aufklärung und Absicherung des Mitarbeiters und seiner Familienangehörigen während des Auslandseinsatzes.

Für die Fälle von **Erkrankungen im Ausland** und zum Auffangen höherer Kosten sollte eine entsprechende Höherversicherung oder Gruppen(zusatz)versicherung abgeschlossen werden. Diese sollte auch alle Fälle einer zwischenzeitlichen vorzeitigen Rückkehr einzelner Familienmitglieder abdecken, um so keine Versicherungslücken entstehen zu lassen. Hierzu bieten sich kostengünstige Gruppenversicherungstarife an.

121 Versicherungen für **Unfallrisiken** sind ebenfalls kostengünstig zu erhalten. Die umfassende private Vorsorge für den Mitarbeiter und seine Familie durch den Arbeitgeber lässt den Mitarbeiter „den Rücken frei haben" für die eigentlichen Aufgaben im Ausland und minimiert ein Haftungs- und Kostenübernahmerisiko beim Arbeitgeber bzw. schließt es aus. Wegen der Unterschiedlichkeit der jeweiligen Situation muss jeder Entsendungsfall einzeln betrachtet und geregelt werden.

15. Teil. Versicherungsrechtliche Fragen*

Übersicht

	Rdn.
15.1 Versicherungsschutz als Teil des Risikomanagements	1
15.2 Analyse der Interessenlage der Beteiligten	5
15.2.1 Bestellerfunktion	8
15.2.2 Auftragnehmerfunktion	10
15.2.3 Planungsfunktion	11
15.2.4 Betreiberfunktion	12
15.2.5 Finanzierungsfunktion	14
15.2.6 Exkurs: Typische Deckungsmodelle	15
15.3 Allgemeine Betriebshaftpflichtversicherung	18
15.3.1 Versicherungsumfang	19
15.3.2 Versicherte Interessen	27
15.3.3 Versicherungsdauer	30
15.3.4 Versicherungsentschädigung	33
15.3.5 Wesentliche Versicherungsausschlüsse und Versicherungserweiterungen	35
15.4 Planungshaftpflichtversicherung	46
15.5 Umwelthaftpflichtversicherung	51
15.6 Patenthaftpflichtversicherung	54
15.7 Transportversicherung	56
15.7.1 Versicherungsumfang	58
15.7.2 Versicherte Interessen	62
15.7.3 Versicherungsdauer	63
15.7.4 Versicherungsentschädigung	65
15.7.5 Wesentliche Versicherungsausschlüsse und Erweiterungen	67
15.7.6 „Institute Cargo Clauses"	70
15.7.7 Transportbetriebsunterbrechungsversicherung	72
15.8 Montageversicherung	80
15.8.1 Versicherungsumfang	82
15.8.1.1 Versicherte Sachen	83
15.8.1.2 Versicherte Gefahren	88
15.8.1.3 Versicherungsort	92
15.8.1.4 Versicherungssumme	93
15.8.2 Versicherte Interessen	94
15.8.3 Versicherungsdauer	98
15.8.4 Versicherungsentschädigung	105
15.8.5 Wesentliche Versicherungsausschlüsse und Versicherungserweiterungen	110
15.9 Bauleistungsversicherung	119
15.9.1 Versicherungsumfang	120
15.9.1.1 Versicherte Sachen	121
15.9.1.2 Versicherte Gefahren	122
15.9.1.3 Versicherungsort	124
15.9.1.4 Versicherungssumme	125
15.9.2 Versicherte Interessen	126
15.9.3 Versicherungsdauer	128
15.9.4 Versicherungsentschädigung	131

---

* Der Beitrag wurde unter Mitarbeit von Herren Assessor *Alexander Mahnke* verfasst.

15. Teil. Versicherungsrechtliche Fragen

	Rdn.
15.9.5 Wesentliche Versicherungsausschlüsse und Versicherungserweiterungen	134
15.9.6 Problematik: Abgrenzung der Bauleistungs- zur Montageversicherung	139
15.10 International übliche Modelle	142
15.10.1 Sachrisiken	147
15.10.1.1 Versicherungsumfang	148
15.10.1.2 Versicherte Interessen	151
15.10.1.3 Versicherungsdauer	153
15.10.1.4 Versicherungsentschädigung	156
15.10.1.5 Wesentliche Versicherungsausschlüsse und Erweiterungen, insbesondere des Herstellerrisikos	157
15.10.1.6 Deckungserweiterungen für Schäden nach Abnahme	167
15.10.2 Projekthaftpflichtrisiken	171
15.10.3 Betriebsunterbrechungsrisiken	177
15.10.3.1 Versicherungsumfang	177
15.10.3.2 Versicherte Interessen	180
15.10.3.3 Versicherungsentschädigung	182
15.10.4 Stillstandsdeckungen	185
15.11 Versicherungen in der Betreiberphase	187
15.11.1 Haftpflichtversicherung	189
15.11.2 Sachrisiken	190
15.11.2.1 Feuerversicherung	190
15.11.2.2 Maschinenversicherung	195
15.11.2.3 „Industrial-All-Risk"-Versicherung	201
15.11.2.4 Betriebsunterbrechungsversicherungen	203
15.12 Alternativer Risikotransfer	205
15.13 Überlegungen zum Design eines projektbezogenen Versicherungsprogramms	208
15.13.1 Versicherungsnehmer	208
15.13.2 Projekthaftpflichtversicherungsschutz	212
15.13.3 Anforderungen an die Versicherung von Montage- und Bauleistungsrisiken	214
15.13.4 Wahl des Versicherers	218
15.13.5 Prämien	222
15.13.6 Berater	223
15.13.7 Umgang mit den Versicherungsanforderungen der FIDIC	225

Schrifttum: *Beier-Thomas,* „Patent(e)-Haftpflichtversicherung", in: VW 2000, S. 386 ff.; *Burg,* „Betriebsunterbrechungsversicherung für Montage- und Bauleistungsrisiken", in: Allianz Report 68 (1995), S. 91 ff.; *Campbell (Hrsg.),* International Insurance Law and Regulation, 2. Bände, New York 1999; *Domke,* Swiss Reinsurance Company, Standstill covers under CAR and EAR insurance, Zürich 1999; *Dreher,* „Die Vergabe von Versicherungsdienstleistungen nach dem neuen Kartellvergaberecht", NVersZ 1999, S. 10 ff.; *ders.,* „Versicherungsdienstleistungen und Vergaberecht – Die Vergabe von Versicherungsdienstleistungen aus vergabe- und versicherungsrechtlicher Sicht", VersR 2000, S. 666 ff.; *Ehlers,* „Die neuen Güterversicherungsbedingungen 2000 (DTV Güter 2000)", in: TranspR 2000, S. 11 ff.; *Enge,* Transportversicherung, 3. Aufl., Wiesbaden 1996; *Fricke,* „Kündigungsrecht im Versicherungsfall für alle Schadensversicherungszweige?", in: VersR 2000, S. 16 ff.; *Funk,* Die Montageversicherung, Diss. 1972; *Gerling Konzern,* Warenhandel und Versicherung, 3. Aufl., Köln 1992; *Herold/Paetzmann,* Alternativer Risikotransfer, München 1999; *Howard, Schweizer Rück,* Technische Versicherungen und Rückversicherung, Zürich 1997; *The Insurance Institute of London,* Construction and Erection Insurance – Advanced Study Group 208A, 2. Aufl., London 1985; *The Insurance Institute Of London,* Construction Insurance – Advanced Study Group Report 208B, London 1999; *Koch/Sigulla,* „Die sog. ‚Nullstellung für Umweltschäden' in der Haftpflichtversicherung – ein Beitrag zur Systematik des Haftpflichtversicherungsrechts", in: VP 1993, S. 181 ff.; *Kuwert*, Allgemeine Haftpflichtversicherung, 4. Aufl., Wiesbaden 1992; *Lier*, „Rating in der Praxis", in: VW 2000, S. 562 ff.; *Martin*, Montageversicherung, München 1972; *Meier u. a.*, Swiss Reinsurance Company, Betriebsunterbrechungsversicherung, Zürich 1997; *Meyer-Rassow/Schildmann (Hrsg.)*, Technische Versicherungen, Wiesbaden 1990; *Möller*, „Abgrenzung der Technischen Versicherungen zur Haftpflichtversicherung", in: VW 1989, S. 1502 ff.; *Münchener Rück*, Contractor's-All-Risks-Versicherung, München 1996; *Münchener Rück*, Erection-All-Risk-Versicherung, München 1996; *Münchener Rück*, Hochhäuser, München 1999; *Nicklisch (Hrsg.)*, Bau und Anlageverträge, Heidelberger Kolloquium Technologie und Recht, Heidelberg 1986; *Patterson*, „Alternativer Risikotransfer – immer mehr Realität", in: ZfV 1997, S. 606 ff.; *Platen*, Handbuch der Versicherung von Bauleistungen, 3. Auflage, Karlsruhe 1995; *Prölss/Martin*, VVG, 26. Aufl., München 1998; *Rehm*, Bauwesenversicherung, 2. Aufl., Wiesbaden 1989; *Schildmann*, Technische Versicherungen, Wiesbaden 1994; *Sieg*, „Bindung des Haftpflichtversicherers an Schiedssprüche und Schiedsgutachten im Haftpflichtverhältnis", VersR 1984, S. 501 ff.; *Sigulla*, „Auslegungs- und Abgrenzungsprobleme im Zusammenhang mit dem Risikobaustein Ziff. 2.6 des Umwelthaftpflicht-Modells", in: VP 1994, S. 92 ff.); *Späte*, Haftpflichtversicherung, AHB-Kommentar, München 1993; Swiss *Reinsurance Company*, Erection All Risks Insurance, Zürich 1994; *Trieschmann/Gustavson*, Risk Management & Insurance, 10. Aufl., Cincinnati/Ohio 1998; *Thürmann*, Der Sachschadenbegriff in der Bauleistungsversicherung, Karlsruhe 1987; *Usinger (Hrsg.)*, Immobilien – Recht und Steuern, Köln 1996; *Wassmer*, Swiss *Reinsurance Company*, Contractors' All Risk Insurance, 2. Aufl., Zürich 1998; *Wussow/Ruppert*, Montageversicherung, 2. Aufl., Frankfurt a. M. 1972.

15.1 Versicherungsschutz als Teil des Risikomanagements

Es gibt in unterschiedlichen Ländern **Pflichtversicherungen,** die abzuschließen und während der Laufzeit eines Projekts aufrechtzuerhalten sind.[1] Hierzu gehören häufig Kraftfahrzeughaftpflichtversicherungen oder Arbeitnehmerunfallversicherungen.[2] Darüber hinaus enthalten bestimmte **Musterverträge** typischerweise Regelungen über den einzudeckenden Versicherungsschutz und den Zeitraum, in dem er aufrechtzuerhalten ist. Dies gilt etwa für die Bedingungen der sog. **FIDIC („Fédération Internationale des Ingénieurs-Conseils").**[3] Häufig kommt es vor, dass deren Voraussetzungen als Quasi-Standard auch im Rahmen der Finanzierungsverträge vorgegeben werden. Bei den meisten Projektverhandlungen erscheinen nicht mehr nur noch die Berater für Versicherungsfragen auf der Auftraggeber- oder Auftragnehmerseite. Auch die Finanzierungsinstitute („Lenders") lassen sich zunehmend hinsichtlich der Einhaltung von Versicherungsmindestanforderungen und der Mitversicherung ihrer Interessen beraten.

1

Die kritiklose Übernahme eines Versicherungsstandards – sowohl als Voraussetzung im „Tender", als auch im konkreten Bau- und Anlagevertrag – verkennt aber die Bedeutung dieses Schutzes und die Notwendigkeit einer speziellen projektbezogenen Risikoanalyse noch vor der Entwicklung eines Versicherungsprogramms. Der Erwerb von Versicherungsschutz ist der Transfer bestimmter eigener Risiken in die Bilanzen

2

---

[1] Einen Überblick über einige ausgewählte Länder gibt *Campbell (Hrsg.)*, International Insurance Law and Regulation.

[2] In der Bundesrepublik gibt es in einigen Ländern etwa für Architekten eine gesetzliche Verpflichtung zum Nachweis einer Berufshaftpflichtversicherung, die aber keine gesetzliche Versicherungspflicht darstellt; vgl. *Späte*, Haftpflichtversicherung, Vorbem., Rdn. 108; auch bei *Voit* in: Prölss/Martin, VVG, Arch.-Haftpfl., I., Rdn. 2.

[3] Vgl. die Ausführungen von *Minuth*, 9. Teil, Rdn. 43 ff.; zum Versicherungsschutz vgl. die Klauseln 18 des „Red Book", des „Yellow Book" und des „Silver Book" sowie Klausel 14 des „Green Book".

15. Teil. Versicherungsrechtliche Fragen

Dritter gegen Entgelt. Die Entscheidung wann, zu welchen Konditionen und in welchem Umfang Risikotransfer vorgenommen werden muss oder sich als sinnvoll erachtet, sollte daher keine isolierte Entscheidung, sondern das Ergebnis eines gesamtheitlichen **Risikomanagementprozesses** sein. Dieser Prozess sollte möglichst früh beginnen, damit Anforderungen an und denkbare Konzepte für den Risikotransfer bereits in der Grundkonzeption vor Beginn der Ausschreibung vorliegen.

3   Risikomanagement ist heute eine Modewort. Es findet sich in Deutschland kaum ein Geschäftsbericht von großen Aktiengesellschaften mehr, der diesem Thema nicht ausdrücklich einen Abschnitt im Lagebericht widmet.[4] Dabei gibt es sehr unterschiedliche Ansätze, die sich z.T. nicht nur mit Risiken, sondern auch mit den jeweils korrespondierenden Chancen beschäftigen. Den meisten Ansätzen ist gemein, dass sie einen Prozess voraussetzen, der in die Abschnitte **Identifizieren**, **Analysieren**, **Handhaben** und **Kontrollieren** von Risiken eingeteilt werden kann.[5] Ordnet man die Entscheidung über Versicherungsschutz in dieses Grobraster ein, so ist sie dem Bereich „Handhaben von Risiken" zuzuordnen. Der mit der Erlangung von Versicherungsschutz einhergehende Transfer von Risiken auf einen Versicherer ist aber nur eine Möglichkeit der Handhabung. An erster Stelle steht die Vermeidung der Risiken, etwa durch tatsächliche und insbesondere technische Methoden, oder auch durch die Veränderung des Verantwortungsbereichs, etwa durch besondere Vertragsgestaltung, wie z.B. in der Form von Haftungsbegrenzungen oder durch die vertragliche Übertragung von Risiken auf den Vertragspartner. An zweiter Stelle ist die bewusste Entscheidung zu nennen, die Risiken vollständig oder teilweise (etwa im Rahmen eines Selbstbehalts) selbst zu tragen.

4   Bevor die Frage nach Inhalt und Umfang des Transfers zur Beantwortung ansteht, ist es notwendig, die einzelnen Risiken zu identifizieren und einer Analyse zuzuführen. Dabei hat es sich in der Praxis als hilfreich gezeigt, wenn nicht nur die Interessen eines Beteiligten und dem folgend eine isolierte Transferentscheidung erarbeitet wird, sondern wenn mit einem gesamtheitlichen Ansatz, quasi in einem holistischen Modell, die Interessen aller miteinander arbeitenden Parteien in den verschiedenen Phasen eines Projektes betrachtet werden. Dies gilt umso mehr, als im Rahmen einer langjährigen Projektdurchführung unter Einsatz erheblicher Mittel, die teilweise wirtschaftlich nicht sinnvoll wiederverwendet oder abgetrennt werden können, das Projekt auch in Anbetracht von Besteller und Unternehmer weniger einem Austauschgeschäft, als vielmehr einem Dauerschuldverhältnis mit gesellschaftsvertragsähnlichen Zügen nahe kommt.[6]

15.2 Analyse der Interessenlage der Beteiligten

5   Für eine Analyse der Interessenlage der Beteiligten könnte es sich zunächst anbieten, zwischen **Auftraggeber** und **Unternehmer** zu unterscheiden. In diesen beiden sieht das Werkvertragsrecht die Gegenpole, hinsichtlich derer die Austauschrisiken verteilt

---

[4] So wurden durch das Gesetz zur Kontrolle und Transparenz im Unternehmensbereich (KonTraG) vom 27. 4. 1998, BGBl. I, S. 786, z. B. die §§ 289 Abs. 1 und 315 Abs. 1 HGB dahingehend geändert, dass im zu erstellenden Lagebericht der Kapitalgesellschaft bzw. im Konzernlagebericht „auch auf die Risiken der künftigen Entwicklung" einzugehen ist.
[5] Einen allgemeinen Einblick in die Techniken des Risikomanagements geben *Trieschmann/Gustavson*, Risk Management & Insurance: Risikoidentifikation und -bewertung, S. 29 ff.; Risikohandhabung, S. 103 ff.; insbesondere der Transfer von Risiken über Versicherungen, S. 121 ff.
[6] In diesem Sinne: *Nicklisch*, Risiken bei Bau- und Anlageverträgen aus rechtlicher Sicht – Besonderer Vertragsstrukturen mit speziellen Risiken, in: Nicklisch (Hrsg.), Bau und Anlageverträge, Heidelberger Kolloquium Technologie und Recht, S. 41 ff.

Analyse der Interessenlage der Beteiligten

werden. Es ist bereits oben im Zusammenhang mit den BOT-Modellen[7] gezeigt worden, dass der Auftragnehmer später auch zu den **Betreibern** gehören und damit Unternehmerinteressen haben kann. Auch insoweit sollten daher die Projektbeteiligten nicht isoliert voneinander betrachtet werden.

Es empfiehlt, sich vielmehr Funktionen und damit korrespondierende Interessen 6 herauszuarbeiten, wobei durchaus in der Person eines Beteiligten mehrere **Funktionen** zusammenkommen können. Diese Funktionen können in den verschiedenen Phasen des Projekts unterschiedlich bewertet werden. Ein Projekt kann in **Planungsphase, Realisierungsphase** und **Betreiberphase** eingeteilt werden. Innerhalb der Realisierungsphase lässt sich eine weitere Differenzierung hinsichtlich **Fertigung, Transport, Errichtung** und **Inbetriebnahme** durchführen.

Im Grundsatz kann dann davon ausgegangen werden, dass durch Handlungen oder 7 Unterlassungen die eigene Leistung oder Sache, andere Leistungen oder Sachen von Projektbeteiligungen sowie Sachen oder Leistungen Dritter und Personen beeinträchtigt oder beschädigt werden können. Weiter verkompliziert sich die Interessenlage dadurch, dass vielfältig die unterschiedlichen Funktionen durch Konsorten und/oder Subunternehmer wahrgenommen werden. Hier muss dann zusätzlich geregelt werden, wie gegenseitige Schädigungen innerhalb einer nachgeordneten oder gemeinsamen Erfüllungsverpflichtung zu behandeln sind.

15.2.1 Bestellerfunktion

Der Besteller eines Projektes hat das Interesse, die notwendige Finanzierung sowie 8 ihre spätere Rückzahlung sicherzustellen. Er sorgt – selbst oder durch Dritte – für die Planung des Projektes, wählt leistungsfähige Auftragnehmer aus, erbringt notwendige Beistellungen etc. Die Bestellerfunktion zielt darauf, das Projekt rechtzeitig und mit den notwendigen Eigenschaften in den kommerziell verwertbaren Dauerbetrieb zu führen, ohne dabei den Ansprüchen Dritter ausgesetzt zu werden.

Damit kommen für ihn neben **Kreditrisiko- und Investitionsschutz**[8] insbesondere 9 zwei Risikotransferkomplexe in Frage: Zum einen seine Haftpflicht als Bauherr oder Auftraggeber; zum anderen sein Interesse, dass bei Sachschäden während der Errichtung der Anlage die Mittel vorhanden sind, das Projekt weiter oder gar erneut (bei Totalverlust) durchzuführen. Hierzu gehört auch, dass er vor Verzögerungsschäden geschützt wird, weil etwa Spezialteile neu gefertigt werden müssen. Damit hat er auch bei eindeutiger vertraglicher Risikoverteilung zu seinen Gunsten das Interesse, dass diese Risiken (zusätzlich) auf Dritte mit entsprechender finanzieller Leistungsfähigkeit transferiert werden.

15.2.2 Auftragnehmerfunktion

Der Auftragnehmer hat das Interesse, in der ihm vorgegebenen Zeit das Werk in 10 dem ihm vorgegebenen Umfang zu realisieren. Dabei trägt er grundsätzlich das Risiko des zufälligen Untergangs. Weiterhin enthält die Auftragnehmerfunktion auch das Risiko der Verletzung der Rechte Dritter durch oder gelegentlich von Erfüllungshandlungen. Dies gilt auch hinsichtlich Patenten und Schutzrechten. Bei einer genauen Analyse seiner Risiken ist dann eine Beschreibung der gefährdeten Einzelhandlungen oder Einzelgegenstände durchzuführen, um die Risikosituation komplett zu erfassen.

---

[7] Vgl. *Minuth*, 9. Teil, Rdn. 218 ff.
[8] Vgl. *Siebel*, Einleitung, Rdn. 39; *ders*., Kapitel 16, „Investitionsschutz": zu den bilateralen Abkommen siehe Rdn. 13 ff., zu den Handels- und Niederlassungsabkommen siehe Rdn. 18 f.; zur Ausfuhrversicherung *Prinz zu Löwenstein*, 7. Teil, Rdn. 34 ff.

Betrachtet man seine Leistungen, so sind eigene Sachen, Zulieferteile, Beistellungen des Bestellers – etwa der Altbestand einer Anlage – im Risiko. Es besteht die Gefahr, das von ihm eingesetzte Werkzeug zu beschädigen. Auch seine Arbeitnehmer können zu Schaden kommen. Es bedarf also auch hier einer Haftpflichtversicherung sowie der Versicherung der Wiederherstellungskosten der Anlage einschließlich der Teile und Leistungen Dritter.

15.2.3 Planungsfunktion

11 Die Ausführung der Planung zielt zunächst darauf, die ausgearbeiteten Planungsunterlagen ordnungsgemäß und rechtzeitig sowie inhaltlich richtig zu übergeben. Ein Risiko besteht darin, dass die Planungsunterlagen verbrennen, verloren gehen o. ä. Weiterhin können inhaltlich falsche Unterlagen dazu führen, dass ein auf ihrer Grundlage ausgeführtes Werk mangelhaft ist und zusätzlich Personen oder Sachen schädigt. Neben dem Verlustrisiko konzentriert sich das Planungsrisiko somit hauptsächlich auf das Haftpflichtrisiko, für das der die Planung Ausführende entsprechend eine Haftpflichtversicherung benötigt.

15.2.4 Betreiberfunktion

12 Der Betreiber wünscht eine rechtzeitige und störungsfreie Inbetriebnahme des fertiggestellten Projektes[9] sowie die störungsfreie Aufrechterhaltung des kommerziell verwertbaren Betriebes. Er möchte durch den Betrieb in möglichst kurzer Zeit die Herstellungskosten, die Tilgung evtl. aufgenommener Kredite, eine angemessene Verzinsung des Eigenkapitals sowie die Betriebskosten erwirtschaften. Hierzu gehört bereits in diesem Stadium die Analyse, ob für den Betrieb der notwendige Versicherungsschutz arrangiert werden kann. Es gibt Risiken, bei denen der Betrieb einer Anlage verwehrt ist, wenn nicht der gesetzlich vorgegebene Versicherungsschutz nachgewiesen wird. Auch kann die Versicherungsprämie in gewissen Grenzen durch die Einhaltung bestimmter Standards – etwa im Bereich der Feuerrisiken – reduziert werden.

13 So besteht die Möglichkeit, durch eine bauliche Aufteilung einer Betriebsstätte in feuertechnisch getrennte Komplexe den wahrscheinlichen Höchstschaden (**„Maximum Probable Loss"**) zu reduzieren. Dieser bzw. der mögliche oder vorhersehbare Höchstschaden (**„Maximum Possible Loss"** oder **„Maximum Forseeable Loss"**) bestimmen die Kapazität, die der Versicherer im schlimmsten Fall bereitstellen und damit intern finanzieren muss. Je geringer diese Höchstschadenerwartung ausfällt, umso günstiger ist die Prämie. Hierbei geht es nicht nur um das Schätzen eines Sachschadens mit Hilfe von Schadensszenarien, sondern um die Bewertung und Berücksichtigung von Schadenminderungsmaßnahmen.[10] Innerhalb der Komplexe kann etwa durch automatische Brandschutzanlagen, automatische Feuerlöschanlagen, Zugangskontrollen etc. der US-amerikanische Standard des höchstgeschützten Risikos (HPR – **„Highly Protected Risk"**) erreicht werden, was sich wiederum prämienreduzierend auswirken kann. Insoweit gehört es zur Betreiberfunktion, diese tatsächlichen Voraussetzungen für preiswerteren Versicherungsschutz zu erörtern und sicherzustellen, dass ein Konzept mit belastbaren Prämienindikationen bereits im Planungsstadium mitangedacht wird. Der Betreiber hat weiter das Interesse, keinen Ansprüchen Dritter ausgesetzt zu sein, die im Zusammenhang mit seiner Betriebsstätte oder mit seinen Produkten stehen.

---

[9] Hierzu speziell unter dem Gesichtspunkt der verzögerungsfreien Inbetriebnahme vgl. *Burg*, „Betriebsunterbrechungsversicherung für Montage- und Bauleistungsrisiken", in: Allianz Report 68 (1995), S. 91.
[10] *Meier u. a., Swiss Reinsurance Company*, Betriebsunterbrechungsversicherung, S. 35.

15.2.5 Finanzierungsfunktion

Bei der Finanzierung besteht das Interesse der Betroffenen darin, die pünktliche und vertragsgemäße Rückzahlung der Finanzierungsmittel zu erhalten, und nicht im Zusammenhang mit dem Projekt durch Dritte in Anspruch genommen zu werden. Insoweit haben die Finanzierungsinstitute ein Interesse, dass die aus der Besteller- und der Betreiberfunktion resultierenden Risiken optimal transferiert werden, und sie gleichzeitig in diesen **Schutz miteinbezogen** sind.[11] Dies lässt sich dadurch erreichen, dass sie von Anfang an als weiterer Versicherter in die Police aufgenommen werden, oder aber durch die sicherungshalbe Abtretung von Forderungen gegenüber Versicherungsgesellschaften verbunden mit dem Recht, der Police beizutreten.[12] In jedem Fall haben die Finanzierungsinstitute das Interesse, frühzeitig in die Verhandlungen über den Versicherungsumfang einbezogen zu werden, um nicht z.B. später durch Ausschlüsse in den Policen überrascht zu werden.

14

15.2.6 Exkurs: Typische Deckungsmodelle

Mit der Feststellung der Risiken und daraus folgender notwendiger Transferentscheidungen stellt sich die Frage, zu welchen Bedingungen und mit welchem Umfang Versicherungen abgeschlossen werden können. Grundsätzlich gibt es eine Vielzahl von Lösungsmöglichkeiten, insbesondere wenn man berücksichtigt, dass Projekte im Ausland geplant und realisiert werden und damit nicht notwendigerweise deutschem (Versicherungs-) Vertragsrecht unterliegen.

15

Gleichwohl erscheint es sinnvoll, die in der Bundesrepublik Deutschland angebotenen typischen Deckungsformen zu betrachten. Diese enthalten in aller Regel auch die Möglichkeit, den Auslandsbezug von Dienstleistungen und Warenlieferungen in den Deckungsbereich der Police zu integrieren. Bei den **Allgemeinen Versicherungsbedingungen (AVB)** handelt es sich um Bestimmungen, die einer Vielzahl von Versicherungsverträgen ohne Rücksicht auf individuelle Verschiedenheiten der einzelnen Wagnisse zugrunde gelegt werden.[13] Zwar sind die vorformulierten Teile, die in den Versicherungsvertrag übernommen werden, als Allgemeine Geschäftsbedingungen (AGB) auszulegen und zu beurteilen.[14] Jedoch wird die Verwendung der AVB so einheitlich von den Versicherern vorgenommen, dass ein typischer Standard an Deckung erreicht wird, der sowohl in Deutschland als auch als Maßstab zum Vergleich mit Policen in anderen Ländern eine hohe Transparenz schafft. Problematisch bleibt hierbei allerdings, dass die Bedingungen in sich nicht immer systematisch einwandfrei gegliedert sind, deklaratorische und konstitutive Regelungen miteinander vermengt werden und Ausschlüsse nicht als solche gekennzeichnet werden oder sich erst als Teil der Begrenzung des Risikoumfangs ergeben.

16

Ergänzt wird dieses Bedingungsrecht durch die Vorschriften des **Versicherungsvertragsgesetzes (VVG),** das z.T. auch zwingende Normen enthält. Zu beachten ist allerdings, dass nach § 187 VVG i.V.m. Art. 10 Abs. 1 des Einführungsgesetzes zu dem Gesetz über den Versicherungsvertrag (EGVVG)[15] für Großrisiken die zwingenden Regelungen des VVG dispositiv bleiben.[16] Soweit weder die Police durch Besondere

17

---

[11] Vgl. z.B. *Münchener Rück*, Erection-All-Risk-Versicherung, S. 3.
[12] Vgl. *Röver*, Kapitel 6, „Projektfinanzierung im engeren Sinne".
[13] Vgl. *Prölss* in: Prölss/Martin, VVG, Vorbem. I, Rdn. 13; sowie BGH VersR 85, S. 979.
[14] *Prölss* in: Prölss/Martin, VVG, Vorbem. I, Rdn. 22ff. (Einbeziehung der AVB), und Vorbem. III, Rdn. 1ff. (Auslegung von Versicherungsbedingungen).
[15] Vom 30. 5. 1908, RGBl., S. 305, BGBl. III 7632–2; abgedruckt und kommentiert bei *Prölss* in: Prölss/Martin, VVG, S. 919ff.
[16] Zur Feststellung des Großrisikos vgl. *Prölss* in: Prölss/Martin, VVG, EGVVG, Art. 10, Rdn. 1.

Bedingungen oder durch vereinbarte Klauseln noch die jeweiligen Allgemeinen Versicherungsbedingungen eine Regelung enthalten, gilt zunächst grundsätzlich das VVG. Schließlich sind die Vorschriften des **Bürgerlichen Gesetzbuches (BGB)** einschlägig, hier insbesondere die §§ 1 bis 432 BGB, sowie die einschlägigen Bestimmungen des **Handelsgesetzbuches (HGB)**. Der Versicherungsvertrag kommt auf Grund eines schuldrechtlichen gegenseitigen Vertrag zustande (§§ 241, 305, 320 ff. BGB) und stellt regelmäßig für die Beteiligten ein beiderseitiges Handelsgeschäft i. S. v. § 343 HGB dar.

15.3 Allgemeine Betriebshaftpflichtversicherung

18   Die Haftpflichtversicherung deckt im Rahmen des Versicherungsvertrages das Risiko, dass der Versicherungsnehmer von einem Dritten – zu Recht oder zu Unrecht – auf Schadenersatz in Anspruch genommen wird.[17] Dabei gibt die Haftpflichtversicherung dem Versicherungsnehmer Anspruch auf Gewährung von Rechtsschutz gegenüber den Ansprüchen eines Dritten **(Rechtsschutzfunktion)**[18] und auf Befreiung von berechtigten Schadenersatzansprüchen des Geschädigten **(Befreiungsanspruch)**.[19] Die Haftpflichtversicherung hat ihre rechtlichen Grundlagen in den §§ 149 bis 158k des VVG.[20] Der übliche Umfang ihrer Deckung wird durch die **Allgemeinen Versicherungsbedingungen für die Haftpflichtversicherung (AHB)**[21] sowie durch die **Besonderen Bedingungen und Risikobeschreibungen für Industrie, Handel und Gewerbe (Betriebshaftpflichtversicherung)**[22] bestimmt, soweit diese vereinbart werden.

15.3.1 Versicherungsumfang

19   Sinn der Haftpflichtversicherung ist der Schutz des Versicherungsnehmers vor Schadenersatzansprüchen Dritter im Zusammenhang mit **Personen-** oder **Sachschäden**. Aufgrund § 1 AHB gewährt der Versicherer dem Versicherungsnehmer deshalb Versicherungsschutz für den Fall, „dass er wegen eines während der Wirksamkeit der Versicherung eintretenden Ereignisses, das den Tod, die Verletzung oder Gesundheitsbeschädigung von Menschen (Personenschaden) oder die Beschädigung oder Vernichtung von Sachen (Sachschaden) zur Folge hat, für diese Folgen auf Grund gesetzlicher Haftpflichtbestimmungen privatrechtlichen Inhalts von einem Dritten auf Schadenersatz in Anspruch genommen wird".

20   Ein **Personenschaden** liegt vor bei Tod, Verletzung oder Gesundheitsbeschädigung von Menschen.[23] Ein **Sachschaden** ist die Beschädigung oder Vernichtung von Sachen i. S. d. § 90 BGB. Eine Beschädigung liegt dann vor, wenn auf die Substanz einer bereits bestehenden Sache körperlich so eingewirkt wird, dass deren zunächst vorhandener Zustand beeinträchtigt und dadurch ihre Gebrauchsfähigkeit aufgehoben oder

---

[17] *Voit* in: Prölss/Martin, VVG, § 149, Rdn. 1.
[18] *Voit*, a. a. O., Rdn. 3.
[19] Ausnahmsweise kann der Versicherungsnehmer auch Leistung an sich selbst verlangen, nämlich dann, wenn er den Geschädigten bereits befriedigt hat, BGHZ 88, 228 f. (Gabelstapler).
[20] Vom 30. Mai 1908, RGBl. S. 263, BGBl. III 7632–1; abgedruckt und kommentiert bei *Prölss* in: *Prölss/Martin*, VVG, S. 53 ff.
[21] Die aktuellste Kommentierung beruht auf den mit den derzeit im Gebrauch befindlichen Bedingungen im Wesentlichen identischen AHB von 1986, vgl. VerBAV 1986, S. 216 ff.; z. B. abgedruckt und kommentiert in: Voit in: Prölss/Martin, VVG, S. 1155 ff.
[22] Abgedruckt und kommentiert in: Voit in: Prölss/Martin, VVG, S. 1244 ff.
[23] BGH 8, 24; 54, 48; vgl. umfassend bei *Voit*, a. a. O., § 1 AHB, Rdn. 15.

Allgemeine Betriebshaftpflichtversicherung

gemindert wird.[24] Wichtig in diesem Zusammenhang ist, dass in der **mangelhaften Herstellung einer Sache kein Sachschaden** gesehen werden kann.[25] Die mangelhafte Herstellung einer neuen Sache bedeutet nicht die Vernichtung eines bereits bestehenden Wertes. Zwar ist deren Gebrauchswert geringer als der einer mangelfrei hergestellten Sache, dies aber nicht auf Grund einer Einwirkung auf das Objekt.[26]

Nicht gedeckt sind **reine Vermögensschäden**. Im Gegensatz hierzu werden die sog. „unechten Vermögensschäden"[27] gesehen, die sich als Folge eines gedeckten Personen- oder Sachschadens ergeben. Sie werden von der Deckung der AHB umfasst. Eine weitergehende Vermögensschadendeckung kann mit dem Versicherer gem. § 1 Nr. 3 AHB besonders vereinbart oder über die Zugrundelegung der **AVB Vermögensschäden**[28] erreicht werden.[29] 21

Aufgrund des generellen Ausschlusses reiner Vermögensschäden ist die Definition des Sachschadens als Voraussetzung der Deckung von besonderer Bedeutung. In diesem Zusammenhang wird diskutiert, ob Schäden an Computerprogrammen, etwa beim Verlust gespeicherter Daten, als gedeckte Sachschäden oder lediglich als reine Vermögensschäden einzuordnen sind.[30] Die Rechtsprechung hat im Zusammenhang insbesondere mit Gewährleistungsfragen die Sacheigenschaft von Computerprogrammen bereits angenommen.[31] Dies bedeutet allerdings nicht, dass davon ausgegangen werden darf, dass hiermit die deckungsrechtliche Definition ebenfalls zu erweitern wäre. Es gibt eine Reihe von Begriffen, die haftungsrechtlich anders ausgelegt werden, als haftpflichtversicherungsrechtlich.[32] Ohne einschlägige höchstrichterliche Entscheidungen zum versicherungsrechtlichen Deckungsanspruch kann derzeit sicherlich nicht davon ausgegangen werden, dass Schäden im Zusammenhang mit Computerprogrammen als Sachschaden oder gar Sachsubstanzschaden nach den Bedingungen gedeckt sind. 22

Es besteht grundsätzlich kein Versicherungsschutz für das **Unternehmerrisiko,** das in der nachlässigen Leistungserbringung liegt. Folglich sind Wandelungs- und Minderungsansprüche sowie Mängelbeseitigungsansprüche, die **zur Erfüllung der vertraglichen Leistung** dienen, nicht vom Umfang der Haftpflichtversicherung gedeckt.[33] 23

Im Rahmen der Haftpflichtversicherung besteht zunächst nur für solche Risiken Versicherungsschutz, die im Versicherungsantrag bzw. Versicherungsschein ausdrücklich deklariert sind oder sich hieraus ableiten lassen (§ 1 Nr. 2a AHB). Es sind nicht alle Risiken des Versicherungsnehmers, sondern nur seine speziellen, auf bestimmten Tätigkeiten beruhenden **Einzelrisiken** abgedeckt.[34] Neu hinzukommende Risiken fallen zwar grundsätzlich ohne besondere Anzeige in den Schutz der Police (sog. **Vorsorgeversicherung,** vgl. § 1 Nr. 2c AHB), allerdings nach § 2 Nr. 2 AHB nur in begrenzter Höhe[35] und damit in der Praxis unzureichend. 24

---

[24] *Voit,* a.a.O., § 1 AHB, Rdn. 12, unter Hinwies auf BGH VersR 60, 1074; 61, 265; 76, 629; 79, 853; 83, 1169.

[25] BGH VersR 65, 245; 79, 853; 76, 629; OLG Hamm, VersR 90, 376; OLG Saarbrücken, VersR 96, 1356; vgl. auch *Voit,* a.a.O.

[26] *Späte,* Haftpflichtversicherung, § 1, Rdn. 68.

[27] Vgl. *Kuwert,* Allgemeine Haftpflichtversicherung, Rdn. 1028 ff.

[28] Abgedruckt und kommentiert in: Voit in: Prölss/Martin, VVG, S. 1352 ff.

[29] Vgl. hierzu *Voit,* a.a.O., Vorb. § 1 AVB Vermögen, Rdn. 1.

[30] *Späte,* Haftpflichtversicherung, § 1, Rdn. 99; *Voit* in: Prölss/Martin, VVG, § 1 AHB, Rdn. 17.

[31] Vgl. BGH CR 1993, S. 683.

[32] Hierzu *Späte,* Haftpflichtversicherung, § 1, Rdn. 140.

[33] *Voit* in: Prölss/Martin, VVG, § 1 AHB, Rdn. 4; *Späte,* Haftpflichtversicherung, § 1, Rdn. 142.

[34] Hierzu ausführlich *Voit* in: Prölss/Martin, VVG, § 1 AHB, Rdn. 19 ff.

[35] Personenschäden DM 500 000,–, Sachschäden DM 150 000,–.

25 Die **Deckung** lösen alle auf Schadenersatz gerichteten Haftpflichtansprüche privatrechtlichen Inhalts aus, d. h. grundsätzlich alle deliktischen, quasi-deliktischen und sonstigen Ansprüche, die Schadenersatz gewähren. Hierzu gehören regelmäßig Ansprüche aus positiver Vertragsverletzung (PVV), Verschulden bei Vertragsschluss (culpa in contrahendo) sowie unerlaubter Handlung und Gefährdungshaftung.[36] Die Einordnung als Schadenersatzanspruch entscheidet jedoch nicht abschließend über die Frage der Leistungspflicht des Versicherers. Auch bei einem typischerweise gedeckten Schadenersatzanspruch kann die Leistungspflicht entfallen, wenn im konkreten Einzelfall Erfüllung oder ein Erfüllungssurrogat begehrt wird.[37] Dagegen kann ein sachenrechtlicher Beseitigungsanspruch den Deckungsschutz auslösen, wenn er dieselbe wiederherstellende Wirkung hat, wie ein Schadenersatzanspruch, der auf Naturalrestitution gerichtet ist.[38]

26 Die **Deckungssumme** dient neben den primären und sekundären Risikobegrenzungen (Versicherungsumfang und Ausschlüsse) zur Leistungsbegrenzung des Versicherers.[39] Sie ist insbesondere deshalb bedeutsam, da zumindest in Deutschland der Höhe nach unbegrenzte Haftpflichtansprüche möglich sind, die nicht durch Deckungssummen der Versicherungen begrenzt werden.[40] Die Versicherungssumme ist **Höchsthaftungssumme.** Hinsichtlich der Deckungssumme kommt es in der Praxis häufig vor, dass für Personen- und Sachschäden unterschiedliche Beträge vereinbart werden. Vereinzelt kommt es auch vor, dass hinsichtlich Sondertatbeständen noch weiter reduzierte Deckungssummen (sog. „**Sublimits**") vereinbart werden. Dies gilt häufig auch dann, wenn reine Vermögensschäden mitversichert sind. Anzustreben ist eine einheitliche Deckungssumme mit möglichst wenig Ausnahmetatbeständen. In der Praxis muss die Deckung dahingehend untersucht werden, ob für einzelne Tatbestände reduzierte Deckungssummen vorgesehen sind, weil es üblich ist, die ungeschmälerte Deckungssumme als sog. „Regeldeckungssumme" anzugeben.

15.3.2 Versicherte Interessen

27 Versicherungsnehmer ist üblicherweise derjenige, dessen Interessen von Haftpflichtansprüchen Dritter betroffen sein können. Da bei der Projektplanung und -realisierung nahezu alle Beteiligte dem Risiko der Haftpflicht gegenüber Dritten ausgesetzt sind, empfiehlt sich für jeden unter ihnen ein auf seine persönlichen Bedürfnisse abgestimmter Haftpflichtversicherungsschutz:

28 In der Betriebshaftpflichtversicherung ist im Rahmen der AHB und der Besonderen Bedingungen für die Betriebshaftpflichtversicherung grundsätzlich die gesetzliche Haftpflicht des Versicherungsnehmers als **Unternehmer** des näher bestimmten Betriebes bzw. aus der Ausübung der näher bestimmten **beruflichen Tätigkeit** versichert.[41] **Mitversichert** sind die persönliche gesetzliche Haftpflicht der gesetzlichen Vertreter des Versicherungsnehmers und bestimmter leitender und Beaufsichtigungsaufgaben wahrnehmender Angestellter sowie der übrigen Betriebsangehörigen für Schäden, die sie in Ausübung ihrer dienstlichen Verrichtungen verursachen.[42] Nach dem Modell der AHB verbietet es sich, in den Deckungsschutz einer einzigen Police weitere Unter-

---

[36] Vgl. die Aufzählung der möglichen Haftungsansprüche bei *Voit* in: Prölss/Martin, VVG, § 1 AHB, Rdn. 3 ff., sowie die eingängige Darstellung bei *Kuwert*, Allgemeine Haftpflichtversicherung, Rdn. 1034 ff., insb. Rdn. 1039.
[37] *Späte*, Haftpflichtversicherung, § 1, Rdn. 140.
[38] BGH VersR 2000, S. 311; a. A. noch *Voit* in: Prölss/Martin, VVG, § 1 AHB, Rdn. 7.
[39] *Späte*, Haftpflichtversicherung, Vorbem., Rdn. 49.
[40] Hierzu *Späte*, a. a. O., Rdn. 49 f.
[41] Vgl. *Voit* in: Prölss/Martin, VVG, Nr. 1 Betriebshaftpfl.
[42] *Voit*, a. a. O., Nr. 2 Betriebshaftpfl.

nehmen zu integrieren, weil nach § 7 Nr. 2 AHB **Ansprüche der Versicherungsnehmer und Versicherten** untereinander von der Deckung ausgeschlossen sind. Im Einzelfall lässt sich dieser Ausschluss aber abbedingen.

Die Haftung für Schäden, die durch den **Subunternehmer** als Erfüllungsgehilfen des Versicherungsnehmers verursacht werden, ist im Regelfall versichert.[43] Nicht versichert ist jedoch grundsätzlich dessen persönliche Haftpflicht, die sich aber über Streichung des jeweiligen Ausschlusses oder durch positive Formulierung in die Deckung mit einbeziehen lässt. 29

15.3.3 Versicherungsdauer

Die Leistungspflicht des Haftpflichtversicherers wird weiterhin dadurch begrenzt, dass für den Versicherungsvertrag eine **bestimmte Laufzeit** vereinbart wird. Nach § 3 Abs. 1 AHB **beginnt** der Haftpflichtversicherungsschutz, „vorbehaltlich einer anderen Vereinbarung, mit der Einlösung des Versicherungsscheins durch Zahlung der Prämie, der im Antrage angegebenen Kosten und etwaiger öffentlicher Abgaben". Folglich ist der Beginn des Versicherungsschutzes grundsätzlich unabhängig vom Datum des Vertragsschlusses.[44] Es ist jedoch möglich, den Versicherungsschutz nicht nur vor Einlösung des Versicherungsscheins, sondern sogar vor Abschluss des Vertrages beginnen zu lassen. In diesem Fall wird die Deckung bezogen auf ein in der Vergangenheit liegendes Datum frei von bisher bekannten Schäden in Kraft gesetzt. Der Versicherungsschutz **endet** mit dem Zeitpunkt einer wirksamen Kündigung des Versicherungsvertrages durch den Versicherungsnehmer oder den Versicherer oder durch Ablauf der vorgesehenen Vertragszeit. 30

Für die Deckungsfrage ist entscheidend, dass der **Versicherungsfall** während der Wirksamkeit der Police eingetreten ist. Grundsätzlich gibt es eine Vielzahl von unterschiedlichen Anknüpfungspunkten. In Frage kommt sowohl das Kausalereignis i. S. eines haftungsrelevanten Verhaltens des Versicherungsnehmers, als auch das Schadenereignis i. S. eines äußeren Vorgangs, der die Schädigung eines Dritten und damit auch die Haftpflicht des Versicherungsnehmers unmittelbar auslöst.[45] Letzteres wird auch Folgeereignis genannt. Während Rechtsprechung und Literatur zunächst der „Schadenereignistheorie" folgten,[46] ist in einer späteren Entscheidung des BGH auf das Kausalereignis abgestellt worden.[47] Der Grund dieser Rechtsprechungsänderung war ein Sachverhalt, bei dem nur das Kausalereignis zweifelsfrei während der Laufzeit der Police eingetreten war. Nur mit dieser Rechtsprechungsänderung war die Deckung zu begründen. Um heute wiederum die „Schadenereignistheorie" anwenden zu können, sind die AHB insoweit geändert worden, dass sie nicht mehr wie vor der genannten Entscheidung das „Ereignis" während der Laufzeit der Police, sondern ein „Schadenereignis" fordern.[48] Ob damit auch die höchstrichterliche Rechtsprechung wiederum die „Folgeereignistheorie" anwenden und die „Kausalereignistheorie" aufgeben wird, ist bisher nicht entschieden. In der Praxis wird es selten vorkommen, dass Kausalereignis und Schadenereignis soweit auseinanderfallen, dass letztlich von der Entscheidung für eine der beiden Theorien die Deckungsfrage abhängt. 31

Beachtlich ist, dass auf Grund des Versicherungsfalls unter bestimmten Voraussetzungen den Vertragspartnern der Police nach § 9 Abs. II Nr. 2 AHB ein außerordent- 32

---

[43] *Voit*, a. a. O., Nr. 15 Betriebshaftpfl., Rdn. 14.
[44] OLG Celle, JRPV 1940, 30.
[45] Vgl. hierzu *Voit* in: Prölss/Martin, VVG, § 5 AHB, Rdn. 12 f.
[46] BGH VersR 57, S. 499; *Späte*, Haftpflichtversicherung, § 1, Rdn. 21.
[47] BGH VersR 81, S. 173.
[48] Dazu *Späte*, Haftpflichtversicherung, § 1, Rdn. 22.

liches Kündigungsrecht zusteht (**Schadenfallkündigung**).[49] Diese Vorschrift hat ihren Sinn darin, einer möglichen Störung des Vertrauensverhältnisses zwischen den Vertragspartnern Rechnung zu tragen.[50] In der Praxis jedoch kann die Ausübung des außerordentlichen Kündigungsrechts durch den Versicherer für den Versicherungsnehmer bedeuten, dass er für ihn überraschend ohne Versicherungsschutz dasteht und in seiner Situation am Markt kurzfristig keinen oder nur überteuerten Versicherungsschutz erhalten kann. Aus diesem Grund ist eine Abbedingung dieses Rechts oder aber eine Abänderung hinsichtlich eines späteren Wirksamwerdens der Kündigung zu empfehlen.

15.3.4 Versicherungsentschädigung

33   Die Leistung des entschädigungspflichtigen Versicherers besteht in der Freistellung des Versicherungsnehmers von Schadenersatzverbindlichkeiten (**Befreiungsfunktion**). Im Einzelfall kann sie erfolgen durch die Abwehr unberechtigter Ansprüche (**Abwehrfunktion**) oder die Befriedigung berechtigter Ansprüche (**Befriedigungsfunktion**). Im Zusammenhang mit der Abwehrfunktion ist nicht abschließend entschieden, ob sich diese Hauptpflicht des Versicherers nur auf ordentliche Gerichte oder auch auf **Schiedsgerichte** bezieht. Gegen letzteres kann insbesondere sprechen, dass dann der Versicherer ohne seine Zustimmung vom ordentlichen Rechtsweg auf ein anderen Regeln folgendes Schiedsgerichtsverfahren verwiesen werden könnte.[51] Für die Praxis bietet es sich jedenfalls an, eindeutig klarzustellen, dass auch die Vereinbarung eines Schiedsgerichtsverfahrens die Abwehrfunktion des Versicherers unbeeinträchtigt lässt. Weiterhin sollte klargestellt werden, dass die Entscheidung dieses Prozesses auch Bindungswirkung hinsichtlich der Deckungsfrage entfaltet. In der Praxis sind Versicherer hierzu regelmäßig bereit, wenn die Qualität des Schiedsgerichts[52] und das anzuwendende Recht ausdrücklich festgelegt werden.

34   Unabhängig von der vereinbarten Deckungssumme steht diese für den eingetretenen Schaden jeweils vollständig zur Verfügung. Allerdings ist zu berücksichtigen, dass die gesamte Deckungssumme für einen gewissen Zeitraum **aggregiert** werden kann, z. B. dass die Deckungssumme innerhalb eines Jahres nur zweifach zur Verfügung steht.[53]

15.3.5 Wesentliche Versicherungsausschlüsse und Versicherungserweiterungen

35   § 4 AHB beschreibt eine Reihe von Tatbeständen als Ausschlüsse, die jedoch teilweise lediglich deklaratorischen Charakter haben. Unabhängig von der Frage, ob hier konstitutive oder deklaratorische Regelungen wiedergegeben sind, sollten sie einheitlich als echte Ausschlüsse behandelt werden, um die Beibehaltung der Systematik zu erlauben.[54]

36   Zunächst besteht keine Deckung, wenn der Versicherungsfall vorsätzlich herbeigeführt wurde (§ 4 Nr. II 1 AHB, aber auch schon § 152 VVG). Nach § 4 Nr. I 1 AHB

---

[49] Zu dieser § 158 VVG nachgebildeten Vorschrift vgl. die Kommentierungen bei *Späte*, a. a. O., § 9, sowie bei *Kuwert*, Allgemeine Haftpflichtversicherung, Rdn. 9021 ff.
[50] Vgl. *Späte*, Haftpflichtversicherung, § 9, Rdn. 12.
[51] Vgl. zu diesem Problemkreis: *Sieg*, „Bindung des Haftpflichtversicherers an Schiedssprüche und Schiedsgutachten im Haftpflichtverhältnis", VersR 1984, S. 501 ff.
[52] Zu den Besonderheiten der Streitbeilegung vgl. *Glossner/Raeschke-Kessler*, 8. Teil, „Vorsorge für ausreichenden Rechtsschutz im Konfliktfall".
[53] Siehe Darstellung bei *Späte*, Haftpflichtversicherung, § 3, Rdn. 64.
[54] *Späte*, a. a. O., vor § 4, Rdn. 2.

besteht auch keine Deckung für einen Haftpflichtanspruch, der **auf Grund Vertrages** oder besonderer Zusagen über den Umfang der gesetzlichen Haftpflicht des Versicherungsnehmers hinausgeht. An diesen Ausschluss ist auch zu denken, wenn bei einem Projekt im Ausland der Liefervertrag einer fremden Rechtsordnung unterstellt wird. Es kommt in der Praxis vor, dass etwa zur Vermeidung von Vorteilen für einen der Vertragspartner das **Recht eines dritten Staates** gewählt wird. In diesem Fall sind immer dann, wenn Haftungsregelungen der fremden Rechtsordnung schärfer sind als die für den Vertrag gesetzlich geltenden, Ansprüche vereinbart worden, die über den Umfang der gesetzlichen Haftpflicht des Versicherungsnehmers hinausgehen. Nach einer Literaturmeinung ist die Ausschlussklausel nur dann anwendbar, wenn die Vereinbarung schärferen ausländischen Haftungsrechts als willkürlich angesehen werden kann.[55] Es bietet sich jedoch an, eine ausdrückliche Regelung mit dem Versicherer herbeizuführen, um nicht im Schadenfall über die Maßstäbe für ein willkürliches Verhalten zu streiten.

§ 4 Nr. I 6 Abs. 3 AHB schließt die Haftpflicht für die **Erfüllung von Verträgen** 37 **und für die an die Stelle der Erfüllungsleistung tretende Ersatzleistung** aus. Wie bereits dargestellt ist dieser Ausschlusstatbestand bei allen Schadenersatzansprüchen konkret zu überprüfen. Hinsichtlich § 635 BGB gilt dabei eine Besonderheit. Während die Rechtsprechung zum Werkvertragsrecht sog. **„nächste Folgeschäden"** in den Anwendungsbereich des § 635 BGB einbezieht,[56] rechnet die Rechtsprechung zum Versicherungsrecht diese Schäden nicht zum Erfüllungsinteresse und gewährt Deckung unter den AHB.[57]

Nach § 4 Nr. I 6b AHB sind vom Haftpflichtversicherungsschutz gewerbliche oder 38 berufliche Tätigkeiten an oder mit fremden Sachen ausgeschlossen **(Tätigkeitsschäden).**[58] Dabei gehören zur Tätigkeit in diesem Sinne die „Bearbeitung, Reparatur, Beförderung, Prüfung u. dgl.". Bei Schäden an fremden unbeweglichen Sachen gilt dieser Ausschluss nur insoweit, als diese Sachen oder Teile von ihnen unmittelbar Gegenstand der Tätigkeit gewesen sind,[59] so dass mittelbare Schäden weiterhin in der Haftpflichtversicherung gedeckt bleiben.[60] Es ist üblich, wenn auch unter Begrenzung der Deckungssumme**(Sublimit)**, diesen Ausschluss teilweise wieder abzubedingen.

§ 4 Nr. II 5 AHB schließt Haftpflichtansprüche wegen Schäden aus, die an den vom 39 Versicherungsnehmer (oder in seinem Auftrag oder für seine Rechnung von Dritten) hergestellten oder gelieferten Arbeiten oder Sachen infolge einer in der Herstellung oder Lieferung liegenden Ursache entstehen **(Herstellungsklausel)**. Der Ausschluss beschränkt sich auf die Haftung des Versicherungsnehmers für solche Schäden, die an den von ihm selbst hergestellten oder gelieferten Gegenständen eingetreten sind. Andere Schäden, die durch eine vom Versicherungsnehmer hergestellte oder gelieferte Sache oder mittelbar aus einer mangelhaften Leistung entstehen, fallen auch dann nicht unter den Ausschluss, wenn ihre Ursache in einer Zerstörung oder Beschädigung des Leistungsgegenstandes liegt und insoweit der Ausschluss eingreift.[61]

Nach § 4 Nr. I 5 AHB sind die sog. **Allmählichkeitsschäden**[62] von der Deckung 40 ausgeschlossen. In diesem Zusammenhang ist insbesondere der Ausschluss für Senkun-

---

[55] *Späte*, a. a. O., § 4, Rdn. 13.
[56] BGH NJW 1979, S. 1651.
[57] VersR 1981, S. 771; *Voit* in: Prölss/Martin, VVG, § 4 AHB, Rdn. 77.
[58] Hierzu ausführlich mit Einzelbeispielen: *Voit*, a. a. O., Rdn. 43 ff.
[59] BGH VersR 55, 706; 59, 499; 60, 109, 66, 434.
[60] BGHZ 88, 228 (Gabelstapler).
[61] BGHZ 23, 349 (Hallenbau).
[62] BGH VersR 88, 1259.

gen von Grundstücken (auch eines darauf errichteten Werkes oder eines Teiles eines solchen) durch Erdrutschungen und Erschütterungen infolge Rammarbeiten von Bedeutung.[63]

41 Über § 4 Nr. I 8 AHB sind Haftpflichtansprüche wegen Schäden durch Umwelteinwirkungen auf Boden, Luft oder Wasser (einschließlich Gewässer) und alle sich daraus ergebenden weiteren Schäden von der Deckung ausgeschlossen. Solche Umwelthaftungsansprüche können aber über eine Umwelthaftpflichtversicherung nach dem sog. **„Umwelthaftpflicht-Modell"** gedeckt werden.[64] Es handelt sich daher zwar um einen Ausschluss, aber nur als Abgrenzung zum Deckungsbereich des Umwelthaftpflichtmodells.

42 Nach § 4 Nr. I 3 AHB sind Haftpflichtansprüche aus im Ausland vorkommenden Schadenereignissen (sog. **„Auslandsschäden"**) grundsätzlich nicht gedeckt. Tritt dagegen dass Schadenereignis im Inland auf und führt zu einem Schaden im Ausland, besteht Versicherungsschutz.[65] Ob deutsches Recht anwendbar ist, oder ob ein deutsches oder ein ausländisches Gericht damit befasst wird, ist ohne Bedeutung.[66] Da regelmäßig ein solcher Ausschluss den Risiken internationaler Projekte nicht gerecht wird, ist der Wiedereinschluss von Auslandsschäden durch individuelle Vereinbarung mit dem Haftpflichtversicherer geboten.[67] Hierzu wird z.B. ein Risikobaustein verwendet, nach dem im Ausland vorkommende Schadenereignisse aus **Montagearbeiten,** Wartungsarbeiten und Reparaturarbeiten in die Betriebshaftpflichtversicherung miteingeschlossen werden können.[68] Diese Klausel ist jedoch nicht vorgesehen für die Durchführung von Bauobjekten im Ausland, so dass sich hierfür individuell zu vereinbarende Regelungen anbieten.[69] Im übrigen muss berücksichtigt werden, dass gegenüber solchen „Erweiterungsklauseln" die übrigen Ausschlüsse weiterhin Anwendung finden.[70]

43 Bei der Mitversicherung der im Ausland vorkommenden Schadenereignisse wird regelmäßig der Versicherungsschutz hinsichtlich von **Arbeitsunfällen** von Personen ausgeschlossen, die vom Versicherungsnehmer im Ausland eingestellt oder dort mit der Durchführung von Arbeiten betraut worden sind. Versichert bleiben aber grundsätzlich die Rückgriffsansprüche des deutschen Sozialversicherungsträgers gegen den Unternehmer.[71]

44 Bei der Entscheidung über die richtige Höhe der Deckungssumme muss im Übrigen die als Ausschluss formulierte **Serienschadenklausel** berücksichtigt werden. Nach § 4 Nr. II 2 Abs. 1 Satz 3 AHB gelten mehrere zeitlich zusammenhängende Schäden aus derselben Ursache oder mehrere Schäden aus Lieferungen der gleichen mangelhaften Waren als ein Schadenereignis. Dabei werden die derart miteinander verklammer-

---

[63] Im übrigen betrifft der Ausschluss die allmähliche Einwirkung von Temperatur, von Gasen, Dämpfen oder Feuchtigkeit, von Niederschlägen (Rauch, Russ, Staub u. dgl.), ferner durch Abwässer, Schwammbildung, sowie Überschwemmungen stehender oder fließender Gewässer und Flurschäden durch Weidevieh und aus Wildschaden.

[64] Abgedruckt und kommentiert in: Voit in: Prölss/Martin, VVG, S. 1277 ff.; s.a. VerBAV 1993, S. 31.

[65] Vgl. OLG Saarbrücken VersR 66, 54.

[66] *Voit* in: Prölss/Martin, VVG, § 4 AHB, Rdn. 9.

[67] Ohnehin sieht die Betriebshaftpflichtversicherung regelmäßig den Einschluss bestimmter Auslandsschäden vor, vgl. *Voit*, a.a.O., Nr. 5.7. Betriebshaftpfl.

[68] Vgl. Besondere Bedingungen für den Einschluss von Auslandsschäden in die Betriebshaftpflichtversicherung, abgedruckt in: Späte, Haftpflichtversicherung, § 4, Rdn. 24 ff.

[69] *Kuwert*, Allgemeine Haftpflichtversicherung, Rdn. 4024 (S. 120 f.).

[70] So die Bearbeitungsschadenklausel und die Erfüllungsausschlussklausel, vgl. *Späte*, Haftpflichtversicherung, § 4, Rdn. 36.

[71] *Späte*, a.a.O., Rdn. 23.

ten Schäden im Sinne von Schadenereignissen, d.h. schadenstiftenden Vorgängen, betrachtet.[72] Damit muss bei einer denkbaren Serienschadenrisikosituation die Deckungssumme so gewählt werden, dass sie hinsichtlich des Gesamtschadens noch ausreichend ist.

Im übrigen wird auch die Vereinbarung von **Selbstbehalten** im folgenden in allen Versicherungssparten als Ausschluss bzw. ausschlussähnlicher Tatbestand der Höhe nach verstanden. 45

15.4 Planungshaftpflichtversicherung

In der Planungsphase bestehen Haftpflichtrisiken insbesondere auf Grund der gesetzlichen oder vertraglichen Haftung für mangelhafte Planung. Ebenso wie die grundlegenden AHB für den Deckungsschutz von Unternehmen bei Vereinbarung der besonderen Bedingungen der Betriebshaftpflichtversicherung modifiziert werden, so bestimmen die **Besonderen Bedingungen und Risikobeschreibungen für die Berufshaftpflicht von Architekten, Bauingenieuren und Beratenden Ingenieuren**[73] für die Berufshaftpflichtversicherung ebenfalls Ergänzungen und Änderungen der AHB. 46

Diese spezielle Berufshaftpflichtversicherung deckt die Folgen von begangenen oder behaupteten **Verstößen gegen die Berufspflichten,** soweit sich hieraus eine gesetzliche Haftpflicht ergibt, sei es gegenüber dem Bauherrn, sonstigen Auftraggebern oder gegenüber einem sonstigen Dritten. 47

Die Bestimmung dessen, was Versicherungsfall ist, setzt bei der Berufshaftpflichtversicherung – insofern anders als bei der Betriebshaftpflichtversicherung – beim Begriff „Verstoß" im Sinne eines **Kausalereignisses** an, und zwar beim behaupteten Verstoß gegen Berufspflichten.[74] Dabei umfasst der Versicherungsschutz dieser Deckungsform Verstöße, die zwischen Beginn und Ablauf des Versicherungsvertrages begangen werden, sofern sie dem Versicherer nicht später als **fünf Jahre** nach Ablauf des Vertrages gemeldet werden.[75] 48

Der Hauptunterschied zur Betriebshaftpflichtversicherung ist, dass grundsätzlich die **reinen Vermögensschäden** gedeckt werden.[76] Damit ist der durch Fehler des Planers verursachte Mangel an der Anlage grundsätzlich gedeckt. Dies bedeutet, dass ein Haftpflichtversicherungsanspruch unter dieser Sonderpolice auch dann begründet ist, wenn das Gebäude lediglich auf Grund eines Planungsfehlers mangelhaft errichtet wurde, ohne aber einen Sachsubstanzschaden aufzuweisen. 49

Die Deckung scheidet jedoch aus, wenn die Planung lediglich Teilleistung des die Gesamtanlage liefernden Unternehmers ist. Hierfür können zwei Begründungen herangezogen werden: Einmal steht diese Berufshaftpflicht formal nur Architekten, Bauingenieuren und Betratenden Ingenieure für ihre berufsspezifischen Tätigkeiten zur Verfügung. Zum anderen handelt es sich für den Unternehmer, der die Gesamtanlage liefert (z.B. **„Turn-Key")**,[77] um keinen Drittschaden, sondern nur um eine Beschädigung der eigenen Leistungshandlungen, die zu einer mangelhaften Erfüllung führt. Wenn „Turn-Key" geliefert wird, geht folglich das Planungsrisiko im Risiko der Realisierung des Gesamtprojektes auf. 50

---

[72] *Späte*, a.a.O., § 3, Rdn. 52.
[73] Abgedruckt und kommentiert in: Voit in: *Prölss/Martin,* VVG, S. 1341 ff.
[74] Vgl. *Voit*, a.a.O., § 149, Rdn. 12.
[75] Hierzu die Kommentierung von *Voit*, a.a.O., Arch.-Haftpfl., Rdn. 8.
[76] Vgl. *Voit*, a.a.O., Rdn. 4.
[77] Vgl. zu diesem Begriff die Ausführungen von *Minuth*, 9. Teil, Rdn. 9 ff.

15.5 Umwelthaftpflichtversicherung

51 Aufgrund des Ausschlusses des § 4 Nr. I 8 AHB[78] ist es notwendig, zur Deckung von Haftpflichtansprüchen wegen Schäden durch Umwelteinwirkungen und ihre Folgeschäden das sog. **Umwelthaftpflichtmodell** zu vereinbaren, das wiederum Abänderungen oder Ergänzungen zu den grundlegenden AHB enthält. Bei der Einführung des Modells wurden auch im Vergleich zur damaligen Gewässerschadenhaftpflichtversicherung insbesondere die Bereiche „Normalbetriebsschaden", „Eigenschaden" und „Vorgezogene Rettungskosten" sowie die „Nachhaftung" als Verschlechterung der bisherigen Deckungssituation in der Literatur kommentiert.[79]

52 Die Abgrenzung zwischen der Anwendbarkeit der allgemeinen Betriebshaftpflichtversicherung und der Umwelthaftpflichtversicherung wird danach bestimmt, ob eine Umwelteinwirkung vorliegt. Zur Definition des Begriffes **„Umwelteinwirkungen"** wird § 3 Abs. 1 UmweltHG herangezogen. Danach entsteht ein Schaden „durch eine Umwelteinwirkung, wenn er durch Stoffe, Erschütterungen, Geräusche, Druck, Strahlen, Dämpfe, Wärme oder sonstige Erscheinungen verursacht wird, die sich in Boden, Luft oder Wasser ausgebreitet haben". Der Versicherungsfall gilt anders als bei der Betriebshaftpflicht- und der Berufshaftpflichtversicherung bei der nachprüfbaren ersten Feststellung des Schadens durch den Geschädigten, einen sonstigen Dritten oder den Versicherungsnehmers als eingetreten (**Manifestation des Schadens**).[80]

53 Im Rahmen des Umwelthaftpflichtmodells wird Versicherungsschutz durch jeweils ausdrücklich zu vereinbarende **Risikobausteine** zur Verfügung gestellt. Einschlägig für die Planung, Herstellung, Lieferung, Montage, Demontage, Instandhaltung und Wartung von Anlagen ist die sog. **Regressdeckung** in Ziff. 2.6 Umwelthaftpflichtmodell, die allerdings voraussetzt, dass der Versicherungsnehmer nicht Inhaber der Anlage ist. Da die Aufzählung im Baustein jedoch nicht die Inbetriebnahme und den Probebetrieb erwähnt, erscheint es fraglich, ob nicht für diesen Zeitraum die Regressdeckung ungenügend ist.[81] Zur Vermeidung von Abgrenzungsschwierigkeiten ist es geboten, mit dem Versicherer zu regeln, dass auch für eine Inbetriebnahme und einen evtl. längeren Probebetrieb der Deckungsschutz über Ziff. 2.6 Umwelthaftpflichtmodell zur Verfügung gestellt wird.

15.6 Patenthaftpflichtversicherung

54 Unabhängig von den dargestellten Allgemeinen Versicherungsbedingungen gibt es Einzelpolicen von Versicherern, die auf Grund besonderer Risiken entwickelt worden sind und der konkreten Nachfrage auf dem Markt Rechnung tragen. Hier herrscht hinsichtlich der Bedingungen nicht die Transparenz, wie etwa bei den oben beschriebenen AHB. Der Vollständigkeit halber soll jedoch darauf hingewiesen werden, dass auf Grund gestiegener Nachfrage heute Deckungsschutz im Zusammenhang mit

---

[78] Bzgl. dieses Ausschlusses wird von der sog. „Nullstellung" in der Betriebshaftpflichtversicherung gesprochen, vgl. *Koch/Sigulla*, „Die sog. ‚Nullstellung für Umweltschäden' in der Haftpflichtversicherung – ein Beitrag zur Systematik des Haftpflichtversicherungsrechts", in: VP 1993, S. 181 ff. m.w.N.

[79] *Koch/Sigulla*, a.a.O., mit weiteren Hinweisen.

[80] Vgl. Kommentierung bei: von *Voit* in: Prölss/Martin, VVG, Nr. 4 Umwelthaftpfl.

[81] *Sigulla*, „Auslegungs- und Abgrenzungsprobleme im Zusammenhang mit dem Risikobaustein Ziff. 2.6 des Umwelthaftpflicht-Modells", in: VP 1994, S. 92 ff.

Patent- und Schutzrechtsverletzungen verfügbar ist.[82] Versicherungsschutz wird geboten bei gesetzlichen Schadenersatzansprüchen Dritter wegen **Patentrechtsverletzungen,** die durch Produkte oder mit ihnen zusammenhängenden Produktionsprozesse ausgelöst werden. Im Einzelfall gibt es zusätzlichen Deckungsschutz bei der Verletzung von **Gebrauchsmustern, Markenrechten** sowie von **Geschmacksmustern.**[83]

In einer Grunddeckungsform werden nur Rechtsverteidigungskosten zur Abwehr geltend gemachter Ersatzansprüche versichert. Darüber hinaus besteht auch die Möglichkeit, die zu leistenden Zahlungen mit individuell zu vereinbaren Deckungssummen in die Deckung aufzunehmen. Bei diesen Policen ist insbesondere darauf zu achten, welche speziellen Deckungsvoraussetzungen zu erfüllen sind. Hier gibt es z.B. die Voraussetzung, ein standardisiertes **Schutzrechtrechercheverfahren** zu nutzen, und dies auch im Zusammenhang mit der konkret behaupteten Verletzung nachzuweisen. 55

15.7 Transportversicherung

Das Modell im Rahmen des deutschen Versicherungsmarktes für den Transfer von Transportrisiken sind die **DTV Güter 2000,** die erst vor kurzem eingeführt worden sind. Sie lösen sowohl die ADS Güterversicherung 1973 i.d.F. 1984 i.V.m. den allgemeinen deutschen Seeversicherungsbedingungen ADS 1919 sowie die allgemeinen deutschen Binnentransportversicherungsbedingungen ADB ab. Ziel der neuen Bedingungen ist eine einheitliche und klare Regelung, die zudem Verbesserungen der alten Bedingungen enthält, soweit letztere nicht mehr marktgerecht und in der Praxis durch ergänzende Bedingungen abgeändert worden waren.[84] 56

Ergänzend zu diesen Bedingungen gelten nach Ziff. 26 DTV Güter 2000 die Vorschriften des VVG, insbesondere die §§ 149–158a VVG. Die §§ 778ff. HGB regeln darüber hinaus das Seeversicherungsrecht. Da sie jedoch in der Terminologie und Struktur nicht mit den in der Rechtsprechung zu den alten AVB entwickelten Regelungen übereinstimmen und zudem dispositives Recht darstellen, scheidet ihre Anwendung regelmäßig aus.[85] Aufgrund der Rechtsnatur der Transportversicherungsbedingungen als AGB gelten die neuen Bedingungen in laufenden Versicherungen, die etwa als General- oder Umsatzpolicen alle Transporte eines Unternehmens während eines bestimmten Zeitraums zu vorher vereinbarten Bedingungen und Prämien versichern, nur dann, wenn sie ausdrücklich vereinbart werden.[86] Zu berücksichtigen ist weiter, dass die neuen Bedingungen konzeptionell und inhaltlich auf der ADS Güterversicherung 1973 i.d.F. 1984 beruhen und es auf Grund der Anwendungserfahrung nicht Sinn und Zweck war, ein völlig neues Regelungsinstrument zu schaffen.[87] Von daher ist davon auszugehen, dass Rechtsprechung und Literatur zu den alten Bedingungen auch bei Auslegung der neuen Regelung herangezogen werden können. 57

---

[82] *Beier-Thomas,* „Patent(e)-Haftpflichtversicherung", in: VW 2000, S. 390.
[83] *Beier-Thomas,* a.a.O.
[84] *Ehlers,* „Die neuen Güterversicherungsbedingungen 2000 (DTV Güter 2000)", in: TranspR 2000, S. 12, spricht in diesem Zusammenhang von einem Bedingungsflickenteppich und dem Wunsch nach einem einheitlichen, geschlossenen Wording.
[85] *Ehlers,* „Die neuen Güterversicherungsbedingungen 2000 (DTV Güter 2000)", in: TranspR 2000, S. 13.
[86] *Enge,* Transportversicherung, S. 35.
[87] *Ehlers,* „Die neuen Güterversicherungsbedingungen 2000 (DTV Güter 2000)", in: TranspR 2000, S. 12.

15.7.1 Versicherungsumfang

58 Ziff. 1 der DTV Güter 2000 stellt klar, dass entgegen der unterschiedlichen alten Bedingungen nunmehr die Versicherung für alle Beförderungsarten gilt. Mit diesem Grundsatz unterteilt sie sich in zwei Deckungskonzepte, die sog. „Volle Deckung" und die sog. „Eingeschränkte Deckung". Unterschiedlich ist die Ziff. 2.1, die bei der **„Vollen Deckung"** den Versicherungsschutz gegenüber allen Gefahren – sofern nichts anderes bestimmt ist – festschreibt. Die **„Eingeschränkte Deckung"** hingegen enthält in Ziff. 2.1 einen Katalog, der einzelne gedeckte Gefahren beschreibt. Die wichtigsten hierbei sind der Transportmittelunfall, der Einsturz von Lagergebäuden, Brand, Blitzschlag, Explosion und Erdbeben. Die geringere Absicherungsform wird im Wesentlichen für geringwertige und Massengüter verwendet, die unverpackt oder als Schüttgut verladen werden. Hochwertige Güter, wie sie im Rahmen eines Projekts transportiert werden, sind üblicherweise mit der „Vollen Deckung" in Schutz zu nehmen.

59 Damit werden hier die beiden Grundkonzepte einer Allgefahrendeckung (**„All Risk"**) und einer Deckung lediglich benannter Gefahren (**„Named Perils"**) in einer Sparte gegenüber gestellt. Der wesentliche Vorteil des „All-Risk"-Konzepts ist, dass der Versicherungsnehmer grundsätzlich davon ausgehen kann, dass jeder Schaden ersetzt wird, solange nicht ein ausdrücklicher Ausschluss in der Police existiert. Dies bedeutet nicht nur eine Vollständigkeitsvermutung im Interesse des Versicherungsnehmers, sondern auch eine Beweislastverteilung zu seinen Gunsten. Der Versicherer ist verpflichtet vorzutragen und ggf. zu beweisen, dass der Streitgegenstand unter einen der vereinbarten Ausschlüsse zu subsumieren ist. Bei den benannten Gefahren ist dies naturgemäß anders. Hier muss der Versicherungsnehmer die Tatsachen vortragen und ggf. beweisen, die eine Deckung in seinem Interesse begründen. Die „Eingeschränkte Deckung" der DTV Güter 2000 enthält hier in Ziff. 2.6 jedoch eine Besserstellung, indem bei Schäden, die auch aus einer nichtversicherten Gefahr oder Ursache entstehen konnten, der Schaden bereits dann zu ersetzen ist, wenn er mit **überwiegender Wahrscheinlichkeit** durch eine versicherte Gefahr herbeigeführt worden ist. Allerdings wäre der Schluss verfrüht, dass eine „All-Risk"-Police immer die breitere Deckungsform darstellt. Es existieren in der Praxis sowohl Beispiele für umfangreiche Ausschlusskataloge im „All-Risk"-Bereich, wie auch sehr umfassende Beschreibungen von gedeckten Gefahren. Grundsätzlich bedarf es daher einer ausdrücklichen Prüfung der Ausschlüsse, um die Qualität des Deckungsumfangs zu bestimmen. Für den Fall der Transportversicherung ist mit dem identischen Wortlaut der Folgeziffern die Entscheidung eindeutig und schon durch die Bezeichnung „Volle Deckung" bzw. „Eingeschränkte Deckung" offenkundig.[88]

60 Die Güter sind geschützt während der **Beförderung** sowie damit verbundener **Lagerung.** Hinsichtlich der Lagerung der Güter ist nach Ziff. 9.1 eine Begrenzung auf eine bestimmte Anzahl von Tagen vorgesehen, die einzeln ausgehandelt werden müssen. Die alte Regelung sah bei einfachen Lagerungen dreißig Tage und bei Lagerungen nach dem Ausladen der Güter im Bestimmungshafen sechzig Tage Deckungsschutz vor. Dieser Zeitraum muss mindestens vereinbart werden, um den alten Deckungsumfang aufrecht zu erhalten.

61 Nach Ziff. 10 soll die **Versicherungssumme** dem Versicherungswert entsprechen, der als gemeiner Handelswert oder in dessen Ermangelung als gemeiner Wert der Güter am Absendungsort definiert wird, jeweils zuzüglich der Kosten für Versicherungen und Fracht. Dies bedeutet, dass ein Kauf oder Verkauf unter Preis insoweit nicht den Versicherungswert reduziert.

---

[88] Hierzu auch *Enge*, Transportversicherung, S. 51.

15.7.2 Versicherte Interessen

Voraussetzung für die Versicherung ist, dass ein versicherbares Interesse besteht (Ziff. 1 DTV Güter 2000). Dies kann sowohl das Interesse des Versicherungsnehmers als auch das eines Dritten sein. Im ersten Fall handelt es sich um eine **„Versicherung für eigene Rechnung"**, im zweiten um ein „Deckung für wen es angeht", insoweit eine **„Versicherung für fremde Rechnung"**.[89] Aufgrund der Möglichkeit, auch fremde Interessen in die Police einzuschließen, ist es denkbar, alle Transporte aller Unternehmer und Subunternehmer im Zusammenhang mit einem Projekt in einer Police zu integrieren. Da jedoch in den meisten Fällen die Unternehmer über Generalverträge verfügen und ihre eigenen Lieferungen ohne Koordination mit den anderen Projektbeteiligten in eigener Zuständigkeit regeln, ist in der Praxis der Abschluss einer rein **projektbezogenen Transportversicherung** die Ausnahme.

62

15.7.3 Versicherungsdauer

Grundsätzlich besteht der Versicherungsschutz während des **gesamten Transports** und schließt die Ein-, Aus- und Umladerisiken sowie die Zwischenlagerungen ein. Der Versicherungsschutz **beginnt**, wenn die versandfertigen Güter die bisherigen Aufbewahrungsstellen, d. h. die Lager verlassen, um verladen zu werden, wenn unverzüglich die versicherte Reise angetreten werden kann.

63

Als **Ende** des Versicherungsschutzes wird das Erreichen der Ablieferungsstelle vereinbart. Darüber hinaus endet die Versicherung mit dem Ablauf von im Einzelnen zu vereinbarenden Tagen nach dem Ausladen aus dem Seeschiff im Bestimmungshafen bzw. aus dem Luftfahrzeug im Zielflughafen. Dies gilt im Hinblick auf das Eigeninteresse des Versicherungsnehmers dann nicht, wenn die Frist durch ein versichertes Ereignis nicht eingehalten werden konnte. Nach unverzüglicher Anzeige gegenüber dem Versicherer besteht dann der Schutz gegen Zahlung einer Zusatzprämie weiter. Eine **Kündigungsmöglichkeit** im Sinne einer Schadenfallkündigung existiert in der Transportversicherung nicht.[90]

64

15.7.4 Versicherungsentschädigung

In der Transportversicherung gedeckt sind Sachschäden, d. h. Verschlechterungen oder Zerstörungen der **Sachsubstanz**.[91] Darüber hinaus kann vereinbart werden, dass auch der imaginäre Gewinn, der Mehrwert, der Zoll, die Fracht, die Steuern und Abgaben sowie sonstige Kosten ersetzt werden. Zusätzlich zum Sachsubstanzschaden werden Aufwendungen und Kosten ersetzt, die z.B. im Rahmen einer **„Havarie-Grosse"** entstehen. Dies sind Kosten, die auf Veranlassung des Kapitäns entstehen, um Schiff und Ladung bei unmittelbar drohender Gefahr zu retten.[92] Sie werden anteilsmäßig zu Lasten des Schiffs, des Beförderungsentgelts und der Ladung getragen. Darüber hinaus besteht Deckung für den Fall der Kollision bei beiderseitigem Verschulden gem. der sog. **„Both-to-Blame-Collision-Clause"**.[93] Grundsätzlich werden **Schadenabwendungs-, Schadenminderungs-** und **Schadenfeststellungskosten**

65

---

[89] Zu letzterer nach den früher geltenden ADS 1919 vgl. *Enge*, a. a. O., S. 84.
[90] Vgl. zu diesem Komplex: *Fricke*, „Kündigungsrecht im Versicherungsfall für alle Schadensversicherungszweige?", in: VersR 2000, S. 16 ff.
[91] *Enge*, Transportversicherung, S. 94.
[92] *Gerling Konzern*, Warenhandel und Versicherung, S. 129.
[93] *Ehlers*, „Die neuen Güterversicherungsbedingungen 2000 (DTV Güter 2000)", in: TranspR 2000, S. 16.

15. Teil. Versicherungsrechtliche Fragen

ersetzt,[94] wobei die beiden ersteren schon unter der Voraussetzung des unmittelbar drohenden Schadens ersetzbar sind. Mittelbare Schäden, insbesondere auf Grund von Verzögerungen, werden nicht ersetzt.

66 Grenze der Entschädigung ist grundsätzlich die **Versicherungssumme,** allerdings werden Schadenabwendungs-, Schadenminderungs- und Schadenfeststellungskosten sowie Beiträge zur „Havarie-Grosse" auch dann ersetzt, wenn der Gesamtschaden hierdurch die Versicherungssumme übersteigt. Ist die Versicherungssumme jedoch niedriger als der Versicherungswert, so werden Schäden und Aufwendungen nur nach dem Verhältnis der Versicherungssumme zum Versicherungswert ersetzt **(Unterversicherung).** Besteht Streit zwischen Versicherungsnehmer und Versicherer über die Ursache und die Höhe des Schadens, so kann diese durch Sachverständige festgestellt werden (Ziff. 20 DTV Güter 2000).

15.7.5 Wesentliche Versicherungsausschlüsse und Erweiterungen

67 Üblicherweise enthalten die meisten Allgemeinen Versicherungsbedingungen Ausschlüsse für **Kriegs-, Streik-, Aussperrungsrisiken** und einige andere **politische Risiken** sowie des **Nuklearrisikos.** Die DTV Güter 2000, die diese Ausschlüsse ebenfalls enthalten (Ziff. 2.4 DTV Güter 2000) sehen jedoch vor, dass durch Vereinbarung entsprechender Klauseln das Kriegs-, Streik- und Aussperrungs- sowie Beschlagnahmerisiko wieder eingeschlossen werden kann.

68 Nach Ziff. 3 DTV Güter 2000 wird der Versicherer von der Verpflichtung zur Leistung frei, wenn der Versicherungsnehmer den Schaden **vorsätzlich** oder **grob fahrlässig** verursacht hat. Bei einer Versicherung für fremde Rechnung tritt die Leistungsfreiheit jedoch gegenüber dem Versicherten nur ein, wenn dieser den Versicherungsfall jedenfalls grob fahrlässig verschuldet. Damit ist die Zurechenbarkeit des Verhaltens Dritter in Bezug auf den Versicherungsnehmer angesprochen. Für diesen Sachverhalt sind die Grundsätze der sog. **Repräsentantenhaftung** entwickelt worden.[95] Während sich grundsätzlich nach allgemeinem Zivilrecht der Versicherungsnehmer das schuldhafte Verhalten aller für ihn tätigen Erfüllungsgehilfen zurechnen lassen muss, ist dies nach deutschem Versicherungsrecht weiter eingeschränkt. Die Rechtsprechung hierzu hat sich mehrfach geändert und ist teilweise auch mit den Unterschieden einzelner Versicherungssparten zu erklären. Grundsätzlich ist davon auszugehen, dass Repräsentant derjenige ist, der im Geschäftsbereich, dem das versicherte Risiko zuzurechnen ist, auf Grund eines Vertretungs- oder ähnlichen Verhältnisses an die Stelle des Versicherungsnehmers tritt. Dies wird nicht bereits durch die Überlassung der Obhut über die versicherte Sache begründet. Es ist erforderlich, dass die Person befugt ist, selbständig in einem nicht ganz unbedeutenden Umfang für den Versicherungsnehmer zu handeln.[96] Die Praxis versucht, der Ungewissheit der Einzelfallentscheidungen dadurch zu entgehen, dass sie **Repräsentantenklauseln** verwendet, die eine enumerative Aufzählung der in Frage kommenden Personen enthalten. Da diese Klauseln für eine Vielzahl von Anwendungsfällen vorformuliert sind, eignen sie sich nicht zur Ausdehnung des Personenkreises, da sie dann gegen das AGBG verstoßen können.[97]

69 Darüber hinaus wird im Rahmen der Transportversicherung kein Ersatz geleistet, wenn der Schaden durch eine nichtbeanspruchungsgerechte **Verpackung** oder un-

---

[94] Hierzu *Ehlers*, a.a.O., S. 16.
[95] Vgl. die Ausführungen *Ehlers*, a.a.O., S. 19.
[96] BGH VersR 1993, S. 820; für die Transportversicherung *Enge*, Transportversicherung, S. 89.
[97] *Enge*, a.a.O., S. 89.

sachgemäße **Verladeweise** eingetreten ist, es sei denn, der Versicherungsnehmer hat diese weder vorsätzlich noch grob fahrlässig verschuldet (Ziff. 2.5.1.5 DTV Güter 2000).

15.7.6 „Institute Cargo Clauses"

Der internationale Transportversicherungsmarkt ist durch die sog. „Institute Cargo Clauses" (ICC) geprägt. Diese entstammen dem englischen Versicherungsmarkt, fußen auf englischem Recht und sind in drei Kategorien, nämlich A, B und C eingeteilt. Alle drei Deckungsformen sind für Land-, Fluss- und Seetransporte zu verwenden. Bei reinen Lufttransporten gibt es die Sonderregelung der ICC (Air). Dabei ist die ICC C die Mindestdeckung, die z. T. in Lieferbedingungen, wie **CIF** und **CIP** der Incoterms, vorgeschrieben wird. Vergleicht man den grundsätzlichen Deckungsbereich dieser Klauseln mit den DTV Güter 2000, so bietet die „Eingeschränkte Deckung" bereits weitergehenden Versicherungsschutz als die ICC C.[98] Die ICC B deckt zusätzlich einige weitere benannte Gefahren. Sie ist aber genauso wenig wie die ICC C geeignet, die Deckung für Transporte im Zusammenhang eines Projektgeschäfts ausreichend sicherzustellen. Als besonders problematisch im Vergleich zur deutschen „Eingeschränkten Deckung" wird die Ziff. 4.7 der ICC B und C angesehen, nach der absichtlich zugefügte Beschädigungen oder Zerstörungen nicht nur durch den Versicherten oder seine Repräsentanten, sondern auch durch jede dritte Person ausgeschlossen sind.[99] Dieses Risiko muss erst ausdrücklich wieder eingeschlossen werden.

70

Für den Projektversicherungsschutz ist lediglich die ICC A von Bedeutung. Hier steht ebenfalls eine „All-Risk"-Deckung zur Verfügung, die in weiten Teilen der „Vollen Deckung" entspricht. Allerdings muss gesehen werden, dass die Auslegung der Klauseln auf englischem Recht und dort insbesondere auf dem „Marine Insurance Act 1906" beruht.[100] Dies kann im Einzelfall zu erheblichen Auswirkungen führen. So beginnt nach deutscher Klausel der Versicherungsschutz, sobald die Güter am Absendungsort zur unverzüglichen Beförderung von der Stelle entfernt werden, an der sie bisher aufbewahrt wurden. Nach englischer Regelung besteht Versicherungsschutz, wenn die Güter das Lagerhaus oder den Lagerplatz an dem in der Police aufgeführten Ort verlassen, um die Reise zu beginnen (Ziff. 8.1 ICC A).[101]

71

15.7.7 Transportbetriebsunterbrechungsversicherung

Die Fertigstellung einer Anlage und deren Abnahme sind natürlich davon abhängig, dass die bei der Realisierung zu verwendenden Materialien zeitgerecht zur Verfügung stehen. Wenn also auf dem Transportwege Verzögerungen entstehen, so können diese ganz wesentlichen Einfluss auf die spätere Fertigstellung der Anlage haben und auch den kommerziellen Betrieb verzögern. Das Ergebnis ist, dass der Betreiber Kosten zu tragen hat, ohne dass diesen Einnahmen gegenüber stehen. Schäden, z. B. auf Grund verspäteter Inbetriebnahme, sind aber reine Vermögensschäden, die insoweit auch unter der „Vollen Deckung" der DTV Güter 2000 oder der ICC A nicht ersetzt werden solange nicht durch Klauseln etwas anderes vereinbart ist.

72

Betriebsunterbrechungsdeckungen gibt es typischerweise im Rahmen von Feuer- oder Maschinenversicherungen. Das Betriebsunterbrechungsrisiko für den späteren Be-

73

---

[98] Ehlers, „Die neuen Güterversicherungsbedingungen 2000 (DTV Güter 2000)", in: TranspR 2000, S. 12.
[99] Enge, Transportversicherung, S. 132.
[100] Enge, a. a. O., S. 39.
[101] Enge, a. a. O., S. 157.

15. Teil. Versicherungsrechtliche Fragen

treiber auf Grund eines Transportschadens ist aber durchaus mit dem Risiko vergleichbar, das sich etwa realisieren kann, wenn während des Betriebes ein Feuerschaden die Unterbrechung begründet. Aus dieser Interessensituation heraus hat sich international eine Ertragsabsicherungspolice entwickelt, die als Transportbetriebsunterbrechungsversicherung oder auch Transport-Pönale-Versicherung bezeichnet wird. Veröffentlichte Modellempfehlungen in Form von AVB sind für diesen Anwendungsfall – soweit ersichtlich – nicht vorhanden. Grundsätzlich lassen sich durch die Analyse der in der Praxis verwendeten konkreten Deckungen folgende wesentliche Regelungspunkte herausarbeiten:

74 Versichert werden der **Ertragsausfall** oder der gesamte **entgangene Gewinn** sowie Kosten des Betriebes oder auch Mehrkosten, die aufgewandt werden, um den Ertragsausfall zu verhindern. Andere Deckungsformen ersetzen auch den pauschalierten Schadenersatz, der in den meisten Policen untechnisch als „Pönale" bezeichnet wird (auch „Liquidated Damages"). „Punitive Damages" oder andere Strafcharakter aufweisende Zahlungen werden üblicherweise nicht versichert. Die Deckung steht dabei nur zur Verfügung, wenn **Fristen** nicht eingehalten werden. Meist wird ausdrücklich formuliert, dass das Nichteinhalten von Leistungs- und Produktgarantien vom Versicherungsschutz ausgenommen bleibt. Dogmatisch handelt es sich hier um eine Anschlussdeckung zur Transportversicherung, die z. T. als **eigenständig formulierte Police**, z. T. als **Annex einer bestehenden Transportdeckung** abgeschlossen wird. Während im letzen Fall die Transportversicherung abgeschlossen sein muss, hat die eigenständige Police den Vorteil, dass sie lediglich fiktiv voraussetzt, dass unter einer definierten Transportdeckung ein versicherter Schaden eingetreten ist.

75 Beide Deckungsformen setzen jedoch **gedeckte Transportversicherungsschäden** voraus, wobei es auf Grund der besonderen Spezialität der Betriebsunterbrechungsversicherung denkbar ist, dass nur ein Ausschnitt der Transportdeckung – also z. B. nur einige benannte Gefahren – unter der Transportbetriebsunterbrechungsdeckung versichert werden. In Einzelfällen werden auch Erweiterungen vorgenommen und Sachschäden, die am Transportmittel entstanden sind, ohne die transportierten Güter selbst zu schädigen, als ausreichend für den Ersatz von dadurch verursachten Verzögerungsschäden festgeschrieben.

76 In jedem Fall gelten Schäden als gedeckt, die dem Grunde nach in den Anwendungsbereich der Police fallen, aber der Höhe nach auf Grund etwa eines vereinbarten **Selbstbehalts** gleichwohl zu keiner Leistung führen. Weitere Voraussetzung ist, dass als Folge des Transportschadens eine Frist nicht eingehalten werden kann, und dadurch wiederum Betriebskosten und darüber hinaus gehende Betriebsgewinne nicht erwirtschaftet werden können bzw. Schadenminderungskosten entstehen.

77 Die ersatzfähige Leistung wird grundsätzlich durch zwei Elemente begrenzt: Zum einen durch die der Höhe nach festgelegte **Versicherungssumme;** zum anderen durch die sog. **Haftzeit.** Hierunter wird ein in Monaten bestimmter Zeitraum für Zahlungen verstanden, der mit dem Eintritt des zugrundeliegenden Sachschadens beginnt. Er wird meist auf zwölf Monate begrenzt. Die Zahlungen werden eingestellt, wenn eine der beiden Voraussetzungen vorliegt. Bei noch in Betrieb zu nehmenden Anlagen wird häufig vorher eine Tagesentschädigung festgelegt, um Streit über die Höhe des Ausfalls zu verhindern. Denn im Gegensatz zur Unterbrechung bereits betriebener Anlagen, fehlen Unterlagen, um den Schaden belegen zu können. Auch im Rahmen dieser Betriebsunterbrechungsdeckung ist es üblich, einen Selbstbehalt zu vereinbaren. Dieser wird grundsätzlich nicht als geldlicher, sondern als **zeitlicher Selbstbehalt** ausgestaltet. In der Praxis finden sich typischerweise dreißig bis sechzig Tage als Selbstbehaltfrist.

78 Während bei der normalen Transportversicherung häufig der Lieferant Versicherungsnehmer ist, ist dies bei einer Transportbetriebsunterbrechungsversicherung typischerweise der spätere **Verwender der transportierten Güter**. Die Versicherer sind sehr restriktiv hinsichtlich der Mitversicherung weiterer Interessen. Insbesondere soll hier der **Rückgriffsanspruch** gegen den Schädiger erhalten bleiben.

Im Grunde genommen ist für das Projektgeschäft eine Transportbetriebsunterbrechungsversicherung alleine kaum eine sinnvolle Absicherung von Verspätungsrisiken. Die wesentliche Problematik für alle Projektbeteiligten liegt in der verspäteten Inbetriebnahme und damit in der Verspätung der Betriebsphase. Die nicht rechtzeitige Bereitstellung der Anlagenteile muss daher nicht automatisch einen Unterbrechungsschaden auslösen. So ist es nicht die Transportverspätung, welche die rechtzeitige Inbetriebnahme verhindert, wenn etwa durch ein Feuer die Gesamtanlage einschließlich aller gelagerten Teile verbrennt. Insoweit stellt sich die Frage, ob nicht beim Versicherungsschutz für Projekte der Betriebsunterbrechungsschutz einheitlich für Transport- und Montagebetriebsunterbrechungsschäden geregelt werden sollte. 79

15.8 Montageversicherung

Der Schwerpunkt in der Realisierungsphase ist die Errichtung der Anlage oder des Bauwerks. Es existieren zwei Grundmodelle Allgemeiner Versicherungsbedingungen, nämlich die **Allgemeinen Montageversicherungsbedingungen (AMoB)**[102] sowie die Bauleistungsversicherung, letztere in den Ausprägungen der „Allgemeinen Bedingungen für die Bauwesenversicherung von Unternehmerleistungen" (ABU) und der „Allgemeinen Bedingungen für die Bauwesenversicherung von Gebäudeneubauten durch Auftraggeber" (ABN). Während **Montage** diejenige Tätigkeit ist, bei der bewegliche Sachen zu Bestandteilen einer zusammengesetzten Sache oder eines Grundstücks oder durch Verbindung mit dem Grundstück zu dessen Zubehör werden, handelt es sich bei **Bauleistungen** um Bauarbeiten jeder Art mit oder ohne Lieferung von Stoffen oder Bauteilen.[103] 80

In der Praxis werden häufig in diese beiden Grunddeckungstypen Elemente der jeweils anderen Form integriert, d.h. die Allgemeinen Versicherungsbedingungen der einen Sparte werden zugrundegelegt und durch besondere Vereinbarungen für die hinzutretende Sparte ergänzt:[104] Teilweise kann neben einer Bauleistungsversicherung selbst für reine Baurisiken beim Innenausbau mit Installationen für Klima-, Elektro-, und Kommunikationstechnik auch der Deckungsumfang der Montageversicherung notwendig sein.[105] Umgekehrt müssen im Rahmen einer Montageversicherung die Bewältigung der Risiken im Zusammenhang mit reinen Bauleistungen sichergestellt werden. Der Versicherungsumfang der AMoB ist in diesem Zusammenhang der systematisch übersichtlichere, und auch historisch gesehen stellt diese Versicherung die Grundform der Deckungen dar.[106] 81

---

[102] In der Fassung von Dezember 1986, abgedruckt und kommentiert in *Voit* in: Prölss/Martin, VVG, S. 2111 ff. und in *Meyer-Rassow/Schildmann (Hrsg.)*, Technische Versicherungen, Anhang, S. XLIV ff.; deren gültige Fassung ist 1972 in Zusammenarbeit zwischen den Versicherern, vertreten durch den Fachausschuss Technische Versicherungen im Verband der Sachversicherer e.V., und den Versicherungsunternehmen, vertreten durch den BDI, entstanden; vgl. im Einzelnen *Funk*, Die Montageversicherung, S. 4.; vorher galten die „Allgemeinen Versicherungsbedingungen für die Montageversicherung" (AVB) in der Fassung von 1931, VerAfP 1931, S. 167 ff.

[103] Zum Begriff der Montage: *Funk*, Die Montageversicherung, S. 52 ff.; zum Begriff der Bauleistung vgl. § 1 Nr. 1 VOB/A.

[104] So schon *Martin*, Montageversicherung, § 1, Rdn. 3.5.2.

[105] *Münchener Rück*, Hochhäuser, S. 139.

[106] Vgl. Darstellung bei *Platen*, Handbuch der Versicherung von Bauleistungen, S. 1 ff.

15.8.1 Versicherungsumfang

82 Die Montageversicherung dient dazu, dem Hersteller die Möglichkeit zu geben, durch einen Versicherungsvertrag alle mit einer Montage verbundenen Risiken abzudecken.[107] Sie ist eine **Sachversicherung**.[108]

15.8.1.1 Versicherte Sachen

83 Welche Sachen versichert sein sollen muss gem. § 1 Nr. 1 AMoB im Versicherungsschein selbst aufgeführt sein oder, wenn bereits eine Montageversicherung besteht, zu der bestehenden Versicherung angemeldet werden.[109] Dabei können die Sachen im Versicherungsvertrag einzeln aufgezählt, oder aber es können Sachgesamtheiten oder Sacheinheiten im Wege einer **Sammelbezeichnung** aufgeführt werden. Auch kann ein **Inbegriff von Sachen** versichert werden, was nach § 54 VVG zu Folge hat, dass die Versicherung sich auf alle jeweils zu dem Inbegriff gehörenden Sachen erstreckt. Unter „Inbegriff" wird eine Mehrheit von Sachen verstanden, die wegen ihrer Zweckverbundenheit als Einheit betrachtet werden. Voraussetzung ist ein gewisser räumlicher Zusammenhang.[110]

84 Das Kernstück der in der Montageversicherung versicherten Sachen bildet das **Montageobjekt**. § 1 Nr. 2 AMoB legt fest, dass Montageobjekt „Konstruktionen aller Art",[111] „Maschinen, maschinelle und elektrische Einrichtungen" sowie „zugehörige Reserveteile" sein können. Dabei sind nicht nur neue, sondern auch gebrauchte Sachen versicherungsfähig.[112] Montageobjekte sind folglich zusammengesetzte Sachen, Grundstücksbestandteile oder Grundstückszubehör, die ihre Eigenschaft durch die Montage erhalten haben.[113] Was als Montageobjekt versichert ist, hängt nicht von der Frage ab, in wessen Eigentum die betreffenden Gegenstände stehen. Ob die Sachen dem Versicherungsnehmer, dem Besteller oder Dritten gehören, oder ob das Eigentum etwa durch Verbindung originär übergeht, ist unerheblich. Die Sachen gelten stets zugunsten des Versicherungsnehmers als Gegenstand der Montageversicherung.[114]

85 Nach § 1 Nr. 3 AMoB kann zusammen mit einem Montageobjekt durch Einzeldeklaration auch die **Montageausrüstung** versichert werden, d. h. „Geräte, Werkzeuge und Hilfsmaschinen", „Gerüste, Maste und dergleichen" sowie „Baubuden und Wohnbaracken".[115] Unter Montageausrüstung wird insoweit die Gesamtheit aller zur Durchführung der Montage erforderlichen beweglichen Sachen mit Ausnahme der Montagegegenstände verstanden.[116] § 1 Nr. 4 AMoB sieht vor, dass **Autokrane** und sonstige Fahrzeuge, **schwimmende Sachen** sowie das **Eigentum des Montagepersonals** auf Auslandsbaustellen[117] bei Vorliegen einer besonderen Vereinbarung von

---

[107] Vgl. *Dornbusch* in: Meyer-Rassow/Schildmann (Hrsg.), Technische Versicherungen, S. 74.
[108] Wie alle technischen Versicherungen, vgl. *Voit* in: Prölss/Martin, VVG, vor AMB 91, Rdn. 1.
[109] Vgl. *Voit*, a. a. O., S. 75.
[110] *Kollhosser* in: Prölss/Martin, VVG, § 54, Rdn. 1.
[111] Zu diesem Begriff ausführlich *Wussow/Ruppert*, Montageversicherung, § 1 AMoB, S. 32 ff., unter besonderer Hervorhebung der Abgrenzung zu Bauleistungsversicherung.
[112] Diese Unterscheidung hat lediglich Auswirkung auf die Bestimmung des der Versicherung zugrunde zu legenden Sachwertes, vgl. auch Klausel 1 zu § 1 Nr. 2 AMoB.
[113] Nach *Funk*, Die Montageversicherung, S. 59.
[114] *Wussow/Ruppert*, Montageversicherung, § 1 AMoB, S. 35.
[115] Für die Montageausrüstung alleine könnte sonst nur eine Maschinenversicherung abgeschlossen werden; vgl. zu dieser Versicherungssparte *Kreher* in: Meyer-Rassow/Schildmann, Technische Versicherungen, S. 13 ff.
[116] Nach *Funk*, Die Montageversicherung, S. 61.
[117] Bei Inlandsbaustellen kann Versicherungsschutz über den Abschluss von Lager-, Hausrats- oder speziellen Sachversicherungen genommen werden, *Dornbusch* in: Meyer-Rassow/Schild-

der Montageversicherung als Montageausrüstung mitumfasst werden. Dem liegt der Gedanke zugrunde, dass für diese Gegenstände weitgehend anderweitig Versicherungsschutz besteht, etwa durch die Kraftfahrzeugversicherung oder eine Schiffskaskoversicherung.[118]

Darüber hinaus lassen sich nach § 1 Nr. 3b AMoB auf Grund besonderer Vereinbarung auch **„fremde Sachen"** versichern. Diese Formulierung ist auf den ersten Blick missverständlich, da bereits festgestellt wurde, dass Montageobjekt und Montageausrüstung unabhängig von der sachenrechtlichen Zuordnung Versicherungsschutz unter der Police erlangen. Die Regelung der Versicherung „fremder Sachen" ist praktisch besonders bedeutsam und systematisch schwierig einzuordnen. Eine genaue Erschließung der Bedeutung des Begriffs bedarf zunächst einer Heranziehung der beiden Zusatzklauseln zur AMoB, Nr. 2a und Nr. 2b („Fremde Sachen"). Nach der einfachen Deckung der Klausel Nr. 2a ist Voraussetzung der Entschädigung für „fremde Sachen", dass sie innerhalb des Versicherungsortes durch eine Tätigkeit beschädigt oder zerstört werden, die anlässlich der Montage durch den Versicherungsnehmer oder in dessen Auftrag an oder mit ihnen ausgeübt wird (Nr. 1 beider Klauseln). Dies gilt auch für Schäden durch eine Montagetätigkeit des Bestellers, wenn dieser Mitversicherter ist. Die erweiterte Haftung der Klausel Nr. 2b tritt neben diesem Fall auch dann ein, wenn keine Tätigkeit an oder mit den beschädigten Sachen ausgeübt wurde, soweit der Versicherungsnehmer hierfür vertraglich über die gesetzlichen Vorschriften hinaus haftet. In beiden Klauseln wird unter Nr. 3 zunächst geregelt, dass die Sachen nur dann fremd sind, wenn sie folgende Grundvoraussetzungen erfüllen: Sie dürfen weder Teil des Montageobjekts noch der Montageausrüstung sein. Damit ist klar, dass für diese Gegenstände weiterhin die sachenrechtliche Zuordnung für den Versicherungsschutz nicht entscheidend ist. Wenn die Sache bezogen auf den Deckungsbereich der Police, d.h. montageversicherungsfremd ist, muss weiter festgestellt werden, dass sie sachenrechtlich nicht im Eigentum des Versicherungsnehmers oder des Schädigers steht. Sachen des Bestellers gelten per Fiktion auch dann als fremd, wenn er Versicherungsnehmer oder Mitversicherter ist (Nr. 3 Satz 2 der Klauseln). Der Begriff hat nach alledem sowohl einen versicherungstechnischen als auch einen sachenrechtlichen Inhalt, wobei letzterer erst zur Anwendung kommt, wenn es sich nicht um Montageobjekt und Montageausrüstung handelt, und die Sachen demnach bereits versicherungsdeckungsrechtlich fremd sind.

86

Die Deckungen beider Klauseln setzen voraus, dass der Schadenstifter von einem Dritten in Anspruch genommen wird, es sei denn, Sachen des Bestellers werden durch dessen eigene Tätigkeit beschädigt. Dann bedarf es keiner Anspruchstellung durch einen Dritten. Aufgrund der Notwendigkeit, dass Dritte Ansprüche stellen müssen, wird häufig in der Deckung für fremde Sachen eine Verbindung zur Haftpflichtversicherung gesehen, da ein deckungsrechtlich beachtenswertes Interesse offensichtlich nur dann besteht, wenn gegenüber einem Dritten gehaftet wird.[119] Als zusätzliches systematisches Argument hierfür könnte der in der Haftpflichtversicherung bestehende Ausschluss für Bearbeitungsschäden herangezogen werden. Richtig hierbei ist zunächst, dass im Haftpflichtbereich nach § 4 Abs. I Nr. 6b AHB Haftpflichtansprüche wegen Schäden, die an fremden Sachen durch eine gewerbliche oder berufliche Tätigkeit des Versicherungsnehmers entstanden sind, ausgeschlossen werden. Soweit ersichtlich geht die h.M. jedoch davon aus, dass die Regelungen der Entschädigung in den §§ 10 und 11 AMoB lediglich Schadenersatz im Umfang einer typischen Sachversicherung gewähren, dies

87

---

mann, Technische Versicherungen, S. 75; ansonsten gilt aber auch für Eigentum des Montagepersonals die Ausschlussklausel 5 zu § 1 Nr. 4c) AMoB.

[118] Vgl. *Wussow/Ruppert*, Montageversicherung, § 1 AMoB, S. 51 und 54.
[119] *Martin*, Montageversicherung, § 1, Rdn. 7.

auch nach der Beschädigung fremder Sachen.[120] Insbesondere schließt § 10 Nr. 1 AMoB Vermögensfolgeschäden der Sachbeschädigung aus. Die Einordnung als Sachversicherung hat entscheidende Folgen für den Versicherungsnehmer:[121] Er erhält keinen Rechtsschutzanspruch für die Verteidigung gegen unberechtigte Ansprüche. Eine rechtskräftige Entscheidung im Verhältnis zum geschädigten Dritten ist für den Deckungsprozess gegenüber dem Versicherer nicht bindend. Darüber hinaus besteht ein weiterer Unterschied bei einer Behandlung der Deckung der „fremden Sachen" als Sachversicherung darin, dass die Deckung der AMoB als Sachversicherung nicht erst dann entfällt, wenn – wie bei einer Haftpflichtversicherung nach § 152 VVG – der Schaden vorsätzlich verursacht wurde. § 61 VVG stellt nämlich als Grundregel den Versicherer bereits dann von der Verpflichtung zur Leistung frei, wenn der Versicherungsnehmer den Versicherungsfall grob fahrlässig herbeiführt. Insoweit ist die durch den Ausschluss der Bearbeitungsschäden in den AHB entstehende Lücke nur bedingt verringert.[122]

15.8.1.2 Versicherte Gefahren

88   Auch die Montageversicherung auf Grundlage der AMoB ist eine **Allgefahrendeckung**. Demnach gewährt sie umfänglichen Deckungsschutz, es sei denn, der konkrete Fall ist ausdrücklich ausgeschlossen. Gegenstand der Deckung sind Schäden an und Verluste von Sachen im Zusammenhang mit technischen Anlagen im Entstehungs- und Erprobungsstadium, soweit diese während der Versicherungsdauer unvorhergesehen und plötzlich eintreten (§ 2 Nr. 1 AMoB).

89   Der Begriff **„unvorhergesehen"** wird durch die 1986 zu dem bestehenden Klauselkatalog hinzugekommene Klausel 24 definiert: „Unvorhergesehen sind Schäden, die der Versicherungsnehmer oder seine Repräsentanten weder rechtzeitig vorgesehen haben noch mit dem für die im Betrieb ausgeübte Tätigkeit erforderlichen Fachwissen ohne grobe Fahrlässigkeit hätten vorsehen können."[123] Die Klausel wird nach einer geschäftsplanmäßigen Erklärung der Versicherer den AMoB zugrunde gelegt und in der Praxis auch dann angewendet, wenn sie im Einzelfall in einen Versicherungsvertrag nicht ausdrücklich mit einbezogen wurde.[124] Neben „unvorhergesehen" hat der Begriff **„plötzlich"** dann keine eigenständige Bedeutung mehr.[125]

90   Versichert ist ausschließlich der sog. **Sachschaden.** Dabei ist nicht wie bei den AHB[126] eine Sachbeschädigung die Voraussetzung. Sondern wie bei der Transportversicherung kann der Sachschaden auch durch Umstände eintreten, die weder vom Versicherungsnehmer noch überhaupt von einer Person zu verantworten sind.[127] Ein Sachschaden ist dann eingetreten, wenn die Brauchbarkeit oder der Wert der Sache durch eine von außen kommende **Einwirkung auf ihre Substanz** aufgehoben oder jedenfalls beeinträchtigt wird.[128] Der Begriff ist mit Hilfe der Verkehrsansicht und unter Zugrundelegung einer technischen Betrachtungsweise weit auszulegen. Als Indiz

---

[120] Vgl. stellvertretend die Darstellung bei *Wussow/Ruppert*, Montageversicherung, § 1 AMoB, S. 46 ff.
[121] *Martin*, Montageversicherung, § 1, Rdn. 7.2.; *Voit* in: Prölss/Martin, VVG, § 1 AMoB, Rdn. 10.
[122] A. A. *Voit* in: Prölss/Martin, VVG, § 1 AMoB, Rdn. 10, der die Lücke für geschlossen hält.
[123] Diese Klausel entspricht dem Wortlaut des § 2 Nr. 1 S. 2 AMB 91.
[124] VersBAV 1985, S. 301.
[125] *Voit* in: Prölss/Martin, VVG, § 2 AMoB, Rdn. 2.; a. A. noch *Wussow/Ruppert*, Montageversicherung, § 2 AMoB, S. 80.
[126] Vgl. insoweit oben Nr. 15.3.1, Rdn. 19 ff.
[127] So *Wussow/Ruppert*, Montageversicherung, § 2 AMoB, S. 66.
[128] Nicht notwendigerweise deren Verletzung, vgl. BGH VersR 79, S. 853; aber auch VersR 76, 629; die Beeinträchtigung der Sachsubstanz wird bereits gefordert seit RGSt 17. 1. 1890, Bd. 20, S. 182.

bietet es sich an zu prüfen, ob die notwendig gewordenen Maßnahmen begrifflich als **Reparatur** gelten können.[129] So kann z. B. kein Sachschaden vorliegen, wenn einzelne Montageteile ohne Beeinträchtigung ihrer Sachsubstanz so verbunden werden, dass die Endkonstruktion einen **Mangel** aufweist.[130] Dennoch kann auch bei mangelhafter Herstellung der Endkonstruktion noch zusätzlich ein Schaden entstehen. Dies bedeutet, dass bei der Montageversicherung jedes einzelne Teil des Montageobjektes und jedes einzelne Teil der Montageausrüstung als Sache in sich versichert sind.[131]

Der **Verlust** von versicherten Sachen ist unter der Montageversicherung grundsätzlich ebenfalls gedeckt. Darunter fällt das Abhandenkommen der versicherten Sachen durch Unachtsamkeit des Versicherungsnehmers oder seines Personals ebenso wie das Wegkommen durch strafbare Handlungen (vgl. allerdings die Ausschlüsse für bestimmte Verluste in § 2 Abs. 5 AMoB). § 14 Abs. 2 AMoB regelt für den Fall des Verlustes durch Diebstahl eine Selbstbeteiligung in Höhe von 25%, mindestens DM 500,–. 91

15.8.1.3 Versicherungsort

Nach § 4 AMoB ist der **Versicherungsort** der in dem Versicherungsschein oder in der Anmeldung als **Montageplatz** bezeichnete räumliche Bereich. Die versicherte Sache muss sich innerhalb des Versicherungsortes befinden, damit Deckung besteht. Dabei kann es in der Praxis vorkommen, dass an unterschiedlichen, räumlich voneinander getrennten Orten montiert werden muss. Diese unterschiedlichen Orte können in einer Police als der Montageplatz zusammengefasst werden. Problematisch ist in diesem Zusammenhang jedoch die Versicherung von **Transporten** zwischen den räumlich getrennten Orten des Montageplatzes. Im Zweifel ist davon auszugehen, dass die Transportwege zwischen den zu einem Versicherungsort gehörenden Plätzen nicht von der Deckung der AMoB umfasst werden.[132] In der Praxis ist es daher üblich, ausdrücklich zu regeln, dass die Transportwege zwischen mehreren Montagestellen eines Montageplatzes mitversichert sind. 92

15.8.1.4 Versicherungssumme

Die **Versicherungssumme** setzt sich aus dem Wert des Montageobjekts und dem der Montageausrüstung zusammen. Die Versicherungssumme des Montageobjekts ist nach § 5 Nr. 1 AMoB regelmäßig der Wert des Vertrages, mindestens aber die Selbstkosten. Für die Montageausrüstung gilt der Neuwert der versicherten Sachen als Versicherungssumme (§ 5 Nr. 2 AMoB). Nach § 5 Nr. 4 AMoB wird die Versicherungssumme auch dadurch nicht vermindert, dass eine Entschädigung geleistet wird. Anders ist dies im Zusammenhang mit Schäden an **fremden Sachen.** Hier regeln die Klauseln Nr. 2a und 2b, dass der Versicherungsnehmer den verbrauchten Teil der Versicherungssumme zwingend gegen Zahlung einer Zusatzprämie erneut versichern muss. Da dies eine Verpflichtung des Versicherungsnehmers ist und die Zusatzprämie bei der Schadenersatzleistung einbehalten wird, handelt es sich hier dogmatisch quasi um einen **Selbstbehalt** im Zusammenhang mit der Deckung fremder Sachen.[133] Eine zu geringe Versicherungssumme führt zum **Unterversicherungseinwand** mit den Folgen des § 13 Nr. 2 AMoB. 93

---

[129] *Voit* in: Prölss/Martin, VVG, § 2 AMB 91, Rdn. 4; zur Bestimmung des Sachschadens bei der Montageversicherung vgl. die Ausführungen bei *Wussow/Ruppert*, Montageversicherung, § 2 AMoB, S. 66 f.
[130] BGH VersR 63, 933; VersR 65, S. 245.
[131] *Wussow/Ruppert*, Montageversicherung, § 2 AMoB, S. 68.
[132] *Martin*, Montageversicherung, § 4, Rdn. 2.
[133] *Martin*, a. a. O., § 2 AMoB, Rdn. 7.6.

15.8.2 Versicherte Interessen

94 Aus der Tatsache heraus, dass der Versicherungsschutz hinsichtlich Montageobjekt und Montageausrüstung unabhängig von der sachenrechtlichen Zuordnung besteht, ist es notwendig, nicht nur das Interesse des Versicherungsnehmers über die AMoB zu schützen, sondern die Interessen aller Parteien, deren Sachen nicht im Eigentum des Versicherungsnehmers stehen. Insoweit handelt es sich bei der Montageversicherung um eine **„Versicherung für wen es angeht"**.[134]

95 Die AMoB gehen von einem Modell aus, bei dem der **Unternehmer** typischerweise Versicherungsnehmer ist, weil er die Gefahr bis zur Übergabe der Anlage trägt. Aus diesem Grund wird nach § 3 AMoB der Schutz automatisch auf alle Mitunternehmer **(Konsorten)** sowie alle **Subunternehmer** ausgedehnt. Problematisch ist in diesem Zusammenhang, dass nach dem Wortlaut des § 3 Nr. 1 AMoB das Interesse aller „jeweils an ihren Lieferungen und Leistungen" versichert ist. Dies könnte bedeuten, dass eine Beschädigung von Leistungen eines Mitunternehmers nicht unter der Montageversicherung gedeckt wäre. Da jedoch die versicherten Lieferungen und Leistungen nicht ihre Eigenschaft als Montageobjekt oder Montageausrüstung einbüßen, wenn sie durch unterschiedliche Unternehmer oder deren Subunternehmer im Rahmen einer einheitlichen vertraglichen Erfüllungshandlung erbracht werden, wird entgegen dem ausdrücklichen Wortlaut des § 3 Nr. 1 AMoB davon ausgegangen, dass das Interesse jedes Unternehmers an allen Lieferungen und Leistungen sowie der gesamten Montageausrüstung versichert bleibt.[135]

96 Ebenfalls miteinbezogen werden können – auch hier insoweit abweichend von den Regelungen des § 3 AMoB – die Interessen des **Bestellers**. Hat der Besteller im Einzelfall die wirtschaftlichen Folgen eines Schadens zu tragen, so besteht kein Grund, seine Interessen nicht in die Montageversicherung mit einzubeziehen. Hier gibt es mehrere mögliche Konstellationen: So kann in den Fällen, in denen der Besteller gegenüber dem Unternehmer die Gefahr trägt, sein Interesse (mit-)versichert werden (Klausel 15); es können generell alle Lieferungen und Leistungen des Bestellers in den Vertrag mit einbezogen werden (Klausel 16); schließlich kann der Besteller selbst als Versicherungsnehmereine Montageversicherung abschließen (Klauseln 17a und 17b).[136]

97 Denkbar ist im übrigen auch, dass andere Personen, als Unternehmer und Besteller, einen Montageversicherungsvertrag abschließen. So gibt es Beispiele für den Abschluss eines solchen durch **Finanzierungsinstitute** oder auch durch besonders wichtige **Lieferanten,** deren Teilleistungen trotz Subunternehmereigenschaft der Gesamtanlage das Gepräge geben. Nachdem festgestellt wurde, dass die AMoB Sachversicherung bleibt, auch wenn sog. „fremde Sachen" mitversichert werden, erscheint es richtig davon auszugehen, dass das Interesse des **Fremdeigentümers** und nicht das Freistellungsinteresse des Versicherungsnehmers in die Police einbezogen ist.

15.8.3 Versicherungsdauer

98 Wesentlich für die Antwort auf die Frage, ob ein Schaden über die Montageversicherung ersetzt wird, ist der **Zeitpunkt des Schadenseintritts**. Nicht ein Schadenereignis sondern die Entstehung des Schadens selbst ist dabei ausschlaggebend. Entsteht

---

[134] Vgl. *Wussow/Ruppert*, Montageversicherung, § 3 AMoB, S. 98 f.

[135] *Martin*, Montageversicherung, § 3, Rdn. 2.4.3; *Wussow/Ruppert*, Montageversicherung, § 3 AMoB, S. 99.

[136] Erläuterung der Klauseln in: Wussow/Ruppert, Montageversicherung, § 3 AMoB, S. 102 f.

der Schaden während des Deckungszeitraums, besteht Versicherungsschutz.[137] Praktisch bedeutet dies, dass der Versicherungsnehmer später darlegen und beweisen muss, dass der Schaden, der vielleicht erst nach Inbetriebnahme der Anlage und nach Ablauf der Montageversicherung entdeckt wird, während der Dauer des Versicherungsschutzes entstanden ist.

Nach den AMoB ist eine Montageversicherung über den Abschluss von Einzelverträgen, von Generalverträgen sowie von Jahresverträgen möglich. Bei Abschluss eines **Einzelvertrages** müssen die versicherten Sachen einzeln aufgeführt werden. Ein **Generalvertrag** kann z. B. über ein bestimmtes oder eine Anzahl von bestimmten Projekten geschlossen werden, wobei die Anmeldung der zu versichernden Sachen konstitutiv wirkt (keine laufende Versicherung).[138] Bei einem **Jahresvertrag** werden Montageobjekte und die Montageausrüstung ihrer Art nach bezeichnet, ohne dass es einer gesonderten Anmeldung bedarf (laufende Versicherung). **99**

Normalerweise beginnt für die Sachversicherung die Haftung des Versicherers mit der Einlösung des Versicherungsscheins, d. h. nach Zahlung der Prämie.[139] Dies ist nach den AMoB anders: § 7 Nr. 1 AMoB stellt fest, dass der Montageversicherungsschutz beginnt „sobald versicherte Sachen innerhalb des Versicherungsortes[140] **abgeladen** worden sind, jedoch nicht vor dem vereinbarten Zeitpunkt". Liegt ein **Generalvertrag** vor, in dessen Rahmen eine Anmeldung der zu versichernden Sachen erfolgen muss, so beginnt gem. § 7 Nr. 2 AMoB die Haftung des Versicherers frühestens mit dem Zugang der Anmeldung. Es kann jedoch eine sog. **Versehensklausel** vereinbart werden, wonach der Versicherungsschutz rückwirkend und auch für bekannte Schäden in Kraft tritt, wenn der Versicherungsnehmer nachweist, dass die Anmeldung durch ein Versehen unterblieben ist und sie sofort nachgeholt wird. Ein Versehen liegt jedoch nicht vor, wenn der Versicherungsnehmer die Sache nicht für anmeldepflichtig gehalten hat.[141] **100**

Nach § 8 Nr. 1 AMoB **endet** die Montageversicherung zum vereinbarten Zeitpunkt oder mit dem Wegfall einer vereinbarten vorläufigen Deckung. Die Montageversicherung wird regelmäßig bis zum Zeitpunkt abgeschlossen, an dem vermutlich die Abnahme des Montageobjektes durch den Besteller erfolgen wird.[142] Denn gem. § 8 Nr. 3 AMoB ist das Versicherungsende spätestens dann, „wenn das Montageobjekt **abgenommen** ist" oder „wenn die Montage **beendet** ist und der Versicherungsnehmer das versicherte Interesse dem Versicherer gegenüber als erloschen bezeichnet hat". Sollten **mehrere Anlageteile** als selbständige Montageobjekte versichert sein, so ist das Ende des Montageversicherungsvertrages wegen Abnahme oder Beendigung der Montage für jeden Anlageteil gesondert zu beurteilen.[143] **101**

Tritt auf Grund irgendwelcher Umstände eine Verzögerung der Montage oder der Erprobung ein, so kann der Versicherungsnehmer eine **Verlängerung der Versicherung** beantragen (§ 8 Nr. 2 Satz 1 AMoB). Dabei hat der Versicherer den Versicherungsnehmer rechtzeitig auf den Versicherungsablauf hinzuweisen (§ 8 Nr. 2 Satz 2 **102**

---

[137] *Voit* in: Prölss/Martin, VVG, § 2 AMoB, Rdn. 3.
[138] *Voit*, a. a. O., § 1 AMoB, Rdn. 2; *Wussow/Ruppert*, Montageversicherung, § 2 AMoB, S. 72.
[139] *Dornbusch* in: Meyer-Rassow/Schildmann, Technische Versicherungen, S. 78
[140] Gem. § 4 AMoB ist der Versicherungsort „der in dem Versicherungsschein oder in der Anmeldung als Montageplatz bezeichnete räumliche Bereich".
[141] Vgl. zu dieser Problematik *Martin*, Montageversicherung, § 7, Rdn. 4 und *Voit* in: Prölss/Martin, VVG, § 7 AMoB, Rdn. 2.
[142] *Dornbusch* in: Meyer-Rassow/Schildmann, Technische Versicherungen, S. 78 f.
[143] Dies bedeutet, dass die Haftung für einzelne Anlageteile bereits vor Ablauf der Gesamtversicherungsdauer enden kann. Versicherungsschutz für diese Sachen kann dann in der Folgezeit über die Position „Fremde Sachen" durch Einbeziehung der Klauseln 2a und b zu § 1 Nr. 3b AMoB bestehen; vgl. *Dornbusch* in: Meyer-Rassow/Schildmann, Technische Versicherungen, S. 79.

15. Teil. Versicherungsrechtliche Fragen

AMoB). Wenn der Versicherer dieser Rechtspflicht nicht nachkommt, so muss er sich, gesetzt den Fall der Versicherungsnehmer hätte verständigerweise eine Verlängerung beantragt, so behandeln lassen, als wenn die Verlängerung tatsächlich beantragt worden wäre. Er muss Versicherungsschutz gewähren und bekommt für die Verlängerungszeit die entsprechende Prämie. Entsteht dem Versicherungsnehmer durch die Unterlassung des Hinweises ein Schaden, so haftet der Versicherer auf Grund positiver Vertragsverletzung.[144] Das Ende der Haftung ist also insoweit aufgelockert, als gegenüber dem Versicherer beantragt werden kann, dass die Deckung weiter verlängert wird. Die Formulierung „kann beantragen" lässt semantisch offen, ob der Versicherer diesem Antrag entsprechen muss. In der Literatur findet sich jedoch der Hinweis, dass eine Verpflichtung besteht.[145] Damit ist aber noch nicht geklärt, unter welchen Konditionen die Verlängerung stattfindet. Es bedarf nach § 6 Nr. 2 AMoB einer Einigung über die Verlängerungsprämie. Hierdurch besteht in der Praxis die Gefahr, dass versucht werden könnte, durch sehr hohe Prämien die rechtliche Verpflichtung tatsächlich zu unterlaufen. Insofern bietet es sich an, bereits im Vertrag die Höhe etwaiger Verlängerungsprämien zu regeln.

103 Von Bedeutung ist weiterhin, dass gem. § 8 Nr. 6 AMoB nach Eintritt des Versicherungsfalls ein **außerordentliches Kündigungsrecht** für Versicherer und Versicherungsnehmer besteht.[146] Auch hier ist geboten, eine Regelung zu finden, die verhindert, dass der Versicherungsnehmer etwa vor einer besonders schadenträchtigen Inbetriebnahme ohne Versicherungsschutz dasteht.

104 Das größte Risiko für den Versicherer liegt bei den meisten Montageobjekten während der **Erprobung,** weil sich in dieser Zeit die versicherte Sache als betriebsfähig erweisen muss und dabei erfahrungsgemäß die größten Schäden entstehen können.[147] Gem. § 8 Nr. 5 AMoB leistet der Versicherer für Schäden, die später als **einen Monat** nach Beginn der ersten Erprobung[148] eintreten, „soweit nichts anderes vereinbart ist, Entschädigung nur, wenn die Schäden mit einer Erprobung nicht im Zusammenhang stehen".[149] Diese Beschränkung bedarf ergänzender Regelungen, wenn Großanlagen in abgrenzbaren Teilanlagen einer Erprobung unterzogen werden, oder auch, wenn eine längere Erprobungszeit vereinbart worden ist. Wird die Montage oder die Erprobung **unterbrochen,** so kann gem. § 9 Nr. 1 AMoB eine Aussetzung oder Einschränkung der Versicherung beantragt werden. Dann wird Entschädigung nur geleistet, wenn der Schaden mit einer Montagetätigkeit oder Erprobung während der Dauer der Einschränkung nicht in Zusammenhang steht (§ 9 Nr. 2 AMoB).[150]

15.8.4 Versicherungsentschädigung

105 Als Sachversicherung bietet die Montageversicherung Entschädigung für **beschädigte, zerstörte oder abhanden gekommene Sachen.** Dies ergibt sich aus § 10 Nr. 1 AMoB. Keine Deckung besteht gem. § 10 Nr. 1 Satz 2 AMoB für **Vermögensschäden,** auch wenn diese infolge eines Sachschadens eintreten. Wiedereinge-

---

[144] Zu diesem gesamten Bereich vgl. *Wussow/Ruppert*, Montageversicherung, § 8 AMoB, S. 124 ff.

[145] *Wussow/Ruppert*, a. a. O., S. 125.

[146] Vgl. hierzu *Wussow/Ruppert*, a. a. O., S. 130, mit Hinweis auf KG vom 12.10.29, JRPV 29, S. 396.

[147] *Dornbusch* in: Meyer-Rassow/Schildmann, Technische Versicherungen, S. 79.

[148] Der Begriff der „ersten Erprobung" ist technisch zu verstehen, eine Prüfung der gelieferten Teile i. S. v. § 377 HGB genügt z. B. nicht; vgl. *Voit* in: Prölss/Martin, VVG, § 8 AMoB, Rdn. 6.

[149] Hierfür ist der Versicherungsnehmer darlegungs- und beweispflichtig.

[150] Zum Ende der Aussetzung oder Einschränkung auf Grund Unterbrechung vgl. § 9 Nr. 3 AMoB.

schlossen ist aber der Ersatz von **Aufräumungs- und Bergungskosten,** allerdings begrenzt auf einen Betrag von 2% der Versicherungssumme (§ 12 Nr. 1 AMoB). Da dies in der Praxis zumeist nicht ausreichend sein dürfte, kann unter Vereinbarung einer zusätzlichen Versicherungssumme gem. § 5 Nr. 3 AMoB eine weitergehende Deckung bestimmt werden. Die **Grenze der Entschädigung** ist gem. § 15 AMoB jedenfalls der auf den betroffenen Sachverhalt entfallende Teil der Versicherungssumme abzüglich des Selbstbehaltes.

Ist eine Sache zerstört[151] oder abhanden gekommen (sog. **Totalschaden**), so wird unter der Montageversicherung ihr **Zeitwert**[152] ersetzt (§ 10 Nr. 2 Satz 1 AMoB). Dabei gilt gem. § 10 Nr. 2 Satz 2 AMoB eine Sache als zerstört, „wenn die Wiederherstellungskosten den **Zeitwert** unmittelbar vor Eintritt des Versicherungsfalles übersteigen würden". Die Wiederherstellungskosten sind gem. § 11 Nr. 1 AMoB die Kosten, „die aufgewendet werden müssen, um die Sache in den Zustand zu versetzen, in dem sie sich unmittelbar vor Eintritt des Versicherungsfalles befand". Bei neuen Sachen wird insoweit auf **Neuwertbasis** Ersatz geleistet, wobei davon ausgegangen wird, dass der Neuwert dem Zeitwert entspricht.[153] Demgegenüber muss aber gesehen werden, dass bei technisch besonders anspruchsvollen Großanlagen längere Probebetriebszeiten vereinbart werden. Zeiträume von sechs Monaten sind hier keine Seltenheit. Berücksichtigt man, dass zusätzlich Unterbrechungen wegen Schäden oder Mängelbeseitigungen an anderen Teilen der Gesamtanlage eintreten können, so ist gut vorstellbar, dass eine neue Sache, die der geschilderten Beeinflussung ausgesetzt war, einen erheblich geringeren Zeitwert hat. Dem Unternehmer wird es aber regelmäßig rechtlich verwehrt sein, nach einem Schaden ein gebrauchtes Ersatzteil zu verwenden, um seine Vertragsverpflichtungen zu erfüllen. Selbst wenn dies anders wäre, besteht häufig nur die Möglichkeit, ein neues Teil zu erwerben. Aus diesem Grund ist die Regelung praxisfremd und sollte dahingehend entschärft werden, dass zumindest in den geschilderten Fällen auf Neuwertbasis abgerechnet werden darf. **Mehrkosten** für Überstunden, Sonntags-, Feiertags- und Nachtarbeiten sowie für Eil-, Express- und Luftfrachten werden nur auf Grund einer besonderen Vereinbarung ersetzt (§ 11 Nr. 3 AMoB). Dies kann mit Einbeziehung der Klauseln 20 und 21 geschehen.

In § 11 Nr. 4 AMoB gibt es darüber hinaus eine ausdrückliche Regelung der Aufwendungen, die nicht zu den Wiederherstellungskosten i. S. d. AMoB gehören. Wird anlässlich des Versicherungsfalles die beschädigte Sache verändert, so gehören dabei entstehende Mehrkosten nach § 11 Nr. 4b AMoB nicht zu den Wiederherstellungskosten, da sie nicht schadenbedingt sind (sog. **„Änderungskosten"**). Änderungskosten entstehen auch immer dann, wenn anlässlich eines Schadens ein **Mangel** der Sache mit behoben wird. Für diesen Fall existiert in § 11 Nr. 4a AMoB eine weitere Einschränkung der ersatzfähigen Wiederherstellungskosten. Es entfallen nämlich diejenigen Kosten, die der Versicherungsnehmer auch ohne Schadeneintritt für die Behebung des Mangels hätte aufwenden müssen (sog. **„Ohnehinkosten"**).[154] Die ältere Kommentierung hat mit dem Wortlaut vertreten, dass Kosten, die zwar Schadenbeseitigung

---

[151] Aus der Formulierung „eine Sache" ergibt sich für das Montageobjekt, dass ein Totalschaden nicht nur dann vorliegt, wenn die gesamte Anlage zerstört ist, sondern schon dann, wenn ein Teil davon zerstört wird, der eine technische oder wirtschaftliche Einheit darstellt; vgl. *Voit* in: Prölss/Martin, VVG, § 10 AMoB, Rdn. 2.

[152] Zur Bewertung vgl. *Wussow/Ruppert*, Montageversicherung, § 10 AMoB, S. 141, sowie instruktiv: BGH VersR 64, S. 257.

[153] *Martin*, Montageversicherung, § 10, Rdn. 2.2; *Wussow/Ruppert*, Montageversicherung, § 1, S. 26.

[154] Der Ersatz von De- und Remontagekosten ist unter den Voraussetzungen der zusätzlich einzubeziehenden Klausel Nr. 23 zu § 11 Nr. 4a AMoB jedenfalls teilweise versicherbar.

sind, aber zur Mangelbeseitigung auch notwendig gewesen wären, nicht versichert seien.[155] Das materielle Argument hierfür ist, dass der Versicherer nur das Risiko der Zerstörung eines bereits hergestellten Wertobjekts tragen kann. In neueren Kommentierungen[156] findet sich der Hinweis, dass Kosten der Schadenbehebung gedeckt seien, auch soweit sie zugleich der Mangelbehebung dienen. Nur soweit zusätzlich Kosten entstehen, seien sie nicht schadenbedingt und deshalb nicht versichert. Das Argument hierfür ist mehr pragmatischer Natur: Eine Trennung von Schadenbeseitigungskosten und Mangelbeseitigungskosten ist häufig nicht sinnvoll durchführbar. Ein Blick auf die Bauleistungsversicherung hilft insofern nicht weiter, da dort nach ausdrücklichem Wortlaut die Wiederherstellungskosten gesamt gedeckt sind und nicht durch die Tatsache, dass sie auch der Mangelbeseitigung dienen, gekürzt werden. Neben dem Wortlaut des § 11 Nr. 4a AMoB sprechen auch systematische Auslegungen für eine restriktive Handhabung der Kostenerstattung. Zunächst einmal ist eine Mangelbeseitigung eine Änderung der versicherten Sache. Würden also nur diejenigen Kosten nicht ersetzt, die nicht zugleich Schadenbeseitigung wären, dann wäre die Regelung von § 11 Nr. 4b AMoB ausreichend, um beide Sachverhalte abzudecken.[157] Zudem existiert die **Klausel 23,** nach welcher der Deckungsschutz für den Fall erweitert werden kann, dass ein Mangel zu einem entschädigungspflichtigen Versicherungsfall führt. Damit können 80% der für die Beseitigung des Mangels und unabhängig vom Versicherungsfall aufzuwendenden Kosten ersatzfähig gemacht werden, soweit es sich um **De- und Remontagekosten** handelt. Insoweit muss in der AMoB davon ausgegangen werden, dass unabhängig vom zusätzlichen Anwendungsfall der Klausel 23 Kosten, die auch der Mangelbeseitigung dienen, nicht ersetzbar sind. Für die Praxis bietet es sich unter Hinweis auf neuere Kommentierungen an, die Ersatzfähigkeit dieser Kosten ausdrücklich klarzustellen.[158]

108 Zu berücksichtigen ist bei allen Schadenkonstellationen, dass der Versicherungsnehmer gegenüber dem Versicherer eine **Schadenminderungspflicht** hat, die sich bereits aus § 62 VVG und allgemein aus dem Rechtsgedanken des § 154 BGB ergibt.[159] Dabei ist bei Teilbeschädigung die Ersatzpflicht auf die notwendigen Reparaturkosten beschränkt.[160] Die AMoB enthalten aber **keine Wiederherstellungsklausel,** welche die Entschädigung davon abhängig macht, dass die versicherten Sachen auch tatsächlich wiederhergestellt werden.[161] Der Versicherte darf also von der Reparatur absehen und die fiktiven Reparaturkosten abrechnen.

109 § 13 AMoB regelt die Entschädigungsleistung, wenn eine **Unterversicherung** besteht. Eine solche kann nicht schon dadurch entstehen, dass etwa in Ländern mit höheren Inflationsraten die Versicherungssumme im Wert hinter den versicherten Montageobjekten zurückbleibt. Denn i.S.v. § 6 Nr. 3 AMoB werden die Versicherungssummen hinsichtlich der eingetretenen Veränderungen endgültig festgesetzt.[162] Ein eventueller Differenzbetrag wird dann vom Versicherungsnehmer nachentrichtet oder ist ihm vom Versicherer zurückzugewähren. Versicherer und Versicherungsnehmer sind nach § 17 AMoB berechtigt, nach Eintritt des Versicherungsfalls ein **Sachverständigenverfahren** zu vereinbaren, das Ursache und Höhe des Schadens feststellen soll.

---

[155] *Martin*, Montageversicherung, § 11, Rdn. 4.3.
[156] *Voit* in: Prölss/Martin, VVG, § 11, Rdn. 7.
[157] *Martin*, Montageversicherung, § 11, Rdn. 4.1.1.
[158] Insoweit missverständlich *Voit* in: Prölss/Martin, VVG, § 11, Rdn. 7.
[159] *Wussow/Ruppert*, Montageversicherung, § 10 AMoB, S. 141 f.
[160] *Martin*, Montageversicherung, § 11 AMoB, Rdn. 1.2.
[161] *Martin*, a.a.O., Rdn. 1.5.
[162] Vgl. *Wussow/Ruppert*, Montageversicherung, § 6 AMoB, S. 118.

15.8.5 Wesentliche Versicherungsausschlüsse und Versicherungserweiterungen

Das Modell der AMoB sowie der Klauselkatalog hierzu enthalten neben den allgemeinen Ausschlüssen, wie etwa für politische Risiken und das Nuklearrisiko, weitere Formulierung von Ausschlüssen und Erweiterungen. Nach § 1 Nr. 5 AMoB sind **bestimmte Betriebsstoffe und Produktionsstoffe** sowie Akten und Zeichnungen von der Montageversicherung ausgenommen. Dabei handelt es sich bei den Betriebsstoffen im Wesentlichen um Stoffe, die bei dem Betrieb der zu montierenden Anlage zum einmaligen Verbrauch bestimmt sind.[163]

110

Einen teilweisen Ausschluss enthält § 2 Nr. 3 AMoB. Danach wird ohne besondere Vereinbarung nur Ersatz für Schäden durch Einwirkung von außen geleistet, wenn der Versicherte die Lieferungen und Leistungen ganz oder teilweise erstmalig ausführt (**„Prototypenausschluss"**). Der Prototypencharakter einer Anlage ist vermeintlich einfach zu erkennen, die Abgrenzungsschwierigkeit ergeben sich aber aus dem Umfang von Weiterentwicklungen oder dem sog. **„Upscaling"**. Letztlich ist jede neue Anlage eine technische Weiterentwicklung. Die besondere Gefahr, die diesen Ausschluss bei Neukonstruktionen rechtfertigt, liegt in dem Mangel an technischer Erfahrung auf Seiten des Versicherungsnehmers. Nach dem Sinn dieses auch als **„Experimentierklausel"** bezeichneten Ausschlusses geht es um neue Erzeugnisse, also um solche, die es noch nicht gab, sowie um solche, die mit neuen Produktionsmethoden oder unter Verwendung anderer Materialien als bisher hergestellt werden.[164] Der Versicherer soll nicht für das Risiko eintreten, das durch die Entwicklung neuer technischer oder sonstiger Verfahren durch den Versicherungsnehmer entsteht.[165] Hier bedarf es einer ausdrücklichen Vereinbarung, um aufwändige Diskussionen im Schadenfall auszuschließen.

111

§ 2 Nr. 4 AMoB beschränkt die Deckung für Schäden an der **Montageausrüstung** auf solche, die durch **Unfall** entstanden sind. In Gegensatz dazu sind **Betriebsschäden** zu sehen. § 2 Nr. 4 AMoB bezieht sich aber nur auf Schäden an der Montageausrüstung, so dass Verluste derselben weiter voll gedeckt bleiben. Diese Beschränkung der Deckung kann gem. Klausel 9 aufgehoben werden: Dann leistet der Versicherer Entschädigung für die Montageausrüstung unter den Voraussetzungen wie für das Montageobjekt. Jedoch sind gem. Abs. 2 der Klausel solche Schäden vom Versicherungsschutz ausgeschlossen, die durch **Mängel** entstanden sind, die bereits bei Beginn der Versicherung vorhanden waren,[166] sowie solche, die eine Folge der dauernden Einflüsse des Betriebes[167] sind (sog. **„Verschleißschäden"**).[168]

112

Im Zusammenhang mit dem Ausschluss von Schäden, die unmittelbare Folge der dauernden Einflüsse des Betriebes während der **Erprobung** sind (§ 2 Nr. 5f AMoB), ist wiederum auf die Problematik hinzuweisen, die durch verlängerte Probebetriebe und Stillstandszeiten entstehen kann. Um den Anforderungen der Praxis gerecht zu

113

---

[163] § 1 Nr. 5 AMoB nennt im Einzelnen „Betriebs- und Hilfsstoffe, wie Brennstoffe, Chemikalien, Filtermassen, Kühlmittel, Schmiermittel, Flüssigkeiten, Katalysatoren, Granulate", ohne dass diese Aufzählung abschließend ist, vgl. *Wussow/Ruppert*, Montageversicherung, § 1 AMoB, S. 59 f.

[164] Vgl. LG Aachen, VersR 95, S. 286 zur Produkthaftpflichtversicherung; *Voit* in: Prölss/Martin, VVG, Produkthaftpflicht-Modell, Nr. 6, Rdn. 25.

[165] *Wussow/Ruppert*, Montageversicherung, § 2 AMoB, S. 86.

[166] Dies hat der Versicherer dazulegen und ggf. zu beweisen, vgl. *Wussow/Ruppert*, a. a. O., § 2 AMoB, S. 89.

[167] Zur Bestimmung dieses Begriffs kann an den Begriff des „Allmählichkeitsschadens" angeknüpft werden, vgl. hierzu *Späte*, Haftpflichtversicherung, § 4, Rdn. 67 ff.; auch LG Hamburg, VersR 72, 166.

[168] Verschleißschäden sind bei Geltung des § 2 Nr. 4 AMoB nicht gedeckt, es sei denn, der Verschleiß führt zu einem Unfall.

15. Teil. Versicherungsrechtliche Fragen

werden, bietet es sich an klarzustellen, dass dies die einzige Ursache für den Schaden sein muss.

114 Klausel 1 begrenzt die Deckung für Schäden an **mangelhaften gebrauchten Sachen**. Dabei hat der Versicherer die Beweislast für das Vorliegen dieser Risikoausschlussklausel, der er dann genügt, wenn er eine „überwiegende Wahrscheinlichkeit" dafür dartut, dass der mangelhafte technische Zustand der Sache eine Ursache für den eingetretenen Schaden ist.[169]

115 Klausel 10 schließt Schäden wegen Brand, Explosion, Blitzschlag, Löschen und Niederreißen dabei, Anprall oder Absturz eines bemannten Flugkörpers, seiner Teile oder Ladung aus. Hier könnte man zunächst annehmen, dass auf Grund der sog. **Rohbaudeckung** der Feuerversicherung dieser Ausschluss zur Vermeidung von Doppelversicherungen gewählt werden kann. Dabei ist jedoch zu berücksichtigen, dass die selbständige Feuerversicherung nur das Interesse ihres Versicherungsnehmers, im Regelfall des Grundstückeigentümers, versichert.[170] An diesem Interesse könnte es fehlen, wenn der Feuerschaden vor Abnahme und damit bei bestehendem Erfüllungsanspruch eingetreten ist.

116 Darüber hinaus stellt der sich aus § 14 AMoB ergebende **Selbstbehalt** eine Art Ausschluss dar, da die vom Versicherer geschuldete Ersatzleistung um DM 500,– pro Versicherungsfall, bei Verlusten durch Diebstahl um 25% und mindestens DM 500,– gekürzt wird.

117 In diesem Zusammenhang muss auch die **Subsidiaritätsbestimmung** des § 16 AMoB erwähnt werden.[171] Danach muss der Montageversicherer keine Entschädigung leisten, wenn für den selben Schaden eine Leistung aus einem anderen Versicherungsvertrag beansprucht werden kann. Um welche Art von Versicherungsvertrag es sich dabei handelt ist unerheblich. Insofern kommen etwa Feuer-, Einbruchsdiebstahl-, Maschinen-, Transportversicherung aber auch eine Haftpflichtversicherung in Betracht.[172] Diese Regelung ist sinnvoll, um Doppelversicherungen zu vermeiden. Sie ist aber auch problematisch, weil die Abgrenzung zwischen den verschiedenen Policen zu Schwierigkeiten führen kann und zumindest Verzögerungen bei der Auszahlung der Entschädigungsleistung entstehen können. Dies kann im Ergebnis ein Projekt gefährden. Es ist hier angezeigt, entweder pragmatisch dafür Sorge zu tragen, dass unterschiedliche Versicherungsverträge bei ein und dem selben Versicherer abgeschlossen werden. Oder aber es muss darauf geachtet werden, dass klare Risikoabgrenzungen vereinbart werden. So ist es z. B. üblich, die Abgrenzung zum Deckungsbereich der Transportversicherung dadurch zu lösen, dass die Ware gegenüber dem Montageversicherer als schadenfrei gilt, wenn sie äußerlich unbeschädigt angekommen ist. Die Gesamtsituation wird dadurch etwas entschärft, dass eine **geschäftsplanmäßige Erklärung der Montageversicherer** existiert,[173] wonach sie bei einer schwierigen Klä-rung der Leistungspflicht gegenüber anderen Versicherungsverträgen unter Vorbehalt vorläufig leisten.

118 Eine erweiterte Deckung gegenüber Schäden im Zusammenhang mit Mängeln kann nur teilweise mit dem zusätzlichen Abschluss einer **Garantieversicherung**[174] erreicht

---

[169] Vgl. *Wussow/Ruppert*, Montageversicherung, § 1 AMoB, S. 30 f., mit Hinweisen auf die einschlägige Rechtsprechung des Reichsgerichts.

[170] *Platen*, Handbuch der Versicherung von Bauleistungen, S. 19, Rdn. 3.2.6.4.

[171] *Wussow/Ruppert*, Montageversicherung, § 16 AMoB, S. 166, sprechen von einem Risikoausschluss.

[172] Wobei im Verhältnis zur Haftpflichtversicherung im Allgemeinen keine Identität des versicherten Interesses vorliegt, vgl. *Kollhosser* in: Prölss/Martin, VVG, § 58, Rdn. 6.

[173] VerBAV 72, S. 82 und 87, S. 176.

[174] Vgl. die Allgemeinen Versicherungsbedingungen für die Maschinen-Garantie-Versicherung (Haftung aus Sachmängeln) in der Fassung von Dezember 1986, abgedruckt in Meyer-Rassow/

werden. Entgegen der schlagwortartigen Bezeichnung als Garantieversicherung handelt es sich eigentlich nur um eine zeitliche Verlängerung der Montagedeckung.[175] Versicherungsschutz wird gegen **Folgeschäden** an den versicherten Sachen gewährt, wenn diese durch Konstruktionsfehler, Guss- oder Materialfehler, Berechnungs-, Werkstätten- oder Montagefehler verursacht wurden und der Versicherungsnehmer dies auf Grund seines Liefervertrages zu vertreten hat. Nicht ersatzfähig sind u. a. die Kosten für die Beseitigung eines reinen Mangels, ohne dass ein **über die Mangelhaftigkeit hinausgehender Sachschaden** eingetreten ist.

15.9 Bauleistungsversicherung

Neben der Montageversicherung kann u. U. beim Transfer von Projektrisiken der Bauleistungsversicherung eine entscheidende Rolle zukommen. Ursprünglich als Bauwesenversicherung[176] bezeichnet, gibt es diese Versicherungsart seit 1934. Bei den heute gültigen Allgemeinen Versicherungsbedingungen für die Bauleistungsversicherung handelt es sich um die **Allgemeinen Bedingungen für die Bauwesenversicherung von Unternehmerleistungen (ABU)**[177] und um die **Allgemeinen Bedingungen für die Bauwesenversicherung von Gebäudeneubauten durch Auftraggeber (ABN)**,[178] d.h. es gibt eine Deckungsform, die speziell auf den Unternehmer, und eine weitere Deckungsform, die auf den Bauherrn ausgerichtet ist. Im Grunde genommen stehen beide Deckungsformen gleichberechtigt nebeneinander. In der Praxis ist zu beobachten, dass der Bauunternehmer immer seltener eine Bauleistungsversicherung in eigenem Namen abschließt. Er wird häufiger vom Bauherrn aufgefordert, unter Beteiligung an der Prämiezahlung in den Versicherungsschutz des Bauherrn einzutreten, um im Schadenfall Schnittstellen zu vermeiden.[179]

119

15.9.1 Versicherungsumfang

Auch die Bauleistungsversicherung ist eine **Sachversicherung**.[180]

120

15.9.1.1 Versicherte Sachen

Beide Deckungsformen erstrecken sich im Wesentlichen auf Bauleistungen, Baustoffe und Bauteile. Unter **Bauleistungen** werden gem. § 1 Nr. 1 VOB/A „Bauarbeiten jeder Art mit oder ohne Lieferung von Stoffen oder Bauteilen" verstanden. Unter **Bauarbeiten** versteht man bauhandwerkliche Maßnahmen, mit denen Bauwerke unmittelbar geschaffen, erhalten oder geändert werden. Ziel und Zweck der ver-

121

Schildmann, Technische Versicherungen, Anhang, S. XCVI ff.; eine kurze Beschreibung findet sich bei *Voit* in: Prölss/Martin, VVG, S. 2148.

[175] *Dornbusch* in: Meyer-Rassow/Schildmann (Hrsg.), Technische Versicherungen, S. 83.

[176] Der Name trifft deshalb nicht mehr zu, weil die Baustelleneinrichtung und die Baugeräte im Rahmen der Maschinenversicherung versichert werden können, vgl. *Schildmann*, Technische Versicherungen, S. 83.

[177] In der Fassung von Dezember 1986, abgedruckt und kommentiert in *Voit* in: Prölss/Martin, VVG, S. 2129 ff. und in Meyer-Rassow/Schildmann, Technische Versicherungen, Anhang, S. XVII ff.

[178] In der Fassung von Dezember 1986, abgedruckt und kommentiert in *Voit* in: Prölss/Martin, VVG, S. 2143 ff. und in Meyer-Rassow/Schildmann, Technische Versicherungen, Anhang, S. IX ff.

[179] Vgl. *Stellmann* in: Usinger (Hrsg.), Immobilien – Recht und Steuern, S. 769.

[180] Vgl. oben 15.8.1, Rdn. 82.

15. Teil. Versicherungsrechtliche Fragen

traglich geschuldeten Bauleistung ist das Bauwerk oder ein Teil von ihm (§ 1 Nr. 1 VOB/A).[181] **Baustoffe** sind Baumaterialien, die in das Bauwerk eingehen sollen, wie z. B. Zement, Kies, Steine, Stahl, Holz und Glas usw.[182] **Bauteile** sind vorgefertigte Elemente, die in das Bauwerk eingehen sollen, wie z. B. Fertigstützen, Fertigdecken, Fertigfenster, Badewannen, Heizkörper o. ä.[183]

15.9.1.2 Versicherte Gefahren

122 Die Bauleistungsversicherung leistet als **Allgefahrenversicherung** nach beiden Deckungen Entschädigung für „**unvorhergesehen eintretende Schäden**" (Beschädigungen und Zerstörungen) an versicherten Bauleistungen oder an sonstigen versicherten Sachen". Dabei wird der Begriff „unvorhergesehen" im Ergebnis genauso definiert, wie in der Montageversicherung.[184] Die im Wortlaut der §§ 2 ABU und ABN fehlende Einfügung des Verschuldensmaßstabs „ohne grobe Fahrlässigkeit" wird nämlich in der Klausel 50 zu beiden Versicherungsbedingungen geregelt. Die Versicherer haben sich verpflichtet, diese Klausel auch ohne ausdrückliche Vereinbarung auf Neu- wie auf Altverträge anzuwenden.[185] Danach schadet bei Nichtvorhersehen des Schadens auch hier nur grobe Fahrlässigkeit des Versicherungsnehmers oder seines Repräsentanten.[186]

123 Ebenfalls wie bei der Montageversicherung wird auch hier unter Schaden eine **nachträgliche Sachsubstanzverletzung** verstanden.[187] Zwar lässt sich diskutieren, ob der Begriff des Sachschadens mehr als ihre reine Beschädigung oder Zerstörung umfasst. Eine derartige Erweiterung des Sachschadenbegriffs[188] hat sich aber in der Praxis bisher nicht durchgesetzt. Keine Entschädigung wird somit geleistet für Mängel an der versicherten Bauleistung oder an anderen Versicherungsgegenständen. Die Bauleistungsversicherung – wie die Montageversicherung – gewährt Deckung für Sachschäden, nicht für Leistungsmängel. Auch ist zu beachten, dass Mängel an einer Leistung oder Teilleistung, die sich später in einem Schaden am Gesamtbauwerk manifestieren, der über die ursprüngliche Mangelhaftigkeit der Leistung oder Teilleistung hinausgeht, einen ersetzbaren Sachschaden darstellen können.[189] Darüber hinaus kann eine mangelhafte Sache eine zu ihrer Fehlerhaftigkeit hinzutretende ersatzfähige Beschädigung erleiden.[190]

15.9.1.3 Versicherungsort

124 Nach den §§ 4 Nr. 1 ABN und ABU wird der Deckungsschutz der Bauleistungsversicherung auf den innerhalb des in dem Versicherungsschein als Baustelle bezeichneten räumlichen Bereich begrenzt. Dabei ist der Begriff **Baustelle** nach den Gegebenheiten auszulegen,[191] so dass – wie bei der Montageversicherung – auch mehrere

---

[181] BGH VersR 73, S. 279.
[182] *Rehm*, Bauwesenversicherung, § 1 ABU, S. 29; auch *Voit* in: Prölss/Martin, VVG, § 1 ABU, Rdn. 5.
[183] *Platen*, Handbuch der Versicherung von Bauleistungen, S. 9, Rdn. 3.1.1.3; auch *Voit* in: Prölss/Martin, VVG, § 1 ABU, Rdn. 6.
[184] Vgl. oben in Nr. 15.8.1.2, Rdn. 89; das ohnehin verzichtbare Tatbestandsmerkmal des „plötzlichen Eintritts" ist in § 2 Nr. 1 ABN nicht allerdings nicht erwähnt.
[185] Siehe die geschäftsplanmäßige Erklärung, abgedruckt in: VerBAV 86, S. 312
[186] *Voit* in: Prölss/Martin, VVG, § 2 ABU, Rdn. 2.
[187] Vgl. oben 15.8.1.2, Rdn. 90, aber auch 15.3.1, Rdn. 19 ff. (Haftpflichtversicherung) und 15.7.4, Rdn. 65 (Transportversicherung).
[188] Vgl. *Thürmann*, Der Sachschadenbegriff in der Bauleistungsversicherung, S. 185 ff.
[189] BGH VersR 1979, S. 855.
[190] BGH, a. a. O.
[191] *Platen*, Handbuch der Versicherung von Bauleistungen, S. 23, Rdn. 3.4.1.2.

Grundstücke zusammen als Versicherungsort verstanden werden können. Aus dem Versicherungsort **entfernte** und in zeitlichem und örtlichen Zusammenhang mit diesem Vorgang **beschädigte, zerstörte** oder **abhanden gekommene** Sachen sind aber nicht mehr von der Bauleistungsversicherung gedeckt (§§ 4 Nr. 2 ABN und ABU). Der **Transport** versicherter Sachen zwischen zwei räumlich entfernten Plätzen, die eine Baustelle bilden, kann auf Grund besonderer Vereinbarung versichert werden (§§ 4 Nr. 3 ABN und ABU).

15.9.1.4 Versicherungssumme

Die Versicherungssumme wird in beiden Deckungsformen ähnlich ermittelt. Es muss das gesamte Risiko versichert werden, so dass je nach Umfang der Deckung die **Herstellungskosten** (§ 5 Nr. 2 ABN) bzw. die **Auftragskosten** (§ 5 Nr. 2 ABU) bezogen auf diese versicherten Sachen anzugeben sind.[192] Da im Rahmen der Bauleistungen vielfach Änderungen eintreten, sind nach Ende der Haftung des Versicherers die Versicherungssummen auf Grund eingetretener Veränderungen endgültig festzusetzen (§ 5 Nr. 3 ABU und § 5 Nr. 4 ABN).

15.9.2 Versicherte Interessen

Der Hauptunterschied beider Deckungsformen erschließt sich in der Beschreibung der versicherten Interessen in den §§ 3 ABU und ABN. Während die ABU Entschädigung nur für Schäden vorsieht, die nach der VOB/B zu Lasten des Unternehmers und damit des Versicherungsnehmers gehen, besteht nach den ABN die Möglichkeit, Ersatz für Schäden zu erhalten, die zu Lasten sowohl des Versicherungsnehmers (Bauherr oder sonstiger Auftragnehmer) als auch eines der beauftragten Unternehmer gehen. Die Auftragnehmer sind hierbei lediglich für die zu ihren Lasten gehenden Schäden an ihrer eigenen Leistung versichert.

Problematisch ist in diesem Zusammenhang, dass – insofern anders als bei der Montageversicherung – der Versicherer **Regress** beim mitversicherten Schädiger nehmen kann (§§ 3 Nr. 3 ABU und ABN). Durch Vereinbarung der Klausel 68 zu ABN kann dieser Regress jedoch insoweit beschränkt werden, als der Schädiger nicht über einschlägigen Haftpflichtversicherungsschutz verfügt. Im Rahmen der ABU sind Schäden auch dann versichert, wenn der Unternehmer die gegenständliche Bauleistung durch Nach- oder Subunternehmer ausführen lässt. Auch in diesem Fall besteht ein Rückgriffsrecht, wenn der Schaden für den Nachunternehmer nicht unvorhergesehen war, oder soweit der Schaden an anderen Bauleistungen als denen des schädigenden Nachunternehmers eingetreten ist. Auch in diesem Fall kann durch die Vereinbarung der Klausel 66 zu den ABU der Rückgriff gegen versicherte Nachunternehmer vollständig, oder, gem. Klausel 82 zu den ABU nur wenn oder soweit der Schadenstifter gegen Haftpflicht nicht versichert ist, ausgeschlossen werden.

15.9.3 Versicherungsdauer

Wie bei der Montageversicherung kann auch bei der Bauleistungsversicherung nach Bedarf, ein **Einzelvertrag** für ein bestimmtes Bauprojekt, **ein General- oder Rahmenvertrag** oder ein **Umsatzvertrag** abgeschlossen werden.

Nach den §§ 7 ABN und ABU beginnt die Laufzeit der Bauleistungsversicherung mit dem vereinbarten Zeitpunkt. Dies ist das Datum des Vertragsbeginns und, bei rechtzeitiger Anmeldung, zumeist der Zeitpunkt des Errichtens der Baustelle bzw. des

---

[192] *Platen* in: Meyer-Rassow/Schildmann, Technische Versicherungen, Anhang, S. 92.

15. Teil. Versicherungsrechtliche Fragen

Eintreffens der versicherten Sachen auf der Baustelle.[193] Auch wenn mit dem Bau bereits begonnen wurde, ist es noch möglich, eine Bauleistungsversicherung abzuschließen und die **bereits erbrachten Leistungen** „frei von bekannten Schäden" in den Schutzbereich der Police zu integrieren.[194] Die Haftung des Versicherers endet gem. der §§ 8 Nr. 1 ABN und ABU mit dem **vereinbarten Zeitpunkt** oder mit dem **Wegfall der vorläufigen Deckung.** Auch hier besteht im Gegensatz zur Haftpflichtversicherung nur dann Deckung, wenn der Schaden innerhalb der Laufzeit der Police eintritt.[195] Ein bloßes Setzen des Schadenereignisses ist nicht ausreichend. Ist jedoch der Schaden eingetreten, und wird er erst nach Ende des Deckungszeitraums erkannt, dann steht dem Versicherungsnehmer der volle Ersatz zur Verfügung. Darüber hinaus enthalten beide Regelungen in den §§ 8 ABU und ABN Festlegungen für das Ende der Versicherungszeit, z.B. bei einer **Abnahme** oder einer **tatsächliche Nutzung** der Bauleistung voraussetzen.

130   Wie bei den AMoB kann im Falle von Verzögerungen der Versicherungsnehmer eine **Verlängerung der Versicherung** beantragen. Dabei hat der Versicherer den Versicherungsnehmer rechtzeitig auf den Versicherungsablauf hinzuweisen (§§ 8 Nr. 2 ABN und ABU). Unabhängig von dieser Verlängerung wegen Verzögerung besteht die Möglichkeit unter dem Stichwort **Nachhaftung** (Klauseln 90 und 91 zu ABU und ABN) für eine frei zu vereinbarende Zeit unvorgesehen eintretende Schädigungen an den Bauleistungen zu versichern, die bei Erfüllung der Gewährleistungs- oder Restarbeiten im Rahmen der bauvertraglich vereinbarten Verpflichtungen verursacht werden. Dabei kann die Deckung über die Klausel 90 zusätzlich noch auf Schäden erstreckt werden, die während der versicherten Bauzeit auf der Baustelle zwar verursacht, aber nicht aufgetreten sind. Ebenfalls wie bei den AMoB steht den Parteien des Versicherungsvertrages gem. § 8 Nr. 5 ABN bzw. § 8 Nr. 4 ABU für den Versicherungsfall ein **außerordentliches Kündigungsrecht** i. S. v. § 96 VVG zu.

15.9.4 Versicherungsentschädigung

131   Nach den §§ 9 Nr. 1 ABN und ABU leistet der Versicherer grundsätzlich Entschädigung für die **Selbstkosten**, d. h. „die Kosten, die der Versicherungsnehmer aufwenden muss, um die Schadenstätte aufzuräumen und einen Zustand wiederherzustellen, der dem Zustand unmittelbar vor Eintritt des Schadens technisch gleichwertig ist". Angerechnet wird demgegenüber der Zeitwert aller Reste und Altteile, die noch verwertbar sind.[196]

132   Wenn ein **Mangel** zu einem entschädigungspflichtigen Schaden führt, so erfolgt gem. der §§ 9 Nr. 3 ABN und ABU ein Abzug der Kosten, die zusätzlich aufgewendet werden müssen, damit der Mangel nicht erneut entsteht (sog. „**Verbesserungskosten**").[197] Diese Deckung geht weiter als die der AMoB, wo die sog. „**Ohnehinkosten**" vollständig, und nicht nur die Verbesserungskosten, von der Deckung ausgeschlossen werden. Dieser Umfang der Entschädigung kann mit Vereinbarung der Klausel 61 zu den ABU und ABN reduziert werden, nach der alle Kosten von der Entschädigung abzuziehen sind, die der Versicherungsnehmer auch ohne Eintritt des Versicherungsfalls hätte aufwenden müssen, um einen Mangel zu beseitigen.

133   Die §§ 10 ABN und ABU legen fest, zu welcher Leistung der Bauleistungsversicherer verpflichtet ist, wenn ein Auftragnehmer einen Schaden an seiner Leistung, der

---

[193] *Platen*, Handbuch der Versicherung von Bauleistungen, S. 28, Rdn. 3.7.1.1.
[194] Vgl. *Platen*, a.a.O., S. 29, Rdn. 3.7.1.3.
[195] BGH VersR 79, S. 853; vgl. *Voit* in: Prölss/Martin, VVG, § 8 ABU, Rdn. 1.
[196] Vgl. *Platen*, a.a.O., S. 32, Rdn. 3.9.1.5.
[197] Hierzu ausführlich: *Voit* in: Prölss/Martin, VVG, § 9 ABU, Rdn. 2.

zu seinen Lasten geht, selbst beseitigt.[198] Zu bemerken ist, dass es sich bei der **Selbstbeseitigung** des Schadens durch den Auftraggeber um einen umsatzsteuerfreien „echten Schadenersatz" handelt.[199] Erfolgen Aufräumung und Wiederherstellung durch Lieferungen und Leistungen **Dritter,** so bedarf es nach den §§ 11 Nr. 1 ABN und ABU für anderes als die Herstellung und den Antransport des benötigten Materials der Zustimmung des Versicherers. Liegt eine **Unterversicherung** vor, so regeln die §§ 12 ABN und ABU die anteilmäßige Kürzung der Entschädigungsleistung.[200] Auch bei der Bauleistungsversicherung haben Versicherungsnehmer und Versicherer die Möglichkeit, die Höhe eines Schadens im Rahmen eines **Sachverständigenverfahrens** feststellen zu lassen (§§ 15 ABN und ABU).

15.9.5 Wesentliche Versicherungsausschlüsse und Versicherungserweiterungen

Neben den allgemeinen Ausschlüssen **politischer Risiken** und des **Nuklearrisikos** 134 gibt es Kataloge nicht versicherter Sachen (§§ 1 Nr. 3 ABU und ABN), die teilweise wiederum nur klarstellenden und damit deklaratorischen Charakter haben.[201] Dies gilt letztlich auch für den konkreten Ausschluss der Entschädigung für **Mängel** der versicherten Bauleistungen und sonstiger versicherter Sachen (§ 2 Nr. 2a ABU und § 2 Nr. 3a ABN) sowie für den Ausschluss für **reine Vermögensschäden** (§§ 9 Nr. 2a ABU und ABN).

Besonders wichtig ist allerdings der Ausschluss für Schäden durch Brand, Blitzschlag 135 oder Explosion sowie durch Löschen oder Niederreißen bei diesen Ereignissen (§ 2 Nr. 6 ABN und § 2 Nr. 5 ABU). Hier muss – insoweit mit denselben Überlegungen wie bei der Montageversicherung[202] – wegen der Problematik eines möglicherweise fehlenden Interesses des Feuerversicherungsnehmers vor Abnahme empfohlen werden, das **Feuerrisiko** in die Bauleistungsversicherung ausdrücklich einzuschließen, umso den Auftragnehmer angemessen zu schützen.[203]

Verluste von mit dem Gebäude nicht fest verbundenen Sachen, die gestohlen wor- 136 den oder aus sonstiger Ursache abhanden gekommen sind, sind nach § 2 Nr. 3b ABN generell vom Versicherungsschutz ausgeschlossen. Aufgrund der Ausrichtung auf die Interessen des Auftraggebers besteht im Rahmen der ABN jedoch die Möglichkeit, Verluste durch **Diebstahl** mit dem Gebäude fest verbundener Bestandteile in den Versicherungsschutz aufzunehmen (§ 2 Nr. 2 ABN). Im Rahmen der ABU sind Verluste durch Diebstahl jeglicher versicherter Sachen ausgeschlossen (§ 2 Nr. 2b ABU).

Ebenso wie in der Montageversicherung stellt auch der **Selbstbehalt** der §§ 14 137 Nr. 1 ABN und ABU eine Art Ausschluss dar: Danach wird die vom Versicherer geschuldete Ersatzleistung um 10%, wenigstens aber um einen Mindestselbstbehalt von DM 500,– gekürzt. Nach § 14 Nr. 2 ABN und ABU wird der Selbstbehalt beim Vorliegen mehrerer Schäden jeweils einzeln abgezogen. Mit Einbeziehung der Klausel 74 kann ein anderer Prozentsatz als Selbstbehalt vereinbart, mit Klausel 75 der prozentuale Selbstbehalt nach den §§ 14 Nr. 1 ABN und ABU ausgeschlossen und mit Klausel 76 der Mindestselbstbehalt in den §§ 14 Nr. 1 ABN und ABU erhöht werden.

---

[198] Ausführliche Darstellung bei *Platen,* Handbuch der Versicherung von Bauleistungen, S. 33 ff., Rdn. 3.10.0.1 ff.
[199] *Platen,* a.a.O., S. 36, Rdn. 3.10.10.0.
[200] Dies gilt nicht bei einer Versicherung auf erstes Risiko, vgl. *Voit* in: Prölss/Martin, VVG, § 12 ABU, Rdn. 1.
[201] *Platen,* Handbuch der Versicherung von Bauleistungen, S. 12, Rdn. 3.1.3.0.
[202] Vgl. oben 15.8.5, Rdn. 115.
[203] *Platen,* a.a.O., S. 19, Rdn. 3.2.6.1 ff.

138   Es gibt keinen Ausschluss für den Abschluss einer Bauleistungsversicherung für Auslandsprojekte. Für den **internationalen Einsatz** ergibt sich jedoch hinsichtlich der Allgemeinen Bedingungen für die Bauleistungsversicherung das Problem, dass sie in vielen Teilen auf die Gefahrtragung des deutschen Zivilrechts bis hin zur VOB abstellt. Insofern ist im Gegensatz zu den AMoB ihre Verwendung für Projekte außerhalb Deutschlands nur vereinzelt festzustellen.

15.9.6 Problematik: Abgrenzung der Bauleistungs- zur Montageversicherung

139   Die Montageversicherung kommt – wie oben gezeigt – für Konstruktionen aller Art zur Anwendung. Auch Bauwerke sind letztlich aus Stein, Zement, Beton und Stahl zusammengesetzte Sachen, die folglich auch als Montageobjekte versicherbar sein könnten. Jeder Versicherungsvertrag, der ein Bauwerk in den Deckungsbereich der AMoB einbezieht, ist insoweit rechtswirksam.[204] Auch auf Grund der immer stärkeren Bedeutung des Innenausbaus von Gebäuden hinsichtlich der Installation von Klima-, Elektro- und Kommunikationstechniktechnik ist sicherlich ein zunehmender Bezug zur Montageversicherung gegeben. Insoweit wird sich die **Mischung** von Bauleistungs- und Montageversicherungsregelungen nicht vermeiden lassen bzw. bedarf der eine Vertragstyp der ergänzenden Vereinbarung entsprechender Klauseln des anderen Vertragstyps.

140   Nach einer international verwendeten Faustregel gibt eine Betrachtung des Wertes der Montageobjekte im Verhältnis zu den Bauleistungen den Ausschlag hinsichtlich der Wahl einer Montage- oder einer Bauleistungsversicherungsdeckung. Stellen die Bauleistungen weniger als **fünfzig Prozent** der Gesamtversicherungssumme dar, so soll die Montagedeckung die geeignete Versicherungsform sein und durch notwendige Klauseln der Bauleistungsversicherung ergänzt werden. Ist es umgekehrt, so ist eine Bauleistungsversicherung abzuschließen und hinsichtlich der besonderen Erfordernisse der Montage zu ergänzen.[205]

141   Dieses Vorgehen darf nicht darüber hinweg täuschen, dass mit der Einordnung in die AMoB oder in die Bedingungswerke der Bauleistungsversicherung entscheidende Folgen für den Deckungsschutz vorentschieden werden. Der wesentliche Unterschied im Rahmen der Versicherungsentschädigung ist der Ersatz der Schäden, die am **fehlerbehafteten Teil** entstehen. Während die Grundform der AMoB alle Kosten nicht ersetzt, die notwendig gewesen wären, um den Mangel der Sache zu beheben, wenn dieser vor Eintritt des Schadens beseitigt worden wäre, ersetzt die Grundform der Bauleistungsversicherung lediglich die Kosten nicht, die notwendig sind, damit der Mangel nicht wieder auftritt.

15.10 International übliche Modelle

142   Bisher sind mit Allgemeinen Versicherungsbedingungen der Versicherer in Deutschland die Grundzüge von Transfermodellen dargestellt worden. Dies erlaubt eine hohe Transparenz hinsichtlich der Frage, ob es sinnvoll ist, Versicherungsschutz für bestimmte Risiken einzudecken. Versucht man dieselbe Transparenz international zu erreichen, so scheitert dies zunächst an dem Fehlen Allgemeiner Versicherungsbe-

---

[204] So bereits *Martin*, Montageversicherung, § 1, Rdn. 3.5.2; i.d.S. auch *Wussow/Ruppert*, Montageversicherung, § 1, S. 33.
[205] *Münchener Rück*, Contractor's-All-Risks-Versicherung, S. 4.

International übliche Modelle

dingungen, die den Charakter von grundsätzlichen Deckungsbeschreibungen aufweisen. Insofern existieren unübersichtlich viele Einzelpolicen mit unterschiedlichstem Wortlaut und systematischem Aufbau. Dies wird zusätzlich deutlich, wenn man berücksichtigt, dass bei Großprojekten Parteien aus verschiedenen Ländern und ggf. mit unterschiedlichen heimischen Wunschversicherern zusammenarbeiten.

Großprojekte können die Leistungsfähigkeit einzelner Versicherer überfordern. Diese sind daher gezwungen, wesentliche Teile des Risikos in den **Rückversicherungsmarkt** zu übergeben. Der Rückversicherungsmarkt hat aber gewisse Deckungsinhalte gegenüber den Erstversicherern vorgegeben, bei denen er bereit ist, das Risiko zu übernehmen. Wollen Erstversicherer das von ihnen eingegangene Risiko an den Rückversicherungsmarkt möglichst vollständig weitergeben, so sind sie jedenfalls faktisch gezwungen, ihre Konzepte am Deckungsstandard der Rückversicherer zu orientieren. Insoweit besteht ein Quasi-Rückversicherungsstandard. 143

Darüber hinaus existiert eine Sammlung des **Londoner Versicherungsmarktes** zur Versicherbarkeit bestimmter Projektrisiken, welche die dort verwendeten Deckungsvarianten systematisch aufbereitet.[206] Untersucht man sowohl die Rückversicherungsbedingungen als auch die Bedingungen des Londoner Marktes, so lassen sich die international möglichen Deckungsmodelle trotz der Vielfalt der konkret abgeschlossenen Projektversicherungen dennoch systematisieren. Allerdings sollte hier dringend darauf hingewiesen werden, dass trotz ähnlicher Grundstruktur und vielleicht sogar teilweise identischen Wortlauts manche konkret zu beurteilende Police bei genauerer Prüfung trotzdem einen unterschiedlichen Deckungsstandard enthalten kann.[207] Darüber hinaus fehlen Gerichtsentscheidungen und Literaturmeinungen, die zur Auslegung herangezogen werden können. Je nach anzuwendendem Recht kann es außerdem bei der Auslegung eines identischen Textes zu unterschiedlichen Ergebnissen kommen. 144

International üblich ist es, zwischen den sog. „Erection All Risk" Versicherungen (EAR), die sich schwerpunktmäßig auf die Deckung von Montagerisiken erstrecken,[208] sowie den sog. „Contractors' All Risk" Versicherungen (CAR),[209] die ihren Schwerpunkt in der Versicherung von Bauleistungsrisiken haben, zu differenzieren. Die darüber hinaus existierende Form der „Contract Works All Risk Policy", die eine Kombination der EAR- und CAR-Deckung darstellt, kann unberücksichtigt bleiben, weil sie innerhalb des einheitlichen Vertrages eine klare Trennung beider Deckungstypen enthält, einschließlich getrennter Versicherungssummen, Prämien und Klauseln.[210] 145

Die EAR-/CAR-Policen sind gegenüber den aus den deutschen Markt kommenden Policen anders aufgebaut: Sie enthalten zunächst einen grundsätzlichen Teil zur **Sachversicherung** mit allgemeinen Deckungsaussagen sowie Ausschlüssen. In einem zweiten Abschnitt folgt dann, im Wege eines „Baukastensystems" konzipiert, zumeist eine projektspezifische **Haftpflichtversicherung.** In einem dritten Abschnitt lassen sich **Betriebsunterbrechungsrisiken** versichern. Über die Einbeziehung bestimmter Klauseln lässt sich der Deckungsumfang ggf. **erweitern oder begrenzen.** 146

---

[206] *The Insurance Institute Of London*, Construction Insurance – Advanced Study Group Report 208B.
[207] *Rohde-Liebenau*, „Risikobegrenzung und Risikoabdeckung bei Bau- und Anlageprojekten durch technische Versicherungen", in: Nicklisch (Hrsg.), Bau und Anlageverträge, Heidelberger Kolloquium Technologie und Recht, S. 92.
[208] Hierbei handelt es sich um eine Kombination aus der deutschen Montageversicherung und der britischen „Contractors' All Risk" Versicherung, *Münchener Rück*, Erection-All-Risks-Insurance, S. 3.
[209] Teilweise auch als „Construction All Risk" Versicherung bezeichnet.
[210] *Swiss Reinsurance Company*, Erection All Risks Insurance, S. 13.

15.10.1 Sachrisiken

147 Da diese Policen in sich geschlossene Systeme darstellen, die häufig nicht auf eine gesetzliche Regelung – wie etwa die des VVG – zurückgreifen können, sind sie bedeutend umfangreicher und regeln häufig Sachverhalte, die bei den AVB nicht regelungsbedürftig sind. Auch die Beschreibung der versicherten Sachen wird meist sehr viel formalistischer gehandhabt und Einzelgegenstände in umfangreiche Kataloge aufgenommen. Aufgrund dieses Ansatzes ist mit besonderer Sorgfalt auf die Vollständigkeit dieser Kataloge zu achten.

15.10.1.1 Versicherungsumfang

148 *EAR* Die Sachdeckung der EAR-Policen bezieht sich auf die Montage und den anschließenden Probebetrieb aller Arten von Maschinen, Ausrüstungs- und **Montageobjekten.** Ebenfalls in die Deckung einbezogen werden kann die **Montageausrüstung.** Außerdem können Transporte zwischen verschiedenen Montageorten mitversichert werden. Weiterhin sind notwendige **Bauarbeiten** für ein Projekt versicherbar, wenn diese lediglich untergeordneten Charakter haben. Darüber hinaus können solche Sachen einbezogen werden, die dem Auftraggeber oder dem (den) Unternehmer(n) gehören oder deren Obhut, Gewahrsam oder Kontrolle unterstehen **(Care, Custody or Control),** wenn sie in unmittelbarem Zusammenhang mit der Montage, dem Bau oder der Erprobung der versicherten Sachen stehen und wenn hierfür eine gesonderte Versicherungssumme vereinbart worden ist. Auch sind die **Aufräumarbeiten** versicherbar, die nach dem Entstehen eines Verlustes oder einer Beschädigung nötig werden.

149 Die EAR-Police ist als **Allgefahrendeckung** konzipiert.[211] Der **Schadensbegriff** ist meist in der Police nicht ausdrücklich definiert. Er wird jedoch häufig in Abgrenzung zu Mängeln ähnlich interpretiert, wie der bei den AMoB dargestellte Sachsubstanzschaden.[212] Zu beachten ist, dass die Policen beim Schaden meist ein **unfallartiges Entstehen** („sudden and unforseen loss or damage") voraussetzen. Hier kann nicht ohne weiteres auf die erläuternde Regelung etwa der AMoB bezogen auf die Auslegung des Begriffes „unvorhersehbar und plötzlich" zurückgegriffen werden. Es bietet sich bei diesen Formulierungen daher an, ausdrücklich festzulegen, ob ein subjektiver Maßstab, und wenn ja, welcher Sorgfaltsmaßstab vorauszusetzen ist. Als **Versicherungssumme** wird in aller Regel der Gesamtauftragswert herangezogen. Auch hier erfolgt nach Abschluss des Projekts eine Endabrechnung mit Korrektur der Prämie.

150 *CAR* Die typische CAR-Police ist eine in gleicher Weise aufgebaute Allgefahrendeckung, die in vergleichbarem Umfang[213] alles versichert, was mit der Durchführung von **Bauprojekten** zusammenhängt. Ebenfalls in den Deckungsschutz der CAR-Versicherung mit eingehen kann die **Montage** von Maschinen, Geräten und Stahlkonstruktionen, vorausgesetzt, dass ihr Wert einschließlich der Montagekosten weniger als 50% der gesamten Versicherungssumme darstellt.[214]

---

[211] Vgl. zu den versicherbaren Gefahren *The Insurance Institute Of London*, Construction Insurance – Advanced Study Group Report 208B, Rdn. 2.1 ff.; *Münchener Rück*, Erection-All-Risks-Insurance, S. 5 ff.

[212] Vgl. *The Insurance Institute Of London*, Construction Insurance – Advanced Study Group Report 208B, Rdn. 8.8.2.1.

[213] Vgl. z.B. *Münchener Rück*, Contractor's-All-Risks-Insurance, S. 6 ff.; *Wassmer, Swiss Reinsurance Company*, Contractors' All Risk Insurance.

[214] *Münchener Rück*, Contractor's-All-Risks-Insurance, S. 4.

15.10.1.2 Versicherte Interessen

Sowohl die EAR- als auch die CAR-Police sind darauf ausgelegt, möglichst die Interessen aller an einem Projekt Beteiligten mitzuversichern. Der Grund hierfür liegt in der Vermeidung von Schnittstellen, damit in der Verringerung von Abgrenzungsproblemen und in der Vereinfachung der Abwicklung im Schadenfall. Aufgrund der schon beschriebenen besonderen formalen Handhabung, die vorsieht, die Interessen der Projektbeteiligten in einer **Gesamtpolice** zusammenzufassen, ist es notwendig, alle Versicherten namentlich in einer Anlage zur Police aufzuführen.

Der Vorteil des Einschlusses aller Projektbeteiligten in einer Police führt jedoch zum Nachteil, dass durch vertragswidriges Handeln des Versicherungsnehmers der Deckungsschutz auch für den zusätzlich Versicherten gefährdet sein kann. Dies gilt etwa, wenn eine geschuldete Prämie nicht entrichtet wird. Zwar kann man dieses Verhalten durch Informationsverpflichtungen und Nachweise, die der Versicherungsnehmer gegenüber den anderen Versicherten zu entbringen hat, erschweren. Wenn der Versicherungsnehmer hier aber täuschen will, so hilft auch ein Informationssystem kaum weiter. Aus diesem Grund sind Zusatzklauseln entwickelt worden, die verhindern, dass ein vertragswidriges Verhalten eines Versicherten den anderen zugerechnet wird. Die Versicherung bleibt dann in Kraft, solange der nichtvertragswidrig Handelnde nach Kenntnis der Umstände dies dem Versicherer unverzüglich anzeigt und seine eigenen Verpflichtungen erfüllt. Diese Klausel existiert auf dem Markt unter dem Namen „**Non Vitiation Cover**" oder „**Breach Of Obligations Cover**". Vereinzelt gibt es auch isolierte „Non-Vitiation"-Policen, die das Interesse eines Mitversicherten an der Leistung beim Eintritt des Versicherungsfalles sichern sollen.

15.10.1.3 Versicherungsdauer

Der Deckungsschutz beginnt regelmäßig bei beiden Versicherungsformen mit dem **Arbeitsbeginn** oder nach dem **Entladen** bestimmter in den Versicherungsschutz fallender Gegenstände auf der Baustelle.

EAR Problematisch ist die Beendigung des Versicherungsschutzes. Grundsätzlich endet er für die EAR-Police nach der **Abnahme** oder nach der Beendigung des ersten **Probelaufs** oder der ersten Probebelastung.[215] Dabei wird häufig hinsichtlich der Deckung für den Probelauf ein Zeitraum von vier Wochen gewählt, dessen Überschreiten zum automatischen Erlöschen der Deckung führt. Teilweise besteht die Möglichkeit, die Versicherungsdauer gegen Zahlung einer Zusatzprämie zu verlängern, dies jedoch, ohne dass der Versicherungsnehmer darauf einen Anspruch hätte. Weiterhin wird meist geregelt, dass abgenommene **Teilanlagen** automatisch den Versicherungsschutz verlieren. **Gebrauchte Gegenstände** sind nur bis unmittelbar nach Probebeginn versichert.

CAR Hinsichtlich der CAR-Deckung gilt eine vergleichbare Regelung, wobei die Police als Hauptunterschied zur EAR-Deckung keinen Probebetrieb und keinen Probelauf kennt. Dies bedeutet, dass der Versicherungsschutz direkt **nach Abnahme** des Werks, zum Zeitpunkt der **tatsächlichen Inbetriebnahme** oder spätestens zu einem festgelegten Datum endet.

15.10.1.4 Versicherungsentschädigung

Unter beiden Policen werden nach Eintritt eines Schadens, der repariert werden kann, die Kosten für die **Wiederherstellung** des ursprünglichen Zustands unmittelbar

---

[215] Teilweise wird zwischen den sog. „cold test period" und „hot test period" unterschieden, wobei erstere noch der eigentlichen Montagetätigkeit zugerechnet wird; vgl. *Swiss Reinsurance Company*, Erection All Risks Insurance, S. 21.

vor Schadeneintritt erstattet. Im Fall des **Totalschadens** wird der Zeitwert vor Schadeneintritt abzüglich des Restwerts geleistet. Häufig ist eine Abrechnung auf Basis der **fiktiven Reparaturkosten** nicht möglich, da sich der Versicherer vorbehält, Ersatz nur nach Vorlage der Rechnungen und Unterlagen über die tatsächlich erfolgte Reparatur zu leisten. Der Versicherer erstattet dem Versicherungsnehmer die **Kosten von Aufräumungsarbeiten** als Folge eines erstattungspflichtigen Schadenereignisses in der Regel dann, wenn hierfür eine **besondere Summe** vereinbart worden ist.

15.10.1.5 Wesentliche Versicherungsausschlüsse und Erweiterungen, insbesondere des Herstellerrisikos

157   Die typischen EAR-/CAR-Policen schließen zunächst die **reinen oder echten Vermögensschäden**, z.B. Vertragsstrafen, Verzögerungsschäden, Nichterfüllungsschäden aus.[216] Darüber hinaus gibt es gesonderte Regelungen zu den Rechtsfolgen fehlerhafter Planung, der Verwendung mangelhaften Materials und der Folge mangelhafter Ausführung. Die Realisierung des sog. „**Herstellerrisiko**" ist je nach Rechtsverständnis hinsichtlich des Schadenbegriffs im Grunde genommen auch ein reiner Vermögensschaden.

158   Ganz entscheidend für die Qualität einer EAR- oder CAR-Police ist die Frage des Deckungsumfangs hinsichtlich dieses Herstellerrisikos, das üblicherweise unter den Begriffen „defects of material, workmanship, design, plan or specification" diskutiert wird.[217] Die hinter diesen Ausschlüssen stehende Überlegung ist, dass die möglichen Schäden nichts mit der eigentlichen Montage- bzw. Bauarbeit zu tun haben, sondern ausschließlich in die unternehmerische und geschäftliche Verantwortlichkeit des Herstellers fallen.[218]

159   Das typische **Rückversicherungsmodell** für EAR-Policen schließt zunächst alle Schäden als Folge fehlerhafter Planung, mangelhaften Materials und fehlerhafter Ausführung aus, ersetzt aber Sachschäden auf Grund von Montagefehlern. In der Form der erweiterten Deckung durch Zusatzklausel werden auch Sachschäden wegen fehlerhafter Planung, mangelhaften Materials und fehlerhafter Ausführung ersetzt, allerdings ohne die sog. „**Ohnehinkosten**". Insoweit ist diese erweiterte Deckung mit der Grunddeckung der AMoB vergleichbar, die im Ergebnis die „Ohnehinkosten" von den Wiederherstellungskosten abzieht.

160   Das Grundmodell des Rückversicherungsmarktes zu den CAR-Deckungen ersetzt keine Schäden auf Grund fehlerhafter Planung. Bei fehlerhafter Ausführung und man-

---

[216] Vgl. hierzu im Einzelnen: *The Insurance Institute Of London*, Construction Insurance – Advanced Study Group Report 208B, Rdn. 8.8.3.2 ff.; *Münchener Rück*, Erection-All-Risks-Insurance, S. 7.

[217] Für den konkreten Deckungsinhalt ist darauf hinzuweisen, dass der Begriff nicht einheitlich verwendet wird. So wird in manchen Policen das Planungsrisiko nicht zum Herstellerrisiko gezählt. Teilweise werden auch nur die Begriffe „faulty design" und „faulty workmanship" als Ausschluss verwendet. Dabei wird dann „design" als die Konzeption einer Sache zur Erfüllung des Vertragszwecks verstanden, die sich in Berechnungen, Plänen und Zeichnungen sowie der darauf folgenden Spezifikation für Materialien wiederfindet, die wesentliche Grundlage für Errichtung und Betriebsverfahren sind; „Workmanship" beschreibt dagegen alle Tätigkeiten zur Herstellung der Sache, auf Grund des vorgegebenen „designs"; vgl. in diesem Zusammenhang *Rohde-Liebenau*, „Risikobegrenzung und Risikoabdeckung bei Bau- und Anlagenprojekten durch technische Versicherungen", in: Nicklisch (Hrsg.), Bau und Anlagenverträge, Heidelberger Kolloquium Technologie und Recht, S. 89.
Im folgenden wird der Gesamtkomplex mit „fehlerhafter Planung", „mangelhaftem Material" und „fehlerhafter Ausführung" beschrieben.

[218] Hierzu ausführlich etwa bei *Swiss Reinsurance Company*, Erection All Risks Insurance, S. 19.

International übliche Modelle

gelhaftem Material werden die Folgesachschäden unter der Police ersetzt. In der erweiterten Deckungsform wird auch der Sachschaden ersetzt, der als Folge fehlerhafter Planung entsteht. Ausgeschlossen bleiben aber Reparatur- bzw. Ersatzkosten für die unmittelbar vom Herstellerrisiko betroffenen Sachen. Damit bleibt die Deckung hinter der Grundform der deutschen Bauleistungsversicherung zurück, die lediglich die sog. „Verbesserungskosten" nicht ersetzt.

Der **Londoner Markt** kennt zwei unterschiedliche Ansätze zum Umgang mit dem Herstellerrisiko. Zum einen existiert ein abgestuftes System, welches in fünf unterschiedlichen Schritten Ausschlüsse im Zusammenhang mit fehlerhafter Planung, mangelhaftem Material und fehlerhafter Ausführung regelt. Zum anderen gibt es ein Drei-Schritt-Modell. **161**

Bei dem ersten Modell (sog. **DE1 bis DE5**),[219] handelt es sich um fünf abgestufte Ausschlussklauseln, die Mitte der achtziger Jahre von den führenden Versicherern im Bau- und Anlagenbereich entwickelt und 1995 in der heute geltenden Form herausgegeben worden sind. Sie sind in der Handhabung schwierig und werden in der Praxis mit einigen Abwandlungen benutzt. Das Modell kann zwar nicht in allen Verästelungen dargestellt werden, lässt sich aber grundsätzlich wie folgt beschreiben: Der Ausschluss DE1[220] verhindert Ersatz aller Kosten bzw. Schäden in Folge der Realisierung des Herstellerrisikos. DE2[221] schließt lediglich mangelhafte Anlagen vom Deckungsschutz aus und fingiert auch mangelfreie Sachen dann als mangelhaft und somit ausgeschlossen, wenn letztere zu ihrer Unterstützung (statisch) oder zu ihrer Stabilität das mangelhafte Teil benötigen. DE3[222] schließt nur noch die mangelhafte Anlage vom Deckungsschutz aus. DE4[223] erlaubt die Unterteilung einer Anlage in mangelhafte oder **162**

---

[219] Im Folgenden zitiert nach: *The Insurance Institute Of London*, Construction Insurance – Advanced Study Group Report 208B, Rdn. 8.8.2.2 ff.; zu den seit 1995 geltenden Ausschlüssen insb. a. a. O., Rdn. 8.8.2.5.

[220] „**DE1 (1995): Outright defect exclusion**
This Policy excludes loss of or damage to the Property insured due to defective design plan specification materials or workmanship".

[221] „**DE2 (1995): Extended defective condition exclusion**
This Policy excludes loss of or damage to and the cost necessary to replace repair or rectify:
(i) Property insured which is in a defective condition due to a defect in design plan specification materials or workmanship of such Property insured or any part thereof;
(ii) Property insured which relies for its support or stability on (i) above;
(iii) Property insured lost or damaged to enable the replacement repair or rectification of Property insured excluded by (i) and (ii) above.
Exclusions (i) and (ii) above shall not apply to other Property insured which is free of the defective condition but is damaged in consequence thereof.
For the purpose of the Policy and not merely this Exclusion the Property insured shall not be regarded as lost or damaged solely by virtue of the existence of any defect in design plan specification materials or workmanship in the Property insured or any part thereof."

[222] „**DE3 (1995): Limited defective condition exclusion**
This Policy excludes loss of or damage to and the cost necessary to replace repair or rectify:
(i) Property insured which is in a defective condition due to a defect in design plan specification materials or workmanship of such Property insured or any part thereof;
(ii) Property insured lost or damaged to enable the replacement repair or rectification of Property insured excluded by (i) above.
Exclusion (i) above shall not apply to other Property insured which is free of the defective condition but is damaged in consequence thereof.
For the purpose of the Policy and not merely this Exclusion the Property insured shall not be regarded as lost or damaged solely by virtue of the existence of any defect in design plan specification materials or workmanship in the Property insured or any part thereof."

[223] „**DE4 (1995): Defective part exclusion**
This Policy excludes loss of or damage to and the cost necessary to replace repair or rectify:

15. Teil. Versicherungsrechtliche Fragen

mangelfreie Teile. Nur die Kosten für den Austausch, die Reparatur oder die Wiederherstellung der einzelnen mangelhaften Teile selbst sind vom Deckungsschutz ausgeschlossen. DE5[224] endlich schließt lediglich „Verbesserungskosten" aus. Den Teilausschlüssen DE2 bis DE4 ist gemein, dass grundsätzlich klargestellt wird, dass auch mangelfreie Teile, die beschädigt oder zerstört werden, weil mangelhafte Teile ersetzt werden sollen, nicht versichert sind.

163 Die „Advanced Study Group" verwendet für das Grundverständnis dieser Ausschlüsse ein **Beispiel** im Zusammenhang mit einem Gebäude,[225] welches sich bezogen auf eine Anlagenerrichtung gut anhand der vereinfacht dargestellten Errichtung eines Elektrofilters modifizieren lässt: Hierzu errichtet der Auftragnehmer auf einem Betonfundament einen Stahlrahmen, in den die Elektroden eingehängt werden, und verkleidet diese Konstruktion anschließend. Bei der Errichtung werden auf Grund falscher Berechnungen zu schwache Nieten verwendet. Das Fundament, die verwendeten Stahlträger, die Verkleidung und auch die eingebrachten Elektroden sind mangelfrei. Vor Beginn des Probebetriebs stürzt der Filter in sich zusammen und alle Teile einschließlich der Fundamente werden beschädigt. Nach DE1 ist der gesamte Schaden ausgeschlossen. Nach DE2 sind alle beschädigten Teile ausgeschlossen, mit Ausnahme des Fundaments. Nach DE3 ist die zerstörte Stahlkonstruktion von der Deckung ausgeschlossen, die Verkleidung, die Elektroden und das Fundament werden aber ersetzt. Nach DE4 sind lediglich die mangelhaften Nieten ausgeschlossen. Nach DE5 schließlich werden alle Kosten ersetzt, mit Ausnahme von Verbesserungskosten.

164 Neben den DE-Ausschlüssen existiert ein Klauselkatalog der sog. „London Engineering Group". Danach bestehen nur drei abgestufte Ausschlüsse (sog. **LEG 1 bis LEG 3**):[226] Nach der Klausel LEG 1[227] haftet der Versicherer nicht für Verlust oder Beschädigung als Folge von Fehlern des Materials, der Konstruktion, Entwicklung,

---

(i) Any component part or individual item of the Property insured which is defective in design plan specification materials or workmanship;
(ii) Property insured lost or damaged to enable the replacement repair or rectification of Property insured excluded by (i) above.
Exclusion (i) above shall not apply to other parts or items of Property insured which are free from defect but are damaged in consequence thereof.
For the purpose of the Policy and not merely this Exclusion the Property insured shall not be regarded as lost or damaged solely by virtue of the existence of any defect in design plan specification materials or workmanship in the Property insured or any part thereof."

[224] „**DE5 (1995): Design improvement exclusion**
This policy excludes:
(i) The cost necessary to replace repair or rectify any Property insured which is defective in design plan specification materials or workmanship;
(ii) Loss of or damage to the Property insured caused to enable replacement, repair or rectification of such defective Property insured.
But should damage to the Property insured (other than damage as defined in (ii) above) result from such a defect, this Exclusion shall be limited to the costs of the additional work resulting from and the additional costs of improvement to the original design plan specification materials or workmanship.
For the purpose of the Policy and not merely this Exclusion the Property insured shall not be regarded as lost or damaged solely by virtue of the existence of any defect in design plan specification materials or workmanship in the Property insured or any part thereof."

[225] Vgl. *The Insurance Institute Of London*, Construction Insurance – Advanced Study Group Report 208B, Rdn. 8.8.2.3.

[226] Im Folgenden zitiert nach: *The Insurance Institute Of London*, a. a. O., Rdn. 8.8.2.6.

[227] „**LEG 1/96 model 'outright' defects exclusion**
The Insurer(s) shall not be liable for Loss or Damage due to defects of material workmanship design plan or specification."

Planung oder Spezifikation. Diese vollumfängliche Ausschlussklausel entspricht in Inhalt und Ziel im Wesentlichen der des DE1. Die Klausel LEG 2[228] ersetzt Kosten im Zusammenhang mit diesen Schäden, mit Ausnahme derjenigen, die entstanden wären, wenn der Ersatz oder die Wiederherstellung des fehlerhaften Teils vor dem Schadeneintritt vorgenommen worden wäre. Dabei gilt für die gesamte Police, dass jegliches Teil des Versicherungsgegenstandes oder der Vertragsarbeiten nicht schon deshalb als beschädigt betrachtet wird, weil es einen Fehler im Material, in der Konstruktion, Entwicklung, Planung oder Spezifikation aufweist. Dieser Ausschluss ist seinem Ziel nach sicherlich mit DE4 vergleichbar. Er kann jedoch im Einzelfall zu unterschiedlichen Ergebnissen führen, weil nach dem des Wortlaut der Klausel DE4 die konkrete Reparatur am mangelbehafteten Teil nicht ersetzt wird, während LEG 2 die Kosten ausschließt, die fiktiv entstanden wären, wenn vor Schadeneintritt repariert worden wäre. Nach der Klausel LEG 3[229] ist lediglich der Ersatz solcher Kosten ausgeschlossen, die zur Verbesserung des ursprünglichen Materials, der Konstruktion, Entwicklung, Planung oder Spezifikation führen. Diese Klausel ist jener der DE5 sehr ähnlich, da sie den Ausschluss auf „Verbesserungskosten" begrenzt.[230] In der Praxis hat sich, soweit ersichtlich, die Verwendung der Klauseln LEG 1 bis LEG 3 stärker durchgesetzt. Jedenfalls die Klauseln DE2 und DE3 scheinen wegen ihrer komplizierten Formulierung und wegen Abgrenzungsproblemen weniger Anwendung zu finden.

Weitere Ausschlüsse für die EAR-/CAR-Policen beziehen sich zunächst auf Betriebsschäden, wozu neben Verschleiß auch **Korrosion**, **Oxydation** und **Verkrustung** gehört.[231] Ausdrücklich ausgeschlossen werden weiterhin der Verlust oder die Beschädigung von Akten, Zeichnungen, Rechnungen, Schriftstücken, Geld, Marken, Urkunden, Schuldscheinen, Banknoten, Wertpapieren, Schecks u.ä. sowie für Packmaterial.[232] Der Versicherer haftet ebenfalls in der Regel nicht für Verluste, die erst anlässlich einer **Inventur** festgestellt werden. Hier fehlt es meist schon an der Unfallartigkeit des schadenauslösenden Ereignisses. Darüber hinaus sind Schäden an **Montageausrüstung** und anderen Werkzeugen meistens ausgeschlossen, wenn sie nicht auf außerhalb liegende Einflüsse, wie etwa durch mechanische oder elektrische Störungen,

165

---

[228] „**LEG 2/96 model 'consequences ' defects exclusion**
The Insurer(s) shall not be liable in respect of:
All costs rendered necessary by defects of material workmanship design plan or specification and should damage occur to any portion of the Insured Property (Contract Works) containing any of the said defects the cost of replacement or rectification which is hereby excluded is that cost which would have been incurred if replacement or rectification of the said portion of the Insured Property (Contract Works) had been put in hand immediately prior to the said damage.
For the purpose of this policy and not merely this exclusion it is understood and agreed that any portion of the Insured Property (Contract Works) shall not be regarded as damaged solely by virtue of the existence of any defect of material workmanship design plan or specification."

[229] „**LEG 3/96 model 'improvements' defects exclusion**
The Insurer(s) shall not be liable in respect of:
All costs rendered necessary by defects of material workmanship design plan or specification and should damage occur to any portion of the Insured Property (Contract Works) containing any of the said defects the cost of replacement or rectification which is hereby excluded is that cost incurred to improve the original material workmanship design plan or specification.
For purpose of this policy and not merely this exclusion it is understood and agreed that any portion of the Insured Property shall not be regarded as damaged solely by virtue of the existence of any defect of material workmanship design plan or specification."

[230] Vgl. *The Insurance Institute Of London*, Construction Insurance – Advanced Study Group Report 208B, Rdn. 8.8.2.6.

[231] Siehe *The Insurance Institute Of London*, a.a.O., Rdn. 8.8.3.11f.

[232] *The Insurance Institute of London*, Construction and Erection Insurance – Advanced Study Group 208A, S. 34.

15. Teil. Versicherungsrechtliche Fragen

zurückzuführen sind. Es wird grundsätzlich klargestellt, dass im Rahmen der vereinbarten **Selbstbehalte** nicht geleistet wird. Hier ist im Einzelfall zu beachten, dass die Selbstbehalte für unterschiedliche Versicherungsobjekte oder auch während verschiedener Zeiträume unterschiedlich hoch vereinbart werden können. Häufig finden sich z.B. höhere Selbstbehalte während der Probebetriebszeit.[233]

166 Aufgrund der schon erwähnten Notwendigkeit, in der einzelnen Projektpolice das gesamte Versicherungsverhältnis ohne Rückgriffsmöglichkeit etwa auf ein VVG zu regeln, ist es üblich, dass unter den allgemeinen Ausschlüssen sehr umfangreiche Regelungen explizit aufgeführt werden. Zum Standard gehören der Ausschluss für die **politischen Risiken** und **Kernenergie**, die vorsätzliche oder **bewusste bzw. grobfahrlässige Schadenverursachung** durch den Versicherungsnehmer und die ihm zuzurechnenden Repräsentanten sowie die einzuhaltenden Sorgfaltsmaßstäbe und gesetzlichen Vorschriften.[234] Weiterhin wird die Leistungsfreiheit des Versicherers nach **betrügerischem Verhalten,** etwa im Zusammenhang mit falschen Angaben, geregelt. Auch die Rechtsfolgen einer **Doppelversicherung** bzw. **Subsidiaritätsregelungen** werden üblicherweise in diesem Teil aufgezählt. Besonders darauf hinzuweisen ist, dass in diesen Regelungen auch besondere Anforderungen an Meldepflichten im Zusammenhang mit Schäden und Verlusten aufgestellt werden. Hier finden sich Verpflichtungen zu unverzüglichem Handeln oder auch Bestimmungen von **Tagesfristen** (häufig vierzehn Tage), die bei der Schadenmeldung eingehalten werden müssen, um den Anspruch gegenüber dem Versicherer zu wahren. Im Einzelfall ist es notwendig zu klären, ob diese Formalien bezogen auf das konkrete Projekt und unter Berücksichtigung der Anzahl unterschiedlicher Versicherungsnehmer sinnvoll eingehalten oder aber verlängert werden müssen.

15.10.1.6 Deckungserweiterungen für Schäden nach Abnahme

167 Der Deckungsumfang der CAR-/EAR-Policen weist auf Grund der ausdrücklichen Regelung des Versicherungsendes zwei Deckungslücken auf: Zum einen kann es passieren, dass der Unternehmer etwa im Rahmen von Gewährleistungsarbeiten und damit nach Ablauf der Police erneut an den vorher versicherten Sachen arbeitet und durch diese Arbeiten Schäden eintreten. Zum anderen kann die während der Laufzeit gesetzte Schadenursache zum Schadeneintritt nach Ablauf der Police führen. Ersatz wird aber nach vorliegenden Voraussetzungen nur dann geleistet, wenn der Schaden während der Laufzeit der Police eintritt. Das bloße Setzen der Ursache für einen später eintretenden Schaden ist nicht ausreichend.

168 Aus diesem Grund gibt es im **Londoner Markt** wie auch in den **Rückversicherungsstandards** Klauseln, die bei einer oder bei beiden Fallgestaltungen erweiterten Deckungsschutz zur Verfügung stellen. Man spricht hier von sog. **„Maintenance"**-Deckungen. Hinsichtlich der Bezeichnung und der unterschiedlichen Reichweite der Versicherungen herrscht wiederum eine gewisse Begriffsvielfalt, weshalb immer der genaue Deckungsumfang geprüft werden muss, der unter einem bestimmten Schlagwort zur Verfügung gestellt wird.[235]

169 Einigkeit besteht darüber, dass mit einer **„Visits-Maintenance"**-Deckung das Eintreten des Versicherers während der Gewährleistungs- oder Garantiezeit für Schäden gewährt wird, die der Versicherungsnehmer auf dem Gelände der errichteten Anlage

---

[233] *Swiss Reinsurance Company*, Erection All Risks Insurance, S. 25 ff.
[234] Zu diesem Erfordernis des „sound engineering practise" ausführlich: *Swiss Reinsurance Company*, a.a.O., S. 17.
[235] Vgl. zu diesen Deckungserweiterungen *Swiss Reinsurance Company*, a.a.O., S. 25, sowie *The Insurance Institute Of London*, Construction Insurance – Advanced Study Group Report 208B, Rdn. 2.7.10 und 8.5.4 ff.

bei seinen Tätigkeiten verursacht. Die als **„Limited Maintenance"** oder teilweise auch als **„Extended Maintenance"** bezeichnete Deckungserweiterung schließt neben dem Risiko der „Visits Maintenance" auch Schäden an versicherten Sachen ein, deren Ursache bereits während der Errichtung des Werkes vom Versicherungsnehmer gesetzt wurden. Damit wird das Problem gelöst, dass sich aus dem Auseinanderfallen von Schadenereignis und Schaden in den unterschiedlichen Projektphasen ergibt. Weiter gibt es die **„Guarantee Maintenance Cover"**, die zusätzlich zum Deckungsumfang der beiden vorangehenden Versicherungen solche Schäden ersetzt, die auf Grund von fehlerhafter Planung, mangelhaftem Material und Ausführungsfehlern entstehen. Ausgeschlossen sind die Kosten, die für die Behebung des ursprünglichen Fehlers zu zahlen gewesen wären, wenn der Fehler vor Schadeneintritt erkannt worden wäre. Teilweise wird diese Deckung im selben Umfang, allerdings unter Ausschluss von fehlerhafter Planung gewährt.

Die Versicherer gehen für diese Erweiterungen von Laufzeiten für Bauleistungen zwischen drei und zwölf Monaten, bei Montagearbeiten zwischen zwölf Monaten bis zu mehreren Jahren aus.[236] Im Markt wird Versicherungsschutz für Perioden länger als vierundzwanzig Monate kaum zu erhalten sein.[237] Üblicherweise wird Versicherungsschutz für das „Herstellerrisikos" während der „Maintenance"-Periode nicht umfangreicher angeboten als während der Errichtungsphase.[238]

15.10.2 Projekthaftpflichtrisiken

Die Projektversicherungen sehen darüber hinaus die Möglichkeit vor, auch Schadenersatz für Haftpflichtschäden[239] zur Verfügung zu stellen. Diese Deckung ist in solchen Fällen sinnvoll, in denen der Inhalt der regelmäßig vorgehaltenen allgemeinen Betriebshaftpflichtversicherung die Haftpflicht für bestimmte Montage- oder Bautätigkeiten nicht deckt, etwa weil regionale Ausschlüsse vorhanden sind,[240] oder wenn ihre Deckungssumme auf Grund der Größe eines Projektes nicht ausreicht.[241] Als Grund für den Abschluss einer Projekthaftpflichtversicherung wird deshalb häufig angegeben, dass sie als **zusätzliche Deckung** oberhalb der Deckung üblicher Betriebshaftpflichtversicherungen angesiedelt sein soll.[242] Weiterhin wird als Vorteil angesehen, dass die Police alle **Konsorten** versichert, und auch dann geleistet wird, wenn nicht feststellbar ist, welcher von mehreren Konsorten den Schaden verursacht hat.[243]

Es muss jedoch gesehen werden, dass der hier zur Verfügung gestellte Versicherungsschutz aus mehreren Gründen unzureichend sein kann. Er setzt voraus, dass der Schaden **während der Versicherungsdauer** eingetreten ist, und dass er sich **in unmittelbarem Zusammenhang** mit der versicherten Sachleistung auf der Bau- oder Montagestelle oder ihrer unmittelbaren Umgebung ereignet. Die mehrmalige Eingrenzung durch die Verwendung des Wortes „unmittelbar" zeigt, dass hier im Schadenfall

---

[236] *The Insurance Institute Of London*, Construction Insurance – Advanced Study Group Report 208B, Rdn. 8.5.4.
[237] Vgl. *Swiss Reinsurance Company*, Erection All Risks Insurance, S. 21.
[238] Vgl. *The Insurance Institute Of London*, Construction Insurance – Advanced Study Group Report 208B, Rdn. 2.7.10 und ausführlich Rdn. 8.5.5; im Ergebnis auch *Swiss Reinsurance Company*, Erection All Risks Insurance, S. 25.
[239] Zu den Haftpflichtrisiken in diesem Zusammenhang: *The Insurance Institute Of London*, Construction Insurance – Advanced Study Group Report 208B, Rdn. 10.8.
[240] Möller, „Abgrenzung der Technischen Versicherungen zur Haftpflichtversicherung", in: VW 1989, S. 1503.
[241] *Swiss Reinsurance Company*, Erection All Risks Insurance, S. 27.
[242] Z. B. *Swiss Reinsurance Company*, a.a.O.
[243] *Swiss Reinsurance Company*, a.a.O., S. 29.

erhebliche Auslegungs- und Abgrenzungsfragen entstehen können. Insoweit erscheint es notwendig, den Umfang der eigenen normalen Betriebshaftpflichtversicherung jedenfalls aufrecht zu erhalten.

173 Davon unbeschadet leistet die Projekthaftpflichtdeckung Ersatz für gesetzliche Haftpflichtansprüche, soweit sie **„unfallartig"**[244] Körperverletzungen oder Tötungen bzw. Verluste oder Schäden am Eigentum Dritter zum Inhalt haben. Hinsichtlich dieses Erfordernisses können sich dabei, je nach anwendbarem Recht, **Auslegungsunterschiede** ergeben, wonach z. B. bei allmählich auslaufendem Hydrauliköl kausal eintretende Umweltschäden ersetzt werden können oder ausgeschlossen sind. Außerdem werden Kosten und Auslagen für einen Rechtsstreit unter unterschiedlichen Voraussetzungen erstattet.

174 Neben den sonst auch üblichen Ausschlüssen für die Haftpflichtversicherung, wie insbesondere dem Ausschluss des „Erfüllungsrisikos",[245] können grundsätzlich insbesondere die Schäden ausgeschlossen werden, die im Rahmen der Sachdeckung versichert werden konnten, aber auch die Ansprüche von Angestellten oder Arbeitern, die unter einer Arbeitnehmerunfallversicherung (**„Workman's Compensation"**) zu versichern sind.

175 Zwar wird bei dem im Rahmen einer CAR- oder EAR-Police abgeschlossenen Haftpflichtelement grundsätzlich das Schadenereignis als **versicherungsfallauslösend** vereinbart (sog. „Occurrence"). Jedoch besteht eine Einschränkung dahingehend, dass die im Zusammenhang mit einem Schaden stehenden Ereignisse dem Versicherer noch während der Zeit der Laufzeit der Sachpolice dem Versicherer zur Kenntnis gebracht werden müssen. Hierdurch wird die eigentlich als **„Occurrence"** konzipierte Deckung fast zu einer sog. **„Claims-Made"**-Deckung. Hier ist also entscheidend, ob der Haftpflichtversicherungsschutz während der „Maintenance"-Periode aufrecht erhalten wird.

176 Durch Einbeziehen einer entsprechenden Klausel kann für den Haftpflichtabschnitt der EAR- und CAR-Policen der Einschluss von gegenseitigen Haftpflichtansprüchen (sog. „Kreuzhaftpflicht" bzw. **„Cross Liability"**)[246] vereinbart werden. Dabei wird die Haftpflichtdeckung der Police ohne Veränderung des Haftungslimits auf die versicherten Parteien so angewendet, als wäre für jede Partei eine gesonderte Deckung vereinbart. Dies ermöglicht es den Parteien auch, sich ggf. untereinander aus der Police in Anspruch zu nehmen.

15.10.3 Betriebsunterbrechungsrisiken

15.10.3.1 Versicherungsumfang

177 Darüber hinaus kennen alle Märkte auch Deckungsformen, die bei Unterbrechungen der Projektarbeiten Ersatz für die sog. „Unterbrechungsschäden" leisten. Sie sind bekannt unter dem Namen Bauherrenmontagebetriebsunterbrechungsversicherung,[247] **„Delayed Start Up"** (DSU) und **„Advanced Loss Of Profit"** (ALOP).[248] Bei die-

---

[244] Hierzu im Hinblick auf den Londoner Markt: *The Insurance Institute Of London*, Construction Insurance – Advanced Study Group Report 208B, Rdn. 10.5.
[245] Vgl. die Ausführungen oben Nr. 15.3.1, Rdn. 23.
[246] hierzu auch ausführlich: *The Insurance Institute Of London*, Construction Insurance – Advanced Study Group Report 208B, Rdn. 10.4.
[247] Hierzu *Burg*, „Betriebsunterbrechungsversicherung für Montage- und Bauleistungsrisiken", in: Allianz Report 68 (1995), S. 90 ff.; *Martin*, Montageversicherung, Einl. I, Rdn. 7, geht noch davon aus, dass es eine Montagebetriebsunterbrechungsversicherung nicht gibt.
[248] Zu diesem Bereich: *The Insurance Institute Of London*, Construction Insurance – Advanced Study Group Report 208B, Rdn. 9.

sen Deckungsformen werden Vermögensschäden durch eine Verzögerung des Beginns und/oder einer Beeinträchtigung des Betriebs der Anlage auf Grund eines Sachschadens versichert. Voraussetzung hierfür ist, dass der Sachschaden unter der eigentlichen Sachdeckung versichert ist. Wie bei der Transportbetriebsunterbrechungsversicherung gibt es auch hier Varianten, die konkret den Abschluss einer zugrundeliegenden Sachdeckung fordern, und Beispiele, die lediglich fiktiv eine Deckung des Sachschadens voraussetzen.

In den CAR- und EAR-Bedingungen des Rückversicherungsmarktes wird diese **178** Deckungsform zumeist als Abschnitt 3, auf die Sach- und Haftpflichtdeckung folgend, vereinbart. Aus Versicherersicht spricht viel dafür, den tatsächlichen Abschluss der Deckung vorauszusetzen, weil so gewährleistet ist, dass keine zusätzlichen Verzögerungen dadurch eintreten, dass einem Beteiligten Geld für die Wiederholung der beschädigten Erfüllungshandlung fehlt. Es gibt darüber hinaus auch Deckungsformen, die Pönalen oder Vertragsstrafen ersetzen, welche zu erbringen sind, weil der Verpflichtete auf Grund eines Sachschadens und einer daraus resultierenden Terminüberschreitung zur Zahlung verpflichtet ist.

Grundsätzlich setzt die Deckung voraus, dass der Sachschaden durch eine versi- **179** cherte Gefahr der tatsächlichen oder fiktiven Grundpolice verwirklicht worden ist. Wie bei der Transportbetriebsunterbrechungsversicherung erläutert gilt diese Voraussetzung auch als erfüllt, wenn lediglich deshalb kein Schadenersatz geleistet wird, weil der Schaden der Höhe nach in den Selbstbehaltbereich fällt. Aufgrund der Besonderheit dieser Spezialdeckung gibt es auch Varianten, die den Betriebsunterbrechungsschutz trotz bestehender „All-Risk"-Sachdeckung auf Schäden reduzieren, die auf Grund einiger ausdrücklich benannter Gefahren eingetreten sind. Beachtet werden muss in diesem Zusammenhang, dass trotz einer **Vielzahl von Sachschäden** in den Grunddeckungen und daraus folgenden Verzögerungen, immer nur die Überschreitung des einen Datums, das in der Police den Betriebsbeginn ohne Verzögerung bestimmt, versichert ist. Dies bedeutet, dass nur ein Verzögerungsschaden eintritt.[249]

15.10.3.2 Versicherte Interessen

Mit Ausnahme der sog. „Pönaleversicherung", bei der die Interessen des Unterneh- **180** mers versichert werden, ist typischerweise der Bauherr oder Eigentümer Versicherungsnehmer. Teilweise gibt es Vorbehalte in den Märkten, wenn auf Grund der Betriebsunterbrechungsversicherung eines BOT-Modells der Hersteller gleichzeitig Bauherr und späterer Betreiber ist. Hier bestehen eine Reihe von denkbaren Interessenkollisionen, die Missbrauchsmöglichkeiten eröffnen können. Jedenfalls werden Versicherer sehr sorgfältig kontrollieren, ob nicht Schäden bewusst herbeigeführt werden, um unrealistisch versprochene Termine zu entschärfen oder aber Anlagen aus der Verlustzone herauszuhalten, wenn ihre Produkte derzeit schwer absetzbar sind.[250] Die Mehrzahl der Policen beschränkt sich daher auf die Versicherung der Besteller unter Aufrechterhaltung der Rückgriffsansprüche gegen den Schädiger.

Die Dauer der Versicherungspolice ist durch die Abnahme/Inbetriebnahme des **181** Projektes begrenzt. Während der Gewährleistungsfrist besteht üblicherweise keine Deckung mehr. Dadurch, dass auch eine Vielzahl von Sachschäden lediglich einen Schaden in der Betriebsunterbrechung ergeben, entfällt hier die Schadenfallkündigung.

---

[249] *Howard, Schweizer Rück*, Technische Versicherungen und Rückversicherung, S. 24.
[250] *Burg*, „Betriebsunterbrechungsversicherung für Montage- und Bauleistungsrisiken", in: Allianz Report 68 (1995), S. 93.

15.10.3.3 Versicherungsentschädigung

182 Entschädigung wird grundsätzlich für den **Bruttogewinnausfall** gewährt. Darüber hinaus können auch **Mehrkosten** ersetzt werden, deren alleiniger Zweck es ist, einen Bruttogewinnausfall zu vermeiden. Es kommen aber auch weitere Entschädigungsmodelle in Betracht, z.B. entgangene Mieteinnahmen, Fixkosten oder Mehrkosten.[251] Auch kann vereinbart werden, dass in Einzelfällen die Vertragsstrafen oder „Liquidated Damages" vom Versicherer übernommen werden, welche der Hersteller wegen Nichterreichen des vertraglich zugesagten Termins dem Bauherrn schuldet.[252]

183 Wie bei der Transportbetriebsunterbrechungsversicherung ist bei der Vereinbarung des **zeitlichen Selbstbehalts** darauf zu achten, dass die Formulierung der zeitlichen Selbstbehaltsregelung so ausgestaltet ist, dass sie nicht pro Schaden in der Grunddeckung, sondern einmalig oder im Aggregat limitiert zur Anwendung kommt. Üblicherweise wird von einem Selbstbehalt von dreißig Tagen ausgegangen, der bei aufwändiger Technologie etwa auch fünfundvierzig oder sechzig Tage ausmachen kann.

184 Vereinzelt sind Versicherer auch bereit, in einem **einheitlichen Betriebsunterbrechungskonzept** für die Auslösung der Verzögerung nicht nur einen Montage- oder Bauleistungssachschaden, sondern darüber hinaus auch einen Transportsachschaden oder einen Sachschaden am Transportmittel ohne Beschädigung der Transportgegenstände zu akzeptieren.[253] In Sonderfällen ist auch diskutiert worden, das Risiko der Fertigung der Erzeugnisse beim Unternehmer oder Subunternehmer und ihre Lagerung vor dem Transport zum Bau- oder Montageplatz in ein Gesamtkonzept einzubinden. Dies geht nur dann, wenn der konkrete Liefergegenstand als Spezialteil gesondert und damit jederzeit individualisierbar gefertigt wird, oder aber wenn die ganze Gattung beim Hersteller vom Schaden betroffen ist. Der notwendige Sachschaden aus der Grunddeckung wäre dann im Zusammenhang mit der jeweils bestehenden Betreiberdeckung als Feuer- oder „All-Risk"-Versicherung zu prüfen.

15.10.4 Stillstandsdeckungen

185 Nicht zu verwechseln mit den Betriebsunterbrechungsversicherungen sind sog. „Stillstandsdeckungen" (**„Stand Still Covers"**). Diese kommen typischerweise zur Anwendung, wenn die Projektbeteiligten aus rechtlichen oder tatsächlichen Gründen entscheiden, das Projekt zu sistieren, um es später fertigzustellen. In diesen Fällen verändert sich die Risikosituation dramatisch, etwa weil Personal von der Baustelle abgezogen wird oder Teile in nicht eingebautem Zustand in Lagern verbleiben und dort, oder auch im teilweise fertiggestellten Projekt Witterungseinflüssen ausgesetzt sind.

186 Der internationale Versicherungsmarkt bietet hier unter bestimmten Voraussetzungen eingeschränkten Versicherungsschutz bis zur Wiederaufnahme der Projektarbeiten an. Grundsätzlich wird wegen der Risikoänderungen lediglich gegen **einzelne benannte Gefahren** versichert. Hierzu gehören typischerweise Feuer, Windsturm, Erdbeben, Flut etc. Die Deckung ist üblicherweise davon abhängig, dass besondere Sicherheitsvorkehrungen – etwa Vierundzwanzig-Stunden-Wachen – aber auch Konservierungsmaßnahmen vorgenommen werden.[254] Darüber hinaus ist mit dem CAR-/EAR-Versicherer festzulegen, in welchem Zeitraum er zu welchen Konditionen die Weiterversicherung der Projektrealisierung übernehmen wird.

---

[251] Hierzu *Burg*, a.a.O., S. 94.
[252] *Burg*, a.a.O., S. 93.
[253] Gegen Erweiterungen *Burg*, a.a.O., S. 95.
[254] *Domke*, Swiss Reinsurance Company, Standstill covers under CAR and EAR insurance, S. 14.

15.11 Versicherungen in der Betreiberphase

Mit dem Ablauf der projektbezogenen Deckungen ist es notwendig, den für den 187
Betrieb der Anlage erforderlichen Versicherungsschutz sicherzustellen. Dabei gehört es zum hier vertretenen Risikomanagementansatz, dass bereits in der Planungsphase auch an dem Konzept der späteren Betriebsversicherungen gearbeitet wird. Es ist oben aufgezeigt worden, dass z.B. mit der Trennung in feuertechnisch unabhängige Komplexe mögliche Höchstschäden und damit das Risiko des Versicherers begrenzt werden können. Dies hat Auswirkungen auf die Prämienhöhe. Durch weitere Maßnahmen, die z.T. auch in Zusammenarbeit mit Experten der Versicherer getroffen werden können, besteht die Möglichkeit, das Risiko zu verringern oder zu verbessern.

Die Beschreibung des für die Betreiberphase sinnvollen Versicherungsschutzes ist 188
ungleich schwieriger als der für die Realisierungsphase. Hier ist noch stärker ausschlaggebend, in welchem Land etwa die Anlage errichtet wurde und nunmehr betrieben werden soll. Während hinsichtlich der Realisierungsphase unter deutschem Recht geprägte Exportdeckungen möglich sind, kommt es für den Betrieb der Anlage stärker auf die regionalen rechtlichen und tatsächlichen Voraussetzungen an. Zu letzteren gehört etwa eine besondere Risikoexponierung, z.B. hinsichtlich Erdbeben oder besonderer Witterungsbedingungen wie Flut, Hurrikane oder Tornados ergeben. Dies alles erfordert ein unter Einsatz von ortskundigen Beratern entwickeltes Konzept. Unbeschadet davon bietet sich nach deutschem Rechts- und Deckungsverständnis grundsätzlich ein konventionelles Modell an, welches den Haftpflicht- und darüber hinaus den Sachversicherungsschutz regeln sollte.

15.11.1 Haftpflichtversicherung

Hinsichtlich der Haftpflichtversicherung gilt das oben für die Realisierungsphase 189
Ausgeführte. Darüber hinaus ist aber etwa beim Betrieb einer Anlage in der Bundesrepublik das Augenmerk auf die **Umwelthaftpflichtversicherung** zu richten. Es hier entscheidend festzustellen, welche der Deckungsbausteine (Ziff. 2.1 bis 2.7 Umwelthaftpflichtmodell) vereinbart werden müssen, um Schutz hinsichtlich von Schadenersatzansprüchen wegen Einwirkungen auf Boden, Luft oder Wasser zu haben. Es kommt dabei z.B. darauf an, ob es sich um WHG-Anlagen, UmweltHG-Anlagen, andere umweltrelevante Anlagen oder Abwasseranlagen handelt. Darüber hinaus muss geprüft werden, ob hinsichtlich der produzierten Produkte eine **erweiterte Produkthaftpflicht**, evt. auch eine **Rückrufdeckung** notwendig ist.

15.11.2 Sachrisiken

15.11.2.1 Feuerversicherung

Hinsichtlich der Sachrisiken wird in der Bundesrepublik die Feuerversicherung mit 190
einer erweiterten Deckung für Industriebetriebe („**Extended Coverage**" oder EC) angeboten. Als Modelle existieren somit die **Allgemeinen Bedingungen für die Feuerversicherung von 1987 (AFB 87)**[255] sowie die **Bedingungen für die Versicherung zusätzlicher Gefahren zur Feuerversicherung für Industrie- und Handelsbetriebe (ECB 87)**. Beide Modelle schützen lediglich gegen die ausdrücklich genannten Gefahren. Dies bedeutet, dass der Versicherungsnehmer im Gegensatz zu

---

[255] Abgedruckt und kommentiert in: Kollhosser in: Prölss/Martin, VVG, S. 1045 ff.

den „All-Risk"-Deckungen bei Transport-, Montage- und Bauleistungsversicherung die Beweislast dafür trägt, dass sein Schaden auf Grund einer dieser benannten Gefahren eingetreten ist.

191 In der Feuerversicherung können Gebäude und sonstige Grundstücksbestandteile sowie bewegliche Sachen, soweit der Versicherungsnehmer der Eigentümer ist, versichert werden. Zusätzlich gibt es Deckungsschutz für Sachen, die unter Eigentumsvorbehalt erworben wurden, oder die sicherheitsübereignet sind. Fremdes Eigentum ist lediglich dann versichert, wenn es seiner Art nach zu den versicherten Sachen gehört und dem Versicherungsnehmer zur Bearbeitung, Benutzung, Verwahrung oder zum Verkauf in Obhut gegeben wurde.[256]

192 Während die allgemeine Feuerversicherung nach den AFB 87 Brand, Blitzschlag, Explosion, Anprall oder Absturz eines bemannten Flugkörpers, seiner Teile oder seiner Ladung sowie Löschen, Niederreißen oder Ausräumen infolge eines dieser Ereignisse deckt, **erweitern** die ECB 87 die Deckung um die nachfolgenden Schäden und Gefahren: Innere Unruhen, böswillige Beschädigung, Streik oder Aussperrung, Fahrzeuganprall, Rauch, Überschallknall, Sprinklerleckage, Leitungswasser, Sturm und Hagel. Letztlich besteht die Möglichkeit, den Versicherungsschutz mit einer sog. **„Erweiterten EC-Versicherung"** auf die Elementargefahren wie Erdbeben, Überschwemmungen und Lawinen etc. auszudehnen. Hinsichtlich der politischen Risiken besteht jedoch ein jederzeitiges Kündigungsrecht, das gem. § 9 ECB 87 eine Woche nach Zugang wirksam wird. Die Versicherung gilt grundsätzlich nur für den angegebenen **Versicherungsort**. Durch besondere Vereinbarung können Sachen, etwa bei Reparaturen in fremden Werkstätten, durch eine Außenversicherung den Deckungsschutz behalten.

193 **Ersatz** wird geleistet für die versicherten Sachen sowie zusätzliche versicherte Kosten (§§ 2, 3 AFB 87). Je nach versicherter Sache wird der Neuwert, der Zeitwert oder auch nur der gemeine Wert ersetzt (§ 5 AFB 87). Für eine Reihe der Schadenpositionen besteht die Möglichkeit, die Deckung auf das sog. **„erste Risiko"** oder die „erste Gefahr" abzuschließen. Damit ist gemeint, dass bei Beschädigung der so versicherten Sachen oder Kosten der Schaden bis zum vereinbarten Erstrisikobetrag ungekürzt ersetzt wird, selbst wenn auf Grund unzutreffender Festlegung der Gesamtversicherungssumme eine **Unterversicherung** vorläge und eigentlich der Entschädigungsbetrag anteilmäßig gekürzt werden müsste. Weil die Erstrisikodeckung somit den Unterversicherungseinwand verhindert, ist sie grundsätzlich immer dann angezeigt, wenn Schwierigkeiten hinsichtlich der Feststellung der Versicherungssumme bestehen würden.

194 Darüber hinaus enthält die Feuerversicherung auch Formulierungen über **Ausschlüsse**. Dies ist zunächst verwunderlich, weil sie ihrem Aufbau nach den Deckungsbereich positiv beschreibt. Daher werden diese Ausschlüsse häufig nur deklaratorischen Charakter haben. Hier soll lediglich darauf hingewiesen werden, dass im Zusammenhang mit der Wirkung elektrischen Stroms an elektrischen Einrichtungen weite Ausschlüsse formuliert sind. Diese sind z.T. durch Klauseln einschließbar. In diesem Zusammenhang bietet sich jedoch auch an, eine Elektronikversicherung nach den **Allgemeinen Bedingungen für die Elektronikversicherung (ABE)**[257] abzuschließen. Sie hat den grundsätzlichen Vorteil, als „All-Risk"-Versicherung konzipiert zu sein.

15.11.2.2 Maschinenversicherung

195 Weiterhin kann angezeigt sein, eine Maschinenversicherung abzuschließen. Als Modell hierfür existieren die **Allgemeinen Maschinen-Versicherungsbedingungen**

---

[256] *Stellmann* in: Usinger (Hrsg.), Immobilien – Recht und Steuern, S. 773.
[257] VerBAV 1991, S. 245 ff.; abgedruckt und kommentiert in: Voit in: Prölss/Martin, VVG, S. 2092 ff.

von 1991 (AMB 91).[258] Entgegen der Modellbenennung schützen diese neben Maschinen und maschinellen Einrichtungen auch sonstige technische Anlagen. Die AMB 91 enthalten keine Definition der drei Versicherungsgegenstände. Nach h.M. sind die Parteien frei, unter dieser Beschreibung jede Art von technischer Anlage zu versichern.[259] Das Modell geht von einer **Allgefahrenversicherung** aus, die verlangt, dass die Schäden an den versicherten Sachen **unvorhergesehen** eintreten. Nach der im Modell ausdrücklich in § 2 Abs. 1 Satz 2 AMB 91 aufgeführten Definition sind Schäden unvorhergesehen, „die der Versicherungsnehmer oder seine Repräsentanten weder rechtzeitig vorhergesehen haben, noch mit dem für die im Betrieb ausgeübte Tätigkeit erforderlichen Fachwissen hätten vorhersehen können, wobei nur grobe Fahrlässigkeit schadet." Damit sind im Grunde genommen lediglich Schäden ausgeschlossen, die auf betriebsbedingter, normaler oder vorzeitiger Abnutzung beruhen oder aber Gegenstände betreffen, die während der normalen Lebensdauer mehrfach ausgewechselt werden. Die **Beweislast** trägt der Versicherer.

Besonders hervorzuheben ist, dass nach den Beispielen für versicherte Sachen und Gefahren in § 2 Abs. 1b AMB 91 neben z.B. Bedienungsfehlern, auch ausdrücklich Schäden durch **Konstruktions-, Material- oder Ausführungsfehler** erwähnt werden. Allerdings wird nach § 2 Abs. 4d AMB 91 keine Entschädigung für Schäden geleistet, die durch Mängel eintreten, die bei Abschluss der Versicherung bereits vorhanden waren und dem Versicherungsnehmer oder seinem Repräsentanten bekannt sein mussten. **Daten** sind nach § 1 Nr. 2c AMB 91 mitversichert, allerdings nur insoweit, als ihr Verlust oder ihre Veränderung auf Grund eines versicherten Schadens an den Datenträgern erfolgt. Mit einer Klausel 010 „Daten und Datenträger" ist eine Erweiterung der Ersatzpflicht vorgesehen, wenn der Schaden an der Verarbeitungsanlage entstanden ist oder auf Grund einer Blitzeinwirkung eintritt.[260] **196**

Um eine klare **Abgrenzung** dieses Modells mit der eben beschriebenen **Feuerversicherung** zu erreichen, sind die bei letzterer gedeckten Gefahren, wie Brand, Blitzschlag etc. aus dem Deckungsbereich der Maschinenversicherung ausgeschlossen, soweit sie durch eine Feuerversicherung gedeckt werden können. Ähnlich wie die Feuerversicherung deckt die Maschinenversicherung grundsätzlich lediglich die Versicherungsgegenstände auf dem **Betriebsgrundstück** (§ 3 AMB 91). Versicherungsnehmer ist typischerweise der Eigentümer. Anderenfalls sind auch die **Interessen des Eigentümers** mitversichert. **197**

In Abgrenzung zu den projektbezogenen Deckungen beginnt die Haftung des Versicherers grundsätzlich frühestens mit der **Betriebsfertigkeit der Sache**, d.h. nach beendeter Erprobung oder – soweit vorgesehen – nach beendetem Probebetrieb, wenn die Anlage zur Arbeitsaufnahme bereit ist oder sich im Betrieb befindet. **198**

Als **Versicherungswert** ist der jeweils gültige Listenpreis der versicherten Sachen zuzüglich der Bezugskosten zu versichern. Auch hier gibt es die Möglichkeit, Teile der Deckung auf **„erstes Risiko"** abzuschließen. Zur Vermeidung der immer drohenden Unterversicherungsdebatte ist dies oder eine Stichtagsregelung in jedem Fall zu empfehlen. Die **Entschädigung** wird abhängig davon berechnet, ob ein Teilschaden oder ein Totalschaden vorliegt. Im Falle eines Teilschadens wird nach § 10 Abs. 1 AMB 91 die Entschädigung nach den **Wiederherstellungskosten** abzüglich des Wertes des alten Materials errechnet. Hierzu gehören **Lohnkosten, De- und Remontagekosten** sowie **Transportkosten**. Nicht ersetzt werden die **Mehrkosten** für Änderungen oder Verbesserungen, die über die Wiederherstellung hinausgehen. Damit sind nach h.M. im Unterschied zu den AMoB auch Mängelbeseitigungskosten entschädi- **199**

---

[258] Abgedruckt und kommentiert in: Voit in: Prölss/Martin, VVG, S. 2050 ff.
[259] *Voit* in: Prölss/Martin, VVG, § 1 AMB 91, Rdn. 1.
[260] *Voit*, a.a.O., § 2 AMB 91, Rdn. 18 f.

gungsfähig, die zugleich der Wiederherstellung nach dem Sachschaden dienen.[261] Die Begründung des Unterschieds wird darin gesehen, dass die Maschinenversicherung lediglich Versicherungsobjekte in Deckung nimmt, die betriebsfertig und erprobt sind, wobei Garantieschäden und Schäden infolge erkennbarer Mängel von vornherein nicht versicherungsfähig sind.[262]

200 Darüber hinaus enthalten die AMB 91 die üblichen Ausschlüsse und nach ihrer Struktur immer einen **Selbstbehalt**, der auch hier die Kleinschäden aus der Bearbeitung ausschließen soll.

15.11.2.3 „Industrial-All-Risk"-Versicherung

201 Vorherrschend im US-amerikanischen Versicherungsmarkt ist eine breite Form der „All-Risk"-Versicherung, die als sog. „Property"-Deckung alle Gefahren deckt, die der errichtenden Anlage drohen können. Dieses Konzept vereint insbesondere den Deckungsumfang der **Feuerversicherung** mit demjenigen der **Maschinenversicherung**. Zusätzlich besteht auch die Möglichkeit unter dem Stichwort **„Service and Installation"** automatischen Deckungsschutz für Montagetätigkeiten des Versicherers vorzuhalten. Dies wird üblicherweise dann angenommen, wenn seine unmittelbaren Eigentumsinteressen betroffen sind, oder wenn er ein Interesse unter dem Gesichtspunkt **„Care, Custody or Control"** hat. In der Praxis kommt es häufiger vor, dass unter den versicherten Sachen auch elektronische Daten beschrieben oder ausgeschlossen werden. Häufig ist auch hier Voraussetzung für Versicherungsschutz gegen **Datenverlust,** dass ein von außen kommendes Ereignis einen jedenfalls darüber hinaus gehenden Sachschaden am Datenträger oder seiner Verarbeitungsanlage herbeigeführt hat.

202 Der Grundsatz, dass bei dieser Policenform gegen alle Risiken und damit umfänglich versichert wird, darf jedoch auch hier nicht zu der Annahme führen, dass eine solche Deckung immer weiter ist, als die traditionelle Feuer- oder gar kombinierte Feuer- und Maschinenversicherung. Entscheidend ist, dass eine sorgfältige Prüfung der jeweils in der konkreten Police vorgenommenen Ausschlusstatbestände vorgenommen wird.

15.11.2.4 Betriebsunterbrechungsversicherungen

203 Alle vorgenannt beschriebenen Sachdeckungen können auch mit Versicherungsschutz für Betriebsunterbrechungen kombiniert bzw. ergänzt werden. Hier ist wie bei den Projektdeckungen zunächst erforderlich, dass ein versicherter Sachschaden eingetreten ist. Dieser muss als Folge eine Betriebsunterbrechung nach sich ziehen, d.h. eine Störung der Betriebstätigkeit auslösen, die wiederum zur Folge hat, dass Betriebsgewinne und Kosten nicht erwirtschaftet werden können, bzw. dass Schadenminderungskosten entstehen.[263]

204 Die Höhe des Schadenersatzes wird wiederum zweifach begrenzt: Zum einen durch die Vereinbarung einer Versicherungssumme als Höchstentschädigung; zum anderen durch die Festlegung eines Zeitraums, währenddessen Ausfälle ersetzt werden **(Haftzeit).** Die Haftzeit wird üblicherweise auf zwölf bis vierundzwanzig Monate begrenzt.

---

[261] Vgl. insofern *Martin*, Montageversicherung, § 11, Rdn. 4.1.
[262] *Martin*, a.a.O., Rdn. 4.1.2.
[263] Vgl. etwa die Feuerbetriebsunterbrechungsversicherung nach den **Feuer-Betriebsunterbrechungsversicherungsbedingungen (FBUB)**, abgedruckt und kommentiert in *Kollhosser* in: Prölss/Martin, VVG, S. 1115 ff., sowie die Maschinenbetriebsunterbrechungsversicherung nach den **Allgemeinen Maschinen-Betriebsunterbrechungsversicherungs-Bedingungen (AMBUB)**, abgedruckt und kommentiert in: Voit in: Prölss/Martin, VVG, S. 2149 ff.

Besonders in diesem Zusammenhang ist die Konsultierung eines kundigen Beraters notwendig, um festzustellen, ob Versicherungssummen und Haftzeiten ausreichend dimensioniert sind, damit Auswirkungen eines Sachschadens innerhalb eines Betriebes oder zwischen mehreren Betrieben (sog. **„Wechselwirkungsschäden"**) oder auch Auswirkungen auf Betriebe, die dem Versicherungsnehmer nicht gehören (sog. **„Rückwirkungsschäden"**) etc. in ein umfassendes Konzept miteingebunden werden können.

15.12 Alternativer Risikotransfer

Die Darstellung der typischen Deckungskonzepte sowohl in der Realisierungs- wie auch in der Betreiberphase zeigt, dass traditioneller Versicherungsschutz in vielen Bereichen zu erhalten ist, insbesondere aber das **Unternehmerrisiko** schwer zu versichern sein kann. Gerade bezogen auf dieses Risiko wird aber häufig der Bedarf geäußert, etwa Mangelbeseitigungskosten kalkulierbar zu gestalten, um unterschiedliche Belastungen in den verschiedenen Jahresplanungen zu verhindern. 205

Versicherungsschutz auch für diese Sonderrisiken wird unter dem Stichwort „Alternativer Risikotransfer" (ART) diskutiert.[264] Es gibt keine anerkannte und übereinstimmende Definition dieses Begriffs. Vielmehr werden hierunter sowohl die Kombination traditioneller Versicherungspolicen (z.B. durch die **Verbindung getrennter Sparten**, wie Haftpflicht- und Sachversicherungen) als auch die teilweise Finanzierung der Risiken (**„Finite Insurance"**) sowie die Nutzung der Kapitalmärkte – etwa durch „Bonds" – verstanden. 206

Trotz der Vielfältigkeit der Lösungsvorschläge lassen sich auch hier Grundelemente herausarbeiten: Hauptziel der Produkts ist die Anerkennung als Versicherung, damit die Prämie als Betriebsausgabe steuerlich abzugsfähig bleibt. Aus diesem Grund werden üblicherweise alle konventionell versicherbaren Risiken verbunden und zusätzlich in diesen Vertrag – untrennbar von den anderen Versicherungsdeckungen – das definierte Unternehmerrisiko eingebracht. Diese Gestaltungsform soll erreichen, dass ein bestimmter, möglichst hoher Anteil der Prämie für traditionellen Transfer verbraucht wird. Der andere Teil dient der **Finanzierung des nicht-konventionellen Risikos.** Üblicherweise ist diese Finanzierung so gestaltet, dass ein etwaiger Schadenbedarf im Wege eines Gesamtkonzepts vom Versicherer bereits für den ersten Tag garantiert, und nach Schadeneintritt durch den Versicherungsnehmer mit erhöhten Prämien ausgeglichen wird. Sollte der Schaden in diesem Bereich nicht eintreten, so gibt es verschiedene Formen der **Gewinnbeteiligung,** die den Versicherungsnehmer am guten Verlauf seines Risikos beteiligen. Die Gestaltung dieser Verträge erfordert **spezielles bilanzielles und steuerrechtliches Wissen.** Je nach Land unterschiedlich zu beurteilen ist die Frage, wie viel Prozent des Risikos transferiert werden muss, und welche Schadeneintrittswahrscheinlichkeit bestehen muss, um von einer Versicherungspolice sprechen zu können.[265] 207

---

[264] Vgl. hierzu die anschauliche Darstellung, insbesondere zu den „Integrativen Produkten" und den „ART Produkten", bei *Herold/Paetzmann*, Alternativer Risikotransfer, S. 21 ff. und 32 ff.

[265] Auf Grundlage des US Financial Accounting Standards Board (FASB No. 113) ist es notwendig, einen zehnprozentigen Risikotransferteil, der mit zehnprozentiger Wahrscheinlichkeit eintritt, zu vereinbaren, um von Risikotransfer zu sprechen; vgl. *Patterson*, „Alternativer Risikotransfer – immer mehr Realität", in: ZfV 1997, S. 608.

15.13 Überlegungen zum Design eines projektbezogenen Versicherungsprogramms

15.13.1 Versicherungsnehmer

208 Für den Initiator eines Projekts stellt sich in Kenntnis der oben erläuterten Standards für den Transfer von Projektrisiken konkret die Frage, ob er mit der Vorgabe einzukaufenden Versicherungsschutzes den Abschluss und die Verhandlung dem einzelnen Projektteilnehmer überlässt, oder ob er eine aktive Gestaltung eines einheitlichen Programms vorgibt. Bei letzterem ist zusätzlich zu entscheiden, welche der Parteien die Gestaltung federführend übernimmt. Es wird hier von sog. „**Owner-Controlled**", d. h. vom Eigentümer bzw. Betreiber gestalteten und für alle Beteiligten abgeschlossenen Versicherungsverträgen gesprochen. Sollte die Gestaltung durch den Unternehmer gewünscht sein, so kann man dies etwa als „Contractor-Controlled"-Programm bezeichnen.

209 Beide Ansätze werden durch eine Reihe von Argumenten gestützt. Rechtlich gesehen ist der Hauptunterschied, dass die kontrollierende Partei meist Versicherungsnehmer ist und die Rechte und Pflichten der Police sie unmittelbar betreffen. Hierzu gehört natürlich auch die Pflicht zur Prämienzahlung. Ein Vorteil, den Unternehmer mit der Gestaltung des Programms zu beauftragen, könnte insbesondere darin gesehen werden, dass er große Erfahrung mit der Lieferung seiner Anlagen hat, deshalb die besten Versicherungskonditionen kennt und diese vielleicht sogar in bestehende Rahmen- oder Generalverträge festgeschrieben hat, in die er das konkrete Risiko dann einbringen kann. Zudem ist er auf Grund der vertraglichen Situation und der Gefahrtragung tatsächlich und rechtlich derjenige, welcher der Verwirklichung von Risiken an erster Stelle ausgesetzt ist.

210 Als Argument für ein Programm „Owner Controlled" lässt sich anführen, dass dieser letztlich den Betrieb der Anlage versichern wird. Der Betrieb einer Anlage im Rahmen der bloßen täglichen Geschäftstätigkeit ist aber regelmäßig weniger schadenträchtig als die Errichtung und Inbetriebnahme einer Anlage. Insoweit kann es kostengünstiger sein, das schwere Risiko (Projektversicherung) mit dem leichten Risiko (Betreiberphase) zu verbinden, und so durch die Bündelung der Kaufkraft für Versicherungsschutz in beiden Phasen bessere Konditionen zu erreichen. Darüber hinaus hat der „Owner" ein besonderes Interesse am Deckungsschutz der Transport- und Montagebetriebsunterbrechungsversicherung, die mit Ausnahme der Mehrkosten im Wesentlichen ihn schützt.

211 Unabhängig von der Entscheidung, wer die Gestaltung des Programms übernimmt, sollte auf jeden Fall ein einheitliches Versicherungsprogramm entwickelt werden, damit Deckungslücken vermieden und insbesondere gefährliche Graubereiche in der Abgrenzung unterschiedlicher Versicherungsverträge entschärft werden. Die Problematik, dass einer der Beteiligten dann rechtlich gesehen Versicherungsnehmer ist, den u.a. die Pflicht zur Prämienzahlung trifft, und er oder sein Repräsentanten durch Vertragsverletzungen den Deckungsschutz gefährden können, kann vermindert werden. Wie gezeigt besteht die Möglichkeit, dass eine **„Breach of Contract Clause"** zugunsten des Versicherungsschutzes der nicht vertragswidrig handelnden Versicherten in die Police aufgenommen wird.

15.13.2 Projekthaftpflichtversicherungsschutz

212 Es wurde gezeigt, dass internationale Deckungskonzepte u.a. auch die Mitversicherung von Haftpflichtrisiken vorsehen. Problematisch bei einer solchen Projekthaft-

pflichtversicherung ist neben der dargestellten unterschiedlichen Reichweite der Deckung die Tatsache, dass die allgemeinen Betriebshaftpflichtversicherungen der Projektbeteiligten nicht aufgehoben werden, und damit quasi doppelt Prämie für dasselbe Risiko gezahlt wird, soweit und solange die allgemeine Haftpflichtversicherung auch die Risiken des Projekts deckt. Hierauf kann man unterschiedlich reagieren. Man könnte zunächst ausdrücklich klarstellen, dass Schäden im Zusammenhang mit dem konkreten Projekt aus dem Deckungsbereich der eigenen separaten Police herausgenommen werden. Damit bestünde alleine Schutz aus der Projektdeckung. Allerdings kann es sein, dass das eigene isolierte Programm höhere Deckungssummen, bessere Konditionen und weitere Deckungsbereiche enthält. Dies ist insbesondere dann möglich, wenn lange in Kraft befindliche Versicherungsverträge über eine Zeit hin gut verlaufen, d. h. wenig schadenbelastet sind. Eine Reduzierung auf die Projektdeckung ist schon deshalb fraglich, weil damit der üblicherweise für angemessen erachtete Risikoschutz des einzelnen Versicherungsnehmers entfallen würde. Dies erscheint unter Berücksichtigung der besonderen Projektrisiken mit Sicherheit der falsche Weg zu sein. Ganz im Gegenteil sollte zur zusätzlichen Sicherheit auf den üblichen Versicherungsschutz nicht verzichtet werden und stattdessen klargestellt werden, dass diese zusätzlichen Konditionen und eventuell höheren Summen jedenfalls nach erfolgloser Inanspruchnahme dem Grunde nach oder nach Ausschöpfung der Höhe zur Verfügung stehen. Es ist eine sog. „Difference In Conditions" (DIC) und „Difference In Limits" (DIL) zu vereinbaren. Mit einer solchen Vereinbarung wird erreicht, dass die Separatpolice mit ihren Konditionen und Deckungssummen quasi subsidiär zur Verfügung steht.[266]

Sollte die eigene Grunddeckung geringer sein als die Projektpolice, so könnte es sinnvoll sein, die Grunddeckungen des einzelnen Mitversicherten als Selbstbehalt aus dem Deckungsbereich der Projektpolice auszuschließen. Dies hätte aber den Nachteil, dass keine einheitliche Schadenabwicklung möglich ist, und dass evtl. unterschiedliche Rechtsauffassungen zwischen verschiedenen Versicherern die Schadenersatzleistungen erschweren und das Projekt behindern. Eigene Haftpflichtprogramme können unabhängig von der Reichweite in ein einheitliches Versicherungsprogramm aber auch derart einbezogen werden, dass der Schutz des in Anspruch Genommenen auf Rechtsverteidigung und Indemnifikation zwar aus der Projektpolice besteht, dem Projekthaftpflichtversicherer der Rückgriff gegen den Haftpflichtversicherer des Schädigers aber im Rahmen dessen bestehender eigener Deckungen ausdrücklich erlaubt ist. Dies vermindert das Risiko des Projektversicherers erheblich und kann prämiensparend hinsichtlich der Projektpolice eingesetzt werden.

15.13.3 Anforderungen an die Versicherung von Montage- und Bauleistungsrisiken

Die international verwendeten Modelle für die Versicherung von Bauleistungs- und Montagerisiken sind dargestellt worden, um eine gewisse Transparenz der Deckungsmöglichkeiten zu schaffen. Grundsätzlich besteht jedoch immer die Möglichkeit, eigene Bedingungen zu verhandeln. Ausschlaggebend für jede CAR-/EAR-Police muss die Frage sein, inwieweit das **„Herstellerrisiko"** gedeckt werden soll. Die grobe Einteilung ist am besten anhand der dreistufigen Abgrenzung entsprechend der **LEG-Ausschlüsse** vorzunehmen, nämlich: vollständiger Ausschluss, Ersatz des Sachschadens unter Abzug von „Ohnehinkosten" sowie Ersatz mit Ausnahme von „Verbesserungskosten". Während der vollständige Ausschluss in den meisten Fällen dem Gedanken

---

[266] Vgl. etwa für Transportversicherungsverträge die Schutz –und Konditionendifferenzversicherungsklausel der DTV Güter 2000.

eines guten Risikomanagements widersprechen wird, folgen die meisten Standards und Policen der mittleren Variante. Dies ist auch dem Standard der **AMoB** ohne die Einbeziehung der Klausel 23 vergleichbar, die bekanntlich zusätzlich 80% der De- und Remontagekosten bei der Fehlerbeseitigung ersetzt, wenn der Mangel zu einem entschädigungspflichtigen Versicherungsfall führt. Die **Rückversicherungspolicen** ähneln in ihrer erweiterten Deckungsform diesem mittleren Standard. Vorformulierte Klauseln für einen noch höheren Deckungsstandard hinsichtlich des „Herstellerrisikos" sind dort nicht bekannt. Sie müssten LEG 3/DE5 entsprechen und als Zusatzbedingungen der Police vereinbart werden.

215 Es empfiehlt sich, eigenständige Policen anhand nachfolgender Grundstruktur unter Berücksichtigung der konkreten Risikosituation zu formulieren. Aus Beweis- und Vollständigkeitsgründen sollte eine „All-Risk"-Police erworben werden, die möglichst wenig Ausschlüsse hinsichtlich versicherter Sachen und gedeckter Gefahren aufweist. Die versicherten Sachen sollten möglichst genau und weit definiert sein. Dabei ist darauf zu achten, dass begrenzte Deckungssummen etwa für fremde Sachen, Baugrundrisiken etc. nicht den Versicherungsschutz zu stark einschränken. **„Sublimites"** sollten möglichst selten zur Anwendung kommen. Weiterhin sollte hinsichtlich ausgeschlossener Gefahren darauf geachtet werden, dass bei Schäden, die auf Grund zweier unterschiedlicher Gefahren eintreten, immer schon dann Deckung besteht, wenn eine dieser Gefahren zu den versicherten gehört. Auf keinen Fall darf es sein, dass aus dem zufälligen Zusammentreffen einer gedeckten und einer nichtgedeckten Gefahr eine Diskussion über die Ersatzfähigkeit entsteht.

216 Hinsichtlich des Schadenbegriffs bietet es sich an, eine Definition aufzunehmen, die den **Sachschaden** allgemein regelt und durch eine beispielhafte, als nicht abschließend gekennzeichnete Aufzählung auch streitiger Einzelschäden bestimmte Grenzbereiche einer späteren Diskussion entzieht. Darüber hinaus ist es wichtig, die **Schadenabwicklung** ausdrücklich zu regeln, einschließlich der Anzeige- und Zahlungsfristen. Auch die Ersatzpflicht für Kosten, die dem Versicherungsnehmer entstehen, weil er (vergeblich) versucht den Schaden abzuwenden, sollte eigenständig formuliert sein.

217 Abschließend darf nicht vergessen werden zu regeln, unter welchen Voraussetzungen und für welchen Zeitraum eine **automatische Verlängerung** der Police eintritt, wenn z.B. die Anlage nicht vereinbarungsgemäß abgenommen werden kann und der Probebetrieb zu verlängern ist. Für alle Projektdeckungen ist sicherzustellen, dass eine Kündigung während der Projektlaufzeit möglichst ausgeschlossen ist oder auf gravierende Gründe, wie z.B. Nichtzahlung der Prämie oder Betrugsversuch im Rahmen der Schadenabwicklung, beschränkt bleibt. Die Möglichkeit einer **Schadenfallkündigung** sollte in jedem Fall ausgeschlossen werden. Zu den üblichen Standardausschlüssen gehören – wie gezeigt – die politischen Risiken. Hier gibt es in einigen Ländern spezielle **Terrorismusklauseln,** welche die Deckung weiter erheblich einschränken.

15.13.4 Wahl des Versicherers

218 Die Wahl des Versicherers ist genauso wichtig wie die Ausformulierung der konkreten Bedingungen. Hier kommt es insbesondere auf die finanzielle Leistungsfähigkeit im Schadenfall und die personelle Servicefähigkeit vor Ort an. Hinsichtlich der Leistungsfähigkeit haben sich die international üblichen Bewertungen durch entsprechende Agenturen durchgesetzt.[267] Insbesondere außerhalb Deutschlands ist es üblich, dass Versicherungsgesellschaften über ein entsprechendes „Rating" verfügen. Zusätzlich haben die großen Makler und Berater eigene Kriterien, nach denen sie beurteilen, ob

---

[267] In diesem Zusammenhang ist auf Standard & Poor's, Moody's und AM-Best hinzuweisen; hierzu etwa: Lier, „Rating in der Praxis", in: VW 2000, S. 562 ff.

Überlegungen zum Design eines projektbezogenen Versicherungsprogramms

eine Geschäftsbeziehung mit einem Versicherer in einem bestimmten Land hinsichtlich einer bestimmten Laufzeit und eines konkreten Projekts zulässig ist. Es ist empfehlenswert, hierbei mit erheblicher Sorgfalt vorzugehen, damit nicht z. B. im Totalschadenfall nach mehreren Jahren Laufzeit des Projekts der Versicherer aufgrund finanzieller Schwierigkeiten seinen Verpflichtungen nicht mehr nachkommen kann.

Grundsätzlich besteht in der Europäischen Union auf Grund der **Freizügigkeit** die 219 Möglichkeit, Versicherungsschutz für ein Projekt im Lande A etwa im Heimatland B des Unternehmers einzudecken. Hier stellt sich lediglich die tatsächliche Frage, ob der Heimatversicherer technisch in der Lage ist, etwa die Schadenregulierung vor Ort vorzunehmen. Gleichwohl kann es auch in Europa rechtlich ausgeschlossen sein, freihändig den Versicherer zu bestimmen. So müssen etwa öffentliche Auftraggeber oberhalb bestimmter Grenzen nach bestimmten vorgegebenen Verfahren eine **europaweite Ausschreibung** ihrer Versicherungsprogramme vornehmen.[268] Das gleiche gilt i. ü. für staatliche Behörden oder öffentliche Unternehmen bei Projekten im Bereich der Wasser-, Energie- und Verkehrsversorgung sowie im Telekommunikationssektor.[269] Dabei sind dann das konkrete Projekt, der Deckungsumfang und weitere Entscheidungsvoraussetzungen im Amtsblatt der Europäischen Union zu veröffentlichen und die Versicherer nach bestimmten Kriterien auszuwählen. Dem Versicherungsschutz Suchenden bleibt natürlich nicht verwehrt, die ihm wichtigen sachlichen Voraussetzungen, wie z. B. spezielle Erfahrungen mit speziellen technischen Risiken, als Kriterium für die Entscheidung in der Ausschreibung anzugeben.[270]

Schwieriger ist es, den vertrauten und leistungsfähigen Wunschversicherer einzu- 220 schalten, wenn die Anlage in einem Land ohne Freizügigkeit hinsichtlich der Versichererauswahl errichtet werden soll. Dann kann es vorgeschrieben sein, einen im Land für dieses Geschäft zugelassenen Versicherer einzuschalten. Man spricht hier von der lokalen Versichererpflicht, der sog. **„Admitted"-Voraussetzung.** Die Sanktionen auf einen Verstoß gegen diese Verpflichtungen sind sehr unterschiedlich. Sie reichen von einer Ahndung als Ordnungswidrigkeit bis hin zum Lizenzentzug für den Betrieb der zu errichtenden Anlage.[271] Selbst wenn die Ahndung nur gering ist kann es sein, dass es Schwierigkeiten bereitet, die Schadenersatzzahlungen auf legalem Wege in das entsprechende Land zu bringen. Aus diesem Grund sollte man sich nur dann auf „Non-Admitted"-Lösungen einlassen, wenn diese rechtlich zulässig sind. Die grundsätzliche Problematik kann aber gelöst werden, wenn der Wunschversicherer sich einen zuge-

---

[268] Richtlinie 92/50/EWG des Rates vom 18. Juni 1992 über die Koordinierung der Verfahren zur Vergabe öffentlicher Dienstleistungsaufträge, ABl. Nr. L 209 vom 24. 7. 1992, S. 1 ff., sowie ihre Änderung durch die Richtlinie 97/52/EG des Europäischen Parlaments und des Rates vom 13. Oktober 1997 zur Änderung der Richtlinien 92/50/EWG, 93/36/EWG und 93/37/EWG über die Koordinierung der Verfahren zur Vergabe öffentlicher Dienstleistungs-, Liefer- und Bauaufträge, ABl. Nr. L 328 vom 28. 11. 1997, S. 1 ff.

[269] Vgl. Richtlinie 93/38/EWG des Rates vom 14. Juni 1993 zur Koordinierung der Auftragsvergabe durch Auftraggeber im Bereich der Wasser-, Energie- und Verkehrsversorgung sowie im Telekommunikationssektor, ABl. Nr. L 199 vom 9.81993, S. 84 ff., sowie ihre Änderung durch die Richtlinie 98/4/EG des Europäischen Parlaments und des Rates vom 16. Februar 1998 zur Änderung der Richtlinie 93/38/EWG zur Koordinierung der Auftragsvergabe durch Auftraggeber im Bereich der Wasser-, Energie- und Verkehrsversorgung sowie im Telekommunikationssektor, ABl. Nr. L 101 vom 1. 4. 1998, S. 1 ff.

[270] Im Einzelnen zur Umsetzung der europarechtlichen Vorgaben in das bundesdeutsche Vergaberecht: *Dreher*, „Die Vergabe von Versicherungsdienstleistungen nach dem neuen Kartellvergaberecht", NVersZ 1999, S. 10 ff.; und insbesondere zu den einzelnen Vergabeverfahren *ders.*, „Versicherungsdienstleistungen und Vergaberecht", VersR 2000, S. 666 ff.

[271] Einen allg. Überblick über Versicherungsfragen in bestimmten Ländern gibt *Campbell (Hrsg.)*, International Insurance Law and Regulation.

15. Teil. Versicherungsrechtliche Fragen

lassenen lokalen Versicherer aussucht, der pro forma das Risiko im Rahmen seiner Zuständigkeit im Land übernimmt. Er kann häufig unter Erfüllung sehr viel geringerer Anforderungen im Rahmen rechtlich zulässiger Rückversicherung das lokal gezeichnete Risiko an den Wunschversicherer zedieren. Zwar entstehen hierfür zusätzliche Gebühren des Lokalversicherers (sog. **„Fronting-Fees"**). Der Versicherungsnehmer kann aber sicher sein, den Service und die Leistungsfähigkeit seines Wunschversicherers zu erhalten. In einigen Ländern ist es zulässig, in den Erstversicherungsverträgen einen Durchgriff auf den Rückversicherer zu vereinbaren. In diesem Fall kann das Konkursrisiko eines Lokalversicherers abgedeckt werden. Darüber hinaus ist es meist auch zulässig, im Rückversicherungsvertrag die bindende Entscheidung für Rück- und Erstversicherer hinsichtlich der Ersatzfähigkeit eines Schadens dem Rückversicherer zu übertragen.

221   Wegen der besonderen Schwere des Risikos von Projektversicherungen ist es üblich, das Risiko nicht nur einem Versicherer zu übertragen, sondern ein **Versichererkonsortium** mit der Risikodeckung zu beauftragen. Da die einzelnen Versicherer meist nicht gesamtschuldnerisch, sondern nur im Rahmen ihres Anteils erfüllen müssen,[272] muss zunächst die Sorgfalt hinsichtlich der Bewertung der finanziellen Leistungsfähigkeit bei jedem einzelnen Versicherer gleich bleibend hoch sein. Unterschiedliches Verhalten einzelner Versicherer wird dadurch verhindert, dass alle Gespräche, Willenserklärungen und Entscheidungen mit dem führenden Versicherer auch für die beteiligten Versicherer gelten, wobei eine entsprechende **Führungsklausel** im Versicherungsvertrag zu vereinbaren ist.

15.13.5 Prämien

222   Für den Versicherungsnehmer und alle übrigen Projektbeteiligten ist die Frage der zu entrichtenden Versicherungsprämien ein wesentlicher kalkulatorischer Gesichtspunkt. Gleichwohl ist es nicht möglich, hier quasi einen Tarif vorzustellen, der Auskunft über die zu erwartenden Kosten gibt. Der Grund hierfür ist einleuchtend. Es gibt zu viele Umstände, die von Projekt zu Projekt, von Region zu Region, und auch hinsichtlich der Projektbeteiligten verschieden sind. Ein wesentliches Kriterium, das Einfluss auf die Prämie hat, ist der **allgemeine Versicherungsmarkt.** Man unterscheidet hier einen „weichen" Markt mit dem Angebot hoher Zeichnungskapazität und geringen Prämien, und einen „harten" Markt, bei dem auf Grund von wenig Zeichnungskapazität die Preise steigen. Ein weiteres wichtiges Kriterium ist die Frage, ob die zu versichernde **Technologie** erprobt, bewährt oder neu ist. Hier wird von großen Industrieunternehmen häufig eine Präsentation vor den Versicherern vorgenommen, um über den (guten) technischen Zustand zu berichten. Weiterhin entscheidend sind **konkrete Schadenerfahrungen** in der Region (z.B. Erdbeben oder Windstürme), hinsichtlich der Beteiligten (Qualität der Fertigung, Referenzanlagen) und natürlich auch der konkret eingesetzten Technik. Abschließend hat natürlich der **Deckungsumfang** erheblichen Ausschlag. So ist eine LEG 3-Deckung für den Versicherer gefährlicher und damit auch teurer als die Vereinbarung eines LEG 2-Ausschlusses. Eine **Pönalenversicherung,** die als Sonderform der Vermögensschadendeckung im CAR-/EAR-Bereich angeboten wird, ist auf Grund der hohen Prämie meist unwirtschaftlich. Eine **„Guarantee Maintenance"** ist ebenfalls selten und teuer. Darüber hinaus kann es immer dann, wenn ein möglichst umfangreicher Versicherungsschutz arrangiert werden soll, zweckmäßig sein, Versicherern eine **eigenständig formulierte Police** zur Quotierung vorzulegen. Die Erweiterung von vorgegebenen Grundkonzepten durch Klauseln etwa im Bereich des „Herstellerrisikos" führt zu Prämienzuschlägen,

---

[272] So z.B. die Regelung in Ziff. 25.1 der DTV Güter 2000.

weil immer dann, wenn die Grundkonzeption zu verbessern ist, versucht wird, Zusatzprämie für Erweiterungselemente zu verlangen.[273] Liquiditätsvorteile bezogen auf die Prämie können dadurch erreicht werden, dass die **Beitragszahlung nur nach Projektfortschritt** vorgenommen wird.

15.13.6 Berater

Aufgrund der Vielfältigkeit der angesprochenen Fragen erscheint es nicht möglich, das Konzept ohne **Berater** oder auch **Makler** in allen Einzelheiten zu optimieren. Aus Haftungsgründen, aber auch um die **Situation im Land** zu klären, ist es notwendig, zusätzliche Informationen zu erschließen und die Konzepte in allen Märkten quotieren zu lassen. Dies ist auch deshalb geboten, weil nur so die **Anforderungen vor Ort** geklärt werden können, z.B. ob es sich um Pflichtversicherungen – wie die für zugelassene Straßenfahrzeuge – oder um die privatrechtlich organisierte Arbeitnehmerunfallversicherung handelt. Es ist in jedem Fall zu gefährlich zu riskieren, dass eine Verzögerung eintritt, weil etwa eine vorgeschriebene lokale Deckung nicht in der notwendigen Form vorliegt. 223

Berater arbeiten üblicherweise gegen **Zeithonorar**, das auch pauschaliert werden kann. Makler streben neben der Beratung den Vermittlungsauftrag an, um dann die **Courtage** für die Platzierung des Versicherungsschutzes zu erlangen. Die Bezahlung von Entgelt statt der Einräumung des Courtagebezugs erscheint sinnvoller, weil dadurch mehr Transparenz entsteht. Der Dienstleistende wird für seine konkrete Tätigkeit bezahlt. Sein Vorteil ist, dass er dieses Entgelt auch erhält, wenn er die Vermittlung einer Versicherung nicht übernimmt. 224

15.13.7 Umgang mit den Versicherungsanforderungen der FIDIC

Wie gezeigt besteht eine Vielzahl von unterschiedlichen Gestaltungsmöglichkeiten, die es dem Versicherungsnehmer erlauben, sich einen sehr unterschiedlichen Versicherungsschutz zusammenzustellen. Er ist grundsätzlich nicht auf die unverhandelte Übernahme der dargestellten Modelle angewiesen. Solange nicht Besonderheiten einer Region oder der einzusetzenden Technik das Marktverhalten der Versicherer beeinflussen, ist es letztlich eine Frage der Prämie, wie umfangreich der Versicherungsschutz gestaltet wird. Aufgrund der Einschränkungen hinsichtlich der Regionen und der Technik ist es aber notwendig, dass bereits im Vorfeld alle Beteiligten über den möglichen und wirtschaftlich sinnvollen Versicherungsschutz Einigkeit erzielen. Die Übernahme eines Standards ist immer problematisch, weil dieser nicht unabhängig in allen Regionen und bei allen Objekten zu erfüllen ist. Dies gilt auch für die eingangs dargestellten Anforderungen aus den FIDIC. Diese enthalten eine Reihe von Verpflichtungen für die Zusammenarbeit von Besteller und Auftragnehmer im Hinblick auf die Ausgestaltung und Aufrechterhaltung von Versicherungsschutz, einschließlich der Regelungen zur Abwicklung von Schäden.[274] Die Anforderungen im Rahmen der FIDIC betreffen nicht nur den Versicherungsschutz, sondern auch die Frage von Anzeigepflichten und Ersatzvornahmen im Verhältnis der Projektvertragsparteien untereinander. Sie und die Versicherungsanforderungen sollten auf Realisierbarkeit und Relevanz 225

---

[273] *Rohde-Liebenau*, „Risikobegrenzung und Risikoabdeckung bei Bau- und Anlageprojekten durch technische Versicherungen", in: Nicklisch (Hrsg.), Bau und Anlageverträge, Heidelberger Kolloquium Technologie und Recht, S. 93.

[274] Das „Yellow Book", das „Silver Book" und das „Red Book" enthalten Vorschriften zur Versicherung in ihren Ziffern 18. Das „Green Book" regelt diese in Ziffer 14.

geprüft und durch entsprechende Kommentierungen der konkreten Projektsituation angepasst werden.

226   Die FIDIC regeln, dass alle Bedingungen abzustimmen bzw. durch den Auftraggeber zu genehmigen sind. Dies schließt auch die Auswahl des Versicherers ein. Für diesen Fall erscheint es sinnvoll zu regeln, dass alle Zustimmungen rechtzeitig erfolgen und nicht grundlos versagt werden dürfen. Die Beschreibung des notwendigen Versicherungsschutzes unterteilt sich in eine „All-Risk"-Sachdeckung, eine „Occurence"-Haftpflichtdeckung mit „Cross Liability", die nicht aggregiert werden soll, sowie eine Arbeitnehmerunfallversicherung. Bei letzterer z.B. soll der Auftraggeber mitversichert werden. Dies ist aber je nach Ausgestaltung in privat- oder öffentlichrechtlichen Systemen nicht immer möglich. Schadenersatzleistungen dürfen nur bei Vornahme der Reparatur und nicht fiktiv in Anspruch genommen werden. Die Zahlung soll in der Währung erfolgen, die zur Bezahlung der Ersatzgegenstände notwendig ist. Weiterhin ist die Verpflichtung zur Risikoinformation, der Beleg hinsichtlich durchgeführter Prämienzahlungen sowie die Übergabe von Policenkopien geregelt. Letzteres ist dann nicht im Interesse des Verpflichteten, wenn es sich um seine allgemeine Betriebshaftpflichtversicherung handelt, da dann viele schützenswerte Informationen über den Inhalt und die Konditionen seines eigenen Programms Dritten gegenüber zugänglich gemacht wird.

227   Hinsichtlich der „All-Risk"-Sachdeckung erlaubt die Police eine Beschränkung des **Herstellerrisikos** auf eine Deckungsform, die den LEG 2/DE4 sowie der durch Klausel erweiterten Sachpolice aus dem Rückversicherungsmarkt im Ergebnis nahe kommt. Sie fordert darüber hinaus eine Erstreckung der Deckung auf den **„Maintenance"**-Zeitraum. Hierbei ist problematisch, dass hinsichtlich der Formulierung der „Maintenance"-Deckung das Schadenereignis nicht auf der Bau- oder Montagestelle gesetzt sein muss. Zur Vermeidung einer Verpflichtung, hier eine besonders hochwertige Deckung abschließen zu müssen, sollte in der Deckungserweiterung eine Zusatz vereinbart werden, aus dem hervorgeht, dass solche Schäden gemeint sind, deren Grund auf der Montage- oder Baustelle gelegt worden ist („arising from a cause occurring at site").

228   Auch hinsichtlich der abzuschließenden **Haftpflichtversicherung** erscheint die Kommentierung der Bedingungen notwendig. Während nämlich die FIDIC die Deckung auf solche Schadenereignisse erstreckt, die in Erfüllung des Vertrages („arising out of the performance of the contract") verursacht werden, beschränkt die typische CAR-/EAR-Deckung dies Sektion Haftpflicht auf Schadenereignisse, die auf oder in unmittelbarer Nähe der Bau- oder Montagestelle eintreten („happening on or in the immediate vicinity of the site"). Auch hier bietet sich eine Klarstellung oder die Verhandlung über Einzelheiten der Konditionen an.

229   Die Notwendigkeit sorgfältiger Prüfung und anschließender Kommentierung zeigt sich besonders deutlich, wenn ein Projekt in einem Land realisiert wird, in dem kein liberaler Versicherungsmarkt besteht. Dort sind nur (evtl. eingeschränkte) Produkte zugelassener regionaler Versicherer verfügbar. Die vorbehaltlose Übernahme der Anforderungen aus der FIDIC für den Versicherungsschutz kann dann zu weiteren erheblichen Schwierigkeiten führen. Selbst unbeschadet der Bereitschaft auch Höchstprämien zu bezahlen, besteht die Gefahr, den vertraglich geforderten Versicherungsschutz nicht zu erhalten.

16. Teil. Investitionsschutz

Übersicht

Rdn.

16.1 Vorbemerkung 1
   16.1.1 Politische Risiken 1
   16.1.2 Auslandsinvestitionen 2
   16.1.3 Investitionsschutz 5
16.2 Völkerrechtlicher Schutz 7
   16.2.1 Stand des Völkerrecht 7
      16.2.1.1 Diplomatischer Schutz 9
      16.2.1.2 Investitionsschutzverträge 10
         16.2.1.2.1 Multilaterale Abkommen 10
         16.2.1.2.2 Bilaterale Abkommen 13
      16.2.1.3 Handels- und Niederlassungsabkommen 18
16.3 Nationale Gesetzgebung 21
      16.3.1.1 Verfassungsschutz 21
      16.3.1.2 Nationale Investitionsgesetze 22
16.4 Vertragliche Vereinbarungen 24

Schrifttum: *Alenfeld*, Die Investitionsförderverträge der Bundesrepublik Deutschland, 1971; *Backhaus/Sandrock/Schill/Uekermann*, Projektfinanzierung, 1990; *Böckstiegel*, Die allgemeinen Grundsätze des Völkerrechts über Eigentumsentziehung, 1963; *ders.*, Der Staat als Vertragspartner ausländischer Privatunternehmen, 1971; *ders.*, Practical Problems in Resolving Disputes in an International Construction and Infrastructure Project, IBL 1999, 196; *Bothe/Hailbonner/Klein/Kunig/Schröder/Graf Vitzthum*, Völkerrecht, 1997; *Esser/Meesen*, Hrsg., Kapitalinvestitionen im Ausland – Chancen und Risiken, 1984; *Foighel*, Nationalization a Study in the Protection of Alien Property in International Law, Kopenhagen 1957; *Herdegen*, Internationales Wirtschaftsrecht, 2. Aufl. 1995; *Gloria* in Ipsen, Völkerrecht, 3. Aufl. 1990; *Hoffman*, The Law and Business of International Project Finance, Dordrecht 1998; *Langer*, Rechtsschutz für Kapitalanlagen in Entwicklungsländern in HdB der Entwicklungshilfe, 1973; *Oppenheim's International Law*, 9. Aufl. London 1992; *Oschmann*, Calvo-Doktrin und Calvo Klauseln, !993; *Shihata/Parra*, The Experience of the International Centre for Settlement of Investment Disputes, FILJ 14 (1999), 299; *Schwarzenberger*, Foreign Investments and International Law, London 1969; *Seidl-Hohenveldern*, Völkerrecht, 6. Aufl. 1987; *Staats*, Ausländisches Privatvermögen in der internationalen Rechtsprechung, 1966; *Starke*, An Introduction to International Law, 10. Aufl. London 1989; *Stern*, Multilaterale Investitions-Garantie-Agentur MIGA, ein neues versicherungsrechtliches Instrument des Schutzes deutscher Investitionen im Ausland, 1990; *Sullivan*, International Project Finance, Yonkers N.Y. 1998; *Verdross/Simma*, Universelles Völkerrecht, 3. Aufl. 1984; *Waelde*, International Law of Foreign Investments: towards Regulation by Multilateral Treaties, BLI 1999, 50; *Westbank/Marchais*, Legal Framework for the Treatment of Foreign Investments, Washington 1992.

16.1 Vorbemerkung[*]

16.1.1 Politische Risiken

Die Fragen des politischen Risikos spielen bei Auslandsprojekten in nicht-industrialisierten Ländern eine wichtige Rolle. An erster Stelle wird meist das **Enteignungsri**-   **1**

---

[*] Verf. ist den Herren Dr. Karl, Dr. Zimmer, Bundesministerium für Wirtschaft, für frdl. Anregungen dankbar.

siko aufgeführt, das gerade in der Vergangenheit in unterschiedlicher Gestaltung, von der **Nationalisierung** ohne angemessene Entschädigung bis hin zu der in der Praxis besonders wichtigen, weil häufiger vorkommenden, sog. schleichenden Enteignung, aufgetreten ist,[1] sowie die Diskriminierung von Ausländern. Inzwischen hat sich das Investitionsklima in der Dritten Welt entscheidend verändert, die Bedeutung von privaten Investitionen wird fast überall anerkannt wie die zahlreich geworden Beispiele der Privatisierung von Staatsbetrieben deutlich zeigen. Die **Währungsrisiken** sind in den Vordergrund gerückt und zwar in der Form der mangelnder Konvertierbarkeit, des freien Transfers sowie möglicher Inflationsfolgen.[2] Bemerkenswert ist jedoch, dass bei den Währungskrisen der jüngsten Zeit wie in Südostasien, Brasilien, Russland usw., Auslandsinvestitionen von Kapitalverkehrsbeschränkungen verschont blieben. Weitere Risiken politischer Art, die in dem Projektland auftreten können, wie Änderung der Gesetze – z.B. durch die Steuergesetzgebung – Bürgerkrieg, Staatsstreich usw. dürfen nicht außer acht gelassen werden.[3] Die Möglichkeiten der Risikoabdeckung durch **Kapitalanlagegarantien** – möglicherweise in Kombination mit **Ausfuhrdeckungen** (Hermes) – ist stets zu untersuchen.[4] Allerdings zählen die Risiken aus Gesetzesänderungen im Investitionsland nicht zu den garantiefähigen Risiken, weil sie nicht spezifisch ausländische Investoren betreffen, sondern für alle gelten. Interessant ist, dass anfänglich fraglich war, ob Investitionen in BOT-Modellen durch Kapitalanlagegarantien absicherungsfähig seien; der zuständige Interministerielle Ausschuss hat die Frage dann positiv entschieden.[5]

16.1.2 Auslandsinvestitionen

2   Internationale Projekte sind regelmäßig mit ausländischen Investitionen im Projektland verbunden. Zum einen handelt es sich um die Baustelleneinrichtungen, Geräte und Ersatzteile, die zumindest zeitweise vor Ort gebraucht werden.[6] Der Einsatz von Geräten mag bei längerer Dauer investiven Charakter haben, sollte aber nicht mit Forderungen aus Werkvertrag verwechselt werden. Ob sie nach Fertigstellung im Lande belassen oder verkauft oder, die dritte Variante, wieder an einen dritten Ort im Heimatland oder Ausland transportiert werden sollen, ist eine Frage, die in den entsprechenden Verträgen zu regeln ist. Dabei spielen neben dem Kostenfaktor steuer-[7] und zollrechtliche[8] Fragen durchaus eine Rolle.

3   Zum anderen haben wir es bei den BOT und ähnlichen Modellen mit den Investitionen der Projektbetreiber auf Zeit oder auf Dauer zu tun. Dabei ist die Feststellung wichtig, wo dieser Projektbetreiber – z.B. das **special purpose vehicle** – domiziliert. Auch die hinter dem Projektbetreiber stehenden Parteien, z.B. dessen Gesellschafter und die Finanziers, sind an dem Schutz ihrer Investition interessiert. Ausgangspunkt ist zumeist das Sitzland, dessen völkerrechtlicher Schutz zum Tragen kommen kann. Diese Feststellung ist bei einer Konsortialgestaltung schwierig, wenn die Konsorten in verschiedenen Staaten ansässig sind. Die Grundsätze des internationalen Gesellschaftsrechts

---

[1] Vgl. *Hoffman,* International Project Finance, a.a.O., § 3.04.
[2] Vgl. *Hoffman,* International Project Finance, a.a.O., § 3.02.
[3] Vgl. *Hoffman,* International Project Finance, a.a.O., §§ 3.06ff., 4.21.
[4] Vgl. Jahresbericht 1999 der PwC Deutsche Revision „40 Jahre Investitionsgarantien der Bundesrepublik Deutschland"; ferner z.B. *Rösler* in: Backhaus/Sandrock/Schill/Uekermann, a.a.O., S. 77ff. bes. 84ff., s.o. Kap. 7.
[5] S. *Zimmer* in: Bericht über die Fachtagung Auslandsinvestitionen und Anlagenexport der Gesellschaft zur Förderung usw., 1990, S. 37.
[6] S. z.B. *Peus* in: FS Gesellschaft, a.a.O., S. 105ff.
[7] S.o. Kap. 12.
[8] S.o. Kap. 11.

kommen zur Anwendung wie z.B. der eingetragene Sitz oder der Schwerpunkt der Geschäftstätigkeit als Anknüpfungspunkt.

Besonders hinzuweisen ist auf die **Konzessionen.** Diese werden vielfach durch entsprechende Verträge zwischen einem Staat als Konzessionsgeber und einem privatrechtlich organisierten Konzessionsnehmer begründet. Solchen Konzessionsverträgen wird ein „quasi-völkerrechtlicher" Charakter beigemessen,[9] wobei der Staat rechtswirksam auf Enteignungen und enteignungsgleiche Eingriffe verzichten kann.[10] Die verschiedentlich vertretene These, dass ein Staat seine fortdauernde Souveränität über seine *natural resources* nicht vertraglich aufgeben könne, wird nicht mehr ernsthaft vertreten. In den bilateralen Investitionsförderabkommen der Bundesrepublik werden Konzessionen als zu schützende Kapitalanlagen besonders aufgeführt. 4

16.1.3 Investitionsschutz

Der Investitionsschutz kann sich aus entsprechenden multi- oder bilateralen Verträgen ergeben. Hinzukommen die in zahlreichen Ländern, wie z.B. in der Bundesrepublik, eingerichteten staatlichen Investitionsgarantien, ergänzt durch die **MIGA,** Washington.[11] Hinzuweisen ist in diesem Zusammenhang auf die Möglichkeiten, einen Streit zwischen den ausländischen Investoren und der Regierung des Projektlandes durch *ad hoc* eingesetzte Schiedsgerichte verbindlich klären zu lassen,[12] wie es in den Schutzverträgen regelmäßig vorgesehen ist, z.B. durch Einschaltung der **ICSID,** Washington; dem entsprechenden Abkommen ist auch die Bundesrepublik beigetreten.[13] 5

Wenn internationale Finanzierungsinstitute[14] wie z.B. die Weltbank, IFC, EIB, EBRD oder nationale Institute wie die DEG beteiligt werden, so kann darin ebenfalls eine gewisse Schutzfunktion gesehen werden. Erfahrungsgemäß bemühen sich Entwicklungsländer stets darum, solche Projekte vertragsgemäß zu behandeln weil sie befürchten müssen, anderenfalls den möglichen Zugriff zu solchen Finanzierungsquellen zu verlieren. 6

16.2 Völkerrechtlicher Schutz

16.2.1 Stand des Völkerrechts

Der Schutz ausländischer Privatinvestitionen hat erst im Laufe der Zeit einen Platz im **Völkerrecht** gefunden.[15] Das Schwergewicht lag auf dem Schutz vor Enteignungen in welcher Form auch immer. Das spielte nach dem Zweiten Weltkrieg im Zei- 7

---

[9] Z.B. *Verdross/Simma,* a.a.O., §§ 4 und 1220.

[10] *American Indipendent Oil Company (Aminoil) v. Government of the State of Kuwait,* ILM XXI (1982) S. 976ff.

[11] S. Übereinkommen zur Errichtung der multilateralen Investitions-Garantie-Agentur vom 11. Oktober 1985, BGBl 187 II, S. 458ff.; s. *Stern,* Die multilaterale Investitionsgarantie-Agentur, a.a.O.

[12] S. z.B. *Böckstiegel,* IBL 1999, S. 196ff.; Kap. 8.7.

[13] S. Übereinkommen zur Beilegung von Investitionsstreitigkeiten zwischen Staaten und Angehörigen anderer Staaten vom 18. März 1965, BGBl 1969 II, S. 371ff. Hierzu *Böckstiegel* in FS Gesellschaft, a.a.O., S. 67ff; *Hoffman,* International Project Finance, a.a.O., §§ 31.01ff.; zum Internationalen Schiedsgerichtshof der Intl. Handelskammer s. *Glossner* in FS Gesellschaft, a.a.O., S. 77ff.

[14] Dazu *Hoffman,* International Project Finance, a.a.O., §§ 21.07ff.

[15] Die einschlägige Literatur ist außerordentlich gewachsen, fast schon unübersichtlich.

chen der sog. „Entkolonialisierung"[16] eine gewichtige Rolle und zwar ausgehend von dem völkerrechtlichen Grundsatz, dass jeder Staat seine Wirtschaftsordnung frei bestimmen kann.[17] So wurden einzelne ausländische Unternehmen – vor allem aus den Bereichen Ölindustrie und Bergbau[18] – wie auch ganze Industriezweige verstaatlicht. Interessant ist, dass die Generalversammlung der VN am 14. Dezember 1962 in der Resolution 1803 (XVII)[19] verlangte, in solchen Fälle müsse: „appropriate compensation, in accordance with the rules in force in the State taking such measure in the exercise of its sovereignty and in accordance with international law" geleistet werden.[20] Die Risikolage hat sich in den letzten Jahren geändert, nicht zuletzt im Zusammenhang mit den Privatisierungen staatlicher Gesellschaften in der zweiten und dritten Welt. Probleme des Transfers und Währungsrisiken stehen eher im Vordergrund, sodass es immer wieder zu **Umschuldungen** kommt.

8   Man kann heute von dem gesicherten **völkerrechtlichen Grundsatz** ausgehen, dass **Enteignungen** – gleich ob sie als Verstaatlichung oder Sozialisierung bezeichnet werden – nur auf Grund von nicht diskriminierenden Gesetzen gegen angemessene und frei transferierbare Entschädigung erfolgen darf.[21] Dieser Grundsatz ist auch das Kernstück der multi- und bilateralen Investitionsschutz- oder Kapitalfördervertäge wie sie z. B. die Bundesrepublik abgeschlossen hat. Im allgemeinen haben sich die Verträge bewährt zumal sie im Hinblick auf ihren völkerrechtlichen Charakter nicht während ihrer Laufzeit von einem Partner einseitig geändert werden können. Hier liegt der wesentliche Unterschied zu den nationalen Verfassungen und Investitionsgesetzen, die aber ebenfalls in aller Regel entsprechende Grundsätze zum Enteignungsschutz enthalten. Auf das Spannungsverhältnis zwischen entschädigungspflichtiger Enteignung einerseits und dem entschädigungslosen nationalen „right to regulate" andererseits ist hinzuweisen.

16.2.1.1 Diplomatischer Schutz

9   Grundsätzlich hat der Heimatstaat des Investors die Möglichkeit auf diplomatischem Weg gegenüber dem Investitionsland tätig zu werden. Ob und unter welchen Umständen der Heimatstaat eingreift, ist seiner freien Entscheidung überlassen, wobei auch außenpolitische Erwägungen eine Rolle spielen. Die Entscheidung über Form, Art und Weise des diplomatischen Vorgehens ist von dem Heimatstaat zu treffen. In Einzelfällen kann eine Klage gegen das Investitionsland vor dem Internationalen Gerichtshof erhoben werden.[22] Voraussetzung ist, dass eine als völkerrechtswidrig anzusehende Schädigung des Investors vorliegt und der Heimatstaat sich als Folge selbst als geschädigt erklärt.[23] Der Anspruch gilt allgemein subsidiär, d. h. dass der geschädigte Investor vom

---

[16] Das führte auch zu einer dem Völkerrecht widersprechenden Diskriminierung ehemaliger Kolonialherren wie im Bremer Tabakfall, ArchVR 9 (1961/62), S. 318 ff.

[17] S. z. B. *Verdross/Simma*, a. a. O., § 1222.

[18] Das LG Hamburg hat im Fall SMETSA, chilenische Kupfermine, eine angemessene Entschädigung als völkerrechtlich geboten erklärt, RabelsZ 37 (1973), S. 579.

[19] AJIL 57 (1963), S. 710 ff.

[20] Auf die *Charter of Economic Rights and Duties of States* – Art. 2 (2)(c) – ist hinzuweisen, die von der Generalversammlung der VN am 12. Dezember 1974 angenommen wurde, und den enteignenden Staat grundsätzlich zu einer „appropriate compensation" verpflichtet, AJIL 69 (1975), S. 484 ff.

[21] S. z. B. die *Guidelines on the Treatment of Foreign Direct Investments*, dazu *Shihata* in FS Gesellschaft, a. a. O., S. 81 ff.

[22] Jüngster Fall: *Ahmadou Diallo – Republic of Guinea v. Democratic Republic of Congo*, Diallo hatte größere Investitionen im früh. Zaire, wurde enteignet und ausgewiesen, ASIL Newsletter, März-April 1999, S. 1 u. 3.

[23] *Dahm* in: FS Dölle Bd II, S. 3 ff; *Oppenheim's International Law*, a. a. O., S. 916 ff.; *Seidl-Hohenveldern*, Völkerrecht, a. a. O.; *Starke*, a. a. O., S. 261 ff.

Ansatz her erst einmal seinen Anspruch direkt gegenüber dem Eingriffsstaat geltend machen soll.[24] Nach dem deutschen Garantiesystem für Auslandsinvestitionen ist der Forderungsübergang auf die versichernde Bundesrepublik vorgesehen. Gerade diese Handhabung hat Probleme bezüglich der bilateralen Kapitalfördervertäge mit lateinamerikanischen Staaten, die die **Calvo-Doctrine** vertreten,[25] gebracht.

16.2.1.2 Investitionsschutzverträge

16.2.1.2.1 Mulitilaterale Abkommen

Der Gedanke den Investitionsschutz in multilateralen Verträgen zu verankern wird seit dem zweiten Weltkrieg immer wieder aufgegriffen, leider ohne greifbare Ergebnisse,[26] obwohl schon frühere Abkommen den Schutzgedanken widerspiegeln; so lautet z. B. Art. 46 der **Haager Landkriegsordnung** von 1907: „... das Privateigentum soll(en) geachtet werden. Das Privateigentum darf nicht eingezogen werden." In der Bundesrepublik war es vor allem *Hermann J. Abs*, der den Gedanken propagiert und entsprechende Entwürfe vorgelegt hat.[27] Die Entwürfe wurden von der OEEC und deren Nachfolgerin der **OECD**[28] übernommen. Über einen neuen Entwurf – **MAI**[29] – wurde in den letzten Jahre verhandelt; diese Verhandlungen wurden im Dezember 1998 ergebnislos abgebrochen.

10

In dem Entwurf der OECD-Konvention heißt es u. a.: (Art. 1) „Each Party shall at all times ensure the fair and equitable treatment to the property of the nationals of the other Parties. It shall accord within its territory the most constant protection and security to such property and shall not in any way impair the management, maintenance, use, enjoyment or disposal thereof by unreasonable or discriminatory measures..." (Art. 2) „Each Party shall at all times ensure the observance of undertakings given by it in relation to property of nationals of any other Party" und (Art. 9) „'Property' means all property, rights and interest, whether held directly or indirectly, including the interest which a member of a company is deemed to have in the property of the company." Bedauerlich ist nur, dass die Konvention nicht in Kraft getreten ist.[30]

Es sind noch weitere multilaterale Abkommen zu nennen, die einen eher speziellen Charakter haben. Zu erwähnen ist z. B. das Recht auf Eigentum nach Art. 1 des 1. Zusatzprotokolls zur Europäischen Konvention zum Schutze der Menschenrechte und Grundfreiheiten vom 4. November 1950.[31] Der 1994 unterzeichnete Energiechartervertrag enthält ein vollständiges Kapitel über den Investitionsschutz. Es finden sich auch Bestimmungen in den **NAFTA-**[32] und **MERCOSUR**-Abkommen, dem Treaty Establishing a Common Market for Eastern and Southern Africa[33] und in den sog. **Lomé-Verträgen.**[34] Für arabische Auslandsinvestitionen ist auf das unter den

11

---

[24] S. z. B. *Graf Vitzthum*, a. a. O., V Rdn. 179.
[25] Z. B. *Hailbronner* in: Graf Vitzthum, a. a. O., III Rdn. 93.
[26] Eine gute Übersicht bringt *Broches* in: FS Gesellschaft, a. a. O., S. 17 ff.
[27] Der erste Entwurf war von *Dölle* erarbeitet worden; s. Heft 1 der Gesellschaft zur Förderung des Schutzes von Auslandsinvestitionen; es folgte der *Abs/Shawcross Draft* als Grundlage für den OEEC/OECD-Entwurf.
[28] Draft Convention on the Protection of Private Property.
[29] *Shelton* in FS Gesellschaft, a. a. O., S. 99 ff.
[30] Die Realisierung scheiterte an den Zwistigkeiten zwischen Griechenland und der Türkei trotz der Bemühungen der A.P.D.I. International Assoziation for the Promotion and Protection of Private Foreign Investments.
[31] S. *Böckstiegel*, Die allgemeine Grundsätze, a. a. O.
[32] Text XXXII ILM (1993), S. 612 ff.; das Abkommen enthält ein komplettes Kapitel zum Investitionsschutz.
[33] Text XXXIII ILM (1994), S. 1067 ff.
[34] In Lomé IV (1995) heißt es u. a.: „*Art. 258 (b), accord fair and equitable treatment to such investors, Art. 260, The Contracting Parties affirm the need to promote and protect either party's in-*

Auspizien der Arabischen Liga getroffene Unified Agreement for the Investment of Arab Capital in Arab Countries von 1973[35] sowie den Vertrag über die Gründung der **Inter Arab Investment Guarantee Corporation**, Kuwait, hinzuweisen und ferner auf das Agreement for Promotion, Protection and Guarantee of Investment among Member States of Islamic Conference. Die westafrikanische Staatengemeinschaft hat einen Investitionsgarantiefonds in Togo errichtet.

12 Die unter den neuen **WTO-Regeln**[36] erstellten **GATS, TRIPS** und **TRIMS** enthalten gleichfalls diesbezügliche Vorschriften. Das Allgemeine Übereinkommen über den Handel mit Dienstleistungen (GATS)[37] bringt in Art. 2 eine Meistbegünstigungsklausel ebenso wie das Übereinkommen über handelsrechtliche Aspekte des geistigen Eigentums (TRIPS)[38] in Art. 4. Nach dem TRIMS-Abkommen[39] ist die Einführung von bestimmten handelsbezogenen Investitionsmaßnahmen, z.B. Auflagen über local contents, untersagt.

16.2.1.2.2 Bilaterale Abkommen

13 Als erster bilateraler Vertrag mit Schutzklauseln wird der am 26. Dezember 1826 zwischen Großbritannien und Mexiko abgeschlossene Vertrag erwähnt. Fragen des Investitionsschutzes sind heute Gegenstand von über 1500 bilateraler Verträge,[40] die laufend, z.T. automatisch, verlängert werden. Allein die Bundesrepublik hat seit 1959 auf der Basis des vorgenannten OECD-Entwurfs 125 bilaterale Verträge abgeschlossen, von denen derzeit 95 in Kraft sind. Einige Verträge sind bereits ausgelaufen und mussten neu verhandelt werden. Sie bringen alle Vorschriften über den Schutz vor Enteignungen, eine Meistbegünstigung und als Mindeststandard die Inländergleichbehandlung, aber auch den Schutz vor Kapitalverkehrsbeschränkungen. Die meisten Verträge enthalten ebenfalls Bestimmungen über zwischenstaatliche sowie Investor-Gastland Streitschlichtungsverfahren. Schwierig gestalteten sich die Verhandlungen mit lateinamerikanischen Staaten und zwar wegen der von diesen Staaten vertretenen Calvo Doktrine.[41]

14 In Art. 1 des **Mustervertrages**[42] findet sich folgende Formulierung: „Jede Vertragspartei wird in ihrem Hoheitsgebiet Kapitalanlagen von Staatsangehörigen oder Gesellschaften der anderen Vertragspartei nach Möglichkeit fördern und die Kapitalanlagen in Übereinstimmung mit ihren Rechtsvorschriften zulassen. Sie wird Kapitalanlagen in jedem Fall gerecht und billig behandeln." Art. 2 bringt eine **Meistbegünstigungsklausel**. Nach Art. 3 ist den Kapitalanlagen „voller Schutz und Sicherheit" zu gewähren; „Kapitalanlagen ... dürfen ... nur zum allgemeinen Wohl und gegen Entschädigung

---

vestments ... and in this context affirm the importance of concluding between States, in their mutual interests, investment and promotion agreements which could also provide the basis for insurance and guarantee schemes."

[35] Art. 15 definiert „*Investments Eligible for Insurance,*" interessant ist die Formulierung in Abs. 2 N° 5: „*Private investments and other mixed and public investments operating on a commercial basis...*" Unter den *Priorities* wird in Art. 16 Abs. 1b aufgeführt: „*Investments proved ... to be effective in the development of the productive capacities of the economy of the host country.*"

[36] BGBl 1994 II, S. 1625ff.
[37] BGBl 1994 II, S. 1643ff.
[38] BGBl 1994 II, S. 1730ff.
[39] Übereinkommen über handelsbezogene Investitionsmaßnahmen, ABl L 1994, 336/100.
[40] Der erste diesbezgl. Vertrag wurde bereits 1826 zwischen Großbritannien und Mexiko abgeschlossen. Vgl. z.B. *Golsong* in: FS Gesellschaft, a.a.O., S. 51ff.; ferner *Zimmer/Karl* ebda, S. 41ff.
[41] Vgl. statt aller *Oschmann*, Calvo-Doktrin und Calvo Klauseln, a.a.O.
[42] Text und Kommentar in HdB der Entwicklungshilfe II A 65 2. Zum Schutz immaterieller Rechte s. Auslandsinvestitionen und Technologietransfer, Gesellschaft zur Förderung des Schutzes von Auslandsinvestitionen, 1986.

enteignet werden. Die Entschädigung muss dem Wert der enteigneten Kapitalanlage entsprechen, tatsächlich verwertbar und frei transferierbar sein sowie unverzüglich geleistet werden. Spätestens im Zeitpunkt der Enteignung muss in geeigneter Weise für die Festsetzung und Leistung der Entschädigung Vorsorge getroffen sein. Die Rechtmäßigkeit der Entschädigung muss in einem ordentlichen Rechtsverfahren nachgeprüft werden können." Bei Schäden durch „Krieg oder sonstige bewaffnete Auseinandersetzungen, Revolution, Staatsnotstand oder Aufruhr" wird für die Entschädigung zumindest **Inländergleichbehandlung** vorgeschrieben.

Der Mustervertrag bringt in Art. 8 Abs. 1 die Definition von Kapitalanlagen: **15** „(a) Eigentum an beweglichen" (also z.B. Baustelleneinrichtungen) „und unbeweglichen Sachen sowie sonstige dingliche Rechte ..., (b) Anteilsrechte an Gesellschaften und andere Arten von Beteiligungen „(das gilt z.B. im Falle von BOT-Modellen)," (c) Ansprüche auf Geld oder Leistungen, die einen wirtschaftlichen Wert darstellen, (d) Urheberrechte, Rechte des gewerblichen Eigentums, technische Verfahren, Handelsnamen und good-will, (e) öffentlich-rechtliche Konzessionen, einschließlich Aufsuchungs- und Gewinnungskonzessionen."

Als unter den Vertragsschutz fallende Kapitalanleger werden neben Staatsangehörigen auch Gesellschaften in Art. 8 Abs. 4 definiert: „Jede juristische Person sowie jede Handelsgesellschaft oder sonstige Gesellschaft oder Vereinigung mit oder ohne Rechtspersönlichkeit, die ihren Sitz im Hoheitsgebiet der Bundesrepublik Deutschland hat und nach den Gesetzen zu Recht besteht, gleichviel ob die Haftung ihrer Gesellschafter, Teilhaber oder Mitglieder beschränkt oder unbeschränkt ... ist." Eine Ausdehnung auf mittelbare Beteiligungen ist durch Vertragsauslegung oder ad hoc Vereinbarungen möglich.[43] **16**

Hinzuweisen ist auch auf die Protokolle zu den bilateralen Verträge. So wird z.B. der Begriff der im Vertrag selbst verbotenen „diskriminierende Maßnahmen" wie folgt beschrieben: „... sind insbesondere anzusehen ungerechtfertigte Einschränkungen beim Bezug von Roh- und Hilfsstoffen, Energie und Brennstoffen, Produktions- und Betriebsmittel aller Art, Behinderungen beim Absatz der Erzeugnisse und bei der Inanspruchnahme von Krediten sowie bei der Beschäftigung von Personal und sonstige Maßnahmen ähnlicher Wirkung."[44]

Problematisch ist die Formulierung der Grundsätze eines freien **Transfers** im Hin- **17** blick auf die Devisenknappheit mancher Entwicklungsländer. Die übliche Formulierung in den deutschen Verträgen lautet: „Each Contracting Party shall guarantee to nationals or companies of the other Contracting Party the free transfer of payments in connection with an investment in particular (a) the principal ... (b) the returns, (c) the repayment of loans ...".[45]

16.2.1.3 Handels- und Niederlassungsabkommen

Handels- und Niederlassungsabkommen enthalten ebenfalls Bestimmungen über die **18** Behandlung von Investitionen der Vertragspartner. Dabei kann es sich um multilaterale wie auch, vornehmlich, um bilaterale Abkommen handeln. Solche völkerrechtlichen Verträge haben eine alte Tradition in der Form von Handels-, Schifffahrts- und Freundschaftsabkommen und wurden schon im vergangenen Jahrhundert abgeschlossen.

Als Beispiel eines multilateralen Abkommens zitieren wir die zwischen der EU und **19** den Nachfolgestaaten der UdSSR abgeschlossenen **Handelsabkommen**. So enthält

---

[43] Vgl. z.B. *Wengler*, Die Aktivlegitimation zum völkerrechtlichen Schutz von Vermögensanlagen juristischer Personen im Ausland, NJW 1970, S. 1473 ff.; s.u. Abschn. 16.4.
[44] S. Protokoll zum Investitionsschutzvertrag zwischen der Bundesrepublik und der UdSSR vom 24. April 1989, BGBl 1990 II, S. 342 ff., Laufzeit 20 Jahre.
[45] Vertrag mit der Republik Südafrika.

das mit der Russischen Föderation getroffene Handelsabkommen in Art. 58[46] Bestimmungen über „Investitionsförderung und Investitionsschutz" und nennt unter den „Zielen dieser Zusammenarbeit" u. a. den „Abschluss von Abkommen über Investitionsförderung und Investitionsschutz zwischen den Mitgliedstaaten und Russland, soweit angebracht."[47] Abs. 1 lautet: „... zielt die Zusammenarbeit ab auf die Schaffung eines günstigen Klimas für inländische und ausländische Investitionen, insbesondere durch bessere Bedingungen für den Investitionsschutz, den Kapitalverkehr..."

20 Von Interesse sind die entsprechenden Klauseln in den **Freundschafts-, Handels- und Schifffahrtsverträgen,** die manchmal übersehen werden. Beispielhaft ist der Vertrag zwischen der Bundesrepublik und den USA vom 29. Oktober 1956.[48] Art. 1 Abs. 1 lautet: „Jeder Vertragsteil gewährt den Staatsangehörigen und Gesellschaften des anderen Vertragsteils, ihrem Vermögen, ihren Unternehmen und sonstigen Belangen jederzeit gerechte und billige Behandlung" und Art. V Abs. 1: „Das Eigentum der Staatsangehörigen und Gesellschaften des einen Vertragsteils genießt in dem Gebiet des anderen Vertragsteils weitestgehenden Schutz und Sicherheit" ferner Abs. 4: „Eigentum von Staatsangehörigen oder Gesellschaften des einen Vertragsteils darf in dem Gebiet des anderen Vertragsteils nur zum allgemeinen Wohl unter Gewährung einer gerechten Entschädigung und der Möglichkeit, den Rechtsweg zu beschreiten, enteignet werden. Die Entschädigung muss dem Wert des entzogenen Eigentums entsprechen; sie muss tatsächlich verwertbar sein und ohne unnötige Verzögerung geleistet werden. Spätestens im Zeitpunkt der Enteignung muss in angemessener Weise für die Festsetzung und Leistung der Entschädigung Vorsorge getroffen sein." Im übrigen gilt der Grundsatz der Inländergleichbehandlung nach Art. VII und XXV. Das sind typische Formulierungen.[49]

16.3 Nationale Gesetzgebung

16.3.1 Verfassungsschutz

21 Der Schutz privaten Eigentums zählt zu den **Grundrechten** aller zivilisierten Staaten. Die Regelung erfolgt durch einschlägige Bestimmungen in den jeweiligen Verfassungen. Auf Art. 14 Abs. 3 sowie 15 GG ist als Beispiel hinzuweisen. Eingriffe in Privateigentum dürfen nur in dem dort festgelegten Rahmen und unter Beachtung der Verfahrensregeln erfolgen. Verfassungsänderungen dieser Grundsätze können nur mit entsprechender Mehrheit durchgeführt werden, was zu den Ausnahmen zählen dürfte. Aber Verfassungen können und werden auch in der Praxis zuweilen außer Kraft gesetzt. Entscheidungen werden eben von dem nationalen Gesetzgeber, ob Parlament oder – eher noch – von einer diktatorischen Regierung, getroffen. Deshalb ist eine einseitig nicht abänderbare völkerrechtliche Abmachung so bedeutungsvoll.[50]

---

[46] Ges. zu dem Abkommen über Partnerschaft und Zusammenarbeit vom 24. Juni 1994 zwischen den Europäischen Gemeinschaften und ihren Mitgliedstaaten einerseits und der Russischen Föderation andererseits vom 18. April 1997, BGBl 1997 II, S. 846 ff. Vergleichbare Abkommen wurden mit Weißrußland, der Ukraine und Kirgisistan abgeschlossen.

[47] Ein entsprechender Vertrag wurde zwischen der Bundesrepublik und der UdSSR am 13. Juni 1989 geschlossen, s. Ges. vom 24. April 1990, BGBl 1990 II, S. 342 ff.

[48] BGBl 1956 II, S. 487.

[49] S. z. B. Freundschafts-, Handels- und Schifffahrtsvertrag mit Italien vom 21. November 1957, Art. 1 Abs. 1, 6 Abs. 1, 2 und 43, BGBl 1959 II S. 949.

[50] Z.B. *Westberg/Marchais, Legal Framework for the Treatment of Foreign Investments,* a.a.O., S. 171 ff.

16.3.2 Nationale Investitionsgesetze

Bei den vornehmlich in Entwicklungsländern erlassenen **Investitionsgesetzen** muss man zwischen solchen allgemeiner Natur und solchen für spezielle Bereiche, z.B. Bergbau oder Energiewirtschaft, unterscheiden. Nehmen wir als Beispiel den Foreign Investment Act, 1990 von **Namibia**.[51] Grundsätzlich gilt die **Inländergleichbehandlung;** so heißt es in sect. 2: „... a foreign national may invest and engage in any business activity in Namibia which any Namibian may undertake." Allerdings muss der Minister of Industry and Trade gemäß sect. 4ff. ein Certificate of Status Investment auf Antrag ausstellen.

Zur Enteignung schreibt sect. 11 vor: „(1) No enterprise, or part of an undertaking carried on by an enterprise, or interest in or right over any property forming part of such undertaking shall be expropriated except in accordance with the provisions ... of the Namibian constitution. (2) Where an enterprise ... is expropriated, the Government shall pay to the holder of the Certificate just compensation for such expropriation without undue delay and in freely convertible currency." Für einen eventuellen Streitfall über die Entschädigung kann das Certificate auf Verlangen des Investors eine internationale Schiedsgerichtsklausel nach sect. 13 enthalten, die gleichzeitig als Unterwerfung seitens der Regierung und des Investors gilt; anderenfalls sind die nationalen Gerichte zuständig.

16.4 Vertragliche Vereinbarungen

Nur wenn eine **Regierung des Gastlandes** selbst Vertragspartner ist wie bei größeren Infrastrukturprojekten üblich, können und sollten Bestimmungen über den Schutz vor diskriminierenden Eingriffen bis hin zu Verstaatlichungen vereinbart werden. In der Praxis findet man denn auch entsprechende mehr oder wenig ausführlich formulierte Vertragsklauseln.[52] Kritisch anzumerken ist, dass zwar die betreffende Regierung sich und ihre Legislative selbst bindet, aber diese Bindung im Gegensatz zu den Investitionsschutzabkommen keinen völkerrechtlichen Charakter hat. In der Literatur wird allerdings die Ansicht vertreten, solche Verträge hätten einen „quasi-völkerrechtlichen" Charakter.[53]

Typisch sind vertragliche Zusagen, keine **diskriminierenden Maßnahmen** zu ergreifen: „Ghana guarantees to ... that it will not establish any laws, acts, ordinances or regulations which are of a discriminatory character against ..., or which, for any reason whatsoever are applicable only to ..., except as expressly agreed between Ghana and ... in the definitive contract."[54]

Des weiteren verpflichtet sich die Regierung, nicht in die bestehenden Abmachungen einzugreifen: „The Government undertakes that no general or special legislation or administrative measure or act whatsoever of or emanating from it or any governmental authority shall annul, amend, revoke or modify the provisions of, or hinder the due and effective performance of the terms ... any such measure or act in contravention of

---

[51] Act N°. 27, 1990, Govt. Gazette vom 28. Dezember 1990. Die Bundesrepublik hat mit Namibia einen bilateralen Kapitalfördervertrag abgeschlossen.
[52] *Hoffman, International Project Finance,* a.a.O., §§ 3.04; 14.06 (3); *Sullivan,* a.a.O., § 2.24 (4).
[53] Z.B. *Böckstiegel,* Der Staat als Vertragspartner ausländischer Privatunternehmen, 1971; *Verdross/Simma,* a.a.O., FN 9; s.o. Kapitel 8.7.
[54] *Sullivan,* a.a.O., Form 1C-5, art. 17, Form 1D-27, art. 35.

this paragraph shall be deemed to be an act of expropriation within the law of the Country ... and under international law."[55]

Es folgt die allgemeine Verpflichtung der Regierung, „not to expropriate, nationalise or intervene in or permit or cause the expropriation of, nationalisation of, or intervention in, any property, right or interest whatsoever of the Company or any share in or security of the Company held by any person ... without prompt and unreserved payment of fair and reasonable compensation therefor, in such amount or amounts as shall be provided by agreement or by award in arbitration as provided in this Agreement, and in the currency or currencies originally laid out in acquisition of the property, right, interest, share or security expropriated, nationalised or intervened in."[56]

26   Wegen des nicht- bzw. nur quasivölkerrechtlichen Charakters dieser Vertragswerke gewinnt eine **Schiedsgerichtsklausel**[57] besondere Bedeutung. In diesem Zusammenhang spielt der **Immunitätsverzicht** des Projektlandes eine Rolle.[58] Die Aufnahme einer dahingehenden Klausel ist in jedem Fall ratsam, obwohl es sich im Regelfall nicht um einen Akt iure imperii handeln dürfte. Als Schiedsgericht sollte man an das vor Jahren unter den Auspizien der Weltbank errichtete International Centre for Settlement of Investment Disputes **(ICSID)** in Washington[59] denken wenn das Projektland dem entsprechenden Abkommen beigetreten ist, wie es die Bundesrepublik getan hat.[60] Aufgabe des ICSID ist gerade die Regelung von Investitionsstreitigkeiten zwischen Staaten und Privaten.[61]

---

[55] *Sullivan*, a.a.O., Form 1D-29, art. 36 (A).

[56] *Sullivan*, a.a.O., Form 1D-29, art 38 (A).

[57] *Hoffman*, International Project Finance, § 31.07; Muster bei *Sullivan*, a.a.O., Form 1D-32, art. 41: „*The Rules of Conciliation and Arbitration of the International Chamber of Commerce shall govern the arbitration ...*"

[58] *Hoffman*, International Project Finance, a.a.O., § 14.10; *Sullivan*, a.a.O., § 2.25.

[59] Darauf weist auch *Sullivan*, a.a.O., § 2.25, hin; vgl. *Shihata/Parra*, a.a.O., FILJ 14 (1999), S. 299 ff.

[60] S.o. 16.1.3.

[61] S. bzgl. BOT und staatl. Konzessionen Beispiel Türkei: *Yesilirmak, Jurisdiction of the International Centre for Settlement of Investment Disputes over Turkish Concession Contracts*, FILJ 14 (1999), S. 390 ff.

17. Teil. Umweltschutz

Übersicht

	Rdn.
17.1 Einleitung: Umweltauswirkungen von Projekten, Bedeutung des Umweltschutzes für Projekte	1
17.2 Grundlagen des Umweltschutzes	5
17.2.1 Umweltschutz, Umweltpolitik, Umweltrecht	5
17.2.2 Umwelt und internationale Beziehungen	5
17.2.3 Ökonomie und Ökologie	7
17.3 Rechtliche Anforderungen des Umweltschutzes	10
17.3.1 Die maßgeblichen Rechtsordnungen	10
17.3.2 Das Investitionsland – typische Strukturen einer Umweltrechtsordnung	14
17.3.3 Das Exportland – deutsche und europäische Anforderungen beim Export von Produkten, Technologie sowie bei Vorhaben der Entwicklungshilfe	27
17.3.4 Völkerrechtliche Vorgaben	32
17.3.5 Die Durchsetzung des Umweltschutzes im Lomé(Cotonou)-Abkommen	36
17.3.6 Umweltrechtliche Vorgaben wichtiger Finanzierungsträger	40
17.3.7 Internationale Selbstregulierung/Umweltnormung	45
17.4 Umweltschutz im Projekt	47
17.4.1 Die Sicherung der Umweltverträglichkeit im Projektablauf	48
17.4.2 Verantwortung für Umweltverträglichkeit	49
17.4.3 Fachkompetenz für Umweltschutz	50
17.4.4 Umweltplanung	51
17.4.5 Organisation und Zuständigkeiten	53
17.4.6 Überwachung der Umweltverträglichkeit	54
17.4.7 Umweltschutz und Öffentlichkeit	55
17.5 Umwelthaftung von Finanzierungsträgern/Schutz des Finanzierungsträgers gegen finanzielle Folgen von Umweltverstößen der Projektgesellschaft	63
17.5.1 Umweltrisiken, Umweltschäden, Umwelthaftung	63
17.5.2 Projektgestaltung im Hinblick auf Schadens- und Haftungsbegrenzung	67
17.5.3 Vertragliche Gestaltungsmöglichkeiten, Umweltklauseln	68
17.5.4 Zusammenfassung: die Umwelthaftung von Finanzierungsträgern	69

Schrifttum: *Bernd Bender/Reinhard Sparwasser/Rüdiger Engel,* Umweltrecht 4. Auflage, 2000; *Michael Bothe,* The Responsability of Exporting States, in: *Günther Handl/Robert E. Lutz* (ed.), Transferring Hazardous Technologies and Substances – The International Legal Challenge, 1989; S. 158; *Bothe/Hohmann,* Internationale Umweltorganisationen, in: Handwörterbuchbuch des Umweltrechts, 2. Auflage, Berlin 1994, Sp. III 3–II 32; *ders.,* Environment, Development, Resources, in: Hague Academy of International Law 2000 (i. E.); *Michael Bothe/Lothar Gündlig,* Neuere Tendenzen des Umweltrechts im internationalen Vergleich, 1990; *Michael Bothe/Harald Hohmann,* Internationale Umweltorganisationen, in: *Otto Kimminich/Heinrich Freiherr von Lersner/Peter-Christoph Storm,* Handwörterbuch des Umweltrechts (HdUR), Band I, 2. Auflage 1994, Sp. 1113; *Bundesministerium für Umwelt, Naturschutz und Reaktorsicherheit* (Hrsg.), Umweltgesetzbuch (UGB-KomE), 1998; *Christian Callies,* Ansätze zur Subjektivierung von Gemeinwohlbelangen im Völkerrecht, (ZUR) 2000, S. 246 ff.; *Astrid Epiney,* Umweltrecht in der Europäischen Union, 1997; *Gerhard Feldhaus,* Wettbewerb zwischen EMAS und ISO 14001, UPR 1998, S. 41, *ders.*, Umweltschutz und technische Normierung, UTR 54 (2000), S. 169; *Harald Ginzky*, Saubere Produkte, schmutzige Produktion, 1997; *Wolff Heintschel von Heinegg*, Umweltvölkerrecht, in: *Hans-Werner Rengeling* (Hrsg), EUDUR Bd. I (Gesamt-Literaturverzeichnis), § 23, S. 693; *Hermes Kreditversicherungs AG*, AGA-Report Nr. 72 vom 10. Juni 1998; *Harald Hohmann* (ed.), Basic Documents of International Environmental Law, 1992; *Ulrich Klemm*, Rechtliche Probleme der Umweltverträglichkeitsprüfung bei deutschen Entwicklungsprojekten in Brasilien, in: *Michael Bothe* (Hrsg)., Umweltrecht in Deutschland und Brasilien, 1990, S. 89; *Veena Jha/Anil Markandya/René Vossenaar*, Reconciling Trade and the Environment – Lessons from Case Studies in Developing Countries, 1999; *Michael Kloepfer*, Umweltrecht 2. Auflage (Gesamt-Literaturverzeichnis); *Michael Kloepfer/Ekkehart Mast*, Das Umweltrecht des Auslandes, 1995; *Kreditanstalt für Wiederaufbau (KfW)*, „Entwicklung finanzieren – Neue Wege gehen", Jahresbericht der Zusammenarbeit mit Entwicklungsländern 1999, Mai 2000; *George K. Ndi*, Coorperation towards Sustainable Development in the African ACPs, Environmental Policy and Law 23/1 (1993), S. 18 ff.; *Rat von Sachverständigen für Umweltfragen (SRU)*, Umweltgutachten 2000; *Susanne Rublack*, Der grenzüberschreitende Transfer von Umweltrisiken im Völkerrecht, 1993; *Matthias Schmidt-Preuß*, Die Entwicklung des deutschen Umweltrechts als verfassungsgeleitete Umsetzung der Maßgaben supra- und internationaler Umweltpolitik, JZ 2000, S. 581; *Eberhard Schmidt-Aßmann*, Rechtsdurchsetzung im internationalen und nationalen Umweltrecht, in *Volker Epping/Horst Fischer/Wolff Heintschel von Heinegg* (Hrsg.), FS für Knut Ipsen, 2000, S. 305; *Martin Schulte*, Materielle Regelungen: Umweltnormung, in: *Hans-Werner Rengeling* (Hrsg), EUDUR Bd. I (Gesamt-Literaturverzeichnis), § 17, S. 449; *Ines Schusdziarra*, Umweltschutz und Entwicklungspolitik, in: *Hans-Werner Rengeling* (Hrsg.), Umweltschutz und andere Politiken der Europäischen Gemeinschaft, 1993, S. 207; *Ibrahim F.J. Shihata*, The World Bank and the Environment: A Legal Perspective, Maryland Journal of International Law and Trade 16 (1992), 1; *Stephan Tomerius*, Informelle Projektabsprachen im Umweltrecht, 1995; *Rüdiger Wolfrum*, Umweltschutz und Entwicklungspolitik, in: *Hans-Werner Rengeling* (Hrsg), EUDUR Bd. II (Gesamt-Literaturverzeichnis), § 91, S. 1509.

17.1 Einleitung: Umweltauswirkungen von Projekten, Bedeutung des Umweltschutzes für Projekte

1   Dass Projekte in vielfältiger Weise die Umwelt berühren, ist hinreichend bekannt. Nicht nur die Umwelterheblichkeit von Großvorhaben liegt auf der Hand. Es ist Aufgabe eines modernen, verantwortungsbewussten Management, dem in angemessener Weise bei Konzeption und Durchführung von Projekten Rechnung zu tragen. **Umweltauswirkungen** können positiver und negativer Art sein.

Sie beschränken sich nicht auf das Offenkundige wie etwa den Flächen- und Naturverbrauch für Anlagen und Verkehrswege, die Ausbeutung von Naturschätzen durch den Bergbau oder die Veränderung von Gewässern durch Dammprojekte. Welcher Art ein Vorhaben auch sein mag, welchem Zweck die herzustellenden oder zu betreibenden Einrichtungen auch immer dienen mögen: die Projektaktivitäten, sei es im Bereich der Infrastruktur oder dem der Industrie, treffen auf komplexe ökologische Zusammenhänge und greifen belastend, schädigend und zerstörend in diese ein. Dabei kann es um lokal begrenzte Beeinträchtigungen oder auch um Beiträge zu regionalen und globalen Umweltveränderungen gehen. Im Einzelfall sind umfangreiche Erhebungen erforderlich, um die Umweltauswirkungen eines konkreten Projekts zu bestimmen.

2   Unter positiven Vorzeichen sind Projekte umweltrelevant, sofern sie gerade Ziele des Umweltschutzes verfolgen. Als Gegenstand öffentlicher Förderung auf nationaler oder internationaler Ebene stehen diese Vorhaben für ein bedeutendes Gebiet der Projektfinanzierung.[1] Allerdings beschränkt sich auch in diesen Fällen der Umweltbe-

---

[1] Vgl. *SRU*, a.a.O., Tz. 202; KfW a.a.O., S. 8: „Auf den Umwelt- und Ressourcenschutz als zweitwichtigste Querschnittsaufgabe entfielen 21 Prozent der Zusagen (im Jahr 1999)".

zug nicht auf die im Haupt- oder Nebenzweck angestrebte Verbesserung einer bestimmten Umweltsituation oder die Schutz- und Erhaltungsziele des Projekts. Wie auch sonst sind hier nachteilige Auswirkungen, etwa Belastungsverlagerungen zwischen Umweltmedien und indirekte Folgewirkungen, in die ökologische Betrachtung einzustellen.[2]

Dass die Träger, Betreiber und Finanziers von Projekten Umweltaspekte in allen Phasen ihres Engagement zu beachten haben, ist längst nicht mehr „nur" ein ethisches, rechtlich unverbindliches Gebot. Auch wirtschaftliche Zusammenhänge und die Zuweisung rechtlicher Verantwortung begründen ein essenzielles unternehmerisches Interesse an wirksamem Umweltschutz. Das gilt nicht nur im Hinblick auf die notwendige Effizienz von Verfahrensabläufen, die sich insbesondere bei Großprojekten durch öffentliche und gerichtliche Auseinandersetzungen über nicht hinreichend beachtete Umweltschutzbelange verzögern können.[3] Soweit **Umweltanforderungen** als rechtliche Standards normiert sind, ist deren Berücksichtigung notwendige Voraussetzung der Vorhabenzulassung und daher eine wesentliche Bedingung der Realisierung eines Projekts. Dass eine kritische Öffentlichkeit im Projektland, aber auch international und in den Lieferländern, aus Anlass spektakulärer Großvorhaben auf die Durchsetzung und Verbesserung von Umweltnormen drängt, ist ein nicht zu unterschätzendes Element umweltpolitischen Fortschritts.[4] Überhaupt, und das ist der Ausgangspunkt moderner umweltpolitischer Strategien, wird zunehmend erkannt, dass Ökonomie und Ökologie Hand in Hand gehen können. Dem Ressourcenschutz dienende Rohstoffeinsparungen bedeuten beispielsweise zugleich Kosteneinsparungen bei der Produktion von Gütern. Wo sich derartige Zusammenhänge nicht unmittelbar in Marktsignalen zugunsten umweltschonenderen Wirtschaftens ausdrücken, kann umweltökonomisch fundierte rechtliche Steuerung durch den Einsatz ökonomischer Instrumente die Vereinbarkeit der Ziele von Ökologie und Ökonomie befördern.

3

Im Bereich der Projektfinanzierung ist der Zusammenhang von Umweltschutz und wirtschaftlichem Interesse durch einige besondere Akzente gekennzeichnet. So wird das Risiko der Darlehensgläubiger durch die **Umweltrisiken** eines Projekts mitbestimmt: kommt eine Unternehmung vor dem Hintergrund von Umweltproblemen zum Erliegen oder auch nur ins Stocken, bleibt das nicht ohne Folgen für die Bedienung von Krediten. Aber nicht nur das. Die rechtliche Haftung für Umweltschäden macht vor dem Finanzierungsträger keineswegs halt, denn gerade die Verantwortlichkeit des Geldgebers ist ein ökonomisches Instrument des Umweltschutzes von beträchtlicher präventiver Wirksamkeit.

4

17.2 Grundlagen des Umweltschutzes

17.2.1 Umweltschutz, Umweltpolitik, Umweltrecht

Umweltprobleme kennt man schon sehr viel länger als den Begriff Umwelt.[5] In früheren Epochen, und dies seit dem Altertum, handelte es sich allerdings um zumeist begrenzte Erscheinungen von der Art hygienischer und sanitärer Missstände in Siedlungen. Die übermäßige Nutzung und Ausbeutung von Umweltgütern durch die Menschen seit der Industrialisierung sprengte diesen Maßstab jedoch. Komplexe Ver-

5

---

[2] Vgl. *Klemm*, a.a.O., S. 97f.
[3] *Siebel*, oben Kap. 1, Rdn. 18.
[4] Vgl. *Schmidt-Aßmann*, a.a.O., S. 310ff., S. 316ff.
[5] Zu Annäherungen und Abgrenzungen zu diesem vgl. nur *Epiney*, a.a.O., S. 3ff.; *Kloepfer*, a.a.O., § 1 Rdn. 14ff., jeweils m.w.N.

17. Teil. Umweltschutz

änderungen in der Natur und die universelle Bedrohung des Lebens auf der Erde wurden deutlich.[6] Diese Konfrontation mit den Grenzen eines Wachstums in der hergebrachten Form forderte zu Strategien des Umweltschutzes heraus. Die Politik in den westlichen Demokratien nahm sich dieser Aufgabe ab den 60er Jahren des 20. Jahrhunderts an. Die sozialistischen Staaten folgten etwas später. Indessen wurde der Umweltschutz in der gerade aus kolonialer Bevormundung herausgetretenen südlichen Welthälfte eher als ein neues Hemmnis für Emanzipation und Entwicklung angesehen. Die Industrieländer gaben sich **nationale Umweltprogramme,** die eine rege Umweltgesetzgebung und Bemühungen um Systematisierung des nunmehr als einheitliche Materie begriffenen **Umweltrechts** initiierten.[7] Der Umweltschutz wurde – zunächst wegen seiner bald erkannten Bezüge zu einem grenzüberschreitenden wirtschaftlichen Austausch – zu einem bedeutenden Politikbereich der europäischen Integration in der E(W)G.[8] Das globale Ausmaß bestimmter Umweltprobleme und die Implikationen der Welthandelsordnung machten den Umweltschutz auch zu einer Angelegenheit der internationalen Gemeinschaft und zu einem wichtigen Gegenstand des Völkerrechts.

17.2.2 Umwelt und internationale Beziehungen

6   Die Entwicklung der **internationalen Umweltpolitik** seit Beginn der 70er Jahre hat einen rechtlichen und politischen Rahmen geschaffen, der in vielfältiger Weise Auswirkungen auf Investitionsvorhaben und andere Projekte hat.

Die Vereinten Nationen reagierten schnell auf die „Entdeckung" des Umweltproblems.[9] Die **UN-Umweltkonferenz** von Stockholm im Jahr 1972 war ein Signal, das weltweite Aufmerksamkeit auf die Umweltfrage lenkte. Die Erklärung von Stockholm[10] griff Prinzipien des Völkergewohnheitsrechts auf, vor allem das Verbot grenzüberschreitender Schadenszufügung,[11] und entwickelte diese für das Umweltrecht fort. Die Stockholm-Prinzipien, bei denen es sich nicht um verbindliche Rechtssätze handelt, befruchteten die internationale Praxis der folgenden Jahre erheblich. Teilweise wurden sie in den seither geschaffenen Konventionen verrechtlicht. Die Konferenz befasste sich auch mit dem Spannungsverhältnis von Umwelt und Entwicklung, wobei sie die Entwicklungsbedürfnisse des Südens anerkannte. Institutionell etablierte sich der Umweltschutz in den internationalen Beziehungen durch die Gründung des UN-Umweltprogramms UNEP im Anschluss an Stockholm. Im Jahr 1982 folgte die Annahme der *World Charter for Nature*[12] durch die UN-Vollversammlung. Weitere zehn Jahre später setzte die **UN-Konferenz für Umwelt und Entwicklung** in Rio eine weitere Wegmarke. Ihr kompromisshaftes Bekenntnis zu dem in seiner genaueren Bedeutung durchaus noch unklaren[13] Grundsatz des **Sustainable Development** betonte jedenfalls die Integration von Umweltschutz und Entwicklung in den internationalen

---

[6] Dazu und zum Folgenden *Bothe,* a.a.O. (Environment, Development, Resources), Kap. IV.
[7] Dazu noch unten, 17.3.2.
[8] *Epiney,* a.a.O., S. 10 ff.
[9] *Bothe,* a.a.O. (Environment, Resources, Development), IV.3.2.
[10] Abgedr. bei *Hohmann,* a.a.O. (Basic Documents), S. 21.
[11] Vgl. Prinzip 21: „Die Staaten haben nach Maßgabe der Charta der Vereinten Nationen und der Grundsätze des Völkerrechts das souveräne Recht zur Ausbeutung ihrer eigenen Hilfsquellen nach Maßgabe ihrer eigenen Umweltpolitik sowie die Pflicht, dafür zu sorgen, dass durch Tätigkeiten innerhalb ihres Hoheits- und Kontrollbereichs der Umwelt in anderen Saaten oder in Gebieten außerhalb ihres nationalen Hoheitsbereichs kein Schaden zugefügt wird"; dazu auch noch unten, 17.3.4.
[12] Abgedr. bei *Hohmann,* a.a.O. (Basic Documents), S. 64.
[13] Dazu *Bothe,* a.a.O. (Environment, Development, Resources), V.3.1.

Beziehungen. Die **Rio-Deklaration**[14] und das umfangreiche umweltpolitische Aktionsprogramm **Agenda 21**[15] prägt heute die erklärte Politik vieler Entwicklungsländer und ist darum im vorliegenden Rahmen relevant. Auf der Konferenz wurden ferner zwei wichtige völkerrechtliche Verträge, nämlich die Klimarahmenkonvention[16] und die Biodiversitätskonvention,[17] unterzeichnet, außerdem die nicht rechtsverbindliche Erklärung über Schutz und Erhaltung der Wälder.[18] Aus dem Rio-Nachfolgeprozess ist insbesondere das Kyoto-Protokoll[19] hervor zu heben, das rechtliche Mechanismen für den Klimaschutz durch die Reduktion von Treibhausgasen vorschreibt. Auch dies kann, wie unten noch genauer zu zeigen ist, in der Praxis für Projekte von Bedeutung sein.

Beträchtliche Beiträge zu den Fortschritten der internationalen Umweltpolitik in den vergangenen Jahrzehnten leisteten auch andere Organisationen, von denen die OECD zu nennen ist, sowie die bereichsspezifischen Unterorganisationen der UNO.[20]

17.2.3 Ökonomie und Ökologie

Wenn der Umweltschutz die wirtschaftlichen Existenzgrundlagen nicht in Frage stellen soll, können seine Ziele nicht mit einem Übermaß an Verboten und Beschränkungen verfolgt werden. Man muss aber sehen, dass die Umweltprobleme der Industrieländer im wesentlichen Begleiterscheinungen und Folgen der zurückliegenden wirtschaftlichen Entwicklung sind, bzw. solche des Festhaltens an Strukturen und Verhaltensweisen, deren Schädlichkeit für die Umwelt erkannt wurde. Daher ist eine ökologisch motivierte Steuerung ökonomischer Aktivität unverzichtbar. Begreift man Umweltprobleme mit den ökonomischen Theorien als Folge von Fehlallokationen des Marktes, so liegt eine Steuerung durch Instrumente nahe, die das Marktgeschehen mehr oder weniger direkt oder indirekt beeinflussen. Vereinfacht ausgedrückt, geht es darum, die Kosten für die Nutzung (scheinbar) frei verfügbarer Umweltgüter bei den Akteuren des Wirtschaftsgeschehens anzulasten, also externe Kosten zu internalisieren. 7

Die Umweltpolitik, die diese Ziele verfolgte, hat freilich nicht einfach nur die Produktion verteuert, sie hat Innovationsschübe angeregt. Die Folge war nämlich die Entwicklung von Umwelttechnik und das Entstehen eines Marktes für Produkte dieser Technik. So wurde ein Rahmen für den Export deutscher Umwelttechnologie geschaffen, die weltweit eine führende Rolle spielt.

Der Zusammenhang zwischen Ökonomie und Ökologie hat auch zu einer kritischen Überprüfung der **Instrumente der Umweltpolitik** geführt. Angesichts der mit der Umweltpolitik für die Unternehmen verbundenen Kosten ist der Ruf nach einer möglichst effizienten, d.h. kostengünstigen Umweltpolitik unabweisbar. Dies hat zu bislang in unterschiedlicher Weise erfolgreichen Bemühungen zur Ersetzung der ordnungsrechtlichen Instrumente der Umweltpolitik durch sog. ökonomische geführt. Als ökonomische Instrumente der Umweltpolitik, die nicht mit zwingenden Befehlen in das Wirtschafsgeschehen eingreifen, haben daher Abgaben, übertragbare Verschmutzungsrechte, aber auch Subventionen einen Bedeutungszuwachs erfahren. Über ihre Anwendung und Wirkung bestehen aber bereits auf der Ebene der Theorie noch erhebliche Unklarheiten. Sicher ist allerdings zweierlei: Zum einen muss die marktwirt- 8

---

[14] ILM 31 (1992) 874.; abgedr. in UTR 21 (1993), S. 411.
[15] Im Internet verfügbar unter: http://www.unep.org/; http://www.bmu.de/.
[16] Abgedr. in UTR 21 (1993), S. 423.
[17] BGBl. 1993 II, S. 1741.
[18] Abgedr. in UTR 21 (1993), S. 416.
[19] ILM 37 (1993), 22–43
[20] Vgl. *Bothe,* a.a.O. (Internationale Umweltorganisationen).

schaftliche **Selbststeuerung** durch den Einsatz angepasster Instrumente stärker auf die Ziele der Umweltpolitik ausgerichtet werden, denn der Umweltschutz ist eine Aufgabe, die die Leistungsfähigkeit des überkommenen ordnungsrechtlichen Lenkungsmodells übersteigt.[21] Zweitens aber muss auch das Ordnungsrecht als ein – für gewisse Funktionen unersetzbares – ökonomisches Instrument der Umweltpolitik begriffen werden: kostenwirksame Umweltauflagen sind auch eine Variante der Internalisierung von **Umweltkosten**.

9   In der internationalen Dimension ist Umweltschutz nicht nur eine Frage ökologisch verträglicher Ressourcenallokation, sondern insbesondere auch eine solche der gerechten Verteilung der begrenzten und erschöpfbaren natürlichen Ressourcen der Erde. Umweltzerstörung ist in den Entwicklungsländern zugleich Folge und Ursache von Armut.[22] Daher verbinden sich die Probleme von Umwelt, Entwicklung und Ökonomie in der Frage nach der Weltwirtschaftsordnung. Dies prägt in unterschiedlicher Weise den politischen und rechtlichen Rahmen für Projekte. Deshalb ist Ressourcenschonung und Umweltschutz auch zu einem wesentlichen Element der Entwicklungspolitik gerade der Europäischen Union geworden, wie sogleich noch zu zeigen ist.

17.3 Rechtliche Anforderungen des Umweltschutzes

17.3.1 Die maßgeblichen Rechtsordnungen

10   **Umweltanforderungen** sind Gegenstand von Regelungen auf verschiedenen rechtlichen Ebenen.

11   Sowohl für die Vorhabenzulassung als auch für die weiteren rechtlichen Bedingungen umweltrelevanten Handelns ist immer zunächst das nationale Recht des Landes maßgeblich, in dem ein Projekt verwirklicht werden soll. Das folgt aus dem Grundsatz der territorialen Souveränität der Staaten[23] und gilt für umweltbezogene Anforderungen[24] an Vorhaben im Prinzip nicht anders als für die sonstige rechtliche Normierung inländischer Sachverhalte. Die Klärung der umweltrechtlichen Anforderungen des Projektlandes ist daher ein wesentlicher Teil der Projektplanung. Für sie ist länderspezifisches umweltrechtliches Expertenwissen unerlässlich.

12   Die Maßgeblichkeit des jeweiligen nationalen Rechts bedeutet jedoch nicht, dass diese Rechtsordnung allein relevant wäre. Daneben können etwa internationales und supranationales Umweltrecht, Exportregelungen der Lieferländer und gewisse andere Regelwerke zu beachten sein. Diese Rechtskomplexe spielen für den Umweltschutz bei inter- und transnationalen Projekten aus mehreren Gründen eine wichtige Rolle. Zum einen beruhen nationale umweltrechtliche Standards häufig auf den Vorgaben internationalen Umweltrechts. Im Verhältnis der Europäischen Gemeinschaft und ihrer Mitgliedstaaten sind in großem Umfang auch Einflüsse der supranationalen auf die nationale Ebene wirksam. Aus dieser Perspektive ist etwa die Entwicklung des deutschen Umweltrechts unlängst als „Umsetzung der Maßgaben supra- und internationaler Umweltpolitik"[25] gedeutet worden. Auch reine Inlandsprojekte in Deutschland unterliegen in diesem Sinne nicht ausschließlich der Beurteilung nach einem von Bund und

---

[21] Dieses ist zudem dem modernen Gesellschaftsbild einer Zivilgesellschaft nur wenig angemessen.
[22] *Bothe*, a. a. O. (Environment, Development, Resources), V. 1 m. w. N.
[23] *Heintschel von Heinegg*, a. a. O., Rdn. 2, 5.
[24] Vgl. *Schmidt-Aßmann*, a. a. O., S. 306 ff.
[25] *Schmidt-Preuß*, a. a. O., S. 581 ff.

Ländern autonom hervorgebrachten Umweltrecht. Für andere Staaten mit entwickelter Umweltrechtsordnung gilt Entsprechendes. Darüber hinaus greift das europäische Gemeinschaftsrecht in den EG-Staaten teilweise auch direkt auf inländische Sachverhalte zu. Das ist – vor allem, aber nicht nur – dann der Fall, wenn eine Materie wie beispielsweise die grenzüberschreitende Abfallverbringung,[26] durch den Rechtssatztyp der unmittelbar in den Mitgliedstaaten geltenden Verordnung[27] geregelt ist. Außerhalb Europas führt regionale wirtschaftliche Integration ebenfalls zu einem Bedeutungszuwachs der supranationalen Ebene mit Ansätzen zu gemeinsamen regionalen Umweltrechtsordnungen, etwa in der nordamerikanischen NAFTA und dem südamerikanischen Mercosur.

Entwicklungsländer legen besonderen Wert darauf, dass ihre Souveränität nicht in Frage gestellt wird. Deshalb ist zu betonen, dass der Grundsatz der Maßgeblichkeit des Rechts des Projektstaates hier ebenso gilt wie in den entwickelten Industriestaaten. Dennoch bestehen in diesem Zusammenhang Probleme, und zwar in doppelter Hinsicht. Zum einen ist das Problem wohl immer noch nicht ausgeräumt, dass ein Entwicklungsland geneigt sein kann, im Interesse seiner Entwicklung (oder dessen, was die politischen Eliten in dem jeweiligen Land dafür halten) bei der Zulassung von Investitionen auch Abstriche von der eigenen Rechtsordnung zu machen.[28] Zum anderen haben nicht zu leugnende Defizite[29] in Entwicklungsstand und Vollzug des Umweltrechts in vielen Entwicklungsländern zu entwicklungspolitischen Ansätzen bei Geberländern und internationalen Entwicklungsinstitutionen geführt, die das vorhandene Recht oder die gegebene Verwaltungspraxis in den Empfängerländern im Sinne von mehr oder besserem Umweltschutz fortzuentwickeln suchen.[30] Dies ist der Grundgedanke eines **capacity building,** der auch in der Agenda 21 seinen Niederschlag gefunden hat. Praktisch wirkt sich dies aus in Form umweltpolitisch motivierter Anforderungen der Lieferländer beim Export von Produkten und Technologie sowie überhaupt bei Vorhaben der Entwicklungshilfe,[31] in der Aufnahme besonderer Umweltschutzbestimmungen in Abkommen über die Entwicklungszusammenarbeit[32] sowie in umweltrechtlichen Vorgaben von Finanzierungsträgern.[33]

Im Ergebnis sind für Vorhaben der internationalen Projektfinanzierung also direkt oder indirekt Umweltschutzanforderungen aus mehreren Rechtsordnungen von Bedeutung. Hinzu kommen Umweltstandards aus Regelwerken internationaler technischer Normierungsgremien.[34]

---

[26] Verordnung (EWG) Nr. 259/93 des Rates zur Überwachung und Kontrolle der Verbringung von Abfällen in der, in die und aus der Europäischen Gemeinschaft, ABl. L 30 S. 1 (mit späteren Änderungen).
[27] Art. 249 Abs. 2 EGV.
[28] Zur „Auslagerung" umweltbelastender Produktion vgl. *Rublack,* a.a.O., S. 95 ff.
[29] *Wolfrum,* a.a.O., Rdn. 2, m.w.N.
[30] Siehe dazu aber auch Grundsatz 23 der Stockholm-Deklaration, a.a.O. (oben, Fn. 10): „Unbeschadet allgemeiner, von der Völkergemeinschaft vereinbarter Grundsätze oder der von den einzelnen Staaten festzulegenden Kriterien und Mindestmaßstäbe wird es in allen Fällen erforderlich sein, die in den einzelnen Ländern bestehenden Wertsysteme sowie die Anwendbarkeit von Maßstäben zu prüfen, die für die am weitesten fortgeschrittenen Länder Gültigkeit haben, jedoch für die Entwicklungsländer ungeeignet und mit ungerechtfertigten sozialen Lasten verbunden sein können".
[31] *Wolfrum,* a.a.O.; dazu näher unten, 17.3.3.
[32] Dazu das Beispiel der Abkommen von Lomé und Cotonou, unten, 17.3.5.
[33] Dazu unten, 17.3.6.
[34] Dazu unten, 17.3.7.

17.3.2 Das Investitionsland – typische Strukturen einer Umweltrechtsordnung

14   Der weltweite Bestand an Umweltrechtsnormen in einzelnen Ländern ist naturgemäß vielgestaltig und unübersichtlich. Gleichwohl gibt es typische **Strukturen nationaler Umweltrechtsordnungen**.[35] Auf ihre Erläuterung muss sich die Darstellung in diesem Abschnitt beschränken. Wesentliche Einflussgrößen für Zuschnitt und Ausbau der nationalen Regime sind zum einen die systembestimmenden Rechtstraditionen in einem Land oder Rechtskreis,[36] zum anderen der historische Entstehungszusammenhang der Vorschriften. Für das Umweltrecht der entwickelten Länder ist bis heute prägend, dass im Verlauf der industriellen Entwicklung sukzessive und in der Regel nur isoliert die bedrohliche Dimension je einzelner Erscheinungsformen von Umweltauswirkungen dieser Produktions- und Wirtschaftsweise erkannt wurde: die Virulenz der Gewässer- und der Luftschmutzung vor der des ausufernden und zunehmend gefährlichen Abfallaufkommens, diese wiederum vor den Gefahren schädlicher Bodenveränderungen. Die Staaten suchten die neuen Umweltschutzaufgaben rechtlich durch Strategien der Anpassung und Ergänzung, teilweise auch der tiefer greifenden Erneuerung ihres jeweils vorhandenen Rechtsbestands zu bewältigen.

15   Da mehr oder weniger in allen Industrieländern, wenn auch zeitversetzt und mit unterschiedlichem Gewicht, gleiche oder ähnliche Herausforderungen die umweltpolitische Tagesordnung bestimmt haben, zeigt der internationale Rechtsvergleich bei aller systematischer Verschiedenheit auch bemerkenswerte Gemeinsamkeiten. Neben diese Parallelen der autonomen nationalen Rechtsentwicklung treten infolge der schon angesprochenen supra- und internationalen Impulse[37] immer stärker regionale und auch globale Angleichungstendenzen. Die somit typischerweise in Schüben und zunehmend unter Einflüssen von außen gewachsenen Umweltrechtsordnungen des kapitalistischen Westens sind zunächst durch eine sektorale Fragmentierung gekennzeichnet. Den Kernbereich des ab den Jahren um 1970 als einheitliche Materie begriffenen Umweltrechts bilden dabei die teilweise schon von sehr alten Regelungen des Gewerbe- und des Wasserwirtschaftrechts erfassten Sektoren Immissionsschutz (Luftreinhaltung und Lärmschutz) und Gewässerschutz, der ebenfalls schon relativ früh geregelte Naturschutz, die jüngeren Schichten des Abfallrechts und des Rechts umweltgefährdender Stoffe sowie der – nicht nur in Deutschland zuletzt rechtlich normierte – Bodenschutz.[38] Enge Bezüge zu diesem Kernbereich hat das für die Realisierung von Großvorhaben wichtige Planungsrecht,[39] hinzu kommen umweltrelevante Regelungen in vielen anderen Rechtsbereichen.[40]

16   Die – besonders in einer bestimmten Entwicklungsphase, aber mehr oder weniger immer noch[41] – charakteristische **Fragmentierung des Umweltrechts** auf nationaler, aber auch auf internationaler[42] Ebene ist ein Ausdruck spezifischer handlungs-, medien- oder ressourcenbezogener Regelungsansätze,[43] die aus der Perspektive der isolierten

---

[35] Dazu und zum Folgenden *Bothe/Gündling* a.a.O., S. 87ff.; eine gute Informationsquelle für Fragen des Umweltrechts in aller Welt ist das IUCN Environmental Law Centre in 53113 Bonn, Adenauerallee 214, http://iucn.org/themes/law/elp_elc.html.
[36] Vgl. *Kloepfer/Mast,* a.a.O., S. 312ff.
[37] Oben, 17.3.1.
[38] *Bothe/Gündling* a.a.O., S. 87ff. S. 93ff.
[39] *Bothe/Gündling* a.a.O., S. 93.
[40] *Bothe/Gündling* a.a.O., S. 87.
[41] Unten; Rdn. 17ff.
[42] *Bothe,* a.a.O. (Environment, Development, Resources), IV.3.3.1; *Heintschel von Heinegg,* a.a.O., Rdn. 1, 4, 10.
[43] *Bothe/Gündling* a.a.O., S. 93.

Lösung von Einzelproblemen durchaus angemessen und zielgenau erscheinen. Freilich steigert sich die Fragmentierung mitunter bis zur Zersplitterung. In Bundesstaaten ist dies teilweise auch durch die Aufteilung der Gesetzgebungskompetenzen zwischen Bund und Gliedstaaten bedingt,[44] die ganzheitliche Regelungen wenn nicht rechtlich ausschließen, so doch jedenfalls politisch erheblich erschweren.[45] Weitere organisationsrechtliche Aspekte der Fragmentierung sind zum Teil sehr alte Bürokratiestrukturen, die auf nationalen Verwaltungstraditionen beruhen, aber auch für neue Aufgaben errichtete Sonderbehörden, sowie besondere Verfahrensarten für den Vollzug einzelner materieller Teilkomplexe des Umweltrechts. Dabei ermöglicht Ersteres die Herausbildung und das Vorhalten spezialisierter Fachkompetenz für die Erfüllung der oftmals stark naturwissenschaftlich-technisch gearteten Aufgaben der Umweltadministration, freilich nicht ohne die Gefahr der Vernachlässigung bereichsübergreifender Belange. Das Zweite, die bereichsspezifische Ausprägung von Verwaltungsverfahren, kann einerseits sachangemessen sein, ist andererseits aber vielfach nur historisch erklärbar. Die entscheidende Schwäche der überkommenen sektoral fragmentierten Regelungsstrukturen ist allerdings die fehlende inhaltliche Kohärenz sowohl zwischen den einzelnen Teilbereichen als auch häufig sogar innerhalb derselben. Problematisch ist dies zunächst im Hinblick auf einen medienübergreifend integrierten Umweltschutz, dessen Notwendigkeit durch die Gefahr von Belastungsverlagerungen bei rein sektoralen Lösungen angezeigt wird. Gegenüber den daraus folgenden komplexen Anforderungen erweist sich die lediglich kumulierende Verknüpfung je für sich eindimensional sektorenbezogener Ansätze als wenig effizient und vollzugstauglich, gerade auch im Hinblick auf behördliche Zuständigkeiten und andere Verfahrensfragen. In einem grundsätzlicheren Sinne verbindet sich diese Problematik mit der Einsicht in die Begrenztheit der Steuerungsfähigkeit des Ordnungsrechts, der klassischen Regelungsform sektorenspezifischer Umweltgesetze. Das führt zu dem Ruf nach Harmonisierung durch übergreifende Querschnittsregelungen und Modernisierung des umweltrechtlichen Instrumentariums.

Die modernere Strömung in der **Umweltgesetzgebung** der letzten Jahrzehnte ist **17** auf die Überwindung der Unzuträglichkeiten des sektoral zergliederten Regelungsmusters gerichtet. Die Staaten sind dabei von unterschiedlichen Ausgangspunkten unterschiedliche Wege gegangen und haben unterschiedliche Etappenziele erreicht. Initialwirkung für die Orientierung an bereichsübergreifenden, die Bedeutung von Verfahren und **Öffentlichkeit** stärker betonenden Ansätzen hatte der National Environmental Policy Act (NEPA) der USA von 1969.[46] An Bedeutung gewannen etwa ab der gleichen Zeit die Einflüsse des internationalen Rechts und die dadurch bewirkten Angleichungstendenzen, auf die schon wiederholt hingewiesen worden ist. Sie sind an dieser Stelle hervorzuheben, denn nunmehr lassen sich gemeinsame Linien sowohl für die westlichen Industriestaaten als auch für die Entwicklungs- und Schwellenländer und nach dem Wegfall der Ost-West-Abgrenzung schließlich auch für die in Transformation zur Marktwirtschaft befindlichen Staaten zeichnen. Eine wichtige Rolle spielt im Zuge der Liberalisierung des Welthandels auch, dass weniger entwickelte Staaten unabhängig von völkerrechtlichen Verpflichtungen aus den traditionellen Industrienationen insbesondere Produkt- und Produktionsnormen übernehmen, um Hindernissen für den Absatz ihrer Waren in diesen Ländern zu begegnen.[47]

Die allgemeine Hinwendung zu einer sektorenübergreifenden Problemsicht und die **18** Implementierung äußerer Vorgaben führen zu neuen strukturellen Gemeinsamkeiten

---

[44] Dazu vor allem das Beispiel Kanadas bei *Bothe/Gündling* a.a.O., S. 58 ff.
[45] So begründete das Bundesumweltministerium das vorläufige Scheitern der Kodifikation eines Umweltgesetzbuchs mit kompetenzrechtlichen Problemen; dazu *Sendler,* NJW 2000, S. 2871.
[46] *Bothe/Gündling* a.a.O., S. 96.
[47] *Vossenaar/Jha* in *Jha/Markandya/Vossenaar* a.a.O., S. 36 ff.

der nationalen Umweltrechtsordnungen. Der jeweils vorgefundene ungleiche Entwicklungsstand – nicht nur der Länder und Volkswirtschaften, sondern eben auch ihres Umweltrechts – sowie ökologische Sonderprobleme und unterschiedliche politische Konzepte bedingen dabei freilich abermals eine Ausdifferenzierung verschiedener legislatorischer Modelle. Weltweit wurde der Schutz der Umwelt in zahlreichen Staatsverfassungen festgeschrieben, teilweise in der Gestalt individueller Grundrechte, in Deutschland und anderswo als Staatsziel. Auf der einfachgesetzlichen Ebene reichen die Strategien der Harmonisierung und Fortentwicklung von dem Modell der umfassenden **Kodifikation des gesamten Umweltrechts** über das einer medienübergreifenden Teilharmonisierung sowie über ausfüllungsbedürftige Rahmengesetze bis hin zu dem Gesetzestypus des allgemeinen Teils, der in systematisierter Weise gemeinsame Vorschriften für die verschiedenen umweltrechtlichen Teilkomplexe enthält und in manchen Ländern in einem Gesetzeskomplex mit Vorschriften mehrerer überkommener Regelungssäulen kombiniert wird.[48] Von einem Abschluss der damit nur grob skizzierten und typisierten Rechtsentwicklungen kann keine Rede sein. Es ist vielmehr festzustellen, dass sich das Umweltrecht „weltweit nach wie vor außerordentlich dynamisch, ja bisweilen sogar stürmisch entwickelt."[49] Das gilt auch und gerade für die Entwicklungsländer, in denen durch die Konferenz von Rio, insbesondere deren Abschlusserklärung und die Agenda 21 manche umweltpolitische und umweltrechtliche Entwicklung angestoßen wurde.

19 Vor diesem Hintergrund ist festzuhalten, dass sich materielle Anforderungen an die Zulassung von Vorhaben, auf der das praktische Augenmerk der Projektrealisierung liegt, in entwickelten Umweltrechtsordnungen aus bereichsspezifischen, zunehmend aber auf einen **integrierten Umweltschutz** hin orientierten Regelungen über den Schutz von Umweltmedien und -Ressourcen wie Wasser, Luft, Boden, Natur und Landschaft ergeben. Für den Betrieb industrieller Anlagen sind zudem insbesondere Vorschriften über Abfälle und Gefahrstoffe sowie Produkt- und Produktionsnormen wichtig. Die **Umweltanforderungen** sind, wie oben gezeigt, in unterschiedlicher kodifikatorischer Systematik und unterschiedlichen Rechtstechniken normiert. Sie folgen unterschiedlichen Konzepten, die teilweise freilich kombiniert werden. Beispielsweise sind Standards für die Luftreinhaltung einerseits durch Emissionsgrenzwerte, andererseits durch solche für die Luftqualität, ggf. in bestimmten Gebieten, geregelt. Ein ordnungsrechtliches Gerüst kann dabei mit ökonomischen Instrumenten kombiniert sein. Konkret zu befolgende Maßgaben wie Grenzwerte, Einsatz bestimmter Techniken und Verfahren, Anforderungen der Überwachung und sonstige Detailregelungen technisch-naturwissenschaftlichen Charakters, finden sich häufig nicht unmittelbar in Gesetzen, sondern sind Gegenstand untergesetzlicher Regelwerke oder werden für die einzelne Anlage im Zulassungsverfahren bestimmt.

20 Für die Anforderungen weniger entwickelter Umweltrechtsordnungen kann in der Tendenz gesagt werden, dass sie weniger streng, weniger präzise und weniger umfassend sind. Das durchaus anzutreffende Extrem ist das vollständige Fehlen von Vorschriften für problematische Bereiche oder das Vorhandensein lediglich solcher Normen von vollzugsuntauglicher Allgemeinheit. Dies gilt nicht nur für den Umweltschutz in einem eng verstandenen Sinn, sondern auch für den mit diesem verwobenen, für die Projektpraxis ebenfalls außerordentlich bedeutsamen **Arbeitsschutz** und den **Gesundheitsschutz**.[50]

---

[48] Zu diesen Strategien und ihrer Geeignetheit im Hinblick auf die unterschiedlichen nationalen Verhältnisse *Bothe/Gündling* a. a. O., S. 96 ff.
[49] *Kloepfer/Mast* a. a. O., S. 311.
[50] Vgl. *Rublack*, a. a. O., S. 75 ff.; S. 101.

Für die **Vorhabenzulassung**[51] kommen grundsätzlich drei unterschiedliche Rechts- 21
formen in Betracht, die sich gegenseitig nicht ausschließen: Gesetz, Vertrag, Verwaltungsakt. Alle drei Rechtformen können durch informelle Einigungen vorgeprägt sein (und sind es häufig). Die Rechtsform des Vertrages ist aus der Praxis gerade der Großprojekte nicht wegzudenken. Das viel diskutierte Problem besteht darin, wieweit die dem Investor in einem solchen Vertrag eingeräumten Rechtspositionen zur Disposition des Gesetzgebers des Investitionslandes stehen. Generell gilt, dass der Vertrag zwischen Projektträger und Behörden des Projektstaates von der Rechtsordnung dieses Staates nur dispensieren kann, soweit eben diese Rechtsordnung solche Ausnahmen zulässt. Die Maßgeblichkeit des Rechts des Projektstaats ist unabhängig von der Form der Vorhabenzulassung.

Unabhängig von der Frage der Rechtsform besteht immer auch die Gefahr, dass in- 22
formelle **Projektabsprachen** zu Lasten der Umwelt gehen – sei es, dass von den regulären Anforderungen abgewichen wird, sei es, dass die gebotene Konkretisierung nur rudimentärer gesetzlicher Anforderungen unterbleibt. Andererseits können Absprachen als Element sinnvoller Flexibilisierung durchaus zu begrüßen sein und im Ergebnis zu einem effektiverem Umweltschutz nach teilweise sogar anspruchsvolleren Standards führen, als sie nach dem jeweiligen ordnungsrechtlichen Konzept durchsetzbar wären.[52]

Ein weiterer zentraler Gesichtspunkt der öffentlich-rechtlichen **Vorhabenzulas-** 23
sung ist, ob die einschlägigen Normen einen subjektiven Genehmigungsanspruch (gebundene Entscheidung) vermitteln oder ob die Zulassungsentscheidung im pflichtgemäßen Ermessen der zuständigen Behörde steht und damit von dem Antragsteller nur bedingt eingefordert werden kann. Die Regelung dieser Frage differiert national und nach der Art von Vorhaben.

In den praktischen Konsequenzen teilweise gewichtiger als die Anforderungen ma- 24
terieller Umweltstandards ist die Verfahrensseite der Vorhabenzulassung. Hier ist zunächst die für alle Großprojekte unerlässliche bereichsübergreifende **Umweltverträglichkeitsprüfung** (UVP) zu nennen, deren Prototyp das **Environmental Impact Assessment** (EIA) des schon erwähnten NEPA für Maßnahmen der amerikanischen Bundesbehörden war.[53] Die UVP ist weltweit in unterschiedlichen Ausprägungen etabliert und auch in ihrem Ursprungsland weiter entwickelt worden. Ihr wesentliches Kennzeichen ist die Verpflichtung zur umfassenden Bestimmung der von einem Projekt zu erwartenden **Umweltauswirkungen.** Sie soll durch möglichst frühe und umfassende Informationsbeschaffung die Entscheidungsgrundlage des eigentlichen Zulassungsverfahrens optimieren.

Bei den öffentlich-rechtlichen **Zulassungsverfahren** stellt sich die Frage nach de- 25
ren Reichweite und Bindungswirkung. Es kann eine Konzentration in der Weise bestehen, dass über alle für ein Projekt maßgeblichen Belange in einem und demselben Verfahren durch eine federführende Behörde entschieden wird. Neben dem Zulassungsakt dieser Behörde bedarf es dann keiner weiteren öffentlich-rechtlichen Erlaubnisse. Eine andere Variante ist, dass für einzelne Aspekte der beabsichtigten Aktivität eigenständige Verfahren und besondere Zuständigkeiten normiert sind. Daneben gibt es nach Phasen und Abschnitten der Projektverwirklichung gestufte Verfahren, die zum Erlass von Vor- bzw. Teilbescheiden führen.

Der **Rechtsschutz im Umweltrecht**[54] muss für Vorhabenträger, Drittbetroffene, 26
Umweltverbände und die allgemeine Öffentlichkeit aus jeweils besonderem Blickwin-

---

[51] Dazu auch oben, Kap. 9.2.1, Rdn. 28.
[52] Zu den Möglichkeiten und Grenzen informeller Projektabsprachen in Deutschland *Tomerius*, a. a. O.
[53] *Bothe/Gündling* a. a. O., S. 101 ff.
[54] Dazu *Kloepfer,* a .a. O. (Umweltrecht), § 9, S. 501 ff. m. w. N.

kel beleuchtet werden. Prinzipiell richtet er sich nach den allgemeinen Zugangsanforderungen der nationalen Justizsysteme zu den Gerichten. Es gibt allerdings gerade für das Umweltrecht bedeutsame Besonderheiten wie die von Land zu Land in unterschiedlichem Maße gewährten Verbandsklagerechte und die Möglichkeit von Popularklagen. Derartige Klagebefugnisse sind außerordentlich hilfreiche Instrumente des Umweltschutzes, denn sie ermöglichen eine objektive Rechtskontrolle auch dann, wenn ökologisch problematische Vorhaben einzelne Personen nicht unmittelbar in subjektiven Rechten betreffen oder wenn derart Betroffene gerichtlichen Rechtsschutz nicht in Anspruch nehmen, aus welchem Grund auch immer. Alleine die Möglichkeit einer gerichtlichen Kontrolle fördert die Beachtung von rechtlichen Anforderungen des Umweltschutzes und die Vermeidung von Umweltrisiken. Dies gilt sowohl für den Verwaltungsrechtsschutz als auch im Hinblick auf privatrechtliche Abwehr- und Haftungsansprüche. Den von nachteiligen Umweltauswirkungen Betroffenen vermittelt der internationale und regionale Menschenrechtsschutz auch im Hinblick auf den Zugang zur Justiz einen gewissen Mindestschutz.[55]

17.3.3 Das Exportland – deutsche und europäische Anforderungen beim Export von Produkten, Technologie sowie bei Vorhaben der Entwicklungshilfe

27 Dem Exportland bieten sich im Wesentlichen drei Ansatzpunkte für die rechtliche Steuerung von umweltrelevanten Aktivitäten seiner Staatsangehörigen, d. h. auch der juristischen Personen des jeweiligen nationalen Rechts, im Ausland bzw. für die Regelung des **Transfers von Umweltrisiken** in andere Länder.[56] Es handelt sich dabei erstens um spezifisch **umweltrechtliche Ausfuhrvorschriften** für bestimmte Stoffe und Sachen, zweitens um die Berücksichtigung des Umweltschutzes im Rahmen der **Exportkontrolle** nach allgemeinem Außenwirtschaftsrecht und drittens um die Normierung umweltrechtlicher Anforderungen an Vorhaben der Entwicklungshilfe bzw. an solche der Transformations- und Heranführungshilfe für die Staaten Mittel- und Osteuropas. Indirekt können sich freilich auch eigene *Import*regelungen[57] des Exportlandes auf die hier interessierenden Auslandsaktivitäten auswirken, nämlich dann, wenn im Ausland Anlagen zur Produktion von Gütern für den heimischen Markt errichtet und betrieben werden sollen. Dann kommen jedenfalls auf diesem Weg auch bei Auslandsprojekten deutsche bzw. europäische produkt- und produktionsbezogene **Importbeschränkungen** mit ins Spiel. Sämtliche hier angesprochenen Aspekte des Zugriffs auf extraterritoriale Sachverhalte sind Politikbereichen zuzuordnen, in denen die europäische Integration schon erheblich fortgeschritten ist. Aus deutscher Perspektive sind Anforderungen des „Exportlandes" daher nicht lediglich solche des nationalen Rechts, vielmehr werden Stoffrecht,[58] Exportkontrolle[59] und wichtige Bereiche der Entwicklungshilfe[60] maßgeblich auf der Gemeinschaftsebene bestimmt. Daher sind die beiden Rechtsordnungen gemeinsam zu betrachten, und zwar sowohl im Hinblick auf Auslandsprojekte in anderen EG-Mitgliedstaaten als auch auf solche in Drittländern.

28 Umweltrechtliche Instrumente zur Regelung des **Exports gefährlicher Güter und Stoffe,** einschließlich Abfällen, sind vor allem Ausfuhrverbote, Notifikations- und

---

[55] *Callies,* a. a. O.
[56] Zur völkerrechtlichen Regelungsbefugnis *Rublack,* a. a. O., S. 235 ff.
[57] Zu umweltpolitisch motivierten Importbeschränkungen *Ginzky,* a. a. O.
[58] Dazu *Kloepfer,* a. a. O. (Umweltrecht), § 17 Rdn. 13 ff. m. umfassenden Nw.; *Rublack,* S. 88 ff.
[59] *Hohmann,* oben, Kapitel 10.
[60] *Wolfrum,* a. a. O., Rdn. 5 ff.

Kennzeichnungspflichten. Ihre Normierung durch den Bundes- oder Gemeinschaftsgesetzgeber erfolgt teilweise in Erfüllung von Verpflichtungen, die im Rahmen internationaler Regime zur Kontrolle der jeweiligen Gefahren eingegangen wurden, oder steht im Zusammenhang sonstiger internationaler Initiativen, die zur Herausbildung von Mechanismen unterhalb des Verbindlichkeitsgrades völkerrechtlicher Konventionen geführt haben.[61] Hervorzuheben ist dabei das Konzept des **Prior Informed Consent (PIC).** Unter Vermeidung strikter Ausfuhr- und Einfuhrverbote trägt dieses den beiderseitigen Interessen an einem Transfer, die je nach Stoffen und Gütern differieren können, durch ein System von Informations- und Zustimmungsregeln Rechnung.[62] Die wichtigsten Ausfuhrbestimmungen des Bundesrechts[63] sind in § 3 AtG[64] für Kernbrennstoffe und in den §§ 4, 23 PflSchG[65] für Schadorganismen, Bedarfsgegenstände und Pflanzenschutzmittel enthalten. Gemeinschaftsrechtlich geregelt ist die Ausfuhr von Chemikalien[66] sowie die grenzüberschreitende Verbringung von Abfällen.[67]

Was die **Berücksichtigung von Umweltbelangen im Rahmen der Exportkontrolle** nach Außenwirtschaftsrecht betrifft, so ist zwar festzustellen, dass dieses Regime den Schutz von Leben und Gesundheit der Menschen sowie von Naturgütern einschließt.[68] Jedoch verfolgt das Außenwirtschaftsrecht unterschiedliche Ziele, die je nach Lage der Dinge Umweltbelange unterstützen oder ihnen widersprechen können. So wird eine rüstungskontrollpolitisch motivierte Ausfuhrbeschränkung für Atomanlagen, die primär auf die Verhinderung nuklearer Proliferation zielt, durchaus erwünschte umweltpolitische Nebeneffekte aufweisen. 29

Umweltpolitisch motivierte Maßgaben für Vorhaben der Entwicklungshilfe werden von der Bundesrepublik in der Weise umgesetzt, dass die Vergabe von Finanzmitteln an die Einhaltung gewisser Umweltanforderungen geknüpft werden.[69] Was sowohl Zuschüsse als auch Darlehen anbetrifft, finden diese Maßgaben daher in Vorgaben der Finanzierungsträger Ausdruck, über die die von der Bundesrepublik geförderten die Projekte abgewickelt werden.[70] In entsprechender Weise integriert die EG Umweltschutz und Entwicklungshilfe in ihren entwicklungspolitischen Förderprogrammen. Ein Schwerpunkt ist dabei die AKP-EG-Partnerschaft.[71] Auch die Transformations- und Heranführungshilfen[72] Deutschlands und der Gemeinschaft für die Mittel- und Osteuropäischen Staaten haben wichtige umweltpolitische Komponenten.[73] 30

De lege ferenda sind in Deutschland Bestrebungen für eine stärkere Normierung von Fragen des **internationalen Umweltschutzes** zu verzeichnen.[74] Der Kommissionsentwurf eines **Umweltgesetzbuchs**[75] stellt programmatisch die „Internationale 31

---

[61] Dazu eingehend *Rublack,* a. a. O., S. 78 ff. und passim; zur völkerrechtlichen Verantwortlichkeit des Exportstaats vgl. auch *Bothe,* a. a. O. (The Responsability), S. 158, 160.
[62] *Rublack,* a. a. O., S. 90 ff.; UGB-KomE, a. a. O., Entwurfsbegründung, S. 850 f.
[63] Vgl. UGB-KomE, a. a. O., Entwurfsbegründung, S. 847.
[64] AtomG, BGBl. 1985 I S. 1565 (mit späteren Änderungen).
[65] PflanzenschutzG, BGBl. 1998 I S. 971, ber. S. 1527.
[66] Verordnung (EWG) Nr. 2455/92 des Rates vom 23. Juli 1992 betreffend die Ausfuhr und Einfuhr bestimmter gefährlicher Chemikalien, ABl. L 251 S. 13.
[67] Verordnung (EWG) Nr. 259/93, a. a. O. (oben, Fn. 26); nationale Ausführungsregelungen im Abfallverbringungsgesetz, BGBl. 1994 I S. 2771 (mit späteren Änderungen).
[68] Vgl. *Hohmann,* oben Kap. 10.4.1, Rdn. 35.
[69] *Schusdziarra* a. a. O., S. 212.
[70] Dazu unten, 17.3.6.
[71] Dazu unten, 17.3.5.
[72] Zu umweltpolitischen Aspekten der EU-Osterweiterung *SRU,* a. a. O., Tz. 208 ff.
[73] Dazu auch oben, Vergaberecht, Kap. 5.
[74] UGB-KomE §§ 228 ff., mit Erläuterungen a. a. O., S. 846.
[75] Zu diesem schon oben, in Fn. 45.

17. Teil. Umweltschutz

Verantwortung" der Umweltbehörden „auch (...) für die Umwelt und den Menschen außerhalb (der Bundesrepublik), insbesondere für die internationalen Umweltgüter und die Umweltgüter von staatenübergreifendem Interesse"[76] fest. Die Verfasser des Entwurfs haben dabei einerseits die grenzüberschreitenden Umweltauswirkungen von Vorhaben im Inland vor Augen. Andererseits wenden sie sich ausdrücklich auch der Problematik von Umwelt und Entwicklung zu. § 235 UGB-KomE lautet:

> „Umweltschutz bei der technischen und finanziellen Zusammenarbeit
> Vorhaben im Rahmen der technischen oder finanziellen Zusammenarbeit, die bei Durchführung im Inland einer Umweltverträglichkeitsprüfung zu unterziehen wären, dürfen nur gefördert werden, wenn durch das Vorhaben keine Gefahren für die Umwelt oder den Menschen entstehen können."[77]

Im Hinblick auf die Mitverantwortung der industriellen Länder für den Umweltrisikentransfer in Entwicklungsländer widmet der UGB-KomE der Aus- und Einfuhr von Produkten einen eigenen Abschnitt (§§ 236 ff.), der mit dem einschlägigen Gemeinschaftsrecht verzahnt wird. Dieser handelt zunächst von den – oben schon angesprochenen – Kennzeichnungs- und Notifizierungspflichten, insbesondere auch im Hinblick auf die Freisetzung von gentechnisch modifizierten Organismen im Ausland (§ 238 UGB-KomE), die vom geltenden deutschen Gentechnikrecht nicht erfasst ist.[78] § 241 UGB-KomE sieht eine Verordnungsermächtigung für das Verbot der Ausfuhr von Produkten und Anlagen aus Umweltgründen vor.[79] In § 234 spricht der Entwurf für den Sonderbereich des Tiefseebergbaus im staatsfreien Gebiet auch einen Fall der Vorhabengenehmigung an.

17.3.4 Völkerrechtliche Vorgaben

32 Das Völkerrecht richtet sich, wie gezeigt, mit Implementierungspflichten an die Staaten, die **internationale Umweltschutzregime** in nationales Recht umzusetzen haben. Anforderungen, die sich aus völkerrechtlichen Vorgaben ergeben, werden daher prinzipiell durch Rechtsbefehle des Import- oder des Exportlandes vermittelt. Dennoch ist die umfassende Befolgung der jeweiligen nationalen und ggf. supranationalen Vorschriften nicht in allen Fällen ausreichend, um zu gewährleisten, dass die Projektaktivitäten mit dem **Umweltvölkerrecht** in Einklang stehen. Abweichungen in dieser Hinsicht können aus unterschiedlichen Gründen zu nachteiligen Konsequenzen für die Projekte und die in ihnen Verantwortlichen führen, insbesondere in Haftungsfragen. Bei Planung, Durchführung und Betrieb von Projekten muss daher ein gewisses Augenmerk auch unmittelbar dem völkerrechtlichen Rahmen gelten.

33 Zunächst ist dies im Hinblick auf das **völkerrechtliche Nachbarrecht** erforderlich. Auf dieses ist zu achten bei Projekten mit möglichen Umweltauswirkungen in Nachbarländern oder in Unterliegerstaaten von Flüssen. Erlaubt ein Staat etwa durch die Festsetzung unzureichender Grenzwerte – sei es in seinen maßgeblichen Regelwerken, sei es in der einzelnen Vorhabengenehmigung – Ableitungen von Schadstoffen in die Luft oder Einleitungen in Gewässer, die auf dem Gebiet anderer Staaten erhebliche Schädigungen der Umwelt oder auch privater Rechtsgüter zur Folge haben, so liegt darin ein Verstoß des Ausgangsstaats gegen das Verbot erheblicher Schädigung der territorialen Integrität anderer Staaten.[80] Mit dieser völkerrechtlichen Verantwortlichkeit des Staates hat es in den Fällen grenzüberschreitender Schadensverursachung aber noch

---

[76] § 228 S. 1 UGB-KomE, a.a.O.
[77] Vgl. dazu die Erläuterungen in UGB-KomE, Entwurfsbegründung, a.a.O., S. 853, m.w.N.
[78] Vgl. UGB-KomE, Entwurfsbegründung, a.a.O., S. 859.
[79] Zu den Einzelheiten UGB-KomE, Entwurfsbegründung, a.a.O., S. 859f.
[80] *Heintschel von Heinegg*, a.a.O., Rdn. 3.

nicht ohne weiteres sein Bewenden. Vielmehr muss der Verschmutzer damit rechnen, dass vor anderen Gerichten als denen des Projektlandes Unterlassungs- und Schadensersatzforderungen gegen ihn geltend gemacht werden, auch wenn das Projektland die fraglichen Emissionen ausdrücklich zugelassen hat.[81] Bei einschlägigen Vorhaben ist daher zu prüfen, inwieweit einerseits die Anforderungen des Projektlandes etwa bestehenden internationalen Vorgaben genügen und inwieweit andererseits auch bei Einhaltung dieser Anforderungen Umweltschäden in Nachbar- und Anrainerstaaten eintreten könnten. Das mag auch von besonderen geografischen, meteorologischen und sonstigen Gegebenheiten abhängen. Jedenfalls sind Unterlassungs- und Haftungsansprüche auch dann nicht notwendig ausgeschlossen, wenn trotz Beachtung (unzureichender) nationaler Anforderungen *im Projektland* erhebliche Umweltauswirkungen und -schäden außerhalb desselben eintreten.

Eine Prüfung der Übereinstimmung nationaler Anforderungen mit Vorgaben des Umweltvölkerrechts kann auch geboten sein, wenn Projekte im Rahmen internationaler Umweltschutzpolitiken durchgeführt werden, etwa nach Maßgabe künftiger Programme zur Umsetzung der Mechanismen **Joint Implementation** und **Clean Development** nach dem Klimaschutzprotokoll von Kyoto.[82] In diesen und anderen Fällen von Projekten, deren wesentlicher Zweck der Umweltschutz ist, ist als zentraler Gesichtspunkt zu bedenken, dass die Projektaufträge auch zur Erfüllung völkerrechtlicher Pflichten der Geberländer erteilt werden. Verfehlt das Projekt seine maßgeblich von dem betreffenden völkerrechtlichen Regime abhängige Bestimmung – im Beispiel der Kyoto-Mechanismen könnte dem finanzierenden Land etwa die angestrebte Emissionsgutschrift verweigert werden –, sind Probleme im Verhältnis mit den Gebern programmiert. Unabhängig von den durchaus umfangreichen und detaillierten Umweltvorgaben der Geber und Finanzierungsinstitutionen[83] sollte daher eine sorgfältige Auseinandersetzung mit dem zugrunde liegenden internationalen Regime erfolgen. Auf die Finanzierung im Rahmen des Lomé/Cotonou-Abkommens wird besonders hingewiesen.[84] 34

Völkerrechtliche Vorgaben sind auch Standards bestimmter **internationaler Organisationen**[85] wie der OECD und von Unterorganisationen der Vereinten Nationen, etwa der FAO, der ILO oder des UNEP. Auch wenn es sich dabei um Empfehlungen, etwa für den Umgang mit Gefahrstoffen, ohne verbindlichen Rechtscharakter handelt, können derartige Regeln für den Umweltschutz und verwandte Bereiche wie den **Arbeits- und Gesundheitsschutz** herausragende Bedeutung haben – dies umso mehr, je weniger die fraglichen Aktivitäten durch verbindliche Rechtsvorschriften geregelt sind.[86] 35

17.3.5 Die Durchsetzung des Umweltschutzes im Lomé (Cotonou)-Abkommen

Die Entwicklungsförderung der EG und ihrer Mitgliedstaaten für die **AKP-Staaten**[87] war seit 1975 in den Abkommen von Lomé geregelt, zuvor in den Abkommen von Yaoundé und Arusha.[88] Das **Lomé IV-Abkommen** ist nach zehnjähriger Lauf- 36

---

[81] Vgl. dazu „Der Rheinversalzungsprozess", RabelsZ 49 (1985), S. 750 m. Anm. Nassr-Esfahani/Wenckstern, S. 763.
[82] Siehe oben, Fn. 19.
[83] Dazu unten, 17.3.6.
[84] Dazu sogleich, 17.3.5.
[85] Zu diesen *Bothe*, a. a. O. (Internationale Umweltorganisationen).
[86] Dazu *Rublack*, a. a. O., S. 105 ff.
[87] AKP/ACP für *African Caribbean Pacific (Group);* Gruppe von ursprünglich 68 Staaten, die Mitgliedstaaten der Gemeinschaft ehemals als Kolonien unterworfen waren.
[88] Lomé I bis Lomé IV, vgl. *Beutler/Bieber/Pipkorn/Streil,* Die Europäische Union, 4. A., S. 561 f.; *Bothe,* a. a. O. (Environment, Development, Ressources), III.3.2.2, III.4.3.

zeit[89] außer Kraft getreten. Neue Grundlage der Entwicklungszusammenarbeit ist das am 23. Juni 2000 in **Cotonou**, Benin, unterzeichnete **EG-AKP-Partnerschaftsabkommen**,[90] dessen Ratifizierung nach etwa zwei Jahren abgeschlossen sein soll. Für die Zwischenzeit traf man Übergangsregelungen.[91] Die in den Abkommen vorgesehenen Leistungen der Entwicklungshilfe für die AKP-Staaten sind sehr verschiedenartig (vgl. Art. 224 Lomé IV). Dazu gehört auch die Möglichkeit der Projektfinanzierung (vgl. etwa Art. 276 Abs. 3), weshalb im vorliegenden Zusammenhang darauf einzugehen ist.

37 Unter dem Vertragssystem von Lomé fand der Umweltschutz fortschreitend stärkere Beachtung.[92] Durch das **Lomé IV-Abkommen** von 1989[93] wurde er in den Zielen und Grundsätzen der Zusammenarbeit (objectives and principles of cooperation) verankert. Die Vertragsparteien erkennen darin an, „dass dem Schutz der Umwelt und der Erhaltung der natürlichen Ressourcen als den Grundbedingungen für eine dauerhafte ausgewogene Entwicklung auf wirtschaftlicher und menschlicher Ebene Vorrang einzuräumen ist".[94] Als erster von zwölf Bereichen der Zusammenarbeit genannt, nimmt „Umwelt"[95] eine hervorgehobene Stellung in dem Vertragswerk ein.[96] Dabei werden die Ziele von Umweltschutz, rationeller Ressourcennutzung, Sicherung der Versorgung und Verbesserung der Lebensbedingungen miteinander verbunden. Die umweltpolitischen Ansätze – „präventiv", „systematisch", „sektorenübergreifend"[97] – und die Formen der Zusammenarbeit werden allgemein beschrieben. Die Vertragsparteien vereinbaren die Erarbeitung von Kriterien zur Beurteilung der Umwelttauglichkeit von Entwicklungsmaßnahmen und – dies allerdings zurückhaltend[98] – die Durchführung von Umweltverträglichkeitsprüfungen für „groß angelegte Projekte und Projekte mit erheblichen Risiken für die Umwelt."[99] Im Hinblick auf den internationalen Verkehr mit gefährlichen Abfällen und radioaktiven Abfällen ist ein absolutes Verbringungsverbot aus der Gemeinschaft in die AKP-Staaten vorgesehen.[100] Ausdrücklich geregelt ist auch, dass den AKP-Staaten zur Nutzung von Schädlingsbekämpfungsmitteln und anderen Chemikalien umfassende technische Informationen und besondere Hilfen gewährt werden.[101] Der Erfolg von Lomé IV im Bereich Umweltschutz wird zwiespältig beurteilt. Einerseits ist der Ansatz zu einer weitreichenden Integration von Entwicklung und Umwelt nach dem Leitbild des Sustainable Development, und zwar auf der Grundlage betont konsensualer Zusammenarbeit, hervorzuheben. Auf der anderen Seite besteht weiterhin die Gefahr, dass der Umweltschutz in der Abwägung

---

[89] 1. 3. 1990 bis 29. 2. 2000, zum überwiegenden Teil verlängert bis 1. 8. 2000, KOM (2000) 454 endg.

[90] KOM (2000) 324 endg.; auf der Seite der AKP-Staaten sind sechs pazifische Staaten hinzu gekommen, die nicht Vertragsstaaten des Lomé-Abkommens waren.

[91] Zu den Übergangsregelungen siehe Beschluss Nr. 1/2000 des AKP-EG-Ministerrats vom 27. 7. 2000, ABl. L 195 S. 46.

[92] *Wolfrum,* a. a. O., Rdn. 14 ff.; *Ndi,* a. a. O., S. 18 ff.

[93] Viertes AKP-EWG-Abkommen, unterzeichnet am 15. Dezember 1989 in Lomé, BGBl. 1991 II, S. 3; geändert durch Abkommen vom 8. September 1995, BGBl. 1997 II, S. 1614, ber. 1756.

[94] Art. 6 Abs. 2; die Vorschrift wurde durch die Revision von 1995 um einen zweiten Satz erweitert, die die „Förderung eines die Entwicklung der Marktwirtschaft und der Privatwirtschaft begünstigenden Umfelds" betont, vgl. Änderungsabkommen (a. a. O., Fn. 93), C 6.

[95] Art. 33 bis 41.

[96] *Bothe,* a. a. O. (Environment, Development, Resources), IV.2.4.

[97] Art. 35 Abs. 2.

[98] „(...) werden gegebenenfalls (...) durchgeführt."

[99] Art. 37 Abs. 2.

[100] Art. 39.

[101] Art. 40.

konkurrierender Entwicklungsziele hinter der Erschließung und Nutzung der natürlichen Ressourcen zurücktritt.[102] Nur wenige Projekte, so wird kritisiert, „können als Projekte zur Verbessung der Umweltsituation bzw. zur Förderung des Umweltschutzes eingestuft werden. Der Beitrag der EG beschränkt sich auf eine präventive ökologische Abschätzung von Entwicklungsvorhaben".[103] Immerhin ist mit der durch das Lomé IV-Abkommen erfolgten Integration des Umweltschutzes in die zwischen Industrie- und Entwicklungsländern konsentierte Entwicklungspolitik ein bedeutsamer umweltpolitischer Fortschritt erzielt worden.

Das **Partnerschaftsabkommen von Cotonou,** das in seiner umfangreichen Präambel auch auf die Ergebnis der Konferenz von Rio bezug nimmt, nennt unter den „Zielen der Partnerschaft" nach Hervorhebung von Frieden, Sicherheit, Demokratie, wirtschaftlicher, kultureller und sozialer Entwicklung[104] dasjenige, „in Einklang mit den Zielen der nachhaltigen Entwicklung und der schrittweisen Integration der AKP-Staaten in die Weltwirtschaft die Armut einzudämmen und schließlich zu besiegen".[105] Gemäß Art. 1 Abs. 3 werden diese Ziele „nach einem integrierten Konzept angegangen, das den politischen, wirtschaftlichen, sozialen, kulturellen und Umweltaspekten der Entwicklung gleichermaßen Rechnung trägt." „Die Grundsätze der nachhaltigen Verwaltung der natürlichen Ressourcen und der nachhaltigen Umweltpflege finden Anwendung und sind fester Bestandteil der partnerschaftlichen Zusammenarbeit auf allen Ebenen."[106] Dementsprechend behandelt das Abkommen Umwelt und natürliche Ressourcen als thematische Querschnittsfrage.[107] Demnach sind diese Belange „in alle Bereiche der Entwicklungszusammenarbeit und in alle von den verschiedenen Akteuren durchgeführten unterstützenden Programme und Projekte einzubeziehen.[108] Im Hinblick auf die „entscheidenden Fragen der Umweltpflege" sowie Verpflichtungen in internationalen und regionalen Regime sind gleichwohl auch spezifische Maßnahmen und Programme des Umweltschutzes zu unterstützen; in diesem Zusammenhang werden die wichtigsten Umweltprobleme der AKP-Regionen ausdrücklich benannt.[109] Dabei findet auch in der Umweltpolitik das Ziel der Herausbildung und Stärkung zivilgesellschaftlicher Strukturen Ausdruck, indem „die wissenschaftlichen und technischen, menschlichen und institutionellen Kapazitäten aller Interessengruppen im Umweltbereich für die Umweltpflege" entwickelt und ausgebaut werden sollen.[110] 38

Die Definition der einzelnen Maßnahmen, einschließlich der zu fördernden Vorhaben, erfolgt in einem kooperativen Verfahren zwischen der Regierung des jeweiligen Landes und der Europäischen Kommission. Die Art und Weise, wie private Projektträger in die Förderung eingebunden werden, ist unterschiedlich. Es kann jedenfalls gesagt werden, dass dieses Vertragsregime im Bereich des Umweltschutzes ganz wesentliche Vorgaben enthält, an die jeder Projektträger gebunden ist. 39

---

[102] *Wolfrum,* a. a. O., Rdn. 17 ff.
[103] *Wolfrum,* a. a. O., Rdn. 22.
[104] Art. 1 Abs. 1.
[105] Art. 1 Abs. 2.
[106] Art. 1 Abs. 4 a. E.
[107] Art. 32.
[108] Art. 32 Abs. 1 lit. a).
[109] Art. 32 Abs. 1 lit. c) mit Ziffern i bis vii.
[110] Art. 32 Abs. 1 lit. b).

17.3.6 Umweltrechtliche Vorgaben wichtiger Finanzierungsträger

40   Die wichtigen Finanzierungs- und Entwicklungsinstitutionen haben den Umweltschutz in ihre Strategien aufgenommen und entsprechende Geschäftsbereiche aufgebaut. Sie verbinden die Vergabe von Darlehen und Projektaufträgen mit **umweltrechtlichen Vorgaben,** die in die jeweiligen Vertragswerke einbezogen werden. Diese Anforderungen orientieren sich an teilweise sehr umfangreichen Regelwerken der Institutionen, die bereichsspezifisch nach verschiedenen Arten von Projekten aufgestellt werden. Zentrale Bedeutung hat eine **Umweltverträglichkeitsprüfung (Environmental Impact Assessment),** der die Projekte gleichzeitig mit ihrer wirtschaftlichen, finanziellen, technischen und sonstigen Prüfung unterzogen werden. Es handelt sich um komplexe Verfahren unter Beteiligung interner Experten der jeweiligen Organisationen, aber auch unabhängiger externer Gutachter. Der Prüfungsumfang beschränkt sich nicht auf die lokale natürliche Umwelt, sondern schließt den Zusammenhang mit grenzüberschreitenden und globalen Umweltproblemen ein. Einbezogen werden auch Gesundheitsschutz und Arbeitssicherheit, die Frage von Umsiedelungen, besondere Belange von Urvölkern und kulturelle Aspekte.

41   Die Einsicht in die Notwendigkeit von Umweltverträglichkeitskriterien bei Entwicklungsprojekten hat sich seit Beginn der Diskussion um die Zusammenhänge von Umwelt und Entwicklung ganz allgemein durchgesetzt. Dies ging einher mit einer Abkehr von früheren Konzepten, die zum Nachteil der Umweltbelange einseitig auf Industrialisierung und Ausbau der Infrastruktur für Verkehr und Energieversorgung setzten.[111] Zumeist wird die Rolle der **Weltbank**[112] in diesem Prozess einer umweltpolitischen Justierung von Entwicklungsvorhaben hervorgehoben.[113] Vergleichbare Politiken verfolgen inzwischen aber auch die **Regionalen Entwicklungsbanken** wie die EBRD,[114] die mit einem ausdrücklichen Mandat für den Umweltschutz ausgestattet ist.[115] Gleiches gilt für die Entwicklungshilfeagenturen in Deutschland, DEG und GTZ, sowie die Kreditanstalt für Wiederaufbau (KfW).

42   Auch für die **Exportkreditversicherung** spielt der Umweltschutz zunehmend eine Rolle.[116] Nicht nur dass Ausfuhrgewährleistungen den Export von Umwelttechnologie in Entwicklungsländer unterstützen, vielmehr finden Umweltfragen auch im Rahmen der Förderungswürdigkeits- und der Risikoprüfung bei *Hermes*-Bürgschaften Berücksichtigung. Auf internationaler Ebene haben sich die Mitgliedstaaten der OECD-Exportkreditgruppe 1998 auf die Beachtung von Umweltaspekten in ihren jeweiligen Verfahren verständigt.[117] Für den Bereich der EU wird – unter Hinweis auf die Beispiele USA und Kanada – eine Reform auf der Grundlage der Richtlinie zur

---

[111] *Bothe,* a.a.O. (Environment, Development, Resources), V.2.4.

[112] International Bank for Reconstruction and Development (IBRD); International Development Association (IDA); allgemein zu deren Vergaberegeln schon oben, Kap. 5.

[113] Dazu etwa *Shihata,* a.a.O.; das Regelwerk der Weltbank zum *Environmental Assessment* ist in OP/BP/GP (Operational Policy, Bank Procedures, Good Practices) 4.01, Stand Januar 1999, enthalten.

[114] European Bank for Reconstruction and Development.

[115] Agreement Establishing the European Bank for Reconstruction and Development, Art. 2.1 vii.; vgl. auch die gemeinsame Umwelterklärung *Declaration on Environmental Policies* der Weltbank und der fünf regionalen Entwicklungsbanken vom 1. Februar 1980, ILM 19 (1980), 524; dazu *Bothe,* a.a.O. (Environment, Development, Resources), V.2.4.

[116] Vgl. *Hermes Kreditversicherungs AG,* a.a.O.; *SRU,* a.a.O., Tz. 201 ff., m.w.N.

[117] *Hermes Kreditversicherungs AG,* a.a.O.

Harmonisierung der Absicherung mittel und langfristiger Exportgeschäfte[118] gefordert.[119]

Eine beträchtliche Anzahl der großen privaten[120] Banken[121] hat sich seit der Umweltkonferenz von Rio der **UNEP-Bankenerklärung**[122] angeschlossen. Dabei handelt es sich um eine Selbstverpflichtung zur Berücksichtigung des Umweltschutzes in der Geschäftspolitik und der Ausrichtung an dem Grundsatz der Nachhaltigkeit. Das bewahrt die Banken freilich nicht vor Kritik beispielsweise von Umweltorganisationen und Kritischen Aktionären an gewissen Engagements, die jedenfalls aus der Sicht dieser Gruppen im Hinblick auf den Umweltschutz nach wie vor fragwürdig sind. 43

Neben der Integration des Umweltschutzes in die allgemeinen Finanzierungsmechanismen der Entwicklungshilfe ist besonders hervorzuheben die Einrichtung der **globalen Umweltfazilität GEF**[123] in den 90er Jahren zur Finanzierung von zusätzlichen Kosten, die den Entwicklungsländern bei Umweltschutzmaßnahmen mit globalem Nutzen entstehen.[124] Für die Finanzierung von Projekten zur Umsetzung globaler Umweltabkommen[125] wächst GEF eine zentrale Funktion zu. 44

17.3.7 Internationale Selbstregulierung/Umweltnormung

In beträchtlichem Ausmaß prägen technische und naturwissenschaftliche Sachverhalte den Regelungsgegenstand des Umweltrechts. Deren Kennzeichen ist zum einen ihre erhebliche Komplexität. Zum anderen unterliegen sie einer dynamischen Entwicklung auf Grund immer schnelleren Erkenntnisfortschritts und des Heranreifens immer neuer Methoden und Verfahren. Aus diesen Gründen ist der staatliche Gesetzgeber, aber auch die vom ihm zur Normsetzung ermächtigte Bürokratie, schon in der Vergangenheit nicht in der Lage gewesen, Umweltanforderungen bis in die letzten Einzelheiten erschöpfend und präzise zu normieren. **Technische Regelwerke privater Normierungsgremien** schließen daher vielfach Konkretisierungslücken, die sich hinter unbestimmten Rechtsbegriffen wie den „anerkannten Regeln der Technik" und sonstigen Technikklauseln auftun oder teilweise auch durch ausdrückliche Verweisungen auf nichtstaatliche Normen ausgewiesen werden.[126] Über diese in der Natur der Materie begründete Bedeutung hinaus erfährt die private Normsetzung in jüngerer Zeit eine Aufwertung unter dem Gesichtspunkt gesellschaftlicher **Selbstregulierung** im Zusammenhang einer stärker marktwirtschaftlich ausgerichteten Umweltpolitik, und zwar zunehmend auch in der supra- und internationalen Dimension.[127] 45

Träger dieser Art „gesellschaftlicher" **Umweltnormen** sind privatrechtliche Verbände auf nationaler („DIN", „VDI"), europäischer[128] und internationaler Ebene 46

---

[118] Richtlinie 98/29/EG des Rates vom 7. Mai 1998 zur Harmonisierung der wichtigsten Bestimmungen über die Exportkreditversicherung zur Deckung mittel- und langfristiger Geschäfte, ABl. L 148, S. 22.
[119] *SRU*, a.a.O., Tz. 206f., m.w.N.
[120] Einschließlich öffentlich-rechtlicher Institute in Deutschland.
[121] Stand Juli 2000: 260 Institute weltweit.
[122] Statement by Financial Institutions on the Environment and Sustainable Development, 1992.
[123] Global Environment Facility, Dokumente und Informationen im Internet verfügbar unter: http://www.gefweb.org/.
[124] Dazu *Bothe*, a.a.O. (Environment, Development, Resources), V.2.5.3.
[125] Siehe insbesondere die Abkommen zu Klimaschutz und Biodiversität, oben, Rdn. 6.
[126] Zu den *Rechts*techniken der Einführung technischer Normen in das Recht *Feldhaus*, a.a.O. (UTR 54), 172ff.; aus der Sicht des Gemeinschaftsrechts *Schulte*, a.a.O., Rdn. 36ff.; siehe auch oben, Kap. 9.1.1.2.
[127] Dazu *Feldhaus*, a.a.O. (UTR 54), S. 179ff., S. 183ff.; *Schulte*, a.a.O., Rdn. 8f.
[128] Zu den europäischen Normierungsorganen und ihren Verfahren *Schulte*, a.a.O., Rdn. 10ff., 20ff.

("ISO").[129] Ihre Normen können in vielfältiger Weise für Projekte relevant werden. Wo das anwendbare Recht lückenhaft oder sehr vage ist, bietet insbesondere internationale Normung eine wichtige Orientierung. Dabei geht es nicht nur um Standards für die Auslegung von Anlagen oder die Gestaltung von Produkten. Private Normung erfasst im Zusammenhang von Selbstüberwachung und **Umweltbetriebsprüfung („Öko-Audit")** zunehmend auch Fragen umweltgerechter Betriebsorganisation; ein international etablierter Maßstab ist dabei die Auditierungsnorm **ISO 14001**.[130]

17.4 Umweltschutz im Projekt

47 Der folgende Abschnitt soll aus der vorstehenden Darstellung der rechtlichen Vorgaben zusammenfassend einige praktische Schlussfolgerungen aufzeigen.

17.4.1 Die Sicherung der Umweltverträglichkeit im Projektablauf

48 **Umweltverträglichkeit** ist eine Vorgabe, der das Projekt während seiner gesamten Dauer genügen muss. Darauf ist Rücksicht zu nehmen bereits bei der Projektentwicklung (Konzeptionsphase), bei Planung und Realisierung des Projekts sowie während der Betriebsphase. Selbst nach einer Einstellung des Betriebes muss der Projektträger dafür sorgen, dass vom Betriebsgelände (auch Lagerplätzen, Halden) keine erheblichern Umweltwirkungen ausgehen.

17.4.2 Verantwortung für Umweltverträglichkeit

49 Verantwortlich für die Umweltverträglichkeit des Projekts sind seine Unternehmer: in der Konzeptionsphase die Sponsoren, nach Gründung der Projektgesellschaft diese Gesellschaft als Projektträger. Die Sponsoren haben sich frühzeitig um die Umweltrelevanz des Vorhabens, um die Umweltanforderungen vor Ort und seitens der Finanzierungsinstitute zu kümmern sowie dafür Sorge zu tragen, dass das Projekt diesen Anforderungen genügt. Der Projektgesellschaft obliegt dann die Beschaffung der erforderlichen **Umweltgenehmigungen** und Konzessionen. Sie hat nach Inbetriebnahme darauf zu achten, dass auch die Vorgaben und Auflagen für den laufenden Betrieb eingehalten werden. Sie wird den Kontakt zu den lokalen Umweltbehörden pflegen.

17.4.3 Fachkompetenz für Umweltschutz

50 Die Anforderungen des Umweltschutzes betreffen einen spezifischen Komplex technisch-wirtschaftlicher und juristischer Zusammenhänge mit regelmäßig auch internationalen Bezügen, für den Sponsoren und Projektgesellschaft sich frühzeitig mit der nötigen Fachkompetenz versehen sollten. Ein heikler Aspekt in der Praxis ist, dass die Höhe der Grenzwerte und die Systematik der Umweltstandards im Investitionsland von denen des Lieferlandes oder von den international anerkannten Normen abweichen können und dass man sich bei Konsortialprojekten auf noch breiterer Basis über eine gemeinsame Messlatte für die Umweltanforderungen verständigen

---

[129] Vgl. auch *Bender/Sparwasser/Engel* a.a.O., 1/75, und *Kloepfer,* a.a.O. (UmweltR), § 3 Rdn. 78, jeweils m.w.N.
[130] Dazu *Feldhaus,* a.a.O. (UPR 1998); zum Umweltaudit *Bender/Sparwasser/Engel* a.a.O., 3/35ff., und *Kloepfer,* a.a.O. (UmweltR), § 5 Rdn. 341ff., jeweils m.w.N.

muss. Nur erfahrene Umweltfachleute können da praktische Lösungen erarbeiten. Auch die Überwachung des laufenden Betriebes erfordert eine spezielle **Umweltkompetenz**.

17.4.4 Umweltplanung

Bei der Planung des Vorhabens sind die Anforderungen des Umweltschutzes von vorneherein in das Projektkonzept einzubeziehen. Durch die Wahl günstiger Standorte und umweltschonender Technologien sollte eine Minimierung der Umweltwirkungen angestrebt werden. Es sind die am Investitionsort geltenden Umweltvorschriften und die Praxis der für den Umweltschutz zuständigen Behörden zu ermitteln. Gegebenenfalls ist zu entscheiden, ob für das Vorhaben an Stelle der örtlichen Umweltvorschriften die Umweltstandards des Lieferlandes oder international geltende Vorschriften maßgeblich sein sollen. Dazu bedarf es der frühzeitigen Hinzuziehung von Umweltfachleuten. Die Sponsoren müssen sich auf qualifizierte und erfahrene Umweltexpertise stützen können. Sie sollten dafür sorgen, dass die Umweltfachleute sich in den Planungsüberlegungen der Techniker und Kaufleute Gehör verschaffen können. 51

Bei Vorhaben wird es in der Regel erforderlich sein, alle Umweltaspekte des Vorhabens in einem umfassenden **Umweltgutachten** im Sinne einer **Umweltverträglichkeitsstudie** von unabhängiger[131] Seite untersuchen zu lassen. Dies empfiehlt sich unabhängig davon, ob das Recht des Investitionsstaates dies im Einzelnen vorschreibt. Die Umweltfachleute des Planungsstabes werden dazu die Vorgaben machen und geeignete Büros für die Erstellung der Umweltverträglichkeitsstudie vorschlagen.

Das endgültige Konzept des Vorhabens sollte dann in einem **Umweltplan** Niederschlag finden, der in Übereinstimmung mit den Vorgaben der für das Projekt maßgeblichen Umweltvorschriften alle für die Umweltverträglichkeit des Vorhabens erheblichen Daten festschreibt. Der Umweltplan soll – gegebenenfalls nach Fortschreibung entsprechend dem tatsächlichen Projektfortschritt – Grundlage für die Überwachung der Umweltverträglichkeit der Projektrealisierung sein. Er kann als Anlage der Projektbeschreibung beigefügt werden, die üblicherweise zum Darlehnsvertrag mit dem Finanzierungsinstitut gehört, und erhält damit verbindliche Wirkung auch im Verhältnis zum Darlehnsgeber. 52

– Wichtige Elemente des Umweltplans für ein Projekt zur Produktion industrieller Güter können sein: Festlegung des Standorts, der Anschlüsse an Energie- und Wasserversorgung sowie Festlegungen zur Entsorgung von Abwässern und Festabfällen;
– Definition von Art, Qualität und Menge der einzusetzenden Rohstoffe und Energieträger;
– Definition von Zusammensetzung und Menge von Emissionen, Abwässern und Festabfällen.

Es kann sich empfehlen, in den Umweltplan zusätzliche Festlegungen zur Gewinnung und Lagerung von Rohstoffen, zum Produktionsverfahren, zur Abwasseraufbereitung und sonstigen Entsorgungsaspekten aufzunehmen. Im Umweltplan sollten auch wesentliche Grenzwerte ausdrücklich festgeschrieben werden; dabei kann auf Umweltgenehmigungen oder allgemeine Regelungswerke z. B. der Weltbank Bezug genommen werden.

17.4.5 Organisation und Zuständigkeiten

Die Vorgaben des Umweltschutzes stellen in der Betriebsphase der Projektgesellschaft oft Anforderungen, die im Produktionsbereich (Technik) als störend empfunden 53

---

[131] Vgl. *Schuszdziarra* a. a. O., S. 213.

werden und sich auf die Unternehmensrechnung belastend auswirken. Daraus ergibt sich ein Konfliktpotential, das es geraten erscheinen lässt, die Zuständigkeiten in der Projektgesellschaft für den Umweltschutz gegenüber den technischen und kaufmännischen Bereichen zu verselbständigen. Spätestens mit Wirkung ab Inbetriebnahme des Vorhabens sollte ein **Umweltverantwortlicher** (Umweltbeauftragter) bestellt werden, der außerhalb der Hierarchie der Techniker und Kaufleute der Geschäftsführung möglichst unmittelbar unterstellt und mit den nötigen Befugnissen ausgestattet ist. Seine Aufgabe ist es, mit der Autorität der Geschäftsführung für die Umweltverträglichkeit aller Bereiche des Unternehmens zu sorgen. Er muss über Kompetenz, Erfahrung, aber auch Verbindlichkeit verfügen und in der Lage sein, sich notfalls gegen Widerstände von technischer oder kaufmännischer Seite durchzusetzen.

17.4.6 Überwachung der Umweltverträglichkeit

54   Die **Überwachung der Umweltverträglichkeit** des Projekts in der Errichtungsphase und nach Inbetriebnahme des Vorhabens ist die eigentliche Aufgabe des Umweltverantwortlichen, der damit für die Umweltverträglichkeit des Projekts einsteht, zu deren Wahrung die Projektgesellschaft gegenüber Umweltbehörden und Finanzierungsträger verpflichtet ist. Der Umweltverantwortliche hat für den Aufbau eines den Vorgaben des Umweltplans genügenden innerbetrieblichen Dokumentations- und Berichtswesens zu sorgen. Zu seinen Aufgaben gehört es auch, durch Stichproben die Verlässlichkeit des Berichtswesens zu gewährleisten sowie bei besonderen Umweltvorkommnissen einzuschreiten oder für Abhilfe zu sorgen.

17.4.7 Umweltschutz und Öffentlichkeit

55   Je stärker die Umweltrelevanz eines Vorhabens ist, umso erheblicher können seine Wirkungen auf die **Öffentlichkeit** sein. Es wird sich dabei in erster Linie um die Öffentlichkeit des Investitionslandes insbesondere am Standort des Vorhabens handeln. Die Umweltwirkungen können aber auch die Grenzen des Investitionslandes überschreiten und benachbarte Länder oder gar die globale Öffentlichkeit betreffen. Zu denken ist hier beispielsweise an die Emission von schwefelhaltigen oder Treibhausgasen, an den Schutz der biologischen Vielfalt, insbesondere der tropischen Regenwälder und an die Gefahren einer Verschmutzung der Meere durch die Einleitung schadstoffhaltiger Abwässer.

56   Große Vorhaben wie Kraftwerke, Erdölraffinerien, Bergbauprojekte, auch große Infrastrukturvorhaben können schon in der Errichtungsphase mit bedeutenden Eingriffen in bestehende Siedlungs- und Wirtschaftsstrukturen sowie in traditionelle Systeme der Ressourcennutzung verbunden sein. Flächenbedarf, Umsiedlungsprogramme, Wassernutzung sind die Stichworte, die für typische sozioökonomische Probleme bei der Errichtung solcher Vorhaben stehen. Am Investitionsort kann es zu erheblichen sozialen Verwerfungen kommen, wenn die örtliche Bevölkerung bei der oft jahrelangen Bautätigkeit im Projekt Beschäftigung findet und unter dem Einfluss zugezogener Arbeitskräfte den Verlockungen von Alkohol und ungewohnt „leichtem Leben" ausgesetzt ist.

57   In der Betriebsphase gelingt die Integration des neuen Vorhabens in das soziale Umfeld vor Ort oft nicht auf Anhieb. Nachhaltige Anpassungsschwierigkeiten können die Folge sein. Erst nach Inbetriebnahme der neuen Anlagen erweist sich, wie erfolgreich die Umweltrisiken wirklich beherrscht werden. Umbauten und Nachrüstungen können zur Einhaltung der vorgeschriebenen Grenzwerte bei Emissionen, Abwässern und Festabfällen erforderlich sein.

Umweltschutz im Projekt

Aus den Umweltrisiken bei Errichtung und Betrieb des Vorhabens ergibt sich für die ortsansässige Bevölkerung ein elementares Interesse, rechtzeitig über die Planung und die Vorkehrungen des Umweltschutzes unterrichtet zu werden und gegebenenfalls Einwendungen vorzubringen. Die Unterrichtung der Betroffenen und deren Beteiligung an den Entscheidungsprozessen ist eine Forderung von Grundsatz Nr. 10 der Rio-Deklaration von 1992.[132] Diese Forderung ist in der EU für Großvorhaben besonderer Umweltrelevanz durch die Richtlinie über die Umweltverträglichkeitsprüfung und die Umweltinformationsrichtlinie von 1990 festgeschrieben. Für Vorhaben in der Bundesrepublik sind diese europäischen Vorgaben durch Gesetz über die Umweltverträglichkeitsprüfung[133] beziehungsweise das Umweltinformationsgesetz[134] umgesetzt worden. In den Entwicklungsländern sind die Forderungen gemäß Grundsatz Nr. 10 der Rio-Erklärung noch nicht überall nationales Recht. Finanzierungsinstitute der internationalen Entwicklungszusammenarbeit haben für die Beteiligung der Betroffenen bei besonders umweltrelevanten Großvorhaben eigene Regeln und Verfahren entwickelt.[135]

58

Sponsoren und Projektgesellschaft sind unabhängig von bestehenden Verpflichtungen gut beraten, sich auf das Interesse der Betroffenen an der Unterrichtung über Umweltrelevanz und Umweltschutzmaßnahmen des Vorhabens rechtzeitig und strategisch einzustellen. Sie sollten bei der ortsansässigen Bevölkerung in geeigneter und überzeugender Weise für das Vorhaben werben. Dabei werden sie auf die stets auch gegebenen positiven Umweltwirkungen (einschließlich Beschäftigungs- und Bildungseffekte, Infrastrukturverbesserungen) hinweisen. Erforderlichenfalls sind Ausgleichsmaßnahmen für verlorene Siedlungs- und Wirtschaftsflächen sowie Wiederaufforstungsprogramme für die Zeit nach Beendigung des Vorhabens von vorneherein einzuplanen.

59

Besonders bedeutsam für die Öffentlichkeitswirkung eines Vorhabens der Projektfinanzierung ist die Art und Weise des Umgangs von Sponsoren und Projektgesellschaft mit Interessenvertretungen der Betroffenen und NGOs (Non-Government Organisations). Interessenvertretungen der Betroffenen bilden sich spontan, häufig aus besonderem Anlass. Sie sind mit den Anliegen der ortsansässigen Bevölkerung eng verbunden. Durch Informationsveranstaltungen und persönliche Kontakte, die auf protokollarische Empfindlichkeiten der Lokaloberen Rücksicht nehmen, kann viel zur Akzeptanz des Vorhabens getan werden. NGOs können sich ebenfalls spontan bilden oder bereits vorhanden sein. In der Auseinandersetzung mit ihnen kann mit größerer Professionalität, auch mit ausgeprägterer Militanz zu rechnen sein. In jedem Fall empfiehlt sich ihnen gegenüber ein entschlossenes, doch behutsames Vorgehen und ein strategischer Ansatz.

60

Sponsoren und Finanzierungsträger können bei besonders umweltrelevanten Vorhaben auch in ihrem Heimatland oder auf internationalen Märkten auf kritische Reaktionen treffen. Das bis zu Boykott-Aufrufen von NGOs gehen.[136]

61

Sponsoren, Finanzierungsträger und Projektgesellschaften sollten sich gegenüber qualifizierten Fürsprechern der Interessen der Betroffenen (Interessenvertretungen, NGOs) stets zu einem sachlichen Dialog bereit finden. Unter Umständen können sie einen solchen Dialog sogar zum Instrument ihrer eigenen Öffentlichkeitsarbeit machen.

62

---

[132] Oben, Fn. 14.
[133] UVPG vom 8. 7. 1994, BGBl. I, S. 1490.
[134] UIG vom 8. 7. 1994, BGBl. I, S. 1490.
[135] Vgl. oben, 17.3.6.
[136] Vgl. *Hohmann,* oben Kap. 10.1, Rdn. 6.

17.5 Umwelthaftung von Finanzierungsträgern/Schutz des Finanzierungsträgers gegen finanzielle Folgen von Umweltverstößen der Projektgesellschaft

17.5.1 Umweltrisiken, Umweltschäden, Umwelthaftung

63 Die besondere Umweltrelevanz vieler Vorhaben der Projektfinanzierung ist mit erhöhten **Umweltrisiken** verbunden. Dem ist bereits in der Konzeptphase bei der Entscheidung über Produkt, Produktionstechnologie, Standort und die übrigen umweltrelevanten Projektparameter Rechnung zu tragen. Von der fachlichen Kompetenz, der Erfahrung und der Sorgfalt, die bei der Planung auf die **Umweltverträglichkeit** des Vorhabens verwendet werden, hängt es ab, wieweit die Umweltrisiken minimiert werden können. Eine gänzliche Ausschließung von Umweltrisiken ist nicht möglich. Das gilt insbesondere für die mit dem laufenden Betrieb des Vorhabens verbundenen Risiken, die ihrer Natur nach nur unvollständig kalkuliert werden können.

64 Bei Errichtung oder Betrieb der Anlagen der Projektgesellschaft kann es zu **Umweltschäden** kommen. Das ist auch dann nicht ausgeschlossen, wenn sämtliche Umweltanforderungen eingehalten und genehmigte Grenzwerte nicht überschritten werden. Umweltschäden können unterschiedliche rechtliche Sanktionen nach sich ziehen. Es ist zu differenzieren zwischen verwaltungsrechtlicher Verantwortlichkeit, strafrechtlicher Verantwortlichkeit und zivilrechtlicher **Umwelthaftung**. Unter jedem dieser Gesichtspunkte können sich für die Projektgesellschaft schwerwiegende Nachteile ergeben. So kann durch Umweltschäden, für die die Projektgesellschaft in der einen oder anderen Weise einzustehen hat, schließlich auch ihre Zahlungsfähigkeit gegenüber dem Finanzierungsträger gefährdet werden.

65 Die Rechtsgrundlagen der privatrechtliche **Umwelthaftung** sind national und international sehr vielgestaltig.[137] Abhängig von dem maßgeblichen Deliktstatut treten Schadensersatzpflichten insbesondere dann ein, wenn infolge von Umwelteinwirkungen Rechtsgüter einzelner – Leben, Gesundheit, Eigentum – geschädigt werden. Daneben gibt es besondere Haftungsregelungen in einzelnen Umweltgesetzen sowie die speziellen Umwelthaftungsgesetze vieler Staaten. Nach dem deutschen Umwelthaftungsgesetz[138] haftet der Inhaber einer Anlage ohne Verschulden, wenn er beim Betrieb bestimmter besonders umweltrelevanter Anlagen durch Umweltwirkungen, die sich in Boden, Wasser oder Luft ausgebreitet haben, die Tötung eines Menschen, die Verletzung seines Körpers oder seiner Gesundheit oder die Beschädigung einer Sache verursacht hat. Eine Versicherung des Inhabers der Anlage gegen dieses Haftpflichtrisiko ist möglich. In bestimmten Fällen ist gemäß § 19 des Umwelthaftungsgesetzes der Nachweis einer Deckungszusage für den Schadensfall, der durch Abschluss einer Haftpflichtversicherung erbracht werden kann, obligatorisch. Bei Vorhaben der Projektfinanzierung ist zu prüfen, ob am Investitionsort eine vergleichbare privatrechtliche Umwelthaftung in Betracht kommt.

66 Unter dem Gesichtspunkt der **Lender's Liability** kann der Finanzierungsträger selbst für Umweltschäden in Anspruch genommen werden, die die Projektgesellschaft verursacht hat und aus eigenen Mitteln nicht oder nicht vollständig abdecken kann.[139]

---

[137] Dazu *Roever,* oben Kap. 6.2.6.8 m. w. N.
[138] UmweltHG vom 10. 12. 1990, BGBl. I, S. 2634.
[139] Dazu schon *Roever,* oben Kapitel 6.2.6.8.

Umwelthaftung

Nachfolgend wird dargestellt, was zum Schutz des Finanzierungsträgers gegen finanzielle Folgen von Umweltverstößen der Projektgesellschaft unternommen werden kann.

17.5.2 Projektgestaltung im Hinblick auf Schadens- und Haftungsbegrenzung

Für eine möglichst umweltverträgliche Gestaltung des Finanzierungsvorhabens 67 kommt es insbesondere auf folgende Punkte[140] an:
– Umweltschonende Technologie: Die Anforderungen des Umweltschutzes an Produkt, Produktionstechnologie, Standort und sonstige umweltrelevante Parameter sind schon bei der Planung zu berücksichtigen;
– Umweltverträglichkeitsstudie: Die Planung muss für Vorhaben der Projektfinanzierung in aller Regel auf einer Umweltverträglichkeitsstudie beruhen, die von unabhängiger Seite zu erstellen ist und den international üblichen Anforderungen genügt. Zu den Aufgaben der Umweltverträglichkeitsstudie gehört insbesondere auch die Überprüfung der technisch-ökologischen Grundlagen des Vorhabens, gegebenenfalls erweitert um Altlastaspekte (Umweltaudit);
– Umweltplan: Im Umweltplan sind alle für das Vorhaben maßgeblichen Umweltdaten einschließlich der Grenzwerte festzuschreiben;
– Bestellung eines Umweltverantwortlichen: Zur Bündelung der Verantwortlichkeiten für die Umweltverträglichkeit des Vorhabens ist bei der Projektgesellschaft die Bestellung eines Umweltverantwortlichen erforderlich;
– Vorsorge in der Finanzplanung für Kosten der Umweltüberwachung, Schadensabwendung und Rekultivierungsmaßnahmen; Abschluss einer Umwelthaftpflichtversicherung.

17.5.3 Vertragliche Gestaltungsmöglichkeiten, Umweltklauseln

Der Finanzierungsträger wird mit der Projektgesellschaft in aller Regel einen Dar- 68 lehnsvertrag abschließen, für den sich folgende **Umweltklauseln** empfehlen:
– Die Projektgesellschaft bestätigt, dass das Vorhaben in Übereinstimmung mit den Ergebnissen der Umweltverträglichkeitsprüfung geplant ist.
– Die Projektgesellschaft bestätigt, dass alle nach dem Recht des Investitionslands erforderlichen Umweltgenehmigungen vorliegen.
– Dem Darlehnsvertrag wird als Ergänzung der Pflichten der Projektgesellschaft gegenüber dem Finanzierungsträger der Umweltplan beigefügt, auf dessen Inhalt sich die Parteien des Darlehnsvertrages verständigt haben.
– Die Projektgesellschaft verpflichtet sich zur Bestellung eines Umweltverantwortlichen, der insbesondere für die Durchführung des Vorhabens in Übereinstimmung mit den Vorgaben des Umweltplans zu sorgen hat.
– Die Projektgesellschaft verpflichtet sich zum Abschluss einer Umwelthaftpflichtversicherung, deren Umfang und Konditionen zu spezifizieren sind.
– Die Projektgesellschaft verpflichtet sich zu regelmäßigen Berichten über die Einhaltung der Vorgaben gemäß Umweltplan sowie zu Sonderberichten bei außergewöhnlichen Vorkommnissen umweltrelevanter Art.
– Die Projektgesellschaft gewährt dem Finanzierungsträger in Bezug auf die Umweltverträglichkeit des Vorhabens ein Auskunfts- und Besuchsrecht.

---

[140] Siehe schon oben, 17.4.

17.5.4 Zusammenfassung: Umwelthaftung von Finanzierungsträgern

69   **Umweltklauseln** im Darlehnsvertrag haben eine wichtige programmatische Funktion: sie bringen Projektgesellschaft und Finanzierungsträger den Rang und die Bedeutung der Anforderungen des Umweltschutzes zu Bewusstsein. Die Einbeziehung der in den Umweltplan aufgenommenen Vorgaben der Umweltbehörden (gegebenenfalls auch der Weltbankstandards) in die Vertragspflichten der Projektgesellschaft erlaubt es dem Finanzierungsträger, die Projektgesellschaft aus Vertragsrecht auf Einhaltung der Umweltvorgaben des Investitionslandes, gegebenenfalls auch der Weltbank, in Anspruch zu nehmen. Die Wirksamkeit der Umweltklauseln hängt in der Praxis davon ab, dass der Finanzierungsträger über deren Einhaltung wacht. Der Einhaltung der Berichtspflichten kommt in der Praxis besondere Bedeutung zu. Verstößt die Projektgesellschaft als Darlehnsnehmer gegen die Pflichten der Umweltklauseln, so kann sich daraus für den Darlehnsgeber, je nach Gewicht des Verstoßes, ein Kündigungsrecht ergeben. Aber Roever[141] weist zu Recht darauf hin, dass „die Banken ihre Rechte in den seltensten Fällen dazu einsetzen, nach erfolgter Auszahlung eines wesentlichen Teils der Darlehnsvaluta sofortige vollständige Rückzahlung zu verlangen oder ihre Sicherheiten zu vollstrecken"; weil sie dabei Ausfälle zu befürchten hätten, liegt es „eher in ihrem Interesse, das Projekt fertig stellen zu lassen oder für einen ordnungsmäßigen Projektbetrieb zu sorgen" und sich auf eine „engere Engagementsbetreuung" einzulassen. Die Sicherung der Umweltverträglichkeit liegt aber deswegen im Interesse des Geldgebers, weil ein Haftungsdurchgriff nicht ausgeschlossen werden kann.

---

[141] Vgl. oben Kap. 6.2.6.10.3.

Stichwortverzeichnis

Die fett gesetzten Ziffern bezeichnen den Teil, die mageren die Randnummern.

Abfindungszahlungen **14** 93
Abgeltungsumfang des Pauschalpreises **9** 226
Abhängiger Vertreter **12** 87
Abnahme **9** 82, 91
– Ende Montageversicherung **15** 101
– Transportversicherung **15** 72
Abnahmebescheinigung **9** 97
Abnahmeprotokoll **9** 95
Abnahmevertrag **2** 41
– take-and-pay contract **2** 41
– take-or-pay contract **2** 41
Abnahmeverweigerung **9** 103
Abnehmer und Kunden **4** 38
Abnehmerverträge **9** 12
Abordnungsverträge **14** 31
Abschirmwirkung
– Kapitalgesellschaft **12** 8
– Tochtergesellschaft **12** 66
Abschreibung **12** 30
Abwägungsvorgang
– für e. angemessene Außenhandelsfreiheit **10** 2
Abwasserentsorgung **2** 21
Ad hoc-Schiedsgericht **8** 39
Ad hoc-Schlichtungsvereinbarung **8** 88
African Development Bank **5** 33
AGB Banken **6** 48, 118
AGB-Gesetz **9** 65
Agenda 21 **17** 6
– capacity building **17** 13
AKP-Staaten **16** 11
– Umweltschutz **17** 36 ff.
Aktiengesellschaft
– Wahl der Rechtsform **4** 110
Aktive Tätigkeit **12** 56
Aktive Veredelung **11** 47
Akzessorische Sicherheit **7** 5
All Risk Versicherung s. *Versicherungen, All risk*
Allgemeine Genehmigung **10** 61
Allgemeine Geschäftsbedingungen **8** 2
Allgemeine Versicherungsbedingungen **15** 16 ff.
Allgemeinen Bedingungen für die Bauwesenversicherung von Unternehmerleistungen (ABN) **15** 119 ff.
Allgemeinen Montageversicherungsbedingungen (AMoB) **15** 80 ff.

Allgemeinen Versicherungsbedingungen für die Haftpflichtversicherung (AHB) **15** 18 ff.
Allgemeininteresse
– Vergaberecht **5** 3
Allokation von Projektrisiken **4** 84
Alternative Dispute Resolution (ADR) **1** 53; **9** 208
Änderungen des Liefer- und Leistungsumfangs **9** 23
Änderungen des Standes der Technik **9** 25
Anerkannte Regeln der Technik **9** 14
Anerkenntnis
– i. S. d. § 208 BGB **9** 149
Anfangstermin
– Leistungszeitvereinbarung **9** 56
Angebotsbewertung **5** 15
Angemessene Unterbringung
– Arbeitskräfte **9** 48
Angloamerikanischen Rechtskreis **9** 155
Anlagenbau
– International **12** 4, 80
Anlagendokumentation **9** 38
Anleitungen für Montage und Inbetriebnahme **9** 38
Anrechnungsüberhänge **12** 75
Anrechnungsverfahren
– Anrechnungsguthaben **12** 9
Ansässigkeit **12** 66
Anspruch auf Bauzeitverlängerung **9** 57
Anspruch aus enteignungsgleichem bzw. enteignendem Eingriff **10** 69
Ansprüche auf Ersatz des Verzögerungsschadens **9** 35
Anstellungsvertrag, Auslandseinsatz **14** 40 ff.
Anti-Missbrauchsregelungen **12** 31
Anzahlungsgarantien **9** 230
Apponting Authority **8** 40
Arbeitnehmerüberlassung im Ausland **14** 64
Arbeitnehmerunfallversicherung **15** 1, 174, 223, 226
Arbeitsbeschaffung **1** 19
Arbeitsgemeinschaft **12** 82 ff.
Arbeitsort, Arbeitsrecht **14** 6 f.
Arbeitsschutz **17** 20, 35
Arbeitsverhältnisse **14** 4 ff.

Arbeitsverhältnisse, freie Wahl 14 27
Arbeitsvertrag 14 4 ff.
Arbeitsvertragsstatut (Art. 30 Abs. 2 EGBGB) 14 6
ARGE 12 82, 85
Arglistiges Verschweigen v. Mangel 9 145
Arranging fees 4 11
As-Built Document 9 41
Asiatische Entwicklungsbank 4 16; 5 33
Atypisch stille Gesellschaft 12 46 ff.
Aufenthaltserlaubnis 14 79
Aufhebung der Ausschreibung 5 19
Aufhebungsvereinbarung, Auslandsaufenthalt 14 86 ff.
Aufklärungsverhandlungen 5 14
Auflagen der Genehmigungsbehörden 9 25
Aufsichtsfunktion 4 98
Auftragsvergabe 1 25
Aufwandsentschädigung
– Auslandseinsatz 14 45
Aufwendung 9 128
– ersparte 9 172
Ausbildungsfördergramm 1 68
Ausbildungsleistung 9 213
Ausdrückliche vertragliche Vereinbarung 9 65
Ausfuhr 10 18
– Exportkontrolle 11 27
Ausfuhr aus der EG
– Zollbestimmungen 11 26 ff.
Ausfuhr- und Verbringungsregelung 10 19
Ausfuhr von Gütern in Drittstaaten 10 41
Ausfuhrdeckung 16 1
Ausfuhrfreiheit 10 2
Ausfuhrgarantien und -bürgschaft 1 35
Ausführungsunterlage 9 38
Ausgleichspflichtige Inhaltsbestimmung 10 69
Ausgliederung eines Betriebsteiles 1 9
Auskunft zur Güterliste 10 68
Ausländische Quellensteuer 12 57
Auslandmitarbeiter, Eingliederung 14 37
Auslandsaufenthalt
– Befristung 14 86 ff.
– Kündigung 14 80 ff.
– Versicherung 14 120 f.
Auslandseinsatz
– Entschädigung 14 45
Auslandstätigkeit 14 30 ff.
– Arbeitsrecht u. U-Vorschrift 14 25
– Hauptpflichten, AG 14 43 ff.
– – AN 14 49 ff.
– Sozialversicherungsrecht 14 112 ff.
– Steuerrecht 14 109 ff.
Auslandstätigkeitserlass (ATE) 14 33
Ausschluss von Versicherungsleistungen
– BauleistungsV 15 134 ff.

– CAR/EAR 15 157 ff.
– DE-Klauseln 15 162 ff.
– HaftpflichtV 15 35 ff.
– LEG-Klauseln 15 164 ff.
– MontageV 15 110 ff.
– TransportV 15 67 ff.
Ausschreibungsbedingungen 1 26
Ausschreibungsverfahren 3 6
Ausschüttungsfiktion 12 29
Ausschüttungssperre 12 14
Außenhandelsfreiheit 10 60
Außenwirtschaftsrecht 1 17; 10 1
Außenwirtschaftsrechtliche Maßnahme 1 42
Ausweitung der Genehmigung 10 59
AVB Vermögensschäden 15 21
AWG 1 17
AWV 1 17

Back-to-back-Finanzierung
– Gesellschafter-Fremdfinanzierung 12 28
Banking case 4 11
Banklübliches Geschäft
– Gesellschafter-Fremdfinanzierung 12 20
Basic-Engineering 12 91
Bau- und Anlagengenehmigung 9 28
Bau- und Lieferunternehmen 4 26
Bauausführung 12 87
Baugrundrisiko 9 21
Baukonzessionär 5 5
Baukoordinierungsrichtlinie 5 1
Baulastträger 4 125
Bauleistungs- und Montageversicherung
– Mischmodel 15 139
Bauleistungsversicherung 9 43
Bauten- oder Leistungsstand 9 230
Bauvertrag 4 27
Bauzeitverlängerung 9 24
Bauzeitverschiebung 9 161
BCW 3 13
BDI 5 43
Bedarfsdeckung 10 36
Bedingte und künftige Forderung 7 14
Beendigungskündigung 14 92
Befristung des Arbeitsvertrages 14 86
Begrenzungen für vereinbarte Einzelpönalen 9 134
Behinderung 9 57
Behördliche Genehmigung 9 28
Beitragszahlung nur nach Projektfortschritt 15 222
Bekanntmachung
– der Auftraggeber bei Vergabe 5 10
Beneficial owner 12 77
Beratender Ingenieur 9 51; s. auch consulting engineer
Berater 4 47
Beratungsstandard 3 10

Stichwortverzeichnis

Beratungsvertrag (mandate letter) 6 37 ff.
Bereitstellungsgebühr 4 11
Beschaffenheitsvereinbarung 9 113
Beschaffung sämtlicher Materialien 9 47
Beschäftigungspolitische Konsequenz 1 20
Beschränkung des Bieterkreises 1 28
Beschreibung des Leistungsgegenstandes 9 226
Beschwerde an die Kommission 5 28
Besitz- und Betriebsgesellschaft 4 114
Bestandsunterlage (As-Built-Documents) 9 38
Beteiligter an der Projektgesellschaft 9 218
Beteiligung des Auftragnehmers 9 4
Betreibergesellschaft 9 218
Betreiberprojekt 1 11
Betreiberunternehmen 4 30
Betreibervertrag 9 12, 110
Betreuung der Schiedsrichter 8 49
Betriebs- und Wartungspersonal 9 109
Betriebsanleitungen und Wartungsvorschrift 9 39
Betriebsbereitschaft 1 52
Betriebsfähigkeit 1 48
Betriebsführung 9 217
Betriebsführungsunterlage 9 40
Betriebsgenehmigung 9 28
Betriebshaftpflichtversicherung 9 43; 15 18
Betriebshandbuch 9 40
Betriebsmittelkredit
– grenzüberschreitend 12 16
Betriebsphase 4 95
Betriebsstätte 12 3/35, 70 f., 87
Betriebsstättenbesteuerung 12 72, 80, 86 ff.
Betriebsstättenbuchhaltung 12 89, 90
Betriebsstättengewinn 12 89
Betriebsübergang 14 97 ff.
Betriebsübernahme 9 109
Betriebsüberwachungsvertrag 9 219
Betriebsunterbrechung 1 65
Betriebsunterbrechungsrisiken 15 72 ff., 177 ff., 203 ff.
Betriebsverantwortung 9 109
Betriebsvereinbarung 14 8
Beweislast
– bei Abnahme 9 101
– Umkehr 9 154
Beweislastumkehr 9 101
Bewerbungsbedingung 5 11
Bewertungsschema 5 15
Bietungsgarantie 1 29
Bilanzierung
– Leasing 12 4
Bilanzierungshilfe 12 14
Bilanzvermerk 7 1
Bilaterale Abkommen 16 13

Bilaterale Investitionsschutzabkommen 8 21; s. auch Investitionsschutzvertrag
Bindefrist
– bei Auftragsvergabe 5 19
Binnenmarktkonzeption 10 53
B-Loan Structure 4 16
Bonusregelung 9 225
Both-to-Blame-Collision-Clause 15 65
BOT-Modell 1 5, 11
Breach of contract 6 36, 96
Breach of Contract Clause 15 211
Breach of material Obligations 9 176
Breach of Obligations Cover 15 152
Bruttogewinnausfall 15 182
Bundesvereinigung Consultingwirtschaft 3 13

Cabora-Bassa-Projekt 1 18
Calvo-Doctrine 16 9
Cancellation 9 175
Care, Custody or Control 15 148, 201
Carnet ATA 11 41, 43, 56, 59
Carnet TIR 11 51 ff.
Cash flow 1 7; 4 120; 12 1/36
Cash flow analysis 4 6
Cash flow-Modell 2 31; 6 4, 51, 61
CEN 9 17
CENELEC 9 17
CIF 15 70
CIP 15 70
Claim management 1 54; 9 227
Claim management-Systeme 9 207
Clean development 17 34
Common terms agreement 6 8, 53
Comparable profit method 12 101
Compensation account 1 72
Completion certificate 1 48
Conciliation (Schlichtung) 9 209
Condition precedent 4 20
Construction All Risk s. auch Contractual All Risk (CAR) 15 214
Consulting engineer 1 25
– Beauftragung 3 5 ff.
– Mustervertragswerk für C. 3 7 ff.
– Privat finanzierte Projekte 3 1
– World Bank Standort Contracts 3 8
Containerterminal 2 17
Contractor'-All-Risk 4 51
Corporate Governance 4 109
Cotonou-Abkommen s. AKP-Staaten
Courtage 15 224
Credit agreement 4 12
Cross Liability oder Kreuzhaftpflicht 15 176, 226
Customer 4 38

DAC 5 39
Darlehensbedingung 4 84

Stichwortverzeichnis

Darlehensgeber 4 61
Darlehensvertrag 4 9, 35; **6** 48 ff.
– Absorptionsklausel **6** 83
– Abtretung von Forderungen **6** 152 ff.
– Abtretungsverbot **6** 120
– Anlagen **6** 132
– Aufrechnungsverbot **6** 119
– Ausfertigung **6** 133
– Auszahlung **6** 69
– Auszahlungsvoraussetzungen **6** 69, 91 ff.
– Bereitstellungsfrist **6** 68
– default **6** 113 ff.
– Definition Finanzkennzahlen **6** 60
– Definition LIBOR **6** 62
– Definition Projektfertigstellung **6** 56 ff.
– Eigenkapitalersatz **6** 104
– Eurokredit **6** 65
– events of default **6** 115
– increased cash-Klausel **6** 84
– Kostenklauseln **6** 85
– Kündigung **6** 109 ff.
– Kündigungsgründe **6** 111 1
– Kündigungswirkungen **6** 112
– Leistungs- und Erfolgsort **6** 122
– Markenschutzbestimmungen **6** 82
– market disruption clause **6** 72
– market flex clause **6** 87
– Nebenleistungspflichten **6** 95 ff.
– Negativklausel **6** 99, 108
– nicht revolvierend **6** 69
– Novation **6** 154 f.
– Option eines Währungswechsels **6** 67
– Rechtsbehelfe bei default **6** 114
– Rechtswahlklausel **6** 123
– representations and warranties **6** 88 ff.
– revolvierend **6** 69
– Rückzahlungspflicht **6** 77
– Salvatorische Klausel **6** 129
– Schuldnerknebelung **6** 103
– Syndizierungsklausel **6** 121
– Verhaltener Anspruch **6** 66
– Vertragsabweichung **6** 112, 116, 128
– Vertragsänderung **6** 128
– Vertragszweck **6** 54
– Verzugszinsen **6** 75
– vorzeitige Rückzahlung **6** 81
– Wertsicherungsklauseln **6** 79
– Zinsberechnung **6** 74
– Zinssatz **6** 71 ff.
– Zweckgebundenes Darlehen **6** 54
Daseinsvorsorge 2 3
Dauerschulden 12 12, 16
Dauerschuldzins 12 43
Day-to-Day Maintenance 9 220
Debt reserve account 1 72
Debt service cover ratio 12 5
Decentralised Implementation System Manual (D.I.S. Manual) 5 26

Deckungssumme
– Regeldeckungssumme **15** 26
Defects Liability Period 9 155
DEG 1 67
Dekonsolidierung 12 6
Derivatgeschäft 1 47
Desinvestition und Übertragung 4 99
Detaillierte Leistungsbeschreibung 9 221
Deutsche Ausgleichsbank
– Gesellschafter-Fremdfinanzierung **12** 28
Deutsche Investitions- und Entwicklungsgesellschaft 4 18
Devisenfrage 10 1
Devisenkurs- und Zinsänderungsrisiko 1 47
Devisen-Transfergenehmigung 9 29
Dienstleistung
– Finanzdienstleistungen **5** 8
– Forschungs- und Entwicklungsdienstleistungen **5** 8
– prioritäre **5** 6
– Schiedsgerichts- und Schlichtungsleistungen **5** 8
Dienstleistungs-, Kapitalverkehr 10 27
Dienstleistungskonzession 5 7
Dienstleistungsregelung 10 23
Dienstleistungsrichtlinie (DLR) 5 2
Dienstreise 14 30
Differenzierung nach den verschiedenen Komponenten 9 142
DIN-EN 9 17
Dingliche Sicherheit 6 89, 99
DIN-Norm 9 17
Diplomatischer Schutz 16 9
Direct agreement 6 7
Directive shopping 12 65
Direkte und indirekte Schaden 9 188
Direktionsrecht AG 14 60 ff.
Disbursement account 1 72
Diskriminierende Maßnahme 16 25
Diskriminierung 12 16
Diskriminierungsverbot 1 31; **5** 2
Dispute Adjudication Board 9 205
Dispute Review Board 9 205
DIS-SchiedsO 8 53
Dividende
– Gesellschafter-Fremdfinanzierung **12** 29
– Quellensteuer **12** 75
Dividendeneinkunft 12 52
Dividendenertrag 12 55
Doppelbesteuerungsabkommen 12 16
Doppelversicherung 15 115, 117, 166
Dritte Beteiligte 7 3
Drittinvestor 4 41
Druckmittel 9 64
Dual-use 1 61; **10** 17
Due Diligence 3 4

612

Durchführbarkeitsstudie (feasibility study) 4 6, 81
Durchgriffshaftung 4 114
Durchgriffsmöglichkeit 1 71

East African Community 1 15
ECA 4 18
ECE 11 17
EFCA 3 14
EG-AKP-Partnerschaftsabkommen
 s. AKP-Staaten
EG-Recht
– Vorrang vor deutschem Recht 10 8
EG-Vergaberichtlinie 5 2
EIA s. Umweltverträglichkeitsprüfung
Eigenkapital 1 71; 4 60, 84
Eigenmächtige Durchführung der Ersatzvornahme 9 128
Eigentumsfreiheit 10 69
Eigentumsübergang
– Errichtung e. Anlage auf fremdem Grund 9 111
Eignungskriterien
– Beschränkung 5 12
– veröffentlicht 5 9
Eignungsnachweise 5 9, 12
Eignungsprüfung 5 15
Einfluss der Politik 1 14
Einfuhr in Drittstaaten 11 50 ff.
Einfuhr in EG
– Zollbestimmungen 11 33 ff.
Einfuhrgenehmigung 9 29
Einfuhrrecht 10 36, 40
Eingliederung 12 34
Einheitlichen Richtlinien für auf Anfordern zahlbare Garantien 7 20
Einreisegenehmigung 9 29
Einrichtung des öffentlichen Rechts 5 3
Einschaltung eines beratenden Ingenieurs (Engineer) 9 205
Eintrittsrecht 4 9
Einvironmental Impact Assessment
 s. Umweltverträglichkeitsprüfung
Einweisung des Betreiberpersonals 9 42
Einzelgenehmigung 10 61
Einzelunternehmer 12 38
Eisenbahnbau-Aktiengesellschaft 1 2
Embargo 1 16
Embargo- und Sanktionsvorschriften 1 60
Embargo-Regelung 10 13
Embargoschäden 10 69
Ende des vertraglichen Erfüllungsstadiums 9 98
Endgültige Abnahme/Übernahme 9 102
Endtermin
– verbindliche Vertragsfrist 9 56
Energie- und Wasserversorgung 9 30

Energiecharta 8 22
Energiepreise 1 50
Enger Mangelfolgeschaden 9 136
Engineering 12 81, 91
Engineering-Procurement, Construction 4 27
ENR (Engineering News Record) 3 6
Enteignungen 16 8
Enteignungsgleicher Eingriff 10 73
Enteignungsrisiko 16 1
Entfernte Mangelfolgeschäden 9 136
Entgangener Gewinn 9 188
Entschädigungsklausel 4 101
Entsendendes Unternehmen 14 29
Entsenderichtlinie 14 26, 72
Entsendung ins Ausland
– Betriebsort 14 105 ff.
– Mitbestimmung 14 103 ff.
Entsendungen, längerfristig 14 35 f.
Entsendungs- und Versetzungsrichtlinie 14 72
Entsendungspaket 14 66
Entsendungsvereinbarung 14 36
Entsendungsvorschriften, betriebliche 14 39
Entwicklungshilfe 1 11, 21
– und Umweltschutz 17 6, 9, 13, 27, 30 f., 34, 36 ff., 40 ff.
EPC-Vertrag 3 2; 4 27
Erection All Risk (EAR) 15 142 ff., 214, 222, 228
Erfolgshaftung des Auftragnehmers 9 8, 120
Erforderliche Ausbildungszeit 9 214
Erfüllungs- und Gewährleistungsgarantie 9 230
Erfüllungsanspruch 9 35
Erfüllungsgehilfe 9 137, 180
Ergebnispoolung 12 84
Erhebliche Abweichung 9 141
Erheblicher und dauerhafter Mangel 9 169
Erlass neuer oder Änderungen bestehender gesetzlicher Vorschriften 9 32
Ernennende Stelle 8 40
Eröffnungstermin
– für Angebote 5 15
Errichter 4 5
Errichtungsgenehmigung 9 28
Errichtungsphase 4 88
Ersatz
– der Aufwendungen 9 128
Ersatzlieferung 9 126
Ersatzteil 9 151
Ersatzvornahme 9 128
Erweiterte EC-Versicherung 15 192
Erziehungsurlaub, Auslandseinsatz 14 56
Ethik-Klauseln der EU 5 40

613

EU Recht, bei Auslandsaufenthalt
14 116 ff.
Eurobetriebsrat 14 108
Europäische Bank für Wiederaufbau und Entwicklung 4 16; 5 33
Europäische Union 5 33
Europäischen Gericht erster Instanz (EuG) 5 28
Europäischer Gerichtshof 12 16
European Federation of Engineering Consultancy Associations 3 14
Evaluation Committee 5 27
Expatriates 1 43
Export credit agencies 4 17
Exportfinanzierung 4 18
Exportfinanzierung – Islamic Banking 6 164
Exportförderung 4 18
Exportkontrolle
– und Umweltschutz 17 27 ff.
Exportkontrolltourismus 10 53
Exportkreditversicherer 12 84
Exportkreditversicherung
– und Umweltschutz 17 42
Exportphilosophie 10 53
Exportversicherer 4 53

Fachlose 5 1
Fahrlässigkeit 9 179
Faktisches Berufsverbot 10 5
Fälligkeit der Auftragnehmervergütung 9 230
Fédération Internationale des Ingénieurs-Conseils 3 15
Feasibility study 1 25; 4 6
Fehler 9 112
Fernstraßenbauprivatfinanzierungsgesetz 1 12
Fertigungsstätten des Subunternehmers 9 78
Fertigstellung
– Fertigstellungstest 2 33
Fertigstellungs- und Kostenüberschreitungsgarantie 4 94
Fertigstellungsrisiken 4 10, 93
Fertigstellungstermin 9 56
Festpreisvertrag 4 101
Feuerrisiko 15 190 ff.
Feuerversicherung für Industrie- und Handelsbetriebe (ECB 87) 15 190
FIDIC 3 7, 15; 5 44
FIDIC White Book 3 7
FIDIC-Musterbedingung 9 3
Fiktive Abnahme 9 96
Final acceptance 9 102
Financial close 3 4; 4 11, 44
Financial modeling 3 4
Finanzierung 7 4

Finanzierungsbestätigung 6 47
Finanzierungsgesellschaft 12 4
Finanzierungskondition 4 74
Finanzierungsvorschlag 6 42 f.
Finite Insurance 15 206
Folgeschäden 15 37
– Folgeschäden, nächste 15 37
– Vermögensfolgeschäden 15 87
Force majeure 14 91
Force majeure-Klauseln 9 157
Forderungsanmeldung 9 26
Foreign Corrupt Practice Act 1 46; 5 36
Form 6 34 f.
Form- oder Verfahrensvorschrift 9 26
Förmliche Abnahme 9 95
Forschungs- und Entwicklungsdienstleistung 5 8
Fortgeltung
– von Betriebsvereinbarungen 14 8
Freedom from Religious Persecution Act 1 16
Frei von Rechten Dritter 9 196
Freie Auftraggeberkündigung 9 166
Freistellung
– Betriebsstättengewinn 12 90
Freistellungsregelung 9 191
Freistellungsverpflichtung 9 196
Fremdes Unternehmen in fremdem Namen und für fremde Rechnung gegen Entgelt 9 217
Fremdkapitalgeber 4 6
Fremdvergleich 12 96
Freundschaftsverträge 16 20
Frühzeitiges Erkennen von Fehlentwicklungen 9 79
Führen von Vergleichsverhandlungen 9 197
Full-, die limited- und die non-recourse-Finanzierung 4 84
Funktion des Independent Engineer 3 3
Funktion des Owner's Engineer 3 2
Funktional beschriebener Leistungserfolg 9 226
Funktionale Ausschreibung 5 13
Funktionale Leistungsbeschreibung 9 8, 120
Funktions-, Leistungs- und Verfügbarkeitsgarantie 9 3
Funktions- oder Verfügbarkeitsgarantie 9 150
Fürsorgepflichten, Auslandseinsatz 14 47 f.

Garantie des Maximalpreises 9 225
Garantievereinbarung 9 122
Garantieversicherung 15 118
Garantiewartung (Maintenance) 9 222
Gas transportation agreement 2 41

Stichwortverzeichnis

GATS 16 12
GATT/WTO 11 11 ff.
Gebietskörperschaft 12 9
GEF s. *Globale Umweltfazilität*
Gefahrübergang 9 98
Gegenseitigkeit 12 63, 74 f., 90
Geheimhaltung von Informationen 9 53
Geltungsbereich eines Tarifvertrages 14 9
Gemeinwohlbelange 10 33
Gemeinwohlbelange des Art. 30 EG 10 9
Genehmigungsinstanz 4 20
Genehmigungspflicht 10 18
General Procurement Agreement (GPA) 1 31; **5** 27, 29
Generalunternehmer 9 11
Generalunternehmer/Subunternehmer 12 82
Generalvertrag 15 99 f.
Genussrechtskapital
– Gesellschafter-Fremdfinanzierung **12** 21
Geologische Risiken 5 13
Gerichtsbarkeit 7 10
Gerichtsstandsvereinbarung, Arbeitsrecht 14 24
Gerichtsstandsvereinbarung 1 53
Geringfügigkeitsprinzip 10 63
Gesamthandsvermögen 12 43
Gesamtschuldnerische Haftung (joint and several liability) 4 113
Geschäftseinrichtung
– Betriebsstätte **12** 87
Geschäftsfähigkeit 6 26 ff.
Geschäftsleitung 12 55, 60, 71
Geschäftsstelle 12 87
Gesellschaft mit beschränkter Haftung 4 110
Gesellschafterdarlehen 4 7
Gesellschafter-Fremdfinanzierung 12 4/14 f., 14 f., 18 ff., 74, 79, 79 ff.
Gesellschafter-Fremdkapital 12 19
Gesellschaftervertrag 4 35
Gesellschaftervertrag (shareholder's agreement) 4 107
Gesellschafterwechsel 12 45
Gesetz gegen den unlauteren Wettbewerb 9 193
Gesetzesänderung 1 55
Gestaltungsmissbrauch 12 8
Gestörter Bauablauf 9 68
Gesundheitsschutz 17 20, 35
Gewährleistung 13 137
Gewährleistung für ungebundene Finanzkredite 7 35
Gewährleistungsanspruch 9 98, 178
Gewährleistungsfrist 9 142
Gewerbebetrieb 12 37
Gewerbeertragsteuer 12 11, 32
Gewerbekapitalsteuer 12 12

Gewerbesteuer
– Beteiligungserträge **12** 54, 68
Gewerbesteuermessbetrag 12 35, 69
Gewerbliche Einkünfte 12 40
Gewinnabführungsvertrag 12 34, 69
Gewinnaufschlag 12 100
Gewinnthesaurierung 12 9
Gewinntransfer 12 3
Gläubiger 4 6, 75, 77, 87
Gleichbehandlungsgrundsatz 5 2
Gleichbehandlungsgrundsatz, Arbeitsrecht 14 28
Globale Umweltfazilität 17 44
GmbH & (atypisch) Still 12 46
Government Procurement Agreement (GPA) 5 2
Großprojekte privater Betreiber 1 10
Gründer 4 5
Grundrechte 16 21
Grundrechtlicher Anspruch 10 2
GTZ 1 68
Guarantee 9 155
Guaranteed Maximum Price 9 225
Guideline for Selection and Employment of Consultants 1 32
Guidelines for Procurement 1 32
Gutachter 4 43
Güterbezogener Genehmigungsvorbehalt 10 19, 21

Haager Landkriegsordnung 16 10
Haftpflichtversicherung 15 35 ff.
– Abdeckung von Einzelrisiken **15** 24
Haftung für den Baugrund 5 13
Haftung für einfache Fahrlässigkeit ausgeschlossen 9 187
Haftungsbegrenzung 3 9; **4** 109; **9** 140
Haftungsbeschränkung 1 5; **4** 111
Halbeinkünfteverfahren 12 53, 54, 59
Handels- und Niederlassungsabkommen 16 18
Handelsabkommen 16 19
Handelsbilanz 12 13
Handelspräferenz für Entwicklungsländer 10 39
Handelsverträge 16 20
Harmonisiertes System 11 66
Hauptvertrag 1 53
Haushaltsrecht 1 33
Hedging strategies 4 39
Hemmung 9 148
Hinterlegungsklausel 7 31
Hinweispflicht 9 201
Hinzurechnungsbesteuerung 12 8
Hinzurechnungsvorschrift 12 69
Höchstbetrag 7 12
Höhere Gewalt 9 61, 171
Höhere Gewalt (Force Majeure) 9 156

615

Holdinggesellschaft
– Gesellschafter-Fremdfinanzierung **12** 26 ff.
Hong Kong ACP 5 37
Honorar der Schiedsrichter 8 30, 59
Honorarordnung für Schiedsgericht 8 57

IAPSO 5 33
IBA-Rules on the Taking of Evidence in International Commercial Arbitration 8 28
ICAC Independent Commission against Corruption 5 38
ICC-SchiedsO 8 54
ICSID 1 41; **8** 22; **16** 5, 26
IDA 1 67
Iimmaterielle Wirtschaftsgüter 12 13
Ijâra – Islamic Banking 6 170 ff.
IMA 1 7
Immunitätsverzicht 16 26
Importbeschränkungen
– umweltrechtliche **17** 27
Inbegriff von Sachen 15 83
Inbetriebnahme
– Begriff **9** 83
– herzustellende Anlage **9** 82
– Zeitpunkt **9** 90
Inbetriebsetzung
– Anlage **9** 82
Independent Engineer 3 1, 4
Independent power producer 2 7; **4** 39
Indirekte Anrechnung 12 66
Industrialisierung 1 1
Infant industries 10 36
Inflation 13 136 ff.
Informationsmemorandum 6 137
Informationsquelle 1 22
Infrastruktur 2 2 f.
Infrastrukturprojekt 1 11; **12** 75
Ingangsetzungskosten 12 14
INGEWA 3 11
Inhaltsbestimmung des Eigentums 10 69
Initiatoren 4 5
Inländergleichbehandlung 16 14, 22
Innengesellschaft 12 41, 46
Inspektion 9 220
Instandhaltung 9 220
Instandsetzung 9 220
Institution 4 15
Institutionelle Schiedsgerichtsbarkeit 8 41, 42
Integrierter Umweltschutz 17 19
Interamerikanische Entwicklungsbank 4 16; **5** 33
Inter-creditor agreement 4 9
Interessenkonflikt 4 76
International Finance Corporation IFC 4 16; **5** 3
Internationale Handelskammer ICC 5 43

Internationale Organisation
– und umweltrechtliche Normierung **17** 35, 45 f.
Internationale Rechnungslegung
– US-GAAP, IAS, Unterschiede **13** 87 f.
Internationaler Kapitalmarkt 1 69
Internationales Privatrecht – Islamic Banking 6 162
Investition 1 39
Investition, Rückzahlung von Kapital oder Darlehen, Transfer von Gewinnen oder Dividenden 10 1
Investitionsgarantie 7 35
Investitionsgarantie des Bundes 1 39
Investitionsgesetze 1 40; **16** 22
Investitionskosten 4 101
Investitionsschutzvertrag 16 10; *s. auch Kapitalfördervertrag*
Investor 8 3
IPP 4 39
Islamic Banking 1 62; **6** 155 ff.
Islamische Banken 6 157, 159
Islamisches Recht 6 156 ff.
ISO 14001 *s. Umweltbetriebsprüfung*
Istanbul-Konvention 11 21, 56
Istisnâ' – Islamic Banking 6 172 ff.

Jahresabschluss
– Abschluss, Anhang **13** 65 ff.
– – Bewertung **13** 36, 44 ff.
– – Beziehungen; Verträge **13** 70 ff.
– – Bilanz **13** 17 ff.
– – Bilanzpolitik **13** 138 ff.
– – Kapitalflussrechnung **13** 104 ff.
– – Lagebericht **13** 65 ff.
Joint Implementation 17 34
Joint Venture 5 26; **12** 82
– Begriff **13** 4
– Einordnung; Kriterien **13** 7, 43 ff.
– Rechtsvorschriften **13** 5 ff.
Junior loans 4 7

Kalkulationsfehler 1 48, 57
Kaltinbetriebsetzung 9 85
Kapitalanlagegarantie 16 1
Kapitalertragsteuer 12 9/47, 61/75
Kapitalflussrechnung
– cash flow, Begriff **13** 104
– – Inhalt **13** 106 ff.
Kapitalfördervertrag 1 39
Kapitalgesellschaft
– Ausweis **13** 30
– Bilanz **13** 17, 30
– Gewinn **13** 51, 57
– GuV **13** 26
Kapitalsteuer 12 12
Kaskadeneffekt
– Gesellschafter-Fremdfinanzierung **12** 26

Stichwortverzeichnis

Kenngröße
– Berechnung **6** 101
– borrowing base **2** 32, 40
– Deckungsgrad über Darlehenslaufzeit **6** 60, 97
– Deckungsgrad über Projektlaufzeit **6** 60, 97
– Eigenkapitalanteil **2** 30, 32; **6** 60, 97, 99
– Schuldendienstdeckungsgrad **2** 30; **6** 60, 97, 99

Klageerhebung 9 149
Klein- und Mittelbetrieb 1 21
Know-how 9 212
Know-howtransfer- und Transithandelsregelung 10 24
Kollisionsnorm (Art. 27, 34 EGBGB), Arbeitsrecht 14 10 f.
Kollisionsrecht 1 53
Kommerzielle Bank 4 11, 12
Kompetenter Vertreter 9 50
Komplementär 4 122
Konsortialkredit 6 136, 141 ff.
Konsortialvertrag 12 84
Konsortium 9 11; **12** 82, 84
Konstruktive Leistungsbeschreibung 5 13
Konzernabschluss
– Konzern, Einbeziehung **13** 76, 90 ff.
– – Equity-Konsolidierung **13** 85 ff.
– – Konsolidierungsmethode **13** 77 ff.
– – Quoten-Konsolidierung **13** 83 ff.
– – Vollkonsolidierung **13** 78 ff.

Konzernfinanzierungsgesellschaft 12 56
Konzernprivileg 5 20
Konzernsteuerrecht 12 3
Konzession 1 53, 66; **5** 7; **16** 4
– Baukonzession **5** 7
– Dienstleistungskonzession **5** 7
Konzession, staatliche 2 3 f.
Konzessionsgeber 4 9
Konzessionsmodell 2 14
Konzessionsvertrag 2 40; **4** 92
Kooperationsform
– Anlagebau **12** 80
Kooperationspflicht 9 203
Körperschaftssteuersystem 12 52
Körperschaftsteuer
– Klassisches System **12** 8 ff.
Korruptionsbekämpfung 1 45
Korruptionsprävention 5 35
Kosten, Versicherungen
– Änderungskosten **15** 107
– Aufräumungskosten **15** 105, 133, 148, 156
– Auftragskosten **15** 125
– Bergungskosten **15** 105
– De- und Remontagekosten **15** 107, 199, 214
– entgangener Gewinn, entgangene Einnahmen **15** 74, 182
– Gebrauchte Gegenstände **15** 84, 114, 154

– Herstellungskosten **15** 125
– Lohnkosten **15** 199
– Mehrkosten **15** 74, 106 f., 182, 199, 210
– Ohnehinkosten **15** 107, 132, 159, 214
– Reparaturkosten; fiktive **15** 108, 156, 164, 226
– Schadenabwendungs- und -feststellungskosten **15** 65 f.
– Schadenminderungskosten **15** 13, 65 f., 76, 203
– Selbstbeseitigung **15** 133
– Selbstkosten **15** 93, 131
– Transportkosten **15** 199
– Verbesserungskosten **15** 132, 160, 162 ff., 214
– Wiederherstellungskosten **15** 10, 106 f., 159, 199
– Zeitwert **15** 106, 131, 156, 193

Kostenaufschlagsmethode 12 97, 100
Kostenaufschlagsverfahren 12 87
Kostenerhöhungsklausel 1 49
Kostenrisiko 1 48
Kostenvorschuss 9 128
Kraftfahrzeugversicherung 15 85
Kraftwerksprojekt 2 6
Kreditanstalt für Wiederaufbau 4 18; **5** 34
– Gesellschafter-Fremdfinanzierung **12** 28
Kreditfähigkeit 4 112
Kreditrisiko- und Investitionsschutz 15 9
Kreditsicherheit 4 94, 109
Kreditverwendungs- und Auszahlungsbedingung 4 94
Kriegs-, Streik-, Aussperrungsrisiken 15 67
Kriegswaffenkontrollgesetz 10 12
Kündigung 9 163
Kündigung aus wichtigem Grund 9 170
Kündigung, Auslandsaufenthalt 14 80 ff.
Kurssicherungsregelung 9 229
Kurzfristige Meldepflicht 9 162
Kuwait Investment Guarantee Corporation 1 40
Kyoto-Konvention 11 20

Ländermäßige Beschränkung 1 34
Länderrisiko 1 38
Längerfristige Mittel in lokaler Währung 1 73
Langfristige Fertigung
– Fertigung, Bewertungsmethoden **13** 93 ff.
– – Drohverluste **13** 100 ff.
– – Percentage of Completion **13** 94 f.
Lastenheft 1 25
Lastversuch 9 86
Laufzeit
– Police **15** 30 f., 129, 167, 170, 175, 217 f.
– Projekt **15** 1

617

Stichwortverzeichnis

Lead bank 4 11
Leasing 12 4
– Begriff **13** 120
– Bilanzierung **13** 121 ff.
Leasing – Islamic Banking 6 170 ff.
Leasingfinanzierung 1 12
Leasinggeber
– Dauerschulden **12** 16
Leasingnehmer 12 16
Leasingraten 12 16
Lebenshaltungskostenausgleich, Arbeitsrecht 14 44
Leerlaufversuch 9 85
Legal opinion 6 92
Leistungsänderung 9 24
Leistungsart, AN 14 51 ff.
Leistungsausschlüssen 9 9
Leistungsbeschreibung 5 13; **9** 227
– konstruktive **5** 13
– mit Leistungsprogramm **5** 13
– mit Leistungsverzeichnis **5** 13
Leistungsgarantie 9 19, 118
Leistungsgrenze 9 9
Leistungs-Pönale 9 132
Leistungstest (Performance Test) 9 88
Leistungsverzeichnis 9 7
Lenders 4 6
Lender's Liability s. *Umwelthaftung*
Letter of employment 14 40
Letter of information 6 44, 88
Letter of intent 6 47
Liefer- und Leistungsumfang 9 5
Lieferant 12 4/79
Lieferinteressen 4 89
Lieferkoordinierungsrichtlinie (LKR) 5 2
Lieferung der erforderlichen Ersatzteile 9 220
Lieferungen/Leistungen 12 79
Lieferverzögerung 9 168
Life of loan cover ratio 12 5
Limited recourse Financing 2 9
Liquidated damages 3 4; **9** 72
Lizenzierungsverfahren 2 13
Loan documentation 4 14, 35
Lohn- oder Materialkostenschwankungen 9 228
Lohnfortzahlung im Krankheitsfall, Auslandseinsatz 14 57
Lokale Börsen 1 73
Lomé-Abkommen s. *AKP-Staaten*
Long Term Contracts 8 12

MAI 16 10
Maintenance retention account 1 72
Maintenance-Deckungen 15 168 ff., 175, 222, 227
– Extended-Maintenance **15** 169
– Guarantee-Maintenance **15** 169, 222

– Limited-Maintenance **15** 169
– Visits-Maintenance **15** 169
Makler 15 218, 223 f.
Managing Consulting Engineer 3 6
Mängel 9 112
Mangel, arglistig verschwiegen 9 145
Mangel, Versicherung bei
– BauleistungsV **15** 123, 132, 141
– CAR/EAR **15** 157, 159 ff., 162 ff., 169
– Haftpflicht **15** 20, 39, 44
– Montageversicherung **15** 90, 107, 111
– Planungshaftpflicht **15** 46, 49 f.
Mängelbeseitigung 9 126, 128
– ernsthaft und endgültig abgelehnt **9** 131
– objektiv unmöglich **9** 131
Mangelfolgeschaden 9 188
Mangelschaden 9 188
Marktanalyse 3 4
Marktpreise 1 47
Marktzugangsvorraussetzung 2 11
Maschinenversicherung 15 73, 195 ff., 201 f.
Maßgeblichkeit 12 13
Maßnahme gegenüber Drittstaaten 10 11
Materialprüfung 9 75
Maut 4 125
Mauteinnahme 4 120
Mautstrassenmodell 2 14
Mautverordnung 4 125
Mechanical Completion 9 84
Mediation 9 209
Mehraufwendung, Auslandseinsatz 14 69 ff.
Mehrkosten 9 36
Mehrmütterorganschaft 12 35
Mehrparteienschiedsgerichtsbarkeit 1 53
Mehrvergütungsanspruch 9 57
Meistbegünstigungsklausel 16 14
Meldepflicht 10 27
Merchant plant 4 39
Merchant Power Plant 2 10
MERCOSUR 16 11
Mezzanine equity 4 8
Mezzanine Finanzierung 12 17, 21, 28, 75
MIGA 1 40; **16** 5
Minderung 9 131
Mini-Trial 9 210
Mischfinanzierung 1 67
Mitteilungspflicht 9 202
Mittelbare Schäden 9 188
Mittelstandschutz 5 1
Mitunternehmer 12 37, 47, 70 ff.
Mitunternehmerinitiative 12 41, 47
Mitunternehmerrisiko 12 41, 47
Mitverantwortung 9 120
Mitverschulden 9 139
Mitwirkungshandlung des Auftraggebers 9 27
Monitoring-Plan 3 4

Stichwortverzeichnis

Montage 12 87
Montageabschluss 9 83
Montagetätigkeit 14 33
Montageversicherung 9 43; 15 80 ff., 119, 122 ff., 127 f., 135, 137, 139 ff.
Multifunktionalität von Gütern 10 17
Multilateral status 4 16
Multilaterale Abkommen 16 10
Multilaterale Übereinkommen 8 22
Multilaterales Investitionsschutzabkommen 1 39; 8 3, 22
Multi-Party-Arbitration 8 41, 50; s. Mehrparteienschiedsgerichtsbarkeit
Murâbaha – Islamic Banking 6 164
Mushâraka – Islamic Banking 6 167 f.
Musterklausel bei SchiedsO 8 46
Musterklausel der DIS 8 81
Musterklausel der ICC 8 83
Musterklausel der ICSID 8 86
Musterklausel der Schiedsgerichtsinstitutionen 8 80
Musterprobe 9 75
Musterschiedsklausel der LCIA 8 85
Mustervertrag 3 8; 16 14
Mutter-Tochter-Richtlinie 12 63

Nachbesserung 9 126
Nachprüfungsantrag 5 20
Nachprüfungsverfahren 5 20
Nachrangdarlehen
– Gesellschafter-Fremdfinanzierung 12 21
Nachschussverpflichtung 4 111
Nach-Steuer-Gewinn
– Betriebsstättengewinn 12 90
Nachtragsforderung 4 102
Nachtragsvereinbarung 9 227
Nachverhandlungspflicht 9 164
NAFTA 16 11
Nahestehende Person
– Gesellschafter-Fremdfinanzierung 12 24
Nationale Investitionsgesetze 16 22
Nationale Öffnungsklauseln 10 12
Nationale Regelungsbereiche 10 8
Nationale Sicherheit 10 10
Nationalisierung 16 1
Nebenangebot 5 11
Nebenpflicht 9 37
Netzplan 9 56
Netzwerk aller Einzelverträge 9 2
Neutrale Instanz zwischen den Parteien 9 52
Neuverhandlungs-, Revisions- oder Sprechklausel 9 204
New Yorker Übereinkommen über die Anerkennung und Vollstreckung ausländischer Schiedssprüche 8 35
Nicht einklagbare Obliegenheit 9 33
Nicht offene Verfahren 5 9

Nicht rechtzeitige Erfüllung des Vertrags 9 178
Nichtdiskriminierung 14 28
Nichtgewerblichkeit 5 4
Nichtigkeitsklage 5 28, 29
Nonproliferationsinteresse 10 37
Nonproliferationspolitik 10 59
Non-recourse Financing 2 9
Notservice 9 220
Nullbescheid 10 68
Nützliche Aufwendung 12 15
Nutzungsrechtseinräumung 9 197
Nutzungsüberlassung 12 75
Nutzwertanalyse 5 16

Obergrenze 9 65
Objektsteuercharakter 12 45
Occurence-Haftpflichtdeckung mit Cross Liability 15 226
OECD 16 10
OECD Konvention 5 36
OECD-Konsensusvorschrift bei Projektfinanzierungen 4 55
Offene Verfahren 5 9
Offenlegungspflicht 12 36
Öffentliche Finanzierungsinstitutionen 4 15
Öffentliche Garantie/Bürgschaft 7 33
Öffentliche Instanz 4 20
Öffentliche Institution, Exportbanken und Exportversicherer 4 15
Öffentlichkeit
– und Umweltschutz 17 3, 17, 55 ff.
Offshore 12 80
Offshore-Leistung 12 81
Öko-Audit s. Umweltbetriebsprüfung
Onshore 12 80
Onshore-Leistung 12 81
Operation and Maintenance Manuals 9 41
Operator 4 30
Optimale Wirtschaftlichkeit der Betriebsführung 9 219
Optimierung
– des Anlagebetriebs 9 212
Ordnungsgemäße Erfüllung 9 178
Ordre public-Gedanke, Arbeitsrecht 14 14 ff.
Organisation 9 43
Organisationsverschulden 9 147
Organschaft 12 33, 54, 69
– gewerbesteuerlich 12 35
Organträger 12 34
Örtliches Sachenrecht (Lex rei sitae) 9 111
Osteuropa 5 24
Overseas Private Investment Corporation 1 40
Owner's Engineer 3 1

Stichwortverzeichnis

Panamakanal **1** 3
Parteiautonomie **8** 29
Participation agreement **4** 17
Passive Tätigkeit **12** 56
Passive Veredelung
– Zollbestimmungen **11** 31 ff.
Patentgesetz **9** 193
Patronatserklärung **7** 23
– Gesellschafter-Fremdfinanzierung **12** 23
Pauschalpreis **9** 223
Pauschalpreisvertrag **9** 223
Penalties, liquidated damages **4** 28
Penalty **9** 72
Per country limitation **12** 75
Performance-related renumeration **4** 32
Personengesellschaft **4** 113; **12** 3, 36, 67 ff.
– BGB-Ges., Bilanz **13** 19, 21 ff.
– – Gewinn und Verlustrechnung **13** 27 ff.
– – Gewinnvereinnahmung **13** 52 ff.
– – Umsatz und Ergebnisausweis **13** 60 ff.
– doppelstöckig **12** 69
– Gewerblich geprägt **12** 42, 70
Personenschaden **9** 180
Pflichtversicherung **15** 1, 223
PHARE **5** 24
PHARE-Management-Units, PMUs **5** 26
PIC *s. Prior Informed Consent*
Pinpoint-equity **4** 6
Planer **4** 47
Planfeststellungsverfahren **4** 124
Planmäßige Revision **9** 153
Planprüfung **9** 74
Planung **1** 25
Planungs- und Errichtungsphase **4** 75
Planungsleistungen **9** 31
Police
– eigenständig formuliert **15** 74, 215 f., 222
– Gesamtpolice **15** 151
Politische Risiken **1** 37
Positiver Forderungsverletzung **9** 178
Power purchase agreements PPA **4** 39
Präferenzregeln **5** 2
Präqualifikation **1** 30; **5** 26
Präqualifikationsverfahren **5** 20
Präventives Verbot mit Erlaubnisvorbehalt **10** 2
Präventivregelung **9** 199
Preisgeldformel **9** 228
Preisgleitklausel **9** 228
Prinzip der unbegrenzten gesetzlichen Haftung **9** 184
Prior Informed Consent **17** 28
Prioritäre Dienstleistung **5** 6
Privatanleger **4** 57
Private Equity – Islamic Banking **6** 167
Private Finance Initiative (PFI) **1** 6, 12; **2** 5; 6 3
Private Vermögensverwaltung **12** 40

Privatisierung **2** 4
Privity of contract **6** 36
Probebetrieb **9** 87
Proceeds account **1** 72
Production sharing agreement **2** 40
Produktionsausfall **9** 188
Profit and Loss Sharing (PLS) **6** 167 f.
Profit split method **12** 101
Project bonds **1** 64
Project evaluation **1** 7
Project finance **1** 5
Projektabsprachen
– im Umweltrecht **17** 22
Projektabwicklung **9** 43
Projektaktiva und -passiva **4** 109
Projektanleihe **6** 1
Projektaufgaben, Arbeitsrecht **14** 34
Projektbeendigung, Arbeitsrecht **14** 86 ff.
Projektbesprechungen **9** 50
Projektbeteiligte **4** 4, 60
Projektbeurteilung **1** 7
Projektdurchführung **9** 1
Projektentwicklung **4** 60
Projektentwicklung, Errichtung, Betrieb und Desinvestition **4** 78
Projekterrichter **4** 26
Projektfinanzierung **1** 5; **4** 66, 84
– Anwendbares Recht **6** 24, 123 ff.
– Bankentgelte **6** 75 f.
– Definition **6** 1 ff., 49 ff.
– Gründe **2** 25; **6** 10 ff.
– Risikoanalyse **2** 26 f., 36 f.; **6** 18 ff.
Projektfinanzierung – Islamic Banking **6** 172 ff.
Projektgarantie **4** 84
Projektgesellschaft **4** 70; **9** 4
– Joint Venture *s. Joint Venture*
Projektinitiatoren **4** 70
Projektlieferanten **4** 36
Projektmonitoring **3** 4
Projektphasen **4** 78
Projektrisiko **9** 2
Projektsanierungen **1** 74
Projektträger **1** 64; **4** 25, 75, 89; **12** 3
Promoter **4** 5
Provisional Acceptance **9** 102
Prüfung
– Prüfung von Projekten **13** 142 ff.
– Sonderprüfung **13** 144 ff.
Prüfungs- und Hinweispflichten **9** 120
Prüfungskatalog **10** 19
Public Private Partnership (PPP) **1** 11; **4** 24, 118
Public Private Partnership-Struktur **3** 6
PwC Deutsche Revision **1** 7

Qualifikationskonflikt **12** 70
Qualitätskontrolle **9** 73; **10** 36

Stichwortverzeichnis

Qualitätssicherungssystem 9 80
Quality-Based Selection 3 6
Quellensteuer 12 63
– fiktiv **12** 74, 78

Recession 9 175
Recherchepflicht für Exportfirma 10 49
Recht auf angemessene Fristverlängerung 9 36
Recht der Verbote und Beschränkungen 10 12
Rechtliche Risiken 1 53
Rechtsfähigkeit 6 26 ff.
Rechtsformwahl 12 6/39
Rechtsgutachten 1 56; *vgl. legal opinion*
Rechtsmängelhaftung 9 198
Rechtsmittelrichtlinie (RMR) 5 2
Rechtsordnung 7 10
Rechtsschutz
– Beschwerde an die Kommission **5** 28
– des Bieters **5** 28
– Europäisches Gericht erster Instanz (EuG) **5** 28
– Nichtigkeitsklage **5** 28
– Schadensersatzklage **5** 28
– vergaberechtlicher **5** 28
Rechtstypenvergleich 12 55
Rechtsverfolgung 1 14, 53
Rechtswahl – Islamic Banking 6 162 ff.
Rechtswahl, Arbeitsrecht 14 10 f.
Red flags 10 50
Refinanzierungsaufwendung 12 16
Regeln der Technik 9 113, 138
Regierung des Gastlandes 16 24
Regionalbeihilfen 1 20
Regionale Entwicklungsbanken
– und Umweltschutz **17** 41
Regionale Präferenzen 5 16
Regress
– Gesellschafter-Fremdfinanzierung **12** 20
Regulierungs- und Aufsichtsbehörde 4 76
Rejection 9 176
Rent-a-judge 9 210
Reparatur- und Wartungsanleitung 9 40
Repräsentanz 12 87
Return on Investment 12 36
Revision 9 220
Ribâ *s. Wucherverbot*
Rio-Deklaration 17 6, 58
Risiken 4 63
– Feuerrisiko **15** 190 ff.
Risikobegrenzung und -teilung 4 75
Risikobereich 9 158
Risikoeinbindung des Auftragnehmers 9 3
Risikofaktor 1 36
Risikohaftung 9 120
Risikokapitalgeber 12 49

Risikomanagement
– Analysieren **15** 3
– Handhaben **15** 3
– HPR – Highly Protected Risk **15** 13
– Identifizieren **15** 3 f.
– Kontrollieren **15** 3
– Risikomanagementprozess **15** 1 ff., 187, 214
Risikoprofil 4 69
Risikoreserven 4 88
Risikoteilung 4 64
Risikoverteilung 9 59
Rückbauverpflichtung 9 141
Rückgriff 4 105
– Gesellschafter-Fremdfinanzierung **12** 23
Rückgriffsanspruch 15 43, 78, 127, 166, 180, 213
Rückgriffsrechte 4 85
Rückkehrgarantie 14 95 f.
Rückkehrklauseln 14 61 ff.
Rückruf des Mitarbeiters, Arbeitsrecht 14 38
Rückrufdeckung 15 189
Rückstellungen 12 14
Rücktrittsrecht 9 63
Rückversicherungsmodell 15 159
Rückversicherungspolicen 15 214
Rückversicherungsstandards 15 168
Rückwirkungsschäden 15 204
Ruhevertrag 14 38
RZZ/WCO 11 18 ff.

Sachlich abgegrenzte Risiken 7 11
Sachschaden 9 180
– unvorhergesehen und plötzlich eintretender **15** 88 ff.
– Verursachung, bewusste bzw. grobfahrlässige **15** 122, 127
Sachschaden, Versicherung des
– BauleistungsV **15** 123
– Begriff **15** 22, 49, 64, 90, 123, 149, 157, 216
– BetriebsunterbrechungsV **15** 177 ff., 203 f.
– CAR/EAR **15** 160
– HaftpflichtV **15** 19 ff.
– Industrial All Risk **15** 201
– MaschinenV **15** 195
– MontageV **15** 90, 118
– Stillstandsdeckungen **15** 185 f.
Sammelausfuhrgenehmigung 10 65
Sammelbezeichnung 15 83
Sanktionen 1 16
Sanktionen der Verbraucher 10 6
Satzung der Gesellschaft (articles of association) 4 107
Schachtelbeteiligung 12 53
Schadenabwendungskosten 15 65 ff.
Schadenfeststellungskosten 15 65 ff.
Schadensersatz wegen Nichterfüllung 9 62, 136

621

Stichwortverzeichnis

Schadensersatzanspruch 1 57
– aus positiver Vertragsverletzung **9** 35
Schadensersatzklage 5 28
Schadenskompensation 9 64
Schattenbezüge 14 42
Schätzmethoden
– Betriebsstättenbesteuerung **12** 86
– Verrechnungspreise **12** 101
Scheduled Maintenance 9 220
Scheinbar unproblematische Exportvorgänge 10 50
Schiedsgericht 8 3
Schiedsgerichts- und Schlichtungsleistung 5 8
Schiedsgerichtsbarkeit 9 211
Schiedsgerichtsklausel 16 26
Schiedsgerichtsordnung 8 47
Schiedsklausel 8 4
Schiedsordnung 8 28
Schiedsrichterähnlich 9 205
Schiedsrichterliche Aufgabe 9 52
Schiedsverfahren – Islamic Banking 6 162 ff.
Schiedsvertrag 1 53
Schiffahrtsvertrag 16 20
Schlüsselfertige Anlage 9 9
Schnittstellenfestlegungen 9 11
Schriftformklauseln 7 30
Schuldendienst 4 115
Schuldendienstreservekonto 6 99
Schulung und Ausbildung 9 42
Schulungs- und Ausbildungsmaßnahmen 9 109
Schulungsunterlagen 9 40
Schutz der auswärtigen Beziehungen 10 38
Schutz von Umwelt- und Kulturgütern 10 35
Schutz wirtschaftlicher Gemeinwohlbelange 10 36
Schutzrechte 9 192
Schwellenwerte 5 6
Schwerlastabgabe 2 15
Scoring-Verfahren 5 16
Securitisation 1 13, 64
Sektorenrechtsmittelrichtlinie (SRMR) 5 2
Sektorenrichtlinie 5 1
Sektorentätigkeiten 5 1
Selbständige Beweisverfahren 9 149
Selbständige Garantien 9 123
Selbstschuldnerische Bürgschaft 7 9
Selbstunterrichtungsklauseln 9 13
Sensitivity analysis 4 11
Service and maintenance 1 52
Serviceleistungen 8 51
Shareholder agreements 4 35
Sicherheit
– Bilanzierungsgrundlage **13** 127

– Garantien **13** 133 ff.
– Haftungsverhältnisse **13** 132
– Patronatserklärung **13** 128 ff.
Sicherheitenpaket 3 4
Sicherheitenstellung 4 75
Sicherheitseinbehalte 9 230
Sicherstellung des Anlagenbetriebs 9 212
Sicherung 7 4
Silver Book 3 7
Single-Source Verfahren 3 8
Situation im jeweiligen Land 15 223
Sitz 12 55, 60
Sofortige Beschwerde 5 20
Solidaritätszuschlag 12 11, 52
Solvenz der Projektpartner 1 51
Sonderbetriebsvermögen 12 43
Sondervergütung 12 38
Souveränitätsverzicht 1 41
Sowieso-Kosten 9 130
Sozialversicherungsrecht, bei Auslandsaufenthalt 14 112 ff.
Spätestfristen 9 96
Spätestklauseln 9 143
Special purpose company 4 25
Special purpose vehicle (SPV) 1 5, 71; **4** 25; **12** 7; **16** 3
Specific performance 6 36, 96
Spezifikationen 5 13
Sponsor 1 8; **4** 5, 60, 64, 75, 86, 89; **7** 2; **12** 3/79
Sprachkenntnisse 9 49
Staatliche Entwicklungshilfe 1 38
Staatliche Instanzen 4 73
Staatliche Konzessionen 1 10
Staatliche Zusagen 1 66
Stammhaus, Arbeitsrecht 14 29
Stand der Technik 9 15
Stand von Wissenschaft und Technik 9 16
Standard Bidding Documents 1 32
Stand-by fees 4 11
Standby-equity 4 111
Ständiger Vertreter 12 70
Stärkere Risikoeinbindung des Auftragnehmers 9 189
Stellung aller erforderlichen Arbeitskräfte 9 48
Step-in right 4 9
Steuerbefreiung 12 8
Steuerbilanz 12 13
Steuerklausel 7 30
– Steuerüberwälzungsklausel **12** 92
Steuerrecht 12 2
Steuersenkungsgesetz 12 5
Steuerumgehungen
– Gesellschafter-Fremdfinanzierung **12** 19
Stille Beteiligung 12 17, 77
Stille Gesellschaft 12 41, 46 ff.
Stille Reserven 12 46

Stichwortverzeichnis

Strafrechtliche Sanktionen 10 4
Streubesitz
– Kapitalgesellschaftsanteile 12 64
Subunternehmer 12 82
Success fees 4 11
Summenmäßige oder prozentuale Begrenzung 9 186
Suppliers 4 36
Supranationale Organisationen 1 15
Suspensiveffekt des Nachprüfungsantrags 5 20
Sustainable Development 17 6
– Nachhaltigkeit 17 37f., 43
Syndication fees 4 11
Syndizierung 4 11
Syndizierungsgebühr 4 11

Tacis 1 68
TACIS Programm 5 24
Tagessatz 9 65
Taking-Over Certificate 9 97
Tariffestsetzung 2 23
Tarifvertrag 14 9
Tarifvertragsstatut 14 9
Technical Adviser to the Lenders 3 3
Technische Garantie 9 118
Technische Information 9 53
Technische Pönale 9 132
Technische Regelwerke
– im Umweltrecht 17 45f.
Technische Spezifikation 9 7
Technische Unterlagen 9 31
Teil- oder Zwischenabnahmen 9 94
Teilabnahme 9 124
Teilembargo 10 15
Teilnahmewettbewerb 5 9, 12
Tendering 4 31
Termination 9 175
Terms of Reference 8 57
Territorialitätsprinzip, Arbeitsrecht 14 8
Third party equity investors 4 41
Throughput agreement 2 41
Tochterkapitalgesellschaft 12 3
Totalembargo 10 14
Transfer von Dienstleistungen 10 55
Transfer von Gütern, Dienstleistungen, Know-how und Kapital 10 1
Transfer von Knowhow und von Dienstleistungen 10 54
Transfers von Gewinnen 10 1
Transparency International (TI) 5 44
Transparenz 12 37, 68, 70
Transparenzgebot 5 2, 10
Transport von 9 47
Transportbetriebsunterbrechungsversicherung 15 72ff.
Transportversicherung 9 43; 15 56ff.
Treaty shopping 12 65

Trennungsprinzip 12 7
Treuhandkonto 1 72
TRIMS 16 12
TRIPS 16 12
Trust/agency agreement 4 9
Turnkey-Konzept 3 2
Turnkey-Projekt 9 9; 12 82, 88
Typische stille Beteiligung
– Gesellschafter-Fremdfinanzierung 12 21

Überführung
– Betriebsstätte 12 71
UGB s. *Umweltgesetzbuch*
Umfangreiche Gewährleistungsregelungen 9 155
Umsatzsteuer 12 88
Umschuldungen 16 7
Umweltanforderung 17 3
– Anforderungen des Umweltrechts 17 10ff.
– der Finanzierungsträger 17 40ff.
Umweltauswirkung
– grenzüberschreitende 17 33
– von Projekten 17 1f., 24
Umweltbeauftragter 17 53
Umweltbetriebsprüfung 17 46
Umweltgenehmigungen 17 49; s. auch *Vorhabenzulassung*
Umweltgesetzbuch 17 16, 31
Umweltgesetzgebung s. *Umweltrecht*
Umweltgutachten
s. *Umweltverträglichkeitsprüfung*
Umwelthaftung 17 64ff.
Umwelthaftung von Banken 6 92
Umweltklauseln 17 68f.
Umweltkompetenz 17 50
Umweltkosten 17 7f.
– Finanzplanung 17 67
Umweltnormung 17 45f.
Umweltplan 17 51f.
Umweltpolitik 17 5ff.
– internationale 17 6
Umweltprobleme 1 18
Umweltprogramme 17 5
Umweltrecht 17 5, 10ff.
– Ausfuhrvorschriften 17 27
– des Exportlandes 17 27ff.
– Fragmentierung des Umweltrechts 17 16
– Instrumente 17 7
– internationales 17 32
– des Investitionslandes 17 14
– Kodifikation des Umweltrechts 17 18
– maßgebliche Rechtsordnungen 17 10
– Rechtsschutz 17 26
– und Selbstregulierung 17 7, 45f.
– Strukturen 17 14
– Umweltvölkerrecht 17 32
Umweltregularien 3 4
Umweltrisiken 17 4

623

Stichwortverzeichnis

- Transfer von Umweltrisiken **17** 27 ff.
- und Umwelthaftung **17** 63 ff.

Umweltschäden s. *Umwelthaftung*

Umweltverantwortlicher
  s. *Umweltbeauftragter*

Umweltverträglichkeit
- Sicherung der Umweltverträglichkeit **17** 48 ff.

Umweltverträglichkeitsprüfung 17 24, 51
- als Finanzierungsvoraussetzung **17** 40 ff.

Umweltverträglichkeitsstudie
  s. *Umweltverträglichkeitsprüfung*

Umzäunung und Beleuchtung der Baustelle 9 47

Unabhängiger und unparteiischer Dritter 9 208

Unbeschränkte Steuerpflicht 12 56

UNCITRAL 5 26, 27

UNCITRAL-SchiedsO 8 40

UNDP 5 33

UNEP-Bankenerklärung 17 43

Unerlaubte Handlungen 9 178

Ungewöhnliches Wagnis 5 13

Unterbeteiligung 6 134 f., 140
- A/B-loan **6** 135

Unterbrechung 9 57, 149

Unterbringung, Verpflegung und Beförderung der Auszubildenden 9 216

Unternehmensidentität 12 32

Unternehmeridentität 12 32

Unterstützung des Auftraggebers bei gerichtlichen Verfahren 9 197

Unterversicherung
- Unterversicherungseinwand **15** 109, 133, 193, 199

UN-Umweltkonferenzen 17 6, 43

Unzumutbarkeit der Ausführung 9 127

Urheberrechtsgesetz 9 193

Ursprung
- Zollrecht **11** 69 ff.

UVP s. *Umweltverträglichkeitsprüfung*

VDE 9 17
VDI 9 17
Vegabekammern 5 20
Venture capitalist 12 49
Veräußerungsgewinn 12 53
- Besteuerungsrecht **12** 64
- Steuerfreiheit **12** 58

Verband Beratender Ingenieure (VBI) 3 12

Verbote des KWKG 10 13

Verboten, Genehmigungs- oder Meldepflichten 10 2

Verbringung 10 18, 51

Verbundene Unternehmen 12 93

Verdeckte Gewinnausschüttung 12 15, 29, 60
- Gesellschafter-Fremdfinanzierung **12** 29

Verdeckte Mängel 9 152

Verdingungsordnungen
- VOB/A **5** 2
- VOF **5** 2
- VOL/A **5** 2

Verfahren zur Streitbeilegung 9 199

Verfassungsschutz 16 21

Verfügbarkeitsgarantien 9 119

Vergabearten 5 9
- nicht offenes Verfahren **5** 9
- offenes Verfahren **5** 9
- Verhandlungsverfahren **5** 9

Vergabebekanntmachung 5 20

Vergabefremde Aspekte 5 2

Vergabekammern 5 20

Vergaberecht für öffentliche Auftraggeber 1 31

Vergaberechtlicher Rechtsschutz 5 20

Vergabesenat 5 20

Verhältnismäßiges Interventionsminimum 10 2

Verhandlung zur Öffnung der Angebote 5 15

Verhandlungsverbot 5 14

Verhandlungsverfahren 5 9

Verjährung 9 98

Verlagerung von Risiken 7 1

Verletzung vertraglicher Nebenpflichten 9 178

Verlustausgleichsbeschränkung
- Gewerbeertragsteuer **12** 32

Verlustrücktrag 12 31

Verlustverrechnung
- Verlustvortrag **12** 30 ff.

Verlustzuweisungsgesellschaft 12 44

Vermittlung 9 209

Vermittlungsprovision 12 76

Vermögensschaden 9 180

Vermögensteuer 12 12

Veröffentlichungspflicht 4 112

Verrechnungspreise 12 15, 93 ff.

Verrechnungspreisgrundsätze 12 3

Verrechnungspreissystem 12 94 ff.

Verrichtungsgehilfen 9 180

Versandverfahren 11 42

Verschulden 9 137, 179

Versetzung in Ausland 14 30 f.

Versetzungsklausel 14 61 ff.

Versetzungsrichtlinie 14 72

Versicherung
- Ausführungsfehler **15** 196
- von Bauleistung **15** 80 f., 107, 119 ff., 160, 190
- von Baustelle **15** 15, 85, 121, 124, 129 f., 153, 185, 227
- für eigene Rechnung **15** 62
- Erprobung **15** 88
- Experimentierklausel **15** 111

Stichwortverzeichnis

- Extended Coverage oder EC **15** 190
- Fédération Internationale des Ingénieurs-Conseils (FIDIC) **15** 1, 225 ff.
- von Feuerrisiken **15** 190
- für fremde Rechnung **15** 62, 68
- Fronting-Fees **15** 220
- Führungsklausel **15** 221
- Gewinnbeteiligung **15** 207
- Haftzeit **15** 77, 204
- Havarie-Grosse **15** 65 f.
- Höchstschaden, Maximum Forseeable Loss **15** 13
- – – Maximum Possible Loss **15** 13
- – – Maximum Probable Loss **15** 13
- von Konsorten **15** 7, 95, 171
- Konstruktionsfehler **15** 196
- von Lieferant **15** 78, 97
- Materialfehler **15** 196
- Produkthaftpflicht **15** 189
- Property-Deckung **15** 201
- Prototypenausschluss **15** 111
- Rating **15** 218
- Recht eines dritten Staates **15** 36
- Schwimmende Sachen **15** 85
- Serienschadenklausel **15** 44
- Service and Installation **15** 201
- von Subunternehmer **15** 7, 29, 62, 95, 97, 127, 184
- Tätigkeitsschäden **15** 38
- Teilanlagen **15** 104, 154
- Terrorismusklauseln **15** 217
- Totalschaden **15** 106, 156, 199, 218
- von Unfall **15** 58, 112, 149, 165, 173
- von Unternehmer **15** 4 f., 28, 43, 50, 62, 80, 95 ff., 106, 119, 126 f., 148, 158, 167, 180, 184, 205, 207 f., 209, 219
- von Vermögensschäden, echte oder reine **15** 21 f., 26, 49, 72, 134, 157, 177
- – – unechte **15** 21, 177
- von Vermögensschadendeckung **15** 21, 222
- von Verschleißschäden **15** 112, 165
- Volle Deckung **15** 58 f., 71 f.
- Vorläufige Deckung **15** 101, 129
- Vorläufige Leistung **15** 117
- für wen es angeht **15** 62, 94

Versicherung, bei Auslandsaufenthalt 14 120 f.

Versicherung von fremden Sachen
- AMoB **15** 86 f., 93, 97
- Feuerversicherung **15** 191

Versicherung von Risiken
- Brand, Blitzschlag, Explosionen **15** 58, 115, 135, 192, 197
- Herstellerrisiko, Ausschluss Versicherung **15** 157 ff.
- Politische Risiken **15** 37, 67, 110, 134, 166, 192, 217

- Pönalen oder Vertragsstrafen **15** 157, 178, 182, 222
- Terrorismus **15** 217
- Totalschaden **15** 106, 199, 218

Versicherungen 4 49, 50; **9** 43
- Admitted-Voraussetzung **15** 220
- Advanced Loss Of Profit (ALOP) **15** 177
- Anlageteile, mehrere **15** 101
- Anprall oder Absturz eines bemannten Flugkörpers **15** 115, 192
- Befreiungsanspruch **15** 18
- Befriedigungsfunktion **15** 33
- Betriebsfertigkeit der Sache **15** 198 f.
- Betriebsgrundstück **15** 199
- Betrug **15** 166, 217
- Bonds **15** 206
- Datenverlust **15** 201
- Deckung auf erstes Risiko **15** 199
- Deckung für beschädigte, zerstörte oder abhanden gekommene Sachen **15** 105, 124
- Delayed Start Up (DSU) **15** 177
- Diebstahl **15** 91, 116 f., 136
- Difference In Conditions (DIC) **15** 212
- Difference In Limits (DIL) **15** 212
- Eigentum des Montagepersonals **15** 85
- Eingeschränkte Deckung **15** 58 f., 70, 186
- Einzelvertrag **15** 99, 128
- Entschädigung **15** 33 f., 65 f., 77, 86 f., 93, 104, 105 ff., 112, 117, 122 f., 126, 131 ff., 134, 141, 156, 182 ff., 193, 196, 199, 204, 214
- – – Grenze der **15** 66, 105
- Incoterms **15** 70
- Inventur **15** 165
- Jahresvertrag **15** 99
- Kausalereignis **15** 31, 48, 173
- Klauseln, DE **15** 162 ff., 214
- – – LEG **15** 164 ff., 214
- Leistungen, bereits erbrachte **15** 129
- Musterverträge **15** 80, 119 ff.
- Nachhaftung **15** 51, 130
- Named Perils **15** 59
- Non Vitiation Cover **15** 152
- Non-Admitted-Lösung **15** 220
- Nuklearrisiko **15** 220
- Owner-Controlled **15** 208, 210
- Patentrechtsverletzungen **15** 10, 54 f.
- Personenschaden **15** 19 f.
- Repräsentantenhaftung **15** 68
- Repräsentantenklausel **15** 68
- Risikobausteine **15** 42, 53
- Rohbaudeckung **15** 115
- Sachversicherung **15** 206
- Sachverständigenverfahren **15** 66, 109, 133
- Schadenabwicklung **15** 213, 216 f.
- Schadenersatz, Abrechnung auf Neuwertbasis **15** 106, 193
- – sachenrechtlicher Beseitigungsanspruch **15** 25

625

Stichwortverzeichnis

- Schadenminderungspflicht 15 108
- Schiedsgerichte 15 33, 199
- Stand Still Covers 15 185
- Sublimit 15 26, 38, 215
- Subsidiarität 15 117, 166, 212
- – geschäftsplanmäßige Erklärung der Montageversicherer 15 89, 119
- „Turn-Key"-Projekt 15 50
- Überwiegender Wahrscheinlichkeit 15 59, 114
- Umsatzvertrag 15 128
- Umwelteinwirkungen 15 41, 51 f.
- Umwelthaftpflichtmodell 15 51 ff.
- Upscaling 15 111
- Verbindung getrennter Sparten 15 206
- Verlängerung 15 101 f., 118, 130, 217
- Wechselwirkungsschäden 15 204
- Wiederherstellungsklausel 15 108
- Workman's Compensation 15 174
- Zeithonorar 15 224

Versicherungen, All risk
- BauleistungsV 15 122
- BetriebsunterbrechungsV 15 203
- EAR/CAR 15 145
- MaschinenV 15 195
- MontageV 15 88
- TransportV 15 59

Versicherungen, Selbstbehalt
- BauleistungsV 15 137
- BauunterbrechungsV 15 183
- CAR/EAR 15 165
- HaftpflichtV 15 45
- MaschinenV 15 210
- MontageV 15 93, 116
- TransportV 15 76
- Zeitlicher 15 77, 183

Versicherungsbedingungen
- AGB 15 15, 16, 57, 68
- Allgemeine V-Bedingungen 15 16 ff.
- BauwesenV 15 80, 119
- BauwesenV d. AG 15 80, 119 ff.
- DTV 15 56 f.
- FeuerV 15 190 ff.
- HaftpflichtV 15 18 ff.
- MontageV 15 80 ff.

Versicherungsdauer
- Anfang 15 153
- – einen Monat nach Beginn der ersten Erprobung 15 154
- – Entladen 15 153
- – Probelauf oder der ersten Probebelastung 15 154 f.
- – tatsächliche Nutzung 15 129
- – Ende 15 64, 101, 125, 129
- – Vereinbarter Zeitpunkt 15 30, 100 f., 129, 155
- – Unterbrechung 15 73

Versicherungsfall
- „Claims-made" 15 175
- „Occurrence" 15 175
- vorsätzliche Herbeiführung 15 36, 68 f., 87, 166

Versicherungskonzepte
- Berater 15 218

Versicherungsmarkt
- allgemeiner 15 222
- deutscher 15 56
- internationaler 15 186
- liberaler 15 229
- Londoner 15 70, 144
- Rückversicherungsmarkt 15 143, 160, 178, 227
- Transportversicherungsmarkt 15 70
- US-Versicherungsmarkt 15 201

Versicherungsort 15 86, 92, 100, 124, 192

Versicherungsschaden
- Entschädigung s. *Entschädigung*
- Folgeschaden 15 37 ff.
- Kosten s. *Kosten*
- Sachschaden s. *Sachschaden*
- Schadenersatz 15 106, 193

Versicherungsschutz 1 64; 9 43

Versicherungssumme
- BauleistungsV 15 125
- Betriebsunterbrechung 15 203 ff.
- EAR/CAR 15 145, 148 ff.
- FeuerV 15 193
- Haftpflicht 15 26
- Montage 15 93
- als Neuwert 15 93
- Transport 15 61, 66

Versicherungsvertrag, Beendigung
- außerordentliches Kündigungsrecht 15 32, 103, 130
- Schadenfallkündigung 15 32, 64, 181, 217

Versicherungsvertragsgesetz (VVG) 15 93

Verstöße gegen die Berufspflichten 15 46, 48

Vertragliche Konfliktbeilegungsregelungen 9 203

Vertragliche Leistungsbeschreibung 9 6

Vertragliche Nebenleistungspflicht 9 33

Vertragsanlagen 9 6

Vertragsanpassung 9 164

Vertragsauslegung 6 36

Vertragsbeendigung, Auslandsaufenthalt 14 80 ff.

Vertragsfrist 9 56

Vertragsimmanente Konfliktregelung 9 200

Vertragsmuster 8 2

Vertragsparteien aus unterschiedlichen Rechtskulturen 8 55

Vertragsschluss consideration 6 25

Vertragssprache Englisch 7 6
Vertragsstrafen 9 64
Vertretung der Gesellschaft (agency) 4 113
Verwaltungssanktionen 10 5
Verwendungsbezogene Genehmigungsvorbehalte 10 20, 22
Verzögerungen bei der Bausausführung 9 195
Verzug 9 60
Verzugspauschalen 9 64
Verzugsschaden 9 62
VOB 2000 5 2
VOB/A 5 2
VOF 5 2
VOL/A 5 2
Völkerrecht 16 7
Völkerrechtlicher Grundsatz 16 8
Völkerrechtliches Nachbarrecht
– und Umweltschutz 17 33
Vollanrechnungsverfahren 12 9
Volle vereinbarte Vergütung 9 172
Vollmacht 6 29 ff.
Vollständigkeitsprüfung 9 84
Vollwartung 9 221
Vorabinformation über das Ausschreibungsergebnis 5 20
Voranfrage 10 68
Vorausanmeldeverfahren 10 66
Vorausklage 7 25
Vorauszahlungsgarantien 9 230
Vorbehalt der Vertragsstrafe 9 67
Vorbelastungsgebot 12 56
Vorgeschaltete ICC-Schlichtung 8 90 f.
Vorhabenzulassung
– im Umweltrecht 17 21 ff.
– Zulassungsverfahren 17 25
Vorläufige Abnahme/Übernahme 9 102
Vorläufiges Nutzungsrecht 9 108
Vorleistung 9 230
Vorsatz 9 179
Vorschaltgesellschaft 4 114
Vorschrift betreffend Disziplin und Sicherheit 9 46
Vorsorgeversicherung 15 24
Vorstudie (prefeasibility study) 4 80
Vorteilsausgleich 9 130
Vorübergehende Entsendung 14 30
VUBIC 3 11
VuB-Recht 10 34

Waffenembargo 10 16
Wahlrecht
– handelsbilanziell 12 14
Währungsrisiken 16 1
Währungsumrechnung
– Währung, Begriff 13 109
– – Deckungsgeschäfte 13 116 ff.

– – Fremdwährungsabschlüsse 13 113 ff.
– – Fremdwährungsgeschäfte 13 110 ff.
Wandelanleihen
– Gesellschafter-Fremdfinanzierung 12 21
Wandlung 9 141
Warnzeichen 10 50
Warranty 9 155
Wartung 9 220
Wassenaar-Arrangement 1 60
Wasserversorgung 2 21
Wegerecht 4 20
Weitergehende Schadensersatzansprüche 9 174
Weltbank 4 15; 5 30
– und Umweltschutz 17 41
Weltbankgruppe 4 16
Welteinkommensprinzip 12 66, 90
Werk- oder Werklieferungsvertrag 12 85
Werkverschaffungsvertrag 1 53
Werkvertrag 1 53
Wert- oder Tauglichkeitsminderung 9 112
Wertungskriterien 5 15
Wesentlicher Wettbewerbsfaktor 9 212
Wettbewerbsregeln 1 19, 58
Widerruf von Verfahrenserleichterungen 10 5
Wiedereinstellungszusage 14 95 f.
Wiederverkaufspreismethode 12 97, 99
Wirtschaftlichkeitsanalysen 4 6
World Bank Guidelines 3 8
World Bank Standard Contracts for Consultants' Services 3 8
WTO 1 17; 5 29
WTO-Regeln 16 12
Wucherverbot, Islamisches Recht 6 156

Zahlungsplan 9 230
Zahlungsverkehr 10 27
Zeitfaktor 1 24
Zeitliche Begrenzung 7 13
Zeitplan 1 49
Zeitpunkt der Abnahme 9 124
Zinsderivatgeschäfte 6 73
Zinsverbot 6 156
Zollgebiet 11 6 ff.
Zollrecht 11 1 ff.
– Aktive Veredelung 11 47
– Ausfuhr aus der EG 11 28 ff.
– Besondere Verwendung 11 62
– Carnet ATA 11 41, 43, 56, 59
– Carnet TIR 11 51 ff.
– ECE 11 17
– Einfuhr in Drittstaaten 11 50 ff.
– Einfuhr in EG 11 33 ff.
– Finanzzoll 11 3
– GATT/WTO 11 11 ff.
– Istanbul-Konvention 11 21, 56
– Kyoto-Konvention 11 20

Stichwortverzeichnis

- Passive Veredelung **11** 31 ff.
- Prinzipien des Zolls **11** 2 ff.
- RZZ/WCO **11** 18 ff.
- Umwandlungsverfahren **11** 48
- Ursprung **11** 69 ff.
- Verbindliche Auskünfte **11** 88 ff.
- Verbote und Beschränkungen **11** 27
- Versandverfahren **11** 42
- Vorübergehende Verwendung **11** 49, 55
- Wirtschaftszoll **11** 4
- Zollanmeldung **11** 61
- Zollaussetzungen **11** 87
- Zollbefreiungen **11** 64, 86
- Zollkodex **11** 22
- Zolllager **11** 44, 60
- Zollpräferenzen **11** 69
- Zolltarif **11** 65
- Zollunion **11** 7, 22
- Zollwert **11** 75 ff.

Zugesicherte Eigenschaft 9 115
Zulieferer 4 36
Zurückbehaltungsrecht 9 35
Zurverfügungstellung 9 220
Zusageschreiben 6 45 f.
Zuschlag 5 15, 18
Zuschlagfrist 5 18
Zuschlagsfrist (Bindefrist) 5 18
Zweigniederlassung 12 34, 71, 87
Zwischengesellschaft
- Aussensteuerrecht **12** 56

Zwischentermin 9 56, 69